U0802475

1. 1996年9月，中共中央总书记江泽民在人民大会堂接见参加教师节活动的教师代表

刘全聚　摄

2. 1996年8月，国务院总理李鹏接见出席全国高等教育管理体制改革工作座谈会的代表

刘全聚　摄

3. 国务院副总理李岚清在云南视察昆明市第一职业中专学校

云南省教委　供稿

4. 国家教委主任朱开轩在国家教委定点扶贫县——河北省青龙县考察农村教育

李曜升　供稿

5. 国家教委副主任柳斌在广州市第21中学考察时了解校园环境情况

谢敬仁　供稿

6. 国家教委副主任王明达在浙江省温州市考察职业学校时与学生交谈

孟庆宏　供稿

7. 国家教委副主任韦钰率团访问美国时到哈佛大学参观

陈盈晖　供稿

8. 国家教委副主任张天保在安徽省视察学校时听取学校建设情况汇报

宋德民　供稿

9. 国家教委副主任周远清和清华大学学生在一起

李建聪　供稿

10. 1996年4月，国家教委在北京举行《义务教育法》颁布实施十周年座谈会

周滋麟　供稿

11. 内蒙古自治区在实现“两基”达标的东乌珠穆沁旗，举办以寄宿制和助学金为主的公办学校。图为该旗额和宝力格小学

内蒙古自治区教育厅　供稿

12. 宁夏回族自治区西吉县什字山庄小学女子班在开展课外教学活动

宁夏回族自治区教科所　供稿

13. 海南省海口市十一中学学生在上劳动技术课

戴　欣　摄

14. 云南省大理白族自治州民族中学学生在上实验课

刘全聚　摄

15. 浙江省举办迎香港回归中小学生百米长卷现场书画比赛

浙江省教委　供稿

16. 辽宁省农村实验中学学生在教师指导下上劳动技术课

辽宁省教委　供稿

17. 陕西省举办首届中小学教学能手赛讲活动。图为陕西省西安中学选手王兰君在上语文课

陕西省教委　供稿

18. 福建元洪师范学校学生在教师指导下练习毛笔字

韩树民　摄

19. 河南省洛阳市铁道部遂道工程局子弟学校的课外活动小组

胡明圣　　供稿

20. 1996年暑期，北京市16名中学生到延安接受革命传统和爱国主义教育，并带去北京市西城区万名中小学生的两万元捐款。图为两地学生亲切交谈

王 鹰 摄

21. 天津市南开区第一幼儿园注重培养幼儿全方位能力。图为孩子们在老师带领下参加实验田劳动

天津市教委 供稿

22. 为纪念长征胜利60周年，1996年10月，浙江省在杭州市云居山革命烈士纪念碑前举行“千所学校百万师生”大型歌咏会

浙江省教委　供稿

23. 内蒙古自治区锡林郭勒盟牧业机械学校学生在上实习课

内蒙古自治区教育厅　供稿

24. 天津市聋哑学校职业班学生在上计算机课

天津市教委　供稿

25. 座落在中国保定市的联合国教科文组织国际农村教育研究与培训中心外景

河北省教科所　供稿

26. 北京邮政职业学校学生在北京邮政枢纽中心实习

樊世钢　摄

27. 河北农业大学副教授皇甫中泗在顺平县向农民传授果树管理技术

张建鹏　摄

28. 清华大学建立了教育科研计算机网络中心。图为网络运行中心控制室

周滋麟　摄

29. 广东药学院成立了学生伙食管委会。图为学生代表在食堂操作间了解炊事员的工作情况

鲍效农　摄

30. 1996年“七一”，北京大学500名学生新共产党员参加入党宣誓仪式

樊世钢　摄

31. 宁夏回族自治区同心县韦州镇举办了女子扫盲班。图为学员们在扫盲班学习

宁夏回族自治区教科所　供稿

32. 青岛市自1996年开始选派教师到西藏日喀则市，支援边疆教育工作。图为市委领导向援藏教师赠送日用品

孙　军　摄

33. 1996年，河南省洛阳市举办了首届小学教师教学基本功大赛。图为书法比赛现场

洛阳市教委　供稿

34. 1996年9月，第二届全国"十杰"中小学中青年教师颁奖大会在北京举行。图为颁奖大会现场

中国教育报　供稿

35. '96香港普通话教师进修班8月16日在北京举行结业典礼，110名香港普通话教师领取了国家语委颁发的《普通话等级证书》

刘全聚　摄

36. 北京市第一聋哑学校教师与学生用手语交流

樊世钢　摄

37. 海南琼台师范学校学生在校园里练习“竹竿舞”

海南省教育厅　供稿

中国教育年鉴

（1997）

《中国教育年鉴》编辑部　编

人民教育出版社

(京)新登字 113 号

图书在版编目(CIP)数据

中国教育年鉴(1997)/中国教育年鉴编辑部编. —北京:人民教育出版社,1997

ISBN 7-107-12233-9

Ⅰ. 中…　Ⅱ. 中…　Ⅲ. 教育事业-中国-年鉴-1997　Ⅳ. G52-54

中国版本图书馆 CIP 数据核字(97)第 17812 号

中国教育年鉴

(1997)

《中国教育年鉴》编辑部　编

*

人民教育出版社出版发行

(100009　北京沙滩后街 55 号)

全国新华书店经销

人民教育出版社印刷厂印装

*

开本 787×1092　1/16　印张 63.25　插页 8　字数 1 200 000

1997 年 8 月第 1 版　1998 年 1 月第 1 次印刷

印数　1—5 600

ISBN 7-107-12233-9

G·5343　定价 99.00 元

如发现印、装质量问题,影响阅读,请与印厂联系调换。

《中国教育年鉴》编辑部

主　　编　郑树山

副 主 编　王庆林　康　宁　吴伯康

编　　辑　喻晓宪　陈　陵　孙溶溶

编辑助理　闫　蕾

编 辑 说 明

一、《中国教育年鉴》是国家教委编纂的全国性专业年鉴和综合资料性著作。它是各级教育行政部门、各类教育（学校）执行党和国家的教育方针政策、做好教育工作情况的总结，是我国教育事业不断发展和改革成果的记录。

二、编纂本书是为教育管理决策、科研和教育人员研究汇集资料；为教育战线工作沟通信息、交流经验开辟园地；为宣传中国教育发展改革成果设立窗口；并为热心关注和研究我国教育的读者提供事实依据。

三、本卷年鉴的基本栏目有：党和国家有关教育工作的重要文件，党和国家领导人有关教育工作的重要讲话，国家教委负责人的讲话或专文，全国教育年度工作方针计划，教育综合改革与管理，基础教育，职业教育，高等教育，成人教育，师范教育，民族教育，学校体育卫生、艺术与国防教育，电化教育，干部管理与教师工作，教育财务工作，技术装备建设，国际交流，教育审计，教材建设，教育科研、学术活动，教育报刊。各省、自治区、直辖市教育（按行政区划顺序排列），文件选编，资料汇编，教育大事记等。

四、《中国教育年鉴》当年出版卷号的内容反映上一年工作的基本情况。某些多年才能完成的工作任务，主要记述当年该项工作的进展情况。

五、本年鉴的撰稿单位是国家教委各司局、直属单位、各省、自治区、直辖市教育部门。审稿为同级主管负责人。

六、卷内全国性统计数字，由统计部门提供，引用应以此为准。某些条目中的数字，因统计口径不一，可能有不尽一致之处，望读者使用时注意。

七、台湾省、香港、澳门地区教育事业发展情况和数据暂缺。

八、在编纂过程中，力求做到内容全面系统，资料准确无误，文字简明精炼。但由于我们水平有限，加之使用的需求差异，因而会有需要改进之处，希望读者指正和建议。

《中国教育年鉴》编辑部

1997年7月

目　录

YEARBOOK OF EDUCATION IN CHINA

（1997）

Contents

江泽民总书记在接见全国师范教育工作会议代表和出席教师节活动代表时的讲话

（1996年9月10日）

今天是教师节，又适逢全国师范教育工作会议在京召开，我代表党中央、国务院向全国广大教育工作者致以节日的祝贺和亲切的问候。

教师是人类灵魂的工程师。教师职业是崇高的社会职业。师范教育是培养教师的摇篮。科教兴国是我们的战略决策。同志们用自己的智慧和劳动，为社会主义祖国培养了一代又一代的建设者和接班人，理所当然地赢得全体人民和全社会的尊敬。

现在我国有大、中、小学教师近1000万人，这是办好我国教育的基础力量。教师队伍的补充、更新和提高，要求首先把师范教育办好。改革开放以来，我国师范教育事业已经有了长足的进步，但还不能满足和适应形势发展的需要。现在全国接受基础教育的人数已超过两亿，没有一支数量充足、思想业务素质良好的教师队伍是不行的。要继续坚持优先办好师范教育，大力提高办学质量和效益，从根本上扭转师范教育仍然滞后的局面，加快师范教育的改革和发展步伐。

师范教育具有超前性，更应面向现代化、面向世界、面向未来。要把造就具有正确的世界观和教育思想，掌握现代教育内容、方法和技术，善于从事素质教育的教师队伍，作为教育工作的一项根本任务来抓。

希望各级党委和政府进一步重视和支持教育事业，尊师重教、依法治教，并希望大家团结一致，共同奋斗，努力开创我国师范教育和整个教育事业的新局面！

李鹏总理在第八届全国人民代表大会第四次会议上关于国民经济和社会发展“九五”计划和2010年远景目标纲要的报告（节录）

（1996年3月5日）

二、今后十五年的奋斗目标和指导方针

今后十五年，是我国改革开放和社会主义现代化建设事业承前启后、继往开来的重要时期。经过建国以来的建设，特别是改革开放以来的快速发展，我国已经有了比较雄厚的物质技术基础。广阔的国内市场和较高的储蓄率，蕴藏着巨大的发展潜力。深化改革和扩大开放，将为经济发展注入新的活力。社会稳定和民族团结，为现代化建设提供了基本保证。更重要的是，在实践中形成和发展起来的建设有中国特色社会主义的理论、路线和方针，为继续前进指明了方向。从世界范围看，和平的国际环境和良好的周边关系可望继续保持，我国仍有可能集中力量进行经济建设。世界科技进步和产业结构的调整，亚太地区经济的迅速增长，给我国经济发展提供了有利的条件。在我国中长期发展中，也有不少制约因素。突出的是：人口和就业负担较重，人均资源相对不足，国民经济整体素质低；在日趋激烈的国际竞争中，面临着发达国家在经济与科技上占优势的压力，在国际关系中面临着霸权主义和强权政治的压力。综观世纪之交的国内外形势，我们面前有不可多得的历史机遇，也存在严峻的挑战。我们必须居安思危，奋发图强，在现代化道路上迈出更大步伐！

未来十五年的主要奋斗目标是：“九五”时期，全面完成现代化建设的第二步战略部署，2000年在人口将比1980年增长3亿左右的情况下，实现人均国民生产总值比1980年翻两番；基本消除贫困现象，人民生活达到小康水平；加快现代企业制度建设，初步建立社会主义市场经济体制。2010年，实现国民生产总值比2000年翻一番，使人民的小康生活更加宽裕，形成比较完善的社会主义市场经济体制。在推进改革和发展的同时，社会主义精神文明和民主法制建设要取得显著进展，实现社会全面进步。这个奋斗目标，展现了本世纪末、下世纪初我国现代化建设的美好前景，表达了中华民族自立自强的雄心壮志。实现了这个目标，我国社会生产力、综合国力和人民生活水平都将再上一个大台阶，社会经济面貌将发生历史性的巨大变化，为下世纪中叶基本实现现代化，奠定坚实的基础。这个目标是宏伟的，经过努力也是一定能够实现的！

实现上述目标，必须始终坚持邓小平建设有中国特色社会主义的理论和党的基本路线，解放思想，实事求是，遵循“抓住机遇、深化改革、扩大开放、促进发展、保持稳定”的基本方针，认真贯彻中共中央《建议》提出的指导国民经济和社会发展的九条重要方针。这九条重要方针是：保持国民经济持续、快速、健康发展；积极推进经济增长方式转变，把提高经济效益作为经济工作的中心；实施科教兴国战略，促进科技、教育与经济紧密结合；把加强农业放在发展国民经济的首位；把国有企业改革作为经济体制改革的中心环节；坚定不移地实行对外开放；实现市场机制和宏观调控的有机结合，把各方面的积极性引导好、保护好、发挥好；坚持区域经济协调发展，逐步缩小地区发展差距；坚持物质文明和精神文明共同进步，经济和社会协调发展。

根据中共中央《建议》提出的一系列指导方针，在制定《纲要（草案）》过程中，着重考虑了以下几点：

第一，正确处理改革、发展、稳定的关系。发展是硬道理，中国解决所有问题的关键要靠自己的发展。改革是发展的动力，只有继续深化改革，才能解决妨碍经济社会发展的深层次矛盾。保持政治和社会稳定是推进改革和发展的基本前提，稳定又必须通过深化改革和不断发展来实现。今后十五年，改革、发展、稳定都面临着新的形势和任务，处理好三者关系至关重要。发展要注重提高质量、效益和优化结构，改革要在重点和难点问题上取得突破性进展，这都会引起利益格局和社会关系的变化，必须高度重视保持政治和社会的稳定。要善于从整体上把握三者之间的关系，使之相互协调，相互促进。

第二，积极推进经济体制和经济增长方式的根本转变。从计划经济体制向社会主义市场经济体制转变，经济增长方式从粗放型向集约型转变，这是实现今后十五年奋斗目标的关键所在。经济体制转变要遵循市场经济的一般规律，同时坚持社会主义方向。经济增长方式转变，要处理好速度和效益的关系，提高经济整体素质和生产要素的配置效率，注重结构优化效益、规模经济效益和科技进步效益。我国经济规模已经很大，每年新增加的投入相当可观，但在生产、建设和流通等领域，经济效益低的问题十分突出。必须通过深化改革，形成有利于节约资源、降低消耗、提高质量、增加效益的企业经营机制，有利于自主创新的技术进步机制，有利于市场公平竞争和资源优化配置的经济运行机制。转变经济增长方式归根到底要靠加快科技进步，提高劳动者素质。“九五”时期，要充分利用现有基础，能够以现有企业为依托，通过改革、改组、改造或扩建提高生产能力的，就不要再铺新摊子。新建项目要提高技术起点，注意经济规模和效益。各行各业都要通过加强科学管理，注重资源节约和综合利用，减少资源的占用和消耗。认真实行两个转变，把经济增长潜力充分发挥出来，我国经济和社会发展就能够取得更好的成绩。

第三，认真解决关系改革和发展全局的重大问题。主要是：加强农业基础问题，搞好国有企业改革和发展问题，抑制通货膨胀、保持宏观经济稳定问题，发展教育和科技问题，控制人口、保护资源和环境问题，缩小地区发展差距和理顺分配关系问题，加强社会主义精神文明和民主法制建设问题，勤政廉政建设、反腐败斗争问题，以及社会治安综合治理问题。江泽民主席在《正确处理社会主义现代化建设中的若干重大关系》的重要讲话中，提出了解决这些问题的基本思路和指导思想。要根据中共中央《建议》和江泽民主席讲话的精神，采取有力的政策措施，努力把这些问题解决好。

第四，计划要体现发展社会主义市场经济的要求。《纲要(草案)》是我国在发展社会主义市场经济条件下的第一个中长期计划，要注重市场在国家宏观调控下对资源配置的基础性作用，突出国家计划的宏观性、战略性和政策性，发挥社会主义能够集中力量办大事的优势。计划指标总体上是预测性、指导性的，着重提出经济、社会发展的方向、任务以及相应的发展战略和措施，提出反映经济社会发展和结构变化的总量指标，以及若干具有全局意义的重大项目，其他一些指标和项目在今后的年度计划中安排。《纲要(草案)》重点放在“九五”，后十年只提出大体的轮廓，使之与下世纪初叶的发展相衔接，以保持三步走战略的连续性。

五、实施科教兴国战略和可持续发展战略

实施这两大战略，对于今后十五年的发展乃至整个现代化的实现，具有重要意义。要加快科技进步，优先发展教育，控制人口增长，合理开发利用资源，保护生态环境，实现经济社会相互协调和可持续发展。

面向经济建设，加快科技进步。在当代条件下，科学技术作为第一生产力的作用越来越突出，成为推动经济社会发展和国家强盛的决定性因素。经济建设必须依靠科学技术，科学技术工作必须面向经济建设。一是促进技术开发和应用，加速科技成果商品化和产业化，自主开发和引进、消化先进技术相结合，集中力量解决经济社会发展中的重大和关键技术问题。二是积极发展高新技术及其产业，在一些重要领域接近或达到国际先进水平，应用高新技术改造传统产业，切实办好高新技术产业开发区。三是加强基础性科学研究，瞄准世界科技前沿，攀登科技高峰，力争在优势领域有所突破。在社会发展领域，要加强计划生育、重大疾病防治、环境保护、资源综合利用和再利用、防灾减灾等技术的研究和应用。深化科技体制改革，促进科研、开发、生产与市场的结合。按照“稳住一头，放开一片”的方针，合理分流人才，优化科研组织结构。加强科研院所、高等院校和企业之间的联合。鼓励大型企业建立技术开发中心，努力使企业成为技术开发的主体。加强知识产权保护，发挥专利制度的作用。

优先发展教育，提高国民素质。这是我国现代化事业的百年大计。2000年全国要基本普及九年义务教育，基本扫除青壮年文盲，在经费和师资等方面要予以保证，并加强对贫困地区的支持。高等教育发展规模要适度，着重提高教育质量和办学效益，重点建设好一批高等学校和学科。积极发展多形式、多层次的职业教育和成人教育。优化教育结构，使普通教育和职业教育的比例更加合理。加快教育体制改革，积极探索与我国改革和发展相适应的办学机制和办学模式。鼓励社会力量办学，逐步形成政府办学为主与社会参与办学的新体制。提倡多种形式的联合办学，优化配置教育资源。各级各类学校都要加强和改进思想政治教育，全面提高学生素质。重视师资队伍建设，全面提高教师素质，改善教师的工作、学习条件和住房等生活条件。教育要面向现代化，面向世界，面向未来，培养大批优秀人才。

坚持计划生育基本国策，严格控制人口增长。全国人口2000年要控制在13亿以内，2010年要控制在14亿以内，任务艰巨。各级政府要继续把计划生育工作摆到重要位置，坚持和完善目标管理责任制。稳定和认真执行现行的计划生育政策。提倡晚婚晚育，提倡一对夫妇生育一个孩子，做好优生优育工作。深入开展宣传教育，增强全民人口意识。要把计划生育工作的重点放在农村和流动人口，同发展农村经济、脱贫致富和建立文明幸福家庭结合起来。研究人口老龄化问题，并采取相应对策。

加强环境、生态保护，合理开发利用资源。这是功在当代、泽及子孙的大事。我国人均耕地、水、森林和不少矿产资源都低于世界人均水平，又处在迅速推进工业化的发展阶段，加上粗放的生产经营方式，资源浪费和环境污染相当严重。随着人口增加和经济发展，这个问题可能更加突出。要依法大力保护并合理开发利用土地、水、森林、草原、矿产和生物等自然资源，千方百计减少浪费。积极开发海洋资源。尽快完善自然资源有偿使用制度和价格体系，建立资源更新的经济补偿机制。坚持经济建设、城乡建设与环境建设同步规划、同步实施、同步发展，所有建设项目都要符合环境保护的要求。各级政府都要依法严格管理环境，特别要加强对工业污染的控制和治理，以及城市环境的整治。积极发展生态农业，加快水土流失地区的综合治理，加强草原建设和防沙治沙，控制农田污染和水污染，努力改善生态环境。到2000年，力争使环境污染和生态破坏加剧的趋势得到基本控制，部分城市和地区的环境质量有所改善。

六、加强精神文明和民主法制建设

我国现代化事业的宏伟目标，是建设富强、民主、文明的社会主义国家。在发展经济的同时，必须把精神文明和民主法制建设提到更加突出的地位，促进社会全面进步。

切实加强思想道德和文化建设。在发展市场经济的过程中，在世界各种思想文化相互激荡的条件下，加强社会主义精神文明建设具有特殊重要的意义。精神文明建设包括教育科学文化建设和思想道德建设。各级政府要把精神文明建设纳入社会发展的总体规划，增加投入，给予物质保障，真正做到“两手抓，两手都要硬”。任何时候都不能以牺牲精神文明为代价，换取经济的一时发展。

思想道德建设规定着精神文明的性质和方向。要坚持不懈地用邓小平建设有中国特色社会主义的理论教育干部和人民，在全社会形成共同理想和精神支柱，增强民族凝聚力。继续大力开展爱国主义、集体主义、社会主义思想教育，以科学的理论武装人，以正确的舆论引导人，以高尚的精神塑造人，以优秀的作品鼓舞人，培养有理想、有道德、有文化、有纪律的社会主义公民。弘扬中华民族的传统美德，吸取人类文明的积极成果，抵御资本主义和封建主义腐朽思想的侵蚀。重视社会公德、职业道德和家庭伦理道德教育，发展平等、团结、友爱、互助的人际关系。发扬艰苦创业、勤俭节约的优良传统，反对铺张浪费的奢靡之风，提倡科学、文明、健康的生活方式，形成良好的社会风尚。

改革开放为文化建设创造了良好的条件，提出了更高的要求。要坚持“为人民服务，为社会主义服务”的方向，坚持“百花齐放，百家争鸣”的方针，弘扬主旋律，提倡多样化，促进文化事业全面发展。文艺工作者要深入生活，努力创作无愧于伟大时代的优秀作品。新闻宣传要坚持正确的舆论导向，激发人们投身现代化事业的积极性。要完善文化经济政策，加强文化市场管理。搞好图书馆、文化馆、档案馆、科技馆和博物馆等文化设施建设，重视保护文物。大力普及科学文化知识，破除迷信，移风易俗。发展社区文化、企业文化、村镇文化和校园文化，丰富基层文化生活。社会科学工作者要以马克思列宁主义、毛泽东思想、邓小平建设有中国特色社会主义的理论为指导，着重研究我国改革、发展中的重大理论和实践问题，为现代化事业作出新贡献。

发展卫生体育事业，提高国民身体素质。要实行预防为主的方针，保健和医疗并重。积极发展卫生保健事业。“九五”期间基本做到人人享有初级卫生保健。重视农村医疗卫生工作，发展合作医疗，完善县、乡、村三级医疗保健网，改善农村饮水质量和卫生状况。重视卫生健康教育，加强对传染病、职业病、地方病的防治。振兴中医药事业。积极开发新药，加强医药市场管理。发展体育运动，实施全民健身计划，增强人民体质，提高竞技水平。

加强社会主义民主和法制建设。要继续推进政治体制改革，建设和完善社会主义民主政治，保障人民当家作主的权利。各级政府都要自觉接受同级人民代表大会及其常委会的监督，倾听人民群众的呼声。积极支持人民政协的工作，听取民主党派、无党派人士和专家学者的意见。支持工会、共青团、妇联等人民团体的工作，使广大群众的意愿在政府工作中得到充分体现。努力做好侨务工作。建立健全必要的制度和程序，促进决策的科学化、民主化。继续完善城镇居民自治制度和农村村民自治制度，加强基层政权建设，健全基层民主和经济监督，充分调动人民群众的积极性。

加强法制建设，依法治国，建设社会主义法制国家，是实现国家长治久安的重要保证。“九五”时期，国务院将根据改革和发展的需要，抓紧起草并提请全国人大常委会审议一批重要法律草案，制定一批行政法规，规范和保障社会、经济健康发展。要加强经济司法和行政执法，严厉打击骗税逃税、走私贩私、金融诈骗、制售假冒伪劣商品、侵犯知识产权等违法犯罪行为，整顿经济秩序。继续实施普法规划，教育全体公民学法守法，增强法制观念和公民意识。各级政府都要依法管理经济和社会事务，坚决维护国家法律法规和政策的统一性与严肃性，做到有法必依，执法必严，违法必究。“九五”期间要完成全国省、县两级勘界工作。

加强勤政廉政建设和反腐败斗争。这是关系我国现代化事业成败的一项长期而艰巨的任务。政府机关首先是国务院各部门，领导干部首先是高级干部，要以身作则，廉洁自律，自觉接受监督。国有企事业单位的领导人员，也必须奉公守法。严厉查处违法违纪案件特别是大案要案，坚决纠正部门和行业不正之风。对那些以权谋私、贪赃枉法、行贿受贿的腐败分子，不管职位高低，都要绳之以法，决不姑息养奸。加强司法、监察和审计工作，建立健全勤政廉政制度和监督制约机制，深入开展思想教育，标本兼治，防范和消除腐败。国家公务员要密切联系群众，克服官僚主义、形式主义、弄虚作假和浮夸作风，提高自身素质，勤奋工作，不尚空谈，全心全意为人民服务，以优良的政风推动社会风气的好转。

维护社会稳定和国家安全。保持良好的社会治安环境，保障人民群众安居乐业，是各级政府的重要责任。要采取有力措施，严厉打击暴力犯罪、毒品犯罪、流氓恶势力和带黑社会性质的犯罪团伙，以及其他刑事犯罪活动。继续开展“扫黄打非”活动，扫除卖淫、嫖娼等各种社会丑恶现象，净化社会环境。加强社会治安综合治理，坚持领导责任制，专门工作与群众路线相结合，把各项措施落实到基层，把问题解决在萌芽状态。加强流动人口管理，及时解决民事纠纷，正确处理人民内部矛盾，化解社会不稳定因素。加强政法队伍建设，提高干警政治和业务素质。严格执行安全管理制度，防止重大火灾等恶性事故的发生。要提高警惕，防范和及时粉碎一切敌对势力的渗透、颠覆、分裂等各类破坏活动，维护国家安全。

各位代表！**巩固和发展民族团结，是全国人民的根本利益所在**。我国是统一的多民族国家，要维护和发展平等、团结、互助的民族关系，实现各民族共同繁荣和进步。改革开放以来，民族地区社会经济发展加快。“九五”时期，要继续从资金、技术、人才、教育等方面加大扶持力度，促进民族地区改革开放和社会经济发展。经济发展和人民生活的改善，将为进一步巩固民族团结奠定更加牢固的基础。要坚持和完善民族区域自治制度，充分保障自治地方的自治权利和民族平等权利。大力培养民族干部和各类人才。要始终不渝地维护祖国统一和民族团结，坚决反对一切分裂祖国和破坏民族团结的行为。全面贯彻宗教政策，保障公民宗教信仰自由，教育信教群众爱国爱教。依法加强对宗教事务的管理，积极引导宗教与社会主义社会相适应。我国经济和社会发展欣欣向荣的形势，为各民族共同繁荣提供了前所未有的机遇，各族人民团结奋斗，一定能够创造更加美好的未来。

努力开创职业教育工作的新局面

——李岚清副总理在全国职业教育工作会议上的讲话

（1996年6月19日）

这次会议，是改革开放以来召开的第三次全国职业教育工作会议，也是在实施“九五”计划和2010年远景目标《纲要》的新形势下召开的一次重要会议。这次会议的召开，对贯彻执行《职业教育法》，进一步开创我国职业教育工作的新局面，促进国民经济和社会发展，将会产生重要影响。

现在我讲几点意见。

一、发展职业教育对实现现代化具有重要意义

改革开放以来，党和国家非常重视职业教育工作，依靠社会各界的共同努力，我国的职业教育，包括各级各类职业学校教育和职业培训，都取得了显著成绩。职业教育的规模有了很大发展。中等教育结构明显改善。目前全国仅各类中等职业学校就有一万七千多所，在校生939万人，是1980年的4.2倍；高中阶段学生人数中，职业学校招生和在校生所占的比例分别达到57.4%和56.8%，与1980年相比分别提高36.1和37.9个百分点。各类职业培训机构已有四十多万个，每年有数千万人次接受各种职业培训。国有大中型企业绝大多数设立了职业培训机构。职业教育已经确立为我国教育制度的一个基本组成部分，有中国特色的职业教育体系正在形成。《职业教育法》的颁布，标志着我国职业教育走上了制度化、法制化的轨道。职业教育在我国现代化建设中发挥着越来越重要的作用。

在肯定成绩的同时，也必须看到，从总体上说，目前职业教育的发展水平、办学体制和运行机制同国民经济和社会发展的需要仍然很不适应。职业教育的发展还面临许多实际困难和问题，忽视职业教育的现象仍然存在。李鹏总理指出，“近年来，人们对职业教育的认识有了明显提高，但还没有达到应有的高度，在实际工作中也没有得到足够的重视。”情况确实是这样。现在我国改革开放和现代化建设处在承前启后、继往开来的重要时期，职业教育工作也面临新的发展机遇和挑战。在这个大背景下考虑职业教育的改革与发展问题，首先要解决的，仍然是认识问题，特别是进一步提高各级领导干部对职业教育的认识问题。

大力发展职业教育，是提高劳动者素质和实现现代化的迫切要求。经济发展靠人才，人才培养靠教育。在各类教育中，职业教育同经济发展的关系最直接。我们要实现经济增长方式的转变，发展职业教育是一个重要环节。早在十年前，中共中央在关于教育体制改革的决定中，就深刻阐明了发展职业教育的重要性，指出："社会主义现代化建设不但需要高级科学技术专家，而且迫切需要千百万受过良好职业技术教育的中、初级技术人员、管理人员、技工和其他受过良好职业培训的城乡劳动者。没有这样一支劳动技术大军，先进的科学技术和先进的设备就不能成为现实的社会生产力。"职业教育是把科学技术转化为现实生产力的桥梁，大力发展职业教育是振兴经济的必由之路。当今世界的日趋激烈的经济竞争和综合国力的较量，归根到底是人才的竞争，在相当程度上又是第一线技术工人和劳动者整体素质的竞争。高级专门人才的作用当然是非常重要的，在这方面人们的认识也比较统一。但从事物质生产的第一线人员总是多数，只有高素质的劳动者，才能生产出高质量的产品，提供高效益的服务，才能为企业管理现代化提供雄厚的基础。职业教育正是培养和提高在第一线从事生产、服务和管理的各类实用人才及熟练劳动者素质的基本途径，其发展规模和水平，直接影响着产品的质量和经济效益的提高。据1994年的统计，我国企业职工具有大专以上文化程度的只占2.35%，受过中等教育（包括高中、中专、职高和技校）的只占36.18%。农村劳动者素质不高的问题更加突出。提高广大劳动者的素质是一项十分紧迫的任务。在改革开放的今天，某些技术可以购买，某些设备可以进口，但劳动者的素质只能依靠教育来提高。发展职业教育对于振兴经济的重要意义，已经为国内外的经验所证明。就一个国家来说如此，就一个地区来说也是如此。

大力发展职业教育，是优化教育结构，提高教育整体效益的根本措施。江泽民总书记多次强调要调整教育结构，指出教育工作必须进一步解决好两大重要问题，一是教育全面适应现代化建设对各类人才培养的需要，二是全面提高办学的质量和效益。他还特别强调："这里的一个关键问题，就是要加大各种中等、初等职业学校和技术学校的数量。"应当承认，我国过去长期存在的中等教育结构单一的状况，现在已经有了很大改变，但教育结构调整的任务并没有完成。现在的问题，一个是国家培养了大批专门人才，但大多集中在城市和发达地区，广大农村和生产第一线急需各类中初级人才，城乡劳动者素质亟待提高；另一个是高等教育中有的专业过窄，有的专业不适应社会需要，出现毕业生就业困难的情况，但许多地区和行业却缺乏受过高等职业教育的实用人才。从社会主义现代化事业的实际需要出发，继续调整教育结构，是当前教育改革的重点，也是教育工作的大局。办教育要根据社会需要，教育程度要与经济发展水平相适应，任何国家都不能只搞普通教育。我国是一个发展中的大国，又有十多亿人口，在今后一个相当长的时期内，有机会上大学的只能是很少数人，甚至还有相当一部分人不能接受高中阶段教育。这千百万初、高中毕业生，如果没有什么专长，不能为社会服务，就很难找到谋生和为社会服务的门路，这不仅在教育上是很大的浪费，在经济上也是很大的损失。决不能再像过去那样，让千军万马过一座升学的独木桥了，一定要建立起四通八达的立交桥，为青年一代开辟广阔的成才之路。建立完善的、与其他教育相互沟通、协调发展的职业教育体系，就是这座立交桥的一项主体工程。这样做，不仅能够提高教育的整体效益，使教育更好地为现代化事业服务，也有利于克服片面追求升学率的顽症，提高基础教育的全面素质。

大力发展职业教育，是促进劳动就业、深化企业改革的重要条件。我们现在正积极推进经济体制和经济增长方式的转变。在经济快速发展、产业结构调整和企业改革深化的情况下，势必出现大量劳动力的转移和劳动力资源的重新配置。通过职业教育和培训，使富余人员走上适当的工作岗位，才能保证企业改革顺利进行，也是保持社会稳定的一个重要因素。特别是在建立现代企业制度试点的企业，以及国家重点搞好的一批大中型企业，必须配套把职业教育搞好。据有关部门预测，到本世纪末，城镇新成长的劳动力、“农转非”的劳动力、农村剩余劳动力，再加上现有企业的富余职工，总量将超过八十年代以来两次就业高峰的人数。这也要求结合企业改革和劳动就业制度改革，大力发展职业教育和培训，适应人们就业、转业、转岗的需要，把劳动力资源转化为现实生产力。人口多是我国现代化进程中的一个特殊困难，但正如邓小平同志所说，“一个十亿人口的大国，教育搞上去了，人才资源的巨大优势是任何国家比不了的。”关键是要通过各种层次和类型的教育提高全民族的素质。

从世界范围看，发展职业教育，特别是发展中等职业教育，是普遍的趋势。据1995年联合国教科文组织提供的九十二个国家的统计资料，从八十年代初到九十年代初，中等职业教育在校生人数平均增长83%。相比之下，目前我国职业教育还比较落后，远不能适应需要。希望各个地方和部门的领导同志，尤其是市、县级领导同志，要进一步提高认识，把思想统一到中央的方针政策上来，增强对发展职业教育的责任感和紧迫感，努力把职业教育办得更好，使之在当地经济和社会发展中发挥更大的作用。

二、深化改革，走符合我国国情的发展职业教育的道路

大力发展职业教育，提高职业教育质量，建立健全适应社会主义市场经济体制和社会发展需要的职业教育制度，必须进一步深化改革，以改革促进发展。

（一）坚持在政府统筹管理下，真正形成社会各界兴办职业教育的格局。职业教育具有广泛的社会性。与基础教育和高等教育相比，发展职业教育更需要、也更有条件动员社会各方面参与。依靠社会力量兴办职业教育，是许多国家的成功经验。我国是发展中国家办大教育，更需要充分发挥各方面的积极性，依靠社会力量办学，走符合我国国情的发展职业教育的道路。我国的职业教育，要在政府的统筹和管理下，主要依靠行业、企事业单位以及社会各方面和公民个人举办，政府给予适当资助和扶持。《职业教育法》对政府及社会各方面举办职业教育的责任和义务做出了明确规定，要坚决按法律规定贯彻落实。

区域性、地方性强是职业教育的一个显著特点。县以上地方政府要把职业教育的发展纳入当地经济和社会发展的总体规划，加强领导和统筹协调。市、县两级政府要花大力气办好示范性职业学校和职业培训机构，充分调动各部门、企事业单位和社会各界举办职业教育的积极性，并给予指导和扶持。对农业和一些艰苦行业或工种的职业教育，要采取有效措施给予大力扶持。

各部门、各行业负有兴办和管理职业教育的职责，要充分发挥对本系统职业教育的组织、协调和指导作用。部门和各行业与用

人的企业联系最紧密，对本系统所需人才状况最了解，要利用这些有利条件，采取切实措施，推动本系统职业教育的发展。劳动人事部门要加强统筹，抓紧组织制定国家职业等级标准，建立和完善职业资格证书制度，使我国的职业教育制度进一步规范化。

这里，我想强调讲一讲企业在发展职业教育中的地位和责任问题。在社会主义市场经济体制的条件下，企业是生产经营的主体，也是职业教育的主要服务对象和直接受益者，因此也理应成为进行职业教育的主体。我国就业人数多，仅靠就业前的职业学校教育是不够的，还要靠就业后企业根据需要进行培训。中外有远见、有成就的企业家，历来都是重视职业教育的，不是要我办，而是我要办。企业要依法承担兴办职业教育的责任和相应的费用，大中型企业要重视职业教育培训中心或机构的建设，对本单位职工和准备录用的人员有计划地进行职业教育和培训。这是企业兴旺发达和可持续发展的一个重要条件。

行业和企业多年来在我国职业教育发展中做出了重要贡献。现有的中等专业学校和技工学校，主要是由各个行业和企业举办的。职业高中与行业、企业的联合办学面现已占到百分之七十以上。从目前的实际情况看，行业和企业还有相当大的举办职业学校和职业培训的潜力，职业教育的质量和效益也有待于进一步提高；有相当数量的三资企业、乡镇企业、私营企业和各种公司等，还没有举办职业教育。建立健全以行业和企业为主的职业教育办学体制，促进职业教育事业有一个新的发展，促进企业发展转向依靠科技进步和提高劳动者素质的轨道，这是行业和企业份内的工作，必须加大工作力度，切实抓出实效。

各种事业组织、社会团体、其他社会组织及公民个人办学，是职业教育的重要组成部分。要按照《职业教育法》和国家有关规定，积极鼓励、大力支持发展民办职业教育。现在民办教育已承担了很大部分的职业教育任务，在有些地区和行业，特别是在各种形式的职业培训方面，民间办学已成为一支不可忽视的力量。各级地方政府要关心和支持民办职业教育，在招生和毕业生就业方面，对民办职业学校与其他学校一视同仁，并在可能的条件下，对民办职业学校在学校用地、基建和经费等方面予以扶持。许多民办职业教育成绩显著，在社会上有很好的影响，要宣传这些先进事迹，鼓励更多的有识之士为发展职业教育做贡献。对民办职业教育也要加强管理和引导，使之正确贯彻国家的教育方针，提高教育质量，重视社会效益。欢迎海外侨胞及其他人士到国内来捐资助学，联合举办职业教育。

（二）进一步推进教育三级分流，重点发展中等职业教育，积极发展高等职业教育。实行教育三级分流，是现阶段促进教育适应我国经济和社会发展的正确路子。三级分流好处很多，但推行力度还不够。要根据各地经济、社会发展对各类专门人才的需求，以发展中等职业教育为主，有计划地实行小学后、初中后、高中后三级分流，发展与地方经济、社会发展水平相适应的职业教育，逐步做到50—70%的初中毕业生接受中等职业教育。到2000年，各类中等职业学校年招生数和在校生数占高中阶段招生数和在校生数的比例，全国平均要达到60%左右；普及高中阶段教育的城市要达到70%。对一些特殊困难的人群以及在九年义务教育尚未普及的贫困地区，可以适当进行小学后分流，发展初等职业教育。农村教育要适应当地经济和社会发展的需要，充分考虑本地的具体情况，实行农科教结合、三教统筹，为当地多培养留得住、用得上的实用人才，使他们在脱贫致富、发展农村经济中发挥积极作用。

我国中等职业学校教育有中等专业学校、职业高中和技工学校这样三类。三类学校在专业设置、培养目标、办学形式方面有交叉，办学模式也需要按照发展社会主义市场经济的要求进行改革。要逐步规范中等职业学校学制，今后除个别特殊专业或工种外，中等职业学校一般不再招收高中毕业生。要根据社会需要调整专业设置和培养目标，改革教学内容和教学方法。要与劳动人事制度改革相配合，进一步深化招生、毕业生就业制度改革，在各类职业学校和职业培训机构中广泛开展职业指导。实行学历证书、培训证书和职业资格证书制度，引导用人单位建立培训、考核与就业相结合，并与个人收入相联系的激励机制，鼓励劳动者接受职业教育的积极性。

这次会议要研究一下发展高等职业教育的问题。现在提出这个问题是时候了。经济社会发展和教育自身发展对高等职业教育提出了迫切要求，也提供了发展的环境和条件。目前企业高级技术工人严重短缺，不足技术工人总数的2%。连工人素质比较高的上海，高级技术工人也只占3.7%，全市技师和高级技师不足1万人。在政府机关、企事业单位，甚至科研、执法部门等机构中，从事各种实务运作和基层管理工作的合格人才也比较馈乏。与中等职业教育相比，高等职业教育显得更不适应社会需要。发展高等职业教育，还可以为上不了大学的高中毕业生提供接受高等职业教育的机会，有利于满足这一层次人才的需要，也有利于推迟就业时间和维护社会稳定。发展高等职业教育，要充分利用现有教育资源和设施，主要通过对现有高等学校改革、改组、改制来实施。职业大学、部分独立设置的成人高校和高等专科学校，要按社会需要调整专业设置和培养目标，通过改革办出高等职业教育的特色。通过现有高校的改革、改组、改制仍不能满足当地对高等职业人才需要时，可以经过评估审定，把个别重点中等专业学校改制举办高等职业教育。现在高等职业学校的名称比较混乱，经过审批应逐步规范为“职业技术学院”。今后国家每年新增的高校招生计划，应主要用于发展高等职业学校教育。国家教委可以选择一些地区和学校进行发展高等职业教育的试点，在专业设置、培养目标、招生方式、计划管理等方面进行试验，总结经验，逐步推广。在试点阶段，改制为或新设置高等职业学校仍由国务院教育行政部门审批。

中等以上非义务教育阶段的职业教育，可以依照《职业教育法》适当收取学费。省级政府可以区别不同专业和行业的特点，按照办学成本和当地群众承受能力，制定收费标准。办职业教育通常比办普通教育花钱更多，只靠国家投入是不够的，需要依法多渠道筹措办学资金。但要考虑各方面的承受能力，不能要求过高过急，以免加重群众和企业的负担。教育是一种特殊的公益事业，均不得以盈利为目的，否则要依法严肃处理。

（三）**大力发展职业培训，建立健全职业学校教育与职业培训并举，并与其他教育相互沟通、协调发展的职业教育体系**。职业培训是职业教育体系的重要组成部分，而且具有灵活多样、便于适应社会需求的特点，在经济和社会生活中具有重要作用。要高度重视职业培训工作，加强职业培训机构的建设，紧密结合产业结构调整、企业深化改革和其他实际需要，积极开展就业准备、在职提高和转换职业的培训工作。要加强对各类职业培训机构的规划和管理，扩大培训规模，充分开发我国丰富的劳动力资源，提高劳动者素质。职业培训要与其他教育形式加强沟通，协调发展。如果到本世纪末，能够使城乡就业人员中接受不同形式职业培训的达到80%左右，我国经济增长的质量和效益就会有明显的提高。

（四）加强职业道德教育，全面提高人的素质。职业教育不是单纯地传授职业技术和技能。实施职业教育必须贯彻国家的教育方针，对受教育者进行思想政治教育和职业道德教育，传授职业知识，培养职业技能，进行职业指导，全面提高受教育者的素质。这里包括培养敬业精神，提高人的思想境界，培养国外称之为“关键能力”的一些重要素质，例如意志品质、适应能力、合作精神、心理承受力等。这都是从事现代化大生产的劳动者所必须具备的素质。要通过这些教育和训练，使广大从业人员树立全心全意为人民服务的思想，具有健康向上的精神，良好的职业道德，严明的职业纪律，一丝不苟、认真负责的工作作风。这不仅有助于推动物质文明建设，也是推动社会风气好转和加强社会主义精神文明建设的重要组成部分。

三、切实加强领导，认真贯彻《职业教育法》，为发展职业教育创造更好的条件

我国第一部《职业教育法》将从今年9月1日起施行。这是建国几十年来，特别是改革开放以来，我国职业教育改革与发展经验的结晶，为职业教育的发展提供了强有力的法律保障。《职业教育法》是根据教育法和劳动法制定的全面规范各类职业教育活动的法律。各级政府及教育、劳动、经济计划等部门对发展职业教育负有不可推卸的责任。但实施这部法律绝不只是这几个部门的事情，更不只是教育部门一家的事情，而是各级政府、有关部门、行业、企业及社会各界共同的责任。要明确和落实各方的职责和义务，形成齐心协力举办职业教育的新局面。

首先是各级政府要带头学法执法，切实加强领导，协调职能部门和企业等有关方面，真正落实法律所规定的职责。各地区和各有关部门要认真按照《职业教育法》所确定的要求，结合本地区、本部门的实际，制定贯彻实施的措施和办法。教育行政部门要进一步转变观念，把调整教育结构、发展职业教育摆到重要位置，加强对职业教育工作的统筹规划、综合协调和宏观管理。劳动部门和其他有关部门要按照国务院规定的职责范围，分别负责有关的职业教育工作。希望各部门根据《职业教育法》的原则规定，既有分工，又有合作，多沟通，多协商，相互配合，保证政令畅通和各项政策的一致性，保证法律实施的严肃性。所有行业组织和企事业单位都要按照《职业教育法》的要求，认真履行法律规定的各项义务。为推动《职业教育法》的贯彻，国务院将在适当时候进行执法检查。

当前要重点解决发展职业教育在经费、师资等方面遇到的突出问题。《职业教育法》确定了多渠道筹措经费的原则，以及多项筹措经费的途径和办法，各地要按照这些要求，尽快做出相应的具体规定。提高职业教育质量和效益的关键在教师。目前，职业教育专业教师数量不足，师资队伍整体素质亟待提高，要采取切实措施加以解决。县以上各级政府和有关部门，要把职业教育的师资培养和培训工作纳入教师队伍建设的总体规划。有关高等学校要积极承担培养、培训职业教育师资的任务。要根据职业教育的特点，切实解决职业教育师资队伍建设中的问题。各部门、行业和企业的领导，要支持本单位符合条件的专业技术人员到职业学校兼任教师。各级政府要关心和解决教师在工作、学习和生活方面的实际困难。要抓紧职业教育服务体系的建设。鼓励并组织职业教育科学研究。对在职业教育中作出显著成绩的单位和个人要给予奖励。

制定一部法律不容易，贯彻实施的任务更艰巨。各级领导都要切实转变工作作风，深入实际，调查研究，加强执法监督和检查工作，充分运用《职业教育法》这一有力的武器，落实职业教育的重要战略地位，少说空话，多办实事，认真帮助基层解决实际问题。要像有的省、市那样，党政一把手亲自抓职业教育的重点工程，切实把职业教育纳入本地区的经济和社会发展总体规划，真正抓出成效。

最后我想指出，贯彻《职业教育法》，要同贯彻实施《中国教育改革和发展纲要》和《国务院关于大力发展职业教育的决定》结合起来。《纲要》和《决定》确定了发展职业教育的大政方针、目标和要求，《职业教育法》为实现这些任务和目标提供了法律保障。这些文件和法律的指导思想、基本内容和要求是一致的。要通过贯彻《职业教育法》，进一步促进《纲要》和《决定》的落实，促进教育事业的全面发展。

基础教育是提高国民素质和培养跨世纪人才的奠基工程

——李岚清副总理在1996年4月12日《中国教育报》发表的文章

再过五年，人类将进入21世纪。最近召开的全国人大八届四次会议通过了李鹏总理代表国务院所作的《关于国民经济和社会发展"九五"计划和2010年远景目标纲要的报告》，为全国人民确定了一个跨世纪的宏伟纲领，提出了全面实现第二步战略目标，并向第三步战略目标迈进的指导方针和主要任务。实现这些宏伟的任务，必须实施科教兴国战略，提高国民素质，培养多层次的大批优秀人才。我国基础教育作为提高国民素质和培养跨世纪人才的奠基工程，以什么样的面貌迎接新世纪，这不仅是关系到我国整个教育的改革与发展问题，而且是关系到经济和社会发展的全局性、战略性的问题。1986年4月12日，六届全国人大第四次会议审议通过了《中华人民共和国义务教育法》，这是促进和保证我国基础教育健康发展的基本法。《义务教育法》颁布、施行十年来，我国的基础教育有了很大的发展，但与《义务教育法》、《中国教育改革和发展纲要》的要求，与国家经济和社会发展的需求相比，任务仍然十分艰巨。我以为，基础教育在跨入下一个世纪的时候，至少应当做好以下三个方面的工作：一是在全国基本普及九年义务教育，基本扫除青壮年文盲（简称"两基"）；二是认真实施向素质教育的转轨，全面贯彻教育方针，全面提高教育质量（简称"两全"）；三是保证基础教育的投入，保障基础教育事业的发展（简称"两保"）。为此，必须认真研究和解决好当前基础教育面临的一些重要问题，使我国的基础教育得到进一步加强。

一、充分认识基础教育的重要意义

面对21世纪的挑战，要在激烈的国际竞争中占据战略主动地位，关键在人才。实现新时期宏伟蓝图的人才就来自今天的中小学生。21世纪综合国力的竞争，离不开高科技人才的培养，更离不开生产第一线的亿万劳动者素质的提高。基础教育既是各级各类专门人才成长的根基，更是为广大劳动者奠定基本素质的关键环节。从这个意义上说，基础教育是提高国民素质和培养跨世纪社会主义现代化事业建设人才的奠基工程。邓小平同志历来是从政治上、从全局发展战略上看待教育工作，强调要把发展基础教育摆在重要地位。小平同志曾深刻地指出："一个十亿人口的大国，教育搞上去了，人才资源的巨大优势是任何国家比不了的。有了人才优势，再加上先进的社会主义制度，我们的目标就有把握达到”，“现在小学一年级的娃娃，经过十几年的学校教育，将成为开创21世纪大业的生力军。中央提出要以极大的努力抓教育，并且从中小学抓起，这是有战略眼光的一着。如果现在不向全党提出这样的任务，就会误大事，就要负历史的责任”。以江泽民同志为核心的党中央一贯重视教育这一根本大计，提出了科教兴国的战略。这是强国富民、进行社会主义现代化建设的重大方针。科教兴国揭示了科技、教育与社会经济发展的内在关系，反映了科技、教育在社会主义现代化建设中的重要地位，同时，对科技、教育本身的改革和发展也提出了更高、更紧迫的要求。科教兴国，先兴科教。实施科教兴国，要优先发展教育，尤其是基础教育。中央确定把基础教育作为整个教育工作的重点，把“两基”作为九十年代教育发展的“重中之重”，这是我国教育发展的一个重要指导思想，是贯彻科教兴国战略的重大措施。九十年代基础教育的普及程度和质量优劣，关系到社会主义物质文明建设和精神文明建设的未来进程，关系到社会全面进步的程度，关系到“奔小康”和“三步走”战略目标的实现。

但是，在深化改革、扩大开放和现代化建设的新形势下，一些同志在处理经济与教育的关系上，仍有顾此失彼的现象。常常是谈起来重视教育，实际上却忽视教育。在社会主义建设中长期形成的重物质资源投入，轻人力资源开发，重眼前经济增长，轻基础性教育投入的倾向尚未根本扭转。一些地方和部门对中央确定的教育优先的发展战略认识不足，对于基础教育特别是大力办好义务教育是九十年代教育发展“重中之重”的认识还没有到位。因此，在举国上下实现经济体制由传统的计划经济向社会主义市场经济体制转变，经济增长方式由粗放型向集约型转变这两个根本性转变，绘制“九五”宏伟蓝图之际，充分认识基础教育的重要性仍是当务之急。

思想是行动的先导，各级党委和政府的负责同志要认真学习和深刻领会小平同志的教育思想。尤其要重温小平同志1985年在全国教育工作会上的精辟论述。小平同志指出：“忽视教育的领导者，是缺乏远见的、不成熟的领导者，就领导不了现代化建设。”江泽民同志在1994年全国教育工作会议上提出：“各级领导干部必须充分认识到，大力发展教育，加快培养社会主义现代化建设人才，提高全民族的思想道德和科学文化素质，是贯彻党的基本路线的必然要求，是坚持基本路线一百年不动摇的必然要求。”发展基础教育的关键在领导。各级党政领导要遵照邓小平同志和江泽民同志的指示，真正确立教育优先发展的战略地位和“两基”在教育工作中的“重中之重”的地位，“少讲空话，多干实事”，促进中华民族教育事业的繁荣昌盛。

二、发展基础教育是各级政府的重要责任

基础教育包括学前教育、小学教育和中学教育。根据《教育法》和《义务教育法》的有关规定，发展基础教育特别是实施义务教育，首先是政府的责任。政府应履行的职责，包括制定教育发展规划，贯彻执行教育法规，设置足够学校，保证必要经费和办学条件，提供合格师资，以及保障适龄儿童、少年按时入学，并接受规定年限的义务教育等。

在社会主义市场经济体制条件下，政府

要进一步转变职能，将更多的精力放到规划、建设和管理社会发展事业上。对教育，尤其是对基础教育的政府职能更应加强。就基础教育来说，国家负责制定宏观发展规划，制定法规、方针、政策；省级政府负责统筹、规划和指导本地区基础教育的实施工作；市、县级政府在组织义务教育的实施方面负有主要责任。国家和省级政府还负有扶助贫困地区发展义务教育的责任。

优先保证基础教育的经费投入，是政府在发展基础教育中担负的最主要的责任。《义务教育法》明确规定，“实施义务教育所需的事业费和基本建设投资，由国务院和地方各级人民政府负责筹措，予以保证”。各级政府要树立教育投资是战略性投资的观念，切实贯彻落实《教育法》、《义务教育法》和《中国教育改革和发展纲要》提出的增加教育投入的各项措施，保证做到“三个增长”：一是中央和地方政府教育拨款的增长要高于财政经常性收入的增长；二是按在校学生人数平均的教育费用逐步增长；三是切实保证教师工资和生均公用经费逐年有所增长。地方各级人民政府按照国务院规定，在城乡征收教育事业费附加，主要用于实施义务教育。中央和地方政府要共同努力，落实《中国教育改革和发展纲要》规定的到本世纪末国家财政性教育经费支出占国民生产总值的比例达到4%的目标。“九五”期间的一项重要任务是制定《义务教育投入条例》等法规，建立更加完善和规范的投入体制，从法律和机制上保障基础教育有稳定、够用和逐步增长的经费来源。为了推进《义务教育法》的实施，国务院已经决定从1995年起启动“贫困地区义务教育工程”，增拨专款帮助贫困地区推行义务教育。国务院要求省、地（市）、县政府要建立和健全教育经费的保障机制，保证本地区义务教育的必要投入，同时也要设立教育扶贫专款。各地在实施“九五”计划，规划经济建设和社会发展时，要认真学习并落实小平同志十一年前语重心长的指示：“我们要千方百计，在别的方面忍耐一些，甚至于牺牲一点速度，把教育问题解决好。”

我国绝大多数中小学、幼儿园在农村。县（市）级政府在基础教育工作中具有特殊的重要作用，其认识和工作水平，直接决定着基础教育工作的进程，对搞好基础教育至关重要。县（市）委、县（市）政府的主要领导一定要亲自抓教育特别是义务教育，进而带领整个班子，推动全社会关心和支持基础教育工作。

我国是一个发展中的人口大国，接受基础教育的人数超过两亿，要想办好这样庞大的教育事业，除政府努力外，还要发动群众，依靠社会捐资助学。基础教育主要由政府办学，但也要改变政府包揽办学的体制，《义务教育法》规定，国家鼓励企业、事业单位继续办好所属中小学、幼儿园，鼓励其他社会力量依法办学，发展多种形式的民办教育和民办公助教育，满足群众日益增长的对教育多样化的需求。中华民族素有“尊师重教”的优良传统。八十年代，全国普及小学教育，群众集资对解决广大农村小学的办学条件起了很大的作用；九十年代，全国小学和初中学生人数将增加近2500万人，需要新建、增添大量校舍和教学设备，这单靠国家财政拨款是不够的，仍然要依靠广大群众。要爱护和引导群众兴学助教的热情，鼓励在自愿、量力原则下的依法集资办学。农村教育集资只能用于农村中小学校舍改造和实施义务教育扩建校舍，绝不允许打着集资办学的旗号乱集资和挪用教育经费的现象出现。当前，从全国的情况看，农村教育集资总体来说是适度的，个别地方某些违反规定的错误做法应坚决予以纠正，违法违纪的一定要严肃查处。要继续提倡和支持已在全国开展的“希望工程”、“春蕾计划”和其他形式的捐资助学活动。

三、坚持在全国基本普及九年义务教育的目标不动摇

到本世纪末实现“两基”，是党的十四大作出的重大决策。刚刚召开的八届人大四次会议把这个目标写进了《关于国民经济和社会发展“九五”计划和2010年远景目标纲要》。这是实现跨世纪宏伟蓝图的必要条件。逐步普及义务教育，是我党早在建国初期就已提出过的奋斗目标。1956年党的第八次全国代表大会关于政治报告的决议，1958年党的八届六中全会决议，就分别提出过“用很大的努力有计划地、逐步地扫除文盲和普及小学义务教育”、“逐步做到普及中等教育”。1985年《中共中央关于教育体制改革的决定》，根据我国经济和社会发展新的形势，明确提出了普及九年义务教育的任务。1986年，六届全国人大四次会议通过了《义务教育法》，这在中国教育史、文化史和社会发展史上都是一件大事。1990年我国在90%以上人口地区普及了小学教育。1992年党的十四大作出决策：到本世纪末基本普及九年义务教育，基本扫除青壮年文盲。在1994年召开的全国教育工作会议上，李鹏总理代表党中央、国务院庄严宣布：“要力争到本世纪末在百分之八十五左右人口地区普及九年义务教育，使青壮年中的非文盲率达到百分之九十五左右”。其余15%人口地区将继续普及小学或初级小学教育，这是一个经过努力可以做到的实事求是的目标。为有效地指导和推动全国“两基”工作，国家制定了“两基”的指导思想和实施步骤，一是积极进取；二是实事求是；三是工作中实行分片规划、分类指导、分步实施，不搞一刀切。坚持“两基”一起抓，坚持“两基”和“两全”一起抓，相互促进。在执行中，坚持标准，坚决反对弄虚作假。从历史的回顾中，可以看到，从提出“两基”，到逐步明确“两基”目标和具体规划，是党和国家根据社会主义经济、政治和社会发展的客观需要，多年酝酿，逐步成熟，并适时作出的慎重决策。

全国教育工作会议后，近两年“两基”工作的进展形势令人鼓舞。据统计，到1995年底已有1025个县（区）基本实现普及九年义务教育的目标，覆盖全国36%的人口地区。预计今年普及九年义务教育的地区人口覆盖率将达到40%以上。辍学率明显下降，学前教育、特殊教育和高中教育也有较大发展和提高，事实表明，中央关于“两基”的决策是科学的、可行的。尽管工作中还有不少困难，但只要各级政府充分重视，真正“在别的方面忍耐一些，甚至牺牲一点速度”，经过努力是可以达到目标的。老一辈无产阶级革命家多年以来在中国实现普及义务教育的心愿，要在我们这一代人手中变为现实。我们对此要有高度的历史责任感，更要加倍努力工作。

“两基”的难点在农村，特别是在“老、少、山、边、穷”地区。除中央和各级政府大力扶持外，要调动农村干部群众对实现“两基”的积极性，增加投入，改善必要的办学条件，特别是危房的改建。但不能搞不切实际的达标和形式主义。农村基础教育要实行农科教结合和义务教育、职业教育及成人教育的“三教统筹”。在学好文化知识，养成良好道德行为及文明习惯的基础上，要增加职业技能和实用科学知识的内容，使大部分学生毕业后，都能用所学技能和知识，在农业现代化，以及促进农村经济建设和社会发展中发挥积极作用。为此，要加快农村基础教育改革的步伐，坚决扭转不同程度存在的脱离农村实际的办学指导思想和教学内容，认真改革那种照搬城市办学模式的作法。农村基础教育既要为发展农村经济服务，又要使优秀农民子弟能有继续升学的机会。总之，农村的“两基”工作要同当地的两个文明建设相结合，同农村“脱贫致富奔小康”相结合。

四、由“应试教育”转向“素质教育”是基础教育的紧迫任务

《义务教育法》规定，义务教育必须贯彻国家的教育方针，使儿童、少年在品德、智力、体质等方面全面发展，为提高全民族素质，培养有理想、有道德、有文化、有纪律的社会主义建设人才奠定基础。《中国教育改革和发展纲要》提出，中小学要由应试教育转到全面提高国民素质的轨道上来。这是基础教育领域的深刻变革，是提高国民素质、培养跨世纪人才的必然要求，也是党中央、国务院向基础教育战线提出的一项紧迫任务。

基础教育要由“应试教育”转向“素质教育”，已越来越引起广大教育工作者的重视。多年来，许多教育部门、学校和教育工作者为实现这一转变做了不少艰苦的工作，积累了许多有益的经验，有的地方已初步实现了这一转变。但从总体看，对实现向“素质教育”转轨的重视和研究还不够，尤其缺乏紧迫感。各级教育部门要将实现素质教育的转轨列入重要议事日程，制定规划和措施。教育科研机构要将向素质教育转轨列为重大科研项目，为教育部门决策提供依据。广大中小学校要把实现向素质教育转轨列为学校的中心工作，抓紧抓好。

素质教育和应试教育反映了两种不同的教育思想。“应试教育”以升学考试为目的，围绕应考开展教育教学活动，是一种片面的淘汰式的教育。它的危害：一是教育对象主要面向少数学生；二是教育内容偏重智育，轻视德、体、美、劳诸方面，忽视实践和动手能力，影响青少年的健康成长；三是违背教育教学规律和青少年成长发育规律。素质教育体现了基础教育的本质，它从“培养有理想、有道德、有文化、有纪律的社会主义公民”出发，以全面培养受教育者高尚的思想道德情操、丰富的科学文化知识、良好的身体和心理素质、较强的实践和动手能力以及健康的个性为宗旨。素质教育要彻底摒弃应试教育的片面教育观，面向全体学生，为学生学会做人、学会求知、学会劳动、学会生活、学会健体、学会审美打下扎实基础，使学生在德智体等方面得到全面协调的发展。

素质教育的一个重要任务是培养中小学生具有良好的思想道德品质。基础教育阶段是一个人发育成长的重要阶段，是初步形成正确人生观和世界观的关键时期。当前，中小学教育、家庭教育的一种倾向是，重视教学生学习文化科学知识，忽视教他们怎样做人。现在，不少中小学生不爱劳动，缺乏社会公德意识，有的甚至养成了一些不良习惯。因此，学校、家庭和社会一定要重视德育，要培养中小学生热爱祖国、热爱集体、热爱社会主义，加强伦理道德教育，养成良好的品德和行为习惯。要重视法制教育，加强中小学生的法制观念。遵纪守法，既是育人的基本要求，也是适应法制逐渐健全的21世纪社会生活、工作的需要。进一步办好幼儿教育，也是进行素质教育的重要环节，一些好的行为习惯应当从幼儿时期养成，从娃娃抓起。

体育、美育和劳动教育，是中小学全面贯彻教育方针、落实素质教育宗旨的重要内容，也是目前学校教育中的薄弱环节。应从配备师资、开足课时、解决必要的设施，社会和有关方面也应给予支持。素质教育不同于"英才教育"，不能将极少数"超常儿童"与一般儿童相混同，以"超常儿童"的标准要求全体儿童。采用这种拔苗助长的办法去追求所谓"超常发展"会阻碍甚至扼杀部分青少年的成长，实不足取。

为推动向素质教育转轨，应创造必要的外部环境。要合理调整教育的宏观结构，在适度发展高等教育的同时，要积极发展多形式、多层次的职业教育和成人教育，使基础教育和职业教育的比例更加合理，拓宽基础教育后的继续学习的渠道，减缓那种"千军万马过独木桥"的升学应试的压力。另外，包括学生家长在内的全社会都要支持和关心学校实施素质教育，共同创造一个有利于儿童和青少年健康成长的社会环境。要大力整顿校园和学校周边的秩序，依法取缔并坚决打击一切毒害儿童和青少年的非法活动。

基础教育由应试教育转向素质教育，是一项艰巨复杂的工程，需要组织力量从理论与实践的结合上进行研究和探索。如果经过"九五"期间的努力，基础教育在向"素质教育"转轨的道路上取得显著进展，我国基础教育便将会以一个崭新的面貌面向世界，为我国下一世纪经济、科技和社会的发展作出更大的贡献。

五、切实抓好教育教学改革

当前我国基础教育在教育教学领域里存在一些突出问题，主要是：重知识传授，轻能力培养；重教材灌输，轻教法的改进和学法指导；重理论知识，轻实践环节；教学难度越来越大，学生作业越来越多，加重了老师和学生负担，挫伤了学生学习的兴趣。以上诸多问题，必须通过深化改革予以解决。

首先，要转变教育观念，树立正确的人才观、质量观，明确基础教育的性质和任务。基础教育的基本任务，就是要为人的发展打好基础。这个基础不仅包括必要的科学文化知识，而且包括高尚的思想品德、健康的审美情趣、现代文明意识和良好的身体素质。同时还包括获取新知识的能力、解决实际问题的能力、动手和实践能力等。这些素质都不是靠"题海战术"所能培养出来的。如果我们只是围绕升学，把学生引入只会死记硬背书本知识的歧途，就不可能造就出跨世纪的一代新人。我们要广泛宣传这种观念，使全社会形成共识，支持基础教育搞好教育教学改革。

第二，要改革教材和教学内容。要删简陈旧、繁琐的教学内容，吸收现代科技成果，开阔学生的视野。要采取有力措施，禁止滥编滥印和强行推销复习资料、升学指南、试题汇编和辅导读物等。要以终身教育的思想为指导，在基础教育阶段教会学生最基本、最核心的知识，教学的重点应当是在掌握必要文化知识的同时，教会学生获取新知识的方法和能力。使学生能够运用所学的知识和方法，不断补充新知识，解决新问题，从而适应社会发展的需要。

第三，改革教学方法和教学手段。要调动学生学习的积极性，激发学生的学习兴趣，使学生养成勤于学习、善于思考的习惯，这是教法改革的关键。要鼓励学生提出问题、讨论问题和研究问题，创造生动活泼的学习气氛。教师不能用一种模式教学，用一个标准要求所有学生。要区别学生的具体情况，因材施教，但不应在同一年级以成绩划分快慢班。教师还要学会有效地利用现代教学技术和手段，降低教学难度，提高教学效果，激发学生的学习兴趣，促进学生积极思维。在有条件的地方，要利用电化教育和远距离教学手段，帮助边远地区的中小学提高质量。

第四，改革教育评价制度和方法。要将中学的合格率与升学率分开，并在评价上脱钩。现行考试升学制度严重地影响了基础教育的教学改革，要下决心改变这种局面。要加快研究并建立起一种对学生德、智、体等方面和对学校办学方向、教学质量、管理水平等方面进行全面考核的科学评估制度和标准。

第五，逐步改革学校现行的建制。初中是义务教育的一部分，宜逐步直接与小学衔接。在大中城市可积极试行九年一贯制，既可在同一所学校实行九年一贯制，也可在异校之间由相对较近的小学和初中挂钩实施九年一贯制。在有条件的城乡，要实行完全中学的高初中脱钩，特别是重点完中更应高初中脱钩，分别设置高级中学（可以是普通高中，也可以是综合性高中）和初级中学或九年一贯制学校。

六、建设好教师队伍是提高基础教育质量的核心问题

教师队伍的素质和必要的数量，是办好教育的基本条件。中小学尤其是小学教育质量的提高，主要取决于教师的思想政治和业务素质，好的校长和教师可以弥补某些办学条件的不足。各级政府应当把教师队伍建设当做实现教育现代化、提高教育质量的核心问题，认真落实《义务教育法》、《教师法》的有关规定，在教师队伍建设和为广大教师排忧解难方面，办一些实事，切实抓出成效。当前，一是要采取措施提高教师的思想政治、道德修养和教学业务水平；二是要下决心解决一些地方拖欠教师工资问题；三是要多方筹集资金解决教师住房问题，使他们有一个“安居乐业”的基本条件。另外，还要给教师创造进修、提高的机会。对符合条件的历史遗留下来的民办教师要分期分批地在本世纪末以前转为公办教师。总之，要动员全社会尊师重教，真正使教师成为受人尊敬和羡慕的职业。

提高国民素质和培养一代高素质的跨世纪人才，是时代赋予广大教育工作者的神圣职责，也是对广大教师提出的殷切希望。每一个教师都应当站在时代的高度，树立强烈的责任感和为人师表的敬业精神，努力提高自身的思想政治水平、业务素质和教学能力。

要认真办好师范教育。师范院校要坚持为基础教育服务的办学方向，除培养师范生外还要兼顾中小学在职教师的进修。要加强德育和师德教育，深化教育教学改革，努力改善办学条件，以培养出更多更好的教师，真正发挥教育战线工作母机的作用。

要抓好中小学的领导班子建设。要选派优秀人才担任中小学的领导职务，把不称职或不适合担任学校领导的调换下来，或经过培训后再上岗。党政机关也可输送一些思想好、作风正、懂教育、善管理的同志，按国家有关规定，经过培训并取得相应资格，充实到中小学的领导班子中去。各级政府要帮助校长解决好办学经费、后勤服务等方面的困难，保证校长把主要精力放在教育、教学和学校管理上。

七、坚决治理中小学乱收费特别是义务教育阶段择校生高收费

一个时期以来，中小学出现的乱收费特别是义务教育阶段“择校生”高收费，已经成为社会普遍关注的热点问题之一。党中央、国务院对治理中小学乱收费问题非常重视，各级人民政府和教育部门也采取了许多措施，使乱收费的现象得到了一定的遏制。

产生中小学乱收费择校生高收费的原因是多方面的，可以说是长期困扰基础教育的投入不足、应试教育弊端和片面人才观的综合反映。乱收费和高收费不仅加重了学生家长的经济负担，而且影响了学生的健康成长，违背了《义务教育法》的有关规定，损害了教育工作的社会声誉。各级地方政府和教育部门的领导必须提高对治理乱收费和高收费工作的认识，采取切实措施，从严治标，抓紧治本，标本兼治，综合治理，坚持义务教育阶段公办学校实行免试就近入学不收学费只收杂费的方向和目标，各地可根据本地的不同情况一步到位，一步到位实在有困难的，也应尽快分步到位，力求今年治理乱收费工作取得明显成效。

在从严治标上，各地政府和教育部门要根据国务院办公厅和国家教委发布的有关文件精神，认真执行义务教育阶段收费工作的规定。今年一定要把择校生高收费问题坚决遏制住，重点是大中城市。同时，要向社会宣布，对各种形式以权谋私的“条子生”和“关系生”，要采取更加坚决的措施予以制止。要将这个问题提高到端正党风和廉政建设的高度去认识。要继续加大查办违纪案件的力度，对违反规定“乱收费”和“高收费”者，除收缴违反规定所得外，要追究有关领导和当事人的责任。同时，各级政府和职能部门要采取有效措施，坚决制止社会上对学校的乱摊派、高收费和硬性转嫁、推销等代收款。

为从根本上治理乱收费和高收费，要切实做好以下工作：首先要加强对《教育法》和《义务教育法》的宣传，明确义务教育性质，提高依法治理乱收费和高收费的自觉性。“国家对接受义务教育的学生免收学费”，“儿童、少年就近入学”是《义务教育法》的明文规定，坚持实行就近入学，在普及初中教育的地方，小学毕业生免试就近升入初中，这是全面贯彻落实《义务教育法》的一项重要内容，也是入学办法的一项重大改革。这有利于全面贯彻教育方针、全面提高教育质量。实践证明，这项改革方向是正确的，应在实践中不断巩固和完善。第二，地方政府和教育部门要尽快采取有力措施，包括增加投入、配备好的校长、提高教师素质和建设好的校风等，加强薄弱学校的建设和整顿，全面改善薄弱学校的办学条件。办学条件较好的小学和初中要积极主动地帮助附近薄弱学校提高办学水平。直辖市和省会城市应率先下大力气做好这项工作。第三，积极推进办学体制改革，鼓励支持社会团体和公民个人依法举办民办学校或民办公助学校，以满足一些家长的择校要求。民办学校也要全面贯彻教育方针和国家的有关规定，收费标准应依学校办学成本确定，不得以营利为目的。要旗帜鲜明地反对开办不执行党和国家的教育方针，培养精神贵族，以盈利为目的的各种形式的“贵族学校”。同时要加强教育督导，全面清理中小学收费的各种文件，立即废止不合理的收费项目和标准，定期检查并向社会公布中小学收费情况。要把治理乱收费和高收费作为对当地政府和学校督导评估的重要内容，确保治理工作收到实效。

国运兴衰，系于教育。我们要在邓小平建设有中国特色社会主义理论和党的基本路线指引下，在以江泽民同志为核心的党中央领导下，认真贯彻“科教兴国”的战略方针，切实加强基础教育，加大基础教育改革的步伐，为提高国民素质和培养跨世纪的各级各类人才奠定坚实的基础，满怀信心地去迎接21世纪，使社会主义中国以现代化的崭新面貌屹立于世界。

朱开轩主任在国家教委1996年教育工作会议上的总结讲话

（1996年1月24日）

对这次会议的主报告和两个文件，大家提出了很多很好的意见，认为柳斌同志的报告是实事求是的，两个文件思路是清楚的。《教育事业“九五”计划和2010年远景目标》将根据大家讨论的意见作适当修改；国家教委《1996年工作要点》就这样定下来了，在执行中将考虑大家提出的意见。

一、关于教育事业“八五”计划

讨论中，同志们重点回顾了“八五”期间和1995年的教育工作，有喜有忧。但总的认为“八五”期间教育事业的发展，成绩是主要的；是教育事业取得很大成就、教育改革不断深化的五年，也是不断克服困难、艰苦奋斗的五年。教育事业“八五”计划进展顺利的原因主要有三点：

一是“六五”、“七五”教育事业的发展给我们打下了很好的基础。“六五”、“七五”，也就是文革之后拨乱反正和理顺工作思路的十年，工作环境很好，工作思路不断理顺，特别是1985年，中共中央发布了《关于教育体制改革的决定》和1986年全国人大通过了《义务教育法》。这十年，用了很大的力量恢复高等教育，解决基础教育，特别是农村地区、民族地区中小学的“一无两有”，筹集了一千多亿元经费，使校舍危房面积从16%降到3%，并使全国90%的人口地区普及了5～6年小学教育。目前正在出现的“普九”好形势就是在前十年工作基础上继续发展的。所以，我们应该感谢前任同志们所作的艰苦努力和奠定的良好工作基础，使“八五”期间的工作总的说得以进展顺利。

其次，我感到“八五”工作进展比较明显，是同党中央、国务院的正确领导以及各级党委和政府对教育事业的高度重视、特别是与各级党委和政府主要领导同志亲自抓教育工作分不开的。党中央、国务院前年直接主持召开的全教会确实带了好头。这五年教育工作取得的重要进展，使我们深切感受到全党和各级政府加强对教育事业领导的重要性。教育正在真正成为全民的事业。“八五”形势非常喜人，“九五”要保持下去，我们的事业是有希望的。

“八五”工作进展顺利的第三个原因，是我们教育战线有一批忠诚于人民的教育事业和在困难的条件下仍然能够发扬艰苦奋斗精神的各级教育行政工作队伍和广大教师队伍。特别要感谢省、区、市教委和中央各部委教育司局的同志对国家教委工作的支持。感谢在座各位在落实党中央重大决策方面所作出的卓有成效的贡献，你们的很多好经验对全国推动很大。我们希望能够互相鼓励与支持，迎着困难上，“九五”时期还要这样去做。

二、因地制宜，认真制定好各地、各部门的“九五”教育计划和1996年的工作要点

“蓝图”已经有了，这就是《中国教育改革和发展纲要》，关键是“施工”。所以说，今后五年工作的方向仍然是《纲要》50条。再就是按照十四届五中全会精神，不断修整、完善改革和发展工作的思路；最重要的是着力解决好教育事业奋斗目标、改革思路和政策措施三个部分之间的关系。

《纲要》六个部分50条，大的划分也就是这三方面。一是各级各类教育事业到本世纪末和下世纪初的奋斗目标是什么？我们的年度计划实质上就是分解这个目标，每年要有进展。这个目标包括事业发展，也包括各级各类教育的改革。二是奋斗目标如何达到？必须要有一个正确的工作思路和改革思路，包括体制改革和教育领域改革。我们如果只研究工作目标进度，不研究工作思路，特别是改革思路，要达到奋斗目标也是很难的。三是要研究包括投入、师资队伍建设在内的一些重大政策措施。对于中国历史条件下这么庞大的教育体系，要达到这个奋斗目标，没有足够投入是不行的。教师队伍是我们依靠的对象，所以我们必须研究《纲要》的第五、六部分。

我们的任务就是要不断落实、完善和深化上述三个方面，只抓一个方面出不了成果，三个方面要完整地去做。有些事情是我们教育内部的事情，我们是作得了主的；如果思路是正确的话，就很有效。思路不正确，也可能没有效。有些事情不是我们作得了主的，可能要靠很多政府职能部门来支持，来配合。有些事情还要靠政府决策，但是这个决策也要靠我们提建议出主意，去推动，我们要提出方案，包括政策措施。总之，各地各部门在制订工作计划和规划时，必须考虑到并把握好上述三个方面的关系。

三、正确处理好各级各类教育的关系，务必把“两基”放在重中之重的地位

各级各类教育都是重要的，我们都应该努力完成各级各类教育预定的目标。但中国现阶段的历史条件要求我们一定要把“两个基本”放在教育内部重中之重的位置上，这一点对每一个省、区、市恐怕都应如此，无一例外。大部分省区都还处在“普六”、扫盲阶段，“普九”任务还很艰巨；就是一部分省市宣布实现了“普九”(现为三大直辖市；宣布基本完成扫盲的有八个省市)，恐怕还是基本标准而已，离高标准“普九”及扫盲还远的很。因此，把“两基”列为重中之重，我估计，起码要十年，即“九五”和“十五”。十年之后，也许有一些地区会有区别。但从全国范围看，这个“口号”恐怕要十年，因此近五年“两基”重中之重地位绝对不能动摇。如果在这个势头上滑坡，在中国教育史上将是很大损失。我们从解放初期谈扫盲，谈义务教育，谈到现在，快半个世纪了。四十六七年未能兑现，挫伤了广大人民群众积极性，所以现在有的同志仍没有信心，耽心依旧是空话，本世纪末做不到。我不这样看，我觉得还是有可能做到的。

首先，教育的外部环境与文革前根本不同。自从1978年十一届三中全会以来，始终坚持经济建设为中心而重视教育这一点是在不断加温的，我们应该充分利用并把握这一好机遇，竭尽全力推动教育事业发展。从中国历史发展阶段讲，普及教育和扫盲这个阶段是逾越不过去的，越早把这一问题解决好，我们就越主动。经济发展这么快，社会发展这么快，必然要求我们大面积提高国民素质和劳动力素质，不然经济发展、社会发展如何持续得了？目前，我国“两基”的基础不同程度还是很薄弱的，包括经济相对发达地区，特别是困难地区更是如此。每年我都有2～3次机会到贫困地区看一看，那确实是相当的困难！经济和社会要飞速发展，教育不走在前面怎么行？这是衡量社会进步的一个重要标志啊！我觉得要看到这一客观形势，要有高度紧迫感、责任感。

第二，从教育本身发展的规律以及我们社会主义制度的基本性质看，我们也应该把“两基”扎实搞好。教育要发展，如果基础教育都没搞好，别的教育有条件发展上去吗？能高质量发展上去吗？是不可能的，这是教育本身的规律。教育总是呈宝塔型的，一层一层搞上去。特别是中国这样始终坚持社会主义制度的国家，总要给大家提供一个普遍受教育的机会，首先是基础教育，而且力求使人均受教育的年限尽可能长一点。去年11月份我有机会访问两个国情同我国相似的人口大国，有很多收获，也有一些很深的感触。其中之一就是要着眼于人民群众，从基础教育和扫盲抓起；一味发展高等教育而忽视基础教育，必然使教育为少数有钱人服务；文盲充斥于国内，经济肯定上不去；倒“金字塔”型的教育，肯定发展不了教育；这实质上是社会制度问题。所以，我们这个社会主义国家首先要重视为广大劳动人民、工农群众提供最基础的教育，而不能不顾这一头，只发展高层次教育，谁有钱就给谁办教育，我们的社会制度决不能这样。这也是社会主义制度国家发展教育正确的工作思路。

第三，基础教育是政府行为，政府财力很有限，各类教育都要争着上，这是一个矛盾。我们对政府和社会应继续呼吁多给教育投入；但从教育内部，我们则要善于处理好各类教育之间的关系。哪个优先？哪个稍缓？要心中有数。从我们的财力看，如果发生矛盾，首先应该放在基础教育和扫盲上，这一点要坚定不移。只有这样，对整个经济和社会的发展以及精神文明建设，还有各类教育，包括高层次教育起的作用就越大，这才是一个正确的路子。这样，政府和社会才会认为教育部门是深思熟虑地使用教育经费的。如果我们的基础教育搞得很糟，文盲不断增加，社会就不会认为我们的教育是成功的。总之，把“两基”看成是奠基工程、重中之重，同志们一定要坚定不移。

“两基”从1994年到1995年已开了三个“片”会，强调了“分区规划，分类指导；积极进取，实事求是”。首先，态度是积极进取，要研究困难；然后要实事求是，从地区实际情况出发，决不能弄虚作假，不能有水份，不要走过场，特别是督导验收，一定要非常认真。关于“两基”的进度指标要求并不像一些同志所说的那样，习惯称“按照国家教委的要求”；实际上，国家教委没有给哪个省下过指标，都是自下而上规划的，国家教委在汇总时都是留有余地的。如第三片九省区，我们的“普九”奋斗目标是65％人口地区；而西藏地区的奋斗目标是80％人口地区“普六”。在年限上也是留有余地的，如第一片基本目标提1996～1997年，我们没有说一定是1996年，达不到可以延到1997年，不必有压力。但两句话应坚持，还是要坚持“积极进取、实事求是”。如果搞强迫命令，瞎指挥，那一定是弄虚作假，一定会走过场。普及教育和扫盲千万不能走过场，要不然还要验收一遍。要处理好验收标准和进度的关系，标准搞高了，我们什么都做不到，把群众的积极性给伤了。因此，应该有一个基本标准，然后不断提高这个标准。“两基”目标全国分成1996、1998和2000年三个阶段。今年要宣布第一阶段数字，我们第一阶段的目标是40%～45%，这次1996年工作要点中提的是40%以上，给全国留了很多的余地，即5%的余地，我们还是希望达到45%，现在看还是有可能的。

四、关于职业教育和高等教育

在抓好“两基”的同时，要积极发展职业教育，适度发展高等教育。今年我们将与劳动部、经贸委三家一起召开职业教育工作会议。这个会要开好，一要认真研究《纲要》中积极发展职业教育的方针和措施；二是理顺包括这次会上大家提出的领导体制上的许多问题；三是贯彻即将通过的《职业教育法》。

高等教育的问题，涉及规模、体制、效益、质量，希望“九五”期间都能有所前进。

关于高教规模“九五”适度发展的提法，经济相对发达地区的同志提出了一些不同意见，认为增长比例太低。我想这个问题应该这样看：一是“九五”期间普通高校本专科生年均增长率3.8%说的是平均数，各个地区会有不一样。二是各地区高等教育的发展规模不要只算地方院校的“小账”，应该算包括设在本省、自治区、直辖市的部委院校在内的“大账”。如这样计算，各发达省市的高教规模大概还是很可观的了。三要看到目前高教管理体制正在理顺之中，“八五”取得了比较大的进展，但还没有决定性的进展。体制不顺，主要表现在：中央和地方是条块分割的；一个省、自治区、直辖市内部，教育部门与厅局管院校也是分割的。不合理体制下的重复设置专业，不协调地各自发展各自的高校，难以避免；这样基础上的大发展不不可能是高效益、高投入、高质量。“九五”一定要把高校管理体制改革放在突出位置，抓紧抓好。高校管理体制改革要吸取历史上的经验教训，不要简单地变成学校下放。经过几年摸索，现已找到较合理机制，这就是“省部共建”。我们尽量按照地区布局，让中央部委学校首先为所在省、自治区、直辖市服务，为所在大区服务，也为自己的行业服务。对教委学校而言，首先为所在的中心城市服务，为所在省、自治区、直辖市服务，为所在大区服务；但因委属高校规模大，专业全，地方可能用不了那么多人，那可以同时为全国服务。另外，学校分科太细也是大问题，知识面太窄，难以培养出高水平的合格人才。学科怎样调整？如果每个学校都走自我膨胀，办起文、理、工、农、医，综合性学科齐全的学校，这可能吗？不可能。所以我们提倡外部联合办学的办法，鼓励学校就近合作，互聘教师，资源共享这样一个机制，而不是简单的合并。总之，“省部共建”与“合作办学”的目的都是为了理顺体制。如果现在我们的精力还不放在理顺体制上，而一味强调固有不合理体制的格局下大力发展高等教育，估计再过若干年，特别是进入21世纪，“两基”过了关，可以腾出手来真正需要大力发展高等教育的时候，我们就会感到当年的所作所为是“欲速而不达”了。

本次会议又有同志重提“专科”放开，我仍认为为时过早。我们八十年代中期曾放开过，高校增加了一倍，没有触动体制，系低水平上的重复。还有同志提出“中心城市办大学”，我劝大家也要非常谨慎。经济发展需要的人才是多方面的，一个县级市能办一个什么人才都包罗进去的高校吗？不可能。只能办有限的若干个专业，有限的若干个专业对这个县来讲，可能三四年内是需要的，但三四年以后可能就饱和了。你总不能今天办这个专业，明天办那个专业吧！这就不是真正意义上的“大学”了。教育规律不是这样的。高等学校的设置与布局还是应该着眼于省、自治区、直辖市；要有全国、大区和省、自治区、直辖市的全盘考虑。有的部将改制为“集团公司”，之后大学怎么办？我认为：从职能看，管理体制没有转变前，恐怕仍然要参与管理和领导。“共建”后怎么办？可以按“共建”精神去办，去划分职能。总之，决不是简单地部委体制一变，学校管理体制随之而变。务必从全局上考虑问题，不然，教育要受损失。江泽民同志最近在十四届五中全会的讲话中告诫全党要讲政治就是这个意思。希望同志们务必从全局上考虑问题。把高校管理体制改革视为全党、全民的重要事业。

至于高校招生收费并轨问题，我也希望同志们从改革角度来看。首先，非义务教育阶段应该收费，过去免费入学并不合理。接受高等教育只是少数人，与义务教育不一样。首先是观念上的转变，李鹏总理和李岚清副总理很强调这是一个机制转变，不要算经济帐。我们希望第一步要平稳过渡。过渡阶段千万不要高收费。将来收费可能按属地原则，但收费标准仍要从社会稳定和群众承受能力考虑，而且要有奖、贷、勤、补、免等各种配套措施。并轨希望1997年能基本完成。希望大家不要观望。好多改革不进则退，“不战、不和”，“优柔寡断”，不可取。35所委属学校第一年全部就转了。高等教育改革对于“九五”非常关键，在座很多同志从事一辈子教育，能够遇到改革思路非常清晰，特别是与改革大环境非常匹配的机遇很不易，如果把握不住，稍纵即逝，是很可惜的。所以我们要把精力放在这方面，来理顺这一体制，包括后勤改革，内部管理体制改革。

五、教育部门要把相当的精力放在教育投入和改善教师待遇上

要做到这一点，首先，情况要明。现在《教育法》都很明确，教育投入要有监测指标，我们会同国家统计局每年公布一次，已公布两年了。我建议省里也应该公布，包括教育经费占整个财政支出的比例，以及占GNP的比例。情况明才可能正确判断形势。第二，解决教育经费还要多渠道。教育经费筹措的格局大致经过“七五”和“八五”的努力，已逐步走上以政府财政为主，财、税、费、产、社、基多种渠道筹措的格局。从1991～1994年已公布的数目看，除科研费外，教育经费总支出为4150亿元，财政预算内的占61%，教育费附加占9.5%，这两项约占70%，收学杂费占7.5%，还有校办产业减免费等，这个格局大致已形成。我们还是要走多渠道的路子，但财政仍是主渠道。对政府财政的投入，我们一定要十分关注，争取更多的投入。

1995年在国家计委和财政部的支持下，有两笔专款得到了落实，即“贫困地区义务教育”专款及“211工程”专款。对这两笔专款大家认为数量小了些，但我们认为已是很不容易了。1995年“两款”共5.5亿元起步。其中“贫困地区义务教育专款”5年39个亿，“211工程”专款共28个亿。39亿如果没有配套经费，确实较少，但各省、自治区、直辖市政府有配套的话就可以达到100个亿，或更多些。财政主渠道要靠中央和省两级一起努力。

1996年有一项很重要的工作应做好，这就是要专门研究财政性教育经费支出占GNP比例到本世纪末怎样达到4%？从现在财政的实际情况看，4%完全依靠财政拨款，估计比较困难，要有新的附加费的征收办法。此外教育财政拨款体制也应该研究。现在人头费的比例越来越高，生均公用经费，就是办学经费逐步下滑，这种状况与我们的拨款体制有关系，这个问题也需要研究。总之，对教育投入，每年要想点大的思路，也要有点具体的工作目标，解决点什么事情。

此外要帮助教师尽可能解除后顾之忧。教师队伍中与切身利益有关的问题，教育部门都应放在心头。现在最重要的问题就是拖欠教师工资。拖欠教师的工资一定要兑现，这是基本生活条件，也就是生存权。工资改革大家还不很满意，但对农村中小学教师来讲，这个工资标准如能按时兑现，就相当不错了。问题是如何兑现？对拖欠问题我们很着急，大部分省区也都在努力解决。作为教师，如果工资不能保证的话，别的问题都谈不上。不是一个月、二个月，而是八个月、十个月不发工资，叫人怎么生活？怎么工作？不稳定就谈不上"两基"了。这个问题要从根本上去研究。同样是贫困地区，为什么云南、江西等地就解决得好一些？一千多万教师的基本生活，要挂在我们的心头，这也是个群众观点嘛！基本生活条件要保障，拖欠教师工资问题，一定要解决。

对民转公问题，总的来讲不容易，人事部门还是很支持的，两年解决了30万指标。若各个省、区在这个基础上相应再配一些指标，到本世纪末，这个问题就有可能解决。教师待遇问题是十分重大的问题，这些问题解决不了，我们的农村教师队伍是稳定不了的。教育事业的奋斗目标最终靠第一线的同志，"两基""两全"都是，我们要关心他们的疾苦。还有一个"安居工程"，岚清同志亲自抓。已开了两次全国性的会议，形势非常好，1995年总投入119亿元，比1994年增加30亿元。各个省、自治区、直辖市都非常努力。今年决定要开第三次会议。趁全国这样好的大环境，把教师的居住问题解决得好一些。还有医疗问题，报销问题，特别是农村。教育部门应该把教师的切身利益放在心头，要心中明，有些问题不是我们自己能解决的，但情况清楚，给领导出主意，协调也可以，使教育事业处在良好环境下。所以，我们还要把相当的精力放在经费投入和教师待遇上。

六、教育"热点"问题要及时疏导

要及时疏导"热点"问题，对"热点"问题要保持清醒头脑。不一定所有"热点"问题我们都能及时疏导得了，但是我们的是非和工作方向要明白，头脑要清楚，不能让"热点"问题以及不大正确的倾向牵着我们走，最好不让它形成气候。比如乱收费，特别是义务教育阶段的乱收费。同志们认为，不该列入反腐败，我同意，这不是腐败问题，但也有腐败现象，有些事情还触目惊心。乱收费情况确实较复杂，但中央已把它列入纠正行业不正之风之中。我们必须高度正视。二月初国务院要召开第四次反腐败工作会议。李鹏总理要发表讲话，国务院指定几个部长发言，其中有教委。要我讲义务教育阶段中小学乱收费问题。同志们，我们这个形象不是好的。在这里讲可能都是振振有词："择校生"是历史现象，每个家长都希望孩子上好学校的心情是可以理解的；教育经费不足，这是一个弥补的渠道；有人愿意出钱，这也是引导消费的正确方向；等等。我认为不能这样看，义务教育阶段是有“法”的，免收学费、就近免试入学是有法律规定的。政府应该提供这个条件，虽然不可能一步到位，但经过若干年的努力要逐步做到。这是工作方向，要逐步做到免收学费，免试就近入学。如果不把义务教育看作素质教育，只凭分数入学，从小学就要开始竞争；要么钱多入学，要么靠分数入学，这怎么行？

关于大中城市出现的义务教育阶段择校生高收费问题还要综合治理，要向社会呼吁，向家长呼吁，希望大家共同治理。治标要从严，治本要有一个过程，要标本兼治。应着眼于整个教育环境，不能光从几个学校着眼，要使所有的孩子们都能全面地、生动活泼地发展。义务教育阶段“一校两制”不可取。这个问题解决不好，我们就失去了社会的同情。

校园治安问题、民族学校团结问题都关系到政治稳定，必须引起我们各级教育行政部门的高度注意。另外，在一些地区和学校，社会上的一些不法分子滋扰学生和破坏校园安全的事件也有上升趋势。对这一问题，各级教育部门要高度重视，依靠社会各方面综合治理。特别是校长，更要多操心，家长把孩子交给学校，我们不仅要使他们学业有成，还应该使他们健康成长。学校领导每年要认真研究这方面的工作，总结经验教训，定期检查可能引起的不安全、不稳定的隐患，建立健全各项规章制度，加强对学生的自我保护意识与安全教育以及心理素质教育。学校还要与家长和社区建立广泛的联系，共同努力创造一个适合学生身心健康成长的环境。

七、教育行政部门要转变职能

国家教委要带头。首先是法律法规要健全。全国教育法律的大框架已确定；我们的努力目标是一年一个法律，一个规章。因全国差别大，要鼓励各地制定适合地方实际情况的法规和实施办法。

文件要少而精，今年国家教委要下决心精减会议，各司局的业务性会议一般只开一次，不得超过两次。其余开些小型座谈会。对地方更多是业务指导，要互相尊重。会风要严格简朴，要求做到“三不”：即不迎送、不请吃、不送礼。厚礼不送，薄礼也不送。希望地方谅解，大家齐心协力，欢迎大家对我们监督。各种评比，评估要减、停下来。“两基”督导验收要认真去做，“211工程”还要评估，其他暂停。不要轻易搞表彰，有些表彰总是一些重点校的领导人，面太窄。自然形成的典型要表彰，要少搞形式，多务实。要重视信访工作，信访工作太重要了。这是了解下情的重要途径，要有鉴别力，凡是署名的都要查，这是对人民负责、对工作负责的表现。通过信访，我们可以了解很多情况，希望同志们重视群众反映给你们的信访材料，也重视教委转到你们那里的信访材料，支持把举报材料搞清楚，不要护短；当然对信访材料中的不实之词应该实事求是。

最后我衷心感谢同志们对教委提的很多意见，感谢“八五”期间同志们对教委工作的大力支持。

关于委属高校发展与改革的若干问题

——朱开轩主任在委属高校咨询委员会第六次会议上的讲话

关于咨询委员会的工作

国家教委直属高校工作咨询委员会从1990年到现在已开过六次会议，每次咨询会议都受到委内委外的重视。国务院主管教育工作的负责同志每次都亲自到会，这六次会议，我也都参加了。这次会议有国家教委正副主任四位、司局长十六位出席。为什么如此重视？主要因为这是我国高等教育界的一次高层次会议，不仅与会学校是高层次的，而且出席会议的同志全是学校的主要负责人：校长和党委书记。因此，这是一次研究我国高等教育现状很有见解、很有思想的聚会，对于正确认识当前高等教育的形势，形成或完善高等教育工作的整体思路，沟通上下左右的关系和信息，都有重要的作用；对于进一步发挥直属高校在国家高等教育事业中的骨干和示范作用，更有着重要的意义。基于这样的认识，每次咨询会议我们都希望同志们充分准备，切实反映高等教育第一线的情况，有的放矢，在深思熟虑的基础上畅所欲言，提出建设性的建议，国家教委希望通过会议吸取智慧，进一步明确解决我们面临问题的工作思路。

国家教委直属高校六次咨询会议都开得很好。通过六次会议，我们可以总结出一些规律。就会议的议题而言，我想至少应包括三个方面的内容：第一，今后咨询会应当有工作交流。各个学校可不拘一格，谈最有体会、能够互相启发的事情，包括经验。这样的工作交流我想大家都是感兴趣的。第二，应当分析高等教育的形势与工作思路。不仅是直属高校的，而且应该面向全国的。可以讨论现行高等教育工作的思路是否正确，如何进一步完善。我们这个会议传出的信息非常重要，对于教委的决策也很有帮助。我赞成在咨询会议上既报喜又报忧，实事求是，这样我们才能取得共识，共商对策。咨询会议不仅提出问题，而且要研究如何解决问题，这样才能体现出会议是建设性的。第三，应当对某些问题适当进行专题咨询。教委可以事先出题目，请同志们发表意见；执行主席也可以收集大家的意见，归纳后与教委交流沟通。

对会议的开法，我希望能宽松一点，在咨询的基础上进行对话，互相交流。你们工作中有什么难处，我们工作有什么想法，希望通过咨询、对话，互相理解。并在研讨的基础上，对若干重大问题形成共识。如果只研讨而不能形成共识，就不能达到开会的目的。同时，我们还希望在交流的基础上，起到互相鼓励、互相启发的作用。总之，交流、咨询、对话、研讨、共识、鼓励，应当成为我们咨询会议的中心内容。

关于教育投入

关于教育投入的问题，大家都很关注，应当怎样看？作为教委主任，我这里再讲几点看法。

第一，教育投入不足是一个现实问题，同志们提的意见、反映的情况，是符合实际的，我们非常理解。但我还要说另外一句话，这就是教育部门包括中央教育部门，正在努力工作，为争取教育投入、特别是为解决当前委属高校面临的困难而竭尽全力。这点也希望同志们能理解。绝不是没有看到同志们面临的困难，也绝没有袖手旁观，只把担子压在同志们肩上。我们的压力也是很大的。

第二，教育投入有改进，在不断增加。问题是教育投入增量离我们解决一些重大问题的要求还很不够，特别是投入很不平衡。有许多改善措施，有的学校体现到了，有的学校则体现不到；有的学校有所改善，有的学校改善得很少；再加上学校之间的差距在拉大；因而一些困难比较多的学校在心态上很不安，这点我们非常理解。今后一段时间，教育的投入问题，仍然是国家教委在党中央、国务院的领导下，与各有关部委合作、与高校的领导同志合作，共同要解决的重要问题。

第三，解决教育投入问题的出路还在于改革。即正在形成的以政府投入为主、多渠道筹措办学经费的格局不能变。我们看教育的投入不能只看政府的投入，而要从六个方面去看：财、税、费、产、社、基，增加教育经费应当从这六个方面去努力。另外，学校还有一块很大投入，这就是科技经费。在争取国家一些重点项目、重点任务方面，重点学校有很多渠道和很大的潜力。

第四，要看到我们的困难在总体上讲还是前进中的困难。近年，我们每个学校都有很大的变化。学校事业的发展加快了，要求更高了。这一点我们也应看到，并对困难的性质及克服困难的前景抱有信心。

那么，国家教委是如何解决教育投入问题的呢？首先，我们在向党中央和国务院建议教育工作思路的时候，始终把教育投入作为应当着重解决的重要内容。1993年的《中国教育改革与发展纲要》、以及其后颁布的《〈纲要〉的实施意见》、《教育法》，我们都突出了教育投入问题，并得到了党中央、国务院和全国人大的高度重视。

其次，在实际工作中，争取政府投入的增长得到落实。从全国教育经费的整个投入情况看，“八五”期间应该说也是有很大发展的。据统计，1991年到1994年除科研经费外，全国教育经费的总支出是4147亿元，其中政府预算内的教育拨款约占61%，各级政府征收用于教育的税费约占9.5%，企业的办学经费约占6%，校办产业、勤工俭学、减免税部分约占4.6%，我们现在经常讲国家教育经费要占国民生产总值的4%，其分子就是上述四部分的总和（约占整个学校教育经费的80%）。除此之外，还有学杂费，约占7.5%，社会的捐资和集资约占7.2%，其他各种渠道还有4.2%。上述教育经费的构成，还是体现了政府投入的主渠道作用，而且近年来增长的幅度还是比较高的。以1994年为例，全国教育经费的总支出是1490亿元，其中国家财政性的教育经费支出1175亿元，与

1993年相比，全国教育经费支出增长了40%（1993年是1060亿元），国家财政性的教育经费支出增长了35%（1993年是868亿元）。这里虽然教职工调整工资占了很大一部分，但总体看来教育经费增长幅度还是比较高的。在全国教育经费总支出中，高等教育约占20%，基础教育约占60%，另20%左右用于成人教育、职业教育等方面。1995年虽然还没有决算，但我们估计与1994年相比，仍有重要进展。其中令人高兴的是两笔专项教育资金在1995年终于落实了。一项是关于贫困地区九年义务教育的中央专款，“九五”期间确定增加39亿元，加上原来预算的10亿元，共为49亿元，加上地方配套资金估计有100亿元，这对于实施贫困地区“普六”、“普九”是有力的促进。另一项就是“211工程”建设专款，这个专项资金大概有28亿元，加上地方、部委的配套、合作资金，估计总投入也有100亿元。1995年教育事业发展方面还有一个很重要的进展，就是全国重点高校教育科研计算机网络的建成并列入了全国重点工程建设项目，这很不容易。上述数字与事实说明：自从《纲要》和《教育法》颁布以来，教育投入问题是有积极变化的，文件和法律的力量正在转化为物质的力量。教育经费的困难依然存在，但事情正在向积极的方面发展变化。

第三，国家教委直属高校的经费困难还要通过深化改革来缓解。1995年在解决地方津贴方面，东南沿海地区的共建高校可以说取得了突破性进展，福建的厦门大学、广东的中山大学、华南理工大学（还有现已划归地方管理的广州外语学院）、上海的复旦大学、上海交通大学、同济大学、上海外语大学等部分高校已经实现了和省市共建，其他一些高校也正在积极争取中。

在直属高校住房建设方面，我们早在“八五”前期就提出了教师住房“三年解困、五年改善”。几年来，相当一部分学校已有很大变化。对于学校特困生的扶助，已连续抓了两年，甚至动用总理基金已达三亿多元。今年在北京地区，为了解决学校防火、电线老化问题，还给部分高校补助了一部分经费。此外，师范院校的经费困难最为突出，国家教委从前年起，在力所能及的事情上尽量倾斜，比如提高生均经费、助学金标准、支持学科建设等。总之，政府在尽量想办法解决学校的实际困难。

第四，解决高校投入不足，还有很重要的一个方面，就是直属高校的自身科技优势明显，特别是在争取科技产业、国家重点科研项目方面有很大潜力，应当充分发挥。很多重点学科建设、优势学科建设都是靠学校自身的力量争取来的。“八五”期间的一亿美元世行贷款中，半数以上在直属高校。国家计委投资强度很大的一百来个国家重点实验室，将近一半也在直属高校。直属高校取得国际上的援助、爱国华人的资助也是比较多的。IBM公司资助我国高校2300万美元，直属高校中有23所受益。广东、福建地区的直属高校受到爱国华人的捐助最多，建了很多新楼；今年邵逸夫先生再次主动向清华、北大各捐赠2000万元港币；李嘉诚先生为北大建新图书馆捐赠1000万美元。这一类经费渠道也很重要，我们也应珍惜。总之，国家教委很希望同学校很好地研究，何种经费通过何种渠道解决，要有整体的设想；把多种需要仔细地分解一下，争取把教育投入问题解决得更好一点。

关于“211工程”建设

对“211工程”建设，我们应当持认真、扎实的态度，千万不能搞轰动效应。对这个问题不宜过热，悲观失望也不必要。这是一项战略性的工程，要有战略性的思考，希望同志们能够理解和配合。“九五”期间，“两基”是教育工作“重中之重”，高等教育在布局没有调整好之前，一味大规模发展会带来很多问题，一是会妨碍“两基”工程的实施，二是会进一步扩大不合理布局。因此高等教育在规模上当前应强调适度发展，把较多精力放在理顺体制、合理布局和提高质量、效益上。我们应当把教育内部的关系处理好，“两基”必须首先解决，假如到下世纪初我国文盲还很多，受教育平均年限很短，那怎么能进入第三步发展战略呢？同时，现代化建设离不开高水平的科技发展，所以，“九五”期间启动了“211工程”，中央政府和地方政府合作重点建设100所左右大学，在高等教育改革与发展中起到示范、骨干作用。这里既要有战略性考虑，又不能离开国家经济和社会发展的实际。所以学校、学科的选择一定要很好地与经济建设、社会发展结合。经费是有限的，应把需要和可能结合起来。“211工程”也是一个建设的过程，不可能全面铺开、一步到位，势必有先有后。容易定的问题先定下来，难一点的放后一步解决。功夫要下在建设上，把大家积极高涨的热情与实事求是的科学态度结合起来。如果这个问题讲得不适当，处理不恰当，就会挫伤大部分学校的积极性，这是不可取的。

“211工程”建设对国家教委来讲，难度主要是高层次的直属学校多。“211工程”是面向全国的，必须遵循国家的方针政策，尤其要主动适应国家对宏观战略布局的考虑。国家建设要依靠教育，教育要面向经济建设，适应社会发展。因此，“211工程”的实施必须考虑全国的高等教育情况，尤其是面对地方实力比较强的高校，我们应当站在比较高的角度看这个问题，在这个前提下把教委直属高校运转好。希望同志们顾大局，这是对整个直属高校工作的支持，对国家高等教育事业的支持，最终也是对自己学校的支持。现在国家下决心首先将北大、清华建设好，投资强度相对大一点，同志们应当能理解。

直属高校“211工程”的后续预审工作，肯定会有条不紊地进行下去。通过部门预审学校的规划立项工作，我们也需要一步一步地做。立项确实涉及到经费的问题，要多渠道筹措办学经费，要靠中央政府、地方政府、部门行业合作。有的可能是大头靠中央、小头靠地方，也有的可能是大头靠地方，小头靠中央，还有的可能是主要靠地方甚至是靠学校筹措。至于能否列入中央第一批专项资金项目里去，有很多因素。首先应当说明，立项不是排重点，如果说排重点，国务院已经批过98所全国重点大学，所以现在我们不提建设一百所“重点高校”，而是提“重点建设”一百所高校。第一批得到中央专项资金的学校的确定，主要考虑两方面：一方面这些学校总体的实力、水平、质量、管理较强，这是必要的前提；另一方面考虑国家经济发展的产业政策与地区布局，即照顾西部地区。这是中共十四届五中全会的一个重要精神，全党、全国的各项工作中都应该有所体现。

关于深化改革

深化改革的内容，主要包括两大方面，即体制改革和教学改革。

关于教学改革，我只提一个问题，就是教学改革中高校内部教学管理机构怎么设置？建议同志们研究一下。也许大家都赞成三级机构为好，但到底是校、院、系，还是校、系、室？院这一级是实体还是代管机构？哪一级虚点，哪一级实点？现在对这些问题的看法及做法比较乱，要赶快研究。我们要吸取国外特别是发达国家较好的管理经验，但是一定要从中国的国情出发。

体制改革包括办学体制、管理体制、投资体制、招生和就业制度的改革以及学校内部管理体制改革。这五个方面现在都在进行。我想着重谈一下管理体制问题。

管理体制改革始终是一个重要问题。现在经济体制正在向社会主义市场经济体制转轨，高教管理体制改革的步伐一定要相应加快。特别是以下两方面：一方面，对中央部委的院校来讲，“条块分割”的体制怎么转为条块有机结合？学校的面向如何拓宽？现在很多地区明明已有很多重点大学，但地方政府认为这些不是地区的大学，还要另外办学。我们差不多有一半左右的高等学校是“文革”后兴建的，原因就是在经济体制改革过程中，地方经济与区域规划大力发展，地方确实需要人才。人才哪里来？由于历史形成的“条块分割”的高校管理体制，人才通向地方的渠道不通畅，促使地方兴办了一大批新的高校，造成高校数量大增而又重复设置系科，布局不合理。“条块分割”体制如果不改革，那么中国高等教育事业的发展就建立在一个不合理的体制上。现在调整已经很困难，如果再拖若干年，这个困难会更大。另一方面，教委直属的34所高校在体制改革中向何处去？我认为，教委直属高校的地区布局是很合理的，几乎每个大区都有综合性大学、理工科大学、师范大学及外语院校，这些学校都是面向全国的；但怎样使为全国服务这一宗旨落到实处？我觉得首先应该是面向所在的地区、所在省、所在的中心城市服务。我们这些学校的专业比较齐全，规模较大，所在的省、中心城市可能用不了这么多专业的人才，应当为相应大区服务，相当多的专业还可为全国服务。这样为全国服务的目标就落到实处了。

十四大的报告提到广东要在二十年内赶上亚洲“四小龙”。我们同广东共建中山大学、华南理工大学以及原广州外语学院以后，他们为全国服务的目标就非常具体，能够落到实处，这就是竭尽全力为广东赶上“四小龙”服务。广东省原来没有很高层次的省属高等学校，共建以后层次就大大提高了，其意义是极大的。国家教委的学校主要为地方服务并同省（市）共建、共管，是不是降低规格了？我看不是这样。1994年我到上海，同市政府以及复旦、上海交大、上海外语学院同志共商共建大计时，三校校长、书记明确表示：八十年代开放的标志在广东、深圳，九十年代就是开发浦东，建设上海这个长江三角洲的龙头，服务好这个“龙头”意义很大，绝没有降低复旦等校的层次和规格。大家都一致同意教委和上海市共建“三校”。这几所委属高校共建与不共建区别在什么地方？我说区别就在学校的专业设置、招生面向以及就业安排首先应该保证上海市的需要，然后再面向华东地区、面向全国。这确实是很大的转变，这种转变使教委所属的学校为全国的经济建设和社会发展服务真正落到了实处。我希望同志们在这个问题上能取得共识。现在已有近三分之二的委属高校实行了共建，但更重要的还在于观念的转变，充分认识首先为地方做贡献的意义是极大的。这样，不但拓宽了学校面向，淡化学校隶属关系，而且使地方进一步依靠部委学校，并把他们看成是自己的学校。

现在全国共建的学校已有40余所，其中一半以上是委属高校；转制的学校4所；学校之间合作办学的120所；还有70所学校合并为28所；产学研结合得比较好的126所。这个格局非常好，希望同志们能够走好这个路子，特别是观念的转变，不仅在广度上，更重要的是在深度上。

大家曾询问“新时期的院系调整”是什么意思？这是从一定意义上讲的，不能简单化的类比解释。解放初期的院系调整是适应当时高度集中的计划经济体制的需要，促进了经济建设的发展，历史功绩应充分地肯定。问题是大部分学校和系科都划归行业部门，地方的学校很少。此外，学科分得太细，专业面太窄，学科不能交叉，这是很大的问题。随着经济体制的转变和地方经济区域的发展，对这种部门办学为主的高教管理体制要找到一个适当方式来调整。现在正在进行的改革不是简单的历史重复。那时候学校重新组合；现在虽然也要重新组合，但并不是简单地把部委的学校都归到地方去。我们找到了一个很好的机制就是省部共建，不是简单地把学校下放，不是转制为主，而是共建为主，让地方多一点统筹的权力，充分发挥依靠中央部委学校的力量。学科结合不是打乱重新进行调整，历史上曾经是这样做的，但现在不是。我们是以“合作办学”为主，外部联合为主。我们提倡资源共享、优势互补、理工结合、文理渗透。不主张每个学校都自我膨胀为一个文理工农医的学校。将来我们可能会有极少数这样的学校，但不能太多。我们鼓励外部联合，特别是地域比较近的地区联合。学校合并时机成熟，我们也采取鼓励的态度。四川大学和成都科技大学只有一街之隔，历史上有渊源，双方有合并的愿望，我们就支持。

招生和就业制度改革，特别是招生的并轨，双轨制变成单轨制，公费生、自费生改成收费生，这个方向一定要坚持。收费生的概念，既不是简单的过去的公费生，也不是简单的高收费的自费生。作为公立学校，在目前的国情下，收费标准不能太高了，现阶段仍要经过批准。这是因为我们的国家虽然有的地方很富，但也要看到广大的农村相当部分的人远不是都能承受得了高收费的。所以，自费、高收费这种事情，我们委属高校还是不要做，进一步把“奖、贷、勤、免、减”不断地完善，体现我们社会主义制度的优越性。转轨是改革，不应着眼于算经济帐而高收费，更不要因为我们学校的层次高，收费就高。我们先把观念转过来，现已有245所高校转轨，离全部转轨还有很长一段路要走。在没有到位的情况下，把收费标准搞得很高，会引起社会震动。我希望改革方向看准了，就要坚持走下去，但是要尽量稳妥一些，不要引起社会较大震动。1996年的目标希望能达到500所，1997年最起码要达到750所以上，实现基本转轨。

近年委属高校的内部管理体制改革是有成效的。我们从两所学校开始，到5所、7所学校，后来全部推开，做出了很大成绩。如何巩固这些成绩，请同志们考虑一下。

关于住房制度改革问题，我觉得要坚持三条原则：第一，校园或校区的一定范围内住房不能卖，要保持校园的完整性。初步想法是这部分宿舍的住户应该是流动的，大约应占在编教职工的30%。校园外面应该有一批条件较好的宿舍，年龄到限的教师、干部退休以后应该迁出来。如果把校园内的住房统统卖掉，10年、20年之后，学校无房、校不成校，那问题就大了。第二，不要把它看成是简单的福利，要看成是住房制度的改革。决定卖房对教师应该有优惠与照顾，但绝不是等同于福利措施。现在卖房折扣打得太多了，几千元、一万多元钱一套房子，这实际上造成大量的国有资产的流失。而且，在目前相当一部分青年教师的住房还没有着落、无房可买的情况下，如果这样做，会带来很多的不平衡。第三，房改的经费一定要专款专用。财政部给教育事业的政策是为了进一步解决无房教职工的住房问题，不能拿了这笔钱去干别的事情，这是绝对不允许的。同时还要想想房改中一批没有住房的教职工怎么办，今后新进校的教职工怎么办？我们希望能在全面安排的前提下逐步迈向包括售房在内的房改措施。没有周密规划而孤立地赶“售房”浪潮，有可能会引发很多其他方面的问题。

关于学校办学自主权和政府宏观调控

回顾国家教委1995年工作中存在的问题，确实会议开得太多，文件发得太多，评比搞得太多，还管了一些不该管的事情。1996年教委机关内部建设的工作重点之一，就是进一步转变职能，减少会议，减少文件。我们的职能要转变，但对重大的方针政策性问题教委一定要把关；另外就是服务，要为委属高校服务，为教育战线服务，应从这两个方面来改进我们的工作。“放权十六条”，1992年就公布了，要以对直属高校“放权十六条”为依据，大家来评议监督教委、包括司局的工作；当然对“十六条”我们可以再总结，进一步完善。但是我建议再搞一个教委对直属高校宏观管理若干条，明确对委属高校哪些是国家教委应该管的。如果在这些事情上教委没有管好，那就是教委失职；若是学校不听招呼，我行我素，就是学校犯规。我们以这两个文件作为基准，互相尊重，上下监督，大家都不要犯规。管理体制改革一个很重要的工作目标，就是让学校有更多面向社会自主办学的权力；但另一方面，在经济体制转轨过程中有很多不规范的事情，这些事情会影响到教育内部，也包括委属高校，如滥办学、滥发文凭等。如果听任发展，成了气候，再去解决就太难了。

我觉得委属高校在教育事业发展中有几个方面应该起到示范作用：一、要很好地执行党的教育方针。希望委属高校在这方面要非常自觉、非常注意。二、一定要依法治教，按文件规定办。希望同志们能够维护政府及其教育部门已经明确了的方针政策或决策的应有权威性。三、从政治上考虑问题。有许多事情不一定有明确的界限，要看你学校的领导同志、学校的党委能不能从政治上考虑问题、判断问题，特别是社会科学领域的涉外交流要非常注意，现在问题不少，主要是缺乏政治敏感性。

关于学校领导班子建设

关于委属高校领导班子建设，我想强调以下几点：一是认真贯彻今年七月召开的全国高校党建工作会议和刚刚闭幕的全国组织工作会议精神。二是选好班子成员，做到“德才兼备，开拓进取，团结共事，廉洁奉公”十六个字。首先是德才兼备。这是内在素质，是基本条件。其次，要有开拓进取的精神，这样才能在复杂的情况下打开学校工作的局面。再其次，要有团结共事、顾全大局的精神。在中国当前处于体制转轨的情况下管理好一所高层次大学，绝非易事，要靠班子的集体力量，依靠凝聚力，因此要善于团结，善于共事，顾全大局。最后，必须廉洁公正。这是取得全校师生员工认可的一个很重要的前提。三是强调党政一把手在班子里起到核心作用的重要性。我觉得班子有没有凝聚力，关键要看校长、党委书记。党政两个一把手之间一定做到思想见面，互相尊重，许多重大事情首先是党政的主要领导同志要及时沟通。四是对干部的年轻化、后备干部的选拔和培养要有紧迫感。现在最突出的一个问题就是一把手的接班问题，要及早地、主动地来考虑，使得工作的接班和后备干部的补充能够更加顺利。五是希望各校在岗领导班子，要把主要精力集中在工作上，集中在国内。专心致志地把学校改革工作和教学、科研、后勤工作搞上去。同志之间的友谊只有通过共同战斗和困难的考验才能建立起来。

（1995 年 12 月 27 日）

构建督导评估机制　推动实施素质教育

柳　斌

汨罗市在素质教育方面，进行了长期的探索。他们已经有比较系统、比较完整的经验。一是有正确的教育指导思想。即政府要把每一所学校办成合格的学校，学校要教育好每一个学生；二是有科学的方法。市、乡镇、学校形成了一整套科学的规范的管理体系；三是有扎实的作风。十多年来，一直坚持扎扎实实，勤勤恳恳地为“两全”目标的落实而努力；四是有有效的机制——教育督导评估，用科学评估的办法代替了单纯分数评价的办法，改变了“应试教育”的做法。此外，汨罗市之所以能坚持12年素质教育的探索，与汨罗市委、市政府，岳阳市委、市政府的领导、支持和帮助是分不开的。汨罗经验不仅得到了汨罗市、岳阳市党政领导部门的重视，也得到了湖南省委、省政府、省人大、省政协的重视。省里的同志亲自对推广汨罗经验，作出了部署。王茂林同志，几次作批示。刘正同志非常关心，非常支持，已经三次到汨罗。省教委、督导办的同志也非常关心。汨罗市有一个比较好的实施素质教育的大环境。

我们在这里开会，对我们研究如何构建科学的教育评估制度，大力地推进素质教育，是很有意义的。关于素质教育问题，想借这个机会讲几点意见，跟大家一起讨论。

一、为什么要提倡素质教育

有人认为素质教育是人为地提出来的，认为素质教育是自上而下地运动群众。其实，素质教育是在八十年代中期开始提出，近几年得到广泛的认同，从而引起大家对素质教育的重视和积极的探索的。大概是这样一个过程，1985年召开全国教育工作会议，中央颁布了《关于教育体制改革的决定》，在《决定》中，提出了提高民族素质，多出人才，出好人才的问题，而且把实行九年义务教育当作关系民族素质提高，国家兴旺的一件大事。为什么《决定》会提出这个问题？至少是三个方面的需要：一是迎接21世纪经济和科技挑战的需要。八十年代初实行改革、开放的时候，中央就提出面对当前高科技的挑战，必须发展我们的科学技术，要发展科学技术必须振兴教育，因而提出了“百年大计，教育为本”的口号。二是社会进步和精神文明建设的需要。从文革结束以后，我们开始实行改革开放的政策，开始建设社会主义的市场经济，随着窗户的打开，新鲜空气进来了，苍蝇、蚊子也随之飞进来了。腐败现象、贪污、盗窃现象、卖淫、嫖娼等一些旧社会的腐朽现象开始重新出现。如果不加强精神文明建设，即使经济搞上去了，但成了一个贪污、盗窃、贿赂横行的世界，那怎么行？提高民族素质是社会进步、精神文明建设的需要；三是落实教育方针的需要。50年代初，毛主席就提出“三好”，之后，在《正确处理人民内部矛盾》报告中，提出了我们的教育方针，是“使受教育者在德育、智育、体育几面都得到发展，成为有社会主义觉悟，有文化的劳动者”。经过几十年，虽然在表述的词句上，有所调整，但总的精神没有变。由于“应试教育”的影响，这个方针长期未能很好地落实。1986年《义务教育法》颁布后，面向全体学生，使每个学生全面发展，不仅仅是一般的要求，已提高到依法治教的高度上来。在这种情况下，中央的文件提出提高民族素质问题。1986年，中共中央在关于精神文明建设指导方针的决定中，又提出提高中华民族的思想道德素质和科学文化素质的要求。1988年，《中共中央关于改革和加强中小学德育工作的通知》中指出，学生的思想道德和科学文化素质不仅仅是当前社会文明程度的重要体现，而且对我国未来的社会风貌，民族精神有决定性的影响。1986年颁布的《义务教育法》，明确规定义务教育要为提高全民族素质，培养有理想，有道德，有文化，有纪律的社会主义人才奠定基础。此后，在《中国教育改革和发展纲要》及国务院《关于〈中国教育改革和发展纲要〉的实施意见》，中共中央《关于进一步加强和改进学校德育工作的若干意见》一直到《中华人民共和国教育法》等一系列的文件、法律、法规中都提出了提高国民素质的问题。提高国民素质当然要靠社会各方面来做工作，宣传、文化、广播电视，工、青、妇等群众团体，以及新闻出版部门都有一个如何为提高国民素质服务的问题，但实事求是地讲，提高国民素质归根结底要靠教育，应作为教育战线最基本的任务。在这样一种情况下，从1985年到现在的十多年的时间里，中央多次强调，提高国民素质，作为教育工作者，思考如何提高国民素质问题，是十分重要而紧迫的任务。在这种思考和探索的过程中，很自然地提出了教育应转到提高国民素质的轨道上来，很自然地会要求实施素质教育。所以实施素质教育是时代发展，社会发展，教育工作本身的发展提出的任务，是社会实践和教育实践过程中提出的课题。事实上，许多地方已经自觉地对素质教育进行了探索、实践。首先是第一线的教育工作者，校长、教师进行了探索。最后在中共中央、国务院的《中国教育改革和发展纲要》及《实施意见》中，确定了基础教育要由“应试教育”转向提高国民素质的轨道。为什么回顾一下，有的同志没有很好地接触我国的教育实践，不了解实际的情况，有些同志坐在研究室里坐而论道，钻名词、概念，也写了不少文章，这些文章不能解决教育实际中的问题。我深深感到，以前，我们反对片面追求升学率，很多同志不大能够从心里接受，认为追求升学率是社会各个方面的原因形成的，板子不应打在校长、教师的身上。而十年来提出实施素质教育，向素质教育目标前进，大家是欢迎、赞成的，因为实施素质教育要求大家积极参与这场改革，更好地全面贯彻教育方针，全面提高教育质量，为我国的经济发展和社会进步服务。没有一个打板子的问题。经过几十年探索，大多数同志比较接受这个提法。所以，现在提素质教育的问题，不应认为是乱提口号，不应说是运动群众。素质教育这个问题首先是一个实践问题，不是理论问题。这个问题是实践中提出的，对这个问题的解决也必须通过大量的教育实践，在实践中积累丰富的经验，然后上升到理论的高度，逐步地形成素质教育的理论体系。然后反过来指导素质教育实践。素质教育以提高全体国民的素质为目标，以促进每一个人的全面发展为宗旨，这样的目标、宗旨是大家都赞成的。向这个目标努力、前进，有什么盲目性呢？如何实现这个目标、宗旨，有理论问题，也有实践的问题。从目前来讲，更多的是实践问题。是要大胆探索，在探索中不断积累、丰富经验。在探索过程中，实践经验就会逐步上升为理论。

二、实施素质教育的前提是教育思想要有一个大转变。今天上午，刘正同志讲得很好。实施素质教育说难也难，说不难也不难。我很赞成刘正同志这意见。说难难在统一认识，统一思想。如果思想认识统一了就不难，思想认识统一了，我们有1000万教职工队伍，用几年、十几年、几十年进行积极的探索，解决素质教育问题是完全可能的。首先是统一认识的问题。要把我们的认识统一到中央的文件上来，统一到教育的法律、法规上来，针对“应试教育”存在的单纯地看重分数，看重智育，使德育、体育、美育处于薄弱地位，总是频繁地统考、统测，搞分数排队等问题。转变教育思想应着重提出两方面：以德育人是大根本；因材施教乃总法则。有什么样的教育思想就会有什么样的教育行为、教育实践。没有家长、教师、职工、干部乃至整个社会教育思想的转变，就不会有真正的国民素质教育。现就转变教育思想问题谈以下几点看法：

1. 以提高全体国民的素质为目标

我国的基础教育在建国前是对少数人进行的教育（建国前小学入学率最高的1946年入学率是20%左右，80%左右的适龄儿童不能入学，在校生只有2368万人）。建国后，中小学适龄儿童少年入学率虽然逐年提高（文革前的1963年小学入学率只达57%，1965年84.7%，1986年实施义务教育时是96.4%），也只能说是基本普及。小学基本普及，入学率98.4%，但初中入学率仍不高，前几年是50%左右，近两年才达70%左右，升高中的比例更少，升大学的则为6%左右。只有小学可以说是面向全体国民的教育（当然还差两个百分点，一年40万人左右）。初中、高中只是面向部分国民的教育，大学仍是面向少数人的教育。正因为几十年来的这种状况，高一级的学校总是以分数为标准从低一级学校选拔部分学生甚至是少数学生入学。低一级学校则总是以向高一级学校输送部分甚至要少数新生服务为目的。如果说就业不充分，就业制度不完善，是“应试教育”的社会原因的话，那么这种几十年不断强化的选拔升学机制，就是“应试教育”的教育自身内部的原因。在这种情况下，家长、教师、职工、干部对于教育的普及意识很薄弱，对存在许多弊端的“应试教育”已习惯于接受。而对普及教育的重要性紧迫性却缺乏共识。所以当前面向全体的问题仍然是一个亟待解决的大问题。为第一个义务教育法做出了重大贡献的贺拉斯·曼恩指出：“估量科学和文化造福于一个社会，不应过多地着眼于这个社会拥有少数掌握大量高深知识的人，而应着眼于广大人民掌握足够的知识。”毛主席说：“人民，只有人民才是推动历史发展的真正动力”。许多事实说明了这个道理。日本、新加坡等许多国家的经济发达，国民富裕，根本的原因并不在于他们拥有多少诺贝尔奖获得者，而是由于他们拥有高素质的国民。我国1986年实施义务教育。基本要求是三条：(1) 适龄儿童、少年普遍入学；(2) 学满九年；(3) 政府行为，强制推行。所以全社会都要牢固树立以提高全体国民素质为目标的普及教育观念。义务教育阶段政府要办好每一所学校，学校要教育好每一个学生。

当前，一是政府要下力气缩小好学校与薄弱学校之间的差距，从投入、师资、领导干部力量配备等方面向薄弱校倾斜。尤其是要通过建立校际之间的校长、教师的交流或轮换制度，以迅速改变薄弱学校的面貌。这项工作应在三至五年内见到明显成效。现在仍然要重申：小学、初中阶段不搞重点学校，不搞重点班，不搞快慢班。要把校际之间的差距缩小，使得就近入学能为广大群众接受。二是学校要树立正确的指导思想，在热情关心和大力帮助“后进生”方面下功夫，力求面向全体学生，大面积提高教育质量。因材施教，加强个别教学，是教育好每一个学生的根本途径。不能偏爱一部分学生而漠视甚至歧视另一部分学生。以分划线，人为地把学生分成可以升学、可以造就和不能升学、不能造就两部分，是不科学的，也是不道德的，最终可能导致一部分学生受歧视，甚至最终导致“社会排斥”，因此应力求避免把学生分成“优生”和“差生”。而且要取消“差生”这种称谓。在不得已情况下，使用“后进生”较好一些。我们应当认识到，在小学阶段（6～11岁或7～12岁），初中阶段（11～14岁或12～15岁）就确定一个学生是可以培养或不可以培养，是差生或优秀生，为时过早。中国人对人的认识，总结了一句很有名的话，叫“盖棺论定”，要到死了以后才能确定这个人到底怎样。怎么能在11、12岁，14、15岁就把人看死了呢？应当说实际上并不存在所谓“差生”，存在的是单一、刻板、一刀切的教学内容和方法，是教育的非因材施教化，非个性化。在教育培养的目的、内容和方法上要把多样性作为一种有价值的东西，一种财富来加以接受。

总之，在基础教育阶段全社会都应淡化选拔意识，增强普及意识，重视面向全体学生，因材施教，全面提高教育质量。提高全体国民的素质，面向全体学生的办法：一刀切是不行的，必须因材施教。

2. 以促进全面发展为宗旨

在基础教育阶段，要落实的另一个教育思想，是要促进学生在德、智、体等方面全面发展。目前德、智、体等方面全面发展在理论上并没有遇到什么大的障碍，问题是在教育实践过程中不到位不落实。人们对德、体、美、劳等方面教育的社会作用还缺乏认识，对重智育、轻德育、体育、美育、劳动教育的问题的严重后果还缺乏认识。“知识就是力量”，这当然是一种真理性的认识。但认识如果停止在这一点上是不全面的。应当承认，道德也是力量。人格、理想、感情都可以产生力量。历史上的诸葛亮、包公、文天祥，现代史上的方志敏、周总理，他们的人格力量，至今仍在激励着我们爱国爱民，清正廉洁，忠于职守。当董存瑞手举炸药包，喊着“为了新中国前进”的时候，当江姐在牢房中绣着五星红旗的时候，我们看到了理想的力量。当我们诵读屈原的《离骚》或李密的《陈情表》的时候，我们看到了感情力量激起的不尽波澜。

知识是培养品德的重要基础，但“知识即美德”的论断却是有片面性的。知识是培养美德的基础，但不能说知识即美德。有知识并不等于就有美德，假药，假饮料，假种子，假化肥以及种种用高科技手段坑害消费者的案例就足以证明。教育要着眼于每个学生德、智、体诸方面的全面发展，把学生发展的内涵定位于知识既是重要的，又是远远不够的，“发展”还应当包括身体的、心理的、伦理的、文化的许多方面。

基础教育是整个教育的基础，它当然要为基础教育后的各级各类教育打好知识基础，但重要的远不止于这一点。基础教育还要为学生打好今后进入社会做人、办事、健体的基础，还要帮助他们接受人类在历史发展过程中形成的科学的世界观和科学的人生观以及有价值的文化遗产，还要帮助他们树立正确的理想并使他们具有积极参与社会生活的态度和能力。

3. 以育人为根本

学校教育尤其是现代学校教育，“两耳不闻窗外事，一心只教案中书”是不行的。要既教书又育人，而且以育人为本。随着电视机、计算机、录像机进入家庭，“秀才不出门，能知天下事”已变成现实。信息传播的现代化，大大加快了社会发展的进程，但同时也带来了许多严重的社会问题。比如讲前一时期，由于激光视盘营业性放映以及西方影视片泛滥成灾而带来的暴力和色情，就成了社会上两大公害。西方国家把生活中的暴力和色情搬上了屏幕。而在我们这里则是把暴力和色情从屏幕上搬到生活中。凶杀、强奸、绑架人质，抢银行，许多犯罪分子供认，是从影视片上学到了这些东西，一些影片、录像带、光碟是直接的教唆犯。中小学生是不良影视不良文化的直接受害者，在这种不良文化的影响下，以大欺小，以强凌弱，搜身、骚扰、殴打、抢劫等校内暴力行为在一些地方蔓延。这是值得忧虑的。如果经济的发展、生活的提高与社会道德水平的下降同步进行，后果将不堪设想。

在当前情况下，必须把育人看作头等重要的事情。因为一个人学业上的缺陷并不一定影响他的一生，而道德、人格上的缺陷却可能贻害他一辈子。现在许多家长都极端重视对子女的早期智力开发，执着而又盲目地追求孩子的早慧。于是一些商人也就投其所好，炮制了“××方案”，“×××工程”，“××指南”，说是你希望你的孩子成为神童吗？那就请购买一套吧。许多家长经历了按某种模式塑造孩子的艰苦历程。在父母过高期望值的棍棒之下，也出了夏斐、刘玲等多起恶性事件，还有不少孩子为抗拒父母的压力而出走，甚至自戕、轻生，其中有许多深刻的教训。年轻的父母们应当懂得，通过机械的强化训练，让孩子识几千个汉字，记若干个外语单词，背上百首诗词，并不一定是值得炫耀或者骄傲的事情。某些知识，某种技能，可能速成，但良好行为规范的养成，人生经验的积累，科学人生观、世界观、正确价值观的确立是难于速成的。彭光明同志写过一篇《孩子不是文明的奴隶》的文章，看后很有启发。他讲看到一位朋友为七岁女儿举办古筝演奏会，七岁孩子手指一撩一拨，音韵顿如行云流水，幽雅而清纯，令人十分惊喜。但后来，当人们从对孩子的成绩和聪明的惊喜中冷静下来后，就发现这类孩子好像少了点什么？少了点什么呢？少了点孩子气，少了点孩子的天真。这类孩子早熟的根基是脆弱的，是缺乏生活源泉的。彭光明说：“他们的聪明远离了小溪中的鱼虾，远离了草丛中的蝈蝈、蚂蚁，他们不知道自然是美丽的，他们不知道生活中暴雨与阳光同行。他们的举止成了都市文明的简单的再版。”父母们不惜重金买钢琴，请家教为孩子构筑文明社会的一切。孩子们则被迫以时间和童真为代价堆砌某种动作的熟练。这种做法的利弊得失是应当引人深思的。孩子固然是家庭的孩子，社会的孩子，但首先应该是自然的孩子，大地的孩子。我们需要塑造孩子，但不能牺牲孩子的天真，不能以一代人的刻板为代价。因为被这种呆板所钝化的，恰恰是人类活跃的思维，被磨损的恰恰是灵感和悟性。“应该让孩子去玩泥蛋，去淌小溪，去趴在地上饮食不思地看蚂蚁搬家，去跌跌撞撞，甚至擦破一块小皮。孩子应该是这样的，因为孩子的行为可以被引导，但天真是不可以被剥夺的。”

童趣、童真、童心，必须予以精心保护，使之不受践踏，不受破坏，因为这是形成健全人格的最为重要的基础。

早期智力开发是重要的，但更重要的是早期行为习惯的养成，早期思想、感情及品德的培养。《家长报》十周年时，我给家长们写了三个字“德者智”，加了一句补充的话，“大体如此”。以此与家长共勉。意思是：大体上讲，还是有道德的人更聪明。家长们和教育工作者们不要只是追求聪明，而忘记了道德。离开了道德的聪明是不足取的。《红楼梦》里已有一句十分明白的话：“机关算尽太聪明，反误了卿卿性命。”希望孩子聪明没有什么不对，但同时，要有道德。

加强德育，要从社会上以及教育工作中存在的实际问题出发，加强针对性。中小学加强德育首先从文明礼貌做起。文明礼貌的传统不能在新一代人中丢失，如果一旦丢失了，小而言之，会带来社会秩序的混乱，大而言之会给国家民族带来灾难，带来耻辱。礼仪是调节人们行为的一种规范，调节人际关系的一种规范，有礼仪规范，才能使社会生活井然有序。礼貌的本质是尊重人，要做到尊重人并不容易。例如：“你好”，“谢谢”，“对不起”，“请原谅”这样一些礼貌用语，有些人不是能很习惯地讲出来，特别是做了对不起人的事，“对不起”、“请原谅”很难出口，常常因此导至恶语相加，甚至挥拳相向。一些礼貌用语，可以帮助人与人建立起一种友好、合作、互助、和谐的关系。应该看到现在的年轻人一个很大不足是不会尊重别人。尊重人，应从尊敬父母，尊敬师长，友爱同学做起。这些已写进了中小学生的行为规范，要狠抓落实。文明习惯的养成要从身边的事做起。师长、家长要对孩子加强引导。最近《广而告之》有一个镜头，母亲拿几个香蕉给孩子吃，母亲说她也吃一个，孩子说不行，他全要，然后有一句广告词：“年轻的父母，不要用你们无私的爱娇惯一颗自私的心”，讲得很好。孩子吃东西的时候，应和长辈一起分着吃，要养成习惯。这不是不爱孩子，这是从更长远更本质的方面爱孩子。

加强德育，当前要着重抓爱国意识、公民意识、民主和法制意识的培养。爱国主义教育，这几年很有成效，尤其是中小学升国旗，唱国歌，向国旗敬礼，在国旗下讲话，看百部爱国主义电影，唱百首爱国歌曲，读百本爱国读物，建百个爱国主义教育基地，教育活动既有广度又有深度，要持之以恒，继续搞好。公民意识要大力加强，强调公民意识，是社会的呼唤，能遵纪守法，能履行公民权利和义务，能忠于职守，能有社会公德，这不是降低德育要求，而是使中小学德育能够落到实处。民主和法制意识是当代国民最需要的也是最基本的素质。讲老实话，我们的民主意识是不强的。民主习惯，民主作风是很薄弱的。尤其到基层，家长作风，一言堂，专断和粗暴的作风，还是严重的。我们的许多干部、群众，不懂得，更不会用民主的方法处理家庭、单位、部门、社会内部的关系，来解决各种利害冲突和矛盾，由此而造成许多严重后果，甚至影响到社会的安定团结。所以要从小学会讲民主，从小培养民主作风。当然在培养民主精神民主作风的同时，要强调增强法制意识，首先要学法、知法，不然，犯了法还不知道怎么犯的。然而更重要的是要守法，有了法律知识而没有法制意识，不能自觉地把自己的行为约束在法律的范围之内，结果是有法不依，甚至执法犯法，这是当前存在的相当普遍的问题。要解决这个问题，一是要从小养成依法自律的自觉性，二是对有法不依者要严加惩处。

要加强美育。对人的培养，既需要晓之以理，又需要动之以情。美育的一个重要特点是他的情感的因素。因为任何审美能力的形成和发展都必须通过审美主体的感情体验。以情感人，理在其中。欣赏美、感受美，可以缓解忧虑、压抑、痛苦、失望等消极情绪，可以激发热爱生活，愉悦和谐，乐观向上等积极的情绪。席勒说过："道德的阶段，只有通过审美的阶段才能实现。"情感是行为的动力。人们对美的追求往往成为进步的动力。所以可以说美育是造就完善人格的必经之路。记得有一首诗写中华文化。什么是中国：是长城、泰山、长江、黄河；是秦时明月汉时关；是秦皇、汉武；是楚辞、汉赋、唐诗、宋词、明清小说；是春节的鞭炮，端午的粽子，中秋的月饼。中国风俗最浓的是在国外的唐人街。面对出国潮，那些空洞的说教，往往显得苍白无力，而祖国的山川之美，民俗之美，历史之美，艺术之美，传统之美，却以它的潜移默化的力量使海外游子寻根问祖，思乡爱国。我们现在正在进行扫黄、严打，这些治标之举，确实取得了很大成绩，然而为了我们的社会长治久安，就得在治本上下功夫。要通过教育使每个学生识真伪，分善恶，辨美丑；懂得什么是高尚与卑劣，什么是光荣与耻辱。现在不识真伪，不分善恶，不辨美丑的现象到处都是，河南郑州照像馆，让孩子着日军服装佩东洋刀照像做广告。四川恶霸刘文彩收租院被请上了各式广告。这些并非个别事例。所以加强这方面的教育刻不容缓。一个追求真善美的人，一个尊重别人也尊重自己的人不可能去损公肥私，损人利己，不可能去偷盗、抢劫，不可能去杀人越货，谋财害命。

劳动教育亟待加强。时代发展了，但"劳动创造了世界，劳动创造了人类本身"仍是伟大的真理。有人说：孩子不爱劳动责任在家长。不无道理。宠孩子，往往有意无意在销蚀孩子的劳动观念。一些家长力图创造一个美好的世界去迎接孩子，以使孩子少经历一些劳动的艰辛，其精神是感人的，但这决不是上策，因为劳动的艰辛恰恰是孩子们成长过程中重要的营养素。现在犯罪现象很多，物质享受的欲望和不劳而获的诱惑，是当前犯罪现象激增的重要因素。劳动教育是非常重要的。所以培养孩子爱劳动，珍惜劳动成果，尊重劳动人民的思想感情，以劳动为荣，以不劳动为耻，是刻不容缓的大事，热爱劳动并具有劳动技能是国民的重要素质。

心理素质的培养要普遍加强。心理健康是青少年走向现代化、走向世界、走向未来建功立业的重要条件，而健康心理的形成需要精心周到的培养和教育。父母和教师仅仅关心孩子身体健康和学业进步是远远不够的，还必须把关心孩子的心理健康，把培养健康的心理素质作为十分重要的任务。在成长过程中一帆风顺的孩子，承受挫折的能力比较弱，因此，应重视培养他们的承受挫折的能力。教师和家长要善于抓住生活中各种教育机会，有意识地加强这方面的教育，而这种机会在成长过程中是常有的。例如：1996年国际中学生男排在斯洛伐克比赛。由于裁判员不公正，两次故意误判，使我国中学生代表队以两分之差未能拿到冠军。大家很气愤，有的要闹，有的要跟裁判抗争，等等。领队、团长、教练利用这样一个机会，对学生进行了正确的引导：裁判固然可恶，但如果我们能打得再好一些，他们想捣乱也无法得逞，这是一种引导；这个世界上，不公正的现象是常有的，关键是要自己发愤图强，要比对方更强大，这是另一种引导；你们以后当了裁判，一定要坚持做到公正，这又是一种引导。这几种诱导都产生了很好的效果。有人主张要设计一套挫折教育、磨难教育的方法，让孩子们经受经受。这不符合教育规律，不能跟《西游记》一样，由如来佛设计九九八十一难，去考验孙行者们。我们应利用生活中，学习中，工作中常出现的一些教育机会，进行教育。朱正有一段话讲得好："逆境诚然可以锻炼人，有的人经受了逆境的考验，确实更加成熟更加坚强了；但是逆境也可以斫丧人，更多的人因经不起这斫丧而消沉、沮丧、甚至死亡了。"所以不应随便地把人置于逆境或困境之中。

4. 以因材施教为方法

人与人之间的差异性是普遍的，绝对的，每个人都有与他人不同的个性特点。所以，要面向全体学生，唯一的办法是因材施教，不因材施教就不能真正面向全体学生。这就要求在教学组织中把分班教学，分组教学与个别教学结合起来；要求在教育过程中，贯彻个别对待的原则，讲求一把钥匙开一把锁。

实施因材施教的方法，目的是为了调动每一个学生的学习积极性、主动性，让每一个学生主动发展，生动活泼发展。目前，愉快教育、成功教育、情境教育等教改实验，以各自的方式对素质教育的实施进行了有益的探索，这几种实验，都注意了面向全体的原则，因材施教的原则，让学生主动地生动活泼地发展的原则。

愉快教育针对"应试教育"把学生束缚死了，教死了，教刻板了，使学生失去了学习的主动性等弊端，着眼于调动学生的积极情绪，启发学生对学习的兴趣，把学习变为愉快的过程，从而使学生愿意学习，热爱学习，乐于学习。愉快教育并不排斥刻苦精神，应当指出刻苦学习的精神更多地存在于愉快的学习过程中，在处于一种精神压抑状态下的苦学、厌学以至逃学、弃学的过程中，能产生什么刻苦精神呢？

成功教育是一种很合理很有益的教育探索。因为教育教学过程的本质就是帮助学生成功。"不求个个升学，但愿人人成功"很合理，也很符合学习者的意愿。每个人都可以成功，都应该争取成功，教育的责任就是要培养学生自身的成功的能力，给学生以成功的信心和希望，给学生创造成功的机会，帮助学生从自己的实际出发去获取各自的成功。"应试教育"对于升大学来讲，90％以上是高考失败者。我们有句古语：失败是成功之母。但是否应看到失败也可能是失败之母呢？从未获得过成功的孩子，没有成功的体验、机遇，往往自卑，消极，自暴自弃。其实还应当更多地看到成功也可以是成功之母。一次成功的机会可以十倍地增强儿童少年的信心，为他们的新的成功准备良好的心理条件。成功教育除了要重视智力方面的因素之外，尤其应重视情感、意志、道德、品质方面的因素。

情境教育是对素质教育的又一种重要探索。教育应当是有情的，离开了感情的教育只能走入单纯传授知识的刻板、枯燥的死胡同。以情感人，以情化人。感情的交流是育人的基础。面对人与人之间关系日趋冷漠的现象，面对一些青少年冷酷无情，行为残忍的现象，对情境教育的探讨应当是十分有意义的。李吉林老师强调教育要由境入情，情境交融，以情感人，由创设情境，引导学生受到真善美的熏陶，以“美”去激发“爱”，从而实现丰富学生的精神世界，促进学生主动地、和谐地、生动活泼地发展的目的。

三、实施素质教育的关键是建设好校长队伍和教师队伍

办好中小学，实施素质教育，要靠广大教师，要靠教师的领班人——校长。从某种意义上讲，一个好校长就是一所好学校。即在一定的外部条件如校舍、设备、教材、资金投入、师资、教育方针政策等各方面的条件具备以后，校长便是决定的因素。这是因为在办学过程中，校长处于管理系统的核心地位、主导地位、决策地位。校长的思想、行为和作风在学校工作中影响全局。实施素质教育需要许多好校长。他们要对人民的教育事业无限忠诚，有高度的事业心和献身教育事业的精神；他们要有正确的教育思想；他们要有科学的教育管理能力和方法；他们要有公正廉洁的品质；他们要有实事求是的思想作风。我国中小学有70多万所，中小学校长是一支百万大军，重视加强校长队伍的建设，是中小学转向素质教育的关键之举。

教育思想、方针的贯彻，一代新人的培养，归根结底要依靠广大教师的教育教学实践，建设一支高素质高水平的教师队伍是实施素质教育的关键。这支教师队伍要有较高的业务素质，教师应当精通所教学科的专业知识，并形成自己工作需要的知识结构，而且还要具有综合运用知识，解决教育教学工作中各种实际问题的本领。

这里，我想强调的还是每个教师都要学点教育学、心理学知识，要懂得教育规律，知道怎样通过教育实践来达到教育目的。在所有的行业之中，教育这个行业最需要科学，因为教育的对象是人。只有正确的科学的教育，才能促进儿童少年身心的健康发展。老师对学生冷漠、粗暴、不公正，会伤害幼小纯洁的心灵，过重的课业负担和不适当的奖励和惩罚，会迫使孩子们偏离正确的人生轨道。

爱学生是首要的，现在滥用惩罚手段的事例很多。在某地学生投诉中，体罚、变相体罚比例达15%。轻则训斥、罚站、罚跪，重则毒打。现在则是罚款成风，什么都罚款，迟到、旷课罚款，违纪罚款，考分低也罚款。罚款已引进到教学管理之中。某地学校明文规定考试不及格罚款。这是极其错误的。我认为上海市区的办法很好，评估标准中规定，如果有体罚、变相体罚是要扣分的。惩罚当然也是一种教育手段，目前还不能废止，但体罚、变相体罚一定要废止。惩罚也是有学问的。孩子们看蚂蚁、养蚯蚓，父母见了非打即骂，这种惩罚把孩子非常宝贵的好奇心，求知欲打没了。这是愚蠢的惩罚。也有高明的惩罚：英国皮亚丹博物馆收藏了两幅画：一幅是人体骨骼图，一幅是人体血液循环图。这是当年一名小学生约翰·詹姆士·麦克劳德的作品。约翰好奇，想看看狗的内脏是怎样的，杀了一只狗，这只狗却是校长的宠物，校长决定给约翰以惩罚，罚画两幅图。这就是博物馆收藏的。约翰后来成了一位有名的解剖学家，得益于校长对他小时候好奇心的保护和引导。约翰和医学家班廷一起发明了治疗当时不治之症——糖尿病的新方法，这就是胰岛素治疗法。他们因此获1923年诺贝尔医学生理奖。与惩罚相反，奖励也是一种教育手段，奖励是对行为的积极的强化，它可以起到保持已经获得的行为和促进新行为的获得的作用。在教师或家长中大量存在的一种情况是对孩子奖励不当，即对不该发生的行为进行了奖励，另一种情况是奖励遗漏，即对期望的行为没有给予奖励。现在的新情况是以钱奖分，甚至是重金奖分，发展下去，遗患无穷。

还有对孩子的保护问题，孩子幼小，当然需要保护，正因为如此，国家颁布了《未成年人保护法》。但现在许多家长对孩子是过度保护。吃好的，穿好的，用好的，怕饿着，怕累着。但应当保护的，却没有给予必要的保护。比如常常看到表扬小孩救火的报道。小孩子救火，品质当然好，但不能提倡。国家教委与公安部为此专门下了文件。救火是小孩力所不及的事，他们年纪小，还没有自我保护的意识和能力。哪些方面应当给予必要保护，哪些方面不应过度保护，这是教育工作者，老师应研究的问题。其实磕磕碰碰是小孩子成长过程中必要的“营养素”，在这方面过度保护，不利于孩子健康成长。但在另一方面，社会保护、文化保护、心理健康保护意识又需要加强。现在在防止影视及广告的负面影响，防止不良文化现象的影响方面几乎没有什么保护措施。

教师的职业特点是永远与学生在一起。从这个意义上讲，教师是永远年轻的职业。吕志范老师说：“教师职业需要你永远拥有一颗火热、诚挚的童心；永远保有一双公正信实的眼睛；永远操着健康的心口如一的语言；永远想着给学生新鲜圣洁的思想。”这句话讲得非常好。学生对教师的第一要求是公正，是可以信赖。所以教师应有最好的职业道德，对学生应一视同仁。

四、实施素质教育的机制是建立科学的教育评价制度

在讲这个问题之前，先告诉大家一个令人痛心的消息。一块六毛钱夺去了一个小学生的生命。某村委会决定，为提高小学升学率，实行考试不及格罚款的制度。一个学生因交不出1.6元罚款，被拒绝参加第二次考试，结果，喝农药自杀了。这是片面用考试分数用升学率评价学校结下了又一恶果。血的教训再一次呼唤高考制度的改革，呼唤高考多样化，同时也呼唤基础教育阶段要建立自身的科学的评价制度。要下决心进行探索，不搞出一套科学的正确的完善的办法来，实施素质教育还会遇到严重障碍。实施素质教育要有一个正确的教育思想，一支高素质的教师队伍，一套好教材，还要有一个适合素质教育需要的科学的评价制度。现在一个可喜的现象是湖南汨罗市，上海南市区、嘉定区，广东广州市，江苏江阴市等地，在建立素质教育的评价制度方面已经进行了很有意义的探索，已经有了初步成果。根据完善办学条件，贯彻教育方针，面向全体学生和使学生全面发展等方面确定评价项目，在评价中增加了音、体、美、劳方面的权重，增加了外部环境的权重，使之能形成一定的导向机制。这种探索是十分可贵的。特别是汨罗市还有一个对党政干部评价的制度，非常好，汨罗市委组织部、市教委、市督导室三家发了一个文件，评价乡镇、村的党政干部政绩时，按教育地位、办学条件、教育投入、尊师重教等方面来评分。这些经验都很好。今后要逐步建立一批实验县，每个省、市、自治区都要抓 1～2 个点，作为素质教育实验点，包括建立素质教育评价制度，积极开展试验。以后要定期召开研讨会，专门交流这方面的经验。“九五”期间，连续抓五年，素质教育的评价制度就会由无到有，由不完善到比较完善，并形成一门重要的学科。让我们共同努力，为义务教育的普及和基础教育的发展不断做出贡献。

在全国职业教育工作会议上的总结讲话

王明达

历时4天的全国职业教育工作会议就要闭幕了。在与会同志的共同努力下，这次会议实现了预定的目标，取得了圆满成功。会议期间，李鹏总理等党和国家领导同志亲切接见全体会议代表并做了重要指示，李岚清副总理在会上做了重要讲话，国家教委主任朱开轩同志做了会议主题报告，国家经贸委副主任陈清泰同志、劳动部副部长林用三同志也就有关问题做了讲话。江苏、湖南、河北、上海、山东、陕西六省（市）的领导，农业部、石油天然气总公司、全国总工会、中华职业教育社、宝钢集团公司的有关领导和安徽阜阳民办的乡镇企业中专学校校长共12位同志做了大会发言，还有20多个省、市提交了经验材料。这些讲话和书面材料介绍了内容丰富的发展职业教育的经验。大家对领导同志的讲话进行了热烈讨论，对会议的主文件《认真贯彻职教法，大力推进职业教育发展与改革》(征求意见稿)提出了修改意见。与会同志一致认为，在国家确定国民经济和社会发展"九五"规划和2010年远景目标，八届人大常委会第19次会议审议通过《职业教育法》不久，召开这次全国职业教育工作会议，是非常必要、非常及时的。会议紧紧围绕如何贯彻落实《职教法》问题，重点突出，主题十分鲜明。会议由国家教委、经贸委和劳动部联合召开，三个部门的同志在一起，相互学习，交流经验，共商职业教育改革与发展大计，充满了团结热烈的气氛。代表们普遍感到，会议的时间虽短，但收获很大。不仅进一步提高了对职业教育在落实科教兴国战略、实现两个根本转变中重要地位和作用的认识，明确了未来15年职业教育发展的任务与目标，而且通过经验交流，开阔了思路，受到启示和教育，进一步增强了做好职业教育工作的信心。这次会议的召开，必将对我国"九五"期间以及下个世纪初职业教育的发展产生深远的影响。

对发展职业教育的重要意义及今后一个时期我国职业教育的方针、任务和相关政策，在李岚清副总理重要讲话中以及朱开轩同志的报告，陈清泰、林用三同志的讲话中已经做了深刻而全面的阐述，希望大家深入领会、认真贯彻。下面，我仅就同志们在讨论中涉及的一些问题讲几点意见。

一、关于正确处理职业教育与基础教育工作的关系，努力实现职业教育发展目标问题

这次会议确定了到本世纪末和下世纪初我国职业教育的主要奋斗目标和工作任

务。它体现了我国《国民经济和社会发展“九五”规划和2010年远景目标纲要》、《职业教育法》、《中国教育改革和发展纲要》对职业教育的基本要求。要落实大力发展职业教育的方针和任务，在工作中必须正确认识和处理发展职业教育与实现“两基”、加强基础教育的关系。在1994年召开的全国教育工作会议上，强调了这两方面工作的重要性和密切关系。会议明确指出：实现“两个基本”是提高全民族素质的根本要求，大力发展职业教育是提高劳动者素质和振兴经济的必由之路。会议要求把实现“两基”作为教育工作的“重中之重”，把调整教育结构、大力发展职业教育摆到“突出位置”。有些同志希望更具体地说明在实际工作中如何处理好“重中之重”和“突出位置”的关系。

1. 实现“两基”和发展职业教育都是我国教育工作面临的重要任务，都应予以高度重视。国家教委在部署工作时一直很重视处理好各类教育的关系，使之协调发展。全教会后，教委分片部署了普九工作，并召开了高中工作会议。在这些会议上研究了在基础教育的适当阶段因地制宜增加职业教育内容和普通高中要多样化的问题，为学生选学职业教育课程创造了条件。这次会议研究发展职业教育，也必须重视基础教育的作用。“两基”是一切后续教育的基础。一个人没有一定的文化基础也难于接受职业教育。从这个角度讲，必须在普及九年义务教育的基础上，大力发展职业教育。但这并不是说，在一个地区工作安排的时间次序上，要先实现了“两基”再去大力发展职业教育，而是要在抓“重中之重”的同时把职业教育放在“突出位置”。这就要求各地要作好组织协调。李鹏总理多次强调，在农村应当把普九、扫盲和职业技能教育结合起来。前不久，江泽民总书记深刻地指出，教育要全面适应现代化建设对各类人才培养的需要。实现这一要求，就必须进一步调整教育结构，在普及九年义务教育的同时，大力发展多层次、多形式的职业教育。普及九年义务教育是属于小学和初中教育阶段的任务，而发展职业教育的重点是在高中阶段。义务教育主要靠政府办学和投资，而职业教育在政府办好骨干示范性学校的基础上，更多地依靠社会各方面力量办学，依靠多渠道筹集资金。因此，只要领导工作处理得当，完全可以使两项事业协调发展。

2. 职业教育与基础教育可以相互促进。加强基础教育，可以为其他教育发展奠定更可靠的基础。发展多种层次和形式的职业教育可以为青年开辟更广阔的成才立业之路，有利于调动学习积极性，减少因升学无望而带来的厌学、辍学现象，有利于义务教育的普及，促进应试教育向素质教育的转变，对巩固提高基础教育有重要作用。由于职业教育与经济社会发展、劳动就业、人民生活有着更为直接和紧密的联系，发展职业教育能促进经济发展，使群众增加收入，从而增进政府、部门、行业企业和广大人民群众对教育的关心和支持，有利于调动社会各方面办学、助学的积极性，促进整个教育事业的发展。多年来，在我国一百多个农村教育综合改革实验县中，通过调整教育结构，不仅使职业教育得到了发展，而且使基础教育的水平有了明显提高。最近报刊报道的湖南省汨罗市实现向素质教育转轨的事迹，就是进行农村教育综合改革中突出的典型。他们很早就重视职业教育，为青年广开成才之路，减轻了挤独木桥的压力，为加强素质教育创造了良好的环境和氛围。这有力说明职业教育和基础教育是相互促进的。

3. 重点发展高中阶段职业教育符合我国国情，会议提出的发展目标是可行的，各地应努力实现。重视职业教育是发达国家的共同作法和成功经验。由于各国的经济、教育水平和社会文化历史背景不同，发展职业教育的具体形式也有所不同。世界上大体有两种模式：一种是以德国、瑞士为代表，小学后就分流，中等职业教育很发达，职教占高中阶段比例多在70%以上，大学生数量相对较少，教育重心偏低，教育投入在GNP中的比例也比美国低。另一种是以美国为代表，基本没有独立的中等职业学校，只是在中学开设一些职业教育课程。定向的职业教育主要在高中后的社区学院进行，社区学院属高等教育。美国高校注册生多，按人口比例大大高于德国。教育支出占GNP的比例也高于德国。1993年联合国教科文支持在北京召开了国际职业教育研讨会，许多发达国家出席了会议。会上，很多国家认为德国的职业教育是比较成功的。美国、加拿大等国的代表也认为自己国家在高中后进行职业教育有两个问题：一是接受职教的年龄偏大，社会成本增加；二是有些职业教育应当在初中后进行，更利于提高职业技能。美国一些有识之士也谈到要改革美国的职业教育，研究德国的经验。韩国、英国等近年也在增加高中阶段职业教育的比例。1994年，英国高中阶段在校生中职业学校学生占的比例已达到57.6%，还略高于我国。

我国农村人口占多数，第三产业不发达，各地经济水平很不平衡，人均国民生产总值还很低，教育普及程度也不同。从这些国情出发，在规划我国的教育结构时，必须充分考虑农村企业等基层第一线所需人才，认真研究德国的职业教育经验，重点发展中等职业教育。在本世纪末使高中阶段的职业教育达到60%，普及高中阶段的地区达到70%，是符合我国社会发展需要的。有些县和城市已经达到了这个目标，说明全国经过努力也是可以实现的。经济发达地区更应实现这个目标。岚清同志讲话中特别强调了这一点。这个目标也是《纲要》实施意见中明确的。按此规划，到2000年普通高中在校生可达850万，能够满足高校和社会对普通高中生的需要。况且，进入职业学校的并不是文化学习的“尖子生”。在1994年全教会和这次职教会上，李鹏总理与岚清副总理已经提出给予职业学校毕业生继续深造的机会，高等职业学校的发展将增加招收职业学校毕业生。由此可见，高等学校的生源数量和质量都不会受影响。

4. 要重视发展初等职业教育。职教法明确要求发展初等职业教育。发展初等职业教育应采取多种形式。在农村，要通过初中三加一、初二分流、四年制初中等多种形式发展初等职业教育，并在普通中学增加职业教育内容。发展初等职教不等于只办职业初中，它只是初等职教的一种形式，其特点是定向的。这种定向的职业初中比普通初中的投入更高，主要应在城市和有条件的地区面向一些有特殊需要的人群举办。发展初等职业教育有利于普及九年义务教育，应该纳入当地义务教育规划。

综上所述，各级教育行政部门在部署教育工作时，应该“弹好钢琴”，防止顾此失彼，在抓好“两基”这一“重中之重”的同时，真正把大力发展职业教育摆到突出位置，努力完成这次会议确定的职业教育工作的目标和任务。

二、关于积极发展高等职业教育问题

这次会议上李岚清副总理和朱开轩同志的报告中都强调要积极发展高等职业教育。各地各部门对发展高职也很关心，希望进一步明确发展高职的有关问题。

1. 什么是高职，它的主要特点是什么。高等职业教育是属于高等层次的职业教育，是高等教育的一部分，是一种特殊类型的高等教育。高等教育是指在高中阶段文化、技术教育基础上实施的专业教育。当然，不能把在高中后接受的所有教育都算高等教育。国际上对高等教育层次的界定，在认识上比较一致。但对职业教育的界定各国的认识和作法就很不一致了。我国对职业教育的界定应根据这类教育培养人才的特点，以有利于加强这类教育的管理，更好地办出特色，满足社会需要。

职业教育的本质特征应体现在培养目标和培养模式上。1986 年，在《中共中央关于教育体制改革的决定》中指出："社会主义现代化建设不但需要高级科学技术专家，而且迫切需要千百万受过良好职业技术教育的中初级技术人员、管理人员、技工和其它受过良好职业培训的城乡劳动者"。1994 年，李鹏总理在全教会的工作报告中指出，职业学校的培养目标应以各行各业熟练劳动者和社会需要的各类技术人员、管理人员为主，特别注意培养发展社会主义市场经济迫切需要的财税、金融、工商管理等各类应用人才。这就是对包括高等职业教育在内的职业教育培养目标的界定。这种特定的培养目标决定了高等职业教育应该具有的主要特点：它应面向基层，面向生产和服务第一线，特别应面向农村和边远地区培养实用人才；高等职业学校的专业设置必须根据社会的需求及时调整，社会有需要才办，而不应按学校有学科带头人就办；其教学内容是成熟的技术和管理规范，教学计划、课程设置不是按学科要求来安排，而是按适应职业岗位群的职业能力要求来确定；基础课按专业学习要求，以必需和够用为度；职业教育要求在校期间完成上岗的实践训练，实践训练所占比例较大，以使学生毕业就能基本顶岗工作；职业教育注重学校与企业紧密结合，实行学历证书与职业资格证书制度。正由于有这些特点和要求，兴办高等职业教育并不是一件容易的事情。举办高等职业学校，首先必须明确办学方针和方向，切实加强师资、实验设备和生产实习场所的建设。由于专业设置要因社会需要而变动，师资建设要重视从企事业单位聘请有实践经验的专业教师。

2. 如何发展高等职业教育。我国已有一批高等职业学校。各地兴办了 80 多所职业大学；一批独立设置的成人高校早已开始试办高等职业教育；许多高等专科学校也在积极进行改革，举办了一批示范性专科，其改革的目标和高等职业教育的培养目标没有原则差别；有 10 多所中专根据行业的需要举办了招初中毕业生的五年制高等职业教育班；一大批民办高校也在努力探索举办高职的路子。李鹏总理在 1986 年的职业教育工作会议上就明确指出：一部分高等专科学校的学生，大部分人要走上各行各业的生产第一线，在基层工作。所以，这类学校应该划入高等职业技术教育这个层次。但是，高等职业教育从总体上讲还处于起步阶段，办学很不规范。国家教委近几年组织有关司进行了大量调查研究，并多次召开会议研究如何推动高等职业教育的发展。在这次会议上李岚清副总理已明确指出，发展高等职业教育要充分利用现有教育资源和设施，主要通过对现有学校的改革、改组、改制来实施。朱开轩报告中也明确提出，发展高职要坚持“统筹规划、合理布局、面向基层、办出特色、积极试点、逐步规范”。国家教委已成立了有高教司、成教司、计划司、发展中心和职教司等单位参加的高等职业教育协调领导小组，以研究和推动高等职业教育的发展，领导小组办公室设在职教司。

国家教委将确定一些省市和学校进行高职的试点。试点地区首先要有一个总体试点方案并报国家教委审定。在制定方案时，要对本地区教育结构、学校布局作统筹考虑，要把发展高等职业教育作为调整教育结构的重要任务，以适应本地区对各层次人才的需求，特别要把为农村、基层培养实用人才放在突出位置。其次要创造必要条件，使试点学校把办出高等职业教育的特色作为改革的重点。要从转变观念、深入调查、培训干部教师入手，调整培养目标，修订教学计划，加强基础建设，真正培养出社会需要的高职人才。第三，要研究高等职业教育的招生对象和方式。在通过高考招收普通高中毕业生的基础上，研究探索招收各类中等职业学校毕业生和同等学历在职人员的考试和录取办法。第四，要探索高等职业教育的办学体制。使高等职业教育的办学体制、经费渠道、收费办法、毕业生就业制度等能与我国社会主义市场经济体制相适应。在试点地区以外的面上，其他省市也应按照已经明确的政策和要求，积极推进专科、成人高教的改革，把重点放在引导支持有关学校深化内部教学改革、努力办出高等职业教育的特色上，由于现在社会各方面对高职的认识还不尽一致，要特别注意防止以办高职为名，脱离实际需要地盲目扩大高校招生规模。

为了推动试点工作，有关高职试点的日常协调工作主要由职教司负责。各类高校的改革管理工作仍由各主管司负责。

三、关于加强面向农业、艰苦行业职业教育和中西部地区职业教育问题

当前我国职业教育发展中比较困难和薄弱的部分主要是：农业职业教育；面向艰苦行业的职业教育；中西部地区的职业教育。大力发展职业教育就必须对这些困难和薄弱部分特别予以关注和重点支持。

党和国家历来十分重视农业、农村和农民问题。在全国《国民经济和社会发展“九五”规划和2010年远景目标纲要》中更明确提出，要“把加强农业放在发展国民经济的首位”。我国人多地少，解决农业问题的根本出路是科教兴农，关键是人才。因此，必须高度重视和认真办好农业职业教育。对于如何办好农业职业教育，国家教委近几年开展了大量的调查研究，并在此基础上与农业部联合发出了《关于进一步办好农村中等职业学校农业类专业的意见》。希望各地认真贯彻这个文件的精神。这里我仅再强调几点：一是办学方向要明确。农业职业教育与其他行业职业教育的最大的不同点，就在于学生毕业后主要不是走上工作岗位去就业，而是要回到农村去创业，做新型农民，用所学的技术开发致富。因此，农业职业教育一定要坚持面向农业深度开发，与农民致富紧密结合。要拓宽专业知识面，培养懂技术、善经营、会管理的具有开发创业本领的人才。二是教学内容要更新。农业职业教育如果不能让学生掌握高于一般农民的新的生产技术和本领，自然不会有吸引力。当前，我国农业运用科技的潜力很大，新的农业技术大量涌现。农业职业教育也必须及时更新教学内容，不断引入先进实用的农业科学技术，使职业学校成为学习掌握、推广传播新技术的重要基地。只有使学生回乡后能够增加收入，才能增强职业教育的吸引力。三是办学形式要灵活。农业职业教育面向农村培养新型农民，一不涉及计划、户口指标，二不涉及工资、福利待遇。因此，在招生、学制等方面要进一步放开，以适应需要为原则，在灵活办学上求生机。招生可以职前职后沟通，学制可以长短结合，教学可按农时季节安排。入学条件可以进一步放宽，有条件的地方可以实行凭初中毕业证书免试入学。四是办学条件要改善。目前有不少以举办农业职业教育为主的农村职业学校，专业师资缺乏，校舍破旧，实验实习设备很少。在这样的条件下，很难办出高质量的职业教育，农民也不愿送子女到这种状况的学校去学习。各地政府应在资金和政策上给予农业职业教育重点扶持，保证并逐步改善学校的基本办学条件。此外，多年来，各地都涌现了一批农业职业教育办学好的典型，应认真加以总结，积极宣传推广他们的办学经验，增强办学信心，推动农业职业教育的发展。

许多艰苦行业关系我国基础产业的发展。各级政府和有关部门应当采取措施，对面向艰苦行业的职业教育积极给予扶持。如通过实行奖学金、贷学金、减免学费等措施鼓励学生报考、就学；对开设这类专业的职业学校在资金、设备等方面重点予以保证等。对于在本市或本地招生困难很大的这类专业，可允许放宽地域限制，实行易地招生，易地培养。

由于经济、地理、历史等客观条件及思想观念等方面的原因，与东部较发达地区相比，我国中、西部地区职业教育的发展还有较大差距。加快中、西部地区的发展，对实现我国的现代化，对增加民族团结、维护国家统一和社会稳定具有十分重要的意义。国家已经明确提出，要坚持“区域经济协调发展，逐步缩小地区发展差距”的方针，职业教育工作也应认真贯彻这一方针。中西部地区发展职业教育确有不少特殊困难和问题，不能与东部一样要求，也不能简单照搬发达地区的模式，而要根据本地的实际，办出自己的特色，我国中西部的大多数地区，农业还是主要产业。因此，应当重视办好农村职业教育和农业职业教育。要转变务农不需要接受教育的旧观念，通过发展职业教育，提高农村吸收科学技术的能力。农村和农业职业教育，不能着眼于转户口和找“铁饭碗”，而是要培养“用得上，留得住”的人才，为建设家乡、改变农村落后面貌贡献力量。中西部地区在农村职业教育层次的选择上，也应从实际需要出发。一般每个县应集中力量办好一所中等职业学校，人口特别稀少和分散的地方也可每个地区办一、二所中等职业学校。同时积极开展三加一、初二分流、四年制初中等多种形式的初等职业教育，大力开展各种实用技术培训，在普通中学乃至小学高年级应普遍增加职业教育内容。为了充分利用教育资源，在贫困地区，还可以利用乡村中、小学等各类学校举办“星期日学校”和夜校，大面积开展对回乡知识青年和广大农民的培训。有条件的地方，可以根据劳动力有序流动的需要，开展适应劳务输出的职业教育。在有些中西部的城市，由于经济水平所限，就业比较困难。这就更应坚持推行劳动者就业、上岗前必须接受必要的职业教育的制度，以激励职业教育的发展，加速提高劳动者素质，推动经济的发展。近几年，在我国中西部地区也涌现了一批办得很好的职业教育典型。要认真总结和推广他们的经验，坚定信心，积极探索，逐步提高职业教育的水平。这次会议之后，国家教委将根据开轩同志报告中提出的扶持中西部地区职业教育的要求，制定和落实具体的措施和办法。

四、关于加强职业教育与成人教育的沟通问题

我国职业教育是从教育内容来界定，而成人教育是以教育对象来划分的。由于不同的划分标准，势必带来两类教育在内容、范围上的交叉。《职业教育法》已经明确规范，职业教育包括职业学校教育和职业培训，而职业学校教育包括了初等、中等和高等职业教育三个层次；职业培训包括了从业前培训、转业培训，学徒培训、在岗培训、转岗培训及其他职业性培训。因此，贯彻《职业教育法》也是成人教育部门和学校的一项重要任务。

提高广大职工和其他劳动者的素质，既要抓好职前教育与培训、把好入口，又要抓好在职的进修与转岗转业再培训，不断更新知识，提高劳动者思想和业务水准。这就决定了职前教育与成人教育之间的联系十分紧密。二者既有共同目标和任务，又有相同类型的教育内容。因此，职业教育与成人教育在办学上，应该提倡相互沟通。这种沟通主要体现在以下几个方面：第一两类教育之间应加强合作。职业教育与成人教育应该加强合作，共同承担起提高劳动者素质、促进当地经济和社会发展的任务。两类学校之间在师资，实验实习场所及教学经验等方面要互通有无，取长补短。第二两类学校之间可以相互融通。职业学校以招收应届生为主，但也可根据需要招收一定数量有同等学力的在职人员，也可举办各种形式的在职培训，转岗转业培训。成人学校以招收从业人员为主，也可适量招收应届毕业生。在县和县以下，特别是经济较贫困的地区，还应提倡一校多制，一校多能，以充分利用教育资源，提高办学效益。第三两类教育的相关政策要协调。这主要涉及规划布局、证书发放等。首先，各地教育行政部门要加强对职业教育与成人教育的统筹规划，使学校布局和专业设置合理，防止因重复办学带来资源浪费和生源、就业上的困难；其次，对同层次同专业的职业教育和成人教育在教学内容、教学时数和培养规格上应有基本相同的要求。

为了有利于职业教育与成人教育的协调发展，有利于加强两类教育之间的沟通，在教育管理上也应搞好两部门之间的分工与协作，关键是要统一政策。考虑到农村县、乡、村职业教育和成人教育机构的现状，县级绝大部分是职业学校，乡、村绝大部分是成人学校。因此在研究确定有关政策时，县一级以职教部门牵头，成人教育部门参与；乡村两级以成教部门牵头，职教部门参与，在教委统一领导下保证政策的一致。对两类学校的管理仍由原管理部门实施。

五、关于鼓励发展民办职业教育问题

近年来，我国民办职业教育发展很快。到 1995 年底，民办中等专业学校已有 672 所，实施各种短期培训的民办教育机构已有 3 万多所。还有民办高校 1209 所，其中国家批准发学历证书的有 21 所。民办高校也在积极兴办职业教育。民办职业教育已经成为我国职业教育中的一支重要力量。民办职业教育的发展，适应了社会各方面、尤其是农村、乡镇企业、集体企业等对人才多样化的需求，反映了社会各界办学兴教的极大热情和广大社会成员热心求学的强烈愿望。民办职业教育，扩大了职业教育的规模，为社会成员提供了更多的接受职业教育和培训的机会，为下岗、转岗人员的再就业创造了条件。民办职业教育的发展，符合我国国情，也符合职业教育发展的规律，是一件利国利民的好事。各地要积极采取措施，鼓励民办职业教育的发展。开轩同志的报告要求各地积极鼓励、正确引导，并采取有力的政策对民办职业教育予以扶持。

1. 各地教育行政部门要通过开展调查研究，摸清本地区民办职业教育的情况，以便有针对性地提出具体鼓励、扶持的措施。近年来，国家教委有关司局对全国十多个省市社会力量办学的情况做了大量调查研究，在此基础上研究制定了发展民办教育的有关政策。各地已经出现了一批办学思想端正、教育质量较高、社会效益较好的民办职业学校。同时，在民办职业教育中也存在一些亟待解决的问题。各地要开展调研，发现问题，制定出切实可行的政策，支持民办职业教育的发展。

2. 采取具体措施鼓励、扶持民办职业教育。政府应在可能条件下，在建校场所、师资设备、就业安排、需求信息、教学经验等方面给予帮助，提供便利。要坚持对民办职业学校与公办职业学校一视同仁。如在表彰、奖励、评估、发放文件、参加会议以及毕业生升学就业等方面，应做到与公办学校同等对待。目前有些地方已经建立了民办学校表彰、奖励和定期予以资助的制度。要提倡、鼓励公办学校在不影响本校正常教学的前提下，在师资、图书、实验、校舍等方面为民办学校提供帮助。对于到民办职业学校授课的教师，要关心他们的切身利益，帮助他们解除后顾之忧，使他们有稳定感、荣誉感。有的地方对去民办职业学校工作的老师，将其档案放在教育局，一旦学校有变化，由教育局分配工作。这样，教师就可以安心工作。对民办职业教育的办学方向，教育质量等，要加强督导评估。民办职业教育应坚持不以营利为目的。

3. 加强对民办职业教育的管理。要在政府的领导下，理顺社会力量办学的管理体制，建立起教育行政部门统筹规划、综合协调、归口主管，其他有关部门分工负责的管理体制。在国家教委内部，各类民办教育的宏观方针政策由成人教育司制定，具体业务指导和管理归相关业务司局。各地要根据具体情况，明确对民办教育管理的具体机构，落实管理责任。

六、关于职业教育的管理问题

职业教育从类型上讲，既包括初、中、高等职业教育，又包括各种职业培训；从办学体制上讲，有政府办、部门办、行业办、企业办、社会团体办、公民个人办等多种形式；从学校类型上讲，仅中等职业教育这一块，就包括中等专业学校，职业高中和技工学校三类学校。因此，职业教育的管理也涉及方方面面，必须从有利于事业发展的前提出发，进一步改革和理顺职业教育的管理体制。职业教育的管理问题在职业教育法中已经做了明确规定，岚清同志的重要讲话和开轩同志在主报告中都对这个问题做了比较详细的叙述。职业教育工作要坚持在政府领导下，教育部门统筹协调，各有关部门分工协作，使各类职业教育能在统一、协调的政策下健康发展。

这里需要特别说明的是，经国家教委、劳动部领导同志间的协调，认为技工学校是中等职业学校教育的重要组成部分，按照《职业教育法》和国务院确定的职责分工，在国家有关职业教育的方针、政策和规划的指导下仍由国务院劳动部门管理。

有关职业技能考核鉴定问题，要引导各类职业学校和职业培训机构根据社会生产发展需要和市场需求，按照国家职业分类和职业等级标准的要求开展教育、教学和培训，并根据国家的有关规定对毕业生进行技能考核鉴定。劳动部门应按照职业学校的培养目标和国家职业技能标准确定毕业生的考证资格，对于相同层次、相同培养目标的职业学校毕业生应有相同的考证资格。

要统一和协调对各类中等职业学校的政策，以保证政令畅通和各项政策的一致性。今后，不论是在教育方面还是劳动就业方面，调整现行政策和制定出台新的政策，都应当统筹考虑各类中等职业学校。

在教育部门内部，对职业教育的管理既涉及综合部门，又涉及分管几块教育的业务部门。国家教委要建立工作制度，保证政策统一，克服政出多门。各级教育行政部门的主要领导要加强对职业教育工作的统筹领导和协调，分解落实各有关处室的职责，使大家分工明确、协作配合，共同做好职业教育工作。主管职业教育的处室应主动热情地争取各有关处室对职业教育的支持和帮助。

七、关于对《职业教育法》意义的认识问题

《职业教育法》的诞生，是我国职业教育发展史上具有里程碑意义的一件大事。它的颁布和实施，必将对我国职业教育的发展与改革起到有力的保障和推动作用。

制定这样一部法律是很不容易的。职教法的起草和审议工作，从1989年开始起草《条例》，到1993年正式起草法稿，直至今年八届人大常委会第十九次会议审议通过，历时七年，先后易稿20余次。《职业教育法》是在党中央、国务院和全国人大的领导、关心和支持下制定的。李岚清副总理曾多次亲自主持召开会议，就职教法中的一些重大问题听取意见，进行协调，作出决策。《职教法》（送审稿）经李鹏总理主持的国务院第39次常委会议讨论通过后，报送人大常委会审议。全国人大常委对《职教法》（草案）提出了许多重要的修改意见，使《职业教育法》更加具有科学性和现实可操作性。政协和各民主党派也非常关心支持职业教育的立法工作，曾经多次提出要求加快职教立法工作的提案和议案，对促进职教立法起了重要作用。《职教法》是各有关部门、有关方面、广大职教工作者共同努力的结果。在《职教法》的起草和修改过程中，广泛征求了各省市、各部门、社会各有关方面、基层厂矿企业和学校及有关专家学者的意见，各方面认为职教法符合我国国情，在目前情况下是比较现实可行的，有着广泛的群众基础。

《职教法》文字精炼，重点突出，对职教地位、体系、各方面职责、条件保障等重大问题都作了明确规定，内容丰富。特别是在办学职责、经费渠道等方面提出了一些很有份量的要求和办法。比如，《职教法》在"职业教育的条件保障"一章中，提出的筹集职教经费的措施和办法有11条之多。其中，要求政府和有关部门要制定职业学校的生均经费标准，要保证职业教育财政性经费逐步增长，可以在开征的用于教育的地方附加费中专项或安排一定比例用于职业教育；要求企业按照省级政府或国务院有关部门制定的具体办法，承担对本单位职工和准备录用人员进行职业教育的费用；规定由省级人民政府制定职业教育的收费办法等，都是有重大实质意义的措施。不能说《职业教育法》是个软法。只要认真实施职教法，一定会对我国职业教育的发展起到重要的保障和促进作用。

八、关于贯彻会议精神问题

这次会议是职业教育史上一次十分重要的会议。贯彻好这次会议的精神，将对我国职业教育的发展起到巨大的推动作用。希望各地、各部门要抓住这一机遇，认真做好贯彻会议精神的工作。下面我想提几点具体要求。

1. 做好会议情况和精神的汇报工作。会后，各地要尽快将这次会议上李鹏总理、李岚清副总理讲话和开轩同志报告及有关会议精神向省委、省政府主要领导同志汇报，争取领导的支持。从各地职业教育发展的经验中看出，凡是职业教育搞得好的地方，都是主要领导非常重视，亲自抓职业教育。

2. 认真抓好对职业教育法的贯彻落实。《职教法》即将于今年9月1日开始实施。当前，摆在各级政府面前的一项十分艰巨的任务是如何落实《职教法》的各项规定。开轩同志在报告中，要求把《职教法》的内容层层分解，落实各级政府、有关部门的职责。这是一件十分具体的工作，重点要落实条件保障方面的责任。希望各地抓紧时间制定贯彻《职教法》的措施和办法，特别是要制定各类企业承担职业教育的具体办法，使各方面的责任分解到位。有些职责的落实难以做到一步到位，但应明确职责，区别情况，逐步实施。

3. 抓好干部培训工作。贯彻落实职教会精神，必须有系统、有计划地做好干部培训工作。要首先培训各地职业教育的管理干部，组织他们认真学习《职教法》，学习会议文件，使他们了解职教会精神，进一步提高对职业教育的认识，明确今后工作任务。

4. 制定好职业教育的发展规划。开轩同志的报告已经明确提出了发展职业教育的奋斗目标、指导方针和工作任务。各地、各部门根据这些要求，结合各自的实际情况，制定本地区、本部门的职业教育发展规划。

5. 注意抓好典型、总结经验。职业教育的发展要有一股改革创新、大胆探索的精神。实现我国职业教育跨世纪发展的目标，更要发扬这种精神。各级领导要转变工作作风，深入实际，调查研究，多办实事，注意抓好典型。一些政策措施在出台前，要先行试点，取得经验后再推广。比如对企业如何承担职业教育义务的问题，就应先在一些不同类型的企业进行试点，探索经验，再在面上推广。各地都有一批很好的典型。希望各地进一步加强典型的培养和宣传推广工作，以点带面，推动职业教育的发展。

同志们：跨世纪发展职业教育的任务已经历史地落在我们的肩上。让我们在建设有中国特色社会主义理论的指导下，在以江泽民同志为核心的党中央领导下，团结起来，为职业教育的发展，为我国跨世纪宏伟蓝图的实现而奋斗！

进一步发挥高等学校科技优势 努力为科教兴国作出重大贡献

韦 钰

一、“八五”简要回顾

在党和国家大政方针指引下，在国家科委、国家计委、国家经贸委、国防科工委、国家自然科学基金会等各有关方面大力支持下，通过广大教学科研人员艰苦努力，“八五”期间，高校科技工作有很大发展，取得了显著成绩，形势是喜人的。主要表现在：

（一）科技队伍逐步优化，一批年轻新秀茁壮成长

目前，全国普通高校理工农医领域共有科技活动人员60.1万人，其中科学家和工程师52.4万人，占87.2%，折合全时的研究与发展人员14万人；人文社会科学拥有科技活动人员19.7万人，其中折合全时研究与发展人员近3万人。此外，还有参加科研的在校研究生14万人。这支队伍虽有一定流动，但总规模大体保持基本稳定。通过科研教学实践锻炼，新生力量补充和人员分流重组，队伍整体素质有所提高，年龄结构有所改善，新兴学科显著加强，人员布局渐趋合理，研究开发和培养人才能力大大增强。他们活跃在各条战线、各个层次的各类科技活动中，充分显示出强大实力和很大潜力，已成为我国科技事业中一支名副其实的重要方面军，基础性研究和高技术研究的一支主力军。

特别值得欣喜的是一大批优秀青年教师正在茁壮成长，他们之中一批优秀年轻骨干已经涌现。现在，重视人才已蔚然成风，促使年轻人成长并脱颖而出的环境有显著改善。特别是1993年经国家教委科技委倡议，李岚清副总理批准，国家教委实施《跨世纪优秀人才计划》；1994年经科学家建议，李鹏总理批准，由国家自然科学基金会会同有关部门组织实施《国家杰出青年科学基金》；1995年，人事部、国家科委、国家教委、财政部等部委发布《关于培养跨世纪学术和技术带头人的意见》及实施《百千万人才工程》以来，大大地推动了培养年轻学科带头人与骨干人才的工作。各部门各地区和各高校普遍地制订了培养规划，作出了具体部署，有的还设置专项基金或经费予以支持。国家教委《跨世纪优秀人才计划》连续实施3个年度，共评出182名，给予他们较大强度资助；《国家杰出青年科学基金》也已连续评选2个年度，共评出130名，高校入选者达82名，占总数的63%，得到了更大强度资助。这200多名入选者健康成长，发展势头普遍良好，有一些已经取得突出成就。高校利用各种渠道的支持，正在培养着成千上万名不同层次的年轻骨干人才，已经涌现出一批后起之秀。这是高校科研近年来一大突出成就，也是我国高等教育发展的希望所在。

（二）科技工作环境大有改善，一批国家级科研教学基地已经建成

体制改革不断深入和经济上实行两个根本性转变，特别是科教兴国战略的提出，给高校科技工作开创了大好发展机遇，社会的广泛需求把高校推上了重要历史舞台。高校以突出的科技成就显示了雄厚实力，对经济建设、社会发展、科技进步和人才培养起到了重大作用。这些已被社会各界所公认，因而也得到了越来越多的支持，科技工作大环境比以前大有改善。

在各级政府和有关方面支持下，高校经过多年努力，教学科研基地建设达到可观的规模和较好的装备水平。国家先后在高校投入2.5亿元人民币和9000万美元，建立了101个国家重点实验室。其中半数以上是在"八五"期间建成的。这些实验室实行"开放、流动、竞争、联合"机制，体现改革开放的全新运转模式，是一种新生事物，是我国开展基础性研究的一批主要基地。此外，有关主管部门和地方政府还在高校建立了一批部门开放实验室和省部级重点实验室。这些实验室对培养高层次科技人才和开展高水平科学研究起到了双重基地的重要作用。"八五"以来，国家计委、国家科委又实施工程（技术）研究中心建设计划。目前，在高校中已建和在建的国家工程研究中心有19个，国家工程技术研究中心8个；一些部委和省市也创办或试办了若干工程（技术）研究中心。这些中心对于加强多学科综合、多种技术集成，进行工程化、产业化研究开发将起重要作用，是科技成果转化为现实生产力的重要通道和桥梁之一，也是培养复合型工程技术人才和培训在职工程技术人员的重要基地。另外，一些高技术研究网点也已形成并发挥出很好作用。国家教委"七五"末期评选出的400多个重点学科点，结合科研基地建设，在"八五"期间得到了程度不同的支持，教学科研条件普遍有所改善。

（三）承担了一大批科技任务，取得了一大批科技成果

高校在非常广阔的领域里开展着大量的基础性研究、高技术研究和为经济建设主战场服务的研究开发工作。高校凭借自身优势和实力，积极争取和参与竞争，科研任务不断增加，至今，承担纵横向各层次科研课题已达9万项左右。若以经费计，5年间几乎翻了两番，1995年高校科技经费达到47亿元，其中中央政府各类科技计划5亿元，地方政府或部门科技计划15亿元，其余部分主要通过承担企事业单位任务获得。高校各种渠道获得的科技总经费约占全国科技总经费的5%。

高校承担国家层次科技任务也占有相当比例。如攀登计划中承担的课题约占总数的30%；国家自然科学基金中面上基金课题约占总数的67%，重大项目约占36%；国家社会科学规划和基金项目占全国60%以上；高技术"863"计划民口5大领域，高校承担的专题数约占总数的49%；科技攻关高校承担的任务经费额约占总数的14%；承担国防科技任务的经费，"八五"比"七五"翻两番。从验收、鉴定或评估看，高校承担的国家任务完成情况普遍较好，有些项目相当出色。例如，北京大学张恭庆教授在非线性科学领域取得突出成就，1994年度获第三世界科学院数学奖；山东大学彭实戈博士在"随机最优控制理论及其应用"领域取得了系统的具有世界水平的成果，1995年获国家自然科学二等奖；上海第二医科大学王振义教授把教学与临床结合，带领一批优秀中青年骨干在治疗白血病的机理方面取得重大突破。“中国教育和科研计算机网示范工程”项目，各渠道投入金额达3亿元，提前一年高质量地完成了全部任务，建成了一个符合我国国情、覆盖面相当广的计算机网络，已有100多所高校实现联网，且与INTERNET连通；去年12月通过国家验收，专家们认为达到了90年代国际先进水平，该项研究为国民经济信息化建设提供了人才和技术基础，也为大型项目协作攻关提供了宝贵经验。

高校在“八五”期间取得了一大批科技成果。共计发表学术论文83.6万篇，其中在国外发表7.6万篇；完成专著2.4万部；鉴定技术成果4.3万项；授权专利近6000件。“八五”期间国家级科技奖励中，高校共获自然科学奖88项，占全国获奖总数1/2左右；获发明奖274项，占全国获奖总数1/3左右；获科技进步奖550项，占全国获奖总数1/4左右。高校科研投入少，产出多，是一支效益突出的科技力量。

（四）加强了科技成果转化，为经济社会发展提供了重要支撑

“八五”期间，高校注重了面向经济建设的研究开发，加强了科技成果转化和推广应用，取得明显成效，有的已经产生重大效益或重大影响。

高校进入国家级科技推广计划的项目占有相当比例。截止1995年底，进入国家级火炬计划项目343项，占总数的14.4%；国家级成果重点推广计划297项，占总数的24.2%；“产学研联合开发工程”项目，占一半以上。这些项目均产生了较大社会经济效益。例如，据科技成果重点推广计划中的51项抽样调查，新增产值88.8亿元，利税13.1亿元，节支16.4亿元。

高校在高新技术研究及其产业化方面有重大突破和进展。如北京大学的电子出版技术研究，不仅取得多项高水平研究成果，获得多项高等级奖励，而且研制出一系列高性能产品，创造了很大经济效益，对印刷出版业产生了革命性影响。去年方正集团总销售额已达28亿元，其股票已成功地在香港上市。方正的发展，为我国印刷出版业开创了告别铅与火、摆脱纸与笔的划时代的光明大道，为我国高技术研究和发展高技术产业创造了一个成功典范。宋健同志给予高度评价，认为方正的发展壮大，标志着中国高技术产业的崛起，北大有可能开创出一种新模式，开拓出发展高技术、高智力、高附加值现代产业的新路子。高校在促进工业技术进步中起着重要先导作用。例如，清华大学等单位承担的“863”项目CIMS实验工程，不仅获得了国际学术权威机构美国制造工程师学会颁发的CIMS应用与开发“大学领先奖”，而且已在国内不少企业推广应用，取得了显著成效。东南大学与北京第一机床厂合作开发成功的CIMS示范工程，也被美国制造工程师学会评为“企业领先奖”。高校CIMS技术的研究开发成就，为我国制造业进行革命性变革打下了一定基础，该项技术进一步研究开发与推广应用，将为我国先进制造业在国际上争得一席之地。又如同济大学在桥梁结构、建筑施工技术方面的研究，为我国重要工程建设提供了有力的技术依托，解决了一系列关键问题。特别是超大型构件液压同步提升技术，已居世界领先地位，在上海东方明珠钢天线杆整体提升和北京西客站大门门楼整体提升中显示了很大威力。

高校在科教兴农中也发挥了重大作用。中国农业大学牵头，获得国家科技进步特等奖的黄淮海平原综合开发，在“七五”取得重大成果的基础上，“八五”又获重大进展，产生了重大经济效益。河北农业大学十多年来坚持科技进山，为太行山区脱贫致富闯出路子，被国家科委誉为“太行山道路”。不少农业大学在粮食作物育种方面均有重要突破，对粮食增产起了重要促进作用。如四川农业大学培育成功并获得国家发明一等奖的冈—D型杂交水稻，至今推广面积已达900多万公顷，累计增产稻谷近46亿公斤，增加社会经济效益50亿元以上。高校还在新农药研制、磷复肥和饲料开发等方面做出了突出贡献。

高校在社会发展各领域均有重要影响。“八五”期间，在环境、人口、医药、疾病防治、安全防范、现代教育手段等各个方面，都有一批成果推广应用，有的已经产生重大社会效益。

（五）改善了办学条件，提高了培养人才能力

通过科研大大改善了高校办学的物质条件，不仅加强了教学科研基地建设，还弥补了部分办学经费不足。如果没有科研，单靠国家教育投入，许多高校已难以维持正常运转。更重要的是科研提高了师资水平和教育质量，更新了教学内容，创造了良好学习环境，特别是增强了研究生的培养能力。科研是培养有创新能力人才的有效途径。

科研提高了高校的地位与影响，大大地促进了国内外交流合作，增强了与社会的联系。尤其是在促进国际交流中起着关键性作用，没有一定的科研基础很难开展教育科技领域的国际交流与合作。“八五”期间，由于高校科研的迅速发展，使得国际交流日趋活跃，层次也有所提高。据统计，仅1995年，高校派遣出国进修访问学者达4737人次，参加国际性学术会议17931人次，交流论文16545篇。这些科技交流合作活动，扩大了我国高校的国际影响，提高了国际学术地位，活跃了学术思想，引进了先进科技，促进了我国高校水平的提高。

（六）体制改革取得进展，正在逐步走出一条适应社会主义市场经济的成功之路

随着全国经济、科技、教育体制的改革，高校科技体制也进行了一定程度改革。在体系结构上，正在探索适应新趋势的合理结构布局；在运行机制上，正在逐步改变原计划经济体制下的运转方式。有些科技机构初步建立了较为合理的体制和运行机制，科技工作呈现生机与活力，发展势头良好。

高校在基础性研究方面，除加强、巩固、提高已经形成的一批以国家重点实验室为主要基地的开放式新型研究机构，还建立了一批跨校、跨系统、跨地区的网点式研究中心，如南京微结构科学技术高等研究中心，长春应用化学科学研究中心，数学研究与高级人才培养中心，兰州西部资源环境科学研究中心等。在应用研究和开发工作方面，产学合作大有发展，并已涌现一批联合体。科技、教育与经济结合向前跨进了一步，有的正在探索一体化或紧密结合的体制。如中山大学，在广州市政府支持下，与5家企业联合创建广州新材料工程研究中心，正朝着研究所搞基础性研究、中心担负开发与中试、企业进行规模生产经营的合理分工布局方向发展。

总之，“八五”期间，高校科技工作进展很大，成绩突出，当前发展势头是好的。但是，应该看到高校科技工作也还面临着一些困难和问题，其中有的属于外部为高校科技提供的大环境问题，有的属于高校内部需重视和改进的问题。如科研经费严重不足，特别是建成的国家重点实验室缺乏必要的运行经费，高校科技成果转化投资渠道不畅。高校本身科技工作和体制还不适应，年轻教师队伍不稳定等，这些都需要今后在进一步深化科技体制改革，推动高校科技工作发展中优先解决。

二、几点体会与认识

高校在长期特别是近几年的实践中，积累了丰富的宝贵经验。结合当前形势，认真地总结一下历史经验，对于指导今后工作是有益的。通过这次会议，希望大家都来总结，提高到规律性认识，并宣传正确观点，推广成功经验，以推动科技工作更好发展。

开轩同志在 1990 年召开的全国高校科技工作会议主报告中总结的 6 条经验是很根本的，对今后工作仍有重要指导作用，应当继续坚持发扬。我现在结合新的形势，讲几点体会。

（一）坚持科学研究与人才培养相结合

这是两者内在联系的必然要求，是发展科技教育的成功之路。邓小平同志曾经指出："教育与科研两者关系很密切"，"抓科技必须同时抓教育"。还指出："重点大学既是办教育的中心，又是办科研的中心"。这是国内外成功经验的高度概括。实践证明，科研(特别是基础研究和高技术研究)与人才培养结合，不仅有利于出高质量的有创新能力的人才、高水平成果，而且投资省、效益高。高校之所以能取得较多的科技成果，就是利用了大学得天独厚的资源与环境。另一方面，只有实行科研与人才培养相结合的方针，才能使我们的大学适应现代化建设需要，培养出来的人才符合时代发展要求。科研是高校学科专业建设和提高师资水平的关键，是贯彻党和国家的教育方针，培养学生实践能力和提高科学素质的重要手段，是加强与社会联系、了解社会需求、为经济社会发展服务的有效途径，也是改善办学条件、解决经费困难的重要渠道。高校开展科研，既促进了科技进步、社会经济发展，又促进了教育质量提高和培养人才能力的增强。教育为科研培养大批英才，为科技发展提供最重要的人才资源；科研以探索自然过程中获得的新知识、新技术，不断丰富和更新教育内容，成为教育进步的源泉。科研和教育两者互相支持，互相依赖，相辅相成，相互促进。这已为国内外有识之士所共识，是许多国家共同的宝贵经验。

（二）坚持产学研相结合

技术创新、科技成果转化为现实生产力，应以市场和经济社会发展需求为导向。从长远看，这类工作要逐步过渡到以企业为主体，高校、研究院所作为人才和科技的主要源泉及开发工作的重要力量积极参与，分工合作，产学研优势互补，共同发展的体制。鉴于目前我国企业技术力量比较薄弱的情况，高校和科研院所的科技工作应适当向"下游"延伸，但应明确科技开发和成果转化的主渠道是通过产学研合作的途径。基于这样的认识，我们一直致力于推动这种合作。比如，1988 年起，国家教委与浙江省政府共同组织高校参与杭嘉湖绍地区开发，仅通过杭嘉湖技术开发公司贷款支持的产学研合作项目至今已有 165 个，产生了可观的经济效益，年产值逾亿元的已有 10 项，取得了较高利润。1992 年，国家教委又和经贸委、中科院共同组织实施《产学研联合开发工程》，正在产生越来越大的影响。产学研合作已为世界上许多国家所关注，实际上已成为国际性趋势，不少国家制订了有力政策推动。我国产学研合作还存在一些诸如利益机制和体制、法规不够完善等问题，有待进一步采取有效措施予以大力推进。

在建立社会主义市场经济体制进程中，在我国目前情况下，有选择有重点地发展校有科技产业也是一种可取途径。校有科技产业如果办得好，不仅可使部分科技成果迅速转化为现实生产力，创造可观的社会财富，还可对高校改善办学条件和教职工待遇起到一定补充作用。如江西中医学院江中制药厂，每年向学校提供的资金，现已超过政府教育投资的2倍以上。几年来的实践证明，在某些高技术领域创办校有科技产业，也是高校高技术成果转化的一种有效形式，还可为我国高技术研究与产业化探索成功的路子与模式。发展校有科技产业并不是高校自成体系，往往与社会上企业合作进行，搞得好的，可以起到带动一片的作用。

随着我国经济的发展、体制改革的深化和企业技术力量的增强，产学研合作必将向更高层次发展，从现在主要进行技术开发与成果转化的项目合作，发展到高级人才培养和科学研究以及科技、教育基地建设的广泛合作，也就是从目前主要是“下游”单项性合作发展到“源头”多种形式的稳定合作。产学研合作全面成功之时，也就是实现教育科技和经济密切结合之日。

（三）坚持多学科相结合

这是合乎科技发展规律的必然趋势。当今世界科技迅猛发展的一个显著特点是学科间相互交叉、渗透，出现了综合化、集成化趋向。数理化天地生等基础科学间相互渗透，理科与工农医等门类间相互结合，自然科学与人文社会科学间相互交叉，日益显示出强大生命力，不断产生新的研究方向，开创新的理论体系，孕育新的技术与工艺，乃至形成新学科生长点。清华大学、东南大学CIMS的成长，中国石油大学综合开发、救活旧油田的成功等等，都是多学科结合、多种技术集成而结出的硕果。

高校具有多学科综合、各类人员结合和便于多种渠道获得信息等有利条件，若能充分利用，进一步组织好内部与外部的合作，必将在科技教育事业中发挥更大作用。比如，在冯端教授的倡议下，南京大学固体微结构物理国家重点实验室联合了中科院和高校11个学科相关的国家重点实验室和部门开放实验室，建立起“微结构科学技术高等研究中心”，目的就是顺应这种趋势，组织多学科力量，瞄准前沿领域，合力攻坚，共同攀登科技高峰。他们坚持的方向是正确的，应予鼓励和支持。不少学校组织多学科结合的优势学科群、研究中心或研究院，都是为适应这种综合化、集成化趋势而采取的策略，相信再通过一段时间实践，必将涌现一批成功的典型。从总体上讲，我国目前交叉学科发展仍很缓慢，与国际先进国家差距较大，严重制约科技的发展。我国高校在交叉学科的教育与研究方面也明显存在薄弱环节，必须引起充分重视。为促进多学科结合和交叉学科发展，要研究形成学科的组织形式和管理方法，切实解决知识产权保护和无形资产评估等理论和实际问题。

（四）坚持分层次多模式组织科技工作

高校千差万别，不同类型科技工作各有特点，不同时期又有不同特征，因而不可能有一成不变的统一的有效科技工作组织方式。要坚持从实际出发，因时因地因校因学科而异，分层次多模式地组织科技工作。

就总体而言，各级各类全日制高校，都要以培养人才为最根本任务，在保证教学工作同时，充分发挥自身优势，积极开展科技工作。但培养人才规格不同，对科技工作的规模和水平的依赖程度也有所不同；同时学校的科研实力与基础条件不同，承担科技任务的能力和期望取得的成效也不同。这就决定了必须因校而异，有区别有重点地开展科技工作。各校应从实际出发，在科教兴国中找到自己合适位置。作为总体指导意见，可大体分为三类：一是办学历史悠久、培养研究生任务重、教学科研基础好的少数重点大学，应当真正办成既是教育中心、又是科研中心，在承担国家重大科技任务、培养高层次科技人才方面成为骨干力量，在提高我国科技教育水平和促进经济社会发展中起带头作用；二是以培养本科生为主、教学科研已有一定基础的高校，也要积极开展科技工作，并注意有重点地发展优势学科，办出特色；三是高等专科学校和新建的本科院校，在教学基本过关的基础上，也应创造条件，争取开展一些科技工作。其内容宜侧重技术开发、推广应用和技术服务，有条件的，也可进行一些研究工作。从近几年的实践看，按这样的指导原则部署科技工作，大体上是可行的，各类学校都有取得成功的经验，应当进一步引导，争取更大成绩。但是，不管以何种方式进行，高校的科技工作都应把为国家特别是本地区的经济和社会发展作为首要任务。

各级主管部门、各高校都要有层次有重点地部署科技工作，在广泛调动积极性，作好全面安排同时，着力抓好若干重点，有所为、有所不为，集中力量攻坚，以期取得突破，产生重大成效，并以此带动面上工作。应根据完成任务需要建立合理的组织机构，在实践中探索形成各种有效模式。

（五）坚持改革与发展相结合

以改革促发展，在发展中进行改革实践。这是科技工作又一重要经验。高校近十几年来科研有如此重大发展，很大程度上得益于党的改革开放政策。我国经济、科技体制改革，为高校开创了广阔的用武之地，大大解放了科技生产力。高校内部改革，进一步调动了科技人员积极性，增强了活力。同样的外部环境，改革程度的差异，使原本实力相当的学校拉开了差距。凡是改革比较成功的，科技工作成效也大。

改革是为适应发展需要。在激烈竞争的环境下，不进则退，不发展就不能生存。只有发展才能担当科教兴国大业，才能攀登世界科技高峰。所以，改革应服务于发展的需要，在发展中进行改革实践，在实践中检验改革成败。

国家重点实验室建设与发展是改革与发展相结合的一个成功范例。建立这类实验室是为发展我国基础性研究，而这个实验室建设计划一开始就在改革开放政策指引下，实行“开放、流动、竞争、联合”的运转模式。12年的实践证明，这是相当成功的创举，对我国科技发展将起重大作用，现在已经显示出强大的生命力。

以上这些是高校科技工作的基本经验，也是今后应当继续坚持的工作方针。

三、发展目标与主要任务

今后15年是我国改革开放和社会主义现代化建设承前启后、继往开来的重要时期。我们应当充分利用有利条件，抓住大好时机，努力克服不利因素和面临的困难，根据中央精神，结合高校的实际情况，确立正确的指导思想和切实的发展目标与任务。

今后一个时期，高校科技工作在国家科委、国家计委、国家经贸委和国防科工委的统筹部署下，指导思想上要强调遵循以下原则：

（一）坚决贯彻中央有关精神，坚持从实际出发。以邓小平同志建设有中国特色社会主义理论和关于“两个中心”的办学思想为指导，把中央关于加速科技进步的决定、关于国民经济和社会发展“九五”计划和2010年远景目标的建议、中国教育改革和发展纲要等指示精神与高校实际结合起来，贯彻到各项工作中去，真正落实科技是第一生产力和教育为本思想，在实施科教兴国战略和可持续发展战略中发挥重大作用。

（二）坚持科技工作全方位服务与经济建设和人才培养密切结合的方针。高校科教兴国的首要任务是培养人才，充分发挥育人主渠道作用，既要培养高级专门人才，也要培养大量急需的技术人才、经营人才和管理人才。高校开展科技工作既要着眼于培养各级各类人才、促进科技进步，又要直接服务于经济社会发展、精神文明建设和国防安全。理工农医和人文社会科学各领域，基础性研究、高技术研究、开发与推广应用各层次科技工作，要围绕国家目标，做出有力度的贡献。

（三）根据《国民经济和社会发展“九五”计划和2010年远景目标纲要》部署科技工作。针对高校实际，在总体上要求深化改革、加强联合、突出重点、加速转化、提高水平、增大效益。保持精干队伍稳定持续地开展基础性研究和高技术研究，努力攀登科技高峰；推动大多数科技力量进行应用研究和开发工作，为经济社会发展解决各种科技问题和为重大决策提供科学依据。

（四）认真总结和发扬成功经验。坚持科研与育人结合，促进产学合作，推动多学科交叉，实行分层次有重点多模式组织科研，在改革中求发展，在发展中探索改革之路。

到2010年，结合《中国教育改革和发展纲要》的深入贯彻和“211工程”的组织实施，高校科技工作要力争实现以下目标：

（一）大大增强培养高层次科技人才能力，提高科技水平、教育质量。使若干所大学进入世界先进行列；几十所大学真正办成既是教育中心、又是科研中心，部分学科点跃居世界先进水平；其他学校和学科点也有明显提高。

（二）建设好200个左右基础性研究重点基地，100个左右工程（技术）研究中心或高技术研究中心，使其成为国家科技工作和人才培养的先进基地。其中一些要办成世界上有影响的学术或技术中心。

（三）培养造就上千名优秀年轻学科带头人，上万名优秀年轻科技骨干。其中一些成为世界知名科学家。

（四）抓好一批重要科技领域与课题，取得一批重大成果。使科技布局和课题设置趋于合理，研究内容进入世界科技前沿，解决我国经济社会发展中有重要带动作用的基本问题。提高研究成果的引用率和对经济社会发展的贡献率。部分领域的研究水平进入国际先进行列。

（五）体制改革有明显成效，形成适应社会主义市场经济、符合科技教育发展规律、科技教育和经济密切结合的科技教育体制。在国家科技体系中真正确立高校科研的地位作用，基础性研究和高技术研究成为主力，为国民经济主战场服务的科技工作成为重要方面军。

“九五”期间，高校科技工作在全面部署基础上，要着重抓好以下8件大事：

（一）大力推动科教兴农

各级各类高校都要以科教兴农为已任，

结合学校实际，尽力作贡献。以农业院校为骨干力量，带动农村各级各类学校和其他有关学校，实行农科教结合，“九五”期间，在广泛开展科教兴农活动的同时，组织4项科技行动：

一是积极参与推动建立《科教兴农综合试验区》。与科委系统和农业系统紧密配合，一般以县或乡为单位组建，统筹规划农村教育和科技进步，因地制宜地采用多项先进实用技术，进行综合试验与人员培训，促进农村劳动者素质的提高和培养一批先进实用技术推广带头人与骨干。“九五”期间，结合《燎原计划》、《星火计划》和《丰收计划》的实施，在当地政府领导与支持下，建立50个左右这类试验区，并争取获得明显成效。

二是组织重大农业技术成果推广应用。从高校现有科技成果中精选100项左右作为重点推广项目，争取多方支持，精心组织推广。本世纪末要形成一定规模推广面，并取得较大经济社会效益。其中以粮食作物增产技术为重点，2000年，争取实现依靠这些成果推广新增年产上百亿公斤粮食的目标。

三是抓好一批新品种和关键性增产技术研究。紧密配合农业部门，为下个世纪农业发展作好储备。

四是实施《燎原计划百千万工程》。采用各种有效手段，加强对农村技术培训和科技知识宣传。为推动此项工作，决定实施《燎原计划百千万工程》，要在上千个乡、上万个村开展百项农业实用技术宣传教育活动。通过该工程，在普及基础上，形成一支当地的农技骨干队伍。

(二) 大力推进产学研合作

广泛动员和组织高校大部分科技力量投入为国民经济服务的主战场，努力为经济发展实现两个根本性转变做出重大贡献。为此，必须大力加强产学合作，积极促进企业技术进步和提高人员素质。“九五”期间采取以下行动：

一是进一步实施《产学研联合开发工程》。与国家经贸委、中科院继续共同推进大学、研究所与企业的合作联系。除努力完成一大批科技开发项目，还要积极推进科研教育基地建设和人才培养方面的稳定合作。到本世纪末，高校要与上万个企业建立起以科教兴企、促进企业技术进步和提高人员素质为宗旨，以提高经济社会效益为目标，校企优势互补、互相支持、互惠互利的合作伙伴关系，形成教育、科研、生产紧密结合，有一定规模和深度的校企合作网络体系。其中包括校企联办技术开发中心、检测中心、培训中心、成果推广中心等科技教育实体。

二是着力推动为地方经济社会发展服务。面向地方经济建设、加强为地方经济社会发展服务，是高校科技工作一个重要发展方向。为此，拟以当地高校为主，吸收全国有关高校参加，组织地区性联合组织，比如“大学校长联席会”、“高校科技促进会”等等，负责筹划为地方经济社会发展服务所需要联合组织的科技活动。条件成熟时，在当地政府领导和支持下，可以组建更广泛、更高层次的地区性产学研结合的组织机构。如产学研联合会等。国家教委与浙江省政府联合组织高校参与杭嘉湖绍地区开发的作法，可以作为一种可取的模式总结推广。各地应根据具体情况，因地制宜地组织面向地方建设的科教活动。本世纪末，要有一个大的发展并取得重大效益，形成若干行之有效的地区性集团组织。

三是推动建立行业性科技开发集团。选择若干重要支柱产业且高校具有较大科技优势的领域，以专业对口且处于领先水平的高校为主要依托，与有关的一批企业联合，建立行业性的“产学联合科技开发集团”，组织多学科力量为振兴产业直接服务的科技教育活动。“九五”期间要形成软件产业、新材料等若干个集团，并取得显著成效。

（三）大力加强科技成果转化工作

这是“九五”期间高校科技工作的一个重点。除广泛鼓励科技人员积极进行转化工作外，要在国家计委、国家科委、国家经贸委等有关部门支持下，采取三项重大举措：

一是创建科技成果转化基地。为加强科技成果转化为现实生产力的中间环节，要争取政府投资或与企业联办，“九五”期间，创建100个左右侧重工程化、产业化研究开发，国家、地方、行业不同层次和类别的工程研究中心、工程技术研究中心、与企业合办的技术中心、工业及商务培训中心、中间试验和工业性试验基地等。

二是组织高新技术成果产业化开发与推广应用。与国家火炬计划、成果推广计划、产业化工程相配合，“九五”期间要从高校中精选200项左右高新技术重大成果，利用高新技术开发区的有利条件或争取纳入多种渠道予以支持实施。到2000年，争取形成50个左右销售额逾亿元的产业。其中若干个要力争有几十亿元的规模。实现这个目标的途径主要通过与企业合作，部分也可通过校有科技企业进行。

三是推动形成科技成果推广体系。通过转化基地建设，重大成果项目推广示范，以及其他多种形式推广活动，逐步形成遍布全国各地、一定程度上可担负经常性推广任务的网络系统。农业方面，现已有推广体系，高校要积极参与，促其发展与完善。“九五”期间，要与经济部门合作，在工业先进实用技术普及和最新科技成果推广方面，积极推动形成一批网点，为形成全国有效的推广体系打下一定基础。

（四）着力抓好一批重点研究项目

在高校中优选一支精干力量，组织100个左右能体现国家水平的科技重点项目，努力攀登科学技术高峰。大体可分两类进行组织：

一类是基础性研究重点项目。以国家重点实验室、科研中心和重点学科点为骨干力量，“九五”期间组织50个左右既是科技发展前沿，又有重要应用前景或是经济社会发展中急需解决的共性关键基础问题，争取部分纳入国家重大研究计划，部分纳入国家教委博士学科点专项科研基金或其他部门、地方的科研基金予以实施。以期取得重大进展或突破，对基础性研究和高层次优秀人才培养起较大带动作用，在国际上产生一定影响。

一类是科技攻关重点项目。发挥高校多学科优势，与产业界结合，在能源、交通、通信、电子、信息、先进制造、化工、轻纺、资源、环境、医药、经济管理、社会公共安全等重要产业、国防和社会发展领域，优选约50项左右包括高技术在内的科技攻关重点项目，争取纳入国家、行业部门和地方科技攻关计划，组织联合攻关，以期取得重要突破，为我国下世纪初生产技术更新、新产业的形成和发展、争取进入世界先进行列打下一定基础。

（五）建立开放式、网点式基础研究体系

高校是基础性研究的主要力量，必须加强基础性研究基地建设，以适应21世纪发展需要。

在已有科研基地基础上，结合“211工

程”重点学科建设和国家科研基地建设计划，“九五”期间，努力办好150个左右国家重点实验室和部门重点开放实验室；创办10个左右多学科综合、跨校跨部门的科学研究中心；试点改革30个左右主要从事基础性研究的科研所。争取纳入国家重点支持的科研基地建设计划，逐步形成开放式、网点式的基础研究体系。

（六）建设中国教育和科研计算机网

为加强信息交流，促进信息技术与信息产业发展，要继续组织联合攻关，尽快建立现代化的信息基础设施。“九五”期间，依靠国家投资和争取其他支持相结合，基本建成能适应教育科研发展需要的计算机网络系统，使多数大学和部分其他学校及科研单位入网并投入使用。同时，还要为下个世纪进一步发展打下基础。这个网络系统也要面向社会服务，在我国教育现代化、信息基础设施建设和信息产业发展中发挥重要作用。

（七）培养造就一批年轻科技骨干

为促进面向21世纪高校学科带头人和企事业单位骨干人才的成长，在各校普遍重视并采取实际措施开展此项工作的同时，国家教委会同有关方面，共同组织实施跨世纪人才工程，“九五”期间拟采取两项举措：

一是国家教委继续实施《跨世纪优秀人才计划》。主要是为国家重点科研基地和重点学科点培养约1000名年轻优秀人才，促使其尽快成长为这些基地和学科点的优秀带头人或骨干，其中部分成为杰出人才。各高等教育主管部门和各高校要积极创造条件，争取多方支持，努力抓好本地区、本部门和本校的年轻学科带头人与骨干培养。通过各层次跨世纪人才培养计划的实施与带动，到2000年，要造就相当一批年轻优秀学科带头人和骨干，基本解决新老交替问题，实现学科专业梯队结构的优化。

二是推动高层技术与管理人才深造。我国经济发展实现两个根本性转变，提高经济社会效益，必须拥有一批高水平的技术带头人、优秀的企业家和管理人才。高校要适应现代化建设对各类人才培养需要，为造就这些人才做出贡献。要采取校企结合、国内外深造并举方式，“九五”期间，为企业和管理部门培训、培养上万名骨干人才。

（八）积极组织科学技术普及教育活动

认真贯彻中央关于加强科技普及工作的精神，高校要成为普及现代科技知识的重要力量。为有力推动此项工作，国家教委决定实施“园丁科技教育行动”。教师应当成为科技普及教育的先锋。为了充分发挥各级各类学校教师在科技普及教育中的作用，首先自身需要加强现代科技知识和开展普及教育的学习、研究，进而要有计划有组织地进行科技普及教育活动。“九五”期间，在继续执行国家教委和中国科协已在师范类学校中开展“园丁科技教育行动”的同时，将这种教育行动范围扩大到全国各类学校，并组织水平较高的高校教师帮助各类学校教师了解最新科技成就、改善科技教育手段，以更新科技知识，增强科技意识，提高科技素质，增强科技教育能力。

四、主要措施

为实现上述目标任务，必须深化改革，强化支持，加强领导，改进管理，采取强有力措施予以保证。国家教委调控手段较弱，切望得到各个领导部门和有关方面支持。我们要积极与各方面共同研究，制订切实的政策措施，努力予以推进。现提出以下几点意见，请大家共同商讨。

(一) 深化科技体制改革

要结合实际，深化科技体制改革，最大限度调动各级各类人员积极性，提高科技工作的效率、效益和水平，促进科技生产力的新解放、新发展。

科技体制改革的长远目标是要建立全面适应现代化建设需要，科技、教育与经济密切结合的新体制，形成结构优化、布局合理、人尽其才、各具特色、高效精干、纵深配置的科技工作体系与有效的运行机制。当前改革的重点是调整结构、分流人才，不同类型科技工作建立不同的运行管理制度。

基础性研究要按照“稳住一头”精神，在高校中保持一支精干队伍，以政府投入为主和争取企业与社会各界资助，给予较为稳定的支持和创造一个较好环境，使其安心钻研，持续不断地创新，开展研究，努力攀登科技高峰和培养优秀科技人才。要以国家重点实验室和少数实力雄厚的研究所、联合研究中心为骨干基地，实行开放、流动、竞争、协作机制，形成网络式、开放型的基础性研究体系。

应用研究、技术开发、成果转化与推广应用是为经济社会发展直接服务的工作，要正确引导，大力推动，精心组织，争取各方支持，逐步形成以市场和经济社会发展需要为导向，产学研等多种形式紧密合作联系的新体制，以及以国家工程（技术）研究中心、高技术研究网点、行业技术开发中心、地区性技术促进中心和科技型企业等为重要基地的技术开发与推广体系。

(二) 加强联合与组织

为推动科技、教育与经济紧密结合体制的形成和适应承担重大综合性科技任务需要，要大力加强三个方面的联合，与此相应，拟建立三个方面的委员会。

一是为加强产学合作，建议成立不同层次、多种形式的合作组织，如大学—企业合作委员会；

二是为加强与研究院（所）合作，也可建立不同层次、多种形式的合作组织，如大学—研究院（所）合作委员会；

三是为加强高校内部合作，强化重大科技活动中的组织协调，拟扩大国家教委科学技术委员会的功能，使其成为国家教委科技工作的谘询机构和高校科研工作的联合机构。

为促进学科交叉、渗透，加强承担重大科技任务的合作与组织，拟在某些重要领域，试办若干跨校跨系统的虚拟研究中心（VIRTURE CENTER）。

(三) 改进科技管理

随着高等教育领导管理体制的改革，社会主义市场经济体制的确立，高校为地方经济社会发展服务的加强，高校系统的科技管理要加重省市一级的职责。各省（自治区、直辖市）教委要有一个精干班子，会同计委、科委、经委等有关部门，共同组织好本地区高校的科技工作。

要建立和健全高校科技工作的管理制度。国家教委依据国家有关规定，结合高校实际，要组织制定《高校科技工作管理条例》《高校知识产权保护若干规定》等一系列有关法规。各部门、各地方和各高校都要拟订自己管辖范围的规章制度。使高校科技工作有章可循，依法管理。还要建立现代化管理设施，有计划地培训管理人员，提高管理队伍素质和管理水平，逐步走上科学化、法制化、现代化管理轨道。为鼓励和稳定科技管理队伍，要建立科技管理奖励制度。国家教委将通过评估，表彰一批先进科技管理集体。

对学校及其科研机构要实行定期评估制度，一般情况下一个五年计划进行一次，根据评估结果，适当调整对其科技经费等的支持。国家教委所属高校科研编制及其相应的人头费、划块分配给学校的科技经费，基本还是10年前核定的，“九五”期间要进行一次检查评估，根据体制改革的精神，作一次适当调整。对业绩突出、属优先发展的重点单位，要尽可能增加支持；对长期业绩平平，缺乏活力，严重不适应时代发展要求的，要减少甚至停止支持或促其限期改进。在政府部门的管理逐步由微观管理向宏观管理、直接管理向间接管理、过程管理向目标管理转变以后，要形成一定的监控制度，必要时派员进行督查。

（四）加强国际合作交流

要在国家政策指导下，以多种形式加强国际和地区合作交流。重点放在推动经济、社会各领域的科技进步上。科技前沿领域要实行“强强合作”，以提高水平与成效。

要重视引进国外先进技术与智力的工作。尤其要吸引在外优秀留学人员为祖国服务。

要积极拓宽国际和地区合作交流渠道，为科技人员特别是中青年参与合作研究、进修访问、参加学术会议等创造条件，鼓励和支持他们在世界科技前沿拼搏，不断提高学术水平，扩大影响。

为鼓励在外学人为国服务和吸引优秀留学人员回国工作，国家教委将尽力加大经费支持。设置专项基金，实施《春晖计划》，资助在外人员短期回国讲学或合作研究，支持留学回国人员开展科研，特优者可以给予较大强度支持。

（五）加强精神文明建设

要坚持物质文明、精神文明两手抓、两手都要硬。大力弘扬爱国主义精神，求实创新精神，拼搏奉献精神，团结协作精神。树立崇高理想，良好道德风尚，严谨的治学态度。抵制不正之风，反对腐败现象，揭露伪科学和反科学行为。

（六）加强领导与支持

各高等教育主管部门要积极争取科技经济领导部门，共同加强对高校科技工作的领导与支持，每年至少研究一两次高校科技工作，并给予一定实质性帮助。为强化对高校科技工作的统筹规划、协调与支持，委党组决定成立国家教委科技领导小组。

要尽力加大对高校的科技投入。特别在基础性研究方面，要使高校的骨干力量真正进入国家科技系列，给予一定额度较为稳定的经费支持。我们呼吁对高校中的国家重点实验室等国家级科研机构，给予一定额度的经常运转费，重点大学中高层次优秀科技人员，给予一定额度自选课题费。在科技成果转化方面，给予风险投资和银行贷款优惠，每年保持一定数额，以便更有力地推动此项工作。各高校主管部门应在自己掌握的经费中，划出一定比例或额度的经费用于支持学校的科技工作。希望各级财政和各级科技经济领导部门都为发挥高校科技潜力提供支持。积极争取社会各界和国外、境外友好人士对高校科技工作提供多种方式的赞助。

高校的主要领导要切实加强对科技工作的领导，把它看作是高校改革与发展的重要组成部分，要认真抓科技第一生产力，每年至少要研究几次科技工作，根据中央精神和本校实际，充分发挥教学科技人员的智慧和力量，积极组织教学科技人员投入科技前沿和为经济社会发展服务。

在全国教育对口支援协作工作会议上的讲话

张天保

由国家教委和国家民委联合召开的全国教育对口支援协作工作会议今天开幕了。我主要讲两个问题：

一、对教育对口支援协作工作的回顾

根据邓小平同志提出的“先发展起来的地区，要带动后发展起来的地区，最终达到共同富裕”的讲话精神，支持和帮助一批少数民族贫困县（旗）发展教育事业，在1992年3月召开的第四次全国民族教育工作会议上提出了教育对口支援协作的任务，拟组织一些沿海经济文化发达的省、市确定若干市（区）县与少数民族贫困县（旗）结成一对一的支援协作关系，通过交流教育教学改革信息资料，帮助培养教育行政干部和骨干教师及短缺的各类专业人才，并在改善办学条件方面给予力所能及的援助等来帮助少数民族贫困县发展教育事业。同年9月，国家教委正式下发了《关于对全国143个少数民族贫困县实施教育扶贫的意见》。1993年11月，国家教委和国家民委又在银川联合召开了全国教育对口支援协作工作会议，具体部署和落实这项工作。银川会议进一步明确了对口支援少数民族教育的目的任务，具体实施方式及内容等。会上，北京、辽宁等8个省、市分别与内蒙古、宁夏等8个省、自治区正式签定了省、区级的对口支援协议书。四川、湖南、湖北、河北、浙江也组织了省内地市的教育对口支援协作，教育对口支援由此在全国全面开展起来。

实施对少数民族贫困地区教育对口支援协作，是推动少数民族贫困地区教育改革和发展的一项重要措施，它不仅对民族贫困地区经济和社会发展有着重要的影响，而且对全国经济的持续发展，促进各民族的共同繁荣，实现社会主义现代化也起着积极的推动和促进作用。此外，通过教育方面的对口支援，还可促进民族间、地区间的交流与协作，增进两地人民的相互了解和彼此间的感情，这对于增强民族团结，维护社会稳定和国家统一也有着十分重要的意义。

（一）教育对口支援少数民族贫困县的主要形式以及成就

1993年11月银川会议以来，各有关省、区、市十分重视这项工作，相继成立了由分管的副主任（副厅长）任组长的教育对口支援协作工作领导小组，抓紧研究部署落实；绝大多数支援省、市迅速确定了对口市（区）县，与少数民族贫困县结成了对子；双方开始往来考察洽谈、确定项目；随后签订协议，并及时组织实施，三年来，实施进展顺利并取得了显著的成效。

从结对情况看，绝大多数民族贫困县（旗）均与发达省、市的市（区）县确定了对子关系，结对率达到80％以上。

从协议项目执行和完成情况看，省际间对口支援所签订的两年或三年期的协议项目，基本实施完成，完成率均在85％以上，有的省、市已达到100％。

从各地已开展的教育对口支援协作活动的具体情况看，可以说内容广泛，形式灵活多样，概括起来，主要有以下几个方面：

1. 力所能及地提供资金和仪器设备，帮助改善办学条件。据粗略的统计，仅省际间支援协作落实并到位的援助资金和仪器设备的价值总计达2500多万元（在这方面，支持力度较大的是广东、上海和福建，三省共计1900万元，占总数的76％），援建各类学校30余所，教育电视台2个。在援助民族贫困地区的仪器设备中，既有常规的教学仪器，音体美器材、图书资料等，又有较先进的语音、微机以及电教方面的设备；既有“硬件”，也有“软件”，使少数民族贫困县的部分中小学的办学条件得到了较大改善。

2. 帮助民族贫困地区培养、培训教育行政管理干部、骨干教师和各类短缺的专业人才。协作双方通过多种途径和方式，或组织优秀教师、教研员到受援方办班讲学，或接受和安排受援方教育行政管理干部、教师到支援方考察学习、挂职培训以及委托大、中专学校帮助培养等。各类培训（培养）短则十天半月，长则一年半载，有的达三四年（如帮助民族中学或职业中学培养本科学历的教师）。据不完全统计，省际间对口支援共帮助民族贫困地区培训（培养）3000余人次，培训人员包括县级教育行政部门的干部，中、小学、幼儿园、职业中学及民族师范等各类学校的校长、教师以及农林、财会、缝纫、建筑、家电修理等各类专业人才。

3. 结成“姊妹”学校或“手拉手”学校。支援省、市已有一大批中小学和各类中专学校与民族贫困地区的中小学、职业学校乃至民族师范学校结成了“姊妹”学校或“手拉手”学校。双方定期交流教育教学改革经验和信息资料，开展各种联谊活动．支援方学校向受援方学校捐赠图书、仪器、学习用具以及衣物等，还开展了一对一资助失学儿童返回校园等活动，支援方学校还以此为契机，对学生进行爱国主义、集体主义教育和国情教育，都收到了良好效果。

4. 资助贫困儿童。福建、天津、广东等省、市把资助少数民族贫困县的贫困儿童作为一项重要内容，通过资助，使民族贫困地区一大批贫困失学儿童得以重返校园，仅贵州省就有3000多名失学儿童得到资助而复学继续完成学业。

5. 校办企业间的协作，有的联合办厂，有的则提供市场信息或帮助推销产品，有的还帮助培训厂长、经理，帮助提高管理水平，推动民族贫困县的一些校办企业得以发展。

除上述几种主要形式外，各地还因地制宜地开展了其他一些支援协作活动。

沿海发达省、市的支持和援助不仅对民族贫困地区教育教学的改革和发展起到了有力的推动作用，而且对民族贫困地区两个文明建设带来积极影响，受到国务院有关领导同志和民族贫困地区干部群众的好评和赞扬，许多事实证明：它在精神方面产生的影响远远超过了物质支持本身。民族贫困地区一部分以支援方和受援方两地命名的援建、共建学校，在当地群众心目中已成为民族团结的象征。

(二)开展教育对口支援协作工作的基本经验及目前存在的问题。

教育对口支援协作开展三年多来,各省、市、自治区在工作实践中摸索和总结出了不少经验和体会,最基本的概括起来有如下几条:

1. 要从讲政治、讲大局的高度来认识开展对民族贫困地区教育对口支援协作的重要意义。落实教育对口支援协作,必须首先解决认识问题,只有认识到位,工作才能到位。这是各地的同志们工作中体会最深的一点。为此,很多省、自治区、直辖市,尤其是支援方,在工作初始以及开展过程中,多次组织有关同志,特别是领导同志认真学习和领会中央一系列的有关文件精神,以此来提高认识,统一思想。不少省、市教育行政部门的领导同志深有体会地说:开展教育对口支援民族贫困县的必要性,首先是由社会主义的性质决定的;其次,它关系到国家的经济在未来能否持续稳定的增长;三是关系到社会稳定、民族团结、国家统一。因此,他们从讲政治、讲大局的高度来认识和对待教育对口支援协作工作。

2. 要正确认识民族间支援的相互性。不少省、市提出,在落实教育对口支援协作任务中,还要正确认识和处理对口支援的相互关系。这个关系处理好了,工作中才有主动性,才会真抓实干。大家知道,我国是一个多民族的国家,在我们这个多民族的统一的社会主义国家里,任何民族间的支援都是相互的。从大的方面讲,东部沿海地区之所以能迅速发展和比较富裕起来,除了基础较好以及自身努力外,还得益于党的一系列正确政策,特别是邓小平同志提出的让一部分地区和一部分人先富起来的理论指导和国家所给予的优惠倾斜政策。而这些政策的出台,内地和边疆民族地区也曾从讲政治、讲大局的高度给予了充分的理解和认同。从这个意义上讲,内地和边疆民族地区对东部和沿海地区也是一种支援。再有我国民族贫困地区,地域辽阔,自然资源丰富,多年来,木材、肉食、棉花、石油、煤炭、电力、矿产等,各种材料源源不断地支持国家的社会主义现代化建设,支持着东部沿海发达地区经济的发展。民族贫困地区的人民世代居住在祖国的边疆,他们在自然条件极其恶劣的情况下,为建设边疆、巩固边防和维护祖国的统一,创造了一个有利于改革开放和经济发展稳定的社会环境,这也是民族地区对国家对内地人民的一种巨大的支持。所以说,民族间的支持总是相互的,如果我们站得高,将眼光放得更远一些,对支持与援助的相互性就会看得更清楚,理解会更深刻。

3. 积极主动,加强往来,加深理解,把教育对口支援协作工作摆在促进民族团结进步,共同繁荣的基点上。很多同志都认为,支、受援双方加强往来,加深理解十分重要,支援省、市的不少领导同志带队到对口的县考察,亲自看一看,体察一下那里的情况,思想感情就大不一样。他们时时关注自己对口地区的教育状况,把对口支援工作纳入议事日程,一年抓几次。在这方面,有许多生动的事例,象福建省教委副主任马长冰同志,亲自带队到贵州省的民族贫困地区考察,广东省教育厅和深圳市教育局的几位领导同志轮流到新疆的一些地区考察,还有上海市教委和一些区(县)、教育局的负责同志都亲临民族贫困地区了解情况,并进行录像,在上海各区县广为宣传,落实支援项目。还有许多教育部门的同志都这样做了,这里不一一列举。百闻不如一见,通过考察,加深了理解,从思想上、感情上总觉得应尽其力，为边疆贫困的少数民族地区在教育上扎扎实实办一些实事。受援方的同志也积极主动加强交往，向支援方介绍情况，沟通感情，共同把对口支援协作工作搞好。

4.坚持从实际出发，量力而行，因地制宜地积极开展各种形式的支援活动。不少省、市的经验证明，开展教育对口支援，要从实际出发，因地制宜，形式灵活多样。在确定支援项目内容时，要从双方实际出发，实事求是，考虑对口双方的具体情况，既要照顾到受援方的实际需要，又要考虑支援方的实际可能。这样才能保证确定的协议项目能顺利实施。在具体实施中，同样的支援内容，不同地方根据各自的具体情况，采取不同的形式和做法来完成。几年来，各地在工作实践中充分发挥主观能动作用，摸索和创造了很多有效的形式和办法，比如：互通信息，交流经验；培训干部，培养教师；联合办学，接受学生插班就读，培养合格人才；发挥双方优势，联合开展勤工俭学；力所能及地进行经费和设备仪器支援；开展校际结对，进行校际交流；举办民族班等等。希望通过这次会议，在今后的工作实践中，摸索出更多、更有效的形式和办法。

5. 积极进取、广泛宣传，力争把教育对口支援协作工作由教育部门的独家"唱戏"变成全社会的关心支持。随着国家扶贫工作力度的加大，教育扶贫——对口支援的任务也逐步增多；一些发达省、市"普九"进入关键时期，自身也面临着一些困难和问题。在这种情况下，开展教育对口支援协作，仅靠教育部门的力量是不够的，因此，争取政府的支持和全社会的关心就显得尤为重要。在如何争取政府支持方面，广东的做法为我们提供了有益的经验。广东省在对口支援新疆发展民族教育的三年中，仅在经费支持方面就累计投入了700多万元，这在省际间对口支援中是最大的。这首先是由于广东省及有关对口市教育部门领导同志的重视，措施得力，同时也得力于政府的支持。上海市教委在发动全社会支援云南民族教育的发展工作，数年如一日，面广量大，成效显著，受到上海市委的表扬，要求各行业向教育部门学习。四川、湖南省在对本省的少数民族贫困地区的支援扶持中，力度大，成绩十分显著，也是得力于政府的重视和支持。湖南省党政领导重视，下大决心，动员全省各地以及社会各界支援湘西民族地区发展教育的成功经验尤其值得在本省、区内开展对口支援的省、区学习和借鉴。

6.坚持把教育对口支援协作同促进和丰富本地学校德育教育结合起来。一些省、区(尤其是支援省市)在落实教育对口支援协作任务时，以开展支援协作活动为契机，对学生开展了内容丰富、形式生动直观、活泼多样的德育教育活动，他们把教育对口支援协作考察交流活动中所收集和记录下的反映少数民族地区人民生活情况、教育现状、自然风光、风土民情以及教育扶贫工作本身等多方面内容的图片、录像以及文字编辑成对学生进行国情教育、爱国主义教育和集体主义教育的生动教材，如上海市徐汇区将到云南屏边县考察访问的素材编写成"情系南疆、爱我中华"的演讲稿，到全区师生中进行演讲，生动感人，收到很好的效果。又如：发动捐资助学，开展"手拉手"联谊活动，两地学生互通书信，举办专题报告会，图片展览以及播放录像片等，都在师生中引起了很大反响。

所有这些，大大丰富了支援方学校开展德育教育内容，激发了广大师生"知我中华、爱我中华"的热情。

总的来说，经过对口双方的共同努力，教育对口支援协作开展三年来，取得了显著成效和不少经验，但也还存在一些问题。

一是发展不平衡。少数地方由于领导重视不够，市、县结对工作至今尚未落实；有些地方虽然确定了对子，但由于这样或那样的原因，始终未正式签订协议或落实援助项目，成了只有对口而无支援的状态。

二是认识程度上不平衡。对口支援协作工作开展的不平衡在很大程度上反映了领导认识程度不平衡。由于对开展这项工作的重要意义和必要性认识不足，部分单位和负责同志对此还存有一定的疑虑和畏难情绪，因而在实际工作中思路不开阔，行动上不够主动，至今还没有迈开步子；有的地方和同志对这项工作的长期性估计不足，甚至把它看成是权宜之计，因而工作前紧后松，有的甚至出现停滞状态，还有的则因人事变动影响了工作的持续开展。

三是抓典型和宣传不够，推动对口支援协作正常运行的有效机制尚未形成。一些地方，尤其是省、区、市一级对下面开展工作的情况及时关心了解不够，对搞得好的地方，未能及时帮助总结经验，宣传推广，扩大影响；对基层工作中出现的困难和问题，也未能及时给予协调和指导等。通过这次会议，我们要继续发扬成绩，推广和借鉴有益经验，克服存在的困难，努力推动教育对口支援协作工作持久健康地开展下去。

二、加快教育对口支援协作步伐，促进区域经济的协调发展，努力适应社会主义现代化建设的要求

沿海与内地经济文化较发达省、市对口支援少数民族贫困县发展教育事业，既是国家扶贫开发工作的重要组成部分，也是促进区域经济协调发展的途径之一。我们要坚持不懈地把这项工作继续认真做好。

（一）以中央精神为指导，认真落实并加快对口支援协作的步伐。

自银川会议到现在，短短三年中，全国教育对口支援协作取得了很大进展，但仍然赶不上形势发展的要求。自去年以来中央召开的一系列会议和发布的几个重要文件中都强调要解决地区发展差距，促进区域经济协调发展的问题，并明确提出："东部地区要通过多种形式帮助中西部欠发达和民族地区发展经济，促进地区经济协调发展"。《中国教育改革和发展纲要》也提出了"认真组织和落实内地省、市对民族地区教育的对口支援"的要求。今年9月，中央又召开了扶贫开发工作会议，将对口支援扶持中西部贫困地区，缩小地区发展差距的重要性提到了前所未有的高度。中央扶贫开发工作会议指出，要进一步统一全党的认识，动员全社会的力量，加大扶贫开发力度，坚决实现国家"八七"扶贫攻坚计划。国家"八七"攻坚扶贫计划县共592个，其中少数民族贫困县有257个，目前开展教育对口支援协作的仅有143个县，它是国家扶贫开发工作的重要组成部分，也是难度最大的一部分。"治穷先治愚，扶贫要扶本"，以大力发展文化、教育、科技事业，提高贫困地区人口素质为目标的教育扶贫是扶贫开发的一个根本途径。因此，教育对口支援协作工作并不是可有可无，而是需要我们认真去做并要做好的一项重要工作。江泽民同志在黔桂考察扶贫工作时强调指出："全党同志一定要振奋精神，狠抓落实，落实的关键在于思想认识、政策措施和干部的组织指导工作都要加强。"各有关省、区、市教育部门的领导要以党中央和江泽民同志的一系列指示精神为指导，进一步提高认识，统一思想，采取切实有力的措施，认真落实对口支援协作任务，并要加大步伐，把教育对口支援民族贫困县的工作推上一个新的水平。

（二）教育对口支援协作是一项长期的任务，不论形势发生什么样的变化，都要长期坚持不脱钩。

我国地域辽阔，民族众多，由于各种复杂的原因，东、西部地区发展的差距一直存在。根据有关资料介绍，这种差距目前有扩大趋势，已引起党中央的高度重视。中央十四届五中全会明确指出：解决地区差距问题需要一个过程，应当把缩小地区差距作为一条长期坚持的方针。不久前召开的中央扶贫工作会议提出“不达目标不脱钩”的要求。中央的这一方针也是我们开展教育对口支援工作的一个方针。各有关省、自治区、直辖市对这项工作的长期性要有一个清楚明确的认识；在人员安排以及工作的部署方面也要从长计议，作长远规划。这次会议以后，尚未落实对子、协议项目的，要抓紧落实；目前工作开展较好的省、自治区、直辖市则要在原有基础上提高一步，突出重点，提高效益。我们认为，对口支援双方每年至少要有一、二次往来和交流；支援一方每年要为对口贫困县（旗）办几件实事。这样长期坚持下去，必定会取得更加丰硕的成果，让民族团结之花开遍祖国大地。

（三）要把为贫困县（旗）培训教育行政管理干部和示范性中小学骨干教师放在对口支援协作的突出位置。

东、西部教育发展的差距，一在办学条件，二在管理水平和教育质量。随着国家贫困地区义务教育工程的实施，国家对三片地区也包括民族贫困省、区的扶持力度的加大，发达地区也将继续给予支持和援助，加上贫困地区干部群众自身的艰苦努力，民族贫困地区各级各类学校的办学条件将会得到较大的改善。然而，民族贫困地区原有师资数量与质量在供求方面的矛盾则会随着教育事业的迅速发展而变得更加突出，师资的培养和训练又需要有一个过程，需要一定的时间。今年九月召开的全国师范工作会议特别强调，实施“两基”中，要优先发展师范教育。李岚清副总理在不久前接见贫困地区小学校长时特别指出：要改变一所学校的面貌，关键是校长和教师，校舍和设备不是主要问题，一个好的校长带一大批好的教师就能办出一所好学校，一所好学校就能吸引一大批孩子来读书。由此可见，培养和培训一批好校长和好教师的重要与迫切。各有关省、自治区、直辖市在计划部署今后教育对口支援协作工作时，要贯彻全国师范会议和岚清同志讲话精神，充分发挥和利用发达地区的优势，配合民族地区“普九”和“普六”的实施，要把为民族贫困县（旗）培养和培训一批教育行政管理干部和骨干教师放在突出位置，以帮助提高教育行政管理干部的政策理论水平、管理水平和骨干教师的业务水平，作为对口支援协作工作的重点，同时又要根据实事求是、量力而行、因地制宜的原则，开展多种形式、生动活泼的支援活动。

（四）积极主动争取政府的支持，把教育对口支援协作工作纳入政府行为。

各有关省、自治区、直辖市在开展教育对口支援协作工作中，要争取政府的支持，把教育部门间的支持上升到政府行为。这主要是因为：

首先，贯彻《中国教育改革与发展纲要》精神，落实《纲要》中提出的“认真组织和落实内地省、市对民族地区教育的对口支援”。这本身就是一项政府行为，内地与沿海省、市对口支援民族贫困县发展教育事业理应得到政府的重视和支持；其次，教育部门虽然也是政府的一个部门，近年来，在开展对口支援民族贫困县的工作中做了大量工作，取得了很好的效果，但根据目前情况看，仅靠教育部门自身的支援，力量是有限的，要长期坚持，加大力度，也必须有政府的重视和支持。第三、以教育对口支援协作为突破口，形成政府间以教育为主，并带动科技、经济的大协作，开展全面扶贫，有利于促进民族贫困地区教育与经济相互支持协调发展良性循环的形成，有利于提高和增强民族贫困地区自我发展的能力。因此，各有关省、区、市在开展教育对口支援协作中，在积极作好本部门、本系统工作的同时，要借中央扶贫工作会议的东风，认真贯彻中央有关文件的精神，积极主动地争取当地政府支持，在这方面，上海、广东、湖南、四川等一些省、市给我们提供了许多有益的经验，但更多的办法还要靠各地从实际出发，在实践中去摸索和创造。

（五）抓好典型，扩大宣传。

教育对口支援协作开展三年来，取得了显著的成绩，各省、自治区、直辖市都有一些好典型，总结出了不少很好的经验。但总的看来，在抓好典型，总结经验和扩大宣传方面，包括国家教委在内的各级教育部门在这方面作的还很不够。这是需要在这次会后认真研究，加以改进的。

抓好典型和宣传至少有三个作用：一是能及时总结好的经验，并加以推广，以推动这项工作深入进行；二是能让政府领导以及其他部门了解我们所做的工作和成效，以便在今后的工作中得到更多的理解和支持；三是扩大影响，通过宣传，使更多的部门和社会各方面充分认识到，我们所做的工作，不仅仅是教育方面的支援，重要的是在做民族团结的工作，以便更广泛地发挥社会各方面的力量来关心和扶持民族贫困地区的教育事业。因此，这次会议后，各省、区、市在部署有关工作时，要把这方面的内容考虑进去，要通过我们的宣传，使更多的人来关心和支持民族贫困地区的教育事业，关心民族团结进步事业。

（六）加强领导，完善工作运行机制。

从某种意义上讲，教育对口支援协作也是一个系统工程。在教育内部，牵涉到基教、职教、师范、计划、财务、人事等诸多部门；在教育外部，也需要政府其他一些部门的配合与支持。因此，没有一个强有力的领导，是很难协调落实的，应该说，教育对口支援能否落实，关键在领导。三年来的实践证明，那些工作进展快、支持力度大、成绩显著的地方，无一不是领导重视、决心大、措施得力、部门配合得好的结果。

加强领导要从三个方面来落实：一是要明确职责，责任到人。领导小组或牵头部门负责人因人事变动或其它原因出现空缺时，应及时予以增补，以保证工作的连续性；二是要将对口支援协作列入议事日程，定期研究、部署，既有长期规划，又有近期目标和具体措施；三是要加强检查督促和具体指导，及时帮助协调和解决工作中出现的困难和问题。

这次会议是在全国上下正在学习贯彻中央第十四届六中全会关于加强精神文明建设和中央扶贫开发工作会议精神的大好形势下召开的，我们要以两个会议精神和邓小平同志关于建设有中国特色社会主义理论为指导，把教育对口支援少数民族贫困县的工作，提到一个新水平，为全国各民族的团结和共同繁荣做出新的贡献。

推进就业制度改革
实现毕业生资源优化配置

周远清

1996年全国共有普通高等学校毕业生86.6万，其中本专科毕业生83万，毕业研究生3.6万。这些毕业生的就业恰逢我国实施“九五”计划的第一年，各高校以及各级主管毕业生就业部门能否把他们输送到四化建设最急需的岗位上，将直接关系到我国“九五”计划的实施，关系到我国社会主义市场经济体制的建设和发展，关系到下一世纪中华民族的振兴与富强。因此，做好今年的毕业生就业工作意义十分深远。

一、做好毕业生就业工作的重要意义

高等学校毕业生是学校完成了教育阶段后输送给社会的最后“产品”，毕业生就业工作是实施高校教育整个过程中的最后环节。我们的大学生、研究生经过高校的几年培养教育，最终要经过就业分配这一环节走上社会，为社会主义现代化建设事业服务。他们能否被推荐安排到国家最需要的岗位上，充分发挥作用，这不仅直接关系到80多万毕业生献身祖国四化建设的合理愿望能否得到实现的大问题，而且也直接影响到280万在校学生的学习情绪和教师教书育人的积极性。因此，毕业生就业工作已成为所有在校师生、办学者乃至社会家家户户普遍关注的问题之一，其工作进展情况对高校和社会的稳定都会产生极大的影响。任何一个从事这项工作的同志和主管领导都不能掉以轻心。

毕业生就业工作是高等学校与社会联系的一个主要环节。社会对毕业生的欢迎程度，对学校是否建立起信任感，从一般意义上讲可以反映学校的教育质量和水平。此外，我们培养的毕业生是否到了应该去的工作岗位上，是否到了祖国最需要的地方去，这也是衡量学校是不是坚持了正确办学方向的重要标志。现在有的学校在就业指导上只考虑怎么让学生满意，而不是首先考虑怎么把学生引导到国家最需要的地方去，这是不正确的。一个学校培养学生的质量再高，如果没有把学生引导到国家需要的岗位上，社会对这所学校也不会满意。同时，也说明该校办学目的并未完全达到。所以，我们往往把一所学校的毕业生是否受到社会的欢迎看成是衡量这所学校培养质量的一把尺子；把毕业生是否被引导到应该去的工作岗位，当作检验学校是否坚持正确办学方向的重要标志。通过就业信息反馈使我们看到办学中的一些问题，促使我们不断改进培养工作，使高等教育能够主动适应国家经济建设与社会发展的需要，这是我们就业制度改革的重要目的。

毕业生就业工作是一项思想性、政策性、业务性都很强的综合性工作，它需要学校、社会、有关方面的关心与重视。各级领导，首先是学校一级的主要领导同志要高度重视，不能把它作为一项和学校教学工作没有关系的独立工作来做，也不能只交给就业分配部门去做，要动员院、系一级的领导同志关心并参与毕业生就业工作，协助就业部门共同做好毕业生的思想教育和就业指导工作，随时帮助他们解决就业工作中存在的困难与问题。

各级政府、各主管部门和用人部门的领导也要高度重视毕业生的就业工作，特别是要引起用人部门对合理使用人才的高度重视。尊重知识、珍惜人才虽然已逐步成为社会的共识，但其认识程度依然需要不断提高。众所周知，经济发展要依靠科技进步和劳动者素质的提高，科技进步离不开科技人才。高等学校为培养年轻一代做了大量工作，努力把毕业生引导到国家需要的岗位上，但是能否使他们在各自工作岗位建功立业，除了靠毕业生的自身努力外，还有一个重要因素就是要靠用人部门对人才的重视与合理使用。我们的毕业生走上工作岗位之后，可以说是一个新的学习阶段的开始，是一个边学习、边工作、边成长的阶段。在工作实践中学习，一定意义上可能比课堂学习更重要。学生在大学阶段所受的教育还只是打基础，更重要的还是要在实践中学习和成长。从这一点讲，用人部门和学校对青年一代的培养目标是一致的，都希望他们成长为社会主义事业的建设者和接班人，因此，各用人部门要配合学校把大学生的这两个不同阶段的学习衔接好，使他们从学校走向社会的过渡阶段更平稳一些，帮助毕业生尽快成长。

二、关于如何做好今年毕业生就业工作

今年毕业生就业工作恰逢我国实施“九五”计划的第一年，毕业生就业形势和去年相比会有所好转，但毕业生供需的结构性矛盾依然存在，地区之间的不平衡，学科专业之间的不平衡，人才层次结构的不平衡，依然没有得到根本的改变。因此，今年的毕业生就业工作还会遇到不少困难，对此，大家要有充分的思想准备，切不可掉以轻心。

1. 要认真做好毕业生的思想教育和就业指导工作，引导毕业生走正确的成才之路

毕业生就业是人生道路上的一个重要转折，如何按照党和国家的需要作出正确的就业选择，不仅对每个毕业生是一次重要的考验，同时，也是对学校就业工作的检验。目前，在一部分毕业生的择业观上有一些“偏差”，表现在：对现实的、切身利益的事情考虑得多了一些，对国家的、全局的以及对个人成长有长远意义的事情想的少了一些。比较多的毕业生希望分到大城市、大公司、大院、大所、大企业、大学校，而不愿意到大城市中的中小企业和基层单位，更不用说到中小城市和艰苦地区的基层单位。而目前我国最需要毕业生的单位并不都在大城市，那些条件相对比较艰苦、偏离大城市的地区和单位也非常需要毕业生，毕业生的期望值和国家的实际需要形成较大反差，如果毕业生都往大城市里的大单位挤，毕业生的就业就更难了。我们要帮助毕业生正确地认识这一点，大城市并不总是有利于青年人迅速成长，那里人才过于密集，有时反而容易埋没人才。实践证明，青年人要想干一番大事业，很重

要的一点是要脚踏实地的从基层做起。基层是青年知识分子成长的肥沃土壤，毕业生要成材，必须把个人理想、价值的实现与祖国的利益、社会主义事业的发展紧密地结合起来，在发展事业的过程中发展自己，实现自己的远大理想。所以，帮助广大毕业生树立正确的人生观、价值观和择业观，使他们能主动地到基层去，到祖国最需要的工作岗位上去经受锻炼，走与工农相结合、与实践相结合的道路，是毕业生就业工作中的一项重要任务。

2.认真做好保证国家重点单位计划工作

近几年来，为保证国有大中型骨干企业、重点科研单位和高等学校对毕业生的需求，国家教委每年都有针对性地制订一部分指导性就业计划，以不断满足重点单位对人才的急需。这项工作在国务院有关部委和地方主管毕业生就业部门及高校的配合下取得了一定成效，受到了高校的重视和用人单位的欢迎。国家教委在今年毕业生就业计划编制中继续有重点地组织实施保证部分国有大中型骨干企业、重点科研单位和高等学校对毕业生的需求计划。经各省市、部委的推荐以及我委的认真筛选，今年共有400多家列入我委重点保证的单位，其中，特别优先保证的单位有9家。我们将从教委院校和部分中央部委院校中抽调5816名急需专业的毕业生保证上述单位的需要。各有关学校和主管部门要认真落实国家教委下达的毕业生重点计划，对派遣到国家重点单位工作的毕业生，学校和主管部门不得对学生和重点单位收取各种费用。各重点单位要积极主动地与高校联系，配合学校做好毕业生的动员工作，并根据本单位的实际情况制定吸引人才的优惠政策和措施，通过各种渠道和形式加强宣传，不断增强重点单位对毕业生的吸引力。

3. 正确理解和看待毕业生就业市场

为了从“供需见面”和“双向选择”的就业办法顺利过渡到“自主择业”的就业制度，国家将积极、稳妥地培育和建立毕业生就业市场，通过资源信息的统计发布，供需信息的收集交流以及就业政策的咨询服务与指导，为毕业生和用人单位提供信息交流和“双向选择”的机会，在国家宏观调控下运用市场机制实现毕业生资源的优化配置。

但是，目前在我国毕业生就业市场的建立还要经历一个从不规范到规范、从不成熟到成熟的市场发育过程，而市场机制的发育成熟，在很大程度上取决于社会全面进步的过程，因此，毕业生就业市场的建立与完善，还要经历一个较长的时间过程。这个市场应该是有计划、有组织、有目的地培育和建立起来的，是在国家宏观指导下的市场，而不是放任自流的“自由市场”。在现阶段，由于毕业生是国家有计划培养的高层次专门人才，原则上仍由国家安排和指导就业，毕业生参加市场活动也是有条件、有范围的，他们不同于社会上的一般人员的流动，毕业生就业有其特殊性，主要体现在：

一是毕业生就业的群体性。每年7月全国有近90万高校毕业生进入社会就业，这是一个特殊群体，它不同于社会上其他人员的流动是零散的、个别的。因此，高校毕业生的就业必须由学校及主管部门精心组织安排，做大量细致的工作，才能实现其充分、合理的就业，否则，不仅会造成人才的浪费，还可能使一部分毕业生不能按时就业，形成社会问题，影响安定团结的局面。

二是毕业生就业的时效性。几十万毕业生要在短短的几个月内落实就业去向，并集中派遣，时效性十分强。如果毕业生不能及时离校，势必影响学校正常教学秩序和下届新生入学。而一般人员的流动没有这种严格的时间限制。

三是毕业生就业政策性强。由于毕业生是国家有计划培养的高层次专门人才，国家根据经济建设和社会发展的需要，在宏观上对高校毕业生的就业方针、原则、政策以及就业方式、范围等都有明确要求，这与一般人员流动不同；毕业生初次就业，没有社会经验，学校需要对他们进行耐心的思想教育与就业指导，帮助他们树立正确的择业观，把国家的需要与个人志愿结合起来；此外，毕业生做为学校培养出来的“产品”，应由学校审核其毕业资格，通过学校向用人单位推荐，确认“双向选择”的结果，从而保证毕业生就业的公平性与合理性，并体现出学校对国家、对用人单位和对毕业生三方的高度责任感。

毕业生就业的自身特点决定了毕业生就业市场必须区别于社会上一般的人才市场或劳动力市场，它必须充分发挥学校的主导作用，做到学校招生、培养、管理与就业的有机结合，有利于高等专门人才的培养。因此，从长远看，国家要重点培育和发展与我国高等教育体制相适应的毕业生就业市场体系，从而实现国家宏观调控下的毕业生资源的优化配置。

高校毕业生就业工作政策性强，社会影响大，时间紧，任务重。各省、自治区、直辖市人民政府、各部委和各高等学校的领导要高度重视这项工作，及时了解和解决毕业生就业工作中出现的新情况、新问题，切实负责地帮助各级毕业生就业部门做好社会各方面的协调工作。各级教育、计划、人事、劳动、财政、公安等部门都要为高校毕业生的顺利就业提供条件，凡是由几家分管毕业生就业工作的地方，都要按地方政府的规定积极配合，各负其责，正确运用国家赋予的职能，努力做好本地区的毕业生就业工作。

三、关于高校招生和毕业生就业制度的改革

高等学校招生和毕业生就业制度改革是高等教育改革的一项重要内容，也是我国经济体制改革对高校提出的必然要求。根据《中国教育改革和发展纲要》精神，1994 年国家教委提出了“关于进一步改革普通高等学校招生和毕业生就业制度试点意见”，并在 40 多所高校进行招生“并轨”试点，1995 年扩大到 245 所高校。随着招生“并轨”院校数量的扩大以及按新体制招收的学生毕业期限的临近，“并轨”后高校毕业生就业问题越来越引起社会的关注。

改革后的毕业生就业模式应该是在国家政策指导下，多数学生在一定范围内自主择业。高等教育对任何一个国家来说都是国家的事业，国家都要对其进行宏观调控，使高等教育与国民经济、社会发展紧密结合起来，使高等学校培养的学生更有效地为国家经济建设和社会发展服务。

自主择业不是无序的自由择业，真正形成自主择业要有三个条件：一是劳动力市场发育比较完善，这一点是跟我国社会主义市场经济体制建立和完善的进程密切相关的。二是就业介绍机构比较完善，能充分提供各方面的就业信息。三是在社会上要形成一个公平择业的竞争机制。没有这三点很难真正做到自主择业。自主择业的形成需要一个过程，在一定阶段只能在一定范围内自主择业。另外，学校和社会要积极创造条件，积极联系就业单位，做好学生的推荐工作。在国外70%的毕业生也是由学校的教授和学校的就业指导机构推荐就业的。

招生并轨、缴费上学改革与自主择业是有联系的改革，但不可以简单划等号。有人说缴了费就可以自主择业，“用钱买了就业的自由”，这话不准确。学生缴费上学是为了转换一种机制，上大学不是由国家包下来，非义务教育阶段可以收取一部分费用，何况我们收取的费用只是学生培养费的10%～20%。自主择业是为了适应经济体制改革和社会主义市场经济体制的建立，使得资源的配置通过市场机制来进行。当然缴费改革有利于我们就业体制改革的进行，因为它打破了一个完全由国家包下来的体制，包下来的观念。所以说，目前我们“并轨”院校毕业生的就业，还是要根据国家需要，在国家就业方针、政策指导下在一定范围内就业。中央部委所属院校“并轨”后招收的学生毕业时需在本行业或本系统范围内“自主择业”。各省、自治区、直辖市所属院校“并轨”后招收的学生是否限于本地区范围内自主择业，由各地自行确定。国家还要通过就业政策、就业法规、计划指导、经济手段和必要的行政管理对毕业生进行宏观调控，以保证国家重点建设项目、国防建设、文化教育、基础学科、边远地区和某些艰苦行业所需的专门人才，为此近期内除了继续下达一部分保证重点需要的指导性就业计划外，还将考虑建立专门用于引导毕业生就业的各种专项奖学金。领取专项奖学金的学生毕业后要按合同就业。

中华人民共和国国民经济和社会发展"九五"计划和2010年远景目标纲要（节选）

（1996年3月17日第八届全国人民代表大会第四次会议批准）

……

二、国民经济和社会发展的指导方针和奋斗目标

（一）未来15年的国内外环境和条件

未来15年，我国将继续保持经济发展、政治稳定、民族团结、社会进步的良好态势，具备继续前进、发展壮大的基本条件。经过建国以来的建设，特别是改革开放以来的发展，经济实力增强，为今后的发展奠定了比较雄厚的物质技术基础。深化改革和扩大开放，将为继续发展注入新的活力。建设事业持续发展和人民生活不断改善所形成的巨大需求，为经济发展提供了广阔的市场。比较高的储蓄率和丰富的劳动力，为经济增长提供了重要的资金条件和人力资源。更重要的是，在实践中发展起来的一整套建设有中国特色社会主义理论、路线、方针和政策，为继续前进指明了正确方向。以江泽民同志为核心的党中央，党和人民的团结，是引导我国从胜利走向胜利的重要保证。

和平与发展是当今时代的主题。世界向多极化发展，国际形势总体趋向缓和，国际和平环境可望继续保持，我国仍有可能集中力量进行经济建设。世界科技革命和产业结构调整进程加快，亚太地区经济迅速发展，我国即将对香港、澳门恢复行使主权，都给我们提供了新的发展机遇。我国的广阔市场和发展前景，对国外企业和投资者具有强大的吸引力。

在前进的道路上，我们还面临着不少矛盾和困难，其中有些是长期制约经济发展的不利因素。主要是人均拥有的耕地、水资源和石油等一些重要矿产资源相对不足；人口总量持续增加，农业剩余劳动力数量大，就业矛盾日趋突出；产业结构不合理；治理环境污染和保护生态的任务艰巨；参与国际竞争的能力不强。在日趋激烈的国际经济竞争和综合国力较量中，还面临着发达国家在经济与科技方面占优势的压力，对国际关系中霸权主义与强权政治的斗争也必须有充分的准备。

我们要正确运用已经积累起来的成功经验，充分发挥各方面的有利条件，努力化解不利因素，发挥全国各族人民的积极性和创

造力，切实解决好前进中的问题和矛盾，推进社会主义现代化建设。

（二）国民经济和社会发展的指导方针

牢牢把握“抓住机遇、深化改革、扩大开放、促进发展、保持稳定”的大局，是今后必须长期坚持的基本方针。要正确处理改革、发展、稳定三者的关系。集中力量，重点解决关系全局的重大问题。今后15年，必须认真贯彻国民经济和社会发展的九条重要方针。

——保持国民经济持续、快速、健康发展。发展是硬道理，中国解决所有问题的关键是要靠自己的发展，争得较快的速度和较高的效益。努力做到速度和效益相统一，微观活力和宏观调控相统一，总量增长和结构优化相统一。

——积极推进经济增长方式转变，把提高经济效益作为经济工作的中心。依靠经济体制改革，形成有利于节约资源、降低消耗、增加效益的企业经营机制，有利于自主创新的技术进步机制，有利于市场公平竞争和资源优化配置的经济运行机制。

——实施科教兴国战略，促进科技、教育与经济紧密结合。经济建设必须依靠科学技术，科学技术工作必须面向经济建设，努力攀登科学技术高峰。教育必须面向现代化，面向世界，面向未来，致力于提高国民素质，在各个领域培养一批跨世纪的优秀人才。

——把加强农业放在发展国民经济的首位。处理好农业与其他产业的关系，坚定不移地加强农业。在制定计划和部署经济工作时，首先把农业和支农产业安排好。各级主要领导要亲自抓农业，充分调动广大农民、农业科技工作者和农村干部的积极性，各行各业都要为发展农业做出贡献，全面振兴农村经济。

——把国有企业改革作为经济体制改革的中心环节。国有企业是国民经济的支柱。以公有制为主体的现代企业制度是社会主义市场经济体制的基础。建立现代企业制度是国有企业改革的方向。要开阔思路，大胆试验，勇于探索，走出一条具有中国特色的国有企业改革和发展的路子。同时，要大力发展集体经济，鼓励和引导非公有制经济的发展。

——坚定不移地实行对外开放。积极参与国际经济合作和竞争，充分利用国内外两种资源、两个市场，进一步发展开放型经济，运用我国经济的比较优势，提高竞争能力，更好地与国际经济互接互补。

——实现市场机制和宏观调控的有机结合，把各方面的积极性引导好、保护好、发挥好。要充分发挥市场机制的作用，使经济活动遵循价值规律，适应供求变化，体现竞争原则。注意加强和改善宏观调控，正确运用宏观调控的方式和手段，把握好时机和力度，保持宏观经济环境的稳定。发挥中央和地方两个积极性。

——坚持区域经济协调发展，逐步缩小地区发展差距。从“九五”开始，要更加重视支持内地的发展，实施有利于缓解差距扩大趋势的政策，并逐步加大工作力度，积极朝着缩小差距的方向努力。

——坚持物质文明和精神文明共同进步，经济和社会协调发展。必须把社会主义物质文明和精神文明作为统一的奋斗目标，始终不渝地坚持两手抓、两手都要硬。必须把社会全面发展放在重要战略地位，实现经济与社会相互协调和可持续发展。

促进国民经济持续、快速、健康发展，关键是实行两个具有全局意义的根本性转变，一是经济体制从传统的计划经济体制向社会主义市场经济体制转变，二是经济增长方式从粗放型向集约型转变。经济体制转变要遵循市场经济的一般规律，同时坚持社会主义方向。经济增长方式转变，要提高经济整体素质和生产要素的配置效率，注重结构优化效益、规模经济效益和科技进步效益。

转变经济增长方式是经济建设的长期战略任务。“九五”期间，要切实把经济工作的着重点放在转变经济增长方式上，取得明显成效。

第一，充分发挥体制改革带来的活力和市场竞争机制的作用，促进优胜劣汰和资源优化配置。通过深化改革，在更多的领域中运用市场机制的作用，凡是应当由市场调节的经济活动，要进一步放开放活。竞争性产业主要由市场配置资源，基础性产业也要引入竞争机制，使经济更富有活力和效率。

第二，充分发挥现有基础的潜力，提高投入产出效益。“九五”期间，除新建一些优化产业结构、提高产业技术水平的重点项目外，能够依托现有企业改造扩建的，就不要铺新摊子。必要的新建项目要提高技术起点，达到经济规模。现有企业的改造和扩建，要把着眼点放在增加品种、提高质量、降低消耗、提高技术水平和经济效益上，避免简单扩大原有产品的生产能力。

第三，依靠科技进步和提高劳动者素质，增大科技进步在经济增长中的含量。以产业技术为重点，加快科技成果向现实生产力的转化和新产品的开发。加快高技术的产业化，培育新的经济增长点。结合重点建设项目，组织重大成套技术装备的研制开发。积极推行国际标准和国外先进标准。大力发展职业教育、职工培训，提高劳动者的素质和技能。

第四，狠抓资源节约和综合利用，大幅度提高资源利用效率。实行全面节约战略，在生产、建设、流通、消费等领域，都要节粮、节水、节地、节能、节材，千方百计减少资源占用与消耗。坚持不懈地反对浪费行为。各行各业都要制定节约和综合利用资源的目标与措施，切实加以落实。

第五，按照社会化大生产与合理经济规模的要求，优化企业组织结构。打破地区、部门和行业界限，通过联合投资、联合生产，以及专业化分工协作，发展规模经济。突出抓好石化、汽车、钢铁、火电、机械、电子等行业存量资产的优化重组和投资结构调整，实现规模经营。

第六，加快流通领域改革，提高流通效率。建立公开、公平和公正的市场交易秩序，打破各种封锁和垄断，形成统一开放、竞争有序的流通体系。建立新型流通组织和交易形式，减少流通环节，降低流通费用，促进流通企业的有序竞争，提高流通企业经济效益和社会效益。

第七，正确运用计划手段和产业政策，促进经济增长方式转变。国家计划要以市场为基础，通过制定和实施发展战略、产业政策、区域规划等，运用国家掌握的财力、物力和经济调节手段，引导产业结构优化和生产力合理布局，支持重点建设和重大技术研究开发项目。实行合理的技术经济政策，通过资金、技术、劳动力在不同地区、不同产业和企业之间的合理组合，多层次地推进经济增长方式转变。采取法制建设、规划制定、政策实施和工作考核等综合配套措施，促进经济增长方式转变。

（三）“九五”国民经济和社会发展的奋斗目标

“九五”国民经济和社会发展的主要奋斗目标是：全面完成现代化建设的第二步战略部署，到2000年，人口控制在13亿以内，实现人均国民生产总值比1980年翻两番；基本消除贫困现象，人民生活达到小康水平；加快现代企业制度建设，初步建立社会主义市场经济体制。为下世纪初开始实施第三步战略部署奠定更好的物质技术基础和经济体制基础。

1. 经济总量持续增长，人民生活水平不断提高。到2000年，按1995年价格计算的国民生产总值从5.76万亿元增加到8.5万亿元。“九五”期间，城镇居民人均生活费收入实际年均增长5%，农民人均纯收入实际年均增长4%；人均纤维消费量从4.6公斤增加到5公斤；城镇人均居住面积从7.9平方米增加到9平方米，农村住房质量得到改善；彩电普及率由42%提高到60%；电话普及率由4.6%提高到10%。

2. 初步建立社会主义市场经济体制，市场在国家宏观调控下对资源配置起基础性作用。以公有制为主体，多种经济成份共同发展的格局得到巩固；以按劳分配为主体，多种分配方式并存的分配制度进一步完善；大多数国有大中型骨干企业初步建立现代企业制度；统一开放、竞争有序的市场体系初步形成；适应社会主义市场经济体制的宏观调控体系和法律体系基本确立。

3. 产业结构进一步改善，有效供给能力增强。农业的基础地位得到加强，主要农产品稳定增长；基础设施和基础工业制约国民经济发展的矛盾继续缓解；机械、电子、石油化工、汽车和建筑业等支柱产业带动经济增长和结构升级的作用增强。

预测到2000年主要产品的产量是：

粮食4.9～5亿吨，比1995年的4.65亿吨增加2500～3500万吨；

棉花450万吨，与1995年的450万吨持平；

原煤14亿吨，比1995年的12.98亿吨增加1亿吨；

发电量1.4万亿千瓦时，比1995年的1万亿千瓦时增加4000亿千瓦时；

原油1.55亿吨，比1995年的1.49亿吨增加600万吨；

化肥（折纯）2840万吨，比1995年的2450万吨增加390万吨；

钢1.05亿吨，比1995年的9400万吨增加1100万吨；

乙烯420万吨，比1995年的243万吨增加177万吨；

汽车270万辆，比1995年的150万辆增加120万辆；

集成电路25亿块，比1995年的3.1亿块增加21.9亿块；

铁路货运量18亿吨，比1995年的16.5亿吨增加1.5亿吨；

电话交换机总容量1.74亿门，比1995年的0.85亿门增加0.89亿门。

4. 科技教育得到加强，社会事业全面进步。科技进步对经济增长的贡献有较大的提高，主要工业领域的技术水平接近或达到国际80年代末90年代初的先进水平，农业技术水平有很大提高。基本普及九年义务教育，基本扫除青壮年文盲。基本解决贫困人口的温饱问题。城镇社会保险覆盖面达到80%以上，农村劳动者各类保险覆盖面达到30%以上。文化事业更加繁荣。人人享有初级卫生保健。体育事业进一步发展。环境污染和生态破坏加剧的趋势力争得到基本控制。

5. 转变经济增长方式取得成效，国民经济整体素质和效益进一步提高。“九五”期间，国民经济投入产出效益提高，按可比价格计算的资本系数由“八五”的3.6降为3左右。全社会劳动生产率平均每年提高6.5%。万元国民生产总值消耗的能源由1995年的2.2吨标准煤下降到2000年的1.7吨标准煤，年均节能率5%。基建固定资产交付使用率提高到70%以上，工业流动资金周转次数达到2次。

（四）2010年国民经济和社会发展的远景目标

2010年国民经济和社会发展的主要奋斗目标是：实现国民生产总值比2000年翻一番，人口控制在14亿以内，人民的小康生活更加宽裕，形成比较完善的社会主义市场经济体制。

国有企业建立现代企业制度，形成一批具有较强国际竞争力的大企业、大集团。商品市场发达，要素市场比较完善，资源配置更加优化。收入分配制度较为完善。宏观调控制度和手段比较健全，对经济总量和结构的调控较为灵敏有效。经济管理法制化达到较高水平。

产业结构进一步优化。农业现代化建设登上一个新台阶，商品化、专业化的程度明显提高，综合生产能力和抗御自然灾害能力显著增强。有条件的地方实现农业适度规模经营，劳动生产率有较大提高。农民收入显著增加，农村全面实现小康水平。基础设施和基础工业与国民经济发展相适应。能源支撑国民经济增长的能力进一步增强，生产和消费结构得到改善。综合运输体系和现代化通信体系基本形成。机械、电子、石油化工、汽车、建筑业等支柱产业成为推动国民经济成长的主要动力。电子信息、生物工程、新材料、核能、航空、航天、海洋工程等高技术产业化取得明显进展。国民经济和社会各领域应用现代电子信息技术取得很大进展，计算机应用在生产、工作和生活中的普及程度有很大提高。初步建立以宽带综合业务数字技术为支撑的国家信息基础设施，国民经济信息化的程度显著提高。第三产业在国民经济中的比重明显上升，对发展社会主义市场经济的服务功能大大加强。

下个世纪前10年，集中力量建设一批对国民经济和社会发展具有全局性、关键性作用的工程。主要是，继续建设长江三峡、黄河小浪底等大型水利枢纽工程，兴利除害，基本解决长江、黄河水患；着手建设跨流域的南水北调工程，缓解北方部分地区严重缺水的矛盾。着手建设京沪高速铁路，形成大客运量的现代化运输通道，进行进藏铁路的论证工作。着手建设新的现代化大型钢铁基地，满足国民经济发展对钢材新品种的需要。改造和扩建支柱产业中具有竞争优势的骨干企业，向百万辆汽车、千万吨炼油、百万吨乙烯的规模发展。进行新一代集成电路的研制开发工程，迎头赶上当时的世界先进水平。进行现代化信息基础设施建设，推动国民经济信息化。

区域经济协调发展，基本形成若干各具

特色的跨省区市的经济区和重点产业带，地区发展差距逐步缩小。城乡建设有很大发展，初步建立规模结构和布局合理的城镇体系。

国民经济技术水平和全民族科学文化素质显著提高。科学技术在一些重要领域接近或达到国际先进水平。掌握重要产业的关键技术和系统设计技术，主要生产技术接近或达到发达国家下世纪初的水平。普及九年义务教育。形成比较完善的社会保障体系。基本改变生态环境恶化的状况，城乡环境有比较明显的改善。减灾抗灾能力大为提高。

经过15年的努力，国民经济整体素质将有较大提高，国际竞争力将大为增强，社会生产力、综合国力、人民生活水平再上一个大台阶，社会主义精神文明建设和民主法制建设取得明显进展，为下个世纪中叶实现第三步战略目标，基本实现现代化，奠定坚实基础。

……

五、实施科教兴国战略

(一) 加速科学技术进步

统筹规划科技发展和经济建设。一是适应市场需求，强化技术开发和产品开发，加速科技成果商品化、产业化进程。集中力量解决经济社会发展中的重大和关键技术。坚持自主研究开发和引进技术相结合的方针，采用先进制造技术，加快重大装备的国产化步伐，加快现有设备的更新改造。坚持执行知识产权保护政策，依法保护专利发明。二是积极发展高技术及其产业。把握世界高技术发展的趋势，重点开发电子信息、生物、新材料、新能源、航空、航天、海洋等方面的高技术，在一些重要领域接近或达到国际先进水平。积极应用高技术改造传统产业。三是加强基础性科学研究，瞄准世界科学前沿，重点攻关，力争在我国具有优势的领域中有重大突破。

1. 加强农业科学研究和技术开发，注重高技术与常规技术的结合，加快推广成熟适用的先进技术。继续进行中低产区综合治理的试验和示范。完善商品粮基地综合生产配套技术。加强动植物优良品种选育，为种子工程不断提供技术支持。加强重大病虫草鼠害的预报、控制技术研究。加强节水技术和旱作技术研究推广。开展防护林工程、沙漠化防治技术的研究。积极促进生物、计算机、遥感等高技术在农业上的应用。

2. 提高产业技术开发创新能力，加大产品开发力度。根据产业发展需要，结合重大工程组织科技攻关，着力解决关键性、共性、基础性的重大技术。通过加强对技术的工程化和系统集成，加快科技成果向现实生产力转化的进程。重大成套技术装备开发的重点是70万千瓦水轮发电机组、6万吨乙烯裂解炉、大型船舶、20万吨磷石膏制酸联产30万吨水泥装置等。

3. 积极发展高技术及其产业。在有利于我国经济发展和可跨跃的技术层次上，开展高技术研究开发工作。在计算机软硬件和网络等电子技术，新材料技术，农业、医药等生物工程技术，以及新能源、航天、航空、海洋等方面开发具有自主知识产权的技术。加快高技术产业化的步伐，重点是铁路高速客运和重载技术，亚微米集成电路和8英寸硅单晶制造技术，交通、电力、制造业及第三产业的电子自动化技术，石油钻采新技术，低温核供热技术，同步数字系列通信技术，大容量数字程控交换机技术。努力提高高技术产品的性能、质量和市场占有率。办好现有的高新技术产业开发区。

4. 加强社会发展重点领域的科学研究与技术开发。在计划生育、重大疾病防治、新药创制等方面攻克一批关键技术。继续开展洁净煤燃烧技术、废弃物再生技术、防灾减灾技术等的研究和应用。建立一批以科技引导社会发展的综合实验区，开发和推广一批重大科技成果。

大力普及科学知识，积极开展各种形式的科普活动，提高全民族的科学文化素质。

5. 加强基础性科学研究和科研基础设施建设。围绕国民经济和社会发展中重大科技问题，瞄准国际科学发展的前沿，选择我国有优势的领域，集中力量开展研究。积极开展国际间科学合作交流，充分利用国内、国外科学发展的丰富资源，把科学发现与技术突破结合起来，推动科学研究和复杂技术系统中交叉学科的研究，提高工程化研究的能力。结合国际科学发展和我国产业技术发展趋势，重点发展新兴带头学科、交叉学科和应用基础学科，主要是生物科学、信息科学、能源科学、材料科学和环境科学。国家对重点基础性研究的重大项目给予支持，逐步充实重点基础科研设施，建设好教育和科研计算机示范网络。

6. 加大科技体制改革力度，加快改革和建立科研、开发、生产、营销紧密结合的机制。“稳住一头，放开一片”，优化科研组织结构，合理分流人才。加强科研院所、高等院校和企业之间的联合与合作，推动以技术开发为主的科研院所进入大型企业集团或转化为高技术企业，鼓励大中型企业自办技术开发中心。努力使企业成为技术研究开发的主体。

（二）优先发展教育

重点普及义务教育，积极发展职业教育和成人教育，适度发展高等教育，优化教育结构。2000 年，全国基本普及九年义务教育，基本扫除青壮年文盲。小学学龄儿童入学率达到 99%以上，初中入学率达到 85%左右，青壮年文盲率降到 5%左右。各级政府要依法治教，增加教育投入。

1. 加强城乡义务教育。“九五”期间，在占总人口 85%的地区普及九年义务教育，在占总人口 95%以上的地区普及 5～6 年小学教育，其余地区普及 3～4 年小学教育。重点加强农村特别是贫困地区的义务教育。在经费、师资和教学手段上加强对贫困地区的支持。农村的义务教育要与扫除青壮年文盲和提高劳动技能相结合，适时注入社会需要的职业教育内容。重视发展少数民族教育、特殊教育及幼儿教育。

2. 大力发展职业教育和成人教育。重点做好初中后的中等职业教育，2000 年，各类中等职业技术学校招生数和在校生数占高中阶段招生数和在校生数的比例，分别达到 60%左右。积极发展高中后的职业教育，使高中毕业生除进入普通高校以外，逐步接受多种形式的学历教育和职业培训。积极发展电视教育、函授教育、业余进修和自学辅导等多种办学形式。成人教育重点放在岗位培训和继续教育上，发展多种形式的职前、职后和转岗培训教育。

3. 改善高等教育结构，提高教育质量。重点提高本科教育质量，适度扩大专科教育规模，调整本、专科专业结构，促进各类高等学校的合理分工。分层次、分期分批、有步骤地实施“211”工程。

4. 加快教育体制改革。积极探索与现阶段我国改革和发展相适应的办学机制和办学模式。逐步形成政府办学为主与社会各界参与办学相结合的新体制。提倡多种形式的联合办学，优化配置和充分利用现有教育资源。高等教育实行中央和省两级管理、以省为主的体制。非义务教育阶段逐步实行缴费上学、择业自主，同时完善奖学金、贷学金和特困生补助等制度。

5. 积极推进教学改革。改革人才培养模式，由“应试教育”向全面素质教育转变。改革教学内容和课程设置，加强学生综合素质的培养。按照教学规律组织教学过程，改进教学手段和方法，积极采用电化教学的手段。改革考试评估和教学管理制度。加强和改进德育工作，按照不同年龄学生的特点，加强理想、道德、纪律、法制、国防和民族团结教育。

6. 加强师资队伍建设，提高教师政治、业务素质，提高教师的社会地位，改善教师的工作、学习和生活条件。

中华人民共和国职业教育法

（1996年5月15日第八届全国人民代表大会常务委员会第十九次会议通过）

第一章 总 则

第一条 为了实施科教兴国战略，发展职业教育，提高劳动者素质，促进社会主义现代化建设，根据教育法和劳动法，制定本法。

第二条 本法适用于各级各类职业学校教育和各种形式的职业培训。国家机关实施的对国家机关工作人员的专门培训由法律、行政法规另行规定。

第三条 职业教育是国家教育事业的重要组成部分，是促进经济、社会发展和劳动就业的重要途径。

国家发展职业教育，推进职业教育改革，提高职业教育质量，建立、健全适应社会主义市场经济和社会进步需要的职业教育制度。

第四条 实施职业教育必须贯彻国家教育方针，对受教育者进行思想政治教育和职业道德教育，传授职业知识，培养职业技能，进行职业指导，全面提高受教育者的素质。

第五条 公民有依法接受职业教育的权利。

第六条 各级人民政府应当将发展职业教育纳入国民经济和社会发展规划。

行业组织和企业、事业组织应当依法履行实施职业教育的义务。

第七条 国家采取措施，发展农村职业教育，扶持少数民族地区、边远贫困地区职业教育的发展。

国家采取措施，帮助妇女接受职业教育，组织失业人员接受各种形式的职业教育，扶持残疾人职业教育的发展。

第八条 实施职业教育应当根据实际需要，同国家制定的职业分类和职业等级标准相适应，实行学历证书、培训证书和职业资格证书制度。

国家实行劳动者在就业前或者上岗前接受必要的职业教育的制度。

第九条 国家鼓励并组织职业教育的科学研究。

第十条 国家对在职业教育中作出显著成绩的单位和个人给予奖励。

第十一条 国务院教育行政部门负责职业教育工作的统筹规划、综合协调、宏观管理。

国务院教育行政部门、劳动行政部门和其他有关部门在国务院规定的职责范围内，分别负责有关的职业教育工作。

县级以上地方各级人民政府应当加强对

本行政区域内职业教育工作的领导、统筹协调和督导评估。

第二章 职业教育体系

第十二条 国家根据不同地区的经济发展水平和教育普及程度，实施以初中后为重点的不同阶段的教育分流，建立、健全职业学校教育与职业培训并举，并与其他教育相互沟通、协调发展的职业教育体系。

第十三条 职业学校教育分为初等、中等、高等职业学校教育。

初等、中等职业学校教育分别由初等、中等职业学校实施；高等职业学校教育根据需要和条件由高等职业学校实施，或者由普通高等学校实施。其他学校按照教育行政部门的统筹规划，可以实施同层次的职业学校教育。

第十四条 职业培训包括从业前培训、转业培训、学徒培训、在岗培训、转岗培训及其他职业性培训，可以根据实际情况分为初级、中级、高级职业培训。

职业培训分别由相应的职业培训机构、职业学校实施。

其他学校或者教育机构可以根据办学能力，开展面向社会的、多种形式的职业培训。

第十五条 残疾人职业教育除由残疾人教育机构实施外，各级各类职业学校和职业培训机构及其他教育机构应当按照国家有关规定接纳残疾学生。

第十六条 普通中学可以因地制宜地开设职业教育的课程，或者根据实际需要适当增加职业教育的教学内容。

第三章 职业教育的实施

第十七条 县级以上地方各级人民政府应当举办发挥骨干和示范作用的职业学校、职业培训机构，对农村、企业、事业组织、社会团体、其他社会组织及公民个人依法举办的职业学校和职业培训机构给予指导和扶持。

第十八条 县级人民政府应当适应农村经济、科学技术、教育统筹发展的需要，举办多种形式的职业教育，开展实用技术的培训，促进农村职业教育的发展。

第十九条 政府主管部门、行业组织应当举办或者联合举办职业学校、职业培训机构，组织、协调、指导本行业的企业、事业组织举办职业学校、职业培训机构。

国家鼓励运用现代化教学手段，发展职业教育。

第二十条 企业应当根据本单位的实际，有计划地对本单位的职工和准备录用的人员实施职业教育。

企业可以单独举办或者联合举办职业学校、职业培训机构，也可以委托学校、职业培训机构对本单位的职工和准备录用的人员实施职业教育。

从事技术工种的职工，上岗前必须经过培训；从事特种作业的职工必须经过培训，并取得特种作业资格。

第二十一条 国家鼓励事业组织、社会团体、其他社会组织及公民个人按照国家有关规定举办职业学校、职业培训机构。

境外的组织和个人在中国境内举办职业学校、职业培训机构的办法，由国务院规定。

第二十二条 联合举办职业学校、职业培训机构，举办者应当签订联合办学合同。

政府主管部门、行业组织、企业、事业组织委托学校、职业培训机构实施职业教育的，应当签订委托合同。

第二十三条 职业学校、职业培训机构实施职业教育应当实行产教结合，为本地区经济建设服务，与企业密切联系，培养实用人才和熟练劳动者。

职业学校、职业培训机构可以举办与职业教育有关的企业或者实习场所。

第二十四条 职业学校的设立，必须符合下列基本条件：

（一）有组织机构和章程；

（二）有合格的教师；

（三）有符合规定标准的教学场所、与职业教育相适应的设施、设备；

（四）有必备的办学资金和稳定的经费来源。

职业培训机构的设立，必须符合下列基本条件：

（一）有组织机构和管理制度；

（二）有与培训任务相适应的教师和管理人员；

（三）有与进行培训相适应的场所、设施、设备；

（四）有相应的经费。

职业学校和职业培训机构的设立、变更和终止，应当按照国家有关规定执行。

第二十五条 接受职业学校教育的学生，经学校考核合格，按照国家有关规定，发给学历证书。接受职业培训的学生，经培训的职业学校或者职业培训机构考核合格，按照国家有关规定，发给培训证书。

学历证书、培训证书按照国家有关规定，作为职业学校、职业培训机构的毕业生、结业生从业的凭证。

第四章 职业教育的保障条件

第二十六条 国家鼓励通过多种渠道依法筹集发展职业教育的资金。

第二十七条 省、自治区、直辖市人民政府应当制定本地区职业学校学生人数平均经费标准；国务院有关部门应当会同国务院财政部门制定本部门职业学校学生人数平均经费标准。职业学校举办者应当按照学生人数平均经费标准足额拨付职业教育经费。

各级人民政府、国务院有关部门用于举办职业学校和职业培训机构的财政性经费应当逐步增长。

任何组织和个人不得挪用、克扣职业教育的经费。

第二十八条 企业应当承担对本单位的职工和准备录用的人员进行职业教育的费用，具体办法由国务院有关部门会同国务院财政部门或者由省、自治区、直辖市人民政府依法规定。

第二十九条 企业未按本法第二十条的规定实施职业教育的，县级以上地方人民政府应当责令改正；拒不改正的，可以收取企业应当承担的职业教育经费，用于本地区的职业教育。

第三十条 省、自治区、直辖市人民政府按照教育法的有关规定决定开征的用于教育的地方附加费，可以专项或者安排一定比例用于职业教育。

第三十一条 各级人民政府可以将农村科学技术开发、技术推广的经费，适当用于农村职业培训。

第三十二条 职业学校、职业培训机构可以对接受中等、高等职业学校教育和职业培训的学生适当收取学费，对经济困难的学生和残疾学生应当酌情减免。收费办法由省、自治区、直辖市人民政府规定。

国家支持企业、事业组织、社会团体、其

他社会组织及公民个人按照国家有关规定设立职业教育奖学金、贷学金，奖励学习成绩优秀的学生或者资助经济困难的学生。

第三十三条 职业学校、职业培训机构举办企业和从事社会服务的收入应当主要用于发展职业教育。

第三十四条 国家鼓励金融机构运用信贷手段，扶持发展职业教育。

第三十五条 国家鼓励企业、事业组织、社会团体、其他社会组织及公民个人对职业教育捐资助学，鼓励境外的组织和个人对职业教育提供资助和捐赠。提供的资助和捐赠，必须用于职业教育。

第三十六条 县级以上各级人民政府和有关部门应当将职业教育教师的培养和培训工作纳入教师队伍建设规划，保证职业教育教师队伍适应职业教育发展的需要。

职业学校和职业培训机构可以聘请专业技术人员、有特殊技能的人员和其他教育机构的教师担任兼职教师。有关部门和单位应当提供方便。

第三十七条 国务院有关部门、县级以上地方各级人民政府以及举办职业学校、职业培训机构的组织、公民个人，应当加强职业教育生产实习基地的建设。

企业、事业组织应当接纳职业学校和职业培训机构的学生和教师实习；对上岗实习的，应当给予适当的劳动报酬。

第三十八条 县级以上各级人民政府和有关部门应当建立、健全职业教育服务体系，加强职业教育教材的编辑、出版和发行工作。

第五章 附 则

第三十九条 在职业教育活动中违反教育法规定的，应当依照教育法的有关规定给予处罚。

第四十条 本法自 1996 年 9 月 1 日起施行。

全国人大教科文卫委员会、国家教委、国家经贸委、劳动部、农业部、司法部、全国总工会关于学习宣传和贯彻实施《中华人民共和国职业教育法》的通知

（1996年6月7日）

《中华人民共和国职业教育法》（以下简称《职业教育法》）于1996年5月15日由第八届全国人大常委会第19次会议审议通过，并经国家主席江泽民签署颁布，将于1996年9月1日起施行。根据《教育法》和《劳动法》制定的《职业教育法》是第一部专门规范职业教育活动的法律。《职业教育法》的颁布，为职业教育的改革和发展提供了更加完备的法律保障。大力发展职业教育，是实施科教兴国战略，提高劳动者素质，促进经济、社会发展和劳动就业的重要途径。《职业教育法》的颁布，将使职业教育的发展进入一个新阶段，对逐步建立、健全适应社会主义市场经济和社会进步需要的职业教育制度，依法保障职业教育的发展有重要意义。

为搞好《职业教育法》的学习宣传和贯彻实施工作，现将有关问题通知如下：

一、各省、自治区、直辖市及计划单列市政府和教育、经济综合、劳动部门及行业组织、社会团体应当把学习、宣传和贯彻实施《职业教育法》列入议事日程，作为当前的一项重要任务抓紧抓好。各级人民政府要加强对学习、宣传《职业教育法》工作的领导。各级人大有关专门委员会应积极参与并加强对《职业教育法》学习、宣传和贯彻实施工作的指导和监督。教育、劳动行政部门应将学习、宣传和贯彻《职业教育法》作为今年工作的重要内容，列入工作计划。教育行政部门、经济综合部门、劳动行政部门和其他有关部门、行业组织、工会组织，应将《职业教育法》的学习宣传和贯彻落实作为本系统、本行业及所属企业、单位的“三五”普法内容之一，认真做好《职业教育法》的学习宣传的组织部署工作。

二、各级党政领导干部要带头学习、宣传《职业教育法》。教育、劳动行政部门和各有关部门、行业的领导干部、各工会组织、企业的负责人要带头学习宣传《职业教育法》。各地政府和农业等有关部门要采取有力措施，促进农林职业教育的发展。职业教育领域的行政干部、各类职业教育机构的负责人要带头认真学习《职业教育法》，并组织师生

员工学习，依据《职业教育法》的规定，结合本部门、本单位的实际情况，搞好职业教育的管理工作，提高依法治教水平。各类职业教育机构，应全面贯彻《教育法》《劳动法》和《职业教育法》，努力提高教育质量，提高受教育者的职业技能和职业道德水平，为社会主义现代化建设培养更多的实用人才和熟练劳动者。各单位应认识发展职业教育对提高本单位职工素质和企业经济效益的重要性，认真学习、贯彻《职业教育法》的有关规定，履行职责和义务。

三、学习、宣传《职业教育法》应采取多种形式。各新闻单位应将《职业教育法》列为近期宣传工作的重点，作出具体安排。如在报刊、电台、电视台开辟专题、专栏或对有关人士进行专访，召开专家、学者、各界人士座谈会等。各地应结合实际情况，采取群众喜闻乐见的形式开展宣传活动。通过宣传普及，使《职业教育法》在有关部门和职业教育领域深入人心，使广大群众对《职业教育法》有个基本了解，为《职业教育法》的实施创造良好的社会环境。

四、学习宣传《职业教育法》，要与全面贯彻落实《教育法》和《劳动法》相结合。各地、各有关部门要把学习、贯彻《职业教育法》与贯彻落实《教育法》《劳动法》有机地结合起来，重点在于依法切实解决职业教育改革与发展中的突出问题，特别是完善职业教育体系，落实职业教育的职责和义务，全面贯彻教育方针，提高教育质量和办学效益等。努力通过《职业教育法》的贯彻实施，使职业教育走上依法治教的轨道，更好地为经济、社会发展和劳动就业服务。

五、《职业教育法》作为职业教育的专项法律，对职业教育改革和发展的重要问题做了较全面的规定，同时也为制定配套的职业教育法规和规章提供了具体的法律依据。国家教委将会同国家经贸委、劳动部，配合《职业教育法》的贯彻实施制定实施意见，拟定相应的法规、规章，逐步完善有关职业教育的立法，保障《职业教育法》的全面落实。各省、自治区、直辖市及有立法权的城市也应结合贯彻实施《职业教育法》的需要和本地的实际情况，做好地方职业教育立法工作，制定地方性职业教育法规和规章，把《职业教育法》的贯彻落到实处。

六、为全面搞好《职业教育法》的学习宣传和贯彻实施工作，真正做到依法治教，应加强对《职业教育法》的执法与监督工作。各教育、劳动行政有关部门要加强协作，密切配合，保障《职业教育法》的贯彻落实。各级有关专门委员会将结合贯彻实施情况，在适当时候对《职业教育法》的贯彻执行情况进行检查。各地要及时总结学习宣传和贯彻实施《职业教育法》工作中的好做法、好经验。学习宣传和贯彻实施中反映的有关问题，请及时报送国家教委及有关部门。

国家教委1996年工作要点

一、指导思想

在党的十四大和五中全会精神指引下，继续努力贯彻全国教育工作会议精神，进一步抓紧落实《中国教育改革和发展纲要》及其实施意见，积极部署并组织实施《全国教育事业“九五”计划和2010年发展规划》。同时，重视研究教育改革和发展过程中出现的新情况、新问题，总结新经验，不断丰富工作思路，认真处理好改革、发展与稳定的关系，进一步开创教育工作的新局面。

二、重点工作

1. 认真筹备并开好全国职业教育工作会议、全国师范教育工作会议、全国高校科技工作会议和第三次全国教职工住房建设工作经验交流会议。

2. 继续抓紧教育立法工作。做好《职业教育法（草案）》提交全国人大常委会审议批准的各项工作，并认真部署颁发后的宣传与实施；努力完成《高等教育法（草案）》的修改工作，争取第一季度报送国务院讨论，年内提交全国人大常委会审议。

3. 进一步加强对全国“两基”工作的推动与分类指导工作，努力落实各项有关的政策与措施，年内力争完成全国“两基”的第一期目标，使“普九”验收的人口地区达到全国的40%以上。

4. 坚决纠正并治理义务教育阶段的乱收费现象，抓紧规范非义务教育阶段的收费工作。继续采取措施，进一步解决“民转公”和部分地区拖欠教师工资的问题。

5. 大力推进高校招生收费“并轨”制度的改革，使全国实行“并轨”改革的高校扩大到500所左右；同时，规范并完善相应改革配套措施；积极推动以共建、合作办学为主的各种形式的高校管理体制改革和结构布局调整，重点推进、稳步实施广东省、上海市、机械工业部的改革试点工作；贯彻落实《“211工程”总体建设规划》，做好有关高校的正式立项审核报批工作，年内基本完成高校的部门预审工作。积极筹备第五次全国普通高等教育工作会议。

6. 坚持不懈地用邓小平建设有中国特色社会主义理论武装教育系统干部和师生，贯彻落实中共中央《关于进一步加强和改进学校德育工作的若干意见》和《爱国主义教育实施纲要》，切实加强学校的党建工作，思想政治工作和德育工作。

三、其他主要工作

1. 印发并部署实施《全国教育事业“九五”计划和2010年发展规划》，指导并协调各省、自治区、直辖市教育事业规划工作，建立规划目标实施进展情况的监测制度；继续探索建立和健全与社会主义市场经济体制相适应的宏观教育计划管理体制；进一步加强教育科研工作，完善教育决策咨询系统和统计信息系统，推进教育宏观决策科学化。

2. 继续大力宣传和贯彻实施《教育法》《教师法》《职业教育法》；加强对已颁发教育法规实施的督查工作，根据国务院的部署，进行执法检查，推进教育系统“三五”普法工作；总结交流教育法制工作经验，完善教育执法监督体制，推进全面依法治教；抓紧发布施行《社会力量办学条例》《教育督导条例》《教师职务条例》等有关配套法规；继续推动并督促地方加快相应的教育立法工作。

3. 按照“两基”工作的“三片”部署，积极推动各地依法落实“普九”规划和各项政策措施；结合《中华人民共和国义务教育法》颁布实施10周年，大力宣传“普九”工作的成就，总结推广一批“普九”的先进典型和经验；进一步研究贯彻“两全”、深化教育教学改革、减轻学生过重课业负担的措施；制订解决中小学择校生高收费和加强薄弱学校建设的办法和措施；拟定建设示范性普通高中的实施意见和推进办学模式多样化的改革；进一步加强校外教育、学前教育和特殊教育。积极推进招生考试制度的改革。

4. 继续加强“五项”督导检查和“两基”督导评估验收工作，全面推行对中小学校的督导评估制度。加强督导工作的规范化和制度化。

5. 努力提高高等教育的质量和教学水平，深化以教学内容改革为重点的教学改革，继续实施《面向21世纪教学内容和课程体系改革计划》；积极探索改革教学思想、教育观念和人才培养模式的途径，继续开展产、学、研结合以及加强学生文化素质和综合素质培养的试点工作；做好高校教学优秀成果奖的评奖工作；完善高等教育评估体系，重点抓好高校本科教学工作的评估；进一步加强学历证书管理，彻底治理乱招生、乱发文凭和伪造学历文凭等问题；会同有关部门，研究建立毕业生就业市场及市场规范化问题，拟定毕业生就业制度改革方案和暂行规定。

6. 积极落实全国研究生工作座谈会精神，进一步拓宽培养研究生的学科专业面，进行学科专业目录修订工作；加强并改善对学位与研究生教育的评估和专业学位设置的审批工作。

7. 认真宣传贯彻全国职业教育工作会议精神，部署实施《职业教育法》，会同有关部门，进一步理顺职业教育的办学和管理体制，探索建立与社会主义市场经济体制相适应的职教体系和相应机制，进一步推进“三级分流”；认真抓好苏南地区建设现代职业教育制度的改革试验工作；研究发展高等职业教育的原则意见，积极推进职业大学、各类中等职业技术学校的改革和建设工作；制定加强职教师资队伍建设的意见。

8. 按照“分类指导、分步实施”的原则，加强9个文盲大省扫盲工作的力度，下发《扫除青壮年文盲单位考核验收办法》，确保年内扫除400万青壮年文盲；加强成人高、中等学历教育的管理工作，进一步提高成人高等教育的质量，建立并完善相应的质量评估制度；加强对社会力量办学工作的规划与指导，提出促进民办教育健康发展的若干意见；会同有关部门，通过试点，推动现代企业教育培训制度和行业、企业岗位资格证书制度的建立；研究部署“九五”期间自考工作进一步深化改革的若干措施。

进一步部署并深化电化教育改革，加强对电化教育工作的管理。

9. 贯彻落实中央、国务院召开的全国科学技术大会精神，部署贯彻全国高校科技工作会议精神，研究高校科技与经济发展的关系和改革思路，组织高校做好“九五”科技计划工作；力争有50～70所高校进入“中国教育和科研计算机示范工程”建设网；进一步实施并完善“跨世纪优秀人才工程”的评选和管理工作。

制定“九五”期间高校人文社会科学研究事业发展规划和高校人文社会科学跨世纪人才培养计划，并完成首批有关申报审批工作。

研究制定“九五”校办产业发展规划和措施，继续为校办产业争取实行优惠政策，推动校办产业和勤工俭学的健康发展。开展对高校出版社的全面评估工作。

10. 认真贯彻落实第五次全国高等学校党建工作会议精神，分片、分地区抓紧推动落实高校党建和领导班子建设的各项措施；制定高校党建工作和德育工作评估标准，并组织试点；及时处理高校改革发展过程中出现的各种热点问题，继续做好高校稳定工作，加强校园治安综合治理。

进一步落实“两课”改革文件的配套措施，并抓好改革试点工作；制定马克思主义理论课新教学方案。

11. 贯彻全国师范教育工作会议精神，进一步明确师范教育保“两基”、促“两全”的根本任务，确保高等师范教育的师范性方向；研究提出加快师范教育改革和发展的思路和措施，推动师范教育体制改革和试点工作；结合师资工作规划，加强中小学师资培训和质量评估工作；继续实施“园丁科技教育行动”。

12. 拟定改善学生体质健康规划和措施，进一步规范学校体育和艺术教育工作。

13. 加大对贫困地区教育扶持的力度，重点支持少数民族边远贫困地区建设一批示范性中、小学和民族师范院校，加强少数民族地区县级教育行政干部的培训工作；加强民族文字教材建设；继续落实教育援藏的有关措施，进一步办好内地西藏班；落实教育对口支援工作。

14. 研究制定“九五”期间实施《〈纲要〉实施意见》和《教育法》中有关教育投入规定的思路和建议，进一步落实中央各项教育专款；全面启动国家“贫困地区义务教育工程”，实施“二片”“普九”中央专款规划，部署“三片”“普九”中央专款和项目管理试点工作规划；完成世界银行“贫困三”和“职教二”项目的谈判及启动准备工作；完善各级政府教育经费需求计划及教育经费监测制度；进一步建立健全教育审计制度，强化对教育经费的审计监督。

15. 制定大、中、小学教师队伍建设“九五”计划要点，完成在职教师的教师资格过渡；加强全国大、中、小学校编制管理工作；研究制定统筹解决民办教师问题的总体规划，督促并实施好1995—1996年度农村教师“民转公”工作；组织实施教育系统1995年度工资正常升级工作，检查落实并完善委属高校工资总额动态包干工作；全面实施“九五”期间中小学校长培训指导意见，保证1997年全国中小学校长持证上岗制度的实现。

认真贯彻两次全国教职工住房建设工作经验交流会议精神，继续积极推动全国教职工住房问题的较快解决。

16. 全面试行、稳步推进留学工作改革方案，积极推动留学基金会的工作，研究鼓励留学人员回国和短期回国工作的措施；改革来华留学管理体制，积极稳妥地扩大招收外国留学生；加强与国外教育界的高层往来，促进高新科技合作；大力推广对外汉语教学；认真贯彻中央对港、澳、台工作的方针、政策，加大交流工作力度，扩大招收港澳台学生；加强对高等学校境外办学工作的管理。

17. 继续贯彻全国农村教育综合改革工作会议和全国农科教结合工作经验交流会精神，认真总结推广农村、城市、企业教育综合改革的成功经验；积极推进“‘燎原计划’百、千、万工程”的实施。

18. 加大高校后勤改革的力度，总结推广高校后勤改革和建设的先进经验。

19. 坚持“一手抓战线，一手抓机关”的方针，切实抓好委机关的思想建设、组织建设和作风建设，进一步加强委机关司局和直属单位领导班子建设，振奋机关全体职工的精神面貌；加强调查研究，以提高工作效率为重点，进一步转变职能，转变作风，整顿机关办公秩序，坚决精简会议、压缩文件。

继续积极稳妥地推进机关后勤改革，理顺相应的管理体制；采取措施，进一步改善机关的办公条件和住房条件，逐步解决职工在提高待遇方面的一些实际问题。

20. 贯彻、落实中央和国家教委党组关于廉洁自律的规定，进一步加强各级教育行政部门的廉政建设；继续深入开展教育系统的反腐败斗争和纠正行业不正之风的落实工作；加大教育纪检、监察、审计工作力度，认真抓好对重要案件的办理工作。

国家教委1996年教育工作会议

经国务院领导同意，国家教委1996年教育工作会议于1996年1月22日至24日在北京召开。这次会议的主要任务是：部署安排全年的教育工作，研究全国教育事业“九五”计划和2010年发展规划，讨论当前教育改革与发展过程中出现的有关重要问题。

出席会议的有：各省、自治区、直辖市教委（教育厅）的负责人；国务院有关部委教育司（局）长；以及国家教委领导、有关司局的负责同志。

1月22日上午，国家教委副主任、党组副书记柳斌代表国家教委党组为会议作了工作报告。《报告》共分三个部分：一、关于我国教育事业“八五”计划执行情况和1995年教育工作的回顾；二、关于教育事业“九五”计划的指导思想、发展目标和改革思路；三、关于贯彻十四届五中全会精神做好1996年工作的几点意见。柳斌同志在关于我国教育事业“八五”计划执行情况和1995年教育工作的回顾中指出：“八五”期间，以江泽民同志为核心的党中央，在邓小平同志建设有中国特色社会主义理论指导下，进一步把教育事业摆在优先发展的战略地位，作出了一系列重大决策。1993年2月，党中央、国务院颁发了《中国教育改革和发展纲要》，10月，全国人大常委会审议通过了《教师法》并于1994年1月起正式实施。1994年6月，党中央、国务院召开了改革开放以来的第二次全国教育工作会议，动员全党全社会认真实施《纲要》。1995年3月，教育工作的根本大法《教育法》颁布实施。这一年党中央提出“科教兴国”的伟大战略，并把它确定为实现“九五”计划和2010年远景目标的重要方针之一。可以说，“八五”时期在我国教育史上是具有特别重大意义的一个时期，是建国以来教育形势最好的时期之一。

1月24日上午，中共中央政治局委员、国务院副总理李岚清与会议代表进行了座谈，就当前教育改革与发展过程中出现的有关问题听取了代表的意见，并作了重要讲话。

1月24日下午，举行了闭幕大会。北京、天津、上海市教委的负责同志分别介绍了治理中小学乱收费的情况，国家教委副主任柳斌、中纪委副书记徐青就如何进一步治理中小学乱收费的问题作了重要讲话。最后，国家教委主任、党组书记朱开轩为这次会议作了总结。

会议期间，国家教委领导，还分别就各自分管的工作提出了要求。

撰稿　张文忠

审稿　孙胜伟

全国职业教育工作会议

1996年6月17～20日，国家教委、国家经贸委和劳动部在北京联合召开了全国职业教育工作会议。

这次会议是继1986年和1991年之后召开的第三次全国职业教育工作会议。自1991年第二次全国职业教育工作会议以来，我国的改革开放和现代化建设事业进入了新的发展时期。党的十四大确立了社会主义市场经济体制；八届人大四次会议批准了我国国民经济和社会发展“九五”计划及2010年远景目标纲要，提出了包括教育在内的跨世纪的奋斗目标和指导方针；为实施科教兴国战略，党中央、国务院于1993年制定并颁布了《中国教育改革和发展纲要》，并于1994年召开了全国教育工作会议；1995年国家颁布了《教育法》，将职业教育确定为我国的基本教育制度之一；1996年5月国家又颁布了《职业教育法》，使我国职业教育的发展走上了有法可依的轨道。这些新情况、新形势都对职业教育的改革和发展提出了新的要求。

会议的主要任务是，贯彻党中央和国务院“大力发展职业教育”的方针，研究制定实施《职业教育法》和《中国教育改革和发展纲要》的政策措施，总结交流“八五”期间职业教育改革和发展的经验，进一步明确我国跨世纪发展职业教育的目标和任务，努力开创职业教育工作的新局面。

参加会议的有各省（自治区、直辖市）主管教育工作的副省长（副主席、副市长）或政府的副秘书长；各地教委、经贸委和劳动厅（局）的负责同志；计划单列市及新疆生产建设兵团主管教育工作的副市长（副司令）和教委主任；国务院各有关部委教育司（局）的负责同志；有关民主党派和社会团体的代表；特邀企业和职业学校代表等共200多人。

国家教委主任朱开轩在会上代表三部委做了题为《大力推进依法治教，为实现跨世纪发展职业教育的目标而奋斗》的工作报告，总结了改革开放以来职业教育工作的成绩和经验，提出了跨世纪发展职业教育的奋斗目标、指导方针和工作任务，并就如何推进依法治教、促进职教发展提出了要求。国家经贸委副主任陈清泰和劳动部副部长林用三分别以《大力发展职业教育，全面提高企业职工素质，积极推进两个根本性转变》和《认真贯彻职教法，促进职业教育与劳动工作紧密结合》为题，在会上讲话。有12个单位的代表在大会发言，交流了经验。与会代表就如何贯彻落实《职业教育法》、推进职业教育进一步发展进行了讨论。国家教委副主任王明达做了会议总结讲话。

6月17日下午，国务院总理李鹏、副总理李岚清、吴邦国接见了全体与会代表。李鹏总理在讲话中肯定了职业教育的重要性和改革开放以来职业教育取得的成绩，再次明确了职业教育的发展目标和各级党委、政府的责任，强调了发展职业教育需要注意的几个问题，并对全体职业教育工作者提出了殷切希望。

6月19日上午，李岚清副总理听取了部分代表的大会发言，并作了题为《努力开创职业教育工作的新局面》的重要讲话。李岚清副总理在讲话中阐明了发展职业教育对实现现代化的重要意义，要求深化改革，走符合我国国情的发展职业教育的道路，强调要为发展职业教育创造更好的条件。

会议紧紧围绕贯彻落实《职业教育法》，进一步明确了职业教育在落实科教兴国战略、实现两个根本性转变中的重要地位和作用，明确了未来15年职业教育发展的任务与目标，增强了职业教育工作者的信心。这次会议的召开，必将对我国"九五"期间以及下个世纪初职业教育的发展产生深远的影响。

撰稿　范海林

审稿　刘占山

全国师范教育工作会议

1996年9月9～12日，国家教委在北京召开了全国师范教育工作会议。这次会议是继1980年第四次全国师范教育工作会议和1985年全国中小学师资工作会议之后，有关师范教育和中小学师资队伍建设方面又一次全国性的会议。会议的主要任务是：进一步动员各级政府和教育行政部门重视师范教育和中小学教师队伍建设；全面落实师范教育在教育事业中优先发展的战略地位；总结交流近十年来师范教育改革与发展及中小学教师队伍建设所取得的成绩和经验；研究当前师范教育和中小学教师队伍建设中存在的突出问题和解决措施，保“两基”，促“两全”；制定适应新世纪需要的中小学教师队伍建设的目标和对策，确定改革发展师范教育的基本思路，为下世纪师范教育的改革、发展、提高及中小学教师队伍建设，为实现跨世纪教育发展目标而奋斗。

9月9日，全国师范教育工作会议开幕。国家教委副主任柳斌主持了开幕式，国家教委主任朱开轩做了题为《大力办好师范教育，加强教师队伍建设，为实现跨世纪教育发展目标而奋斗》的工作报告。参加这次会议的代表有部分省（直辖市）主管教育工作的副省长（副市长）；国家计委、财政部、人事部有关司（局）的负责同志；各省（自治区、直辖市）教委（教育厅）主任（厅长）、主管师范教育工作的副主任（副厅长）及师范（高教）处长、人事（师资）处长；全国教育工会的负责同志；国家教委直属师范大学和部分师范院校的校（院）长；部分全国优秀教师代表等200余人。

9月10日，正值第十二个教师节，江泽民等党和国家领导同志在人民大会堂接见了参加全国师范教育工作会议的全体代表并合影留念，江泽民总书记发表了重要讲话，强调指出，各地区各部门都要十分重视和支持教育事业，贯彻实施科教兴国战略，推动我国社会和经济的持续发展。江泽民说，现在我国有大、中、小学教师近1000万人，这是办好我国教育的基础力量。教师队伍的补充、更新和提高，要求首先把师范教育办好。改革开放以来，我国师范教育事业已经有了长足的进步，但还不能满足和适应形势发展的需要。现在全国接受基础教育的人数已超过两亿，没有一支数量充足、思想业务素质良好的教师队伍是不行的。要继续坚持优先办好师范教育，大力提高办学质量和效益，从根本上扭转师范教育仍然滞后的局面，加快师范教育的改革和发展步伐。江泽民强调，师范教育具有超前性，更应面向现代化、面向世界、面向未来。要把造就具有正确的世界观和教育思想，掌握现代教育内容、方法和技术，善于从事素质教育的教师队伍，作为教育工作的一项根本任务来抓。希望各级党委和政府进一步重视和支持教育事业，尊师重教、依法治教，并希望大家团结一致，共同奋斗，努力开创我国师范教育和整个教育事业的新局面。接见活动结束后，国务院副总理李岚清同与会议部分代表进行了座谈并发表了重要讲话。9月12日，全国师范教育工作会议胜利闭幕，国家教委主任朱开轩主持闭幕式并讲话，国家教委副主任柳斌做总结报告。

会议期间进行了大会经验交流。上海、江苏、浙江、吉林、贵州、四川、云南等省，淄博市和东北师范大学、华中师范大学、零陵师专等学校的负责同志作了大会发言，分别从不同的侧面交流了近年来各地各校发展师范教育和加强中小学教师队伍建设的基本经验，以及进一步推动师范教育改革发展和师资队伍建设的工作思路。还有16个省、市政府（教育行政部门）和32所师范院校提交了经验材料。与会代表还对《关于师范教育改革和发展的若干意见（征求意见稿）》《师范教育条例（征求意见稿）》《关于"九五"期间全面加强中小学教师队伍建设的意见（征求意见稿）》《统筹解决民办教师问题的五年计划（征求意见稿）》《教师职务条例（征求意见稿）》等五个文件进行了充分讨论。

撰稿　葛振江

审稿　陈秀凤

全国“普九”工作汇报会

1996年10月20～23日在安徽省马鞍山市召开了全国“普九”工作汇报会。国家教委副主任柳斌到会并讲话。29个省、自治区、直辖市教委主任（或副主任）、普教处长，国家教委有关司（办）及新闻单位代表共80余人出席了会议。会上，19个省、自治区、直辖市介绍了“普九”工作专题经验，代表们参观了巢湖地区和县及马鞍山市的中小学、幼儿园、中学生社会实践基地和师苑新村，并围绕“普九”工作进行了讨论和交流，国家教委基础教育司负责人作了总结讲话。

会议认为，当前全国“普九”形势总体上是好的，“两基”工作进展顺利，令人鼓舞。到1995年，全国90％人口地区普及了初等义务教育，36％人口地区普及了义务教育。预计1996年普及义务教育人口覆盖率将达到50％以上，如期实现第一步“普九”目标。但“普九”任务还十分繁重和艰巨，义务教育面临许多亟待解决的突出问题和困难：教育经费短缺的矛盾相当突出。现有筹资政策未用足用好；“应试教育”影响在一些地方和学校还相当普遍，学生课业负担仍然过重；一些地方依法治教观念淡薄，执法监督机制不健全；中小学乱收费特别是高费择校生问题尚未得到根本治理。

会议指出，九五期间“两基”仍然是教育事业发展的“重中之重”。京、津、沪和通过了“两基”验收的县（市、区）要进一步做好巩固提高工作，根据当地经济、社会发展需求，对义务教育提出更高的目标和要求。中等地区，特别是人口大省、大县，要大力加强初中建设，重点是农村乡镇初中建设，克服困难，努力攻坚，打好决定“普九”全局的第二战役。贫困和少数民族地区，要集中力量，在普及初等义务教育的基础上，普及初级中等义务教育。为此，要做好以下工作：

首先，要转变教育界内外，特别是领导干部的教育思想，树立正确的教育观、质量观。各级党委、政府和社会各界要为实现素质教育创造宽松的环境，各级党政及教育部门的领导干部以及社会、家长不要把升学率和分数高低作为评价学校教育质量的唯一标准，不得给学校施加追求升学率的压力。

第二，建设一支高素质的校长和教师队伍。各地应有计划、有步骤地组织各级教育行政干部和校长、教师认真学习国家的有关法律、法规、文件，以“两全”为指导，自觉纠正“应试教育”的影响，要将素质教育思想作为校长岗位培训和教师资格培训的重要内容，采取措施，鼓励学校进行教育教学改革，面向全体学生，实施全面发展教育。

第三，逐步建立、完善以“两全”为宗旨的教育质量管理机制和学校管理制度。目前，在普及义务教育的地区，尤其在小学升初中考试制度改革后，要逐步建立义务教育阶段学生学习质量评估的基本标准和监测网络，定期进行监测。国家教委已开始着手进行这一工作，并将在有基础的地区先行试点，取得经验后逐步推广。同时，国家教委将逐步建立、完善素质教育的课程、教材体系及评价体系，按照素质教育的要求，建立中小学校的质量标准和评估指标体系。1996年3月，国家教委发布了《小学管理规程》，《初级中学管理规程》正在制定。各地要在落实的基础上，完善中小学各项管理制度，总结成功经验。

第四，加强薄弱学校建设，提高义务教育整体水平。各级政府和教育主管部门要在自己管辖的区域内努力缩小学校间办学水平、教育质量相差较大的状况。要增加对薄弱学校的经费投入，改善办学条件，充实领导班子，提高师资水平等。薄弱学校也要振奋精神，抓好自身建设，努力改变面貌，全社会要对其给予特别鼓励和支持。

第五，积极推进考试制度、升学办法的改革。在继续总结经验的基础上，进一步推进和完善初中入学办法改革，实行免试就近入学，继续研究和完善中考招生改革，加大改革力度，缓解中考对义务教育造成的升学压力。国家教委将着手研究改革高考招生办法，积极试验高考与高中脱钩，强化高中会考成绩在高中办学评价中的作用，减少"高考指挥棒"对学校实施素质教育的片面导向影响。

会议强调，义务教育能否顺利实施，关键在政府行为。各级教育主管部门要积极争取当地党委和政府的领导，集中精力，抓好"两基"这个"重中之重"。中央和地方政府要优先保证"普九"投入，用足用好中央和省的各项经费政策。要确保"三个增长"的落实，预算外资金也应划出一定比例用于义务教育。要继续加大对贫困地区的扶持力度。《国家贫困地区义务教育工程》所需配套资金，各地要认真落实。对不具备配套能力的县，省、自治区和地、市政府要予以支持。对未列入"八·七"扶贫县，又不是省级贫困县，但确属经济困难的县，可从省级专项经费中予以扶持。中央和地方政府在安排其他资金时对这些县也要给予适当支持。

会议还强调，依法治教是实施义务教育的根本保障。各级政府要带头执法，加强监督检查，加大执法力度，逐步建立健全执法监督机制。

撰稿　唐淑芬

审稿　王文湛

高教管理体制改革工作座谈会

1996年8月上旬，国家教委在北戴河召开了高教管理体制改革工作座谈会。国务院总理李鹏在会议闭幕前接见了与会代表并作了重要讲话。国务院副总理李岚清出席会议听取交流并作了总结讲话。国家教委主任朱开轩主持开幕、闭幕会并讲话，副主任周远清介绍了高教管理体制改革进展情况。北京、天津、上海、河北、山西、辽宁、江苏、浙江、湖北、广东、四川、陕西等12个省市主管教育的副省（市）长，国家计委、国家体改委、财政、机械、电子、冶金、农业、卫生等8个部委主管教育的副部长以及北京大学等32所高校的负责同志共71人参加了会议。

会议交流了近几年特别是近一年来高教管理体制改革的新情况和新经验，研究在改革过程中存在的困难和问题，讨论了进一步推动高教管理体制改革扎实深入开展的相应措施。

会议着重研究和讨论了以下问题，形成了共识：

一、我国高教管理体制改革迈出了较大步伐，取得了可喜成绩，出现了好的改革势头。

高教管理体制改革的基本思路和有效的探索途径及机制，已被普遍认同；以中央部门与地方政府为主进行多种形式的共建共管高校（简称共建）的改革，取得了较大进展；部分学科互补或规模较小、科类单一、设置重复的高校的合并，取得初步成果；多种形式的学校间的合作办学，进入实质性阶段；企业、企业集团或科研单位参与办学作为合作办学的另一种形式，也在进一步开展；中央部委所属高校转由地方政府管理，逐步取得进展。但还应当看到，高教管理体制改革的力度还不够大。有的由于对高教管理体制改革重要性和紧迫性缺乏足够的认识，还存在观望心态；有的在共建、合并、合作办学中只有形式，缺少实质性的措施和行动；一些实际问题，如拨款体制、人事管理制度等问题没有解决等等，影响了改革的进一步发展。

二、提高认识，增强紧迫感和责任感，积极推进高教管理体制改革。

必须充分认识改革的重要性和紧迫性。还必须改变旧有观念。高教管理体制改革不单是某一部门、地区或高校的事情，它是关系到中国整个高等教育改革和发展全局的大事，关系到21世纪高等教育能否适应我国社会主义现代化建设需要的大局。必须从全国经济、政治体制改革的全局出发，从我国办世界上最大的教育必须提高整体效益的全局出发，从面向21世纪培养高素质人才和提高教育质量的全局出发，各省、自治区、直辖市、各部委以及各有关学校的领导同志，都要树立全局观念，形成合力，加快高教管理体制改革的步伐。

三、加强领导，统筹规划，切实解决高教管理体制改革中的政策性问题和配套措施。

国家教委、中央各业务部门和各省、自治区、直辖市人民政府都要把如何落实高教管理体制改革的目标和任务列入党委（组）、政府的重要议事日程，专门进行研究和部署，制定出符合改革总体目标和方针的规划。各级领导尤其是第一把手要亲自动手，调查研究，作出决策，推动高教管理体制改革向前发展。要加强地方政府的统筹管理。省、自治区、直辖市政府应从建立与本地资源特点、产业结构、发展目标相适应的，结构布局合理、规模效益好、教育质量高的高等教育体系出发，对包括国务院业务部门所属院校在内的本地区的所有高等学校逐一进行调查分析，在同有关部门充分协商亦即在兼顾行业需要、大区需要的基础上，进行统筹规划。中央有关部门应予以积极配合和支持，尽快制定配套的政策和措施。对中央业务部门所属高校转由地方政府领导管理和不同隶属关系高校的合并，要加快相应拨款体制的配套改革。对调整合并后，保证有关高校的教育经费特别是基本建设经费，以及设立国家基金支持鼓励高教体制改革和布局调整等方面的问题，也需要尽快研究解决。

高教管理体制改革中应当注意的几个具体问题：(1) 不论是合并、调整，还是共建、合作办学，都不能削弱和影响师范教育和专科教育。在合并和调整中，不应将高等专科学校升格为本科院校，也不能将师范院校改为非师范性质的学校。(2) 无论采取那种改革形式，都要有实质性的内容，不要流于形式，不要搞花架子，要多做扎扎实实的工作。(3) 要积极推动改革，但不搞“一哄而起”、“一刀切”。要从实际出发，区别不同情况，采取不同形式，由点到面，逐步推进。

撰稿　陈田初　张庆国

审稿　朱传礼

国家教委直属高校咨询委员会会议

1996年，国家教委直属高校咨询委员会围绕江泽民同志提出的教育工作要解决好全面适应现代化建设对各类人才培养的需要和全面提高办学质量与效益两大问题的要求，针对委属高校的不同实际情况，开展专题咨询研讨。

(1) 8月25～26日在上海进行的关于沿海地区委属高校进一步增强面向社会自主办学能力的专题研讨，有10所沿海地区的委属高校和清华大学、重庆大学的咨询委员参加。这次研讨结合近几年来在沿海地区经济和社会的快速发展形势下学校办学出现的新情况，在学校与地方政府“共建”、拓宽为区域经济社会发展服务的面向、多渠道筹措办学经费等方面交流了各自学校的做法和经验，探讨了进一步解决好“适应”与“提高”两大问题的工作思路。(2) 9月5～6日在兰州进行的西部地区委属高校发展战略研讨，西安交通大学、兰州大学等6所委属高校咨询委员参加了研讨。委员们围绕西部地区高校改革与发展中面临的主要困难、机遇和进一步发展的对策等问题展开了充分讨论，分析了西部高校改革与发展中存在的共性问题，进一步明确了西部高校在西部地区经济建设和社会发展中的战略地位，并呼吁全国各界关注西部地区高校的发展和所面临的困难。(3) 9月24～26日在青岛举行的委属高校干部队伍专题研讨，清华大学、北京大学等10所委属高校的党委书记、咨询委员参加了研讨。委员们结合学习江泽民同志关于建设高素质干部队伍讲话及与4所交通大学负责人座谈时讲话的精神，分析了委属高校领导班子和干部队伍的现状，强调了在新形势下加强高素质干部队伍建设的战略意义，并提出了今后具体的思路和对策。

12月13～16日，咨询委员会在杭州召开了第七次全体会议，全体咨询委员参加了会议。这次全会以贯彻中共中央十四届六中全会精神和江泽民同志提出的教育工作要解决好“适应”和“提高”两个重要问题的要求为中心，着重对委属高校正在日益深化的体制改革、教学改革等问题进行了研究和交流，并对国家教委拟出台的《关于转变职能，加强宏观调控，扩大直属高校办学自主权的若干意见》进行了咨询讨论。有10所学校的咨询委员作了大会交流发言，其中浙江大学、同济大学、兰州大学等校咨询委员关于高校体制改革和西部地区高校发展问题的发言在会上引起了与会同志的广泛关注。

会上，国家教委主任朱开轩、副主任韦钰、周远清，党组成员陈文博就国家教委和委属高校的有关工作作了讲话。

撰稿　马　涛

审稿　陈维嘉

国务院学位委员会第十四次会议

1996年4月29～30日，国务院学位委员会第十四次会议在北京举行。国务院副总理、国务院学位委员会主任委员李岚清出席会议并发表重要讲话，副主任委员周远清作了工作报告，副主任委员朱光亚、汝信、周远清分别主持了会议，国务院副秘书长徐志坚出席了会议闭幕式。

李岚清同志在讲话中对国务院学位委员会建立15年来的基本经验作了高度概括，并指出："九五"期间，研究生工作要遵循"立足国内，适度发展，优化结构，相对集中，推进改革，提高质量"的方针，坚持解放思想、实事求是的思想路线，推进改革，努力形成更加科学合理的办学结构和学科布局，集中力量加强基地建设，理顺研究生培养的学科设置，调整研究生教育的面向问题，切实提高研究生教育的质量，逐步建立更加健全的学位与研究生教育的运行机制，使研究生教育适应高等教育管理体制的重大变革，把一个结构更加合理、质量和效益更高的研究生教育带入21世纪。

会议审议通过了第六批（1995年）博士、硕士学位授权学科、专业名单；批准了个别高等学校为新增博士和硕士学位授予单位；批准了数学、化学、力学、电工、计算机科学与技术等5个学科的部分学科点作为按一级学科行使博士学位授予权的试点和对未通过合格评估的少数博士点的处理意见；决定设置和试办教育硕士专业学位并原则通过了《专业学位设置审批暂行办法》《国务院学位委员会学科评议组组织章程》（修订草案）《关于选聘第四届学科评议组成员的几点意见》和《国务院学位委员会1996年工作要点》。

撰稿　李葆珊

审稿　赵沁平　谢桂华　顾海良

综合改革与管理

全国教育事业“九五”计划和2010年发展规划

一、“八五”计划执行情况

“八五”期间，特别是实施《中国教育改革和发展纲要》以来，我国教育事业进一步发展，取得了显著成绩。

（一）九年义务教育正在有计划、有步骤地实施

1995年，全国小学在校生达到1.32亿人，学龄儿童入学率（按不同地区学制和儿童入学起始年龄计算，下同）达到98.5%，女性和男性、农村和城市、贫困地区和发达地区学龄儿童入学率的差距逐年缩小。全国初级中学（包括职业初中）在校生达到4727.5万人，毛入学率达到78.4%，比1990年提高11.8个百分点。小学和初级中学教师合格率分别达到97.6%和74.9%，比1990年各提高23.7和18.0个百分点，校舍危房率分别下降到1.8%和1.7%。

（二）中等职业教育进一步发展，高中阶段教育结构过分单一的状况明显改善

1995年，全国各类普通中等职业学校（指中等专业学校、技工学校和职业高中）在校生达到939.3万人，比1990年增长55.3%，年递增率9.2%。普通高中在校生713.2万人，比1990年减少4.1万人。各类职业学校在校生占整个高中阶段在校生的比重从1990年的45.7%提高到56.8%，提高11.1个百分点。

（三）高等本、专科教育有较大发展，办学效益有所提高

1995年，全国有高等学校2210所（其中，普通高校1054所，成人高校1156所），在校本专科学生达到547.7万人，比1990年增长46.9%，年递增率8.0%。每10万人口在校大学生数达到457人，18～21岁学龄人口毛入学率达到6.5%。从1990年到1995年，普通高等学校本专科在校生平均规模从1919人增加到2759人，生师比从5.2∶1提高到7.3∶1（把研究生、留学生、进修生和夜大、函授生等其他学生按国家规定的当量折合为本专科，普通高等学校生师比从6.6∶1提高到8.9∶1）。

（四）科技工作比重加大，研究生培养能力进一步增强

“八五”期间，高等学校科技工作进一步发展，科研经费有较大增加，科技开发和科技成果转化工作进一步加强，一批科技成果受到国家和省、部级奖励，不少成果向社会转移后获得了巨大经济效益。“八五”期间国家继续投资，在高等学校建成101个国家重点实验室和58个专业实验室，对若干所学校进行了重点建设，一批较先进的科研和教育基地正在形成。研究生教育迅速发展，学位制度进一步完善。到1995年，培养博士、硕士学位研究生的学校分别达到219所和471所，学科点分别达到2000个和7400个。在校研究生总数达到14.5万人，比1990年增长55.7%，年递增率9.3%。

（五）扫盲工作、岗位培训和成人继续教育取得显著成绩

“八五”期间，全国每年扫除文盲保持在400万人以上，青壮年文盲率由1990年的9.3%下降到7%以下。在职人员岗位培训和继续教育有较大发展，约1.4亿人次职工参加了各种类型职业技术培训，3亿人次农民不同程度地受到各种形式的文化和实用技术培训。多层次、多形式的成人教育体系基本形成。

（六）教育体制改革取得明显进展

基础教育主要由地方负责，分级办学、分级管理的体制进一步完善，调动了各级政府和广大群众的办学积极性，加快了普及义务教育的进程。农村和城市教育综合改革深入开展，高等教育实行教学、科研、生产（社会应用）相结合等，进一步密切了教育和经济、科技的关系。高等学校管理体制和办学体制改革取得较大进展，已有一批高等学校实行部门与地方共建共管或以多种形式实行联合办学，长期存在的条块分割、自我封闭、服务面向单一的状况有所改变。合作办学、社会力量办学进一步发展，以政府办学为主，社会各界共同参与办学的体制开始形成。高等学校、中等及中等以上职业学校招生和毕业生就业制度改革迈出了较大步伐。以政府拨款为主，多渠道筹措教育经费的格局正在形成。学校内部改革进一步深化，办学活力和主动适应社会需要的能力有所增强。国际交流进一步扩大，法制建设取得显著成绩，在加强宏观调控方面积累了一定经验。

当前教育事业发展的总体趋势是好的，但与中等发达国家相比还存在较大差距，与我国社会、经济、科技发展的需要还不相适应，在实际工作中还存在不少问题和困难。主要是：国民受教育总体水平较低，人口中文盲和半文盲比重较高且绝对数大，教育体制改革还不能很好适应社会主义市场经济和面向21世纪的需要。基础教育中片面追求升学率和学生学业负担过重的问题尚未根本解决。全社会兴办职业教育的机制还没有很好建立起来。高等学校布局和教育结构不合理，专业划分过细、重复设置，办学效益有待提高。教育投入不足，教师待遇偏低，住房困难，不能专心治教、施教，影响办学水平和教育质量的提高。

二、今后十五年教育发展的基本指导思想

今后15年教育发展的基本指导思想是：根据国民经济和社会发展规划和科教兴国战略，切实落实教育优先发展的战略地位，深入推进教育体制改革，优化教育结构，提高教育质量和办学效益，使教育发展与未来我国社会和经济发展需要相适应。

（一）切实落实教育优先发展的战略地位，使教育与经济和社会协调发展

今后15年，是我国建立社会主义市场经济体制，全面实现现代化建设第二步战略目标并向第三步目标迈进的关键时期。提高全

民教育水平和人口素质,有效开发人力资源,培养大量专门人才,是实施科教兴国战略,加快经济建设和社会发展步伐的关键所在。在"九五"以至到2010年以前,要根据《中华人民共和国教育法》、《中国教育改革和发展纲要》和十四届五中全会精神,采取坚决有效措施,切实落实教育优先发展的战略地位,依法加大教育投入,使教育与我国经济和社会协调发展。

(二)从"三个面向"出发,使教育事业适应未来需要

教育是一种适应未来需要的事业,必须坚持"面向现代化、面向世界、面向未来"的发展方针。要从"三个面向"出发,确定教育的发展战略、发展目标,使教育的体系结构、发展规模和发展速度与未来社会发展的需要相适应。要从"三个面向"出发,深入改革教育体系、课程体系、教学内容和教学方法,使国民素质的提高和专门人才培养的质量与未来社会发展的需要相适应。

(三)深化教育体制改革,加快教育发展步伐

在经济体制由计划经济体制向社会主义市场经济体制转变和经济增长方式由粗放型向集约型转变的情况下,只有深入进行教育体制改革,才能充分调动各级政府、社会和广大师生的积极性,加快教育发展。中共中央、国务院颁发的《中国教育改革和发展纲要》,针对计划经济体制下政府对教育包的过多、统的过死等弊端,提出了对办学体制、管理体制、教育投资体制、高等学校和中等专业学校招生、收费和毕业生就业制度、学校内部管理制度等进行改革的方向和途径。要把贯彻落实《纲要》,深入推进教育体制改革,建立与社会主义市场经济体制相适应的新型教育体制,作为今后教育工作一项重大而紧迫的任务。

(四)正确认识和处理规模速度与质量效益的关系,把提高教育质量和办学效益摆在突出位置

必须正确认识和处理数量和质量、速度与效益的辩证关系,坚持规模速度与质量效益相统一的发展方针。没有规模速度不行,没有质量效益也不行;规模扩大是发展,提高质量和效益也是发展。针对当前普遍存在的重数量而忽视质量、重速度而忽视效益的倾向,要把提高教育质量和办学效益摆在突出位置,促进教育发展方式从重视规模速度向着力提高质量效益转变。要据此选择发展战略,确定发展速度,通过计划和市场调节优化教育资源配置。

(五)坚持社会主义方向,全面贯彻党的教育方针

教育的根本任务是提高全民族素质,培养德、智、体等方面全面发展的社会主义事业的建设者和接班人。各级各类学校要全面贯彻党的教育方针,坚持社会主义方向,坚持以马列主义、毛泽东思想和建设有中国特色的社会主义理论教育学生。实行教育与生产劳动(社会应用)相结合,引导学生走与工农相结合的道路,增强对劳动人民的感情,逐步树立起科学的世界观和全心全意为人民服务的人生观。要结合不同阶段教育和学生年龄特点,不断加强和改进思想政治工作,加强国情教育,爱国主义、集体主义、社会主义教育,民族团结教育和对中小学学生注重进行文明行为的养成教育,把学生培养成有理想、有道德、有文化、有纪律的一代新人。

三、教育事业发展目标

"九五"期间,我国教育事业发展的总目

标是:认真贯彻和全面落实《中国教育改革和发展纲要》、十四届五中全会提出的改革任务和发展目标,以普及九年义务教育和扫除青壮年文盲为重点,积极发展职业教育和成人教育,适度发展高等教育,优化教育结构,努力提高教育质量和办学效益,形成具有中国特色的、面向21世纪的社会主义教育体系的基本框架。各级各类教育发展的具体目标是:

(一)基本普及九年义务教育,基本扫除青壮年文盲

小学在校生达到1.35亿人,比1995年增加300万人,年递增率0.45%。初中在校生达到5500万人,比1995年增加770万人,年递增率3.1%,初中入学率达到85%左右。按省级政府制定的实施义务教育标准,在占85%的人口地区普及九年义务教育,在其余10%的人口地区普及5～6年小学教育,5%的人口地区普及3～4年初级小学教育。小学和初中学生辍学率分别降低到1%和3%以下,进一步缩小女童和男童、农村和城市、贫困地区和发达地区、少数民族聚居地区和其它地区学龄儿童入学率的差距。为残疾儿童、少年提供更多的学习机会。3～5周岁儿童毛入园(包括学前班)率达到45%以上,大中城市基本解决适龄幼儿入园问题,农村学前一年级幼儿入园(班)率达到60%以上。

“九五”期间,重点扫除建国后出生的年龄在15周岁以上的青壮年文盲。每年扫除文盲400万人以上,脱盲巩固率达到95%以上,青壮年文盲率降低到5%以下。

(二)积极发展职业教育,适度扩大普通高中教育规模

全国高中阶段各类在校生达到2125万人,年递增率为5.2%。大城市和沿海经济发达地区努力普及高中阶段教育。普通高中随着高等教育规模的扩大适度发展,达到850万人左右,比1995年增加136.8万人,年递增率3.6%。职业教育以初中后为重点,实行小学后、初中后和高中后三级分流。高中阶段各类职业学校在校生达到1275万人左右,比1995年增加335.7万人,年递增率6.3%。全国各类高中阶段职业学校在校生占整个高中阶段在校生的比重提高到60%左右。

(三)适度扩大高等教育规模,优化结构,进一步提高教育质量和办学效益

高等教育在校生达到650万人左右,增加约100万人。每10万人口大学生数提高到约500人,18～21周岁学龄人口毛入学率提高到8%左右。其中,本专科在校生达到630万人,年递增率2.8%,研究生达到20万人,年递增率6.6%;普通高等学校本专科在校生达到350万人,年递增率3.8%;成人高等学校本专科在校生达到280万人,年递增率1.7%。

在层次结构上,重点发展高等专科层次教育,特别是面向广大农村、中小企业、乡镇企业、城镇第三产业的高等专科教育和专科层次的高等职业教育。各类专科教育在校生的总量达到450万人左右。在学科结构上,重点发展应用学科、有针对性的发展新兴学科和边缘学科,优先保证国家重点产业、教育和国防军工单位对人才的需求。认真组织实施“211”工程,重点建设约100所高等学校和一批重点学科。

根据高等学校特点,积极开展自然科学、人文和社会科学研究。推动校际合作,组织科研攻关,努力为经济建设和社会发展解决一批重大问题。进一步加强科技开发,有选择的兴办高科技产业,促进科技成果转化,以多种形式为地方经济建设和社会发展服务。积极组织研究生和高年级大学生参加科研工作，加快科技成果向教学过程转移，以多种方式为提高教育质量服务。

（四）大力加强职业培训

在办好各级学历教育的同时，积极发展各级各类非学历教育。加强县乡两级文化和职业培训中心建设，中等职业学校要面向社会需要积极开展职业培训，成人教育要以岗位培训和继续教育为重点。“九五”期间，通过职业培训机构和各级职业学校、成人学校，以及广播、卫星电视和函授教育，使职业培训和继续教育有较大发展。到本世纪末，农村和城市未继续升学的初中毕业生接受各种培训人数的比重分别达到50%和70%以上。

2010年教育事业发展主要目标是：全面普及九年义务教育，扫除青壮年文盲，职业教育和成人教育有更大发展，人口中接受高等教育的比重接近中等发达国家水平，各级各类学校办学条件有较大改善，质量和效益明显提高。具体发展目标是：青壮年文盲率降低到1%左右，成人识字率提高到90%以上，通过学文化和学技术相结合巩固扫盲成果。小学在校生保持在1.3亿人左右，初中达到6300万人，初中入学率达到95%左右，在占人口约95%的地区普及九年义务教育。3～5周岁幼儿毛入园（班）率达到55%。高中阶段各类学校在校生增加到3500万人左右，入学率达到50%以上。普通高中在校生达到1400万人，中等职业学校在校生达到2100万人。高等学校在校生增加到950万人左右，每10万人口在校大学生数达到700人，毛入学率达到11%左右。研究生培养规模达到30万～35万人，每年授予硕士、博士学位人数达到10万人以上。进一步发展各种类型的职前、职后培训和继续教育，基本形成学历教育和非学历教育并重，不同层次教育相衔接，职业教育和普通教育相沟通的职业教育制度和体现终身教育特点的现代社会教育体系。

四、教育体制改革的目标和步骤

未来15年，教育体制改革的基本任务是：根据《中国教育改革和发展纲要》提出的改革方向和途径，深入推进各项改革，逐步形成与社会主义市场经济体制、政治体制和科技体制相适应的教育体制和运行机制。

办学体制改革。“九五”期间，加强社会力量办学的立法工作，以中等和中等以下教育，特别是各级职业教育为重点，积极发展各类民办学校。现有公办学校在条件具备时，也可酌情转为“公办民助”学校或“民办公助”学校。到2010年，基本形成以政府办学为主，社会各界共同参与的办学体制及公立学校和民办学校共同发展的格局。

高等学校管理体制改革。“九五”期间，以“共建”和“联合办学”为主要形式，扩大学校投资渠道和服务面向，淡化和改变学校单一的隶属关系。加强省级政府统筹和条块结合，推动有条件的学校进行实体合并，部分专业通用性强、地方建设需要的中央部门所属学校，可转由省级政府管理。到2010年，中央政府只管理少数有代表性的骨干学校和一些行业性强、地方政府不便管理的学校，较多的学校要转由地方政府管理或以地方为主管理。深化学校内部人事、分配等制度改革，推动生活后勤工作社会化，使学校办学活力显著增强，效益明显提高。

农村和城市教育综合改革。要在地方政府统一领导下，成立由计划、财税、科技、教育、劳动、人事等部门参加的统筹协调机构，对经济、科技、教育发展进行统筹规划。推进农科教结合、“三教统筹”以及“燎原计划”与“星火计划”、“丰收计划”的有机结合。根据当地经济社会发展的需要和各类教育的不同特点，积极进行社区教育试点，进一步推动城市教育综合改革，积极探索现代企业教育制度和城市教育管理的新体制。

运行机制改革。根据地区间发展不平衡的实际，国家在保证大政方针统一的前提下，对教育事业实行分区规划、分类指导。转变政府职能，由对学校的直接行政管理，转变为运用立法、规划、拨款、信息服务、政策指导和必要的行政手段等，进行宏观管理，确立和落实学校面向社会自主办学的法人实体地位。到2010年基本建成比较配套的教育法规体系和比较完备的教育决策咨询系统、信息系统、督导评估系统，逐步形成自我发展和自我约束的运行机制。

招生、收费和毕业生就业制度改革。“九五”期间，要积极推动高等学校和中等专业学校公费生和自费生并轨，普遍实行学生缴费上学制度，同时建立完善奖学金、贷学金、勤工俭学制度和对家庭经济困难学生实行减免学杂费制度。随着劳动人事制度改革和招生制度的完善，积极推动毕业生就业制度改革。近期内以实行“供需见面、双向选择”为主，到2010年前，除实行定向招生和享受定向、专项奖学金的学生按规定方向或合同就业外，其他毕业生基本实行在国家政策指导下自主择业的就业制度。

教学改革。进一步转变教育思想，改革教学内容和教学方法，克服学校教育不同程度存在的脱离经济建设和社会发展实际的现象。按照现代化建设的需要调整课程结构，用现代科学文化发展的新成果充实和更新教育内容，加强基本知识、基础理论和基本技能训练。高等教育要拓宽专业服务范围，加强实践环节教学和训练，促进教学、科研、生产（社会应用）三结合，提高学生分析问题和解决问题能力。改革和完善小学毕业生就近入学，初中毕业生升学考试，高中毕业生会考和高考制度，减轻学生过重的学习负担，使学生在德、智、体等方面全面发展。

五、政策措施

（一）认真落实“两基”的重中之重地位，确保“两基”任务按期完成

为了确保“两基”任务的按期完成，必须正确处理十四届五中全会提出的“重点是义务教育、积极发展职业教育和成人教育、适度发展高等教育”三者之间的关系，保证“两基”的投入，把“两基”的重中之重地位落到实处。国家按经济发展水平和教育基础，把全国省、自治区、直辖市划分为三片（即东部沿海地区、中部一般地区、西部贫困地区），实行分类指导。各省、自治区、直辖市要从各地实际出发，以县级规划为基础，通过省级、县级、乡级规划把“两基”目标落到实处。把普及九年义务教育和扫盲工作结合起来，按照“普六”——“普九”的顺序分步推进，按照“普六”——扫盲——“普九”的顺序组织验收。组织实施国家“贫困地区义务教育工程”，加大对贫困地区和民族地区“普九”工作的支持力度。贫困地区要树立实现“两基”的责任主要在地方的观念，发扬自力更生精神，把国家的支持，国际组织贷款、境外友好人士的捐赠、发达省区的对口支援等和地方政府、当地人民群众的积极性结合起来，形成合力，加快“普九”和扫盲工作进度，进一步缩小与发达地区的差距。积极推进教育教学改革，调整教学内容，改进教学方法，抓好“双差生”教育，采取有力措施使长期存在的片面追求升学率和学生课业负担过重等问题得到有效解决。加强薄弱中学建设，淡化和逐步缩小非重点学校和重点学校的差距。有条件的地区要依法把小学入学的起始年龄逐步向满6周岁过渡，实行小学加初中八年学制的地区，要把学制逐步向九年学制过渡。

（二）积极发展职业教育，稳定中等专业学校办学层次

职业教育要在政府统筹下，主要依靠行业、企业、事业单位办学和社会各方面联合办学。通过立法确立各方面的办学地位和责任。配合劳动部门和行业组织制定和实施各行业不同工种岗位技能等级标准，在全社会实行先培训、后上岗制度以及资格证书和学历文凭并重制度。职业教育要根据社会需要举办，努力提高针对性和适应性。进一步研究高等职业教育的内涵和特点，以现有高等学校为基础，深入进行教育教学改革，提高岗位适应性，积极发展高等职业教育。为了使中等专业学校根据所属性质、所处层次和服务面向，真正办出特色，不断提高质量，要相对稳定办学层次，使学校的层次和培养人才的规格相一致。

（三）调整高等学校布局，提高办学效益

我国高等学校的数量已经不少，只要适当扩大现有高校的办学规模，就可以实现本世纪末本专科在校生达到630万人的规划目标。因此，“九五”期间要通过严格控制中专、大专学校升格和另铺摊子增设新校；在统筹规划基础上，有计划、有步骤的推动高等学校布局结构调整；通过发展多种形式的联合办学和校际合作，努力提高办学效益。到本世纪末，要使省区内高等学校的总体布局进一步趋于合理，全国高等学校的总校数进一步减少，本科院校和高等专科学校的校均在校生规模、生师比、生员（教职员工）比进一步提高。

（四）建立有效的高等教育宏观调控机制

在社会主义市场经济体制形成和发育过程中，必须建立起与教育体制改革相适应的宏观管理体制，加强和改进教育宏观管理。要通过统筹规划、方针政策、信息引导、督导评估、经费拨付等手段的综合运用，建立有效的宏观调控机制，防止教育体系失衡和出现大起大落。突出规划的宏观性、战略性、政策性和规划目标的预测性、指导性，使基层单位和学校能够在国家宏观指导下，根据自己的实际情况，自主进行运作。随着经验的积累和宏观调控机制的完善，逐步扩大省级政府和学校的办学自主权。“八五”期间，高等教育发展较快，投入不足，办学条件已绷得很紧，“九五”前期要适当控制，后几年再根据投入和办学条件的改善情况适度发展。

（五）加强师资队伍建设

师资队伍的数量和质量，对教育发展具有决定性影响。“九五”期间，要按照《教育法》和《教师法》规定的学历标准，努力提高小学和中学教师学历合格率。进入下世纪后，通过增补高学历教师等方式，逐步提高骨干教师比重。要努力办好各级师范教育，提高师范院校毕业生到校任教比例。鼓励非师范院校毕业生到中学任教，为职业学校输送专业课师资。认真实施教师资格认定制度，完善教师考核、聘任、晋升办法，优化教师队伍结构，提高教师队伍的政治、业务素质。鼓励教师忠于职守、忠诚教育事业，树立良好的尊师爱生风尚。“九五”期间，要进一步提高教师待遇，切实解决拖欠教师工资问题和医疗方面的实际困难；通过关、转、招、辞、退等途径，基本解决民办教师问题；大力推动教职工住房建设，使城镇教职工人均住房面积达到或超过当地居民平均水平。

（六）有计划、有步骤地改善办学条件

今后一个时期，要集中一定的财力、物力，有计划、有步骤的改善办学条件，为全面提高教育质量奠定必要的物质基础。基础教育在实现“一无两有”之后，要进一步推进学校标准化建设，切实解决教具、实验仪器、图书资料短缺问题，保证民族教育教材的翻译出版和供应。高等学校和中等职业学校要加快实验室、实验基地、实习场所和图书馆建设，充实仪器设备和文献资料，按教学计划和教学大纲开出教学实验。要加强校际合作，实行资源共享，努力提高各种设备、设施的利用效率。各级政府和有关方面对教科书及教学用书的出版发行和教学仪器设备的开发、生产、供应实行优先、优惠的政策。

（七）保证教育投入，提高投资效益

为了适应教育发展需要，在本世纪末要使财政性教育支出达到国民总产值的4%，到2010年进一步提高，达到一般中等发达国家水平。这是实现教育发展目标的基本条件。各级政府要从实施科教兴国战略目标出发，制定筹措教育经费的条例或办法，进一步增加教育投入，确保各级政府财政预算中的教育拨款高于财政经常性收入的增长，使在校生生均教育经费和生均公用经费逐步增长。进一步发展和完善以各级政府财政拨款为主，辅之以征收教育税费、收取非义务教育阶段学杂费、发展校办产业、鼓励社会捐资、集资和设立教育基金等多渠道筹措教育经费体制，使教育经费投入有较大增加。改革教育拨款办法，优化资源配置，使教育经费投向与教育发展战略的取向相一致，避免结构性浪费。要发扬艰苦奋斗、勤俭办学精神，建立健全财务制度，加强财务审计和监督，切实把教育经费管好用好。

（八）建立、健全教育法规体系，加强教育督导、评估工作

《义务教育法》《教师法》《教育法》的颁布实施，为依法治教奠定了良好基础。“九五”期间，对已颁布的法律、法规要广泛宣传，认真组织实施，使各级政府、社会各界和学校的行为符合法律、法规要求。要加快《职业教育法》、《高等教育法》的出台和其他法律的论证、调研起草工作，争取出台一批教育改革与发展急需、条件又相对成熟的行政法规和部门规章，基本形成较为完备的教育法规体系的基本框架，使教育管理和运行有法可依。为保证教育方针的有效贯彻和教育质量、办学效益的稳步提高，对中小学教育和扫盲工作要加强督导检查，建立较为完备的督导检查制度，对高等教育和中等职业教育要逐步建立以教育质量、办学效益为重点的教育评估制度。

（九）加强规划后续工作

为了保证《全国教育事业“九五”计划和2010年发展规划》的顺利实施，要进一步推动各省、自治区、直辖市和国务院有关部委制定相应的教育发展规划，把全国教育发展目标落到实处；充分发挥战略决策人员、管理人员和教育研究人员的积极性，对教育发展和规划实施中的重大问题进行跟踪研究，提出政策建议，供决策参考；建立规划实施进展情况监测制度，通过对教育发展情况和规划目标的对比分析，及时总结经验，采取对策。国家和省（自治区、直辖市）级教育部门，都要参照规划目标提出监测指标体系，结合教育统计采集数据，按年度提出监测报告。

国家教委1996年全国教育事业发展统计公报

1996年是开始实施《国民经济和社会发展“九五”计划和2010年远景目标纲要》的第一年，在党中央、国务院的领导下，在各级党委、政府的重视和支持下，经过教育战线广大干部、师生员工的共同努力，教育系统在精神文明建设，教育事业的改革与发展等方面，都取得了显著成绩。

义务教育

在各级党和政府的重视和积极推动下，义务教育普及率显著提高，规模扩大，辍学率降低，办学条件有一定改善。

到1996年底，全国普及九年义务教育的人口覆盖率达到50%以上，“普九”验收的县（市、区）总数达到1482个，5个省市已按要求实现“普九”。

全国小学64.6万所，比上年减少2.27万所；招生2524.66万人，比上年减少7.15万人；在校生13615万人，比上年增加419.85万人；小学学龄儿童入学率（按各地相应学龄、学制计算）达到98.81%，比上年提高0.29个百分点，其中男女童入学率分别是98.98%和98.63%，性别差由上年的0.7个百分点下降到0.35个百分点。小学生辍学率1.3%，比上年下降0.2个百分点。小学学生五年巩固率为85.4%，比上年提高2.6个百分点，其中女童五年巩固率为85.6%，比上年提高3.1个百分点。小学毕业生升学率达到92.6%，比上年提高1.8个百分点。

全国小学教职工638.58万人，比上年增加6.16万人。其中专任教师573.58万人，增加7.17万人。专任教师中，民办教师140.2万人，减少23万人，民办教师占教师总数的比重24.5%，比上年下降4.3个百分点。小学教师学历合格率90.9%，增长2个百分点。小学生师比23.7：1，比上年的23.3：1略有提高。

全国初中学校6.76万所，比上年减少938所。其中普通初中6.61万所，减少933所；职业初中1534所，减少1所。初中招生1791.38万人，比上年增加8.89万人。其中普通初中招生1760.7万人，增加8.42万人；职业初中30.68万人，增加1.84万人。初中在校生5047.95万人，比上年增加320.44万人。其中普通初中在校生4970.43万人，增加313.61万人；职业初中在校生77.52万人，增加7.83万人。初中毕业生1297.8万人，比上年增加53.46万人。其中普通初中毕业生1279.04万人，增加57.66万人；职业初中毕业生18.76万人，增加1.8万人。初中阶段毛入学率82.4%，比上年提高4个百分点。初中辍学率3.46%，比上年下降0.3个百分点。初中毕业生升学率48.8%。全国初中专任教师293.19万人，比上年增加10.3万人。其中普通初中289.27万人，增加10.9万人；职业初中3.92万人，增加0.2万人。专任教师中民办教师13.48万人，比上年减少3.12万人。民办教师占初中专任教师总数比重4.66%，比上年下降1.36个百分点。初中教师学历合格率75.5%，比上年增长6.4个百分点。生师比17.2：1，比上年的16.7：1有所提高。

全国中小学校舍建筑面积93290.87万平方米，比上年增加10551.77万平方米。其中危房1332.6万平方米，危房率1.42%，比上年的1.77%下降0.43个百分点。理科教学仪器设备、教学分组实验和图书配备达标的学校所占比例分别是：初中54.42%、50.75%和51.63%；小学32.57%、26.37%和43.1%，虽比上年有较大提高，但总体水平仍然较低。

学前教育与特殊教育

幼儿教育和特殊教育继续稳步发展。

全国幼儿园18.73万所，比上年增加6886所，在园幼儿（包括学前班）2666.33万人，减少44.9万人。因适龄儿童人口减少，幼儿园入园率有所提高。幼儿园园长和教师共117.38万人，比上年增加22.88万人。

全国特殊教育学校1426所，比上年增加47所；招收残疾儿童4.82万人，减少0.81万人；在校残疾儿童32.11万人，增加2.55万人。其中在盲聋哑学校就读的学生9.01万人，在弱智儿童学校及辅读班就读的学生3.58万人，在普通学校特教班及随班就读学生19.51万人。残疾儿童毕业人数2.38万人。

高中阶段教育

全国高中阶段教育（包括普通高中、职业高中、中等专业学校、技工学校、成人中专、成人高中）共有学校3.8万所，在校学生共2089.31万人。普通和成人职业学校在校生的比重达到62.35%。职前高中阶段教育机构3.1万所，在校学生1779.6万人。在职前高中阶段教育中各类中等职业技术学校招生和在校生占整个高中阶段教育的比重为57.8%和56.8%。

全国普通高中1.39万所，比上年减少116所；招生282.23万人，增加8.58万人；在校生769.25万人，增加56.09万人；毕业生204.93万人。高中专任教师57.21万人，比上年增加2.16万人。生师比为13.5：1，比上年13.1：1略有提高。高中教师学历合格率57.95%，比上年增长2.75个百分点。普通高中图书、实验条件达标率有所提高。图书达标率53.27%，增长4.27个百分点；理科实验设备达标率55.22%，增长3.86个百分点；教学实验分组达标率53.55%，增长4.52个百分点；实验室建筑面积达标率57.52%，比上年增长7.46个百分点；体育场馆面积达标率50.61%，增长4.29个百分点。

全国职业高中、普通中专、技工学校招生386.47人，比上年增长4.75%；在校生1010.35万人，比上年增长7.57%。

全国职业高中8515所，比上年减少97所；招生158.23万人，减少2.97万人；在校学生395.75万人，增加17.12万人；毕业生120.79万人。职业高中专任教师26.85万人，比上年增加1.36万人。教师学历合格率31.2%，增长2.1个百分点。实验室建筑面积达标率34.65%，比上年增长9.79个百分点；体育场馆面积达标率31.85%；理科实验设备达标率29.15%；教学实验分组达标率28.55%；图书达标率35.25%。

全国普通中等专业学校4099所，比上年增加50所；招生数152.34万人，增加24.25万人；在校生422.79万人，增加50.64万人。其中中等技术学校招生120.77万人，增加13.51万人，在校生334.78万人，增加47.42万人。中等师范学校招生31.57万人，增加0.72万人；在校生88.01万人，增加3.21万人。普通中等专业学校教职工54.28万人，比上年增加1.28万人。专任教师26.74万人，增加0.06万人。普通中等专业学校专任教师中具有本科以上学历的教师比例达到64.74%，比上年增长1.72个百分点。生师比由上年度的14.6∶1提高到15.8∶1。其中中等技术学校从14.7∶1提高到16.4∶1；中等师范学校从13.7∶1提高到14∶1。

全国技工学校4467所，比上年减少40所；招生数75.9万人，增加1.85万人；在校生191.81万人，增加11.22万人；毕业生71.64万人。技工学校教职工33.49万人，减少0.18万人。其中专任教师15.44万人。

全国成人高级中学2170所，比上年增加324所；招生20.83万人，减少7.43万人；在校生27.82万人，减少8.04万人；毕业生15.49万人。其中职工高中1374所，比上年减少409所，招生15.29万人，在校生20.31万人，毕业生11.86万人。农民高中796所，比上年增加85所，招生5.53万人，在校生7.51万人，毕业生3.63万人。

全国成人中等专业学校有较大增长。全国成人中等专业学校5070所，比上年增加166所；招生127.18万人，在校生309.71万人，毕业生102.05万人。

高等教育

高等教育改革稳步推进，事业进一步发展，高校招生基本实现了预定的宏观调控目标。

高等学校布局结构调整取得重要进展，经过合并、撤消和下放，1996年全国普通高等学校调整到1032所，比上年减少32所。其中大学、学院608所，比上年减少8所；高等专科学校和短期职业大学424所，减少14所。全国培养研究生的单位740个。其中高等学校419个，科研机构321个。

高等教育事业稳步发展。全国招收研究生5.94万人，其中博士生12562人，硕士生46632人。在校生16.23万人，比上年增加1.69万人。其中博士生35203人，硕士生126832人。毕业研究生3.97万人。普通高等学校招收本专科生96.58万人，比上年增加3.99万人。其中招收本科生50.53万人，增加5.75万人，与国家招生计划基本一致。其中，招收专科生46.09万人，减少0.76万人。本专科招生比例为1∶0.91，与上年的1∶1.07相比，本科比重有所提高。普通高校本专科在校生302.11万人，比上年增加11.47万人。其中本科在校生179.46万人，增加15.66万人；专科在校生122.65万人，减少4.17万人。本专科毕业生83.86万人。在校生平均规模由上年的2757人提高到2927人，平均每校增加170人。对研究生、进修生、留学生和函授夜大学生，按国家规定的人员编制标准折合为本专科学生计算，生师比由上年的8.9∶1提高到9.6∶1。

全国普通高等学校教职工103.58万人，比上年减少0.48万人。其中专任教师40.25万人，增加0.18万人。专任教师中：教授3.33万人，副教授11.06万人，讲师16.18万人，助教7.54万人，教员2.13万人。

普通高等学校校舍面积13598万平方米，比上年增加545万平方米。生均校舍建筑面积由上年的39.9平方米下降到38.9平方米。

全国成人高等学校1138所，比上年减少18所。其中广播电视大学46所；职工高等学校680所，减少14所；农民高等学校4所；管理干部学院164所，减少2所；教育学院240所，减少2所；独立函授学院4所。全国成人高等教育招本专科生（含电大普通班）94.52万人，基本上实现了国家招生计划的宏观调控目标。其中招收本科生8.74万人，专科生85.78万人。本专科在校生265.57万人，比上年增加8.57万人。其中本科生27.28万人，专科生238.29万人。

全国成人高等学校教职工21.42万人，比上年增加0.08万人。其中专任教师9.86万人，增加0.02万人。专任教师中：教授1665人，副教授22090人，讲师47499人，助教21976人，教员5481人。成人高等学校校舍建筑面积3026万平方米，比上年增加316万平方米。生均校舍面积由上年的22平方米增加到24.7平方米。

成人培训与扫盲教育

成人中初等技术培训教育蓬勃发展，扫盲工作完成年度规划目标，成人高等学校非学历教育有所发展，自学考试成绩显著。

全国成人技术培训学校44.28万所，比上年增加4.4万所。其中职工技术培训学校1.27万所，比上年减少600所；农民技术学校43万所，比上年增加4.45万所。成人技术培训学校共培训结业8337.02万人次。其中培训结业职工688.66万人次，培训结业农民7648.37万人次。目前仍有5648.87万人在校学习，其中职工405.1万人，农民5243.77万人。成人技术培训学校教职工42.57万人，比上年减少2.86万人。其中职工技术培训学校教职工7.69万人，农民技术培训教职工34.88万人。成人技术培训学校专任教师16.94万人，比上年减少2.73万人，其中职工技术培训学校专任教师4.28万人，农民技术培训学校12.65万人。全国各类成人高校非学历教育结业人数157.16万人次。其中证书教育13.92万人次，岗位培训118.71万人次，大学后继续教育8.03万人次，其他16.49万人次。

成人初等学校5万所，比上年减少1740所，招生255.98万人，减少32.18万人；在校生263.35万人，减少27.27万人。教职工5.94万人，增加0.51万人。其中专任教师2.04万人，减少0.15万人。

全国扫盲学校（班）结业人数406.78万人，完成了90年代平均年扫盲400万的国家规划目标。扫盲教育教职工人数13.89万人，比上年增加1.55万人。其中，专任教师3.91万人，比上年增加0.34万人。

全国高、中等自学考试助学教育有较大发展，报考人数达870.67万人，取得毕业证书人数达到26.51万人，占报考人数3%。其中：取得本科毕业证书人数达到1.57万人，占报考本科人数的1.5%；取得专科毕业证书人数达到24.06万人，占报考专科人数的3.1%；取得中专毕业证书人数达到8774人，占报考中专人数的9.2%。

各类教育发展基本统计

1996 年各级各类普通学校基本情况 单位：万人

	学校数（所）	学生数			教职工数	
		毕业生	招生	在校生	计	其中：专任教师
普通高等学校	1032	83.86	96.58	302.11	103.58	40.25
中等专业学校	4099	101.87	152.34	422.79	54.28	26.74
技工学校	4467	71.64	75.90	191.81	33.49	15.44
普通中学	79967	1483.97	2042.93	5739.68	442.44	346.48
职业中学	10049	139.55	188.91	473.27	45.17	30.76
工读学校	83	0.23	0.27	0.56	0.28	0.14
小学	645983	1934.08	2524.66	13615.00	638.58	573.58
特殊教育学校	1426	2.38	4.82	32.11	3.97	2.70
幼儿园	187324		1951.65	2666.33	117.38	88.86

1996 年各级各类成人学校基本情况 单位：万人

	学校数（所）	学生数			教职工数	
		毕业生	招生	在校生	计	其中：专任教师
成人高等学校	1138	77.15	94.52	265.57	21.42	9.86
成人中等专业学校	5070	102.05	127.18	309.71	22.49	12.13
成人中学	5383	45.79	51.61	60.01	3.87	2.10
成人技术培训学校	442768	8337.02	7101.55	5648.87	42.57	16.94
成人初等学校	163139	663.87	594.69	673.14	19.83	5.95

1996 年各级各类学校中女学生女教师数 单位：万人

	女学生		女教师	
	人数	占学生总数%	人数	占教师总数%
普通高等学校	110.05	36.43	13.75	34.17
中等专业学校	217.03	51.34	11.36	42.51
普通中学	2599.65	45.29	128.03	36.95
职业中学	229.39	48.47	11.85	38.53
小学	6467.01	47.50	271.88	47.40

1996年各级各类学校中少数民族学生教师数　单位：万人

	少数民族学生		少数民族教师	
	人　数	占学生总数%	人　数	占教师总数%
普通高等学校	19.68	6.51	2.20	5.46
中等专业学校	30.07	7.11	1.82	6.81
普通中学	370.19	6.45	23.34	6.74
职业中学	24.57	5.19	1.82	5.91
小学	1251.07	9.19	51.55	8.99

1996年小学分城镇农村的学校数和学生数　单位：万人

	学校数（所）	学　生　数		
		毕业生	招　生	在校生
总　计	645983	1934.08	2524.65	13615.00
城　市	31610	272.60	314.77	1768.41
县　镇	79121	345.86	440.70	2359.68
农　村	535252	1315.62	1769.18	9486.91

1996年盲聋哑学校和弱智儿童辅读学校基本情况　单位：人

	学校数（所）	学　生　数			教职工数	
		毕业生	招　生	在校生	计	其中：专任教师
总　计	1426	23795	48160	321063	39695	27016
一盲聋哑学校	980	8051	17794	90149	28462	19060
1盲聋哑学校	145	1623	3309	16325	5276	3682
盲生部		129	415	1600	594	453
聋哑生部		1494	2894	14725	4682	3229
2聋哑学校	808	5151	11038	55172	20923	14028
3盲校	27	440	695	2557	1340	801
4普校附设盲聋哑班		837	2752	16095	923	549
二弱智儿童辅读学校（班）	446	15744	30366	230914	11233	7956

1996年幼儿园基本情况　单位：万人

	园数（所）	幼儿数	教　职　工　数	
			计	其中：专任教师
总　计	187324	2666.33	117.38	88.86
教育部门办	25217	914.76	28.91	23.21
其他部门办	21905	310.16	34.12	18.25
集　体　办	115736	1311.02	47.09	42.28
民　　办	24466	130.39	7.26	5.12

1996年小学和初中毕业生升学率　　单位：万人

小学毕业生升学率			初中毕业生升学率		
小学毕业生数	初级中学招生数	升学率%	初中毕业生数	高级中学招生数	升学率%
1934.1	1791.4	92.6	1297.8	633.36	48.8

1996年学龄儿童入学率及小学五年巩固率　　单位：万人

学龄儿童入学率			小学五年保留率		
全国学龄儿童总数	已入学学龄儿童数	入学率%	1991年一年级在校学生	1996年五年级在校学生	五年保留率%
12876.5	12723.3	98.8	24888029	21251840	85.4

1996年普通中学分城镇农村的学校数和学生数　　单位：万人

	学校数（所）	学生数		
		毕业生	招生	在校生
总计	79967	1483.97	2042.93	5739.68
城市	13429	301.65	384.95	1151.44
县镇	19506	434.83	579.34	1650.95
农村	47032	747.49	1082.64	2937.29
高中	13875	204.93	282.23	769.25
城市	5039	74.49	100.15	276.19
县镇	5902	98.82	137.21	374.62
农村	2934	31.62	44.87	118.44
初中	66092	1279.04	1760.70	4970.43
城市	8390	227.16	284.80	875.25
县镇	13604	336.01	442.13	1276.33
农村	44098	715.87	1033.77	2818.85

1996年普通中学分办别教职工数　　单位：人

	合计	专任教师数			行政人员	工勤人员	校办工厂农场职工
		计	初中	高中			
总计	4424448	3464759	2892688	572071	493523	396392	69774
教育部门办	3811506	3037756	2530156	507600	430529	303767	39454
其他部门办	381652	275249	215432	59817	53623	47418	5362
集体办	205277	135407	134793	614	5288	39855	24727
民办	26013	16347	12307	4040	4083	5352	231

1996 年职业中学分城镇农村的学校数和学生数 单位：万人

	学校数（所）	学生数		
		毕业生	招生	在校生
总计	10049	139.55	188.92	473.27
城市	3546	57.44	71.03	189.66
县镇	3283	45.66	64.26	153.70
农村	3220	36.45	53.63	129.91
高中	8515	120.79	158.24	395.75
城市	3503	56.95	70.20	187.78
县镇	3075	42.38	59.01	140.13
农村	1937	21.46	29.03	67.84
初中	1534	18.76	30.68	77.52
城市	43	0.49	0.83	1.88
县镇	208	3.28	5.25	13.57
农村	1283	14.99	24.60	62.07

1996 年职业中学分办别教职工数 单位：人

	合计	专任教师数			行政人员	工勤人员	校办工厂农场职工
		计	初中	高中			
总计	451676	307634	39151	268483	70998	54716	18328
教育部门办	370106	261358	35405	225953	56901	41071	10776
其他部门办	61337	37261	199	37062	11670	9198	3208
集体办	12584	4872	3371	1501	374	3080	4258
民办	7649	4143	176	3967	2053	1367	86

1996 年中等专业学校分类别情况 单位：人

	学校数（所）	教职工数					
		计	其中：专任教师				
			小计	高级讲师	讲师	助理讲师	教员
总计	4099	542848	267354	40193	110267	102129	14765
中等技术学校	3206	429777	204292	31915	87456	74819	10102
工业学校	1023	177084	80366	13168	34892	28545	3761
农业学校	367	51841	24281	3493	9208	9998	1582
林业学校	53	9149	4070	692	1727	1513	138
医药学校	550	68807	31725	5952	14390	10604	779
财经学校	591	66719	33862	4574	14688	12985	1615
政法学校	147	15426	6813	770	2726	2823	494
体育学校	169	13868	7382	996	3450	2495	441
艺术学校	162	15536	9631	1472	4114	3224	821
其他学校	144	11347	6162	798	2261	2632	471
中等师范学校	893	113071	63062	8278	22811	27310	4663
其中幼儿师范	65	7922	4235	623	1576	1764	272

1996年中等专业学校分科学生数

单位：人

	毕业生	招生			在校生
		计	招高中毕业生	招初中毕业生	
总　计	1018676	1523393	186553	1336840	4227851
工　科	242784	466995	43239	423756	1316798
农　科	45888	56679	4280	52399	160207
林　科	9773	12439	451	11988	38060
医药卫生科	111449	139394	4533	134861	423815
财　经	158141	233218	39157	194061	657361
管　理	95575	165608	23372	142236	432433
政　法	31393	46942	32316	14626	96197
艺　术	21440	52204	2510	49694	137852
体　育	14349	21311	77	21234	58286
师　范	287884	328603	36618	291985	906842
其中：幼师	23519	30039	106	29933	81031

1996年普通高等学校分科学生数

单位：人

	毕业生	招　生	在校生数	
			人　数	%
总　计	838638	965812	3021079	100.00
哲　学	1960	1589	5111	0.17
经济学	127018	153915	461027	15.26
法　学	25852	36687	104683	3.47
教育学	40620	45232	121770	4.03
文　学	120051	138205	383960	12.71
历史学	16423	15866	47524	1.57
理　学	97260	106236	315357	10.44
工　学	315005	366816	1212554	40.14
农　学	33032	32690	106428	3.52
医　学	61417	68576	262665	8.69

1996 年普通高等学校工科分大类学生数

单位：人

	毕业生	招 生	在校生数	
			人 数	%
总 计	315005	366816	1212554	100.00
地矿	9859	5940	27731	2.29
材料	12948	14849	51780	4.27
机械	60940	65409	225331	18.58
仪器仪表	7485	7351	26386	2.18
热能核能	6555	7040	24265	2.00
电工	33348	38373	126637	10.44
电子与信息	64793	91813	280641	23.14
土建	37948	47009	153707	12.68
水利	4468	4384	15545	1.28
测绘	2120	1753	6676	0.55
环境	2740	3660	11932	0.98
化工与制药	20293	20569	69549	5.74
轻工粮食食品	10673	11414	36061	2.97
农业工程	4895	5204	17445	1.44
林业工程	1684	1675	6022	0.50
纺织	7087	6124	20620	1.70
交通运输	7373	8607	28904	2.38
航空航天	1051	1471	5045	0.42
兵器	157	421	1446	0.12
公安技术	653	889	2767	0.23
工程力学	621	888	3215	0.27
管理工程	17314	21973	70849	5.84

1996 年研究生数

单位：人

	毕 业 生	招 生	在学研究生
总 计	39652	59398	162322
博士生	5430	12562	35203
硕士生	34026	46632	126832
研究生班	196	204	287

1996 年普通高等学校规模

单位：所

学校数	300 人及以下	301 人至 500 人	501 人至 1000 人	1001 人至 1500 人	1501 人至 2000 人	2001 人至 3000 人	3001 人至 4000 人	4001 人至 5000 人	5001 人及以上
1032	10	22	130	175	157	200	111	74	153

1996 年普通高等学校设置专业数　　单位：所

	合计	哲学	经济学	法学	教育学	文学	历史学	理学	工学	农学	医学
种数	798	9	40	25	19	114	16	74	392	53	56
点数	20409	67	3161	692	750	3161	388	2266	8138	952	834

1996 年普通高等学校校数和教职工数　　单位：人

	学校数（所）	教职工数						
		计	其中：专任教师					
			小计	教授	副教授	讲师	助教	教员
总　计	1032	1035808	402469	33276	110640	161863	75423	21267
综合大学	79	157164	61147	6409	18416	23885	9271	3166
理工院校	280	399746	141744	12360	41542	56025	24863	6954
农业院校	53	64632	22778	1839	6238	8579	4897	1225
林业院校	10	10185	3832	431	1125	1453	664	159
医药院校	123	112047	43259	5294	10872	16671	8740	1682
师范院校	232	164253	73598	3860	18979	30982	15252	4525
语文院校	15	11875	5139	415	1328	2042	1005	349
财经院校	75	48845	20911	1162	5144	9452	3934	1219
政法院校	26	14696	5335	304	1142	2312	1151	426
体育院校	14	6992	3161	207	817	1325	678	134
艺术院校	31	12418	5732	542	1575	2180	1101	334
民族院校	12	10452	4702	228	1151	2123	929	271
短期职大	82	22503	11131	225	2311	4834	2938	823

1996 年成人高等学校基本情况　　单位：万人

	学校数（所）	学生数			教职工数	
		毕业生	招　生	在校生	计	
总　计	1138	77.15	94.52	265.57	21.42	9.86
广播电视大学	46	18.79	19.71	52.66	4.77	2.18
职工高等学校	680	9.33	11.47	32.62	8.31	3.92
农民高等学校	4	0.04	0.05	0.10	0.03	0.01
管理干部学院	164	6.18	6.72	15.38	3.75	1.45
教育学院	240	8.06	8.00	20.54	4.42	2.23
独立函授学院	4	0.35	0.45	1.36	0,14	0.07
普通高等学校举办		34.40	48.12	142.91		
1 函授部		20.88	28.19	88.27		
2 夜大学		7.08	10.89	33.05		
3 成人脱产班		6.44	9.04	21.59		
其中：电大普通专科班		6.95	8.00	18.66		

1996 年成人中等专业学校和技术培训学校基本情况 单位：万人

	学校数（所）	学生数			教职工数	
		毕业生	招生	在校生	计	
成人中专总计	5070	102.05	127.18	309.71	22.49	12.13
广播电视中等专业学校	173	16.15	24.94	61.24	1.65	0.81
职工中等专业学校	1978	34.95	43.34	109.22	8.36	4.33
干部中等专业学校	231	5.71	7.57	17.58	1.20	0.60
农民中等专业学校	519	8.04	11.37	27.22	2.08	1.25
函授中等专业学校	81	13.69	16.91	41.47	1.22	0.50
教师进修学校	2088	23.51	23.05	52.98	7.98	4.64
成人技术培训学校总计	442768	8337.02	7101.55	5648.87	42.57	16.94
职工技术培训学校	12755	688.66	734.87	405.10	7.69	4.28
农民技术培训学校	430013	7648.37	6366.67	5243.77	34.88	12.65

1996 年成人中学基本情况 单位：万人

	学校数（所）	学生数			教职工数	
		毕业生	招生	在校生	计	其中：专任教师
成人中学总计	5383	45.79	51.61	60.01	3.87	2.10
职工中学	1650	14.66	17.91	23.06	2.27	1.29
高中	1374	11.86	15.29	20.31	2.08	1.17
初中	276	2.80	2.62	2.75	0.19	0.12
农民中学	3733	31.13	33.70	36.95	1.60	0.81
高中	796	3.63	5.53	7.51	0.82	0.42
初中	2937	27.50	28.17	29.44	0.78	0.39

1996 年成人初等学校基本情况 单位：万人

	学校数（所）	学生数			教职工数	
		毕业生	招生	在校生	计	其中：专任教师
成人初等学校总计	163139	663.87	594.69	673.14	19.83	5.95
职工小学	1546	11.95	12.82	14.45	0.42	0.21
农民小学	161593	651.92	581.87	658.69	19.41	5.74
其中：扫盲班	113143	406.78	338.71	409.79	13.89	3.91

制表　林志华

教育法制建设

〔**教育立法**〕 1996年，教育立法情况：

《职业教育法》于5月15日由第八届全国人民代表大会常务委员会第十九次会议审议通过，并于同日公布，从9月1日起开始施行。《职业教育法》共分五章四十条，主要就我国发展职业教育的基本目的、方针、原则、职业教育体系和职业教育的实施及保障条件做了规定，这对于巩固和发展职业教育事业已取得的成果，解决职业教育发展中的重要问题，促进各种职业人才培养、落实科教兴国战略，实现教育的两个转变，具有重要意义。

《高等教育法（草案）》（送审稿）于5月报送国务院。国务院法制局召开了数次座谈会、研讨会，听取有关方面意见，并对草案进行了多次修改，使之日趋成熟、完善。

在教育法规方面，国家教委配合国务院法制局，对1996年已报送国务院的《社会力量办学条例》《教育督导条例》《教师职务条例》等法规草案进行了多次修改。其中，《社会力量办学条例》的协调修改工作取得进展。

另外，国家教委还着手进行了《中华人民共和国学位条例》的修改、《教育行政处罚条例》《师范教育条例》的前期调研起草工作。其中，《教育行政处罚条例》的调研起草是为贯彻落实《行政处罚法》和依法规范教育行政管理而进行的。

根据教育行政管理工作的需要，1996年国家教委在职责范围内发布16个教育规章，它们是《小学管理规程》《教育系统内部审计工作规定》《幼儿园工作规程》《全国中小学教材审定委员会工作章程》《招收攻读硕士学位研究生管理规定》《招收攻读硕士学位研究生管理规定实施细则》《攻读硕士学位研究生招生考务规则》《高等教育自学考试开考专业管理办法》《〈对外汉语教师资格审定办法〉实施细则》《高等学校教师培训工作规程》《教育系统内部审计工作考核办法（试行）》《中国教育和科研计算机网暂行管理办法》《义务教育学校收费管理暂行办法》《普通高级中学收费管理暂行办法》《中等职业学校收费管理暂行办法》《高等学校收费管理暂行办法》（四个教育收费管理暂行办法由教委、国家计委、财政部联合发布）。另外，国家教委还和广播电影电视部联合发布了《关于教育电视台、教育电视收转台管理暂行办法》。

〔**教育普法**〕 1996年初，中宣部、司法部联合召开的"二五"普法总结、表彰会上，教育系统有17个单位荣获法制宣传教育"先进集体"称号，29名同志荣获法制宣传教育"先进个人"称号，对教育系统的普法工作给予了充分肯定。

为巩固"二五"普法成果，继续做好"三五"普法工作，国家教委下发了《教育系统开展法制宣传教育的第三个五年规划》，对教育系统"三五"普法的指导思想、目标、任务、对象与要求以及实施步骤和措施做了明确规定，对地方根据当地实际情况制定开展“三五”普法计划以及具体实施，具有规范和重要指导作用。

为配合“三五”普法工作，国家教委政策法规司编辑出1949～1996年《教育法规实用要览》。该教材除全面收录了教育法律、法规及其他重要有关法律、法规、教育文件外，还有针对性地收入了其他法律、法规中关于教育行政管理、学校管理、国家对教育的优惠和扶持、公民受教育权益的保护等200多个条款，对教育法律、法规的宣传学习、对依法治教和依法治校具有一定指导和推动作用。

在“三五”普法规划的指导下，四川、天津、河北、宁夏、海南、云南等省、市教育行政部门，根据当地和本系统内实际情况，制定了开展法制宣传教育的第三个五年规划。这对于教育系统全面开展“三五”普法工作，实现“三五”普法规划所规定的目标、任务，具有积极的推动和保障作用。

〔**教育执法与监督**〕 随着教育立法的加快，教育执法及监督已开始逐渐变成教育法制工作的重心。国家教委政策法规司指导部分省市进行的教育执法及监督制度的试点工作，经过1996年的探索和努力，已取得初步成效。上海市闸北区制定了开展教育执法检查评估指标，明确了有关领导和部门的职责，增强了责任心，促进了《教育法》的贯彻实施。上海市长宁区成立了教育巡回法庭，实行人民陪审员制度，积极审理各类教育案件；长宁区还成立了教育执法律师顾问团，免费为该区部分中学、小学、幼儿园、教育企业总公司有关领导及特级教师、市劳模等担任法律顾问。湖南省张家界市永定区成立了“教育法规执行室”，对如何有效地进行执法做了有益的探索；邵东县在保证适龄儿童接受当地规定年限的义务教育方面，建立了发送入学敦促书、限期入学敦促书、缓学审查批复制度和免学审查批复制度等一套执法程序；湖南还在依法增加教育投入、素质教育方面进行了探索。吉林省在试点工作中，分解了《教育法》所规定的法定职责，落实教育执法及监督工作责任，并推进教育法制工作机构、队伍和制度建设。其他许多地方也进行了有关教育执法及监督制度的试点。

加强执法监督的重要手段之一是进行执法检查。为推进教育执法和加强教育执法监督，国家教委、财政部、国家计委、司法部、人事部、国务院法制局联合下发了《关于开展〈教育法〉执法检查的通知》，决定对《教育法》贯彻实施情况进行全面检查。6～9月，各省、自治区、直辖市进行了自查；9～11月，国家六部委联合组成检查组，先后赴河南、江苏、吉林、广西、山西等省（区）进行了《教育法》执法检查，总结了《教育法》实施的初步成效和经验，分析了《教育法》实施过程中的主要困难和问题，并针对反映出的情况和问题提出有关建议。这次执法检查，是建国40多年来，由国务院系统组织进行的第一次较大规模的教育执法检查活动，有力地推动了依法治教进程。

〔**干部培训**〕 加强教育执法与监督工作，还需要加强法制队伍建设。为此，国家教委政策法规司与国家高级教育行政学院联合举办了第一期全国教育法制干部培训班。29个省、自治区、直辖市及计划单列市教委政策法规处负责同志、部分地、市、县的教委主任等近120人参加了为期九天的培训研讨。培训班就教育法制工作、教育行政执法、教育纠纷处理、《教育法》《义务教育法》《教师法》及其实施工作等作了专题讲座，增强了教育法制工作的紧迫感，明确了教育法制建设的主要任务和当前教育法制工作的重点。这次培训，引起地方较为强烈的反响，很多地方相继举办了培训班或学习班，学习和了解有关教育法制建设的知识与情况，增强了依法治教意识，加大了当地教育执法及其监督的力度。

撰稿　夏　娟
审稿　李连宁

信 访 工 作

〔**综述**〕　1996年，国家教委信访办公室共受理群众来信19671件；接待群众来访3532人次，其中接待集体访42批360多人。对群众信访的重要问题，发公函请地方查处320件，收到地方查处报告和工作报告180多件；对一些较急迫的问题，发便函1490多件，通过长途电话办理560多件，为群众复信530多件。对群众反映的教育热点、难点问题，编发信访摘报、简报、要信简摘30多期，委领导共批示17件。承办“两会”期间人大代表建议、政协委员提案373件。

〔**信访反映的主要问题**〕　(1) 教育乱收费问题。信访办全年受理有关收费信访问题2135件次，占信访总量的9%。信访量较多的省市有：四川、山东、江苏、湖南、广东、湖北、广西、吉林、辽宁、北京等。反映的主要问题包括：一些地区违反上级部门规定，在中小学高价招收“择校生”、“选校生”；一些中小学与升学考试挂钩，确定收费标准；个别学校搞“一校两制”多收费；一些学校增加收费项目，提高收费标准，把地方政府的收费行为转嫁到学校；个别大中专学校超标准收费等。由于各地政府和教育行政部门严肃查处了个别学校的违规收费问题，第四季度反映教育乱收费的信访量显著减少。(2) 举报揭发问题。1996年群众信访反映少数领导干部违纪问题共2610件次，占信访总量的11%。信访较多的省市有：江苏、四川、辽宁、湖南、北京、河南、山东、河北、福建、浙江等。群众所举报的对象一般是：大中专院校的领导干部，地方教育行政部门领导干部，县、乡党政领导，以及中小学校长等。主要问题有：一些基层教育领导主要精力不是抓教学，而是抓经济，搞校办企业；校办企业收入缺少透明度，无严格的监督管理和使用制度，致使少数基层领导违反财经制度问题较为严重；一些学校领导利用掌握学校的基建权力，吃回扣，以权谋私修建私宅等；利用对学生乱收费的钱款发奖金和挥霍浪费等；利用教师评职称、工作调动、民师转正等工作之便，收受贿赂等。(3) 拖欠教师工资问题。1996年各地来信来访反映中小学教师工资拖欠问题共808件次（包括公办、民办、离退休教师及企业子弟学校教师)，比1995年下降50%左右。群众信访工资拖欠较多的地区有：四川、黑龙江、河南、江苏、湖南、辽宁、河北、山东、安徽等。反映教师工资拖欠主要有以下情况：有些单位教师基本工资仍不能按期发放；1993年工资套改后的增补工资，1995年按政策规定的调级工资，一些地区迟迟不能兑现，信访反映强烈；扣发、拖欠教师政策性福利补贴在一些地区也较为突出。此外，1996年群众信访较多的问题还有，大中专招生、民办教师转正、成人教育管理、职称评定、一些中小学教师严重体罚学生等问题。

〔**1996年信访主要工作**〕 (1)加强对重要信件的处理。加强对群众重要来信认真、过细的处理。对典型的和具有政策普遍性的重要来信及时向委、厅领导呈阅，并根据委、厅领导的批示认真落实；对有些重要来信，及时发公函请地方查办，1996年发公函查处的数量是上一年的两倍，并加强催办，争取3个月内回报结果，当年结案率为60%以上；增加写便函和电话联系的数量，使一些较急迫的问题得到及时落实和处理。全年共处理重要和较重要问题2600多件。特别是针对群众反映较突出的教育乱收费问题，减少一般性转办，定期汇总后，分别向有关省市发函一并查处。(2)提高信访信息质量。根据办公厅关于信访信息要客观、准确、及时、提高质量的要求，信访办紧紧围绕国家教委的重点工作，努力做好信息预测和综合分析研究工作。每月组织分析研究群众反映较突出的教育热点、难点问题，确定专题，精心筛选出一些典型的情况和问题，综合汇总后编发摘报、简报，为委领导和委内司局了解社情民意和政策反馈情况提供依据。(3)妥善处理集体上访。1996年到国家教委的集体访，涉及山东、河北、北京、陕西、黑龙江、江苏、内蒙、安徽、河南、广西、福建、海南、天津共13个省、自治区、直辖市。由于《信访条例》的颁布实施，当前集体访人数不多，但所代表的人群和政策范围较大。如：教师工资拖欠，民师被辞退，成人招生，大学生毕业分配，教育乱收费等问题。国家教委信访办一直把处理集体访作为维护社会稳定的重要因素予以高度重视，及时认真接待处理。全年几十批集体上访，没有出现长期在京滞留或到首都重要场所采取过激行为等问题。(4)认真处理“老、大、难”的上访问题。1996年到国家教委多次上访和长期在京滞留的上访老户有40多人。也有些上访人员虽是初次进京，但因问题在当地多次上访得不到满意结果，或是案情较为复杂。对此，信访办及时接待，做好矛盾转化工作，确有一定道理的，配合地方认真落实解决。对上访老户，在立足思想教育的基础上，确有实际困难的，也热情帮助进一步妥善处理；对坚持无理取闹的，则采取相应的稳定措施。

〔**提案工作**〕 1996年，国家教委共承办全国人大八届四次会议建议152件，全国政协八届四次会议提案221件，由于委各级领导重视，承办制度完善，按时、较高标准完成了人大建议、政协提案的承办工作。在11月中旬召开的全国政协第二次提案工作表彰会议上，国家教委被评为“政协提案先进承办单位”，受到表彰。

撰稿　夏迎瀚

审稿　王庆林

基础教育

管理工作

〔**普通中学劳动技术教育**〕　为进一步加强普通中学劳动技术教育，1996年5月，国家教委下发了《关于加强普通中学劳动技术教育的意见》。

《意见》指出，各级教育部门和学校应把加强劳动技术教育作为全面贯彻教育方针、全面提高教育质量，以及提高民族整体素质的大事来抓；要加强对劳动技术教育的领导，下力气解决好师资、教材、场地、设备、经费以及其他有关问题。劳动技术课是对学生进行劳动技术教育的主渠道，是普通中学的一门必修课。每所学校都应把劳动技术课列入教学计划，按照教学大纲的要求，结合本地实际，选好项目，开足课时，认真实施，不断提高教学效果。

《意见》要求加强教师队伍建设，要有计划地举办普通中学劳动技术课教师培训班，对现有的不能完全胜任劳动技术课教育教学任务的教师分期分批地进行培训，提高他们的业务素质和专业技能，要在近5年内逐步实行劳动技术课教师持专业证书上岗的制度；劳动技术课教材建设要贯彻“在统一基本教学要求的前提下，实现多样化”的方针，教材编写应遵循以“实践操作为重点、劳动技能为主线、突出动手能力的培养、理论和实践紧密结合”的原则，走跨省、市集中力量联合编写教材的路子（联合编写的教材由参与编写的省、市联合组织审定），以提高教材质量；加强劳动技术教育基地建设，教育部门要安排必要的经费，按照国家教委教学仪器研究所制定的《普通中学劳动技术课教学仪器目录标准》，逐步配备劳动技术课教学所需的仪器设备，要从实际出发，建立多种形式的劳动技术教育基地或中心；要重视劳动技术课的教学研究，提高劳动技术课的教学质量。教研部门，要配备劳动技术课专职教研员，暂不具备条件的也可配备（或聘请）兼职教研员，负责指导劳动技术课教学研究工作；要建立并完善劳动技术教育考核制度和督导检查制度。目前正在拟订普通中学劳动技术教育督导检查的暂行办法。

《意见》下发后，各省（自治区、直辖市）认真组织贯彻落实，转发《意见》，一些省（自治区、直辖市）还制订了实施《意见》的细则。

撰稿　鲁　纹

审稿　金学方

〔**小学管理规程**〕 为了加强小学科学化、规范化管理，进一步提高教育质量和办学效益，国家教委制定了《小学管理规程》，并于1996年3月9日颁布，自1996年4月1日起施行。

《规程》共10章60条。它依据与小学工作有关的国家法律、行政法规及规章、政策，按照小学内部管理工作的基本内容，对入学及学籍、教育教学、人事、行政、校舍、设备及经费、卫生保健及安全、学校、家庭与社会等方面，做了较为具体的规定。

为做好实施工作，国家教委于1996年6月发出了《关于认真做好〈小学管理规程〉实施工作的通知》，要求各地教育行政部门组织广大干部和小学校长认真学习《规程》，坚持以法治教，加强学校管理，深化教育教学改革。《通知》要求各地教育行政部门高度重视《规程》的贯彻实施工作，将其纳入工作计划，列入议事日程，充分运用《规程》，加强对小学工作的指导。

与此同时，国家教委基础教育司在10个省、自治区、直辖市，选择了城乡和不同发达程度地区的18所各类小学作为实施《规程》联系校，深入进行《规程》的实施工作，旨在探索贯彻《规程》工作的规律，积累经验，指导全国工作。1996年6月，国家教委基础教育司召集《规程》联系校校长在辽宁锦州举行了座谈。

《小学管理规程》及实施通知下发后，各省、自治区、直辖市教育行政部门高度重视，认真研究和部署了实施工作。北京、天津、上海、安徽、福建、新疆等省、自治区、直辖市及时发出了学习贯彻通知并转发了国家教委文件。

撰稿　王定华

审稿　王文湛

〔**流动人口子女教育**〕 在改革开放深入发展和建立社会主义市场经济体制过程中，跨地区的人员流动，特别是携带适龄儿童少年流入到城镇的从业人员日益增多。为了能够使城镇流动人口中适龄儿童少年依法接受规定年限的义务教育，国家教委根据《义务教育法》及其实施细则的规定，于1995年草拟了《城镇流动人口中适龄儿童少年就学办法（试行）》，并选择了北京市丰台区、天津市河北区、上海市徐汇区、河北省廊坊市、浙江省义乌市、广东省深圳市罗湖区开展《办法》试点工作。

1996年4月14～18日，在天津市召开了《办法》试点单位调研会。与会同志认为：(1) 当前，流动人口中适龄儿童少年就学难的问题，引起了社会的广泛关注，已成为普及义务教育亟待解决的问题之一。流动人口中适龄儿童少年能否就学，关系到《义务教育法》及其《实施细则》的贯彻落实，关系到儿童少年受教育的权利，关系到本世纪末“两基”目标的实现和民族素质的提高。这是政府、社会、学校和家庭义不容辞的责任。(2)解决流动人口中适龄儿童少年就学问题，不仅是流动人口的迫切需要，也是流入地发展经济和社会安定的需要。据天津市静海县大邱庄介绍，外来人口已远远超过了当地人口数，尤其是科技人员，为当地经济发展立下了汗马功劳。如果留住这些人，就等于留住了财富；解决好他们子女的就学问题，有利于稳定技术人员和职工队伍。(3) 解决好流动人口中适龄儿童少年就学问题，在省市之间、地区之间具有较强的互补性。例如，浙江省流出人口大约100万，流入人口大体也是100万。他们认为，解决流动人口适龄儿童少年就学问题是相互支持，共同受益的一项工作。(4) 解决流动人口适龄儿童少年的就学问题，涉及到教育、公安、物价、工商等有关部门，基于目前情况，国家教委就《办法》选择少数市、区先行试点，待取得经验后再推广的作法是积极稳妥的。

会议期间，各试点单位交流了解决流动人口中适龄儿童少年就学的作法。制定有关政策，主动解决流动人口子女就学问题。浙江省义乌市是南方最大的小商品市场，外地流入人口大约有12万人。市委、市政府对流动人口子女就学十分重视，1992年先后三次发文规定，已办理了本市暂住户口证的外来人员，在子女入托、入园、入学收费等方面均与市区居民同等待遇。市教育局在1995年出台的文件中又规定，父母双方或一方在本市经商办厂，允许其子女借读。这四个文件，均给予流动人口子女就学优惠政策，并一视同仁，予以学籍管理。对打工或种田的外来人员，如确有困难，学校还减免部分费用。天津市教育局今年三月，印发了《城镇流动人口适龄儿童少年就学问题的意见(试行)》，强调教育行政部门要树立义务教育全局观念，采取多种形式解决流动人口适龄儿童少年就学问题，并要求各区、县教育局有一名局长分管此项工作，责任落实到科室，工作落实到人。天津市河北区教育局于1994年、1995年先后发文，对流动人口子女的入学、转学、毕业等问题作了明确规定，如允许随时办理转学手续；达到小学毕业程度的给予小学毕业证书，还可升入初中就读等。义乌市和静海县等地将流动人口子女入学、辍学纳入当地评估验收范围，减少流动人口中适龄儿童少年辍学。上海市、深圳市教育部门也发文对持有暂住户口或过渡户口证的，允许子女就学享受与当地居民同等待遇。

据试行市、区汇报，目前在解决流动人口适龄儿童少年就学方面主要采取了以下形式：(1) 在全日制学校借读。例如天津市河北区有55所小学接收了借读生，占小学总数的73.3%。深圳市罗湖区借读学生占学生总数的40%。浙江省义乌市借读生共4463人，其中外省外县借读生770人，占借读生总数的17.3%。上海市流动人口中适龄儿童少年基本能够就近借读。(2) 举办寄宿小学。例如，天津市河北区根据流动人口子女就学要求，在原红权小学创立了以招收流动人口适龄儿童为主的江南寄宿小学。该校在上级教育行政部门和学生家长的支持和帮助下，改善了办学条件，提高了教学质量，受到学生和家长的欢迎。(3) 由流动人口自己举办小学。这类小学有的经过流入地政府批准，有的未经批准。例如，在上海市徐汇区、深圳市罗湖区均有来自安徽省的流动人员，未经流入地政府批准，而持有流出地政府开据的证明，办起了简易小学。

在收费问题上，多数试行市、区采取了面向大多数的原则。例如，天津市河北区江南寄宿小学，每生每月交纳350元，包括住宿、伙食、管理等费用，低于所在区物价部门允许的标准。深圳市罗湖区，小学每生每年交纳借读费600元，初中900元。

为支持和帮助各市、区试点工作，国家教委还取得联合国儿童基金会的赞助。目前，天津市及其他6市、区均有组织、有领导、有措施地开展工作，进展明显。

撰稿　吴树琴

审稿　王文湛

〔**安全教育**〕 为全面深入地推动中小学安全教育工作，1996年2月，国家教委、劳动部、公安部、交通部、铁道部、国家体委、卫生部联合发出通知，决定建立全国中小学生“安全教育日”制度。“安全教育日”安排在每年3月最后一周的星期一。1996年是全国第一个“安全教育日”，主题定为“全社会动员起来，人人关心中小学校安全工作”。《通知》强调，各级教育和劳动、公安、交通、铁道、体育、卫生等部门及学校要在当地党和政府领导下，本着对党的教育事业、对儿童、青少年一代高度负责的态度，从维护人民群众的切身利益、维护社会安定和政治稳定的高度出发，充分认识到抓好学校安全工作的重要意义，居安思危，严密防范，密切配合，通力协作，将工作做深、做细，为祖国下一代健康成长，创造良好的环境。《通知》最后要求，各有关部门要主动、具体地帮助学校开展好“安全教育日”活动，并注意结合中小学生实际，开展经常性的安全教育活动。

1996年3月24日，李岚清副总理在中央电视台发表电视讲话，号召全社会动员起来，人人关心中小学校安全工作，要求“各级政府和有关部门及学校要以对国家和人民高度负责的态度，牢固树立‘安全第一’的思想，将学校的安全问题作为一件大事来抓，切不可掉以轻心，要做到警钟长鸣，常抓不懈，确保一方平安，为培养一代跨世纪的新人贡献我们的力量”。“安全教育日”期间，全国大部分地区组织了大量的、丰富多彩的安全教育活动。很多地方主管教育的领导或教育行政部门负责人在“安全教育日”这一天发表了电视讲话。全国大多数学校利用这一天的升旗仪式，组织了以安全教育为主题的“国旗下的讲话”。

撰稿　李玉先
审稿　王文湛

〔**家庭教育“九五”计划**〕 为了加强社会主义精神文明建设，落实《九十年代中国儿童发展规划纲要》中家庭教育的目标，1996年初，全国妇联和国家教委决定共同制定全国家庭教育“九五”计划。

1996年9月国务院妇女儿童工委、全国妇联和国家教委共同在京召开的“全国家庭教育工作总结表彰大会”上，颁发了《全国家庭教育“九五”计划》同时颁发了《全国家庭教育评估方案》。

《计划》的总目标是：到2000年，使90％儿童（14岁以下）的家长不同程度地掌握保育、教育儿童的知识。引导家长树立正确的教子观念，掌握科学的教育方法，提高家长素质；使家庭、学校、社会协调配合，面向新世纪，共同促进儿童身心健康发展，培养有理想、有道德、有文化、有纪律的社会主义事业的建设者和接班人。

根据各地经济发展、人口状况和家庭教育工作基础和普及九年义务教育等情况，按照“三片分两步走”的原则，以省为单位确定阶段性目标是：第一片：北京、天津、辽宁、上海、江苏、浙江、福建、山东、广东，中期目标：1998年家长受教育率达到85％。终期目标：2000年家长受教育率基本达到95％。第二片：河北、山西、内蒙、吉林、黑龙江、安徽、江西、河南、湖北、湖南、四川、陕西，中期目标：1998年家长受教育率达到75％。终期目标：2000年家长受教育率基本达到90％。第三片：广西、海南、贵州、云南、西藏、甘肃、青海、宁夏、新疆，中期目标：1998年家长受教育率达到60%。终期目标：2000年家长受教育率基本达到80%。

实施的具体措施：(1)加强对家庭教育工作的领导，加大领导力度、纳入议事日程、明确责任分工、提供财力支持、加强检查指导；(2)加强家庭教育宣传普及工作，形成社会舆论环境、建立健全组织网络、加强队伍建设、开展家庭教育咨询服务、充分利用现代传媒宣传普及家庭教育知识。(3)加强家庭教育理论研究工作，充分发挥学术团体和有关专家的作用、加强家长学校的教材建设，编写全国家长学校教学指导纲要、开展家庭教育国际学术交流活动、加强家庭教育的法规建设；(4)继续办好各种类型的家长学校，加强对各类家长学校的管理，制定家长学校管理条例，促进家长学校健康发展。

“九五”计划下发后，据不完全统计，全国已有上海等15个省、自治区、直辖市制定了本地家庭教育工作“九五”计划。不少地方党政部门已经把家庭教育工作纳入当地精神文明建设的议事日程。还有一些省市教育部门和妇联进一步理顺了工作关系，加强了工作的协调性。还有的地方，如北京市教委每年拨款3万元、市妇联拨款2万元建立家庭教育基金。

落实“九五”计划确定的法规建设，国家教委继完成《家长教育行为规范》之后，拟组织制定《全国家长学校教学指导纲要》；全国妇联负责制定《全国家长学校管理条例》。

撰稿　刘江平

审稿　傅国亮

〔治理中小学乱收费〕　1996年，国家教委按照党中央、国务院的布置，加大了治理中小学乱收费工作的力度，并将解决择校生高收费工作作为重点，取得了成效。这项工作贯彻中纪委六次全会和国务院第四次反腐败工作会议精神，统一思想、提高认识，突出重点、狠抓落实。5月，国务院办公厅转发了《国家教委等部门关于1996年在全国开展治理中小学乱收费工作实施意见的通知》，文件要求从严治标、抓紧治本、标本兼治、综合治理。要求各级人民政府要根据党中央、国务院以及国家教委、国家计委、财政部下发的治理中小学收费的有关文件精神，对本地制定的中小学收费的各种规定进行一次全面清理，凡违背文件规定的，应立即废止或修订；要遵守国家教委关于义务教育阶段收费工作“五不准”的规定，各级教育行政部门会同纠风办、物价、财政等部门联合组织检查组，在春秋开学季节对学校收费情况进行监督检查；坚决制止择校生高收费，重点是大中城市，对义务教育阶段招收择校生的地方，当地政府和有关部门要采取果断措施解决；从1995年秋季起不招收择校生的省市，要做好巩固工作；其他省、自治区、直辖市要采取一步到位或尽快分步到位的办法限期解决；同时要坚决制止各种形式的以权择校的“条子生”和“关系生”，捐资助学要坚持自愿的原则；规范代收费范围，除必须由学校统一购买的学习用品外，一律不允许其他收费项目，与学生有关的社会保险，均由学生家长自愿到保险机构办理，不准代办。加大对违纪案件的处理力度，对明知故犯、顶风违纪乱收费的，发现一起，查处一起。加强对教育收费的管理，经政府批准的收费项目和标准要公开接受社会监督，实行收费登记卡制度。

这一文件下发后，为配合治理中小学乱

收费工作，《人民日报》、《光明日报》等新闻媒体还开展了关于择校生高收费问题的讨论。各地积极进行贯彻落实。国家教委为监督检查各地贯彻落实情况，以国家教委治理中小学乱收费办公室和办公厅名义发出催报落实情况。各地十分重视，采取措施切实治理中小学乱收费。如上海市提出“五不准、五统一和四监督”。即教育集资、捐资必须坚持“自愿、量力和群众受益”的原则，不准向学生家长摊派费用；学校不准违反规定举办各种收费补习班、兴趣班、特色班、提高班，社会力量办学不准举办以中小学生为对象的各种文化补习班；学校不准以行政手段强制学生购买各种复习资料、文具用品等，不准违反规定扩大收费项目、提高收费标准；社会有关部门和单位不准向学校乱摊派、乱罚款和搭车收费。规定接受社会捐资由区县教育行政部门统一管理；学校代收、代办项目和标准由市、区、县教育行政部门统一制定；暑期学习困难学生补课由区县教育行政部门会同物价部门制定统一的收费标准；统一实行收费许可证制度；市、区县教育行政部门统一印制收费联系册。开展自我监督、组织监督、群众监督、舆论监督。四川省提出抓好五个方面的工作，即严格管理好收费项目和标准、严格控制招收择校生、严格管理教学用书、严格按规定实施集资办学和捐资办学、坚决制止乱集资、乱摊派和搭车收费。河北省以石家庄市为治理乱收费重点，制定了10条原则：坚持就近入学的原则，不准义务教育阶段公办中小学招收“择校生”、“关系生”、“条子生”；坚持小学毕业免试升入初中，不准进行初中入学考试和招收“重点班”、“实验班”等。许多省、市还加大了查处乱收费的力度。通过年终检查，共查处违规收费金额8.78亿元，已清退3.12亿元。并对违规收费学校及责任人进行了处理。

撰稿　赵雅琴

审稿　金学方

教学改革

〔**制订高中课程方案**〕　为了进一步深化普通高级中学的教育改革，全面贯彻教育方针，面向全体学生，全面提高普通高中的教育质量，使普通高中教育更好地适应社会主义现代化建设的需要，国家教委基础教育司制订并印发了《全日制普通高级中学课程计划（试验）》和供试验用的全日制普通高级中学语文、数学、外语（英、俄、日语）、物理、化学、生物、地理、历史、政治等9个学科的教学大纲。这是国家教委继1990年对全日制普通高中的教学计划和各学科教学大纲进行调整和修订之后，面向21世纪，制订的指导我国普通高中教学工作的课程方案。这一课程方案将于1997年秋季在天津市、江西省和山西省开始试验；在试验的基础上经过修改完善，拟于2000年在全国范围内实施。

该课程方案与1990年制订的课程方案相比较，主要变化是：(1) 首次将普通高中作为一个独立学段提出培养目标，并注意与义务教育初中学段相衔接，突出了普通高中

类别	学科			必修、限选周课时累计 *1	必修、限选授课总时数 *2	授课总时数
学科	必修和限选	思想政治		6	192	192
		语文	必修	8	280	332～384
			限选	2～4	52～104	
		数学	必修	8	280	332～384
			限选	2～4	52～104	
		外语	必修	7	245	297～349
			限选	2～4	52～104	
		物理	必修	4.5	158	158～306
			限选	5	148	
		化学	必修	4	140	140～253
			限选	4	113	
		生物	必修	3	105	105～183
			限选	3	78	
		历史	必修	3	105	105～253
			限选	5	148	
		地理	必修	3	105	105～192
			限选	3	87	
		体育		6	192	192
		艺术	音乐 美术	2	70	70
		劳动技术	必修 限选	分散 4 集中 2周 *3 9	122 234	122～356
	任选			9.5～16.5		288～497
活动	校会班会 科技艺体活动 课间操眼保健操			9 每天半小时		315
	社会实践活动			每学年二周，三年共六周		

表中的限选系指限定选修学科，任选系指任意选修学科，下同。

(*1) 周课时累计指每个学科各学年周课时之和。

如：思想政治每学年周课时为2，三年累计为6。

(*2) 授课总时数是以《课程安排示例表》为依据计算的。

由于各地和学校可在周课时累计不变的情况下编排课程表，因此各学校实际授课总时数会有所不同。

(*3) 劳动技术必修学科采取分散和集中相结合的方式安排。

分散安排：周课时累计为4，授课总时数为122；

集中安排：高一、高二年级各一周，共二周。

学段的特点；(2)以现代课程理论为指导，吸收国外普通高中课程改革的有益经验，建立了由学科类课程和活动类课程组成的课程结构，并以优化必修课，加强和规范选修课为原则，构建了必修课与选修课相结合的学科课程体系；(3)为减轻学生过重的课业负担，按照每周5天工时制安排课程及学科内容，周活动总量从38课时减少到33课时；(4)课程方案在统一要求的基础上，适当增加了灵活性和弹性，以适应不同办学模式的普通高中的教学需要；(5)为了发挥地方和学校的办学的主动性和积极性，提出了普通高级中学的课程由中央、地方和学校分级管理的构想。《全日制普通高级中学课程计划（试验）》的课程设置及课时安排见上页表。

为做好高中新课程方案的试验工作，基础教育司、参加试验的两省一市的教委和有关单位制定了培训计划。1996年10月组织两省一市地（市）级以上教育行政领导、教研室主任和部分校长进行了课程计划的培训。随后两省一市组织了地（市）级以下教育行政领导、教研室主任和高中校长课程计划的培训。通过培训，使各级教育行政领导、教研员、校长和教师进一步明确高中的性质、任务、培养目标，更好地掌握新课程计划、大纲和教材。

撰稿　郑增仪　刘月霞

审稿　金学方

〔**检查评估黑龙江省教研工作**〕　根据国家教委《关于对部分省级教研部门教研工作进行检查评估试点工作的通知》和《关于搞好省级教研部门教研工作自查自评工作的通知》的精神，国家教委基础教育司组织了检查评估小组，于1996年10月12～15日，对黑龙江省中小学教研工作进行了检查评估。

黑龙江省教研部门设在省教育学院，检查评估期间，检查评估组听取了省教育学院关于全省中小学教研工作的自查报告和齐齐哈尔市教委关于中小学教研工作的汇报，检查了省教研部门的办公条件和档案管理，参观了省教研工作成果展，查阅了省教研工作专题汇报材料，分别召开了教研人员、教育行政人员、中小学校长和教师代表参加的3个座谈会，并到两所普通中小学听课、与教师座谈。

检查评估组认为，黑龙江省教委和省教育学院重视中小学教研工作，在工作实践中，重视加强中小学教研部门的领导班子建设，选好一把手，注重班子整体素质的提高，为他们创造条件参加国家举办的省级教研室主任研修班，外出考察，提高他们的工作能力和水平；重视教研员队伍建设，注意调整充实各科教研员，保证数量和质量，并采取一系列可行的措施，不断加强和完善教研部门的思想建设、制度建设和基础设施建设。

黑龙江省中小学教研工作的指导思想正确。教研工作坚持面向教学第一线，面向教师和全体学生；坚持学习宣传现代教育理论，更新教学观念，坚持全面贯彻教育方针，全面提高教育质量，在研究和促进素质教育，举办各类教研活动，转变教师的教育思想和提高教师的业务水平，深入基层组织和指导中小学学科教学改革实验。

检查评估组希望黑龙江省教委和省教育学院从体制和制度上进一步发挥中小学教研部门学科教学业务管理的职能以及在中小学教学工作中的助手与参谋作用；进一步落实教研工作经费，酌情增加对教研工作的经费投入，特别是对于教改实验项目的研究与推广给予必要的经费资助。

撰稿 刘 辉
审稿 金学方

〔**复式教学研讨**〕 1996年11月13～15日，国家教委基础教育司和中国教育学会复式教学研究会联合在天津召开了全国复式教学研讨会。研讨会围绕复式教学在“普九”中的地位和作用，复式教学的改革和管理，复式教学中存在的问题及解决的思路和方法等议题进行了交流与研讨。

到1996年，全国在复式教学班（校）上课的学生有1200万，约占小学生总数的近10%。为落实“普九”规划，保证边远和交通不便地区的适龄儿童受教育的权利并使他们就近入学，要充分重视复式教学的地位和作用。

这次会议指出：复式班的课堂教学是一种跨年级、跨学科、分层次的教学活动，教师必须面对不同发展层次的学生、考虑不同的教学要求和在一定时间空间的限制下，设计组织教学。要为学生的自主学习、主动学习和发展提供相对有利的教学机制，并促使教师去实现个性化、情感化和多样化的教学。研究复式教学要注意其教学形式和方法，还要注意蕴含在其中的现代教学论的思想和教育规律。在课堂教学的程序和结构上，要根据教学情景，灵活处理“动（直接教学）、静（间接教学）”搭配的关系。要充分认识教学手段的现代化对提高复式班教学质量的重要作用。

国家教委基础教育司要求各地教育行政部门要注意解决复式教学教师的待遇问题，并加强对他们的业务培训。

撰稿 杨 帆
审稿 金学方

〔**国际奥林匹克学科竞赛获奖情况**〕 1996年7月中国共有24名中学生分别组队参加了国际奥林匹克数学、物理、化学、信息学和生物学学科竞赛，取得16枚金牌，5枚银牌和2枚铜牌。物理和信息学还取得了总分第一的成绩。其中6名中学生参加在印度举行的第37届国际奥林匹克数学学科竞赛中，取得3枚金牌，2枚银牌和1枚铜牌；5名中学生参加在挪威举行的第27届国际奥林匹克物理学科竞赛中，取得5枚金牌；5名中学生参加在俄罗斯举行的第28届国际奥林匹克化学学科竞赛中，取得3枚金牌和1枚铜牌；4名中学生参加在匈牙利举行的第8届国际奥林匹克信息学学科竞赛中，取得4枚金牌；4名中学生参加在乌克兰举行的第7届国际奥林匹克生物学学科竞赛中，取得1枚金牌和3枚银牌。

撰稿 郑增仪
审稿 金学方

思想政治教育

〔**高中思想政治课课程标准**〕 1996年6月7日国家教委首次印发《全日制普通高级中学思想政治课课程标准（试行）》。《课程标准》分序言、教学内容和基本要求、教学原则和方式方法、教材编写和选用、学习评价和考核等5个部分。序言部分确定了思想政治课的性质、任务和地位；教学内容和基本要求部分，对1992年国家教委印发的《全日制中学思想政治课教学大纲（试用）》所确定的教学内容要点作了必要的调整，确定了以邓小平建设有中国特色社会主义理论为中心内容，以讲述“中国”的政治、经济制度及其建设为主线，构建高中思想政治课教学体系的思路，并通过“识记”、“理解”、“运用”三个不同层次的要求，明确教师教学所应达到的基本目标；教学原则和方式方法部分，进一步规范了教师的教学行为；学习评价和考核部分，确定了以评价教师教学效果为中心内容的评估项目和结合学生学习情况考核评估教师教学的标准，同时确定了高中思想政治课学习评价的目的、原则、途径和标准；教材编写和选用部分，明确了思想政治课教材建设的方针、原则。

撰稿　周长祜

审稿　傅国亮

〔**表彰中学思想政治课教师**〕 1996年4月31日，中宣部、国家教委在人民大会堂隆重召开百名优秀中学思想政治课教师表彰大会。1995年8月10日中宣部宣传教育局、国家教委基础教育司和中宣部时事报告杂志社曾联合下发《关于评选优秀思想政治课教师的通知》，决定在全国开展评选百名优秀中学思想政治课教师的活动。1995年11月28日，中宣部宣传教育局、国家教委基础教育司和中宣部时事报告杂志社，根据各省上报的材料，经审议，做出了《关于表彰优秀思想政治课教师的决定》，公布了赵聪等一百名优秀中学思想政治课教师名单，号召广大教师和德育工作者向他们学习。

表彰大会前，中央政治局委员、国务院副总理李岚清接见了全体优秀思想政治课教师，充分肯定了广大中学思想政治课教师在教育教学中做出的成绩。指出：中学思想政治课在学校教育中占有重要地位，尤其是马克思主义的辩证唯物主义和历史唯物主义基本常识教育对青少年的健康成长有重要作用，要认真教好。他鼓励广大教师要在教育教学的改革中刻苦钻研，积极探索，争取更大的成绩。

撰稿　吕同舟

审稿　傅国亮

〔**命名百个爱国主义教育基地**〕 1996

年10月14日，国家教委、民政部、文化部、国家文物局、共青团中央、解放军总政治部联合发出《关于命名和向全国中小学推荐百个爱国主义教育基地的通知》向全国中小学生推荐了天安门广场、圆明园遗址公园、葛洲坝水利枢纽等100个爱国主义教育基地，并于11月1日在人民大会堂召开命名大会。中共中央政治局委员、国务院副总理李岚清为此次命名活动题词："弘扬爱国主义精神，发挥基地的育人作用，培养热爱祖国的新一代"。并为命名大会作了书面发言。

命名和推荐百个爱国主义教育基地，是国家教委贯彻落实中共中央十四届六中全会通过的《中共中央关于加强社会主义精神文明建设若干重要问题的决议》精神，深化对中小学生进行爱国主义教育的又一重大举措。六部委《通知》要求各地教育行政部门和中小学校要把组织中小学生参观百个"全国中小学爱国主义教育基地"及地方各级各类的爱国主义教育基地作为中小学德育工作的重要内容，列入学校德育工作计划。同时，要求被命名的基地要积极为中小学德育服务，实行收费参观的单位，在节、假日，特别是双休日，对中小学生有组织的参观必须要有优惠措施，对中小学师生实行免费开放。

百个爱国主义教育基地的命名和推荐，使国家教委构建的以中小学生为主要对象进行爱国主义教育的"四个一百"(百部爱国主义优秀影视片、百首爱国主义歌曲、百种爱国主义教育图书、百个爱国主义教育基地)工程得以完成，为各地开展爱国主义教育提供了很好的载体。

撰稿　王新立

审稿　傅国亮

附：百个爱国主义教育基地名单：

天安门广场(天安门城楼、广场国旗杆、人民英雄纪念碑)

毛主席纪念堂

中国革命博物馆

中国人民革命军事博物馆

李大钊烈士陵园

中国人民抗日战争纪念馆

焦庄户地道战遗址纪念馆

周恩来同志青年时代在津革命活动纪念馆

华北军区烈士陵园

董存瑞烈士陵园

西柏坡纪念馆

八路军太行纪念馆

刘胡兰纪念馆

沈阳"九·一八事变"博物馆

沈阳市抗美援朝烈士陵园

丹东市抗美援朝纪念馆

锦州辽沈战役纪念馆

抚顺雷锋纪念馆

杨靖宇烈士陵园

东北烈士纪念馆

中国共产党第一次全国代表大会会址纪念馆

上海市龙华烈士陵园

中华人民共和国名誉主席宋庆龄陵园

侵华日军南京大屠杀遇难同胞纪念馆

中国共产党代表团梅园新村纪念馆

新四军纪念馆

南京雨花台烈士陵园

淮海战役烈士纪念塔

淮安周恩来故居和纪念馆

中山陵

绍兴鲁迅纪念馆
新四军军部旧址纪念馆和皖南事变烈士陵园
陶行知纪念馆
林则徐纪念馆
陈嘉庚纪念胜地
南昌八一起义纪念馆
安源路矿工人运动纪念馆
井冈山革命博物馆
瑞金中央革命根据地纪念馆
上饶集中营革命烈士陵园
中国甲午战争博物馆
台儿庄大战纪念馆
华东革命烈士陵园
郑州二七纪念馆
焦裕禄烈士陵园
红安县鄂豫皖苏区烈士陵园和革命博物馆
韶山毛泽东同志纪念馆
刘少奇同志纪念馆
鸦片战争博物馆
三元里人民抗英斗争纪念馆
孙中山故居纪念馆
广州起义烈士陵园
钦州市民族英雄刘永福、冯子材故居
红军长征突破湘江烈士纪念碑园
中国工农红军第七军军部旧址
琼崖红军云龙改编纪念馆
朱德同志故居纪念馆
中国工农红军强渡大渡河革命纪念地
重庆歌乐山烈士陵园
重庆红岩革命纪念馆
黄继光纪念馆
遵义会议会址纪念馆
江孜宗山抗英遗址
拉萨烈士陵园
延安革命纪念馆
八路军西安办事处纪念馆
西宁市烈士陵园
宁夏同心县陕甘宁豫海县回民自治政府遗址
乌鲁木齐市烈士陵园
中国历史博物馆
圆明园遗址公园
成吉思汗陵
内蒙古自治区博物馆
吴文化博览苑
大禹陵
杭州岳飞墓
郑成功纪念馆
文天祥纪念馆
景德镇陶瓷历史博物馆
李时珍纪念馆
屈子祠
蔡伦纪念馆
都江堰
大理白族自治州博物馆
嘉峪关关城
敦煌莫高窟
新疆维吾尔自治区博物馆
中国航空博物馆
中国科学技术博物馆
中国农业博物馆
天津科学技术馆
唐山抗震纪念馆
中国第一汽车制造厂厂史展室
大庆铁人王进喜同志纪念馆（含地宫）
海军上海博览馆
红旗渠
葛洲坝水利枢纽
攀枝花市“金色的攀枝花”展览馆
羊八井地热电站
引大入秦工程

教 材 工 作

〔**教材审查**〕 在实施中小学教材多样化方针的过程中，原制订的《全国中小学教材审定委员会工作章程》中的一些内容已不能适应新形势的要求。为进一步提高教材质量，规范中小学教材审查工作，在充分征求意见、多次修改完善的基础上，1996年10月，国家教委重新印发了《全国中小学教材审定委员会工作章程》。重新印发的《全国中小学教材审定委员会工作章程》进一步明确了全国中小学教材审定委员会是我国中小学教材审定（审查）的最高权威机构，中小学课程计划所规定的必修课教材必须经中小学教材审定委员会审定（审查）后方能在中小学使用；明确了中小学教材审定委员会的职责和审定（审查）委员的条件；规定了中小学教材审定（审查）的原则和标准、中小学教材审定（审查）的程序、中小学教材审定（审查）的工作纪律等。

加强审查队伍建设，提高教材审定（审查）队伍水平。为建立一支高水平的教材审定（审查）队伍，在第三届审定委员会换届的基础上，1996年又充实了小学社会、小学自然等部分学科的审查委员；在教材审查的同时，组织审定（审查）委员学习中小学教材建设方面的法规，邀请有关领导和专家给委员作专题报告，使委员们进一步了解我国基础教育改革及发展的趋势和当前世界各国教材的现状及发展趋势。

组织小学语文学科部分委员就小学语文教材的使用情况及当前小学语文教育改革情况赴广东省调研。了解广大教师和学生对已通过审查的教材的使用意见，进一步改进教材审查工作。

在1996年的教材审查工作中，各学科审查委员依据教学大纲的要求，对送审教材进行了认真的审查，共审查教材322册（套），其中教材272册（套），挂图34套，图册16本。经审查通过的243册（套），需复审的30册（套），需重新送审的48册（套），停止使用的1册。

撰稿 臧爱珍
审稿 金学方

〔**教材管理**〕 1996年中小学教材建设以贯彻1995年国家教委《关于中小学教材编写、审查和选用的规定》为中心，加大中小学教材宏观管理的力度，推动了中小学教材的改革和发展。

召开了北京、天津等12省（区、市）中小学教材工作研讨会。会议听取了各地贯彻执行《规定》的情况汇报，交流了各地中小学教材建设和管理的经验，研讨了当前中小学教材工作中存在的问题和解决的办法。会议认为，随着教材多样化方针的贯彻实施，中小学教材建设中出现了许多新问题，如在市场经济条件下，一些教材编写、出版单位为追求利润，造成教材编印质量极差；一些未经过审查的教材通过非正常渠道进入学校等。这些问题影响着中小学教材建设的健康发展，亟需研究解决。当前就是要根据《规定》的精神，理顺教材管理的关系，加大行政管理的力度，保证中小学教材工作的健康发展。

为维护中小学教材编写、使用秩序，严格了审批申报编写中小学教材的程序，加强了对中小学教学用书目录的管理，对违反《规定》的个别教材编写、出版单位进行了通报。

召开了“中学语文教材研讨会”、“中学数学实验教材研讨会”、“综合理科教材研讨会”，对当前教材建设取得的成绩和问题及如何进一步深化课程教材改革进行了认真的研讨；研究了在市场经济的条件下，如何加强中小学教材建设，使其更好地为素质教育的实施和提高基础教育的质量服务；讨论了中小学教材在统一基本要求的前提下如何逐步形成不同层次、不同风格、不同特点。

撰稿　臧爱珍
审稿　金学方

幼儿与特殊教育

〔**表彰幼儿教育先进县(市)、区**〕 1996年5月28日，国家教委在京召开幼儿教育先进县（市)、区表彰暨新闻发布会，表彰北京市西城区等100个全国幼儿教育先进县(市)、区。

会上，全国经济百强县广东省顺德市介绍了他们富裕不忘幼儿教育，五年投入资金1.38亿元，使全市幼儿教育有了长足发展的经验；国家级贫困县青海省湟源县和广西壮族自治区田东县分别介绍了贫困地区因地制宜地发展正规与非正规学前教育的经验。天津市第十一幼儿园、北京市第五幼儿园园长介绍了他们认真贯彻《幼儿园工作规程》，转变教育观念，促进幼儿全面发展的经验。

国家教委副主任柳斌到会讲话。他指出：今年是“九五”计划的第一年，是我国社会主义现代化建设进程中非常关键的一年。在这五年中，我们要继续贯彻落实《幼儿园管理条例》和今年6月1日起正式实施的《幼儿园工作规程》，积极推进幼儿教育事业的改革与发展，保质保量地完成《90年代中国儿童发展规划纲要》提出的各项指标。

撰稿　马建华
审稿　傅国亮

〔**残疾儿童义务教育**〕 为在“九五”期间进一步推动残疾儿童少年九年义务教育的

发展，国家教委和中国残疾人联合会于1996年5月印发了《残疾儿童少年义务教育“九五”实施方案》。《方案》强调：“九五”期间，各级政府要“采取有力措施实施本方案，使残疾儿童与其他儿童同步实施义务教育；残疾幼儿学前教育有较大发展”。

《方案》提出的“九五”期间残疾儿童少年九年义务教育任务目标是，“到2000年，全国视力听力言语和智力残疾儿童少年的入学率平均分别达到80%左右”。根据分类指导的原则，《方案》对不同类型地区提出了具体的任务目标，即：1996年底前基本普及九年义务教育的地区，三类残疾儿童少年入学率分别达到90%左右。1998年底前基本普及九年义务教育的地区三类残疾儿童少年入学率分别达到80%左右。2000年底前基本普及九年义务教育的地区三类残疾儿童少年入学率分别达到65%左右。2000年底前基本普及五、六年级的地区三类残疾儿童少年入学率分别达到60%左右；普及小学三、四年级的地区，达到50%左右。

《方案》对残疾儿童少年义务教育提出了以下质量要求。(1) 已经基本普及九年义务教育的发达地区，在师资学历及任教资格，教育教学、学校（班、点）管理和校舍建设、教学仪器设备等方面，逐步达到国家规定要求；认真开展劳动技能教育和职业教育以及学前教育，对综合残疾、孤独症等残疾儿童，在试点的基础上逐步扩大教育训练规模。(2) 其他地区，必须按照课程计划开足课程、上足课时、开展活动；改进和加强劳动技能教育；注重对学生的功能补偿和能力培养，开展康复训练活动。(3) 推行盲和低视力生、聋和重听生、轻度弱智和中度弱智生的分类教学。

为完成“九五”期间残疾儿童少年义务教育的任务目标并达到质量要求，《方案》从积极开展学前教育，加强学校管理，完善法规建设，重视师资队伍建设，多渠道筹集经费和评估检查等方面提出了应采取的措施。

根据《方案》的精神和要求，各省、自治区、直辖市已开始制定本地区残疾儿童少年义务教育“九五”实施方案或规划。一些地方已经在1996年底前完成了方案或规划的制定工作，他们都能够结合本地实际情况贯彻落实中央的有关精神和要求，如陕西省决定将“不低于总数3%”的城乡教育费附加用于残疾儿童少年义务教育；广东省规定“从1997年起，将特殊教育学校教职工的特教补贴提高到基础工资和职务工资之和的25%”，从事特殊教育工作满15年的特殊教育学校教职工退休时“应将该补贴计入工资基数”；安徽省进一步明确规定了地（市）、县（市）以及乡（镇）特殊教育的管理职责，并计划在“九五”期间对所有乡（镇）特殊教育管理干部轮训一遍。

为了推动全国特殊教育的改革与发展，在4月份召开的第一次全国残疾人事业工作会议上，国家教委、民政部和中国残疾人联合会共同召开了特殊教育专题会。会上国家教委副主任柳斌同志对“九五”期间全国特殊教育工作做了重要讲话。会议还向“八五”期间实施残疾儿童少年义务教育成绩显著的102个县（市、区）授予“特殊教育先进县”的称号，并颁发了奖牌。

撰稿　王　洙
审稿　傅国亮

〔**特殊教育教学改革**〕　为推动盲文改革，中国残疾人联合会、国家教委、民政部、国家语言文字工作委员会和新闻出版署联合印发了《汉语双拼盲文“九五”实施方案》。《方案》决定在全国推广“汉语双拼盲文”。目标是：到1998年，社会公开发行的盲文出版物全部使用“双拼盲文”；2000年在校盲生教材基本使用“双拼盲文”。《方案》还提出在视力残疾学生中推广“双拼盲文”的步骤和措施。从1996年秋开始，国家教委在北京、天津、上海等地的10所盲人学校的一年级进行“双拼盲文”教学实验；盲人普通高中、职业高中和中等专业学校的一年级开始使用“双拼盲文”进行教学。为此，国家教委基础教育司分别在青岛和太原举办了“双拼盲文”培训班，有关学校的近百名人员参加了培训。

自1996年秋，全国聋校和盲聋学校的聋生部开始使用由人民教育出版社出版的新编全日制聋校教材。这套教材包括：思想政治、语文、数学、自然常识、社会常识、理科、体育、律动、美术、劳技等10科。为使各地聋校教师了解教材编写的指导思想，掌握教材主要内容，提高教学质量，国家教委基础教育司和人民教育出版社联合于1996年7月在北京举办了新编全日制聋校教材培训班。来自全国27个省、自治区、直辖市的179名聋校领导、教师参加了培训。培训班聘请了新编聋校教材的主编、副主编就1996年秋将使用的语文、数学、思想品德、美术、体育、律动等科教材的编写情况与主要内容做了较为详细的介绍。

撰稿　周德茂

审稿　傅国亮

教育督导

〔**“两基”督导评估**〕　1996年5月20日，国家教委下发了《关于进一步做好“两基”督导评估和“五查”工作的通知》。根据《通知》要求，各地认真开展了“两基”督导检查和评估验收工作。根据国家教委党组的部署，教育督导团组织15个组分别对黑龙江、辽宁、甘肃、青海、河南、江苏、吉林、广西、山西、宁夏、新疆、浙江、福建、云南、贵州、广东、海南、河北、山东、江西、安徽、湖南、湖北、四川、陕西等25个省、自治区“两基”规划实施和80个县（市、区）“两基”评估验收结果进行了抽查，其中对江苏、广东两省的“普九”、“扫盲”工作进行了全面督导评估。印发了《关于江苏省全面实现“两基”目标和广东省普及九年义务教育督导检查情况的函》和《对河北、山西等23省、自治区“两基”工作督导检查报告》，发表了《江苏、广东两省各县、市、区全面实现“两基”目标的新闻公报》。经督导评估，江苏、广东继北京、天津、上海之后在所属全部县（市、区）基本普及了九年义务教育和基本扫除了青壮年文盲。

1996年12月国家教委教育督导团组织国家督学对各地报送的"普九"、"扫盲"县(市、区)材料进行了审查,确认全国第三批基本普及九年义务教育和基本扫除青壮年文盲的县(市、区)457个(含其他实施义务教育的县级行政区划单位30个),并向江苏、广东两省人民政府赠送了锦旗,向457个县(市、区)人民政府颁发了奖牌。

截至1996年底,全国基本普及九年义务教育和基本扫除青壮年文盲县(市、区)总数达到1482个(含其他实施义务教育的县级行政区划单位43个),这些县(市、区)的人口占全国总人口的50%。

撰稿　莫景祺

审稿　白景龙

附:全国第三批基本普及九年义务教育基本扫除青壮年文盲县、市、区名单(457个)

河北省　18

武安市　临漳县　栾城县　元氏县　安平县　枣强县　故城县　保定市北市区　沽源县　张家口市宣化区　承德市双滦区　卢龙县　磁县　无极县　清河县　临城县　井陉县　高碑店市

山西省　18

太原市南城区、北城区、河西区　大同市城区、矿区　左云县　朔州市朔城区　忻州市　神池县　交城县　昔阳县　泽州县　高平市　古县　浮山县　绛县　稷山县　芮城县

内蒙古自治区　10

锡林浩特市　东乌珠穆沁旗　赤峰市红山区　根河市　满洲里市　乌海市海南区、乌达区　额济纳旗　土默特左旗　集宁市

辽宁省　22

康平县　法库县　台安县　抚顺县　清原满族自治县　新宾满族自治县　本溪满族自治县　本溪市溪湖区　锦州市太和区　黑山县　义县　盖州市　阜新市细河区、清河门区　西丰县　开原市　昌图县　凌源市　喀喇沁左翼蒙古族自治县　葫芦岛市连山区、南票区　绥中县

吉林省　7

磐石市　梨树县　东辽县　梅河口市　大安市　和龙市　长岭县

黑龙江　35

哈尔滨市道外区、太平区、平房区、香坊区　阿城市　呼兰县　齐齐哈尔市碾子山区　牡丹江市爱民区、郊区　海林市　穆棱市　林口县　佳木斯市永红区　桦川县　大庆市大同区　肇州县　鸡西市滴道区　虎林市　鸡东县　鹤岗市向阳区　伊春市美溪区、翠峦区、红星区、五营区、汤旺河区、新青区　肇东市　安达市　兰西县　大兴安岭地区松岭区、呼中区　漠河县　逊克县　九三国营农场管理局　北安国营农场管理局

江苏省　18

泰兴市　兴化市　高邮市　宝应县　南通市港闸区　灌云县　灌南县　睢宁县　丰县　淮安市　淮阴县　盱眙县　涟水县　宿豫县　宿迁市宿城区　泗洪县　泗阳县　沭阳县

浙江省　27

淳安县　温州市瓯海区　瑞安市　乐清市　洞头县　长兴县　新昌县　兰溪市　金华县　武义县　浦江县　常山县　衢县　开化县　天台县　临海市　三门县　玉环县　仙居县　台州市黄岩区、路桥区　丽水市　龙泉市　云和县　庆元县　遂昌县　松阳县

安徽省 19

宣州市 郎溪县 广德县 东至县 青阳县 贵池市 舒城县 六安市 宿州市 含山县 肥西县 芜湖县 休宁县 濉溪县 亳州市 蒙城县 怀宁县 桐城市 来安县

福建省 24

福州市郊区 福清市 同安县 南靖县 石狮市 永春县 莆田县 莆田市城厢区 湄洲岛国家旅游度假区 沙县 明溪县 邵武市 建阳市 顺昌县 永定县 东山县 漳州市芗城区 晋江市 南安市 泉州市鲤城区 武夷山市 建瓯市 漳平市 连城县

江西省 21

黎川县 东乡县 广昌县 全南县 定南县 上犹县 信丰县 兴国县 万年县 铅山县 玉山县 峡江县 吉安市 万载县 萍乡市芦溪区 分宜县 景德镇市昌江区 乐平市 九江县 永修县 武宁县

山东省 22

济阳县 枣庄市台儿庄区 东营市河口区 临朐县 济宁市任城区 曲阜市 邹城市 莒县 德州市德城区 乐陵市 禹城市 临邑县 宁津县 临沂市河东区 苍山县 沂水县 蒙阴县 平邑县 费县 临沭县 滨州市 阳信县

河南省 42

郑州市二七区、管城区、中原区、邙山区、金水区 巩义市 荥阳市 新密市 开封市龙亭区、鼓楼区、顺河区、南关区、郊区 洛阳市吉利区 栾川县 汝阳县 宜阳县 温县 沁阳市 武陟县 博爱县 新乡市北站区 获嘉县 新乡县 安阳市铁西区、郊区 濮阳市市区 平顶山市湛河区 舞钢市 汝州市 禹州市 三门峡市湖滨区 灵宝市淇县 南阳市宛城区 新野县 镇平县 商丘市 周口市 项城市 汝南县 罗山县

湖北省 19

枣阳市 丹江口市 安陆市 云梦县 汉川县 广水市 罗田县 麻城市 武穴市 武汉市汉阳区、洪山区、汉南区 枝城市 鄂州市鄂城区、华容区、梁子湖区 石首市 公安县 潜江市

湖南省 17

望城县 江永县 岳阳县 株洲县 炎陵县 黔阳县 临湘市 武冈市 永州市芝山区、冷水滩区 衡阳市郊区、南岳区 湘潭市雨湖区、岳塘区 益阳市赫山区 屈原农场 大通湖农场

广东省 19

乐昌市 乳源瑶族自治县 新丰县 东源县 和平县 连平县 紫金县 五华县 丰顺县 大埔县 汕头市河浦区 惠来县 阳山县 连南瑶族自治县 徐闻县 清新县 湛江市麻章区 龙川县 怀集县

海南省 3

万宁市 琼山市 海口市秀英区

广西壮族自治区 15

资源县 北海市海城区 宾阳县 钦州市钦南区、钦北区 容县 北流市 平南县 兴安县 合山市 陆川县 灵川县 合浦县 岑溪市 凭祥市

四川省 24

金堂县 新津县 邛崃县 蒲江县 彭州市 重庆市北碚区、江北区、沙坪坝区 乐山市市中区、沙湾区 洪雅县 峨眉山市 夹江县 丹棱县 眉山县 威远县 资阳县 荣县 垫江县 南川市 绵阳市游仙区 江油市 达川市 开江县

贵州省 3

贵阳市乌当区 遵义市 玉屏侗族自治县

云南省 12

富民县 嵩明县 路南彝族自治县 曲靖市 陆良县 峨山彝族自治县 江川县 澄江县 瑞丽市 楚雄市 个旧市 开远市

陕西省 12

临潼县 蓝田县 长安县 户县 大荔县 华县 富平县 旬邑县 扶风县 凤翔县 铜川市城区 宁陕县

甘肃省 7

民勤县 景泰县 正宁县 宁县 泾川县 崇信县 兰州市红古区

青海省 5

西宁市城北区 德令哈市 大柴旦行委辖区 茫崖行委辖区 冷湖行委辖区

宁夏回族自治区 3

惠农县 吴忠市 青铜峡市

新疆维吾尔自治区 35

乌鲁木齐市水磨沟区、南山矿区、头屯河区、东山区 玛纳斯县 库尔勒市 昌吉市 塔城市 轮台县 托克逊县

新疆生产建设兵团：2团 10团 12团 13团 21团 29团 33团 65团 66团 74团 89团 102团 103团 109团 125团 127团 121团 132团 134团 135团 141团 148团 150团 162团 185团

〔国家教委表彰"两基"工作先进县(市、区)〕 为了推动90年代全国基本普及九年义务教育和基本扫除青壮年文盲目标的实现，国家教委于1996年2月29日下发了《普及九年义务教育和扫除青壮年文盲工作表彰奖励办法》，决定对实现基本普及九年义务教育和扫除青壮年文盲规划目标，工作成绩突出的省(自治区、直辖市)和县(市、区)予以表彰奖励。

1996年5月29日，国家教委又印发了《普及九年义务教育和扫除青壮年文盲工作表彰奖励1996年实施方案(草案)》决定从1996年开始对在"两基"工作中做出突出成绩的地区进行表彰奖励。表彰奖励分三次进行，即在1996、1998、2000年各进行一次。

按照《实施方案》的规定，全国第一批实施"两基"先进县(市、区)，是按第一阶段实现"两基"县(市、区)总数的10%，由各省、自治区、直辖市根据《奖励办法》中规定的"两基"先进县的评选条件进行认真评选，并向国家教委推荐，全国共推荐150个先进县(市、区)。经国家教委督导团逐一考察，最后由国家教委审定通过并进行了表彰。

这150个县(市、区)是在认真贯彻《义务教育法》、《扫除文盲工作条例》，积极实施"两基"规划，努力实现"两基"规划第一阶段目标的过程中涌现出来的先进典型。这些县(市、区)的党委、政府坚决落实"科教兴国"的战略，把"两基"放在"重中之重"的地位；坚持依法治教，重视规章制度建设，形成依法行政秩序，建立执法监督和督导评估制度，使"两基"工作走上了法制轨道；在全社会形成尊师重教的良好氛围；落实国家有关增加教育经费的政策，千方百计地筹措资金，加大对教育的投入，努力改善办学条件，同时采取措施加强校长、教师队伍建设，从人力、物力、财力上保障"两基"目标的实现。

撰稿 陈卫军

审稿 白景龙

〔“五项内容”督导检查〕 1996年5月29日，国家教委制发了《关于进一步做好“两基”督导评估和“五查”工作的通知》。强调对基础教育的“五项内容”督导检查(简称“五查”)，是贯彻全教会议精神，加强依法治教的重要措施，必须善始善终。要求在工作中，要抓住国家和地方规定的各项教育投入政策落实和保障教师工资按时足额发放两个重点，针对存在的问题，落实改进措施，务求解决一些实际问题。

1996年，各省、自治区、直辖市在1995年开展的“五查”自查的基础上，继续深入地搞好“五查”。国家教育督导团采取不同形式，认真听取了各省、自治区、直辖市督导室主任的汇报。年终，各省、自治区、直辖市在自查、复查的基础上，分别向国家教育督导团办公室报送了总结报告。国家教育督导团办公室就两年来“五查”工作进行了认真总结，并向国家教委党组进行了汇报。

在总结“五查”工作经验的同时，针对各地存在的主要问题提出了如下建议：(1)教育投入要立法，国家要用法的形式来保证投入政策的落实，规范各级政府的教育投入行为。(2)要重新核算教育成本，确定维持学校正常运转所需要的公用经费标准，此标准应随物价上涨指数而浮动。(3)要开拓新的教育投入渠道，努力实现教育投入占GNP4%的目标。(4)要理顺教育经费管理体制，改变教育经费管理中存在的事权与财权相分离的状况。

撰稿　李今令

审稿　白景龙

〔召开素质教育汨罗研讨会〕 为落实李岚清副总理关于在全国推广汨罗经验的指示精神，国家教委教育督导团于1996年6月27日至30日在湖南省岳阳市召开了“构建督导评估机制，推动实施素质教育汨罗研讨会”。各省、自治区、直辖市教委主管此项工作的负责同志、督导室主任和部分城市的督导室主任参加了会议。柳斌同志和湖南省委、省政府、省人大、省政协、省教委的负责同志出席会议并讲话。

与会同志一致认为，汨罗市的中等及中等以下教育在市委、市政府的领导下，坚持十二年改革不动摇，在一个市(县)的范围内，有力地抑制了“应试教育”的影响，开始走上实施素质教育的轨道，其经验具有普遍意义。汨罗以及其他几个地方的经验表明，使中小学教育摆脱“应试教育”的束缚，走上全面提高国民素质的办学轨道，必须：(1)花大气力转变教育思想和观念，尤其是地方党政领导同志的教育价值观、人才观和质量观要首先端正，并力求在社会上取得共识；(2)从教育体制、结构、学制、课程、教材、教法以及招生、考试制度等各方面深化改革，创设实施素质教育的教育模式、教育条件和社会环境；(3)加强督导制度建设，构建有效的导向机制，有力的制约机制，科学的评估机制和广泛的社会参与机制；(4)建设高素质的校长、教师队伍，创设必需的办学条件。

与会同志经过研讨认为，督导评估是促进中小学教育走向素质教育的有效机制。为此，会议要求今后要着重做好以下工作：(1)采取措施，推动党政领导同志和教育系统的干部、教师认真学习汨罗等地经验，联系实际，促进教育思想和观念的转变，对实施素质教育形成共识。(2)因地制宜、有计划地推行学校督导评估制度。在当前工作中，要注意坚持面向全体学校的原则，突出督导评估的导向性和实效性，并重视在加强薄弱学校建设工作中发挥作用。(3)从本省(自治区、直辖市)的实际出发，研究制订构建督导评估机制，推动实施素质教育实验县的工作方案。试验县应根据条件，本着“成熟一个，确定一个”的原则，逐步形成。实验县的实验方案应经充分调查研究和论证。各省、自治区、直辖市要组织力量加强指导。国家教委从中确定的实验联系县，自1996年起将每年进行一次研讨和交流。(4)实施素质教育是一项复杂的系统工程，要积极进行各方面的配套改革，如教育结构改革、学制改革、招生考试制度改革、课程教材改革和教学方法、教学手段改革等。各省(自治区、直辖市)要为实验县的改革创造较为宽松的环境。

为了贯彻落实“汨罗会议”精神，1996年下半年，国家教委确定辽宁省沈阳市和平区和大连市金州区、上海市南市区和嘉定区、江苏省吴江市和江阴市、安徽省马鞍山市、湖南省汨罗市和长沙县、广东省番禺市等为在全国先行启动的10个实验联系县(市、区)。

撰稿　马书义
审稿　白景龙

〔督导机构与队伍建设〕

1996年全国教育督导机构情况表

省级督导机构	已建立督导机构的市(地州盟)(个)	占所辖市(地州盟)的百分比(%)	已建立督导机构的县(含县级市、省辖市的区)(个)	占所辖县(含县级市、省辖市的区)的百分比(%)
北京市人民政府教育督导室	10	100	8	100
天津市教育局督导室	9	100	9	100
河北省教育督导室	11	100	163	93.1
山西省人民政府教育督导室	11	100	118	100
内蒙古自治区教育厅督导室	12	100	95	95
辽宁省教育督导团办公室	14	100	100	100
吉林省人民政府教育督导室	9	100	60	100
黑龙江省人民政府教育督导室	17	100	157	100
上海市人民政府教育督导室	14	100	6	100
江苏省教育督导室	13	100	107	100

续表

省级督导机构	已建立督导机构的市(地州盟)(个)	占所辖市(地州盟)的百分比(%)	已建立督导机构的县(含县级市、省辖市的区)(个)	占所辖县(含县级市、省辖市的区)的百分比(%)
浙江省教育督导室	11	100	87	100
安徽省政府教育督导团办公室	16	100	70	66.7
福建省教育督导室	9	100	82	100
江西省教育督导室	11	100	93	93
山东省人民政府教育督导室	21	100	135	97.1
河南省教委督导室	17	100	138	87.9
湖北省人民政府教育督导室	12	100	101	100
湖南省教委督导室	14	100	121	100
广东省人民政府教育督导室	21	100	116	96.7
海南省教育厅督导室	2	100	19	82.6
广西壮族自治区政府督导团办公室	15	100	94	85.5
四川省教委督导室	23	100	215	96.8
贵州省人民政府教育督导室	9	100	83	96.5
云南省教委督导团办公室	17	100	120	94.5
西藏自治区教育督导委员会	4	57.1	0	0
陕西省政府教育督导团办公室	10	100	104	97.2
甘肃省政府教育督导团办公室	14	100	85	100
青海省教委普通教育督导室	8	100	41	95.3
宁夏回族自治区教委督导室	4	100	23	95.8
新疆维吾尔自治区人民政府教育督导室	16	100	91	98.9
总　　计	374	99.2	2641	93.0

1996年全国教育督导队伍情况表

省、自治区直辖市	省督导机构人数（人）		市（地）级督导机构人数（人）		县（区）级督导机构人数（人）	
	专职	兼职	专职	兼职	专职	兼职
北京市	19	40	70	60	47	23
天津市	8	22	53	84	59	28
河北省	4	17	49	14	428	166
山西省	4	19	44	33	541	142
内蒙古自治区	3	3	38	15	257	142
辽宁省	9	0	77	30	433	98
吉林省	7	5	63	25	353	112
黑龙江省	8	5	63	70	500	120
上海市	7	36	139	127	34	43
江苏省	5	33	44	126	415	633
浙江省	7	37	34	136	206	710
安徽省	6	7	52	18	193	72
福建省	13	13	67	68	383	179
江西省	7	6	40	57	239	243
山东省	5	16	74	65	461	256
河南省	6	0	56	238	420	1002
湖北省	4	26	50	124	323	752
湖南省	8	27	61	71	327	692
广东省	6	15	66	94	240	285
海南省	3	11	3	0	16	29
广西壮族自治区	6	40	47	151	230	643
四川省	4	14	81	177	585	1195

续表

省、自治区直辖市	省督导机构人数（人）		市（地）级督导机构人数（人）		县（区）级督导机构人数（人）	
	专职	兼职	专职	兼职	专职	兼职
贵州省	7	8	32	24	195	506
云南省	6	35	30	85	157	300
西藏自治区	5	0	11	0	0	0
陕西省	8	38	39	90	406	320
甘肃省	5	34	58	147	346	720
青海省	13	24	23	92	133	171
宁夏回族自治区	5	6	15	4	68	15
新疆维吾尔自治区	9	28	71	71	278	343
总　计	207	565	1550	2296	8273	9940

〔颁发督学行为准则〕 1996年5月29日，国家教委下发《关于印发〈关于加强教育督导队伍建设的几点意见〉和〈督学行为准则〉的通知》。要求各地组织督学反复学习、自觉遵守《督学行为准则》。

《关于加强教育督导队伍建设的几点意见》提出：（1）各地都应根据《教育法》的规定，重视建设一支数量足够，结构合理，素质较高的教育督导队伍。（2）教育督导人员结构应遵循以下原则：县以上督导机构均应配备相应数量和职级的专职督学；实行以专职督学为骨干，专职督学与兼职督学相结合的配备原则。督导人员的整体应该是年富力强的。督导人员必须熟悉教育行政管理工作和学校教育工作，并以熟悉基础教育业务的人员为主体。

《督学行为准则》是目前我国教育行政部门规定督学行为的主要标准。《准则》要求：（1）深刻理解国家的教育宗旨，热爱教育事业，发扬奉献精神，克尽监督、指导之责。（2）认真学习国家有关的法律、法规和方针、政策，增强依法治教观念，提高督导水平。（3）钻研教育理论，熟悉教育管理工作，掌握教育督导与评估的理论、方法和技术，探求教育规律，支持教育改革，促进教育发展，在工作中精益求精。（4）坚持原则，依法办事，敢讲真话。对违反法律、法规和违背教育规律的行为，态度明确，及时制止、纠正或引导解决。（5）深入基层，深入群众，了解真情，实事求是。对被督导单位的评价，客观公正，言之有据。提出的督导建议，中肯、确切。（6）作风民主，对人热情、坦诚，尊重被督导单位，热心为地方和学校服务。保障被督导单位的正常工作秩序，维护被督导单位的合法权益。与其他有关部门密切配合、团结协作。(7) 遵纪守法，秉公办事，崇尚俭朴，拒腐倡廉，严于律己，以身作则。

撰稿　李　捷　陈卫军
审稿　白景龙

〔**聘请第四届国家督学**〕　1996年3月29日，国家教委聘请并公布了总督学顾问和第四届国家督学名单，国家教委主任、党组书记朱开轩同志向国家督学颁发聘书并讲话。

国家教委聘请的第四届国家督学共有63人(其中有5人是有关民主党派中央推荐的特约教育督导员)，总督学顾问3人。

朱开轩同志在讲话中充分肯定了国家督学和特约教育督导员在推动落实《教育法》、《教师法》和《义务教育法》，推动“两基”工作和促进落实全面贯彻教育方针、全面提高教育质量等方面所发挥的重要作用。他说：今后，我们的督导任务会更繁重，督学的工作量会更大，工作会很辛苦。这就要求我们的督学要以高度的责任感和充沛的精力投入工作，完成所肩负的历史使命。

国家教委总督学顾问：陶西平（北京）　马长贵（山东）　梁植文（吉林）

第四届国家督学（按姓氏笔画顺序）：丁可也　马振海　亓国瑞　尹中川　王可植　王治禄　王凤峨　王昕　王纯山　卢鸿德　白景龙　刘铁岭　刘期泽　吕可英　许任之　许梦申　向宏业　朱定昌　朱世和　仲哲明　汤世雄　李良材　李兴国　李星万　陈光亮　陈龙俊　陈光旨　陈贤忠　张茵（女）　张克俭　张永彪　邹开华　何永培　苏林　周国贤　周德藩　杨曼（女）　杨金土　金汉杰　金长泽　孟吉平　郑启明　努尔提也夫　钟树荣　郝维谦　赵登昌　袁相婉　海淞　郭振有　郭志翔　姬君式(女)　崔福泓　阎思圣　傅鸣飞　程庆麟（女）　游铭钧　董树平　戴居仁

特约教育督导员（国家督学）：王维城（民盟）　韦文林（民建）　郑崇友（民盟）　赵光华（民进）　徐德骁（民进）

撰稿　李　捷
审稿　白景龙

关心下一代工作

〔**概况**〕　1996年，全国教育系统关工委面向基层，逐步拓宽工作领域，坚持开展爱国主义、集体主义和社会主义教育。围绕贯彻党的教育方针，从不同角度、不同层次和不同方面做了许多有益于青少年成长的实事，工作取得新进展。

1. 面向基层，从实际出发，对工作分类指导。加强宣传，培训骨干，研讨理论，推动工作深入发展。国家教委关工委根据城乡之间，地区之间，省际之间，各级各类校际之间客观存在的差异和工作发展不平衡的实际情况，坚持从实际出发，不搞一刀切，对工作进行分类指导。坚持把立足点放在基层，着重宣传基层的典型经验，以点带面，促进工作的发展。主要做了以下几方面工作：(1)继续开展各大区域内省际之间的协作。华北、西北、中南、西南四个地区分别召开协作会议。各地区针对本地区的实际情况，共同协商确定会议主题。会前认真准备，会上集中精力交流、研讨，会后狠抓落实，收到事半功倍的效果。(2) 重点推动高校关心下一代工作的开展。一是加强了高校关心下一代工作理论的研究。二是重点宣传了天津师范大学关工委参与学校党建工作的经验，华北水力电力学院关工委组织MMD（马列主义、毛泽东思想、邓小平特色理论）学习研究会，指导大学生学习理论的经验，大连理工大学关工委优化育人环境，参与校园文化建设的经验。三是根据京、津、沪高校较集中的特点，召开了三市教育系统关工委联席会议，着重研讨了在高校发挥老同志特殊优势，开展关心下一代工作的必要性、可行性及途径。四是各地加强了对高校关心下一代工作的研究和指导。吉林、天津、北京、河北、上海、安徽、福建、河南、湖南、贵州、四川、陕西等省分别召开了高校关工委工作专题会议。(3) 立足基层，加强宣传。编发工作简报，宣传基层的典型经验，供借鉴、参考，对指导、推动工作发挥了积极的作用。(4)继续加强对基层骨干队伍的培训。5月下旬在京举办了第六期关心下一代工作干部培训班，全国20个省市区基层关工委负责同志300余人参加了学习。(5) 为学习、贯彻十四届六中全会决议的精神，10月下旬，国家教委关工委与教育社会学研究会在重庆九龙坡区联合召开了第三次社区教育研讨会。

2. 协调、配合有关部门开展健康有益的活动；为基层办实事。(1) 参与了中国关心下一代工作委员会等单位主办的“中华正气”和“寻红军足迹，树革命理想”的教育活动。(2) 开展“扶贫献爱心”赠书活动。参与了国家教委图工委等单位向四川贫困县赠书活动，向革命老区安徽省金寨县教委和广西自治区教委扶贫点天峨县老鹏乡捐赠900册图书。(3) 举办“96住友中日青少年友好奖学基金——日语作文比赛”活动。作文题目为“我学日语”。全国15个省市38所学校的13000余名学生参加了此次活动。128名学生和7所学校分别获奖。11月29日在京举行了颁奖仪式。(4) 为给基层关工委提供工作依据，国家教委关工委和中国青年出版社编辑出版了《教育关心下一代工作手册》，受到广大离退休老同志和中小学教育工作者的欢迎。

撰稿　郭春开
审稿　李蒙恩

〔关心下一代工作会议〕 1996年国家教委关心下一代工作委员会已成立5年。30个省、市、自治区除西藏外，均建立了关心下一代工作机构，教育系统关工委已成为关心我国青少年健康成长的一支重要力量。为认真总结经验，研讨工作，10月13日～17日，全国教育系统关心下一代工作会议在长沙召开，29个省、自治区、直辖市，5个计划单列市教委主管领导和关工委负责同志70余人出席会议。国家教委副主任张天保代表国家教委在会上讲话，充分肯定了教育系统关工委几年来的工作成绩，高度赞扬了离退休老同志关心下一代健康成长无私奉献的高贵品质，介绍了当前教育改革与发展的概况和任务，并对进一步做好关心下一代工作提出希望与要求。国家教委关工委会长张文松在会上做了题为《紧紧围绕各级教委的中心工作，扎扎实实做好关心下一代工作》的工作报告。报告总结了五年多来的工作情况和取得的经验；阐述了教育系统关心下一代工作委员会的性质、任务，工作内容和方法；结合国内外形势，从讲政治、培养接班人的高度论述了关心下一代工作的重要性、必要性和紧迫性。常务副会长邹时炎在闭幕式上作了会议总结，着重对工作中普遍反映出来的一些亟待解决的问题做了分析，对解决问题的途径和方法提出建设性的意见。

会议共收到90余份经验材料，其中16个单位的代表在会上发言，内容主要有：(1)对关心下一代工作理论的研究和探讨；(2)高校关工委参与学校党建工作，引导大学生学习理论的体会；(3)普教系统关工委开展教育咨询，培养青年教师的情况；(4)开展家庭教育，参与社区精神文明建设，优化育人环境的经验；(5)在农村，特别在贫困地区参与"普九"、"扫盲"、"扶贫等方面的经验；(6)围绕教育改革发展中的难点、热点、重点问题深入开展调查研究，为领导科学决策提供参考依据和建议的做法。

通过总结工作，与会代表认为教育系统关工委五年来的基本经验是：(1)在党政领导的重视、支持下，准确把握关工委组织的性质、特点，坚持"拾遗补缺"、"配合补充"的原则，紧密围绕、配合教育的中心任务开展工作是充分发挥关工委作用，促使关心下一代工作健康发展的保障。(2)调查研究，从实际出发，分类指导，典型引路，以典型带动一般是教育系统关工委开展工作的行之有效的好方法。面向基层，务实求实是推动关心下一代工作深入、持久发展的立足点和必由之路。(3)正确认识、对待老同志，善于调动、爱护老同志的积极性；对老同志参加关心下一代活动坚持自觉自愿，量力而行的原则，是调动广大离退休教育工作者参与关心下一代工作，做好关工委工作的基础。(4)关工委工作要适应形势的发展和需要，结合学习贯彻党的十四届六中全会《决议》和江泽民同志关于"讲学习、讲政治、讲正气"的讲话，提高认识，开拓思路，加强关工委工作的理论研讨，提高工作水平，开创教育系统关心下一代工作的新局面。

撰稿 郭春开
审稿 李蒙恩

职业教育

教育管理

〔综述〕 1996年，全国中等职业学校(含中师)已达17121所，其中职业高中8515所，在校生395.75万人，比上年增长4.5%；中等专业学校4099所，在校生422.79万人，比上年增长13.6%；技工学校4467所，在校生191.81万人，比上年增长1.7%，三类中等职业学校招生数和在校生数分别占我国高中阶段教育总数的57.59%、56.77%。与1995年相比，略有增长。但值得注意的是，1996年职业高中和技工学校的招生都出现了负增长，职业高中招生的绝对数比上年减少2.97万人，负增长为1.84%；技工学校招生数比上年减少1.37万人，负增长为1.85%。中等职业学校在完成正规学历教育教学任务的同时，还承担了大量的短期职业技术培训任务，一年来，共培训139717万人次。

1996年，中等职业教育骨干学校建设得到进一步加强。全国已有国家级重点学校675所，省部级重点学校1964所。

1996年初级职业中学已达1534所，毕业生18.76万人，年招生30.68万人，在校生77.52万人，占初中阶段在校生总数的1.54%。

1996年有职业大学73所，在校生近10万人；独立设置的普通专科学校中，有5所为职业技术学院；在独立设置的成人高校中已有188所学校的133个专业正在进行高等职业教育试点；此外，国家教委还批准18所重点中专学校举办高职班，进行招收初中毕业生、学制五年的高等职业教育试点，这标志着我国高等职业教育的发展正处在起步阶段。

撰稿　朱小萍

审稿　刘占山

〔颁布《职业教育法》〕 1996年5月15日，中国第一部《职业教育法》正式颁布，这是我国职业教育步入“以法治教、科学管理”轨道的重要里程碑。

一、《职业教育法》的立法过程。 1989年国家教委开始草拟《职业技术教育条例》；1992年，国家教委成立了有全国人大教科文卫委、劳动部、中华职教社、中国职教学会和国家教委有关司局负责人参加的职教立法领导小组并相应设立了《职业教育法》起草小组，至此，由起草《条例》改为草拟《职业教育法》。其间进行了大量的调研、论证，先后易稿数十次。1995年1月，曾将《职业教育法（草案）》（征求意见稿）发给国务院各部委、各省、区、市征求意见。1995年4月报送国务院后，国务院法制局又征询53个部委、省、自治区、直辖市、社会团体的意见。1995年5月，李岚清副总理主持召开有关部门协调会，审议修改《职业教育法》送审稿。1995年11月，李岚清、吴邦国副总理又约请劳动部、国家教委、国务院法制局负责人就《职业教育法》的规范范畴、职业教育的管理体制等问题协调意见。1995年12月4日，李鹏总理主持召开国务院常务会议，审议通过将《职业教育法》（草案）报送全国人大。经全国人大常委会第十七次会议初审和第十九次会议审议通过，1996年5月15日，江泽民主席签署主席令，颁布《中华人民共和国职业教育法》，并于1996年9月1日起施行。

二、制定《职业教育法》的指导思想。 制定《职业教育法》的指导思想是：坚持以邓小平同志建设有中国特色社会主义理论和党的基本路线为指针；以我国《宪法》、《教育法》、《劳动法》为基本依据，对职业教育的基本原则作出法律规定，使《国务院关于大力发展职业技术教育的决定》、《中国教育改革和发展纲要》、《国务院关于〈中国教育改革和发展纲要〉的实施意见》的基本精神和“科教兴国”战略得到更好地贯彻落实。

三、《职业教育法》的主要内容。 《职业教育法》共含五章四十条，它确立了职业教育的地位与作用；规定了政府、各行业、企事业及社会各方面兴办职业教育的职责、义务；提出了发展职业教育筹资的原则和各项保障条件与措施；指出了发展与改革职业教育应该遵循的重要原则；明确了职业教育管理职责分工的基本原则。此外，还规定了相关的奖励和处罚条款，赋予省、自治区、直辖市政府和国务院部委制定实施法规和办法的权力。

四、颁布《职业教育法》的意义。 (1)《职业教育法》是巩固职教成果的重要保障。截至1996年，全国有各类职业学校近2万所，在校生近千万人，中等职业学校在校生已占高中段在校生人数的56%以上，仅“八五”期间职业学校就向社会输送了初、中、高各级人才1100多万人；改革开放15年来，我国累计培训企业员工3亿多人次。制定和颁布《职业教育法》，将对巩固和发展职业教育的成果起到保障作用。(2)《职业教育法》是深化改革和发展职教的有力武器。与世界上职教事业发达的国家相比，中国职业教育还有不少差距，还不能适应经济和社会发展的需要。根据《中国教育改革和发展纲要》实施意见的要求，中国职业教育要使中等层次职校在校生占高中段在校生总数的60%，普及高中段教育的城市达70%。要实现国家发展职教的目标，必须贯彻好《职业教育法》，加大发展力度和采取有力举措。(3)《职业教育法》是规范各类职业教育活动的法律准绳。职业教育有各种办学体制和办学形式，为引导其健康发展，需要逐步加强规范化和制度化管理。建国至今，各部门、各地区都颁布过许多职教的行政法规，对职业教育的发展和提高起了重要作用。但还缺乏全国统一的系统完整的规范。颁布《职业教育法》，为职业教育步入“依法治教、科学管理”的轨道奠定了基础。(4)《职业教育法》是职教发展中的法律依据。要运用好这部法律规定的条款，来解决办学职责、筹集经费、改善办学条件、理顺管理体制、纠正鄙薄职教观念等许多重要问题。(5)《职业教育法》是促进职业人才培养，落实科教兴国战略，实现两个根本转变的重要保证。依法办职教，可以为社会主义建设培养大批实用人才，大面积提高劳动者的素质，加速“两个根本转变”的实现。

五、《职业教育法》的贯彻实施情况。《职业教育法》颁布实施后，全国各地区、国务院各部委结合实际学习、贯彻《职业教育法》。国家教委、国家经贸委、劳动部于1996年6月联合召开了宣传、贯彻《职业教育法》的全国职业教育工作会议，李鹏总理、李岚清副总理在会上作了重要讲话。各省、自治区、直辖市在贯彻中主要抓了四件事：一是通过广播、电视、报刊大造舆论声势；二是草拟好一个贯彻《职业教育法》的文件；三是修订完善本省、自治区、直辖市的职业教育法规；四是开好一个地方职业教育工作会议。

学习、宣传、贯彻《职业教育法》是我国职业教育工作一项重要而长期的任务。各级政府和各有关部门的领导者应率先模范贯彻实施；同时要大力宣传，提高全国人民对职业教育地位作用的认识；要采取有力措施，完善职业教育法的配套法规；要健全教育司法制度，完善教育行政执法工作；要强化法律监督制度，以推动《职业教育法》的实施。

撰稿　张光喜
审稿　陈德才

〔**评估认定国家级重点职业高中**〕　为贯彻落实《中国教育改革和发展纲要》和《国务院关于大力发展职业技术教育的决定》精神，加快示范性骨干学校建设的步伐，国家教委在省级重点职业高中评估认定工作的基础上，于1994年初制定并颁发了《国家级重点职业高级中学标准》，各地积极采取措施，加快了职业高中的建设步伐。经过两年的努力，1996年，在学校自评、省市教委(厅、局)复评提出备选学校的基础上，经由教育管理人员、职教教研人员及有关专家组成的国家级重点职业高中评估审议小组审议，国家教委审批认定了296所国家级重点职业高中。

这次审批认定的国家级重点职业高中，是一批在全面贯彻党的教育方针，坚持主动为经济建设和社会发展服务的办学方向，建立与市场经济体制相适应的办学机制，办学条件和规模效益好，学校管理和教学有职教特色，教育教学质量高且成绩显著，对同一类职业学校有示范作用的骨干职业学校。1996年，全国共有省级重点职业高中909所、国家级重点职业高中296所，分别占同类学校的10.6%和3.5%左右，分布在29个省(自治区、直辖市)，包括了近百个职业高中的主要专业(工种)，一支骨干职业高中队伍初步形成，为继续加强骨干学校建设积累了成功经验，奠定了良好基础。

骨干学校建设，得到了各级党政领导、教育部门和社会各界的重视。在各级政府的统筹领导下，各地都制定和采取了相应的政策和措施，加大工作力度，推动骨干学校的建设。在认真搞好评估工作的同时，各地认真总结和推广了骨干学校的经验：(1) 坚持正确的办学指导思想，适应社会主义市场经济体制和经济建设的需要，多层次、多形式办学，拓宽服务面向，扩大学校规模，培养数量多、质量高的各类合格人才；(2) 利用学校在技术、设备、信息等方面的优势，直接参与当地经济建设，为当地经济和社会发展做出贡献，为农民脱贫致富服务，发挥多功能作用；(3) 加快学校内部管理体制的改革，提高管理水平，逐步实现科学化、规范化管理；(4) 加强领导班子和师资队伍建设；(5) 加快教学领域的改革、加强教学研究工作，探索职教教学规律和教学模式，提高教育教学质量；(6) 加强和改进德育工作；(7) 拓宽经费来源，改善办学条件；(8) 加强实习基地和校办产业建设。同时，开展国际交流与合作，学习和借鉴国外等各方面的先进经验，以充分发挥骨干学校的示范和辐射作用，带动了职业高中教育整体水平的提高。

撰稿　陈　光

审稿　陈德才

附

首批国家级重点职业高级中学名单

北京市：

1　北京市东城区职业教育中心学校
2　北京市外事服务职业高中
3　北京市劲松职业高中
4　北京市信息管理学校
5　北京市黄庄职业高中
6　北京市昌平农村职业学校
7　北京市财经学校

天津市：

1　天津市塘沽区第二职业中等专业学校
2　天津市塘沽区第一职业中等专业学校
3　天津市电子计算机职业中等专业学校
4　天津市中华职业中等专业学校
5　天津市宝坻县第一职业中等专业学校
6　天津市静海县职业教育中心

河北省：

1　迁安县职业技术教育中心
2　青县职业技术教育中心
3　永年县综合职业技术学校
4　沧县职业技术教育中心
5　丰南市职业技术教育中心
6　鹿泉市职业教育中心
7　涉县职业技术教育中心
8　张家口市宣化区职业教育中心
9　丰宁满族自治县职业技术教育中心
10　河间市职业技术教育中心
11　南宫市职业技术教育中心
12　大厂回族自治县职业技术教育中心
13　定州市职业技术教育中心
14　故城县综合职业技术学校

15 清苑县职业技术教育中心
16 邢台市职业技术教育中心
17 蠡县启发职业技术教育中心
18 隆化县职教中心
19 卢龙县职业技术教育中心
20 冀州市职业技术教育中心
21 安国市职业技术教育中心
22 武安市综合职业技术教育中心
23 宁晋县职业技术教育中心
24 滦县职业技术教育中心
25 晋州市职业技术教育中心
26 抚宁县职业技术教育中心
27 任丘市职业技术教育中心

山西省：

1 太原市实验职业中学
2 阳泉市第一高级职业中学
3 永济市综合职业中学
4 阳泉市交通职业学校
5 太原市第六职业中学
6 左云县综合技术学校
7 大同市第一高级职业中学
8 昔阳县高级职业中学
9 朔州市城区神头职业中学校
10 太原市第二职业中学
11 太原市旅游职业中等专业学校
12 长治市职业高级中学

内蒙古自治区：

1 包头市第四职业高级中学
2 呼和浩特市第二职业高级中学
3 包头市第八职业高级中学
4 乌拉特前旗第一职业中学
5 赤峰华夏职业学校
6 乌兰浩特市第一职业高级中学
7 临河市第一职业高级中学
8 赤峰第一职业高级中学

辽宁省：

1 沈阳市计算机学校
2 沈阳市电力学校
3 沈阳市政法学校
4 大连市女子中等职业技术专业学校
5 沈阳市外事服务学校
6 瓦房店市第一中等职业技术专业学校
7 锦州市第一中等职业技术专业学校
8 大连市旅顺口区第一中等职业技术专业学校
9 沈阳市第一服装学校
10 普兰店市第二中等职业技术专业学校
11 盘锦市第二中等职业技术专业学校
12 营口市第一中等职业技术专业学校
13 辽阳市第一中等职业技术专业学校
14 本溪市第二中等职业技术专业学校
15 本溪市第一中等职业技术专业学校
16 沈阳市外国语学校
17 沈阳市金融学校
18 阜新市第一中等职业技术专业学校
19 大连市金州区第二中等职业技术专业学校
20 铁岭市中等职业技术专业学校
21 鞍山市第三中等职业技术专业学校

吉林省：

1 长春市实验职业高中
2 中国第一汽车集团公司职业技术学校
3 长春市计算机学校
4 吉林市女子职业高级中学
5 吉林化学工业公司职业高级中学
6 双辽县农职业技术教育中心
7 公主岭市职业教育中心
8 辽源市第一职业高中
9 通化市职业教育中心
10 白山市职业教育中心
11 延吉市第一高级职业中学

黑龙江省：

1 五常市职业技术教育中心学校
2 哈尔滨市第一职业高级中学校
3 齐齐哈尔市职业技术教育中心学校

4 大庆蒙妮坦职业高级中学校
5 讷河市职业技术教育中心学校
6 密山市职业技术教育中心学校
7 哈尔滨市第二职业高级中学校
8 牡丹江市职业技术教育中心学校
9 绥化市职业技术教育中心学校
10 尚志市职业技术教育中心学校
11 佳木斯市比佳职业技术教育中心学校

上海市：

1 上海市旅游服务职业技术学校
2 上海市逸夫职业技术学校
3 上海市现代职业技术学校
4 上海市群益职业技术学校
5 上海市东辉职业技术学校
6 上海市崇明县竖河职业技术学校
7 上海市商业职业技术学校

江苏省：

1 江苏省通州职业高级中学
2 江苏省江阴职业高级中学
3 江苏省盐城第一职业高级中学
4 江苏省苏州高级工业学校
5 江苏省连云港职教中心
6 江苏省宜兴丁蜀职业高级中学
7 江苏省常熟工业职业高级中学
8 江苏省铜山张集职业高级中学
9 江苏省邗江职业高级中学
10 江苏省锡山工业职业高级中学
11 江苏省无锡职业高级中学
12 江苏省常州刘国钧职教中心
13 江苏省武进西林职业高级中学
14 江苏省张家港职业高级中学
15 江苏省盐城盐南职业高级中学
16 江苏省常熟农副职业高级中学
17 江苏省金湖职业高级中学
18 江苏省溧阳职业高级中学
19 江苏省海安农业工程学校
20 江苏省海安双楼职业高级中学
21 江苏省昆山第一职业高级中学
22 江苏省海门职业高级中学
23 江苏省吴县职业高级中学
24 江苏省扬州工业职业高级中学
25 江苏省常州旅游职业高级中学
26 江苏省射阳职业高级中学
27 江苏省武进职业高级中学
28 江苏省丹阳职业高级中学
29 江苏省连云港大港职业高级中学
30 江苏省靖江工业职业高级中学
31 江苏省涟水职业高级中学
32 江苏省如东第一职业高级中学
33 江苏省泰兴职业高级中学

浙江省：

1 宁波市逸夫职业高级中学
2 奉化市大桥职业技术学校
3 鄞县职业高级中学
4 宁海县高级职业技术中心学校
5 杭州市旅游职业学校
6 杭州职业高级中学
7 温州市职业技术学校
8 江山市农村职业技术学校
9 绍兴市职教中心
10 上虞市中等职业技术学校
11 金华市第一职业高级中学
12 东阳市技术学校

安徽省：

1 马鞍山市职业教育中心
2 芜湖市职业教育中心
3 铜陵市第一职业高级中学
4 黄山市中华职业学校
5 霍邱县陈埠职业高级中学
6 淮南市职业教育中心
7 合肥市职业教育中心

福建省：

1 福建省龙岩华侨职业中专学校
2 福建省泉州华侨职业中专学校

3 福建省莆田湄洲湾工业职业中专学校

4 福建省厦门旅游职业中专学校

江西省：

1 南昌市第一职业中学

2 弋阳县职业高级中学

3 奉新县冶城职业中学

4 泰和县职业技术高级中学

5 大余县职业技术教育中心

山东省：

1 胶南市职业中等专业学校

2 诸城市职业中等专业学校

3 即墨市第二职业中等专业学校

4 平度市职业中等专业学校

5 寿光市第一职业中等专业学校

6 昌邑市职业中等专业学校

7 淄博市临淄区职业中等专业学校（南校）

8 莱芜市第二职业中等专业学校

9 青岛华夏职业教育中心

10 济南第五职业中等专业学校

11 即墨市第一职业中等专业学校

12 潍坊市第一职业中等专业学校

13 日照市经济学校

14 威海市职业中等专业学校

15 烟台第一职业中等专业学校

16 枣庄市职业中等专业学校

17 临沂市第一职业中等专业学校

18 济南市历城职业中等专业学校

19 安丘市职业中等专业学校

20 青岛电子学校

21 莱西市职业中等专业学校

22 烟台市福山职业中等专业学校

23 荣城市职业中等专业学校

24 淄博市淄川第二职业中等专业学校

25 五莲县职业中等专业学校

26 莒县职业中等专业学校

27 胶州市职业中等专业学校

28 烟台第二职业中等专业学校

29 无棣县职业中等专业学校

30 德州市第一职业中等专业学校

31 沂南县职业中等专业学校

32 泰安市第一职业中等专业学校

33 淄博市张店第一职业中等专业学校

34 蓬莱市第一职业中等专业学校

35 栖霞职业中等专业学校

36 临沂市第二职业中等专业学校

37 平邑县职业中等专业学校

38 章丘市职业中等专业学校

河南省：

1 郑州市第四职业中等专业学校

2 商丘市职业中等专业学校

3 安阳市第一职业中等专业学校

4 开封市第二职业中等专业学校

5 安阳县第一农职业高级中学

6 巩义市职业中等专业学校

7 登封市职业中等专业学校

8 许昌市职业中等专业学校

9 新密市职业技术教育中心

湖北省：

1 荆沙市职业教育中心

2 宜昌市职业教育中心

3 襄樊市职业技术教育中心

4 东风汽车公司第一职业高级中学

5 武汉市第二职业教育中心学校

6 钟祥市职业高级中学

7 宜昌县职业高级中学

8 十堰市第一职业高级中学

9 荆门市职业技术教育中心

10 恩施市职业技术教育中心

11 石首市职业高级中学

12 武汉市东西湖职业技术学校

13 当阳市职业高级中学

14 黄州市职业高级中学

15 枝江县职业教育中心

16 枝城市清江职业高级中学

17　郧县职业技术教育中心
18　武汉市第一职业教育中心

湖南省：

1　株洲市职业中等专业学校
2　长沙市财经职业中专学校
3　长沙县职业中专学校
4　汨罗市职业中专学校
5　湘潭市机电职业中等专业学校
6　冷水江市工业职业中等专业学校
7　芷江侗族自治县民族职业中专学校
8　津市职业中专学校
9　常德市食品职业中等专业学校
10　岳阳市机电职业中等专业学校
11　道县职业中专学校
12　凤凰县职业中专学校

广东省：

1　顺德市梁銶琚中学
2　广州市电子职业高级中学
3　深圳市电子技术学校
4　佛山市华材职业高级中学
5　江门市工交职业高级中学
6　新会市荷塘职业中学
7　梅州市城西职业中学
8　珠海市职业高级中学
9　阳江市第一职业高级中学
10　中山市沙溪理工学校
11　鹤山市职业技术高级中学

海南省：

1　海口旅游职业学校

广西壮族自治区：

1　柳州市第一中等职业技术学校
2　浦北县第一中等职业技术学校
3　博白县中等职业技术学校
4　北海市第一职业高级中学
5　横县中等职业技术学校
6　桂林市旅游中等职业技术学校

四川省：

1　自贡市釜溪职业高级中学
2　泸州市树风职业高级中学
3　重庆市旅游学校
4　重庆市女子职业高级中学
5　达川市职业高级中学
6　四川省江津市工商职业高级中学
7　四川省射洪县中等职业技术学校
8　四川省德阳市黄许职业高级中学
9　成都市新华职业中学

贵州省：

1　贵阳市女子职业学校
2　贵阳市经济贸易职业学校
3　湄潭县职业高级中学

云南省：

1　宣威市第一职业高级中学

陕西省：

1　汉中市第一职业高级中学
2　韩城市新农职业中学
3　澄城县职业中学
4　西安职业中等专业学校
5　泾阳县职业技术学校
6　白水县农职业中学
7　渭南市城关职业中学
8　西安铁路分局职业中等专业学校

甘肃省：

1　兰州市女子职业学校
2　平凉职业中等专业学校
3　兰州市职业学校
4　酒泉市职教中心

宁夏回族自治区：

1　银川市第一职业高级中学

新疆维吾尔自治区：

1　乌鲁木齐市职业中等专业学校
2　库尔勒市职业中等专业学校
3　阜康市职业中等专业学校
4　塔城市职业高级中学

〔**世界银行贷款第二个职业教育项目启动**〕 1996年7月2日，世界银行董事会批准中国利用世界银行贷款进行第二个职业教育发展项目。9月13日，双方正式签署了信贷协定，按照世界银行的有关规定，项目于协议签署后3个月，即1996年12月13日正式生效。

世界银行贷款第二个职教发展项目的总成本为5.87亿元，其中包括世界银行贷款3000万美元（软贷款2000万美元，硬贷款1000万美元，美元汇率为1∶8.3）和国内配套资金3.28亿元。项目主要分布在山东、辽宁、江苏、天津和广东5个沿海经济发达省市，有82所中等专业学校和职业高中被确定为项目学校，其中大部分为省部级重点职业学校。主要装备的专业是与我国国民经济发展紧密相关的机械、电子、机电一体化、计算机应用、化工和建筑等专业。通过支持这批项目学校改善办学条件、提高师资质量和管理水平，扩大办学规模，提高办学效益，以建成一批能够起示范作用的职业教育中心，推动项目省市职业教育的进一步改革和发展，更好地满足项目省市经济发展对中等技术和管理人才的需求。

世界银行贷款第二个职业教育贷款项目与第一个职业教育贷款项目相比有以下几个特点：

第一，此贷款项目是我国教育项目中第一个混合贷款项目，综合利率达到4%，相对风险较高，项目额度较少。世界银行希望通过这个项目的实验，得出发展职业教育可以使用有息贷款（硬贷）或混合贷款的结论。我国政府也希望通过该项目，探索多种形式筹集发展职业教育所急需资金的经验。项目具有实验的性质，它的成功与否，对我国将来利用世界银行混合贷款发展职业教育具有深远影响。

第二，项目的设备采购方式有所变化。按照分级管理，扩大地方自主权的原则，占贷款设备采购总额30%～35%的国际招标工作，由国家教委贷款办公室负责，其他65%～70%国内采购部分由各个项目省市负责。另外，国内采购的程序也予以简化，设备采购清单经世行专家审定后，地方即可优先进行采购。同时，此项目的设备配置原则也较为灵活，各校可在满足专业教学实验、实习的同时，充分考虑到用人单位的要求，按照生产流程进行设备配置。

第三，项目的技术援助工作按照我国职业教育的发展水平和项目学校的具体情况做了较大改革。项目确定用不超过贷款总额6%的资金，对项目学校的校级领导及贷款专业的骨干教师进行培训，专业教师出国不再以统一的全国外语水平考试成绩进行选拔，而是优先根据教育教学改革的需要，进行出国人员的选拔，同时辅以必要的外语测试。

撰稿　刘　杰

审稿　刘占山

教育改革

〔**农村职业教育**〕 近年来，农村职业教育有了较大发展，农林中专、农民中专和农村职业高中招生数分别由1985年的5.7万人、3.9万人和64.1万人提高到1996年16.9万人、11.37万人和88.11万人。但是近两年来，农村中等职业学校农业类专业在发展中遇到了较大困难，一些地方出现了滑坡现象，这与实现农业现代化对农业技术人才的需求很不适应。

为使农业职业学校更好地适应农村经济发展的需要，国家教委与农业部于1996年4月29日联合发出《关于进一步办好农村中等职业学校农业类专业的意见》。《意见》对农业职业教育进一步深化改革的内容与措施提出要求：

一、要强化兴农意识，各级党委、政府和教育、农业、科技部门要高度重视并采取有力措施支持、帮助办好农业职业教育。

二、要不断深化教育内部改革，努力增强办学生机与活力。要适应农民致富需要，培养学生的创业本领；要改革教学内容和方法，不断引进先进技术；要改革招生录取办法，采取灵活多样的办学形式；要大力发展校办产业，实行产教结合；要深化学校内部体制改革，加强科学管理，不断提高办学水平。

三、要加强学校基本建设，努力改善办学条件。首先要加强师资队伍建设，要采取有力措施，加快农村中等职业学校中农业类专业师资的培养和培训工作；其次要加强教材建设，除了国家教委组织编审一部分典型教材外，各地农业部门要配合教育部门，组织农业院校的专家、教授编写当地需要的，质量较高、实用性较强的专业课教材；同时还要注意建设高标准的校内外生产实习基地，以满足学生实习的需要，并起到技术推广和生产示范作用。

四、要加大政府统筹力度，制定配套政策，支持农业职业教育的发展。要不断增加投入多渠道筹措教育经费；要制定倾斜政策，对报考农业类专业的学生减免学杂费，对回乡从事农业生产的毕业生在评聘农民技术员和选拔任用农村基层干部等方面优先考虑，在承包土地和进行规模经营、创办经济实体等方面优先提供贷款和办理营业执照；要加强农科教结合，统筹安排农科教的改革与发展任务和人才培训计划，合理使用各部门的实验实习基地和设施以及科教兴农资金；要动员高校和科研单位支持和帮助发展农业职业教育，高等农业院校要对口招收农业职业学校优秀毕业生，纳入国家计划，毕业后分配到所在地中等职业学校和技术推广部门工作，同时，在教学改革、农业技术推广、提供科技信息等方面对农业职业学校予以指导和帮助；要动员社会力量积极参与实用技术培训工作，全方位提高劳动者素质。

撰稿 王兰英
审稿 陈德才

〔**职业中学普及普通话工作**〕 自1993年国家语委、国家教委发出《关于职业中学普及普通话的通知》以来，各地教委、语委和职业中学在制定工作规划、编写教材、培训师资和开展普通话测试等方面做了许多探索性的工作，但仍有一些省市和学校对此尚未予以足够重视。为进一步推进这项工作，国家教委、国家语委于1996年3月联合召开了全国职业高中普及普通话工作交流汇报会，并正式颁发了《职业中学普通话教学基本要求》(以下简称《基本要求》)和《职业中学普及普通话工作评估指导标准》(以下简称《标准》)，使职业中学普及普通话工作逐步实现目标管理、量化评估，进入制度化、科学化的轨道。

《基本要求》对不同类别的专业教学目标和要求提出了原则性的指导意见。要求各地职业中学从1996～1997学年度开始，将普通话教学列入专业基本技能类的必修课。今后职业中学的师范类专业、与口语表达密切相关的专业和一般专业将按照《基本要求》提出的三类不同教学要求进行普通话教学和考核。其中师范类专业和与口语表达密切相关的专业，普通话考核不合格的毕业生，要进行补课和补考，合格后才能发给毕业证。

《标准》从学校组织工作，教职员普通话水平和使用情况、学生普通话水平和使用情况三个方面，提出了19项具体的评估要素，明确了学校普及普通话的工作目标，也为对学校进行阶段性检查评估提供了依据。检查评估工作将根据不同地区、不同类别学校的实际分别于1999年或2000年前后完成。各地已经或正在制定各省(自治区、直辖市)开展职业中学普及普通话工作检查评估的工作计划和供操作用的评估标准。

撰稿 陈 光
审稿 陈德才

〔**小企业管理技能课程开发**〕 近年来，随着我国社会主义市场经济体制的逐步完善，小企业得到了长足发展，对提高就业率，促进经济发展起了重要作用，其相关培训在职业教育中也日益受到重视，使职业教育培养出来的学生除职业技能外，还具有独立创业精神和能力。一些地区积极进行有关“小企业管理”专业设置和课程开发的探索；同时，小企业管理技能课程开发也是教科文UNEVOC国际职教合作项目中课程开发的重要内容之一，1996年6月，国家教委职教中心研究所在北京组织召开了联合国教科文亚太地区“小企业管理技能课程开发”国际研讨会，会上就此提出了各成员国的行动计划。

教科文北京研讨会制定的行动计划中，为推动国内创业教育的发展和落实，国家教委职教司和职教中心研究所组成联合小组，着手进行“小企业管理技能”课程和教材的开发工作，在国内组织开展了一系列的活动：(1)组织召开了“小企业管理技能课程开发”国内研讨会，讨论并开发出“小农场管理”和“小餐馆管理”课程案例草案；(2)将开发出的“小企业管理技能”课程案例译成英文，递交教科文亚太地区网络中心，并拟定1997年4月前完成两个案例教材的编写工作；(3) 在北京，湖南，陕西，江苏，浙江和山东青岛6省市中选择部分学校，进行小企业管理技能课程的试点教学。

撰稿 牛梦成
审稿 刘来泉

〔**职业道德教育研讨会**〕 1996年12月8日～11日，国家教委职教司在山东省潍坊市召开贯彻党的十四届六中全会决议，加强职业道德教育研讨会。来自全国28个省、自治区、直辖市职业学校的领导、教师和教育行政部门的负责同志共90人出席了会议。会议在以下几方面达到共识：

进一步提高了对职业道德教育重要性、紧迫性的认识。与会同志认为，加强职业道德教育是职业学校德育的重要组成部分，要像重视职业知识和职业技能教育那样重视职业道德教育，要采取切实措施，认真抓好职业道德教育。

进一步明确了职业道德教育的内容和途径。职业学校的职业道德教育要以邓小平建设有中国特色社会主义理论为指导，以为人民服务为核心，以职业道德规范教育为主要内容，着重进行爱岗敬业、诚实守信、办事公道、服务群众、奉献社会的教育。职业道德教育要以多种途径、多样方法进行。如开好职业道德课，通过各学科特别是专业课教学进行渗透，加强实验、实习等实践环节的职业道德教育，开展丰富多彩的课外活动进行职业道德教育等。同时，还要坚持理论联系实际，使思想教育与行为训练相结合，努力使职业道德教育开展得生动活泼。

加强领导是职业学校搞好职业道德教育的关键。各级职业教育行政部门和学校要切实加强对职业道德教育的领导，有专人负责，纳入工作计划，统筹协调和管理。要充实、提高职业道德教师队伍，努力为职业道德教育创造条件，每年拨出一定经费，用于职业道德教育。同时要做好职业道德教育的检查评估工作。要探索职业道德教育的规律，努力开创职业教育的新局面。

撰稿 富祥武
审稿 陈德才

校长培训与师资队伍建设

〔**职业中学校长岗位培训**〕 1996年，全国职业中学校长岗位培训工作取得了较大成绩。据20个省市的抽样调查统计，已参加过岗位培训的职业中学校长约占抽样调查省市职业中学校长总数的46%，主要经验是：(1)各级教育行政部门领导重视培训工作，主要领导亲自抓并设置专门的领导机构；(2)采取灵活多样的培训形式，脱产与半脱产、不脱产相结合，面授与自学相结合等，培训效果好；(3)坚持理论联系实际的学习方法，校长结合先进学校的办学经验及本校实际情况撰写论文；(4)积极落实培训经费，确保培训工作的顺利开展；(5)认真组织考核，保证培训质量。

各地的职业中学校长岗位培训情况很不平衡。北京、天津等市职业中学校长岗位培训工作将于1996年底基本告一段落，但少数地区则刚刚开始，个别地区还没有起步。主要问题是：(1)有的教育行政部门领导对职业中学校长岗位培训工作的重要意义还缺乏足够认识，对培训工作缺少必要的支持。(2)部分职业中学校长岗位培训班的任课教师对职业教育缺乏了解，理论水平较低，影响了培训的质量。(3)有些地区的职业中学校长对参加培训的积极性不高。(4)有些省市的培训内容与当地的实际联系不够紧密。为此，1996年8月，国家教委办公厅发出《关于进一步做好全国职业中学校长岗位培训工作的通知》，《通知》要求：(1)各地教育行政部门的领导要进一步提高对职业中学校长岗位培训工作重要意义的认识，要将此项工作做为贯彻落实党中央和国务院关于"大力发展职业教育"的方针，进一步提高职业学校办学水平，促进当地经济和社会发展的大事来抓。要将培训工作纳入本部门年度工作计划，并有领导分工负责。(2)各地教育行政部门要明确职业中学校长岗位培训基地，基地的教师队伍要专兼结合，专职教师要少而精，相对稳定。职业中学校长岗位培训基地由省级教育行政部门确定，并报国家教委备案。职业中学校长岗位培训工作原则上不下放到地市一级。(3)职业中学校长岗位培训课程的安排，除规定的课程外，各地可根据本地的经济、社会和职教发展以及人才需求等情况，适当增加有关内容。4. 各地区应根据本地区的实际情况，逐步建立起职业中学校长持证上岗制度。从1996年下半年开始，对于预备上岗的职业中学校长一般经过岗位培训，个别有困难的，应在上岗后一年内参加岗位培训，否则不得继续担任职业中学校长。1998年底以前全国职业中学校长将全部实现持证上岗。

〔**中等职业教育师资队伍建设**〕 据统计，1996年底全国中等专业学校、职业高中专任教师分别为20.43万人和26.85万人，比1995年增加9559人和13600人。同时，师资队伍的结构和素质也有了较大改善和提高。全国中等专业学校专业课教师与普通文化课教师数量比已接近2∶1，实习指导教师数量比1995年增加911人；理论课教师学历达标率为64.4%，比1995年提高1.6个百分点；专任教师中具有高级职务的比例达到15.6%，比1995年提高0.8个百分点；全国职业高中专业课教师数量与普通文化课教师比为1∶1.1；理论课教师学历达标率为31.8%，比1995年提高2.4个百分点；专任教师中具有高级职务的比例达到7.1%，比1995年增加0.4个百分点。

为加强职教师资队伍建设，加速培养中等职业学校短缺的专业课教师，国家教委办公厅下发了《关于落实1997年职业教育师资培养计划的通知》，要求各地要依托本地区有条件的普通高等学校，落实职业教育专业课师资招生计划，实习指导教师的培养计划要列入重点中等职业学校的招生计划之内。为探索出一条普通高校举办职教师资班，为职业教育培养合格师资的路子，1996 年农业部所属中国农业大学、南京农业大学、沈阳农业大学、华中农业大学、西南农业大学，纺织总会所属中国纺织大学、北京服装学院、武汉纺织工学院，内贸部所属北京商学院、黑龙江商学院、杭州商学院，供销合作总社所属安徽财贸学院、山西财经学院以及国家教委所属青岛海洋大学等 14 所部（委）属高校在畜牧、兽医、果树、淡水渔业、食品科学与工程、农产品贮运与加工、服装艺术设计、装潢艺术设计和市场营销等专业，面向全国举办成人专升本职教师资班，共招生 1040 人。同时，国家教委所属 8 个职教师资培训基地 1996 年也完成职教师资本科班 340 名、成人专升本职教师资班 954 人的招生任务。据统计，1996 年全国职教师资本科班毕业生 4866 人，招生 9160 人，在校生达 22883 人。

为进一步明确中等职业学校实习指导教师的学历要求，1996 年 7 月，国家教委根据《中华人民共和国教师法》授权下发了《关于取得中等职业学校实习指导教师资格应当具备的学历的规定的通知》。考虑到中等专业学校、技工学校和职业高中（简称中等职业学校）实习指导教师的岗位职责以及现阶段实习指导教师队伍的基本状况，规定中等职业学校实习指导教师的学历要“具备各类中等职业学校、普通高级中学毕业及其以上学历。但对于确有特殊技艺者，经省级教育行政部门核准，其学历要求可以适当放宽。”

撰稿　高　瑛　李文明

审稿　刘占山

城市教育综合改革

〔**加强领导**〕　1996 年 6 月 5 日，国家教委党组听取了关于城市教育综合改革情况的汇报，就城市教育综合改革工作提出的工作重点是：通过城市教育综合改革确实解决了一些问题。很重要的是综合改革首先是抓政府，政府重视了，许多问题就好解决了。其次，综合改革推动了教育同外部及教育内部相互之间协调的问题。第三，城市教育综合改革调动和吸引了城市政府投入更多的注意力解决一些教育的热点、难点问题。

朱开轩同志讲话指出：城市教育综合改革一定要“综合”一些，抓典型，把我们设想中的一些东西，拿到实验城市去试点；要抓一些中心城市，城市教育综合改革主要是抓好典型，抓出市一级的综合性经验，并很好地推广；也可以直接抓这些实验城市和实验县，交流经验。

〔**城市教育综合改革研讨会**〕 国家教委城市与农村教育综合改革办公室于1996年11月11日～14日，在安徽省芜湖市召开了全国城市教育综合改革研讨会。国家教委副主任张天保作了题为《深化城市教育综合改革，促进教育的两个重要转变》的讲话。

这次会议的目的是学习《中共中央关于加强社会主义精神文明建设若干重要问题的决议》，贯彻落实党的十四届六中全会精神，深入研究城市教育面临的新情况，新问题，总结各地创造的城市教育综合改革的经验，提出进一步推动城市教育综合改革迈上新台阶的政策和办法。

会议指出：城市教育综合改革有三条好的经验：一是加强政府的领导和统筹，强化政府行为；二是按照国家规定，发挥政策导向的作用，调动社会各界关心、支持、举办教育的积极性；三是大力推动各类教育的协调发展，实行教育资源的统筹与优化配置。

会议就教育结构的调整和优化，教育体制改革，教育投入，全面贯彻教育方针，实施素质教育，以及进一步加强对城市教育综合改革的领导等当前比较突出的问题，提出了今后一个时期的改革要求。指出在当前新形势下，各实验市要适应经济工作实行两个根本转变的要求，把教育综合改革与其他各项改革结合起来，进一步找准重点，把城市教育综合改革提高到一个新的水平，努力探索出一条具有中国特色的高效益、高质量地发展的路子，使教育的发展适应国民经济和社会发展的需要。

〔**实验企业综合改革**〕 1996年，各实验企业在国有企业的改造、改组、改制中，继续深化企业教育综合改革，与国有企业建立现代企业制度的改革实践同步，认真研究现代企业教育制度的内涵，大胆探索建立现代企业教育制度的途径和办法，落实《中国教育改革和发展纲要》提出的“建立和完善现代企业教育制度”的任务。

一批实验企业创造出新的经验。河北省确定的教育综合改革实验企业——邯郸钢铁集团有限责任公司转变经营机制，实行“模拟市场核算、实行成本否决”、“人人当家理财、人人当家作主”。邯钢在教育综合改革中，突出抓了以下几项工作：(1) 加强对教育工作的领导，始终不渝地把教育放在十分突出的战略地位，紧紧围绕企业的生产发展和经营机制的转换，促进企业教育与生产经营和科技进步的紧密结合。(2) 围绕“强化管理意识，提高管理水平”搞培训；围绕“职工当家作主，人人当家理财”搞培训；围绕科技进步和新产品开发搞培训。(3) 不断改革和完善教育管理和教学模式，成立了教育培训部，变过去的全脱产培训为半脱产和业余培训，改革教学方法。(4) 建立育人、用人一体化的教育运行机制。各项劳动人事制度的改革，都与职工的教育培训挂钩，“以考促学、以赛促学，以政策促学、以承包促学”，坚持“培训——考核——使用——待遇”一体化。(5) 充分利用教育资源，注重以“内涵”发展为主，提高教育质量和办学效益。

〔**企业教育综合改革研究**〕 全国哲学社会科学国家级重点课题《企业教育综合改革的理论与实践》的研究工作，经过五年的努力，已于1996年1月份结题，并通过了全国教育科学规划领导小组办公室组织的专家组的鉴定。专家组认为：在建立社会主义市场经济体制和现代企业制度的新形势下，该项研究开辟了教育科学研究的新领域，具有重要的理论价值和现实意义。研究成果在某种程度上填补了我国企业教育理论的空白，达到了国内同类研究的先进水平。调查分析严谨，研究方法科学，观点正确，结论具有可信度，具有一定的学术水平和学术价值，达到了立项要求和课题设计目标。

撰稿　李一扬
审稿　郝铁生

农村教育综合改革

〔**农科教示范区现场经验交流会**〕 1996年12月6日至9日，全国农科教结合示范区现场经验交流会在福建省三明市举行。来自全国30个省、自治区、直辖市以及计划单列市、12个全国农科教结合示范区、26所高、中等农林院校、全国农科教协调领导小组的10个部委的领导和联络员，以及新闻单位记者共150余人参加了会议。

国务院副总理李岚清为会议发了贺信。贺信指出：农业是国民经济长期稳定发展的基础，农业、农村、农民问题始终是关系到全局性的根本问题。江泽民总书记在考察河南农业和农村工作的讲话中强调指出，实现农业增长方式的转变，最重要的一环就是要狠抓科教兴农，把农业发展转移到依靠科技进步和提高劳动者素质的轨道上来。实行农科教结合是实施科教兴国、科教兴农战略重大举措，也是解决农业、农村、农民问题的一项根本性措施。党中央、国务院对农科教结合工作给予了高度重视，由农业部牵头，十部委（行、办）组成的农科教结合领导小组，对贯彻、落实党中央、国务院“科教兴农”战略和推进农科教结合，做了大量的卓有成效的工作，有力地推进了农科教结合工作的深入开展，使全国农科教结合工作呈现了比较好的发展势头。为把农科教结合工作扎扎实实开展起来，必须认真抓好农科教结合示范区的建设，因此要按照“先一步、高一层、出经验、出成果、出效益”的要求，深入研究、探索、总结农科教结合工作中的经验、成效，及时解决农科教结合工作中的重点和难点问题，集中突破，抓出成效，切实发挥示范区的骨干带头作用。

农业部副部长刘成果在会上讲话。会议要求：加强领导，确保政府行为到位。为此，要着力抓好“五个落实”：一是组织机构落实。二是责任落实。三是规划落实；四是经费落实。五是项目统筹落实。

撰稿　张玉兰
审稿　郝铁生

〔**定点扶贫**〕 1996年，国家教委贯彻落实党中央、国务院关于加强扶贫工作的精神，加大定点扶贫工作力度，取得较好成效。

1996年1月和4月，国家教委分别召开了扶贫专题会议和扶贫领导小组扩大会议，国家教委扶贫领导小组组长王明达传达了全国农村工作会议关于加强扶贫工作的精神；朱开轩主任到会讲话，要求国家教委1996年扶贫工作的重点要放在为定点扶贫的河北三县多做实事上。

1996年1月、3月、5月，朱开轩主任、王明达副主任以及何东昌、张文松等分别到顺平县、青龙满族自治县实地考察。在青龙县，朱开轩主任现场办公，当场确定筹集70万元（国家教委30万元，省教委20万元，所在市20万元），以弥补青龙县加快“普九”经费之不足。在顺平县，王明达副主任慰问了贫困教师，并向他们发了补助金。

为表达党和政府对长期在贫困山区教书育人的教师的关怀，1996年8月11～15日，在庆祝第12个教师节之际，国家教委扶贫办与全国中小学幼儿教师奖励基金会在北戴河联合组织了三县百名优秀教师“园丁之家”活动。

继1994、1995年之后，1996年国家教委继续向三县分别拨30万元作为支持县校办产业的经费，使校办产业不断稳步发展。此外，国家教委还继续为三县“普九”，改善办学条件，拨发补助款。1996年，在每年每县拨5万元的基础上又分别增加5万元。

国家教委扶贫办公室多方筹集资金20万元，为阳原李家窑特困村打井一口，村民们为此井立碑“功德泉”。

国家教委条件装备司在组织人员去阳原县进行调查的基础上，动员全司干部和高教社筹集图书和资金，为山区教育献爱心。11月26日送抵阳原县要家庄乡2.4万册图书、5万元仪器款。

清华大学在坚持三届派科技副县长的基础上，今年，他们利用清华的先进技术，对阳原电厂、雕刻厂等进行技术改造工作，改造后的电厂每年可有100万元的经济效益，雕刻厂新生产流程也将产生较好的效果。今年他们还帮助建成县图书馆，一改该县没有图书馆的历史，为该县精神文明建设办了一件实事。另外，他们利用清华校办企业招收临时工的条件，把指标分给阳原县职中毕业生和待业青年，为阳原劳动就业解决了一大难题。目前，他们正进一步为阳原县高速公路建成后的快速发展制订科技合作项目，为阳原早日脱贫作更多贡献。

1996年国家教委继续向三县派3名挂职副县长和10名支教队员，他们肩负扶贫支教的重任。如阳原挂职副县长提出利用冬闲在全县大搞“宣传、培训、试验、推广”农村实用技术活动。为保证该项活动的落实，燎原学校设点在阳原，由阳原电视台专门建立了《科技天地》栏目，县委县政府还发文，并作出决定，要求全县中小学校长、全体党员干部，村、乡镇、县三级干部等每天都要认真收看，并规定收看内容和数量。

撰稿 张玉兰

审稿 郝铁生

高等教育

普通高等学校发展改革

〔管理体制改革〕 1996年，全国高等学校管理体制改革又有新的进展：(1) 共建情况。实行共建的高等学校共有56所。其中，国家教委所属高校27所，其他部委所属高校29所。(2) 部委所属高校转由省市管理的有7所。(3) 有178所高校开展了多种形式的合作办学。其中，国家教委直属高校28所，其他部委所属高校96所，地方所属高校54所。实行两校合作办学的有122校（次），实行多校合作办学的有104校（次）。(4) 企业、企业集团或科研单位参与办学达到145所。涉及1700多个大中型企业、企业集团和科研单位。(5) 高校合并情况。近年来，共有103所普通高校经合并调整为42所，净减61所。其中，1995年有50所合并成20所，净减学校30所；1996年有32所合并成13所，净减学校19所。目前全国实有普通高等学校1035所。(6) 参与上述5种类型管理体制改革的高校共489校（次），涉及高校316所。其中，部委院校211所，地方院校105所。涉及高校总数约占1995年全国普通高等学校总数的30%，其在校生数占全国普通高等学校在校学生总数的47.34%。

据不完全统计，共建高校近几年通过共建已获各种经费投入约6.07亿元，其中用于购置教学、科研设备的经费近1.3亿元。1995年享受地方优惠政策所获的补贴（包括减免税等）约1.12亿元，近年累计已达2.09亿元。通过共建，有关高校共增加占地面积81.5万平方米；增加建筑面积约19万平方米，其中教学用房面积9万平方米。

参与管理体制改革的各类高等学校名单如下：

一、共建高校（共56所）

学校名称	主管部门	共建省市、部门	共建日期
1 天津大学	国家教委	天津市	1994. 11.
2 南开大学	国家教委	天津市	1994. 11.

3	大连理工大学	国家教委	辽宁省、大连市	1995. 7. 2.
4	吉林大学	国家教委	吉林省	1994. 10.
5	东北师范大学	国家教委	吉林省	1994. 11.
6	上海交通大学	国家教委	上海市	1994. 4.
7	上海外国语大学	国家教委	上海市	1994. 4.
8	复旦大学	国家教委	上海市	1994. 4.
9	同济大学	国家教委	上海市	1995. 10. 23.
10	华东理工大学	国家教委	中国石油化工总公司	1995. 12. 4.
11	华东师范大学	国家教委	上海市	1996.
12	南京大学	国家教委	江苏省	1994. 11.
13	东南大学	国家教委	江苏省	1994. 11.
14	浙江大学	国家教委	浙江省	1994. 10.
15	厦门大学	国家教委	福建省、厦门市	1995. 6.
16	山东大学	国家教委	山东省	1994. 7.
17	青岛海洋大学	国家教委	山东省	1994. 7.
18	华中理工大学	国家教委	湖北省	1994. 12.
19	武汉大学	国家教委	湖北省	1994. 12.
20	华中师范大学	国家教委	湖北省武汉市	1996. 2.
21	中山大学	国家教委	广东省	1993. 3.
22	华南理工大学	国家教委	广东省	1993. 3.
23	四川联合大学	国家教委	四川省	1993. 3.
24	重庆大学	国家教委	四川省、重庆市	1994. 1.
25	西南师范大学	国家教委	四川省、重庆市	1996. 1. 9.
26	西安交通大学	国家教委	陕西省	1995. 6.
27	兰州大学	国家教委	甘肃省	1995. 6.
28	西南政法大学	司法部	四川省	1996. 3. 4.
29	上海财经大学	财政部	上海市	1995. 12. 27.
30	沈阳农业大学	农业部	辽宁省	1992. 12. 18.
31	南京农业大学	农业部	江苏省	1996. 3. 27.
32	华南农业大学	农业部	广东省	1994. 12. 3.
33	哈尔滨建筑大学	建设部	黑龙江省	1996. 1. 18.
34	重庆建筑大学	建设部	四川省、重庆市	1996. 1. 17.
35	长春地质学院	地质矿产部	吉林省	1995. 6. 8.
36	中国地质大学	地质矿产部	湖北省	1996. 4. 4.
37	鞍山钢铁学院	冶金工业部	辽宁省鞍山市	1994. 4. 22.
38	沈阳工业高等专科学校	冶金工业部	辽宁省沈阳市	1995. 4. 19.
39	沈阳工业大学	机械工业部	辽宁省	
40	吉林工业大学	机械工业部	吉林省	1995. 1. 3.

41	合肥工业大学	机械工业部	安徽省	1995. 12. 6.
42	湖南大学	机械工业部	湖南省	1995. 1. 28.
43	电子科技大学	电子工业部	四川省	1996. 6.
44	上海医科大学	卫生部	上海市	1995. 9. 23.
45	湖南医科大学	卫生部	湖南省	1996. 7. 9.
46	中山医科大学	卫生部	广东省	1994. 2.
47	华西医科大学	卫生部	四川省	1996. 6. 28.
48	西南工学院	国家建材局	四川省绵阳市	1993. 9.
49	华侨大学	国务院侨办	福建省	1996. 4. 7.
50	暨南大学	国务院侨办	广东省	1994. 11. 8.
51	广州中医药大学	国家中医药管理局	广东省	1994. 11. 2.
52	无锡轻工大学	中国轻工总会	江苏省	1995. 11. 23.
53	南京航空航天大学	中国航空工业总公司	中国民航总局	1995. 3. 25.
54	北京航空航天大学	中国航空工业总公司	北京市	1994. 4. 1.
55	西北工业大学	中国航空工业总公司	中国船舶工业总公司	1996. 2. 2.
56	武汉汽车工业大学	中国汽车工业总公司	湖北省武汉市	1996. 5. 14.

二、由部委转为省市管理高校（共7所）

	学校名称	原主管部门	现主管部门	交接时间
1	石家庄医学高等专科学校	中国有色金属工业总公司	河北省	1995. 5.
2	上海对外贸易学院	对外贸易经济合作部	上海市	
3	广州外国语学院	国家教委	广东省	1994. 11.
4	广州对外贸易学院	对外贸易经济合作部	广东省	1994. 7.
5	湛江水产学院	农业部	广东省	1995. 11.
6	苏州丝绸工学院	中国纺织总会	江苏省	1996.
7	上海建材工业学院	国家建材工业局	上海市	1996. 2. 29.

三、实行合作办学高校（共178所，226校（次））

1. 南京大学、中国药科大学、南京理工大学、南京中医药大学
2. 天津大学、南开大学
3. 天津大学、天津医科大学
4. 清华大学、北京体育大学
5. 清华大学、北京中医药大学
6. 清华大学、中国协和医科大学
7. 吉林大学、白求恩医科大学
8. 南开大学、天津医科大学、北京中医药大学、哈尔滨医科大学
9. 西南师范大学、西南农业大学
10. 上海交通大学、上海医科大学、上海农学院、中国纺织大学、华东理工大学、华东师范大学、华东政法学院

11. 北京大学、北京医科大学
12. 北京大学、北京航空航天大学
13. 山东大学、山东工业大学、山东医科大学
14. 陕西师范大学、西北政法学院、西安外国语学院、陕西财经学院
15. 中国人民大学、北京理工大学
16. 东北师范大学、吉林工业大学、吉林省教育学院
17. 中国地质大学(武汉)、武汉大学、华中理工大学、武汉水利电力大学、武汉测绘科技大学
18. 武汉汽车工业大学、华中师范大学、同济医科大学、华中农业大学、武汉工业大学、中南财经大学
19. 西北工业大学、西北大学、西安电子科技大学
20. 南昌航空工业学院、南昌大学、南昌水利专科学校
21. 北京化工大学、北京中医药大学、北京服装学院、对外经济贸易大学、中国金融学院
22. 北京商学院、北京轻工业学院
23. 武汉食品工业学院、湖北商业高等专科学校
24. 北京广播学院、北京电影学院
25. 西南交通大学、西安电子科技大学
26. 华东交通大学、南昌航空工业学院
27. 杭州电子工业学院、杭州大学
28. 南京理工大学、南京大学
29. 哈尔滨工程大学、华东船舶工业学院、大庆石油学院
30. 华东船舶工业学院、南京理工大学、上海交通大学、哈尔滨理工大学、哈尔滨工程大学
31. 北京林业大学、中国农业大学
32. 东北林业大学、东北农业大学、黑龙江大学、黑龙江中医药大学
33. 北京师范大学、北京科技大学
34. 复旦大学、上海第二医科大学
35. 华东师范大学、上海幼儿师范专科学校
36. 上海体育学院、上海金融高等专科学校
37. 南昌大学、江西师范大学、湖南师范大学
38. 江西农业大学、浙江农业大学、福建林学院、吉安职业大学
39. 浙江农业大学、浙江丝绸工学院
40. 浙江大学、浙江医科大学
41. 云南大学、昆明理工大学
42. 郑州大学、郑州工业大学、郑州工业高等专科学校
43. 华南理工大学、华南农业大学、华南师范大学、广东工业大学、广东民族学院、暨南大学
44. 海南大学、海南师范学院、海南医学院
45. 山西医科大学、山西中医学院
46. 青海大学、青海农牧学院
47. 青海师范大学、青海师范高等专科学校、青海民族师范高等专科学校、青海教育学院
48. 湖南大学、湖南师范大学
49. 广西师范大学、桂林电子工业学院
50. 广西大学、广西商业高等专科学校、广西财政高等专科学校
51. 大连理工大学、大连医科大学、大庆石油学院
52. 河北大学、华北电力大学、河北农业大学
53. 中国人民大学、北京理工大学
54. 北京师范大学、首都师范大学
55. 北京师范大学、内蒙古师范大学
56. 北京语言文化大学、中国美术学院
57. 南开大学、天津大学
58. 天津大学、河北工业大学
59. 天津大学、华侨大学
60. 吉林大学、沈阳药科大学
61. 西安交通大学、西安公路交通大学
62. 首都医科大学、北京师范大学
63. 首都经济贸易大学、北京农业干部管理学院
64. 北京建筑工程学院、北方交通大学
65. 北京青年政治学院、北京语言文化大学
66. 北京联合大学、北京化工集团公司职工大学
67. 北京联合大学、北京二轻工业学校
68. 中国医科大学、沈阳药科大学
69. 复旦大学、同济大学、上海水产大学、上海财经大学、上海海运学院、上海体育学院、上海建筑材料工业学院、上海城市建设学院、上海电力学院、上海理工大学

70. 湖北大学、武汉交通科技大学、武汉冶金科技大学
71. 四川美术学院、涪陵师范高等专科学校
72. 宜宾师范高等专科学校、四川师范大学
73. 宜宾师范高等专科学校、四川轻化工学院
74. 西昌农业高等专科学校、四川联合大学
75. 电子科技大学、华西医科大学
76. 电子科技大学、北京电子科技学院
77. 西北师范大学、合作民族师范高等专科学校
78. 国际关系学院、北京农学院
79. 西南政法大学、四川省政法管理干部学院
80. 西北农业大学、西北林学院
81. 北京信息工程学院、北京机械工业学院
82. 北京信息工程学院、北京科技大学
83. 大连铁道学院、辽宁师范大学
84. 长沙铁道学院、长沙交通学院
85. 兰州铁道学院、兰州大学
86. 大连海事大学、大连理工大学

四、企业、企业集团或科研单位参与高校办学

学校名称	参与办学单位
1. 天津大学	中国石化总公司、华北制药总厂等 28 个单位
2. 东南大学	南京汽车总公司、华东电子管厂等 4 个单位
3. 四川联合大学	成立校董会有 72 个单位参加
4. 上海交通大学	上海汽车工业总公司等 13 个单位
5. 浙江大学	中国核工业总公司、浙江省经贸委等 6 个单位
6. 重庆大学	攀枝花钢铁公司等 14 个单位、成立校董会
7. 青岛海洋大学	中国科学院海洋研究所、海尔集团
8. 北京师范大学	上海宝山钢铁公司
9. 中国地质大学（武汉）	郑州气体综合利用研究所等 4 个单位
10. 长春地质学院	沈阳地质矿产研究所、黑龙江地矿局等 10 个单位
11. 河北地质学院	中国地质矿产经济研究所
12. 西安地质学院	新疆、青海等省地质矿产研究所
13. 沈阳建筑工程学院	沈阳星光建材集团
14. 哈尔滨建筑大学	中国海外集团有限公司等 15 个单位
15. 中国矿业大学	大同矿务局等 43 个单位
16. 山东矿业学院	兖州矿务局等 21 个单位
17. 焦作工学院	焦作矿务局等 32 个单位
18. 山西矿业学院	阳泉矿务局等 19 个单位
19. 哈尔滨工业大学	中国空间技术研究所等
20. 华北航天工业学院	保定螺旋桨制造厂
21. 合肥经济技术学院	全国 18 家烟草企业事业单位
22. 武汉汽车工业大学	一汽等 33 个主要骨干企业
23. 株洲工学院	广东珠江包装集团公司等 8 个单位
24. 外交学院	香港华懋集团等 8 个单位、成立董事会
25. 北京航空航天大学	“沈飞”等 2 个单位、36 家企业成立董事会

26.	西北工业大学	“西飞”等3个单位、西安市电信局
27.	南京航空航天大学	金诚集团等2个单位、江宁县
28.	沈阳航空工业学院	贵航集团等
29.	南昌航空工业学院	南昌飞机公司等
30.	郑州航空工业管理学院	秦岭电气公司等
31.	西安航空技术高专	618所等单位
32.	北京化工大学	成立董事会
33.	郑州工业大学	河南省、化工部、机械部有关单位
34.	沈阳化工学院	成立董事会
35.	青岛化工学院	成立董事会
36.	石油大学	中国石油天然气总公司等5个单位
37.	西南工学院	长虹机器厂等3个单位
38.	山东建材学院	山东、安徽、河北等省建材企业
39.	合肥工业大学	西安电力机械制造公司等80家企事业单位
40.	浙江丝绸工学院	浙江丝绸集团等2个单位
41.	北京物资学院	中国宏昌公司等7个单位
42.	山西财经学院	华能（海南）股份有限公司
43.	重庆商学院	傲龙集团等2个单位
44.	北京广播学院	中央人民广播电台等11个单位
45.	北京电影学院	中国摄影家协会
46.	西南交通大学	40多个单位成立校董事会、德国西门子有限公司
47.	北方交通大学	40多个单位成立校董事会
48.	电子科技大学	中国电子信息产业集团
49.	桂林电子工业学院	电子部34所
50.	北京信息工程学院	吉道通信有限公司
51.	本溪冶金高等专科学校	本溪钢铁集团公司
52.	大连海事大学	与中远集团等96家航运港口企业成立校董事会
53.	北京理工大学	兵器工业总公司等3个单位
54.	南京理工大学	北方公司等20多个单位
55.	长春光机学院	中国北方光电工业总公司
56.	西安工业学院	陕西省兵器工业管理局
57.	华北工学院	山西机床厂等单位
58.	重庆工业管理学院	兵器总公司西南公司等3个单位、重庆市国土局、重庆万友旅业集团
59.	中国药科大学	成立校董事会
60.	沈阳药科大学	成立校董事会、通化市政府、香港一家公司
61.	中国金融学院	人民银行等9个单位
62.	长沙工业高等专科学校	台湾龙泰通集团

63.	哈尔滨工程大学	船舶工业总公司第7研究院等5个单位
64.	华东船舶工业学院	上海、昆明船舶公司等49个企业
65.	中国农业大学	水利部
66.	东北电力学院	东北电力集团
67.	长春水利电力高专	东北电力集团
68.	上海电力学院	华东电力集团
69.	长沙电力学院	华中电力集团
70.	北京林业大学	中国林科院、成立校董会
71.	东北林业大学	中国林科院、成立校董会
72.	长春邮电学院	辽宁、吉林、黑龙江、内蒙邮电管理局
73.	重庆邮电学院	西南各省邮电管理局
74.	北京联大化学工程学院	北京焦化厂
75.	河北经贸大学	华北制药厂、河北长征企业集团公司等5个单位
76.	河北理工学院	河北省冶金企业集团公司
77.	兰州铁道学院	兰州铁路局等32家单位组成联合办学指委会
78.	甘肃农业大学	甘肃草原生态研究所
79.	内蒙古大学	董事会（自治区及区外上百家大中企业、企业集团参加）
80.	内蒙古工业大学	董事会（自治区及区外上百家大中企业、企业集团参加）
81.	包头钢铁学院	董事会（自治区及区外上百家大中企业、企业集团参加）
82.	复旦大学	校董会（长江计算机集团联合公司等3个单位）
83.	上海外贸学院	圣约翰大学校友会
84.	上海财经大学	南德经济集团、恒德集团公司等4个单位
85.	上海水产大学	新亚快餐集团、联想计算机集团
86.	上海医科大学	中科院上海分院
87.	上海工程技术大学	上海航空公司、上海汽车总公司
88.	华东师范大学	上海市人事局、市房地产管理局等4个单位
89.	上海金融高等专科学校	上海爱建信托投资公司等2个单位
90.	宜春农业专科学校	宜春机械股份有限公司等6个单位
91.	杭州大学	中国银行浙江分行等11个单位
92.	浙江农业大学	泰国正大集团公司等10个单位
93.	宁波高等专科学校	镇海石化总厂
94.	昆明师范专科学校	昆明野马养鹿场
95.	云南农业大学	昆明市烟草公司等4家
96.	云南艺术学院	香港纬确投资有限公司
97.	云南工业大学	玉溪卷烟厂等4家
98.	云南大学	马来西亚国际现代集团
99.	河南大学	汝阳杜康酒厂等8家
100.	洛阳工学院	洛阳第一拖拉机工程机械公司等8家

101. 南阳理工学院	南阳市政府等30家
102. 华南理工大学	广东省电力公司等4家
103. 民办南华工商学院	深茂实业发展公司
104. 暨南大学	中国中旅集团等4家
105. 中山医科大学	广东省卫生厅等3家
106. 深圳大学	深圳集团公司等18家
107. 吉林化工学院	吉林化工联合公司
108. 山东轻工业学院	山东轻工研究设计院
109. 山东建筑工程学院	与山东省内建筑企业成立董事会
110. 山东经济学院	与山东省内外经外贸企业成立董事会
111. 烟台大学	与烟台市经贸企业成立董事会
112. 天津财经学院	天津市海运集团公司
113. 青海大学	省水利厅、省机床厂等10个厅局、12家企业组成厂校合作委员会
114. 西安交通大学	长江电器集团公司等48个单位
115. 东北财经大学	大连渤海饭店集团
116. 中国科技大学	中科院合肥分院
117. 广西工学院	柳州微型汽车制造厂等20多家企业成立校董会
118. 新疆大学	自治区无线电厂等多家企业
119. 新疆农业大学	自治区15个厅、局
120. 新疆财经学院	新疆石化总公司等73个单位
121. 大连理工大学	中国华录电子有限公司等2个单位
122. 吉林大学	吉化集团等单位
123. 华东理工大学	上海石油化工股份有限公司等6个单位
124. 东北大学	宝钢、鞍钢等100家大企业成立校董会
125. 沈阳工业大学	东北机械制造厂等20家企业
126. 大连铁道学院	大连机车车辆厂
127. 广西大学	玉柴集团等4家企业
128. 广西医科大学	与各地市和部分县医院共建教学实习基地
129. 广西中医学院	与各地市和部分县医院共建教学实习基地
130. 桂林医学院	与各地市和部分县医院共建教学实习基地
131. 四川师范学院	地毯公司等企业
132. 四川农业大学	团结水库、果场等建教学基地
133. 西昌农业高专	华宁股份有限公司等单位
134. 四川畜牧兽医学院	成都正大集团等6家企业
135. 西南财经大学	泸州天然气化学公司等3家企业
136. 华中农业大学	武汉正大集团等3家公司
137. 南京农业大学	大江公司等11个企业

138. 西北农业大学	国内12家葡萄酒企业
139. 南昌水电高专	江西玉山县七一水库、德兴市水电公司
140. 河海大学	南京水利水电科学研究院
141. 成都理工学院	攀枝花市
142. 长沙铁道学院	中国空气动力研究与发展中心
143. 南京铁道医学院	徐州市第四人民医院
144. 石家庄铁道学院	铁路内外30个企业成立学院董事会
145. 重庆建筑高等专科学校	成立校董事会

撰稿 陈田初 张庆国

审稿 朱传礼

〔**1995～1996年度普通高校本科专业设置**〕 1995～1996年度国家教委所属的29所高校申报本科专业72个，27个省市（西藏、广西、陕西未上报）所属的137所高校、41个部委所属的156所高校上报备案的本科专业共712个。经审批和复核，同意增设本科专业679个、调整专业24个、筹建专业11个、撤销专业29个、不同意增设或未予备案专业41个。

本年度同意增设的679个本科专业按学科门类分为：经济学门类专业152个，占22.39%；法学门类专业51个，占7.51%；教育学门类专业28个，占4.12%；文学门类专业99个，占14.58%；历史学门类专业6个，占0.88%；理学门类专业41个，占6.04%；工学门类专业262个，占38.59%；农学门类专业19个，占2.80%；医学门类专业21个，占3.09%。

师范院校盲目争设非师范专业的势头一定程度上得到了抑制。本年度师范院校增设专业89个，占增设专业总数的13.1%。其中，非师范专业41个，占师范院校增设专业总数的46.1%，比上一年度减少12个，所占比例下降了19.3个百分点。在师范院校增设的41个非师范专业中，经济学门类专业10个，法学门类专业7个，文学门类专业14个，理学门类专业2个，工学门类专业8个。

各类院校共增设艺术类专业41个，比上年减少6个，但占专业总数的比例略有增加。

本年度各类高校增设本科专业目录外的专业共3个，比上个年度明显减少。年度净增本科专业数为3个或3个以上的院校共有100所，其中地方院校41所，部委院校59所；年度净增本科专业数为3个以下的院校有222所。

撰稿 陈田初 张庆国

审稿 朱传礼

〔**“211工程”立项审核**〕 经国务院批准，国家计委、国家教委和财政部于1995年10月17日联合发布《“211工程”总体建设规划》。“211工程”部门预审工作自1994年4月开始以来，得到了有关主管部门、地方政府和有关高等学校的高度重视，到1996年底，全国已基本完成近百所高校的预审任务，“211工程”建设已转入具体实施阶段。

按照“211工程”部际协调小组办公室有

关立项工作的统一部署，1996年7月底至9月中旬，中央有关部委和地方政府组织专家对有关学校“211工程”建设项目可行性研究报告进行了专家论证审核。1996年8月和1997年1月，国家计委批复了北京大学、清华大学和复旦大学等学校的“211工程”建设项目可行性研究报告。目前，两委一部已部署编制项目可行性研究报告的学校有50所，完成专家审核的学校有22所，国家计委已批复立项的学校有18所。其他已完成部门预审学校的建设工作，在有关部门和地方的支持下已经开始。

有关专家和部门，在已部署进行项目可行性研究的高等学校范围内，对重点学科建设项目进行了审核确定工作。审核工作采取专家咨询和行政决策结合的方式进行，充分发挥专家的作用，听取专家的意见。首先，根据国家教委已经掌握的学校优势学科情况，以调研的名义，在有关高等学校内进行了重点学科建设项目摸底工作，请有关学校在认真论证的基础上，报送拟安排的重点学科建设项目。在确定建设项目时，曾征求国务院学位委员会学科评议组200多位召集人对“211工程”重点学科建设项目的意见，并组织40多位专家，结合国家经济建设和社会发展要求，制定了部分领域的重点学科发展规划。对报送项目较多的学科领域，分别召开专家咨询会议进行审核。在综合各方面意见基础上，经国家教委审核，确定约300个重点学科建设项目，纳入“211工程”建设计划。审核结果已反馈给有关部门和学校。

撰稿　郭新立　赵玉霞

审稿　赵沁平　胡龙孙　范文曜

〔**“211工程”拟购设备审核**〕　1996年6月24～25日和7月20日，“211工程”部际协调小组办公室分两次组织专家对有关学校“211工程”建设中拟购大型、贵重、精密仪器设备（单台件≥20万美元）进行了审核。

此次审核的原则是：(1)“211工程”拟购的仪器设备应是重点学科建设急需的、有利于学科上水平的仪器设备，以及少量基础教学所需要的仪器设备。学校在制定仪器设备购置清单时，要根据已经审核的重点学科项目和其他已确定的“211工程”建设项目来确定仪器设备清单；优先保证重点学科建设项目所需的仪器设备。(2)仪器设备的配置要讲究效益，要通盘考虑学校已有的配置，单台件在5万美元以上的仪器设备要考虑到地区的配置和使用效率，单台件在20万美元以上的仪器设备要考虑到全国的配置。原则上单台件在5万美元以上的仪器设备在学校内不允许重复配置，单台件在20万美元以上的仪器设备在一个地区一般不允许重复配置。目的是帮助国家做好大型仪器设备的合理布局，保证仪器设备配置的科学性和合理性，避免不必要的重复购置，做到资源共享；帮助有关高校把好仪器设备的配置关，使有限的资源得到充分的利用。

两次提交专家审核的20万美元以上的仪器设备共183台件，涉及50所高等学校，经费约6.4亿元。经专家审核，不同意购置的仪器设备有12台，需重新论证或提出意见的仪器设备有75台，认为配置基本合理同意购置的有96台。根据专家的审核意见，经过汇总和行政决策，“211工程”部际协调小组办公室及时地将有关审核意见反馈给有关学校，并要求这些学校根据反馈意见调整其有关设备购置计划，以备学校“211工程”建设项目可行性研究报告的审核。

撰稿　徐维清

审稿　赵沁平　胡龙孙　范文曜

〔召开"211 工程"部际协调小组会议〕为加强"211 工程"建设的统筹规划和领导，经国务院批准，成立了"211 工程"部际协调小组，国务院副秘书长徐志坚任组长，成员有：国家教委副主任韦钰、国家计委副主任陈同海、财政部副部长谢旭人。协调小组下设"211 工程"办公室。1996 年 3 月 22 日下午，徐志坚主持召开了"211 工程"部际协调小组第一次会议，研究"211 工程"建设实施中的重大问题。部际协调小组成员韦钰、陈同海、刘积斌（财政部副部长，代表谢旭人出席了会议）。会议在听取了国家教委关于"211 工程"进展情况的汇报后，就"211 工程"建设进展中的一些重大问题、部际协调小组及办公室主要职责和任务进行了讨论。会议原则同意国家计委、国家教委、财政部经过多次研究协商提出的"九五"期间"211 工程"中央专项资金支持的高等学校名单和资金控制方案。并提出，为保证资金的落实，部门配套资金和地方自筹资金部分要预先到位，中央专项资金要按部门或地方到位资金相应比例及时到位。会议强调，重点学科建设是"211 工程"建设的基础和核心，在预审和立项过程中应以重点学科为重点。中央专项资金主要用于重点学科建设。在安排"211 工程"重点学科的建设项目时，要注意与国家计委、国家科委、国家经贸委、国防科工委等部门已经安排或将要安排的重点实验室、工程中心等结合起来考虑，避免重复建设，尤其要避免在同一城市重复建设。

1996 年 7 月 22 日上午，国务院副总理李岚清同志主持召开部际协调小组第二次会议，研究"211 工程"有关问题。国务院副秘书长徐志坚、国家教委主任朱开轩、副主任韦钰、国家计委副主任陈同海和财政部副部长谢旭人等出席了会议。会议认为"211 工程"的进展比较顺利，对高等教育的发展和改革起到了很好的推动作用。许多高校力争进入"211 工程"的心情可以理解，但国家财力有限，在短时期内把所有高校都装备起来，是不现实的。建设"211 工程"并不意味着对高校地位的评估和排名，主要着眼点是选择某些学校集中力量建设一批重点学科。学校的水平和学术地位只能由社会来承认。因此，未列入建设"211 工程"的高校，通过其他措施（主要是改革）提高教学质量和办学效益，也有可能被社会承认为高水平的高等学府。有关主管部门要注意加强引导，精心部署，发挥重点建设"211 工程"的积极作用，推动高等教育的改革和发展。会议原则同意"九五"期间正式立项高校的安排；"211 工程"的预审，要坚持标准，保证质量；要加快立项审核的进度，加强工程建设项目的资金审查，项目建设不能留有资金缺口，不能重复建设、盲目铺摊子；中央专项经费的剩余部分，用于高等教育公共服务体系建设，主要是建设教育科研计算机网和与之配套的高等教育文献保障体系；"211 工程"实行校（院）长负责制，应在规定的期限内保质保量完成重点学科的建设任务。到本世纪末，凡立项建设的，均要检查其是否达到预定的重点学科的建设标准，其他高等学校也可以申请参加此类评估检查。对未按规定达到有限目标的学校，要取消其参加"211 工程"建设的资格并追究学校有关负责人的责任。

1996年10月9日，国务院副秘书长、“211工程”部际协调小组组长徐志坚主持部际协调小组第三次会议，研究进一步搞好“211工程”建设的有关问题。会议认为，由国家教委批复并指导预审的高校达92所，预审工作已进入尾声。“211工程”立项审核工作在国家计委、国家教委和财政部及有关主管部门的精心组织下，已完成22所学校立项工作的专家审核，国家计委已正式批准了北大、清华两校的可行性研究报告。会议重申“211工程”是个建设过程，其核心是部分高校部分重点学科的建设，绝不是高等学校整体教育质量和学术水平的评估和排序。国务院有关部委、地方人民政府及高校领导，都要正确对待“211工程”建设问题，要注意讲政治、顾大局。“211工程”建设只是高校工作的一部分，高校和教育主管部门必须加大高校改革的力度，通过各种形式的共建、联合、调整、合并、合作办学等方式，对现有教育资源进行合理配置和充分利用，实行优势互补，以达到提高教育质量和办学效益的目的。

撰稿　赵玉霞

审稿　赵沁平　胡龙孙　范文曜

〔实施面向21世纪教学内容和课程体系改革计划〕 在高等教育的改革中，教学改革是核心。教学内容和课程体系改革又是教学改革的重点和难点，是政策性和学术性都很强的深层次的教学改革。1992年国家教委召开的第四次全国高等教育工作会议时在部分科类进行试点。1994年初，国家教委高教司向国家教委领导呈报了《关于制定并实施〈高等教育面向21世纪教学内容和课程体系改革计划〉的请示报告》，国家教委领导批示：“这是一个有远见的设想，意义重大，应予支持。”该“计划”总目标是：转变教育思想，更新教育观念，改革人才培养模式，实现教学内容、课程体系、教学方法和手段的现代化，形成有中国特色的高等教育教学内容和课程体系，质量上一个新台阶，培养适应21世纪需要的社会主义现代化的建设者和接班人。

自1994年开始，经过各科类先后分批公布项目指南、发动高校广大教师申报、组织专家评审、国家教委批准立项等程序，于1995年3～4月份在北京举办了两次“高等教育面向21世纪教学内容和课程体系改革报告会”，这项改革计划的全面启动实施。到1996年9月为止，在文科（含外语）、理科、工科、农林、医药、经济和法学等六大科类范围内，全国有566所高等学校23373人申报3030个项目，经过专家评审和适当组合项目，国家教委先后分批批准221项大项目，其中包含985个子项目，有322所高等学校的10256位教师、教学管理和教学研究人员承担了这些项目的研究和改革实践工作。两年来，国家教委为这些改革项目筹集并资助经费700万元，农业部、林业部、卫生部、医药总局、中医药总局等共资助了100万元，有关学校也投入了相应的配套经费。

与此同时，有些省、自治区、直辖市教育行政部门和国务院有关部委教育部门以及许多高等学校，也分别制定并实施了各自的高等教育面向21世纪教学内容和课程体系改革计划，使这项改革计划形成了国家教委批准立项的国家级项目计划、省市和部委教育部门批准立项的省部级项目计划、各高等学校批准立项的校级项目计划等三级改革计划。

为了加强对这项改革工作的指导，国家教委于1996年12月成立了高等教育面向21世纪教学内容和课程体系改革顾问组，聘请了甘子钊、张岂之、柯俊、萧树铁等17位各学科的教授为顾问组成员，负责对这项改革工作提供咨询、进行指导。

到1996年，大多数项目已经完成了国内外的情况调查分析并提出了改革的思路。多数项目正在开展转变教育思想、更新教育观念、改革人才培养模式的研究和讨论。起动较早的一些项目已经取得初步成果或阶段性成果。例如，理科“普通物理学”的几套改革方案已经在几所学校中进行试验；北京大学赵凯华教授和中山大学罗慰茵教授合编的《新概念物理学——力学》经过两校的几年试用取得良好效果后，已作为第一本“面向21世纪课程教材”正式出版；其他几本普通物理课工科的材料科学与工程类专业的人才培养及教学内容体系改革方案，已由北京科技大学柯俊教授领导的项目组研究提出，并在该校进行了两年的试验，已经取得良好成效。

撰稿 陈祖德

审稿 钟秉林

〔**文科教育改革**〕 1996年7月19～21日，国家教委在大连大学召开了“高等学校文科教育改革”座谈会。来自全国20所高等学校中文、历史、哲学、经济学、法学、政治学、社会学、新闻学等学科的近70位著名专家学者参加了这次座谈会。会议的目的，是立足于文科教育的改革与发展，从分析形势、总结经验入手，从整体上研究和探讨文科教育改革与发展的新思路。1996年10月，国家教委又在江苏省吴江市召开了“学习贯彻十四届六中全会精神，深化文科教育改革座谈会”。就国家教委高等教育司组织起草的《关于深化文科教育改革的意见（初稿）》进行了讨论。《意见》指出，改革开放以来，中国高等学校文科教育初步形成了具有相当规模、科类层次比较完整的文科教育体系。普通高等学校文科本专科在校生由1991年的60.8万人，增加到1996年112.4万人，占在校生总数的比重由30%增加到37%；本科专业点由1993年的2498个增加到1996年的3779个；1996年毕业生已达33.2万人，文科专业人才供不应求的状况出现了可喜的变化。《意见》强调：要抓住机遇，进一步深化文科教育改革，进一步提高文科教育的地位，提高文科教育的教学工作水平，提高文科人才的培养质量，使我国文科教育在本世纪末到下世纪初的一段时间内再上一个新台阶。

《意见》提出：在深化文科教育改革的实践中，必须认真处理好以下关系：(1) 正确处理知识体系和价值体系的关系，坚持以科学的理论武装和指导文科教育；(2) 正确处理弘扬民族优秀文化传统与吸收外国优秀文化成果的关系，发展有中国特色的文科教育；(3) 正确处理学术研究与教学的关系，按照国家的教育方针开展教学活动；(4) 正确处理基础学科和应用学科的关系，培养社会主义建设需要的各类人才；(5) 正确处理文科教育与其他学科教育的关系，促进文理结合，大力加强学生文化素质教育；(6) 正确处理理论与实践的关系，探索理论与实践结合的新的方式和途径。《意见》提出8项措施，即：调整培养目标和专业结构；改革教学内容和课程体系；加强文科基本理论和基础学科建设，探索基础学科人才培养新模式；开展提高文科应用人才培养质量的改革试点工作；

加强大学生的文化素质教育；吸收现代化科技成果，促进文科教学的现代化；加强师资队伍建设；加强对文科的领导和管理等。(经会后修改，该《意见》已于1997年3月由国家教委印发)

撰稿 闫志坚
审稿 钟秉林

〔**成立高校文科教学指导委员会**〕 1996年11月25日，国家教委批准成立中国语言文学、历史学、哲学、法学、政治学、社会学、新闻学和档案学学科教学指导委员会。中国语言文学等学科教学指导委员会共有委员243人，其中：中国语言文学51人，历史学38人，哲学30人，法学37人，政治学18人，社会学17人，新闻学29人，档案学23人。成立文科学科教学指导委员会，是继国家教委批准在全国高校建设51个（其中2个试办）文科基础学科人才培养和科学研究基地后，为进一步深化文科教育改革，采取的又一项重大措施。

中国语言文学等学科教学指导委员会，是在国家教委领导下，对高等文科各有关学科教学工作进行研究、咨询和指导的专家组织。其主要任务是：积极宣传高等学校文科教育在社会主义物质文明和精神文明建设中的重要地位和作用，宣传文科教育在弘扬中华民族优秀文化传统，正确吸收外国优秀文化的重要地位和作用，宣传文科教育在培养面向21世纪需要的高质量人才，提高全民族的思想道德素质和科学文化素质，增强综合国力的重要地位和作用；对高等学校文科教育建设与发展全局性的方针、政策、规划和措施进行研究，并对国家教委的决策提出咨询意见和建议；研究文科教育改革，组织教学改革的经验交流，审议和鉴定文科教学研究和改革的计划、成果，组织制订文科教材和教学大纲编选计划，组织编写教材和教学大纲，审议高等学校文科推荐教材；研究和指导国家文科基础学科人才培养和科学研究基地建设工作；调查研究师资队伍建设中的问题，提出加强师资队伍建设的意见和建议。

国家教委已分别召开了中国语言文学等学科教学指导委员会成立会，讨论修改了《国家教育委员会高等学校文科学科教学指导委员会章程》，制订了本学科教学指导委员会的工作计划。

中国文科各学科指导委员会领导成员名单如下：

中国语言文学学科教学指导委员会

主任委员：刘中树
副主任委员：费振刚、曾繁仁、李进才、王庆生、谈凤梁、朱立元、徐葆耕

哲学学科教学指导委员会

主任委员：陶德麟
副主任委员：罗国杰、沈善洪、刘放桐、叶 朗、袁贵仁

历史学学科教学指导委员会

主任委员：李文海
副主任委员：张岂之、郑学檬、何芳川、陈胜粦、乔幼梅、王庭科、姜义华

法学学科教学指导委员会

主任委员：曾宪义
副主任委员：魏振瀛、赵相林、李 龙、郑成良
特邀委员：沈宗灵（北京大学）、高铭暄（中国人民大学）、王叔文（清华大学）

政治学学科教学指导委员会

主任委员：张永桃

副主任委员：曹沛霖、梁守德、车铭洲、王乐夫、黄　强

社会学学科教学指导委员会

主任委员：郑杭生

副主任委员：宋林飞、王思斌、谢遐龄

新闻学学科教学指导委员会

主任委员：何梓华

副主任委员：陈桂兰、赵玉明、吴高福、刘树田、邱沛篁

档案学学科教学指导委员会

主任委员：曹喜琛

副主任委员：刘承志、邹志仁、张鑫昌、冯惠铃、窦晓光

撰稿　刘凤泰

审稿　钟秉林

〔**建设工科基础课程教学基地**〕　为了适应21世纪中国社会主义现代化建设的需要，培养高质量的工程科学技术人才，国家教委决定在普通高等学校中建设一批国家工科基础课程教学基地。1996年，确定在工科数学、物理、化学、力学、机械制图、机械基础、电工电子等七类课程中建设第一批教学基地共45个，其中教委直属学校22个点，其他部委所属学校23个点。

"教学基地"建设的目标是：经过五年或更长一段时间的建设、改革和充实提高，使"教学基地"具有一支学术和教学水平高、结构合理、教学与科研、工程相结合的师资队伍；具有较完备的、先进的教学实验室和其他办学条件；在教育思想、教育观念的转变，教学内容、课程体系和教学方法的改革实践中取得重大成果；在面向大多数学生的基础课程教学中，能持续、稳定地保持较高水平；能为全国其他高等学校的同类课程及相关学科提供可供借鉴的、具有较高理论水平和推广价值的教学研究成果，并成为本课程师资进修提高、交流教学经验的基地。

国家教委和有关主管部门在今后5年内将给每个基地点投入100余万元，学校也将对等投入。国家教委将加强对基地建设的宏观管理，并将不定期组织专家组根据各基地点申报的实施计划对基地建设情况进行检查，五年后对基地建设进行验收，验收合格者，将正式确定为国家工科基础课程教学基地。

撰稿　王启明

审稿　钟秉林

〔**建设理科基础科学人才培养基地**〕　为了深化高等理科教育改革，自1991年起，国家教委先后分三批在全国建立61个"国家理科基础科学研究和教学人才培养基地"。1996年，国家教委进行了第四批"国家理科基础科学研究和教学人才培养基地"专业点的申报、论证、审批和建设工作。第四批"基地"申报的范围：(1)师范院校理科基础学科专业点(包括数学、物理学、化学、生物学、地质学、地理学、大气科学、海洋学、天文学、力学、心理学等专业)。(2)农林院校理科基础学科专业点，主要是生物学科专业点。(3)医科院校基础医学专业点。

1996年9月，国家教委在北京召开了第四批"国家理科基础科学研究和教学人才培养基地"选点论证会。共批准22个点为第四批"理科基地"专业点。至此，国家已先后在39所高校建立83个"基地"专业点。

国家理科基础科学研究和教学人才培养基地专业点分布表

学校 \ 批次 \ 专业	数学	物理学	化学	生物学	地理学	地质学	大气科学	海洋学	天文学	力学	心理学	基础医学	中医基础	基础药学	大理科试验班	合计
北京大学	Ⅱ	Ⅰ	Ⅱ	Ⅱ	Ⅱ	Ⅱ	Ⅱ			Ⅱ						8
清华大学		Ⅰ		Ⅱ												2
南开大学	Ⅱ	Ⅱ	Ⅰ													3
吉林大学	Ⅰ	Ⅱ	Ⅱ													3
复旦大学	Ⅱ	Ⅱ	Ⅱ	Ⅰ												4
南京大学		Ⅱ	Ⅰ	Ⅱ	Ⅱ	Ⅱ			Ⅱ						Ⅱ	7
浙江大学	Ⅰ															1
杭州大学	Ⅲ		Ⅲ								Ⅱ					3
厦门大学			Ⅰ	Ⅱ												2
中国科技大学	Ⅰ	Ⅱ								Ⅱ						3
山东大学	Ⅰ	Ⅱ														2
青岛海洋大学								Ⅰ								1
武汉大学	Ⅰ		Ⅱ	Ⅱ												3
中山大学		Ⅱ	Ⅱ	Ⅰ												3
四川联合大学	Ⅰ			Ⅱ												2
西北大学		Ⅲ	Ⅲ			Ⅱ										3
兰州大学		Ⅱ	Ⅱ	Ⅱ	Ⅰ											4
中国地质大学						Ⅱ										1
山西大学		Ⅲ														1
内蒙古大学				Ⅲ												1
苏州大学	Ⅲ															1
福州大学			Ⅲ													1
郑州大学			Ⅲ													1
云南大学				Ⅲ												1
北京师范大学	Ⅳ	Ⅳ		Ⅳ	Ⅳ						Ⅳ					5
东北师范大学				Ⅳ												1
华东师范大学	Ⅳ				Ⅳ						Ⅳ					3
华中师范大学		Ⅳ														1
南京师范大学				Ⅳ												1
陕西师范大学				Ⅳ												1
中国农业大学			Ⅳ	Ⅳ												2
北京林业大学				Ⅳ												1
华中农业大学				Ⅳ												1
浙江农业大学				Ⅳ												1
北京医科大学												Ⅳ				1
上海医科大学												Ⅳ				1
北京中医药大学													Ⅳ			1
上海中医药大学													Ⅳ			1
中国药科大学														Ⅳ		1
合　计　39	13	14	14	19	5	4	1	1	1	2	3	2	2	1	1	83

注：Ⅰ、Ⅱ、Ⅲ、Ⅳ分别代表第一、二、三、四批基地点

撰稿　吴爱华

审稿　钟秉林

〔**设立基础科学人才培养基金**〕 1995年3月，苏步青等十一位科学家致江泽民总书记和李鹏总理《关于进一步加强和保护基础科学研究和教学人才培养的呼吁书》,以及卢嘉锡等六十三位全国人大代表《关于建立国家基础科学人才培养基金的提案》,针对当时基础科学本科教育阶段的困难和国家教委已于1990年启动的“国家理科基础科学研究和教学人才培养基地”建设中经费严重短缺的情况，呼吁中央和国务院增拨专款，建立“基础科学人才培养基金”。党中央和国务院领导对“呼吁书”和“提案”作了批示，国务院经与财政部、国家科委、国家教委协商，同意设立“国家基础科学人才培养基金”(以下简称“基金”)。“九五”期间，国家财政计划每年拨款6000万元，5年累计3亿元，以增加我国基础科学人才培养的投入，加强基础科学人才培养工作。

“基金”主要用于支持国家教委批准的国家理科（数学、物理、化学、天文、地理、生物、力学、心理学）和基础农学、基础医药学等基础科学的人才培养基地的建设：包括本科基础课和专业课的教学设备购置、实验室和实习基地的建设；图书资料的购置；教师培训；教材建设和教学改革等。适当资助特殊学科点和大科学工程中基础科学人才培养。

基金列为自然科学基金的一个项目基金，实行专项管理。由国家科委、财政部、国家教委、国家自然科学基金委的有关领导和知名学者、教授组成“国家基础科学人才培养基金管理委员会”,负责对基金项目的总体方案进行审议。1996年，由国家科委、财政部、国家教委、国家自然科学基金委共同协商制定了《国家基础科学人才培养基金实施管理暂行办法》，对基金的申请与评审、管理的组织机构、财务管理等方面作出了规定，并着手进行基金项目的组织实施。

撰稿 吴爱华

审稿 钟秉林

〔**计算机辅助教学**〕 1995年，国家教委高等教育司会同科技司、基础教育司开始筹备组织“计算机辅助教学软件研制开发与应用”项目，经过近2年的广泛调研和充分论证，1996年11月，国家计委正式批准将该项目列入“九五”国家重点科技项目（攻关）计划。把教学研究项目列入国家重点科技项目（攻关）计划，有助于推动我国CAI软件，特别是多媒体教学软件和网络教学软件的产业化与普及应用，对教学研究和教学改革将起到促进作用。

该项目由北京师范大学、高等教育出版社承担。项目重点研究内容为：高等教育重点课程课件的研制与开发；高等教育重点课程教学质量测评软件及测评理论方法；中学课件的研制与开发；小学课件的研制与开发；计算机辅助教学的技术支撑环境与应用环境。项目研究时间为一年半，研制总经费为2141万元，其中由国家重点科技攻关计划安排科研经费1500万元，国家教委和项目承担单位自筹资金641万元。该项目按照国家重点科技攻关计划管理办法的要求组织实施，逐步建立起滚动式的发展机制。

另外，截止到1996年底，国家教委高等教育司还组织研制开发了《基础物理学》、《高等化学试题库》等17个高等教育方面的CAI软件和试题库，其中4个已正式出版。

1996年10月，国家教委高等教育司正式公布了《计算机辅助教学软件技术规范（征求意见稿）》，使高等教育CAI软件的研制工作逐步走向规范化。

撰稿 李茂国

审稿 钟秉林

〔**大学生文化素质教育试点**〕 从1995年9月以来，在国家教委的领导下，有52所院校开展了大学生文化素质教育试点工作。一是成立了全国高校加强大学生文化素质教育工作协作组，由华中理工大学、北京大学、清华大学做为组长单位。负责协调52所试点院校的加强大学生文化素质教育工作。在协作组下设按大区划片的4个协调小组；二是定期编写文化素质教育工作简报，及时交流各校加强大学生文化素质教育工作的经验。到1996年底为止，已出简报共8期；三是设立专项课题，就加强大学生文化素质教育工作中遇到的一些理论问题开展研究。到1996年为止，“人文社会科学课程教育内容与课程体系改革研究与实践”，“各类高等学校本科教育中文化素质教育的目标要求、培养模式及评价方法”，“文化素质教育与高等教育观念改革”等专项课题，已开展了初步的研究。四是52所试点院校采取开设全校范围的人文社会科学类的选修课和讲座；进行素质教育与专业教育相结合的改革试验；组织学生开展课外阅读；组织丰富多彩的校园文化活动。

1996年4月，全国高校加强大学生文化素质教育工作协作组，在西南交通大学召开了工作会议。1996年11月，第二次全国高校加强大学生文化素质教育试点院校工作会在湖南岳麓书院召开。

撰稿 徐 挥

审稿 钟秉林

〔**高等农林教育经验交流会**〕 1996年11月28～30日，国家教委、农业部、林业部在北京联合召开了全国普通高等农林教育工作经验交流会。47所高等农林院校的院校长，17个省、自治区、直辖市教委负责同志，9个省、自治区农业、林业厅局的负责同志及一委两部有关司局的同志出席了会议。国家教委主任朱开轩主持开幕式。国家教委副主任周远清代表一委两部做了题为《坚持为“三农”服务的办学思想，加快高等农林教育的改革和发展》的报告。

这次会议总结、交流近几年来高等农林院校和有关部门，贯彻《中国教育改革和发展纲要》和1994年在杭州召开的第三次全国普通高等农林教育工作会议精神，坚持为“三农”（农业、农村、农民）服务的办学方向，实施“科教兴农”战略的经验；研究如何进一步加快高等农林教育改革，推进农林院校坚持并不断拓宽、延伸“太行山道路”。

会议认为：高等农林院校近几年改革有新的成绩，主要表现在以下五个方面：

第一、思想观念发生了可喜的变化，在主动适应农业和农村经济、社会变化、发展的形势，坚持为“三农”服务的方向上，拓宽了办学的路子。树立了贸工农结合，一、二、三产业协调发展的新农村观念；树立了农林牧副渔五业并举的大农业观念；树立了以普通高等学历教育为主，多层次、多规格、多形式地为农村和林区培养人才的观念；以及树立在市场经济条件下，农林高校不只是存在弱质性，而只要解放思想，更新观念，找准位置，开拓进取，同样大有作为的观念。

第二、教育改革正在逐步深化。在体制改革方面，管理体制改革正在以多种形式进行探索。如华南农大等5所高校实行了省部共建，南京农大、南京林大与有关县市共建学院；北京农业大学等12所高校实行合并，湛江水产学院转由地方管理；以及东北林大与东北农大等三校合作办学等等。招生与毕业生就业制度改革进一步完善，人才源源不断通向农村。在原已出台改革政策的基础上，为完善招生制度的改革，最近两年先后发出了《高等农业院校招收有一定实践经验学生的暂行办法》、《高等农业院校对口招收职业高中、农业中专、农业广播学校应届优秀毕业生暂行办法》、《林业部直属普通高校在贫困地区定向招生暂行办法》、《关于进一步做好农业院校招收定向生工作的意见》等文件，进一步巩固、规范招生改革的成果。

第三、教学科研生产三结合，兴农富民育人取得了丰硕成果。多年来，高等农林院校坚持为社会主义现代化建设服务，为农业、农村、农民服务的办学方向，走进农村和林区，与人民群众相结合，在探索农村和林区依靠科技致富之路的实践中，找到了一条教学科研生产三结合、兴农富民育人的道路，涌现了一批以河北农业大学走"太行山道路"为代表的"科教兴农"的典型。"八五"期间，全国高等农林院校共为国家输送全日制本专科毕业生20.2万人、研究生6991人，通过函授和夜大，输送毕业生10万余人。据对中国农大等34所农业高校统计，"七五"、"八五"期间，高等农林院校开发和推广年经济效益100万元以上的科研成果650多项，累计为社会创造社会经济效益1800亿元，平均每年每校约5.3亿元。

第四、高等农林教育进一步发展。校均规模由1992年的1910人，扩大到1995年的2855人；师生比由1992年的1∶4.91，提高到1995年的1∶6.52；学科和专业建设上了新台阶；教师队伍的整体水平有所提高。

第五、各级政府对农林高校的重视、支持力度得到一定加强。财政部在国家财政十分困难的情况下，针对农林高校少收多支的特殊情况，逐年提高了部属农林高校学生年生均拨款标准。云南、黑龙江、河南、北京、广东等省、市都不同程度地加大了对农林高校的投入。山西省在本省高校招生并轨改革配套政策措施中，针对山西农大实行农科学生免交学费，由政府财政在生均拨款3500元的基础上，增拨2000元等等。

会议期间，李岚清和姜春云两位副总理同出席会议的代表进行了座谈。

撰稿　徐建成　刘贵友

审稿　朱传礼

〔**教学成果奖励工作**〕　按照国务院发布的《教学成果奖励条例》(以下简称《条例》)的有关规定，1996年4月4日，国家教委发出了《关于认真做好1997年普通高等学校国家级教学成果奖励工作的通知》和《1997年普通高等学校国家级教学成果奖励办法》，并于1996年4月18～19日在天津召开了有各省、自治区、直辖市教委、教育厅、广东省高教厅、国务院有关部委教育司(局)、解放军总参军训部有关负责同志参加的会议，部署1997年的奖励工作。

本次奖励的范围和重点是：普通高等学校中的教师、教学辅助人员、教学管理干部从事普通高等教育教学（含研究生、本科、专科）及成人高等教育工作，在教书育人、教学改革、教学建设、教学管理等方面取得的教学成果，也包括其他社会组织和其他个人在普通高等学校中取得的教学成果。奖励的重点是在改革方面迈出重大步伐并取得显著成绩的教学成果。

奖励的数额：本次国家级教学成果奖设奖400个。其中一等奖50个左右，二等奖350个左右。一等奖中对提高教学水平和教育质量、实现培养目标效果特别突出的教学成果，经国务院批准可获特等奖。

成果的申请与推荐方法：申请国家级教学成果奖，由成果的主要完成单位或者主要完成人，按照其行政隶属关系，向省、自治区、直辖市人民政府教育行政部门或者国务院有关部门教育管理机构提出申请。

为做好1997年普通高等学校国家级教学成果奖励工作，国家教委成立了教学成果奖励工作领导小组及其办公室，组长由周远清（国家教育委员会副主任）担任；副组长由纪宝成（后为钟秉林，国家教委高教司司长）担任。

撰稿　乔著生　吴　燕
审稿　朱传礼

〔**重点教材立项**〕　1996年3月29日，国家教委办公厅下发了《关于印发〈普通高等教育“九五”国家级重点教材立项、管理办法〉的通知》，布置了国家级重点教材的立项申报工作。

至1996年6月底，国家教委受理120所高校申报的立项教材1236种，并于12月11～15日在天津召开重点教材立项评审会议，评出国家教委立项重点教材353种，其中新编185种，修订168种；在此基础上，通过评审，评出由国家教委分工负责的国家级立项重点教材149种，其中新编76种，修订73种。受理21个省市、48个部委申报的国家级立项重点教材选题854种，经过审核，确定国家级重点教材592种（含国家教委分工负责的149种）。

撰稿　董锦歧
审稿　朱传礼

〔**海峡两岸医学交流**〕　1996年8月3～9日“首届海峡两岸医学学生学术、文化交流会议”在北京举行。

本次活动由国家教委高教司主持，委托全国高等医学教育学会、中华医学会医学教育学会、中华全国台湾同胞联谊会和台湾医学生联合会出面主办。大陆方面有北京医科大学、上海医科大学等11所高等医学院校的50名学生参加，台湾方面有台湾大学医学院、阳明大学、台北医学院、“中国”医药学院、中山医学院的43名学生参加。会议组织委员会，大陆方面由北京医科大学王德炳校长任主任委员，大陆10所医科大学的校长任委员；台湾方面也成立了由陈立夫先生任主任委员，10所医学院校长任委员的名誉顾问委员会。组织这次活动的目的是，通过专题学术交流、沟通情况、增进了解、促使海峡两岸的医学生能够充分认识到肩负的历史重任，树立远大理想，认真学习、刻苦钻研、注重实践，努力将自己造就成为合格的高级医药卫生专门人才，并在国家统一、民族振兴的历史进程中，齐心协力、共创辉煌，为中国医药科学和医药教育事业的发展作出贡献。

在为期一周的交流会期间，两岸医学生就“两岸医学教育的现状与发展”进行了学术研讨，主要议题有“高等医学教育改革”，“医学生知识结构与能力结构”、“医科大学生职业道德观”、“医科大学生学习方法和养成”及“中医学与中西医结合教育”等。通过学术交流活动，双方研究了中国现代医药学和传统中医药的精髓与发展，进一步了解了中西医结合对医学发展的贡献，达到了增进双方相互了解，沟通信息，取长补短，共同提高的目的。

撰稿 范 唯

审稿 钟秉林

国家教委直属高校教育

〔**办学和管理体制改革**〕 1996 年，国家教委直属高校办学和管理体制改革继续向前推进。国家教委又分别与武汉市人民政府、重庆市人民政府签署共建华中师范大学、重庆大学的协议。到 1996 年，国家教委实行共建的直属高校达到 26 所，有 17 个地方政府和 1 家国家大型行业参与了委属高校办学体制改革。与此同时，原已实行共建学校的此项改革取得了较好的进展，学校积极在人才培养、科学研究方面为所在地方经济与社会发展服务的意识和观念进一步增强，地方政府在政策、资金上支持委属高校建设与发展的积极性和措施力度也在进一步增强，上海、广东、厦门等省、市人民政府已基本解决了当地所共建委属高校教职工享受地方出台政策补贴的问题，为学校的改革和发展创造了较为有利的条件。

多数共建学校的共建工作在内涵上也在不断丰富，呈现多种形式、多种层次的局面，各共建学校多方与有关地市政府、部门、企业、科研院所合作在校内共建的各种二级学院、科研中心、实验室达到 130 多个，如华中师范大学与湖北省仙桃市共建仙桃学院、东南大学与江苏省金坛市共建金坛学院，引起了各方面的关注。厦门大学在厦门市的支持下，筹备共建厦大医学院。这类“二级共建”模式的出现，正在作为学校探索面向社会自主办学的尝试向深度发展。

几年来，委属高校与当地的兄弟院校、科研院所在图书资料的资源共享、联合培养研究生、联合进行课题申报、科研攻关等方面进行了程度不同的合作，上海西南片、东北片高校以及北京等地高校的合作办学均已取得了实质性的成效。1996 年 5 月，国家教委专门批复同意北京大学在与北京医科大学合作办学的基础上成立“北京大学医学中心”，这个中心以北京医科大学为基础，依托北京大学较强的基础学科优势，发展新兴、交叉学科和高新技术，以期推进我国高等医学教育质量和水平的提高，其成立使两校的合作办学进入了一个新的阶段。此外，浙江大学也在年内与浙江医科大学合作建立了浙江大学医学中心。

撰稿　马　涛
审稿　陈维嘉

〔**上海城建学院、建筑材料工业学院并入同济大学**〕　国家教委和上海市人民政府经过共同协商研究，于1996年7月正式签署备忘录，决定通过以国家教委和上海市共建方式，将上海城市建设学院和上海建筑材料工业学院并入同济大学，其中上海建筑材料工业学院是先由国家建材工业局所属高校成建制地划转上海市管理以后再成建制并入同济大学。上海城市建设学院和上海建筑材料工业学院（以下简称两校）并入同济大学后，原属两校的在编人员、资产等全部划归同济大学，由同济大学根据改革与发展的总体规划、学科和专业建设的需要及人事、资产管理办法予以统筹安排调整和管理。在体制上，两校建制撤销并入后的同济大学仍为国家教委直属高等学校，实行与上海市共建共管，国家教委和上海市分别拨款的投资渠道不变。在经费来源渠道上，仍保持国家教委和上海市两个渠道不变，国家教委继续向同济大学提供额定的事业经费、基建投资和原已有的各种专项拨款、补贴，并按对委属高校投入的增长比例增加投入；上海市继续向同济大学提供原市属两校的额定有关经费，包括事业经费和基建投资，并按对市属高校投入的增长比例增加投入。在实行共建共管增加上海市责权方面，进一步明确上海市将逐步加强对学校的统筹力度，以支持两校并入后的同济大学加快改革和建设步伐，更好地服务于上海市建设国际经济、金融和贸易中心的实际需要。1996年上海市将主要在学校领导的任免及出国审批，本专科专业设置、调整和硕士点审批，事业发展规模调整以及在上海地区招生等方面实施相应的管理职责。为支持同济大学尽快实现校区合并、统一招生，上海市还给予同济大学一次性并校启动经费1500万元。

在国家教委和上海市的直接指导下，两校并入同济大学的工作进展顺利。学校的各项工作过渡平稳，教学、科研正常运转，1996年已实现统一招生，两校原有在校学生，包括教学、学籍、毕业生就业等均由同济大学根据学校观点统一管理。

撰稿　董长侠
审稿　陈小娅

〔**委属高校“211工程”审核工作**〕　1996年，国家教委继续组织专家组对所属有关高等学校申请进入“211工程”进行部门预审，截止到6月，相继完成对山东大学、中国人民大学、北京师范大学、四川联合大学、重庆大学、华东师范大学、兰州大学、北京外国语大学、上海外国语大学、华东理工大学等校的预审工作，使委属高校“211工程”部门预审阶段的工作基本平稳、顺利地结束。部门预审促使委属高校在面向21世纪的改革与发展中形成了“找差距、定措施、促改革、上水平”的局面，学校在制定“211工程”建设规划的过程中，进一步摸清了“家底”，总结了多年的办学经验，找出了存在的困难与差距，明确了发展的目标和方向。预审工作在争取有关地方政府在政策、资金上积极支持预审学校的建设与发展方面起到了推动作用，加速了国家教委与地方政府“共建”委属高校的进程，并促使学校增强了为地方经济与社会发展服务的意识。预审工作也为今后学校的“211 工程”建设奠定了较好的基础。

在继续进行预审工作的同时，根据“211工程”部际协调小组的部署，国家教委有关部门在 1996 年还组织专家组完成了对复旦大学、上海交通大学、西安交通大学、南京大学、浙江大学、南开大学、天津大学、中国人民大学的“211 工程”建设项目可行性研究报告专家论证及立项审核工作。

撰稿　马　涛

审稿　陈维嘉

学位与研究生教育

〔**博士、硕士学位授权审核**〕　1996 年 4 月，国务院学位委员会第十四次会议审议批准了第六批博士和硕士学位授权审核结果。

根据国务院学位委员会第十三次会议的决定，这次学位授权审核要贯彻深化改革、调整结构、提高质量的原则。增列博士点的学科专业主要是国家经济建设、科技教育和社会发展以及国防建设急需而目前全国尚无授权点或授权点偏少的学科、专业，实行了指导性的定向申报，限额评审。增列硕士点重点考虑直接为经济建设、科技教育和社会发展以及国防建设服务的学科专业，适当兼顾地区和行业发展的特殊需求。鼓励学位授予单位适应经济建设、科技和社会发展的需要，主动调整已有的授权学科专业。

按照现行学位授权审核办法，博士点的审核由国务院学位委员会统一组织进行。硕士点的审核按三种方式组织进行：(1) 已开展自行审批硕士点的学位授予单位以及四川联合大学在批准的学科范围内，自行审批和调整硕士点；(2) 国务院学位委员会授权上海、江苏、湖北、广东、四川、陕西等六省（直辖市）学位委员会在一定的学科范围内，审批已是硕士学位授予单位的增列和调整硕士点；(3) 上述两种方式之外的增列和调整硕士点，以及未列入《专业目录》的学科专业申请增列硕士点，由国务院学位委员会组织审核。

为进一步提高研究生教育质量和办学效益，拓宽培养口径，调整学科结构，在对数学、化学、力学、电工、计算机科学与技术等 5 个一级学科进行选优评估的基础上，开展了按一级学科行使博士学位授予权的审核试点工作。

本次审核，新增博士学位授权点182个；调整已有博士点6个。新增硕士学位授权点1075个，其中全国统一评审新增562个，上海等六省（市）学位委员会审批新增454个，有关单位自行审批新增59个；调整已有硕士点146个，其中全国统一评审调整24个，六省（市）学位委员会审批调整106个，有关单位自行审批调整16个。作为试点，批准了数学、化学、力学、电工、计算机科学与技术等5个学科的25个博士学位授权一级学科点。作为个别遗留问题处理，批准了新增博士学位授予单位6个，新增硕士学位授予单位5个。

撰稿　任增林
审稿　赵沁平　谢桂华　顾海良

〔**专业学位工作**〕　1996年4月30～31日，国务院学位委员会第十四次会议审议并通过《专业学位设置审批暂行办法》，就专业学位的定义、分级、学位授予标准和授予对象、培养模式、学位授予单位和证书管理、质量评估等做出原则性的规定。

1996年6月30日，国务院学位委员会办公室、国家教委研究生工作办公室发出了《关于开展教育硕士专业学位试点工作的通知》，批准北京师范大学、天津师范大学、辽宁师范大学、东北师范大学、哈尔滨师范大学、华东师范大学、南京师范大学、山东师范大学、福建师范大学、华中师范大学、湖南师范大学、华南师范大学、广西师范大学、西南师范大学、陕西师范大学、西北师范大学等16所师范大学为首批教育硕士专业学位试点单位。1996年9月14～16日，在东北师范大学召开了教育硕士专业学位第一次试点工作会议，就试点工作中的招生学科方向、招生对象以及各学科方向教学大纲编写工作等方面作出了具体安排。

1996年，北京大学、中国人民大学、中国政法大学、对外经济贸易大学、吉林大学、武汉大学、华东政法大学、西南政法大学等8所法律硕士专业学位试点单位开始招收法律硕士专业学位研究生。为加强对招生工作的指导与协调，保证试点工作的质量，国务院学位办、司法部法学教育司和全国法律硕士专业学位专家指导小组共同组织有关专家，编写并出版了试点院校统一适用的《攻读法律硕士专业学位研究生招生考试大纲》和《攻读法律硕士专业学位研究生招生考试教程》。

1996年，工商管理硕士（MBA）招生工作改革取得实质性进展，国家教委学生司决定从1997年起工商管理硕士研究生实行全国联考（工商管理硕士研究生入学综合考试，汉语拼音缩写简称为“GRK”），并委托“全国工商管理硕士教育指导委员会”负责“97MBA联考”的具体工作。为此，全国工商管理硕士教育指导委员会专门成立了全国工商管理硕士研究生入学考试研究中心，完成了考试题库设计及联考的准备工作。国务院学位委员会批准新增中国科学技术大学、吉林工业大学、中国矿业大学、中山大学、北京航空航天大学、辽宁大学、吉林大学、杭州大学、四川联合大学、重庆大学、西北大学、电子科技大学、东北大学、北京邮电大学、中南工业大学、兰州大学、东南大学、中国纺织大学、哈尔滨工程大学、西南交通大学、南京理工大学、武汉汽车工业大学、西北工业大学、陕西财经学院、天津财经学院、西安理工大学等26所高等学校为MBA试点单位，使全国 MBA 试点单位达到 52 所。

撰稿　唐继卫　黄宝印

审稿　赵沁平　谢桂华　顾海良

〔**省级学位委员会工作座谈会**〕 国务院学位委员会办公室于 1996 年 5 月 20～22 日在南京师范大学召开了省级学位委员会工作座谈会。会议期间，各省市代表还就学位授予质量评估、管理、学科建设学位授权审核和在职人员申请学位等项工作交流了经验。

撰稿　施太庚

审稿　赵沁平　谢桂华　顾海良

〔**学位与研究生教育评估**〕 为全面提高研究生教育质量和办学效益，1996 年学位与研究生教育评估工作加大力度，取得了新进展。数学等五个一级学科的选优评估。国务院学位委员会于 1995 年 9 月下发了《关于按一级学科进行学位与研究生教育评估和按一级学科行使博士学位授予权审核试点工作的通知》，委托高等学校与科研院所学位与研究生教育评估所对数学、化学、力学、电工、计算机科学与技术等五个一级学科进行一级学科整体水平选优评估工作。评估采取自愿参加的办法数学有博士学位授予权的单位 35 个，其中 22 个单位参加评估；化学有博士学位授予权的单位 32 个，其中 19 个单位参加评估；力学有博士学位授予权的单位 32 个，其中 16 个单位参加评估；电工有博士学位授予权的单位 20 个，其中 11 个单位参加评估；计算机科学与技术有博士学位授予权的单位 25 个，其中 14 个单位参加评估。

这次评估采取了客观数据与专家评价相结合的方式。在征求了有关学科评议组成员和部分评估专家的意见后，研究建立了本次评估的指标体系。对部分指标采用了客观数据量化的方法，如学科状况、科研成果等，各有关单位在各学科发表论文的情况直接在“中国科技情报信息中心”检索；对一些难以量化的指标，如教学与科研队伍、课程建设等请同行专家分别打分。同时，还随机抽取了若干篇博士学位论文进行同行专家评阅。最后得到了各学科的评估结果并在《学位与研究生教育》上予以公布，对评估名列前茅的单位，经国务院学位委员会批准，实行了按一级学科授权。

对不合格博士点亮牌警告 1995 年 9 月～1996 年 1 月，国务院学位委员会委托高等学校与科研院所学位与研究生教育评估所组织有关专家，对数学、化学、力学、电工、计算机科学与技术等五个一级学科的 259 个博士点进行了合格评估。经有关学科评议组审核，244 个博士点通过了合格评估，15 个博士点未通过合格线，国务院学位委员会第十四次会议审议通过了对这 15 个博士点的处理意见。对存在问题较多的中国科学院软件研究所基础数学、上海大学运筹学与控制论、北京师范大学有机化学等三个博士点予以暂停博士学位授予权、暂停招收博士生、限期（两年）整顿的处理。对内蒙古大学应用数学、中国航天工业总公司第二研究院（204 所）计算数学、兰州大学分析化学、中国科学院渗流流体力学研究所流体力学、中国建筑科学研究院结构力学、中国科学院力学研究所岩土力学、福州大学电器、合肥工业大学计算机应用等 8 个博士点作出限期（两年）整顿的处理。对另外 4 个博士点，责成学校加强学科建设，针对存在的问题提出改进措施。

撤消不合格硕士学位授权点 国务院学位委员会于1996年11月下发文件，撤消首都师范大学热能工程、上海师范大学理论物理专业的硕士学位授予权。

国务院学位委员会曾于1994年4月下发《关于对天津商学院等单位少数硕士学位授予点进行限期整顿的通知》，对物理学、动力工程及工程热物理2个一级学科评估中不合格的天津商学院制冷及低温工程等9个硕士点分别予以暂停学位授予权、限期两年内整顿及暂时保留学位授予权、限期两年内改进提高的处理。1996年4月底前，除首都师范大学热能工程硕士点外，其余8个点分别提出重新评估的申请。国务院学位委员会组织专家对上述8个点进行了重新评估。根据专家组意见，除上海师范大学理论物理专业外，其余7个硕士点重新评估合格。

首都师范大学热能工程专业因其未申请重新评估，作为自动放弃硕士学位授予权。上海师范大学理论物理专业在此次重新评估中，专家组认为，该点缺乏高水平师资队伍，经费短缺，科研项目和科研成果少，培养研究生的物质条件较差，未能达到硕士学位授权点的基本要求。根据有关文件精神和专家组意见，国务院学位委员会决定撤消首都师范大学热能工程、上海师范大学理论物理专业的硕士学位授予权。

举办评估研讨班 1996年11月，中国学位与研究生教育学会评估工作委员会在西安举行了“评估研讨班”。研讨班聘请有关评估方面的专家进行了评估基本理论、评估技术和方法、中外学位与研究生教育评估比较研究等方面的专题讲座；同时有四个院校交流了本单位进行自我评估的经验和方法。研讨班推动了学位与研究生教育评估理论的研究。

撰稿 刘 桔

审稿 赵沁平 谢桂华 顾海良

〔修订研究生学科、专业目录〕 根据全国研究生工作座谈会和国务院学位委员会第十四次会议精神，《授予博士、硕士学位和培养研究生的学科、专业目录》的修订工作自1995年10月开始，到1996年已基本完成。

现行专业目录是1990年10月经国务院学位委员会和国家教委批准颁布实施的，这个专业目录在我国学位和研究生教育事业中起到了重要作用。但随着科学技术的发展和由计划经济向社会主义市场经济体制的转变、高等教育管理体制改革以及学位与研究生教育改革的不断深化，现行专业目录对学科的分类，已逐渐显示出其不适应的方面。1996年4月，国务院学位委员会第十四次会议作出决定，用一年左右时间，会同国家教委共同完成对现行专业目录的修订工作。

这次修订专业目录的基本原则是：科学、规范、拓宽；工作目标是：规范和理顺一级学科，拓宽和调整二级学科，将现行的654种专业调整压缩到400种以内。修订工作首先由国务院学位委员会各学科评议组分别对本一级学科的专业目录进行了深入研究，提出了具体修改意见。在此基础上由文、理、工、农、医等方面的专家组成专家小组，综合各方面的意见提出了征求意见稿。经过三次较大规模的征求意见，在充分听取并综合了各方面专家及管理部门意见的基础上，现已完成送审稿。经过修订，专业目录中增加了管理学学科门类；一级学科有所增加，相对比较规范；二级学科进行了较大幅度的归并和调整，压缩幅度达40%，对于未调整的二级学科也相应扩大了其内涵。

撰稿　刘　桔
审稿　赵沁平　谢桂华　顾海良

〔**开展研究生培养质量调查**〕　从1996年6月开始，由国家教委研究生工作办公室主持进行了一次较大规模的研究生培养质量调查工作。目的是摸清影响研究生培养质量的主要原因，制定切实可行的措施推进改革，提高研究生教育质量；探索更加合理的研究生培养方式，从而全面落实“立足国内，适度发展，优化结构，相对集中，推进改革，提高质量”的24字方针，使我国的研究生教育以崭新的姿态进入21世纪。

调查工作贯穿以质量为中心的基本指导思想。基本内容是对研究生教育的全过程，特别是博士生教育的各主要环节进行的调查研究；对市场经济环境下研究生的思想政治工作及其效果的调查研究；对研究生教育管理工作及其运行机制的调查研究。调查活动除进行实地蹲点调查外，还对同一题材设计了三种问卷，分别对研究生导师、研究生教育管理人员和在校研究生进行调查。调查研究工作按照不同学科和不同地区分工、点面结合的形式进行。共在35所不同层次、不同类型的高等学校和4个科学研究机构的范围内展开，涉及12个省市。调查研究的成果将在今后有关的改革措施中陆续推出。

撰稿　王亚杰
审稿　赵沁平　谢桂华　顾海良

〔**普通高校建立研究生院**〕　1984年和1986年，国家先后批准33所普通高等学校试办研究生院。为了全面总结试办研究生院十多年来的经验，检验试办效果，1995年初，国家教委委托高等学校与科研院所学位与研究生教育评估所对33所试办研究生院进行了评估。评估结果表明，试办研究生院，促进了学校的学科建设以及教学、科研水平的不断提高，带动了学校的全面发展。在研究生教育改革和发展中，这些试办研究生院起到了骨干和示范作用，显示出较高的管理水平，已经初步建设成为我国高层次人才培养的重要基地，为我国社会主义现代化建设做出了重要贡献。

评估工作结束后，根据《研究生院设置暂行规定》，国家教委于1996年1月和1996年3月先后批准这33所普通高校正式建立研究生院。

全国33所研究生院名单如下：

北京大学	同济大学
中国人民大学	上海交通大学
清华大学	上海医科大学
北京航空航天大学	华东师范大学
北京理工大学	南京大学
北京科技大学	东南大学
北京农业大学	浙江大学
中国协和医科大学	中国科学技术大学
北京医科大学	厦门大学
北京师范大学	武汉大学
南开大学	华中理工大学
天津大学	中国地质大学
大连理工大学	国防科技大学
东北大学	中山大学
吉林大学	西安交通大学
哈尔滨工业大学	西北工业大学
复旦大学	

撰稿　刘　桔
审稿　赵沁平　谢桂华　顾海良

〔**学位授予情况**〕 1996年，国务院学位委员会批准授予5位著名科学家、社会活动家名誉博士学位。即北京大学授予美国普林斯顿大学伍德罗·威尔逊学院高级研究员、美国卡内基金会教学促进委员会主席欧内斯特·博伊尔名誉教育学博士学位；西安交通大学授予德国柏林工业大学焊接研究所所长、国际焊接学会标准化委员会主席罗茨·多恩教授名誉工学博士学位；同济医科大学授予德国汉堡市巴姆贝克总医院病理研究所所长沃尔夫冈·侯普克教授名誉医学博士学位；南京师范大学授予英籍著名作家韩素音女士名誉文学博士学位；中南工业大学授予美国犹他大学教授、美国国家工程科学院院士迈尔顿·瓦兹威尔斯名誉工学博士。

1995～1996年授予博士、硕士学位人员情况表 单位：人

学科门类	博　士	硕　士	学科门类	博　士	硕　士
总　　计	5578(67)	36563(2353)	历 史 学	117(1)	547(10)
哲　　学	80(2)	531(49)	理　　学	1515(12)	5388(130)
经 济 学	227(6)	3883(741)	工　　学	2173(22)	16582(741)
法　　学	143(3)	1771(120)	农　　学	231(4)	1197(104)
教 育 学	42	717(98)	医　　学	913(13)	3748(248)
文　　学	134(4)	2034(83)	军 事 学		165(29)

注：括弧中数字为总数中授予同等学力在职人员博士、硕士学位的人数

撰稿　朱小玉　吴　一

审稿　赵沁平　谢桂华　顾海良

高校思想政治教育

〔**综述**〕 1996年，高校思想政治工作的指导思想是：以邓小平建设有中国特色社会主义理论为指导，贯彻党的十四届五中、六中全会精神，抓好党的建设、“两课”的改革和思想政治教育建设工作，努力维护高校稳定的局面；深入开展爱国主义、集体主义和社会主义教育，引导广大学生树立正确的世界观、人生观和价值观；着力加强高校德育

和思想政治工作队伍建设、制度建设、机制建设和保障条件建设。以改革、进取和创新的精神，为形成全员育人、全方位工作、全过程培养的德育工作局面作出了积极努力。

1996年，高校思想政治工作的方针是：突出重点，狠抓落实，在继续推进用邓小平建设有中国特色社会主义理论武装师生，认真贯彻《中国共产党普通高等学校基层组织工作条例》，以高校领导班子思想政治建设为重点，进一步加强党的建设；加强高校校园及周边治安秩序集中整治工作，维护高校稳定；继续贯彻落实《中共中央关于进一步加强和改进学校德育工作的若干意见》和《中国普通高等学校德育大纲》精神，积极推进高校德育工作和思想品德课的建设与改革等方面的工作。

撰稿 王建国

审稿 瞿振元 靳 诺

〔**高校党建工作**〕 1996年3月18日，中央正式发布了《中国共产党普通高等学校基层组织工作条例》。4月16日，《中国教育报》刊登了中央组织部有关方面负责人对《条例》的解释性答问。《条例》的发布是高校党的生活的大事，引起了各地高校的广泛重视，许多地方和高校制定了贯彻《条例》的实施意见和具体工作制度。

为贯彻江泽民同志关于领导干部一定要讲政治的讲话精神，进一步促进高校领导班子的思想政治建设，会同中国教育报刊社在《中国教育报》开设了“高校领导干部‘讲政治’笔谈”专栏，从1996年6月下旬开始，刊登高校党委书记、校长结合本校工作实际，学习江泽民同志关于讲政治的重要思想的体会文章，共32篇。配合建党75周年，在《中国教育报》上开辟专栏宣传了部分高校基层党组织和优秀党务工作者的典型事迹。

10月12日，国家教委下发了《关于学习和贯彻十四届六中全会精神的通知》，要求各级教育部门和高校采取多种形式，分层次地认真组织高校党员和师生员工学习、贯彻六中全会精神。进一步统一思想，制定规划，落实措施，加强精神文明建设。

10月30日～11月1日、11月4～6日，中组部、中宣部和国家教委党组先后于济南、苏州分两片召开了高校党建工作座谈会。中组部副部长虞云耀、国家教委党组成员、副主任周远清和国家教委党组成员朱新均分别出席了会议并作了讲话。出席会议的代表有各省、自治区、直辖市委组织部、教育工作部门和部分省市宣传部的负责同志及部分高校党委书记。会议重点研究讨论了高校领导班子建设、基层党组织建设、贯彻六中全会精神，加强高校思想道德建设等问题。

撰稿 赵 晖 王建国

审稿 瞿振元 靳 诺

〔**思想品德课教学改革**〕 为了贯彻落实国家教委《关于高校马克思主义理论课和思想品德课教学改革的若干意见》，思政司抓了如下几方面工作：一是课程建设，确定了思想品德课三门必修课是《思想道德修养》、《法律基础教程》和《形势与政策》。二是教材建设，组织有关专家编写并于7、8月正式出版了《思想道德修养教学大纲》和《法律基础教学大纲》、出版了法律基础课教学参考书《法律法规选编》，指导、规范了思想道德修养课和法律基础课教学。三是师资队伍建设，举办了近百所全国重点高校思想品德课教研室主任参加的首届全国高校思想品德课教研室主任培训班，介绍了两个新的教学大纲及新版教材的内容、体系和教学重点，交流、研讨了各地思想品德课教学改革和建设情况；从6月开始对全国高校思想品德课教师队伍状况进行全面调查；确定中国人民大学国家级思想品德课师资培训基地，决定从1997年开始，委托中国人民大学马克思主义学院举办高校思想品德课教师以毕业研究生同等学力申请硕士学位教师进修班，1997年招生名额为25人，专业为思想政治教育。四是推进形势与政策课的建设和改革，下发了《关于进一步加强高等学校〈形势与政策〉课程建设的意见》，指导、规范了形势与政策课的教学，安排1996年下半年形势与政策教学内容，下发《关于进一步做好当前高校学生形势政策教育工作的通知》；推荐中宣部《时事报告》杂志作为全国高校形势与政策课的教学参考资料和辅导材料。五是筹备成立高校思想品德课教学指导委员会。

撰稿 秦 隽
审稿 瞿振元 靳 诺

〔**思想政治教育专业学科建设**〕 1996年，经国务院学位委员会学科评议组评审、国务院学位委员会批准，清华大学、中国人民大学、武汉大学为思想政治教育专业博士学位授权点；同时批准中山大学、天津师范大学、郑州大学、中国矿业大学、武汉水利电力大学、武汉汽车工业大学、电子科技大学、西安电子科技大学、解放军第二炮兵工程学院等9所学校为思想政治教育专业硕士学位授权点，连同以前批准的学校，现在全国开设思想政治教育专业的70所高校中共计有35所高校具有硕士学位授予权。

1996年，经国家教委“九五”期间重点教材评审立项会评审通过，思想政治教育专业教材《思想政治教育方法论》和《中国共产党思想政治工作史纲》被确定为国家教委“九五”期间重点建设教材。

撰稿 李 斌
审稿 瞿振元 靳 诺

〔**形势政策教育**〕 为加强高校形势与政策课的建设与改革，进一步维护高校政治稳定大局，1996年12月7日，国家教委下发《关于进一步做好当前高校学生形势政策教育工作的通知》，安排了1996年下半年高校形势与政策课教学内容。

针对形势特点和学生中的热点问题，1996年组织了一系列高校形势报告会，上半年，邀请国家计委副主任曾培炎、新华社高级记者刘洪潮教授分别就党的五中全会精神、国际形势和中国的外交政策给在京高校师生作了专题形势报告；下半年，邀请外交部副部长唐家璇、国家计委副主任王春正分别就当前国际形势和中国外交政策、当前经济形势给在京高校领导干部举行专题形势报告会；邀请中国人民解放军副总参谋长熊光楷就国际形势给北京市高校学生骨干作了专题报告；安排北京市高校领导干部参加了中共中央政治局委员、中宣部部长丁关根作的关于党的六中全会精神辅导报告，并将上述有关报告制成录音带发至全国各地，推动高校大学生形势与政策教育工作。

撰稿　秦　隽

审稿　瞿振元　靳　诺

〔**高校治安综合治理**〕　为进一步加强高校治安综合治理工作，维护高校稳定，1996年4月，中央社会治安综合治理委员会、公安部和国家教委联合下发了《关于整顿高等学校治安秩序的通知》，决定在全国高校集中进行校园及周边地区治安秩序整治工作。1996年5月6～8日，经中央批准，中央社会治安综合治理委员会、公安部和国家教委在北京联合召开全国高校治安综合治理工作会议。这是建国以来第一次有关此项工作的专门会议。会议认真学习贯彻党中央关于维护社会治安、社会稳定工作的重要指示精神，总结了1992年以来学校治安综合治理工作，提出了进一步做好工作的意见；部署了开展高校治安秩序集中整治的工作；研究了维护高校稳定和高校公安机构体制改革等问题。国务委员、中央综治委副主任罗干同志出席会议并作了重要讲话。中央宣传部、司法部、文化部、国家工商行政管理局和共青团中央等有关部门的负责人在大会上发言，表示支持开展校园及周边治安秩序集中整治工作。

在中央和地方各级党政机关的正确领导和支持下，各有关部门和单位与高校密切协作，高校校园及周边地区治安工作通过开展高校校园及周边治安整治工作，初步形成了有关部门积极参与、密切协作、齐抓共管的工作机制；打击了校园内外的违法犯罪活动，清理整顿了一批违章建筑和商业摊点，文化娱乐场所以及外来人口。把清理整治与建章立制紧密结合，校园治安管理得到加强，群防群治组织得以健全。

1996年11月，中央综治委、公安部和国家教委联合下发了《关于进一步加强学校治安综合治理工作的意见》，进一步明确了学校治安综合治理工作的领导体制，工作职责和主要任务；就加强思想政治教育和道德、法制教育，强化学校内部管理和安全防范工作；积极开展文明校区建设，努力消除不安定因素和不安定隐患；加强校园周边治安环境治理，严厉打击各种违法犯罪活动；进一步做好高校公安机构改革工作，加强学校内部保卫队伍建设等方面的工作提出了系统要求。

撰稿　王学军

审稿　瞿振元　靳　诺

〔**宣传第四军医大学二大队先进事迹**〕　为了贯彻和落实党的十四届六中全会的有关精神，中宣部、国家教委、总政治部、总后勤部、共青团中央决定联合宣传第四军医大学二大队学员先进事迹。

11月21日下午，中宣部、国家教委、总政治部、总后勤部、共青团中央联合在人民大会堂举行了第四军医大学二大队学员先进事迹报告会，报告团成员作的报告分别是：二大队84级学员刘斌作“把青春和智慧献给雪域高原”，二大队90级学员于洋作“为振兴中华苦学求知，发奋成长”，二大队79级学员张笑飞作“人民的赞誉是最高的奖赏”，二大队79级学员费伊作“立志献身空军建设，填补航空医学空白”，二大队79级学员李云庆作“扎根华夏沃土，报效祖国人民”，二大队95级学员张华、张红梅作“走张华成长道路，做肩负起民族希望的新一代”，“富于理想，勇于献身的优秀大学生”张华烈士的母亲潘英华同志讲了话，国家教委副主任周远清，总后勤部政委周坤仁到会并讲话，报告会由总政治部副主任徐才厚主持，首都高校师生及部队官兵3300多人参加了报告会。

11月2～28日，第四军医大学二大队学员先进事迹报告团分别在北京大学、清华大学、中国人民大学等首都高校巡回举行了报告会，11月30日～12月10日，报告团先后赴上海、广州、重庆面向高校师生进行了巡回报告。

撰稿　王雪涛
审稿　瞿振元　靳　诺

〔**开展“树、创、献”活动**〕　1996年9月，出席全国教育工会庆祝'96教师节暨“树、创、献”活动经验交流会的全体代表向全国教育工作者发出了《深入开展“树师表形象，创文明校风，为实现跨世纪宏伟目标作贡献”活动倡议书》，倡议全国教育工作者：遵循时代要求，自觉提高素质，树立师表形象；弘扬集体主义，优化育人环境，创建文明校风；胸怀宏伟目标，立足本职岗位，做出实际贡献。国家教委为此于1996年11月1日，向教育系统发出了《关于支持深入开展“树、创、献”活动倡议的通知》，要求各地认真贯彻《中共中央关于加强社会主义精神文明建设若干重要问题的决议》的精神，遵循党的教育方针，依照《教育法》、《教师法》等法律法规对教师的要求，进一步加强和改进教师思想政治工作，以教师职业道德建设为重点，紧密结合本地和本校的实际，把这项活动深入、扎实、健康、持久地开展下去，力求取得更大实效。

撰稿　廖卫鹏　柯春晖
审稿　瞿振元　靳　诺

〔**开展“迎接香港回归祖国”读书活动**〕

为了使高校大学生更好地了解中国政府对香港恢复行使主权的各项政策及有关历史知识，经中央宣传部批准，中宣部新闻局和出版局、国家教委思想政治工作司、新闻出版署发行管理司、中华全国总工会宣教部及中宣部学习出版社和深圳市海天出版社等单位，于1995年10月～1996年8月联合举办了“迎接香港回归祖国”读书活动，并发出了《关于开展“迎接香港回归祖国”读书活动的通知》。学习出版社和海天出版社联合出版的《迎接香港回归祖国》作为本届读书活动用书，该书分为《干部读本》、《职工读本》、《青少年读本》、《少年读本》和《少儿连环画读本》。为了搞好此次读书活动，主办单位和协办单位联合成立了全国“迎接香港回归祖国”读书活动组织委员会，此次读书活动得到全国的党政干部、职工、学生的欢迎和积极参与，取得了良好的效果。

撰稿　王雪涛
审稿　瞿振元　靳　诺

高校学生工作

〔**普通高校招生**〕 1996年，报考全国普通高校的考生约有266万人，其中应届普通高中毕业生180余万人，其余为往届生。1996年全国普通高校招生计划为96.5万人，录取比率约为38%。包括军事院校招收地方应届普通高中毕业生、电大和函大普通班的招生数量，录取比率约为40%，与1995年大致持平。

1996年，招生并轨改革进展顺利。全国有660余所高等学校进行了招生并轨，占全国招生学校总数的2/3，招生人数约占全国招生总数的2/3。1996年本科中：理、工、文、史类进行了招生并轨，农、林、医、师专科也进行了招生并轨；经济发达地区进行了并轨，经济不发达地区也进行了并轨；地方、部门所有的学校也整体地进行了并轨。

招生工作管理进一步加强。一是加强招生来源计划的管理。国家教委要求：严格限定地方招生部门接收招生来源计划的截止时间，规定未经国家教委批准下达的招生来源计划，地方招生部门不得安排招生，招生来源计划向社会公布后，未经国家教委同意一律不得再追加。1996年，各地招生部门严格按计划招生，未出现超计划招生的现象。二是加强对招生工作人员的培训和管理。国家教委要求参加招生工作的应是作风正派、工作认真、组织纪律性强、受过招生工作培训的人员。在录取期间国家教委会同监察部驻国家教委监察局派出两个检查组，分别对四个省检查工作，并对院校派出的招生工作人员进行招生政策的测试。从检查的情况和各方面反映的意见看，招生工作人员基本熟悉招生政策，严格要求自己，遵守招生纪律。三是加强对录取场所的管理。录取场所普遍采取封闭式管理，录取期间，除招生部门、纪检（监察）部门和有关招生院校的工作人员之外，其他人员均不得进入录取场所。封闭的目的在于减少各种干扰，保证招生工作顺利进行。同时，增加招生计划、招生政策和录取工作透明度，及时公布录取结果，接受社会和纪检（监察）部门的监督、检查。许多省邀请政府、人大和政协视察录取现场，广东、河南和吉林等省组织考生及其家长参观录取工作，以消除社会各方面对招生工作的神秘感或由此所产生的误解。四是加强招生工作计算机辅助管理。积极推进招生管理手段的现代化，国家教委已与各省、自治区、直辖市，中央部门有关司（局）和委属高等学校实现了计算机远程通讯联网，以便招生工作的宏观管理，提高工作效率。在录取期间，各省（自治区、直辖市）招生部门通过远程通讯网络向国家教委传送录取结果。广西与北京地区的部分高校通过计算机网络录取新生。

撰稿 潘 阳

审稿 赵亮宏

〔**毕业生就业工作**〕 1996年，全国普通高等学校共有毕业生86.7万人，其中本专科毕业生83万人，毕业研究生3.7万人（含博士生4996人）。在本专科毕业生中，地方所属高校52.3万人，国务院有关部委所属高校24.1万人，国家教委直属高校6.6万人，这些毕业生中扣除录取研究生10357人，实际可安排毕业生就业人数为81.9万人。在毕业研究生中，国家教委直属高校14560人，国务院有关部委所属高校（含培养单位）17751人，地方所属高校（含培养单位）4596人，占12.5%。扣除考取博士或博士后的研究生有2193人，出国留学736人，实际可安排数为33978人。从毕业生的派遣结果看，本专科生安排到地方所属单位70.9万人，到中央部门所属单位11万人；毕业研究生中，分配到中央所属单位17936人，分配到地方所属单位16042人；从工作单位流向看，安排到高等学校12506人，到科研单位5543人。

毕业生需求形势简析。1996年高校毕业生的社会需求和往年相比没有大的变化。但供需结构性矛盾依然存在：(1) 地区间不平衡，除少数经济发展较快的地区毕业生供略小于求外，其他地区均出现供需相当或供大于求的情况。(2) 学科专业之间的不平衡、工科、医药、外语、师范等科类的大部分专业继续保持旺盛的需求，而农林、文史、政法、理科等科类的部分专业，社会需求明显不足。(3) 需求层次不平衡，目前社会对研究生、本科生的需求量较大，而对专科以下毕业生的需求减少。

1996年就业工作的主要特点：(1) 领导重视、措施得力，保证了毕业生就业工作的顺利进行。国务院领导同志高度重视高校毕业生就业工作，多次作出重要指示；国务院办公厅就做好1996年高校毕业生就业工作适时下发了《关于研究高校毕业生就业分配有关问题的会议纪要》、《关于做好1996年高校毕业生和毕业研究生就业工作的通知》、《关于湖南省长沙市“3. 23”事件的通报》三个文件，向地方人民政府和有关部委提出了具体要求。

国家教委发出了《关于做好1996年全国普通高校毕业生就业工作的意见》、《关于做好1996年全国毕业研究生就业工作的通知》、《关于继续做好1996年高校毕业生和毕业研究生就业工作的通知》和《关于认真做好1996年毕业生教育工作的通知》，对毕业生就业工作进行了具体指导。(2) 加强指导，进一步完善毕业生就业市场。1996年着重抓了高校毕业生就业市场的建设，目前正逐步形成以高校和教育系统为主的机械、电子、冶金等部委具有行业特色的毕业生就业市场，西北五省区以西安为中心举办了西北毕业生就业市场，广东省高教厅主办了分科类的毕业生就业市场，国家教委直属高校（上海）联办了毕业研究生供需洽谈会等，均取得了明显效果。大多数省（自治区、直辖市）在寒假期间举办的招聘会以及学校内部的招聘会也为广大毕业生就业创造了较好的就业环境，受到了毕业生和用人单位的欢迎。(3) 加强毕业生就业工作的宏观管理，缓和毕业生就业结构性矛盾。1996年继续调配了一批急需专业的毕业生，充实能源、交通、国防军工等国家重点单位。为贯彻科教兴国战略，在毕业研究生就业工作中，制订重点补充高等学校师资、高层次科研单位和高新技术国有企业需求研究生的倾斜性措施。同时，为使毕业生就业工作进一步规范化，国家教委制订了统一的《全国毕业研究生就业协议书》、

《全国普通高等学校毕业生就业协议书》，逐步规范了“双向选择”活动。(4) 加强毕业教育和毕业生就业指导工作。针对毕业生的思想特点，及时开展毕业教育和就业指导工作，力争把毕业生的思想问题解决在矛盾发生之前。各高等学校采取了多种形式的毕业教育活动，鼓励毕业生到祖国最需要的地方建功立业。此外，国家教委要求高校把毕业生就业指导课正式定为选修科目，列入教学计划。(5) 利用就业环节的信息反馈，积极开展调研工作，促进高校招生和培养等方面的改革健康发展。

撰稿　荆德刚

审稿　王路江

高校科技工作

〔**全国高校科技工作会议**〕　7月14～19日在北京召开了全国高校科技工作会议。会议主要目的是，进一步动员高校广大教学、科研人员为实施科教兴国战略，为实现“九五”计划和2010年远景目标而奋斗。参加会议代表共235人。会议还特邀国务院综合部门领导到会作专题报告。国务院副总理李岚清参加了开幕式并讲话，国家教委副主任韦钰作了题为《进一步发挥高等学校科技优势，努力为科教兴国做出重大贡献》的工作报告。参加开幕式的有关部委领导有朱光亚、周光召、徐鹏航、惠永正、张学东、刘恕、陈佳洱等。中共中央政治局候补委员、书记处书记温家宝出席了闭幕式并讲话。国家教委主任朱开轩作了题为《高等学校应肩负科教兴国的重大历史使命》的总结报告。韦钰副主任的工作报告首先强调今后一个时期指导思想上遵循的原则：坚决贯彻中央有关精神，坚持从实际出发；坚持科技工作全方位服务与经济建设和培养人才密切结合的方针；根据《国民经济和社会发展“九五”计划和2010年远景目标纲要》部署科技工作；认真总结和发扬成功经验。报告提出，到2010年力争实现五项目标：(1) 大力增强培养高层次科技人才能力，提高科技水平、教育质量。使若干所大学进入世界先进行列；几十所大学真正办成既是教育中心、又是科研中心，部分学科点跃居世界先进水平；其他学校和学科点也有明显提高。(2) 建设好200个左右基础性研究重点基地，100个左右工程(技术)研究中心或高技术研究中心，使其成为国家科技工作和人才培养的先进基地。其中一些要办成世界上有影响的学术或技术中心。(3) 培养造就上千名优秀年轻学科带头人，上万名优秀年轻科技骨干，其中一些成为世界知名科学家。(4) 抓好一批重要科技领域与课题，取得一批重大成果，使科技布局和课题设置趋于合理，研究内容进入世界科技前沿，解决我国经济社会发展中有重要带动作用的基本问题。提高研究成果的引用率和对经济社会发展的贡献率。部分领域的研究水平进入国际先进行列。(5) 体制改革有明显成效，形成适应社会主义市场经济发展需要，符合科技、教育发展规律，科技教育和经济密切结合的科技教育体制。在国家科技体系中真正确立高校科研的地位作用，基础性研究和高技术研究成为主力，为国民经济主战场服务的科技工作成为重要方面军。

工作报告还提出“九五”期间高校科技工作着重抓好的 8 件大事：(1) 大力推动科教兴农；(2) 大力推进产学研合作；(3) 大力加强科技成果转化工作；(4) 着力抓好一批重点研究项目；(5) 建立开放式、网点式基础性研究体系；(6) 建设中国教育和科研计算机网 (CER NET)；(7) 培养造就一批年轻科技骨干；(8) 积极组织科学技术普及教育活动。为此要求：(1) 深化科技体制改革；(2) 加强联合与组织；(3) 改进科技管理；(4) 加强国际合作交流；(5) 加强精神文明建设；(6) 加强领导与组织。

朱开轩主任的总结发言首先谈了高校在科教兴国中的地位和作用。他指出，在当前和今后一个时期里，高校应担负起如下几项任务：(1) 着力培养输送适应“九五”和下世纪经济建设和社会发展所需的各层次、各类型高级专门人才，包括合格优秀的科技人才、经营人才和管理人才以及社会科学工作者；(2) 围绕国家目标进行研究开发，大力加速科技成果转化和产业化，为促进企业技术进步、形成我国自主开发的技术创新系统作出贡献；(3) 有选择、有重点地积极开展基础性研究和高技术研究，努力攀登科技高峰，为我国下世纪发展作好科技储备；(4) 利用自身优势和有利条件，大力开展现代科学技术普及工作，促进全民素质提高和全社会科技进步；(5) 为基础教育、高等教育、职业教育和成人教育继续培养并输送优秀的新生力量，为提高其现有师资水平提供支持，努力促进整个教育事业全面协调发展。

朱开轩同志指出：办好一批高水平大学应具备以下条件：(1) 能自觉坚持社会主义办学方向，全面贯彻执行党和政府的教育方针，在发展高等教育和科教兴国中能起带头和示范作用；(2) 具备培养具有先进水平的高层次专门人才能力，成为孕育高素质干部，包括党政领导干部、科学工程技术干部、企业经营管理干部以及社会科学工作者的主要阵地；(3) 科研整体水平居国内先进地位，某些学科领域进入国际先进行列，在攀登科技高峰、推动科技进步中成为国家重要力量；(4) 为现代化建设服务成绩显著，在经济建设和社会发展的若干领域成为主要技术依托，能起重大促进作用；(5) 具有良好的校风、学风，在社会主义精神文明建设中成为骨干力量。

朱开轩强调了年轻学科带头人的培养问题。(1) 培养学科带头人必须严格要求；(2) 造就优秀学科带头人要有一个良好环境；(3) 要十分注重精神文明建设。

朱开轩同志最后谈了加强对高校科技工作支持的几点考虑：(1) 进一步把高校科技力量纳入国家和省、部科技序列之中，并逐步增加投入。(2) 在建立国家技术创新系统中充分利用高校的资源并使其成为一个重要组成部分。(3) 把“211 工程”实施和科研基地建设有机结合起来，在高校中形成一批教育科研先进基地。

撰稿　杨雪琴
审稿　陈清龙

〔**高校科技进展情况**〕　1996 年的高校科技工作在“八五”科技工作圆满结束的基础上,迎来了“九五”开局良好的局面。主要表现在:(1) 科技队伍稳定，素质有所提高。1996 年全国普通高校理工农医领域共有科技活动人员 60 万人，其中科学家和工程师 52.5 万人，还有在校就读研究生 13 万人。(2) 科研经费稳中有升。1996 年全国高校共获得科研经费 54 亿元,比上年增长 13.2%。其中企事业单位委托经费占 60%，较上年增长 4 个百分点。(3) 科研基础设施建设得到加强。国家在高校累计投入 2.5 亿元人民币和 9000 多万美元，建立 101 个国家重点实验室；有关主管部门在高校建立了一批部门开放实验室;有关省市在高校建立了省级重点实验室。同时，国家在高校中组织建设的 22 个工程(技术) 研究中心已全部启动并投入运行，1 个工程研究中心已通过国家验收。这些中心的运行已初步显示出作为高校科技成果转化为生产力“通道”的作用，相当一部分中心已经开始对行业技术进步起到推动作用。这些科研基地的建设与国家“211 工程”建设和重点学科建设相结合，为高校的教学科研水平提高起到了重要作用。(4) 科研课题进一步上规模。1996 年大多数高校不同程度地承担了国家科技攻关工作，获得攻关经费 3.6 亿元。高校在基础性研究的“攀登计划”中承担的课题约占该计划课题总数的 30%，在国家自然科学基金中承担全国基金面上项目 67%，重点项目占 36%左右。在高技术“863”计划民口五大领域中承担全国专题数约 49%。(5) 优秀科研成果不断涌现。1996 年鉴定成果在 7000 项左右;在国内外学术刊物、国际性学术会议上发表论文 20 万篇(其中在国际学术刊物上发表论文 2 万篇);发表科技专著近 5000 部;授权专利 1200 多件;推广、转让科技成果,签订合同近 4500 项,1996 年收入近 3.5 亿元。在国家最高级别的“三大奖”中，高校连续几年在国家自然科学奖中为主或参与的获奖项目占获奖项目总数 1/2;在国家发明奖中获奖项目占获奖项目总数 1/3；在国家科技进步奖中获奖项目占获奖总数 1/4 左右。(6) 产学研合作进一步加强。国家经贸委、国家教委和中国科学院继续实施“产学研联合开发工程”，抓产学研高技术产业化项目，建立健全运行机制和协调处理利益分配等问题，成效显著。高等学校和企业开展合作的积极性、主动性大大加强，合作范围不断扩大，合作层次逐步提高。高校对地方经济、社会发展的带动作用进一步加强。(7) 信息网络化建设稳步发展。中国教育和科研计算机网 (CERNET) 1996 年获补助经费 2000 万元,开通了至德国和香港的信道。依托 CERNET 的“九五”攻关的“计算机网络及应用关键技术研究”项目，已经国家计委批准立项，进展顺利。(8) 继续实施《跨世纪优秀人才培养计划》。1996 年评选信息、材料与工程、管理科学 3 个领域的优秀年轻人才，有 58 名入选。(9) 国际科技合作交流不断扩大，层次也有所提高。

撰稿　江　嵩
审稿　陈清龙

〔**科技攻关**〕 1996年完成了“八五”攻关的结题验收和总结工作。国家教委先后会同有关部门对“八五”期间组织(主持)的114个专题中未进行结题的专题进行了验收,并对由国家教委组织的国家计委、国家科委有关项目和课题组织验收。90%以上的专题按计划完成了国家攻关任务。同时根据验收情况确定了“低温核供热堆”等一批“九五”优选项目。

11月12日,国家计委、国家科委和财政部联合在京召开了“八五”科技成果总结表彰大会,在受到表彰的351项重大科技成果和263个先进个人中,国家教委有近60项(人)的成果和个人入选,占入选总项(人)数的10%。其中清华大学“陶瓷刀具中试生产工艺及关键设备”被列入“‘八五’攻关十大重大科技成果”。

国家科委、中国科协举办的建国以来首次“全国科普表彰工作”活动,国家教委“燎原办”等3个单位和南开大学刘文英等3人受到表彰。

高校“九五”科技攻关工作进展顺利。在国家科委分管的高新技术、工业、农业、社会发展、生物技术、资源等领域中,高校均不同程度地承担科技攻关项目,总经费7600万元。在国家计委分管的领域中,浙江大学的“工业过程控制”等9个项目已正式立项,获得项目经费12890万元。1996年在抓紧项目组织落实工作的同时,对项目的实施进行了有效管理。四川联合大学承担的“料浆法磷胺”项目的关键技术已获得重大突破,并荣获首次“亿利达科学技术奖”。

撰稿 邰忠智

审稿 陈清龙

〔**基础高技术研究**〕 1996年,加强了对国家重点实验室和部门开放实验室的管理。调整了清华大学“微波与数学通信技术”等一批国家重点实验室的领导班子和学术委员会,组织了生命科学、地学类实验室的评估及制订后续的实验室更新计划。同时分别对国家教委负责的6个半结题的“八五”“攀登计划”项目进行验收和“九五”项目延续初评。经组织专家论证,向国家推荐“九五”“攀登计划”建议项目12项。1996年在“863”信息技术等6个领域,进行了专家委员会(组)的换届、调整或新建。

1996年,由高校为主承担的“863计划”重中之重项目进展顺利。如由清华大学承担的能源领域“10MW高温气冷实验堆”工程的土建工程已升至地面以上,各种设备的设计、订货、制造也在顺利进行;自动化领域“CIMS实验”工程继续顺利推广;新材料领域“镍—储氢电池”中山基地建设的一期工程、高性能低烧多层陶瓷电容器生产线建成验收;双层辉光离子渗金属技术已通过鉴定。

6月,北京大学、复旦大学、南开大学等高校联合成立了“数学研究与高级人才培养中心”。

此外在基础研究所的试点、南极科研专项、南沙科研专项、青藏高原科研专项等方面也有所进展。

撰稿 傅恒升

审稿 陈清龙

〔**军工配套预研**〕 1996年7月16日,国家教委国防科技委工作会议在京召开。会议主要内容是贯彻落实第二次全国国防军工协作配套工作会议、第三次国防科技预先研究工作会议精神，总结交流高校参与国防军工配套工作、民口型号研制工作、国防预研及型号研制工作的经验。国家教委副主任、国防科技委副主任韦钰作了题为《进一步发挥高等院校科技优势，为国防现代化建设服务》的报告。报告回顾了高校"八五"期间在国防科技领域取得的成绩。主要体现在：非军口的主要部、委属高校承担国防科技任务10597项，投入全时科研人数8000人，获得科研总经费150171万元，均比"七五"期间有较大增长；获得了一批高水平的科研成果，一支适应国防科研工作要求的优秀科研队伍和管理干部队伍正在形成。"八五"期间高校受到国防综合管理部门表彰的有887位个人和14个集体；此外，在完成国防科技任务的过程中培育了一些新的技术生长点和高层次人才，为国防研究领域培养输送14000多名硕士以上学历的人才。

1996年，受国家计委国防司委托，由高校承担编制的"军工配套科研补助项目管理系统（JGPT Verl. 0）"圆满完成，从而使军工配套项目管理工作逐步向现代化、规范化方面发展。1996年国家教委委属院校共承担军工配套项目21项，年度总经费787万元。

撰稿　武贵龙
审稿　陈清龙

〔**产学研合作**〕　1996年，江苏、福建、贵州、上海、陕西、北京等省市教委与计、经、科委联合召开了产学研联合开发工程工作会议，组织高校参与工业企业难题招标以及科研成果转让洽谈会等。

国家经贸委、国家教委和中国科学院继续实施"产学研联合开发工程"，抓产学研高技术产业化项目，建立健全运行机制和协调处理利益分配等问题。高校承担的6个高技术产业化项目，经过几年的开发工作，已进入规模化生产阶段。其中由北京工业大学为主承担的激光加工技术，已与企业联合成立了"国家产学研激光技术中心"，其技术改造项目已通过北京市经贸委验收，目前已承担了"一汽"、"宝钢"、"大众"等企业的工艺技术研究项目和激光加工任务，并以"中心"为依托，承担了纵横向的科研项目。中国农业大学承担的"种衣剂"项目，已与江苏江阴华农种衣剂厂等5个厂家建立了合作关系，转让配方20多个，合作企业的生产能力已达1.2万吨。中国纺织大学承担的"细旦超细旦丙纶长丝及制品"项目，与企业联合成立了"上海蒙泰高科技纺织有限公司"，当年投产实现产值1058万元，并与近20家企业建立了合作关系。清华大学承担的产学研项目"200万支真空玻璃太阳能集热管生产线"正式开工，实际生产能力可达400万支，投入产出比为1∶5，一、二期生产能力总和为500万支。同济大学承担的"大口径玻纤增强夹纱复合管道"项目，合作企业实现生产总值达10亿元，发展势头良好。与此同时，清华大学为技术依托并控股的"10万吨/年鸿康钢生产线示范工程"项目，已经国家计委正式批准列入重大科技成果产业化专项贷款计划，项目总投资4645万元，包括开发银行贷款2900万元。

撰稿　杨东占　江　嵩
审稿　陈清龙

〔**国家工程研究中心建设**〕 1996年国家教委第三批6个国家工程研究中心得到国家计委可行性批复。至此，国家教委所申请的15个国家工程研究中心都已得到国家的可行性批复，正式启动。11月14～15日，受国家计委委托，国家教委对“工业自动控制国家工程研究中心”进行了验收。验收专家组对该中心建设期间在工程化研究、科技产品开发、人才培养和技术推广扩散等方面所取得的成绩，给予了较高评价。

1996年，国家工程技术研究中心的建设也取得较大进展。“生化工程技术研究中心”和“多媒体软件工程技术研究中心”成立了以校领导和企业人员参加的管理委员会，制订了管理章程，审议了中心近、中期目标和规划，聘任了中心正副主任和技术委员会人员。国家“现代光学仪器工程技术研究中心”于11月30日，通过了国家教委组织的中期评估。清华大学“计算机辅助设计国家工程技术研究中心”通过了国家论证，并于年底得到国家可行性研究批复。至此，国家教委所属高校得到国家立项批复的工程技术研究中心已达7个，并已全部启动。

1996年，加强了对高校国家工程研究中心的规范管理。国家教委向各中心转发了《国家工程研究中心管理办法(暂行)》和《世行贷款科技发展项目实施管理办法(暂行)》等文件，并组织有关中心负责人进行认真学习。组织参加了国家计委举办的财务管理和向有限责任制公司转轨的学习班，召开了“国家教委直属高校世行贷款科技发展项目国家工程研究中心建设子项目第一届培训研讨会”。

撰稿 明 炬
审稿 陈清龙

〔**科技信息交流**〕 1996年，国家科委、国防科工委、中国科学院、中国科协和国家自然科学基金会联合开展了“全国科技信息系统优秀成果和先进工作者奖励和表彰”活动，国家教委推荐了委属高校的7项优秀成果和7名先进工作者，其中中山大学的《信息资源管理（IRM）研究》和东南大学的《学者必览——国际学术期刊及会议要目》获国家三等奖，东南大学顾建新、浙江大学李莹、北京大学秦铁辉获先进工作者称号。

1996年推荐14种科技期刊参加国家科委、中宣部和新闻出版署组织的“第二届全国优秀科技期刊评比”活动，全部获奖，其中获一等奖的6种，二等奖的5种，三等奖的3种。分别是：

一等奖——高等学校化学学报、清华大学学报（自然科学版）、北京大学学报（自然科学版）、北京师范大学学报（自然科学版）、华中理工大学学报、大连理工大学学报。

二等奖——东南大学学报、复旦学报（自然科学版）、上海交通大学学报、同济大学学报、吉林大学自然科学学报。

三等奖——数学年刊（A辑）、武汉大学学报（自然科学版）、厦门大学学报（自然科学版）。

撰稿 王同琴
审稿 陈清龙

〔**跨世纪优秀人才培养**〕 1996年2月14日，国家教委副主任韦钰主持召开了“跨世纪优秀人才培养计划”领导小组会议，决定“九五”期间继续实施该计划，自然科学类每年评选60人左右，每人资助强度约30万元人民币，分三年支付；会议还决定人文社会科学从1997年开始试评。会议同时决定，1996年主要从工程与材料科学、信息科学、管理科学等几大领域中选拔优秀年轻人才。参照各个高校在以上几大领域的国家重点实验室、工程研究中心和重点学科点的数目，限定在47所高校内申请。

“跨世纪优秀人才培养计划”实施四年来，已遴选出240名优秀年轻专家。国家教委除了在经费上给予支持外，还给他们许多优惠政策。如在参加国际会议、出国进行学术活动等方面予以优先考虑等。经过4年多的努力，这批优秀的年轻专家已在各自的学科领域中崭露头角。有43名获得“国家杰出青年科学基金”，还有一位当选中国工程院院士。

撰稿　唐　钧
审稿　陈清龙

〔**科技工作主要数据指标**〕　1996年全国高校理工农医学科领域科技工作主要数据指标如下：

1. 科技人力。全国高校从事科技活动人数60万人，其中科学家和工程师52.7万人，占87.8%；高级职称人员15.0万人，占28.5%。研究与发展人员24.2万人，其中科学家和工程师22.9万人，占94.5%；高级职称人员9.3万人，占40.6%。全时研究与发展人员14.2万人，其中科学家和工程师13.4万人，占94.4%；高级职称人员5.8万人，占43.3%。

2. 科技经费。全国高校通过各种渠道共获得科技经费56.1亿元，比上年增长17.6%，主要来自国家科技攻关计划、“八六三”高技术计划、国家自然科学基金、产学研工程产业化计划以及省市、部门和企事业单位委托等各个层次的大量科技任务。

3. 研究与发展机构。高校现有上级主管部门批准的研究与发展机构1600多个，机构中从事研究与发展人员近3万人，就读研究生近2万人，其中博士生近6000人。

4. 科技课题。全国高校共承担各类科技课题10万多项，其中研究与发展课题9万多项，科技服务类课题1万多项。全年拨入课题经费45亿元，比上年增长20.9%。研究与发展经费中用于基础研究的占1 4.5%，应用研究的占52%，试验发展研究的占27.3%。

5. 国际科技交流。高校当年有7000多人次出席国际学术会议，交流学术论文6500多篇；有1.5万多人次出席在国内召开的国际学术会议，交流论文万多篇。全年共派遣1000多人出国攻读学位，其中攻读博士学位的700多人，攻读硕士学位的200多人。全年派遣进修访问学者5000多人次，接受进修访问学者6000多人次。

6. 科技成果及技术转让。全国高校共出版科技专著5000部，在国外学术刊物上发表学术论文2万篇，鉴定科技成果7000多项，签订技术转让合同近5000项，全年实际收入3亿元。

7. 高校科技企业。全国400所大学共兴办各种类型的科技企业1500个，经营额88.1多亿元，税后利润10亿多元。

撰稿　张建华
审稿　陈清龙

〔**博士学科科研基金**〕　1996年高等学校博士学科点专项科研基金（以下简称“博

士点基金”）在管理上作了几点改进：(1) 提高单项申请经费额度，各校申报课题经费额度最高为10万元，平均申报强度从3万元提高到6万元，使有限的经费相对集中使用；(2) 面上课题申报对象全部为博士点上指导博士生的教师，45岁以下非博士生指导教师可单独申报；(3) 向国家重点学科、重点项目倾斜，重点学科、重点实验室和工程中心的在研博士生基金课题可申请两项；(4) 使有利于学科梯队建设。为使基金工作更加规范，1996年开始使用“博士点基金项目申报指南”，重新设计和完善了博士点基金计算机管理系统，确定了博士点基金通讯评审和以国家教委科技委学科组为主体的专家评审会的两级评审制度。

1996年，博士点基金仍分为理工、农、医、军口和社科五个口（社科口每两年评一次，1996年轮空），分口评审并提出资助方案，最后由国家教委认定。理工口共有58所高校申报课题914项，其中905项通过形式审查，申报总经费5514.5万元，平均申报强度6.13万元。发出通讯评议函4525份，收回4062份，其中有效评议函3976份，有效回收率88%。通过专家会议评审，确定拟资助54所高校的280项课题，资助率为30.9%，使用经费1376.3万元，平均资助强度5.23万元（数学和管理学科除外，分别为3.32万元和3.27万元）。卫生口申请课题208项，申请经费1301.1万元，拟资助课题60项，资助率28.8%，平均强度3.97万元，使用经费238万元。农口申请87项，申请经费512万元，拟资助课题35项，资助率40.2%，平均强度3.86万元，使用经费136万元。军口申请课题80项，申请经费487.8万元，拟资助课题27项，资助率33.75%，平均强度3.93万元，使用经费110万元。理工、农、医、军口共申请课题1280项，申请经费7824.4万元，实际资助402项，使用经费1860.3万元，平均资助强度4.63万元。

1996年是高等学校博士学科点专项科研基金建立十周年。1996年11月在长沙市召开了“高等学校博士学科点专项科研基金管理工作经验交流会”，对博士点基金工作进行了全面总结。十年来博士点基金的作用主要体现在四个方面，一是支持了高级专门人才的培养，使基础性研究队伍不断成长壮大；二是稳定了高校基础性研究队伍，为确定高校在国家基础性研究中的应有地位奠定了基础；三是促进了高校重点学科的建设和发展；四是推动了科研与生产的结合。做好博士点基金管理工作的主要经验在于针对博士点基金做好基金项目和奖励人选的推荐工作，制订项目申报指南，建立完善、科学、合理、客观、公正的专家评审制度，保证基金的评审质量。博士点基金从1985年设立以来，累计资助面上课题7010项，资助经费2.3亿多元，其中基础研究约占51.5%，应用研究占44.9%，开发研究占3.6%。根据对77所重点高校1985～1994年资助过的面上项目的全面调查表明，有67项成果获国家自然科学奖，176项获国家科技进步奖，15项获国家发明奖，1266项获省部级科技奖；有25项获国外专利，237项获国内专利；在国内外学术刊物上发表论文29732篇，在国内外学术会议上发表论文18062篇，出版专著1104册；成果推广后获经济效益63亿多元；先后有613名博士后，7603名博士，13462名硕士通过博士点基金课题得到了培养。会议还提出“九五”期间博士点基金的工作重点。

撰稿 刘剑平
审稿 张秀梅

〔**科技产业**〕 1996年继续贯彻1993年三委联合召开的“全国高校科技产业工作会议”精神，推动高校科技产业的进一步发展。对校办科技产业搞得比较好的学校和地区如北京大学、清华大学、东南大学等高校和上海、天津、北京等地区进行重点调研，大力宣传和推广其经验，以典型带动全局。针对校办科技产业发展中的校企关系等重点问题加强调查研究，“产业集团”这种模式在一些地区和高校得到肯定。整理出版了1995年“全国高校校办产业负责人座谈会文集”。在香港举办了两期“中国高校科技企业高级管理人员培训班”，一期“全国高校科技企业财会人员培训班”和一期“全国高校科技企业统计培训班”。通过与国家有关部门协商，将高校科技产业统计工作纳入正常统计序列，高校科技产业的统计工作得到规范。在完成高校科技产业统计工作的基础上，对高校科技产业的财务、经营状况进行分析。国家教委有关部门同国家税务总局、财政部等有关部门在国务院秘书四局的协调下就高校校办产业的税收问题进行研究并拟定有关优惠政策。

发展高校软件产业工作。根据韦钰同志要着重抓好具有高校智力人才优势的高技术产业的精神，由国家教委科技发展中心促进和组织全国13所知名高校于1995年底联合成立的“中国高校软件产业集团筹备委员会”，一年多来，在促进高校内的联合，开拓高校软件国外合作渠道以及促进软件产业的发展等方面作了积极的努力。1996年与日本有关方面和香港华教有限公司开展合作，达成1997年在日本举办“中国大学软件展”的有关协议，并在“多语言系统”项目的合作研究方面进行磋商组织高校软件产业专家组赴印度考察团；还与德国有关公司开展了初步联系。与国内有关部门疏通联系渠道，参与了我国软件产业发展战略的意见的制订；参加’96沈阳中国软件交流洽谈；参与了软件产业标准化的组织工作。

全国高校校办产业负责人暨校办产业协会常务理事会于1996年10月26～29日在上海召开，出席会议代表共计127人，会议邀请了国家科委、中办调研室、国家审计署和国家体改委的有关负责同志到会并做了专题报告。会议主要总结了“八五”期间校办产业发展经验，分析了存在的问题，重点交流了东北大学、北大、清华等校及上海和江苏等地的经验，研究发展经验，确立九五高校科技产业的发展重点。“八五”期间，高校科技产业得到较快发展。

撰稿 刘剑平
审稿 张秀梅

〔**推动科技与经济结合**〕 1996年，国家级科技成果推广计划中高校有73个项目列入，占总项目数的24.5%，其中工业类55项，农业类18项；国家级星火计划中高校中有10个项目列入，占总项目数的1.09%；国家级新产品试制鉴定计划中，高校有70个项目列入，占总项目数的4.28%；国家级火炬计划高校承担有50个项目，占项目总数的8.4%，其中国家教委专项项目24项。1997年国家级火炬计划国家教委专项有42项申报，34项通过专家评审，有27项列入国家级火炬计划。加强了对列入计划项目的跟踪管理，对1990～1994年列入国家级重点推广计划的51个高校项目进行了全面调查；在全国推动国家重点科技成果推广计划“研究与推广中心”工作会会期中召开座谈会，对高校“研究与推广中心”工作进行了总结。1996年，国家教委系统向国家科委推荐全国科技成果推广先进集体5个，先进个人11名。1996年，全国高校科技工作加强了同行业部门结合，积极为行业技术进步服务，如与国家环保局建立了稳定的合作，与国家科委达成共识，筛选高校项目与行业部门联手推广。

加强了对高校技术市场发展的研究，指导支持“地区高校科技信息网”的发展，如“首都高校科技信息网”已从12所高校发展到27所高校，并筹备出版《中国高校技术信息网》刊物。通过具体参与一些项目如DHA项目的中介活动，探索技术中介的新路子。继续办好《中国高校技术市场》，向社会传播高校技术成果，该月刊目前已发行100期。利用各种机会，组织高校为区域经济发展服务。分别支持有关高校与广西玉林地区、湖北钟祥市进行对口技术洽谈；组织首都地区高校参加广东江门和山西榆次地区技术交易会，与河北保定市洽谈推广杭嘉湖模式等等。

为高校开展资产评估特别是无形资产的评估工作创造条件。根据国家有关部门只在少数有条件的部委各批准成立一个国家级资产评估机构的部署，在委领导的支持下，1996年国家教委科技发展中心与北京中育审计事务所联合成立了国家级资产评估机构并取得国有资产管理局的正式资产评估资格证书。为推动高校无形资产评估工作的逐步开展，在有条件也有积极性的地区逐步布署评估机构，并在华南理工大学和中山大学由两校联合建立了华南地区评估分部。

首次举办“全国高校科技成果推广转化工作研讨会”于1996年9月24～27日在西安召开。会议得到了国家科委、国家体改委和国家经贸委的支持。会上总结了十年来探索出来的高校科技成果推广转化的五种有效途径，一是列入国家各类推广、开发和产业计划，通过政府部门的支持来推动科技成果的商品化和产业化；二是与行业结合，依靠行业主管部门及其行业协会的力量来促进高校科技成果转化；三是与各省市地区进行科技合作，通过为地区经济和社会发展服务来转化高校科技成果；四是通过各种形式加强与企业的结合，如建立联合体，与企业共同组建行业性的研究推广中心等等；五是积极参与高新技术开发园区的建设，创办高新技术企业和大学科技园区。截至1996年11月份，全国高校共有375项成果进入国家级火炬计划，352项成果进入国家科技成果重点推广计划，347项成果进入国家级重点新产品试制鉴定计划，69项成果进入国家级星火计划。这些项目的实施已产生了较大的经济社会效益。据对国家科技成果“八五”期间重点推广计划中的51项高校科技成果的跟踪抽样调查。累计新增产值88.8亿元，利税13.1亿元，节支16.4亿元。到1996年底，全国大学已建有15个行业性研究推广中心，占全国的50%；在高新技术开发区内兴办大学科技园区30多个。会议还讨论提出“九五”期间高校科技成果转化工作要做的9件大事，即：(1)以农业院校为骨干，带动其他高校为科技兴农做贡献；(2)重视高校科技成果转化基地的建设；(3)重视和促进科技成果的系统集成的推广；(4)积极推动产学研结合，发挥高校在技术创新中的作用；(5)继续做好政府各级各类科技成果推广和产业化计划的实施；(6)继续组织高校参与高新科技园区的建设，办好大学科技园；(7)筛选重大推广应用项目，加强与行业和地区的合作；(8)培养一支高质量的科技成果推广转化队伍；(9)重视和开展科技成果推广转化中的无形资产评估工作。

撰稿　刘剑平
审稿　张秀梅

〔**科技成果管理**〕　1996年，改进和加强了高校科技成果奖励工作。为适应高校科技工作发展的需要，1996年对高校科技成果奖励工作加强了调查研究，先后在上海、北京、西安、天津召开多次不同类型的研讨会，并不断完善和改进奖励管理工作。一是将国家教委科技进步奖11年来高校获奖情况进行了综合统计排序，并将各类统计发各个学校，以利于高校科技奖励工作的组织和管理。对乙、丙类奖获奖后项目的继续推广应用进行跟踪和调查；二是根据学科发展和成果特点，不断修改完善各类评价指标；三是对丙类奖的评审进行了改进，将丙类奖的一级评审改为专家会议评审。吸收了有关行业管理专家和高校产业、推广专家参加，加大了一级评审评分在最后评分中权重。国家教委科技进步奖励工作在1996年国家科委召开的各部委奖励工作会议和省科委奖励会议上应邀作了介绍。

1996年，国家教委科技进步奖共受理全国218所高校申报的项目1716项，其中甲类项目1234项，乙类项目230项，丙类项目163项。经过通讯评审、专家会议评审和异议处理，有133所高校共获授奖项目703项，其中一等奖51项，二等奖282项，三等奖530项；甲类奖530项，乙类奖105项，丙类奖68项。

1996年度获国家教委科技进步奖一等奖项目名单：

	项目名称	获奖单位
1	现代模表示论及其应用	北京大学
2	常微分方程的周期解问题等	北京大学
3	表面与界面原子结构的LEED(低能电子衍射)及ELS(电子能量损失谱)	北京大学
4	铕和铈的国际原子量新标准	北京大学，国家标准物质研究中心
5	关于ARMA模型辨识与谐波恢复的研究	清华大学，航空工业总公司第304研究所，中国科学技术大学
6	贝氏体的超精细结构、表面浮突及相变机制	清华大学
7	流动噪声分析与测量应用	清华大学
8	杨振宁—巴克斯特方程与量子群	南开大学，东北师范大学
9	组合数学及其应用	南开大学
10	DNA分子的结构、动力学和序列的理论研究	天津大学
11	应用染色体工程把天蓝冰草有重要育种价值的基因转移给小麦的研究	东北师范大学
12	复杂环境中极化电磁散射传输和定量遥感学	复旦大学
13	多组分聚合物的相容性研究	复旦大学
14	金属间化合物脆性本质及韧化机理的研究	上海交通大学

15	奇异星及其观测效应的研究	南京大学
16	B样条有限元及边界元法在电气工程中的应用	浙江大学，重庆大学
17	超球坐标和原子、分子 Schrodinger 方程的直接求解	山东大学
18	演化计算及其并行处理	武汉大学
19	花粉原生质体与配子原生质体的实验研究	武汉大学
20	脉管制冷机的两种新结构及数值模拟	西安交通大学，中国科学院低温技术实验中心
21	复合材料的细观力学	北方交通大学，河北工业大学
22	稀土对钼、钨性能与结构影响的研究	北京工业大学
23	变结构控制系统的理论与设计	北京航空航天大学
24	断裂和环境断裂的机理研究	北京科技大学
25	多元熔体及其反应的基础研究	北京科技大学
26	柔性侧链及电性取代基对小分子与 DNA 嵌插作用的影响	北京医科大学，中国医学科学院医药生物技术研究所
27	甜菜丛根病的基础研究	中国农业大学
28	生物非光滑减阻理论	吉林工业大学
29	沙地车辆通过性理论及其行走机构的研究	吉林工业大学
30	乙型肝炎病毒结构基因的变异、机理及意义	上海医科大学
31	针药结合时中枢阿片肽系统与多巴胺系统之间关系的研究	上海医科大学
32	饮水与肝癌	上海医科大学
33	空气重介流化床干法选煤的理论及发展	中国矿业大学
34	水田土壤流变模型及其应用	南京农业大学
35	白暨豚和江豚的生物学和保护研究	南京师范大学
36	水稻适应土壤氮、钾、锌胁迫的营养生理机制	浙江农业大学
37	稀土络合物及其荧光复合新材料的结构、性能研究和应用	北京大学
38	集中供热网热力学和动力学特征的在线识别与控制	清华大学，北京清华人工环境工程公司
39	染料工业废水综合治理技术与工艺	清华大学，天津市环境保护科学研究所，南京大学
40	中国教育和科研计算机网 CERNET 示范工程	清华大学，北京大学，上海交通大学，西安交通大学，东南大学，华南理工大学，东北大学，北京邮电大学，华中理工大学，电子科技大学
41	高能 x，γ辐射成象阵列探测装置	清华大学
42	紧急泄爆安全技术及其产业化	大连理工大学
43	光波导器件与光电子器件的计算机辅助设计	吉林大学
44	海浪数值预报方法	青岛海洋大学
45	机械设备现场动态分析与变工况监测诊断技术	西安交通大学，兰州西固热电厂
46	汽轮发电机组转子轴承系统摩擦学设计理论及应用研究	西安交通大学
47	《中国教育地图集》编制	国家教育发展研究中心，华东师范大学
48	新型连集管及玻璃真空管太阳能家用热水器	清华大学
49	对虾营养及配合饵料的研究	青岛海洋大学

50	测定血吸虫疫水新技术成果的推广应用	南京医科大学，中国预防医学科学院，江苏省血吸虫病防治领导小组办公室
51	DWY 牵引供电微机运动系统	西南交通大学

1996 年，全国高校获国家科技进步奖 135 项，占获奖总数的 34.47%，其中，一等奖 4 项，二等奖 39 项，三等奖 92 项；获国家发明奖 41 项，占获奖总数的 50%，其中，一等奖 2 项，二等奖 17 项。

撰稿　刘剑平

审稿　张秀梅

〔**专利工作**〕　1996 年加强了高校专利工作。把专利工作作为推动和加强高校科技与经济结合的一项重要基础性工作来抓。在中国专利局的指导下，积极推动“全国专利工作会议精神”的贯彻落实，协同中国专利局对部分院校的专利工作进行了调研；建立了“国家教委高等院校申请国家专利项目管理信息系统”，对全国高校申请专利情况进行了全面统计分析，并将结果以排序方式发给学校，帮助高校了解高校专利的整体情况。发挥高校知识产权研究会和高校专利代理人协会的作用，举办了一期知识产权培训班，邀请了有关政府部门、法院的同志和部分专家授课，加强和提高高校有关科技管理人员的专利意识及管理水平；针对当前高校专利申请代理存在的问题，着重加强对专利代理人的业务指导。

科技成果鉴定工作。根据国家科委新的《科技成果鉴定方法》和《科技成果鉴定规程(试行)》，改进了高校科技成果鉴定的方法，建立并完善了成果鉴定专家库和项目库。1996 年共受理高校鉴定申请 191 份。

科技查新工作。科技查新工作由条装司移交科技发展中心归口管理后，国家教委科技发展中心对高校所属的 14 家国家二级科技查新站进行了全面的调查，并向国家科委申报了关于科技发展中心申请成为“第三批国家一级科技查新单位的报告”，提出了我们的工作模式和保证措施。

撰稿　刘剑平

审稿　张秀梅

成人教育

概况

〔**综述**〕 1996年，中国的成人教育围绕几个重点进行改革，不断推进。

一、扫盲工作在“分类指导、分步实施”的原则指导下，继续加大工作力度。2月，国家教委在浙江温州召开了全国扫盲工作会议，交流经验，部署工作，推广“安子介扫盲教学法”。国家教委与财政部联合发出《关于印发〈扫盲工作先进地区奖励办法〉的通知》和《关于表彰全国扫除文盲先进地区的决定》。表彰了江苏、广东、山东、安徽4省人民政府和全国100个县（市、区）。国家教委设立了“中华扫盲奖”，在一些经济发达地区和大型企业的支持下，于教师节期间举行了颁奖仪式。

二、国家教委召开“行业成人培训工作经验交流会”，宣传、推广了铁道、建设、公安、体育、新闻出版等行业（系统）加强职工教育，推进岗位培训制度建设的经验。全国哲学社会科学“八五”规划重点课题《中国岗位培训制度研究》结题，22个部委总公司，12个省、市，7所普通高等学校参加了研究工作，提出了建立有行业地区特色的岗位培训制度的思路，重点对美国、英国、法国、德国等国家的培训制度进行了比较研究。

三、国家教委与中组部、人事部、国家经贸委共同牵头，组织力量对管理干部学院进行了调查研究。通过调研，掌握了管理干部学院的资源状况，提出了在社会主义市场经济条件下改革和发展的建议。普通高校函授、夜大学的评估工作进展顺利，通过评估工作的开展，推动了函授、夜大学办学条件的改善和管理水平的提高。成人高等教育计算机管理工作取得明显进展，管理软件不断完善并已完成学校、省市、国家教委三级软件的设计和试运行，通过培训，开始建立起一支计算机管理队伍。广播电视大学“注册视听生”改革试点范围扩大，学生报名踊跃。在成人高校招生工作中，各地严把考生报名资格审查关，加强考风考纪管理，17个省（自治区、直辖市）的最低控制分数线有所提高，按照计划完成了招生任务。国家教委发出《关于成人中等专业学校招收应届初中毕业生有关问题的通知》，对促进成人中专的规范化管理和参与初中毕业生的分流起到了积极作用。

四、年初，国家教委发出《关于加强社会力量办学管理工作的通知》，提出7点意见，并要求各地组织力量在年内对社会力量举办的学校逐校进行办学方向、办学条件、招生广告、教学质量、学校证书、学校名称及财产、财务等方面的全面检查，将检查合格与否，作为允许继续办学或限期整改乃至取消办学资格的依据。国家教委成人教育司于5月召开了部分省市社会力量办学管理工作座谈会，作了进一步部署。各地普遍加强了对社会力量办学的管理，社会力量办学的法规建设取得明显进展，相当数量的省市已颁布或正在起草有关的地方性法规。在总结高等教育学历文凭考试试点工作的基础上，国家教委发出《关于进一步做好高等教育学历文凭考试试点工作的意见》，对试点工作作出了规范，试点范围扩大至8个省市近百所全日制民办高校，招收学生约3万人。

撰稿 张世平 张志坤
审稿 瞿延东

〔**扫盲工作新进展**〕 1996年，全国共举办扫盲班11.3万个，扫除青壮年文盲406.8万人，实现了国家教委年初提出的“确保年内扫除400万青壮年文盲”的目标。全国已有2020个县（市、区）经过省（区、市）人民政府的验收，青壮年非文盲率达到95%以上。10个省（直辖市）经国家教委抽查评估，实现了基本扫除青壮年文盲的目标，按期实现了90年代全国扫盲总体规划的第一阶段目标。1996年，中国扫盲工作继续受到国际社会的好评，宁夏回族自治区实施的扫文盲、扫科盲“231工程”荣获了联合国教科文组织颁发的国际扫盲奖表扬奖。取得上述成绩的主要作法和经验：

一、中央各有关部门、团体采取新举措，共同推动扫盲工作。国家教委在年度教育工作会议上确定了年度扫盲任务，并在浙江温州召开了全国扫盲工作会议，国家教委主任朱开轩、副主任王明达和全国妇联、共青团中央领导到会并讲话。会议要求本着“积极进取，实事求是”的原则，加大工作力度，组织更多的文盲入学，按期脱盲，确保全国规划任务的实现。在全国扫盲工作部际协调小组成员单位的积极支持下，国家教委募集社会资金设立了“中华扫盲奖”，评选产生了首届“中华扫盲奖”200名获奖个人和98个单位。财政部和国家教委联合奖励扫盲工作先进的广东、江苏、山东、安徽4省和100个县（市、区）。国家教委支持西南师大建立了“扫盲教育研究与培训中心”，组织教授、专家开展对扫盲规律的研究和人员培训。协调小组各成员单位也积极开展各种活动，共同推动全国的扫盲工作。全国妇联开展了“巾帼扫盲行动”和“识字女状元”竞赛活动，表彰22名“识字女状元”，推动了妇女扫盲工作。共青团中央和国家教委在全国继续开展了“中国大中学生志愿者扫盲与科技文化服务行动”。

二、各地贯彻扫盲工作会议精神，普遍加大了扫盲力度，许多地方政府、教育部门的主要领导亲自过问、部署、检查扫盲工作，为扫盲解决困难和问题。山东、浙江等省抓好扫盲验收、巩固扫盲成果等工作。云南省教委决定“九五”脱盲125万，年均扫除文盲25万人，使青壮年文盲率年均下降1.23个百分点，确保实现到2000年基本扫除青壮年文盲的目标。贵州省教委与省政府签订1996年扫除30万文盲的责任书，并把扫盲任务下达到各地教委。甘肃省坚持实行“双线四级承包”责任制，省、地、县、乡四级政府、教育部门签订扫盲责任书，将“九五”规划及年度扫盲任务落实到基层。广西壮族自治区政府制定了到1998年全区所有县（市、区）和乡镇青壮年非文盲率都达到95%以上，确保全区到1998年完成基本扫除青壮年文盲任务的规划。西藏自治区也下达了扫盲任务。据统计，1996年，安徽、云南、贵州、甘肃等省都超额完成了年初的计划，脱盲人数分别达到了52万、48万、19万、20万。

三、采取措施，增加投入。许多省（区）教委和财政厅认真落实国家教委、财政部《关于扫盲工作经费问题的通知》要求，努力增加扫盲经费。湖南省教委、财政厅联合确定在实施“国家贫困地区义务教育工程”项目的地方，在配套资金中安排5%用于扫盲工作。贵州、陕西、甘肃、西藏教委全年分别划拨300万元、50万元、70万元、60万元扫盲专款。云南省委、省政府规定各级教育经费支出的2%和农村教育费附加的10%用于扫盲和农村成人教育；城市教育费附加也安排一部分用于扫盲教育。1996年省级财政投入扫盲经费2105万元，比上年增加200多万元。

四、抓重点、难点，加强检查督导，推动面上工作。1996年，安徽省副省长杜宜瑾等领导率9个扫盲检查组，对扫盲任务重的县、乡、村进行检查督促。山西、青海等省扫盲工作领导小组对全省扫盲工作开展了检查评估。云南、湖北、福建等省教委召开了全省扫盲任务重的县扫盲工作汇报会，推动扫盲工作。甘肃省召开了贫困地区、民族地区扫盲与农村教育改革工作会议，对扫盲难点和重点县的扫盲工作进行动员和部署。

五、充分发挥农村成人学校、农村中小学的扫盲主力军作用。多数省（区）教委转发了国家教委《关于农村成人学校和中小学参加扫盲工作的通知》，并提出措施要求，使扫盲任务落实到学校，责任到人。云南省教委要求以扫盲承包合同形式，把扫盲任务落实到学校和教师，限期脱盲，兑现奖金，对工作突出的学校和教师表彰、奖励。同时提出农村学校扫盲的经费在各级政府扫盲经费中列支。

六、积极扫除剩余文盲，努力巩固扫盲成果。已基本完成青壮年扫盲任务的江苏省，1996年继续召开了扫盲与农村成教工作会议，要求抓住当前有利时机、巩固成绩、扩大战果。并提出“九五”期间全省村村青壮年非文盲率都要达到98%以上，县县成人非文盲率达到90%以上。吉林、黑龙江省也开展了扫盲复查抽查工作。广东、浙江等省开展了评选省级示范性乡镇成人学校的活动，河北省、云南省制订了到本世纪末发展乡镇成人学校的规划，推动乡镇成人学校在巩固扫盲成果方面发挥作用。

扫盲工作在取得进展的同时，仍面临着严峻的形势。据统计：1995年文盲总量仍有1.45亿人，青壮年文盲仍有3755万人。1996年，虽然完成了年均扫除400万文盲的任务，但近几年脱盲人数逐年下降的状况还在继续。一些地方领导对扫盲重要性的认识还不到位。人财物的投入不足，不少地方对扫盲的投入与扫盲任务相比明显不足。实施“国家贫困地区义务教育工程”的地方配套资金中适当安排一部分资金用于扫盲的要求在不少地方没有完全贯彻执行。一些地方在机构调整中，撤并了机构，减少了扫盲管理人员。此外，剩余文盲中女性文盲多，贫困、边远、少数民族地区文盲率高，文盲流动范围扩大，都增加了扫盲难度。需要在今后的工作中认真研究解决，以确保扫盲规划目标的如期实现。

撰搞 王志伟 孙凤岐

审稿 瞿延东

〔设立“中华扫盲奖”〕 为了推动扫盲工作深入开展，确保到本世纪末基本扫除青壮年文盲目标的实现，表彰、奖励在扫盲工作中作出突出贡献的先进单位和个人，在全国扫盲工作部际协调小组成员单位的支持下，国家教委决定自1996年起在全国设立“中华扫盲奖”。

“中华扫盲奖”是首次设立的国家扫盲奖，引起了社会各方面的广泛关注和支持。江苏省锡山市市委、市政府决定捐资250万元，支持全国扫盲的表彰奖励活动。为了肯定锡山市的这一行动，更加广泛地动员社会各方面关心、支持扫盲工作，国家教委和全国扫盲工作部际协调小组成员单位决定在“中华扫盲奖”下设立“锡山奖”，并于1996年2月在北京举行了捐款仪式。全国人大副委员长陈慕华在捐款仪式上发表讲话，希望社会各界都像锡山市一样关心、支持扫盲，为扫除文盲工作出一份力。在锡山市捐款之后，上海宝山钢铁公司、广东省南海市、顺德市和东莞市长安镇霄边管理区也决定分别捐款50万元、100万元、100万元和30万元支持设立“中华扫盲奖”。

根据“中华扫盲奖评选奖励办法”，国家教委发出《一九九六年度“中华扫盲奖”评选奖励实施意见》，要求各地开展评选活动。1996年9月10日，经过由全国妇联、共青团中央和国家教委等单位组成的“中华扫盲奖”评选委员会的评选，国家教委在北京人民大会堂举行了颁奖仪式，决定授予安徽省副省长杜宜瑾“中华扫盲奖”荣誉奖、并颁发证书；授予马景武等10名个人“中华扫盲奖”特等奖、授予吕凤等200名个人和秦安县千户乡永乐小学、黎平县茅贡乡成人文化技术学校、睢溪县妇联等98个农村中小学、农村成人学校等单位“中华扫盲奖”，并向获奖个人颁发荣誉证书和奖金，向获奖单位颁发奖牌和奖金。获奖单位和个人的代表出席了颁奖仪式，并受到江泽民等党和国家领导人的亲切接见。

撰稿 王志伟 孙凤岐

审稿 瞿延东

〔岗位培训工作〕 1996年，全国不少地区、部门（行业）在建立社会主义市场经济体制和企业转机建制的新形势下，落实“科教兴国”战略，把教育摆在优先发展的战略地位，坚持教育为社会主义现代化建设服务的方向，结合新时期、新任务及本地区、本行业发展的实际，制订了“九五”期间职工教育规划，并将人力资源开发作为企业经营管理的重要环节，开展了大量灵活多样、结合生产实际，注重实效的培训活动，收到了良好的效益。

据统计，1996年全国各类职工参加岗位培训和继续教育的达4374万人，占同年被统计职工总数的33.45%，比1995年提高2.71个百分点，参加岗位培训和继续教育占职工参加各类学习总数的87.60%，比1995年提高0.09个百分点。其中干部参加岗位培训和继续教育的人数达1282万人，占被统计干部总数及干部参学总数的比率分别为34.95%和80.70%。工人参加岗位培训的人数达3092万人，占被统计工人总数及工人参学总数的比率分别为32.86%和90.82%。以上数字表明，“九五”开局头一年，全国职工岗位培训工作发展势头良好，工作进展显著，体现了成人教育以岗位培训、继续教育为重点的发展方向。

撰稿 郭春鸣
审稿 瞿延东

〔**成人中专招收应届初中毕业生**〕 近年来,成人中等专业学校适应教育改革的需要,参与应届初中毕业生的分流。为保证招收应届初中毕业生工作的顺利进行，国家教委于1996年10月18日，发出《关于成人中等专业学校招收应届初中毕业生有关问题的通知》，提出了以下意见。

1. 成人中专学校招收应届初中毕业生，其招生计划、专业设置应纳入省、自治区、直辖市中等教育整体规划内，由省级教育行政部门审批。

2. 应届初中毕业生报考成人中专学校，需参加省、自治区、直辖市统一组织的初中毕业生升入普通高中、职业高中、普通中专、成人中专、技工学校的升学考试,并由省级成人招生部门划定最低录取分数线,由高分到低分录取,可不再单独组织成人中专入学考试。报考种植、养殖、农产品加工,具有农村户口的应届毕业生,凭毕业证书可免试入学。

3. 招收应届初中毕业生应单独编班，参照普通中专（或职业高中）同类专业的教学计划组织教学。普通中专和职业高中尚未开设的专业，由省级教育行政部门或部委教育部门参照普通中专或职业高中制订教学计划的原则和要求,制定或审定相应的教学计划、编写教学大纲和教材。学制不少于3年，总学时数执行普通中专教学计划的不低于3000学时；执行职业高中教学计划的不少于2800学时。

4. 招收应届初中毕业生的资格由省级教育行政部门审批。广播电视、函授中专学校招收应届初中毕业生进行全日制学历教育要从严审批，在校舍、师资、仪器设备、实验实习和运动场所及后勤管理方面应具备独立设班的条件，加强管理，确保质量。

5. 成人中专学校应根据需要对招收的应届初中毕业生进行多种形式、多种规格的教育。凡按照中等专业教学计划进行教学、学习期满，各科成绩合格，即发给中等专业毕业证书;按照职业高中教学计划进行教学、学习期满，各科成绩合格，即发给职业高中毕业证书，国家承认学历，不包分配。对参加其他不同规格和形式的教育及培训的，应按照规定发给相应的学历证书。

撰稿 彭兴颀
审稿 瞿延东

〔**成人高校招生工作**〕 1996年,全国各类成人高校录取新生86.52万人（不包括广播电视大学招收的普通高中毕业生)。其中,从业人员占90%以上，社会青年等其他人员不足10%，体现了成人高等学历教育以在职、从业人员为主要对象，以业余学习为主的特点。1996年全国各类成人高校招生工作有以下几个主要特点：

一、加强了对各类成人高等学校招生工作的宏观指导。国家教委在总结经验的基础上，坚持从实际出发，在招生工作的不同阶段陆续下达了一系列指导招生工作的文件，全面加强了对全国各类成人高校统一招生工作的指导，为规范和严格招生管理工作提供了保证。

二、各级领导重视、支持各类成人高等学校招生工作，有关部门加强了在招生过程中的协作和配合。1996年，各地、各部门对各类成人高等学校招生工作给予了更多的关注。不少省、自治区、直辖市的领导参加招生工作会议或听取招生工作汇报。成人高考期间，各级党政领导及有关部门负责同志到现场巡视已成较为普遍的做法。在招生工作过程中，成人教育管理部门、计划部门与招生部门紧密配合，确保了招生工作的顺利进行。

三、招生管理工作不断改进，招生改革进一步深化。1996年招生工作中，实行了国务院有关部委在各自的招生计划总量内，根据各省、自治区、直辖市招生机构提供的所属院校生源上线情况，及时对生源计划进行调整的做法，简化了由省级招生机构确认这一程序，受到部委和各省自治区、直辖市招生机构的欢迎。由于减化了生源计划调整的程序，招生录取工作的效率也得到提高。

四、招生工作的规范化和科学化水平显著提高。各地普遍建立了招生工作人员岗位责任制，进一步明确和细化了各级招生机构的职能和分工，对招生各环节的工作提出了规范化的具体要求。在招生工作的科学管理方面也取得进展。国家教委与各省、自治区、直辖市招生机构的计算机网络基本建立。不少省（自治区、直辖市）实现了省（自治区、直辖市）、地两级计算机联网，各省级招生机构普遍配备了专职计算机管理人员。

五、严格报考资格审查和新生入学资格复查，考风考纪有明显好转。1996年各地继续严把报名和考试关。在各类成人高等学校招生报名期间，普遍加大了对报名资格审查的力度，要求报考者必须持毕业证、工作证、身份证报名。河南、天津、湖北等地实行了资格审查工作的责任制。各地采取了许多加强考风考纪的管理措施。如实行计算机随机编排考场，防止作弊现象，不少省（自治区、直辖市）组织检查组到地方检查考风考纪。

六、新生质量明显提高。1996年全国各类成人高校报名考生约210万人，是实行全国统考以来报名人数最多的年份之一。充足的生源为各类成人高等学校招生提供了更多择优录取的机会。各地普遍重视考前辅导工作，不少地方举办成人高考辅导班已成制度，考生成绩普遍有所提高。在试题难易程度相对稳定的前提下，1996年全国有17个省、自治区、直辖市提高了最低控制分数线，有的地方最低控制分数线提高的幅度也较大。如上海市高中起点本科理科最低控制分数线比1995年提高55分。

撰稿　张总明
审稿　瞿延东

〔成人高校院校长资格性岗位培训试点〕

1996年10月，国家教委组织开展了成人高等学校院校长资格性岗位培训试点工作，于1996年内分别委托北京石油管理干部学院、华东师范大学各举办了一期成人高等学校院校长资格性岗位培训试点班。

两个试点班在摸索开展成人教育管理干部资格性岗位培训的方式途径，尝试进行能力培训的手段措施，以及总结成人教育管理培训的特点规律等方面进行了有益的探索和实践，取得了一定的实效和经验。

北京石油管理干部学院举办的试点班培训的对象是管理干部学院院长，参训学员41人，培训班自1996年11月25日开始，至12月12日结束。华东师范大学举办的试点班培训对象是普通高等学校的成人教育学院院长，参训学员41人，该培训班自1996年12月3日开始，至12月26日结束。两期培训班的学员分别来自15个部委和23个省、区、市，他们在培训期间较系统地学习了现代成人教育理论，学习了成人教育的政策法规，学习了学校管理、教学管理、教育规划、教育评价、现代培训方法等专业理论及实务知识。学员们还围绕管理干部学院和普通高校成人教育工作及成人教育改革发展实际进行了专题性交流研讨。82位学员均取得由国家教委颁发的《成人高等教育管理干部岗位资格培训证书》。

撰稿　全占旺
审稿　瞿延东

〔**成人高校扩大“高职班”试点**〕　为认真贯彻《中国教育改革和发展纲要》和《职业教育法》中关于积极发展高等职业教育的精神，结合多年来部分成人高等学校试办高等职业教育的经验，1996年国家教委批准210所成人高等学校试办高等职业教育班（简称“高职班”），共开设153个专业。“高职班”的招生对象主要为在职、从业高中毕业生或中专、中技、职高毕业生以及少数普通高中应届毕业生；入学参加三门国家统一成人文化课考试（政治、语文、数学），并加试二门专业课考核，毕业颁发专科毕业证书。到目前为止，在校生约3万多人，累计毕业生4500多人。

撰稿　刘军谊
审稿　瞿延东

〔**社会力量办学管理**〕　为加强社会力量办学管理工作，保证社会力量办学健康稳步的发展。国家教委于1996年3月发布了《关于加强社会力量办学管理工作的通知》。《通知》针对当前社会力量办学发展中存在的一些突出问题，提出了切实加强社会力量办学管理工作的7点意见：（1）提高认识，加强领导和管理；（2）建立健全社会力量办学的审批制度；（3）继续抓紧做好规范学校名称的工作；（4）加强对招生广告（简章）的审核和管理；（5）加强对学校教育质量的检查和评估；（6）加强对学校收费及财产、财务的管理和监督；（7）近期开展一次对社会力量办学的全面检查。

为贯彻落实《通知》精神，国家教委又于1996年5月召开了由部分省市社会力量办学管理工作座谈会。国家教委副主任王明达出席座谈会并讲话。王明达在充分肯定改革开放17年来社会力量办学以及管理工作所取得的成绩的同时，也指出在当前社会力量办学发展过程中还存在着不少亟待解决的问题。强调各级教育行政部门要充分认识社会力量办学在整个教育事业改革和发展中的作用，把积极、稳妥地发展社会力量办学当作落实《纲要》精神、深化教育体制改革、实现教育事业“九五”计划和2010年发展规划的重要措施，列入议事日程，切实加强领导。关于如何加强社会力量办学的管理，王明达强调，各级教育行政部门要依据《教育法》、《纲要》及其实施意见，在政府领导下理顺社会力量办学管理体制，建立起教育行政部门统筹规划、综合协调、宏观管理，其他有关部门分工负责的管理体制。教育行政部门内部也要建立归口主管和分工负责相结合的管理体制。并提出加强社会力量办学管理工作以及保证扶持民办学校发展的一些具体措施与办法。

撰稿 胡志钢
审稿 瞿延东

自学考试

〔**概况**〕 1996年，高等教育自学考试工作继续贯彻“要完善和发展自学考试制度，鼓励自学成才”的要求，把考试质量和社会效益放在首位，采取了多种措施，加强宏观管理与指导监督，使高等教育自学考试工作在保证质量的前提下继续发展。

1996年举行2次考试。上半年报考422万人（不包括北京市、海南省和解放军），下半年报考445万人（不包括贵州省、海南省）。毕业生上半年12.2万人，下半年14.1万人，其中本科15712人，专科239053人，中专8594人。截止1996年底高等教育自学考试累计毕业生167.8万人，其中本科75961人，专科1464784人，中专138023人。全国开考专业400多个。

1996年度全国自学考试分省（自治区、直辖市）情况见统计报表。

撰稿 褚庆军
审稿 潘桂明

〔**全国自学考试工作会议**〕 值高等教育自学考试制度创建15周年之际，全国高等教育自学考试工作会议于1996年10月8～10日在北京召开。国务院副总理李岚清发来贺信。信中说：“15年来，自考工作取得了巨大成绩。实践证明，自学考试制度是发展中国家办大教育的有效形式，是有中国特色的社会主义教育制度的一项创举。”

会上，国家教委表彰了北京市海淀区自学考试办公室等258个先进集体和卢正勇等295名先进个人，全国考委向从事自考工作累计十年以上的4554位同志颁发了荣誉证书。全国政协副主席钱伟长出席了会议。国家教委主任朱开轩在会上讲话。他说：无论从开考专业、在学人数，还是考试规模来看，自学考试制度已经成为我国开放程度最高、形式最灵活、投资最少的一种教育形式。15年来，自学考试以很少的投入，培养了大批各类专门人才；调动了社会各界助学的积极性，吸引和激励着2000多万人勤奋学习。这有利于缓解“千军万马挤独木桥”的局面；有利于全民族思想道德科学文化素质的提高；有利于实现《中国教育改革和发展纲要》所提出的“改变政府包揽办学的格局，逐步建立以政府办学为主体，社会各界共同办学的体制”；有利于形成好学向上的社会风尚，促进社会主义精神文明建设。

国家教委副主任王明达同志作了题为“改革和加强自学考试工作，促进更多人自学成才”的讲话。他说，本次会议的主要议题是研究部署在新的形势下，进一步改革和加强自学考试工作，促进更多人自学成才。到本世纪末，自学考试改革与发展的目标和任务是：扩大服务面向，提高教育质量。

全国考委委员、各省（自治区、直辖市）教委分管主任、考办主任参加了会议，并着重讨论了《自学考试改革与发展规划》、《关于落实“教考职责分离”原则，发挥主考学校作用的意见》、《自学考试面向农村发展的意见》、《自学考试考务、考籍管理办法》等文件的讨论稿。

撰稿　李　颖

审稿　潘桂明

〔**考试管理**〕 1996年，成人高等教育考试作了以下工作：

全国英语等级证书考试。1996年，由国家教委批准，国家教委考试中心承办全国英语等级证书考试并负责制定考试大纲、命题、考务管理和考生成绩的发放；各地教育考试机构负责考试的具体实施。

全国英语等级证书考试是非学历证书考试，不评价学校教学的状况。它面向社会、服务于社会，以评价考生英语交际能力为目的，包括考生英语的听、说能力。该等级考试将有5个级别（一级为初级）和一个附属级（一级B）。为避免对正常学历教育的干扰，该考试严格限制普通大学和中学在校生参加；其他凡愿参加考试的考生，不受年龄、职业及文化背景的限制，均可报名。成绩合格者，由国家教委考试中心统一颁发全国英语等级证书考试合格证书。

该考试是标准参照性考试，各级证书为证书的持有者提供不同水平英语能力的证明。为了既保证全国范围内评价尺度的统一性、公正性，又确保各地、各单位对其所用人才英语水平规格的自主权，根据社会性证书考试的国际惯例，全国英语等级证书考试规定：国家教委考试中心负有解释各级证书水平和适用范围的责任，考生成绩的使用权在用人单位。

该考试是由不同等级组成的系列化英语考试，考生不必从低级别考起，可根据自身的英语水平和需要，单独报名参加其中任何一个级别的考试。1996年，国家教委考试中心仅就一级（B）进行试点和推广工作，1998年以后将全面推出五个级别的英语等级证书考试。

一级（B）考试做为一级证书考试的附属级，略低于一级的要求，更加注重口语化和日常最基本的交际需要，词汇量在600个左右，适合大范围普及英语的要求。考试将考查英语听、读和说三个方面的能力。命题者将严格依照一级（B）考试大纲的要求命题，考生须按照考试大纲和相应的教材学习和备考。

该考试每年举行两次笔试和口试。笔试的具体时间是每年3月和9月的最后一个星期六。口试时间为笔试前两周的星期六。报名的开始和截至的具体时间由当地省级考试机构决定。

IAEA年会。受国际教育评价协会（IAEA）执委会的委托，根据国家教委领导和教委外事司的批示，1996年9月20日～25日考试中心在北京承办第22届IAEA年会。来自35个国家和地区（没有台湾）的116位代表出席，提交论文39篇；国内代表51人，提交论文28篇；其中大会交流11篇，小会交流56篇。

本届年会主题为：大规模考试的作用和相关问题。代表们针对考试的社会学问题，考试与社会、经济、教育、教学的关系；考试的统计、测量理论与具体技术方法；计算机、信息时代对考试的影响等问题进行了广泛的交流。

年会期间，与会的中外代表一致反映，本届年会达到了会议的宗旨：探讨21世纪大规模教育考试的发展方向，交流各国教育考试的经验。通过这次年会，宣传了中国教育考试，加强了中国国家教育考试在国际上的影响，同时也对提高中国国家教委考试中心在各国考试机构中的地位起到了良好作用。

撰稿　马世晔　梁育民
审稿　应书增　马全科

〔**开考专业**〕　为更好地适应社会主义市场经济对各类专业人才的需要，根据各省上报的专业和当地开考条件的实际能力，全国考委于1995年～1996年批准自学考试专业有：

湖北省开考的化工工艺、社会工作与管理、服装艺术设计、现代公司管理、金融会计与审计、劳动安全监察、经济信息、电视技术与编制、书法园艺、小学教育、社会林业、卫生事业管理（本科）、经济法学（本科）、汽车运用工程、计算机应用（独立本科段）、工商行政管理、证券与期货、建筑装饰工程、名特水产养殖、企业公关与营销、电脑会计、财政与税收（本科）专业。

江苏省开考商务英语、金融、工商行政管理、文秘、投资经济、烹饪工艺、新闻学专业。

云南省开考的旅游管理、社会林业专业。

福建省开考办公自动化、化工工艺、广告、小学教育、导游、饭店管理、档案管理、电脑会计、文秘、装潢艺术专业。

辽宁省开考的广告、铁路财务会计专业。

内蒙古自治区开考的广告、国际贸易、林学、电教影视、工商行政管理专业。

江西省开考广告、服装艺术、电视技术与编制、音乐、经济法学、汽车运用工程、装潢艺术、美术、市场营销、公共关系专业。

陕西省开考的计算机应用、旅游（旅游英语方向、企业管理与景区开发）、技术经济、国际金融、医学检验、葡萄与葡萄酒、法医学（独立本科段）专业。

河北省开考的计算机辅助英语翻译、铁路劳动工资管理专业。

湖南省开考的通信技术、文秘、市场营销（独立本科段）专业。

广西开考美术（独立本科段）专业。

天津开考的物业管理、商品质量监督检验专业。

浙江省开考的经济管理教育、应用美术教育、旅游管理与服务教育、机电技术教育、计算机及应用教育、建筑工程教育专业。

上海市开考的临床医学专业。

解放军开考的军事高技术应用与管理专业。

与国务院有关部委密切合作，1995年～1996年接受司法部委托开考了律师专业，受国家统计局委托开考会计与统计核算专业，受农业部委托开考了农业推广专业、受公安部委托开考公安管理专业本科段，受机械部委托开考工业工程专业本科段。

撰稿　邱建臣　东晓华
审稿　潘桂明

〔**制定开考专业管理办法**〕 为加强高等教育自学考试开考专业的宏观管理，促进自学考试事业的健康发展，根据《高等教育自学考试暂行条例》，国家教委于 1996 年 5 月印发了《高等教育自学考试开考专业管理办法》(以下简称《管理办法》)。

在《管理办法》中，规定了高等教育自学考试开考专业的原则，必须主动适应社会主义经济建设和社会发展的需要，根据办考条件的实际可能开考专业，注重开考社会急需的专业。强调要正确处理好需要与可能、数量与质量、社会效益与经济效益的关系。开考专业，应以专科为主，适当发展本科。重申全国考委负责制定全国开考专业的规划和专业考试标准及其有关规定，负责各地开考专业的审批与备案工作。高等教育自学考试工作，实行归口管理。凡颁发高等教育学历证书的自学考试专业的开考，必须在全国考委指导下组织实施。各省级考委根据全国考委开考专业的规划，结合当地实际确定开考专业和拟定专业考试计划。全国考委、省级考委开考专业可直接面向社会，也可接受行业或企事业单位业务主管部门的委托。提倡和鼓励省际协作或区域协作开考。未经有关省级考委准许，不得跨省、自治区、直辖市开考。省级考委开考专业要具备相应的条件才能开考新专业，决定停考的专业，要认真做好善后工作。

《管理办法》还就专业考试计划和课程自学考试大纲与教材等方面作出规定。

撰稿　邱建臣
审稿　潘桂明

〔**专业委员会换届调整**〕 自 1983 年以来，全国高等教育自学考试指导委员会根据需要逐步设立了 13 个专业委员会。各专业委员会在拟定考试计划、编写课程自学考试大纲和质量评估等方面做了大量的工作。

经国家教委批准于 1995 年～1996 年对各专业委员会进行了换届调整：原政治管理类专业委员会改为政治学类专业委员会，由南京大学张永桃任主任；原法律专业委员会改为法学专业委员会，由北京大学金瑞林任主任；原电类专业委员会改为电子、电工与信息类专业委员会，由上海交通大学白同朔担任主任；经济管理类专业委员会由中国人民大学林岗任主任；中文专业委员会由华东师范大学齐森华担任主任；机械类专业委员会由西安交通大学束鹏程任主任；英语专业委员会由北京外国语大学庄绎传任主任；农科专业委员会由中国农业大学黄铁诚任主任；新闻专业委员会由中国人民大学何梓华任主任；土建类专业委员会由哈尔滨建筑大学沈世钊任主任；经批准，新增设了教育类专业委员会，由北京师范大学王英杰担任该专业委员会的主任；医药类专业委员会正在酝酿中。原哲学、数学、物理专业委员会暂不进行调整。

撰稿　邱建臣　东晓华
审稿　潘桂明

师范教育

〔概况〕 1996年，我国各级各类师范教育继续保持良好的发展势头。全国共有各级各类师范院校3453所，在校生221.82万人。

1996年独立设置的各级各类师范院校基本情况

	学校数（所）	在校生数（万）	招生数（万）	毕业生数（万）
高等师范院校	232	60.29	22.24	20.03
中等师范院校	893	88.01	31.57	28.08
教育学院	240	20.54	8.00	8.06
教师进修学校	2088	52.98	23.05	23.51

1996年，高等师范院校教师高级职称比例已经达到31.03%，比1995年高1.34个百分点；教育学院教师高级职称比例已经达到29.15%，比1995年高1.09个百分点；中等师范学校教师高级职称比例已经达到13.13%，比1995年高0.43个百分点。中等师范学校教师学历达标率已经达到68.15%，比1995年高2.66个百分点。

根据《中国教育改革和发展纲要》中提出的“到本世纪末，通过师资补充和在职培训，绝大多数中小学教师要达到国家规定的合格学历标准，小学和初中教师中具有专科和本科学历者的比重逐年提高”的目标，国家教委继续抓紧对不具备合格学历的中小学教师进行学历补偿教育。据统计，1996年小学、初中、高中教师学历合格率，分别达到90.91%、75.5%、57.95%，分别上升2.06个百分点、6.37个百分点、2.74个百分点。1996年，具有大专以上学历的小学教师占小学教师总数的7.52%，具有本科以上学历的初中教师占初中教师总数的比例为9.97%；比1995年分别上升1.92个百分点、0.57个百分点。

在继续搞好中小学教师学历补偿教育的同时，把师资培训工作的重点从学历培训转到继续教育上来，通过培训，中小学教师和校长的政治思想和业务素质得到了明显提高。

撰稿　章艳芬
审稿　陈秀凤

〔调整“三沟通”培训中学师资工作〕 1992年～1995年，全国25个省、自治区、直辖市分期分批对不具备国家规定合格学历的中学教师，通过函授、卫星电视教育、自学考试相结合模式进行培训（简称“三沟通”培训），参加“三沟通”培训的人数已达七十多万人。经过培训，初中教师学历达标率已从1992年的51.9%提高到1995年的69.1%，中学教师的素质普遍得到提高。但是，由于培训规模较大，加之各地发展不平衡，在实施过程中也存在一些问题，如考生资格的把关、教学管理以及考试工作等都需要进一步强化管理。为了使这项工作健康发展，确保质量，善始善终完成中学教师学历培训任务，1996年12月，国家教委印发“关于调整函授、卫星电视教育、自学考试相结合的中学师资培训工作的通知”，决定从1997年开始，对此项工作做以下调整：

一、通过“三沟通”模式培训初中教师，从1997年开始不再继续招生。

二、对现有“三沟通”在籍学员的培训工作，要认真贯彻国家教委文件精神，真正做到函授、卫星电视教育、自学考试相结合，严格实行“考教分离”的原则，由省师范教育管理部门继续组织助学，负责教学及其管理工作；自学考试部门负责全部考试工作，组织命题、考试、评卷和毕业生审查工作。两个部门在省教委领导协调下，相互配合，充分发挥各自的作用。

三、要继续加强对中学教师“三沟通”培训工作的领导，强化教学、管理和考试等各个环节，做好这项工作的评估检查工作，国家教委要继续组织力量进行抽查。

四、小学教师进修高等师范专科的培训工作，原则上不通过“三沟通”的办学模式进行。主要通过成人高考，统一招生，学校办学培训骨干教师达到大专程度。通过自学考试进行小学教师进修高等师范专科的培训工作，要控制规模，确保培训质量。

撰稿　王源林
审稿　陈秀凤

〔高等师范学校本科教学工作评估〕

1996年4月15日国家教委师范教育司印发《关于开展高等师范学校本科教学工作评估和〈高等师范学校本科教学工作评估方案（试行）〉的通知》。通知指出：为贯彻落实《中国教育改革和发展纲要》及《普通高等师范学校教育评估暂行规定》，加强对高等师范学校教学工作的宏观指导，进一步强化学校教学工作的中心位置，决定自1996年起进行高等师范学校本科教学工作评估。《评估方案》共有一级指标6个，二级指标19个，三级指标59个。《评估方案》对三级指标给出满分值和计算公式，把办学状态基本数据代入后，即可求出分值。该《评估方案》具有简单、客观、可操作性强的优点。1996年共有68所高等师范本科院校参加了国家教委师范司组织的教学评估工作，并使用该《评估方案》。

撰稿　林奇青
审稿　马　立

民族教育

概况

〔**综述**〕 1996年，民族教育认真研究社会主义市场经济条件下的新特点、新问题，不断总结新经验，以扶持和促进“三片”民族贫困地区教育发展为重点，大力推动民族教育改革，使民族教育更好地为经济建设和社会发展服务。

少数民族在校学生稳步提高，中等学校结构作了适当调整。1996年各级各类在校生数达1665.51万人，占全国各级普通学校在校生总数的7.1%；其中高等学校为19.68万人，普通中学370.19万人，职业中学为24.57万人，小学为1251.07万人。分别比1995年增长5.8%、－15.22%、3.3%、4.6%。

少数民族教师队伍不断成长壮大。1996年全国大中小学1121.05万名教师总数中，

各级普通学校少数民族学生和少数民族教职工数

单位：万人

	少数民族学生		少数民族教职工		少数民族专任教师	
	人数	占学生总数的比重（%）	人数	占教职工总数的比重（%）	人数	占专任教师总数的比重（%）
普通高等学校	19.68	6.51	4.71	4.55	2.20	5.46
中等技术学校	21.05	6.29	2.33	5.42	1.22	5.98
中等师范学校	9.02	10.25	0.98	8.68	0.60	9.53
普通中学	370.19	6.45	30.45	6.88	23.34	6.74
职业中学	24.57	5.19	2.62	5.81	1.82	5.91
工读学校	0.03	5.44	0.006	2.05	0.004	2.47
小学	1251.07	9.19	61.11	9.57	51.55	8.99
特殊教育学校	1.11	3.47	0.23	5.88	0.16	6.08
幼儿园	88.32	3.31	4.61	3.92	3.32	3.74

有少数民族专任教师83.62万名，占民族教师总数的7.5%；其中高校为2.2万人，普通中学为23.34万人，职业中学为1.82万人，小学为51.55万人，分别比1995年增长4.7%、21.3%、2.9%，其中高校教师数与1995年持平。

建立了一大批具有民族特色，符合民族地区实际需要的学校。民族地区已建立了小学97650所，中学11606所，高等学校105所。

民族地区适龄儿童入学率逐步提高，1996年，8个民族省、区（西藏除外）小学学龄儿童入学率平均数为96.59%，接近全国平均水平。西藏适龄儿童入学率为73.54%，比1995年增长13.4%。

撰稿 林仕梁 李彬
审稿 韦鹏飞

〔**民族教育科研工作**〕 “八五”期间，少数民族教育科研工作的指导思想进一步端正，科研方向进一步明确；在重视基础理论和重大理论研究的基础上，大力加强实践性理论研究，在民族语言文字教学、内地西藏班教学、高校民族班教学、山区牧区寄宿制办学研究和实验等方面取得了一批比较优秀的成果；在研究领域、方法等方面皆有了新的拓展与突破，民族教育理论是民族理论和教育科学理论的重要组成部分，涉及到民族史、民族文化、民族语言文字、民俗、宗教、民族经济等理论，继中国教育学会少数民族教育研究会成立之后，全国各主要少数民族省、区相继成立了少数民族教育研究分会。

“八五”期间，少数民族教育研究会配合各级民族教育行政部门开展了一系列学术活动，完成了有关课题研究。

开展“中国少数民族教育若干重大理论与实践问题研究”课题。1993年5月，在河北省承德民族师范专科学校举行了全国哲学社会科学“八五”规划重点研究项目“中国少数民族教育理论与实践若干重大问题研究”课题开题会，会议议定将总课题分解为四个分课题：(1) 中国少数民族教育基本理论问题研究；(2) 少数民族青少年儿童身心发展规律及特殊性的研究；(3) 中国55个少数民族教育历史、现状与发展对策的研究；(4) 中国少数民族教育特殊政策及其效益的研究。四个分课题共由31个子课题组成。经过3年多的努力，该课题在10个重点问题的理论和实践研究方面，均有较大的进展：在研究少数民族教育战略地位问题上有新提高；在研究少数民族教育宏观发展战略上有新观点；在研究少数民族教育对象身心发展特点上有新突破；在研究少数民族双语教育方面有新探索；在研究少数民族教育与宗教关系方面有新内容；在研究今后少数民族教育的任务上有新思路；在总结少数民族教育基本经验方面有新进展；在研究少数民族教育立法方面提出了新建议；在研究少数民族教育现代化方面有新提法；在研究世纪之交的少数民族教育和对21世纪民族教育预测方面提出了新设想。到1996年，课题组已出版专著十余篇。

开展有关西藏教育特殊性的研究。西藏是中国特殊性最强的少数民族地区，教育难度最大。“八五”期间，研究会以“西藏教育的特殊性与内地办学研究”和“中国西藏教育特殊性研究”为题分别申报了国家教委“八五”规划重点课题和国家哲学社会科学

"八五"规划青年社会科学基金研究课题，皆获资助。到1996年，两项课题皆已正式通过专家鉴定，成果亦出版发行。这项研究为国家教委、西藏区政府等有关部门制定西藏教育发展和内地西藏办学的方针政策提供了依据，对西藏以及内地有关教育部门的实际工作具有现实的指导意义。

开展少数民族高等教育的历史发展与对策研究。"少数民族高等教育的历史发展与对策研究"是全国教育科学"八五"规划青年专项重点研究课题，由少数民族高等教育的产生发展、现状分析及出路和对策三个部分组成。该课题在论述了各个时期少数民族高等教育的发展、特点的基础上，通过对民族地区经济发展及改革、全国高等教育的发展与改革形势的剖析，提出了民族高等教育的紧迫性和必要性，并对当前存在的高校规模及布局、专业层次结构、师资结构及水平、办学基本条件、结构多元化及不平衡发展、高校管理体制不顺等突出问题进行了客观分析，指出了问题的症结；并从政府职能和宏观管理的角度提出了进一步确立民族高等教育地位，加大国家的投入和支持，对民族高等教育进行统一规划、合理布局，形成多元化结构、多功能开发、多层次协调发展的战略对策。

组织申报全国教育科学规划"九五"重点研究课题。为了适应形势发展的需要，进一步深化民族教育理论研究，完善民族教育理论体系，少数民族教育研究会在完成"八五"课题研究的同时，组织有关人员相继申报了全国教育科学"九五"规划重点研究课题"中国少数民族教育立法研究"、"中国跨文化教育研究——中国高校少数民族预科班、民族班教育研究"、"中国少数民族教育抽样统计调查与分析研究"、"少数民族特困地区教育综合改革问题与对策研究"、"内地西藏班现状及改革与发展对策研究"等5项。经全国教育科学规划领导小组审定，"中国少数民族教育立法研究"确定为"九五"国家重点课题，其他4个课题列为"九五"国家教委重点课题。

撰稿　林仕梁　吴德刚　卢胜华

审稿　韦鹏飞

〔**国际学术研讨会**〕　为宣传中国少数民族教育改革和发展的巨大成就，扩大少数民族教育的国际间、地区间和民族间的交流，研讨各国少数民族教育发展中的共性和个性问题，1995年11月，少数民族教育研究会在中国昆明举办了少数民族教育国际学术研讨会，来自泰国、缅甸、日本、印度、德国、法国、美国等10余个国家和国内17个省、自治区、直辖市的近百名专家、学者和民族教育工作者出席了这次研讨会。会议围绕主题"民族教育与民族发展进步"就少数民族教育在全民教育中的地位和作用、少数民族教育在民族发展进步中的作用、少数民族教育与经济发展和社会进步的关系、发展少数民族教育的政策与措施、少数民族语言文字教材建设和双语教学以及少数民族教育跨学科研究等议题进行了广泛交流和研讨。会议共收到中、外文学术论文50多篇，于1996年按中、英文集册出版。

撰稿　林仕梁　吴德刚　卢胜华

审稿　韦鹏飞

教育改革

〔《民族常识》教育试点〕 国家教委、国家民委于1996年9月18日发出《关于在部分省中小学开展民族常识教育活动试点的通知》及《关于在部分省中小学开展民族常识教育活动试点的实施意见》。《通知》指出，从1994年开始，国家教委、国家民委在天津市部分中小学开展了民族常识教育活动试点工作，并获得了显著的成效，产生了良好的影响，也积累了很好的经验。为了使民族常识教育进一步落到实处，决定在山东、河南、辽宁、吉林、四川等省中小学开展第二批民族常识教育活动试点工作。为了更好地指导这项工作，国家教委、国家民委在《实施意见》中，针对领导组织，教师选用、培训，教材使用，教育活动时间、形式以及应注意的几个问题等方面提出了具体意见，并要求各级党政领导，特别是从事教育、民族工作的领导干部应从党的事业和国家的兴衰高度出发重视搞好这项工作。

试点省接受这项试点工作后，各地领导非常重视，采取了有力措施，依据《通知》精神，结合本地区实际情况，作了具体安排，先后召开了民族常识教育活动试点工作动员会，明确将试点工作的指导思想概括为四句话：学习民族常识，增强民族感情，促进民族团结，维护祖国统一。

为做好试点工作，各地采取了积极有效的措施。

一、加强领导，健全组织。试点省市成立了由教委、民委等部门负责同志参加的领导小组。在教学管理上成立了民族常识教育指导小组，由民委的文教处，教委的基教处、民教处、德育处等负责同志参加。还建立了以教研室为龙头的教研网络，负责组织试点学校开展民族常识教育教学的研究和推广工作。

二、抓好师资配备，落实教学计划。各试点地区要求试点学校校长，政教主任，少先队大队辅导员和政治、思品课教师兼任民族常识课教师。并对他们进行了分期分批培训，钻研教材，研究教学方法，一方面，增强他们的民族观念，提高民族政策水平，另一方面，提高他们把握教学大纲和驾驭教材的能力，以利于更好地完成教学任务。

三、营造良好氛围，开展丰富多彩的民族常识教育活动。试点省市召开了不同层次的民族常识教育现场会、座谈会，统一大家认识，学习天津市试点工作的经验，使大家开阔了眼界。通过实践，总结出了“唱、跳、画、讲、赛、看、访、写、做、想”等民族常识教育活动的10种形式。如唱少数民族歌曲，抒民族团结之情；跳少数民族舞蹈，体验少数民族风情，了解少数民族文化传统；讲美丽动听的少数民族故事，学习他们勤劳、勇敢的优秀品质，开展少数民族知识竞赛、少数民族歌曲大奖赛等。同时，还通过专栏、民族人物图片展等各种形式的活动，形成了学习民族常识的浓厚气氛。

四、优化教育方法，提高教学质量。试点省市为了提高民族常识教育教学质量，对教案设计提出明确要求，突出重点，抓住关键问题，贯彻教材为主，突出常识，联系实际，生动有趣的教学原则。根据要求，各试点学校的指导教师认真搞好教案设计工作，在此基础上，评出优秀教案，并作为教研成果向教师颁发了证书。并采取了先进的电化教育手段，优化课堂教学。如将中央电视台的《祖国大家庭》等反映少数民族生活内容的节目制成录像带，在课堂教学中结合有关内容播放，使学生对少数民族加深了了解。还有许多教师把投影手段运用于课堂教学。试点地区还准备将试点学校的观摩课制成录像带，评选优质课。

1996年11月，国家教委、国家民委和天津市教委在天津市召开了民族常识教育活动试点工作研讨会。来自山东、辽宁、吉林、四川的教育行政领导干部和部分中小学校长参加了研讨，并参加了天津市举办的民族常识知识竞赛活动。通过研讨，大家交流了经验，总结了成绩，进一步提高了认识，统一了思想，为搞好第二批民族常识教育活动试点工作打下了良好的基础。

撰稿　阿布都　李东成　林仕梁
审稿　韦鹏飞

〔**汉语文教学改革**〕　少数民族汉语水平考试（HSK）是为测试母语非汉语者（包括外国人、华侨和中国少数民族）的汉语水平而设立的国家汉语等级标准化考试。为在少数民族学校推行中国汉语考试，国家教委民族教育司和国家对外汉语教学办公室于1996年9月2日在新疆财经学院联合召开了“全国民族学校汉语文教学改革研讨会议”。13个省区教育行政和教材编写部门的有关负责人参加了会议。会议旨在全国民族学校推行中国汉语水平考试，促进民族教育改革并就如何改革民族学校汉语文教学、教材的编写、课程设置及汉语文师资培养等重要问题，进行了可行性研究和讨论。新疆财经学院向与会代表介绍了该院开展中国汉语水平考试的现状并现场观摩了HSK考试。

经过研讨，在以下几个方面取得了共识：(1)这种考试办法，以测试听力、语法、阅读和综合运用入手，达到民族学生使用汉语能力，它可以弥补现行民族中小学《汉语文教学大纲》中忽视培养语言能力的不足之处，符合民族学生学习第二语言特点；(2)这种考试办法，从预测、命题、测试、评分到证书制作，都采用现代化的手段，比较完整科学；(3)民族学生通过这种考试达到初、中级和高级水平，便可以得到国家颁发的汉语水平合格证书，对升入高等学校学习专业知识会起到有力的保证作用。

撰稿　沙马·加甲
审稿　韦鹏飞

〔**多功能实验学校**〕　随着农村教育综合改革的深入，“两基”工作是重中之重的落实。近年来，广西、湖南、湖北等省区在一些少数民族边远贫困山区农村，根据现有办学条件，把基础教育、成人教育和职业教育紧密地结合起来，在一些中小学进行了“多功能学校”、“综合学校”或称“一校多功能”的实验，即一所学校既传授文化基础知识又进行职业教育，还要承担扫盲和对农民进行实用技术培训的任务，充分发挥农村学校在当地两个文明建设中的作用，为少数民族边远贫困山区农村的教育改革探索一条路子。

世界银行贷款“第二个贫困地区基础教育发展项目”将其列入软件建设方面的一个子项目，对它的意义作用和可行性进行了研讨。1996年10月在广西桂林市举办了有内蒙古、宁夏、新疆、广西、江西和四川、湖南、湖北等省区教育行政管理和教育理论研究部门的部分实际工作者和理论研究人员参加的“多功能实验学校研讨班”。经过10天的交流、实地考察和深入研讨，认为这是一项很有意义的实验，并从不同角度进行了论述：

一、“多功能学校”适合民族贫困地区农村教育发展与改革的实际。民族教育特别是贫困山区的民族教育，一个重要的原则就是要在国家教育方针的指导下，从当地实际出发，实行不同于内地乃至一般地区的多种形式办学，“多功能实验学校”的实验和探索，为如何办好民族贫困山区农村的教育开拓了思路，提供了借鉴。

二、“多功能学校”是贫困山区农村综合利用教育资源的一种好形式。少数民族贫困山区农村，人口居住分散、经济发展缓慢、办学条件简陋、教育资源有限，加上学校功能单一，各类教育互不沟通，办学效益差。“多功能学校”可利用有限的教育资源在承担基础教育任务的同时，承担成人扫盲教育及实用技术培训，有的还承担职业教育任务，集两教或三教于一校，从而达到教育资源的优化配置，形成优势，提高贫困山区农村办学的综合效益。

三、发挥农村学校的多功能作用，是民族贫困地区农村两个文明建设的客观要求。农村中小学，尤其是少数民族贫困地区农村的中小学，往往是学校周边地区人才和知识分子集中的地方，随着农村社会主义物质文明和精神文明建设的发展，多功能学校可以为农村普及教育、扫除文盲服务，还向农民传授科学技术培训实用技术，同时还发挥传播现代文明、改变落后习俗、转变传统观念等方面的作用。

四、“多功能学校”符合教育规律。一些教育理论研究工作者从教育的多功能性，结合“多功能实验学校”的实践论述了“多功能学校”是符合教育规律的，为今后的实验、完善和进一步探索奠定了较扎实的基础。

撰稿　杨祖湘
审稿　韦鹏飞

〔民族高等预科教育改革〕 据不完全统计，1996年止，全国举办民族预科班的高等学校已达138所，在校生11000人。

由于主客观方面的原因，民族预科教育还存在一些值得注意的问题：一是有的学校甚至有的民族学院领导思想上对办好民族预科的重要性还认识不足，没有把它当成我国民族高等教育最具有特色的一个重要方面来看。而是当作一般的补习班，甚至不愿承担这项任务。二是有的地方对民族预科教育经费投入不足，设备简陋，甚至比不上原来的中学，影响了办学的积极性。三是有的学校对预科教育的研究气氛不浓，教师水平不高，而且很不稳定，影响了民族预科的声誉。四是有许多省区高校是分散办学，二三十个学生，形不成规模，办学效益低。五是没有统一的教学大纲和明确的教学要求，有的学校没有预科结业的严格考核评估。六是没有统一的教学计划和统编教材。有的一学年上七八门至十门课，重点不突出，实际教学效果很差，达不到预期目标。

为了提高教学质量，培养少数民族合格人才，1996年5月，国家教委民族司、国家民委教育司联合在广西民族学院召开了普通高校少数民族预科教育改革工作会议。国家教委副主任王明达，国家民委副主任图道多吉，广西壮族自治区政府副主席李振潜，广西、云南、新疆、青海、贵州、四川6省区教委、民委及61所高校的预科部主任出席了会议。会议提出今后的方针是：认真重视，加强领导，深入改革，提高质量。会议研究了以下几条措施：

一、民族预科新生较多的省、区，可以集中在一所条件较好的高校举办。条件不具备，需要分开办的，各省、区也要由省教委、民委牵头成立预科教育领导小组，以加强督促检查，确保教学质量。

二、各高等学校要认真贯彻国家教委、国家民委颁布的预科教学计划和大纲。汉语文、数学和外语三门主要基础学科要按国家教委和国家民委的文件精神要求，使用全国统编教材（课时要占总学时的70%～80%以上）。在教学内容上要突出重点，加强基础知识的教学和基本技能的训练。这几门课是学习各种专业课的重要基础，在预科阶段一定要达到进入高校的基本要求，以保证预科结业进入高校后能顺利地学习其他专业课程。

三、加强考核，引入竞争机制，建立升降制度，以进一步推动预科的教学和学习。目前，可以以省区为单位，每年组织一次民族预科汉语文、数学和外语三门学科统一结业考试。不合格者，允许补考一次，再不合格者取消入学资格或者由本科降专科。成绩突出的专科预科生也可以升为本科预科生，待条件成熟后，将进行全国统一命题考试。

四、要有针对性的加强民族预科生的思想政治教育，特别是爱国主义教育。要树立好三个形象。一是树立好我们是中华民族一员这个形象。56个民族成员都是中华民族，每一个民族成员都要通过自己创造性的劳动使中华民族屹立于世界民族之林。二是要树立好少数民族的形象。不但有享受照顾的权利，还有作贡献的义务，要自信、自强、自立。三是要树立好每一个民族的形象——爱国要从热爱自己的家乡，热爱自己的民族做起。要引导大家认识到：民族预科学生不但要学文化知识，还要学习现代文明，培养现代文明的基本素质，带头移风易俗，促进自己的民族走向现代化。

五、加强民族预科生非智力因素的培养。一是要有一个安定的情绪。二是要帮助他们树立正确的学习目的。三是培养兴趣和爱好，养成良好的学习习惯。四是要培养他们坚强的毅力，增强他们承受困难和挫折的心理。

六、继续完善民族预科的招生政策。注意招收一些人数特别少的民族学生，并以招收农村户口的少数民族农牧民子女为主；适当招收一些有实践经验，经受过锻炼的少数民族青年进入预科学习；民族预科的招生要适当降分。但是，不能无限制的降格以求。

会议以后，各地纷纷贯彻落实会议精神。广西、云南、四川、贵州等预科生较多的省区已实行全省（区）统考。

撰稿　张　辉　杨明刚

审稿　韦鹏飞

民族教材建设

〔制订“九五”民族教材编译出版规划〕 中国在55个少数民族中使用着80多种语言，20个民族与国外同一民族使用着相同的语言或文字，少数民族语言，目前仍然是本民族内部的交际工具。在少数民族文字中，全国有21个少数民族使用30种文字编译出版中小学教材，其中正式列入中小学课程计划，使用本民族语言文字进行教学的有：蒙古、藏、朝、维吾尔、彝、壮、柯尔克孜、锡伯、景颇、傣等11个民族。另有10个民族的文字正用于试验教学或用于扫盲。

随着民族教育事业的不断发展，使用民族语文教学的小学、中学、师范、中专、大学对民族文字教材的需求越来越大，农村要求使用民族文字扫盲的呼声很高，同时人们对目前民族文字教材、工具书和教辅读物严重缺乏的状况反映十分强烈。

为了适应民族教育事业发展对民族文字教材的需求，从全国民族文字教材建设的现状出发，国家教委决定分年度、有步骤、有计划地制订民族文字教材编译、出版规划。“九五”具体规划是：

内蒙古自治区：义务教材2800种，其中初中版教材750种；高等教育教材600种；中等师范教材285种；普通中专教材150种。

新疆维吾尔自治区：六个文种的义务教材4026种；中师教材520种；高等教育教材68种。

东北三省：将出版朝鲜文中小学、中师、幼儿教材435种（不含再版教材），其中自编教材235种，翻译教材200种。

西藏自治区：中小学、中师等各类教材466种。

青海省：新编和修订中小学藏文教材317种；藏族中师教材45种；高等师范藏文理科教材68种。

四川省：计划出版中小学彝文教材、教参748种，其中新排88种、再版660种；中小学藏文教材、教参748种，其中新排88种、再版660种。

云南省：计划为苗、傣、彝、景颇、傈僳、瓦、哈尼、拉祜、白、纳西、壮等十几个民族编写义务教材（语文、数学）及扫盲课本。

贵州省：计划用苗（三种文字）、布依、彝、侗等4个民族的7种文字编写中小学、中师、大学、成人扫盲等教材。

广西壮族自治区：义务教育壮文教材，幼儿、中师教材，壮文工具书，配合教学、教研和师资培训制作音像教材，共计1258种。

甘肃省：将编译出版藏文中师、藏文口语、藏文职业教育教材；还计划编写哈萨克文职业教育教材和制作蒙文音像教材。

落实规划的措施是：（1）提高认识。民

族教育是我国教育中的一个重要组成部分，要解决各级有关领导对民族教材建设地位的认识，认真重视民族教材的编译出版工作，真正使党的民族政策、民族语言文字平等政策落到实处。（2）加强管理。加强管理，协调好民族教材编译、出版、印刷、发行各项环节的关系，满足民族教育的发展对教材在数量上、品种上和质量上日益增长和提高的要求。（3）增加对民族教材出版投入。对民族教材的编译、出版的投入应给予更多的扶持。（4）实行民族教材出版进度及亏损情况申报制度。为更好地了解各有关省、自治区民族教材编译出版情况，民族教材编译出版部门每年需填报教材编译出版和亏盈情况表。

撰稿　沙马·加甲

审稿　韦鹏飞

〔**编写扫盲教材**〕　针对少数民族文盲大户大多数不懂汉语的实际，并结合全国扫盲工作会议精神，国家教委民族司组织了四川、云南、贵州、西藏、青海、内蒙古等有关省、自治区教委和教材编译出版部门于1996年5月在四川省西昌市举办了编写少数民族扫盲教材研讨班。

研讨会一致认为：扫盲工作是一个世界性的问题，在中国尤其在少数民族及民族地区，扫盲任务更为艰巨。在少数民族地区开展扫盲工作，必须从少数民族不懂汉语的实际出发，组织力量用少数民族文字开发和编写一些能够使少数民族文盲学员喜欢而又易读、易认、易学的扫盲课本和读物，努力使扫盲教学与学员的生产实际相结合，与他们脱贫致富的迫切愿望相结合，这对于不懂汉语的少数民族文盲、半文盲是更为有效的。

研讨班经过比较研讨、交流研讨、实地考察凉山彝族地区，用彝文编写了《彝文识字课本》和《农村实用技术课本》等图文并茂的扫盲教材。之后，又组织编写了一套面向东北三省蒙古族的蒙文扫盲课本。

撰稿　沙马·加甲

审稿　韦鹏飞

对口协作

〔**国家教委组团赴藏考察**〕　继1993年国家教委民族教育司组织国务院有关部委、国家教委直属高校赴藏考察西藏教育之后，为了进一步了解发展中的西藏经济和教育状况，做好教育援藏工作，1996年8月，国家教委再次组织交通部、电力部、地矿部、水利部、建设部、安全部、国家民委、国家税务总局、中国纺织总会、国家教委人事司、计建司、职教司、条装司、直属办、民族司等10个部委的17名负责同志。在西藏进行为期10天的考察，听取了西藏自治区教委关于西藏教育情况的介绍，分赴山南、林芝、日喀则、拉萨等地实地考察，参观考察了三十余所学校和部分工矿企业、农牧区，通过参观考察，大家对西藏的教育状况有了进一步的了解，为西藏的各族干部、群众在极其艰苦的条件下无私的奉献精神所感动，更加深刻体会到党中央、国务院"全国支援西藏"战略决策的主要性。在藏期间，各部委的同志还分别同对口厅局进行了磋商，对一些援藏项目达成了初步意向性意见。部分考察团成员向林芝教委捐款2000元，表达了为西藏教育尽一点绵薄之力的心情。

撰稿　张　强
审稿　韦鹏飞

〔对口支援协作〕 从1993年以来在全国二十余个省、自治区、直辖市开展省际间对口支援所签定的两年或三年期的协议项目，到1996年已基本完成，完成率均在85%以上，有的省、市达到100%。省际间支援协作落实并到位的援助资金和仪器设备的价值总计达二千五百多万元，援建各类学校三十余所，教育电视台2个；帮助培训（培养）干部、教师和各类专业人才三千余人次；民族贫困地区一大批贫困失学儿童得到资助而重返校园。

为贯彻党的十四届六中全会和中央扶贫工作会议精神，总结、交流三年多来教育对口支援协作工作的成绩和经验，进一步搞好对少数民族贫困地区的教育扶贫工作，国家教委、国家民委于1996年11月25～29日在深圳市联合召开全国教育对口支援协作第二次工作会议。来自北京、上海等23个省、自治区、直辖市和计划单列市，分属13个民族的八十余名代表出席了会议。国务院扶贫办派人到会指导。国家教委副主任张天保、国家民委副主任图道多吉分别就总结三年来工作成绩和经验，认真贯彻落实中共中央、国务院《关于尽快解决农村贫困人口温饱问题的决定》，进一步把教育对口支援协作工作当作教育系统加强精神文明建设的一项重要内容广泛、深入、持久地开展下去等有关问题作了重要讲话。

为便于各有关省、自治区、直辖市统一组织协调，把教育对口支援纳入政府行为，根据中共中央、国务院作出的安排，对原帮扶对子作了适当调整，调整后的对子是：北京帮内蒙古，天津帮甘肃，上海帮云南，广东帮广西，江苏帮陕西，浙江帮四川，山东帮新疆，辽宁帮青海，福建帮宁夏，深圳、青岛、大连、宁波帮贵州等。要求各有关省、自治区、直辖市要明确思路，健全机构，加强领导。在今后工作中，要把帮助民族贫困县（旗）普及初等教育、扫除文盲、培养当地适用的初、中级技术人才和对农民进行实用技术培训，提高劳动者素质，放在对口支援的突出位置，将教育对口支援与少数民族群众的脱贫致富紧密结合起来，把教育对口支援少数民族贫困县的工作提到一个新水平。

撰稿　赵　卫
审稿　韦鹏飞

〔内地西藏初中班（校）扩大招生〕 为贯彻落实《中共中央、国务院关于加快西藏发展、维护社会稳定的意见》中关于"继续办好内地西藏中学和西藏班，长期坚持，不断完善，适当扩大规模”的精神，国家教委确定内地西藏初中班（校）从现在招生规模基础上，逐步扩大，1998年达到2000人的规模。并确定在北京、天津、河北、辽宁、上海、江苏、浙江、福建、山东、河南、湖南、湖北、广东、四川、陕西、重庆等16个省（市）扩大内地西藏初中班（校）规模。国务院办公厅转发了《国家教委关于内地西藏班（校）扩大规模有关问题请示的通知》，《通知》决定：

一、每年扩招分步实施。扩大内地西藏初中班（校）招生规模，以1995年实招人数1445名为基数，1996年扩招到1600名，分3年落实，至1998年达到2000名的招生规模。其中可适当招收部分进藏干部职工子女入学，具体比例由西藏自治区人民政府研究确定；内地西藏初中班（校）学生毕业后，根据西藏自治区人民政府对人才的需求意见，仍要继续分流到各有关省（市）和部委所属的普通中专、中师和高中学校学习。各有关省（市）和部委要继续承办内地西藏班（校）的任务，做好安排。

二、保证必要的办学投资和办学条件。扩大内地西藏初中班（校）所需的正常经费、基建投资、开办费等，依照《国务院办公厅转发国家教委等部门关于进一步加强教育援藏工作请示的通知》所确定的经费开支渠道原则解决；国家拨出3000万元专项基建补助经费，支持地方人民政府扩招任务的实施；西藏自治区人民政府要按照国办发［1993］71号文件的规定，负责提供学生的各项学习和生活费用并及时拨给办班学校。不足部分可由承担任务的省（市）人民政府予以补贴。补贴经费要在省（市）财政预算中单独列支，专款专用；扩大内地西藏初中班（校）招生规模，涉及多方面，并且任务重，时间紧，各有关省（市）人民政府应高度重视，对必要的基本建设、资金投入、干部教师配备等给予优先考虑，保证按期完成扩招任务。办好内地西藏初中班（校）。

三、加强领导，明确职责。承办内地西藏中学和西藏班的有关省（市）人民政府，要根据中央关于“中央关心西藏，全国支援西藏”的方针和“继续办好内地西藏中学和西藏班，长期坚持，不断完善，适当扩大规模”的精神，加强政府的责任。各有关省（市）人民政府应把援藏办学列入政府的重要议事日程，明确专人负责，及时协调解决援藏办学中的问题，充分发挥统筹决策的作用，切实保证人、财、物的投入；要加强援藏办学工作的领导。建全制度，理顺关系，形成指挥畅通，职责明确，步调一致，共同负责的管理机制。做到遇到难题有人管，工作落实有人抓；各有关省（市）教育主管部门要明确一位负责同志分管内地西藏班（校）工作。要把援藏办学工作做为长期的政治任务，毫不动摇地长期坚持下去。同时要不断探索和完善办好内地西藏班（校）的经验和方法为援藏工作做出新贡献。

四、各有关省（市）政府积极落实内地西藏班（校）初中扩招的任务。一是承担任务的省（市）政府召开专题会，研究扩大内地西藏初中班（校）的有关政策和措施；二是落实扩招所需的经费，确定学校等；三是顺利完成1996年扩招任务，共招1600名内地西藏班初中生。

撰稿　次仁多布杰

审稿　韦鹏飞

〔研究内地西藏班（校）办学质量〕为了进一步提高内地西藏班（校）的教育教学质量，使教学工作更具科学性，1996年组织了中央教育科学研究所的教育心理学和语文教学专业的科研人员，以北京西藏中学和天津红光中学西藏班（部）为试点，对藏族学生从身心素质（智力水平、学习能力和学习适应性等）及汉语文教学质量等方面进行了调研。

心理学专业的调研报告认为，两所西藏中学藏族学生的记忆能力与国内其他民族学生的记忆发展水平及其特点是一致的，他们的智力水平发展基本上是正常的。建议今后在生源与制度方面把“择优录取”落到实处，认真实行淘汰制；在教学上，成立全国内地藏族学校统一的教学教研室。

语文教学专业的调研报告认为，西藏中学“藏、汉、英”三语并进，对于西藏地区的学生承受着比较大的学习压力。对于语文教师来说，是一种挑战，但成绩是显著的。对此，报告认为，为了完成国家规定的中学课程计划，必须使用全国统一的教材。但又必须从藏族学生的实际出发，调整教学的重点和难点。

另外，国家教委民族司还请国家对外汉语教学工作领导小组办公室协助，对北京西藏中学初中部学生进行了一次国家标准（初级）汉语水平测试（“HSK”考试），通过测试，进一步了解了学生掌握汉语程度的实际情况。

撰稿 徐临燕

审稿 韦鹏飞

学校体育卫生、艺术与国防教育

体育卫生工作

〔**实施学校健康教育评价**〕 为全面贯彻落实教育方针，不断增强广大学生的健康意识，提高学生的健康水平，国家教委于1995年7月发出《学校健康教育评价方案》，要求对各地教育行政部门和九年义务教育阶段普通中小学健康教育实施情况进行评价。评价的内容包括教学基础、教育过程、教育效果等九个方面20项指标。

1996年6月10～15日，国家教委体育卫生与艺术教育司在厦门市召开全国学校健康教育评价研讨会。会议在总结交流各省市学校健康教育及其评价工作的基础上，对今后一个时期学校健康教育评价工作进行了部署，要求各地教育行政部门结合本地区实际情况，制定贯彻实施《学校健康教育评价方案》的工作计划，并开始分期分批地对所属教育行政部门和学校健康教育开展情况进行评价。被确定为《学校健康教育评价方案》实施范围的中小学要按规定每年进行一次自评，教育行政部门要在学校自评的基础上，每年对所辖地区学校健康教育评价工作进行抽评。根据《方案》的要求和安排，辽宁、广东、天津、黑龙江、江西、新疆、陕西、上海、四川、贵州、云南等地已先后开始在不同的范围内对学校健康教育工作进行评价。国家教委体育卫生与艺术教育司将于1997年对部分地区和学校的健康教育工作情况进行抽评，并于年底公布抽评结果。

撰稿 廖文科

审稿 杨贵仁

〔**农村学校体育卫生工作**〕 为加强对农村学校体育工作的指导和管理，进一步提高农村学校体育工作质量，1996年9月18～21日在辽宁省宽甸县召开了全国农村学校体育工作研讨会。会议对“七五”、“八五”期间农村学校体育工作做了回顾和总结，并对“九五”期间如何加强农村学校体育工作提出意见。与会人员研讨了“九五”期间农村学校体育工作的指导思想和目标，观摩了宽甸县因地制宜开展以“天天练”为主要特点的农村学校体育工作现场，交流了各地开展农村学校体育工作的经验。

会后，国家教委于1996年11月28日发出《“九五”期间农村学校体育卫生工作意见》。《意见》提出“九五”期间，我国农村学校体育卫生工作的指导思想：围绕“普九”工作，深入贯彻《学校体育工作条例》，加强科学管理，狠抓薄弱环节，全面提高质量。同时提出了工作目标：在我国教育整体改革和发展的基础上，完善健全配套法规和制度，建立健全相应的教育行政管理机构；从实际出发，实行分区规划，分类指导，科学管理；狠抓薄弱环节，以加强师资队伍建设和场地、器材建设为中心，千方百计创造条件，全面提高体育与健康教育的开课率，逐步提高教学质量，最大限度地保证农村学生获得体育与健康教育，全面提高学生身体健康水平。为实现这一目标，《意见》对“九五”期间农村学校体育卫生工作从以下六个方面提出要求：(1) 强化政府行为，健全组织机构；(2) 巩固、提高开课率，全面提高教学质量；(3) 大力加强农村学校体育卫生师资队伍建设；(4) 加强基础建设，积极改善办学条件；(5) 重视与加强学校卫生保健工作；(6) 调查研究，制定规划，实施评估，强化科学管理。

撰稿　顾美蓉
审稿　杨贵仁

〔**实施“大豆行动计划”**〕　1995 年我国二十余名食物与营养学方面的专家联名向国务院提出了旨在改善农村中小学生营养状况的“大豆行动计划”。国务院召集农业部、卫生部、国家教委、轻工总会等部门就这一计划进行研究。在充分论证的基础上，决定成立“大豆行动计划”领导小组，开展“大豆行动计划”的试点工作。

“大豆行动计划”的主要内容为：在农村肉、蛋、奶、鱼等价格偏高的食品消费一时难以大幅度增加的情况下，扩大各种豆类的综合利用。先选择一些中小学试点，运用实用机械和传统的大豆加工技术，制作并廉价供给中小学生豆奶及豆制品，用植物蛋白代替动物蛋白，以解决学生优质蛋白不足的问题。取得经验后扩大试点，并有计划、有步骤地进行推广。

1996 年 3 月，农业部、卫生部、国家教委、轻工总会在广泛听取食物与营养学领域的专家及学校管理人员意见的基础上，制定和下发了《大豆行动计划实施方案》，确定在内蒙古自治区赤峰市等 10 省（市）的 12 个县进行试点。每个试点县（市）选择城镇附近的中小学各一所进行试点，试点期限为三个学期。

1996 年 8 月，“大豆行动计划”领导小组主持召开了试点工作会议。12 个试点县负责“大豆行动计划”试点的负责人出席了会议，会议对如何实施“大豆行动计划”的试点进行了讨论，并就试点的有关业务问题进行了培训。

1996 年 9～10 月，12 个试点县的 24 所学校先后启动“大豆行动计划”试点，各试点县均成立了以副县长为组长，教育、卫生、农业、轻工等部门和学校负责人参加的“大豆行动计划”领导小组，各试点学校也成立了有关人员参加的试点工作领导小组，并根据《大豆行动计划实施方案》精神，制定了具体实施方案和步骤。各地利用广播、电视等各种形式广泛宣传“大豆行动计划”的意义，争取全社会的理解和支持。

“大豆行动计划”实施后，除个别学校外，大多数试点学校的学生已经喝上了豆奶，部分学校在充分利用各种豆制品的同时，逐步开展了营养餐的试验，部分学校还将“大豆行动计划”的实施与劳动课、勤工俭学结合起来，组织学生种豆、种菜、养猪，既培养了学生劳动观念，也改善了学生营养，取得良好的效果。从试点的启动阶段看，“大豆行动计划”在农村中小学实施，已产生较好的社会反响，普遍受到广大师生与家长的欢迎。

撰稿　廖文科

审稿　杨贵仁

〔**第五届全国大学生运动会**〕 由国家教委、国家体委、共青团中央联合主办，陕西省人民政府承办的第五届全国大学生运动会，分别于1996年5月10～15日（健美操、艺术体操、武术项目）和8月28日～9月4日（田径、篮球、排球项目）在西安举行，前后两个阶段历时12天。来自全国30个省、自治区、直辖市的共4000名运动员参加了比赛，同时，邀请港、澳、台地区高校派队参赛和观摩。运动会总规模近六千人，是我国高等院校规模最大的一次综合性体育盛会。

江泽民、李鹏、乔石、李瑞环等党和国家领导人先后为运动会题词，国务院副总理李岚清，国家教委主任朱开轩、国家体委主任伍绍祖、共青团中央书记处书记姜大明等领导同志出席了开幕式。

本届大学生运动会有以下几个特点：

一、首次举行了“世纪之光”火炬传递活动。火炬的采集和传递活动分别在轩辕皇帝陵、延安和汇聚高科技成果的西安卫星测控中心举行，并分别在陕西关中、陕南、陕北三地由十多万高校师生和各界青年传递，以此激励广大青年学生弘扬中华文明、继承革命传统、献身科技、奋发成才。

二、开幕式主题鲜明。开幕式上，由陕西地区的18所大专院校6000名大学生表演的《奔向新世纪》大型文体表演，围绕当代大学生高举文明之火、科技之火、革命之火，迎接21世纪的主题，反映了陕西古老、悠久的历史文化、延安革命精神和当代大学生朝气蓬勃的精神风貌，体现了“团结、奋进、文明、育人”的运动精神。

三、比赛竞争激烈、运动水平显著提高。本届大会6个项目的比赛竞争激烈。田径比赛中有64人共创91项（次）全国大运会的新记录，有9人达到国际健将标准，157人达到国家运动健将标准。篮球比赛有17场（占总场次的20%）以1～3分之差决定胜负；排球比赛有11场（占总场次的13%）打成3：2的比分；艺术体操、健美操和武术三个项目比赛动作难度大，涌现出一批后起之秀。有24个省、自治区、直辖市的代表团获得了金、银、铜牌。

四、在运动会期间还举行了体育科学研究学术论文报告会和对全国高等院校体育工作优秀学校及优秀体育教师表彰大会。论文报告会共收到各省、自治区、直辖市报送的学术论文共787篇，数量和质量都是历届运动会最多最好的一次，充分反映了近几年来我国高等院校体育教师的科研意识和科研能力有了进一步增强和提高。在表彰大会上表彰了近几年来为我国高等院校体育工作做出突出成绩的优秀高校和优秀青年教师，将对我国高等院校体育运动的改革和发展起到推动作用。

撰稿　姜天兴

审稿　杨贵仁

艺术教育

〔**全国学校艺术教育工作会议**〕 国家教委体育卫生与艺术教育司于1996年11月16～19日在四川省温江县召开全国学校艺术教育工作会议。会议的主要内容是：交流、总结各地贯彻落实《全国学校艺术教育总体规划》的情况和经验，研究学校艺术教育的形势和主要问题，部署"九五"学校艺术教育工作，提出进一步贯彻《中国教育改革和发展纲要》精神，全面落实《总体规划》的意见。来自全国30个省、自治区、直辖市教委的负责同志，部分学校代表和国务院有关部委同志出席了会议。

国家教委副主任柳斌在开幕式上作了题为《认真贯彻教育方针，切实加强学校艺术教育，为培养全面发展高素质人才而努力》的报告。报告分为三个部分：（一）"八五"期间学校艺术教育工作的回顾；（二）学校艺术教育面临的形势与任务；（三）艺术教育改革发展中应重视的问题。在报告中，柳斌提出"九五"时期学校艺术教育工作的方针、奋斗目标和主要任务，并对美育的性质、作用做了深刻的论述。四川省、北京市、上海市、河北省、齐齐哈尔市、温江县和清华大学、华南师范大学、安阳师范专科学校等汇报了"八五"期间贯彻《总体规划》的工作情况和经验。会议期间，代表们参观了温江县农村地区的学校艺术教育，讨论了《学校艺术教育工作条例（讨论稿）》和《关于加强学校艺术教育的意见（征求意见稿）》，并提出修改意见和建议。国家教委体育卫生与艺术教育司司长宋尽贤在闭幕式上做了总结报告，柳斌就艺术教育与素质教育问题作了发言。闭幕式后，举办了全国第二届省、市教委主任美育学习班。

撰稿　杨　力

审稿　杨瑞敏

〔**制定加强普通高校艺术教育《意见》**〕 国家教委于1996年7月29日制定下发了《关于加强全国普通高等学校艺术教育的意见》。主要内容是：（1）进一步明确高等学校艺术教育的基本任务。（2）加强对艺术教育的统一规划和领导，不断完善艺术教育管理体制。（3）从规范化、制度化管理入手，抓好艺术教育课程开设工作。（4）积极开展课外文化艺术活动，促进校园文化建设。（5）加强艺术师资队伍建设，配备一定数量的合格的专（兼）职艺术教师。（6）不断改善教学条件，确保艺术教育工作的正常开展。（7）积极、稳妥地进行高校艺术教育试点工作，促进高校艺术教育持续、健康、深入发展。

撰稿　高　颖

审稿　杨瑞敏

〔**中小学美术和音乐教师教学基本功比赛**〕 国家教委体育卫生与艺术教育司于1996年11月29日～12月1日和12月13日～16日分别在南京和广东省肇庆市举办了全国首届中小学美术教师教学基本功比赛和中小学音乐教师教学基本功比赛(以下简称美术比赛和音乐比赛)。美术比赛分为美术常识、美术字、色彩静物写生和工艺制作(小学)或平面设计(初中)四个项目。音乐比赛分为声乐和自弹自唱、钢琴、音乐欣赏常识、器乐或舞蹈(任选一项)四个项目。比赛以省、自治区、直辖市和计划单列市为单位组队参加。

各地教委对此项活动极为重视，除2个省没有参加外，全国28个省、自治区、直辖市及计划单列市（包括西藏自治区）的94名中小学美术教师和91名音乐教师参加了比赛。经过比赛，共评出小学美术一等奖14名，二等奖24名，三等奖23名；中学美术一等奖8名，二等奖12名，三等奖13名；小学音乐一等奖15名，二等奖25名，三等奖18名；中学音乐一等奖11名，二等奖11名，三等奖11名。

比赛结果表明，我国中小学美术、音乐教师的整体素质有了一定提高，特别是一批年青教师脱颖而出，使大家看到了中小学艺术教育发展的希望。但也发现教师中普遍存在重技能、轻理论、文化修养不足的问题，这种倾向不利于素质教育的实施，暴露了中高等艺术师范教育中存在的问题。通过比赛，明确了中小学艺术教育教学改革的方向和任务，对于全面深化艺术教育教学改革，提高教学质量产生了推动作用。

撰稿 杨 力
审稿 杨瑞敏

〔**全国大学生文艺汇演**〕 国家教委和广播电影电视部于1996年4月26日～5月3日在北京举办了全国大学生文艺汇演，汇演体裁为声乐、器乐和舞蹈，分艺术专业组、艺术师范组和普通院校组进行。国家教委副主任柳斌任汇演组委会主任，广播电影电视部副部长杨伟光、国家教委副主任周远清、北京市副市长胡昭广任副主任。

4月27日全国大学生文艺汇演开幕式在北京举行。国务院副总理李岚清出席了开幕式，并在开幕式前接见30个省（直辖市、自治区）参加汇演的团长，并作了讲话。4月27～30日进行了分组分类汇演，共评出优秀节目一等奖10个，二等奖23个，三等奖35个，优秀创作奖22个，优秀表演奖17个，优秀指导教师奖13个，优秀组织工作奖13个。

5月3日，全国大学生文艺汇演组委会在京举行了闭幕式暨颁奖晚会。丁关根、李岚清、尉健行、王光英等领导出席闭幕式并观看了颁奖晚会的演出。国家教委主任朱开轩致闭幕词，朱开轩、中宣部副部长徐光春、团中央第一书记李克强、广电部副部长杨伟光、北京市副市长胡昭广为获奖代表颁奖。中央电视台现场直播了颁奖晚会。

撰稿 杨 力
审稿 杨瑞敏

国 防 教 育

〔**国防教育正规化建设**〕 1996年1月，国家教委学校国防教育办公室在海南省召开全国学校国防教育工作会议。会议对“八五”期间学生军训和学校国防教育工作进行了全面总结。“八五”期间，学生军训和学校国防教育形成了高等学校、高级中学以及小学、初中三级国防教育体制；学校国防教育的育人作用已得到学生、教师、家长和社会各界广泛认可，为“九五”期间学校国防教育的开展奠定了良好基础。会议对《九五期间学校国防教育工作规划（草案）》进行了研究、修改和讨论。与会代表认为，“九五”规划应以认真贯彻《中国教育改革和发展纲要》和《中华人民共和国教育法》中有关学生军训和国防教育的内容为核心，加快制度化、法规化建设，争取“九五”期间学校国防教育工作有一个较大的发展。会议根据“九五”规划讨论通过了国家教委1996年学生军训和国防教育工作要点。

为落实“九五”规划和1996年学校国防教育工作，1月下旬在重庆大学召开了国家教委所属重点院校和部分重点大学武装部长和军事教研室主任会议。会议部署了1996年高等学校军训工作，对“八五”期间的工作进行了总结，对目前高等学校在军训中存在的机构建制、经费保障、理论课教学等方面的问题进行了研究和讨论。会议明确指出：高等学校学生军训工作要根据《兵役法》、《教育法》、《中国教育改革和发展纲要》和国家教委、解放军总参谋部、总政治部等有关文件精神，高度重视学校国防教育，保持机构的稳定健全，加强对经费的使用管理，提高军事理论课教学质量，搞好学科建设。

根据“九五”规划精神，经与解放军总参谋部、总后勤部等有关部门研究，国家教委学校国防教育办公室决定自1996年～1997学年开始高等学校军事训练实行“三统一”，即参训学生着统一军训服装、佩带统一标志、军训结束后颁发统一的《军事训练证书》，并于1996年1月17日颁发了《关于高等学校学生军训实行“三统一”的通知》。实行“三统一”是我国学生军训工作制度化、规范化建设的一项重要措施，是维护军事训练与教学严整性、统一性的有效形式和保证，对增强参训学生的责任心和荣誉感，加强军训工作中的管理，都是十分重要的。

撰稿　田建东
审稿　宋尽贤

〔**小学、初中国防教育**〕 自1992年国家教委发出《小学、初中国防教育纲要》和《学校国防教育常规》以来，各地积极开展以渗透、结合为主要形式的小学、初中国防教育。天津、上海两市为搞好小学、初中国防教育，分别将国防教育课列入地方课时计划，并着手编写教师参考书。将学校国防教育课列入地方课时，是九年义务教育阶段学校国防教育工作的重要进展。为充实完善《小学、初中国防教育纲要》，国家教委委托有关省市教育部门对《纲要》进行修改和征求意见。

为进一步建立和完善小学、初中国防教育内容体系，1996年10月在安徽省召开小学、初中国防教育教材研讨会。安徽、天津、吉林、湖南、贵州、辽宁等省市教育行政部门分别介绍了贯彻《小学、初中国防教育纲要》和使用小学、初中国防教育读本的经验，研究、分析、讨论了使用小学、初中国防教育补充教材中存在的问题，对教材框架结构、内容、深浅程度提出了修改意见。

为做好小学、初中国防教育工作，推动少年军校活动的开展，1996年10月，国家教委与共青团中央联合表彰了39所全国先进少年军校，来自全国各省市的少年军校代表在北京中山公园举行了隆重的庆祝活动和表演，国务委员、中央军委副主席、国防部长迟浩田上将出席了庆祝活动并检阅了优秀少年军校。

撰稿　田建东
审稿　宋尽贤

〔**学校国防体育活动**〕　1996年7月国家教委学校国防教育办公室在成都举行了全国普通高等学校军事射击比赛，来自全国23个省市的大学生代表队共二百六十余名运动员、教练员、裁判员参加了比赛。

在前几年国内开展学生定向越野运动的基础上，1996年国家教委学校国防教育办公室组织开展定向越野运动的军训学校参加了国际定向越野比赛和各项活动。经过选拔，先后派遣了辽宁省代表队、湖南省代表队和兰州大学代表队参加了在匈牙利、瑞典和澳大利亚举行的各种类型的国际定向越野比赛。通过比赛，锻炼了队伍，积累了经验，并取得了较好的成绩。

撰稿　田建东
审稿　宋尽贤

〔**国防教育科研工作**〕　为加强学校国防教育科研，做好“九五”期间全国教育科学规划重点课题工作，国家教委学校国防教育办公室于1995年3月发出《关于印发〈“九五”学校国防教育科研课题指南〉的通知》。文件下发后，各军训高等学校积极开展学校国防教育科研工作，撰写科研论文，申报科研课题，做好各项准备工作。1996年11月，全国教育科学军事教育学科规划组在北京召开课题评审会，会议对各部门申请的200多个课题进行了立项评审，其中清华大学的“高校国防教育与人才培养研究”被列为国家教委级重点课题，另有9个地方高校申报的课题也被列为全国规划课题。

〔**国防教育学科建设**〕　为提高军事课教员和管理人员的理论水平和学历层次，西安交通大学、武汉汽车工业大学采取联合培养和委托培养形式，开始培养学校国防教育硕士研究生。其他学校也采用多种形式，提高现有任课教师的素质和教学水平，为搞好学校国防教育学科建设创造了条件。

为加强学校国防教育学科建设，提高教材质量，1996年4月，国家教委学校国防教育办公室在浙江省召开了高等学校军事理论课教材研讨会。来自全国地方和部队院校的二十余名专家对现行高校学生使用的军事理论课教材进行了研究、讨论和修改。会议对教材的主体结构和内容给予了充分肯定，对具体内容提出了许多宝贵的意见，为进一步完善教材起到了良好作用。

撰稿　田建东

审稿　宋尽贤

电 化 教 育

广播电视大学

〔**综述**〕 1996年，中国广播电视大学改革和发展继续深入。开始了新的高等专科、"专升本"等学历教育，以岗位培训为主的非学历教育不断开拓新的领域，"注册视听生"教育已在全国二十多所省级广播电视大学开展起来。1996年，广播电视大学高等专科毕业生19.11万人，招生20.47万人，"专升本"在校学生近1500人，高等专科教育在校生69万人（其中成人大专生53.48万人，"注册视听生"大专生15.6万人）；有数百万人接受了广播电视大学开展的以岗位培训为主的继续教育。1996年，广播电视大学有教职工5.42万人，其中专任教师2.51万人，兼任教师1.9万人，专任教师中具有高级职称的有4353人，中级职称11658人，分别占全体专任教师的17.34%和46.43%；兼任教师中具有高级职称的5779人，中级职称的10744人，分别占全体兼任教师总数的30.35%和56.43%。有固定资产价值37.56亿元；图书资料2107.67万册，录像带159.24万盒，录音带203.96万盒。

〔**电视教育工作会议**〕 国家教委电教办和中央广播电视大学于1996年4月2～6日在安徽屯溪中央广播电视大学培训中心召开了全国广播电视大学教育工作会议。这次会议的中心议题是如何更好地贯彻国家教委批转的《关于广播电视大学贯彻〈中国教育改革和发展纲要〉的意见》（以下简称《意见》）。国家教委电教办主任、中央电大第一副校长宋成栋作了题为《深化改革，共商大计，为实现广播电视大学发展总目标而奋斗》的主题报告。全国44所省、自治区、直辖市、计划单列市和独立设置的广播电视大学的校长和教务处长参加了会议。会议讨论了《关于广播电视大学改革和发展中若干问题的意见》《关于加强广播电视大学系统建设的意见》《关于改进和加强广播电视大学教材建设工作的意见》《广播电视教育条例》（草案）和《广播电视大学规程》（草案）等文件，以及"注册视听生"和"专升本"两项试点工作的说明。

会议认真研究了全国电大贯彻《意见》的若干重要问题，进一步明确了广播电视大学教育面向21世纪改革和发展的基本思路是：重点搞好系统和教材两项基本建设，做好开放性与教学现代化这两个广播电视大学改革和发展的重大命题，着力抓好“注册视听生”和“专升本”两项改革试点，使学历教育和非学历教育协调发展，努力建成具有中国特色的现代远距离教育开放大学。开放性与教学现代化，是总目标的两个显著特征。它包括教育思想、观念的开放与现代化，也包括教育资源和方法（教学内容、课程体系、教学和管理组织、手段和方法等）的开放与现代化。在两大命题中，教学现代化是基础，开放性会进一步促进教学现代化。实现总目标，必须实现学历教育与非学历教育的协调发展。

〔**电视教育改革与发展**〕 1996年，国家教委电化教育委员会印发了《关于广播电视大学教育改革和发展中若干问题的意见》(以下简称《若干问题》)。《若干问题》指出：国家教委转发的《关于广播电视大学贯彻〈中国教育改革和发展纲要〉的意见》(以下简称《意见》)，是建设具有中国特色的现代远距离教育开放大学的纲领性文件，是广播电视大学改革和发展的蓝图。按照《意见》提出的总目标，到本世纪末至下世纪初，要把广播电视大学建成为具有中国特色的现代远距离教育开放大学。

积极发展学历教育。到本世纪末，高等学历教育和中等专业教育每年分别为国家培养出30万名以上毕业生。其中，高等学历教育，要基本稳定普通高等专科教育，每年毕业生应保持在8万名以上；适度发展成人高等专科教育，每年毕业生应保持在15万名以上；通过试点，积极发展高等专科“注册视听生”教育，每年毕业人数应达7万名左右。积极发展高等职业教育，加速高等专科教育向职业性方向发展。积极稳步地发展“专升本”教育，逐步实现开放办学，到本世纪末年招生达到5万人以上。要加强电视中专的教学和教学管理统筹协调，年均招生数要在现有基础上以不低于20%的速度递增。

大力发展非学历教育。“九五”期间抓好面向全国的岗位培训、职业培训和继续教育项目，使从业人员接受岗位培训、职业培训和继续教育达1000万人次；继续实施“中小学百万校长培训计划”，办好中小学教师继续教育电视栏目，大力提高中小学校长的管理能力和在职教师的业务水平；积极参与国家教委燎原计划中“百千万工程”的实施，开发100项以上农村实用技术教育“教学包”。

举办“注册视听生”和“专升本”教育，要坚持面向地方、面向农村、面向基层、面向边远和民族地区，为其培养“下得去、留得住、用得上、干得好”的应用型高级专门人才。要进一步提高认识，切实搞好试点工作。要逐步扩大办学规模。高等专科层次的“注册视听生”教育，到1998年，试点专业扩大到十个左右，试点省级广播电视大学扩大到三十个以上，年招生规模在二十万人以上；到2000年扩大到全部省级广播电视大学，年招收“注册视听生”要达到三十万人左右。“专升本”教育试点，1996年在八所省级广播电视大学开办三个专业，到2000年，专业扩大到五个以上，试点省级广播电视大学扩大到二十所左右，逐步由计划招生过渡到招收“专升本”注册视听生，年招生规模在五万人以上。

《若干意见》提出：(1)要积极探索新的教学形式。(2)增加远距离教育投入，改善办学条件。(3)要加大教材建设力度。(4)坚持“五统一”原则，完善质量保证体系。

(5) 要加快系统教育法制建设，规范广播电视大学办学行为。(6) 努力建设一支具有良好思想品德和业务素质，结构合理，相对稳定的教师队伍。

〔**电视大学系统建设**〕 1996年，国家教委电教办印发了《关于加强广播电视大学系统建设的意见》(以下简称《系统建设》)。《系统建设》指出，广播电视大学是一个采用现代化教育手段，统筹规划、分级办学、分级管理的远距离教育系统。加强全国广播电视大学系统建设，是发挥广播电视大学系统优势，保持正常教学秩序，提高教育质量和办学效益的需要，也是促进广播电视大学深化改革，在实施科教兴国战略中发挥作用，加速建设具有中国特色的现代远距离教育开放大学的重要保证。

第一、增强系统意识，健全管理体制。中央广播电视大学负责对广播电视大学系统教学和教学管理进行统筹规划、指导服务和评估监督。省级广播电视大学对所辖地区的广播电视大学分校、教学工作站提供教学服务，对教学工作进行指导、管理、检查、监督与评估。地(市)级广播电视大学分校和县(市)级广播电视大学教学工作站按照中央和省级广播电视大学的教学计划和教学、教学管理等规章制度组织实施教学和教学管理工作，收集并沟通教学信息，聘请兼职辅导教师，搞好对学生学习的服务，负责学生的思想政治教育及全面管理，颁发自办非学历教育证书，开展远距离教学研究。各级广播电视大学要加强系统的宏观管理，发挥各级广播电视大学的积极性，增强系统面向地方的灵活性和适应性，在统一的目标指导下各司其职，分工合作，发挥广播电视大学系统的最大效能，共同协作完成系统的任务。

第二、完善系统网络建设，促进系统信息交流。全国各级广播电视大学要树立开放意识、依托和面向社会完善办学网络，使广播电视大学的教学能覆盖更多的城乡、边远和民族地区。到本世纪末至下世纪初，实现全国各省、自治区、直辖市、计划单列市都设置广播电视大学，各地(市)原则上都建立广播电视大学分校，力争通过多种形式逐步使县级广播电视大学教学工作站扩展到2000个以上。在完善办学网络过程中要重视和加强地(市)广播电视大学分校特别是县级广播电视大学教学工作站建设。各级地方教育行政部门要关心和支持基层广播电视大学建设，把广播电视大学教育事业的发展纳入当地教育事业发展总体规划，在地方教育资源配置和院校体制改革中，优先支持广播电视大学的发展。建立和充实各级广播电视大学的信息管理机构，开发、利用广播电视教育信息资源，使广播电视大学系统内外信息沟通，信息共享。要在重点课程的教学活动中，逐步实现利用计算机多媒体和计算机网络传播教学信息，开展交互式教学。争取在本世纪末，建成以中央广播电视大学为中心的全国广播电视大学系统的信息网络，并加入国内教育科研网。

第三、坚持“五统一”原则，完善质量保证体系。坚决贯彻国家教委规定的“全国统设专业科类统一教学计划，统设课程统一教学大纲、统一教材、统一命题考试和统一评分标准”等原则。

第四、建立教育评估制度，开展教育教学评估。定期或不定期地开展教育评估，是广播电视大学获取教育管理反馈信息、改善管理、促进改革的重要手段，也是加强系统建设的重要措施。国家教委电教办会同中央广播电视大学从 1997 年开始，对地方广播电视大学进行教育评估的试点工作，到本世纪末，完成对全国省级广播电视大学的教育评估。在评估的基础上，国家教委电教办和中央广播电视大学开展表彰工作，同时，对未达标者予以警示。

第五、系统建设的咨询指导，法规建设和经费筹措。(1) 充分发挥由国家教委电教办、中央广播电视大学和部分省级广播电视大学组成的广播电视大学教育工作咨询委员会的作用，重点研究广播电视大学教育改革与发展的重大问题，对广播电视大学办学、教学改革、课程建设、系统建设、队伍建设等方面的方针政策及重要措施提出咨询、论证意见和建议。(2) 建立由中央广播电视大学、地方广播电视大学与系统外各学科有关专家组成的中央广播电视大学教学指导委员会，其主要职责是，研究广播电视大学教学、教学改革的重大问题，提出指导性意见；规划和指导课程建设工作。(3) 加快系统教育法规建设，将系统建设纳入法制轨道，力争早日颁布《广播电视大学规程》等法规，明确各级广播电视大学的职责、任务，规范其办学行为。(4) 筹集全国广播电视大学教材建设经费，用于广播电视大学系统的教材建设、教材研究、教材评估和评奖等，其经费来源除国家投入、单位或个人的捐赠外，要从地方广播电视大学收取的学费中提取一定数额的教材建设费。

〔**教材建设**〕 1996 年全国广播电视大学教育工作会议通过了《关于改进和加强广播电视大学教材建设工作的意见》(以下简称《教材建设》)。《教材建设》指出：要充分认识教材建设的重要性和紧迫性。搞好教材建设是深化教学改革、提高教育质量和办学效益的根本保证，是广播电视大学的一项长期的基本任务。广播电视大学的各级领导和教职工要认真吸取以往教材建设工作的经验，明确今后的任务，采取有效措施，以改进和加强广播电视大学教材建设工作。

进一步明确教材建设的指导思想和基本原则。新阶段的教材建设工作要遵循优化设计、保证重点、突出特色、提高质量的思想，在本世纪末建成具有中国特色的适于开放性学习要求的优秀教材系列。

改进和加强教材建设的 10 项具体措施：(1) 建立由专家、教授组成的广播电视大学教学指导委员会及其下设的学科组，负责研究教学和教学改革的重大问题，并提出指导性意见；规划和指导教材建设工作。有计划、有步骤、有重点地进行教材建设，今后 5 年内每年重点建设 5 门～10 门课，修订 5 门～10 门课程的教材。到 2000 年编出 30 门～50 门较好的多种媒体配套的教材，并使三分之二以上的统设课程适应开放教学的要求，形成具有广播电视大学特色的教材系列。(2) 坚持专职教师和兼职教师相结合的方式进行教材建设。(3) 采用课程组的形式进行教材建设，充分发挥集体的智慧和力量。重点建设课程的课程组应由教学人员、多种媒体的编制人员、远距离教育和教育学专家组成，提出详细的多种媒体教材的总体设计方案，经教学指导委员会学科组审议通过后，再着手多种媒体教材的编制工作。(4) 改革现行教材建设的管理和经费使用办法，进行教材建设项目管理制的试点。选择部分重点建设的课程作为教材建设项目，制定出每门课程的教材优劣标准和建设目标，确定完成项目的条件、要求和奖惩办法。引入竞争机制，采取自愿申报、部门审核、专家评议、领导批准的程序征集并确定项目承建人。(5) 充分发挥系统共建的优势，采取多种承建方式进行教材建设。全国统设课程可以由中央广播电视大学承建，也可以由地方广播电视大学或普通高校承建，也可以由中央广播电视大学和有条件的地方广播电视大学或普通高校联合编制；经教学指导委员会审定，地方广播电视大学或普通高校编制的优秀教材，可作为广播电视大学系统的统设课教材；非统设课程的教材通过全国广播电视大学教材协作会协调，可以在广播电视大学系统推广使用。(6) 积极进行新媒体教材的研究和开发工作。重点结合2门～3门课程的教材建设，着手计算机辅助教学软件的制作和新兴信息技术的研究与运用。在3年～5年内，部分课程实现利用计算机多媒体和计算机网络传播教学信息，开展交互式教学。(7) 逐步完善广播电视大学多种媒体教材的审查和评估办法，有计划地开展教材审查、评估和评优活动。(8) 注意学习和研究国内外的优秀教材，借鉴高等学校"面向21世纪高等教育教学内容和课程体系改革"的成果和经验，加强国际交流与合作，改革和更新教学内容，提高广播电视大学教材建设的水平。(9) 加强教材建设的管理工作，不断完善现有的教材建设规章制度，根据出现的新情况、新问题及时制订有关规定。逐步建立广播电视大学系统教材档案，建设教材协作、教材交流和教材发行网络。着手教材计算机管理系统的建设，在本世纪末建成计算机信息网，实现全国广播电视大学教材资源共建共享。(10) 设立全国广播电视大学"教材建设费"，用于广播电视大学系统的教材建设、教材研究、教材评奖等项经费的开支。

〔**继续教育工作**〕 1996年10月27～30日全国电大继续教育协作会第二次年会于上海召开。会议的主题是，在实施科教兴国战略中广播电视大学继续教育的任务和对策，听取协作会理事长的年度工作报告，交流继续教育理论研究成果和工作经验，研究电大继续教育的发展方向；展示中央电大及部分省市电大继续教育项目等。会议要求：第一、提高认识，加快发展。要大力发展非学历教育，包括岗位培训、职业培训和继续教育等方面。第二，明确发展目标，制订规划和计划。到本世纪末至下世纪初，电大继续教育发展的目标是，立足国情，适应经济建设、社会发展和科技进步的需要，扩大开放办学程度，发挥现代化教学手段和多种媒体教学的优势，为更多的求学者提供终身接受教育的机会和条件，为提高广大劳动者素质，各类专业技术人员的知识和技能的增新、补充、扩展和提高提供服务，努力建成具有中国特色的现代远距离继续教育教学网络。"九五"期间，中央电大要着力抓好面向全国的项目，使各类从业人员接受岗位培训、职业培训和继续教育达1000万人次；继续实施"中小学百万校长培训计划"，办好中小学教师继续教育电视栏目；积极参与国家教委燎原计划中"百千万工程"的实施，开发100项以上农村实用技术教学包。第三，发挥优势，办出特色。要千方百计通过教育电视台和教学包等多种方式，努力做到送教上门，尽可能为学员提供较好的教学服务，使其学习方便，学有成效。要加强继续教育理论研究，推动继续教育管理队伍的建设，促进电大继续教育管理规范化、制度化、法制化建设，继续开展项目开发、研究和推展活动。

〔**“注册视听生”教育试点**〕 1996年6月11～13日，国家教委在京召开广播电视大学“注册视听生”试点工作会议，旨在总结经验，加强沟通，进一步搞好“注册视听生”试点工作。会议认为：从1995年9月在10个省、自治区、计划单列市及独立设置的广播电视大学开展“注册视听生”试点工作，开设了财会、法律、英语三个专业，参加注册学习的有42161人。各地在时间紧、任务重的情况下，都能认真贯彻国家教委有关“注册视听生”试点工作的文件精神，按照规定进行招生，做好教学、教学管理和考试的准备工作。试点单位都于11月初之前正式开课，并于1996年1月底完成了第一次全国统考。从试点情况看，“注册视听生”教育适应了经济建设、社会发展和农村、边远省区、基层单位对培养人才的需要，也符合广播电视大学改革和发展的方向，得到了各级领导重视和支持，深受社会各界和学生的欢迎。会议明确：从1996年开始扩大试点工作，并对今后试点工作提出以下几点要求：(1) 继续严格把好教育质量关。(2) 广播电视大学和自考办都应把各自所承担的工作做好。按照现在的分工，广播电视大学主要负责教学、教学管理与组织的实施工作。(3) 各级教育行政部门要继续加强对“注册视听生”试点工作的领导和支持。电大在组织教学方面要利用有利条件，尽可能做得好一点，多为考生学习创造好的条件；自考办一定要把试点工作当成自己的一件事，要加强考务管理、监督方面多想办法；各地成人教育管理部门要做好试点工作中的协调、沟通。

会议闭幕式上，国家教委副主任韦钰讲话，希望通过这种教育形式，包括自考等形式，为更多的人提供受教育的机会，也希望为更多的人提供技术教育和继续教育的条件，走出一条用最少的钱把教育办得最好、最有效的发展中国家办大教育的道路。

〔**“专升本”教育试点**〕 1996年，国家教委下发了《关于下发广播电视大学“专升本”教育试点方案的通知》，决定广播电视大学从1996年秋季开始，在北京、上海、天津、江苏、广东、广西、新疆、云南8个省、自治区、直辖市试行举办“专升本”教育。

一、培养目标。试点专业培养适应社会主义市场经济建设和社会发展需要的，德、智、体全面发展的，重点面向基层的，达到大学本科毕业要求的高级应用型专门人才或从事普通中学和中等职业学校理论课教学的教师。

二、试办专业。1996年先在法学、英语教育、计算机应用（软件）三个专业进行试点。为了便于控制试点规模和加强教学管理，保证教学质量，“专升本”试点由中央广播电视大学主办，即在中央广播电视大学统一规划、统一管理的前提下，选择办学条件较好的省、自治区、直辖市广播电视大学设置“专升本”教学班。

三、招生对象和入学考试。(1) 招生对象为在职的大专毕业生，英语教育专业应以大专毕业的中学、中等专业学校和职业学校的教师为主。(2) 入学考试：参加国家教委统一组织的“专升本”入学考试。报考法学专业者，参加政治、英语、民法和刑法考试；报考英语教育专业者，参加政治、英语、大学语文和精读与泛读考试；报考计算机应用（软件）专业者，参加政治、英语、高数

(二)和计算机原理考试。(3)对具有高等专科学历的省、地级以上的劳动模范(先进工作者)参加入学考试可以加20分;少数民族考生可以加10分;对口专业具有五年以上工龄(教龄)的中年生产业务骨干(教师)在相同分数段可优先录取。

四、教学安排。(1)“专升本”学制一般为二年,可按三年业余学习安排教学,也可以按二年全脱产安排教学。(2)课程设置的要求。根据所学专业和学科的需要,设置必要的主干专业基础课和专业课,以保证合理的专业知识结构和较全面的专业训练,还要重视交叉学科和高新技术及计算机的应用。为使专科和本科很好地衔接,掌握较系统的基础知识,并保证学生学好新知识、新技术和新方法,对某些基础课(如数学、英语等)的内容进行必要的充实。随着学科的发展和新知识、新技术、新方法、新法规的出现,对发展较快的课程内容进行必要的知识延伸,并加强综合能力和实践能力的训练。尽可能利用广播电视大学现有的适合“专升本”要求的课程和教学资源;选用部分普通高校的教材,并制作配套的由国内著名专家担任主讲的音像教材。(3)中央电大统一拟定教学计划;占课程总学分60%的统设课,使用统一的教学大纲和教材;统设课由中央电大聘请专家建立试题库或试卷库,实行全国统一考试;其余课程为自开课,连同实践性教学环节按教学大纲的要求由办学单位组织实施和考核。(4)毕业及发证。学生通过学习取得规定的毕业总学分,完成实践性教学环节,思想品德符合要求,即准予毕业,由中央电大颁发国家教委统一印制的本科毕业证书。

撰稿 张瑞麟
审稿 孙绿怡

广播电视中专教育

〔综述〕 1996年,广播电视中等专业教育招生11.9万人,毕业生8.6万人,在校生29.54万人。

1996年3月,国家教委下发了《关于印发〈关于加强广播电视、函授中等专业教育管理的意见〉的通知》,提出了广播电视中专教育的办学指导思想是:要坚持党的教育方针,坚持社会主义办学方向,从本地区、本部门(行业)经济建设和社会发展的实际需要出发,调动社会各方面的力量,积极发展。要充分发挥远距离教育的优势,运用现代化教学手段,为广大劳动者提供学习机会,特别要为广大农村、边远地区、乡镇企业和中小企业培养急需的应用型中级专门人才服务；为成人初、中等文化教育，实用技术培训，资格证书教育和岗位培训提供教学服务；同时参与初中后职业技术教育分流。要促进广播电视、函授中等专业学校之间，以及与其他各类成人中等专业学校之间的联合与协作，逐步建立和完善广播电视、函授中等专业教育与中等专业自学考试相互沟通的办学模式。基本原则是：以运用广播、电视、函授等远距离教学手段为主，进行中等专业教育的成人学校。按照依靠地方、服务地方的原则办学，实行分级办学、分级管理的体制，接受各级教育行政部门的指导、检查和监督；广播电视、函授中等专业教育应开设需求量大、覆盖面广、通用性强的专业；各地、部门(行业)要根据对中等专门人才的需求，统筹规化，合理设置学校和专业。《通知》提出了对各级办学机构的设置标准、专兼职教师队伍、招生及证书颁发原则等方面的要求。

〔**燎原广播电视学校教育**〕 1996年，国家教委下发了《关于进一步加强燎原广播电视学校工作的意见》，指出：第一，要充分发挥燎原广播电视学校在实施“燎原计划”中的作用。农业是我国国民经济的基础，农业、农村和农民问题是关系现代化建设全局的根本问题。要从根本上解决这些问题必须认真贯彻十四届五中全会精神，实现农业经济体制和农业增长方式的两个根本性的转变，依靠科技进步和提高劳动者素质、走农业、科技与教育紧密结合的道路，借助广播电视等多种教育手段是行之有效的。各级教育行政主管部门和事业单位要从农业、科技、教育和经济的大局出发，努力发挥燎原广播电视学校在实施“燎原计划”中的作用，进一步加强对地方燎原广播电视学校的领导管理，列入议事日程，切实解决办学过程中的各种实际问题。第二，关于燎原广播电视学校的工作任务。当前各级燎原广播电视学校要以科教兴国的战略思想为指导，以大面积提高农村劳动者素质，加快农村实用技术的普及和运用，促进农村经济发展和社会进步为目的，坚持从实际出发、因地制宜、讲求实效的原则，充分利用广播电视等多种教育手段和教学网络，尽快把适用的先进技术送到乡村，普及到千家万户。同时，还要根据社会主义市场经济发展的需要，向农村干部、企业职工普及市场经济、生产技术和科学管理知识。积极参与农村教育综合改革，坚持三教统筹和农科教结合，促进“燎原计划”、“星火计划”和“丰收计划”的有机结合，利用广播电视教育资源，为农村各类教育和三级分流提供教学服务，使燎原广播电视学校音像教材在普教“3+1”、农职校、成人文化技术学校等各类教育机构中发挥积极作用。要在各级燎原计划办公室和农科教结合领导小组等有关部门的指导下，把国家教委组织实施的“燎原计划百千万工程”作为工作重点，并紧密围绕当地经济和社会发展的实际需要，选择重点农业科技项目进行推广，以加快农民致富的步伐。要注重教材建设，注重师资配备，注重教学质量，强调以法治教、科学管理。中国燎原广播电视学校要不断提高教材编制和播发水平，地方燎原广播电视学校要按本地需要做好地面接收、组织收看、现场咨询、项目推广、教材配套等工作。

撰稿 张瑞麟

审稿 孙绿怡

中小学电化教育

〔**电教实验研究课题结题**〕　中央电化教育馆与地方电教馆于1991年提出《电化教育促进中小学教学优化》实验研究课题，并被批准为全国教育科学“八五”规划国家教委重点课题。全国有31个省、自治区、直辖市、计划单列市电教馆，八十二所中小学，近千名教师、教科研人员和聘请的专家、教授参加了这一课题的实验研究。

该课题研究的目的，在于要科学地揭示和发现电教媒体在促进中小学教学优化过程中的客观事实，探求电教媒体与教学系统、教学过程中各因素的关系及其内在规律，力图从教学论和方法论的高度建立起具有中国特色的中小学课堂电化教学理论和方法体系，丰富我国电化教育理论，指导推动中小学电化教育的深入发展，以贯彻落实“中国教育改革和发展纲要”中提出的积极发展学校电化教育，推广运用现代化教育手段的要求。

课题研究采用以实验为主的研究方法，并辅之以问卷调查法、观察法、文献研究法等。本课题实验周期长，研究范围、内容广，涉及单位和实验研究人员多，实验学校起始水平不一，为切实保证实验的科学规范及其信度和效度，按计划完成实验任务，中央电教馆成立了总课题组，除中央电教馆有关人员外，还聘请了北京、上海、湖南、广西电教馆的有一定研究能力、管理能力的研究人员组成。整个实验是在中央电教馆及总课题组总体设计、严格控制、具体指导下，有计划有步骤地进行的，历时五年，到1996年已按预期目标完成了课题实验研究的任务。

其实验成果有：(1)完成论著《课堂电化教学研究》42万字。1996年教育科学出版社出版发行。(2)完成专著《电化教育促进中小学教学优化课题研究指导》(1)(2)31万字。1992年湖南教育出版社、1993年教育科学出版社出版发行。(3)撰写了一批有一定学术水平和实用价值的论文、实验报告，积累了一批有一定研究价值的实验数据、资料。其中有六十多篇在国家级教育刊物上发表，有三百多篇在省级教育刊物上发表，有四十多份实验报告和论文在国内或省级教育研究成果评选中获奖，还有一些子课题形成论著由专业出版社出版发行。如：《课堂电化教学的有序性》1996年教育科学出版社出版发行，《电化教学的方法与模式》1994年北方妇女儿童出版社出版发行等。(4)形成若干中小学学科课堂电化教学模式。从方法论意义上说，有利于引导教师以模式的基本思路去组织实施教学、实现教学优化。(5)研制出一批电教教材。各子课题根据实验的需要，研制出小学各科投影幻灯片14895框、录像资料片622课题、录音带1222盒、计算机软件115个；中学各科投影幻灯片4610框、录像片278课时、录音带318盒、计算机软件123个。其中不少电教教材在全国或省级教材软件评选中获奖。同时根据研究的需要，录制了一批提供研究的实验课例录像，计 900 多课时，有些已在中国教育电视台或省级教育电视台播放。

全国教育科学规划领导小组办公室及专家鉴定组建议要大力宣传和推广该课题的研究成果，并于 1996 年 6 月在长沙召开《电化教育促进中小学教学优化》课题研究成果报告交流会，宣传和推广该课题成果。

撰稿 黄 慧

审稿 李 鹏

干部管理与教师工作

教育行政学院培训工作

〔**培训情况**〕 1996年，国家高级教育行政学院继续开展以高校领导干部为重点的各类培训工作。全年举办了第十一期高校领导干部进修班、第八期高校中青年干部培训班、第一期地市教委主任研修班、教委机关和直属单位第一期中青年干部培训班等各类培训班14个，培训学员1100名。

1996年，学院举办了第八期高校中青年干部培训班和第十一期高校领导干部进修班。在办班过程中，一是组织学员学习党的十四届六中全会通过的《中共中央关于加强社会主义精神文明建设若干重要问题的决议》等重要文件和马克思主义有关著作及《邓小平文选》第三卷，学习江泽民同志“讲团结、讲政治、讲正气”讲话精神。通过学习，坚持解放思想、实事求是的思想路线，力求全面、系统、准确地领会邓小平同志建设有中国特色社会主义理论的体系与基本观点；认清社会主义的本质，提高全面贯彻执行党的“一个中心，两个基本点”的基本路线的自觉性与坚定性；进一步振奋精神，改进思想工作方法，提高政治理论素养与思想水平，提高原则性、系统性、预见性与创造性。二是学习教育理论和教育管理理论，研究高等教育改革问题。使学员掌握教育基本规律，提高教育科学理论修养，全面理解党和国家的教育方针，明确在社会主义市场经济条件下高等教育改革与发展的正确方向及基本任务，总结交流高校改革与管理的经验，启发深化改革的思路；进一步提高研究、解决各种实际问题的能力，促进高等学校的改革与发展。

〔**学习江泽民“讲政治”讲话**〕 96届学员在学习邓小平建设有中国特色的社会主义理论及中央有关文件基础上，结合国家教委主任朱开轩关于《中国教育事业发展的现状及“九五”任务》的开班报告，认真、系统、全面地学习了江泽民同志《讲团结、讲政治、讲正气》的讲话精神。并针对当前高等教育的实际，就高等教育改革的基本思路、高校改革和管理的基本经验等进行了交流和研讨。通过学习、研讨和交流，学员们认识到高校领导干部不仅要努力成为教育家，还要努力成为政治家，这是对社会主义大学领导干部的必须要求。高校领导一定要始终把坚持正确的政治方向放在首位。学员们认为，如何适应我国经济发展和经济体制进一步深化改革的需要，如何实现中国教育事业“九五”发展目标和深化教育改革、解决好中国教育在新时期的“适应”和“提高”两大问题，已是我国高等学校肩负的艰巨的历史重任。在这个新的历史时期，高校的党委书记、校长要带头讲政治、增强政治观点，注重政治修养。同时要把讲政治与学校的实际工作有机结合起来并落到实处，不能像过去那样搞空头政治。

〔**学习中共中央六中全会《决议》**〕 1996年，全体学员就六中全会通过的《中共中央关于加强社会主义精神文明建设若干重要问题的决议》进行了学习和交流研讨。通过学习，学员们认识到（1）六中全会《决议》对形势判断正确，既肯定“主流”，也看到了问题，有利于动员全党全国人民继续深入搞好两个文明建设。改革开放十八年，我国两个文明建设取得了伟大的成就，已有成就与我们党一直坚持抓精神文明建设，坚持两个文明一起抓分不开。在国内经济转轨和国际风云变幻情况下我国社会主义事业没有偏离前进方向，这就说明了坚持精神文明建设所取得的成绩，必须充分认识这个主流。但由于两个文明建设在执行中有不一贯的情况，一手比较硬，一手比较软。社会主义精神生活方面存在不少问题，有的还相当严重。必须用全面的、历史的、发展的观点看精神文明建设问题，既看到主流，也看到问题，正确认识，坚定信念和信心。（2）正确认识当前形势下我们党做出加强精神文明建设决议的及时性、重要性和必要性。大家一致认为：一是新时期精神文明建设遇到了新问题；二是这些年来，社会上存在着程度相当严重的不文明行为，这些行为已危害到我国社会主义事业的健康发展，已到了下大力气非抓不可的地步；三是精神文明建设有阶段性，社会在不断发展，精神文明建设也需要坚持不懈地抓。当前我国正处于经济转轨、体制改革深化的重大历史时期，精神文明建设显得更为重要；（3）正确认识高校与精神文明建设的关系。学员们认为，高校是教育文化事业一个重要的组成部分，肩负着为祖国未来培养高层次建设人材的重任，是精神文明建设中一个重要阵地。关于高校的精神文明建设形势，学员们通过讨论交流达到共识：首先，改革开放以来，高校精神文明建设的主流是好的，成绩应充分肯定。其次，高校由其性质决定，必须主动、有针对性地抓好精神文明建设，尤其是在学生道德的教育和培养以及教师的职业道德教育方面。要主动抓好高校精神文明建设，“贵在落实”，一定要有切实可行措施，领导要重视，教学课程设置、政治思想工作队伍建设等都要落到实处。同时要处理好社会、学校、家庭三个环境的关系，协调配合，齐抓共管，“全方位”地抓。此外不能只注意学生，教师队伍建设也非常关键，教师与学生，两个“建设”必须同时抓。

撰稿　李　冬

审稿　张仁贤

教 师 工 作

〔**“九五”中小学教师队伍建设**〕　1996年12月，国家教委颁发了《关于“九五”期间加强中小学教师队伍建设的意见》(以下简称《意见》)。

《意见》总结了“八五”期间中小学教师队伍建设的成就，分析了“九五”期间中小学教师队伍建设面临的形势，指出虽然“八五”期间中小学教师队伍建设取得了积极进展，但还存在许多问题和困难。主要表现在：教师队伍的总体素质有待进一步提高；教师队伍结构尤其是职务结构不合理，教师队伍的地区分布不平衡；城市教师局部超编与广大农村尤其是边远贫困地区教师严重缺编并存制约着农村地区“普九”的进程；教师队伍中骨干教师缺乏；中小学骨干教师队伍的新老交替面临严峻形势；教师待遇有待进一步提高；教师补充渠道单一，教育人力资源的配置亟待建立相应的机制。

《意见》提出“九五”期间中小学教师队伍建设的指导思想和总体目标是：在建设有中国特色的社会主义理论指导下，以《教育法》、《教师法》为依据，以提高教师队伍素质为中心，以义务教育阶段教师、农村学校教师和骨干教师队伍建设为重点，满足需求与提高效益相结合，深化改革，理顺体制，依法治教，加强管理，优化结构，提高待遇，探索并初步建立新的历史条件下中小学教师队伍的管理模式和运行机制，建设一支政治业务素质良好、数量适当、分布均衡、结构合理、相对稳定、适应教育改革和发展需要的中小学教师队伍。

“九五”期间中小学教师队伍建设的具体工作目标是：(1)教师队伍管理的法制建设进一步加强，制定和完善《教师法》配套法规，形成完整的教师队伍管理法规政策体系，建立科学、规范的教师管理制度。(2)教师队伍的总量需求得到满足，人员效益进一步提高。到2000年，全国小学教师应达到602万人，初中教师应达到330万人，高中教师应达到56万人。小学、初中、高中师生比大体分别达到1：22.38、1：16.67、1：15.24。(3)教师队伍的素质有较大幅度提高。到2000年，全国小学、初中教师学历合格率应分别达到95％、80％以上；高中教师学历合格率争取达到70％左右；45岁以下的中小学教师全部达到《教师法》规定的合格学历标准。(4)教师队伍的职务结构得到明显改善。到2000年，全国中小学具有中级职务和高级职务教师的比例应分别达到34％和4.5％左右。其中，小学教师中具有中级和高级职务的比例应分别达到31％和1.5％左右；初中教师中具有中级和高级职务教师的比例应分别达到36％和6.5％左右；高中教师中具有中级和高级职务的比例应分别达到43％和22％左右。(5)青年骨干教师的培养工作得到进一步加强。到2000年，高级职务教师中

45岁以下的应不低于40%，特级教师达到中小学教师总数的1.5‰。(6)教师待遇进一步提高并得到有效保障。(7)基本解决民办教师问题。1996年，民办教师占全国中小学教师的比例由1995年的20%减少到17%；1998年，民办教师占全国中小学教师的比例减少到7%；到2000年完成合格民办教师转为公办教师的工作。

《意见》提出了实现“九五”目标的政策措施和工作重点主要有以下三个方面：(1)加强三个建设。即：加强教师队伍管理的法制建设、进一步加强教师队伍的思想政治教育和职业道德建设、大力加强中青年骨干教师队伍建设。(2)建立健全五项制度。即：建立并全面实施教师资格制度、健全并严格执行编制管理制度、进一步完善教师职务聘任制、建立健全教师考核制度、改革教师选任制度。(3)切实做好六方面工作。即：加强教师培养工作、加强教师培训工作、继续深化以人事制度和分配制度改革为核心的中小学内部管理体制改革、采取措施提高教师待遇、尽快解决民办教师问题、依法加强教师队伍管理。

国家教委在印发《意见》的通知中强调，《意见》是“九五”期间全国中小学教师队伍建设的指导性文件。各地要根据《意见》的精神，结合当地的教育改革与发展实际情况按照分区规划、统筹协调、分类指导、分步实施的原则，商有关部门制定本地区“九五”期间教师队伍建设的实施意见。使教师队伍建设的目标、任务落到实处，将中小学教师队伍建设推向一个新的发展阶段，以适应教育改革与发展的需要。

撰稿　程剑平
审稿　管培俊

〔**模范教师事迹报告团**〕　国家教委会同有关部门和有关省市，于1996年12月组织模范教师事迹报告团在北京、济南、上海、合肥、成都巡回报告。

模范教师事迹报告团由上海市南市区尚文中学教师黄静华、安徽省广德县牌坊村小学校长胡志珍、河北省青县回民中学已故教师戴俊秀事迹报告人、河北农业大学“太行山道路”先进教师集体代表组成。黄静华是全国劳动模范、上海市优秀教师标兵、模范班主任。她热爱教育事业，全身心投入，以一个人民教师强烈的责任感和对学生的爱心，关心、教育学生，促使后进生转化，使学生在德智体诸方面都得到全面发展。她的事迹很好地体现了素质教育的思想，体现了人民教师高尚的师德。胡志珍是全国教育系统劳动模范、第二届全国十杰中小学中青年教师，是扎根农村，20年如一日，甘于清贫，无私奉献的广大农村民办教师的优秀代表。她不怕困难，艰苦创业，爱校爱生，为发展我国农村基础教育事业作出了突出贡献。戴俊秀是河北省模范教师、优秀共产党员，1996年1月6日病逝在工作岗位上。戴俊秀老师是一位有着强烈事业心和崇高精神境界，克服困难，自强不息，兢兢业业，勤奋工作，为教育事业呕心沥血、鞠躬尽瘁的人民教师的典范，也是少数民族教师的卓越代表。戴俊秀老师虽因积劳成疾，不幸去世，但她的敬业精神永远活在我们心中。以王健、杨文衡、徐海光、李仁岗、孙建设等同志为代表的河北农业大学“太行山道路”先进教师集体，十七年来面向农业、农村和农民，科教兴农，科教扶贫，将论文写在太行山上，是我国高等学校教师的光荣代表。“太行山道路”是教育、科技与经济建设相结合的科教兴国之路，是教学、科研与生产实践相结合的教育改革之路，是知识分子与工农群众相结合的人才成长之路，代表了社会主义的办学方向。中共中央政治局委员、国务院副总理李岚清同志非常关注报告团的活动，高度赞扬了模范教师的崇高师德和为教育事业作出的贡献。

12月11日上午，由中宣部、国家教委和北京市委联合组织的模范教师事迹报告团首场报告会在北京人民大会堂举行。报告会由北京市委副书记李志坚主持，国家教委主任、党组书记朱开轩同志讲话指出，教师工作看起来是平凡的，但确实很崇高、很光荣、很伟大。长期以来，教育战线涌现了一大批敬业爱岗、成绩卓著、师德高尚、堪称楷模的优秀教师。全国一千多万教师作为社会主义思想道德的建设者和科学文化知识的传播者，是社会主义精神文明建设的一支重要力量。教育工作者的思想政治素质和职业道德水平，直接关系到教育质量的高低，关系到青少年学生的健康成长，关系到科教兴国战略的贯彻落实，也关系到社会主义精神文明的建设。全社会都要尊重教师、关心教师。关心教师就是关心未来。广大教育工作者要以模范教师为榜样，勤奋努力，扎实工作，不负时代的要求。中组部、中宣部、人事部的领导和中央国家机关干部职工、北京市委市政府机关干部职工、北京高校师生代表、中小学教师代表及在京各大新闻单位记者六千余人参加了报告会。首场报告会引起强烈的社会反响。中央电视台、《人民日报》、《新华每日电讯》、《光明日报》等十多家新闻媒体对首场报告会进行了报道。《人民日报》、《中国教育报》报道的标题分别是，“四名模范教师事迹撼动人心”、“模范教师事迹报告震撼京华”。12月12日、13日，报告团又应邀分别为首都师大、北京师大的师生作了专场报告。

12月15～24日，报告团离京先后赴济南、上海、合肥、成都作巡回报告，沿途受到当地党政领导的高度重视和高度评价，受到各界群众的热烈欢迎，新闻媒体也对报告团的活动进行了跟踪报道。

中共中央政治局委员、上海市委书记黄菊、安徽省委书记卢荣景等沪、皖、川、鲁的党政领导同志亲切会见了报告团成员。黄菊同志高度赞扬了模范教师在平凡的教育岗位上作出的不平凡的贡献。他说，模范教师展现了当代中国知识分子的崭新风貌，体现了人民教师的高尚师德，无愧于人类灵魂工程师的称号。教师在培养青年一代中起着决定性作用，三尺讲台关系国家未来。模范教师事迹报告团的到来，为上海的广大教育工作者树立了教书育人、为人师表的光辉典范，将进一步推动上海的师德建设。

报告团在三省二市共作报告七场，听众达两万余人。模范教师事迹感人至深、催人泪下，具有很强的时代感和教育意义。据不完全统计，在短短的两周时间里，在京各大新闻单位及沪、皖、川、鲁的主要新闻媒体共四十八家，对模范教师报告团的巡回报告活动及模范教师的人物事迹进行了集中报道，跟踪报道篇数达七十多篇。

中共中央政治局委员、国务院副总理李岚清亲笔为模范教师题词，“向模范教师学习，建设一支高素质的教师队伍，关系到我国教育事业的健康发展和国家的未来”。国家教委党组副书记、副主任柳斌同志也为模范教师题词，“敬业乐教的模范，无私奉献的榜样”。(国家教委于1997年2月19日发出了《关于深入开展学习模范教师先进事迹活动的通知》号召广大教师和教育工作者联系工作实际，学习模范教师热爱教育事业、艰苦奋斗、无私奉献的敬业精神；学习他们爱岗敬业、教书育人、为人师表的高尚师德；学习他们淡泊明志、积极向上的乐观主义人生态度和进取精神；学习他们以兴天下为己任的强烈的事业心和高度的社会责任感。）

撰稿 雷朝滋 黄 伟

审稿 管培俊

教育财务工作

1995年全国教育经费执行情况统计公告

（国家教委、国家统计局
1996年9月18日发布）

一、全国教育经费支出情况

1995年，全国教育经费总支出为1877.95亿元，比上年的1488.78亿元增长26.14%。其中，国家财政性教育经费（包括各级财政对教育的拨款、城乡教育费附加、企业办中小学支出以及校办产业减免税等项）支出为1411.52亿元，比上年的1174.74亿元增长20.16%。

二、落实《中国教育改革和发展纲要》提出的、“三个增长”的情况

1.中央和地方各级政府预算内教育拨款（不包括城市教育费附加）为1028.39亿元，比上年的883.98亿元增长16.34%。全国财政收入为6187.73亿元，比上年增长18.58%，全国预算内教育拨款增长速度低于财政经常性收入的增长速度2.24个百分点。全国有14个省、自治区的预算内教育拨款增长速度高于财政经常性收入的增长速度。增长速度最大的是西藏（30.46%）。

2.各级教育生均预算内教育事业费支出增长情况

（1）全国普通小学生均预算内事业费支出为265.78元，比上年的236.06元增长12.59%，其中，农村普通小学生均预算内事业费支出为219.31元，比上年的198.69元增长10.38%。增长最快的是上海（34.73%）。

（2）全国普通初中生均预算内事业费支出为492.04元，比上年的450.37元增长9.25%，其中，农村普通初中生均预算内事业费支出为392.59元，比上年的367.38元增长6.86%。增长最快的是上海（25.92%）。

（3）全国普通高中生均预算内事业费支出为985.23元，比上年的882.78元增长11.61%。增长最快的是西藏（87.25%）。

（4）全国职业中学生均预算内事业费支

出为897.42元，比上年的840.62元增长6.76%。增长最快的是新疆（90.78%）。

（5）全国普通高等学校生均预算内事业费为5442.09元，比上年的5047.61元增长7.82%。增长最快的是内蒙古（37.01%）。

3.各级教育生均预算内公用经费支出增长情况

（1）全国普通小学生均预算内公用经费为22.79元，比上年的17.73元增长28.54%，其中，农村普通小学生均预算内公用经费支出为13.67元，比上年的10.98元增长24.50%。增长最快的是湖北（99.72%）。

（2）全国普通初中生均预算内公用经费为65.96元，比上年的50.86元增长29.69%，其中，农村普通初中生均预算内公用经费支出为38.85元，比上年的29.67元增长30.94%。增长最快的是湖南（96.21%）。

（3）全国普通高中生均预算内公用经费为181.16元，比上年的138.80元增长30.52%。增长最快的是江西（161.15%）。

（4）全国职业中学生均预算内公用经费支出208.38元，比上年的162.71元增长28.07%。增长最快的是新疆（150.90%）。

（5）全国普通高等学校生均预算内公用经费支出为2339.73元，比上年的2063.36元增长13.39%。增长最快的是内蒙古（53.03%）。

三、预算内教育经费占财政支出的比重

按财政支出扣除国内外债务还本付息支出，预算内教育经费支出包含城市教育费附加的财政支出口径计算，1995年全国预算内教育经费支出占财政支出比重为16.05%，同口径比较，比上年的16.07%下降了0.02个百分点。但上海、海南、内蒙古、广西、青海等5个省、自治区、直辖市的比例仍比上年有所上升，其中上海比上年增长4.38个百分点。

四、国家财政性教育经费支出占国民生产总值的比重

1995年全国国民生产总值约为57277亿元，国家财政性教育经费支出占国民生产总值的比重为2.46%，比上年的2.52%下降了0.06个百分点。

1995年全国教育经费支出执行情况监测结果表明，各级政府通过认真贯彻《教育法》，落实教育优先发展的战略地位，政府教育投入的总量水平有了较大幅度的提高，特别是生均预算内教育事业费和生均预算内公用经费有了明显提高，但发展不平衡，一部分地区没有做到“三个增长”。一些全国性的重要教育经费指标，由于各种原因，未达到《教育法》和《中国教育改革和发展纲要》规定的增长要求。

注：1. 公告中所列教育经费数据以统计口径为准，不以财政会计预算科目为准。

2. 公告中所涉及的全国性统计数据，均不包括台湾省和香港、澳门地区。

3. 1994、1995年国民生产总值数据是国家统计局调整后的数据。

表一 1995年预算内教育拨款增长与财政经常性收入增长比较

	预算内教育拨款本年比上年增长（%）	经常性财政收入本年比上年增长（%）	相差百分点
全国	16.34	18.58	－2.24
北京	40.56	21.80	18.76
天津	16.57	11.81	4.76
河北	16.21	15.90	0.31
山西	6.69	44.26	－37.57
内蒙古	16.33	12.04	4.29
辽宁	16.67	19.80	－3.13
吉林	11.16	19.80	－8.64
黑龙江	14.08	14.20	－0.12
上海	35.86	29.71	6.15
江苏	15.17	19.72	－4.55
浙江	10.46	12.90	－2.44
安徽	24.30	24.80	－0.50
福建	16.11	23.32	－7.21
江西	12.27	7.32	4.95
山东	15.09	32.90	－17.81
河南	19.00	25.60	－6.60
湖北	9.67	24.11	－14.44
湖南	11.30	8.81	2.49
广东	22.17	13.29	8.88
广西	12.51	10.90	1.61
海南	13.26	7.02	6.24
四川	12.30	12.14	0.16
贵州	8.00	12.89	－4.89
云南	11.09	10.20	0.89
西藏	32.56	2.10	30.46
陕西	19.01	17.95	1.06
甘肃	10.37	16.84	－6.47
青海	13.08	18.90	－5.82
宁夏	11.90	14.44	－2.54
新疆	29.05	29.09	－0.04

注：预算内教育拨款包括教育事业费和教育基建费。

表二　1995年预算内教育经费与财政支出增长情况

	预算内教育经费支出（亿元）			预算内教育经费支出占财政支出比例（%）		
	1994年	1995年	增长比例（%）	1994年	1995年	增长百分点
全　国	931.13	1092.95	17.38	16.07	16.05	－0.02
北　京	20.78	30.12	44.95	21.65	19.51	－2.14
天　津	13.42	15.89	18.41	19.45	17.58	－1.87
河　北	35.31	41.28	16.91	22.22	21.92	－0.30
山　西	23.26	25.12	8.00	25.93	22.25	－3.68
内蒙古	17.64	20.73	17.52	19.01	20.28	1.27
辽　宁	39.25	46.46	18.37	17.70	17.23	－0.47
吉　林	22.97	25.50	11.01	21.96	21.14	－0.82
黑龙江	24.81	28.87	16.36	17.42	16.60	－0.82
上　海	34.85	47.02	34.92	17.70	22.08	4.38
江　苏	53.35	61.82	15.88	26.74	24.39	－2.35
浙　江	35.96	39.94	11.07	23.50	22.18	－1.32
安　徽	23.28	29.57	27.02	24.88	21.79	－3.09
福　建	28.14	32.94	17.06	20.38	19.13	－1.25
江　西	18.94	21.40	12.99	20.58	19.40	－1.18
山　东	52.13	60.59	16.23	23.81	21.97	－1.84
河　南	39.48	47.46	20.21	23.08	22.84	－0.24
湖　北	28.49	31.12	9.23	20.86	19.18	－1.68
湖　南	32.40	36.78	13.52	21.39	21.14	－0.25
广　东	81.45	100.39	23.25	19.58	19.27	－0.31
广　西	26.29	29.89	13.69	21.04	21.26	0.22
海　南	8.87	10.03	13.08	22.19	23.86	1.67
四　川	52.59	59.82	13.75	22.15	21.54	－0.61
贵　州	15.10	16.63	10.13	20.43	19.49	－0.94
云　南	34.43	38.73	12.49	16.90	16.47	－0.43
西　藏	3.17	4.20	32.49			
陕　西	17.99	21.41	19.01	20.88	20.84	－0.04
甘　肃	13.67	15.26	11.63	18.90	18.79	－0.11
青　海	4.32	4.93	14.12	17.00	17.18	0.18
宁　夏	4.07	4.64	14.00	21.00	20.17	－0.83
新　疆	17.41	22.43	28.83	24.09	23.36	－0.73

注：表中预算内教育经费支出含城市教育费附加。

表三(1) 各级教育生均预算内教育事业费增长情况 单位:元

地区	小学			普通高中			普通初中		
	1994年	1995年	增长率(%)	1994年	1995年	增长率(%)	1994年	1995年	增长率(%)
全国	236.07	265.78	12.59	882.78	985.23	11.61	450.48	492.04	9.23
北京	616.94	788.50	27.81	2000.58	2657.22	32.82	1238.08	1407.04	13.65
天津	507.74	584.81	15.18	1580.54	1909.18	20.79	926.17	1020.82	10.22
河北	150.16	165.17	10.00	936.29	977.30	4.38	403.25	416.23	3.22
山西	251.76	262.31	4.19	835.72	931.31	11.44	463.78	478.94	3.27
内蒙古	292.97	330.20	12.71	811.48	782.67	－3.55	449.44	486.81	8.31
辽宁	335.91	401.70	19.59	1089.80	1074.42	－1.41	525.48	603.28	14.81
吉林	324.81	362.20	11.51	855.24	963.42	12.65	529.21	571.47	7.99
黑龙江	283.62	342.33	20.70	385.27	1046.59	18.22	468.68	503.82	7.50
上海	903.21	1216.85	34.73	1997.88	2604.49	30.36	1219.65	1535.83	25.92
江苏	323.79	347.52	7.33	957.98	940.90	－1.78	488.59	528.34	8.14
浙江	347.88	380.60	9.41	1125.36	1138.92	1.20	461.19	503.94	9.27
安徽	141.95	185.59	30.74	584.99	686.30	17.32	267.99	315.07	17.57
福建	307.53	340.68	10.78	912.39	934.70	2.45	521.60	573.07	9.87
江西	182.69	205.92	12.72	321.34	570.70	77.60	312.84	322.11	2.96
山东	181.63	192.42	5.94	798.63	796.12	－0.31	373.11	386.16	3.50
河南	124.41	144.24	15.94	695.19	730.83	5.13	310.03	340.31	9.77
湖北	140.18	150.16	7.12	737.66	688.18	－6.71	396.70	411.99	3.85
湖南	197.56	220.65	11.69	754.56	847.08	12.26	395.36	414.51	4.84
广东	326.64	385.93	18.15	1640.97	1873.58	14.18	569.48	691.22	21.38
广西	196.93	214.73	9.04	691.96	668.48	－3.39	333.96	343.47	2.85
海南	328.72	366.69	11.55	1145.40	1159.07	1.19	573.56	645.84	12.60
四川	231.61	250.56	8.18	943.45	1002.58	6.27	418.41	438.00	4.68
贵州	149.42	160.80	7.62	645.02	619.73	－3.92	295.56	311.86	5.51
云南	317.34	333.16	4.99	930.11	1061.17	14.09	600.43	643.69	7.20
西藏	530.68	474.93	－10.51	2051.35	3841.11	87.25	2051.49	1396.71	－31.92
陕西	157.92	169.55	7.36	635.31	747.92	17.73	410.24	433.47	5.66
甘肃	211.83	225.79	6.59	770.71	733.72	－4.80	402.77	435.35	8.09
青海	326.30	385.00	17.99	1066.70	1237.38	16.00	628.59	699.58	11.29
宁夏	242.34	264.59	9.18	595.87	652.48	9.50	401.90	432.59	7.64
新疆	375.59	480.71	27.99	984.00	1547.73	57.29	717.92	822.52	14.57

表三(1) 各级教育生均预算内教育事业费增长情况(续) 单位:元

地区	职业中学			普通高等学校		
	1994年	1995年	增长率(%)	1994年	1995年	增长率(%)
全国	841.68	897.42	6.62	5047.61	5442.09	7.82
北京	2011.20	2282.08	13.47	5663.95	7687.03	35.72
天津	1560.15	1790.79	14.78	5828.95	6601.51	13.25
河北	726.45	767.86	5.70	4326.78	3092.08	-28.54
山西	740.66	827.56	11.73	4018.04	4551.36	13.27
内蒙古	651.56	642.13	-1.45	4612.54	6319.69	37.01
辽宁	979.57	985.04	0.56	3898.88	3994.64	2.46
吉林	594.53	576.06	-3.11	4759.39	4931.52	3.62
黑龙江	900.54	1033.84	14.80	5398.59	6213.11	15.09
上海	1912.65	2159.54	12.91	8562.31	11058.89	29.16
江苏	761.71	920.43	20.84	5177.60	6155.62	18.89
浙江	1014.29	994.62	-1.94	4913.62	5232.50	6.49
安徽	386.36	431.32	11.64	3471.89	3518.70	1.35
福建	820.77	877.30	6.89	4390.17	4856.75	10.63
江西	590.49	625.57	5.94	4105.88	3523.24	-14.19
山东	797.41	793.06	-0.55	4905.44	5150.93	5.00
河南	557.98	526.42	-5.66	3349.65	4113.26	22.80
湖北	594.70	573.74	-3.52	3875.57	4230.32	9.15
湖南	969.23	1026.65	5.92	4153.08	4232.69	1.92
广东	1468.02	1680.73	14.49	6449.32	6513.68	1.00
广西	779.37	805.40	3.34	4616.32	4414.09	-4.38
海南	1243.82	1832.32	47.31	6705.94	6677.76	-0.42
四川	845.12	914.90	8.26	3441.74	3738.25	8.62
贵州	734.64	785.08	6.87	3924.65	4183.84	6.60
云南	980.39	1139.33	16.21	6034.09	5991.99	-0.70
西藏	5058.82	1319.02	-73.93	12109.72	12482.39	3.08
陕西	835.38	840.72	0.64	3732.25	3859.63	3.41
甘肃	877.20	1032.74	17.73	4524.95	4532.07	0.16
青海	767.79	558.63	-27.24	6023.45	6291.74	4.45
宁夏	785.50	1003.32	27.73	4341.91	5006.20	15.30
新疆	786.73	1500.89	90.78	4090.20	5461.69	33.53

表三(2) 各级教育生均预算内公用经费增长情况 单位:元

地区	小学			普通高中			普通初中		
	1994年	1995年	增长率(%)	1994年	1995年	增长率(%)	1994年	1995年	增长率(%)
全国	17.73	22.79	28.54	138.80	181.16	30.52	50.86	65.96	29.69
北京	111.10	149.74	34.78	551.10	653.66	18.61	276.82	362.59	30.98
天津	60.55	85.06	40.48	329.80	572.55	73.61	150.16	231.98	54.49
河北	6.29	8.58	36.41	100.66	165.22	64.14	25.30	31.80	25.69
山西	10.32	13.93	34.98	94.49	133.74	41.54	33.71	43.67	29.55
内蒙古	31.15	35.98	15.51	160.85	168.22	4.58	61.56	75.32	22.35
辽宁	28.24	41.25	46.07	240.97	248.81	3.25	62.06	99.45	60.25
吉林	32.87	41.69	26.83	164.09	199.00	21.27	79.83	89.77	12.45
黑龙江	27.01	30.56	13.14	149.16	157.09	5.32	55.51	63.32	14.07
上海	180.21	251.30	39.45	563.45	794.93	41.08	291.50	402.71	38.15
江苏	20.48	23.05	12.55	117.57	139.86	18.96	47.11	54.42	15.52
浙江	27.94	37.53	34.32	232.64	290.26	24.77	54.06	76.58	41.66
安徽	4.83	8.07	67.08	49.77	67.99	36.61	14.88	23.23	56.12
福建	27.09	36.36	34.22	147.59	150.47	1.95	95.31	123.15	29.21
江西	6.20	9.87	59.19	20.36	53.17	161.15	20.46	25.82	26.20
山东	8.04	8.54	6.22	97.67	96.17	—1.54	22.03	24.12	9.49
河南	5.22	6.50	24.52	79.76	87.88	10.18	17.12	22.69	32.54
湖北	3.61	7.21	99.72	56.90	48.20	—15.29	13.32	21.44	60.96
湖南	8.62	16.86	95.59	81.42	167.42	105.63	27.94	54.82	96.21
广东	36.59	41.08	12.27	408.83	583.10	42.63	112.02	138.33	23.49
广西	9.58	12.24	27.77	90.72	68.27	—24.75	24.80	31.87	28.51
海南	30.51	31.89	4.52	198.43	175.74	—11.43	74.92	76.00	1.44
四川	9.27	12.94	39.59	106.15	110.54	4.14	35.35	40.01	13.18
贵州	6.72	7.34	9.23	70.26	77.86	10.82	22.71	20.03	—11.80
云南	36.66	53.32	45.44	182.91	299.33	63.65	123.96	173.07	39.62
西藏	152.76	136.71	—10.51	585.70	1096.71	87.25	585.59	398.68	—31.92
陕西	8.46	8.27	—2.25	60.28	98.21	48.17	28.64	35.76	24.86
甘肃	14.40	16.19	12.43	87.40	94.34	7.94	33.10	38.38	15.95
青海	27.76	44.03	58.61	114.81	169.62	47.74	63.00	95.19	51.10
宁夏	15.49	20.48	32.21	75.77	82.15	8.42	38.02	57.59	51.47
新疆	26.26	30.13	14.74	147.64	192.29	30.24	90.23	85.56	—5.18

表三(2)　各级教育生均预算内公用经费增长情况(续)　单位:元

地区	职业中学			普通高等学校		
	1994年	1995年	增长率(%)	1994年	1995年	增长率(%)
全　国	162.95	208.38	27.88	2063.36	2339.73	13.39
北　京	596.28	836.66	40.31	2576.85	3729.81	44.74
天　津	384.28	665.54	73.19	2502.04	2874.28	14.88
河　北	82.41	131.65	59.75	1558.82	1118.62	−28.24
山　西	123.99	226.70	82.84	1446.69	1745.46	20.65
内蒙古	101.81	98.09	−3.65	1820.31	2785.71	53.03
辽　宁	195.97	202.68	3.42	1597.02	1587.86	−0.57
吉　林	100.22	96.52	−3.69	1800.18	2130.37	18.34
黑龙江	156.48	277.38	77.26	2578.32	3235.45	25.49
上　海	692.36	726.10	4.87	3546.35	4147.07	16.94
江　苏	142.51	262.22	84.00	2225.00	2842.79	27.77
浙　江	232.80	278.83	19.77	1790.32	2231.34	24.63
安　徽	33.12	50.87	53.59	1205.24	1214.96	0.81
福　建	157.31	172.84	9.87	1600.65	2090.04	30.57
江　西	49.13	90.65	84.51	1759.99	1459.63	−17.07
山　东	98.52	116.02	17.76	2329.69	2692.62	15.58
河　南	77.76	83.47	7.34	1371.80	1705.23	24.31
湖　北	44.19	54.95	24.35	1598.17	2097.96	31.27
湖　南	313.89	335.04	6.74	1766.85	1995.23	12.93
广　东	418.63	524.40	25.27	3148.20	3466.23	10.10
广　西	127.28	180.76	42.02	1884.25	1897.26	0.69
海　南	229.34	281.21	22.62	2285.80	2331.02	1.98
四　川	112.78	129.75	15.05	1513.18	1752.73	15.83
贵　州	146.77	133.16	−9.27	1245.10	1368.58	9.92
云　南	296.09	413.67	39.71	2856.48	2812.68	−1.53
西　藏	2941.18	766.87	−73.93	4094.04	4354.39	6.36
陕　西	134.89	146.39	8.53	1221.79	1301.54	6.53
甘　肃	90.93	201.12	121.18	1349.21	1581.66	17.23
青　海	151.54	124.70	−17.71	2134.68	2645.33	23.92
宁　夏	120.13	275.20	129.09	1496.59	2074.46	38.61
新　疆	139.36	349.65	150.90	1509.67	1953.59	29.41

〔**全国教育财务工作会议**〕　为部署“九五”全国教育财务工作的任务，国家教委与财政部于1996年12月23～26日，联合召开了全国教育财务工作会议。国家教委副主任张保庆作了会议主题报告，指出当前教育财务工作存在的主要问题和面临的新任务，并提出了“九五”时期全国教育财务工作的意见。财政部副部长谢旭人作了会议总结。

会议期间，各省、自治区、直辖市和中央部委交流了教育财务管理工作经验，讨论了国家教委、财政部《关于“九五”期间全国教育财务工作的若干意见》。会议要求，“九五”期间，全国教育财务工作要在总结和推广“八五”经验的基础上，全面贯彻落实《教育法》、《中国教育改革和发展纲要》及其《实施意见》的有关规定，努力增加教育投入，深化教育财务管理改革，加强管理，为实现“九五”教育事业发展计划提供有力的保障和支持。

撰稿　孙平生　马颜丽
审稿　陈伟光

〔**颁发学校收费管理办法**〕　1996年12月16日，国家教委、国家计委、财政部联合下发了《关于义务教育学校收费管理暂行办法》《普通高级中学收费管理暂行办法》《中等职业学校收费管理暂行办法》《高等学校收费管理暂行办法》等4个收费管理办法。

国家教委等单位在颁发该4个收费管理暂行办法的《通知》中希望各地认真贯彻执行。

撰稿　孙平生　马颜丽
审稿　陈伟光

〔**世界银行贷款项目**〕　1996年，国家教委共完成两个世界银行贷款项目的准备工作：“第三个贫困地区基础教育发展”项目。该项目共投入1.918亿美元（按美元与人民币1∶8.3折算为15.9亿人民币）。其中世界银行贷款为1亿美元，国内配套为7.62亿元人民币。该项目覆盖甘肃、青海、河北、安徽、河南、吉林和福建的124个贫困县，项目资金主要用于为项目县的乡、村小学和初中修建校舍，按照国家和省（区）的标准购置设备、图书和课桌椅。该项目于1996年7月生效，2001年完成。届时，所有项目县义务教育都将达到国家验收标准。

“第二个职业技术教育发展”项目。该项目共投入6840万美元，其中世界银行贷款3000万美元（无息贷款2000万美元，有息贷款1000万美元），国内配套资金3.15亿元人民币。该项目使用有息贷款是我国为适应未来国际金融市场的变化，尝试在社会发展领域使用硬贷（有息贷款）而进行的一次努力。该项目在使用硬贷方面所获得的经验将有助于我国开拓更多的融资渠道支持教育发展。该项目共支持辽宁、山东、天津、江苏和广东五省（市）的82所重点职业高中和中等专业学校。该项目的目标是通过改善项目学校的办学条件和管理水平，促进项目学校教学改革，以适应当地经济发展的需要并在当地建成一批职业技术教育示范学校。项目于1996年10月正式生效，2002年6月完成。

撰稿　张国连
审稿　许　琳

〔**国家贫困地区义务教育工程**〕　为帮助贫困地区发展教育事业，促进全国普及义务教育工作，自1995年起，国家教委和财政部联合组织实施了“国家贫困地区义务教育工程”（以下简称“工程”）。这是建国以来中央专项资金投入最多、规模最大的全国性教育工程，其资金投入总量预计超过百亿元。其中，中央财政专款39亿元，地方各级财政拨款的比例不低于2∶1。

“工程”根据全国各省（区）“普九”规划，集中财力攻坚。专款重点投向《国家“八七”扶贫攻坚计划》中确定的贫困县，部分投向经济确有困难，基础教育发展薄弱的省级贫困县，优先投向革命老区和少数民族地区。1995年～1997年，中央专款重点用于“二片”地区12个省，适当安排一部分用于“三片”地区9个省（区）进行“工程”试点。1997年～2000年，中央专款重点投向“三片”地区。

“工程”资金主要用于消除农村小学、初中的危房，按照国家规定的标准，配备教学仪器、图书资料和课桌凳、培训教师和校长等。

为充分发挥中央专款的宏观调控导向作用，优化教育资源配置，提高资金使用效益，国家教委、财政部还改变了以往中央专款的拨款方式，对“工程”资金实行项目管理。各项目县严格遵循专款使用的原则和项目管理程序，在项目的立项、论证、申报、审批、执行、评估和验收等一系列环节上，把管理责任落实到人。

1996年5月，国家教委、财政部与“二片”地区的河北、山西、黑龙江、安徽、福建、江西、河南、湖北、湖南、海南、四川、陕西12个省的政府签定了“工程”项目责任书，明确了各级的职责。至此，“工程”进入实质性实施阶段。同时，国家教委、财政部还在“三片”地区的32个贫困县开展了“工程”试点工作。

经过一年多的努力，“工程”有较大进展并取得了比较明显的效益。截止1996年底，“二片”地区已落实项目资金26.60亿元（其中，中央专款为6.1亿元，地方财政资金为12.46亿元，城乡教育费附加等其他渠道筹资8.04亿元），修建学校9318所，面积达563.48万平方米。同时，13448所中小学购置了一批课桌凳、教学仪器设备和图书；82168名中小学校长和教师受到培训。通过“工程”实施，促进了项目地区义务教育的普及，据383个项目县统计，小学学龄儿童入学率由1994年的97.2%提高到98.7%；小学辍学率由1994年的1.81%下降至1.16%；初中入学率由1994年的77.73%提高到85.3%；初中辍学率由1994年的4.53%下降到2.71%。项目地区办学条件有了较大改善。据383个项目县统计，小学校舍危房率由1994年的2.45%下降至1.21%；小学课桌凳配齐率由1994年的95.77%提高到98.46%；初中校舍危房率由1994年的2.46%下降至1.13%；初中课桌凳配齐率由1994年的95.57%提高到97.53%。项目学校的教学装备也有所加强。中小学布局得到调整，学校规模效益有所提高。据统计，383个项目县中，小学校数比项目实施前减少2500所，教学点减少2093个，学生数增加106.1万，校均学生数由147人增加到160人；初中校数由9322所调整到9265所，校均学生数由352人增加到422人。

撰稿　杨念鲁
审稿　许　琳

技术装备建设

〔**教学仪器设备行业管理**〕 1996年，全国共有457个工厂承担教学仪器设备生产任务。全行业职工总人数为33432人，其中工程技术人员3671人。固定资产原价为68944.5万元。全行业共完成工业总产值（不变价）147109.6万元，其中教学仪器设备总产值110664万元。利润总额完成10049万元，税金总额完成10490万元。

教学仪器设备全行业1996年实现的主要经济指标：工业产品销售率为97.09%，低于全国标准值；工业资金利税率为14.69%，高于全国标准值；工业增加值率为36.27%，高于全国标准值；工业全员劳动生产率为人均15993元，高于全国标准值；工业成本费用利润率为8.15%，低于全国标准值；流动资产周转率为1.33次，低于全国标准值；工业经济效益综合指标为1.17。完成教学仪器设备产值1500万元以上的省市有：北京市、河北省、辽宁省、上海市、江苏省、浙江省、安徽省、福建省、江西省、山东省、宁波市、河南省、湖北省、湖南省、广东省、四川省、陕西省。

行业管理。(1) 拟定了《国家教委教学仪器设备生产定点厂管理办法》《加强教学仪器设备行业管理工作的意见》《教学仪器设备行业"九五"规划》。(2) 针对全国沿海地区大中城市完成或即将完成九年义务教育装备达标的状况，在调查研究基础上，提出以职业教育为重点的产品开发的新方向，并研究探索开发国际市场的途径和思路。(3) 召开了首届全国教学仪器设备供应管理工作座谈会，会议就市场经济条件下如何做好教仪产品的采购供应工作及各地区机构、经费、管理办法等方面进行了讨论和交流。(4) 进一步加强教学仪器设备流通领域规范化管理，对擅自盗用国家教委名义进行欺骗性宣传和误导用户的烟台麦特电子公司和深圳教育企业总公司进行通报批评。(5) 制定了教仪新产品备案制度，使全国各地新产品开发情况有据可查。(6) 为解决语言学习系统关键件录音机和耳机话筒组的质量问题，赴芬兰、挪威进行了考察。并组织国内厂家对耳机话筒组进行攻关并取得成效，将择优向全国推荐优质的耳机话筒组。(7) 举办了春、秋两季全国教学仪器设备供应工作会。两次会议总成交额五亿多元人民币。(8) 奔赴西藏地区进行教育调研并写出了考察报告。(9) 为明年加入世界教具联合会做好了准备。(10) 颁发了《教学用光学仪器通用技术条件》等六个教学仪设备行业标准。

质量管理。1996年共安排104种877个教学仪器产品的质量监督检测工作，由国家教委教学仪器研究所及各检测站承担检测工作。年平均合格率为87.30%。规范了产品监督检测办法，减小“逃检”的可能性，并对123种产品开展了补检工作，补检合格率为86%。拟订了《统一检测和分散地方检测产品目录》，以减轻工厂产品检测的负担，并充分调动各地方对产品质量监督检测的积极性和潜力。加强全国教学仪器设备供应工作会上的检查力度，对查出未参检、无证、未上目录的产品的厂家予以处罚。开展了生产许可证复查换证工作，对10家工厂的12个产品组织了工厂复查和产品检测。

1996年产品销售收入为133037万元，出口交货值为2363.9万美元，其中教学仪器1346.6万美元。1996年技术改造更新措施投资计划为2000万元，实际完成了829.7万元。

撰稿　俞伟跃

审稿　李兴植

〔**委属企业管理工作**〕　1996年11月1日，国家教委召开党组会议决定，分别研究规范委属企业的资产关系和中国深圳教育企业总公司、中国教育服务中心、北京海淀世界书苑的管理体制等有关问题。会议决定将中国深圳教育企业总公司规范为股份有限公司，国家教委入股参与，按投资额享有所有者权益，承担有限责任；将中国教育服务中心及其有关业务逐步并入华育公司，法人代表由华育公司法人代表兼任，作为华育公司的子公司管理。

1996年1月30日～2月2日，国家教委委属企业管理委员会在北京召开了工作会议，委属企业的董事长（管委会主任）、总经理、社长、厂长、党委书记和委属企业管理委员会的全体委员以及监察局、机关党委的负责同志出席了会议。国家教委副主任、国家教委委属企业管理委员会主任韦钰同志主持了会议开幕式，并与代表们共同座谈委属企业工作，听取工作汇报，就如何贯彻委党组意见，搞好委属企业做了重要讲话。

与会代表认真讨论了《关于办好委属企业的若干意见》、《关于规范委属企业资产关系的意见》、《委属企业经济综合评价指标体系》三个文件讨论稿。

1996年4月4日，国家教委印发了《关于办好委属企业的若干意见》的通知，文件要求：(1) 摸清家底，明确产权关系，建立产权责任清晰的企业法人制度。(2) 逐步理顺委属企业管理体制，推进现代企业制度的建立。(3) 加强科学管理，建立及健全各项管理制度。(4) 充分发挥企业党组织的政治核心作用，加强和改进企业思想政治工作。(5) 花大力气加强企业领导班子的建设。

加强对委属企业领导干部工资收入的管理，建立、完善对委属企业领导干部工资收入审批制度。印发了《关于建立委属企业领导干部工资收入审批制度的通知》。

建立国家教委委属企业经济综合评价制度。从盈利能力、偿债能力、营运能力、发展能力、对国家和社会的贡献水平五个方面对委属企业的经济情况进行综合考核评价。

撰稿　石耀初　迟玉收

审稿　李兴植

〔**中、初等学校校办产业**〕　1996年，全国共有68.63万所中、初等学校兴办校办产业，38.54%的中、初等学校有了不同类型的校办工厂和第三产业企业。全国中、初等学校共有各类勤工俭学基地75.89万个，其中，农林牧副渔基地49.43万个，工业企业8.11万个，第三产业网点18.35万个。全国中、初等学校校办产业资产总额671.88亿元，其中固定资产净值202.85亿元，流动资产年末占用数为430.33亿元。1996年，全国中、初等学校校办产业负债359.31亿元，资产负债率为53.48%。校办产业中部分企业已逐步适应市场经济体制的要求，进入敢于负债经营的阶段。全国从事校办产业的职工208.14万人，其中为教职工身份的24.13万人。

1996年，全国校办产业总产值及营业额达1102.62亿元，其中工农业总产值823.54亿元，工业产值775.38亿元，工业销售产值673.90亿元，工业产销率为86.92%。第三产业营业额及其他勤工俭学劳务收入279.07亿元。1996年，校办产业利税总额达167.95亿元，其中总纯收益134.92亿元。校办产业已由“八五”期间的高速增长逐步走向稳步增长阶段。1996年校办产业纯收入补充教育经费总计达74.11亿元，占总纯收入的54.93%。1996年，中、初等学校校办产业接纳学生进行劳动教育的基地达54.47万个，占基地总数的71.77%，在勤工俭学基地参加劳动教育的学生数达2.87亿人次。校办产业、勤工俭学基地为学校贯彻中央教育与生产劳动相结合的方针发挥了一定的基础保障作用。校办产业、勤工俭学的发展还为学校安排教职工子女、家属就业作出了积极的贡献。208万名产业职工中有相当一批是教职工子女和家属。24万名教职工在校办产业、勤工俭学战线上工作，在客观上起到减轻学校分流人员压力的作用。

鼓励、倡导、扶植、发展骨干重点校办企业是1996年校办产业指导工作中重要方针之一，各省市在巩固、提高原有重点骨干企业发展的基础上，又扶植发展一批新的重点骨干企业。1996年，年纯收益50万元以上的校办企业有2243个；达100万元以上的企业857个；达200万元以上的企业269个；达300万元以上的企业130个；达400万元以上的企业95个；达500万元以上的企业63个；达1000万元以上的企业25个。年纯收益最高的是杭州娃哈哈集团公司，其年利润达1.5亿元。在校办企业中，被各级人民政府批准成立运营的企业集团已有88个。

1996年，中、初等学校校办产业继续坚持“科技兴企”的方向，贯彻“科学技术是第一生产力”的重要方针，不断增加产品的科技含量，企业主动适应市场需要，研制开发新产品，使用新技术，培养和引进科技人才，兴办了一批产品科技含量较高的企业。在校办产业中，仅经各级科技管理部门批准的高科技企业已有75个。

随着中国国有企业的改革和发展不断深入，校办企业紧跟国有企业的改革步伐，大胆进行改制、改组、改造、盘活存量资产、用好增量资产、企业制度创新等各种形式的尝试，重点在股份制、股份合作制改造、吸引资金兴办合资、合作企业等方面取得较大进展。1996年已有股份制和股份合作制企业235个。合资、合作企业378个。

全国各省市继续重视校办产业的发展。各省市通过起草、制定、颁布“九五”期间发展规划，把校办产业、勤工俭学纳入各级教育部门整体规划，推动校办产业、勤工俭学的改革和发展进入新的阶段。全国已有25个省、自治区、直辖市及计划单列市年纯收益超过2亿元，其中18个省、自治区、直辖市超过3亿元；10个省、自治区、直辖市超过5亿元；3个省超过10亿元；最高的江苏省达16.44亿元。全国已有261个地市校办产业总收益超过1000万元。各省市注重加强校办产业的领导，做好对校办产业的管理、指导、监督、协调和服务工作。全国各省市在制定远期规划的前提下，主动做好近期工作，积极争取各级党政领导和有关部门的关心和支持，或以政府名义，或以教育、经济、财政、税收、人事等部门联合的名义，或教育部门单独召开会议，对“八五”期间的工作进行认真总结，对“九五”期间的工作进行规划和部署，制定推动校办产业大力发展的指导性文件和支持校办产业大力发展的具体实施办法。辽宁省教委会同省经贸委、人事厅、财政厅、国税局、地税局等六个部门联合召开全省校办产业工作会议；与人事厅联合发文表彰校办产业先进集体和先进个人；与经贸委联合发文命名校办产业“明星企业”；六部门联合制定了《关于进一步发展中初等学校校办产业若干问题的意见》的文件；省政府副省长到会作报告。

中、初等学校校办产业在发展中还存在着许多亟待解决的困难和问题。税收优惠政策不到位，上缴税金达33.03亿元，相当于总纯收入的24.48%。补充教育经费和上缴税金两项相加，共占总利税的57.96%。在上缴税金中，增值税25.34亿元，占上交税金总额的76.72%，上交所得税3.68亿元，说明享受所得税优惠的企业中部分企业上缴了所得税。发展生产资金紧缺。1996年校办产业纯收入补充教育经费达74.11亿元，占纯收益总额的54.93%。用于发展生产的资金仅38.54亿元，占总纯收入的28.57%。流动资金中大部分为负债资金。致使少部分产品新、市场前景好的项目无法进入规模生产经营，失去发展壮大的机遇。部分企业甚至因此而出现萎缩和难以为继，直接影响了教育事业的受益。

撰稿　王卫贤
审稿　王　富

〔**中小学实验室工作**〕　据教学仪器设备经费情况调查表统计：1996年，29个省、自治区、直辖市中小学校已拥有物理、化学、生物、自然课实验仪器金额46.4亿元；其他各类教学仪器设备金额71.6亿元，总计118亿元。

1996年1月24～26日，国家教委条件装备司在安徽芜湖市召开“部分省市中小学实验室工作现场会”。出席会议的有“普九”二片地区12个省及上海、江苏、山东、广西、云南等“普九”一片和三片特邀省市共18个省、自治区、直辖市教育技术装备部门共47人。会议推广了芜湖市教委建立中小学计算中心，辐射周边学校，实现资源共享，开展中小学计算机教育的经验以及交流了各省开展中小学实验教学普及县的工作经验，讨论了《“九五”期间中小学实验室工作的意见》。

撰稿　陈小平
审稿　李兴植

〔**高校实验室工作**〕　1996年，北京中关村地区联合分析测试中心（其中包括北京大学、清华大学、北京理工大学33台仪器设备）共受理了来自全国21个省，自治区、直辖市139个单位的720项课题申请。申请总金额为225.5万元。经过评审，共批准138个单位的696项课题得到基金资助，总资助金额102.1万元，自费金额52.9万元。高等学校由于受每年仅有的40万元专项经费的限制，仅有65所高校的244项课题获得批准，资助金额39.7万元，自费金额17.3万元。

自1992年12月，国家教委正式成立“高等学校分析测试中心计量认证评审组”以来，到1996年，已先后完成对中山大学、兰州大学、清华大学、武汉大学、华东理工大学、成都科技大学、南京大学、北京大学、浙江大学、云南大学、吉林大学、东北师范大学分析测试中心和北京医科大学医药卫生分析测试中心、华东理工大学宝石检测中心的计量认证和实验室认可工作，并完成对四川联合大学(东区)的分析测试中心，计量认证复查换证评审遗留问题整改检查验收工作。

1996年11月22～23日，高等学校实验室工作研究会成立十周年庆祝大会暨学术研讨会在合肥中国科技大学召开。来自各省教委（高教局）及大学的160名代表出席了会议。会议总结了高等学校实验室工作研究会十年来的工作成绩和经验；安排了“九五”期间研究会应开展的工作；表彰了306名研究会优秀工作者，其中155名获得实验室工作专家称号。

撰稿　陈小平

审稿　李兴植

〔**教学仪器研究成果**〕 1996年中，有7项教学仪器研究成果通过国家教委鉴定。由国家教委教学仪器研究所完成的“物理实验计算机接口系列及计算机辅助教学系统的研制”项目，采用传感器采集数据，运用计算机进行数据处理和显示，代表了新一代物理实验方法。在已完成的研究成果中还有一些采用语音技术的示教板和学习机，受到教师和学生的欢迎。

〔**教学仪器质量监督检验**〕 1996年，国家教委教学仪器研究所检测室及其指导下的各检测站，完成了国家教委下达的投影器等149个品种，845件产品的质量监督检验。涉及302个生产单位，抽样平均合格率为87.10%，同往年持平。有些产品未参检。总的看产品质量须不断注意提高。

〔**举办教具研制培训班**〕 国家教委教学仪器研究所（北京教具中心）作为联合国儿童基金会项目执行单位，参加了1996年～2000年中国与联合国儿童基金会“调整教育内容和教育过程”、“改进贫困县基础教育”两个合作项目，并开始实施。5月31日～6月3日在北京举办了“自制教具”培训班，有101个贫困县教师骨干参加了培训。

撰稿　王长毅

审稿　冯振家

国际交流

留学工作

〔**出国留学**〕 1996年我国各类出国留学人员约2.09万人，其中国家公派1905人，单位公派约0.54万人，自费留学1.36万人；学成回国留学人员6570人。

1996年1月22～25日，国家教委召开了“国家公费出国留学选派工作会议”。全国负责出国留学选派工作的170多人参加了会议，通过了《1996年国家公费出国留学选派工作改革试行方案》，决定在全国范围内试行国家公费出国留学的改革办法。制定1996年国家公派出国留学选派工作计划，编制《1996、1997年国家公费资助出国留学指南》，完成2013名国家公派出国访问学者的录取工作。研究制定9个有特殊需要的部委留学选派工作办法，研究探讨了成组配套出国留学项目，并就“肝移植”等国内急需成组配套出国留学项目进行试点；组织召开了“1996年国家教委出国留学人员培训部工作会议”、“北京、广州、上海留学服务中心、集训部派遣服务工作会议”，制定了《实施国家教委出国留学人员培训部责任目标管理细则》。

1996年完成了《全国自费出国留学管理系统》的编制和各省市自审办上报数据的汇总与统计；初步建立起1978年至1995年度国内外各类留学人员出国与回国、短期回国、创办企业等方面的8个统计数据库及其管理系统。

国家教委与人事部联合主办了“优秀留学回国人员代表成果汇报暨慰问活动”。来自全国30个省、自治区、直辖市和国务院部委系统的202名代表参加此次活动。中组部、国家科委等部委领导与代表座谈讨论，全体代表向国内外留学人员发出了《倡议书》，李鹏总理在人民大会堂亲切会见了全体代表并合影留念，同时还举办了慰问留学回国人员新春文艺晚会，六千多名留学回国人员观看了演出。还选送10名优秀留学回国人员代表出席“中央领导与首都各界人士共渡元宵晚会”；协助中组部组织留学回国人员“青年科学家国情考察团”赴革命老区考察国情，胡锦涛同志接见考察团成员时对此活动给予了充分肯定。

设立了资助留学人员短期回国工作的《春晖计划》，成立了《计划》审核领导小组，1996年在驻美、日、英等17个国家的22个使领馆教育处（组）试行，已资助在国内举办的学术会议5个和93名短期回国工作留学人员的国际旅费，制定了《春晖计划实施办法》和《留学回国人员科研启动基金暂行管理规定》等管理办法。受理并审批了第11批留学回国人员科研启动基金，下发了资助费共计498人，金额为1759万元，平均资助强度为3.53万元。

1996年先后就“生物化工前沿国际研讨会”、“海内外青年学者超导会议”等6个学术会议，“留加学者科技考察团”、“旅美中国科学家工程师专业人士协会回国团”等4个短期回国团体，刘胜、颜光美、饶子和、王志功、许宁生等二十多名优秀拔尖人才回国和为国服务的活动，给予支持和资助。特别是颜光美等12位留学人员集体回国共建中山医科大学的事迹在国内外产生较大反响。经与卫生部和广东省政府协商决定作为重点给予高强度联合资助。

撰稿 张宁 曹勇
审稿 曹国兴

〔**接受来华留学人员**〕 截止1996年12月31日，中国289所高等院校全年共接受来自152个国家的各类来华留学人员41211人。其中来自亚洲的留学生人数最多，计32017人，其次是欧洲4330人，美洲和大洋洲3754人，非洲1110人。按国别统计，来自日本和韩国的留学生人数最多，分别为14856人和12394人；美国2573人，法国827人，印度尼西亚744人。

根据中国与有关国家和国际组织之间的教育交流协议和交流计划，1996年国家教委向148个国家提供了中国政府奖学金名额。1996年～1997学年度新录取了来自127个国家的1949名奖学金生。加上已经来华在校学习的奖学金生，全年共有4307人享受中国政府奖学金在华学习。其中来自亚洲的留学生1923人，欧洲1169人，非洲922人，美洲和大洋洲218人。从层次上看博士研究生170人，硕士研究生674人，本科生1465人，高级进修生（已获硕士以上学位者）281人，普通进修生1717人。上述奖学金生占全年在华留学生总数的10.45％。

国家教委还继续单方面对外提供了以下专项奖学金：“优秀生奖学金”“外国中文教师短期研修奖学金”“汉语水平考试（HSK）优胜者奖学金”“中华文化研究奖学金”“发展中国家智力援助奖学金”，并向联合国教科文组织提供了“长城奖学金”。1996年～1997年度享受以上奖学金来华学习和从事研究的人员有68人。

1996年，中国高等院校通过其他国际交流渠道接受了来自131个国家的36904名自费留学生来华学习。其中长期留学生22742人，短期留学生（留学时间在六个月以内）14162人，博士研究生338人，硕士研究生869人，本科生5760人，高级进修生402人，普通进修生8016人。另有汉语生7292人，专科生65人。

在上述自费留学生中，学习文科专业的31745人，理科专业的203人，工科专业的313人，农业专业的80人，医学专业的3509人，体育专业的663人，艺术专业的391人。

1996年，国家教委根据《中国教育改革和发展纲要》的要求，进一步转变政府职能，在做好各种准备工作的基础上，12月中旬对外正式宣布：自1997年1月1日起，中国政府奖学金留学生的招生和日常管理等事务性工作及咨询服务工作将由1996年6月批准成立的国家留学基金管理委员会具体承担。作为全国来华留学生教育的政府主管部门，国家教委将本着深化改革，完善管理，保证质量，积极稳妥推进的原则，进一步加强宏观管理，推动来华留学事业的不断发展。

撰稿　张国庆　胡志平
审稿　曹国兴

交流工作

〔**聘请和派遣专家、教师**〕　1996年，根据聘请外国专家工作要突出重点、保证急需、提高效益的原则，各学校聘请外国专家工作紧紧围绕教学、科研的需要，使聘请专家结构更趋合理，并逐步规范和完善外国专家管理工作。

为进一步加强对学校及其他教育机构聘请外籍专业人员的管理，国家外国专家局、国家教委颁布了《学校及其他教育机构聘用外籍专业人员管理办法》。经国家教委批准，7月在兰州大学召开了“第二届全国高校智力引进工作研讨会”，总结和交流了经验，研讨了在新形势下如何开展和做好高校的智力引进工作问题。

1996年全国各类学校共聘请外国文教专家、外籍教师14053人次，其中政府拨款聘请8909人次，自筹经费聘请5144人次；长期专家4605人，各类短期专家9448人；教授语言的外国专家、外籍教师3874人，其他各类专业人员10179人。

1996年，国家教委通过政府协议途径向25个国家派出教师53人，其中汉语教师48人。到1996年底，通过政府渠道派出在国外任教的长期教师共108人，他们分布在44个国家的高等、中等学校或教育行政部门工作；此外，据不完全统计，还有200名通过政府其他部门、民间渠道派出的汉语专家和教师在21个国家和地区的157个单位任教。

撰稿　刘少华
审稿　李海绩

〔**国际学术会议**〕　1996年，国家教委共派出2099名学者赴60个国家和地区参加1316个国际学术会议。会议涉及自然科学技术的绝大多数领域和社会学科的许多领域（不含双边学术会议和在港澳台举行的国际会议），其中：自然科学类会议1069名，社会学科类会议247名。与会高级职称人员1819名，中低级职称人员280名。与会五十岁以上的学者1264名，中青年学者835名。国家教委为其中的三百多名学者提供了经费资助。

1996年，在广泛调研基础上，制定了在现有项目经费总额不变的情况下，扩大资助面，逐步向中青年学者倾斜的办法，旨在培养跨世纪的学术带头人。

1996年，国家教委直属高校和直属单位共举办140个国际学术会议，其中：自然科学技术会议72个，社会学科类会议68个。邀请来华与会专家学者5020人次，国内与会代表达7300人次。国家教委为上述部分会议提供了一定经费资助。

撰稿　赵升元
审稿　李海绩

〔**双边交流**〕 1996年，中国与一些国家政府教育部门的高层往来继续增加。1月，国家教委副主任韦钰应邀率团访问了以色列，这是1992年中以建交以来派出的第一个教育代表团，对进一步推动中国与以色列的教育交流具有重要意义；5月，国家教委主任朱开轩率团访问了英国和德国，这是中国正部级教育代表团近十年来第一次出访上述两个国家，受到两国政府、教育部门等的热烈欢迎和盛情接待；6月，国家教委副主任王明达率团访问了韩国，会见了韩国教育部长官、次官和劳动部次官；9月，国家教委副主任韦钰率由北大、清华、复旦和上海交大校长组成的中国教育代表团访问了美国，这是近十年来中国应邀访美最高级别的教育代表团，重新实现了中美教育界高层人士的直接对话；9月，国家教委副主任柳斌率中国教育代表团访问了荷兰和挪威，签署了《中荷教育科学合作补充协议》，恢复了中国与荷兰、挪威两国教育部长级往来；9月，国家教委主任朱开轩访问了马来西亚和越南。朱开轩主任对马来西亚的访问是中马建交以来中国国家教委主任第一次访马，建立了中马政府教育部门对话的渠道，被马方教育部长誉为“历史性访问”。1996年，中国先后接待16个副部长以上的教育代表团（部长6个，副部长10个）访华。4月，埃及教育部长巴哈丁率埃及教育代表团来访，受到江泽民主席的接见；5月，马来西亚教育部长来访，就中马进一步开展教育交流问题进行了磋商；9月，英国文化委员会总干事汉森爵士来访；波兰国民教育部部长维亚特尔来访，增强了中波两国在教育领域的交流与合作，并对发展两国友好关系起到了积极的作用。

1996年，认真做好双边教育交流与合作项目及与联合国有关机构、亚太经合组织等多边交流项目的管理，力求提高项目效益。特别是在与联合国开发计划署、儿基会等国际组织的合作中，积极配合有关项目的评估和实施，加强对项目的管理，充分发挥在项目中的协调能力，取得了较好的效益。与此同时，我国积极拓宽对外交流渠道，争取了一些资金和新的合作项目。

1996年度内，在搞好已实施的8个项目的基础上，又进一步落实6个项目，其中，已作好实施准备的项目3个。新派教师126人。目前，中国在非洲地区国家实施“智力援助”项目已达14个，在非洲从事“智力援助”工作的教师总数为30人。

撰稿　关　键
审稿　曹国兴

〔**多边交流**〕 1996年，国家教委与联合国开发计划署正在合作执行的项目有：中小学校长培训项目、中小学师资培训项目和中学现代化教学手段运用项目。根据中国政府“九五”计划及“科教兴国”、“科教扶贫”等战略方针的实施，在联合国开发计划署驻华代表处和外经贸部中国国际经济技术交流中心的支持、合作下，国家教委顺利完成1997年～2000年合作项目的立项和启动工作。项目金额为300万美元。援助对象是我国西南、西北五个省区。项目内容为："以女童教育为重点、促进贫困地区九年义务教育"。

1996年，中国与联合国儿童基金会合作执行的项目有4个："加强教育的规划和管理""调整教育的内容和过程""远距离教育"和"促进贫困地区初等教育"。

1996年，国家教委利用联合国儿童基金会、开发计划署援款约500万美元，国内各级政府配套投入2500万人民币。1996年，根据项目协议，国家教委向7个国家派出5个团组；向3个国家派出进修人员7人次；接待3个来华团组、6个项目专家，并为朝鲜等国家培训了人口学专业人员10人次。

1996年，国家教委还与联合国其他组织，如联合国人口基金、联合国粮农组织保持着密切的合作关系。为配合1996年世界粮食首脑会议的召开，国家教委外事司配合基础教育司、《中国教育报》和农业部联合举办了一次中学生"粮食问题"征文活动，并通过《中国教育报》组织了一次由联合国人口基金会命题的1996年世界青年作文比赛。获奖作者相继应联合国粮农组织和人口基金的邀请，首次赴国外参加青年论坛活动。

1996年，国家教委派人参加了在新西兰和文莱召开的亚太经济合作组织（APEC）人力资源开发工作组第十三、十四次会议。为配合中国政府的外交政策，在参与APEC的活动中，坚决抵制台湾利用APEC拓展"外交空间"的一切图谋，并根据中国教育发展的需要，积极争取合作项目。

1996年，国家教委组织19个体育团组，赴境外参加了世界及亚太地区的大学生和中学生体育赛事，取得36枚金牌、11枚银牌。此外，国家教委还协助中国中学生体协和大学生体协参加了国家和地区体育组织的竞选活动，当选了亚洲大学生体联的副主席、世界中学生体联的副主席、亚洲中学生体联主席等职务。

撰稿 萧 堰
审稿 曹国兴

〔**对外宣传工作**〕 为了提高《神州学人》电子版办版质量，扩大读者人数，1996年上半年，组织改进了电子版版面，增加了跳页功能和资料库查询功能，方便了读者。针对电子版计算机工作站随着读者查询人数增多，内存容量不足的问题，与有关专家一道制定了扩容方案，完成了扩容事宜。加强联网计算机的安全管理，下发了《关于加强联网计算机管理问题的通知》，解决了驻外使馆教育处组收看电子版问题。

1996年完成制作和发运4批电视节目8730盘录相带，发送7部电影，共计拷贝281个。

为配合香港回归，对留学人员进行爱国主义教育，专门组织编制一套题为《香港回归与教育交流》的展览图片，根据需要已将73套图片发往有关驻外教育处组。组织完成了《中国教育概况》《中国高等教育》《中国基础教育》和《"211工程"简介》四个小册子的编译和印刷工作。这些小册子图文并茂，提供了1996年度最新统计资料，介绍了我国教育的基本情况和最新发展成就。为使驻外教育外事干部全面了解祖国历史、文化、政治和外交等方面的知识，向23个驻外教育处组发送了《爱国主义教育系统》计算机软件。

为在外留学人员和汉语教师订阅《人民日报》海外版和其他国内报纸47种。

撰稿 徐培祥
审稿 曹国兴

〔**对外汉语教学**〕 1996年，“国家对外汉语教学领导小组办公室”进行了机构调整，强化了对全国工作的宏观指导。全国近300所接受外国留学生的院校均开设有对外汉语教学课程。又有一些高校成立了对外汉语教学中心或在对外汉语教学中心的基础上成立了学院。中国对外汉语教学学会会员人数达到949人，1996年在全国建立5个地区分会。世界汉语教学学会会员达到782名，来自38个国家和地区。

1996年对外汉语教学在学科建设方面取得新的发展。包括短期速成教育、汉语预备教育、本科和研究生教育以及函授、远距离教育等在内的对外汉语教学体系，门类更加齐全，结构更加完整，水平进一步提高。尽管对外汉语教学的非学历教育仍然占绝大部分，但已有近20所大学设立了对外国学生的汉语本科教育。中国黄河电视台在美国斯科拉卫星电视网开设的全中文教学频道于11月1日开始试播，开辟了对外汉语远距离教学的新的领域。

对外汉语教学示范性教材的编写工作取得一定的进展。北京语言文化大学编写的《速成汉语初级教程—综合课本》一套四册已经出版。由北京大学等四所高校合编的《新编汉语教程》已出版上册。与罗马尼亚合编的汉语教材《汉语》（上下册）已出版并投入使用。为适应留学人员子女学习中文的需要，由暨南大学和人民教育出版社分别组织力量开始编写两套专门的教材。

1996年，汉语水平考试（HSK）国内考点达到27个，分布在18个城市，比1995年增加8个考点；海外考点达到24个，分布在16个国家和地区。全年参加HSK考试的考生达到22445人。《汉语水平考试语法大纲》于年内出版。

1996年，对外汉语师资队伍建设取得新成绩。根据对外汉语教师资格审查工作开展5年来的经验和教师队伍近几年出现的新情况，重新修订了《〈对外汉语教师资格审定办法〉实施细则》，使这一工作更加科学和规范。年内有25个省市的585人申请对外汉语教师资格证书并参加了统一考试。暑期，有来自21个国家的42名汉语教师参加了北京语言文化大学和北京师范大学举办的“暑期外国中文教师奖学金学员短期研修班”。

1996年，对外汉语教学方面的国际交流与合作得到广泛开展。国家教委年内向22个国家派遣40名汉语教师。目前由国家教委向国外派遣的汉语教师总数达到81名，分布在39个国家。国家教委向28个国家赠送11619册（套）汉语教材和图书以及大批音像教材和计算机软件。1996年邀请了日本、韩国、加拿大和墨西哥等国的4位汉学家访华。

1996年8月在北京怀柔成功地举办了第五届国际汉语教学讨论会，来自26个国家和地区的近400位专家学者和汉语教师参加了会议，为历届会议参加人数最多的一次。会议共收到论文300多篇，体现了汉语教学在理论与实践方面的深化和发展。

撰稿 赵国成
审稿 李海绩

教育审计

〔**加强行业指导**〕 1996年初，国家教委办公厅发出《1996年教育审计工作要点》，提出1996年教育审计工作的指导思想是：认真落实党的十四届五中全会和中央经济工作会议精神，深入贯彻《审计法》《教育法》和审计署、国家教委关于内部审计工作的规定，研究制定“九五”时期教育审计工作发展规划，进一步加强机构、队伍和规章制度建设，以高校经费预算执行情况审计和普教经费拨付、管理及使用情况审计为重点，强化对教育经费和教育系统财经活动的审计监督，保障教育改革和发展的顺利进行，为教育审计工作的发展打下更坚实的基础。

1996年3月，召开了全国教育审计工作会议。会议的主要内容是：学习贯彻党的十四届五中全会和1996年全国审计工作会议与教育工作会议精神；讨论研究“九五”时期教育审计工作规划；总结交流教育审计制度建立10年来和1995年的工作情况；进一步部署1996年的工作。

1996年5月，国家教委办公厅发出《“九五”时期教育审计工作发展规划》（以下简称《规划》）。《规划》指出：“九五”时期教育审计工作要按照“加强基础，积极发展，提高水平”的方针，进一步加强教育审计机构、队伍和规章制度建设，积极推进教育审计工作的发展，大力提高教育审计工作的水平，力争至“九五”末期，初步建立起与社会主义市场经济体制相适应、符合教育特点和规律的教育审计监督制度，审计工作的力度明显加强，作用得到较充分的发挥，基本适应教育改革和发展的要求。

为建立健全教育内审制度，强化审计监督，驻国家教委审计局对《教育系统内部审计工作规定》（以下简称《规定》）进行了反复修改，于4月5日以国家教委第24号令正式发布施行。《规定》对教育系统内部审计工作的一系列重大问题做出明确规定，是指导和规范教育审计工作的重要法规。为推动《规定》的学习、宣传和贯彻，驻国家教委审计局印发了“宣传提纲”，分别举办了省、市教育主管部门和委属高校分管审计工作的领导干部学习班及审计处长培训班，派员到6个省、自治区、直辖市举办的学习班上讲解《规定》，到10个省、自治区、直辖市进行检查，并在各地区召开的教育审计工作研讨会上组织了情况和经验交流。为督促《规定》的贯彻落实，国家教委办公厅发出《教育系统内部审计工作考核办法（试行）》，要求各级教育审计机构及其所在部门和单位按照这一办法，进行认真自查，针对存在的问题采取切实的改进措施，为1997年的全面考核做好准备。1996年，学习、宣传和贯彻《规定》已取得明显成效。不少地区、部门和单位进一步加强了机构、队伍和规章制度建设。北京、上海、湖北、湖南、甘肃、陕西等省市的机构设置和人员配备已基本上达到《规定》要求;长期没有设置机构和配备人员的河北、河南两省也已开始着手建立机构，并配备了专职审计人员。一些地区、部门和单位制定了《规定》的实施办法,修订了现有的规章制度，审计工作水平有了新的提高。

为解决包括教育主管部门在内的一些地方政府部门截留、挤占、挪用教育经费的问题，国家教委办公厅发出《关于进一步加强对教育经费审计监督的意见》。要求各级教育主管部门组织审计机构加强对本部门各职能机构的财务收支的审计，同时开展对教育经费筹集、投入、管理和使用情况的审计或审计调查。

为推动教育系统审计事务所的发展和提高，驻国家教委审计局一方面积极支持有条件的地区、部门和单位建立新的事务所，一方面从宏观上加强指导，促进教育系统审计事务所加强基础建设和内部管理，切实提高审计质量，积极“上规模、上水平”。11 月召开了“教育系统审计事务所工作研讨会”，分析了形势和任务，交流了情况和经验，对共同性的问题进行了深入研讨。

〔**贯彻“两法”、“两规”**〕 1996 年，全国教育审计工作者认真学习、贯彻《审计法》《教育法》《审计署关于内部审计工作的规定》《教育系统内部审计工作规定》，加大审计监督力度，努力提高工作水平，促进教育审计工作的“三化”(法制化、规范化、制度化）建设。各地教育部门和单位及其审计机构根据“两法”、“两规”的要求，制定并开始实施“九五”时期教育审计工作发展规划，提出了到 2000 年的奋斗目标和基本措施，积极推进教育审计工作的发展。

在深入学习“两法”“两规”的同时，各级教育部门和单位及其审计机构根据《教育系统内部审计工作规定》制定或修订了有关审计工作的规章制度和办法，据统计，省(自治区、直辖市）达 3755 项、委属 34 所高校达 264 项。湖北省教委颁布了《省教委关于对重要经济事项实行事前审计的规定》《省属高校内部审计项目计划管理暂行办法》等 13 项审计制度；云南省教委拟定了《教育系统企、事业单位法人代表离任审计暂行规定》《教育系统企、事业单位经济运行内部控制要点》；江苏省教委发布了《省属高校财务决算实行审签上报制度》;天津市教委制定了《学校固定资产投资项目和修缮项目竣工决算审计办法》等。在建立健全有关审计工作规章制度的同时，教育系统内部审计机构滑坡和审计队伍萎缩的局面已得到遏制，并呈现出稳中有升的势头。截止到 1996 年底，全国共有各级教育审计机构 4304 个,比上年增加 1651 个，其中独立设置的 1282 个，增加 217 个;审计人员 14693 人,比上年增加 3266 人,其中专职审计人员 3674 人,增加 280 人,兼职审计人员 11019 人，增加 2986 人。全国 30 个省、自治区、直辖市教育主管部门中,除海南、西藏和宁夏三省、自治区外，其余的都设置了审计机构，其中 21 个为独立设置，并有 8 个是当地审计机关派驻教育部门的审计机构。国家教委直属高校和上海、陕西、湖北等省市的高校都已全部设置了独立的审计机构,一般配备专职审计人员 5 人～7 人,最多的达 9 人～11 人。同时，教育系统审计事务所也有了新的发展，从业人员队伍进一步壮大。1996 年，教育系统审计事务所已有 70

多家，专兼职从业人员发展到500多人，各审计事务所的发展比较健康，社会效益和经济效益更加明显。

〔**年度审计工作情况**〕 1996年，驻国家教委审计局认真履行审计监督职能，完成了北京师范大学和厦门大学1995年预算执行情况审计等12项审计任务。全年共查出违规违纪金额10084万元，全部进行了纠正处理；提出审计意见和建议67条，大都得到采纳落实；审计后移交纪检、监察部门给予党纪、政纪处分的4人，待处理的1人。

除此之外，还组织中育审计事务所等社会审计机构完成了对中央教科所等单位的6项审计任务，并对中育审计事务所承办的对深圳教育企业总公司负责人离任经济责任审计的结果进行了抽审。上述审计项目均由驻国家教委审计局审核后，发出审计意见书。1996年，继续组织委属高校审计机构对本校1995年财务预算执行情况和决算进行了审计，并汇总审计情况做了批复，加以通报。

1996年，各级教育审计机构在继续加强财务收支审计的同时，积极开展了效益审计、内控制度评审、离任经济责任、校办产业、基建和维修项目及对外投资审计等。据25个省、自治区、直辖市、计划单列市教育主管部门和34所委属高校提供的资料统计，1996年各级教育审计机构共完成各类审计项目49098项，审计总金额达464.4亿元，查出违反财经法规金额14.3亿元，已纠正违规违纪金额54亿元，挽回经济损失54亿元，促进提高经济效益2.1亿元；共提交审计调查报告2386篇，被上级部门、审计机关和新闻单位采用的554篇，提出审计建议25989条，被采纳208666条，并帮助被审计单位制定和修订规章制度6591件；查出万元以上贪污贿赂案件121件，涉案金额达344.78万元，移交纪检监察部门给予党纪政纪处分的311人，移送司法机关处理的104人。

江西、广西、湖南、湖北等省区市教育审计机构积极开展"两基"评估教育经费审计，为教育部门争回了几亿元的教育经费。安徽、天津、上海、浙江、陕西及其他多数省区市教育审计机构均不同程度地开展了基建项目审计，审减基建投资达10%以上，为教育部门节省教育资源数亿元。甘肃、陕西等省开展的教育费附加专项审计，黑龙江、福建等省市开展的"211工程"专项审计，云南、北京等省市开展的经济责任审计，陕西、山西等省市开展的制止乱收费专项审计，湖南等省市开展的预算执行审计，浙江、福建等省组织高校集中优势，发挥审计整体交通的联合审计等等，都较好地发挥了审计的作用。

委属高校审计机构进一步加强对本校财务预算执行情况审计，使学校的综合财务预算管理工作得到了加强和改进。如西南师范大学审计处通过对学校预算执行情况的审计，促使预算准确率提高40%。在开展校办产业审计中，重点帮助被审单位加强内部管理。如上海交通大学审计处帮助被审单位财务部门建立了完善的内部控制制度。在离任经济责任审计中，重点抓住目标完成情况、资产负债盈亏是否真实、国有资产是否保值等方面。如华中理工大学通过对某校办工厂厂长离任经济责任审计，客观评介了负责人的经济责任，使新厂长上任后，积极落实审计建议，堵塞漏洞，经营形势明显好转。在基建、修缮项目审计中，把好工程竣工决算关，取得显著的经济效益。如同济大学对12个新建和修缮项目竣工决算进行审计，核减金额为315.4万元，核减率为14.21%。这些审计成果充分证明，1996年教育审计监督的力度进一步加强，审计质量、水平和效益进一步提高，审计的职能作用得到更加有效的发挥。

〔**理论研讨和培训工作**〕 1996年初，中国教育审计学会下达了年度教育审计理论和实务研讨的课题，提出了具体要求。据各省、自治区、直辖市提供的资料统计，全年共撰写论文965篇，其中公开发表的312篇。中国教育审计学会收到推荐论文90余篇，经组织评选，其中12篇被评为优秀论文。此外，国家教委审计局组织召开了“全国中小学效益审计研讨会”、“委属高校经济责任审计研讨会”，各省、自治区、直辖市教育主管部门和委属高校也分别按地区召开了教育审计工作研讨会。

在培训工作方面，全国教育系统全年共举办各层次、各类型的学习班、培训班906个，共有25230人次参加了培训。驻国家教委审计局举办了省、区、市教育部门和委属高校主管审计工作的领导干部学习班、审计处长培训班等。这些培训活动均取得良好效果，使审计人员的思想、作风和业务建设进一步得到加强。

撰稿 刘 宜

审稿 覃立垣

教材建设

〔**注重中小学教材质量**〕 1996年，新闻出版署质量检查的重点是中小学教材和少儿读物，国家教委也把中小学教材作为质量检查的重点。人民教育出版社对提高教材质量十分重视，有关同志认识到：教材的水平和质量，关系着对下一代的教育，影响我国的教育水平。因此，在认真编写新教材的同时，加强质量管理，对已出版的教材质量重新审查。社务会议研究决定成立了审读室(处级)，负责对书稿和成品书质量的检查，还返聘了一批已退休的具有编审、副编审职称的老编辑承担检查工作。同时，加强了对全社职工的质量意识教育。为配合此项工作，编辑和出版部门对已出版的中小学和中等师范学校1997年秋季教材进行了仔细的检查。检查工作从夏季开始，持续到年底，以审读室审读、各编辑室自查和外请专家审查几种方式结合进行，共检查约700种教材。另外，出版部门还将几十种高等师范学校教育学、心理学类教材和幼儿师范学校教材中纸型或软片有破损的品种进行了重排。此后，全社又开始了对1998年春季教材的检查。

撰稿 邢克斌
审稿 魏国栋

〔**中小学教材送审**〕 1995年～1996年，送全国中小学教材审定委员会审查通过的中小学教材包括：九年义务教育思想政治、语文、数学、化学、社会、自然、体育、音乐、美术，高级中学英语、计算机等11个学科的教材。品种有教科书、教学挂图、教学卡片、写字教材等123种。其中：1995年69种，1996年54种。送审的教材均通过审查并推荐全国各地选用。

〔**高中教学大纲出版和课程计划培训**〕 全日制普通高级中学语文等学科教学大纲于1996年7月由人民教育出版社出版。同月，国家教委颁布并供试验用。教学大纲包括：语文、数学、物理、化学、生物、历史、地理、英语、俄语、日语等10个学科。同时还颁布了全日制普通高级中学思想政治课课程标准。为了配合国家教委贯彻新的高中课程计划，实施新的教学大纲以及安排1997年秋季的试验工作，参与教学大纲制订工作的有关同志，1996年在山西和江西举行的两次培训会上，就课程计划和教学大纲的设置、体系及主要特点做了专题报告。另外，配合试验工作创刊了高中版《试教通讯》，为试教工作提供必要的经验交流阵地，以推动高中教材建设和教育教学的改革。

〔**重编职业高中文化课教材**〕 根据国家

教委“九五”教材规划及有关精神，人民教育出版社重新组织编写职业高级中学文化课教材。新编教材力求贯彻职业高中的培养目标，符合职业高中教学实际，努力提高学生的文化素养，为进一步学习和工作打下良好基础。教材在调查研究的基础上，依据编写方案，编写了语文、数学、物理、化学、生物、历史、地理等学科的教科书和教学参考书。1997 年秋季起陆续供应。

撰稿　张月仙
审稿　魏国栋

〔**全日制聋校实验教材出版**〕　为了对听力和语言残疾学生进行九年义务教育，国家教委委托人民教育出版社，组织人力编写的全日制聋校一至九年级实验教材，于 1996 年开始陆续出版，供全国各地聋校使用。这套教材包括思想品德、语文、数学、自然常识、社会常识、理科、美工七个学科的教科书和教学参考书，以及体育、律动、劳动技术三个学科的教师教学用书。为了编好这套新教材，人民教育出版社各学科编写人员在深入研究聋童教育理论和广泛调查研究的基础上，确定了教材的整体结构、内容编排、形式设计、插图绘制，以及练习选择等方面的编写原则和编写方案。教材初稿确定后，又组织召开各学科审稿会，征求全国各地聋校教师、教研人员和高等师范院校的特殊教育专家和学者的意见。教材出版以后，又组织了全国规模的新教材培训会，对来自全国各地的近 500 名聋校教师进行培训。经过近一年的教材实验，各地聋校教师普遍认为这套新教材充分体现了聋校教材的特点，符合聋生的接受能力和生活实际。既具有教育性和科学性，又具有直观性和趣味性。同时还具有补偿性和实用性，在一定程度上矫正和补偿了聋生的生理和心理缺陷，帮助他们能够比较容易地把所学的知识应用于自己的生活实际。目前，这套教材的一至三年级已经全部出版、使用，后六个年级的教材将在 1999 年以前陆续编辑、出版。

撰稿　王　岳
审稿　魏国栋

教育科研、学术活动

科研规划

〔“九五”研究课题评审、立项完成〕根据全国哲学社会科学规划领导小组对“九五”期间全国哲学社会科学研究的总体部署，国家教委对教育科研工作的要求，以及教育改革与发展和教育科研事业发展的实际需要，全国教育科学规划领导小组办公室编制《全国教育科学“九五”规划课题指南》(以下简称《指南》)，并于1995年11月向全国发布，开始了全国教育科学“九五”规划课题的申报工作。截止到1996年3月21日，全国共申报课题2153项，比“八五”期间增长65％。

《指南》坚持以马列主义、毛泽东思想为指导、以邓小平同志建设有中国特色的社会主义理论为根本方针，规定“九五”期间全国教育科学研究的中心任务和奋斗目标：要进一步深化和拓宽对邓小平同志建设有中国特色的社会主义理论，尤其是对邓小平教育思想的研究；要进一步深入研究建国以来教育发展和改革的历史，把丰富的实践经验概括、升华为理性认识，探索我国教育发展的基本规律及成功的历史经验；围绕实施《中华人民共和国教育法》，贯彻《中国教育改革和发展纲要》和落实“九五”教育发展目标，切实加强对我国当前教育改革与发展中的重大理论与实际问题的研究，尤其要重视和加强对教育改革与发展的重大宏观决策有直接关系的，以应用为主的一些问题的研究，为决策提供有力的理论支持、科学依据以至可操作的方案；要面向21世纪，积极研究和探索我国教育未来发展的基本思路和途径；要继续积极地有分析地研究世界各国一切有益的教育教学经验和先进的教育理论，为我所用。“九五”期间，要不断提高基础理论研究的水平，加强教育学学科的建设，重视对边缘、交叉学科的研究；大力发展应用性研究。力争使我国的教育科学事业在“九五”期间得到进一步的繁荣和发展。《指南》要求在选题上注意处理好六个关系：(1)注意处理好总结历史经验、研究解决现实的理论和实际问题以及准确预测和把握教育未来发展三者之间的关系，实行综合研究与分类专题研究相结合，使规划尽量体现出科学性、现实性、时代性和未来性的特点，使之更具承前启后、继往开来的历史意义。(2)注意把握好理论与实践的统一，把教育改革与发展的实践需要及其理论需要结合起来。进一步明确，无理论指导的实践是盲目的实践，无实践为基础的理论是空洞的理论。(3)注意处理好共性与个性的关系。一方面要设立一批对于解决我国教育改革与发展中的重大理论与实际问题具有普遍指导意义的重点课题,同时,也要针对一些部门、地区教育中所存在的一些特殊问题,深入开展个案研究和实证性研究,并从中寻求它的区域影响价值和作用。(4)在数量和质量上注意做到突出重点、兼顾一般,缩小战线、控制规模,把工作重点放在提高立项质量上,在可能的条件下,力争使课题总量适当增长,从而提高全国教育科学规划的整体水平和质量。(5)在研究方法上提倡定性研究与定量研究相结合,理论探讨与实验研究相结合,重点开展个案研究,加强研究方法的科学性、规范性和严谨性。(6)对研究边远贫困地区和少数民族地区教育问题的选题给予适当倾斜,以扶持这些地区的教育科研工作,推动这些地区的教育改革与发展。(7)注意调动各方面开展教育科学研究的积极性,选题既要满足各级教育科研机构和高等院校对教育科研的需要,又要鼓励和引导广大教育实际工作者及群众性教育研究团体参与教育科学研究的积极性。《指南》发布后,全国各地区踊跃申报课题。

1996年10月15日全国教育科学规划领导小组召开各学科规划组组长会议,对课题评审工作做了具体部署。会后,各学科规划组的专家,根据总的工作指导思想,严格按照评审要求,坚持实事求是、民主公正的原则,认真完成评审工作,提出了各学科规划组对各类课题的推荐立项意见。在此基础上,1996年12月23日～25日全国教育科学规划领导小组在北京召开(扩大)会议。出席会议的有全国教育科学规划领导小组成员、顾问,各学科规划组正、副组长,共42人。国家教委主任、党组书记、全国教育科学规划领导小组组长朱开轩主持会议并在开幕式、闭幕式上作了重要讲话,领导小组副组长王明达作了主题报告,领导小组顾问何东昌、全国哲学社会科学规划办公室主任李长征在会上讲话,领导小组成员兼规划办公室主任阎立钦在会上通报了各学科规划组评审情况及本次会议的安排,最后,领导小组副组长郝克明作了总结报告。会议听取了重大课题负责人的课题论证报告和各学科规划组组长对各学科规划组推荐立项的国家重点课题的汇报。经过严格评审,批准立项全国哲学社会科学重大课题两项,(教育学科)国家重点课题38项,报全国哲学社会科学规划办公室备案;同时还讨论通过1049项其他各类课题。

会议认为,全国教育科学"九五"规划的立项课题,在总体上反映出如下特点:一是比较重视对教育现状的分析,较好地把握当前我国教育改革和发展中的一些重大理论与实际问题,反映了世纪之交的时代特点和跨世纪中国教育改革和发展的要求;二是体现出较高水平的综合性,注意到理论研究与应用研究的结合,宏观研究与微观研究的结合,局部问题的研究和全面性问题研究的结合以及对同一重大问题在不同学科中的研究。而且,应用性研究课题的比例占到80%以上,使得"九五"规划具有较好的针对性和对实践的指导性;三是注意对新兴、边缘、交叉学科的研究,加强了对一些重点"抢救"性学科和薄弱学科的研究,重视对教育科学理论的一些新的生长点的研究,进一步拓宽了教育科研的领域和范围;四是教育科研队伍的结构比较合理,体现了教育理论工作者、教育实践工作者和教育行政人员的结合,中央与地方的结合以及老、中、青的结合。表明我国的教育科研水平,在前几个五年规划的基础上有了较大提高。会议要求：在正确的思想指导下，在新的历史时期，通过“九五”规划的实施，为建设21世纪有中国特色的社会主义教育体系做出新的贡献。

撰稿　刘　坚
审稿　阎立钦

教育发展战略研究

〔**“面向21世纪教育”国际学术报告会**〕 1996年国家教育发展研究中心成立十周年。“国家教育发展研究中心”于4月3日～4日在北京召开“面向21世纪教育”国际学术报告会以庆祝“中心”成立十周年。参加会议的有来自中国、美国、韩国以及香港地区的100多位专家和学者，国家教委主任朱开轩、副主任王明达出席了开幕式。与会20多位中外代表就面向21世纪教育的多个领域作了学术报告，涉及教育观念现代化、教育体制改革、素质教育、贫困地区教育、教育经费配置等一系列专题。

国家教育发展研究中心主任、研究员郝克明发言指出：面向二十一世纪，中国教育的发展面临着来自三个方面的矛盾和挑战，第一、对教育不断增长的需求和投入相对不足的矛盾。最近几十年是我国建立社会主义市场经济体制、实现现代化建设第二步战略目标并向第三步战略目标迈进的重要时期。经济的持续高速增长和社会的发展对教育的需求将会全面增长。中国又是一个拥有十二亿人口的大国，每年新出生的人口就达二千万左右。随着人民生活水平的提高，中国近十几年来独生子女政策的实施以及我国几千年文化传统的影响，家庭对子女受学历教育的期望值和对教育事业发展的要求，会超过其他同等经济发展水平的国家。中国又是一个发展中的国家，经济基础比较薄弱。近十几年来，中国教育经费有了较大幅度的增长，但总的来说投入水平还比较低，根据1993年的统计资料，中国公共教育支出约占世界公共教育支出的2%，但在校接受正规学历教育的学生却占世界的近20%，因此如何从中国的实际出发，进一步增加政府和全社会对教育的投入，深化教育改革，优化教育结构，努力提高教育资源的使用效益，最大限度地满足经济发展和社会发展以及广大群众对不同层次、类型教育的需求，是摆在我们面前急待解决的重大课题。第二、社会主义市场经济体制建立和发展对教育的改革和发展提出了新的要求和挑战。中国原有的教育体制是与计划经济体制相适应的，基本上是由国家集中计划和政府直接管理的体制。教育要适应并积极促进经济和社会的发展，积极而有步骤地推进教育体制改革。但教育活动与经济活动是两个社会功能不同的范畴，有各自运动的规律与特点。在两种体制转轨的过程中，既要看到教育体制改革的必要性和紧迫性，又要看到改革的艰巨性和复杂性，善于总结和吸收我国和世界各国处理教育与市场经济关系的经验，积极而审慎地进行这项改革。第三、科学技术的迅猛发展和社会的全面进步要求加快和深化我国教育的改革。现代科学技术的发展以及社会的进步对中国教学内容、教学方法的改革将产生重大影响，对各类学校培养的人才素质也提出了新的要求。中国教育的许多方面还不适应现代社会的发展，如：对学生以传授知识为主，教学上对学生的要求过于划一，对学生进行综合素质的教育以及培养他们学会主动掌握和应用知识的能力及创造能力不够，教学内容、教学方法和手段还比较落后等。学校的德育工作也还比较薄弱。因此，更新不适应经济、科技和社会发展以及受教育者全面发展要求的教育思想和观念，努力提高教师队伍的素质，深化教育内容和方法的改革，促进教学手段的现代化，提高教育质量，使各类学校培养的人才在德、智、体等方面得到全面发展，具有面向新世纪挑战的素质和基本的能力，是中国经济和社会发展对教育改革最根本的要求。厦门大学潘懋元教授发言认为：走向21世纪的中国高等教育，面临着挑战之一是：高科技与低素质的矛盾。解决这一矛盾的对策是加强素质教育；挑战之二：信息高速公路进入高等学校与传统教学过程的矛盾，为适应新的信息传输的要求，教学管理体制必然要进行改革；挑战之三：高等教育大众化与政府教育资金投入不足、城乡发展不平衡的矛盾，对策是发展私立高等教育，认识发展私立（民办）高教的必然性与重要性，立法以保障私立（民办）高等教育的健康发展。

国家教育发展研究中心副主任、研究员谈松华发言认为：跨世纪中国教育将要经历四个历史性转变：（1）总体性转变——社会主义现代化进程中的教育现代化。其特点和战略选择为：教育将成为21世纪中国经济和社会发展的决定性因素，按照需求和供给之间相平衡的原则，教育应采取适度超前发展战略；未来教育的发展要坚持数量、结构、质量、效率等协调发展，转变到质量效益型发展的方式；处理好发达地区和欠发达地区教育发展的关系，逐步缩小知识差距，实现区域教育的协调发展；把教育改革和发展结合起来，形成主动适应和促进经济和社会发展的机制。（2）教育发展——从数量扩张型发展方式向质量效益型发展方式转变。要在巩固普及九年义务教育的基础上转向建设高质量的教育。高等教育在质量、效益优先前提下实现大众化目标，其对策是，在宏观层面，调整高校布局结构，提高规模效益；在中观层面，调整科类和专业结构，提高专业点平均规模，扩大专业适应面；在微观层面，调整学生培养规格，完善知识和能力结构，增强学生对社会的适应能力。(3)教育体制——从体制转轨向制度创新转变。要从扩展学校功能和建立现代学校制度、增强社会参与功能和社区教育制度、转变政府职能和完善政府宏观管理体制三方面探讨新教育体制的构建。（4）人才培养——从学科为中心向学习者为中心转变。围绕培养21世纪社会主义建设者这个中心，改革教学过程、课程结构乃至教学手段、方法和组织方式。浙江省人大教科文卫办副主任邵宗杰指出，现在的中小学生受到怎样的教育，他们的精神风貌，将决定中华民族在21世纪的前途。为迎接21世纪，要实现教育观念现代化。就是要从实践已经表明是陈腐了的传统观念中走出来，建立起与基础教育所面临的形势任务相适应的教育观。应摒弃把基础教育视为教育基础，认为中小学的任务只是为后一级学校提供较好生源的价值观，建立面向全体，为了全体，造就全体的教育价值观；应转变层层考试筛选，以造就少数精英为目标的国民精英的观念，并认真执行普遍性、公共性、平等性等原则。应在德育工作中，对少年儿童应注重于培养他们助人为乐、善于与小伙伴友爱合作的品性，而不应在中小学中提倡只追求自己私利的所谓竞争精神。应继承和发展“学以致用”的传统，摒弃用分数及其排队名次为唯一衡量标准的教学质量观。应转变只把学生视为没有独立人格的受教育者的学生观，建立所有学生无论其个人及其家庭有何种差异，都应受到平等的对待，他们的人格都应得到充分尊重的学生观。让中小学生在没有压抑感的教室和校园里，在民主、平等、和谐、愉悦的氛围中成长。基础教育应加强地方色彩和多样化，中小学应是社区老百姓自己的学校。全国统一命题、各类各层次的学校招生用同样试卷的办法，以及中小学课程教材过分统一的状况，应尽快改变。应特别重视让中小学生在中华优秀传统文化熏陶下成长，着力培养其民族自尊心、自豪感和历史责任心，又有善于学习世界优秀文明成果为我所用的心胸。

在谈到21世纪中国教育的文化使命时，华东师范大学副校长叶澜指出，走向21世纪的中国学校教育必须有超前的文化意识。学校不但要承担传递原有文化的使命，而且应通过整体创建学校新文化，以此来培养适应社会变革、创造未来世界的新人。这是中国社会转型时期复杂而特殊的社会文化生态向学校教育提出的新任务。现代“文化”的观念，由“凝固态”、“产品型”和“过去时”向“流行型”和“现在、未来时”的转化，为新任务的提出提供了文化学理论依据。未来学校教育实现文化整合需完成三大艰巨任务：新教育价值观的形成；学校文化整合方法论的建立；新文化核心精神（在多重角色中实现个性，科学与人文精神的贯通，民族传统文化之新生与世界进步文化发展趋势的汇流等）的创建。

出席会议的国外专家学者也发表了各自的看法。韩国教育开发院院长、教授李敦熙就“面向21世纪的教育”发言认为：21世纪将是一个崭新的世界。首先，国家间的门户将会打开，人类将共同生活在地球村上，不同国籍、不同地区不再成为人们相互交往的障碍，随着交通、通信手段的发达，世界各国经济上的相互依赖关系会越来越明显，世界将是一个大市场。其次，未来社会又将是一个重视智力财富胜于物质财富的社会，因此可称作“知识社会”或“信息社会”，人类的智慧是社会生产活动的中心，只有用尖端科技生产出的产品才能在世界市场竞争中生存。知识社会要求教育体制的建立与学习需要者为中心的教育体制的建构。开放式教育体制是为了废除僵化的教育模式，使学生自由选择教育机会而提出的，需要者为中心的教育则以解决教育效率低下问题为其主要目的。

美国加州伯克利大学校长田长霖教授就21世纪的高等教育发言认为：目前世界有四大发展趋势：民主化、国际化、信息化和组织结构的机动化，这对21世纪的高等教育产生了巨大冲击。就民主化而言要有长远的目光，加深对教育长程投入的认识。就国际化而言，要求加强教育的国际交流和合作。就信息化而言，要求打破以往系、所、专业为主的格局，要求深化课程内容与教学方法的改革，要尽快与国际信息网络联接。基于世界发展的趋势和21世纪教育的需求，建议国内应注意四个问题：第一、教育的重要性一定要放在首位，“教育强市”“教育强省”“教育强国”。第二、要国际化、创造自己，形成中国自己的教育特色。第三，教育要注意面向地方、面向基层。第四、要办一些私立大学。

香港大学教育学院院长、教授程介明发言认为：中国教育发展已形成超前的模式，中国改革开放以后，教育的发展是世界瞩目的，用经济水平来比较，教育发展远远超过了经济发展，最明显的是基础教育，比如入学率，发展很快，很有特色。相同经济条件的国家其教育发展没有这么快，为什么？这可以归入文化因素。东亚一带整个教育思想着重要求个人适应社会，社会是发展的中心；西方强调社会适应个人，个人是社会发展的中心。在努力和能力的关系上，东方认为只要通过努力可以解决问题，西方则按照能力的不同加以区别。东方把学生学业成绩的好坏，归入努力与否的因素，西方则把它看成能不能达到的因素。对教育影响很大的还有思维方式，中国教育的思维方法是总体观念，从总体素质上，注意德育和培养集体意识；西方是分析的观念，分析性的目标是很强的。现在流行看学生素质，强调“物有所值”。现在全世界看中国的发展，以前发展是规模结构，从硬数字上看教育是否合格了。现在注意力转移到素质上，什么是好，什么是不好，这是一种价值观的判断。

美国卡内基教学促进基金会代主席格拉西科，就前基金会主席波伊尔博士所写的《学术水平的反思》的学术报告中提出的学术精神，提出了六个评判学术精神的标准，这六个标准第一是知识，成功的学术工作者必须全面反映该领域的知识；第二，要有明确的目标而且可行，可行的目标不只是在研究中，在应用中和教学中都很重要，研究者必须提出研究的清晰目标，一个成熟的学者是一个善于提出问题的学者；第三，有合适的方法，要明确选择的工作方式是否最合适，这是取得成功的基础；第四，应创造性地使用资源，尤其是识别研究成果的质量，对社会有多大的贡献；第五，有效的交流，所有的学术成果能互相沟通，有效地交流，变成“共同财富”，否则没有价值；第六，重要成果，任何学术都必须由其成果的重要性来判定。

与会专家认为，这次学术报告会标志着中国宏观教育研究进入了一个新的发展阶段，必将沿着“面向现代化，面向世界，面向未来”的道路继续前进，为落实《中国教育改革和发展纲要》及实现教育现代化作出新的贡献。

撰稿 严晓梅

审稿 谈松华

〔**教育发展战略研究**〕 由国家教育发展研究中心承担的“八五”期间国家哲学、社会科学重点课题《中国教育发展战略若干问题研究》于1996年结题，并通过鉴定。

该课题于1990年启动，历时七年，在认真调查分析中国经济、科技、人口、政治、文化等因素对教育发展的影响和要求，以及中国教育发展的历史经验、现状和发展趋势的基础上，提出了今后15年我国教育发展的指导思想，战略重点和战略目标，并提出了实现战略目标的措施与政策建议。该研究提出以下重要结论：

——教育发展要从中国国情特点出发作出战略选择，其中经济和人口是制约教育发展的两大基本因素。依靠有限的经济实力支撑着世界上最庞大的教育系统，这是未来15年教育发展与改革的现实起点。从经济方面看，随着经济发展，经济增长方式转变，以及由此带动的产业结构、就业结构的调整和人民生活水平的提高将向教育提出更高的、更加多样化的需求。这样，我国教育处于经济与人口两极拉动的矛盾之中：人口多——要求扩大教育规模——经济水平低又限制教育规模扩大；经济起飞——要求提高教育程度——人口多又制约教育程度的普遍提高。摆脱这种矛盾境况，实现经济、教育、人口（素质）的良性循环，是确定面向21世纪教育发展战略的基本出发点。

——在今后一个时期内，中国教育面对的主要矛盾是社会日益增长的教育需求与有限的教育供给之间的矛盾，与此相联系，教育发展中存在着普及与提高、数量与质量，地区差距等一系列两难选择，这些问题都涉及公平与效益之间的关系。正确处理这些关系，实现其现实平衡，是教育战略选择的实质所在。

——要转变把教育发展局限于数量增长、规模扩展的传统的发展观念，实现教育发展方式的转变。本课题从“发展”的新视角出发，将“发展”看作规模、速度与结构、质量、效益的有机结合整体，力求充分利用有限的教育资源，最大限度地发挥教育的整体效益。以此为依据，在提出今后15年的教育发展目标时，既研究了规模，速度等数量目标，又研究了结构、质量、效益目标，努力形成一个相对合理的目标体系。此外，还提出了未来15年中国教育发展的主要特征：适度的规模，优化的结构，多样化的形式、多梯度的区域布局和开放的系统。

——增加教育投入和深化教育改革是实现未来15年教育发展目标的根本措施。

在进行这项教育发展战略研究的过程中，全国有沿海发达地区的珠江三角洲、苏南地区、上海浦东新区、闽南三角洲、辽宁省，有中部地区的湖北省、黑龙江省和西部少数民族地区的新疆维吾尔族自治区，代表三次产业和不同技术装备水平的电力、交通、农业、商业、机械、冶金、纺织、轻工等部委，行会也参加了这项研究。这些研究成果不仅为总课题的研究提供了坚实的基础，而且已经为各地区、各行业制定的“九五”计划和2010年远景目标规划所吸收，成为该地区、该行业教育发展和改革的指导性文件，许多成果已被党中央和国务院颁发的《中国教育改革和发展纲要》及其《实施意见》所吸收。

获得好评和已转化为决策的成果还有：

——与国家统计局合作进行县级经济社会和教育发展评价指标体系的研究。国家统计局将此项研究的成果用于百强县的评估；国家教育发展研究中心同国家教委信息中心合作，开发了县级教育发展综合评价指标体系，对二百多个县的教育发展水平作了初步分析。此后，国家教育发展研究中心又以此为基础，与华东师大和国家教委有关司局以及国家统计局合作，研究绘制出版了第一套《中国教育地图集》。

——根据教育结构、体系的研究，向国家教育主管部门提交了“初中后教育结构调整”的咨询报告，为调整我国教育结构体系提供了基础。

——根据质量目标的调查，向国家教委提交了“义务教育学生质量现状调查报告”和研究报告各一份，分析了中国义务教育质量的现状、问题，并提出解决问题的政策建议。

——根据教育发展规模速度问题的研究，与国家教委计划建设司合作提出了“九五”期间和2010年的教育发展数量目标建议，已为中国制订“教育事业‘九五’计划和2010年远景目标”所采纳。

——根据教育体制改革方面的研究，向国家教委提交了“部门办学、管理体制改革的建议”和“市场经济与教育体制改革的调研报告”，这两份报告分别呈送国家教委和中央财经小组办公室，为领导决策提供了咨询。这些报告还在光明日报、中国教育报以及《瞭望》《教育研究》等杂志上发表，受到了教育界与社会各界的好评。

撰稿　诸　平

审稿　郝克明

高校人文社会科学研究

〔**首届人文社会科学研究优秀成果评奖**〕　国家教委为适应经济建设、改革开放和高等教育发展的需要，调动广大人文社会科学教师的科研积极性和创造性，进一步促进高校人文社会科学研究事业的繁荣和发展，决定从1995年起设立全国高等学校人文社会科学研究优秀成果奖，作为国家教委三大奖之一，每三年评选一次。经过逐级评选，国家教委决定对全国高等学校教师的498项优秀研究成果颁奖，其中，一等奖103项、二等奖395项（三等奖本届空缺）。

这次评奖展现了党的十一届三中全会以来我国高校人文社会科学研究事业取得的巨大成就。获奖成果反映了高校教师对马列主义、毛泽东思想和邓小平同志建设有中国特色社会主义理论研究与宣传，对我国现代化建设和改革开放的重大理论与实际问题的研究，对中华民族优秀传统文化的继承和弘扬，以及繁荣我国社会主义学术文化等方面做出的突出贡献。此次评奖的获奖面覆盖了23个学科、30个省、自治区、直辖市和113所高等学校。这次获奖的成果中有三十几项未公开出版、发表，但被政府、企事业单位采用，对实际部门管理决策起了重要咨询作用或产生重大社会效益的研究咨询报告获奖。这表明，高校应用研究有了新发展，社会参与性有了更大提高，为各级政府部门和企事业单位的决策咨询服务，已成为高校人文社会科学研究的重要领域和努力方向。

国家教委领导对此次评奖十分重视，为保证这次评奖的公正性、科学性和权威性，国家教委专门成立了奖励委员会和评奖办公室，制定了比较严密的《奖励办法》和《评奖工作程序》，坚持了质量第一、宁缺勿滥的原则，共有六个学科的一等奖空缺。奖励办公室共受理、审核了全国 354 所高校申报成果 2697 项，首先在全国高校范围内组织了 2212 名正教授进行专家通讯评审，然后又召开了 140 名专家参加的评审会，通过无记名投票方式产生获奖成果。为了保证评奖质量，1995 年 9 月 21 日在《中国教育报》上公布获奖成果名单，经三个月异议期后，才正式颁奖。

〔高校人文社会科学研究“九五”规划〕

在认真总结“八五”期间高校人文社会科学研究工作的基础上，为了认真贯彻《中华人民共和国国民经济和社会发展“九五”计划和 2010 年远景目标纲要》，推动全国高校人文社会科学研究事业的进一步繁荣和发展，国家教委于 1996 年 11 月 21 日制定发布了《全国普通高等学校人文社会科学研究“九五”规划要点》。

《要点》提出了“九五”科研工作的主要任务和工作方针。主要是：高校“九五”人文社会科学研究工作要坚持以马列主义、毛泽东思想和邓小平建设有中国特色社会主义理论为指导，认真贯彻中共中央十四届五中、六中全会精神，结合高校特点，开拓思路，深化改革，分层推进，注重质量，为实现我国跨世纪宏伟目标、贯彻科教兴国战略和促进高等教育发展做出积极贡献，并为迎接 21 世纪高校人文社会科学研究事业的繁荣发展奠定坚实的基础。

《要点》规定了“九五”规划主要项目及措施。主要包括：(1) 适应国家经济建设和社会发展及高等教育发展的需要，按照合理布局、加强重点的要求，拟批准 2000 个国家教委人文社会科学研究项目，其中，国家教委全额资助和部分资助的项目 1350 项，跨世纪人才培养计划 150 项，自筹经费项目 500 项。在国家教委全额资助和部分资助的项目中：文科博士点基金项目 400 项，一般规划项目 350 项，并从这两类项目中择优资助 100 个重点项目；青年基金项目 150 项；与省教委和高校配套资助的规划项目 400 项，与有关部委高校配套资助一般规划项目 50 项。整个规划立项实行滚动申报和评审，分两批组织：第一批周期三年（1997～1999 年）；第二批周期三年（1998～2000 年）。(2) 加强人文社会科学研究基地建设。继续发挥高校学科齐全、队伍整齐的优势，努力建成一批具有国内领先水平和高校特色的国家研究基地，在五年内，争取使 100 个二三级重点学科和重点科研机构的科学研究整体水平在全国学术界处于领先地位。(3) 加强人文社会科学研究队伍建设。高校人文社会科学研究工作者必须深入学习掌握马克思主义特别是邓小平建设有中国特色社会主义的理论，坚持正确的政治方向；发扬理论联系实际的学风，增强研究解决重大理论与实际问题的能力，倡导严谨治学的风气，强化集体协作意识；不断充实和更新自己的专业知识，提高外语水平，并努力掌握计算机等现代科研手段。(4) 实施国家教委人文社会科学跨世纪优秀人才培养计划。在高校选拔 150 名左右具有较高政治素质、较突出学术成就的中青年教师，列入国家教委人文社会科学跨世纪优秀人才培养计划，加快培养新一代跨世纪的学科带头人和学术骨干，并通过这项计划的实施进一步推动各级教育主管部门和高等学校的跨世纪人才培养工作。(5) 加强科研项目的管理，作好科研成果的推广、应用和奖励。(6) 促进科研机构建设和结构调整。通过试点，建设一批以应用对策研究为主，具有思想库功能，研究成果能够产生明显社会效益和经济效益的新型科研机构。鼓励高校与政府部门、企事业联合创办建立“产、学、研”一体化的研究院（所）。(7) 促进学术交流和信息工作。(8) 深化科研管理体制改革，抓好科研管理干部队伍建设。

1996 年，国家教委人文社会科学研究“九五”规划第一批课题立项圆满完成。经过专家严格评审，在近 3000 项申报课题中评审出 977 个研究课题立项，其中资助课题 837 项，批准经费 1236 万元，另有专项任务研究课题 140 项。在资助的 837 个课题中，规划项目 486 项，博士点项目 253 项，青年项目 98 项；其中，重点项目 75 项。在规划项目中有 236 个配套资助课题立项。

〔**文科博士点基金项目研究**〕 1996 年，国家教委对十年来文科博士点基金研究项目的情况进行了总结。高等学校文科博士点基金共资助四批研究课题共计 1267 项，资助经费 1400 万元。截止到 1996 年 6 月底，这些研究课题已有 1075 项完成，完成率达 84%。已取得的研究成果中，有一批学术水平较高、社会效益明显的研究成果。其中，为国际学术会议提供论文 452 篇，为全国学术会议提供论文 1026 篇，在全国学术刊物上发表论文 7026 篇，在国外学术刊物上发表论文 248 篇，出版专著 1219 部，鉴定成果 360 项，获得省部级以上奖励 339 项。在 1996 年全国普通高等学校首届人文社会科学研究优秀成果奖 498 项获奖成果中，文科博士点项目研究成果 49 项，占全部获奖成果数的 1/10。据统计，在博士点项目的研究工作中，培养博士后 19 人，博士研究生 1515 人，硕士生 4328 人。

〔**科研管理规章制度建设**〕 1996 年 10 月国家教委下发了《关于印发〈国家教委人文社会科学研究项目管理办法〉》。本办法自 1996 年 11 月 1 日起实施。社会科学司于 1996 年 8 月制定了《国家教委人文社会科学研究规划项目中的配套资助项目管理暂行办法（试行）》。这是为了调动各方面的积极性，在统一评审、不降低标准的基础上解决一部分课题因经费缺乏不能立项的问题而进行的一种尝试。

〔**统计工作**〕 1996 年，社科统计工作在以下方面进一步深入：(1) 全国 465 所高校的三万余名副教授以上的人文社会科学专家进入专家库，四百多个博士点、重点学科和科研所（室）进入机构库，并采集 30 个省、自治区、直辖市的 825 所高校的年度社科统计数据。(2) 国家教委对“八五”社科统计工作进行了总结，表彰 25 个全国普通高等学校人文社会科学研究统计年报工作先进单位和 30 名先进个人，并颁发了国家教委的奖励证书。(3)《全国普通高等学校人文社会科学研究管理系统》校级版、系级版、省级版、部委级版均在前两年试运行的基础上进行了全面更新，进一步适应了高校文科科研管理工作的需要。

撰稿 张保生

审稿 阚延河

高校社会科学发展研究

〔**综述**〕 1996年度，国家教委高等学校社会科学发展研究进一步推进了以下几方面工作：(1) 组织课题组开展对哲学社会科学中重大理论问题和现实问题的研究，探讨哲学社会科学的发展动态、趋势；组织教育系统带有指导性、全局性的重大学术研讨活动，开展经常性的跨学科、跨学校的学术交流活动；编撰学术简报。(2) 以马克思列宁主义、毛泽东思想和邓小平建设有中国特色社会主义理论为指导，坚持党的基本路线，坚持“为社会主义服务，为人民服务”的方向和“百花齐放，百家争鸣”的方针，做好《高校理论战线》杂志（月刊）的编辑和出刊工作，不断提高刊物水平和编辑质量。(3) 加强教育系统邓小平建设有中国特色社会主义理论研究队伍的建设，推动教育系统对建设有中国特色社会主义理论的学习、研究和宣传，开展重大课题的研究和经常性的专题研讨。不断拓展研究工作的深度和广度。(4) 团结高校学者，培养年青一代的马克思主义理论工作者；发挥教委领导联系高校学者的纽带作用，增强高校学者间的凝聚力。

社科中心在1996年召开50余次各类学术研讨会，共编撰101份简报，计11万字，定时出齐12期《高校理论战线》，共发表260多篇文章，120多万字。

撰稿 王炳权

审稿 田心铭

〔**科研工作**〕 1996年，社会科学研究主要在以下几方面展开。

一、课题研究工作

“西方经济学与我国经济体制改革”课题组在1995年工作的基础上，集中科研力量展开系列专题研究，出版《西方经济学与我国经济体制改革》（第二册）；1996年3月，课题组召开题为“西方经济学的研究问题”的第七次西方经济学学术报告会；4月，召开“股份合作制问题与中小国有企业改革”研讨会；在1月、6月、12月，课题组曾多次召开小型研讨会，研讨国有企业改革及经济形势；11月，课题组组织专家学者赴青岛“双星”集团考察国有企业改革问题。

“国外社会主义理论动态跟踪研究”课题组于1996年5月召开“意识形态在苏联演变中的作用”研讨会；7月，召开“俄罗斯大选形势”研讨会；11月，召开“当代资本主义基本矛盾及其发展趋势”研讨会，“朝鲜问题座谈会”；邀请俄罗斯谢苗诺夫教授座谈俄罗斯现状与未来；1996年10月与北京大学俄语系、俄罗斯文学研究会等联合召开“纪念高尔基逝世60周年”研讨会。

“中国近现代史”课题组为澄清近年来中国近现代史研究中的重大历史是非展开了系列研讨活动，4月，召开了“五四运动与20世纪中国的历史道路”学术研讨会；9月，与北京市历史学会、北京市教工委、北京市教委联合举办“中国近现代史上重大历史是非问题”系列讲座，邀请在京8位著名历史学家，对中国近现代史研究领域重大历史是非问题进行了评述，取得了较好的效果；1996年10月，组织部分专家集体编著出版了《走什么路——中国近现代史研究中的若干重大历史是非问题》一书。此书集中反映了近几年来中国近现代史研究的状况，对澄清中国近现代史研究领域的重大是非，引导广大干部和群众正确认识近现代中国所走过的历史道路起了积极的作用。

“建设有中国特色社会主义文化”课题是“九五”国家重点项目。课题组成立以来，制定了详细的研究计划，经过认真的筹备，于1996年11月在四川召开了“建设有中国特色社会主义文化”研讨会，把对文化问题的研讨向前推进了一步。

“党建理论与实践”课题的研究工作进入尾声。最终成果之一《反腐败论》已交付出版社。子课题“社会主义市场经济条件下企业党员队伍建设”的最终成果《现代企业党的建设》一书已经出版发行。为配合《中国共产党普通高等学校基层组织工作条例》的颁布，于8月召开“高校党的建设”理论研讨会，来自各地基层党务工作者百余人到会，与会人员交流了各自工作经验。

“学校美育理论与实践研究”课题组已结束系统的研究工作，进入专家鉴定、成果结集出版阶段。课题的最终成果——《学校艺术教育丛书》（共16册）经过专家们十几次的审定，将由上海教育出版社和教育科学出版社出版。此外，课题组织者与国家教委艺术教育委员会联合召开了“现代艺术与学校艺术教育”“素质教育与学校教育”两次大型研讨会，对开展艺术教育工作起了较大推动作用。

“社会主义精神文明建设”课题组结合中国改革开放的实际，就如何解决“一手硬、一手软”的问题展开深入研究。课题组召开了系列专题研讨会，与会专家学者就如何加强精神文明建设提出了诸多有见地的意见、建议。

法学课题在1996年1月、3月多次召开研讨会，研讨法学问题。

“市场、企业、国家三者关系”课题组分头撰写专著。

二、“全国教育系统邓小平建设有中国特色社会主义理论研究中心”的工作

1994年1月，“全国教育系统邓小平建设有中国特色社会主义理论研究中心”（以下简称“理论研究中心”）成立，社科中心担负其日常工作。“理论研究中心”1996年主要做了以下几项工作：

召开了全国教育系统第二次邓小平建设有中国特色社会主义理论研讨会。全国24个省、自治区、直辖市的46所大学、4所教育科研机构和2所中学的八十多名代表参加了会议。会议期间，专家学者们深入学习江泽民同志关于讲政治的一系列重要讲话，联系党的十四届五中全会制定的跨世纪宏伟蓝图和中央确定的十四届六中全会的主题，围绕跨世纪发展战略、社会主义精神文明建设两项议题，从政治、经济、思想文化和教育等方面对邓小平建设有中国特色社会主义理论进行广泛深入研讨，撰写了研究论文。

推动四项重大课题的研究。“社会主义本质和发展道路研究”“社会主义市场经济理论和实践研究”“邓小平关于两个文明一起抓的战略思想研究”“保持我国政治社会稳定的对策研究”等4个课题是国家社科基金规划领导小组下达给理论研究中心的重大课题。理论研究中心按照中宣部的部署和“快起动、出精品”的要求，组成由高校一流专家学者参加的课题组，对各课题进行精心设计和反复论证，并就课题研究的基本内容、调研重点、成果形式、完成时间等问题作了比较深入的探讨和细致的安排。几个课题已按计划启动，撰写出若干篇学术水平较高和社会反映较好的论文和调研报告。

加强与各高校理论研究中心的工作联系。理论研究中心通过《工作简报》和《高校理论战线》杂志随时反映各高校理论研究中心和相关研究机构开展活动及成立机构的情况，沟通了信息，交流了经验，密切了工作联系。

三、简报编撰工作

1996年度各研究室编发四种简报共101份（11万字）。其中《社会科学情况反映》58期、《理论研究参考资料》1期、《参阅件》2份、《报刊文摘》40份。

撰稿　王炳权
审稿　田心铭

〔**办刊工作**〕《高校理论战线》杂志是国家教委主办的综合性哲学社会科学理论刊物。1996年本刊立足高校，面向全国，紧密联系当代世界现实和建设有中国特色社会主义的实践，反映高校理论研究和教学的最新动向，致力于中国哲学社会科学的繁荣和发展，为高校理论教学与科研服务，注重权威性、现实性、针对性、可读性，发表了一批有广泛影响的理论文章。现设有“高校工作研究”“高校理论教学参考”“高校德育建设”“书记校长谈理论”“宣传部长论坛”“社会主义理论学习与研究”“经济理论研讨”“怎样看西方经济学”“改革开放与人生价值观”“国际论坛”“人权问题研究”“我与马克思主义”“传统文化与现代化”“思潮评介”“热点透视”“文艺评论”“探索与争鸣”“调查与思考”“读书与心得”“来稿集粹”“理论动态”等栏目。

撰稿　王炳权
审稿　夏伟东

中国教育学会

〔**群众性科研和学术活动**〕中国教育学会于1996年5月23日在广东中山市召开工作会议，制定《中国教育学会“九五”科研计划》。张承先会长主持会议并作了题为

《关于“九五”期间加强基础教育研究的几点意见》的讲话。这次会议明确了学会在“九五”期间开展群众性教育科研的指导思想和主要任务。与会同志认为：要进一步树立为基础教育服务的思想，紧紧围绕全面贯彻教育方针、全面提高教育质量这个主题，开展学术研究和教改实验，力争在加强和改进学校德育，坚持教育与生产劳动相结合、实施素质教育等问题的研究上有新的突破。会后，到年底，学会共收到申报课题61个，已确定50个为学会“九五”课题。

召开第十次全国学术讨论会。中国教育学会于10月15～18日在湖南长沙市召开第十次全国学术讨论会。主题是素质教育的理论与实践。重点探讨如何转变教育观念，如何认识和学习汨罗经验，如何建立素质教育的运行机制。会议采取理论研讨与现场参观相结合的方式，与会同志实地参观了汨罗的素质教育。国家教委副主任张天保出席开幕式并讲话。与会同志指出，素质是指个人先天具有的生理、心理特点和后天通过环境教育获得的基本品质。提倡素质教育就是要使每一个学生先天获得的遗传素质得以充分发展，同时使他们获得当今社会所需要的各种品质。为了素质教育的有效实施，必须开展区域性改革。实施素质教育呼唤教育理论的支持和教育理论工作者的参与。理论工作者不应站在外面评头品足，而应投身教育改革实践，不断研究新情况，解决新问题，总结新经验，从而完善素质教育的理论，推动素质教育的实施。会后，学会秘书处挑选34篇论文，汇编出版了《素质教育：面向21世纪的选择》。

召开全国普通中小学教劳结合现场会暨学术讨论会。中国教育学会先后于9月13日和12月8日分别与河南省教委、国家教委基础教育课程教材研究中心在河南浚县、浙江湖州市召开全国普通中小学教劳结合现场会暨学术讨论会，介绍、推广浚县、湖州市的经验，研讨教劳结合与素质教育的关系，对加强普通中小学教劳结合提出政策建议。张承先会长为两会发了书面开幕词。国家教委副主任王明达在浚县现场会上指出：积极推进教劳结合是全面贯彻教育方针的重要内容，是坚持社会主义教育方向的基本措施。要认真研究在新的条件下，如何按照邓小平同志的指示，更好地贯彻教劳结合方针。

召开成仿吾教育思想研讨会。为纪念成仿吾诞辰100周年，中国教育学会与中国人民大学等单位于10月14日在江西庐山联合召开成仿吾教育思想研讨会。张承先会长为大会写了书面发言。与会同志认为，要学习成仿吾热爱教育的献身精神、不畏艰险的奋斗精神、艰苦探索的求实精神和面向未来的开拓精神。

1996年2月6日，中国教育学会在京召开成都市青羊区教改实验汇报研讨会，张承先、张健、顾明远、吴畏等出席听取汇报。3月4日，学会确定青羊区为中国教育学会教改实验区。6月5日，卓晴君等到青羊区考察实验区筹建情况。9月9日，张健、顾明远等出席了在成都市召开的青羊区教改实验方案审定会。青羊教改实验区实验总课题是：完善课程体系，构建区域性三结合教育模式，全面实施素质教育。实验目标：逐步完善素质教育课程体系，建立学校教育为主，学校、家庭、社区教育结合，学生全面发展与个性发展和谐统一的素质教育模式。

学会各分会的学术活动。一年来，中国教育学会所属历史、化学、体育、小学语文、小学数学、小学自然、小学德育、中学德育、语文教学法、教育实验、基础教育学制等专业委员会和教育学分会的教学论、德育、美育专业委员会，教育管理分会的中小学整体改革、小学专业委员会及黑龙江、吉林、浙江、江苏、福建、云南、山西、哈尔滨、沈阳、武汉等地方分会，都围绕素质教育的内涵、结构、特点，实施素质教育的目标、途径、模式、学制、课程、教材、教法、考试、评估，以及转变观念、区域性整体改革等，研讨了素质教育的理论，推动了素质教育的实践，为素质教育提供了舆论支持。

〔**开展科普、优秀科研成果评奖**〕 1996年，中国教育学会及所属分会、专业委员会和省、市学会从实际出发，利用各自优势，以提高教师素质为主要内容，开展了多种形式的科普活动。其中，中学数学教学专业委员会举办初中青年数学教师优秀课观摩评比活动，参加者近千人；小学自然教学专业委员会举办中年级自然教学观摩课，物理教学专业委员会召开中学青年物理教师优秀录像课大赛发奖观摩大会，生物学教学专业委员会举办生物学教学录像课大赛，语文教学法专业委员会举办中小学语文素质教育观摩活动等，效果都很好。小学语文教学专业委员会在海南省举办的教学观摩活动，把现场教学、交流经验、学术报告融为一体，深受欢迎，有一千多名教师参加。

此外，黑龙江省学会举办了有1400人参加的素质教育讲习班；重庆市学会举办了有3000余人参加的素质教育理论与实践学术报告会；广西自治区学会举办了有800多人参加的素质教育讲习班、有40多万人参加的《教育法》知识竞赛，还深入9个县市、24所中小学、39个单位进行素质教育情况调查，写出咨询建议报告受到自治区教委的肯定。教育基建专业委员会受国家教委计划建设司和贷款办公室委托，举办了世界银行贷款贫困地区教育基建人员培训班和工程施工、建设监收培训班。儿童教育心理学分会与中央电视台联合举办少儿节目《大追踪》，每晚播出，产生积极影响；音乐教育专业委员会举办了教师竖笛与打击乐培训班等，都取得较好效果。

中国教育学会与国家教委关心下一代工作委员会、国务院华侨事务办公室、光明日报社、中央电视台青少部、北京市教委等联合举办了第二届华人少年作文比赛，收到来稿15万件，包括20几个国家的华侨团体的来稿。

〔**学刊工作**〕 《中国教育学刊》编辑部为了改进工作，于4月17日邀请北京市部分中小学领导、教师和学会同志召开座谈会征求意见。9月11日在延安召开学刊工作会议，总结工作，交流经验，表彰先进。一年来，学刊认真宣传贯彻党的十四届五中、六中全会精神，围绕素质教育等热点问题展开研究，广泛介绍教育改革中的新鲜经验，反映学会的活动信息和研究成果，努力以科学的理论指导人、以正确的舆论引导人，刊物质量不断提高，受到读者的好评，今年发行量由去年的2.8万份上升到3.3万份。

在1996年，学会还完成了中央党史研究会和国家教委交办的《杨秀峰传》的撰写任务。

〔**对外和对港澳台的友好往来**〕 与美国教育学术团体建立了联系。应美国跨文化交流中心和全美教育研究联合会的邀请，学会秘书长郭永福于8月22～9月4日访问了美国。此行主要是探讨与美国教育学术团体交流合作的可能性，了解美国教育学术团体的活动、作用和管理经验，考察美国中小学。

与台湾开展学术交流。9月20日，应台湾素书楼文教基金会钱胡美琦女士邀请，中国教育学会高级职业中学校长访问团一行20人出席在台北市召开的“海峡两岸及港澳地区中华传统文化与中等教育研讨会”，并考察了台湾教育。访问团写了详细的访问报告。国家教委主任朱开轩对报告做了批示：“材料很翔实，可报岚清同志处参阅。”12月24日，中国教育学会邀请了以高雄中学校长朱酉武为团长的台湾地区高级职业中学校长访问团一行17人来大陆访问。

中国教育学会中学德育专业委员会首届年会邀请了香港教育工作者联合会代表叶建源出席；书法教育专业委员会在贵阳举办“中国内地、澳门地区中小学师生书法作品交流展”，邀请澳门艺林书法学会连家生等5人和台湾书法教育界人士苏安德等4人出席。

撰稿 毛士元

审稿 郭永福

教育报刊

中国教育报刊社

〔**工作指导思想**〕 1996年，是中国教育报刊社1996～2000年改革和发展规划中关于“提高宣传质量、提高队伍素质、提高经济效益”（简称“三提高工程”）启动的一年。社党委提出“1996年是报刊社质量年”，鼓舞全体职工爱岗敬业，作出成绩和贡献。

在1996年，《中国教育报》《人民教育》《中国高等教育》《神州学人》（简称“一报三刊”）以江泽民总书记两次对新闻工作的重要讲话为指针，以高度的政治敏感性和政治责任感，积极宣传邓小平同志建设有中国特色社会主义理论和改革开放的巨大成就，宣传党的“科教兴国”战略和社会主义精神文明建设的指导思想，宣传全国特别是教育界改革、发展的大好形势，歌颂英雄模范人物和广大教育工作者的奋斗创造精神，配合全党全国工作大局和国家教委的工作部署，坚持正确的舆论导向，有力地推动了教育的法律法规的贯彻实施，推进了各级各类教育的改革和发展。

根据报刊社的统一安排和部署，一报三刊，根据各自特点和分工，注意宣传效果。反响较大的有：《中国教育报》《中国高等教育》关于北京航空航天大学杨为民教授的报道《一个共产党员的人生追求》，《新华文摘》第9期予以转载，北京市组织座谈会学习杨为民教授的献身精神。《人民教育》第2期对湖南省汨罗市12年坚持进行素质教育探索的长篇报道在推动实施素质教育方面起了重大作用。《神州学人》和《中国教育报》都在1996年6月底，开设了《香港回归倒计时》专栏，以不同的形式和角度宣传邓小平同志“一国两制”的伟大构想，对海内外留学人员进行爱国主义教育。

〔**质量建设**〕 1996年6月7日，报刊社党委召开扩大会，研究提高“一报三刊”质量问题。

《中国教育报》编辑部制定并实行了发稿流程、事故差错处罚办法、工作量考核办法，建立了出版后的二读制度。

《人民教育》编辑部强化了策划意识。研究办刊方略，实行以深度、力度报道取胜的“铁榔头战略”。在全年实践中体现六个加大力度（宏观指导、典型报道、为教师服务、栏目改革、形式改革、编校质量管理）；依据有关文件，制定了本刊编校质量标准及实施标准的保证措施，又发出了三千多份问卷，征求读者的意见、建议。

《中国高等教育》编辑部落实了计划中的

以在加强重点宣传，狠抓热点、难点的基础上，着重提高舆论导向性，提高宣传力度，提高宣传效果。同时，注意抓规范管理，制定并执行编辑流程，采取措施加强通联队伍，编辑队伍建设。

《神州学人》编辑部在当年强调在质量中求生存，在质量中求发展，完善了“编辑出版流程”、“刊前检查制度”，从3月份开始，将原来的每期执行编辑制改为版块主持人制，调整了栏目内容，约请了一批高水平的专栏作家和通讯员。

〔**队伍建设**〕 1996年4月，国家教委调整了报刊社的领导人员，由刘川生代党委书记，俞家庆任社长。

党委也抓紧了中层骨干的思想理论学习。7月15～22日，组织处级干部脱产3天，集中学习《邓小平文选》第三卷，江泽民总书记的有关讲政治，提高干部素质的文章及薄一波《若干重大决策与事件的回顾》。事前，请中国人民大学罗国杰、卫兴华教授讲了有关精神文明建设和社会主义市场经济的理论与实践。这次学习提高了学习者的思想水平。

〔**第二届全国“十杰”中小学中青年教师评选**〕 中国教育报刊社与宝钢公司联合主办的第二届全国“十杰”中小学教师评选活动通过无记名投票，选出“全国‘十杰’中小学中青年教师”10名，提名奖20名。9月8日上午，在北京师范大学英东会堂举行颁奖大会。9月10日“十杰”教师在人民大会堂受到了江泽民总书记的接见并聆听了重要讲话，李岚清副总理与全国各地教师代表座谈。

这次活动有新华社、人民日报、解放军报、法制日报、光明日报、中国青年报等报纸做了报道，中央电视台和中央人民广播电台也播发了消息。

〔**中国教育记协换届**〕 成立于1983年的中国教育新闻工作者协会（简称“全国教育记协”）于1996年换届改选。5月26～28日，中国教育记协第二届理事会（共有84个理事单位）在京召开。大会通过了新的《章程》，听取并讨论了上届理事会的工作报告，选出了新的常务理事会。常务理事会选举俞家庆同志为教育记协主席，陈兴贵、纪斌、汪远平、赵书生、刘堂江、魏国英等被选为副主席。彭兴彪为秘书长。教育记协下设中央新闻单位工作委员会，教育专业报工作委员会，教育期刊工作委员会，高校校报工作委员会。

〔**组建审读中心**〕 受国家新闻出版署报纸管理司和国家教委条件装备司委托，中国教育报刊社于1995年12月组建了“教育、教学辅导类报纸审读中心”，下设办公室。到1996年，审读中心摸清了全国这两类报纸共二百二十多家，有国内统一刊号的八十多家；制定了审读标准、工作程序、办公室职责；聘请19名审读员；对44家97种报纸进行了跟踪审读和抽样打分；将审读结果报告新闻出版署报纸管理司和国家教委条件装备司，得到了充分的肯定。12月19～22日，召开了首次审读工作总结会，四十家报纸负责人出席，俞家庆做了总结报告。与会代表对进一步做好审读工作提出了意见和建议。

撰稿 王金重

审稿 俞家庆

中国教育报

〔**工作方针**〕 1996年，中国教育报在国家教委党组的领导下，坚持邓小平同志建设有中国特色社会主义理论，深入学习江泽民总书记视察解放军报，人民日报的两次重要讲话，认真落实中国教育报刊社“三提高”工程所提出的任务，努力工作，取得了成绩。

配合国家教委当年重点召开的四个会议的宣传工作：

职业教育工作会议宣传。从1月起，就介绍了温州曙光高级职业中学等先进典型；2月，介绍了湖南省职教研究形成网络，5年编写教材170多种；5月15日，《中华人民共和国职业教育法》经全国人大常委会讨论通过并颁布。中国教育报刊登了法律全文并配发社论：《职业教育发展改革的法律保障》，同时发表通讯：《迎接职教发展的春天》，王明达副主任就《职业教育法》颁布答记者问，并连续发表了河北邢台高等职业技校，北京昌平农村职业学校，内蒙古乌兰浩特市第一职业技校，九江职业高中等校的办学经验。6月，又发表了湖南部分职业高中校长谈《职教法》，山东德州第一职业专科学校办学纪实，吉林开展“职教年”，陕西横山县创建“职教中心”等情况。在全国职教工作会议期间，对会议做了充分的报道。9月1日，《职业教育法》正式实施，大量报道了云南、湖南、广西、辽宁、甘肃、黑龙江、宁夏等地深入学习，贯彻落实《职业教育法》的动态。

师范工作会议宣传。中国教育报先后在《师范》专刊栏介绍了先进师范学校的教育经验和各地区支持师范教育的做法。会议期间，除以显著位置发布会议消息，江泽民总书记接见代表等重要活动外，还全文发表了李岚清副总理在师范工作会议上的讲话。9月份的两期《师范》专刊，又分别报道了一些地区办好师范教育的经验，师范教育专家对现状的分析和展望，推动了会议精神的贯彻落实。

高校科技工作会议宣传。为配合高校科技工作会议召开，7月份刊出多篇报道，介绍江西、浙江、山东等省高校及南京航空航天大学、青岛海洋大学，山西大学等校的有关经验和做法。还报道了李岚清、温家宝等领导同志在高校科技工作会议上的讲话和朱开轩同志的总结。

解决教师住房问题的宣传。为配合第三次全国教职工住房建设工作经验交流会的召开，中国教育报从1月开始，陆续介绍了辽宁、四川、海南、江苏、浙江、上海、广东、青海，以及昆明、济南等地的经验和动态，制造了浓烈的舆论氛围。

〔**宣传推动教育法规施行**〕 宣传《教育法》的施行。1月3日，中国教育报报道了《大连把“教育法”落到实处》，陆续发表了湖南省委书记王茂林、吉林省委书记张德江、四川省委书记谢世杰、省长肖秧、山东省委书记赵志浩等领导谈落实《教育法》的文章。在全国人大和全国政协召开“两会”期间，还就“依法治教”问题进行了深入报道。此外，还及时加强了对人大、政协、国务院检查《教育法》实施情况的报道。

重点宣传《义务教育法》。1996年，是《中华人民共和国义务教育法》颁布实施十周年。1996年将在全国45%左右的人口地区基本实现普及九年义务教育。为宣传这一历史性成就，推动本世纪实现“两基”宏伟目标，中国教育报于4月10日开始，推出《“普九”十年巡礼》专栏，首篇刊登的是《铸造历史丰碑》，介绍了江苏省10年贯彻落实《义务教育法》所取得的成就。4月12日以后，又先后刊出了李岚清同志的长篇文章《基础教育是提高国民素质和培养跨世纪人才的奠基工程》，朱开轩同志在纪念《义务教育法》颁布十周年座谈会上的讲话。《“普九”十年巡礼》栏报道了江苏、宁夏、青海等地绘制“九五”蓝图，部署“普九”攻坚等消息，共四十余篇。

此外，中国教育报还在1月4日开辟了《教师资格条例问答》专栏，分五期回答了有关问题，就提高教师素质问题进行了正面引导。4月29日刊登了《小学管理规程》及有关专访，就教育界关心的热点问题，进行了正面引导。

〔**宣传“两基”工作分类推进**〕　中国教育报在1996年仍以主要精力进行推进“两基”的宣传。1月，报道了安徽省44个县市通过“普九”验收，江西省宜春市、江苏盐城市实现“两基”的经验和江苏基本扫除了青壮年文盲，宁夏回族自治区靠扫盲奔小康的消息；1月11～20日，就“扎扎实实地实施两基”这一主题，连续发表5篇评论，即《肯定成绩正视困难》《积极进取实事求是》《两基并重有机结合》《推进两基促进两全》《依靠政府依靠群众》。并报道了党和政府设立专项基金，实施“国家贫困地区义务教育工程”和甘肃、贵州、湖北、大庆、枣庄、唐山等地区“普九”的成果、经验和新部署，宣传了《泰山区发展教育高标准不停步》《四川启动贫困地区义务教育工程》，在报道湖南、辽宁、河北依法治教，实施两基之后，也报道了新疆“两基”有新突破，山西“普九”瞄准农村等消息，从不同地区、不同特点，报导了“两基”“分类推进”的形势。7月23日，还在《“普九”十年巡礼》专栏中刊登了咸阳“普九”攻坚的长篇通讯。11月下旬，全国教育对口支援协作会议在深圳召开。会议前后，连续刊登多篇全国教育对口支援协作情况综述及广东、浙江等省大力支援新疆、西藏教育的消息。

中国教育报以前所未有的力度，宣传了中小学由应试教育向素质教育的转变。1月9日，以柳斌同志的文章《实施素质教育中的几个问题》为一条主线，贯穿素质教育宣传。6月5日又发表柳斌在听取部分国家督学情况通报后提出：当前基础教育的当务之急是学习、推广湖南省汨罗市推动应试教育向素质教育转变的经验；9月4日刊登柳斌专访“谈素质教育”；9月20日柳斌在地（市）教委主任研修班上强调素质教育是当前教改主要任务；李岚清副总理7月3日在汨罗市考察时讲话全文和有关消息、文章，并对全国教育督导负责人会议提出的“构建评估机制推动素质教育”做了报道。同时，从1月份开始，逐月都有实行素质教育的地区、学校经验的报道，比较突出的有：6月10日《咬定青山不放松》——汨罗实施素质教育的做法；9月2日的头条长篇通讯《走向素质教育》，介绍了天津市大面积、全方位地进行素质教育的经验。12月中旬，《基础教育》专刊第300期编发了《素质教育的认识与实践》特辑，全面介绍了一些典型经验。

〔**为治理乱收费，制止拖欠教师工资造舆论**〕 配合治理义务教育阶段乱收费的宣传。1月3日，中国教育报报道了河北省中小学走向规范化、制度化治理乱收费的消息，接着报道了山东滕州社会评议中小学收费，98%的家长满意，树立了正面典型。2月7日，发表了朱开轩主任的文章：《标本兼治，切实解决中小学乱收费问题》，又发表了中纪委副书记，国务院纠风办主任徐青的文章：《加大力度解决中小学乱收费问题》。“两会”期间，报纸以一定的版面反映了人大代表，政协委员对中小学乱收费的意见，其中2月11日《“择校生”现象该刹车了》一文被中央人民广播电台摘播。7月26日，中国教育报发表评论员文章《加大力度治理中小学乱收费》以后，宣传了李岚清副总理邀请京津沪有关负责人座谈，再次强调制止义务教育阶段乱收费、高收费的问题。还开设了《坚决制止中小学乱收费高收费》专栏，分7期报道了上海、天津、沈阳、大连、银川、石家庄等大中城市及四川、内蒙古等地有关经验和新举措，形成了较大的宣传声势。

制止部分地区拖欠教师工资的宣传报导。1996年1月26日，中国教育报从正面介绍了云南建立保障教师工资发放机制的做法，2月10日，报道了一些地区教师投书本报，要求解决工资拖欠问题，同时报道了江西建立配套机制并定期检查；辽宁省发出紧急通知：春节前全部兑现教师工资；河南省濮阳市10年无拖欠的做法和经验，并发表“工作研究”：《解决拖欠的关键在法制和体制》。8月20日，头版报道了民办教师《胡安梅和她的帐单》，对民办教师的境况表示极大的同情，在连续4次报道有关消息后，11月15、16日，又分别发表了《走近胡安梅》《胡安梅现象引发的思考》。11月21日，又发表《别叫脊梁太沉重》长篇通讯，呼吁社会有关部门，继续关注贫困地区的教师们。

〔**宣传推进高等教育改革**〕 1996年，重点报导了推进招生制度改革和推动管理体制改革。先后发表了周远清副主任谈探索符合国情的现代化教育思想，高校招生“并轨”，跨世纪的课题：改革教育思想与观念；发表了江泽民总书记同4所交通大学负责人座谈时发表重要的讲话，并报道了各校纷纷组织学习贯彻的情况。接着报道了朱开轩主任在高校领导进修班上强调：教育要适应挑战提高效益。中国教育报从1月开始，陆续报道了上海市高校“三育人”成果显著，吉林师范学院加大课程改革力度，西安交通大学、上海交通大学的改革成就，河南省高校“两课”建设步伐快等消息，报道了吉林化工学院校企联合办学，东南大学、南京大学、苏州大学服务当地的做法，并重点报道了河北农业大学走“太行之路”建开放型大学的经验，在教育界和社会上产生了反响。在高考前夕，又重点组织文章或开辟专栏，对500所高校招生“并轨”的有关问题进行了介绍。

关于特困生的导向问题。“特困生”的问题是社会上关注的实际问题。中国教育报一方面及时报道了各地各校和社会各界人士对他们的关怀，也注意引导特困生正确对待困难，正确看待并调整自已。12月上旬，组织了关于特困生的系列报道，一方面真实全面介绍了特困生的现状，一方面系统地介绍了复旦大学、南昌大学、上海铁道大学的新思路、新做法，给读者和社会指出了解决问题的具体出路。

〔**加强党建、德育工作宣传**〕 中国教育报理论版（《思想者》，每月两期）坚持结合实际宣传邓小平理论及党中央关于思想政治工作的指示精神和国家教委的有关文件。1月12日，《思想者》刊出“坚持不懈地用建设有中国特色的社会主义理论武装全党是一项根本性战略任务”。《思想者》又接连发表了《邓小平发展战略思想与跨世纪宏伟纲领》《讲政治是提高干部队伍全面加强党的建设的迫切要求》《全面科学地回答什么是社会主义的问题》《用邓小平理论教育武装青年》《精神文明建设关键抓什么》等文章，不失时机地在重大问题上予以引导。此外中国教育报理论部还组织了《学校领导讲政治笔谈》（共发表32篇文章），《新时期德育研究》组织两次征文（发表18篇文章），从理论阐述和推广经验两个角度，实现了正面导向。

2月2日，中国教育报推出安徽高校党建工作经验，随后介绍了北京、河南、河北一些院校学习邓小平理论的新动向。4月16日全文发表了《普通高校基层组织工作条例》，并配发了评论员文章：《大力加强高校党建工作》，随即开辟了《加强高校党建工作》专栏，陆续介绍一些院校有关经验。

中国教育报各部门都把思想政治工作、德育的宣传摆在首位。以大量版面宣传了李国安、第四军医大学二大队等模范个人和集体的事迹。为配合第二届中小学中青年“十杰”教师评选，对30名教师和王思明、田沛发进行了报导或跟踪宣传等。十四届六中全会前后，还设专栏《师德建设在校园》的经验和问题。九省市教育报联合报道师德建设的情况。

〔**香港回归倒计时宣传**〕 从1996年6月30日星期刊起，在一版开辟专栏。每周一期，介绍香港的历史和现实。共分四个部分。至12月底已连续刊出半年。这个专栏为读者提供了爱国主义教材，具体地宣传了邓小平“一国两制”的伟大创举。

撰稿 王金重

审稿 赵书生

《人民教育》杂志

〔**概述**〕 1996年是《人民教育》质量年。在宣传内容方面《人民教育》实施“铁榔头”战略，即加强深度、力度报道，抓“拳头”产品，为推动教育改革和发展作出了积极的贡献。

为了推进贫困地区的“普九”工作，《人民教育》在“两基”工作的宣传方面加强了报道力度，1996年第1期发表国家教委主任朱开轩的《努力推进贫困地区的“普九”工作》和财政部副部长谢旭人《中央增拨专款，重点投入贫困县》的文章，对贫困地区实现两基的意义、工作思路，进行了深刻的论述。配合《义务教育法》颁行10周年，重点报道了唐山的“普九”经验。1996年第12期发表国家教委副主任柳斌《“普九”攻坚，志在必夺》一文，传达了“普九”工作的最新指导精神。

实施“园丁科技教育行动”是落实“科教兴国”战略的重要措施。《人民教育》及时刊发柳斌同志《要提高中小学教师的科技意识和科技素质》的文章，同时约请全国人大常委会副委员长吴阶平、中科院院士甘子钊、王元、杨芙清等亲自撰稿在刊物发表。

《人民教育》积极配合国家教委5月份召开的职业教育工作会议，发表教委副主任王明达《加快职业教育的改革步伐》的文章，会前《人民教育》记者走访国家教委司局领导并组织文章《“九五”起步话职教》发表典型《架起富民兴鲁的桥梁——记山东省职业技术教育的改革与发展》《美哉，荷塘——广东省新会市荷塘职业中学白描》等。

在配合国家教委师范工作会议时，《人民教育》事前走访师范教育司司长，并把各省市领导关于师范教育的经验材料进行整理，取其要点刊登，扩大了信息量，并配发社论，使这期刊发重点集中地宣传了国务院和国家教委关于师范教育工作会议精神。

有针对性地发表社论、评论，对基层学校的工作予以指导。1996年，《人民教育》发表的重要评论有：《加快素质教育的区域性推进》《建设高素质的教师队伍》和《优先发展师范教育，建设高素质的教师队伍》等，及时传达了国家教委关于推行素质教育和提高教师队伍素质的最新指导精神。

〔**宣传推进“应试教育”向“素质教育”转轨工作**〕 1996年，《人民教育》发表了三篇具有理论性、政策性、指导性的文章，即柳斌同志的《关于素质教育的再思考》《三谈关于素质教育的思考》以及北京市人大常委会副主任陶西平的《由“应试教育”向全面素质教育转变》。发了三个典型经验：《大面积推行素质教育的探索——湖南汨罗市中小学教育改革12年写真》《百花洲上百花开——南昌市百花洲小学推行素质教育纪实》和《为素质教育定标导航——关于上海市南市区建立督导评估机制推行素质教育的调查》。汨罗经验发表后，国务院副总理李岚清分别于3月1日和15日两次批示，并于5月11日亲自到汨罗考察，对汨罗经验给予了很高的评价。朱开轩同志和柳斌同志也都是两次批示，对汨罗经验非常重视，引起了全国教育界的强烈反响。截止1996年12月18日，全国除青海外的29个省、自治区、直辖市共有1386个团组，31006人次先后到汨罗实地考察，其中有省部级以上领导干部23人，全国人大、政协委员32人。11月份，平均每天有10批以上的团组到汨罗参观考察，汨罗经验将会对实施素质教育和基础教育改革起一定的推动作用。

1996年，《人民教育》编辑部还与中国中小幼教师奖励基金会联合举办了“素质教育百家言”征文活动，这是既有理论性、实践性，又具有可操作性、群众性的对素质教育的宣传。截止今年3月，征文活动收到1500多篇来稿，已在杂志上刊登30多篇。

〔**加强热点问题宣传**〕 1996年《人民教育》加强了热点问题的宣传报道，在调查研究的基础上，对义务教育阶段乱收费，“民转公”乱收费问题；择校生问题；流动人口子女教育问题；德育实效问题；教师待遇问题等内容进行宣传引导，先后刊登了《关于农村贫困地区教师问题的思考》《“民转公”乱收费现象扫描》《民办教师待遇亟待提高》《从“传统疗法”到“手术疗法”——上海市静安区教育局长袁是人谈“薄弱学校更新工程”》《激活教育体制深层改革的举措——静安区在上海市区率先实施初中入学综合改革》《流动人口与义务教育》《切实纠正义务教育阶段乱收费和择校生高收费》《企业中小学：何去何从?》《德育实效问题引发的思考》等文章，尤其是上海静安区改变薄弱校的一组经验文章写得有深度，对解决择校生问题提出了可供借鉴的经验，引起有关领导重视。

〔**为提高教师思想、业务素质服务**〕 1996年，《人民教育》努力讴歌教育战线优秀人物、先进集体，发表了《第101名优秀教师》《助人成功的校长——记北京市第八十中学校长于锐》《为师六代做人梯——一个教育世家谱写的教育乐章》《绿叶之歌——记宁波中学青年教师李永培》《全情投入——探访澳门濠江中学地理教师黄励知记事》等文章，还有颂扬教师群体的记东北师大在抚松县三中的教改实验的通讯，都引起较大反响。《助人成功的校长》一文被《新华文摘》全文转载。

此外，1996年《人民教育》开设的《德育工作》《李吉林教艺录》《名师近影》《教师咨询》《我与教学基本功》《班主任工作》《教学研究与指导》等栏目，由于贴近学校教师实际而受到教师的欢迎。

1996年7、8期合刊隆重推出抚顺市“提高教师业务素质，优化课堂教学”的经验文章，受到全国基础教育界的欢迎，不少地市教委下文，把这期《人民教育》作为教师业务培训教材，使这一期的发行量增加七万多份。

〔**开展有关社会活动**〕 1996年《人民教育》主持召开一年一度的全国教育期刊社长总编辑会议，总结交流办刊经验和教育期刊社发展大计。

在对外交流方面：1996年春节，《人民教育》与澳门中华教育会暨《澳门教育》一行8人举办“携手跨入21世纪”交流活动，切磋办刊经验，与澳门朋友增进了了解和友谊。1996年3月《人民教育》副总编辑翟福英随中国期刊协会赴莱比锡参加图书期刊展。同年10月，派人赴日本参加“第十届藏王中日美加国际研讨会”。

撰稿 翟福英
审稿 刘堂江

《中国高等教育》杂志

〔**宣传内容**〕 引导深入领会邓小平同志建设有中国特色的社会主义理论，是本刊1996年的指导性内容。结合学习党的十四届五中、六中全会精神，本刊发表了评论员文章《高等学校要成为社会主义精神文明的坚强阵地》，朱新均的《大力加强高校爱国主义教育》、奚广庆的《认真落实以邓小平建设有中国特色的社会主义理论教育武装当代大学生重大任务》、顾海良的《认真解决社会主义现代化进程中的"历史性课题"——学习六中全会决议的一点体会》、钱伟长的《谈当前学生工作的原则、要求和方向问题》等多篇文章。为贯彻江泽民总书记关于领导干部要讲政治的指示精神，编发了朱新均的《高校领导干部要讲政治、努力成为政治家、教育家》。本刊及时召开了在京部分高校领导干部参加的"高校如何讲政治"座谈会，并以《大学必须讲政治　更要讲政治》为题，刊登了与会大学书记、校长们的发言以及安徽大学党委等高校的专题文章，力求全面准确地阐明江泽民总书记指示精神的重点和人们理解上的难点，正确把握讲政治的要求，把讲政治落实到各项工作中去。

本刊继续把党建与思想政治教育放在重要位置。1996年第2期刊登了《中国普通高等学校德育大纲（试行）》，除本刊记者采写了《进一步深化爱国主义教育——来自全国高校爱国主义教育经验交流暨研讨会的报告》外，还连续编发了《建立高校思想政治教育的系统工程》等14篇文章，对建立思想教育工作体系，帮助大学生树立正确的世界观、人生观、价值观，作了集中的报道和宣传。

在提高学生的文化素质、提高教育质量方面，本刊专门开辟了《加强文化素质教育》栏目，发表了湖南大学、同济大学、华东师范大学等校的11篇文章，这些文章分析了素质教育的内涵和指导思想，探讨了提高人文素质教育的主要途径和方法。

深化教育教学改革，是本刊1996年宣传的重点。为了帮助读者对高等教育的现状和教育教学改革的指导思想有明确的认识，本刊记者对国家教委副主任周远清同志先后进行了两次访谈，发表的两篇访谈文章，提出了高等教育改革发展的两个重要思路，一是以"把什么样的高等教育带入21世纪"为题，提出要把规模效益、办学效益较好，结构布局更加合理，教学质量和办学水平更高，具有符合中国实际的现代教育思想、教学观念的高等教育带入21世纪；二是明确提出在以体制改革为关键、以教学改革为核心的同时，还要以教育思想观念的改革为先导，努力实现从传统教育思想向现代教育思想的转变。本刊为此刊发了评论员文章《必须以教育思想观念的改革为先导》《再谈以教育思想观念的改革为先导》，强调了改革教育思想观念对推动高等教育改革和发展的重要意义。

1996年本刊发表84篇教育教学改革的文章，涉及高校体制改革、学校管理、学科建设、教学改革的各个方面，专科、本科、研究生教育的各个层次和理工、农林、医药、文史哲、外语各门学科以及“两课”与师范教育的改革，从不同的角度和侧面探讨了如何改变高等教育的教学观、质量观、人才观，介绍和交流了各自在教学内容、课程体系、教学方法等方面的进展、成果和经验。

1996年《中国高等教育》加强了对发展高等职业教育的宣传，第2期发表了国家教委职业教育司的文章《积极推动职业大学的改革和建设》，提出在当前大力发展职业教育的形势下，必须做到加强统筹管理，形成部门、行业、社会共同举办职业教育的格局。本刊同时开展了《如何发展高等职业教育》的讨论，共刊登15篇署名文章，这些文章探讨了积极发展高等职业教育的重大意义，以及如何通过改革、改组、改制逐步发展高职教育的途径和方法，对高职教育的培养模式、目标、教学内容和课程体系也有较深入的探讨和研究。

《中国高等教育》对辛勤耕耘在高教战线的广大教职工倾注了特别的深情，几年来，“校园英才”已成为经常性栏目，几乎每期都要推出一位在教学、科研第一线做出突出贡献的优秀教师。1996年共刊登了11位先进人物，他们有的是在科研领域中勇于探索的青年骨干，有的是勤勤恳恳教书育人的中年模范，还有将一生献给祖国的教育事业的百岁老人。

此外，对于高等教育改革和发展中提高办学效益、实施科教兴国战略、高校招生“并轨”改革、加强毕业生就业指导、突破后勤“瓶颈”、解决高校特困生等贴近学校实际的重点、热点、难点问题，《中国高等教育》都重点安排，给予大量版面，并安排“高校招生并轨改革”、“加强毕业生就业工作”、“后勤工作酸甜苦辣”等专栏专题做了分析和报道。

〔**征文活动**〕 为了进一步贯彻落实《中共中央关于进一步加强和改进学校德育工作的若干意见》和《爱国主义教育实施纲要》的精神，弘扬主旋律，促进爱国主义教育的深入开展，1996年本刊编辑部和国家教委思政司、解放军总政治部宣传部院校局共同组织开展了高校爱国主义教育征文活动。征文活动期间，共收到来稿三百多篇，选登三十二篇。这些来稿中，既有探讨爱国主义教育理论，也有介绍爱国主义教育经验，还有交流结合课堂教学，进行爱国主义教育一例的体会。征文评选出一等奖1名:《大力培养爱国、卫国、报国的优秀军事人才》(国家教委思政司、解放军总政治部宣传部、海军政治部宣传部联合调查组)，二等奖2名:《努力培养献身祖国教育事业的人民教师》(东北师范大学)、《中国近代史学习与爱国主义教育》(龚书铎)，三等奖3名，优秀奖6名。

〔**召开宣传会议**〕 为了做好宣传工作，加强和基层的联系，本刊除继续依靠各省市教育行政部门和中央部委教育司（局）的通讯员外，1996年决定在部分高校增聘一批通讯员，并且由于宣传对象接近，决定与《神州学人》杂志联合建立通讯员队伍，所有的通讯员均由两刊共同聘请。9月初和10月底，两刊联合召开了省市通讯员和部委通讯员两次宣传工作会，交流工作经验，部署宣传要点，研究进一步提高两刊的宣传质量和办刊效益和措施。

〔**栏目设置**〕　《中国高等教育》的栏目设置有固定栏目“党建与思想政治教育”“教改纵横”“教坛广角”等，经常性栏目“特稿”“校园英才”“大学校长论坛”“理论与实践”“科技与产业”“队伍建设”“后勤管理”“他山之石”“体育卫生”“管见篇”等；专题栏目“教学质量百校行”“热点讨论”“加强文化素质教育”等。

撰稿　龚映杉

审稿　张笛梅

《神州学人》杂志

〔**工作方针**〕　1996年，《神州学人》杂志继续坚持以对在外留学人员进行爱国主义教育和中华民族优秀传统文化教育的办刊宗旨，及时跟踪报道党和政府对留学人员的关怀和期望，紧密围绕国家的留学方针政策做文章，鼓励在外留学人员回国服务或以多种方式为国服务，引导留学回国人员艰苦创业，为我国留学教育事业的发展做贡献。

〔**报道党和国家对留学人员的关怀**〕1996年7月下旬，由欧美同学会青年委员会组织的“21世纪中国与新一代留学生”研讨会在北京举行，近百名在外留学人员和留学回国人员与会。中共中央总书记、国家主席江泽民在人民大会堂亲切会见参加研讨会的海外代表，勉励他们刻苦学习，以多种方式报效祖国。《神州学人》杂志对这次活动作了详细报道，在彩页刊登了江泽民同志接见代表的照片。

1996年2月7日，国家教委和人事部组织“‘八五’建功立业，‘九五’再创辉煌暨留学人员新春慰问活动”。国务院总理李鹏在人民大会堂接见参加活动的留学人员，代表党中央、国务院和江泽民同志向各位代表和辛勤工作在祖国各条战线上的广大留学回国人员致以亲切问候。李鹏重申了党和政府“支持留学，鼓励回国，来去自由”的留学生政策，欢迎学有专长的留学人员回国服务。李鹏总理亲切接见和实事求是的讲话，通过《神州学人》杂志报道后，留学人员及留学界感到喜悦。

1996年4月底5月初，由中共中央组织部邀请，24位以留学回国人员为主，工作有突出成就的青年科技专家赴安徽、江苏进行国情考察，实地感受祖国的发展变化。5月3日，中共中央政治局常委、书记处书记胡锦涛在北京听取了青年科技专家们的汇报后说：大家已经认识到现在是中华民族历史上十分关键的一个发展时期，认识到在这样的时代完全可以把自己的事业心和报国心结合起来，认识到了抓住机遇的紧迫性。与此同时，要使事业心和报国心结合起来，还必须认识到应该选择一条正确的成长道路。青年专家只有深入实际，深入工农，研究社会，了解国情，才能确定远大的抱负和坚定的信念；只有深深植根于人民群众之中，才能始终保持健康向上的思想感情，真正干出一番事业。《神州学人》通过彩页和文章对这一活动进行了报道，为新时期留学人员和青年科技专家如何把实现个人价值与报效祖国统一起来作了充分的舆论推动。

此外，《神州学人》还对李岚清等党和国家领导人与留学人员共度元宵佳节及在外访问期间重申留学工作方针不变等活动给予报道，及时传递党和政府对留学人员的关怀与期望。

〔**为留学工作营造良好舆论环境**〕 1996年第1期，《神州学人》杂志刊登了该刊记者专访国家教委外事司主管留学工作负责同志的文章《留学政策趋成熟》，把国家教委作为全国留学工作归口管理部门在过去一年留学工作的成就以及新的一年里的工作打算作了报道，为全国留管工作部门特别是驻外使（领）馆教育处（组）开展工作指明了方向。与此同时，《神州学人》还在第1期刊登了《留学人才资源待开发——全国人事系统留学人员工作会议侧记》一文，报道了非教育系统“九五”留学工作计划。

1996年是国家公费留学步入法制轨道的一年，为配合这一留学政策的重大改革，《神州学人》在第2期同时刊登了《公费留学步入法制轨道》和《公费留学改革备忘录》两篇文章，对公费留学改革作了细致的报道和分析，对这一改革措施起了舆论推动作用。

〔**策划重点系列选题**〕 《神州学人》编辑部在年初探讨重点选题和深度报道时决定推出《人物群像》栏目，拟定了“特区留学人员”“实业界留学人员”“教科界留学人员”“社科界留学人员”“少数民族留学人员”“军中留学人员”“大中型企业留学人员”“文化艺术界留学人员”、“管理界留学人员”等重点选题，并逐一部署落实，为展现留学回国人员群芳吐艳，在社会主义现代化建设各个领域的作用与风采作了较为全面、客观、深入的报道。

为迎接香港回归祖国，《神州学人》还从1996年第7期起开设了《香港回归倒计时》栏目，邀请有关方面的专家、学者对香港问题作全面深入的介绍，以加强在外留学人员对香港问题来龙去脉的全面了解。这一栏目的开设得到了国务院港澳办公室等有关部门的大力支持，深受读者好评。

1996年在美国亚特兰大举行的奥运会期间，中国驻休斯敦总领馆及在美学子为中国代表团作出了贡献。该刊对这一举动用较大篇幅作了深入报道。

〔**注重言论引导**〕 言论内容一直是《神州学人》杂志的薄弱环节，过去重视不够。但《神州学人》杂志知难而上，近两年在言论方面有了较大进步。在《卷首语》《大视野》等栏目里，《神州学人》共刊登了《欣慰》《寄意神州》《专栏回望：天地渐宽路更新》《良性格局》《杨柳之心》《“西进，西进”》《脚踏实地》《哑铃模式》《协和奉献谱新篇》《站在历史的高度认识自己》《也说“接轨”》《从

“国骂”说起》《怎一个“不”字了得》《海外学子，祖国的财富》等言论文章，有针对性地对留学界的一些问题作有理有据的分析和阐述，解开了许多人的思想疙瘩，也对许多留学人员回国工作和以及留管工作部门做好留学工作起了言论引导和思想推动作用。

〔**重视内容、编辑质量**〕　《神州学人》杂志1996年进一步在知识性、文化性、趣味性和可读性等方面下功夫，将杂志内容划分为“留学”“时事”“文化”和“服务”四个彼此独立又相映成趣的版块，使每一版块特色鲜明,使刊物从形式到内容质量都上台阶。

1996年是中国教育报刊社提出的报刊质量年，为配合这一工作，注重编辑队伍的文化基本功和工作态度的培养，进一步规范了出刊规程，形成了一套行之有效的、有自已特色的编校出版程序，保证刊物的编校质量达到有关部门的标准和要求，并借此在编辑部进一步营造“积极向上，切磋相长，团结互助”的工作氛围，编校质量有明显提高。

〔**办电子周刊为留学人员提供信息服务**〕

《神州学人》电子周刊自1995年12月创刊成为中国第一份电子杂志以来，集纳国内报刊之精华,撷取留学人员关心的特殊信息,成为在外留学人员的良朋益友。《神州学人》电子周刊1996年在原有栏目的基础上,又增设了《海峡两岸》《香江展望》《国家重点实验室》和《中文学校》等有针对性的栏目，为宣传祖国统一大业和香港回归祖国的历史性进程，急在外留学人员之所急，做了应有的工作。《神州学人》电子周刊办出了特色，办出了风格，备受在外留学人员青睐，被他们称之为“沙漠中的甘泉”和“来自北京的声音”，目前读者人数已逾40万。

撰稿　朱国亮
审稿　李振平

北京市教育

概 况

〔基本情况〕

1996 年各级普通学校基本情况

单位：人

学校类别	学校数（所）	毕业生数	招生数	在校学生数	教职工数 计	教职工数 其中专任教师
一、普通高等学校	65	55245	68763	226850	102304	36387
研究生		8774	13494	36897		
本 科		31391	40368	154730		
专 科		15080	14901	35223		
二、中等专业学校	118	17233	30291	88248	15083	6643
中等技术学校	98	12625	26587	74672	12687	5471
中等师范学校	20	4608	3704	13576	2396	1172
三、普通中学	724	171436	203412	649330	71231	47384
高 中	296	25170	42603	118476		9382
初 中	428	146266	160809	530854		38002
四、农业、职业中学	177	22139	37545	99295	11546	6458
高 中	177	22139	37410	99160		6457
初 中			135	135		1
五、工读学校	6	429	364	539	415	163
六、小 学	2780	162030	156898	999740	75301	62048
七、特殊教育学校	31	1081	1050	7748	951	660
八、幼儿园	3056		112449	271752	33586	14792

1996年各级成人学校基本情况

单位：人

学校类别	学校数（所）	毕业生数	招生数	在校学生数	教职工数	
					计	其中专任教师
一、成人高等学校	83	46031	73441	209320	20631	8185
1. 广播电视大学	2	2271	2080	5455	1005	375
2. 职工高等学校	44	6749	12805	45350	9928	4321
3. 管理干部学院	34	7893	11000	21579	8310	2910
4. 教育学院	1	511	2113	5723	576	231
5. 独立函授学院	2	616	735	2469	812	348
6. 普通高等学校举办：						
函授部		17340	26347	81144		
夜大学		7947	14641	39486		
成人脱产班		2704	3720	8114		
二、成人中等专业学校	137	25007	29324	104161	9251	4115
广播电视中专	1	9181	5415	29481	913	480
职工中专	88	8766	12946	43457	4533	1845
干部中专	8	247	1127	2848	479	135
农民中专	16	4923	5612	16608	1011	446
函授中专	1	1067	1614	4534	167	37
教师进修学校	23	823	2610	7233	2148	1172
三、成人中学	378	4561	7545	12570		
职工中学	279	2923	5960	9175		
农民中学	99	1638	1585	3395		
四、成人技术培训学校	720	1995068	2205097	210029	7698	2913
职工技术培训学校	439	1532249	1722567	190318	4799	2374
农民技术培训学校	281	462819	482530	19711	2899	539
五、成人初等学校	1			30		
职工初等学校						
农民初等学校						
其中：扫盲班						

制表　魏　强

〔**年度工作进展情况**〕　1996年，是实施《北京市国民经济和社会发展“九五”计划和2010年远景目标纲要》的第一年，也是北京市教育委员会成立的第一年。全市各级各类教育坚持依法治教，提高执法水平，加大改革力度，深化体制改革，实现“九五”良好开端。

1996年市教委坚持依法治教，并在实践中不断完善配套政策和提高执法水平，推动教育改革与发展。结合《教育法》颁布一周年，北京市在4月部署执法检查工作，与全国人大、国务院6部委联合执法检查和与评选全国“两基”工作先进区县相结合，在各区县、各部门自查基础上，由市人大、市委教育工委和市教委负责人带队，分6组对全市18个区县和9个市属委、办、局，进行实地检查。检查组先后听取各单位的自查汇报，对109所中学和17所中专、技校以及31个乡镇的依法治教情况、德育工作情况进行全面了解。尤其突出对“三个增长”、“五项指标”、落实教育经费和维护教师合法权益的检查。执法检查推动了依法执教，落实了执法责任，促进了教育优先发展战略地位的落实。

加强政策法规建设，完善教育法规体系。1996年，市教委为提高广大干部的执法水平，组织教育行政部门进行教育法规培训。先后以委机关干部和执法人员为对象举办法规培训班，并结合实施《行政处罚法》，进行考试，促进学习。同时对过时的不规范的法规进行清理，并针对教育工作中存在的问题，研究制定地方教育法规性文件一百多件。特别是对一度成为北京市“热点”的“择校生高收费”问题，依法制定遏制措施，对有禁不止，在社会上造成严重影响的学校进行严肃处理，维护教育正常秩序。

1996年，市教委以贯彻“两个重要转变”为指导，进一步推进教育体制改革。高等学校开展共建、合作办学有了新的进展。北京地区50余所高校间开展多边、双边合作办学，还与4所外地高校及55个企业单位开展合作办学。市属高校合并调整取得成果。1996年，北京市加强合并调整院校的工作力度，加快校内机构、学科专业设置的调整，减少重复，提高效益。高校办学实体由原来的26个调整到12个。经过合并调整，市属高校的办学规模和效益都有明显提高。

基础教育改革积极探索新路子。1996年，市教委依照《中国教育改革和发展纲要》中关于举办“公办民助”、“民办公助”学校的有关精神，在北京二十五中、十一学校、徐悲鸿中学、前门外国语学校、崇文实验中学等9所学校进行“公办民助”、“民办公助”试点，使基础教育办学体制改革迈出新的一步。结合实施全面素质教育，加强中小学布局结构调整。1996年，市教委把加强基础薄弱校建设放在头等重要位置。全年结合布局调整，对办学条件差、效益低下的学校，进行合并、重组或对口支援，同时逐步扩大九年一贯制试点。对部分完全中学初中逐步实施“上脱下连”，适当扩大普通高中规模，办好一些纯高中。同时消除初中以下校际过大差别，有效地促进九年义务教育办学水平和教育质量的提高。

认真做好招生体制改革及毕业生就业制度改革。1996年，北京高校本科招生全部实现“并轨”，专科招生部分实现“并轨”，为高校招生全部实现“并轨”打下基础。在推行缴费上学的同时，大力完善奖、贷、勤、补、减等配套措施，提高农林、师范等专业奖学金水平，保证生活困难学生的正常学习条件。

进一步深化毕业生就业制度改革，积极培育高校毕业生就业市场。高校毕业生就业逐步由在国家政策指导下供需见面、双向选择向在政策指导下的自主择业过渡。

深化德育改革，树立全员德育意识，建立全方位德育格局，实施全过程德育管理。1996年，市教委采取措施继续推进高校“两课”改革和普教“两史一情”教育，利用课堂教学或课外讲座形式，深化爱国主义教育，并注重在实效性上下功夫。全市又新建一批青少年活动基地，并广泛组织学生参加军训、社会实践及社会调研活动。在加强文明校园建设，创造良好育人环境方面，北京高校经检查验收，“文明校园”达37所。中小学文明校园建设活动也已经起步，先后制定条件标准和评估办法。同时在全市开展学习宣传《首都市民文明公约》和《首都市民文明守则》，争做现代文明北京人活动，广大师生精神面貌发生明显变化。

撰稿 孟祥辉

〔**“十大工程”实现年度目标**〕 1996年，市委、市政府坚持分项推进，安排专项资金1.6亿元，全面实现“十大工程”建设年度目标。

实施“高标准基础教育工程”和“山区教育工程”。1996年全市实现义务教育办学“541”目标，即50%的学校办学条件达到基本标准，40%达到一般标准，10%达到较高标准。市教委投入3000万元加强基础薄弱校建设，加上各区县投入的7400万元，共1亿多元，重点建设66所学校，建设项目153项。加强干部教师队伍建设，用签订责任书的形式明确了各级政府和部门的责任，学校建设有较大进展。

“普及高中阶段教育工程”。1996年积极拓宽升学渠道，努力做好初中后分流工作，升学率达到91%。

“示范学校工程”。1996年各类教育都加强“示范学校”的规划和建设，在设备配置、经费投入上给予保证，并成立示范学校验收领导小组。

“211工程”。1996年在14所高校完成部门预审的基础上，又有北京化工大学、北京工业大学、北京师范大学完成了部门预审和备案。

“三重工程”。1996年在调研和专家论证基础上落实重点学科、重点课程和重点实验室的经费分配。

“110工程”。1996年为加快工程进度，召开北京高校面向首都经济建设研讨会；与市经委、市科委联合召开了企业难题招标和高校科技成果转让洽谈会。北京高校与企业签约96项，协议金额达1.1亿元。落实“110工程”项目7个，投资1000万元。北京大学校办产业试制的新药“血脂康”已投入批量生产，并列入中华医学会重点推广工程。

“成人教育培训工程”。1996年共培训中高层紧缺人才15.3万人，有43.1万人参加转岗再就业培训，有36.1万乡镇企业职工参加岗位技能培训。为推动计算机和外语的培训工作，召开了“首都推进计算机和外语培训大会”，开办计算机培训班，市委、市政府领导带头参加，在社会上产生强烈反响。全市计算机培训点发展到131个，考试点96个，参加计算机等级考试的达4.3万人。

“职业教育工程”。1996年全市有中等职业学校439所。全市共有重点职业学校61所，其中国家级重点校18所。全年市教委投入900万元用于骨干示范校建设。深化教育教学改革，办学模式从原来的封闭、单一、学科型转变为开放、复合、职业型，开始走向多样化。中等职业学校普遍实行校长负责制、教育目标责任制，学校增强新的生机活力。高等职业教育有初步发展。

“教师队伍建设工程”。1996年全市中小学校长继续教育100学时计算机培训全部结束。为提高小学教师学历层次，开设的“高等教育自学考试小学教育专业”正式开考，采取“宽进严出，累计学分，优秀优先，学成有奖”的原则进行培训。全市有2万余名小学教师参加自学高考辅导班。还组织重点中学、中等师范学校、进修学校1000余名教师参加12个学科的硕士研究生主要课程学习。

撰稿　孟祥辉

〔**教育投入与支出**〕　1996年，北京地区财政预算内教育经费拨款42.7亿元，其中，北京市财政用于教育事业费支出达29.7亿元，比上年增长28.6%。市财政对普教拨款一直保持年增长20%以上，至1996年底，全市中小学教育事业费增长已经连续10年实现“三个增长”。1996年，北京又在全国首先实行教育事业费计划单列，使义务教育经费有了进一步保证。为全面提高义务教育的整体办学水平，北京市从不同学校类型、不同办学基础实际出发，下大力量加强城近郊基础薄弱校和广大农村山区的教育工作，市政府安排3000万元，支持基础薄弱初中校改善办学条件，各区县多渠道筹措专项经费9600万元。1996年，北京校办企业达7004家，实现年创利润7.56亿元，补充教育经费2.58亿元，上缴国家税金1.9亿元。全年，北京地区预算内教育经费支出43.9亿元。

撰稿　孟祥辉

〔**北京市教育委员会和市政府教育督导室成立**〕　2月15日，北京市教育委员会成立。市教委是在撤销北京市政府文教办公室、市教育局、市高教局、市成人教育局的基础上组建的，是市政府主管全市教育的综合职能部门，负责规划、管理全市各级、各类教育的统筹和发展。市教委内设28个处室，下设北京市教育科学研究院、北京教育考试院、北京教育音像总社等34个直属单位。至年底，市教委完成对委直属单位的机构调整、撤销、合并工作；筹建成立北京市普通高校工作咨询委员会、北京市学位委员会、北京市研究生教育学会及各类教育评价机构；实行政事分开，通过咨询、检查、评估、指导工作来推动教育发展，同时为行政决策提供科学依据。

2月15日，北京市政府教育督导室成立。市教育督导室是在撤销原市教育局、市高教局、市成人教育局教育督导机构的基础上组建的，为市教委代管机构，负责中等和中等以下各级各类教育的督导工作。其主要职责是：负责统筹规划、组织领导全市的教育督导工作。

撰稿　魏　强　田文生

〔**教育交流与合作**〕　1996年，市教委重视对外交流与合作工作。10月成立高校对外交流委员会并召开第一次会议，总结研究教育交流工作成绩和问题，明确交流工作的方向。在调查研究的基础上，编制《“九五”期间聘请外国专家规划》，制定《关于与境外合作办学审批办法》《中外教育合作项目的管理意见》和《机关人员因公出国赴港澳台管理办法》等规章，使交流工作走上了规范化轨道。全年教育系统向35个国家和地区派出考察人员769人次，办理赴港澳台团体40个，共有155人次参加各种学习交流和项目洽谈；接待境外来访833人次。通过学习交流，北京与世界上40多个国家和地区的200多所学校建立联系。全年审核中外合作办学10所，审核与台湾合作办学3所，完成13个项目交流。这些对推动北京教育事业的改革与发展发挥了积极作用。

撰稿 魏 强

基础教育

〔综述〕 1996年，北京基础教育事业按照全国和北京市教育工作会议对基础教育提出的各项要求，依法治教，推进改革，强化管理，在全面实施素质教育和规范办学行为，治理择校高收费等工作上取得新进展，基础教育事业稳步发展。

1996年，结合学习汨罗经验，全面推进素质教育。开展马克思主义教育观、邓小平教育思想以及有关素质教育文件资料的学习研讨。市教委以中小学领导干部为培训对象，组织两期素质教育研修班，各区县采取多种方式广泛开展素质教育的学习、培训和宣传工作。制定《北京市关于进一步加强中小学素质教育的意见（讨论稿）》，提出了全面实施素质教育的要求和指导性意见。加强中小学的教学管理，制定《北京市小学推进教学改革，提高教学质量的几点意见（征求意见稿）》《北京市中学加强教学管理的几点意见（征求意见稿）》，深化课堂教学改革。中学在计算机实验学校建设以及计算机教学软件的开发和应用、英语教学改革等方面取得了一定的进展。5月，市教委发出《关于将普通高中计算机课程作为高中会考科目的通知》，决定从1996年起，将计算机课程列入普通高中会考科目。小学在抓好课堂教学的同时，确定19所教学改革实验学校，100所劳动教育实验学校，19所活动课实验学校。扩大马芯兰教学改革实验，有538所小学，1983个教学班，7万名学生参加实验。通过对实验教学的检查，有针对性地加强和改进了实验教学。

1996年，继续完善初中入学办法，积极稳妥地推进办学体制改革。各区县坚持贯彻义务教育阶段学生免试就近入学的原则和要求，进一步完善初中入学办法。尚未实现免试就近入学的5个区，学生对口升学已达75%，控制了择优择校的比例。制定了中小学办学体制改革的原则、审批程序和管理办法，按照“坚持试点、规范操作、加强管理、小步走”的工作方针，有9所学校改为“民办公助”学校，1所学校进行“公办民助”试点。改革义务教育阶段学校建制，扩大试办“九年一贯制”学校，城近郊区已有“九年一贯制”学校10所。

4月，市教委会同市卫生局、市计委、市编办和市规划局制定《北京市幼儿园、托儿所办园、所条件标准（试行）》（简称《标准》）。《标准》将办园（所）条件分为基本、一般、较高三个档次，对园（所）工作人员配备、园（所）房舍规划面积定额、玩教具配备、保健室医疗卫生器械配备及办公家具设备配备五个方面作了规定。

1996年，北京市基础教育存在着教育经费紧缺，课程教材改革和考试制度、升学办法改革尚不适应素质教育的要求等问题，对实施素质教育的认识有待进一步提高。

撰稿　魏　强　简尔贤

〔**小学教育**〕　8月14～16日，市教委召开了有各区县教委（教育局）主管小学教育的副主任（副局长）参加的工作研讨会。与会者在总结“八五”期间全市小学教育工作成绩与经验的基础上，对《北京市“九五”期间小学教育工作指导意见（征求意见稿）》提出修改意见。认为“八五”期间，全市小学教育工作者认真贯彻深化小学教育改革的“坚持全面育人，减轻过重负担，提高教育质量”总要求，学习“快乐教育”经验，实施小学生质量综合评价，为素质教育的实施打下了一定基础。“九五”期间，应把初步建立起素质教育体系和管理运行机制做为主要工作目标和任务。应加强各类小学建设，努力达到高标准实施九年义务教育的目标要求。

6～9月，为规划和推进“九五”期间农村地区各类小学建设，市教委通过深入部分区县、学校，下发调查问卷和召开部分区县主管局长、小教科长、农村小学校长座谈会等形式，对农村各类小学的规模、各区县推进农村小学建设的进展情况，以及障碍农村小学教育发展的主要问题进行调查研究，撰写出《北京市农村地区小学建设情况综述》的调研报告。报告分为基本情况、农村完全小学建设现状、山区寄宿制小学现状、障碍完小建设发展的主要问题和几点建议五部分。

撰稿　纪　岩

〔**薄弱学校建设**〕　4月，市政府办公厅发出《关于加强基础薄弱学校建设的通知》，明确加强基础薄弱学校建设工作主要责任在区县政府；提出从加强领导、加大投入、队伍建设、学校管理、深化改革五个方面入手，力争用3～5年时间，使基础薄弱学校的办学条件得到明显改善，教育质量有较大提高，从而全面提高全市九年制义务教育整体水平。5月，市政府召开动员大会，由市政府和城近郊区政府、市教委和区教委（教育局）双双签订责任书，将工作纳入制度化、规范化轨道。同月，市教委发出《北京市加强基础薄弱学校建设的工作规划（试行）》和《北京市加强基础薄弱学校建设工作的管理办法（试行）》，提出三年工作总目标和年度分解目标改变基础薄弱学校面貌的6条要求，及落实目标、要求的具体措施。还建立了市委、市人大、市政府、市政协领导联系基础薄弱校制度。同时加大学校建设资金的投入，市财政拨款3000万元，各区县筹资9600万元，共计1.26亿元，投入到66所学校的153个建设项目上，改善学校的办学条件。全市投入资金超过前三年经费投入的总和，促进了学校办学整体水平的提高。全年共新征地1.4万平方米，新建和改扩建教学用房5万平方米，修整操场面积10.5万平方米，16所学校新增150至400米环形跑道操场，47所学校教学设施、设备得到更新、充实，办学条件主要项目达到市一般标准。

薄弱学校校级领导班子的调整基本完成，一批优秀中青年干部担任了学校领导管理职务。99名校长参加为期3个月的校长培训，为薄弱学校补充教师近500名，基本解决了教师缺编问题。市、区教育行政、教研部门加强了学校的教学研究和教学指导工作。同时加强宣传工作，通过各种媒体宣传、报道加强基础薄弱学校建设的目标、措施和工作进展情况，引导教育内部和社会有关方面理解、支持，帮助基础薄弱学校建设。

撰稿　乔树平　魏　强

〔**"九年一贯制"实验研究**〕　9月，市教委到3个区县和一些学校进行义务教育学校"九年一贯制"实验的调查研究，并召开3次区县教育局长会进行研讨。确立了基本思路和初步规划：一是新建小区义务教育学校要争取建成"九年一贯制"学校。二是在一批老校中进行两种模式试点，第一种是在总结已有"九年一贯制学校"经验基础上，选择一批学校进行学制、建制改革试点，在同一学校中实行具有全面、完整意义的"九年一贯制"。初步规划进行这种模式试点的学校，1997年和1998年分别为25所和12所。第二种是将相对就近的小学和初中实行联合办学或挂钩，使小学、初中在学校管理和教育教学工作上衔接起来，实现教育资源共享，小学毕业生对口升入初中，但暂不涉及学校建制问题。初步规划1997年进行这种模式试点的学校，有33所初中、55所小学，1998年有19所初中、25所小学。为支持这项改革实验，市教委对需要的配套政策、措施进行了总体研究。至年底，全市试办"九年一贯制"的学校共10所。

撰稿　乔树平

〔**试办普通高中收费班**〕　8月，市教委制定发出《关于批准部分中学1996年试办普通高中收费班的通知》，明确政策主要适用对象是条件较好，普通高中招生扩大规模的学校；全市批准75所学校试办普通高中收费班，招生4000人，约占高中招生总数的10%。《通知》要求各校严格按照市物价局、市财政局确定的每学生每学期最高不超过2500元的标准收取学杂费。

撰稿　乔树平

〔**教师队伍建设**〕　1996年，教师队伍建设取得明显进展。完成中小学校长继续教育100学时计算机培训任务。为落实市政府关于本世纪末城镇地区50%以上的小学教师达到大专以上学历层次的规划，开设"高等教育自学考试小学教育专业"，2万余名小学教师参加自学高考辅导班。2月和8月，举行了两次共5门课程的考试，分别有13392人、11710人报考。组织重点中学、中等师范学校、进修学校教师一千余人参加12个学科的硕士研究生主要课程学习。全市中小学教师合格率继续提高，其中小学教师达97%，初中达87%，并在全国率先完成中小学教师第一轮培训。全市中小学校级干部岗位培训完成，现职校级干部全部持证上岗，提前3年实现国家教委提出的目标。

举办初中教师教学基本技能竞赛活动。6～11月，全市举办初中教师教学基本技能竞赛活动。该项活动涉及13个学科，考核内容有学科业务技能，包括教育法规和现代教育技术应用技能；考核方式有笔式、教学新片演示及教具、计算机使用等。对象为40岁以下青年教师。在区县预赛的基础上进行全市决赛，718人参加决赛。顺义县、海淀区、东城区获团体优胜奖。评选出13个学科优胜奖。按学科分别评选出全能奖、笔试一等奖和二等奖、教学新片一等奖和二等奖及参赛奖。

撰稿　孟祥辉　乔树平　高志轩

〔**工读教育**〕　8月，副市长胡昭广及市教委、海淀区教委有关同志到海淀区工读学校，研究进一步完善工读教育和充分发挥工读教育职能的工作，现场解决工读学校的困难和问题。(1) 确定海淀工读学校为实施寄宿制学校，将初二、初三行为偏差、学习落后的学生招收到工读学校，进行严格管理和教育。(2) 招收中考落榜、行为偏差、思想扭曲的学生进行职业培训，使其成为合格的社会公民和社会主义建设者。(3) 解决工读学校教师队伍老化和师资缺乏问题。从外地招收优秀大学毕业生到工读学校任教，为稳定教师队伍和解决外地大学生到工读学校任教的住房问题，决定市区两级拨款550万元在海淀工读学校盖一栋教师宿舍楼，于1997年完工。(4) 调整工读学校教职工岗位津贴。

撰稿　王保国

〔**海淀教改试验区取得成绩**〕　1996年，北京海淀教育改革试验区贯彻落实区人大通过的《海淀教育改革试验区规划》，提出“全面贯彻教育方针，积极稳步推进改革，全面提高教育质量”的指导方针，推进素质教育，努力提高教育整体水平和学生的全面素质，各方面工作均取得成绩，相继荣获“全国幼儿教育先进区”“全国少儿工作先进区”“全国未成年保护工作先进单位”“全国‘三优工程’试点工作先进区”称号。在德育工作方面，该区以爱国主义教育为主线，以养成教育、法制教育为重点，组织万名学生参加盘山等爱国主义教育基地活动，2400名学生参加青少年劳动生产基地劳动，全部中学开展军训活动，107所小学成立少年军校，75所学校开展无烟校活动。利用高校集中的优势，全市1600名小学教师参加大专自学培训，67名校级干部和235名中学教师在研究生课程班就读，全区青年教师开展师德和敬业教育，3名青年教师获北京市“师德之星”称号，500余名青年教师获表彰。教学质量全面提高，全年小学毕业考试及格率、升学率均达99.97%，中考及格率92%，初中毕业总升学率97.9%，高考全区报名6752人，录取5244人，录取率77.67%，录取人数占全市录取总数的28%，保持着该区人口占全市七分之一，输送高等院校学生占全市四分之一的好成绩。清华附中学生张弩获国际奥林匹克生物竞赛金牌。在北京市中学生数、理、化、英语、计算机竞赛70个一等奖中获31个，居全市第一位。在小学“迎春杯”数学竞赛中，该区获团体总分第一。学生体育达标活动覆盖率100%，体育达标率为93.7%，初中升学体育考试及格率96%，优秀率70%，高中体育会考及格率99.7%。该区在1996年北京市中小学生田径运动会上，获中小学团体总分冠军；在北京市第五届中小学合唱节中，获小学、初中和高中三个组别的全部一等奖。

撰稿 宋亚甫

〔**遏制择校生高收费**〕 1996年，市教委提出“标本兼治，重在治本，从严治标，综合治理”的基本思路，制定择校生缴纳教育补偿金的标准和管理办法，明确收费标准，严格交费手续，规范使用范围，同时严格制止和查处各种违章收费。截止9月底，共清退择校生高收费1800万元，对违章单位进行了通报批评，严肃处理了责任人。由于态度坚决，措施得力，“择校生高收费”得到遏制。

撰稿 魏 强

〔**德育工作**〕 1996年，中小学德育工作得到加强。6月，市委教育工委、市教委组织力量对18个区、县德育工作进行普查。普查结果表明，各区县把中央的两个德育文件作为新时期学校德育工作的纲领和学校干部、教职工的教材，认真学习和领会。其中，顺义县将中小学德育工作纳入全县精神文明建设中统一抓；东城区教育局印发《中小学德育文件选编》，万名教职工人手一册。北京市陆续制定一系列德育工作文件，市和区县两级共推出德育工作新措施三百四十余项，有9个区县先后召开德育工作会议，部署德育工作。在管理体制上先后成立以市委教育工委副书记、市教委主任为组长的德育工作领导小组，建立德育管理机构。东城、石景山和门头沟等6区县成立德育工作管理委员会。进行小学思想品德和中学思想政治课改革实验，抓好“两基”（基础教育、基本意志品质）和“三观”（世界观、人生观、价值观）教育，普及心理素质教育常识、开展心理健康实验等4项活动。加强教材建设和教育基地建设。先后编辑《两史一情教学》、《中小学法制教育》等录像带；共有市级教育基地45个，区、县级教育基地500个、校级教育基地五千多个。各区县和学校利用德育基地，广泛开展业余党校、团校、军校“三校”活动及社会调查、社会实践活动。同时选拔一批优秀人才充实加强德育队伍，表彰400名中小学“紫禁杯”优秀班主任，树立20名班主任典型。

撰稿 孟祥辉 魏 强

职业教育

〔**综述**〕 1996年，北京职业教育以贯彻实施《职业教育法》，落实全国职教会精神为主导，在实施“职业教育工程”，改革和发展中等职业教育，积极探索高等职业教育，调整学校布局，优化专业、科类结构，提高教育质量，增加办学效益方面取得进展。

1996年，北京市广泛开展学习、宣传、贯彻《职业教育法》活动。9月7日，组织全市18个区县教育、劳动部门和职业学校师生上街进行宣传，发放材料20多万份。国家教委、市委、市政府、市政协等有关领导参加宣传活动。组织两期领导干部学习《职业教育法》培训班，邀请国家教委、全国人大教文卫委、全国政协等领导作辅导报告。会后，各区县都进行了学习《职业教育法》的培训工作。市教委组织召开北京市中专校、职高校、区县政府、教育行政部门、市政府各委、办、局、总公司教育处调研会，调查中等职业教育存在的问题，研究解决问题的思路。市人大教科委、市政府法制办、市教委、市政府督导室、市劳动局等单位组成两个考察团分赴上海、江苏、山东、河北等地考察学习职业教育。起草了《北京市实施〈中华人民共和国职业教育法〉办法》（征求意见稿）。

1996年，市骨干校、示范校建设得到加强，市级重点职业学校61所(市属55所)中，中专23所，技校11所，职高27所，占中等职业学校总校数的14%。它们中有国家级重点校18所（市属14所），中专10所、技校1所、职高7所。重点学校在校生均在1500人以上，是全市总平均在校人数（440人）的3.4倍，占全市在校生总数的56%。这些学校专业设置一般在10个左右，实现“多专业、大容量、高效益”办学要求。1996年，组织了重点中专和职业高中校长、书记开展互访，分别参观昌平农业职业学校、海淀信息管理学校、铁路电气化学校、北京无线电工业学校，使两类重点职业学校取长补短、优势互补、互相学习、互相促进，在北京市职教发展中起到骨干示范作用。12月23日，市教委召开贯彻《职业教育法》，实施职教工程，加强骨干师范学校建设工作会议。副市长胡昭广在会上作了题为“贯彻《职教法》，实施职教工程，抓好骨干学校建设”的报告。

1996年，完成中专、职高青年教师优秀课评审工作，49名教师获优秀奖。7786人参加语文水平测试，合格率74%；9774人参加英语考试，合格率43%。为提高中专教师的职业教育理论水平，市教委职教处和北京中专教育研究会共同举办职业教育理论培训班，300位教师参加了培训，95%以上获合格证，并作为申报高级职称的必备条件之一。完成2.5万名职业高中应届毕业生验证工作。组织学生参加全国第二届职业学校学生优秀作文大赛，获全国特等奖1名、一等奖2名、二等奖2名、三等奖1名。举办中专学校第

24 届田径运动会，组织篮球、排球、乒乓球、艺术体操、足球等项竞赛活动，成立了北京市职业高中体育协会。

撰稿 时雅卿 郭中天 蔡继顺

〔**职业学校师生比例趋向合理**〕 1996 年，北京市中等职业学校 439 所，其中，中等专业学校 98 所（含市属 64 所），技工学校 164 所（含市属 137 所），职业高中 177 所（其中独立建制 74 所）。招生 8 万人，在校生 20 万人。中等职业学校占地面积约 760 万平方米，校舍建筑面积约 350 万平方米，专用教学及实验设备总值约 3.4 亿元。中等职业学校开设专业科类 198 种，专业设置为：中专 240 个，技校 290 个，职高 230 个，基本上覆盖首都各行各业。中等职业学校专任教师 1.4 万余人，其中高级、中级职称教师分别占教师总数的 17%、47%，并拥有一定数量的学科带头人和优秀的实习指导教师。专任教师与在校生之比为 1∶12～1∶13，达到比较合理的水平。

撰稿 李 敏

〔**高等职业教育**〕 7 月 11 日，北京市高等职业教育协调领导小组成立，任务是定期研究、决策北京市高等职业教育工作。十二月底，北京市高等职业教育试点方案完成。方案确定北京市各类高等职业教育计划招生人数依次为：1997 年 6000 人；1998 年 7800 人；1999 年 10100 人；2000 年 13000 人。发展高等职业教育主要通过挖掘现有各类院校的潜力，走内涵发展之路，具体是：市属普通高校到 2000 年，逐步将北京联合大学、海淀走读大学及部分郊区分校改造成高等职业教育基地；将部分普通高校的部分专科专业改造为高等职业教育专业。成人高校主要通过有计划地改造专科专业和将有条件的独立设置的成人高校，改制为高等职业学院发展高等职业教育。国家级重点中专主要通过举办高职班来发展高等职业教育。

9 月，全市 25 所中专、106 所职业高中共 1990 名优秀毕业生参加北京市高等职业教育选拔入学考试。本次高职招生的大学为北京联合大学和海淀走读大学，招生专业 24 个，计划招生 882 人，考试科目为语文、数学、外语三门文化课和两门专业课及专业实践课。共录取 921 人，超招 39 人。从中专、职业高中选拔大批优秀毕业生上高职，在北京市尚属首次。

撰稿 任继文

〔**世界银行职教贷款项目执行情况**〕 9 月 10 日、12 日，世界银行官员和中方专家及国家教委贷款办对世行贷款职教项目学校北京联合大学职业师范学院、北京市机械工业学校、北京市二轻技工学校进行项目评价。评价组检查项目学校向世界银行承诺 8 项指标完成情况，对项目学校科学的管理、教学质量和办学效益表示满意。

12 月 31 日，世界银行贷款北京市职教项目执行期结束。职教项目贷款 1990 年 10 月 30 日正式生效，北京市贷款 696 万美元，重点装备 9 所职业学校（1 所高校、3 所中专校、1 所技工学校、4 所职高），使之尽快办成北京市骨干示范学校。国内配套资金计划为 3958.49 万元人民币，到 1995 年底实际投入 4542.91 万元人民币；在校普通生承诺指标10690人，实际完成14064人；在职生承诺10679人，实际完成17193人；生师比承诺为11∶1，实际达到15∶1；教师周课时，高校承诺8课时，实际达到10课时；中专、技工承诺12课时，实际完成15.22课时；职业高中承诺14课时，实际完成15.13课时；实验室利用率承诺90%（每周5天、每天5节计算），实际完成107%；综合设施利用率承诺为90%，实际完成99.06%；专业课实验开出率承诺指标为90%～100%（各类学校承诺数不同），实际完成102.2%。

撰稿　李　敏

高等教育

〔综　述〕　1996年，北京高等教育事业持续健康发展，改革和建设取得明显成效。

高等教育继续进行布局结构调整，重在提高质量和效益。据统计，1996年北京地区高校本专科在校生达到189953人，研究生36897人，其中博士生7475人，分别比上年增长4.3%、35.7%和18.8%，高校教师职工总数继续保持负增长（减少1.28%）。学校平均规模和生师比有所提高，分别达到2835人/校（1995年为2719人/校）和4.98∶1，其中市属高校校均规模提高到3420人/校（1995年为3300人/校），生师比提高到7.13∶1。在京留学生总数已达16589人，其中长期生10272人，短期生6317人，分别来自142个国家和地区。

1996年在京高校科研经费超过10亿元，比上年增长30%；全年共安排市属高校科研经费500万元，比上年增加4倍；科研成果转化成现实生产力能力有较大提高。校办产业产值约55亿元。1996年市政府投入高教的经费共3.7亿元，比上年增长25.5%。

到1996年底共有17所北京地区高校通过了“211工程”部门预审，在京高校“211工程”部门预审已基本结束，“211工程”正在按照“从实际出发，重在建设、稳步推进”的方针，将工程重点转向重点学科和重点项目的立项建设。1996年，市教委共对7所高校的26个项目进行重点支持，其中学科（专业）点17个，共投入经费1120万元；校内实验（实践）基地9个，共投入经费450万元；马克思主义理论课投入30万元；共计1600万元。

为进一步转换政府职能，增强宏观调控能力，推动高校面向社会自主办学，加大北京市对高等教育的统筹规划、协调管理职能，市委教育工委和市教委于1996年6月13日正式成立了市高等学校工作咨询委员会，并召开了第一次全体会议。同时市教委还组织成立了市学位委员会以及市普通高等学校专业设置评议委员会、重点学科建设专家评议委员会等一系列咨询、评议机构，进一步加强了对北京市高校工作的咨询、交流、研讨、评议（评审），使决策的科学化、民主化程度有了进一步提高。

撰稿　关仲和　宋川越

〔**办学管理体制改革**〕　1996年，北京市与在京高校及其主管部门一起积极推进了共建、联合办学、合作办学等多种形式的办学管理体制改革。经过多次调研和反复研究，分析了北京市高等教育的特点和所存在的主要问题；初步形成了北京市高等教育办学和管理体制改革的基本思路；提出了北京市高等教育布局、结构调整及市属高校第二步调整的研究报告和实施方案。1996年，北京市政府与中国航空工业总公司签署了“九五”期间合办北京航空航天大学的共建项目协议书，协商拟定了“九五”期间北京市教委与中国人民大学、北京师范大学共建项目协议书；还为共建北京大学、清华大学等校做了一些前期准备。北京地区高校的联合办学继续得到发展。1996年，在五十余所高校间开展多种形式的合作办学试验。主要有两种形式：一是校际间的合作办学。不同学科的学校之间的合作多是学科交叉、优势互补、联合培养复合型人才的形式，如北京大学与北京医科大学联合成立北京大学医学中心；相同学科的学校之间，如中国协和医科大学与北京医学高等专科学校间取长补短、互惠互利、共同提高办学水平和办学效益。二是与科研院所、政府部门及企业集团等的合作办学。北京邮电大学等校与科研院所联合培养研究生；中国人民大学在办学上依靠中央部委，并为其服务；清华大学、北方交通大学等10多所高校成立学校董事会，双方互惠互利，互相支持，促进了学校的改革与发展。学校通过开展多种形式的合作办学试验，提高了学校办学质量、办学效益和办学水平。

北京市政府和中国航空工业总公司于1996年12月27日召开了双方合办领导小组第一次全体会议，并签署了合办北京航空航天大学“九五”期间共建项目协议书。根据该协议，北京市将在“九五”期间向北京航空航天大学核拨共建项目专款1500万元，主要用于支持学生活动中心、继续教育学院楼等方面的建设。北京航空航天大学将在人才培养、学科建设、科学研究和技术开发等方面进一步为北京市服务。自1994年4月北京市政府与中国航空工业总公司签署合办北京航空航天大学协议以来，经过双方和学校的共同努力，共建工作取得了明显成绩。(1)学校加大了为北京市服务的力度。通过多种渠道为北京市培养各级各类人才并逐步扩大与北京市的科技合作领域，促进科技成果转化。承担北京市科技开发、技术合作135项，经费总额达674万元。(2)北京市对学校的建设给予了积极支持。学校的部分教育、科技工作以及师资队伍和校园建设已逐步纳入北京市有关委、办、局的计划和管理渠道。同时支持学校建立了“计算机新技术”和“聚合物基复合材料技术”两个北京市高技术重点实验室，计划投资600万元，已到位150万元。(3)探索了适合北京共建高校的有益经验。

经国家教委、卫生部批准，1995年2月28日，北京大学和北京医科大学正式签订了联合办学协议。联合办学的目标是共同发展，创建国际一流的知名大学；联合办学的原则是优势互补、平等互利、着眼于发展与提高，统筹规划，分步实施，通过共商、共享、共建等多种形式，全面合作。两校首先侧重于教学、科研方向的实质性合作，主要体现在八个方面的合作：互聘教师；共同培养本科生、研究生；共建学科群；科研协同发展，共同策划研究课题；科技合作开发；资源共享；国际学术交流合作；教师与学生活动交流。在一年多联合办学的基础上，两校从学科建设、教育与科研发展的总体考虑出发，商议共同成立北京大学医学中心，以进行更全面、密切、有效的合作，促进两校联合的优势充分发挥，推进共创国际一流知名大学的进程。经国家教委和卫生部批准，两校共建的北京大学医学中心于1996年6月12日正式成立。两校将在共建医学中心的框架下进一步加强合作。

撰稿　关仲和　段豫龙　郭　静

〔**教育教学改革**〕　1996年，北京市高校教育教学改革的突出特点是扎扎实实抓好“两课”改革，全面实施“面向21世纪教学内容和课程体系改革”和教材建设计划。教学的经常性中心工作的地位得到了加强，广大教师、学生教与学的积极性得到提高。共有15所北京市高校作为牵头单位，在理、工、农、医、文、外语等学科 共取得国家“面向21世纪教学内容和课程体系改革”项目85项，占第一批国家教委教改立项总数217项的39.2%。

为了积极配合国家教委的“面向21世纪教学内容和课程体系改革”计划，市教委也在北京地区高校中开展了面向21世纪，适应首都和全国社会主义现代化需要的教育教学改革试点工作。经过学校申请和专家评审，市教委批准了北京市普通高等学校第一批教育教学改革试点立项项目88项，并在公布教改立项项目的同时，将改革试点补助经费192万元全部核拨到位，所有项目已正式启动。第一批教改立项共涉及北京地区25所高校，其中部委属高校17所，立项63项，核拨经费109万元。

1996年，北京市高校教育结构改革有了较大发展，其主要特征是按照“改革、改制、改组”的原则，对一些普通高校和所设专科专业的服务面向、人才模式、培养规格、专业设置等进行调整与改革，积极发展高等职业教育。北京市被列为全国发展高等职业教育的四个试点省市之一。1996年共增招高职学生1500人，使北京市普通高校高职在校生总数达3000人以上，一个上下衔接，左右沟通的高职教育网络也正在逐步形成。

〔**招生和毕业生就业制度改革**〕　1996年北京高校本科专业招生全部实现“并轨”，专科专业部分实现“并轨”，为1997年高校招生全部实现“并轨”打下良好的基础。

1996年北京高校毕业生数是北京历史上人数最多的一年，达到5.5万人，其中研究生毕业0.8万人。市教委认真贯彻执行国家毕业生的就业方针原则和宏观调控指标，坚决贯彻“搞好宏观调控，加强政策导向，培育就业市场，完善服务体系”的北京市高校毕业生就业分配工作方针，成功地采取各种政策导向措施，使得绝大多数毕业生走上各自的工作岗位，北京地区67所高校和140多所研究生培养单位的分配计划和指标任务圆满完成。北京高校试办了以高校为主体的分片分类的毕业生就业市场，高校毕业生就业在逐步向政府指导下的“缴费上学，自主择业”过渡。

〔**高校基本建设**〕 为支持市属高校布局结构调整，自1993年8月开始实施的“三线一点”（北京工业大学、首都师范大学、北京联合大学3所第一批调整的院校为“三线”，亟待调整的首都医科大学为“一点”）基本建设工作进展顺利。截止1996年底，共计竣工项目22个，面积13.8万平方米，完成投资3.5亿元，征地43.3公顷；在施项目11个，面积11万平方米。

北京市高校教职工住房建设取得了成绩，截止到1996年底，共建住宅8650套，共计60.8万平方米，完成投资约9.2亿元。34万平方米的“育新花园”已于1996年9月前落成，市委、市政府决定再建“育新花园”二期工程。并决定在海淀区兰旗营为北京大学、清华大学无偿划拨土地，规划建设住宅20万平方米；同时划拨土地20公顷为清华大学用作科研成果转化和住宅建设搬迁用地。市属高校通过集中规划和校园周边地段开发，共建成教师住宅10.8万平方米。除此之外，为贯彻《教师法》和《国务院关于贯彻实施〈教育法〉若干问题的通知》，市委、市政府又采取各种措施，努力缓解高校教师的住房困难，制定了优惠教师购房的政策。以上努力使得全市教职工人均居住面积、人均使用面积分别达到8平方米和12平方米，缩小了与全市城镇居民居住面积水平的差距。

撰稿 关仲和

〔**支持部委属高校改革与发展**〕 1996年，市委、市政府积极支持在京中央部委属高校的改革与发展。(1) 增加学校投入。北京市财政每年为解决在京中央部委属高校教职工、学生公费医疗补贴五千五百多万元；为解决高校教师住房困难，市政府以补贴、减免等方式投资已达二亿元，陆续将要开工的“望京小区”等预计新增投资将达到三亿元以上。(2) 为高校解决科技立项筹集一千多万元资金。1996年，市政府为在京高校教师建的“育新花园”住宅小区已竣工，全部分配给中央在京高校。(3) 增加占地面积。为解决教师住房问题，已批准征住宅用地24公顷，已定待征住宅用地30公顷。为扩大校园建设，北京航空航天大学征用8.1公顷土地已获批准。

撰稿 郭 静

成 人 教 育

〔**综述**〕 1996年，北京成人教育事业取得进展，各委、办、局、总公司和各区县在制定经济工作“九五”计划的同时，把人才培训和人力资源开发作为重要内容列入议事日程。市经委、商委等单位相继召开教育工作会，紧紧围绕经济工作和改革各个环节，提出培训计划，落实培训任务。东城、西城、昌平等区县先后召开成人教育工作会，提出成人教育工作重点，推动本地区劳动者素质的提高。全年完成培训任务94.5万人次，其中，中高层次紧缺人才培训15.3万人次，转岗人员培训43.1万人次，乡镇企业职工培训36.1万人次。开展资格证书制度的试点工作。市经贸委、商委等系统根据各自的不同特点，试行了相应的资格培训制度。会计上岗证和各级别的计算机等级证书已作为成人大、中专学校有关专业学生的必备要求。计算机和外语培训工作有较大发展。1996年，召开"首都推进计算机和外语培训大会"。市委、市政府领导带头参加计算机培训，推动活动的开展，全市参加计算机培训的人数达10万人次。成人教育培训基地建设有新进展。在工业系统、城建系统及市政管理系统建立3个紧缺人才培训中心，以紧缺人才培训中心为龙头，全市各区县逐步形成一批培训网络。市商委筹资25万元为培训中心增添教学设备；百货大楼集团、蓝岛大厦、工商银行北京分行建立现代化的培训中心。东城、西城、石景山、丰台、顺义、大兴、平谷、昌平、密云、怀柔等区县分别新建或扩建成人教育培训中心、成人大中专院校、乡镇成人学校的校舍。充实了现代化教学设备。

1996年，北京成人学历教育稳步发展。全市各类成人高等学校招生报名9.4万人，达历史最高水平，录取7.3万人；成人中等专业学校录取2.9万人；高等教育自学考试报考24万人次，报考总科次55.8万科次，比上年增加20%以上。

1996年，北京成人教学质量和办学水平全面提高。市教委坚持以评促改、以评促建、以评促发展的方针，完成对160所成人高校、中专学校和民办高校进行教育教学和管理办学水平评估，和31所成人学校的示范校评估，均收到良好效果。其中，完成对普通高等学校函授、夜大学的教育评估工作。评估学校32所，含市属高校11所，部委属高校21所。通过自评与专家评估检查，各学校总结了举办成人高等教育的经验与不足。为实现成人高等教育"高水平、高质量、高效益"目标，开展了独立设置的成人高等学校专业评估工作，并首先在市财贸管理干部学院和宣武红旗业余大学进行试点。为加强民办高校管理，提高民办高校办学水平和管理水平，市教委决定对全市103所民办高校进行管理水平综合评估。至年底，市教委评估民办高校16所。

对109所成人中专学校中开展全日制中专班教育教学评估检查，其中27所教育教学质量较好、办学水平较高的学校获表彰和奖励。市教委成人中专示范学校评估工作进展顺利，成立成人中专和乡镇成人学校评估委员会，制定示范校评估标准，完成对申报的7所成人中专学校和24所乡镇成人学校评估，共评出示范成人中专校4所，示范性乡镇成人学校11所。

1996年，印发了《关于在全市进一步开展企业教育综合改革，推进现代企业教育制度建设的若干意见》，并在30家市属大中型企业进行综合改革试点。其中，在市商委确定一批商业系统的企业教育综合试点，以推进全市商业企业教育的改革，在东城、西城、昌平、北京保温瓶工业公司进行了区县级的改革试点。年底召开的全市企业教育综合改革工作会上，市教委总结和推广12个企业教育先进经验，表彰15个先进企业和23个先进个人。以试办为区域经济发展服务的朝阳区社区大学为契机，全市社区成人教育综合改革也已经起步。

1996年，市教委在24所市属成人高校42个专业进行高等职业教育试点。各成人高校、中专校深入行业、企业调查研究，调整专业设置，努力为社会培养各类急需人才。市属各成人高校新开专业57个，成人中专校新开专业30个；进一步发挥乡镇成人学校在“科教兴农”中的作用，提倡教师深入生产实际，在田间、果园进行教学，直接为农业服务。把乡镇成人学校办成集人才培养、生产示范、科技实验与推广服务为一体的综合性教育科技实体。各乡镇成人学校开展了推广农业新技术，进行实用技术培训工作。

促进社会力量办学规范化是北京成人教育的重要内容。市教委制定印发了《〈北京市社会力量办学管理办法〉实施细则》，对全市社会力量办学进行年检、重新登记和换发办学许可证工作，同时，对全市2372所社会力量办学进行全面检查，对一些不符合办学规定的学校分别停发和缓发办学许可证。在15所民办高校进行国家文凭考试试点也取得进展，全年招生1.2万人，带动民办高校的学历教育改革。

1996年，北京成人教育工作还存在着地区之间、行业之间、单位之间发展不平衡；一些地区、行业和企业负责人对成人教育的重要性及教育优先发展的战略地位缺乏深刻认识；成人教育的改革尚不适应企业发展的需要；成人教育经费不足；成人教育的法规制度建设仍不适应改革和发展需要等问题。北京成人教育事业任重而道远。

撰稿　吴晓川

〔**社区大学论证会**〕　1996年5月28日，市教委在朝阳区举行社区大学专家论证会。会上专家们论证了朝阳社区大学的现实可行性。提出了许多对该社区大学今后发展的意见。论证会认为，朝阳社区大学的建立，将在办学体制、管理体制、教学模式、培养目标、优化教育资源等许多方面比职工大学体现出更强的地域性和优越性。北京社区大学试点工作开始于1994年，朝阳区委、区政府在试点中围绕“政府统筹、社会参与、资源共享、功能多样、服务社区”原则，取得可喜成绩。市教委决定将朝阳区职工大学改建成朝阳区社区大学。

撰稿　郑　辉

〔**调整高等学历文凭考试方案**〕　1996年，市教委调整高等学历文凭考试试行方案，对考试的课程、门数、教学计划和考试大纲进行修订。至年底，北京市1996届新生全部采用新的教学方案，尚未通过全部国家文凭考试规定统考课程的考生，也制定了与新教学计划相衔接的补充政策。新的教学方案是依据国家教委有关文件精神修订的，专业教学计划中理论教学课程分为全国统考课、省市统考课和学校考试课三部分，每个专业全国统考课和省市统考课为10门。此前北京地区执行15个专业中70%主干课均由市高教自考办统一出题，统一考试的方案。

撰稿　吴晓川

〔**评估民办高等学校**〕　1996年8月，市教委颁布《关于对北京市民办高等学校开展评估工作的意见》。把评估工作的重点放在全面考察学校贯彻执行党的基本路线和教育方针情况，考察学校依照国家法律、法规办学情况，进一步规范办学行为，加强对学校的宏观指导和管理方面。通过对学校行政管理、教学管理、学生管理和财务管理的评估，促进学校认真总结经验，端正办学方向，改善办学条件，提高办学水平，推动学校管理科学化、规范化、制度化。此后，市教委成立以市教委主任徐锡安为组长的社会力量办学评估领导小组，并组建专家委员会及成立由来自普通高校、成人高校共43位专家组成的评估专家组。

至年底，评估小组已下发《北京市民办高等学校管理水平综合评估指标体系》《评分标准》《学校自评报告》《专家评估报告书》《学校评估报表》等系列评估配套材料，已完成评估试点工作和对首批16所学校的评估工作。

撰稿　吴晓川

审稿　徐锡安

天津市教育

概　况

〔**基本情况**〕

1996年各级普通学校基本情况

单位：人

学校类别	学校数（所）	毕业生数	招生数	在校学生数	教职工数 计	教职工数 其中专任教师
一、普通高等学校	20	20185	25293	77632	26203	9811
研究生	(13)	1756	2129	6278		
本科	19	10030	14340	49899		
专科	1	8399	8824	21455		
二、中等专业学校	78	13259	21168	67033	10440	4767
中等技术学校	68	10876	18464	58873	9142	4125
中等师范学校	10	2383	2704	8160	1298	642
三、普通中学	734	120679	169395	493551	50368	35444
高中	190	18331	18215	77361		6576
初中	544	102348	141180	416190		28868
四、农业、职业中学	143	12333	21765	63098		4123
高中	139	11167	20065	61398		4069
初中	4	1166	1700	1700		54
五、工读学校	3					71
六、小学	3027	145705	144438	879772	62207	51202
七、特殊教育学校	21	241	253	1941	927	642
八、幼儿园	280	11951	11943	37511	7666	4018

制表　李　琪　刘　津

1996年各级成人学校基本情况

单位:人

学校类别	学校数（所）	毕业生数	招生数	在校学生数	教职工数 计	教职工数 其中专任教师
一、成人高等学校	44	16578	21856	61980	8528	4108
广播电视大学	1	4448	4616	12470	2186	998
职工高等学校	34	5205	5605	18041	4466	2422
农民高等学校						
管理干部学院	8	1930	2020	4870	1449	502
教育学院	1	546	1150	3127	427	186
独立函授学院						
普通高校举办:		4449	8465	23472		
函授部	15	1830	3307	9398		
夜大学		2026	3854	11522		
干部专修科		593	1304	2552		
二、成人中等专业学校	101	16328	18176	45834	5257	2545
广播电视中专	2	4835	2236	6389	184	70
干部中专	15	2990	4750	8826	725	260
职工中专	58	6315	9367	24023	3070	1551
农民中专	9	2036	1711	6188	396	197
函授中专						
教师进修学校	17	152	112	408	882	467
三、成人中学	44	7866	11028	10476	500	229
职工中学	20	4791	6528	9051	302	133
农民中学	24	3075	4500	1425	198	96
四、成人技术培训学校	3476	654205	685866	140549	2315	1254
职工技术培训学校	462	52684	38674	19565	395	213
农民技术培训学校	3014	601521	647192	120984	1920	1041
五、成人初等学校	90	2776	4066	1915	251	102
职工初等学校	4	350	380	330	52	40
农民初等学校	86	2426	3686	1585	199	62
其中:扫盲班						

制表　李　琪

〔**年度工作方针**〕 1996年，天津市教育工作的指导思想是，坚持以邓小平建设有中国特色社会主义理论和党的基本路线为指导，深入贯彻党的十四届五中全会和市委六届四次全委（扩大）会议精神，认真执行“抓住机遇、深化改革、扩大开放、促进发展、保持稳定”的基本方针，实施“科教兴市”战略，进一步解放思想，加大改革力度，切实真抓实干，推进教育体制和教育发展方式的转变，巩固和发展天津教育机构改革成果，增强大教育的整体功能，增强教育为天津经济和社会发展的服务功能，加快教育结构调整，优化教育资源配置，提高教育教学质量和效益，开创天津教育新局面。实现“九五”第一年高起步，创一流，为天津经济和社会发展作出更大贡献，为“九五”后四年的发展奠定坚实的基础。

1996年天津教育工作总的要求是：第一，统一思想，统一步调，提高全市教育工作的总体水平；第二，巩固和发展机构改革成果，继续在理顺关系、转变职能、提高效率上下功夫，切实体现市教委在统筹大教育发展的整体功能、改善天津教育整体形象等方面的优越性，加强对全市教育的宏观管理。同时，进一步调动和发挥各区县、行业的办学积极性和责任心，进一步扩大学校的办学自主权，增强学校的活力；第三，突出狠抓“两个根本性转变”，使教育在提高全民素质和为天津经济和社会发展服务中发挥更大作用，积极探索一条在改革中求发展之路，采取以提高质量和效益为主的发展方式，密切教育同经济的关系，主动适应社会主义市场经济体制不断发展和完善的需要；第四，深化教育体制改革，加大改革力度，加快教育结构调整，优化教育资源配置，积极探索以改革促发展之路。以南开大学、天津大学为龙头，统筹规划，逐步建立条块结合的天津高教体系，充分发挥部委属高校在天津的作用，并尽可能支持部委属高校的改革和发展，大力推广天津商学院、咸水沽三中等学校先进经验，推动全市各级各类学校后勤工作社会化的改革和以人事、分配制度改革为重点的校内管理体制的改革，提高办学效益和办学质量。

1996年天津市教育工作的重点是：(1)统筹发展各级各类教育，大力加强基础教育，积极发展职业技术教育和成人教育，进一步办好高等教育。(2)继续抓好全社会大培训工作，全年城乡要完成各类人员的培训150万人次以上，其中科技人员继续教育、在职职工大、中专学历教育和比较系统的专业培训70万人次，各类转岗、岗前等适应性培训80万人次以上，全员培训率达到30%～40%。(3)进一步解放思想，深化教育改革，调动各方面的办学积极性。贯彻综合配套、突出重点、分步实施的原则，深化办学体制改革，推进以人事、分配制度为重点的校内管理体制改革和学校后勤工作社会化改革，深化招生制度和毕业生就业制度的改革，推进高等学校和中等职业技术学校招生收费制度改革，进一步扩大天津教育系统对内对外开放。(4)加快教育结构调整，优化教育资源配置，提高办学效益。搞好高等学校院校和科类、专业的调整，搞好职业技术学校和成人学校的布局调整。(5)全面贯彻党的教育方针，提高教育教学质量。适应新的形势切实改进和加强德育，增强德育的针对性和实效性，大力提倡和鼓励学生参加社会公益活动，搞好各种社会服务。(6)加强师资队伍建设，全面提高学校各类人员的素质。贯彻

《教师法》和《教师任职资格条例》。基础教育落实2000名小学教师、400名初中教师提高学历层次任务，职教、成教搞好新教师补充和在职教师的进修提高，高等教育抓紧学术带头人的培养，努力吸引一批海外学子和国内优秀尖子人才来天津工作。(7) 增加教育投入，改善办学条件，提高办学能力。坚持以政府拨款为主，多渠道筹措教育经费的投资体制，确保各级各类教育经费有稳定来源和有所增长。改革办学体制和规范收费制度，鼓励社会支教，开展勤工俭学，办好校办企业，重点发展高新技术产业和利用人才技术设备等优势为社会服务的项目。(8) 依法治教。结合党政机构改革和调整，健全和加强教育执法机构和执法队伍建设，推行教育行政执法责任制，搞好执法检查。(9) 认真解决群众关心的热点问题。解决好学校收费问题，治理中小学乱收费，解决为学生统一代订、代购项目问题。解决好择校生问题，缩小校际差距，有序地充分利用各种教育资源，办好一些“公办民助”、“民办公助”学校，合理分流有择校需求的部分学生，缓解择校矛盾。解决好课外辅导问题，减轻学生负担，在电台、电视台开办中小学名师义务辅导和回报社会课外辅导讲座。抓好学校安全保卫工作，保持稳定，严防重大事故。(10) 多渠道筹集资金，改善教师住房条件，搞好房改工作。1996年教育系统建设教师住宅30万平方米。

撰稿　刘　毅

审稿　赵宝琪

基础教育

〔综述〕　1996年1月31日，天津市召开“普通教育工作会议”，动员全系统13万教职工贯彻有关精神，加强学校特色建设，巩固发展“普九”成果，加快“普高”步伐，继续治理薄弱校，进一步改善办学条件，下力量推进素质教育，以全面提高教育质量。

九年义务教育在1994年达标的基础上，1996年，大力开展巩固提高的工作，从年初开始逐乡、逐校落实《天津市农村地区基本实现九年制义务教育后小学、初中办学标准》。到年底，义务教育规范乡镇已建成35个，义务教育示范校189所。教学仪器设备达到国家一级标准的中小学已分别占70%和35%。学校布局调整截止到1996年底，农村地区累计新建学校达306所。全市乡镇布局调整任务已完成。高中和中心小学的布局调整任务分别完成75所和560所。使学校总数由原来的3200所减少到2721所。城区学校布局调整工作正在积极进行筹划。1996年市政府继续下达新、扩、改建15所中小学，到年底已全部完成。

1996年，天津市小学入学率继续保持100％，初中入学率继续超过99％，高中阶段教育的入学率达到78.9％；农村地区高中阶段入学率达到65％，比上年提高5个百分点。职业高中在校生规模达到6.3万人。幼儿入园率突破60％，比上年提高10个百分点。特殊教育坚持盲、聋哑、弱智三类教育并重；建校、建班、随班就读三条渠道并存；教育、医疗康复、就业安置三项内容并举的原则，使特教事业持续稳步发展。到1996年底，特殊教育学校发展到33所；特教辅读班37个，随班就读的学校达273所。特殊教育已辐射到全市18个区县。天津市已提前完成了国家教委对天津市“八五”期间三类适龄残疾儿童少年入学率达到80％的指标要求。

教育质量得到全面提高。九年义务教育合格率（初中毕业合格率）已达到98.5％；普通高中会考一次合格率突破80％，比1995年提高两个百分点。体育达标率达到93.28％。校风校纪普遍有了新的变化，“五无、五不”即“卫生无死角，地面无痰迹，墙角无污痕，桌椅无刻划，门窗无破损”和“不说脏说，不乱扔废物，不浪费粮食，不吸烟喝酒，不进三厅一室”，在大多数学校得到较好的落实。

〔**素质教育**〕 面向21世纪的基础教育要从应试教育向素质教育转轨，是天津市委、市政府实施素质教育更新、更高、更艰巨的目标。

1月，在天津市教育系统领导干部会上，市委、市政府要求下大力量研究应试教育如何向素质教育转轨。3月，市教育局召开机关干部大会，要求把工作重点及人、财物各项工作都要围绕着素质教育转。

从三月初到四月中旬，市教育局中学、小学、德育、体卫、教研等5个职能处室的干部分兵几路，深入基层，召集20多个、有100多名校长、教师参加的座谈会，分别总结出应试教育在中小学教育、教学、德育、体卫工作中的表现共50条。论危害，找原因，统一思想，转变观念，为推动素质教育奠定了基础。

为实施素质教育，市教委制定了《天津市三A中学基本标准》《天津市三A小学基本标准》《天津市三A学校评估细则》《天津市普教系统评选三A校长暂行办法》《天津市普教系统评选三A中学三A小学暂行办法》《天津市三A学校评估等级量化标准》等评估体系，引导学校、校长全面抓好德、智、体三方面的工作，保证了素质教育的实施。与此同时全面构建了督导评估机制，一方面制定并完善了对区县政府实施素质教育的督导评估方案和对全体中小学校的督导评估方案，一方面着手进行指导学校采取改革措施正确评价教师的工作和学生的素质。

为全面推行素质教育，天津市从1996年初开始，加强师德建设，广泛开展了“四个一”活动，即：班主任要对每个学生做一次家访；每一名教师要转化一名后进学生；学校要为社会办一件好事；每所学校要树立一批师德高尚的教师典型。在此基础上，又增加了新“四个一”，即：教师要关心爱护每一个学生，上好每一节课，规范自己的每一个言行，保证不让一名生活困难生辍学。

〔**德育工作**〕 1996年，加强中小学德育工作的中心内容是教育学生“学会做人全面提高素质”。从日常行为规范训练入手，加强教育，养成习惯，使学生“学会做人，学会求知，学会健体，学会生存，学会审美”。中共天津市委、市政府及市教育行政部门要求各区县、学校贯彻上述教育要求突出四个重点：加强政治理论教育；深入持久地进行爱国主义教育；加强法治教育和加强劳动教育。中共天津市委制定印发了《天津市爱国主义教育实施方案》，培养学生爱国主义情感，提高爱国主义觉悟。同时，把对学生的法制教育列入“三五”普法教育的重点之一来抓，各中小学把法制教育列入必修课，做到教育大纲、教材、课时、教师“四落实”。教育学生懂法、守法，学会用法律保护自己、约束自己。还针对中小学生独生子女多、依赖性强的特点，把加强劳动教育，勤俭节约，艰苦朴素教育列为重点教育的内容。

5月28日，市教育局召开“行为规范养成教育现场会”，推广河西区学生文明规范养成教育的经验。会上求实中学、105中学、澧水道小学和海地街办事处等6个单位介绍了经验。河西区推动学生文明行为规范教育已近十年，初步形成良好的育人环境。以热爱祖国的行为养成为主线，以礼、仪、孝、行为四个支点，建立起实施行为规范教育保障机制。

9月26日，中共天津市委教卫工委、市教育局召开了普教系统德育工作会议。市委书记李建国在会上号召：(一) 全体教工充分认识中小学德育工作的重要性和紧迫性，把德育工作摆在中小学教育的突出位置；(二) 要坚持德育工作的指导思想，全面落实好各项任务；(三) 要认真总结经验，努力提高德育工作实效；(四) 大力提高中小学教师的政治素质，搞好德育工作；(五) 动员社会各方面的力量，努力营造有利于学生健康成长的社会环境。市教育局局长李闻玺作了题为《进一步加强和改进德育工作，把中小学建设成为社会主义精神文明的窗口》的讲话。并印发了《天津市中小学德育工作规程》《关于进一步加强中小学生日常行为规范教育的意见》《关于加强中小学劳动教育的几点意见》《天津市三A学校德育工作评估方案》四个规范性文件。

在德育教材建设上，先后编写了具有天津地方特色的《思想政治》《思想品德》等教材，受到国家教委好评，并向全国推荐。此外，参与编写的课外读物《中华五千年传统美德》被中宣部、文化部评为“五个一工程”的优秀作品。还编写了《法律常识》《劳动教育》《礼仪手册》等。

〔**改革校长任用制度**〕 天津市静海县从1992年起，在全县中小学把传统的校长任命制，改革为民主选任制。该县县委、县政府成立了民主选任校长领导小组。各乡镇也相应地建立了由党政负责人参加的领导小组。民主选任校长的原则是：条件公开，公平竞争，选贤荐能，妥善安置，能者上岗。选任工作的基本程序是：(一) 由乡镇教委组织全体教职工以联合推荐、自荐的形式，确定预选候选人名单。(二) 由乡镇教委组织全体教职工对预选候选人进行测评，按得票多少确定候选人，并以书面材料报当地党委，经党委考察通过后产生正式候选人。(三) 由乡镇教育工会组织召开教职工代表大会，候选人做施政演说，然后以无记名投票方式差额选举产生校长。(四) 当选校长报当地党委审定，颁发任职证书，分配学校上岗。到1996年底，该县中小学有240名校长经民主选任上岗任职。有12名校长落选，对落选的校长按事先制定的政策，根据个人所长妥善安排工作。

〔**提高教师素质**〕 全面提高教师队伍的素质，是1996年重点工作之一。具体抓了三件事，一是确保2000名小学教师、400名初中教师提高学历层次的任务全面落实。二是结合“大培训”第二轮教师继续教育和“青年教师希望工程”开始启动。1996年，共有中小学教师7.68万人次参加了进修学习。此外，还从社会上吸收近千名优秀本科毕业生到初中任教，不仅缓解了初中教师不足的矛盾，而且改善了教师队伍的结构。三是加强师德建设。1996年，全市65名特级教师、高级教师和青年学科带头人在电台、电视台开办“中学名师义务辅导讲座”。“敬业、爱生、奉献”在广大中小学教师中已成风尚。1996年有1200余名师德高尚的优秀教师受到表彰。

〔**治理薄弱校**〕 为缩小校际差距，办好每所学校，1996年初，制定了治理薄弱校的整体规划。在市、区（县）确定93所中学和150所小学为重点治理的薄弱校。这些学校的特点是领导班子力量弱，教师队伍水平低，办学经费缺口大。治理任务分三年完成。1996年，中学完成40所，小学完成50所。采取的治理措施：一是加强组织领导，把治理工作变为政府行为。5月，市领导召开市内6区主管区长汇报会，进行全面检查。各区县普遍加强领导，并把此项任务列入政府工作日程。二是实行区、县长工作责任制，一级对一级负责。红桥区领导与13所薄弱校签订责任状。河西区领导班子每人确定一所薄弱校为重点联系校。三是调整、充实领导班子和教师队伍。年内，市区为薄弱校调整71个领导班子，选派干部140人。教师配备上采取倾斜政策，除采取骨干教师向薄弱校“流动”外，还从大中专毕业生和社会吸收各科优秀教师共500余人，补充到薄弱校，充实教师的学校达80余所。此外，为100余所学校增添了设备。与此同时，继续开展重点中学、示范校与薄弱校“手拉手”活动。到年底，“手拉手”关系学校达到90对。四是拨专款加大投入。市教育局、市财政局在上半年联合下发了《关于对市内六区中小学特困校专项拨款的通知》。市、区财政局拨专款达1850万元，用于扶植薄弱校中的特困校。110余所学校利用这笔专款改善了办学条件。和平区筹资3000万元，建立“扶贫”基金，用于扶助薄弱校。河北区拨专款254万元，使薄弱校的面貌得到改观。此外，各区县还从公办民助、民办公助学校收取费用中提取15%～20%，用于改善薄弱校的办学条件。农村地区，近年来共筹资4.54亿元为170余所中小学完成布局调整工作，其中绝大多数是薄弱校。

〔**安教工程**〕 天津市政府于4月3日，召开了教师住房建设领导小组扩大会议，会上传达了第二次全国教职工住房建设工作会议的精神。并决定到本世纪末，建（购）教职工住房165万平方米。这项任务分两步完成：1995年～1997年建（购）教师住房78万平方米，重点解决中小学教职工无房户和家庭人均4平方米以下住房困难户；从1998年到本世纪末，再建（购）教职工住房87万平方米。届时使天津市中小学教职工人均居住面积达8平方米。落实这项任务采取三项措施：（一）健全责任制。4月3日建房领导小组扩大会议上，常务副市长李盛霖与全市18

个区县负责人签订了1996年教师住房建设任务责任书：1996年，完成30万平方米的任务。（二）加大购买商品房的力度。1996年，普教系统购买商品房13.2万平方米，约占教职工住房建设总开工数的49%，比1995年增加66%。（三）发动有关方面兴建教职工住房。1996年，有关部门与天津世界公司签订建设“华苑教师村”的合同，共建教职工住房15万平方米的住宅小区。开发部门以成本价向教职工出售，政府按教职工住房补贴标准进行补贴。“华苑教师村”已于1996年3月破土动工，1997年春，教职工即可迁入新居。1996年，全市共筹资2.3亿元新建教职工住房30万平方米（其中含高教3万平方米）。解决5400户教职工住房的困难。另外，使2300户教职工改善了居住条件。到年底，普教教职工住房成套率达到54.8%，人均居住面积达到7.26平方米。

〔**制止乱收费**〕 1996年，天津市教育局把落实国务院《1996年在全国开展治理中小学乱收费工作实施意见的通知》和国家教委关于义务教育阶段收费工作“五不准”的规定，作为进一步纠风工作的目标，把治理乱收费同强化宏观管理工作结合起来，采取疏堵结合、标本兼治、从严治标、着力治本的方法，把治理工作落到实处。年初，庄公惠副市长主持召开了第三次天津市治理中小学乱收费领导小组会议。市纠风办公室、市教育局等七个委局制定下发了《关于进一步规范普教系统收费管理的规定》。4月17日，召开了有主管教育的区县长、区县纠风办公室主任、区县教育局局长、纪委书记、市区各中小学校长参加的纠风工作会议，进一步进行了部署。对做出成绩的区县和单位进行了表彰。会议期间，市教育局长与18个区县教育局长，各区县教育局长与所属各中小学校长分别签订了“纠正行业不正之风，加强收费管理的责任书”。上半年各区县开展纠风自查、抽查活动，共查400多所学校。下半年，分别对中专、职校和中小学开展了清理乱收费大检查。全市中小学都进行了自查自纠，自查面达100%。10月，市教育局会同市纠风办、市物价局、市委教卫工委，对8个区县24所学校进行重点检查。全市共清理违规收费金额473.26万元，其中清退350.99万元，收缴122.37万元。清理各种向学生推销的复习资料和各种收费办班等，减少向学生收费8.47万元；受理群众举报234件（除两件外，其余均已查结）。对违纪责任者通报批评8人，撤消行政职务3人。

对学生择校问题，市纠风办、市委教卫工委、市教委、市教育局、市财政局、市物价局等部门联合发文提出5项规定：（一）区县政府必须保证每个学龄儿童、少年都能到公办学校接受九年义务教育，保证不让一个学生因生活困难辍学。1996年，全市对7000多名生活困难的学生减免了各种学习费用达43.7万元。（二）公办学校要按区县政府制定的学区招生，不得招收“择校生”，学生免试就近入学。（三）学生如有择校要求，可到民办学校就读。（四）民办学校的收费项目和标准必须经市、区县物价部门批准。

撰稿 王 挥 刘 津
审稿 张凤民

高 等 教 育

〔**综述**〕 1996年，天津市将1978年建立的大学分校全部调整完毕。3月11日，天津理工学院及其一分院、二分院和天津大学冶金分校等4所学校合并，组建成新的天津理工学院，实行统一管理、统一财务，统一计划、统一招生，原理工学院一分院、二分院和天津大学冶金分校的独立建制撤消。8月30日，天津师范大学应用文科学院实质性并入天津师范大学，原师大应用文科学院独立建制撤消。至此，全市共有普通高等学校20所。

高等学校承担理工农医类科技课题研究与开发3243项，其中研究与发展课题2851项，科技服务课题392项。转让技术87项，其中33项转入国有大中型企业，14项转入国有小型企业，19项转入乡镇企业，14项转入集体所有制企业。共有258项研究成果通过鉴定，其中国际水平59项，国内首创50项，国内先进63项，获得专利授权40项。共有85项研究成果获奖，其中国家发明奖2项，国家科技进步奖2项，国务院各部门科技进步奖33项，省、自治区、直辖市科技进步奖45项。共出版科技专著151部，出版高等学校教科书135部。发表学术论文5565篇，其中在国外学术刊物发表783篇，在全国性学术刊物发表3145篇。

高等学校承担人文、社会科学研究757项，其中当年新开课题217项，完成112项，92项成果获奖，其中省部级奖励83项。共出版专著167部，编著教材187部，工具书、参考书64部，整理古籍5部。发表学术论文2386篇，发表译著14部，译文46篇。

国家教委对天津3所普通高等学校进行教学工作合格评估。1月，天津城建学院通过复评。11月和12月，天津外国语学院和天津农学院分别通过评估。

从1996年起，天津市高等学校实验室“九五”投资规划开始实施。市政府投资1.65亿元，有关高等学校自筹5500万元，共计2.2亿元，用以加强天津市属高等学校实验室建设。5年内，市教委、市财政局根据专家评审意见和各学校具体情况确定年度计划。分年度组织实施，装备、改善基础实验室和专业基础实验室，增加馆藏图书和非纸载体的数量，更新短缺和特别落后的教学仪器设备。这一规划共涉及15所学校各类实验室338个。12月17日，天津师范大学、天津医科大学等6所学校向市教委、市财政局递交了实验室年度投资规划责任书。

1996年，市委教卫工委、市教委和共青团天津市委组织首届天津十佳大学生评选活动，10名学生获此称号，另外评选出70名市级三好学生和45个市级先进班集体。在全国第五届大学生运动会上，天津市代表团共取得9枚金牌、13枚银牌和10枚铜牌。田径乙组代表队和12名运动员被评为精神文明队和精神文明运动员。

〔**“211工程”立项审核**〕 8月13～15日，国家“211工程”办公室和天津市政府共同组织南开大学、天津大学“211工程”建设项目可行性研究报告专家论证和审核。以吉林大学前校长伍卓群教授为组长的9位专家在南开大学，以华中理工大学校长杨叔子院士为组长的9位专家在天津大学，分别对两校《“211工程”建设可行性研究报告》进行了整体论证审核和仪器设备购置计划的论证审核。国家“211工程”部际协调小组办公室、国家计委、国家教委和天津市计委、教委、财政局负责同志参加了有关工作。

南开大学已建有9个专业学院及研究生院和成人教育学院，有26个系，57个本科专业，83个硕士生专业，38个博士生专业。有11个国家重点学科和11个天津市重点学科，6个基础学科人才培养和科学研究基地，6个博士后科研流动站，2个国家重点实验室，1个国家专业实验室和1个“863”网点实验室。有博士生导师130人，中科院和工程院院士7人，国务院学位委员会学科评议组成员12人。学校提出，坚持为国家、地区经济建设和社会发展服务的指导思想，紧密围绕提高办学水平和办学效益，在提高质量和内涵发展上下功夫，走以改革促效益的路子，为在21世纪前叶把南开大学建设成接近或达到世界一流大学学术水平的综合大学奠定坚实的基础。在“211工程”建设项目中，对化学、数学、经济、历史和光学技术科学等9个学科建设项目，公共基础实验教学中心和校园计算机信息网络等4个公共服务体系建设项目以及7个基础设施建设项目作出了具体安排。

天津大学经过100年的建设，已有6个国家级重点学科，5个国家级重点实验室和专业实验室，1个国家级工程研究中心，8个博士后流动站，29个博士点，78个硕士点，有中科院院士5人，有在校生约1.2万人。学校提出，坚持社会主义办学方向，加大改革力度，强化内涵发展，突出优势，着重提高，上水平，上质量，增效益，增实力。到本世纪末，学校办学综合指标国内领先，部分重点优势学科接近或达到国际先进水平，为下个世纪实现“211工程”的总体发展目标打下坚实基础。在“211工程”建设项目中，对化工、机械仪表、光学、能源、管理等7个学科建设项目，化学化工教学实验中心、物理实验中心等5个公共基础教学实验中心，多功能组合媒体教学基地等3个现代化综合教学基地，现代电子化图书文献信息系统和校园计算机信息网络系统以及6个基础设施建设项目作出了具体安排。

两个专家组分别听取了两校校长关于学校“211工程”可行性研究报告的汇报，审阅了有关文件，听取了学校领导和学科带头人的答辩。两个专家组都认为，两校1995年通过“211工程”部门预审后，在学科建设、人才培养、科学研究、领导班子建设以及加强为地方经济建设和社会发展服务等方面取得了新的进展，这些工作都得到天津市委、市政府的有力支持。专家组一致通过两校提出的报告。

按照天津市政府和国家教委“共建”南开大学、天津大学的协议精神和中央与地方专项资金对等投入的原则，“九五”期间，天津市将分年度向南开大学、天津大学各投入专项资金6000万元。天津医科大学通过“211工程”部门预审。经国家教委同意，天津市人民政府聘请专家，12 月 17～19 日对天津医科大学进行“211 工程”部门预审。以第二军医大学校长王庆舜教授为组长的专家组对天津医科大学“211 工程”整体建设规划报告进行了审议，实地考察了部分重点学科和图书馆、信息网络中心、实验中心等部分教学及公共服务设施，并分别召开学科带头人和中青年学术骨干座谈会。天津市委书记高德占、市长张立昌会见预审专家组成员，市委副书记李建国、市委副书记、常务副市长李盛霖分别出席预审开幕式和闭幕式。

天津医科大学是新中国成立后建立的第一所高等医学院校，经过 45 年建设，学校综合实力已在国内高等医学院校中位居前列，已为国家培养 1.8 万名毕业生。改革开放以来，天津医科大学有很大发展，1980 年成为全国首批试办七年制高级医学教育的医学院之一。加强了学科建设，国家级重点学科中西医结合临床（外科）学科的学术水平已在国际领先，内科学（内分泌与代谢病）重点学科在地方性甲状腺肿、地方性克汀病、地方性氟骨症的防治和钙磷代谢的研究等方面国内领先。重点学科带动其他学科，形成相关学科共同发展的学科建设网络体系。天津医科大学有一批在国内医学界和医学教育界享有盛誉的专家，有一批业绩突出的中青年教师。学校有中国工程院院士 1 人，国家级有突出贡献的中青年专家 4 人，天津市授衔专家 26 人，享受政府特殊津贴专家 120 人，还有一批青年教师被列入天津市跨世纪学术带头人和优秀人才。学校有 8 所承担教学实习任务的附属医院，成为医、护、技、药多学科、专业较为完整的医学教育体系。学校提出，到下世纪初叶，把学校建设成为具有国内先进水平的医科大学，成为医药类骨干高校，在天津市高等教育发展中起到示范作用。专家组经过考察和评议认为，天津医科大学已形成了以医为主，医、护、技、药协调发展的新格局，显示出鲜明的学科优势和特色，学校的改革、建设和发展都取得明显成效，已成为在国内有一定影响的地方医科大学。专家组一致同意天津医科大学通过“211 工程”部门预审。

〔**天津市学位委员会成立**〕 根据《中华人民共和国学位条例》和国务院学位委员会的有关要求，天津市人民政府决定成立天津市学位委员会。聘任副市长庄公惠为第一届学位委员会主任，邢之敏、俞海潮、侯自新、李光泉为副主任，22 人为委员。市学位委员会每届任期四年。10 月 31 日，天津市学位委员会举行成立大会，市委常委王鸿江出席大会，庄公惠讲话，向市学位委员会委员颁发了聘书。学位委员会的成立，标志着天津市学位与研究生教育改革和发展的新水平，标志着中央、地方和学位授予单位三级学位管理体制已在天津正式形成。

经过多年努力，天津市已基本形成比较完整的学位授权体系。全市有博士学位授予单位 8 个，博士学位授权点 84 个；硕士学位授予单位 17 个，硕士学位授权点 274 个；学士学位授予单位 21 个。在国家规定授予学位的 11 个学科门类中，除军事学外的其他 10 个学科门类，天津都已有权授予各级学位。自国家学位《条例》实施 15 年以来，共授予博士学位 1100 余人，硕士学位 12800 余人，学士学位 11.2 万人。研究生教育已达到一定规模，17 个研究生培养单位中，有 2 所研究生院，15 个博士后流动站，有中科院和工程院院士 14 人，博士生指导教师 276 人，1996 年在学研究生达5300余人。学科建设也取得明显成效。从1992年开始，天津市在高等学校建立64个市级重点学科和重点发展学科，已投入专项建设经费二千余万元，促进和带动了学位点的建设。天津已形成若干在全国具有优势的学科群。学位与研究生教育改革向纵深发展，课程结构、教学内容作了改革，推行了硕士、博士连读，提前攻读博士以及与企业、社会合作培养研究生等改革试验，进行了工商管理硕士（MBA）和建筑学专业学位的试点，并开始招收工程硕士和教育学硕士研究生。此外，天津市各学位授予单位还开展了国内国际研究生教育合作。在国内，通过学科共建、联合培养、共同承担重大科研项目等活动，提高了天津学位与研究生教育的整体水平。在国际交流方面，先后培养了来自美国、日本、韩国以及东南亚和非洲等国家和地区的留学博士生、硕士生，并与加拿大、美国的大学在国内合作办学，共同培养博士和硕士。

天津市学位委员会是主管天津地区学位工作的机构，业务上接受国务院学位委员会的领导。主要职责是贯彻《中华人民共和国学位条例》及国务院学位委员会的工作要求；统筹规划天津地区的学位工作；统一管理学士、硕士、博士三级学位的授予工作；审批学士学位授权单位及学士、硕士授权学科、专业；检查和评估各级学位授予质量；组织起草天津地区学位工作方面的地方性法规、规章草案及管理办法；协调解决学位工作中的有关问题。天津市学位委员会下设办公室，办公地点在市教育委员会，负责日常工作。

撰稿 刘 毅

审稿 赵宝琪

成人教育

〔**综述**〕 1996年，天津市有各类成人技术培训学校3476所，在校学生约25万余人，教职工约2.15万人。另外还有各种社会力量办学单位800多个。

为解决成人学校布局分散、规模较小、效益偏低的状况，实现教育资源的综合利用，市教委与各个区县、委局共同研究，首先在区县和行业内调整了成人学校布局，建立区县和行业的成人教育培训中心。南开区、东丽区、津南区、北辰区、武清县及市一轻工业总公司、汽车工业总公司、电力工业总公司、医药总公司、远洋公司、渤海石油总公司等先后建立了成人教育培训中心。南开区把职工大学（含电视大学工作站）、成人中专、职工中专合并，建立区教育培训中心。津南区、东丽区、北辰区和武清县的成人教育培训中心，经市政府批准增设了普通中专，扩大了办学功能。汽车工业总公司将职工大学、成人中专、职业中专和技工学校合并，建立行业教育培训中心，实行一套班子、四块牌子，全系统职工的培训、考核均由中心负责，培训未合格不能上岗，在系统内部形成政策激励机制。其他区县和行业委局也在准备通过联合、调整、合并等方法，建立本区县和行业的成人教育培训中心。河北职工大学成为全国重点成人高校，9 所成人中专被评为省部级示范学校。

成人学校通过内部管理体制改革，逐步建立起良性的用人机制，为学校发展注入活力。成人学校绝大多数是行业、企业办学，经费比较困难。成人学校普遍推行了上岗靠竞争，收入靠贡献的办法，对教师在考核的基础上实行竞争上岗，对辅助人员在核岗定编基础上实行一人多岗、一岗多职、满负荷工作量；在分配上坚持效率优先、兼顾公平的原则，实行能者多劳、多劳多得，教师收入普遍拉开差距；一些学校还实行了低职高聘、高职低聘等办法，逐步完善激励机制。

成人高校评估工作已经完成。主管区县、委局在评估期间普遍投入较大资金，新建校舍、添置教学设施。河西区政府为河西职大评估拨入资金 100 万元，并将两所小学校舍划归河西职工大学，使该校校舍面积增加一倍以上，学校又自筹 170 万元，购置大量先进教学设备；渤海化工集团投资 5000 万元新建科教中心，大大改善办学条件；天津铁厂对天铁职工大学也投资改善办学条件。

中专学校积极探索校企结合办学道路。建立以行业为主，面向社会，有若干企业参加的办学董事会（校管会、产教结合委员会、关心教育委员会、职业教育促进会），以实现教育与经济、学校与企业的相互联系与合作。董事会根据企业对人才的需求，对学校培养目标、专业设置提出意见，审议学校发展规划，督导、评估办学效益和教学质量，协调解决招生、实习、就业等问题。校企结合实行资源共享、共同育人。学校聘请工程技术人员到校讲学，董事会选派业务骨干担任兼职实习指导教师，社会和企业成为学校实践教学的基地，董事单位增加对学校的投入，提供实习场地和实习设备、材料，学校为董事单位举办各种培训班，为生产提供咨询服务，帮助企业改进生产工艺，企业优先选择毕业生。学校依靠企业增强了办学的竞争力。

〔**岗位培训**〕 1996 年，天津市培训工作采取“调查研究、总结经验，典型引路、分类指导，重点突破、整体推进”的工作方法，狠抓建立培训工作机制与制度建设，强调培训的针对性和实效性，注重培训质量和效益。各区县、委局（总公司）对培训工作做了周密部署，全市 18 个区县和市委组织部、市委政法委、市经委、市建委、市农委、市外经贸委、市人事局、市劳动局等 88 个部委局（总公司）都制定了年度培训工作要点或“九五”培训工作规划，有的还启动了人才培训工程。各部门将培训任务层层分解，一级一级地落实到基层。市商委按培训对象列出 12 项任务，逐项量化，分解给各局和区县商委，市建委和西青区等单位实行了领导教育培训目标责任制，层层签定教育培训目标责任书，将培训任务落到实处。各单位还在本系统、本地区开展了一些有影响的大型培训活动，把培训与竞赛、比武有机结合起来，与评比考核结合起来。市总工会举办了全市职工“学争创”活动，市妇联举办了全市妇女“双学双比”活动和“家庭美德”电视系列教育，团市委等单位也组织了大型培训活动。市委组织部、市人事局在抓好全市干部培训、公务员培训和专业技术人员继续教育的同时，与市教委共同组织了全市计算机应用能力培训与考核，全年培训15万人次，8万人取得计算机应用能力初级合格证书。

6月12～14日，市培训委员会办公室在天津铁路分局丰润机务段召开企业教育培训现场会，研究适应国有大中型企业建立现代企业制度，建立健全现代企业教育培训制度及其运行机制问题。许多区县局（总公司）随后相继召开经验交流会或现场会，推广建立培训工作机制和制度的经验。各窗口单位总结推广了提高素质，促进精神文明建设的经验，经委、建委系统总结推广了困难企业开展培训工作和下岗职工再就业培训的经验等等。各行业、各地区还普遍就培训工作的热点、重点和难点问题进行深入的理论研究。市电子仪表工业总公司、市公用局、河西区、和平区、北辰区等单位召开了培训工作机制与制度建设研讨会，并出台了一些配套政策和规定。10月以后，各委局、区县普遍开展了培训工作年终检查和评比，兑现了奖罚规定。

1996年年初制定的全市培训各类人员150万人次（其中规范化培训70万人次，适应性短期培训80万人次）的任务，到年底已全面完成，市交委、计委、劳动局、教育局、和平区、南开区、河北区、大港区、宝坻县等单位都把培训工作的重点向加强培训机制、制度建设和提高培训质量与效益方面深化；培训对象由在职人员逐步向全体市民拓展，培训工作与文明社区建设紧密结合；培训内容由主要学习知识和技能向加强思想道德教育和全面提高人的整体素质方面提高。河东区、南开区举办的“市民学校”，劝业场、百货大楼、华联商厦等大型商场业务培训与“敬业爱岗、诚信经商”职业道德教育的结合，都取得显著效果。

1996年全市各级领导干部抓培训的主动性和自觉性进一步增强，培训工作被纳入本地区、本系统和本单位经济与社会发展的总体规划和计划，纳入领导工作目标责任制；75个区县、委局（总公司）建立和制定了培训制度和配套政策；培训工作更加注重了思想道德教育，初步做到了培训与文明社区、文明窗口单位、文明家庭建设相结合；培训工作更加贴紧两个文明建设的实际，更加贴紧经济发展和社会进步，更加贴紧求知者的需求。市财政、国税、地税系统针对贯彻新税法、完善新税制的要求，开展了财税体制运作、新会计制度等培训，为完成全市税收征管工作发挥作用。市劳动局和市纺织工业总公司推行再就业工程，根据市场需求和下岗职工自身情况开展多种形式培训，大批下岗职工重新走上工作岗位，促进了企业改革，维护了社会稳定。

撰稿　刘　毅

审稿　赵宝琪

河北省教育

概　况

〔基本情况〕

1996 年各级普通学校基本情况

单位：人

学校类别	学校数（所）	毕业生数	招生数	在校学生数	教职工数 计	教职工数 其中专任教师
一、普通高等学校	45	42200	43288	127966	40036	15514
研究生		363	492	1321		
本　科		11396	15458	57683		
专　科		30441	27338	68962		
二、中等专业学校	203	54390	75129	201981	27279	13819
中等技术学校	137	36550	55126	151086	20774	10263
中等师范学校	66	17840	20003	50895	6505	3556
三、普通中学	5175	828443	1294346	3500931	239967	194349
高　中	577	93439	157599	413919		28826
初　中	4598	735004	1136747	3087012		165523
四、农业、职业中学	392	83979	125393	303659	29122	19854
高　中	296	73758	106904	249282		16566
初　中	96	10221	18489	54377		3288
五、工读学校	1	3	4	5	6	7
六、小　学	46503	1219840	1567433	8828467	300377	277339
七、特殊教育学校	78	963	2231	12761	2165	1249
八、幼　儿　园	3526		1400343	1573627	58489	51037

制表　王洪卫　刘良业

1996年各级成人学校基本情况

单位：人

学校类别	学校数（所）	毕业生数	招生数	在校学生数	教职工数 计	教职工数 其中专任教师
一、成人高等学校	37	24627	32754	94407	8607	3459
广播电视大学	1	7578	8050	20859	1081	376
职工高等学校	14	2800	4059	10953	3338	1370
农民高等学校						
管理干部学院	9	3608	4164	8584	1962	820
教育学院	13	2083	3027	9315	1686	893
独立函授学院						
普通高校举办：		8558	13454	44696		
函授部		4647	8750	28441		
夜大学		2188	3230	10995		
干部专修科		1723	1474	5260		
二、成人中等专业学校	228	39440	35140	89046	7662	4509
广播电视中专	6	3861	4093	11833	294	172
干部中专	7	959	2166	4937	516	298
职工中专	43	5280	9332	23648	2228	1128
农民中专	18	943	1416	3187	398	215
函授中专	1	170	290	640	—	—
教师进修学校	153	28227	17843	44801	4226	2696
三、成人中学	254	18107	24739	27066	1373	844
职工中学	142	6042	11548	12934	727	391
农民中学	112	12065	13191	14132	646	453
四、成人技术培训学校	42819	6696900	5235054	4075693	30486	11700
职工技术培训学校	1282	414461	454369	202609	6046	2468
农民技术培训学校	41537	6282439	4780685	3873084	24440	9232
五、成人初等学校	11269	189650	166538	171582	6567	1458
职工初等学校	64	3352	3543	3022	72	54
农民初等学校	11205	186298	162995	168560	6495	1404
其中：扫盲班	9302	137097	122075	120986	5388	989

制表　魏锡政　刘良业

1996年是全面实施国民经济和社会发展“九五”计划的第一年，全省教育事业呈现出新局面。普通高等学校经过调整合并，较上年减少2所；在校研究生较上年增长10%；在校本、专科生与上年基本持平；中等教育在巩固中得到发展，普通中等专业学校招生较上年增长15%，在校生增加2万人；城乡职业中学招生较上年增长31%，在校生增加6万人；普通高中在校生较上年增加近6万人。普及九年义务教育进入攻坚阶段。1996年，经省政府验收，有29个县（市、区）达到了基本普及九年义务教育标准，全省累计实现“普九”的县（市、区）达到97个，人口覆盖率达到59.17%。全省初中在校生较上年增加34.04万人；小学学龄儿童入学率99.73%。成人教育继续整顿提高，成人高等学校37所，在校生基本与上年持平。

〔**教育投入**〕 1996年，河北省预算内教育拨款比上年增长16.21%，高出经常性财政增长0.31个百分点；预算内教育经费支出41.28亿元，占全省当年财政支出17.58%，较上年下降0.3个百分点。各级教育生均预算内教育经费：小学165.17元，较上年增长10%；普通初中416.23元，较上年增长3.22%；普通高中977.30元，较上年增长4.38%；职业中学767.86元，较上年增长5.70%；普通高等学校3092.8元，较上年减少28.54%。各级教育生均预算内公用经费：小学13.95元，较上年增长36.41%；普通初中31.80元，较上年增长25.69%；职业中学131.65元，较上年增长59.75%；普通高等高校1118.62元，较上年减少28.24%。

基础教育

〔**义务教育**〕 1996年河北省根据“普九”工作进展需要，将“普九”指导方针由原来的“分级规划，分类指导，分类实施”调整为“全面启动，整体推进”。调整后方针的核心是“提前抓、抓集中、抓全面”。新方针有利于“普九”成为各级政府工作重点，有利于调动各方面积极性，齐抓共管，通力合作，保证全省“普九”目标的实现和教育质量的全面提高。7月，省政府与张家口等9个市的主管教育副市长签定了“贫困地区义务教育工程”项目责任书，共有64个贫困县被列入实施县，总投资4.9亿元人民币。据此，各级政府和教育部门认真搞好项目和资金调度管理，强化“普九”各项工作，增大实施力度。1月25日，省政府在石家庄召集全省12个市（地）市长和部分市（县）教委主任，共商“九五”期间全省“普九”工作，出台6项措施：(1) 把“普九”作为各级政府一把手任期目标责任制内容和考核标准；(2) 各级政府大力增加对“普九”投入，财政支出中用于义务教育的比例要有所提高；(3) 下大力抓好46个贫困县“普九”和乡中学建设；(4) 切实加强师资队伍建设，提高教师素质；(5) 深化改革，基础教育与职业技术教育相结合，应试教育向素质教育转变，实行初二分流，初三分流；(6) 加强“普九”执法检查和教育督导，培训一批县、乡执法人员。省政府决定从1996年开始，对全省已通过“普九”验收的72个县(市、区)分批进行复查。对复查不合格的，由省政府给予黄牌警告，限期达标。连续两次被警告者，取消“普九达标”资格，并确定重新验收评估期限。

“普九”取得新进展。1996年河北省义务教育学龄儿童、少年入学率为：小学99.73%，初中92.99%。全省已有146个县(市、区)基本普及小学阶段义务教育，97个县(市、区)普及了初中阶段义务教育。办学条件进一步改善。自1986年以来10年间，共筹措资金113亿元，修建校舍4238万平方米，添置课桌椅684万套，购置价值22亿元的教学仪器设备和图书资料。中小学在校生日常行为规范合格率为99.5%以上。经国家教委有关部门检测，初中12个学科的教育质量有7科平均分数高于全国平均水平。为解决教育经费不足，根据省政府与世界银行有关协议，6月，“第三个贫困地区基础教育发展项目”启动，全省贫困县教育投入总投资33988.5万元人民币，折合4095万美元，其中世界银行贷款2100万美元，省内配套16558.5万元人民币。该项贷款全部运用崇礼县等30个国家级扶贫县，使这些地方的小学、初中达到规定的建设标准，并基本普及初等义务教育。重点投入农民人均收入较低，当地经济相对较差的乡、村，用于校舍土建、仪器配套、图书购买及技术援助、科研推广等，加快“普九”步伐。此项贷款执行周期为5年。

〔**抗洪救灾**〕 8月，河北省遭受百年不遇的特大洪水灾害，石家庄等8个市的84个县(区)，7670所中小学校被冲被淹，其中391所学校被洪水完全冲毁，倒塌校舍42.86万平方米，新增危房118.8万平方米，损失教学仪器设备107万件，图书381.7万册，死亡学生98人，教师6人，教师家庭受灾13696户，教职工宿舍倒塌5511间，直接经济损失9.8亿元。中小学生的正常授课受到严重影响。8月5日，省教委发出《关于抗洪抢险工作的紧急通知》。省教委领导带领8个慰问组深入灾区学校察看、慰问。8月9日，省政府召开全省教育系统救灾电话会议，提出复校保学，确保9月1日按时开学，严禁使用危房进行教学活动，确保安全有序，复课开学，要求重点解决好校舍、课本和教师问题，面对洪灾“普九”目标不变，争取抗洪和“普九”两个任务均实现。10月16日，省政府再次召开水毁学校重建工作电话会议，印发了《关于开展对口支援水毁学校重建工作的通知》。全省391所水毁学校均安排了支援单位，省直各部门动员184个单位对口支援129所水毁学校，省财政拨款2000万元，省教委筹措2000万元，各市、县政府和教育部门也积极筹资。截至1996年11月统计，总共投入资金2.94亿元，修复学校4396所，面积89.43万平方米，占应修复面积74.1%；重建学校156所，占应重建校的40%。全省拟于1997年6月底以前全部修复水毁学校，恢复正常教学秩序。

〔**教师学历合格率达标**〕 《中国教育改革和发展纲要》提出：到本世纪末95%以上小学教师和80%以上初中教师要达到合格学历标准。为此，全省各级教育部门加强培训、增加投入、作好规划，健全省、市、县、乡四级培训网络，实施“师资培训工程”。继1993年第一轮初中教师“三沟通”培训之后，1996年又开展了第二轮培训，有近七万名初中教师参加培训，第一年学业测试，考试合格率达到75%以上。全省共有40198名初中教师取得高等师范专科毕业证书，1274名教师获得初中教师专业合格证书。据1996年期末统计，全省小学教师学历达标率97.3%，初中教师学历达标率80.14%，均提前4年达到《纲要》规定的标准。与此同时，高中教师专科升本科培训工作也于9月底进行了资格审查和学籍注册，已有2.4万名高中教师入校学习。为适应推行素质教育的需要，适时进行了中小学教师基本功训练等7项培训，先后有10万名小学教师参加了培训，教师素质有所提高。

〔**建设规范化农村初中**〕 农村初中基础薄弱是长期困扰基础教育和“普九”的难题。1994年省教委制发了《河北省规范化初中建设标准》，到1996年，经过各级政府和教育部门的努力，全省农村已建成规范化初中3000多所。这些学校布局合理，校舍整齐，生均占地面积30平方米，实验室、操场、图书室设备较全，有的还建有微机室、电教室。任课教师85%以上达到国家学历标准要求。为建设规范化初中，省委、省政府两次作出多渠道筹资决定，实行“财政拨一点，教育附加挤一点，乡镇筹大头”的办法。有的地方从基本建设投资划出一定比例，有的实行超生子女交纳义务教育费、城镇人口教育增容费等，多方面筹集资金，保证了示范性初中建设。地处冀中平原的安平县，在“普九”中抓初中规范化建设这一关键环节，调整、制定新的初中教育方案，初中新增校园占地37.3公顷，迁建、新建7所学校，改建、扩建9所学校。全部初中占地面积由1994年的13297平方米增加到1996年的57375平方米，初中总规模由1994年的同年级74个班发展到1996年的同年级136个班，为实现“普九”准备了必要的条件。

〔**普通高中教育**〕 10月14～16日，省教委在定州市召开普通高中工作会议。全省普通高中在校生1996年达41万人。但存在着办学体制和办学模式单一，整体规模偏小，地区间校际间发展不平衡以及经费投入不足等问题和困难。会议提出，“九五”期间到2010年，全省普通高中发展总体思路是：在保证按规划实施九年制义务教育的基础上，以改革为动力，适应经济、社会发展和全省高等教育发展的需要，坚持从地方经济发展和人民群众的需求出发，使普通高中与中等职业教育通过增量发展达到合理比例；优化布局，重点办好一批国家级、省级示范性普通高中和一批综合高中、特色高中；大力加强薄弱高中建设，全面提高教育质量。基本方针是：在保证宏观教育结构比例合理的前提下，坚持从各地实际出发，分区规划，分类指导，已经“普九”的地方要适当发展，尚未“普九”的地方坚持稳步发展。坚持内涵发展和外延发展相结合，以内涵发展为主的原则，充分挖掘现有学校潜力，提高质量和效益，坚持国家办学为主的同时，积极鼓励、支持多种社会力量办学。主要目标是：适度发展规模，使普通高中在校生在本世纪末达到45万人左右；努力建设好一批示范性普通高中，在办好200所左右省级示范性高中基础上，力争有50所进入全国千所示范性高中行列；大力加强薄弱高中建设，提高办学水平。

〔**素质教育**〕 为推行素质教育，8月26～28日，省教育科学研究所召集全省市、县教研人员在石家庄研讨中小学素质教育问题。会上，对1995年以来全省中小学实施素质教育的情况进行了回顾和估价，就如何学习、推广湖南汨罗市素质教育经验，建立素质教育的保障机制、制约机制和评估机制以及素质教育的内容、方法、手段等问题进行了研讨。与会同志一致认为，区域性推行素质教育势在必行。会后向省教委写出《关于区域性推进素质教育的意见》报告。唐山、廊坊、石家庄等市开展素质教育积累了一定经验。石家庄市所辖晋州市1996年开展了“素质教育年活动”，全面实施素质教育，这项活动首先从抓教师队伍开始。主要措施是：(1)对全市教师思想、作风、纪律大整顿，开展三查（思想、态度、纪律）、三比（觉悟、干劲、贡献），树立教师好形象，从根本上提高教师队伍本身思想素质。(2)强化教师培训。凡学历尚未达到国家规定标准的，小学教师一律参加中师函授，初中教师强化培训，高中教师集中学历达标培训。同时，在教师中开展全员大练教学基本功活动，提高教师的文化业务素质。(3)狠抓教学管理，规范中小学教学常规、课堂常规、学习常规。市教委师训中心组织千人规模的“全市教研日”，乡、校通过师徒传帮带等活动，提高教师的管理和教学能力。(4)加大督查力度。市教委从领导到各科（室）分包乡（镇），列入考评内容，不定期对学校人员、教师进行抽查、考评，提高了办学效益，加快了向素质教育转轨。

〔**学生体质、健康状况调查**〕 从1994年11月起至1996年底，省教委、体委、卫生厅、民政厅组织人员对全省学生体质、健康状况进行了调查。根据抽样调查原则，对出生于河北城乡男、女7～22岁近2万名汉族学生进行了调查，其结果是：全省学生体质发展总体情况1991年～1995年好于1985年～1991年。除大学生各项指标基本稳定外，中小学生身高、体重、胸围等形态指标明显增长，农村学生增幅较大，城乡差别在缩小。青少年发育提前，龋齿、贫血等常见病得到改善。但是，也出现了一些不容忽视的问题：(1)农村学生发育落后于城市。(2)城市学生身体素质低于农村学生。(3)学生营养状况两级分化，营养正常的比例逐年缩小。(4)小学生口腔卫生保健水平较低。(5)近视率居高不下，令人担心。(6)肺活量增强与耐力素质下降不成比例。

职业教育

〔**综述**〕 1996年，全省职业教育继续发展。高中阶段职业学校招生数占高中阶段教育招生数的53.6%，在校生数占52.6%。3月26～29日，副省长刘作田等9人对山东省职业技术教育进行了考察，学习外地办好职业技术教育的经验。重点考察了山东省职教经费的筹措，进行“双元制”试点，职教体系建设思路，职教师资队伍建设，就业政策的落实，普通中等学校改革，经科教统筹结合以及高等职业教育发展现状及规划等方面的情况。考察团参观了即墨市第一、第二职业中专等5所学校。这次考察为省政府制定1996年度以及“九五”期间职业技术教育发展决策起到了借鉴作用。

〔**高等职业教育**〕 1996年河北省把发展高等职业教育作为工作重点，集中力量抓了示范性职业大学建设，在邯郸、石家庄、张家口、承德4所职业大学试办高等职业专科班，首期招生300人。邢台高等职业技术学校是一所军地联办、国家教委试点的高等职业技术院校，从1991年开办5年来，学校发展到占地33.3公顷，建筑面积12万平方米，设有电子、机电、服装、建工、冶金、汽车6个系，开设电气技术、电子计算机应用、机械制造、机电一体化等15个专业和1个专门化（服装设计表演）专业，在校生2000余人，具有中高级职称专任教师150多人。截止到1996年，该校已有641名毕业生走向社会并全部通过邢台市劳动部门组织的专业技术等级考核，取得了由劳动部统一颁发的中级或高级技术等级证书。

〔**县级职教中心建设**〕 1996年初，河北省第三批39所县级职教中心通过评估验收，至此，全省139所县级职教中心全部建成。河北省建设县级职教中心工作从1991年开始，总投资达122260万元，总建筑面积2545400平方米。到1996年，全省以县级职教中心为龙头的县乡村职业技术教育立体网络基本形成。1996年，河北省重点抓了县级职教中心的巩固、完善和提高工作，充实教学软件，增加教学仪器设备，加强实验实习基地建设，强化学生动手能力的培养。到年底，全省职教中心二、三期基本建设已全部配套，39所职教中心基建扫尾工作基本完成。一些县、市政府通过调入、调出等办法调整师资队伍，使其结构趋于合理。全省职教中心校均招生616人。

河北省县级职业技术教育中心经过几年的发展，走出一条适合农村职业教育发展的新路子，具有以下特色：一是改善了农村职教的办学条件。截止到1996年底，全省139所县级职教中心校园占地1486.67公顷，校均10.67公顷；农村校实习基地1960公顷，校均14.07公顷；校舍建筑面积229.4万平方米，校均1.65万平方米；仪器设备总值近2亿元，校均141.2万元；图书304.4万册，校均2.19万册。二是扩大了农村职教的办学规模。1996年全省县级职教中心在校生规模达到17.64万人，校均1276人，有些超过3000人。三是涌现了一批办学特色鲜明、教学质量较高的示范性学校。经国家教委认定，迁安市等27所职教中心为国家级重点，38所职教中心为省级重点。四是提高了劳动者素质，促进了县城经济的发展。到1996年，全省职教中心共培养20万各类中等专业技术人才，还对80万农民进行了各类实用技术培训。向农民提供种植、养殖、农副产品加工、病虫害防治等方面的科技服务233万人(次)，提供粮棉油优良品种1812万公斤。

迁安市职教中心在发展职业教育中重点抓了六个方面的统筹：(1) 统筹领导。成立校务委员会，市长兼主任和校长，分管教育、科技、农业的副市长兼副主任和副校长，教育、科技、农业、劳动等19个部门的主要领导为校务委员会委员。(2) 统筹资金。财政拨一点，社会集一点，学校筹一点和农村教育费附加10%作为职教经费。从1992年到1996年，市财政向职教中心累计投资达3200万元。(3) 统筹师资。先后从农业、林业、畜牧、工业、科技等十几个部门选调具有中高级技术职称的专业技术人员，并从大专院校聘请专家教授作为兼职教师。(4) 统筹安排科技项目。市政府成立农科教统筹领导小组，从人力、物力、财力、项目等方面统筹安排，保证每年用于职教中心的科研经费不少于5万元。(5) 统筹开展职业、成人和普通教育。该市成立燎原计划办公室，以职教中心为龙头，以乡镇成人技校为依托，吸取普通中小学生参加。确立10个科技示范乡镇，100个科技示范村，1000个科技示范户。1996年共举办各类技术培训班285期，培训农民约6000人次，印发各种科技资料约80万份。(6) 统筹制定政策。对于获得职中毕业证或结业证、“绿色证书”及技术等级证书的学生，市政府制定了给予优惠待遇的具体政策。迁安县职教中心建校十年，坚持为本县经济发展服务的办学方向，开设了农学、林果、矿山等19个专业，做到“招得进、留得住、学得好、用得上”。共培养各类人才10757人，有2687人被企事业单位录用，8070人活跃在农业生产第一线。该校被国家教委等部门授予“全国职业教育先进单位”、“全国科技兴农先进单位”等称号。

武强县职教中心跨省市招生。武强县职教中心建于1993年，按照“立足本地优势，创办特色学校”的指导思想，以工艺美术为骨干专业带动学校全方位发展。学校共有美术专业教师20名，还聘请省内外8名知名画家做艺术顾问。学校在管理上高标准、严要求、规范化，推行“任课教师量化考核方案”、“班级量化考核方案”、“教考分离方案”等。教学质量不断提高，社会影响逐渐扩大。1996年该校跨省招生，460名新生中，有105名来自山西等省，与山西省临汾市、黑龙江省、内蒙古自治区的一些县（旗）签定了培养工艺美术人才或代培职业技术人才的协议，成为全省第一所跨省市招生的县级职教中心。

〔**勤工俭学**〕 1996年全省各类职业技术学校和中小学勤工俭学完成预定产值52.8亿元，纯收入10亿元，其中，收入50万元以上的由上年的117个发展到124个，总产值11.46亿元，占全省校办工业收入的

32.54%。这些校办企业得到了各级教育部门的重点支持和给予政策倾斜，同时，招聘技术人才，大搞技术革新，提高产品质量。在农村70%至80%的中小学及职业中学主要是搞好校园经济和劳动技术教育基地建设，学习推广先进科学技术和种植方法。在勤工俭学过程中，各类学校都重视育人教育，注重精神文明建设和学生素质全面提高，坚持艰苦奋斗、自力更生、热爱科学、敬业守纪教育，做到既创收又育人。据统计，1996年全省初高中及职业中学开展勤工俭学活动的学校57272所，校办工厂5076个，校办农林牧场32481个，占地面积2.4万公顷。勤工俭学纯收入超亿元的省辖市有5个，超千万元的县（区）有16个，超百万元的校办企业35个。全省校办产业固定资产总值达10.5亿元，比1995年增加625万元，勤工俭学创收补助教育经费5.49亿元，占创收总收入51.8%。

高 等 教 育

〔**调整高等教育布局**〕 1996年，河北省继续调整高校布局。继1995年第一批医科、农业、经贸三组院校调整合并，新组建了河北医科大学、河北农业大学、河北经贸大学3所大学。1996年5月，第二批师范、工科类合并组建的河北师范大学、河北科技大学开始启用新校名。新组建的河北师范大学由原河北师范大学、河北师范学院、河北教育学院、河北师大职业技术师范学院4所院校合并而成，有教职工3700多人，在校本专科生1.3万人。河北科技大学由原河北轻化工学院、河北机电学院、河北纺织职工大学合并而成。至此，河北省省属高校布局结构调整工作基本完成，初步形成了以河北大学、河北工业大学为龙头，包括河北农业大学、河北师范大学、河北医科大学、河北经贸大学、河北科技大学7所大学为骨干，50个重点学科为基础，充分发挥在河北部属高等院校作用，带动所有高校共同发展、面向21世纪的河北高等教育体系框架。为使新调整组建的大学尽快达到预期目标，省政府决定，“九五”期间，省财政每年拨款2500万元，专项用于近年合并组建的5所大学的建设。

〔**“211工程”建设**〕 10月5日，经国家教委批准，由国内知名专家组成的专家组参加了河北省政府组织的河北工业大学“211工程”部门预审，经过审查、考核、评议，一致同意通过河北工业大学“211工程”部门预审。从1995年开始，河北工业大学围绕申请进入国家“211工程”做了认真的准备，制定了经过15年左右时间建成为“主动适应河北省经济建设，科技进步和社会发展需要并能为之有效服务，具有鲜明办学特色的国内一流地方工业大学”的总体发展规划和相应措施。河北工业大学始建于1903年，该校以工为主，学科专业基本涵盖了河北省工业基础产业和支柱产业，是工学并举，产学研结合的多科性工业大学。

〔**高校为“科教兴冀”服务**〕 10月7～9日省教委召开高等学校科技工作会议，部署“九五”期间高等科技工作任务，指出“科技兴冀”为全省经济和社会服务，必须争取三个突破：(1) 科技成果转化突破，努力提高科技成果转化总量；(2) 在产、学、研结合上突破；(3) 在校办产业上突破，出效益。围绕科教兴冀战略，各高等学校引进一批高层次的科研人才，壮大科研力量。截止1996年，全省高校科研人员达23390人（包括教学兼科研人员），占全省科研人员总人数26.9%。承担科研项目1760多项，其中，省级以上的重大科技项目30项；完成科技成果160项，创效益500万元以上。全省建有10个重点实验室和中试基地，其中4个建在高校，在开展高水平研究上显示出集成化、工程化、产业化特色。各高等学校利用自身人才密集优势或自身承担或与校外联合攻关，面向经济建设主战场，发展高新技术及基础项目研究，全省高校年承担课题总量近二千项，年均鉴定成果240项，通过技术转让、技术入股、合作开发等形式，科研成果转化率达40%，取得经济效益二十多亿元，促进了“科教兴冀”战略的实现，也涌现了一大批优秀科研成果。河北农业大学的“小麦增锈生理小种鉴定及叶锈病防治研究”获省长特别奖。河北工业大学借助校内外科技优势，研制开发并转让新产品一百多项，其中新兴工程材料及微电子信息技术二十多项，转让单位三百五十多个，直接创产值近五十亿元，利税七亿多元，对河北的经济腾飞起到了带动作用。

河北农业大学在“开发太行山”取得成功经验之后，围绕全省经济和社会发展开展科技攻关，80%是应用型科研课题，解决了一系列制约河北农村经济发展的重大关键问题。小麦、玉米、棉花是河北的主要农作物，该校以三大作物高产、稳产、优质为课题进行研究、开发，先后培育出“冀麦23、24”、“河农矮3”等8个小麦、玉米、棉花优良品种，推广到79个县，创效益20亿元。“小麦叶锈病”研究达到国际先进水平，推广后减少经济损失17亿元。该校与张家口农科所等单位共同主持的“冀西北高原干旱农牧业持续综合发展（张北试区）研究”获得成功，试验区新增纯收益1.2亿元。全省重大农业攻关课题该校主持7项，11个平原开发示范区，该校主持2个，并承担列入国家重点课题1项，“星火计划”课题10项，“火炬计划”1项，“九五”重大课题3项。获得国家级奖励4项，省部级奖80项。10月23日，国家教委在河北农业大学举行“太行山道路”座谈会，与会人员高度评价了河北农业大学自80年代初经过15年努力走出的“太行山道路”，指出这条办学道路代表了“科教兴农”的正确方向，是农业院校面向经济建设主战场，面向“三农”（农村、农民、农业），教学、科研、生产相结合的必由之路，“太行山道路”、“太行山精神”对全国农业院校乃至其他高等院校的教育改革都具有普遍指导意义。

〔**精神文明建设**〕 中共十四届六中全会后，河北省高等院校把精神文明建设寓于各种活动中，举办读书班、培训班、研讨班、讲座。河北师范大学开展了文明校园、文明教室、文明班级、文明宿舍、文明食堂、文明家庭、文明举止、文明交往、文明竞争“十文明”活动。承德医学院制定了加强精神文明建设的规划和措施。河北体育学院在师生中开展争做“文明教师”、“文明学生”活动。河北大学把校园精神文明建设作为学校整体建设的一个重要组成部分，推出校园文明建设十大工程，并制定六十多项具体措施，举办讲座、演讲、书法、武术、影展多项活动，其中“百场爱国主义教育主题演讲赛”引起强烈反响，学校团委还组织大学生到清苑县冉庄地道战遗址、狼牙山五壮士纪念碑等爱国主义教育基地参观、学习，推动精神文明建设。

〔**增设硕士学位授予点**〕 经国务院学位委员会批准，河北大学古代文学等11个专业，自1996年起开展对在职人员具备研究生毕业同等学力的申请硕士学位工作。规定申请硕士学位的在职人员，在完成本职工作任务的前提下，通过本人的工作实践和刻苦学习，在教学、科研或专门技术上做出一定成绩，达到研究生毕业同等学力的水平，结合自己的工作，提交硕士学位论文，通过论文答辩的，均可由该校学院评定委员会授于中华人民共和国硕士学位证书。

〔**高校招生并轨**〕 省政府决定从1996年起，省属院校本专科招生全部并轨，即以往分别招收国家任务和调节性计划(委培、自费计划)的，两者合并统称为国家任务生，按统一划定的最低控制录取分数线录取新生。同时同专业新生入学，实行同一收费标准。学生上学自己缴纳部分培养费用，毕业后大部分自主择业。使招生工作体现了公平性原则。有关部门制定了一系列配套措施，以保证贫困地区人才的培养和家庭困难的学生能按时完成学业。为照顾边远地区人才的培养，专科专业继续招收定向生，师范、农业、采矿、铸造等专业，仍适当降分录取。

〔**公费出国留学试点**〕 1996年，国家教委和国家公费留学基金委员会在河北省进行公派出国留学生选派工作改革试点，确定从1997年起给河北省增加20个公费出国留学名额，总共35个名额。1996年，国家公费留学改革，在选派办法和运行机制上有较大变化，新的改革将根据国家经济建设，在政府宏观经济计划指导下，实行“个人申请、专家评审、平等竞争、择优录取、签约派出、违约赔偿”的新办法。经过专家评审测试，已有17人被录取。留学生费用由国家留学基金委支付50%，其余50%由省内配套。

成人教育

〔**成人高等教育**〕 1996年，河北省扩大成人高等教育办学规模，将承担成人高等教育的普通高校扩展到十多所学校和十多个专业。省教委与省计委商定每年拿出5000个转工指标用于县以上劳动部门正式录用的“双沟通”（自学考试与电大教育沟通）毕业生。为扩大人才培训规模，吸引外省学校在省内设站，1996年新审批函授站20个，4所独立设置的成人高校申报了本科办学资格。另外，还对29所省属及省内部委属普通高校的函授夜大学的办学条件、教育教学管理、培养质量等方面工作进行了全面评估。2月初，经省教委批准，河北经贸管理干部学院成人高校增设了计算机应用等7个专业。

〔**成人高教“两沟通”办学**〕 河北省成人高等教育“两沟通”（自学考试与电大教育沟通）办学试点工作始于1995年，当年招收学员2万人，开设了财会、经济法、经济信息管理3个专业。1996年，办学的试点和招生范围不断扩大，由上年电大系统独立承担“两沟通”，变为与独立设置的10所成人高校共同承担，并举办脱产班。省教委规定：凡具有高中或同等学力的在职干部、职工、社会青年（包括农村青年）均可报名参加“两沟通”学习。“两沟通”教育实行学分制，学员修满规定的毕业学分，经省自考委组织的毕业资格审查合格者准予毕业，由省自考委、省电大颁发毕业证书，国家承认其高等专科学历，享受与普通高等学校同等层次毕业生的相同待遇。

〔**函授、夜大学办学效益显著**〕 河北省普通高等学校举办的函授、夜大学不断加强教学管理，为各行各业培养了大批所需人才，办学效益显著。全省38所普通高校中，有22所举办了函授专科教育，9所举办了函授本科教育；18所举办了夜大学专科教育，8所举办了夜大学本科教育，共设有函授站171个。1980年至1996年共培养本、专科函授、夜大毕业生5万余人，为边远山区、农村及中小企业培养了人才。积极开办社会所需的外语、计算机等专业技术的培训，承担初中师资“三沟通”的培训任务，到1996年，全省已有4万多在职初中教师取得专科毕业证书。

〔**社会力量办学**〕 河北省社会力量办学起步于80年代中期。自1984年以来，各类社会力量办学累计培训、培养各类人才三百五十多万人次，为各行各业输送了新生力量，提高了在职职工的素质，成为国家办学的有益补充。但社会力量办学也存在着多头审批、政出多门，乱办学、乱招生、乱收费、乱发“文凭”的现象，引起不良的社会反响和办学失控。1992年《河北省社会力量办学管理暂行办法》颁布以来，各级教育部门先后三次对社会力量办学进行清理整顿，学校数量由80年代末的近5000所，减少到1500多所，办学审批逐步走向规范化，乱办学情况得到了制止。1996年初，省教委设立了社会力量办学处，统管全省社会力量办学工作，制定了《关于加强我省社会力量办学管理的决定》。10月11日河北省社会力量办学协会正式成立，设置了评议委员会，建立起科学化的有效管理机制。

〔**成人中专教育**〕 1996年，省教委先后对9个市50余所学校进行调查研究，确定发展成人中专教育的重点要放到农村和乡镇企业，为生产第一线培养应用型人才。为加强对成人中专的管理，省教委制发了《河北省成人中等专业学校学籍管理的规定》，规范了毕业证书的验收程序和手续；调整审查了部分专业的教学计划，统一了英语教材；合并原属地、市的经济管理干部学校，一个市只保留一所经济管理干部学校。在全省成人中等专业教育综合评估工作的基础上，省教委认定河北省城乡建设职工中专学校等5所学校为省部级示范性成人中专学校。

〔**农村教育国际会议**〕 7月下旬，联合国教科文组织在保定市国际农村教育研究与培训中心召开亚太地区农村教育扫盲和成人教育人员培训研讨会。来自泰国等亚洲5个国家的代表及国内高等院校、科研院所及教育部门代表参加了会议。会议就亚太地区各国农村教育与成人教育人员培训发展中的师资现状、师资培训经验，及进一步加强农村教育、成人教育人员培训的战略、政策和方法进行了广泛交流、研讨。河北省在会上介绍了农村的扫盲教育、成人教育方面的情况。

〔**实施“农村产业化技术培训工程”**〕 为加速河北省农村产业化进程和对农村劳动者进行培训，4月，省教委会同省农业厅、科委、乡镇企业局联合制发了《关于实施“农村产业化技术培训工程”的意见》。《意见》的主要内容是：经过培训，力争使全省科学技术在农村生产中贡献份额由35%左右提高到50%。具体目标规定：对第一产业农村劳动力开展适用技术培训，使70%的劳动力掌握一两项增产节支的农业生产技术；对农村劳动力进行向二、三产业转岗培训，使80%的转岗人员掌握一定专业组织和基本技能；对乡镇企业职工进行岗位培训；对农村科技能人进行再提高培训，使每个村有1至2名科技能人，年收入超万元。该工程分三步实施。其中1996年重点实施“6341培训计划”，即：组织60万农村劳动力进行适用技术培训，30万农村劳动力进行转岗技术培训，40万乡镇企业职工进行岗位培训，1万名农村能人进行再提高培训。1996年，全省共举办各种类型的文化技术培训班1.7万个，完成适用技术培训60多万人，培训农村劳动力近1000万人；转岗培训约30万人，乡镇企业职工岗位培训40多万人，农村能人再提高培训1.5万人，培训回乡初高中毕业生42万人，培训率为91.7%，基本完成年初提出的培训任务。

〔**扫盲工作**〕 1996年，河北省加大扫盲力度，增加扫盲投入，强化目标责任管理，将学文化与学技术以及精神文明建设结合起来。近千万人参加了各种形式的文化、技术培训。省政府把扫盲工作列入对教育考核的目标。省教委与11个市的教委签订了《扫除文盲工作有限目标责任书》，各市、县也按省里要求，相应签订了责任状。省政府、省教委分别制发了《关于进一步加大扫盲工作力度，做好迎接国家、省评估验收准备工作的通知》《河北省基本扫除青壮年文盲单位评估验收实施细则》等文件，并拨出50万元作为扫盲专项经费。各地利用新闻媒介大力宣传党和国家有关扫盲工作的方针政策，动员全社会力量参与扫盲，形成齐抓共管局面。省教委编印5000册《扫盲工作手册》发到全省各地，并举办各类培训。1996年，全省共举办培训班100多期，培训人员3900多人。1996年，全省共扫除青壮年文盲近10万人，青壮年文盲率下降到5%以下，累计全省有80个县（市、区）通过省级扫盲验收。扫盲巩固率达到95%以上。针对全省扫盲工作地区差异大、发展不平衡的实际，省教委采取了分类指导的方法。一是对经济条件好，青壮年非文盲率基本达标并已通过“两基”验收的县（市、区），要求完善农村成人教育体系，以脱盲后继续教育为重点，带动扫除剩余文盲的工作。二是对经济条件较好，青壮年非文盲率接近达标要求的县（市、区），要求加大工作力度，尽快扫除剩余文盲，年底基本达标并通过省级验收。三是对经济条件较差，扫盲任务较重的县（市、区），要求动员社会各方面的力量，大打扫盲攻坚战，1997年上半年基本达标。四是结合当地实际，采取灵活多样的形式扫盲。人口密度较大的地方，依托乡（镇）、村成人学校和村小学集中办班；文盲较少，居住较分散的地方，采取成人学校和中小学教师及高年级学生送学上门、包教保学；脱盲后的继续教育，主要采取学文化与学技术结合，脱盲与致富相结合的方法。

撰稿　李　铭　高智军

审稿　田洪波　徐志卓

山西省教育

概　况

〔基本情况〕

1996 年各级普通学校基本情况

单位：人

学校类别	学校数（所）	毕业生数	招生数	在校学生数	教职工数 计	教职工数 其中专任教师
一、普通高等学校	25	20329	21787	70326	21808	8920
研究生		386	538	1484		
本　科	13	8523	10215	38175	17125	6929
专　科	12	11420	11034	30667	4683	1991
二、中等专业学校	129	33143	40849	117258	18467	9375
中等技术学校	105	23609	30784	91551	14953	7562
中等师范学校	24	9534	10065	25707	3514	1813
三、普通中学	3370	444342	579439	1613339	146681	115262
高　中	380	63353	70898	195010		17976
初　中	2990	380980	508541	1418329		97286
四、农业、职业中学	378	37705	49976	111898	13050	8892
高　中	268	29881	37553	81053		6839
初　中	110	7824	12423	30845		2053
五、工读学校	2	27	37	50	89	46
六、小　学	40262	566667	678629	3345496	188646	171537
七、特殊教育学校	21	519	964	4853	1060	787
八、幼　儿　园	9387		719349	1061310	47283	38389

1996年各级成人学校基本情况

单位：人

学校类别	学校数（所）	毕业生数	招生数	在校学生数	教职工数	
					计	其中专任教师
一、成人高等学校	36	13930	18674	52919	6355	2811
广播电视大学	1	1546	2935	7077	825	302
职工高等学校	18	2003	2849	7373	2644	1230
农民高等学校						
管理干部学院	6	1451	1924	3973	1067	470
教育学院	11	3168	2360	6623	1819	809
独立函授学院						
普通高校举办：						
函授部	(14)	4015	4993	18823		
夜大学	(13)	1102	2189	6129		
干部专修科	(8)	645	1424	2921		
二、成人中等专业学校	189	18809	15365	34100	4831	2721
广播电视中专	3	642	532	2960	154	82
干部中专	4	224	135	500	107	53
职工中专	56	4598	4425	9080	1837	993
农民中专	2					
函授中专	6	600	750	1800	62	42
教师进修学校	118	12745	9523	19760	2671	1551
三、成人中学	621	71229	31445	33164	1198	130
职工中学	63	7630	4525	4986	253	45
农民中学	558	63599	26920	28178	945	85
四、成人技术培训学校	29707	2543675	1967511	1830336	39935	7425
职工技术培训学校	529	75796	63742	66894	2010	743
农民技术培训学校	29178	2467879	1903769	1763442	37925	6682
五、成人初等学校	12282	215329	155381	200650	14490	1727
职工初等学校	62	6567	7415	4871	111	2
农民初等学校	12220	208762	147966	195779	14379	1725
其中：扫盲班	6984	26765	31304	49734	7783	839

制表　秦志伟

〔**年度工作方针**〕 1996年，山西省教育工作的指导思想是：坚持以邓小平建设有中国特色社会主义理论和党的基本路线为指导，认真贯彻省七次党代会精神，积极实施“科教兴晋”战略，按照《山西省教育事业“九五”计划和2010年发展规划》，抓紧落实教育“十大工程”各项任务；加大教育改革力度，处理好教育改革和发展中的新矛盾和热点问题，以改革促发展；促进全省教育事业健康发展。

〔**教育投入与支出**〕 1996年，全省教育总投入为45.5亿元，其中：预算内教育拨款24.42亿元；各级政府用于教育的税费4.9亿元：其中，城市教育费附加比上年增长29.41%，农村教育费附加征收比上年增长24.58%；勤工俭学收入用于教育的经费达1.39亿元；其它属于国家财政性教育经费拨款达0.25亿元；社会捐集资办学经费达9.87亿元；学杂费收入达3.68亿元；其它教育经费0.95亿元。

1996年，全省教育事业费总支出23.68亿元，其中：普通高校支出2.48亿元，中等师范学校支出0.45亿元，中学经费支出8.15亿元，小学经费支出9.24亿元。

“三个增长”情况：(1) 1996年全省财政收入150.2亿元，比上年增长16.07%；全省财政支出132.6亿元，比上年增长17.46%；教育事业费增长低于财政收入增长1.72个百分点，低于财政支出增长3.11个百分点。(2)生均教育事业费情况：普通高校5078.69元；中师2071.39元；职业中学859.83元；高中1052.72元；初中497.86元，其中农村443.68元；小学302.50元，其中农村283.56元。比上年均有增长。(3)生均公用经费：普通高校2092.91元；中师587.49元；职业中学183.87元；高中173.05元；初中52.31元，其中农村35.97元；小学20.49元，其中农村15.84元。大多数比上年有增长。

教育事业费支出构成情况。1996年教育事业费实际支出23.67亿元中，公用经费支出4.07亿元，其中高校1.15亿元，中师0.13亿元，职中0.15亿元，中学0.97亿元，小学0.63亿元。

1996年，全省用于改善办学条件的资金达9.8亿元，其中预算内投入5.88亿元，共新建校舍178.5万平方米，维修校舍122.1万平方米，购置教学仪器49.8万套，文体器材28万余件，购置图书资料512.1万册，教学仪器、文体器材、图书资料“三配套”比例由1995年的85.60%上升到1996年的87%。

〔**创建文明学校**〕 为了正确引导、大力推进教育系统的精神文明建设，省高校工委、省教委下发了《关于在全省各级各类学校开展创建“文明学校”活动的通知》，并印发了《山西省“文明学校”标准》和验收细则。在各级各类学校创建文明学校的整体工作目标是，用5年时间建成省级文明学校1000所，树省级精神文明先进个人3000名，即：“513工程”。计划每年度完成创建200所文明学校，树600名精神文明先进个人的任务。创建文明学校活动实行目标化管理，省高校工委、省教委将每年度的创建任务分解到各地市和高校，做出分年度规划。12月2日，山西省隆重命名首批精神文明先进典型。授予山西大学校长彭堃墀、太原冶金工业学校党委书记、校长柴天禄“模范干部”称号，授予太原工业大学教授徐重、左云县综合技术学校校长马文有“模范知识分子”称号。

〔**教育执法检查**〕 6月，根据国家教委等6部委关于开展《教育法》执法检查的通知，省人大、省政府对全省开展《教育法》执法自查工作进行了全面部署。省人大要求各地市人大对同级政府及有关部门贯彻实施《教育法》进行检查，重点检查教育投入情况。10月23日，省政府办公厅印发《山西省地方各级人民政府及省政府有关职能部门实施〈中华人民共和国教育法〉职责分解意见的通知》，分别对地方各级人民政府应履行的职责和省政府有关职能部门的主要职责作了明确规定。8月下旬至9月上旬，省人大教科文卫委员会、省教委、省计委、省财政厅、省人事厅、省司法厅、省政府法制局等联合组成6个执法检查小组，分赴8个地市对《教育法》执法情况进行重点检查。检查的重点是：各地贯彻实施《教育法》如何落实教育优先发展的战略地位，教育“三个增长”的情况，教师工资兑现情况，城市、农村教育费附加的征收、管理、使用情况等。检查结果表明，全省依法治教的意识增强，在贯彻实施《教育法》中，各地普遍广泛深入地开展宣传《教育法》活动，站在法律的高度认识教育优先发展的战略，以法律为准绳使全社会自觉服从教育优先的发展战略，依法落实教育优先发展地位。各地都把保证教育投入当作一项硬指标来完成，教育投入得到不断增加，建立和完善了多渠道教育经费投入机制，“八五”期间基本做到了“三个增长”，办学条件得到了很大改善。中小学教师尤其是农村教师的生活待遇不断提高，教师工资基本上做到了按时兑现，特别是教师住房条件改善明显。同时检查中发现，《教育法》实施中还存在一些实质性问题，主要是：作为教育投入主渠道的政府财政投入仍然不足，“三个增长”不能完全达到，一些地方的财政性教育经费绝对数虽然增加，但人均公用经费近年来呈下降趋势，教育投入和事业发展的矛盾比较突出，公用经费严重不足，影响了教育事业健康发展。教育费附加的征收存在少征、漏征现象，在管理和使用方面有待进一步规范。

11月18～23日，以国家教委主任朱开轩为组长的国家6部委教育法执法检查组对山西进行了为期6天的《教育法》执法检查。检查组对山西贯彻落实《教育法》首先是党政一把手重视，各级政府努力落实，措施到位，态度坚决认真，依法治教取得的成果予以充分肯定。

〔**制定《教师法》实施办法**〕 8月1日，山西省第八届人民代表大会常务委员会第二十三次会议通过《山西省实施〈中华人民共和国教师法〉办法》。《实施办法》共34条，主要特点是突出体现“两提高、一保障”，即提高教师素质，提高教师待遇，保障教师的合法权益。《实施办法》对教师的素质要求作了明确规定：“教师必须认真履行《中华人民共和国教师法》规定的义务，贯彻国家的教育方针，努力提高思想政治素质和业务素质，不断提高教育质量，遵守职业道德，为人师表”。为了提高教师的科学文化水平，《实施办法》第13条规定：“对教师至少每三年培训一次”。为了稳定山区教师队伍，《实施办法》第18条规定，对山区教师实行工资浮动。在教师住房建设方面，《实施办法》第20条规定：“高等学校和城市中小学建设教师住房免收商业网点费、城市基础设施配套费、中小学建设资金以及国家和省规定减免的其他费用。”这项规定的实施，可以使教师建房费每平方米降低近200元，从法律上解决了多年未能解决的问题。在保障教师合法权益方面，《实施办法》也作了比较明确的规定。《实施办法》还对贯彻《教师法》政府、有关部门、社会的职责和违反《教师法》的追究责任都作了明确规定。

1996年教师节，省政府授予左云县综合技术学校、方山县圪叉咀小学、柳林县前元庄实验学校、晋城市郊区李寨中学4所学校“教育红旗单位”称号，各奖励10万元；授予左云县综合技术学校校长马文有、方山县圪叉咀小学校长李健、太原冶金工业学校党委书记、校长柴天禄、应县水沟门小学教师侯耀珍、永和县贺家崖村小学教师李玉海、灵石县南墕乡小学教师温凤林6人“教育工作者标兵”称号，并各奖励1万元。同时，省委办公厅、省政府办公厅还对18个教育工作先进单位、3名重视教育工作的县、乡、村书记、6名捐巨资支持教育的先进人物进行表彰。9月9日，省委书记胡富国、省长孙文盛、省人大主任卢功勋等与受表彰的教育功臣座谈，勉励他们在工作中做出新的贡献。同时，省委、省政府号召全省教育工作者向受表彰的教育红旗单位和教育工作者标兵学习，在全省教育系统开展学先进、赶先进、比贡献活动，努力开创山西教育改革和发展的新局面。

〔**德育工程**〕　德育工程自1995年启动以来，实施进展顺利，到1996年底按计划完成验收怀仁县、孝义市、永济市、晋城市城区、长治县、襄汾县6个德育示范县（市、区）工作；验收45所德育示范校，其中中小学41所、中专学校4所；验收200个德育基地。至此，省人民政府表彰的德育示范县（市、区）共11个、德育示范学校89所、德育示范区（大同矿务局）1个。

基础教育

〔**义务教育**〕　1996年4月12日，省人大教科文卫委员会和省教委联合召开纪念《义务教育法》颁布10周年座谈会，省人大副主任孙祥炎、副省长王昕、省政协副主席秦国栋等出席会议并讲话。当晚，省教委和山西电视台举办电视直播专题文艺晚会，纪念《义务教育法》颁布10周年，讴歌“普九”中的新人新事。省教委与山西电视台联合摄制反映全省实施义务教育十年成就的大型专题片《奠基》，于9月在山西电视台向全省播放。评选出实施义务教育工作先进个人200名，“明星乡镇”100个，以省人民政府“两基”领导组名义予以表彰。

1996年，全省又有武乡县等29个县达

到普及小学阶段义务教育基本要求。全省比原定规划提前一年完成了普及小学阶段义务教育的任务。1996年，有太原市南城区、北城区、河西区，大同市城区、矿区，左云县、朔州市朔城区、忻州市、神池县、交城县、昔阳县、泽州县、高平市、古县、浮山县、绛县、稷山县、芮城县等18个县（市、区）通过普及九年义务教育省级评估验收。使全省普及九年义务教育的县（区）达到57个，占全省县（区）总数的48.3%，人口覆盖率达到61.15%。1996年，全省小学适龄儿童入学率为99.26%，初中阶段适龄少年入学率为92.35%；小学生年流失率为0.87%，初中学生年流失率为2.58%。小学教师学历合格率为95.39%，初中教师学历合格率为71.73%。以上各项指标比上年均有提高。

〔**初中教育质量检测**〕 1996年，为了检测已“普九”县（市、区）的初中教育质量，省教委对已实现“普九”的57个县（市、区）进行了初三年级政治、语文、数学、外语、物理、化学、历史7科毕业考试和初二年级地理、生物两科结业性考试。由省教委统一命题。初三年级学生218141人参加考试，占1993年初一入学时学生总数的85.47%，其中7科全部及格的201760人，占参加考试的92.5%；经考试达到毕业要求的211821人，占全部参加考试的97.1%。初二年级全省有52个县（市、区）参加（大同市辖5县未报考试结果），238197名学生参加考试，占应参加考试人数的94.1%。其中地理、生物全部及格的229854名，占94.1%。对考试结果综合分析表明，全省已“普九”县（市、区）初中的教育教学工作基本完成了国家教委新的九年义务教育初中教学大纲规定的教学任务，大多数学生对各科基本知识和基本技能的掌握比较扎实，大部分县（市、区）全科及格率达到规定要求，各门学科发展比较均衡。

〔**小学管理工作**〕 国家教委颁布《小学管理规程》后，省教委于5月召开全省示范小学校长及各地市教育行政部门负责同志会议，学习贯彻《小学管理规程》，同时请有关专家作推进素质教育的报告，提高全省小学管理水平。针对山西省复式小学较多，管理不够规范的状况，制定下发了《山西省全日制小学复式教学班课程安排意见》，将复式小学一至五年级的音乐、美术课合并为艺术课，将三至五年级的劳动课改为社会实践活动课，同时减去一课时的体育锻炼，改为周二课时的科技文体活动。通过调整，使复式小学教学安排更符合农村实际，有利于农村山区小学复式教学班与初中教学的衔接。

〔**幼儿教育**〕 11月，省教委在太原召开山西省幼儿素质教育观摩研讨会，各地市幼教干部和22所幼儿素质教育实验园的园长和教师实地观摩了太原市西羊市幼儿园、省康乐幼儿园、太原北城区实验幼儿园、太原市育红幼儿园、育英幼儿园等5所实验园的幼儿素质教育活动，并进行现场讲评和指导。5月，国家教委表彰全国100个幼儿教育先进县（市、区），阳泉市郊区、祁县、晋城市城区受到表彰。

〔**支教工作**〕 江泽民总书记向贫困地区中小学捐赠音像设备。9月29日，在太原火车站，副省长王昕及有关部门领导迎接江泽民总书记捐赠给吕梁地区学校的音像设备，这批音像设备包括大屏幕彩色电视机、录音机、激光视盘机、微波炉和照像机等，是江泽民总书记出国访问国外朋友赠送的。吕梁地区贺昌中学、临县胜利坪小学各获得一套。

根据中共中央办公厅《关于从党政机关和事业单位选派人员支援基层教育工作的通知》和省委《关于加大干部基层实践锻炼力度的意见》，山西省委决定从省直机关、高等学校、中专学校自1996年开始，连续三年，每年抽调一千余名干部、青年教师到贫困县中小学、教育行政部门开展支教工作。9月18日，省委召开动员大会以后，省教委成立了工作机构，制定了《关于从党政机关和大、中专学校选派干部支教、助教的实施意见》，对选派对象及工作目标做了具体规定：（1）从省直机关参加基层实践锻炼的干部中每年选派20～30名处级干部、100名左右科级干部到贫困县、乡教育行政部门、中小学任职、挂职锻炼；（2）每年从高等学校选派300名管理人员、380名教师到贫困县的中小学校挂职锻炼或任教；（3）每年省教委从各高校抽调200名未到基层锻炼过的教师，组成下乡支教工作队，到其他没有院校驻点的贫困县进行短期师资培训2～3个月；（4）省直中专学校选派200名干部、教师到贫困县中小学挂职、任教；（5）全省大中城市和县镇的示范中小学与本地市贫困县、乡、村中小学开展对口支援活动，进行师资培训或捐书捐物等活动。1996年，全省先确定200所示范中小学与受援县的学校进行对口支援。采取去贫困县乡送教，请贫困县乡教师来校接受培训的办法，也可抽调30～50名校长或教师到贫困县乡中小学任教、任职，校长任职1年，教师任教1学期。10月底，省教委对省城17所高校、省教委机关、委直单位和部分省直中专学校选派的首批500名支教、助教人员进行了集中培训。11月，首批近500名干部、教师全部抵达20多个贫困县的80多个中小学校和教育部门任职任教。

吕梁地区是全国18个集中连片贫困地区，为了解决农村偏远山区中小学教师数量不足，素质不高的状况，7月，吕梁行署作出决定，从1996年秋季开学起，选派城区学校的教师和党政机关具有教师资格的人员到农村中小学扶贫帮教。全地区首批选派的500名教师，分别到全区13个县的偏远山区学校任教，扶贫帮教点一定3年不变，每批任教1年，期满后本人愿意继续留在当地任教的，可提拔为当地的中小学校长或教办主任。还规定扶贫帮教人员到岗后享受当地山区教师补助和教师津贴等待遇。

〔**抗灾救灾**〕 7月下旬，全省普降暴雨，据不完全统计，全省118个县（区）中有83个县受灾，占全省总县数的71%；受灾学校4500多所，占全省中小学校数的10%，校舍倒塌4.6万间计115万平方米；倒塌围墙30万米，毁坏校办工厂386个，校办林场被冲586.7公顷。因洪水造成危房552万间，13.5万平方米。初步估算，直接损失达2亿元之多。受灾最重的有兴县、垣曲、绛县、左权、和顺、昔阳、武乡、偏关、静乐等22个县。灾情发生后，省教委紧急部署抗灾救灾工作，制定4项措施：一是立即组织人员深入到重灾区核实灾情，帮助解决困难。二是要求各地对所有中小学校舍、围墙进行一次检查，凡属危房的要封闭，并抓紧修复受损校舍，争取在秋季开学完成。9月1日开学时不能完成维修，要有过渡性临时教室。重建校舍要认真规划、选址，确保新建校舍的工程质量和抵御洪水等自然灾害的能力。三是各地政府和教育部门要认真解决受灾教师的生活困难，对教师的住房、生活等问题要予以解决，解除他们的后顾之忧。四是动员省城高校和教委机关干部职工捐款捐物，帮助灾区学校渡过难关。省教委还召开支援灾区动员会，组织教育系统向灾区捐款捐物。省教委机关、15个委直单位、省城15所高校共捐款17.6万元，捐衣物1200余件。

〔**体育工作**〕 12月，国家体委、国家教委表彰推行《国家体育锻炼标准施行办法》先进单位、先进工作者。山西大学附中、省实验中学、大同三中、浑源县穆岳小学、阳泉市城区北大街小学、阳泉矿务局红岭湾小学、长治一中、潞城一中、忻州师范学校、孝义市新城学校、平遥县实验初级中学校、榆次市寿安里学校、山西师范大学实验中学、省建一公司子弟中学、运城中学、中条山有色金属公司子弟中学共16所学校受到表彰。

〔**教育科研工作**〕 6月3～5日，全省教育科研、教研工作会议在太原召开。各地市教委负责同志和教研室主任及部分中小学校长、大型企业教育处负责人共200余人参加了会议。会议对“八五”期间教育科研和教研工作进行了总结，着重研究了《山西省教育科学“九五”规划课题指南》《山西省教育科学研究课题管理暂行办法》《山西省教学研究工作“九五”规划纲要》《山西省各级教学研究室工作条例》《山西省教学改革实验管理条例》《山西省关于加强与改进中小学各学科教学意见》等。会议提出“九五”期间全省教育科研和教研工作的指导思想是：坚持以马列主义毛泽东思想和邓小平建设有中国特色社会主义理论为指导，以全面贯彻教育方针，全面提高教学质量，实现由应试教育向素质教育转轨为中心，构建起具有中国特色、山西特点的教育科学基本理论框架和教研体系。为教育改革与发展服务，为教育决策和教学第一线服务，为教师服务。充分发挥教育科研和教研对教育实践的指导作用，使各级教研、科研机构真正成为教学管理中心、教研科研中心、决策咨询中心、信息交流中心、教师培训指导中心，为实现“两基”目标和“科教兴晋”作出贡献。山西省“九五”教育科研和教研工作的奋斗目标是：以科研带教研，以教研促科研，加大教育教学改革力度，全面提高教育教学质量；进一步完善教研、科研组织网络，改革教研、科研管理体制，加强教研、科研队伍自身建设，逐步实现教研、科研工作的规范化、科学化；加强教改实验研究，用马克思主义的立场、观点、方法，科学地总结全省教育实践经验，构建具有山西省特点的教育教学理论框架；培养一批跨世纪的学科学术带头人、中小学骨干教师和优秀教研员，为下个世纪山西省教育事业的发展打好基础；抓住教育改革发展中的重大理论实际问题，组织协作攻关，展开区域实验，形成一批教研、科研成果，推动教育改革和发展。要求：(1) 建立省、地、县三级教研科研机构，在各级教研室的基础上，1997年所有地市建立教科所，到1998年，30%的县（区）建立教科所，到2000年达到70%。近期内，各级教研室都要配备专职研究人员。(2) 成立山西省教育科学规划领导小组；建立山西省教育科学基金。(3) 在应试教育向素质教育转轨、农村教育综合改革等方面取得一批突破性研究成果。(4) 建立10个省级实验基地，20个地（市）级实验基地，若干个县级实验点。(5)培养100名省级教研、科研学科学术带头人，500名地（市）级学科学术带头人，一批县级学科学术带头人。(6)建设2个地（市）级示范性教研室或教科所，10个县级示范性教研室或教科所，100个乡镇示范性教研室和学校教研组。

〔**集资改善办学条件**〕 1996年，全省各地又一次掀起了集资办学、捐资助教的新热潮。运城地区改善办学条件投入资金3亿元，其中群众性集资占三分之一，新建楼房412幢，平房6.8万间，新添课桌凳6.28万套，教学仪器和体育器材4.5万套，使教育基础设施有了突破性改观。全区中小学基本实现了“一无两有”，80%以上的中小学基本实现了“三配套”，40%以上的学校在环境、设施、设备等方面达到国家要求的规范化学校标准。闻喜县利用国家义务教育补助专款500万元，发动群众集资3000万元，将全县中小学原有的48孔窑洞教室全部改造，原有的1500间危房一扫而光，全年新建教学大楼115幢，新建生活用房759间，建筑面积达13.4万平方米。芮城县委、县政府，1996年抽调县直机关一百多名优秀青年干部到农村蹲点包校，发动群众集资3600万元，新建成106座水、暖、电配套齐全的高标准教学大楼。实现了他们的目标——“最佳的位置是学校，最美的环境是校园，最幸福的人是学生”。忻州地区改善办学条件累计投资1.26亿元，其中群众集资1.03亿元，新建学校635所，改建学校67所，扩建学校119所，改造土窑洞学校413所，共达1234所学校。忻州地区的五台县是贫困大县，全县干部群众集资额达3342万元，新建教学楼40幢，平房学校149所，维修学校82所，共计建筑面积7.7万平方米。晋中地区用于改善办学条件的资金1.2亿元，新、改、扩建学校1329所，全区87所土窑洞教室全部消除，95%以上的中小学实现了“一无两有三配套”。平遥县委、县政府作出了“扬名城优势，建教育强县”的战略决策，全面实施“一把手工程”，把改善办学条件同调整中小学布局、优化资源配置、加强教师队伍建设结合起来，两年筹资6400万元，撤并单轨八年制初中27所，新办寄宿制小学13所，新建中小学126所，改扩建学校189所，74所小学实行四、五年级集中教学，全县中小学基本达到布局合理，提前1年完成调整布局任务。长治市集资总额达1.09亿元，新、改、扩建中小学552所，维修危旧房11.2万平方米，更新课桌凳3.55万套，购买图书资料36.9万册，购置教学仪器3.3万台（件），全区中小学“三配套”率达到96%。晋城市群众性集资1.1亿元，新、改、扩建学校414所，其中泽州县开展“科技教育年”活动。书记、县长带头各捐款1000元，其余县级领导成员每人500元，县、乡干部人人献爱心、做贡献，全县干部职工一次捐款67万元，全县社会集资突破5000万元，新建学校130余所。阳泉市1996年多渠道筹措的用于学校基本建设的资金突破1亿元，相当于该市29年国拨教育基建投入的总和。1996年，全省社会性集资近10亿元，全年共新、改、扩建学校5160所，基本消灭了农村行政村土窑洞教室。大多数农村基本实现了最好的房子是学校。“八五”期间，全省集资办学累计金额18.6亿元，比“七五”期间增加10.5亿元，增长1.8倍，相当于同期全省教育累计拨款数的25%。5年间，新建中小学校舍532.83万平方米，维修校舍527.75万平方米，购置课桌凳215.5万套，购置图书资料499.87万册，文体器材59.27万件。不少地方群众集资办学、捐资助教的金额大大高于同期国家的财政收入。

〔**“国家贫困地区义务教育工程”**〕　为在2000年前全面基本普及九年义务教育，帮助贫困地区加快教育事业发展，国务院决定增拨“中央普及义务教育专款”，用于实施“国家贫困地区义务教育工程”，山西省被列入这项“工程”的项目省。该工程覆盖山西省的50个贫困县896万人。其中国家“八七”扶贫攻坚县35个，省级贫困县15个。“工程”建设项目学校包括819所小学、314所初中。1995年至1997年“工程”资金总额为39600万元，其中：中央补助专款9900万元，由财政部和国家教委分年拨付，其中1995年1200万元，1996年3300万元，1997年5400万元；地方政府配套资金1.98亿元，其中省级财政拨款9900万元（1995年1200万元，1996年3300万元，1997年5400万元），地（市）县财政拨款9900万元（其中地市财政占30%，2970万元；县级财政占70%，6930万元）。“工程”执行期3年（1995～1997年）。为加强对工程项目的管理，省教委制订了《贫困地区义务教育工程资金拨付操作管理办法》《土建项目管理办法》《学校设备项目管理办法》。为确保“工程”顺利进行，6月2日，项目责任书签字仪式在太原举行。11月，省教委和省财政厅组织70余人分10个组对10个项目地市和50个项目县以及473所项目学校进行为期10天的全面检查，检查的重点是“工程”资金的落实和使用情况、项目学校的建设情况以及消除农村中小学土窑洞教室情况。从检查情况看，1995、1996年国家下达山西省专款4500万元，省级财政配套资金按1∶1的比例全部下达各项目地市。项目地市和县已按国家、省下达的专款1∶0.5的比例进行配套并下达项目县。自筹资金按规划应为4500万元，由于群众集资办学热情高，自筹达到1.4亿元，超过规划数的3.13倍。1996年在建项目学校386所，已建成284所，完成土建面积33934平方米，购置教学仪器6122套，图书资料93135套，课桌凳74377套，培训教师15371人，培训校长1499人，分别占计划的87.8%、73.9%、81.7%、80.1%、97.5%、95.1%。绝大部分土建工程将在1996年底完成，仪器设备和师资培训工作将在1997年上半年全部完成。为保证“工程”进度和质量，全部实行公开招标，签订合同并公证。检查情况表明，土建工程合格率达到99.99%。购置教学仪器和图书资料设备，一般都实行县统一购置的办法，既保证了质量，又防止资金被挪用。项目学校建成后，“工程”项目规划中的各项“普九”指标将按期完成。

〔**治理乱收费**〕　1996年，全省治理中小学乱收费工作以贯彻落实国家教委等4部委联合下发的《关于1996年在全国开展治理中小学乱收费工作实施意见》为重点，坚持标本兼治，进行专项治理，重点抓了三项工作：一是坚持正确的舆论导向，在教育系统和全社会广泛宣传国务院关于治理中小学乱收费是教育战线反腐倡廉纠正行业不正之风的重要工作的精神，进一步提高全社会对治理乱收费的认识，造成全社会治理中小学乱收费的氛围。5月，纪念《义务教育法》颁行10周年之际，省教委在太原召开全省百名重点中学、示范初中、示范小学校长参加的“切实解决中小学乱收费问题座谈会”。省委副书记、副省长刘泽民在会上发表讲话，强调从贯彻执行《义务教育法》《教育法》的高度，充分认识治理中小学乱收费的重要性。百名校长发起签名倡议活动，在一块写有“贯彻执行《义务教育法》，切实解决中小学乱收费问题——从我校做起”的横幅上签字，并向全省的中小学校长发出倡议：我们一定要坚决执行国家教委的“五不准”规定，严格按政府规定的项目和标准收费，坚持义务教育阶段在公办学校中不招“择校生”，不高收费，做执行教育政策和法规的模范。这一举动收到了良好效果，不仅做出承诺的学校大部分都认真执行了1996年的中小学收费政策和标准，而且还影响带动了一大批学校通过新闻媒介，向当地群众做出不乱收费的承诺。8月，省政府召开每年一度的全省治理中小学乱收费工作电话会议，副省长王昕在讲话中要求各级政府和有关部门要统一思想，正确认识治理中小学乱收费工作的重要性，把住秋季入学收费关口。二是建章立制，强化管理。为了进一步解决“择校生”问题，省教委根据国务院办公厅有关文件精神，提出了联合办学和举办民办公助学校的具体规定，使重点中学与企业联合办学以及民办公助学校有章可循，逐步走上规范化管理轨道。与此同时，强化了“省定项目、地市会同县区制订标准，并报省审批”的管理体制。明确规定任何地区、部门、单位和个人均无权自立收费项目，扩大收费范围，提高收费标准。7月，省教委、省财政厅、省物价局公布了1996年中小学收费标准。收费标准分省辖市城区、非贫困县（市、区）及贫困县三类，每一类中还按项目规定了不同的幅度。在全省继续坚持实行“四统一、一公布”的收费管理办法，即：持物价局统一核发的收费许可证收费；统一使用教育行政部门印制的收费监督卡收费；统一使用财政部门印制的收费票据收费；统一由学校的财务部门收取各项费用，并定期向学校教职员工和家长公布各项费用和开支情况。同时加强了对预算外资金的管理，实行“财政专户储存和收支两条线，并进行年终决算的管理办法”。严格招生管理，严禁把招生录取与捐资助学挂钩，杜绝以钱买学籍，以钱选择学校。三是继续组织治理中小学乱收费工作检查。全年组织了春季、秋季两次大检查。春季的大检查以地市自查为主，从对6个地市的检查情况看，违纪收费的学校有400多所，违纪金额150余万元，与去年同期相比，违纪学校数和违纪金额均有所下降。10月下旬至11月上旬，省教委与省纠风办、省财政厅、省物价局又组织人员深入到全省11个地市，对省辖市城区和行署所在地城市的11所中小学进行专项检查，检查的重点是义务教育阶段公办学校招收“择校生”并高收费问题。共查出乱收费金额304.56万元，清退251.19万元，没收和罚款20.99万元。全省11个地市共处理违纪案件175起，通报批评80人，行政记过、撤销职务14人。检查结果表明，全省治理中小学乱收费工作有近1/3的地市已初步达到或接近国家教委提出的“五不准”阶段性目标，有近2/3的地市基本遏制了义务教育阶段公办学校对“择校生”高收费的歪风。在检查的111所学校中，有19所学校增设收费项目，21所学校提高收费标准，3所学校扩大收费范围。比较突出的问题是举办初中收费补习班、补课班和收取借读费、择校费后继续收取学杂费。

针对存在的问题，检查组向当地有关部

门提出改进意见。10月，国务院纠风办和国家教委对山西省进行治理中小学乱收费检查，对山西的治理乱收费工作表示满意。

职业教育

〔**宣传贯彻《职业教育法》**〕 《职业教育法》颁布后，全省开展了学习、宣传、贯彻、落实《职业教育法》活动。8月初，省人大教科文卫委、省教委、省劳动厅和省政府法制局联合召开了学习宣传贯彻《职业教育法》座谈会。确定9月为《职业教育法》宣传月。9月1日，省教委、省劳动厅联合组织了省城百校万人宣传《职业教育法》活动，150余所职业大学、中专、技校、职业高中的万余名师生走上街头，通过技能表演、便民服务、广播、板报等形式宣传《职业教育法》和职教成果，省城10余万名群众接受各种服务和咨询。省委书记胡富国为宣传活动写了贺信，副省长王昕、省政协副主席秦国栋等领导参加了活动。同日，全省各地都举行了丰富多彩的宣传活动。9月27日，省教委在山西电视台《五彩缤纷》节目举办了职业教育专场文艺晚会，宣传《职业教育法》，展示职教战线取得的丰硕成果。10月25日，省政府召开全省职业教育工作电话会议，王昕副省长传达了全国职教工作会议精神，安排部署当前职业教育工作。她要求近期应主要做好全省职业教育工作会议的各项筹备工作，采取有力措施，狠抓薄弱环节，切实解决当前职业教育面临的突出问题，把筹备召开全省职教工作会议的过程作为解决问题的过程。彭致圭副省长的讲话就贯彻落实《职业教育法》，全面提高企业职工素质，积极推进两个根本性转变提出两点意见。一是要充分认识发展职业教育对于提高企业职工素质、实现两个根本性转变的重要意义，把职业教育摆到更加突出的位置上来，大力发展职业教育是振兴山西省经济的重要举措。二是要加强领导，制定政策，不断深化劳动制度改革，为职业教育的发展创造良好条件。各地、市、县的专员、市、县长和各级教育、经贸、劳动、人事、计划、财政等部门负责同志和大中型企业领导、职业学校校长2500人参加了会议。

〔**加强职教薄弱县工作**〕 12月5日，省教委在太原召开了全省职教工作薄弱县座谈会，大同、吕梁、忻州3个地市分管教育的专员、市长和教育局长（教委主任），22个职教工作薄弱县的县（市）长和教育局长以及25所省部级重点中专学校的校长参加了会议。会议对全省职教薄弱县工作落后原因作了分析，认为：22个职教薄弱县，多数是国家级贫困县。这些县（区）的职业教育还没有真正起步，有的县至今还没有职业中学，有的县职业中学有名无实，缺乏起码的办学条件，无固定校址、校舍，缺乏起码的职业技术教育设施、设备，没有实验实习和生产基地；办学形式单一，缺乏活力，难以生存，教学质量很难保证。造成这种状况除经济落后、基础薄弱的客观原因外，主要是这些县的领导对职业教育重要性认识不足，政府部门在职教宣传、政策研究、落实投入上都没有到位，而且办学方向不够明确，思路不清楚，方法不对路。会议强调：加强职业教育薄弱县的工作，首先要提高认识，加强领导，党政一把手要把职业教育放在重要的位置来考虑；办好职业教育必须面向当地经济建设，面向农业和农村产业结构调整；工作的重点放在使95%的初中毕业生掌握就业和致富本领；要高度重视职业学校校长和教师队伍的建设问题。会议决定，省里每年用于基础教育的基建补助款要有一半以上用于职业教育，1997年开始向22个职教薄弱县倾斜；要把城乡教育费附加的一部分用于职业教育，帮助学校起步。全省本科高校每年为职业中学培养的500名专业教师，要在22个薄弱县进行定向招生；1996年冬至1997年春要对22个县的学校领导及骨干教师进行培训。会议要求，职教薄弱县的党政一把手要认真分析工作落后的原因，提出转变的办法，春节前提出加快发展职业教育改变落后面貌的方案，1997年召开全省职教工作会议时工作有初步起色，争取经过几年的努力使22个县的职业教育工作有一个明显改观。会上22所省部级、国家级重点中专和12所重点职中学校与22个县结成对子，帮助职教薄弱县选择与当地经济建设相适应的对口专业，从教学设备、师资培训、学校管理等方面给予扶持。

〔**重点职业学校建设**〕 从1995年开始实施的以县办职教中心为“龙头”，带动职业教育发展的战略。1996年，全省确定的22个县（区）职教中心到年底全部建成投入使用。各地在加强省重点职业高中建设的基础上，开展了国家级重点职业高中建设和评估工作，经国家教委批准，山西省有12所职业高中认定为国家级重点职业高级中学，即：太原市实验职业中学、阳泉市第一高级职业中学、永济市综合职业中学、阳泉市交通职业学校、太原市第六职业中学、左云县综合技术学校、大同市第一高级职业中学、昔阳县高级职业中学、朔州市城区神头职业中学校、太原市第二职业中学、太原市旅游中等专业学校、长治市职业高级中学。1996年，全省各类中等职业技术学校都完成招生计划，全省各类中等职业技术学校招生数和在校生分别占到高中阶段招生总数和在校生总数的58%和57%。全省职业学校校办产业纯收入达到5500万元。

〔**校长岗位培训**〕 根据国家教委关于在3至5年内对职业中学校长进行岗位培训的要求，1996年省教委开展全省职业中学校长岗位培训工作。7月在山西职业师专举办山西省首届职业高中校长培训班，到年底共举办3期，每期3个月，163名职业中学校长经过培训，取得合格证书。省教委确定从1998年将实行职业中学校长持证上岗。

〔**中专教育**〕 12月1～4日，省教委在太原召开全省普通中专教育工作会议。省直36个有关厅局的教育处长、全省105所普通中专学校的校长、部分党委书记及各地市教委分管职教工作的主任、职教科长共150余人参加了会议。

会议提出山西省“九五”到2010年中专教育改革与发展的基本思路和目标任务：深入进行管理体制、办学体制、招生与毕业就业制度、投入体制、教学领域、学校内部管理体制等一系列改革，建立适应社会主义市场经济的中专办学体制和运行机制；积极进行布局、专业、层次结构的调整，走内涵发展的道路，提高中专教育的整体效益。到本世纪末，全省中专学校平均规模达到1000人以上，省部级和国家级重点中专学校规模分别达到1500人以上和3000人以上，全省中专在校生总规模分别达到15万人以上，力争5～10所中专学校举办高职班；加强教学工作，以提高教学质量为核心，全面提高中专学校的办学水平。争取到2000年使全省所有中专学校全部达到合格标准，在增强现有重点学校办学实力的同时，再建设一批省部级和国家级中专学校；大力发展校办产业，走产教结合的道路，增强学校自我发展、自我完善的能力。到本世纪末，合格学校、省部级重点学校和国家级重点学校的校办产业年收入要分别达到30万元以上、50万元以上和100万元以上。

高 等 教 育

〔**招生、收费和就业制度改革**〕　为了确保1996年全省普通高校招生、收费和就业制度改革一步到位，取得成绩，4月16日，经省政府正式批准省教委《关于省属普通高校全面实行招生、缴费和毕业生就业制度改革的实施意见》。规定实行高校招生“并轨”改革的范围包括1996年招生的所有省属本、专科院校、短期职业大学和电大普通班。为保证特殊行业和贫困地区人才需要，在部分高校编制为特殊行业和贫困县培养人才的生源计划。在招生录取中，实行统一的最低控制分数线，并对艰苦专业、特殊专业和为贫困县培养人才专业在录取政策上给予一定的倾斜，改进录取分批办法和志愿设置，增加志愿总数，使招生录取政策及有关规定有利于尊重考生志愿，适应学生毕业后自主择业。实行“并轨”改革后的院校招收本、专科学生，每生每年平均交纳学杂费2000元，生源好的专业收费标准增加额不得高于平均标准的50%。省政府要求，各级财政和学校主管部门要继续增加教育投入，不得因实行“并轨”而减少教育经费，确保“并轨”后学校的总经费和生均经费在扣除物价上涨因素后有稳定增长，确保家庭贫困的学生坚持学习。省财政决定增拨1000万元经费，支持“并轨”改革，主要用于弥补一些院校免收和少收学杂费而减收的经费，以及设立学生贷款基金、勤工助学基金和特困生的专项补助。省教委根据“并轨”后的实际情况，制定了新的奖学金管理办法、学生贷款管理办法和对特困生资助办法。为了解决家庭经济特别困难学生上大学问题，一是省财政每年拨专项经费对特困生进行补助，补助标准平均每生每月50元，同时要求学校从所收学杂费中划出适当比例，用于对特困生实行定期或不定期补助；二是设立勤工助学基金，并要求学校必须优先安排特困生参加勤工助学活动；三是在贷学金的安排上，重点考虑特困生的贷款费用，切实保证特困生能获得贷款；四是继续对经济困难学生减免学杂费。

为适应高校招生“并轨”改革的要求，积极推进教学和学籍管理制度改革，从1996年开始，省属高校逐步推行和完善学分制和主辅修制，加大专业调整的力度，调整课程结构，更新教学内容，改进教学方法，强化教学实践环节，培养学生自觉地获取知识和开拓创新能力，增强学生毕业后就业的适应性。有条件的本科院校从1996年起开始试行学分制，允许学生提前毕业、中期休学或推迟毕业。实行“并轨”改革的学校毕业生，除享受国家专项奖学金和单位奖学金的学生毕业后按计划就业外，其余学生在国家就业方针、政策指导和宏观调控下自主择业。

1996年秋季新生入校后情况表明，师范、农林院校生源质量普遍明显提高，学生学习和教师教学的积极性明显增强，人们普遍担心的几个问题，即学校担心减少经费，家长和学生担心缴不起学费，社会上担心一部分家庭经济特别困难的学生失学以及招生“并轨”改革就是收费等问题得到解决。

〔**管理体制改革**〕 1996年，山西省高校进行了办学和管理体制改革。(1) 改变条块分割的体制，对4所省、部属高校实行合并办学。山西经济管理学院和山西财经学院分别隶属山西省和全国供销合作总社。两校实行合并办学，校名改为“山西财经大学”，由山西省人民政府和全国供销合作总社双重领导，共建共管。太原工业大学和山西矿业学院仅一路之隔，分别隶属山西省和煤炭工业部，合并办学以后，可以优势互补，提高办学实力和办学水平，既可以为行业，又可以为山西地方经济建设发挥更大的作用。两校实行合并办学，校名改为“太原理工大学”，由山西省人民政府和煤炭工业部共建共管、双重领导、以省为主。这两组学校的合并，于11月12日经全国高校设置评议委员会正式通过。这4所高校实质性合并后，原投资渠道不变，招生面向不变，共同为地方和行业的经济建设服务。(2) 改变学校单一的隶属关系，积极推进省、部共建。山西共有6所部属高校，除上述两所与地方高校实行合并办学外，山西省政府还和中国兵器工业总公司对华北工学院进行共建共管，协商拟定了协议书；同机械工业部对太原重型机械学院进行共建共管的问题进行了协商。(3) 集中资源和优势，在6所本科大学逐步实行大学领导下的学院制管理。经过“七五”和“八五”时期的建设和调整，山西省高等教育正在形成一个“金字塔”型的层次结构，塔顶是山西大学、太原工业大学两所重点建设的带头学校，中间是一部分本科院校，塔基是一批普通专科学校和成人高校。(4) 在办学条件较好的1所综合大学和工、农、医、师、财经等5所本科高校，按学科群组建一批二级学院，实行大学领导下的学院制管理，使教育资源相对集中，突出办学特色，形成办学优势。4月，山西医学院经国家教委批准更名为山西医科大学；9月，山西省人民政府批准山西医科大学实行大学领导下的学院制，设第一、二临床医学院、公共卫生学院、汾阳学院等4个二级学院。其他几所大学将根据条件逐步建立。

〔**党建和思想政治工作**〕 12月14日，山西省委书记胡富国在太原湖滨会堂为省城17所高校、28所中专学校的二千多名学生作形势报告。胡富国同志语重心长地要求同学们要勇于实践，深入社会，深入基层，培养并增强同工农群众的情感，认识山西，热爱山西，树立正确的世界观、人生观、价值观，学好本领，以优异的成绩报效祖国、报效山西三千万父老乡亲。

3月25～27日，省委在太原召开全省高校党建工作暨思想政治工作经验交流会议。全省各高等学校的党委书记、校长、组织部长、宣传部长以及各地市委分管组织的副书记或组织部长参加了会议。会议的主要内容是贯彻第五次全国高校党建工作会议精神，交流高校党建和思想政治工作经验。省委书记胡富国作了题为《加强高校党的建设，促进高教改革发展，为振兴山西做出更大的贡献》的报告。省委副书记郑社奎主持会议，省委副书记、副省长刘泽民作了总结讲话，省高校工委书记、省教委党组书记宋玉岫作了关于加强高校领导班子建设的报告，省教委主任曹福成作了关于思想政治工作的报告。会议表彰了党建和思想政治工作先进单位，讨论了《山西省高校党委领导下校长负责制实施意见》(征求意见稿)。

会议就进一步加强高校领导班子建设提出4点意见：一是要坚持和完善党委领导下的校长负责制，增加班子的凝聚力和战斗力；二要加强思想政治建设，进一步提高高校领导干部的素质；三要大力培养和造就优秀青年干部，进一步改善高校领导班子结构；四要完善有关制度，加强对高校领导干部的管理。会议就进一步加强高校思想政治工作提出5点意见：一要进一步提高认识，加强落实；二要认真落实《中国普通高等学校德育大纲》，整体规化学校德育工作；三要进一步加强队伍建设，努力形成德育工作新局面；四要加快马克思主义理论和思想品德课的教学改革；五要认真做好高校稳定工作，进一步加强校园安全综合治理。会上，山西大学、长治医学院、华北工学院、运城高等专科学校被中共山西省委授了"党的建设和思想政治工作先进高等学校"称号；山西矿业学院、忻州师专、雁北师范学院、山西师范大学体育学院、华北工学院专科学校被省委组织部、省委宣传部、省高校工委、省教委分别授予"党建工作先进高等学校"和"思想政治工作先进高等学校"称号。

"七一"，中共山西省委表彰100个红旗基层党组织和100名共产党员标兵。山西大学数学系党总支、山西农业大学土化系党总支、山西医学院第一附属医院党委、山西矿业学院采矿系党总支荣获"红旗基层党组织"称号。肖文科（山西财经学院经贸外语系副主任、副教授)、徐重（太原工业大学教授)、李友莲（山西农业大学植保系主任、教授）荣获"共产党员标兵"称号。

8月，全省召开知识分子工作会议，省委、省政府表彰了第二批山西省217名优秀专家中的高等学校33名教授、副教授。

〔**“两课”教学**〕 1996年，省教委进一步加大了对高校马克思主义理论课和思想品德课教学管理的力度。6月、10月组织专家组分别对16所本科院校、15所专科学校的“两课”教学管理与教学质量进行了评估。根据评估结果，对本、专科组前3名授予“山西省高校‘两课’教学管理和教学质量先进学校”称号，并奖励“两课”建设专项经费。评估表明：(1）高校的“两课”教学管理体制进一步理顺，各校都确立了在学校党委统一领导下由校长及行政系统负责“两课”教学的管理体制，形成了分管教学副校长亲自抓“两课”教学，教务部门负责教学管理和实施，党委宣传、学生工作等部门全力支持的格局。多数院校都健全了各种教学管理制度。基本实现了“两课”教学科学化、规范化管理。(2)“两课”教学条件得到改善，教师队伍建设取得明显成效。从1995年以来，全省高校用于“两课”的专项投入达到46万元，省教委在德育专项经费中划出“两课”专项经费和试点专项经费。许多学校为“两课”教学更新、添置了教学设备，使“两课”教学条件有了明显改善。同时“两课”教师队伍建设得到普遍重视。许多高校已有博士生从事“两课”教学。在重视教师学历教育的同时，还强化了教师的实践教育，每年定期组织“两课”教师进行社会调查与实践。(3)“两课”教学改革取得经验。山西大学、晋中师专两所“两课”改革试点学校创造出一批教学改革经验。山西大学的“三入”工程，即入耳、入脑、入行，引导学生，沿着知——信——行的阶梯，达到“两课”教学“三入”的目的。晋中师专创造了“三出三做”的教学方法，即学生出题目、教师做文章，教师出题目、学生做文章，大家出题目、共同做文章。太原工业大学的“五环节教学”法，即“讲、听、写、看、问”五个环节有机配合，相辅相成形成统一的教学过程。山西农业大学的“134”教学模式，即一个中心（以邓小平建设有中国特色社会主义理论为中心），进行“三观”（世界观、人生观、价值观）、“三农”（农业、农村、农民）教育，通过“四个层次”（必修课、选修课、讲座、咨询）实施。

〔**跨世纪人才培养**〕 1996年，以培养青年学科带头人和中青年骨干教师为重点的教师队伍建设工作取得新进展。经过专家评审，确定第三批青年学科带头人培养对象21人，确定第二批中青年骨干教师300人。使山西省高校青年学科带头人培养对象总数达到103名，中青年骨干教师总数达到625名。103名青年学科带头人培养对象中，有教授32人，副教授62人，其中博士56人，硕士37人；有近一半分布在省重点建设的21个学科点。1996年，省财政拨专款90万元继续支持青年学科带头人培养工作，从1994年到1996年，3年共拨专项经费210万元。1996年，省教委组织专家对首批列为培养对象的52人的个人成长情况进行了检查。从检查情况看，52名培养对象3年来共主持和参与国家“863”攻关项目6项，主持国际合作项目3项，承担国家自然（社会）科学基金项目11项。在教学和科研工作中发挥了重要作用。

〔**教学工作**〕 根据国家教委《各科类普通高等学校本科教学工作评价方案》，6月和10月，省教委两次组织专家分别对山西农业大学、华北工学院和山西医科大学进行教学工作评价。对这3所高校教学条件、教学管理、教学质量进行了全面检查。3所高校根据评估结果，针对存在的问题认真整改，通过抓管理促进教学工作上水平，教学工作发生显著变化。

〔**科技工作**〕　1996年，省教委制定了“九五”科技发展计划，提出高校“九五”科技发展四大目标：(1)把山西大学、太原工业大学两所重点建设高校，办成教育、科研两个中心，同时不断提高其他本科高校和部分专科学校的科技水平，使全省高校科技综合实力和整体水平有较大的提高；(2)重点建设40个省重点建设学科，10个开放型的省重点建设实验室。力争1至2个重点学科成为国家级重点学科，1至2个重点实验室通过国家验收；(3)高校科研与发展人员占科技活动人员的比例争取达到40%，科技经费到2000年末突破亿元，每年承担科技课题保持在1300项左右，每年至少完成100余项成果，应用成果转化率达到50%，技术转让合同额累计达5000万元以上；(4)校办产业发展到100余家，重点培育十大科技企业，年产值要以15%速度递增，“九五”末争取超过1.5亿元，利税达4000万元以上。

重点实验室建设取得进展。按照联合、共建、共管、共用和开放流动、竞争的原则，省计委、省教委批准在山西大学建立了“山西省生物工程开放实验室”.该室赵立平博士领导的研究小组争取到国家“863”项目“多功能植病生物工程菌的研制”。经过专家论证，经省计委批准，投资900万元建立4个中试基地：太原工业大学双层辉光离子渗金属技术中试基地、太原工业大学离子体裂解煤粉制乙炔中试基地、山西大学全固化固体激光器中试基地、山西师范大学无烟煤炼焦技术中试基地。太原工业大学表面工程研究所承担的国家“863计划”重大关键技术项目——双层辉光离子渗金属技术手用锯条示范生产线，2月15日通过国家科委和国家“863”专家委员会组成的专家组验收。1996年，全省高校有24项科技成果获奖，其中国家教委甲类三等奖1项，省科技进步奖23项。鉴定科技成果95项，其中达到国际水平的25项，国内首创29项，国内先进41项。在成果转化方面有较大突破，据不完全统计，1996年共签订技术转让合同84项，签订合同金额1438.1万元，实际收入超过550万元。山西农业大学研制的鹿用中药饲料添加剂增茸效果及系列产品，在提高鹿茸产量上取得突破，增产率达到20%～30%，并研制成鹿的脱盘添加剂，使马鹿能生长出品质良好的再生茸，属国内外首创，在山西、辽宁、吉林、新疆广泛推广后取得明显的经济效益。太原工业大学马福昌教授研制成功的“数字式导电液位传感器”和“MFC—2液位控制仪”是一种新型的液位测控装置，可将水位信号输送到20公里以外，且不受泥沙和杂物的影响，直观地显示各监测点的水位，实现程序控制，具有水位自检、检测及通讯功能，可在0.1秒内对上千个点巡回检测一遍，在微机屏幕上掌握几百公里内各处的水位状态。这套装置在引黄入晋工程上的应用，可为国家节约资金1亿元。

〔**整顿校园及周边环境**〕　7月，省社会治安综合治理委员会、省教委、省公安厅联合召开全省高校治安综合治理工作会议，贯彻全国高校治安综合治理工作会议精神，部署全省整顿高校校园及周边治安秩序工作。会议之后，各地市政府和高校认真落实省综治委、省教委《关于整顿全省高等学校治安秩序的实施意见》，立即开展了集中整顿专项行动。这次治理整顿涉及面广，特别是涉及到个人和部门的经济利益，有些问题是历史上长期积累下来的，工作难度大，任务艰巨。各地市和高校都成立了整顿工作领导组，太原、晋中、忻州、长治等地市制定了整顿学校治安秩序实施方案，有的地市还召开电话动员大会，层层发动，造成声势。省城太原有高校17所，整顿工作任务艰巨，太原市政府专门召开市长办公会研究整顿问题，采用《学校周边环境综合治理责任表》的形式，将整顿任务的承办单位、责任人、完成时间和具体要求都一一明确，并每一个问题都责任到人。太原市政府领导多次到高校现场办公，督促检查，经过5个月的治理整顿，全省清理歌舞厅和卡拉OK厅303处，清理录像厅6处，清理台球桌304个，清理无证摊点570个，迁移和取消市场5处，整顿商业网点955个，拆除违章建筑29处，破获刑事案件20起（其中重大案件7起），查处治安案件112起，抓获罪犯27名。同658个单位签订治安、消防责任书964份。通过集中治理整顿，高校及周边治安秩序好转，优化了育人环境。

1996年继续在全省高校开展了保卫工作千分考核优胜杯竞赛。12月下旬，省综治委、省教委、省公安厅组织对33所高校进行了高校保卫工作千分考核优胜杯竞赛检查考核，凡发生学生非正常死亡和影响稳定的突发事件实行“一票否决”。山西财经学院、太原重机学院、山西大学师范学院、长治医学院、山西农业大学等5所本科高校获本科组1996年优胜杯；吕梁高专、山西财专、运城高专3所专科学校获专科组1996年优胜杯。

〔**体育、卫生、艺术教育**〕 8月下旬，在第五届全国大学生运动会上，山西省运动员获得金牌3枚、银牌3枚、铜牌1枚；有3人3项打破大运会纪录；男篮获得甲组亚军；田径男子甲组列第9位，女子甲组列第2位。

4月，省教委组织专家对全省普通高校进行贯彻《体育工作条例》评估。评出一等奖2个，二等奖4个，三等奖6个。一等奖获得者太原工业大学、山西财税专科学校被国家教委授予贯彻学校体育工作条例先进单位称号。7月，山西省7名高校体育教师受到国家教委表彰，获高校优秀体育教师称号。山西大学的相建华获全国“十佳”高校优秀青年教师称号。

11月，省教委组织对全省普通高校贯彻《学校卫生工作条例》进行评估，评出一等奖2个，二等奖3个，三等奖6个。

5月，省教委举办首届全省大学生文艺汇演。在此基础上选送山西大学和山西师范大学的节目参加国家教委和广播电影电视部在京举办的全国大学生文艺汇演。山西师范大学合唱团演唱的《看秧歌》、山西大学艺术系徐建萍演唱的《我爱你，巴彦喀拉》分别获优秀节目一等奖和二等奖。

成人教育

〔**扫盲工作**〕　1996年，全省共组织8万文盲参加扫盲学习，有4万人脱盲，青壮年非文盲率达到98%以上。11月，34个县的扫盲工作通过省级评估验收。至此，全省118个县（市、区）的扫盲全部通过省级评估验收，全省完成基本扫除青壮年文盲的任务。9月，夏县、平遥县、壶关县、忻州市人民政府获全国扫除文盲工作先进县（市、区）称号，受到国家教委、财政部表彰。梁敏（曲沃县城关镇教育办公室副主任）、杨转虎（榆次市沛霖乡党委书记）、曹彪（右玉县教育局副局长）获1996年度"中华扫盲锡山奖"；阳城县西河乡成人教育中心、柳林县薛村乡农民文化技术学校获1996年度"中华扫盲奖"。

〔**职工岗位培训**〕　1996年，全省职工教育、岗位培训管理体制进一步理顺。4月，省人民政府办公厅下发了《关于我省职工教育岗位培训工作有关部门职责分工的通知》规定：省教育委员会是全省教育的综合管理部门，在职工教育和岗位培训工作中负责宏观指导、综合协调、督促检查、评估表彰，根据国家有关职工教育和岗位培训的方针政策，制定山西省的总体规划和实施方案；协调全省职工教育、岗位培训工作的共性问题，汇总全省职工教育和岗位培训工作的情况；组织承担社会化培训及信息交流等服务工作。省人事厅、省经贸委、省劳动厅、省总工会分别承担的国家行政机关工作人员、企业干部、工人的岗位培训任务，解决了多年来职工教育岗位培训工作管理体制不顺、职责不明的问题。

省教委会同省委组织部、省人事厅全面开展了全省计算机应用能力培训考核工作。组织编写了《计算机应用能力教程》（初级），审核批准设立76个培训点，36个考核点，并在12月举行了全省计算机应用能力（初级）统考，共有1535人参加了考试。

〔**成人学历教育**〕　1996年，进一步加强成人高、中等学历教育的管理工作，提高成人学历教育的质量和效益，促进成人高、中等学历教育改革和发展。（1）继续对成人高等教育进行评估，促进学校改善办学条件。组织评估专家组对全省14所普通高校函授部、夜大学进行评估验收。通过评估，较为全面地掌握了全省普通高校函授、夜大学的现状，为加强管理提供了可靠的依据。同时，这次评估对于加强教师队伍建设、增加投入、改善办学条件起了积极作用。（2）在成人高校管理工作中全面推行了计算机管理信息系统，初步实现了成人高等教育管理工作标准化、信息化、自动化。（3）开展示范性成人中等专业学校评选 。根据国家教委关于评选省、部级示范性成人中专学校的部署，省教委组织人员对申报省、部级示范性成人中专学校的14所学校进行综合考评，从中评出省、部级示范性成人中专学校4所、省重点成人中专学校7所，并经省人民政府批准，报国家教委备案。4所省、部级示范性成人中专学校是：祁县铁路成人中等工程学校、北京铁路局太原铁路成人中等专业学校、山西省商业职工中等专业学校、山西省对外经济贸易职工中等专业学校。7所省重点成人中专学校是：山西省交通职工中等专业学校、大同铁路成人中等机械学校、太原广播电视中等专业学校、忻州地区卫生职工中等专业学校、山西省城乡建设职工中等专业学校、吕梁地区经济管理职工中等专业学校、山西省妇女职工中等专业学校。

〔**社会力量办学**〕 1996年，全省社会力量办学以贯彻执行《山西省社会力量办学管理条例》为中心，围绕“加强规范管理、理顺管理体制、狠抓质量、上水平促发展”，重点抓社会力量办学的法制化、规范化管理工作，取得比较显著的成效。继续开展对社会力量办学的评估，省教委安排部署，从3月到6月，各地市教育行政部门对全省127所民办中小学（含职业高中）进行检查评估。太原市通过对29所中小学（含职业高中）进行评估检查，评出优秀学校7所，合格学校14所，基本合格学校8所。5月下旬，省教委组织对全省电视大学系统举办高等教育自学考试大专班助学情况进行了一次全面视导检查。

〔**成人招生工作**〕 1996年，全省成人招生工作有10项改革：一是改革划定分数线办法。按招生计划数划定最低控制线和各学校分数线；二是录取工作按报考情况分批进行。录取不分省内省外，都实行在录取最低控制分数线上，根据学校第一志愿报考人数多少和分数高低分批录取的方法。第一志愿报考人数达到院校招生计划人数以上的学校，第一批录取，其余第二批录取；三是增加考生报考志愿数。为了给考生提供更多的录取机会，将过去每人可报考两个志愿，增加为三个志愿；四是暂停资格生、往届生的改革试点工作，同时取消劳模预科班和专升本免试生；五是艺术类考生全部参加数学考试，不参加考试者一律不予录取；六是省农业广播函授学校不再单独组织考试，参加成人中专统一考试；七是20周岁以下的考生，无高中、职业高中、中专、技校毕业证者，不得报考各类成人高校；八是各学校招收预科生的人数不得超过招生计划的5%；九是对照顾录取的县做了调整。根据经济情况和贫困县变化，重新公布照顾县名单；十是符合照顾条件的专升本考生降低照顾的标准。这十项改革的实行，提高了成人高校、成人中专生源质量。1996年各类成人高校计划招生23381人，录取22613人（不含第二学历）；各类成人中专计划招生13437人，录取9488人。

撰稿 张 为 任月忠 刘根庆
张正义 贾真真 秦志伟
审稿 曹福成

内蒙古自治区教育

概　况

〔基本情况〕

1996 年各级普通学校基本情况

单位：人

学校类别	学校数（所）	毕业生数	招生数	在校学生数	教职工数	
					计	其中专任教师
一、普通高等学校	19	10900	12468	38873	15750	7077
研究生	(9)	137	288	682	394	394
本　科	12	5177	6862	24287	11780	4901
专　科	7	5586	5318	13904	3576	1782
二、中等专业学校	106	19176	21718	59792	15988	7687
中等技术学校	84	14097	16921	46473	12860	6013
中等师范学校	22	5079	4797	13319	3128	1674
三、普通中学	1829	288361	401520	1138590	107380	79265
高　　中	346	53562	67814	189988		14681
初　　中	1483	234799	333706	948602		64584
四、农业、职业中学	432	40056	69640	163562	18340	13217
高　　中	187	18459	25810	58291		6208
初　　中	245	21597	43830	105271		7009
五、工读学校	1	3	10	28	61	15
六、小　　学	13133	421647	450349	2323818	172805	153232
七、特殊教育学校	19	82	303	1969	583	409
八、幼儿园	1366		354956	432436	21168	15469

1996年各级成人学校基本情况

单位：人

	学校数（所）	毕业生数	招生数	在校学生数	教职工数 计	教职工数 其中：专任教师
一、成人高等学校	23	9821	12749	36591	3937	1829
广播电视大学	1	2444	3173	7738	1093	415
职工高等学校	9	1159	1235	3221	801	387
农民高等学校						
管理干部学院	3	1233	918	2565	388	160
教育学院	10	1576	2702	6812	1655	867
独立函授学院						
普通高校附设						
函授部	(10)	1928	3091	9592		
夜大学	(7)	1089	1377	5152		
干部专修科	(4)	392	253	1511		
二、成人中等专业学校	117	13352	20366	51907	6529	3716
广播电视中专	2	2637	5956	14796	533	277
干部中专	5	448	534	1418	274	130
职工中专	42	6395	10333	24586	2843	1305
农民中专	3	60	75	75	38	28
函授中专	1	769	319	1557	44	37
教师进修学校	64	3043	3149	9475	2797	1939
三、成人中学	91	5353	6253	10932	560	313
职工中学	32	2261	3302	6424	395	256
农民中学	59	3092	2951	4508	165	57
四、成人技术培训学校	8274	1400000	1260000	1320000	9611	3654
职工技术培训学校	341	70000	60000	30000	1436	816
农民技术培训学校	7933	1330000	1200000	1290000	8175	2838
五、成人初等学校	3645	103287	166224	169082	2837	1013
职工初等学校	30	2314	1058	3687	524	79
农民初等学校	3615	100973	165166	165395	2313	934
其中：扫除文盲	2733	61828	42263	43890	1790	571

制表　武福英

〔年度工作方针〕 1996年全区教育工作的指导思想是：以邓小平同志建设有中国特色社会主义理论和党的十四届五中全会精神为指导，以贯彻落实“一纲三法”和全国、全区教育工作会议精神为中心，大力推进自治区党委和政府确定的“科教兴区”发展战略，继续深化教育体制改革，积极创造事业发展的条件，全面提高教育教学质量和办学效益，处理好改革、发展与稳定的关系，促进各类教育持续、稳定、协调发展，开创全区教育工作的新局面。根据这一指导思想，自治区教育厅确定1996年全区教育改革和发展的12项重点工作。

根据工作方针和重点工作的要求，自治区教育厅在全区开展了“教育管理年”活动。针对教育系统内部特别是各级各类学校管理中存在的一些实际问题，推动各级各类学校逐步实现科学化、规范化、法制化管理。开展“教育管理年”活动的主要任务是：(1)在深化教育领导体制、办学体制改革的基础上，加大学校内部管理体制改革的力度，进一步完善学校内部管理工作的各项规章制度。(2)各类高等院校实行党委领导下的校(院)长负责制，中等以下学校逐步实行校长负责制。(3)切实重视和加强教师队伍的管理和培训提高工作。(4)进一步加强学校管理队伍的建设，逐步建立学校管理工作的激励制约机制。(5)进一步优化校内外育人环境。(6)学校工作坚持以教学为中心，认真组织开展好各项教学活动。(7)加强和改善学校的总务后勤管理。为此，区教育厅于1996年11月15～30日，举办了第一期教育行政管理干部培训班，部分盟、旗县(市、区)、厂矿企业分管教育的领导共一百三十多人参加了培训。

〔教育事业“九五”计划和2010年规划〕 1996年12月6日，自治区教育厅制订印发了《内蒙古自治区教育事业“九五”计划和2010年发展规划》。《规划》的指导思想是：根据国民经济和社会发展规划，围绕实施“科教兴区”战略，重点落实教育优先发展的战略地位，推进教育体制改革，优化教育结构，提高教育质量，增强办学效益，初步形成具有地区和民族特色、面向和适应21世纪的社会主义教育框架。到2000年，各类教育发展的主要目标是：

基础教育：全区基本普及初等义务教育；普及初级中等义务教育的地区人口覆盖率，以旗县为单位达到70%左右，以乡镇苏木为单位达到85%以上。全区适龄儿童、少年入学率，小学达到99%以上，初中达到85%以上。残疾儿童同步实施义务教育。基本稳定普通高中在校生规模，全区重点建设30所左右实验性、示范性高中。

职业教育：全区高中阶段各类职业学校在校生占高中阶段在校生的60%左右。中专招生规模年递增7%，达到每年2.3万人，学校平均规模达到860人，省部级重点中专达到1000人，国家级重点中专达到2000人。每个旗县和大厂矿企业要着力办好1所综合性职业高中或职教中心。职业高中校均规模达到600人左右。技工学校校均规模达到550人左右。中等师范学校保持每年5200人的招生规模。全区重点建设70所左右的示范性职业高中和中专。

高等教育：全区普通高校本专科在校生年增长率为3.8%；在校研究生达到1000人。适当发展专科教育，使本专科招生比例达到1∶2。扩大校均规模，提高办学效益，本科学校由现在的2200人增加到3500人以上，专科学校由现在800人提高到1500人左右。重点建设内蒙古大学，使其跻身于国家“211工程”。重点学科由现有的8个增加到30个左右，争取使其中的5～10个进入国家级重点学科行列。

成人教育：全区基本扫除15周岁以上、1949年10月1日以后出生的青壮年文盲，使非文盲率达到95%以上。技术工人的技术等级普遍提高2～3级。资格性岗位每年培训人数达到全区从业人员的35%～40%。每年有15%的专业技术人员接受各种形式的继续教育。完成全区300余万农牧户每户至少培养1名家庭技术人员的培训任务。成人高校招生年增长3.6%左右。全区教师学历合格率，普通高中提高到60%，职业高中提高到35%，普通初中提高到80%，小学提高到95%。师资培训到2000年全部进入继续教育。扩大“燎原计划”成果，建设好500个示范乡。

民族教育：大力推进少数民族义务教育的普及，使普及初级中等义务教育的少数民族人口高于全区平均水平。发展各种形式的民族职业教育，使接受中等职业教育的少数民族在校生占普通高中少数民族在校生由现在的30%提高到50%左右。

2010年全区教育事业发展的远景目标是：自治区全面普及九年义务教育，扫除农村、牧区青壮年文盲，多种形式的职业教育、成人教育有更大发展，学校布局更加合理，办学条件有较大改善，教育总体水平达到中等发达省区标准。几项具体目标是：青壮年文盲低于1%，在校生小学保持在235万人左右，初中达到110万人，初中入学率达到95%左右；普及九年义务教育的人口覆盖率达到90%～95%左右。高中阶段各类在校生增到60万人左右，其中普通高中在校生达到24万人左右，中等职业技术学校在校生达到36万人左右。高等学校在校生增加到14万人左右（含成人）。研究生培养规模达到4500～5000人。形成基础雄厚的普通教育，规模宏大的职业教育，形式多样的成人教育，质量较高的高等教育，并使各类教育相互衔接，各具特色，充分体现现代社会需求的教育结构和教育体系。

〔**教育投入与支出**〕1996年，全区地方全口径教育经费支出总额38.45亿元，比上年增长21.33%，其中国家财政性教育经费支出31.69亿元，比上年增长18.33%。全区地方财政预算内教育经费支出23.44亿元，比上年增长17.26%，其中预算内教育事业费支出20.06亿元，比上年增长18.62%。全区财政经常性收入93.22亿元，比上年增长22.18%。1996年，全区地方财政总支出125亿元，国家财政预算内教育经费占财政总支出的比例为18.75%，比上年下降1.17个百分点，其中，教育事业费支出占财政总支出的比例为16.05%，比上年下降0.61个百分点。1996年，全区基础教育预算内教育事业费绝对数比上年有一定的提高，但按生均占有量分析其结果是：高中生均教育事业费为904.27元，比上年增长15.54%；初中生均教育事业费为552.09元，比上年增长13.69%，其中农村443.29元，比上年增长16.41%；小学生均教育事业费为399.80元，比上年增长21.06%，其中农村为344.63元，比上年增长21.34%。1996年，全区生均公用经费分别是：高中196.59元，比上年的168.22元增长了16.86%，初中82.76元，比上年的74.92元增长了10.46%；小学

41.08 元，比上年的 36.00 元增长了 14.11%，实现了《纲要》中提出的“第三个增长”。

1996 年全区地方教育投资渠道在不断拓宽，在全区地方全口径教育经费总支出中：(1) 预算内教育经费支出 23.44 亿元，比上年增长 17.26%。(2) 政府征收用于教育的税费支出 2.39 亿元，比上年增长 22.56%（城市教育费附加 9200 万元，增长 25.34%；农村教育费附加 1.42 亿元，增长 32.71%）。(3) 企业办学校教育经费支出 4.05 亿元，比上年增长 16.05%。(4) 校办产业、勤工俭学和社会服务收入用于教育的经费支出 1.47 亿元，比上年增长 23.53%。(5) 其他属于国家财政性教育经费支出 3263 万元，比上年增长 124.42%。(6) 社会捐资、集资办学经费支出 2.26 亿元，比上年增长 32.94%。(7) 学费、杂费支出 3.78 亿元，比上年增长 45.38%。(8) 其他教育经费支出 5664 万元，比上年增长 17.29%。

经费使用效益情况。1996 年，全区各级各类学校改造危房面积 85.2 万平方米，支出金额达 2.12 亿元；购置学生课桌凳 33.4 万单人套，支出金额达 2382 万元；购置各种教学仪器 40.7 万台（件），支出金额达 6844 万元；购置图书资料 321.8 万册，支出金额达 1855 万元，使办学条件进一步得到改善。

〔**抗震救灾工作**〕 1996 年 5 月 3 日，包头市、巴盟、伊盟地区发生 6.4 级强烈地震。这次地震给教育造成了重大损失。据统计，震区受灾的学校有 1100 所，校舍受损建筑面积 128 万平方米，其中，严重损坏需要拆除重建的有 40 万平方米，需维修加固的达 88 万平方米，直接经济损失为 4.2 亿元。在突发的灾害和困难面前，自治区教育厅和灾区教育部门全力以赴投入了灾区校舍建设和改造工作。6 月 3～5 日，自治区教育厅在伊克昭盟达拉特旗召开了教育抗震救灾现场办公会议，全面部署了灾区校舍建设工作，并以责任制的形式签订落实了基建项目。年内，自治区教育厅落实救灾专款 2570 万元人民币，贷款 80 万美元，全部用于灾区校舍建设和改造。由于国家教委、计委、财政部和自治区党委、政府的高度重视和大力支持，经过地震灾区各级党政部门、教育部门和广大群众的共同努力，在 1996 年入冬以前，受灾地区的学生全部进入有取暖设备的校舍，实现了校舍建设改造的预定目标，没有出现因地震导致学生失学、辍学的现象，保证了教育教学工作的正常进行。

撰稿 陈 联 张润厚

审稿 韩永久 秦政奇

基础教育

〔**义务教育**〕 1996年初，自治区教育厅根据国家教委“三片地区普九工作汇报会”精神和自治区人民政府“全区教育工作汇报会”精神，进一步修订了义务教育规划，将规划目标由原来的“到本世纪末普九旗县人口覆盖率60%”提高到70%以上，并分年度落实到旗县。依据规划进度，自治区人民政府与各盟行政公署、市政府以及自治区教育厅签定了目标责任状。计划锡林浩特市、东乌珠穆沁旗、集宁市、额济纳旗、满州里市、红山区等6个旗市区于年内完成普九任务，使全区普九的旗县累计达到21个，累计人口覆盖率达到18.5%。为了完成这一艰巨任务，自治区将义务教育补助专款和中央下达的补助专款集中用于当年“普九”的旗县；增加师范专科招生计划，加强初中教师培训，提高初中教师学历合格率；修订、规范义务教育档案，为督导评估做好基础工作；开展多种形式的助学活动，提高入学率，降低辍学率；强化学校管理，提高办学水平；开展对普九旗县的检查指导和督导评估。到年底，除原计划年内完成“普九”任务的6个旗市外，另有土默特左旗、根河市、海南区、乌达区提前完成普九任务，使普九旗县累计完成25个，累计人口覆盖率达到21.6%。经检查验收，托克托县、宁城县、松山区、海拉尔市、科右前旗、通辽市、镶黄旗、苏尼特左旗、阿拉善右旗等9个旗、县(市、区)基本普及初等义务教育。全区普及初等义务教育的旗县累计34个，累计人口覆盖率达到33.5%。全区普及初等义务教育的乡、镇(苏木)累计有1298个，占乡、镇(苏木)规划单位的74.4%。

〔**农村牧区初中教育改革**〕 随着《义务教育法》的深入贯彻实施，自治区初中教育有了很大发展，普及程度逐步提高。但是农村牧区初中教育的普及仍然是普九工作的难点。农村牧区初中在校生流失、毕业生不适应当地农牧业生产需要等问题，必须通过改革予以解决。目前，自治区初中教育改革已经涌现出一批各具特色的典型，其中，兴安盟科右前旗大坝沟中学具有代表性。大坝沟中学在乡党委和政府的领导下，确立了“不求人人升学，但求个个成才”的办学指导思想，已经形成了自己的办学特色，其基本做法有：一是认真落实《九年义务教育课程计划》,在保证学生掌握文化课基本知识的基础上，按照国家教委颁布的《中学劳技课教学大纲》的要求，在初中各年级中全部开设了劳技课；增设“三加一”班，在完成初中学业后,使一部分学生再接受一年职业教育；自编了乡土教材,开设了农村实用技术讲座。二是加强了教学实践基地建设，使教学与生产实践紧密结合初步形成“三百一加”的规模：种植100亩粮食作物,营造100亩经济林木,饲养100头（只）牲畜，建设一个农副产品加工基地。三是抓了“两个结合”，与当地推广实用科学技术的工作相结合，学校主动与盟、旗农牧林水等部门及科研推广机构取得联系，建立了长期稳定的合作关系，与乡农科站等单位密切配合，在实施“丰收计划”、“星火计划”过程中，积极承担了一些科技试验、示范项目。定期请专业技术人员到学校讲授实用技术，指导学生实习，评审试验成果，然后再配合有关单位在农牧民中推广应用实用技术。与学生家庭的脱贫致富相结合，要求学生把课堂上学到的技术应用到家庭的生产实践中去，请学生家长参与和配合劳技教育，使家庭生产成为劳技课的大课堂，使理论与实际紧密结合起来，为当地培养了一批留得住、用得上的人才；学校正在成为农民信得过的实验中心、推广中心、培训中心和全乡农科教结合点。在取得广泛的社会效益的同时，校办基地也收到了较好的经济效益。1996 年产值达到 100 万元，创利 12 万元。与此同时，在全旗连续多年中考成绩名列前茅，向高一级学校输送了一批“合格的毕业生”。1996 年 11 月 14 日，自治区党委办公厅、政府办公厅发出《关于大力推广大坝沟中学办学经验的通知》，要求全区各地充分认识、高度重视和大力推广大坝沟中学的办学经验，在抓好普及九年义务教育的过程中，进一步采取有效措施和步骤，积极调整教育结构、课程设置和教学内容，面向全体学生，全面贯彻教育方针，将办学指导思想尽快转移到主要为当地经济建设和社会发展培养人才，同时兼顾升学的素质教育的轨道上来，使教育工作更好地适应全区改革开放、经济建设和社会发展的需要。

〔**普通高中教育**〕　为了贯彻落实《内蒙古自治区关于〈中国教育改革和发展纲要〉实施意见》和全国普通高中教育工作会议精神，积极办好全区普通高中教育，自治区教育厅于 6 月召开了全区普通高中教育工作会议。会议研究讨论了普通高中教育改革和发展的思路，统一认识，明确了今后普通高中发展的目标、任务和措施。会后自治区教育厅印发了《内蒙古自治区普通高中教育改革和发展的意见》，提出普通高中教育发展的总体目标是：在保证普及九年义务教育的前提下，继续调整中等教育结构，适当控制普通高中规模，着力于深化办学体制和模式的改革，改善办学条件，加强师资队伍建设。到 2000 年，城市市区要稳步发展高中阶段教育，使初中毕业生升学率达到 80％左右。大力发展职业教育，使全区普通高中在校生占高中阶段在校生总数的 40％左右，各类职业学校在校生占 60％。普通高中在校生中，少数民族在校生所占的比例要高于其人口比例。到 2000 年，绝大多数学校的办学条件达到自治区普通高中管理先进学校的要求；教师学历合格率提高到 60％左右；学生德智体美劳综合素质明显提高，适应社会生产、生活的能力明显增强；高考录取人数中，应届毕业生所占的比例逐年提高。到 2005 年，建成 100 所自治区高中管理先进学校，50 所自治区级示范学校，其中有 20～30 所达到国家级示范性学校标准。实现上述目标采取的主要措施有：分区规划，调整布局，控制规模，提高效益；采取多种形式办学，拓宽办学渠道；改革办学模式，实行办学模式多样化；多渠道筹措经费，增加对普通高中的投入；全面贯彻教育方针，努力提高教育质量；加强示范性高中建设，同时加强薄弱高中的建设。《意见》中提出了普通高中的四种办学模式：一是以升学预备教育为主的学校，其主要任务是向高等学校输送合格的新生；二是综合性高中，其主要任务是培养通用性、适应性强的人才，文化课达到现行普通高中必修课要求，扩大技术课比例，使学生掌握一两种实用技术的基本技能；三是分流性高中，在高中会考的基础上，根据学生的特点和志愿，确定不同的目标并有所侧重地施行教育的办学模式；四是特色性高中，在达到普通高中教育教学要求的前提下，根据学校实际和学生的兴趣爱好形成学校和学生的个性特色的办学模式。其中综合性高中和分流性高中将是我区普通高中主要的办学模式，要大力提倡，积极引导，促进发展。

〔**教师队伍建设**〕 1996年，区教育厅组织力量制定了《内蒙古自治区实施〈中华人民共和国教师法〉办法》，初稿已经形成。要求各地组织教师认真学习"一纲四法"，学习党的十四届六中全会决议，开展树师表形象、创文明校风、为实现跨世纪宏伟目标做贡献活动。进一步加强和改进中小学思想政治工作，规范和加强了中小学教师队伍的管理。教师节期间，自治区授予100名中小学教师"园丁奖"。到年底，基本完成了教师资格过渡工作。根据"普九"工作的需要，增加了师范专科招生计划，同时加强了对义务教育阶段师资培训工作。经自学考试，一年内共有6000多名小学教师获得中师学历，1.69万名初中教师获得师范专科学历，小学、初中教师的学历合格率分别提高到85.8%和66.5%。评选了自治区第四批中小学特级教师100名，成立了特级教师学术委员会，组织特级教师下基层讲学，促进教学质量的提高。1996年共转正民办教师6500名，其中有国家下拨1995年度民转公指标4000个，自治区划拨2500个。1996年，新增中小学教职工住房28万平方米，使城镇中小学教职工住房困难进一步缓减。

〔**学校管理**〕 1996年，结合自治区实际，转发了国家教委制定的《小学管理规程》，提出了加强小学内部规范化管理的具体要求。初步形成了自治区中小学综合评价指标体系，继续开展了学校管理评估，促进全区中小学管理工作进一步加强。全区涌现出一批管理好、质量高的学校，有39所普通高中管理先进学校，191所自治区义务教育示范学校，12所自治区义务教育实验学校。在这些学校的影响和带动下，中小学办学条件逐步改善，学校内部管理明显加强。强化学校管理工作由城镇向农村牧区推进，促进了农牧区义务教育的普及。

在加强学校管理工作的同时，把制止、查处中小学乱收费的不正之风作为当前基础教育工作中的一件大事来抓。年初自治区政府召开了电话会议，专门部署了制止中小学乱收费工作。秋季开学初，自治区教育厅发出《坚决制止、查处中小学乱收费、高收费不正之风的通知》，要求各地认真学习贯彻李岚清副总理的讲话精神，严格执行国家和自治区的有关规定，坚决制止乱收费、择校生高收费的不正之风；规定义务阶段不提倡择校，义务教育学校不准举办重点校、重点班，不允许搞"一校两制"；要求各地采取强有力的措施，加强薄弱学校建设，尽可能缩小校际间差距，为学生提供尽可能同等的办学条件。6月份和9月份集中两次组织力量进行了检查。全年共查出违纪乱收费金额183万元，查处违纪案件87件，使全区中小学乱收费现象得到了有效遏制，初步走上了规范化、制度化轨道。

撰稿 王培芙

审稿 韩永久 秦政奇

职业教育

〔综述〕 1996年，全区共有中等专业学校394所，其中普通中等专业学校106所，技工学校101所，职业高中187所（其中职业中专24所）。年内，三类学校的招生数分别为2.1万人、1.7万人和2.5万人，在校生数分别为5.9万人、4.8万人和5.8万人。中等职业学校招生数占高中阶段招生数的比例达到48.7%，比1995年提高3.7个百分点；中等职业学校在校生占高中阶段在校生总数的比例达到46.6%。

〔**学习宣传贯彻《职业教育法》**〕 《中华人民共和国职业教育法》颁布之后，为了及时做好学习宣传工作，自治区人大教科文卫委员会、司法厅、教育厅、劳动厅联合于5月31日下发《关于学习宣传和贯彻实施〈中华人民共和国职业教育法〉的通知》。《通知》要求各盟市人大、司法、教育、劳动部门应将学习宣传和贯彻实施《职教法》列入议事日程，作为当前的一项重要任务抓紧抓好。《通知》强调要通过多种途径、采取多种形式，加大宣传力度，形成全社会关心、重视、支持职业教育的风尚。《通知》确定今后每年的5月为“职业教育法宣传月”。四厅（委）的《通知》下发后，各盟市开展了学习宣传活动：伊克昭盟赵德英副盟长发表电视讲话，宣传《职教法》，赤峰市范勇副市长在《赤峰日报》发表文章，阐述《职教法》颁布的意义和学习体会；巴彦淖尔盟人大工委、教育、劳动、人事、计划、财政、司法等部门联合召开了“学习宣传和贯彻落实《职教法》座谈会”；包头市教委及时翻印《职教法》1.2万份，分发有关部门及学校作为学习材料；阿拉善盟行署正式出台《关于大力发展职业教育的意见》。各盟市所在地职业学校师生纷纷走上街头、出动宣传车辆，播讲《职教法》全文及释义，大张旗鼓地宣传《职教法》。

〔**全区职业教育电话会**〕 7月2日，自治区人民政府在呼和浩特市召开全区职业教育电话会议，12个盟市、101个旗县（市、区）的政府以及教育、经贸委、劳动等部门和职业学校的负责人收听了会议精神。自治区副主席宝音德力格尔在会上传达了全国第三次职教工作会议精神，并就学习、宣传和贯彻《职教法》和全国职教会议精神提出了指导性意见：（1）各级政府要充分认识贯彻实施《职教法》的重要性，切实加强领导，加大宣传力度，积极推进依法治教，为职业教育的发展创造良好的环境；（2）到2000年，全区实现各类中等职业学校在校生数占高中阶段在校生数60%的奋斗目标；（3）从自治区实际出发，对职业教育实行分类指导、分步推进，努力扩大现有职业学校的规模；（4）实行目标责任制，建立督察、奖惩制度，确保“九五”期间职业教育发展目标的实现。

〔**骨干学校建设**〕 2月14日，国家教委审批认定内蒙古自治区包头市第四职业高中、呼和浩特市第二职业高中、包头市第八职业高中、赤峰市华厦职业学校、乌兰浩特市第一职业高中、乌拉特前旗第一职业高中、临河市第一职业高中、赤峰市第一职业高中等8所学校为国家级重点职业高级中学。

为了充分发挥重点职业高中的骨干示范作用，更好地适应自治区经济建设对人才培养的需要，经自治区政府同意，3月27日批准呼和浩特市第一职业高中等24所自治区级重点职业高中改办为职业中专学校。改办后的职业中专原隶属关系不变，经费渠道不变。职业中专学生实行缴费上学，学生毕业后发职业中专毕业证，承认中专学历，不包分配。毕业生参加工作后，在工资、职称评定中享受中专待遇。为了保证职业中专正常的教学秩序，做好职业中专学生的学籍管理工作，自治区教育厅制定了《内蒙古自治区职业中专学生学籍管理规定》，并于5月15日正式印发各盟市教育行政部门。职业中专第一年招收的学生达8000多人，占全区职业高中招生总数的1/3。职业中专年内校均创收74万元，校产纯收入达到100万以上的学校有5所。

〔**为经济建设服务**〕 据不完全统计，各盟市农（牧）职业中学为农牧民举办职业教育短训班248期，培训农牧民99312人次；与贫困乡（苏木）、村（嘎查）及农（牧）户签订致富合同268个，创直接经济效益1106.2万元；推广实用技术项目242个，创直接经济效益942.9万元。呼和浩特市和林县职业高中，是全县肉鸡饲养型经济的“龙头”。学校负责向农户提供雏鸡，提供饲料及配制技术，提供家禽疾病防治技术。近年来，向150家农户推广肉鸡饲养技术，农户年内饲养鸡达50万只，创利150多万元。赤峰华夏职业学校同学校所在地的杨家营子镇签订了致富合同，在技术上指导该镇完成地膜玉米、甜菜种植任务。为完成合同目标，推广两项技术，学校派人带着放像机、录像带和技术讲义到各村讲课，深受农民欢迎。在学校的帮助指导下，杨家营子镇地膜玉米和甜菜年内获得增收10%的收成，平均每户增收400元。

〔**扼制职业高中生源滑坡**〕 近年来，全区职业高中特别是农村牧区职业高中出现了生源滑坡现象。为了扼制生源滑坡，在全区职教电话会议上，自治区副主席宝音德力格尔就认真做好1996年职业高中招生工作做了专门部署，要求各盟市、旗县把职业高中的招生工作摆到重要日程，千方百计组织生源，使全区职业高中（重点是农村牧区）的招生数有较大幅度增长。巴彦淖尔盟实施“职业高中生源基础工程”，即职业高中以专业组为单位，与普通中学联合开辟第二课堂活动，由职业高中提供必要的活动设备，派出专业课教师，组织普通中学的学生成立兴趣小组，实行对口培养；定期组织兴趣小组学生到职业高中参观，举行竞赛和联谊活动，既培养了学生的特长，又宣传了职业教育，为扩大职业高中生源创造了条件。“职业高中生源基础工程”的实施，拓宽了生源渠道，到年底，全区职业高中共招生 2.5 万人，比 1995 年的招生数多 3689 人，增长 16.7%。

撰稿　陈俊杰

审稿　韩永久　秦政奇

高等教育

〔**体制改革**〕为进一步贯彻落实《中国教育改革和发展纲要》以及国务院办公厅批转国家教委《关于深化高等教育体制改革的若干意见》，积极推进自治区普通高等教育体制改革，1996 年部分高校积极探索、试行校、院、系三级管理体制，优化校内资源配置，大力培养复合型人才。年内成立了内蒙古大学人文学院、内蒙古工业大学国际商学院和继续教育学院、内蒙古师范大学外国语学院和体育学院等。积极探索高校与大型企业联合办学，加强了高校实习、实践基地建设。年内，内蒙古师范大学与包头钢铁公司共建了第二附属中学，包头医学院与内蒙古第二机械制造厂共建了第三附属医院。

经过努力，内蒙古大学争进国家“211 工程”取得了阶段性成果，于 1996 年 9 月 7 日顺利通过了部门预审。经国家教委同意，由自治区政府主持了内蒙古大学“211 工程”部门预审，对内蒙古大学争进“211 工程”建设以及规划进行了全面评审。评审专家组对内蒙古大学的建设成果给予了充分肯定，对内蒙古大学今后的发展特别在重点学科建设、师资队伍建设、基础办学条件的改善方面，提出了建议。

〔**教学管理**〕1996 年结合自治区“教育管理年”活动的开展，通过政策指导、评估检查、推优评奖、统筹规划等手段，切实加强和改善了对普通高校的宏观管理和教学管理。年初召开了普通高校“学风、校风、教风”建设座谈会，年内结合“三风”建设开展了普通高校“三好学生”、“优秀学生干部”、“先进班集体”和“十佳大学生”评选、表彰活动。为积极推动普通高校教学上水平、上质量，激励高校深化教学改革，开展教学研究，1996 年开展了全区普通高校教学成果评奖活动，评出 65 项自治区的优秀教学成果。为切实加强高校教材建设，规范教材管理，配合重点学科和重点课程建设，年内评定、推荐了一批国家级重点教材，立项了一批自治区级重点教材，评选出46部自治区级优秀教材。积极贯彻落实国家教委《高等学校教师培训工作规程》，切实加强高校师资队伍建设，1996年举办了两期青年教师岗前培训班，集中培训了近200名青年教师。为积极促进普通高校成人教育健康发展，规范函授、夜大学管理，1996年开展了全区普通高校函授、夜大学评估工作，评选出了内蒙古师范大学等3个优良学校和内蒙古工业大学等9个合格学校。贯彻落实《内蒙古普通高校专业建设暂行规定》，积极调整专业结构，促进了专业建设。1996年，自治区普通高等学校专业设置评议委员会对提交会议征求意见的《关于全区普通高校专业优化、调整意见》，进行了认真讨论。"评议委员会"建议，自治区普通高校的专业结构调整，要在自治区教育厅的宏观指导下，由各院校自主进行；会上还对各院校申报的新增专业进行了评议，之后经自治区教育厅批准，新增3个本科专业，3个函授夜大专业，2个职业师资专业。

〔**教学评价**〕 为进一步加强高校基本建设，国家教委从1995年开始分期分批对高等学校进行教学工作合格评价。内蒙古财经学院、包头医学院、内蒙古蒙医学院、哲里木畜牧学院等4所自治区所属院校被列入首批评价范围。对此，自治区党委、政府高度重视，各方面广泛关注。1996年自治区积极筹措经费，大力支持4所院校加强"硬件"建设。被评院校以评价为契机，以评促建，以评促改，认真对照国家教委评价标准找差距、基本做到了自评工作组织落实、计划落实，边自查自评，边改进提高。1996年结合自治区普通高等教育改革发展的实际，在全区普通高校开展了教学合格评价工作。各高校充分调动各方面的积极性和主动性，进一步确立了"以评促建，以评促改，以评促发展"的指导思想，明确了整改目标，拟定了实施方案，大力加强了教学基本建设。一是不断深化教学改革，更新教学内容，拓宽了专业口径，优化了专业结构；二是加强了师资队伍建设，特别是学科带头人和中青年骨干教师的选拔培养；三是加强了重点学科、重点课程、重点教材建设；四是注重"三结合"基地建设，加强了实践教学环节，提高了教学实验课的开出率；五是切实加强了学风、校风、教风建设，通过整章建制达到规范管理、从严管理。经过一年来的积极整改，各校办学条件都程度不同地有所改善，教育质量和教育效益明显提高。

〔**招生并轨改革**〕 1996年，根据国家教委的指示和自治区政府下达的并轨招生3000人的责任目标，在1994年、1995年的基础上进一步扩大了试点范围，自治区属普通高校除农林医师院校继续实行定向招生、定向分配外，全部实行了并轨招生，实际完成并轨招生计划3516人，约占自治区内招生总数的30.6%。此外，还完成了区外院校在内蒙古自治区4160人的并轨招生任务。

为适应招生并轨改革，内蒙古大学、内蒙古工业大学等先行试点院校积极进行了内部改革。主要有（1）加快专业结构调整、拓宽了专业口径；（2）推行了学分制和主辅修制，大力培养复合型人才；（3）积极探索教学内容、教学方法、课程体系等各项改革；（4）初步建立了奖、贷学金制度，设立了专业奖学金；（5）规范和加强了对勤工助学活动的指导，建立健全了运行机制；（6）多方筹措资金，积极解决特困生的经济困难等等。

为转变人才培养机制，提高教育质量和办学效益，更好地为自治区的经济建设服务，1996年10月自治区教育、计划、人事、物价、财政等部门组成考察组，就高校招生、收费和毕业生就业制度的改革，赴福建、山西等省进行了专题考察。通过考察学习、提高了认识、学到了经验，开扩了思路。考察结束后，又深入到全区部分盟市和高校进行了调查研究，组织召开了不同层次的座谈会，结合实际进行了认真的总结和研究，提出了《自治区普通高校全面实行招生并轨、收费和毕业生就业制度改革实施方案》，为1997年自治区全面实行招生并轨改革奠定了基础。

〔**为经济建设服务**〕 1996年，在宣传和推广内蒙古农牧学院开展“教学、科研、生产实践三结合”办学模式经验的基础上，结合自治区“科教兴区”战略，年内，自治区教育厅专门下发了《关于加强高等学校科技成果推广转化工作的意见》，提出了实施“百项科技成果推广转化工程”。内容是组织动员全区高校科技力量结合自治区经济建设的实际，选择100项科技含量高、实用性强、市场前景广阔的科技成果，通过多种形式的产学结合方式向社会推广转化，使其尽快形成生产力。经过筛选，选定120项科技成果，列入了“百项科技成果推广转化工程”计划。由于此项工程的启动，1996年高校科技工作取得了明显的进展，全区高校新增科研项目266项，加上往年项目，共有六百五十多个科研项目在运转。到年底，共完成自治区级以上科研项目254项，列入“百项推广转化工程”计划的120个项目不同程度地实现了推广转化，有的项目已经取得了明显的经济效益和社会效益。

撰稿 满 达 阎利祥
审稿 韩永久 秦政奇

成人教育

〔**成人高等教育**〕 根据自治区实际，按照国家教委部署，在1995年重点开展“稳定发展规模，理顺管理体制，挖掘内部潜力，建立高新运行机制”的基础上，1996年成人高等教育工作的重点是：“加强评估，增强活力，办出特色，提高质量”。为此，自治区教育厅、计委联合下发了《关于在全区成人高等院校进行办学水平评估工作的通知》，并下达了具体评估指标体系。各成人高校积极准备，认真开展自评，各办学主管部门加大投入，加强复评工作，充分调动了各方面积极性，使得各成人高校在办学指导思想、管理方法、办学水平、教学质量等方面均发生了程度不同的变化，同时带动了其它工作的开展。成人高等教育为自治区经济建设服务的功能正在逐步加强。

〔**成人中等专业教育**〕 在全面完成1995年开展的全区成人中等专业学校评估检查工作的基础上，自治区教育厅、计委印发了《关于全区成人中等专业学校评估工作的报告》，由自治区人民政府批转执行。通过评估及认真总结，共评出省部级重点学校8所，A级学校13所，达标学校14所，基本达标学校12所，限期整顿学校9所，调整撤并学校6所。这项工作的开展进一步增强了各成人中专学校及办学主管部门的质量意识和依法治教意识，推进了学校各项工作健康有序的发展。

〔**岗位培训**〕 把岗位培训继续作为全区成人教育工作的重点，积极组织协调全区各系统、行业岗位培训工作，全年培训在岗职工达90万人（次）。组织进行了全区各类成人教育管理干部的岗位培训及考核工作，加强了全区各类岗位培训机构的审批管理，保证了全区岗位培训工作的稳步发展。

〔**社会力量办学**〕 全区社会力量办学已步入健康发展轨道，形成了高等、中等、短期职业技术培训等各种办学层次。高、中等层次办学单位已发展到46家。根据国家教委《关于加强社会力量办学管理工作的通知》精神，组织进行了全区社会力量办学评估检查，完善了规章制度，进一步规范了各办学单位的办学行为，使大多数学校逐步树立起“培养人才第一，社会效益第一”的办学指导思想。

〔**城市和企业教育综合改革**〕 全区确定了呼和浩特市、包头市、赤峰市为城市教育综合改革试点市，其中呼和浩特市为国家级试点市。目前3个城市已初步形成了试点工作方案并积极组织实施。全区企业教育综合改革工作运行良好，在包钢等31家自治区级试点企业的带动下，各盟市纷纷确定地方性试点企业并积极开展工作，保证了企业教育综合改革“分级管理，分级负责”工作方针的进一步落实。

〔**扫盲教育**〕 内蒙古自治区原规划从1996年起到本世纪末扫除青壮年文盲25万人。根据国家教委温州会议要求和自治区可能达到的目标，又重新调整了全区“九五”扫盲规划。即：从1996年起，前三年每年扫除青壮年文盲8万人，争取扫盲10万人；后两年每年扫盲4万人，争取扫盲5万人，到2000年，全区要扫除青壮年文盲32万～40万人。

据1995年底的统计，全区15周岁以上至建国后出生的青壮年约有1288万人，非文盲率为94.5%，青壮年文盲709052人，文盲率5.5%。由于及时调整了扫盲规划，加大了扫盲工作力度，1996年全区共扫除青壮年文盲9.7万人。青壮年非文盲率上升到95.2%，上升0.7个百分点。1996年，自治区有4人荣获“中华扫盲奖”，呼和浩特市郊区小井乡学校和准格尔旗纳林镇阳湾小学荣获“中华扫盲奖”学校，有4个地区被评为扫盲先进单位。

针对扫盲经费逐年递减，脱盲人数逐年递减的现状，自治区教育厅决定首先从增加扫盲经费入手，1996年安排扫盲经费从上年的50万元增加到170万元。其中，104万元拨到全区12个盟市用于扫盲并强调专款专用，其余66万元用于自治区编写蒙汉扫盲教材和开展扫盲后教育。目前，全区蒙、汉两种文字的扫盲教材已经完成编写、审定工作，可望1997年上半年出版发行。

〔**农牧民教育**〕　自治区人民政府1989年提出，要为全区300多万农牧户每户培养一名家庭技术员。经过几年努力，到1996年，全区共培养家庭技术员290万人。基本完成自治区政府提出的培养目标。认真贯彻国家教委《关于加强乡、村农民文化技术学校建设》的通知精神，近几年不断加强和完善了乡、村两级农牧民文化、科技培训网络。全区已建立乡、苏木级农牧民文化技术学校1446所，占乡、苏木总数的93%；村、戌查农牧民文化技术学校10693所，占村戌查总数的78.5%。自治区政府要求1998年以前，每个乡（苏木）、村（戌查）都要有一所农牧民文化技术学校，其中三分之一要办成示范性的农牧民文化技术学校。1996年，经自治区教育厅会同农业厅评估验收，呼和浩特市、包头市的4年旗县级农业广播电视学校被批准允许举办中等专业学历教育。到1996年，全区共有农业广播电视学校、分校70所，农民中专3所。农广校、农民中专已毕业学生18000多人，在校生4000多人，平均年招生规模2000人。全区经过教育厅批准的农牧业机械化学校有29所，主要对农牧民进行初级技术培训。

撰稿　杨惠良　刘振基
审稿　韩永久　秦政奇

民族教育

〔**综述**〕　1996年，内蒙古自治区民族教育认真贯彻自治区党委、政府召开的全区教育工作会议精神，自治区教育厅召开了第四届全国蒙古文教材审查委员会第一次全委会；同时组织了全国第六次蒙古文教材审查，完成了预定的审查任务；制定了内蒙古自治区“九·五”期间各级各类教育蒙古文教材建设规划；召开了全区民族教育改革理论研讨暨经验交流会。完成了部分牧区旗县“普九”达标验收任务；制定了《民族教育改革、发展的实施意见》，确定了到本世纪末，自治区民族教育改革与发展的目标、任务、指导原则、政策措施和实施办法。

〔**发展状况**〕　1996年，全区民族幼儿园109所，其中蒙古族幼儿园79所，蒙汉合设幼儿园19所，其他少数民族幼儿园11所；在园民族幼儿达23727人，其中蒙古族幼儿18894人；用蒙语授课幼儿5340人，加授蒙语幼儿810人，使用民族语言文字教学幼儿共6949人，占在园蒙古族幼儿总数的36.78%；教职工2293人，专任教师1638人，其中蒙语授课专任教师1081人，学历合格率达90.38%（含高中毕业）。

1996年，全区民族小学2785所，其中，蒙古族小学2235所，蒙汉合设小学402所，其他少数民族小学148所；在校民族儿童达498093人，其中蒙古族儿童428531人；蒙语授课学生244435人，占在校蒙古族学生的57.04%；少数民族专任教师36922人，其中蒙古族32077人，其他民族4845人，蒙语授课专任教师20394人，学历合格率达71.26%。

1996年，全区民族普通中学348所，其中蒙古族学校230所，蒙汉合校97所，其他少数民族学校21所；在校少数民族学生达246755人，其中蒙古族206888人，蒙语授课学生113083人，占蒙古族在校生总数的54.66%。少数民族专任教师18887人，其中蒙古族16067人，其他少数民族2820人，蒙语授课教师8927人，占蒙古族教师总数的55.56%。学历合格率：初中为68.93%，高中为68.45%。

1996年，全区普通中等专业学校少数民族在校生达14587人，其中蒙古族13222人，其他少数民族1365人；蒙语授课学生6044人，占蒙古族在校生总数的45.71%。民族职业中学增加到47所，其中蒙古族学校23所（初中12所，高中11所），蒙汉合校21所（初中7所、高中14所），其他少数民族学校3所（初中3所）；在校民族学生达21564人，其中蒙古族18303人（初中10981人，高中7322人）；蒙语授课学生10459人，占蒙古族学生总数的57.14%。少数民族专任教师2319人，其中蒙古族1977人，其他少数民族342人，蒙语授课专任教师1070人。学历合格率：初中达66.18%，高中达39.35%。

1996年，在全区19所普通高等院校中，有12所院校、30多个专业招收蒙语授课学生，在校少数民族本专科学生8954人，占在校生总数的26.82%；其中蒙古族8016人，占少数民族学生总数的89.52%；蒙语授课学生3023人，占蒙古族学生总数的37.71%。1996年全区拥有研究生682人，其中少数民族研究生232人，占研究生总数的34.02%，蒙古族研究生216人，占少数民族研究生总数的93.1%，蒙语授课生37人，占蒙古族研究生的17.13%。全区普通高校专任教师6683人，其中少数民族专任教师1961人，蒙古族专任教师1646人，蒙语授课教师649人；高校专任教师中共有教授394人，其中少数民族教授99人；蒙语授课教授39人；共有副教授1774人，其中少数民族522人，蒙语授课副教授184人。

1996年，全区成人高等院校少数民族在校生3601人，其中，蒙古族3019人，分别占在校生总数的17.71%和14.85%；蒙语授课学生764人，占蒙古族在校生总数的25.31%；少数民族专任教师460人，其中蒙古族379人，分别占专任教师总数的25.15%和20.72%。全区成人中等专业学校少数民族在校生7879人，其中蒙古族7503人，分别占在校生总数的15.27%和14.54%；少数民族专任教师817人，其中蒙古族753人，分别占专任教师总数的23.9%和22.0%。

〔**民族教育考察**〕 1996年5月，自治区教育厅组织各盟市教育处(局)长一行14人，由占布拉副厅长率队，赴吉林省延边朝鲜族自治州和前郭尔罗斯蒙古族自治县，进行了为期8天的实地学习考察，参观14所中小学和幼儿园。本次考察事前确定了目的、重点，制定了考察提纲，考察后形成了考察报告；集中学习了延边等地朝鲜族教育改革和发展的经验和做法；草拟形成了《内蒙古自治区民族教育改革与发展的建议》。

〔**蒙古文教材建设**〕 1996年10月22日，第四届全国蒙古文教材审查委员会第一次全委会暨第六次全国蒙古文教材审查会在呼和浩特召开。共审查9个学科（蒙古语文、数学、政治、历史、地理、物理、生物、音乐、汉语文）的55种教材及教辅读物，计580万字。其中，有自编教材28种，翻译教材27种，包括学生用书43种，教师用书12种。参加本次教材审查会的有第四届全委会委员、副主任委员、大中小学的教学人员、教研人员、专家、学者共76人。特邀国家教委民族司的同志参加并指导。

在教材审查会议期间，自治区教育厅制定了“九五”期间各级各类教育蒙古文教材建设规划。该规划坚持以义务教育教材为主，兼顾其它教材的原则制定。其中，中小学蒙文教材，计划出版2800种，内有初版教材750种，教材总册数为4500万册。需投资2600万元。此外，自治区高等学校、中等师范学校、普通中专等各级各类学校的蒙文教材建设，也都分别制定了规划。

〔**民族教育改革理论研讨**〕 1996年12月，在呼和浩特市，教育厅主持召开了“全区民族教育改革理论研讨暨经验交流会议”，会议的主题是研讨加速全区民族教育改革和发展的政策措施。会议的主要内容是：总结交流改革开放18年来，自治区民族教育改革和发展的经验；研究讨论今后几年，直到下个世纪初，民族教育改革和发展的理论、政策及基本思路；探讨当前内蒙古民族教育改革中存在的突出问题，分析原因、研究对策；讨论修改《自治区民族教育改革与发展的实施意见》等文件。会议认为：民族教育改革的内容主要包括：民族基础教育要有计划，分步骤地实施九年制义务教育，保证完成“九五”预期目标。各地要在切实提高九年制义务教育阶段教学质量的基础上，大力发展“3＋1”教育和初中后分流为主的民族职业教育。民族高等教育改革的核心是，调整专业结构，增强适应性；改革教学内容和教学方法，提高教学质量；优化布局结构，提高办学效益。进一步压缩与经济建设不适应的长线专业，增加社会需求量大的相关专业。继续办好有利于继承和发扬少数民族优秀文化传统的专业，并提高办学层次和办学水平。要办好民族中等专业学校和中专民族班。自治区各委、办、厅、局所办的中等专业学校和技工学校，要进一步挖掘潜力，拓宽专业面，扩大招收蒙语授课学生，解决少数民族中初级应用型人才紧缺问题。

以“三语教学”改革为突破口，加快民族学校教学领域的改革。要适当调整中小学蒙、汉语文教学计划，合理安排蒙、汉语文课时。在蒙语基础较好的农村牧区蒙古族小学，汉语文可提前在一、二年级开设，汉语文教学的重点要放在会话、识字课上，先学语言，后学文字；蒙语基础较差的城市（城镇）和少数民族散居地区汉语文仍从小学三年级开设，蒙语文教学的重点要放在会话课上，先学语言，后学文字。各地民族中学要积极创造条件，有计划地逐步从初中一年级开设一门外语。

为鼓励少数民族学校学生学好蒙、汉、外三语，要重新调整考试计分办法。要逐步做到各类升学考试中将外语成绩均计入总分(蒙、汉语文各记50%)。通过考试计分机制来引导和促进“三语教学”。根据全国九年义务教育的统一要求和自治区人大通过的《内蒙古自治区实施〈中华人民共和国义务教育法〉办法》，结合自治区民族教育的实际，对开设“三语”的民族中小学要延长一年义务教育年限，即改革现行“五三”学制为“五四”学制。在“九五”期间，要积极创造条件逐步过渡到“五四”学制。

撰稿　乌兰图克

审稿　韩永久　秦政奇

辽宁省教育

概　况

〔基本情况〕

1996年各级普通学校基本情况

单位：人

学校类别	学校数（所）	毕业生数	招生数	在校学生数	教职工数	
					计	其中专任教师
一、普通高等学校	61	53188	57949	191171	57727	23179
研究生		2120	2901	8487		
本　科		22308	32202	114289		
专　科		28760	22846	68395		
二、中等专业学校	173	37503	41930	143911	25935	12502
中等技术学校	144	26410	35545	116374	21150	9910
中等师范学校	29	11093	6385	27537	4785	2592
三、普通中学	2447	573876	660620	2029776	189329	139660
高　　中	411	81143	109365	315792		22017
初　　中	2036	492733	551255	1713984		117643
四、农业、职业中学	561	57709	61469	185244	21597	13561
高　　中	494	55997	59836	181564		13282
初　　中	67	1712	1633	3680		279
五、工读学校	13	380	653	1604	505	284
六、小　　学	14464	576164	643884	3790718	235189	198408
七、特殊教育学校	75	855	1159	8044	2756	1907
八、幼儿园	9945		554749	930111	64877	43103

1996年各级成人学校基本情况

单位：人

学校类别	学校数（所）	毕业生数	招生数	在校学生数	教职工数	
					计	其中专任教师
一、成人高等学校	59	43352	51202	154170	12570	5984
广播电视大学	3	8870	9422	28173	2689	1270
职工高等学校	47	6869	7705	22758	7248	3359
农民高等学校						
管理干部学院	7	3657	3705	9966	1745	766
教育学院	2	6199	503	4258	888	589
独立函授学院						
普通高校举办：						
函授部		12004	18379	53645		
夜大学		5393	9565	31835		
干部专修科		360	1923	3535		
二、成人中等专业学校	237	31980	34218	96133	13277	7997
广播电视中专	6	14437	18788	44675	872	466
干部中专	1			88	94	60
职工中专	111	11573	8792	30932	4906	2503
农民中专	26	4328	5048	13242	1200	705
函授中专	1	52		1489	21	8
教师进修学校	92	1590	1590	5707	6184	4255
三、成人中学	279	18959	21930	28125	2195	1412
职工中学	109	12927	14894	16004	1179	737
农民中学	170	6032	7056	12721	1016	675
四、成人技术培训学校	13553	4290122	4791405	3717331	23018	9752
职工技术培训学校	674	549259	550275	628480	7774	3999
农民技术培训学校	12879	3740863	4241130	3088851	15244	5753
五、成人初等学校	1708	78194	73155	71692	2703	759
职工初等学校	53	4123	2725	4648	257	169
农民初等学校	1655	74071	70430	67044	2446	590
其中：扫盲班	640	18013	10742	11270	221	121

〔**年度工作方针**〕　在党的十四届五中全会和辽宁省第八次党代会精神指引下，进一步落实《辽宁省教育改革和发展纲要》及其实施意见，重视研究教育改革和发展中出现的新情况、新问题，总结新经验，不断丰富工作思路，认真处理好改革、发展与稳定的关系，为实施科教兴省战略和“九五”计划做好开局起步工作。(1)继续把“普九”放在重中之重地位，加快贫困地区和少数民族地区“普九”进程。(2)继续推进高校招生收费“并轨”的改革，“并轨”改革的高校扩大到部分专科学校，并完善相应的配套措施。以共建和合作办学为主要形式，推进高校管理体制改革和结构布局调整，制定《辽宁省高校管理体制改革和结构布局调整总体规划》。(3)实施《关于调整我省师范教育规模、结构和布局的意见》，力争30%的市完成调整工作，在全省小学和初中教师中开展大练教学基本功活动，制定初中各科教师教学基本功考核要求。(4)坚持不懈地用邓小平同志建设有中国特色社会主义理论武装干部和师生，贯彻落实中共辽宁省委《关于进一步加强和改进中小学德育工作的意见》《关于进一步加强和改进高等学校德育工作的意见》，有针对性地加强各级学校学生思想品德教育，切实加强高等学校党的建设。(5)坚决纠正教育系统的不正之风，进一步治理义务教育阶段乱收费，认真实施“五不准”，统一规范非义务教育阶段的收费工作。严格招生、学籍、考试和文凭发放的管理，加强检查监督并严厉查处违纪事件。

〔**教育经费**〕　1996年全省财政预算内教育事业费支出按老口径统计（包括离退休人员经费）为40.2亿元，比上年增加3.6亿元，增长9.8%，低于财政经常性收入14%的增长幅度；财政预算内教育事业费支出占财政总支出的12.9%，比上年低0.67个百分点。其中：人员经费支出31.54亿元，比上年增加2.64亿元，增长9%；公用支出8.66亿元，比上年增加9400万元，增长12.2%。按新的财政预算核算体制统计（不包括离退休人员经费），1996年财政预算内教育事业费支出为34.6亿元，比上年增加3.33亿元，增长10.8%，其中：人员经费支出25.94亿元，比上年增加2.39亿元，增长10.1%。

〔**教职工住房建设**〕　自国务院办公厅在大连召开第一次全国教职工住房建设工作经验交流会以来，三年完成建设投资15.5亿元，兴建教师住房200万平方米，建成3.1万套住房，使2万多无房户喜迁新居，1.6万拥挤户居住条件得到不同程度的改善，住房成套率从1993年的64%提高到74%，使城镇教师家庭人均居住面积从1993年的5.96平方米提高到7.7平方米，教师与城镇居民人均居住面积的差距从1993年相差0.7平方米缩小到0.2平方米。为实现国务院提出的教师住房建设的“九五”目标：(1)加强领导，狠抓落实。省委、省政府领导在许多会议上反复强调要把教职工住房建设当作一件大事来抓，并多次深入学校和教师家庭了解情况，解决具体问题。为了切实解决教师住房的困难，省政府召开常务会议，全面部署教职工住房建设工作，明确全省教职工住房建设的目标，即到1997年年底人均居住面积达到8平方米，2000年达到9平方米，达到全省居民人均居住面积标准；提出在教师住房建设资金的投入上实行“三三四”的比例，即政府占 30%，学校和社会占 30%，教师个人占 40%；把低于全省教师人均居住面积的沈阳、鞍山、抚顺、本溪、丹东、朝阳 6 市列为全省教职工住房建设工作的重点地区；成立了由主管城建工作的副省长任组长，省教委、计委、建设、财政等有关部门参加的“广厦工程”领导小组。为确保目标的实现和工作的落实，1996 年 1 月 16 日召开了全省教职工住房建设工作经验交流会，进一步部署全省教职工住房建设工作。为进一步推动教职工住房建设工作，省政府办公厅于 1996 年初转发了省教委等 6 个部门《关于进一步解决全省教职工住房问题的意见》，调整了 2000 年全省教职工住房建设的目标，结合住房制度改革又规定了一些新的优惠政策，极大地推动了教职工住房建设工作。(2) 深化改革，多渠道增加对教师住房建设的投入。全面推进住房制度改革的进程，以房改促房建，这是辽宁省几年来抓教师住房建设的一条基本经验。初步建立起政府、学校和教师个人共同负担住房建设资金的机制，在 1994 年～1996 年，三年完成的 15.5 亿元投资中，各级政府投入 5 亿元，学校、社会及教师个人集资 10.5 亿元(分别占总投资的 32%、68%)。尽管近年来辽宁省国有大中型企业不景气，财政比较紧张，但对教师住房建设的投入，近几年来一直稳步增长。特别是经济比较困难的阜新市，教师住房历史欠帐较多，他们因地制宜，加大工作力度，采取多种措施，走集资建房之路，筹集资金 4000 多万元，使教师家庭人均居住面积提高 1.6 平方米，成为全省教职工家庭人均居住面积提高最快的城市之一。(3) 政策支持，政府和有关部门密切配合。为进一步推动教师住房建设，1996 年初省政府明确规定：在住房制度改革中，出售产权属教育部门的公有住房的全部收入留在教育部门，继续用于教职工住房建设；教育系统上缴的住房公积金 80%贷给教育部门、学校或教师个人，以帮助教职工改善住房条件；各市“安居工程”所建住房，优先出售给住房困难的教职工；教职工从城镇直管公用住房迁出后的空房由教育部门提出安排意见，分配给教职工中的住房困难户。全省各市都积极落实省政府规定的各项优惠政策，还结合本地实际制定了一些新政策，允许教育部门搞房地产开发，开发所得用于教师住房建设减免征地费；公积金教育自留等等。省、市规定的各项优惠政策，降低了教师住房建设的成本。仅 1994～1996 三年，全省规定的各项优惠政策，就相当于增加建房资金 3.6 亿元，可多建 48 万平方米的教师住房，仅此一项就使全省教职工家庭人均居住面积增加 0.35 平方米。

〔**校办产业工作**〕 1996 年，辽宁省校办产业仍保持了良好的发展势头。(1) 校办产业普及率继续提高。全省中小学勤工俭学校办产业开展面农村和城市各提高 1 个百分点，分别达到 99%和 98%，大中专院校校办产业开展面已达到 100%，其中高校高科技产业达 65%以上。(2)经济效益持续增长。全省勤工俭学校办产业实现产值 70 亿元，总收益达 10.5 亿元，大中专院校实现总产值 20 亿元，总收益实现 3 亿元。(3) 补充教育经费的资金逐年增加。全省中小学校办产业补充教育经费 5.2 亿元，大中专院校补助教育经费 1.4 亿元，分别比上年增加 7000 万元和 4000 万元。

〔**教育国际交流**〕 根据国家教委的统一

部署，改革公费出国留学人员选派办法，全省共派出公费出国留学人员 61 人。1996 年参加校际交流的出国人员 175 人，出国参加国际学术会议 65 人，省属高等学校、省教委直属单位出国访问团组 63 个。全省聘请到职的外国专家、教师 38 人，在辽宁召开的教育方面国际会议 3 个。来辽宁留学生 615 人。全省自费出国留学人员 750 人。与英国上海领事馆协商，在辽宁省设立了 IELTS 考试中心；与澳大利亚南澳洲政府国际教育中心达成协议，联合设立语言培训中心（ILTC)。

〔**科教兴省战略**〕 为贯彻中共中央、国务院科教兴国的战略方针和邓小平同志“科学技术是第一生产力”、“百年大计，教育为本”的思想，振兴辽宁经济，促进社会的全面发展，辽宁省第八次党代会提出了科教兴省战略。并于 1996 年 7 月召开了全省科教兴省大会。12 月 24 日，省委、省政府印发了《关于科教兴省的若干政策规定》、省委办公厅、省政府办公厅印发了《辽宁省科教兴省战略实施方案》。

《关于科教兴省的若干政策规定》提出有关教育的 7 条政策措施：(1) 建立和完善现代企业教育制度，明确企业举办职业教育和对在职职工进行岗位培训及对工程技术人员、经营管理人员继续教育的责任。企业用于职工教育的经费在原有基础上提高 0.5～1 个百分点。(2)高等学校在稳定教学骨干力量，完成教学任务的前提下，允许人才的合理流动。鼓励高校教师到校内科技开发单位和校办企业工作。从事科技开发、科技推广、生产经营的教师，符合条件的可以参加教师职务任职资格的评定。积极吸引校外具有丰富实践经验的工程技术人员和管理人员到学校担任专兼职教师。提倡教师在校际之间相互兼课，改变目前高等学校封闭办学的状况。鼓励高等学校、科研院所、工矿企业开放实验仪器设备、图书资料，提高利用率和使用效益。(3) 为进一步加强与国外教育交流与合作，建立出国留学预备人员的外语培训基地，设立省级地方公费出国留学专项补助资金，用于派遣公费留学。支持自费出国留学、研修。鼓励有条件的高等学校招收国外留学生来辽宁省学习。政府和各部门组团出访时，都应把开拓人才培养的国际合作渠道和项目合作作为一项工作任务。(4) 树立教育投资是战略性投资的观念，保证各级财政对教育的投入，保证实现《中国教育改革和发展纲要》提出的“三个增长”，使教育经费在各级财政支出中所占比重逐步提高。到本世纪末，全省教育经费支出要不低于财政总支出的 20%。市、县根据本地区情况，财政要做到“两保”，即确保教职工工资按时足额发放，确保按省当年确定的生均公用经费足额拨款。(5) 省每年设立高等学校科研专项资金 400 万元，重点用于资助省属高等学校的科学技术研究。设立重点学校、重点学科建设基金，主要用于有关学校的重点学科建设。(6) 为大力发展职业教育，健全职业教育体系，优化职业教育结构，提高职业学校的教育质量，省、市、县（区）设立职业教育专项资金。(7) 支持学校发展校办产业。省继续实行税收优惠政策支持校办产业的发展。省设立高等学校科技产业发展基金 1000 万元。省和各市都要增加校办产业周转金，各级银行、财政、税务部门都要积极支持发展校办产业，特别对科技含量高、经济效益好的产业开发项目要积极提供贷款和采取优先优惠的措施予以扶持。

《辽宁省科教兴省战略实施方案》确定实施科教兴省战略的思路是：把振兴经济作为重点和基础，促进经济增长方式的转变；把振兴科技、教育作为基本的前提和条件，始终摆在优先发展的首要位置；把握全局，瞻顾长远，促进科技、经济、社会协调发展；坚持有限目标、重点突破、带动全局的原则，努力追求整体效应；以改革为动力，构建新型科教体制和运行机制，促进科教为经济、社会发展服务。

《实施方案》确定科教兴省的奋斗目标之一是到本世纪末，实现建立辽宁人才高地和智力优势目标，全面提高全省人口文化素质和广大劳动者整体素质，造就一大批发展市场经济所需要的各方面新型人才，培养一大批高层次跨世纪的各类人才。全省人口平均受教育年限由目前的7.5年提高到2000年的9年，到2010提高到11年。全省大中型企业的职工队伍平均受教育程度由目前的8年提高到2000年的10年，到2010年提高到12年。到2000年建成一支科类基本适应，结构比较合理，质量较高，规模约有210万～220万人的专业人才队伍。到2010年，建成一支素质精良，规模约有300万人左右的专门人才队伍，其中管理人才达到60万人左右。选拔和培养跨世纪学术和技术带头人，到本世纪末，在与全省经济、社会发展中长期规划紧密相关的50个一级学科300个二级学科，选拔上百名45岁左右具有国内先进水平，保持学科优势，并使有些学科达到国际先进水平的拔尖人才；选拔培养上千名40岁左右具有省内先进水平，在各学科领域里有较高学术造诣、成绩显著的优秀人才；选拔上万名30岁左右基础理论扎实，并在各自岗位做出突出成绩，起骨干作用的专业技术人员作为学术、技术带头人的后备人选。奋斗目标之二是到本世纪末，实现建立高质量的现代化教育体系的基本框架目标。全省100个县（市、区）全部实现普及九年义务教育，大中城市基本普及高中阶段教育，全省高中阶段各类职业学校在校生占高中阶段在校生的比例达到60%，其中城市达到70%左右。全省普通高等教育的规模更加适当，结构更加优化，质量和效益要有明显提高。稳定发展本科，大力发展研究生教育，硕士点发展到500个左右，博士点发展到130个，在校研究生达到1.1万人左右。成人教育着重加强岗位培训和继续教育，稳步发展成人高等学历教育，到2010年，全省将基本普及高中阶段教育。在发展中等职业技术教育的基础上，进一步按经济建设需要优化职业教育结构，完善职业教育体系，大力发展高等职业教育。进一步优化全省高校布局和专业结构，使高等教育资源得到科学、合理配置，发挥其最佳效益。社会劳动力平均受教育年限达11年。

该实施方案还提出实施科教兴省战略的9条保证措施。

基 础 教 育

〔**综述**〕 1996 年,全省小学学龄儿童入学率为 99.29%，其中城市为 99.87%，农村为 98.99%，县镇为 99.28%。全省小学辍学率为 0.66%，比上年降低 0.16 个百分点，小学升初中升学率为 95.08%。初中生辍学率为 3.08%，比上年降低 0.47 个百分点。中小学专任教师学历达标率稳步提高。小学专任教师学历达标率达到 95.52%，其中专科学历达标率达到 9.03%，分别比上年提高 0.38 和 1 个百分点；初中专任教师学历达标率为 75.71%，比上年提高 4.52 个百分点，其中本科学历达标率达到 14.31%；高中专任教师学历达标率为 70.41%，比上年提高 1.74 个百分点。全省中小学教师与学生的比例趋于合理，小学为 1∶19.11，初中为 1∶14.57，高中为 1∶14.34。

〔**学前班试点**〕 规范学前班管理，全面提高学前班教育教学质量和办班水平。(1)加大力度、深入基层、指导学前班试点工作。为加强对学前班的管理，全面提高学前班教育教学质量，今年在试点单位推广了国家教委“幼小衔接”科研成果，并组织教研、科研等人员到沈阳东陵区、辽中县和铁岭开原市、银州区等试点单位进行指导，帮助解决教育观念、教育方法、教育内容、环境创设和幼儿一日活动安排等实际问题，使广大教师进一步转变了教育观念，克服了教育教学中存在的小学化问题。(2) 制定两个标准，规范了对学前班的管理。在调查研究的基础上，认真贯彻国家教委《关于加强和改进学前班管理的意见》和《学前班评估要点》，省教委制定下发了《辽宁省学前班办班标准》和《辽宁省学前班评估标准》。两个标准的下发对学前建设起到了具有重要的导向作用，使全省学前班的办班质量和管理水平上了一个新的台阶。(3) 评估验收学前班试点工作。6 月，省教委组织对 2 个市、4 个县区的 7 个试点单位的办班思想、办班条件、卫生保健、教育教学、环境创设等方面进行了评估验收，验收结果充分展示了全省开展学前班试点工作以来所取得的成绩。(4) 召开现场会，推广学前班试点工作经验。6 月 24～27 日省教委在沈阳市和铁岭市召开了辽宁省学前班试点工作暨推广“幼小衔接”科研成果现场会，进一步端正了对学前班性质的认识，明确了学前班的办班方向，特别是解决了“幼小衔接”这一长期困扰广大教育工作者的难题。通过学前班试点工作，全省学前班办班条件得到进一步改善、教育质量得到提高、师资队伍建设得到加强、办班指导思想得到了进一步端正，办班整体水平和质量得到提高。

〔**普及九年义务教育**〕 1996 年有 22 个县（市、区）正式申报省级验收，这些县（市、区）多数是经济欠发达的农村县（区），其中农村县16个（含4个少数民族县、4个贫困县），郊区和矿区各3个。这些县（市、区）在经济困难的情况下，加大“普九”工作力度，增加对教育的投入，把推进“普九”作为落实科教兴省的实际行动，作为县委、县政府两个一把手的“一把手”工程，作为改变县区落后形象的突破口，广泛发动群众，大打了一场“普九”的人民战争。为了推动这些县区如期达到“普九”验收标准，4月，省教委在沈阳市法库县召开了全省1996年“普九”工作现场会，总结推广了沈阳市法库县在经济欠发达地区搞好“普九”工作的新经验和新思路，既充分发挥大城市和经济发达地区的辐射功能，积极开展城带乡、大带小、富帮穷活动，又不依赖外援，坚持自力更生，充分发挥自身的力量实现“普九”目标。通过预检和验收，这22个县（市、区）已经基本实现了“普九”。至此，辽宁省“普九”工作提前一年完成原定于1997年基本实现“普九”的目标，实现“普九”的县区总数达到89个，人口覆盖率达到85.64％。

〔**中小学招生考试制度改革**〕 为推进素质教育的实施，巩固和发展“普九”的成果，省教委制定下发了《辽宁省初中升学考试的意见》《辽宁省中小学招生工作意见》和《辽宁省初中升学考试纲要》，继续深化中小学招生考试制度改革，实行全省统一命题，各市选用的办法，考试命题继续坚持把对初中平时教学工作的正确导向作为基本原则，有利于由应试教育向素质教育转变，有利于面向全体学生，有利于普及九年义务教育，有利于减轻学生过重的课业负担，有利于推动初中教育、教学改革的深入发展；坚持以纲（教学大纲）为纲，以本（教材）为本，紧扣教材，同时适当考虑到重点高中和高中阶段各类学校新生的选择，在高分数段上有适当的区分度，同时坚持选择服从于导向，促进了应试教育向素质教育的转轨。坚持进行重点高中招生制度改革，已有12个市将重点高中招生全部或部分指标分配给初中，巩固了小学升初中制度的改革，缓解了初中阶段的择校热，促进了薄弱初中的改造，推动了初中教育的健康发展。

〔**治理中小学乱收费**〕 根据国家教委和省委、省政府的要求，省教委把治理中小学乱收费作为纠正教育系统行业不正之风的一项突出工作来抓，并明确以义务教育阶段为重点，依法进行了专项治理。为加强组织领导，成立了以张榕明副省长为组长的省治理中小学乱收费领导小组，各市也相应成立了由主管副市长牵头的领导小组，并实行了制止中小学乱收费责任制，省教委与14个市教委续签了责任状。为加强全省中小学收费的规范化管理，起草并由省政府办公厅批转了治理全省中小学乱收费的实施意见，对全省治理中小学乱收费工作进行了全面部署。同时严格查处违反规定的乱收费案件，制定了《辽宁省中小学收费违纪处罚规定》，建立了群众举报制度，聘请100名治理中小学乱收费的监督员，春秋两季抽调近80名机关干部检查中小学乱收费情况，建立了通报制度。通过一年的治理，全年共查出不合理收费682.84万元，比上年同期减少50％，已退还学生596.04万元，占乱收费总数的87.3％，处罚没收乱收费42.98万元，正在清退43.82万元，查处违纪责任人128人，其中行政记过或党内警告48人，撤职或留党察看以上处分5人。

〔**中小学校长队伍建设**〕 为加强全省中小学校长队伍建设，根据中组部、国家教委《关于加强中小学校长队伍建设的意见》，中共辽宁省委组织部、省教委制定下发了《关于加强全省中小学校长队伍建设的意见》，对全省中小学校长的任职条件和岗位要求、任免、考核、奖励与待遇，对全省中小学校长培训、后备干部队伍建设、中小学领导班子建设等方面提出了明确的要求。

7月初，省政府召开全省中小学教师、干部培训工作会议，总结了全省中小学校长培训工作经验，部署了“九五”期间全省中小学校长培训工作任务。省教委还印发了《辽宁省“九五”中小学校长培训规划》，对“九五”期间全省中小学校长培训工作的指导思想、培训任务和要求、培训政策与措施作出了规定，强调中小学校长培训工作是“普九”评估的一项重要内容，也是评估教育行政工作和考核领导政绩的重要标准之一。实行中小学校长持证上岗制度，规定凡担任普通中小学校长职务的，必须按规定参加岗位培训，完成《全国中小学校长岗位培训指导性教学计划》规定的课程学时并经过考试考核合格，取得岗位培训合格证书；凡未参加岗位培训的校长，不得继续担任校长职务更不得授予优秀校长称号，不享受校长职务津贴，所在学校不得评为先进学校。

为进一步宣传优秀校长、模范学校校长的先进事迹和管理经验，省教委组织部分受省政府表彰的优秀校长、模范学校校长组成报告团，分4组赴省内12个市地做系列报告。有8000余名中小学校长和教育工作者听取了报告。

〔**教师队伍建设**〕 1996年，根据省政府关于调整全省师范教育规模、结构和布局的意见，实施师范教育调整，辽宁省艺术幼儿师范学校顺利并入沈阳师范学院，组建沈阳师范学院艺术分院；辽宁外国语师范专科学校并入辽宁大学；本溪、辽阳、铁岭、阜新4市所属中师与师专合并，组建培养专科层次小学教师的师范高等专科学校；营口师专改为培养专科层次的小学教师的师范高等专科学校。本年度调整中，撤消3所中师转为非师范性质的学校，压缩招生规模600人。在师范调整中，进一步完善省、市、县三级教师培训机构，理顺体系，加强培训基地建设。省教育学院从学历培训向继续教育转移已顺利起步，完成了与继续教育相适应的内部机构改革，构建研训结合的运行机制；本溪、营口、铁岭、阜新、辽阳、葫芦岛市在原市教研中心的基础上，组建教师进修学院，从而解决了市级教师培训机构不健全，继续教育培训体系不顺的问题。

1996年，省政府召开了全省中小学教师、干部培训工作会议，部署了全省教师继续教育工作。颁发了《1996～2000年辽宁省中小学教师继续教育方案》及《辽宁省中小学教师继续教育分学科培训纲要》，第二周期中小学教师继续教育工作已开展起来。锦州市中小学教师大练教学基本功活动得到国家教委的肯定，对于广大教师教育教学水平的提高，起到了积极的推进作用。

〔**农村中小学布局调整**〕 针对农村中小学校布局分散、班型过小、条件较差、农民负担重，并造成人力、物力、财力浪费的情况，辽宁省各级教育部门同财政部门密切配合，对农村中小学布局做了合理调整。辽宁省调整农村中小学布局，物质条件是重要保证。始终坚持走国家、集体、群众三结合集资办学的道路，采取不拘一格　多方筹措、广开渠道的做法，坚持“六点”精神，即：市、县财政补助一点儿，乡镇财政投一点儿，村里凑一点儿，群众集一点儿，卖旧校舍换回一点儿，有关单位赞助一点儿。几年来全省中小学布局调整共投入资金约4.95亿元，其中：省、市县三级财政投入1.6亿元，乡、村集体及单位赞助2.3亿元，群众集资1000多万元，新建扩建校舍110多万平方米，为调整布局提供了保证。经过不懈努力，全省农村中小学布局调整工作已初见成效，集中表现在：(1) 节省了经费，减轻了财政和农民的负担。布局调整后，由于采取了合班并校，联合办学，精减不合格教师和超编民办教师等措施，用于校舍维修、民办教师工资等支出随之减少，发挥了整体效益和优势，克服了隐性浪费。据不完全统计，到1996年末全省合并农村小学1730所，减少平行班10647个，精减公、民办教师15045名，每年可节省教育经费6000万元。(2) 加强了学校的领导力量，促进了教师队伍的优化组合，有利于提高教学质量。合班并校后，学校领导在数量上自然减少，素质相应提高。对教师选优淘劣，去弱留强，坚持公开报名、统一考试、合格招聘的原则，清退了一批业务素质较差的教师，相对集中水平较高的教师任教，提高了教学质量。过去学校小，教师少，一些小学校基本是一个年级一个教学班，无法相互听课评课，开展教学研究。并校后加强了领导，教学研究的风气浓厚了，教师可相互听课评课，开展教学研究。每个年级至少两个班，能互相学习，激发教师的竞争意识，有利于共同提高教学水平。(3) 改善了办学条件。调整后的小学校舍焕然一新，增添了教学设备和图书资料，办学条件有了明显改善。同时，联办的学校由于几个村筹集资金，比单独办学负担轻，乡村和学校不再为一个村办不了的事犯愁了，可以联合起来拿出人力、物力用来添置学校设备，改善办学条件。

〔**“两基”复查**〕　在积极推进22个县区实现“普九”的同时，辽宁省还狠抓了已经实现“两基”(基本普及九年义务教育、基本扫除青壮年文盲)地区的巩固提高工作。从1996年开始，开展了“两基”的复查工作。从4月3日在新民市进行“两基”复查的试点开始，到5月20日结束，分成4组，用了一个半月的时间，开展了对1993年实现“两基”的26个县(市、区)的复查工作，促进了这些县(市、区)“两基”达标后的巩固和提高，做到对“两基”的认识不降位，投入不减少，工作不滑坡。通过复查，“两基”重中之重的地位得到了进一步落实，教育投入得到稳步增长，办学条件得到进一步改善。两年来，这26个县(市、区)又投入5.7亿元，新建、翻建和扩建校舍59.7万平方米；投资1.1亿元，增添内部仪器设备和图书资料；增建电教、语言、微机等新三室一千多个。各个学校不断在上档次、上水平，工作没有停步，并且开始向教育现代化方向迈进。

复查结果表明，好的和比较好的县区有21个，占26个县区的81%；有5个县区验收合格后，前进的步子不大，个别指标出现了滑坡，这种类型的县区占19%。复查中发现的主要问题有：(1) 出现了新的拖欠公办教师工资问题。复查中发现有4个县区出现了新的拖欠教师工资现象，少则100多万元，多则500多万元，严重挫伤了教师的积极性。对此，省复查组亮了“黄牌”，提出了限期解决的意见，到9月底这4个县区全部兑现了所欠教师的工资。(2)控辍问题仍很严峻。这几年辍学问题虽得到一定控制，但仍是“普九”潜在的一大危险。一些地方和学校的辍学生数只能是一个统计数字，与实际辍学生数相差很大，个别乡镇辍学率严重超标。(3)城区学校大班额问题仍然比较突出。由于生育高峰、城市小区改造不配套以及择校热等原因，多数城区学校大班额问题虽比1993年有所下降，但大班额比例仍然较大。有的城区初中大班额高达43.9%，比1993年验收时上升27个百分点，小学大班额比例占39.7%，比1993年上升9个百分点。(4)学校管理不到位，仪器、设备利用率较低。个别地方“两基”验收合格后，疏于管理，有些城市初中学校管理较差，实验室积满了灰尘，设备失灵。个别县区，对验收组当年提出的意见，时隔两年，没有很好落实。有的县区“两基”达标后，督导机构严重削弱，督导人员大量减少，这对“普九”的巩固和提高是极为不利的。

〔**基础教育“五查”**〕 根据国家教委、全国人大教科文卫委、全国政协科教文卫体委的要求，辽宁省全面开展了基础教育“五项内容”的督导检查（下称“五查”），促进了基础教育的发展。要求在全面检查的基础上，突出一个中心、两个重点，即以检查实施“普九”规划、提高普及程度为中心，以增加投入、改善办学条件和贯彻教师法、落实教师待遇为重点，成立了以张榕明副省长为组长的领导小组，各市、县（区）也都成立了领导小组，制定了具体“五查”方案，培训了有关人员。有的市、县还先行试点，召开了现场会。到5月末，全省100个县（市、区）都进行了自查并向市级三委写出了报告。14个省辖市都对所属县（区）的“五查”工作进行了检查，向省三委写出报告。在县级自查、市级检查的基础上，省分批分类对县（市、区）的“五查”情况进行了抽查。省级教育、财政、地税等部门也对教育投入进行了自查，并向省人大作了专题汇报，商讨了增加教育投入的办法。通过检查，促进了“普九”规划的顺利实施，教育投入有所增加，教师待遇得到进一步落实，中小学德育工作进一步加强，减轻中小学生课业负担取得了较好的效果，促进了从应试教育向素质教育的转变。

〔**评估农村示范初中**〕 为推动全省农村初中教育的改革和发展，推进农村普及九年义务教育，辽宁省开展了农村示范性初级中学评估认定工作。为此，省教委于3月25日下发了《关于进行辽宁省农村示范性初级中学评估认定工作的通知》，提出了有关标准和评估验收细则，对农村示范性初级中学的办学模式、办学条件、教育教学、教师队伍、领导班子、学校管理诸方面提出明确的要求。评估认定工作自1996年开始，每年进行一次，到1999年建设好100所左右的农村示范性初级中学。经评估，1996年有辽中县于家房初级中学等45所农村初中被认定为辽宁省首批农村示范性初级中学。

〔**德育工作**〕 省教委于1996年5月28～30日，在大连市召开了全省中小学德育工作会议。会议全面总结了四年多来全省中小学德育工作的成绩和存在的问题，明确了当前和“九五”期间，全省中小学德育工作的指导思想，即提高认识、实现转轨、坚持方向、夯实基础、全面规划、区分层次、重在建设、务求实效，提出了新形势下全省中小学德育工作的思路，即坚持由应试教育向素质教育的转变、充分认识中小学德育工作的重要性，坚持学校教育的社会主义性质、把握中小学德育工作的方向性，坚持明确的培养目标、不断强调中小学德育工作的基础性，坚持进一步优化全社会育人环境、切实重视中小学德育工作的区域性，坚持精神文明重在建设的指导方针、始终注重中小学德育工作的实效性，提出了进一步加强和改进全省中小学德育工作的六项措施，即健全德育工作领导管理系统，完善德育工作基本制度，增加德育经费投入，不断改善物质条件，强化德育工作队伍建设，优化全社会育人环境，继续探索新形势下加强和改进中小学德育工作的新路子。省教委主任李喜平作了《把握方向性、强调基础性、注重实效性，进一步加强和改进全省中小学德育工作》的讲话，省教委还命名、表彰了一批全省德育工作先进集体和个人。

职业教育

〔**综述**〕 1996年，全省普通中等专业学校173所，比上年增加2所。其中有工业学校52所，农业学校12所，林业学校1所，医药学校22所，财经学校20所，政法学校7所，体育学校14所，艺术学校9所，师范学校29所（包括幼儿师范学校3所），其他学校7所。招生比上年减少1891人；在校学生比上年增加3041人；专任教师比上年略有增加，其中副高级职称2386人，中级职称5462人，初级职称4157人。全省职业中学比上年减少33所；招生比上年减少6412人；在校学生比上年增加2260人；专任教师比上年略有减少。

〔**宣传贯彻《职业教育法》**〕 《中华人民共和国职业教育法》颁布后，辽宁省积极开展一系列宣传活动。（1）省教委印发了《关于学习宣传和贯彻实施〈中华人民共和国职业教育法〉的通知》，要求全省教育系统采取各种有效的形式，广泛深入地宣传《职业教育法》，全省有20万人次参加了这次宣传活动，社会反响强烈。（2）省人大、省政府及省直有关厅局召开了贯彻落实《职业教育法》座谈会，学习领会《职业教育法》的精神，研究探讨贯彻落实的具体办法。（3）利用各种会议，组织宣传《职业教育法》，使各级教育行政部门领导深入领会《职业教育法》，并要求在教育行政工作中切实贯彻落实《职业教育法》。（4）在修改《辽宁省职业技术教育条例》基础上，草拟了《辽宁省实施

〈中华人民共和国职业教育法〉办法》并报省人大。

为贯彻落实《职业教育法》和全国职业教育工作会议精神，总结改革开放以来全省职业教育工作，交流各地的经验，部署全省"九五"期间和下世纪初职业教育的奋斗目标和工作任务，推动全省职业教育的改革和发展，省政府于11月28、29日在沈阳召开了全省职业教育工作会议。闻世震省长作了题为《发展职业教育，振兴辽宁经济，为实现跨世纪的宏传目标而奋斗》的重要讲话，张榕明副省长以《认真贯彻〈职业教育法〉，开创我省职业教育新局面》为题作了大会工作报告。会议还征求了对《辽宁省人民政府关于加强职业教育的决定》(征求意见稿）的意见。省长闻世震在讲话中结合辽宁省经济和社会发展的实际，就认真落实全国职业教育工作会议精神，全面实施《职业教育法》讲了四点意见。一是把握经济发展全局，为振兴辽宁老工业基地服务。强调要从实现"两个根本转变"，实施"三大战略"，振兴老工业基地的战略高度，认识职业教育的重要性，增强责任感，按照《职业教育法》的要求，切实把职业教育摆上重要位置，采取措施，加快发展。二是优化职业教育结构，满足社会多方面人才需求。要求切实改变当前片面追求升学率的状况，培养不同层次、不同类型的人才，根据社会对人才的需求，调整职业教育结构，特别注意培养三种实用人才，即为实施辽宁省"九五"计划和发展高新技术产业培养实用人才，为普及推广农业先进实用技术和实施产业化培养实用人才，为金融、信息、中介、房地产、旅游等第三产业培养实用人才；把教育与就业结合起来，对不能升入上一级学校的初、高中毕业生和企业富余人员进行职业培训，提高其文化知识和专业技能，增强竞争上岗和择业的能力，实现就业和再就业。三是深化职业教育体制改革，提高教育质量和办学效益。要求深化办学体制改革，形成社会各界兴办职业教育的新格局；深化管理体制改革，充分发挥各级政府有关部门的职能作用；深化职业教育投资体制改革，多种途径增加对职业教育的投入。四是认真贯彻实施《职业教育法》，开创职业教育工作的新局面。要求各级领导干部带头学法、执法，加强对职业教育的领导，为职业教育办实事，解决实际问题；要求依法保障发展职业教育的经费，改善办学条件；要求搞好职业教育教师队伍建设，提高教师队伍的整体素质。

〔**民办职业学校管理**〕　近年来，民办中等职业学校发展很快，但也存在一些问题，突出表现在：相当一部分学校缺乏必要的办学条件，教育质量难以保证；一些学校办学指导思想不端正，在招生、收费、颁发证书等方面违反国家规定，造成不良的社会影响；一些学校内部管理混乱，缺乏规章制度，特别是在财务管理方面账面不清，少数学校的举办者转移、挪用甚至侵吞学校财产；一些地方教育行政部门对民办学校的管理工作重视不够，管理力量薄弱，管理不力。这些问题的存在，影响到民办学校的健康发展，引起了社会各方面的普遍关注。为此，省教委根据国家有关规定，制定印发了《辽宁省民办中等职业学校管理暂行办法》，要求各市按办法要求对已批准的民办中等职业学校进行重新审核，对不符合规定的民办中等职业学校进行规范整顿。

〔**县级职教中心建设**〕 到1995年底，全省有19个县（市、郊区）建立了职业教育中心。这19所学校校园平均占地面积7万平方米，校舍平均建筑面积14940平方米，实验实习基地平均5公顷，在校生平均1566人。1996年，闻世震省长在《政府工作报告》中明确提出全省要建立10所县级职业教育中心，经过省、市、县三级政府及其教育行政部门的共同努力，到1996年底，圆满完成新建10所县级职教中心的任务。全省共有29个县（市、郊区）建起了职教中心。职教中心建立以后，紧紧围绕当地经济发展的主体产业，调整专业结构，注意完善和加强大农业专业，培养农业人才，确保农业的基础地位，为当地经济和社会发展服务，取得了良好的社会效益。

高等教育

〔**综述**〕 1996年，辽宁省普通高等学校招生比上年增加2050人；毕业学生比上年增加7544人；在校学生比上年增加3904人。全省普通高等学校专任教师中博士研究生学历697人，硕士研究生学历5544人，有正高级职称的1839人，副高级职称的6542人，中级职称的9344人，初级职称的4334人。全省普通高等学校专任教师与学生比为1∶7.92，生均校舍面积43.86平方米，生均仪器设备资产值0.59万元。

〔**体制改革**〕 1996年，经过调查和研究论证，拟定了《辽宁省普通高等学校布局结构调整总体规划（征求意见稿）》及其相关的文件，并广泛征求意见。同时，根据实际情况，积极推进条件成熟的高校进行体制改革。沈阳工业高等专科学校已同沈阳大学合并，大连理工大学的部、省、市共建工作得到进一步落实，中国医科大学共建协议已正式签字实施；东北大学、沈阳化工学院、辽宁工程技术大学等先后召开校董事会，省部共建沈阳工业大学的有关问题得到协调落实，达成了共建东北财经大学的意向。

〔**招生并轨改革**〕 在1995年省属本科院校全部实行并轨的基础上，全省1996年共有44所高校实现了并轨，占全省高校的72%，并轨招生数占总招生的75%以上。其中省属高校已有90%以上实行招生并轨改革。实行招生并轨改革，高等学校深受其益。一是新生水平提高。实行招生并轨以后，新生录取标准统一，新生综合素质总体上高于“双轨制”时录取的学生。不仅有利于教学活动的组织，更有利于培养高水平的人才。二是毕业生实行一定范围内“自主择业”的就业模式有利于调动学生学习的积极性。在毕业生就业时，改变以往统一分配的做法，毕业生与用人单位直接见面，毕业生必须凭据自已的综合能力面对就业市场的竞争，在国家的有关方针、政策指导下，在一定范围内自主择业。因此，可以充分调动学生学习的积极性和主动性，有利于人才素质的提高。

〔**领导班子建设**〕　在调查研究的基础上，辽宁省制定了《高校领导班子和领导干部考核评议暂行办法》。一年来，对领导班子6个方面28项标准的评议，对领导干部素质的提高和班子的建设起到了导向、监督、鞭策、激励的作用，达到了预期目的，受到领导和群众的普遍好评。针对高校后备干部队伍建立难、一些高校班子新老交替不能如期进行的问题，辽宁省制定了《省属高校后备干部选拔培养暂行办法》，对后备干部的数量、结构、选拔条件、程序、培养措施、考核调整以及组织领导等方面都做出了规定，建立了多年来没有建立的动态管理的后备干部名单。针对退出高校领导班子的高级专家的退留管理无章问题，辽宁省制定了《关于高等学校担任党政领导职务的高级专家贯彻国务院〈关于高级专家离退休若干问题暂行规定〉的几点意见》，明确规定了退出领导班子的高级专家退留的条件，使这项工作从此有章可循。

〔**招生考试工作**〕　1996年辽宁省共90290人报名参加普通高考，10289人报考硕士研究生，还有57名考生报考了思想政治教育第二学士学位。成人招生报名总数为124085人。1996年全省进行了自学考试、国家学历文凭考试、全国计算机等级考试、电大注册试听生考试等8次考试，累计528008名考生，1316600科次。审查办理毕业证和专业证6183人（不含12月份毕业生数）。在原有14个NIT培训中心的基础上，又审批、认证了7个培训中心。1996年又有200多人获得了模块证书。

在招生考试过程中，紧紧抓住关键环节的管理工作。(1) 在成人高考报名中，严把报名资格审查关。在考生资格表中增加身份证号码栏，对年龄小的考生严格审查，从而防止在校生和应届生报名。(2) 加强试卷印制保管工作的管理，做好安全保密工作。制定严格的试卷保管措施，有效地防止丢卷和泄密事件发生。(3) 加强考风考纪管理，保证考试信誉。(4) 加强对评卷工作的管理。采取措施，加强试卷保密工作。加强复查验收，建立和完善评卷工作的考核机制，实行奖优罚劣。(5) 加强对录取工作的管理。加强廉政守纪教育。对录取场所实行封闭式管理，接受监察部门的现场监督。全省计算机联网，利用新闻媒体向社会及时公布录取结果，接受群众监督。(6) 加强计算机辅助管理。初步建立起“辽宁省普通高校招生考试信息网”，开展了语音查询高考信息的调研和尝试工作，实现了与国家教委、国家考试中心及全国31个省（市）招生部门的联网。

〔**毕业生就业**〕　1996年，全省高等学校毕业博士研究生244人，毕业硕士研究生1809人，在毕业本科生中，统分毕业生17603人，定向生495人，委培生485人，自费生1631人，对等培养84人，收费试点毕业生12人，保送生5人。在毕业专科生中，有统分毕业生9058人，定向生1596人，委培生6337人，自费生8499人，对等培养17人，收费试点毕业生 90 人，电视大学普通班毕业生 1865 人。省外高等学校回辽宁就业的毕业生 803 人，其中硕士研究生 22 人，本、专科毕业生 781 人。

为了做好高等学校毕业生就业指导工作，辽宁省加大了“供需见面”和“双向选择”的力度，扩大了“双向选择”的范围。除重点保证的计划外，多数专业特别是长线专业，都通过毕业生与用人单位在一定范围内的“供需见面”或“双向选择”的办法来落实就业单位。同时，加强形势政策宣传，做好毕业生思想教育工作。针对今年毕业生人数多，毕业生需求少，供需矛盾突出的就业形势和毕业生就业期望值比较高的实际情况，加大了形势政策宣传的力度，通过省、市报社、电台、电视台等新闻媒体，以消息、专访、新闻直播等形式对全省毕业生的就业形势、政策和供需见面活动做多次宣传报导。为做好毕业生的思想教育和就业指导工作，各学校普遍开展了多种形式的思想教育活动，提高毕业生的思想素质，帮助毕业生树立正确的人生观、价值观、择业观。还开设以就业指导为题材的多种形式的专题讲座或选修课，帮助大学生树立正确的择业目标、掌握求职技巧、解决求职过程中出现的问题。

〔**德育工作**〕 省委高校工委、省教委制定了《辽宁省普通高等学校德育工作实施细则》，对高等学校德育工作的重要性、根本任务、目标、原则、内容及要求、“两课”建设和改革、队伍建设、物质保障、考核与评估等诸方面都作出了详细的规定，为全面加强高等学校德育工作提供了操作性很强的文件依据。在加强政策法规建设的同时，加强了德育工作队伍的建设，在东北财经大学举办了思想政治教育专业本科班，招生 100 人；在大连理工大学举办思想政治教育硕士生班，有 29 名学员获得了硕士学位，有效地提高了全省高等学校德育工作队伍的素质。加强德育表彰工作，组织评选了全省普通高等学校三好学生、优秀学生干部、先进班集体，分别授予 375 人为辽宁省普通高等学校三好学生称号，授予 195 人为辽宁省普通高等学校优秀学生干部称号，授予 88 个班级为辽宁省普通高等学校先进班集体称号，并授予其中 5 名学生为三好学生标兵、3 名学生为优秀学生干部标兵、5 个班级为先进班集体标兵称号。

〔**“寒窗基金”**〕 为资助家庭经济困难的辽宁籍考生顺利进入普通高等学校学习深造而设立的省政府“寒窗基金”，从启动、筹措、宣传到具体实施各环节进展顺利，并初见成效。从 1996 年 8～12 月末，全省共筹措“寒窗基金”3680 万元。其中省级财政筹措 3196 万元（3000 万元作为本金，196 万元作为直接资助金已按比例核拨给各市县），市、县级财政筹措配套资金 471 万元，社会各界赞助 13 万元。全省有 11 个市实施了“寒窗基金”工程，已给 1011 名家庭困难的大学生发放借款，资助金额 205.15 万元。

成 人 教 育

〔综述〕 1996年，全省成人高等学校比上年减少2所，毕业生比上年增加9911人；招生比上年略有减少；在校学生与上年持平。成人中等专业学校比上年减少16所，招生比上年增加3969人；毕业生比上年增加6694人；在校学生比上年增加9452人。成人中学比上年大幅减少，减少371所；招生比上年减少29286人；毕业生比上年减少21973人；专任教师比上年减少1509人。成人技术培训学校比上年减少279所；毕业生比上年增加171283人；招生比上年增加1388437人；在校学生比上年增加780904人；专任教师比上年减少318人。成人初等学校比上年减少1433所；在校学生比上年减少74658人；专任教师比上年减少608人。成人高等教育规模基本稳定；成人中等教育规模得到很大发展，校均规模明显壮大；成人技术培训学校办学效益稳步提高，成人中学、成人初等学校在上年的大发展之后明显回缩。

对农村成人中专校长进行培训，提高其政策、业务水平和行政管理能力。在继续调整完善成人中专招生自主权的基础上，招生计划有重点地向农业类专业倾斜。1996年全省农村成人中专、农业广播电视学校共招生19471人，比上年度增加了19%。针对农村重点推广的农业实用技术（保护地生产、塑料大棚、养牛、养猪等技术），组织农民培训，共培训青壮年农民650万人次，有力地推动了农村实用技术的推广和普及，促进了农村经济的发展；与此同时，有10万余名农民参加绿色证书培训，其中有5万余名获得绿色证书。

〔评估检查〕 1996年辽宁省对各类成人院校进行了全面评估和检查。（1）制订了《辽宁省成人高等学校评估工作实施细则》，全面开展了独立设置的成人高等学校的评估工作，在学校自评、主管部门复评的基础上，组织有关专家，历时4个月，完成了对全省45所职工高等学校、管理干部学院的评估验收工作。通过评估，学校的办学条件得到了改善，学校主管部门增加对学校的投入总量达5000万元以上。同时，评估工作促进了学校各项工作的全面提高。（2）制订《辽宁省普通高等学校函授、夜大学教育评估指标体系实施细则》，部署辽宁省普通高等学校函授、夜大学教育评估工作。在辽宁大学试点评估的基础上，在全省开展了对26所普通高等学校函授、夜大学教育评估及评估验收工作。（3）根据国家教委要求，完成了普通高等学校在辽宁省设立的函授站重新审查、登记备案工作。共有71所普通高校（省内60所、省外11所）上报函授站263个，经过严格审核，对其中的189个予以登记备案，并在3月16日《辽宁日报》上向社会公布；年末又新增加备案函授站17个。(4)对全省民办高等学校进行了清理整顿。经过检查，对其中不合格或条件较差的19所民办高等学校，由省教委撤消3所，报省政府撤消6所，对10所学校提出限期整顿意见。对经检查基本合格的41所民办高等学校，通过《辽宁日报》和《辽宁招生报》向全社会公布。(5)根据国家教委要求，完成了示范性成人中等专业学校评选工作。经过认真审核检查，经省政府批准，在全省147所成人中等专业学校中共评出9所省级示范性成人中等专业学校。(6)对全省乡镇农民文化技术学校进行评估，评出22所省示范性农民文化技术学校。

〔**教育改革**〕 (1)在成人高校中开展高等职业教育试点工作，完成试点方案，初步确定9所学校20个专业进行试点。(2)进一步扩大广播电视大学"注册视听生"试点工作，召开广播电视大学"注册视听生"电话电视工作会议，计划招生5000人，实际报名一万多人，国家教委又增加招生计划3000人。(3)总结广播电视大学学分制试点经验，制订《广播电视大学学分制试点方案》，逐步扩大试点范围，分别在财经、工科两大类部分专业7000余名学生中进行试点。(4)继续进行成人中专预科制招生试点工作，制订《辽宁省1996年秋季各类成人中等专业学校预科制招生实施方案》，完成成人中专预科制水平考试工作，招生八千余人。(5)继续完善国家学历文凭考试试点工作。完成了国家学历文凭考试10个试点专业教学计划的修改工作和新增3个专业教学计划、教学大纲、考试大纲的制订工作，并完成了国家教委委托的3门全国统一使用课程的教学、考试大纲编写任务。组织了辽宁省首次国家学历文凭考试。参加考试的有35所学校，13个专业3500名学生，平均及格率60%。在国家教委召开的国家学历文凭考试试点工作座谈会上，辽宁省介绍试点工作经验，受到国家教委的好评，并向全国推广。(6)继续开展成人高等教育《专业证书》教育试点。全省共有50个厅(局)委托45所学校，计划举办260个专业，计划招生2.8万人，录取2万人。

〔**专业结构调整**〕 1996年，辽宁省根据"九五"期间产业结构调整和经济建设发展需要，为进一步提高教育质量和办学效益，共调整专科层次的专业近六十个，其中增设30多个，撤销不适应的专业20多个。重新公布了《辽宁省成人中等专业学校专业目录》，全省147所成人中等专业学校由原来设置的247个专业调整、规范为124个专业，其中与本省支柱产业有紧密联系的工科专业61个，占49%。有123个专业根据办学条件和实际需要被撤销和调整。

〔**社会力量办学**〕 为促进社会力量办学事业的健康发展，加强对社会力量办学的管理，省教委、省工商局联合发布了《辽宁省社会力量办学招生广告管理暂行规定》，对社会力量办学单位通过报刊、广播、电视，印刷品等形式刊播、张贴、设置、邮寄或以新闻发布会形式发布招生广告(招生简章)等有关事宜做了明确的规定。该规定确定教育行政部门为招生广告出证机关，未经有关教育行政部门出证，社会力量办学单位不得以任何形式向社会发布招生广告；广告经营单位在承办招生广告时，必须认真查验办学单位提交的证明，凡无《辽宁省社会力量办学招生广告证明》、未加盖“社会力量办学广告专用章”、广告内容有改动、超过广告期限的均不得承办。该规定还明确不准以国家机关和国家机关工作人员的名义招生。为加强社会力量办学的管理，省教委还草拟了《辽宁省社会力量办学管理办法》。

撰稿　李洪军

审稿　郝庆堂　刘劲姿

大连市教育

〔**基础教育**〕　1996年，大连市人大常委会修改1990年公布的《大连市适龄儿童少年接受义务教育若干规定》，并重新公布。

1996年，全市用于中小学校舍建设投资为1.92亿元，新翻扩建校舍22.2万平方米，基本上满足了普及九年义务教育和一部制授课的需要。为使办学设施建设逐步实现规范化、科学化、标准化，市教委拟在本世纪末把10%的中小学办成能起示范作用的先导性学校，使60%的中小学办学设施达到标准化学校标准，使30%的中小学（主要是农村学校）基础建设达到“普九”要求。继续坚持义务教育阶段学生就近入学原则，抑制择校现象，完成安排3995名市区小学毕业生中择校生回归本学区就读的任务。下发《关于义务教育阶段学生就近入学的规定》和《大连市普通中学学籍管理细则》。

1996年，小学适龄儿童入学率为99.27%。8月，省政府督导团对大连市1993年第一批通过“普九”验收的六区一县进行了督导检查，各项指标均符合要求。甘井子区和金州区被省政府推荐为全国实施九年义务教育和扫除青壮年文盲先进区，金州区被国家教委确定为全国9个实施素质教育实验区之一。

1996年继续推进作为素质教育重要内容的“八心”（勤、俭、智、恒、奋、勇、群、重）、“八德”（仁、义、孝、敬、公、廉、忠、诚）、“两意识”（公民意识、爱国意识）教育（简称“八八二”教育）。市教委先后召开了校长、德育专职干部培训班，系统学习了有关教育理论，并邀请中央教科所等单位的德育专家开展多次研讨活动。为坚持把工作重点放在课堂教育主渠道上，贯穿在学校整个教育活动中，完成了辅助教材（《新三字经》《新四字经》）和教育纲要（中小学《“八心八德两意识”教育系列参考纲要》）的编印，举办了“八八二”教育的电视讲座等，使基础学校的这项教育更合规律，更有层次地实施，从而收到了实效。根据实施“八八二”教育的需要，还在全市建立了45个爱国主义教育基地和一批学工、学农、学军基地。随着教育的深入发展，在培养学生良好思想品德和行为习惯等方面取得了较明显的成果。如沙河口区中小学生学雷锋、学赖宁，讲奉献，争做好人好事已蔚然成风。甘井子区周水子小学1996年上学期，全校学生做好事9964件(人均7件)，学生中能孝敬父母的达95%；热爱劳动，生活有自理能力的达94%。5月末，在辽宁省中小学德育工作会议上，大连市教委主任贾聚林介绍了全市开展“八八二”教育的情况。会议期间，与会者还参观了7所小学和10余所中学的有关活动。7～10月，《光明日报》《人民日报》等全国主要报刊先后以《夯实中小学德育基础——大连探索“八心八德两意识”德育新思路》、《小太阳早成人——大连实施素质教育之四》等题目，对大连市“八八二”教育作了多篇报道。

1996年进一步改革与完善了“初升高”的招生、考试办法，主要是：在坚持毕业、升学考试一次进行的前提下，减少选拔考试的科目，确定物理、化学为水平测试的科目，试卷在结构上把水平测试与选拔考试区分开；市内区重点高中招生，增加外语听力测试分值，加试理化实验操作，增加外语口语测试，直接分配到初中的招生指标，由上年占招生计划数的1/3，提高到占招生计划数的40%；部分职业高中和技工学校的部分专业实行提前单独招生，考生报名登记，参加毕业考试取得合格证书，即可入学。同时，有9所小学启动“小学生素质发展跟踪评价”实验，对低年级学生用日常检测和形成性评价，取代单一的终结性考试。招生、考试改革，进一步促进了基础教育向素质教育的转变。

在市委、市政府领导的倡导下，城区50所中学(占总校数的75%)组织2万余名学生分批到农村进行为期一周的学农活动，结合开展社会调查和“手拉手”联谊活动。有73所中小学采取进军营或请教官到学校等办法，对3万余名学生进行了为期一周的学军活动，在此基础上市教委举办了中学生军训成果汇报表演大会，城区中小学除普遍组织学生参加清洁城市、爱绿护绿活动外，还采取远足形式，组织3万多名学生参观了马栏河、东北路、星海湾等城市建设重点工程，组织6万多名学生观看了大连城市建设成就展览，并以此为主题开展了作文、摄影、书画比赛活动，使学生受到了生动、深刻的“看大连、爱家乡”的系列教育。

各中小学校根据市教委的部署，在深入贯彻《学校体育工作条例》和《学校卫生工作条例》，以“保证时间、增强力度、全面参与、全面提高”为基本要求，大力推行了“大课间活动”，使学生每天下午有1小时的课外体育锻炼，除认真做好广播体操、加强各项身体素质训练外，还根据学生的年龄、性别、兴趣，推广韵律操、健美操、艺术体操、武术等活动。经检查评比，城乡90%以上的中小学保证了“大课间活动”的时间，收到了实效。全市中小学在实施足球活动“百千万工程”中，有260余队次参赛，经600余场比赛，评出足球活动开展好的学校61所。

1996年，根据国家和省教委《关于实行中小学校长持证上岗制度的意见》及有关要求精神，市教委干部训练领导小组对全市中小学校长持证上岗情况再次进行了检查。在全市1168名中小学校长中，应参加岗位培训的1167人，已参加培训并取得合格证书的有1165人(未参加培训的属机关分流人员，已安排1997年参加培训)，持证上岗率为99.8%，提前实现了目标要求。11月，又下发《关于中小学校长持证上岗的通知》并将全市中小学校长持证上岗名单公布在《大连教育》

上，以接受群众监督。

〔**职业教育**〕 1996 年，大连市普通中专学校为适应市场经济发展需要，加强了培养动手能力和复合型人才的教改试验。大连铁路卫生学校，进行“目标教学”和“演练教学”试验。按教学层次，分专业培养目标、课程目标、单元目标和课堂目标；按教学内容，分知识目标、技能目标、态度目标（学习、服务、协作、敬业、负责态度等）。该校各专业都建立了设施先进规范、模拟多种岗位现场的演练教室，通过演练教学，明显地提高了学生动手能力，有效地实现各项教学目标。大连工业学校，实行校企联合办学，对不同专业分别进行“二一一”制（前二年学文化和专业基础课，第三年到联合办学工厂实习，第四年上专业课和毕业设计）和“二二”制（前二年同“二一一”制，后二年到联合办学工厂边上专业课边实习）试验，实现了教学、技术服务、生产、经营管理相结合，毕业生有较强的动手能力和适应能力，受到用人单位欢迎。有不少学校进行毕业生“多证制”试验。1996 年，全市 22 所普通中专各专业都开设了计算机课，7 所学校学生参加了计算机等级考试，有 9 所学校参加了外语等级考试，大多数学校规定毕业生要获得专业（工种）技术等级证。大连电子学校在 96 届无线电专业试行“四证制”（毕业证、专业技术等级证、外语等级证、计算机等级证），95％毕业生获得无线电专业技术四级证，5％获得三级证；60％获得大学英语三级证；80％获得计算机二级证。辽宁省纺织工业学校进行“辅修专业”试验，已开设“财务会计”、“装璜设计”、“服装设计”、“经贸外语”四个辅修专业，学生成绩及格，发给辅修专业结业证。大连海运学校，近几年为适应现代远洋航运对人才规格和层次的需求，进行了开设高等职业教育班的试验，加强实践教学和英语教学，注重“驾通合一”、“机电合一”适岗能力培养，取得良好效果。1996 年，经国家教委批准，正式开办高等职业教育班，招收初中毕业生，学制五年，大专程度。当年，招船舶驾驶、轮机管理 2 个专业，共 6 个班，240 名学生。

〔**高等教育**〕 1996 年 1 月，国家教委和辽宁省人民政府共同组织了对大连理工大学申请进入“211 工程”的部门预审。评议后一致认为，该校已经成为国内一所教育质量和科研水平较高、学科特色鲜明、师资力量较强、综合实力居于同类高校前列，并有一定国际影响的社会主义大学；该校围绕申请进入“211 工程”提出的《规划》总体目标合适，措施基本可行，经过努力目标可以实现，因此一致建议通过该校“211 工程”的部门预审。至此，大连地区已有大连海事大学和大连理工大学 2 所高校通过这项工程的部门预审。

1996 年，大连理工大学和大连海事大学与中科院大连化学物理研究所共同与大连三鼎工业集团、大连冰山集团等生产单位，签订 9 项科技含量高、经济效益好的科研开发项目，协议金额达 7600 万元。大连理工大学、大连大学还先后与金州区政府签订合作协议，金州区向两校提供科技开发经费和科研基地，接纳两校的科研成果，吸收优秀学生与科技人员到区工作；两校为金州区经济、科技和社会发展提供咨询服务，优先转让先进的科技成果等。大连铁道学院和大连内燃机车研究所签订联合办学协议，建立大连铁道学院运输机械分院，双方依托该院培养硕士与博士生，合作研究开发重大科研项目。大连水产学院与辽宁省大连海洋渔业集团公司签订的合作共建协议，规定了双方将有计划地实施人才培养输送、联合科技攻关，在教学与企业发展上互相支援人力、物力、财力等事宜。

〔**成人教育**〕 1996年，全市有成人高校9所，其中部属4所、市属5所，共有在校生9838人，毕业7178人，教职工2146人。民办高校10所，共培训10058人(其中学历教育3690人)，在校生5462人。举办函授、夜大学的普通高校12所，在校生23034人。高等教育自学考试开考2次、65个专业，参加考试81876人，实考189273科次，及格87714科次，毕业2439人。大连管理干部学院等4所独立设置的成人高校的办学水平评估工作，在学校自评的基础上，全部通过市级复评，省级评估验收。成人高校全部实行计算机管理，并认真地贯彻落实了《关于成人高等学校学生学籍管理暂行规定》。成人中等专业教育，不断深化教育体制改革，推行产教结合，走自我发展、自我完善之路，并制发了《关于大连市职工中等专业学校教学常规(试行)》，规范了教学行为。全市有成人中专学校42所，其中职工中专24所，农民中专5所，广播电视中专3所(含农广校)，教师进修学校10所，共有在校生15977人，教职工1730人。成人中专教育自学考试开考4次，参加考试3613人，报考8325科次，及格率63.2%。当年职工教育继续贯彻以岗位培训为重点，带动继续教育和学历教育的方针，岗位培训中强化了技能培训，推动了企业生产和经营发展。全市有职工学校102所，教职工685人，另有兼职教师531人。岗位培训共培训318916人次(不含沈铁、东电、辽河油田、东北输油等系统)，结业308419人次，其中资格培训占24%，技术等级培训占14.7%，适应性培训占61.3%，继续教育培训21534人。有成人高中14所，在校生2155人，教职工73人，另有兼职教师51人。社会力量办学继续贯彻16字方针，并通过培训办学人员、评估办学条件、年终大检查等工作，加大了管理力度。全市有办学单位633个，其中公办384个，民办249个，比上年增加131个，共办各类班5900个，培训194227人次，结业96036人次，共有专兼职教职工8737人。农民教育继续实施“燎原计划”试点工作，强化农村教育综合改革，加强成人学校规范化建设，走科教兴农之路。全市有农民中专5所，农业广播电视学校1所，下设区市县分校7所，共有在校生8450人，教职工775人。农民中专的办学基本条件评估，均通过省教委验收。农广校强化了声像教学，进一步提高了教学质量。农村共有乡镇职业技术学校124所，办学面100%，达标建制面占94.4%，新评出乡镇职业技术教育重点校5所(共12所)、省级示范性乡镇职业技术学校6所。共办成人高中班9个，在校生300人，实行技术培训约30.8万人次。村办职业或文化技术学校1494所，办学面98%，共培训约44.2万人次。乡镇企业职工教育进一步加强了教育教学管理。共有市级培训中心1所，区市县培训中心7所，乡镇中心校144所(其中10%是借用校舍)，企业职工学校、班6171所、个，培训职工8万人次，占乡、村两级职工总数11.99%。乡、村两级职业培训学校共有教职工1453人，另有兼职教师1981人。实施“燎原计划”，新增示范乡镇8个，新增科技推广项目60项。

大连市教委供稿

审稿　贾聚林

吉林省教育

概　况

〔基本情况〕

1996 年各级普通学校基本情况

单位：人

学校类别	学校数（所）	招生数	毕业生数	在校学生数	教职工数 计	教职工数 其中专任教师
一、普通高校	40	35629	30929	110986	40052	15497
研究生		2098	1819	5960		
本　科		16800	12505	61195		
专　科		16731	16605	43831		
二、普通中等专业学校	120	46106	26851	132985	17622	8703
中等技术学校	97	36977	19876	103830	14325	6930
中等师范学校	23	9129	6975	29155	3297	1773
三、普通中学	1804	429471	388570	1287092	123038	91241
高　中	289	69070	52181	202849		15650
初　中	1515	360401	336389	1084243		75591
四、职业中学	299	58185	55460	148086	14748	9939
高　中	243	42730	41299	109034		8010
初　中	56	15455	14161	39052		1929
五、小学	10112	468561	389798	2749146	180892	153537
六、特殊教育学校	60	956	1188	9330	2343	1367
七、工读学校	5	30	30	180	135	46
八、幼儿园	4361	378087		540223	33182	22844

1996 年各级成人学校基本情况

单位：人

学校类别	学校数（所）	毕业生数	招生数	在校学生数	教职工数 计	其中专任教师
一、成人高等学校	44	27214	33078	95832	7444	3552
广播电视大学	2	6046	8320	17888	1525	788
职工高等学校	25	3842	3717	13226	2549	1164
农民高等学校	4	389	451	999	263	149
管理干部学院	6	2512	2016	5112	1769	609
教育学院	7	487	619	1897	1338	842
普通高校办函授部、夜大学、成人脱产班		13938	17955	56710		
二、成人中等专业学校	166	17655	27024	66598	10772	5986
广播电视中专学校	2	5053	4657	11456		
职工中等专业学校	73	8561	11785	28650	3864	1903
干部中等专业学校	4	244	570	989	142	67
农民中等专业学校	15	2215	8090	19003	1373	809
函授中等专业学校	2	1089	1501	5087	667	229
教师进修学校	70	493	421	1413	4726	2978
三、成人中学	121	5920	4901	4735	537	342
职工中学	47	3062	2809	2548	334	216
农民中学	74	2858	2092	2187	203	126
四、成人初等学校	2409	98835	115304	60282	3972	1679
职工初等学校	14	1463	660	665	54	23
农民初等学校	2395	97372	114644	59617	3918	1656
其中：扫盲班	1172	24574	22030	20359	2749	897
五、成人技术培训学校	8624	2585059	2374675	1389750	10706	4274
职工技术培训学校	304	214944	234930	196769	2808	1569
农民技术培训学校	8319	2370115	2139745	1192981	7898	2705

制表　王　策

〔**制订“九五”计划和 2010 年远景规划**〕《吉林省教育“九五”计划和 2010 年发展规划》提出，到 2010 年，吉林省教育事业发展的总体目标是：全民平均受教育程度提高到 10 年；城乡劳动者的职前、职后教育有较大发展；专门人才教育的培养量基本满足社会需要。建立符合省情、结构合理、水平较高、充满活力的吉林教育体系，为提高吉林经济、社会发展水平奠定智力基础。

各级各类教育发展的具体目标是：基础教育。“九五”期间，继续把推进九年义务教育的普及作为重点，全面提高基础教育水平。到2000年全省普及九年义务教育。3～6周岁儿童入园（包括学前班）率达到85%以上，大中城市基本解决适龄幼儿入园问题，农村学前一年幼儿入园（班）率达到85%以上。为残疾儿童、少年提供更多的学习机会，保证女童、男童同步接受义务教育。少数民族教育的发展程度居全国先进水平。较大城市基本普及高中阶段教育。在有条件的地方实施教育现代化工程试点工作。2001～2010年，要进一步巩固普及九年义务教育的成果，使大多数小学实现标准化办学；大多数初中达到规定的办学标准；全省城镇以上普及高中段教育；少数民族教育、特殊教育和幼儿教育要有新的发展和提高。

职业教育。把农村初中分流作为重点，采取多种形式，大力普及农村初中后短期职业教育，使未升学的初中毕业生都接受一年左右的职业教育。中等职业技术学校在校生占高中阶段在校生的65%。统筹规划中等专业学校，职业高中和技术学校的发展，促进各类职业学校的联合与协作，合理调整专业结构，解决重复办学、规模小、效益低的问题，扩大培养能力。每个县办好1～2所多功能的职业教育中心或骨干学校，城市中较大的行业办好1所能起示范作用的职业高中，全省建设成一批国家级和省级重点学校。2001～2010年，在形成相对稳定办学格局的基础上，把重点转移到充实提高上来。要使大多数中等职业技术学校达到规定的办学规模，进一步优化学校布局和专业结构，加强教学研究，搞好教材、实习基地建设，不断增强适应性，努力提高教育质量。做到中级应用型人才的培养基本满足社会的需要。

高等教育。“九五”期间，以提高教育质量和办学效益为重点，积极稳妥地发展高等职业技术教育，充分利用职业大学，部分独立设置的成人高等学校等现有的教育资源和设施，调整专业结构和培养目标，加大改革力度，办出高等职业教育的特色；大力发展面向农村、中小企业、乡镇企业和第三产业的高等专科教育和适需对路的研究生层次的高等教育。通过分类开展高校评估，分步限期使所有的高校达到国家规定的设置标准，合理调整基础学科，适当发展新兴和边缘学科，大力发展应用学科，形成合理的高等教育专业结构。通过政策导向和社会需求的调节机制，推动部、委属院校与省属院校之间、普通院校与成人院校之间的联合、兼并与协作，合理调整高等教育整体布局，力争有1所省属学校和一批重点学科进入“211工程”。2001年～2010年，进一步优化高等教育的内部结构，以满足吉林省现代化建设对高级专门人才的需求；继续充实内部办学条件，大力加强重点学校、重点专业和优势学科建设，努力提高教育质量和办学效益，不断增强为经济建设和社会发展服务的能力；进一步密切学校与社会的联系，走产、学、研三结合的路子，把一批学校建成稳定的教学、科研、生产（实践）三结合基地，充分发挥高校的科技优势，创办一批高校科技产业，直接为经济建设服务。

成人教育。“九五”期间，以提高劳动者素质为根本目的，从适应经济建设、社会发展和从业人员的实际需要出发，本着学用结合，按需施教和注意实效的原则，以扫除剩余青壮年文盲、岗位培训和继续教育为重点，巩固和提高扫盲成果，平均每年扫除文盲1.5万人，到2000年脱盲巩固率达到97%，青壮年文盲率降低到1%以下；适时转入各种形式的实用技术教育，到2000年使95%以上的农村劳动力都能掌握一两项实用技术，获得绿色证书的农村劳动力达到15%；贯彻执行《吉林省职工教育条例》，制定、完善岗位标准，开展岗位全员培训制度，持证上岗。制定继续教育政策，在中等以上城市公务员和企业骨干中开展计算机和外语教育。加强成人学历教育管理，继续完善自学考试制度，鼓励自学成才。2001～2010年，进一步提高成人学历教育的质量和办学效益；继续加强专业证书教育和岗位培训，做到规范化、制度化，力争使大部分乡村的文化技术学校达到标准办学要求，较好地满足社会主义物质文明和精神文明的需要。

〔**依法治教**〕 省教委确定1996年为“依法治教年”。在开展依法治教年活动中，省教委理论中心组、教委机关干部首先学习好教育法律法规，并在全省教育战线开展了学习活动。各地党政领导把《教育法》纳入党委理论中心组进行学习，有的地区党委理论中心组还就贯彻实施《教育法》进行专门的学习研讨。各级教育行政部门认真重视《教育法》的学习，各地区的教委有关领导都参加了国家教委举办的教育法制培训班。省里还把教育法规培训纳入教师继续教育和校长岗位培训中，进行系统学习提高；各地对教育执法人员的培训和教育行政干部的学习提出了更高的要求。各地成立了专门教育法制机构或相应机构，充实了教育法制工作专职人员，对教育执法人员颁发了统一的执法证件并加强了培训。国家教委把吉林省确定为全国教育执法试点省，省教委转发了国家教委的意见，并提出了具体要求，大多数市、州制定了本地的试点方案，试点工作有序运行。6月份，省教委召开了第二季度主任办公（扩大）会议，专题交流研究开展好教育执法试点及“依法治教年”工作，解决如何深入开展教育执法问题。10月份，吉林省接受了国家六部委《教育法》执法情况的检查，得到了充分肯定。

〔**筹措教育经费，改善办学条件**〕 继续发挥国拨教育经费的主渠道作用。1996年，全省财政预算内教育事业费支出24.84亿元，比上年增长15.1%。其中省本级增长22.9%。

积极吸收外资。省接受世界银行“第三个贫困地区基础教育发展”项目贷款500万美元已正式启动，进入项目全面实施阶段，用于靖宇、镇赉、大安、通榆、汪清等5个国家级贫困县普及九年义务教育经费。5个项目县有70所中小学新建翻建校舍53597平方米，投资额2579万元，大修校舍9698平方米，投资额559万元；利用邵逸夫第十批捐款项目850万港币，建成总建筑面积5.67万平方米的14个中小学校舍项目，总投资5060万元人民币；正在执行中的世行贷款“师范教育发展项目”，进入项目执行中期阶段，完成了教学仪器设备的一标采购工作及设备到货接收工作。

挖掘潜力，节省资金。为避免结构性浪费，提高教学质量和办学效益，各地按照合理规划，因地制宜的原则，调整中小学布局。中小学校数由上年的12021所调整到11916所，节约教育经费支出2000万元。该项工作受到国家教委表彰，奖励吉林省200万元。

全省中小学勤工俭学收入4.14亿元，用于补充教育经费1.8亿元。

全省新建校舍60万平方米，砖瓦化程度达98%，校舍危房比例下降到0.24%。实验室，图书室和卫生室的装备率分别达83%、67%和91%。在提高“老三室”内部装备率和使用效益的基础上，在有条件的地区开始进行了教育装备的现代化工程建设试点，有计划地建成了一批“新三室”。有45个县（市、区）达到普及实验教学标准，有15个县（市、区）达到推广使用优秀自制教具标准。

全省新建城镇中小学教师住房33.3万平方米，教师家庭人均居住面积已达8.5平方米。高校教师住房建设加快步伐，省委、省政府设3000万元专款，省教委与各有关部门协调配合，各高校积极努力，开工建设12万平方米，竣工使用7.3万平方米，使高校教师家庭人均居住面积达到7.4平方米，进一步改善了教师居住条件。

〔**精神文明建设**〕 认真贯彻《中共中央关于加强社会主义精神文明建设若干重要问题的决议》和省委六届八次会议精神，制定下发了《吉林省教育委员会关于加强社会主义精神文明建设的规划和措施》和《关于在全省教育系统开展“树师表形象，创行业新风”活动方案》，选准突破口，认真治理行业不正之风，树立教师师表形象，加强全省教育战线的社会主义精神文明建设。进一步加大了教育纪检、监察工作力度，在全战线纠正行业不正之风，治理中小学乱收费。省政府5个部门联合下发了《1996年治理中小学乱收费工作方案》和《贯彻国务院18号文件的实施意见》，在全省中小学中全面实施收费卡制度。严肃查处410件乱收费违纪案件，退还学生家长不合理收费409万元，使中小学乱收费得到了有力扼制。

基础教育

〔**“两基”工作**〕 坚持“积极进取，实事求是”的“普九”工作方针，并在实际工作中，特别注意了从实际出发，量力而行，实事求是地确定目标；正确处理好“普九”进度与验收标准的关系；把“普九”工作和中小学布局调整结合起来；强化政府行为，增加各级政府的投入。召开了“普九”工作论证会和巩固“普九”成果、提高“普九”质量研讨会。对上年“验而未收”的7个县（市、区）和当年申报的3个县（市、区）分别进行了评估验收，认定有7个县（市、区）达到了普九标准，向国家申报公布。至此，全省累计已有54个县（市、区）普及了九年义务教育，占全省县（市、区）总数和全省人口总数的比例分别达到90%和93.9%，实现了“两基”。全省初等义务教育整体合格县（市、区）已达58个，占全省县（市、区）总数的96.6%。残疾儿童入学率已达96.6%。

〔**调整“普九”规划**〕 以巩固“普九”成果，提高“普九”质量为课题召开工作研讨会，就“普九”之后发展规划、布局调整、师资提高、条件改善以及流失生控制、薄弱校建设等问题统一认识，交流经验。会后，对浙江、江苏、天津的巩固提高工作进行了考察学习，起草了本省1997～2000年巩固提高“普九”工作的方案。

开展创建控制学生流失先进县（市、区）和无流失生乡（镇）、学校活动。开展这项活动的意见由省政府办公厅转发，进一步明确了各级政府及其有关职能部门法律职责，要求各地教育行政部门和中小学校要担当重任、埋头苦干，通过艰苦细致的工作有效控制学生流失。促使控流工作逐步规范化、制度化，为巩固“普九”成果打下坚实基础。

〔**贯彻幼教法规**〕 《幼儿园工作规程》正式下发后，在全省范围内掀起了一个学法、用法的高潮。举办了《规程》研讨班，研讨了《规程》宣传贯彻问题，并请东北师大、省教科院的教授做了“素质教育”报告，会后省幼教办印发了《〈幼儿园工作规程〉宣传提纲》，号召各级教育部门以多种形式进行宣传，使《规程》内容深入人心。各地在《规程》下发后，都结合《规程》的内容修订了规章制度，使管理更加科学化。实行目标管理，促进分类定级工作。

〔**民族教育**〕 为加强民族教育的法制建设，将民族教育尽快纳入法制轨道，根据延边州已出台朝鲜族教育条例的实际情况，会同省民委制定本省散居地区民族教育工作规定，提交省政府颁布。以教学改革促进教学工作，在上年工作的基础上，继续抓好柳河朝鲜族小学、前郭蒙古族中等学校的双语教改实验。同时，为适应本省小学阶段开设外语的趋势，探索民族小学开设外语的路子，在延吉市新兴小学进行增设外语课教改实验。

〔**德育工作**〕 继续贯彻中共中央关于德育工作的意见和《吉林省1996～2000年社会主义精神文明建设规划》，认真落实《中共中央关于加强社会主义精神文明建设若干重要问题的决议》和省委六届八次会议精神，并印发了《吉林省教育委员会关于加强社会主义精神文明建设的规划和措施》。认真研究社会主义市场经济条件下中小学德育工作的新思路、新方法，增强德育工作的针对性、实效性和齐抓共管的合力。总结推广了15所中小学德育工作经验，与省公安厅、省综治办联合下发了《关于深入开展创建中小学在校生无犯罪县（市、区）活动的若干意见》。进一步规范了创建活动的领导体系、运行机制、有关部门的职责和工作方法等，推动创建活动深入开展。与省委宣传部联合召开全省中小学传统美德教育阶段性总结经验交流会，总结推广了爱国主义、日常行为规范和传统美德教育的典型经验。总结推广了龙井县三道乡无神论教育的经验。开展了《中华三字经》的教育活动，下发了《关于在全省中小学开展〈中华三字经〉学习教育活动的意见》，对《中华三字经》的学习教育提出具体要求，以提高中小学德育工作的实效性。

〔**教师队伍建设**〕 积极推动师资培养、培训基地建设。对办学条件标准化中等师范学校和一类教师进修学校进行评估验收。制定教师进修院校“示范校”办学标准，开展“示范校”评估活动。80%的中等师范学校实现办学条件标准化，73%的教师进修学校达到一类教师进修学校标准。

全面开展中小学校长和教师的继续教育。完成了三个阶段性过渡，即：中学教师由原来的学历补偿教育向全员继续教育过渡；小学教师继续教育由第一周期向第二周期过渡；中小学校长培训由岗位培训向继续教育过渡。分别制定了以“四师”教师为基本内容的中等学校教师继续教育方案、小学教师第二周期继续教育方案和中小学校长继续教育方案，并分别制定了配套的教学计划，组织专家编写了教学大纲和教材。目前，全省小学教师学历合格率达98%，初中教师达86%，高中教师达70%。

认真组织广大教师学习邓小平同志建设有中国特色社会主义理论，学习《中共中央关于加强社会主义精神文明建设若干重要问题的决议》，在全战线开展“树师表形象，创行业新风”活动，加强形势教育和师德教育，进一步提高了广大教师的思想素质。

努力提高教师待遇。依法兑现教师工资，理顺教师工资管理体制，公办教师工资由县发放，民办教师工资实行乡筹县管体制，保证民办教师工资有稳定可靠的来源。坚持实行市、县两级政府一把手为第一责任人，主管财政和教育的领导为第二责任人，财政局长和教委主任（教育局长）为第三责任人的兑现教师工资责任制度。贯彻落实全国民师工作会议精神，对全省计划内民师重新登记、发证，制定有关“民转公”工作的十条意见和民师退养后生活待遇的有关规定。选招一批优秀民办教师。通过考试、考核，直接转正5000名民办教师。经严格审定，全省有29名民办教师获得曾宪梓奖励基金。

职业教育

〔**宣传贯彻《职业教育法》**〕 制定本省实施性地方法规，起草了《吉林省职业教育若干规定》，会同省委宣传部、省司法厅、劳动厅等7个部门下发了《关于认真学习、宣传〈职教法〉的通知》，把《职教法》的学习、实施落到实处。进一步加强各级政府的领导和统筹，加快了布局、专业结构的调整，扩大了办学规模，提高了办学效益。

〔**调整学校布局**〕 全省各类中等职业学校在校生（含成人中等专业学校招收初中应

届毕业生部分）355019人，占全省高中阶段在校生总数的比例由上年的63.2%增加到63.64%，纯增加20000人。继续进行各类职业学校布局和专业结构调整，全省高中段职业学校（中专、职高、技工）由上年的540所调整为523所，校均在校生由上年的570人提高到600人。在全省现有的40个农村县（市、区）中，已建成了达到或基本达到省级重点职业高中标准的职教中心25个，占62.5%，比上年提高11.3个百分点。

〔**职业高中校长岗位培训**〕 按照国家教委颁布的岗位标准和培训计划，省教委下发了通知，省市两级按分工先后开办校长岗位培训班，采取集中和分散结合的方式，进行了为期一年的校长岗位培训，目前培训班在籍职业高中校长近400人，此项工作拟在两年内结束，并列入教育目标管理责任制。

高等教育

〔**省部共建高校**〕 经过认真努力，吉林工业大学、吉林大学、东北师范大学相继通过国家“211工程”部门预审，“211工程”建设项目已开始启动，3所高校被国家列为“九五”期间投资建设的学校。国家教委和省政府共建吉林大学、东北师范大学，机械工业部与省政府共建吉林工业大学，省政府与地矿部共建长春地质学院，吉林大学与白求恩医科大学实行联合办学，吉林工大与东北师大、长春邮电学院联合办学有了实质进展；延边5所高校合并，成为综合性大学，成为我省第四所通过国家“211工程”预审的学校；吉林工大、东北电力学院、东北水电专科学校、吉林电气化专科学校等成立董事会，增强了学校办学活力，促进了高校之间资源共享优势互补，进一步提高了高校的教育质量和办学效益。全省普通高校招生33531人，在校生达105026人，其中省属高校招生16599人，比上年增长3.7%。省属高校又新批准15个本科专业和7个专科专业；部委属院校首批重点学科33个，省重点学科10个，省属高校省重点建设学科15个。顺利实行了招生收费并轨改革（农、林、医、师实行定额招生）。

〔**高校“两课”改革**〕 编写出版了“两课”教材，系统培训了“两课”教师，总结推广了吉林工学院“两课”改革、长春地质学院大学生“马列主义、毛泽东思想研究会”和东北师大校风建设的经验。注重了战线的稳定工作，对高校特困生进行补助，配合有关部门，在各高校建立信息网络，及时向省委、省政府沟通信息，保证了高校局势稳定。

〔**促进高教同经济结合**〕　进一步优化教育结构，增强教育主动为经济建设服务的能力。根据吉林省建成“三大一强”的目标和产业结构，市场经济的需求，搞好教育结构的优化，对省属普通高校进行专业结构调整。工科招生数占招生总人数的比例上升到41.62%。压缩了长线专业，增设和试办了适应本省经济发展需要的22个新专业，加快培养急需人才，充分发挥了人才使用效益，更好地为我省经济建设服务。组织实施了“产学研联合开发工程”和“金桥工程”，推动科技成果的转化。全省高校有156项科技成果转化，高校与县（市、区）共签定长期技术协作关系协议100个，和100多个企业建立长期协作关系，在地方经济建设中初见效益。

〔**毕业生分配改革**〕　全省接收分配高等学校毕业生15 325人，毕业研究生1 622人，中等专业学校毕业生21 038人，自费、电大普通专科班毕业生8268人，共计46 253人。

结合本省国民经济和社会发展的实际情况，紧紧围绕经济建设这个中心，采取有效措施，改善宏观调控，培育毕业生就业市场；从稳定现行政策出发，进一步明确了国家任务计划招生的毕业生原则上仍由国家负责在一定范围内安排就业，通过“供需见面”和一定范围内“双向选择”相结合的办法，落实就业方案。继续贯彻“统筹安排，合理使用，加强重点，兼顾一般”和“面向基层，充实生产、科研教学第一线”以及“学以致用，人尽其才”的方针和原则，分配到地区以下基层单位的毕业生12 326人，占毕业生总数的80.4%；分配到省直单位的毕业生1367人，占毕业生总数的8.9%；分配到中直单位的毕业生1166人，占毕业生总数的7.6%；省际之间、省际与部委之间交流的毕业生466人，占毕业生总数的3.1%。一汽集团、吉化公司、吉林油田、通化钢铁公司等大、中型企业所需的毕业生基本得到了满足。同时，在保证重点的基础上，也兼顾了一般的需要。对“长线”与“短线”、内地与边远、企业盈亏等方面情况充分了解与掌握，合理配置毕业生资源。对中小企业、乡镇企业和民办科技实业等的需求，继续给以合理的调剂。三资企业的需求也得到了适当的补充。师范专业的毕业生一律分配从事教育工作，并积极鼓励和动员非师范专业毕业生从事教育工作，以补充各级各类学校急需的师资力量。有160多名非师范专业的毕业生分配到各级职业学校、技工学校和职业班任教。定向生、委托生和中师（中专）保送生按招生合同就业，确保这部分毕业生的到位率。毕业研究生在规定的服务范围内，通过“双向选择”的方式落实了就业去向；省外院校毕业生采取“双向选择”的办法就业；自费生自主择业。为了使就业制度改革实现“重点突破、整体推进”，进一步扩大了学校的自主权；毕业生自主择业权和用人单位择优录用权。在上年“双向选择”试点的基础上，本年区别不同学校，不同专业，将“双向选择”比例扩大到60%，进一步扩大了“双向选择”试点范围。同时，积极培育多层次、多类型的以学校为主体的毕业生就业市场，完善市场服务体系。

成人教育

〔**扫盲教育**〕 1996年，吉林省原计划扫除剩余青壮年文盲2万人，实际扫盲24574人；原计划脱盲人员复盲率控制在3%以内，实际复盲率为1%。辉南县、安图县被国家教委、财政部评为全国扫盲先进县；抚松县新屯子镇、公主岭毛城子乡农民文化技术学校和白凤林等4名扫盲教育工作者荣获"中华扫盲奖"。

〔**农村实用技术人才培训**〕 1996年，在全省农村实行实用技术人才培养"133工程"，即普及型实用技术培训100万人，新户主规范化培训30万人，绿色证书提高型培训3万人。实际上普及型实用技术培训达237万人；新户主培训完成30万人，绿证培训完成3万人。为使农村实用技术人才培训提高质量，逐步规范化，组织人力制定了新户主培训教学计划和55门培训课程的教学大纲，为培训工作的顺利开展创造了保证条件。

乡镇农民文化技术学校建设得到了发展。按省定一级乡校标准，全省已有325所乡校达标，占乡校总数的35%，还有些乡校正在加紧建设步伐，为下年达标做准备。

〔**农村教育综合改革**〕 为促进农科教结合，进一步强化了"三教统筹"，继续实行五种办学模式：普教与职教相结合的"渗透型"模式；普教与职教并存的"分流型"模式；普教与职教对接的"附加型"模式；职教与成人教育合一的"复合型"模式；普教、职教、成人教育合轨，"一校多教"的"多功能型"模式，取得了较好的教育综合效益。同时，对在农村如何形成一整套从教学内容到教学形式有机相联的，建立各类教育相互沟通等深层次上的改革进行了研究。加强了以科技实验服务区为中介，以集团承包、技术推广为中介，以农村各类学校的实验实习场地为中介三种农科教结合的形式，大力推广实用技术，取得了较好的经济效益。为巩固"八五"农村教育综合改革成果，有效启动"九五"农村教育综合改革工作，九月份召开了全省农村教育综合改革工作会，会上，安图县等7个市、县、乡、校交流了经验，完成了"九五"农村教育综合改革和科教兴农规划工作，出台了《关于贯彻落实〈吉林省"九五"期间强化农科教结合，推进农村科技进步的实施方案〉的意见》，部署了"九五"期间农村教育综合改革和科教兴农工作。12月上旬，对全省农村教育综合改革效益进行了评估，进一步检验了全省农村教育综合改革工作的实绩和效益。

〔**企业教育综合改革**〕 为配合现代企业制度的建立，1月，在吉铁分局召开了有11家国有企业参加的企业教育综合改革座谈会，并请国家教委有关部门负责同志到会做了指导性讲话。在调查研究的基础上，调整了省企业教育综合改革试点单位，确定为30

家，其中有国有企业、合资企业、股份制企业（集团）和乡镇企业，在企业教育为企业经济发展服务方面积累了较为丰富的经验。

〔**成人高等职业教育试点**〕 全省已有4所成人院校被国家列为高等职业教育试点学校；一些学校正在试办具有高等职业教育特色的专业；一些课程改革也在突出职业性，强化实践环节上下了功夫。

〔**社会力量办学**〕 为进一步贯彻国家教委“社会力量办学工作座谈会”精神，及时转发了国家教委《关于加强社会力量办学管理工作的意见》，在教育内部首先实行了归口管理后，对部分办学单位进行了抽查检查，直接查处3个违反有关规定乱收费、不能保证教育质量的办学单位，为学员挽回经济损失近30万元。在重新评审原办学单位办学资格、条件、社会效益的基础上，对办学单位实行了“许可证”制度及“许可证年检制度”，并将首批发放许可证的办学单位名单在《吉林日报》上向社会公布。

经国家教委批准，在民办高校中开展了以高等职业教育为特征的国家学历文凭考试试点工作，3个分校共在高考落榜生中招收学员1100余人；教学计划经过论证付诸实施，教学秩序良好。

撰稿 刘德敏 林乐琨

审稿 于志凯

上海市教育

概　况

〔基本情况〕

1996年各级普通学校基本情况

单位：人

学校类别	学校数（所）	毕业生数	招生数	在校学生数	教职工数	
					计	其中专任教师
一、普通高等学校	41	42903	50348	164761	48157	21018
研究生		3860	6507	16835		
本科		22738	30725	111623		
专科		16305	13116	36303		
二、中等专业学校	99	21640	32042	99470	15329	6173
中等技术学校	88	18166	31059	93242	13886	5443
中等师范学校	11	3474	983	6228	1443	730
三、普通中学	798	193192	241908	769270	74773	48749
高中		37378	53860	145170		9644
初中		155814	188048	624100		39105
四、农业、职业中学	71	25247	35409	91232	6438	3613
高中		25195	35366	91120		3578
初中		52	43	112		35
五、工读学校	14	416	605	1873	668	323
六、小学	1690	189751	158333	1076461	71610	53992
七、特殊教育学校	39	620	910	6164	1512	929
八、幼儿园	972		123930	267602	29556	18247

制表　冯静波

1996年各级成人学校基本情况

单位：人

学校类别	学校数(所)	毕业生数	招生数	在校学生数	教职工数	
					计	其中专任教师
一、成人高等学校	65	18430	27031	80710	11777	4816
广播电视大学	1	1638	1415	4090	341	57
职工高等学校	47	4912	4965	16220	7454	2994
农民高等学校						
管理干部学院	5	625	895	2765	1223	427
教育学院	12	450	856	2251	2759	1338
独立函授学院						
普通高校举办：						
函授部		4665	6581	21940		
夜大学		5520	11221	30593		
干部专修科		620	1098	2851		
二、成人中等专业学校	108	17952	111631	67316	5102	2476
广播电视中专	2	8401	98011	29512	74	26
干部中专						
职工中专	96	9258	13303	37227	3918	1771
农民中专	1	141	82	82	61	18
函授中专						
教师进修学校	9	152	235	495	1049	661
三、成人中学	20	6403	7829	6747	1489	856
职工中学	20	6403	7829	6747	1489	856
农民中学						
四、成人技术培训学校	1777	757075	954550	383512	7474	5660
职工技术培训学校	505	603161	783205	336695	6952	5254
农民技术培训学校	1272	153914	171345	46817	522	406
五、成人初等学校						
职工初等学校						
农民初等学校						
其中：扫盲班						

制表　冯静波

基础教育

〔综述〕 1996年上海市基础教育事业持续发展。根据上海经济、社会发展和城市建设的规划，部分学校的布局设点作了重新调整，学校数有增有减。其中中学比上年增加28所，小学比上年减少136所，幼儿园比上年减少71所，特殊教育与工读学校数分别比上年减少1所。九年义务教育的适龄儿童、少年全部入学，盲、聋、弱智儿童、少年在多数区县已全部入学，在少数区县绝大部分入学。小学和初中的巩固率均达到或超过指标。16～18周岁青少年中九年义务教育的完成率也维持在99%以上。积极发展普通高中教育，适度扩大普通高中的办学规模。特殊教育开设了聋人高中新门类，进一步完善了上海特殊教育体系。市、区县各级教育行政部门在有关部门配合协助下，调动各方面积极因素，解决了全市初中净增3.2万名学生和高中净增1.6万名学生的全日制就读矛盾，妥善解决了中学入学高峰。

1996年大力实施“薄弱学校更新工程”。共更新薄弱学校64所，其中中学36所、小学26所、特殊教育学校2所。市、区县各级财政投入更新工程的资金近1.9亿元人民币；各区县为更新工程新征土地291794平方米，新建各种教学用房160666平方米，教室（含专用教室）736间，对绿化、装备设施也进行了更新完善。同时对薄弱学校的领导班子和师资队伍也进行了调整、充实和提高。

市和区县均制定了“教育事业‘九五’计划和2010年规划”。这些规划明确了上海基础教育的发展目标、改革重点以及实施措施，对于协调各类教育的同步发展，进行新一轮中小学和特殊教育学校设点布局的调整与结构优化具有规范和指导意义。

全市现代化寄宿制高中建设开始启动。根据市委、市政府的战略部署和城市形态布局调整的需要以及市、区县基础教育的发展规划，市教育工作会议确定的在城乡结合部建造十余所现代化高标准寄宿制高级中学的工作于1996年正式开始实施，其中上海市进才中学已开学招生，闸北区在永和小区兴建的高级中学也已在1996年底奠基。其余的也已进入酝酿、论证阶段，将于1997年1月底以前完成方案设计。

1996年，上海市用于基础教育的基本建设项目581个，施工建筑面积1621161平方米，其中竣工385个项目，竣工建筑面积856564平方米。全年完成投资117108.11万元。

教育装备工作也有很大进展。到年底，全市实验教学普及区、县数为20个，普及率为100%，小学实验教学普及率为67.9%。全年投入仪器设备金额19230万元，其中财政拨款13900万元。完成了学前教育计算机网络的第一期工程，有27所幼儿园与教委通过电话线联网，已开通运转。在全国第三届自制教具评比中，上海市名列团体亚军，并有5件作品获得第一名，2件作品获得第二名。

〔**贯彻实施《教育法》**〕 市委书记黄菊、市长徐匡迪多次组织市有关部门专题研究上海教育。市委副书记陈至立、副市长龚学平还多次到区县，下基层视察教育工作和进行专题调查研究。2月，徐匡迪市长在中央电视台就上海贯彻实施《教育法》，依法保障教育的优先发展地位发表了讲话，着重对“教育投入与条件保障”提出了6项措施，在全国产生较大影响。这6项措施已开始落实，有的已取得效益。如：建立了全市教育经费执行情况监测制度；开征社会事业费附加等。

全市已有9个区县将《教育法》的责任分解到各职能部门，使教育成为全社会的共同事业，有的区县政府还与下辖的乡（镇）政府签订了实施《教育法》的责任书。

闸北区、长宁区和奉贤县的教育执法监督试点工作有了新的进展，教师、学生行政申诉制度、教育行政复议程序等已经建立并在逐步完善。各区县均已设立教育行政执法综合办公室，建立了教育执法程序、文件、报告等工作制度，并培训了有关教育执法工作人员。

1996年全市开展了对20个区县基础教育“五项内容”的督导检查。市人大教科文卫委、市政协教委、市教委、市教育督导室共组织150余人，组成6支队伍，历时2个月，先后召开了近500个座谈会，参加人数约3000人，个别访谈600多人，走访70个乡镇（街道）和250所中小学，发出学生问卷6000份，家长问卷1000份。督导检查的情况表明：区县政府主要领导依法治教的观念不断增强，政府的教育行为不断加强，各有关职能部门及各乡镇政府实施教育法规的目标责任制不断深化；各区县“双高普九”的工作都取得很大进展，无论是硬件还是软件，都有长足进步，中小学的爱国主义教育、日常行为规范教育常抓不懈，学校教育教学质量的各项指标也均在原有基础上有所提高。

1996年，市教委在市人大、市政府法制办的指导和帮助下，组织立法调研，努力构建以《教育法》为核心的具有上海特色的教育法规体系。在1995年调研的基础上，1996年经过广泛征求意见，与有关部门协调和专家论证，《上海市实施〈中华人民共和国教师法〉办法》已正式报送市府法制办，并在10月召开的市十届人大三次会议上作了首次审议。另外，《上海市教育经费筹措条例》、《上海市中小学生伤亡事故处理办法》等已进入调研起草和论证阶段。《上海市中小学校舍管理办法》《上海市新建居民区的配套建设学校规定》等的调研准备工作也已就绪。

1996年加强对“乱收费”的治理。特别注重治理“乱收费”和“择校生”问题，从5月起重申市、区县教育收费的管理权限，组织力量对本市40多所中小学进行检查，对擅自乱收费的学校和单位通报批评并追究了领导责任。全市共清退乱收费款项500余万元。

〔**教育教学改革**〕 在1996年的市人代会上，徐匡迪市长正式提出尽快建立由应试教育向素质教育转轨的运行机制的目标，并且将它作为从现在起至2000年深化上海教育改革与发展的主要任务。市教委召开了全市“减轻中小学生过重课业负担研讨会”，下发了一系列文件，并努力提高执行法规的自觉性。召开了全市性的“开展多项活动，实施素质教育现场会”，推广普陀区以抓活动为突破口，探索实施素质教育有效途径的做法。召开了全市性的“学校如何构建素质教育运行机制现场会”，推广了静安区一中心小学在教育实践的微观层面，从教育教学、管理、活动和家庭教育等方面构建适应素质教育的办学机制的经验。还召开了上海市学校体育工作会议，提出了提高学生身体素质、心理素质和运动技术水平的新要求。组织了爱国主义教育、读书、影视、心理健康等活动及市中小幼家长学校规范化管理现场会。这些会议与活动，推进了应试教育向素质教育的转轨进程，形成了基础教育实施素质教育的良好氛围。与此同时，推进和深化招生考试制度改革。全市小学升初中入学办法的改革突出免试、就近、对口入学的正确导向。静安、闸北、浦东新区和卢湾4区率先实施就近对口入学，尤其是静安区对口入学的配套措施，为全市小学升初中入学办法改革提供了积极有效的做法与经验。市教委还确定了高中会考从96届学生起，除语文、数学、外语3门学科成绩实行等第外，其余学科均只分及格不及格两个等第的新办法；继续完善并推行高中毕业生的选送、保送、推荐入学制度。把握招生考试指挥棒的正确导向，为实施素质教育创造有利条件。

1996年加强了义务教育“九年一贯制”办学与重点中学初高中分离办学的试点工作。全市九年一贯制学校已发展到50所。许多区县还积极推广初中与小学办学的对口与衔接，努力提高义务教育的质量。4月，召开了全市性的“九年一贯制办学工作研讨会”。静安、闸北等区县率先进行重点中学初、高中分离办学探索，起了很好的推动作用。

课程教材改革进一步完善。新课程方案已推行到小学四年级、高中二年级。为此，召开了中小学课程教材改革经验总结现场会，着手修订、完善上海市中小学课程改革方案、课程标准和教材，制订了中小学活动课程实施纲要，并召开了全市性的活动课展示交流现场会。研究和编写了高二年级和小学四年级各学科的《教学目标与课堂教学设计》，举办了区县教研室主任理论学习班，召开了选修课专题研讨会。同时，还着力抓了与新课程教材改革相配套的师资培训和办学设施条件等方面的工作。此外，开始着手制订幼儿园新的教育纲要。

〔**教育科研**〕 1996年成立了上海市教育科学规划领导小组，承担协助市教委制定发展本市教育科研工作的有关政策、审定教育科研规划与项目、领导与协调全市教育科研工作等职能。拟订了本市《“九五”教育科学研究规划课题指南》，审定了1997年度市级教育科研课题立项。市教委成立了普教科研成果推广领导小组，决定从1996年起实行两年一度的“科研成果推广奖评选制度。同时，筹备建立了若干个“成功教育”、“愉快教育”、“青浦数学教改经验”等市级研究与推广中心或基地，承担课题的深化研究和迁移、辐射工作。“成功教育”的倡导者刘京海同志获“全国十杰中青年教师”的称号。国家教委有关部门与市教委一起召开了“张思中外语教学法现场观摩研讨会。”

〔**德育工作**〕 上半年，市教委召开了上海市学校德育工作会议，提出1996年至今后一段时期德育工作的总思路、总要求。开展了“德育系统工程”的全面调研，提出了大中小学德育纵向衔接，学校、家庭、社会横向沟通的全员、全程、全方位育人新格局的思路。全市新命名14个爱国主义教育基地。中小学行为规范市级示范学校已达102个，首批挂牌的示范校有26所。继续推进中学政治课改革，重点进行高中《公民》课的试点工作和开展中小学生心理健康教育、青春期卫生教育的研究，并在35所中小学开展心理辅导实验。进一步探索中小学生品德测评机制。市、区县、街道（乡镇）各级青少年活动基地已发展到900个。为了探索学校、社会、家庭教育一体化，开展了“为了美好家庭——上海市家庭教育指导系列活动”，组织了“家庭教育知识竞赛”，还组织家庭教育讲师团深入社区、企业、机关、学校作巡回报告。建立了少儿读物创作发展专项基金。市教委会同团市委、市文化局、市新闻出版局、中国福利会成立了上海市中小学生读书指导委员会，开展了以纪念长征60周年、发扬革命传统为重点的读书系列活动；举办了上海市中小学图书节活动和优秀图书评选、推荐、阅读活动。目前全市已有400多个读者俱乐部。此外，还召开了“跨世纪青少年保护国际研讨会”，有来自5个国家和地区的学者、青少年保护工作者参加了研讨。青少年保护工作强化中小学生的法制教育和自我保护能力的培养，工读学校发挥了特殊保护和青少年学生违法犯罪早期预防作用。全市未成年学生刑事作案与1995年同比，下降14.93%。

〔**体育、卫生、艺术教育**〕 上半年召开了市学校体育工作会议，回顾总结了“八五”期间中小学体育工作，拟订了“九五”学校体育工作规划和一系列配套文件。为了落实和贯彻《学校体育工作条例》，体现体育教学在体育工作中的主渠道作用，组织了“体师杯”小学青年体育教师教学评比、中学体育教师“体育与保健”教学分片对口交流等各种形式的中小学体育教学系列活动。各级各类学校群众性体育活动广泛开展，全市性学生足、篮、排球、冬季长跑、跳绳、踢毽等群体活动的参赛人数之多为历年之最。1996年举办的上海市第六届小学生运动会贯彻“育人第一，参与为主”的方针，采取区县为主，就近分散，小型多样的方法，不计团体总分，不计奖牌总数，不搞开闭幕式。运动会期间，表彰了小学体育工作先进单位100所、小学优秀体育教师100名。中小学健康教育继续得到深入开展，学生健康教育已进入课程，健康教育教材的编写也已完成。今年还命名了一批健康教育示范学校。举办了“’96上海市第二届学生艺术节”，从3月到9月，20个区县近100万名中小学生参与了近3000项艺术活动，10月艺术节期间，全市举办57个专场比赛，并向社会进行10场文艺展演，涌现出一批适合学生的新作品，有80多首新歌、66个器乐新作品、70个剧本、100多个舞蹈。召开了市科技教育工作会议，提出在“九五”期间学校科技教育的目标、任务和措施。1996年有43.9万人参加了“金钥匙”科技竞赛、“青少年学生创造发明竞赛”等活动。

〔**教师队伍建设**〕 年初，市教委召开了全市中小学、幼儿园干训、师训工作会议，总结“八五”期间干训和师训工作，部署“九五”期间工作任务，拟订了《上海市中小学、幼儿园干训、师训“九五”计划》和“九五”期间各类培训的具体实施意见及有关规定。组建了评估队伍，构建了师训、干训工作评估指标体系，完善了市、区县教师进修院校和学校自培基地为核心的三级师训、干训网络，并建立了全市性分级管理的师训、干训信息库，实现了师训、干训工作的计算机管理。同时完成了1996年度中学高级教师的职务评审工作。

1996年继续实施“中青年骨干教师培养工程”和“教师广厦工程”，积极贯彻《教师法》，拟订了《上海市〈教师法〉实施意见》、《上海市教书育人工作暂行规定》。举办了第12届教师节“群英铸师魂”的840名新教师的上岗宣誓活动。普教系统有25位同志获“上海市劳动模范”称号，4名获政府特殊津贴，3名获中小学名誉校长称号。经市政府同意，设立“上海市教育功臣”评选制度，这将是本市教育系统最高的荣誉称号。9月，58名中小学教师被市政府授予“特级教师”称号。3名教师被授予“全国优秀中学思想政治课教师”称号。市教委制定了全市中小学试行“四级十二等校长职级制”的暂行办法，并在静安和卢湾区实行校长职级制的试点研究。确定了100所中小学为教职工聘用合同制的试点单位，教职工与校长签订合同的达93.6%。

〔**多元化办学格局**〕 1996年全市除公办学校外，还有以下几种主要办学形式：(1) 公民个人、社会团体、企事业单位兴办的民办中小学；(2) 政府举办的部分公立学校，在社会力量的参与下，进行转制试验的单位；(3) 社区内多种社会力量以社区教育组织为中介参与办学的单位；(4) 企业或事业单位（包括不同隶属关系的学校）与中小学实行多种形式的联合办学；(5) 以多种形式积极吸取外资、侨资的捐赠，并按有关规定探索与国外、境外团体或个人的合作办学等。

上海民办中小学（包括享受民办学校政策的转制公立中、小学）已有86所，其中完中14所，高中20所，初中15所，小学17所，幼儿园20所。在民办学校就读的学生有31384人，其中高中8180人，初中7510人，小学11340人，幼儿园4354人。为了总结基础教育办学体制改革的经验，规划民办学校今后5年的发展目标和实施进程，进一步依法治教、规范民办教育的管理，市教委召开了上海市民办中小学、幼儿园管理工作研讨会。出台了《关于加强上海市民办中小学管理工作若干问题的意见》《关于进一步加强上海市民办幼儿园管理工作的若干意见》《关于加强上海市公立中小学转制试点管理工作的意见》，对民办学校的审批、财务、资产管理、人事管理和教育质量、办学水平的评估等提出了要求。

〔**社区和农村教育**〕 为了落实市政府对社区教育建设的要求，探求市区“两级政府，三级管理”和郊县“三级政府，三级管理”新体制下社区教育发展的新生长点，市和区县加强了社区教育工作。1996年市教委成立社区教育办公室，加强对社区教育的领导；市社区教育协会调整充实了领导班子。建立和发展教师奖励基金的工作也有新的进展，全市50%的街道（镇）的基金从1995年的2900万元发展到1996年的5500万元。农村社区教育也有很大进展。在青浦县建立县社区教育委员会后，崇明县也宣布成立县社区教育委员会，健全农村社区教育三级网络。市教委于12月在青浦县召开上海市农村社区教育经验交流会。市教委还加强了社区教育课题的理论研究，全国社区教育“八五”课题总报告已经完成，上海市的分报告也初步完稿。市社教办汇编了《社区教育在社区建设中的地位与作用》的小册子（7万字）。

1996年召开了上海市农村教育工作会议，全面总结“八五”期间农村教育工作经验，提出“九五”期间农村教育发展目标和要求。成立了市农村教育综合改革领导小组，加强对农村教育的领导。

撰稿　尹后庆　徐钦福

职业教育

〔**综述**〕　1996年全市职业技术学校中有技工学校154所。中等专业学校在校生比上年减少8.3%；职业高中在校生比上年增加5.6%，职业初中在校生比上年减少16.1%。每校学生平均数由原来的600人提高到750人，师生比达1：15。

全市已有7所职业学校被确认为国家级重点职校，9所职业学校被确认为市级重点职校。

〔**学习宣传实施《职业教育法》**〕《职业教育法》正式实施前夕，龚学平副市长发表了题为《积极贯彻实施职业教育法，推进上海职业教育再上新台阶》的电视讲话。冶金、轻工等控股集团公司和有色金属公司，以及静安、浦东新区等部门召开教育工作会议的主题是学习、宣传、落实《教育法》和《职业教育法》；市教委组织宣讲团，深入区县和各行业巡回宣讲30多场，数万名职能部门、司法机构以及企业的党政领导、教职员工参加听讲；市经委、建委、商委等系统还多次组织专题辅导报告，提高工作人员依法治教、依法行政的自觉性。市教委通过调研，组织起草了《上海市实施〈中华人民共和国职业教育法〉的若干规定》，已列入市政府法制办的立法规划。

召开了全市干部大会，学习、传达全国职教工作会议精神，针对上海实际，确定了贯彻落实全国职教工作会议的重点和上海职业教育发展与改革的方向和目标。成立了职业教育改革和发展的课题研究班子，开展了中等职业教育招生收费并轨改革的调研。

〔**重点学校建设**〕　1996年实施第3期第2批重点项目装备，投入资金3750万元，集中武装19所学校实训项目。启动建设全市职业技术教育机电类实训中心。至此，全市重点装备项目已达到106个。1996年装备的重点项目从产业分类，属第一产业的2个，主要是现代化农业；属第二产业的13个，主要是机电一体化、交通、建筑、冶金等；属第三产业的5个，主要是美发美容、餐旅服务等。这些项目的装备水平总体上达到企事业单位的实际运作水平。

静安区采用强强联手、优势叠加的办法，将3所市重点职校合并成1所，极大地增强了办学实力。闸北区投入2600万元，重点建设闸北旅游职校。虹口区加快职校校园和实习基地建设，建成了一批设备先进的实训基地。

〔**高等职业教育**〕 按照“统筹规划，合理布局，面向基层，办出特色，积极试点，逐步规范”的原则，市教委确定了充分利用现有教育资源，通过对现有高校的改革、改办、改制，做好高职的设点布局。研究制定了《关于上海市改革高等教育结构，发展高等职业教育的综合试验方案》，并上报国家教委审批。成立了上海市高职协调领导小组。组织了高等职业院校校长培训班，开展了对高等职业院校的专业评估。

〔**教学改革**〕 制定了市职教课程改革与教材建设工作的三年、五年、十年规划，成立了上海市职业技术教育课程改革与教材建设委员会。建立3个职教教材编译组（CBE、MES、德国双元制）、5个专业教材（商业、机械、都市农业、电工电子、电力）编审委员会和9个公共学科（职业道德与就业指导、应用语文、数学、外语、计算机应用、体育与保健、艺术欣赏、综合理科Ⅰ、综合理科Ⅱ）编写组。

为推动教学质量和教师水平的提高，组织2000多名教师参加中专第二次教学法评比交流活动和职业学校中青年教师教学评优赛，150多名教师得奖。

举行第六届“未来建设者”技术技能比武节。比武节检验和展示了职教教学成果，比武项目涉及旅游、商业、服装、电子、机械、汽修、财经等7大类专业，31个项目，参赛学生3200多名。共有61所职校、中专获团体优胜奖，319名学生获个人优胜奖。制定了《关于上海市中等职业技术学校毕业生参加计算机操作、实用英语、英文打字三项技能考核的规定》，并组织两次全市性考核，有6.8万名学生通过计算机、实用英语和英文打字三项技能考核。

〔**教师队伍建设**〕 1996年开展了中专、职校、技校三类中等职业学校教师资格认定工作，共认定16760名教师，并发证。建立第二批职教师资培训基地8个，至此全市已有13个培训基地，已基本形成职业教育师资培训网络。1996年这些培训基地组织的教师培训，共开设32个班，有958名教师参加培训。为拓宽职教师资培养的渠道，继续委托同济大学职教学院培养职教师资，开设机电一体化专业和计算机应用专业，招收中专、职业中专优秀毕业生51名，经过培养后，充实职教师资队伍。

〔**德育工作**〕 1996年，上海职业教育把对学生的职业道德教育作为学校工作的重点。市教委成立了上海市职业道德教育讲师团，邀请公举东、包起帆等先进人物为广大职教师生作专题报告，并将报告摄制成录像，在职业技术学校中广为宣传。此外，举办了职业学校政教主任培训班，组织六中全会决议辅导、工作经验交流以及职教德育管理理论进修。

撰稿　费爱花　徐钦福

高 等 教 育

〔**综述**〕 1996年上海高校在调整中数量继续减少，但办学规模仍有所扩大。普通高校比上年减少4所，本专科在校生比上年增加2.64%，研究生比上年增加14.5%，其中博士生4202名，硕士生12633名。专任教师中正高级职称教师2141人，副高级职称教师6179人，中级职称教师8650人，初级职称教师3273人。

高教投入有新的增长。市属高校生均支出12826.6元（其中公用经费5358.16元），比上年增加1036.5元，增长8.79%。此外，争取到产业专项贷款8500万元，贴息配套500万元。落实复旦大学、上海交通大学等6所高校的共建补助费9000万元。

制定了高校“九五”期间教职工住宅建设规划，认真实施教师“广厦工程”。按照国家拨款和单位、个人集资各承担50%的原则，具体落实建房、购房计划和建房资金，使1997年完成“广厦工程”第二步目标“教职工家庭人均居住面积达到市民平均水平8.5平方米”有了基本保证。市教委住宅办除牵头组织参建古美、真光、清涧、凉城、泾南5个住宅基地外，集中资金和力量重点建设泗塘、古龙两个基地的教工新村。泗塘教工新村从1995年8月开工，于1996年12月竣工，新村总面积约4.5万平方米，建成住房近600套；古龙教工新村占地20万平方米，计划建造住房15万平方米，可迁入教职工2000户，该基地已于1996年下半年开发启动，规划建成具有一流居住区水平的教职工新村。

〔**“211工程”与重点学科建设**〕 截止1996年12月，先后完成了上海医科大学、复旦大学、上海交通大学、中国纺织大学、同济大学、上海财经大学、华东师范大学、华东理工大学、上海外国语大学、第二军医大学、上海第二医科大学和上海大学等12所高校的部门预审工作。其中部委属学校10所（包括一所军事院校）、地方属学校2所。综合性大学2所、理工类4所、财经类1所、语言类1所、医药类3所、师范类1所，这些高校在综合实力、学科水平、教学和科研等方面在全国均有影响，有的处于全国领先地位。根据市委、市政府决定，重点支持复旦大学和上海交通大学两所高校进入“211工程”的立项建设，在“九五”期间，实施与国家教委的对等投入，对两校各投入1.2亿的专项经费。同时，市政府积极推进所有进入“211工程”的部委高校的共建工作，其中中国纺织大学、华东师范大学、华东理工大学在1996年9月，兑现上海出台的补贴政策。这一举措极大调动了部委高校教职工的积极性，产生良好效应。

1996年在前二批重点学科建设的基础上，完成了对上海大学等6校第三批地方高校的26个重点学科和对复旦大学等17所部委属高校申报的48个“上海市教委重点学科”的论证。在所论证的部委高校的48个学科中有5个国家级重点学科，9个博士后流动站，39个博士点，其余都是硕士点。这些学科与上海的经济建设和社会发展关系十分密切。其中与上海经济发展的“五大领域”、“六大支柱产业”、“三个中心”有关的学科有27个，占学科总数的56%；与精神文明建设和社会发展密切相关的学科有11个，占23%；与环境保护及市政建设、为农服务等急需解决的问题相关的学科有5个，占10.4%。各学科首批拟引进的大型精密仪器设备的论证工作已全面展开。1996年市财政已投入2000万元重点建设经费。

〔**高校体制改革**〕 上海市作为国家教委高教管理体制改革的试点地区，1996年高校布局结构调整迈出重大步伐。上海建材学院转由上海市管理，并与上海城建学院一起并入同济大学，完成了教育体制改革中，不同隶属关系的高校并校工作的示范性工程，在全国高教界引起很大反响，多次受到李岚清副总理和国家教委领导的好评。此外，机械工业部在上海的华东工业大学与上海机械高等专科学校合并为上海理工大学；中国石化总公司所属的上海石化高等专科学校并入华东理工大学，作为华东理工大学的石油化工学院。使全市的高校由去年的45所调整为41所。

西南七校和东北八校的合作办学工作进一步发展，正在向跨校进行大型联合科研攻关、远程教育校际联网等教学、科研、学科建设的深层方向推进。

招生和毕业生就业制度改革逐步深化。全市高校（除师范、农林专业外）已全部实行招生收费制度，并推进自主招生，科目组设置，推荐优秀高中毕业生进入高校学习等多项改革。毕业生继续实行在一定范围内的“供需见面”、“双向选择”的就业办法。1996年上海生源的毕业生就业率已达90%以上，非上海生源进沪就业的9320人，比上年增加11.6%。

为改变高中阶段应试教育的倾向，探索宽进严出的教育模式，1996年在国家教委的支持下，对筹建中的民办高校开展国家学历文凭考试试点工作，组织专家对全市6所筹建中的民办高校19个专业的学历文凭考试进行评审和考试组织工作。全市参加国家学历文凭考试的在校学生达2000余人，为高考落榜生就读大学取得文凭提供了新的渠道。

〔**教学管理**〕 1996年贯彻落实市高校教学工作会议精神，制订了《关于加强上海普通高校教学工作若干意见》，明确了“九五”期间加强教学工作的目标、任务及主要措施。

落实了1996年度教学建设经费2000余万元，教学专项经费达到了原来的20倍，使教学投入不足的状况有了突破性的改变，调动了广大教职工加强教学工作的积极性，使得重点课程教材、实习基地、教师工作条件等教学基础建设有了实质性启动的条件。

为加强对高等教育的教学评估和质量监控，全面提高教育教学质量，经市政府有关部门批准，正式成立上海高等教育评估事务所，开展教学评估。组织了上海市级教学成果奖的评审，评出197项，其中一等奖50项，二等奖70项，三等奖77项。

1996年接受国家教委和中国工程院的委托，组织了以面向21世纪高等教育改革和发展为主题的两院院士报告会，邀请本市高校和华东地区高校代表400余人参加，8位院士专家就高等教育、高等工程教育的宏观问题以及土木、自控、纺织、心理、脑科学、农业等学科发展趋势及对人才培养提出的新要求作了报告。报告会对面向21世纪教育内容和课程体系改革起到了推动作用。

1996年组织上海交通大学、同济大学、华东理工大学、上海工程技术大学、上海电力学院等校拟订深入开展产学合作教育试点工作的计划和具体方案，并召开了本市部分大中型企业董事长、经理和部分高校校长参加的产学合作座谈会，促进产学合作教育发展。同时组织旨在提高大学生能力的各种考试和竞赛，其中有大专英语能力考试，数模竞赛和机电一体化毕业设计大奖赛，推进计算机应用能力等级考试等，与劳动局合作建立了高校职业技术鉴定所和大学生职业技术鉴定考证制度，成立了华东地区高工专金工实习指导人员考试培训中心，加强大学生校内外实践教育环节，提高大学生实践能力。

〔**科研工作**〕 为落实上海科技大会和国家教委高校科技工作会议精神，市教委召开了科技工作会议，总结交流“八五”期间高校科技工作所取得的成绩与经验，并对“九五”期间高校科技工作提出新的目标与任务，还表彰了一批高校科研管理的先进集体和个人。在市第八次产学研招标洽谈会上，市教委组织20所高校的143项新型实用科技成果参加展出，展出成果占全市的64.71%；由市经委审核批准的首批36项产学研中标项目中，高校达19项，占52.7%；在市产学研联合办公室推荐的10项上海市重点产业项目中，高校有6项，占60%。

1996年召开了市校产工作会议暨先进表彰大会，表彰高教系统优秀企业10家，优秀厂长、经理19名，先进集体38个，先进个人50名。市教委积极推进高校校办产业现代企业制度进程，明确校办产业的目标与任务，加快理顺管理制度的步伐，加大企业机制转换的力度，开展现代企业制度的试点工作。同时落实校办产业流动资金周转金1500万元～3000万元。

1996年上海教育与科研计算机网络主干网复旦大学等9个节点第一批硬件配置和联网完成。主干网选用DDN专线，通过中国教育和科研计算机网华东地区网络中心、上海交通大学与国家教委CERNETTL和国际INTERNET连接。同时进行了远程教研和远程医疗诊断的演示，在全国乃至国际上产生了一定的影响。中国纺织大学和上海铁道大学也进入了网络。还积极支持上海大学、上海第二医科大学、上海师范大学、上海中医药大学、上海外贸学院和上海农学院的校园网建设，上海教科网还负责江西、浙江、福建三省教科网的接入和管理。1996年建立了由复旦大学等高校组成的“上海教学仪器市场”，举办了1996年秋季全国高校订货会。订货额达8000万元。

〔**教师队伍建设**〕 组建了1996年度高校高级专业技术职务评审委员会下属高评委学科组；完成1996年度高校教学、研究、工程、图书、实验五个系列的中高级职称评审，通过评审对象456名。与上海教育发展基金会合作，继续扩大培养高校跨世纪一流人才的“曙光计划”。经评审，有29位高校科技人员列入1996年“曙光计划”，名额扩大了50%，其中教授12名，副教授17名。

1996年组织高校优秀青年教师200名进行暑期社会考察。对8所高校的师资队伍现有问题及对策进行调查分析，为高校师资队伍建设提供参考依据。

〔**国际交流与合作**〕 1996年，全市高校及其他教育单位共聘请长期外籍专家和外籍教师250余人，短期专家1000余人，比1995年有大幅度的增长。同时，加强了外籍专家和教师规范化管理。对社会力量办学和中外合作办学机构聘请外教的管理工作进行了研究。

1996年，经评审，有51人获得出国留学基金资助。全市22所高校共接收来自99个国家和地区的外国留学生250多人，其中自费留学生占80%左右，短期留学生约3000人次。对40多位留学生负责人和其他留管干部进行了培训。

1996年加强对高校中外合作办学的调研和管理。全市高校中的中外合作办学项目共有27项，其中高等学历教育4项。下半年，对中欧国际工商学院等中外合作办学单位进行了有关办学基本情况的调研。

〔**学生工作**〕 1996年各校在“两课”改革中普遍开设“邓小平理论教程”课程，同时坚持“紧贴形势、紧贴学生思想”的原则，研究探索在建立和完善社会主义市场经济的条件下，对大学生进行价值观、人生观、世界观等思想教育的新路子。表彰了20名高校优秀政治理论课教师和优秀学生思想政治工作者。由于学生就业模式发生了根据性的转变，就业指导工作已成为德育工作的重要组成部分，各校均加强了就业指导工作。同时加强勤工助学、帮困工作的管理。1996年，市财政投入1350万元，各高校也加快了奖贷学金制度和勤工助学制度的建设，建立并扩大300多个社会实践基地，30多个勤工助学基地和实体，拓展社会实践岗位五万余个，建立勤工助学基金1800万元。全年用于学生勤工助学工时补贴500多万元，5.45万名贫困大学生得到资助。

1996年召开了高校纠风工作会议，对高校招生、办班、毕业就业工作中的不正之风提出治理意见。

〔**体育、卫生、艺术教育**〕 1996年，华东理工大学等8所高校被评为全国贯彻《学校体育工作条例》优秀学校。全市全年完成17项体育竞赛。在第五届全国大学生运动会上，上海高校获团体总分第4名，金牌和奖牌总数第6名。有32所高校开设大学生健康教育必修课和选修课，40所高校开设健康教育专题讲座，13所高校获1995～1996年度市爱国卫生先进单位。全市高校献血人数突破13000人次，其中无偿献血者超过1万人。献血人数比1995年增加10%。在“'96上海市第二届学生艺术节”上，有33所高校参加，举办了歌与舞展演、艺术作品展评和优秀艺术教育论文的评选，评选出29名高校优秀艺术教育教师。1996年还组织学生参加“金钥匙”科技竞赛、大学生应用科技发明大赛和青少年学生创造发明竞赛等各项科普活动。

撰稿　许宝元　徐钦福

成人教育

〔**综述**〕　1996年，上海成人教育以落实市教育工作会议和市成人教育工作会议精神为重点，紧紧围绕上海经济发展和社会进步对人才的需求和提高市民素质的要求，深化改革，得到了进一步的发展。各行业、地区把宣传、贯彻中华人民共和国《教育法》、《职业教育法》，增强依法治教、依法促教的自觉性，推动本行业、地区的成人教育改革和发展作为本年度一项重要的基础工作。《教育法》、《职业教育法》都涉及政府、行业、社会、学校、企业、学员等诸方面，各行业、地区采取生动活泼的形式，在各有关部门和市民、职工中进行宣传。市经委、建委等系统大力表彰和宣传尊师重教的企业和企业家。根据本行业、本地区的经济建设的实际需求，各行业、各地区都分别制订了成人教育"九五"发展规划或计划，确定了成人教育发展的总体目标、实现目标的主要对策措施等，并积极抓好"九五"开局工作。

1996年全市接受成人教育的总数达220万人以上。其中职工参加岗位培训的约135万人次，农民参加教育培训的73万人次，各类干部、专业技术人员参加学习培训与继续教育的达45万人次。

全市共有成人高校99所，其中独立设置的成人高校65所。广播电视大学进行"注册视听生"试点工作，全年招收英语、法律、财会3个专业"注册视听生"4790人，批准试点学校20个，初步建成20个学习指导中心。社会力量举办的院校1188所，就学人数150万人次；中外合作办学50所（班），就学人数约2万人；参加高等教育自学考试167714人，上半年专科毕业1344人，本科毕业95人；参加中等专业自学考试27860人，毕业894人；参加计算机应用能力考核35万人，通用外语水平等级考试5.2万人，经紧缺人才培训中心考核后取得《上海市岗位资格证书》1万人。

全市成人高校专职教师中，正高级教师125人，副高级教师965人，中级教师2963人，初级教师822人；成人中等专业学校专职教师中副高级教师484人；社会力量办学专兼职教师18273人，职工6935人。

〔**岗位培训和继续教育**〕　1996年，市经委制订《工业系统成人教育与职业技术教育发展方案》，围绕企业人才需求，大力开展"全面培训"、"持续培训"等形式的员工培训。市商委在1996、1997两年内实施"60102"计划，即通过教育培训，使中级工占工人总数的60%，高级工占10%，技师与高级技师占2%，并实行企业技能目标管理。

1996年岗位培训成绩明显。一是干部培训进展顺利，领导干部理论学习进一步制度化，教学方法和教学质量有了改进和提高，并逐步向专题培训深化。市委组织部举办"资产经营知识”大型系列讲座、“技术型企业管理”国际研讨会；市经委举办“企业融资管理”、“企业再造理论与实践”等专题培训班，培训企业领导干部3000余人；全市干部科技知识培训和人事管理岗位资格培训全面启动；市人事局完成全市47个委、办、局、区、县2万多人次机关干部的岗位培训补训，还组织新录用公务员的大中专毕业生和街道机关选聘人员共1000人的初任培训，开展晋升领导职务的任职培训课题调研，进行公务员专业知识培训和更新知识培训规章制度建设，加快了公务员分类培训探索的步伐。二是工人培训有新突破。市建委部署对外来建设者的劳务培训，利用电视教育手段，开辟培训多渠道，建立集中考核点28个，有13万人取得建设劳务资格证书；配合再就业工程下岗、待岗人员再培训发展很快，长宁区有14所成人学校开展下岗人员培训，共开设美发美容、汽车维修等十余个专业，对促进行业结构、产品结构调整和社会稳定产生了积极作用；技术工人培训滞后的现象引起行业的高度重视，市经委制定《高级工培训推进计划》，提出到2000年高级工占技术工人总数比例达到10%左右的目标，1996年培训高级工8000人。三是机制不断完善。市经委、建委、商委、农委、交通办等加快职业技能鉴定机构的建设，市劳动局批准建立62个专业职业技能鉴定所，基本形成全市性职业技能鉴定网络的框架，为推行职业技能社会化培训奠定了基础；《上海市专业技术人员继续教育条例》正抓紧制定；一些行业完善或制订有关培训的规章制度，市有色金属总公司制订了《有色公司职工教育条例》《有色公司教育责任考核办法》等；市教育、人事、经济等部门召开“继续教育培训项目招标中标现场会”，推广上钢一厂搞活继续教育机制的经验。四是管理手段逐步现代化。建立了“上海继续教育信息库”，继续教育进入上海信息港“一港九网”的大循环。

〔**教育评估**〕 一是继续开展对郊区各县（区）成人教育综合管理的评估。市教委、市农委、市成人教委继1995年评估了青浦县、浦东新区、嘉定区、闵行区、松江县等县（区）政府对成人教育综合管理工作后，1996年评估了宝山区、崇明县、南汇县、金山县、奉贤县等县（区）政府对成人教育综合管理工作。这项评估总结了一批先进典型经验，也发现了农村成人教育办学和管理上存在的一些问题，对于完善成人教育分级管理、分级负责的体制，加大农村成人教育的改革力度，加快教育行政部门转换职能都有积极的意义。二是继续开展对全日制高校函授、夜大学教育的评估。在认真总结、推广1995年对同济大学函授、夜大学教育评估试点经验的基础上，1996年市教委聘请成人教育专家分别对复旦大学、交通大学、华东师范大学等19所全日制高校夜大学和6所全日制高校函授教育进行评估，检查了复旦大学等5所全日制高校设在合肥、济南、福州、嘉兴的函授站工作，参与了国家有关部委华东政法学院、上海音乐学院、华东工业大学等12所全日制高校函授、夜大学教育的评估。根据专家组评估意见，市教委全日制高校函授、夜大学教育评估领导小组讨论决定评估等第，准备于1997年初通过新闻媒介向社会公布。三是继续开展对社会力量举办的院校办学和管理水平的评估。市教委组织了对上海民进业余进修学院、长宁区科技进修学院等评估。长宁区、闸北区、卢湾区、徐汇区、虹口区、南市区、闵行区、普陀区等对社会力量举办的学校进行视导和检查。为了使评估、视导逐步制度化，杨浦区、静安区、浦东新区成立了评估或资质审查机构。

为了完善评估体系。市教委修订了《上海市乡镇成人中等文化技术学校视导考核标准》，制订了《上海市区成人教育综合评估标准（讨论稿）》《上海市示范性乡镇成人中等文化技术学校评估指标体系（讨论稿）》，召开了上海市示范性乡镇成人中等文化技术学校建设研讨会和上海郊区成人教师进修学校工作研讨会。

根据专家组的评估意见，市教委在市成人中等教育工作会议上命名市电视中专、闸北区职工中专、徐汇区职工中专、南市区职工中专、上钢一厂职工中专、上钢三厂职工中专为市级示范性学校。本市示范性成人学校建设工作进入实质性启动。

〔**社会力量办学**〕　为了规范自学考试的社会助学活动，市教委、市高等教育自学考试委员会制定了《上海市自学考试社会助学管理暂行规定》，并通过严格的资格审查，向社会公布了二批共150所自学考试社会助学单位的名单。

1996年，加强了对社会力量办学的管理。市、区、县教育行政部门对全市社会力量举办院校的办学目的、办学条件、教育管理、教学质量等方面进行了检查、评估，对1016所社会力量举办院校予以重新登记和换发了市教委统一印制的《社会力量办学许可证》，有二百余所社会力量举办院校暂缓重新登记或不予重新登记，取消其办学资格。市教委着手拟订《关于进一步加强社会力量办学管理的意见》《上海市社会力量举办学院设置的暂行规定》《上海市社会力量举办学校设置的暂行规定》等，对市与区县社会力量办学管理的职责分工、严格审批程序、审批标准审批学校、加强招生广告验审、建立健全评估视导制度、规范财务管理等作出明确规定。市教委还组织了社会力量办学先进单位和先进个人评选活动。经市社联、市民政局批准，成立了上海市社会力量办学研究会。

〔**学校布局调整**〕　一是加快组建“长宁社区学院”步伐。市教委指导和协助长宁区政府加强对社区各类教育的统筹协调，在区域教育资源优化的过程中，结合地区成人学校布局调整，暂保留长宁区业余大学、长宁区教育学院的建制，撤销长宁区职工中专校、长宁区业余中学、长宁教育培训集团、长宁区成教培训中心等4所成人学校，组建“长宁社区学院”。“长宁社区学院”是长宁区政府主办的，以成人高等学历教育为重点，集普教、职教、成教为一体，职前职后相沟通的高中后多元化教育机构。“长宁社区学院”已报市政府审批。二是抓住政府专业经济部门调整、合并、改制的有利时机，市教委会同有关部门实施成人学校布局调整的方案。市教委会同市轻工控股集团公司对其所属18所成人中等专业学校合并组建轻工（集团）成人中等专业学校进行论证；市化工局与市医药局合并成立华益集团后，在原化工系统所属2所职大、3所成人中专、1所普通中专、1个培训中专的基础上组建化工教育培训中心。

〔**教育改革**〕　市教委召开了市成人中等教育工作会议，总结“八五”期间成人中等教育改革和发展的经验，提出“九五”期间成人中等教育发展蓝图，表彰了34个先进集体和150名优秀学员。“九五”期间全市将完成20～25万人高中阶段的培养任务，使45周岁以下从业人员中达到高中阶段教育的比例有较大提高，农村45周岁以下从业人员具有高中及以上文化程度与初中及以下文化程度的比例达到1：2。

市教委制订了《关于上海市成人中等专业学校教材管理的意见》《关于上海市成人中等专业学校试行学分制管理的意见》《上海市成人中等专业学校学分制学生学籍管理暂行规定》《关于进一步发展本市成人高中教育的意见》《关于上海市高等职业教育教学计划制定原则及实施细则（试行稿）》《关于加强和规范市电视中专和燎原职工中专“双证管理”的意见》等一批规章制度。同时进一步完善学会制。认真总结职工大学、地区业余大学联合学分制的工作，进一步推进第二专科实施学分制教学，组织上海电视中专、地区职工中专进行学分制试点，积极建立健全具有成人教育特点，符合校情的学分制。积极、稳妥地推进民办高校（筹）高等教育学历文凭认定考试试点。在77所成人高校中实施计算机学籍管理。

1996年制定和启动“上海市成人中等教育‘415’教材建设工程”，即在近二、三年内对财会、机电一体化、市场营销、企业管理四大类的基础课、专业基础课、专业课教材进行修订或重新编写。完成了语文、数学、物理、化学、地理、历史等六门成人高中文化课教材的第四次修订工作，并通过了专家和十九省市教育行政部门领导的复审。进行了数学、语文学科试题征集、试题库计算机软盘的设计。

〔**实施“燎原计划”**〕 1996年制订了《关于实施“燎原计划十、百、千工程”的意见》，并组织实施。郊区教育、农业、科技等有关部门选择了一批适应本地区经济发展需要的、实用性强、生产效益高、推广价值大的实用技术和科技成果，以职业学校、中等专业学校、乡镇文化技术学校等为教育培训基地，广泛开展技术培训、生产示范、信息服务、科技推广等活动。全年全市新增燎原项目320多个，示范、实验乡镇扩大到74个。召开上海市实施燎原计划经验交流会，总结推广嘉定区、崇明县、杜行乡等先进经验，进一步动员和部署实施燎原计划工作。制定《上海市“燎原计划”项目管理办法（试行）》，严格燎原项目上报审批程序和办法，加强燎原项目管理，并推行燎原项目培训证书制度，努力提高燎原项目实施人员的素质。组织新闻记者“燎原计划一日考察活动”。全年发放专项贷款385万元。

1996年，市教委、市农委、市农业局制定《关于在回乡初高中毕业生中进行绿色证书培训的几点意见》，培训回乡初高中毕业生5904人，占培训总人数8438人的70%。召开了上海市“绿色证书工程”培训工作总结表彰会，对南汇县、奉贤县、崇明县进行表彰。

〔**干部和教师队伍建设**〕 1996年市教委成人教育服务中心和第二教育学院采取“送教下乡”的做法，组织教师下乡上课，完成郊区（县）乡镇成教管理干部第一轮培训。他们把面授与自学，研讨与考察有机结合，力求教学内容新、信息量大，学以致用，对605名乡镇成校校长以及管理干部进行了320～360学时的岗位培训。经考核，已有343名学员取得市教委颁发的"干部岗位培训证书"。同时基本完成了社会力量办学校（院）长岗位培训。市教委委托第二教育学院承办，市教委成教服务中心协办社会力量办学校（院）长岗位培训班。有824名校（院）长参加，其中357名经考核已取得市教委颁发的《社会力量办学校（院）长岗位证书》，作为上岗任职资格、办学年检、办学评估的条件之一。市教委、市文化局建立了社会力量举办艺术院校教师持证上岗制度和督导检查制度，对艺术类兼职教师颁发了"荣誉任教证"、"任教证"。

1996年，市教委制定《关于本市成人中等学校干部、教师岗位培训和继续教育的补充规定》和《关于成人中等学校干部、教师岗位培训和继续教育实施意见（试行）》，确定华东师范大学、第二工业大学、上海电视大学、上海第二教育学院为成人中等学校教师继续教育基地，全年共有605名教师接受教育培训，近400名成人中等学校教师参加"专升本"学习。市教委还制订了《关于上海市各类成人学校实施〈教师资格认定的过渡办法〉的补充规定》，共有232所独立设置的成人中等、高等学校的5024名教师申报教师资格过渡的认定，4864名初审合格，其中成人高校2783名，成人中专1498名，成人高中523名，实习指导教师56名。

撰稿　张持刚　徐钦福

审稿　郑令德

江苏省教育

概　况

〔基本情况〕

1996年各级普通学校基本情况

单位：人

学校类别	学校数（所）	毕业生数	招生数	在校学生数	教职工数	
					计	其中专任教师
一、普通高等学校	66	63909	78755	232818	70761	27372
研究生		2728	4481	12243		
本科		23197	40808	127958		
专科		37984	33466	92617		
二、中等专业学校	213	85623	153839	409877	28229	13879
中等技术学校	177	72579	138156	367030	23004	11249
中等师范学校	36	13044	15683	42847	5225	2630
三、普通中学	4230	926863	1077535	3235466	263651	192769
高中	936	135857	206025	540796		38782
初中	3294	791006	871510	2694670		153987
四、农业、职业中学	441	82647	92206	258559	31882	21466
高中	440	82317	92087	257924		21385
初中	1	330	119	635		81
五、工读学校	4	151	59	218	115	82
六、小学	25836	902306	1353076	6878170	318471	279613
七、特殊教育学校	127	2737	5119	39793	3807	2784
八、幼儿园	18763		1166557	2061426	99009	83119

1996年各级成人学校基本情况

单位：人

学校类别	学校数（所）	毕业生数	招生数	在校学生数	教职工数	
					计	其中专任教师
一、成人高等学校	59	32410	64961	160486	11683	5763
广播电视大学	2	10935	11813	30551	4782	2288
职工高等学校	37	3436	5016	11732	3096	1649
农民高等学校						
管理干部学院	9	1350	2309	5143	1426	655
教育学院	11	1498	3889	9356	2379	1171
独立函授学院						
普通高校举办						
函授部		9281	25527	68202		
夜大学		3007	8628	22289		
干部专修科		2903	7779	13213		
二、成人中等专业学校	246	45636	68156	165362	12701	6599
广播电视中专	3	9261	14484	38515	645	346
干部中专	6	1895	1816	4767	477	179
职工中专	157	24014	29398	81069	7057	3747
农民中专						
教师进修学校	80	10466	22458	41011	4522	2327
三、成人中学	851	54191	60122	76616	5819	4255
职工中学	290	29989	30838	40455	3707	2526
农民中学	561	24202	29284	36161	2112	1729
四、成人技术培训学校	30554	5234425	4391134	4109337	24719	14424
职工技术培训学校	1825	737073	749781	637508	7086	4475
农民技术培训学校	28729	4497352	3641353	3471829	17633	9949
五、成人初等学校	5948	358552	274698	312505	5785	2889
职工初等学校	780	60753	52487	68219	1690	1000
农民初等学校	5168	297799	222211	244286	4095	1889
其中：扫盲班	1516	67087	44527	52898	1671	876

制表　张晓林

〔制订教育事业“九五”计划和2010年发展目标〕 1996年初，省教委组织人员研究制定《江苏省教育事业“九五”计划和2010年发展目标》。各地、各高等学校也普遍制定了教育事业的“九五”计划和2010年发展目标。在制定教育规划过程中，省委、省政府领导分片与各市政府领导共同研究各地教育规划，保证了全省教育规划与《江苏省国民经济和社会事业发展“九五”计划和2010年远景目标》的衔接，和与各地教育规划的衔接。同时，省教委还对省属高校“九五”计划和2010年发展目标进行了审批。

江苏制定的教育事业“九五”计划和2010年发展目标具有以下几个特点。一是充分肯定“八五”时期全省教育事业改革和发展的主要成就和基本经验。主要成就有：教育优先发展的战略地位基本确立；初步形成与地方经济社会发展相适应的教育体系的基本框架；探索与社会主义市场经济体制相适应的教育体制的改革取得显著成绩。主要经验有：必须抓住教育发展的机遇；必须明确政府办教育的责任；必须坚持为社会主义现代化建设服务的方向；必须坚持分类指导、分区推进的发展原则。二是坚持持续发展教育不动摇，确定教育事业发展目标。“九五”时期的目标是：全民受教育程度和劳动者素质全面达到小康标准对教育的要求，各级各类教育事业的发展水平居全国前列，部分地区基本实现教育现代化。到1996年全面普及九年义务教育，人口覆盖率达100%，初中入学率达95%以上。到2000年，全省九年义务教育的教育质量和办学水平显著提高，7～15周岁残疾儿童接受九年义务教育的比例稳定在90%以上。全省青壮年非文盲率以村为单位达98%以上，成人识字率达90%左右。市区及县以上城镇基本普及学前三年教育，农村积极发展学前二年或三年教育。全省高中阶段入学率达70%左右。普通高中在校生达65万人左右，各类职业技术学校在校生（含成人中专）达125万人左右。全省普通高校在校生达35万人左右，其中高等职业教育在校生达9万人左右。成人高校在校生达二十万人左右。18～21周岁学龄人口入学率达12%以上，研究生占本科在校生的13%左右。全省城镇企业和乡镇企业职工年全员培训率分别达50%和30%左右，工人技术等级在现有基础上平均提高一级，农副业从业人员年培训率达30%左右，回乡初中、高中毕业生普遍受到职业教育和实用技术培训，在职管理和技术人员轮训一遍。到2010年的发展目标是：继续保持江苏教育在全国的领先地位，教育整体水平较高。高中阶段入学率达80%左右，高等教育（含成人高等教育）入学率达20%左右。在高标准完成普及九年义务教育的基础上，基本普及高中阶段教育，基本实现教育现代化，基本达到中等发达国家和地区的教育发展水平。三是坚持以改革促发展的原则，提出了教育改革的要点和措施。主要包括：继续完善基础教育分级办学、分级管理的体制；在政府统筹管理下主要依靠行业、企业、事业单位办学和各方联合办学，推进职业教育和成人教育的体制改革；以推进多种形式的联合办学为中心，深化高等教育办学和管理体制改革；深化农村、城市和企业教育综合改革；推进教育教学改革，努力提高教育质量。四是坚持区域教育共同发展。根据分类指导、分步推进的思路，对苏南、苏北提出了不同的目标任务。如到本世纪末，苏南地区85%左右的乡镇和学校、苏中地区25%左右的乡镇和学校达到基本现代化要求。苏北地区积极进行教育现代化的试点工作。

〔**推进教育现代化**〕　年初，在省教委召开的1996年教育工作会议上，省委、省政府提出江苏要在全国率先实现教育现代化的任务。全省各地加大教育现代化工程和教育促小康工程实施的力度。教育现代化工程的实施由苏南到苏北，由学校、乡镇到县(市)、省辖市，由基础教育到各类教育，由装备条件到各个方面全面展开。一是制定了教育现代化实施规划。根据"政府负主责、乡镇主阵地、学校为主体、社会共参与"的原则，以乡镇和学校为重点，形成了全省实施教育现代化规划。二是制定乡镇和学校教育现代化建设标准。从教育思想、教育发展水平、教育教学体系、装备条件、师资队伍和教育管理等方面分别提出了建设标准。三是制定了乡镇教育现代化评估办法，并进行评估工作，在全省评估确定5个实施教育现代化工程的示范乡镇。四是进行干部培训，先后组织市、县教育行政部门负责人和实施教育现代化的试点乡镇的乡（镇）长进行培训。五是进行教育现代化理论研究，召开教育现代化咨询会，对江苏教育现代化的目标、内涵以及实施对策等问题进行研究。与此同时，5月召开了全省教育促小康工程实施工作经验交流会。省政府发出《江苏省关于加快实施教育促小康工程若干问题的意见》，对全省教育促小康的目标、任务和政策、措施进一步作了规定。据无锡、常州、徐州等10个市的不完全统计，1996年全省用于教育现代化工程和教育促小康工程的投入达25亿多元，新建和改造校舍304.5万平方米，新征土地680多公顷，新添设备335万件（台），增加图书1022万册，师资培训33万人次。

〔**教师队伍建设**〕　11月，省政府召开全省师资工作会议，发出《关于加强教师队伍建设的意见》，进一步明确了加强教师队伍建设的目标任务、基本思路和政策措施。省人大审议并通过了《江苏省实施〈教师法〉办法》。省教委、教育工委制定了全省普通高等教育、基础教育、职业教育、成人教育教师队伍建设"九五"规划及《加强教师队伍思想政治建设的意见》等一系列文件。加快新师资培养，增加师范院校招生计划，招生人数达1.4万人，比上年增加3600人，其中本科增加2500人。职业教育从专科学校挑选优秀毕业生学习一年后，享受本科待遇，充实到职教师资队伍中去。全省有2万多名民办教师转为公办教师，有60多万名各级各类学校教师取得教师资格证书，评选了第五批中小学特级教师132名。省政府还召开全省教职工住房建设工作会议，教师住房建设速度加快。1996年，全省教师住房建设完成投资11亿元，开工面积176万平方米，竣工面积134万平方米，其中省属高校12万平方米，城镇中小学122万平方米，相当于"八五"前四年的总和。部、委属高校教职工住房建设也有了新的进展。

〔**依法治教**〕　加强教育法制宣传。全省抓住《职业教育法》颁布施行、《江苏省实施〈教师法〉办法》审议通过和全省实现"两基"任务的机遇，组织干部、教师、学生学习、宣传《教育法》《义务教育法》《教师法》《职教法》等教育法律、法规。进一步明确了各部门执行《教育法》的职责。计划部门保障教育在国民经济发展计划中的优先位置；财政部门保证教育的资金需求和增长比例；基本建设部门优先安排学校的基建用地及所需物资；人事部门优先落实提高教师待遇的各项规定。10月，国务院教育执法检查组对江苏省执行《教育法》情况进行检查，检查了常州市、锡山市的情况。肯定锡山市等地执行《教育法》，实行“三个结合”的做法，即规范政府行为，把贯彻实施《教育法》与落实“科教兴市”战略，推动教育现代化工程顺利实施结合起来；规范学校行为，把实施《教育法》与依法治教、依法治校，推进素质教育结合起来；规范社会行为，把实施《教育法》与增强全社会的重教意识，广泛动员社会各界参与和支持教育结合起来。1996年，江苏在常州市进行教育执法与监督试点。常州市制定了教育执法与监督试点的方案，建立领导机构，并对依法增加教育投入、加强教师队伍建设等进行专题检查。省教委在机构改革中设立了政策法规处，加强教育执法与监督的队伍建设。南京等市教育行政部门也设立了政策法规机构，充实力量，统筹管理教育法制工作。

撰稿 朱卫国

基础教育

〔**综述**〕 1996年，全省小学比1995年减少1226所，在校生比1995年增加43.05万人，小学适龄儿童入学率为99.81%。初中比1995年减少182所，在校学生比1995年增加4000人。小学毕业生升入初中的升学率为96.6%，比1995年提高0.03个百分点；初中毕业生升入高中阶段学校的升学率为61.22%，比1995年提高4.47个百分点。在校学生的年巩固率，小学为99.72%，初中为97.53%。教师学历达到国家规定合格学历的比例，小学为91.17%，比1995年提高1.51个百分点；初中为80.78%，比1995年提高3.75个百分点。

1996年，全省普通高中有936所，其中高级中学101所，完全中学835所。高中教师中达到本科及以上学历的占60.89%。与1995年相比，普通高中学校数减少27所，平均每校学生数增加82人，高中招生数增加2.13万人。高中教师学历达标率提高2.07个百分点。另有民办高级中学13所，完全中学13所。共有专任教师171人，在校学生4261人。

1996年8月底，全省11个省辖市的106个县（市、区）、2071个乡（镇、场）全部普及了九（八）年义务教育（行政区划调整后，为13个省辖市，107个县、市、区，2068个乡、镇、场），比原定规划提前两年完成了义务教育的普及任务，10月，经国家教委检查验收通过。国家教委为此发布新闻公报，江苏省为全国首批实现“两基”的省份之一。

1996年6月，省教委制定了《关于认真做好中小学招生工作的若干意见》,对进一步完善招生办法，规范招生行为提出了具体意见，并要求各地有计划、有组织地选择有条件的学校积极进行办学体制改革试点。

撰稿 成尚荣 林 放 袁云亭 陆 怡

〔**全面普及九年义务教育**〕 到1995年底，全省还有38个乡（镇）尚未普及九年义务教育。为确保在1996年全省全面普及九年义务教育，继续把义务教育摆在“重中之重”的位置，狠抓普及和巩固提高工作。2月，省教委制定并发出《义务教育阶段薄弱学校情况调查表》,要求各地对本地所有义务教育阶段学校作一次全面的摸底调查，掌握情况，一手抓普及，一手抓巩固提高。3月，省政府在沭阳县召开了义务教育汇报会，省长助理王珉、省教委主任王湛在会上作了报告，部署最后4县38个乡（镇）的普及九年义务教育工作和全省的巩固提高工作。6月，省人大常委会在丹阳召开了纪念《义务教育法》颁布十周年座谈会，会上交流了各地依法实施义务教育的情况和经验。7月，省教委主任王湛、副主任冒瑞林等分别带队到四县检查指导义务教育的普及工作。8月，在南京召开了对口支援协调会，组织、协调苏南12个县（市）与苏北11个县（市）开展“手拉手、一帮一”活动，支援苏北贫困地区的义务教育工作。9月，省政府又在淮阴召开了苏北片教育工作座谈会，交流义务教育等方面的工作情况。为了加大对义务教育的投入力度，省财政在前几年连续安排“一无两有”专项经费1800万元和义务教育专项补助经费的基础上，又拨出2000万元专项经费，对4县义务教育普及和其他县义务教育巩固提高工作给予支持。各地也在财政困难的情况下，想方设法筹集专项资金用于义务教育的普及和巩固提高工作。在加强办学条件建设的同时，各地在学校管理、制止流生、义务教育档案建设、教育质量提高等方面，做了大量工作，使全省义务教育总体实施水平有了明显提高。到1996年9月底，全省106个县（市、区）全部普及了九年义务教育，人口覆盖率为100%。

1996年10月，以国家教委副主任柳斌为团长的义务教育检查团，对江苏省的义务教育进行了检查评估。检查团抽查了盱眙县、淮安市、泰兴市、江宁县、句容市、吴江市、张家港市的义务教育情况，同时对常州市和锡山市《教育法》的执行情况进行了检查。检查团对江苏省义务教育的总体实施情况，以及在确定义务教育的战略地位、依法治教、教育投入和师资队伍建设等方面给予了充分肯定。

评估验收“普九”县（市、区）。1996年4月和6月，省政府组织验收组分两批对1995年和1996年申报九年义务教育验收的泰兴市等18个县（市、区）进行了评估验收。验收组实地抽查了部分义务教育阶段的学校，共抽查105个乡（镇）、405所小学、173所中学（含完中）。经评估验收，确认1995年普及九年义务教育的睢宁县等14个县，以及1996年普及九年义务教育的沭阳县等4县，共18个县（市、区）达标。经国家教委审核，这18个县（市、区）都达到了国家规定的标准。

〔**省级实验小学视导评估**〕 省教委继1995年制定了《进一步办好实验小学的意见》和《江苏省实验小学视导评估方案》后，1996年又制定发出《江苏省实验小学视导评估办法》，并进行了首批省级实验小学的视导评估。11月和12月，组织人员分两次对全省36所申报省级实验小学的学校进行了视导评估。视导评估的重点是实验小学必须名副其实，成为素质教育的模范、教改实验的主要基地和现代化教育工程的示范。参加评估的人员有省、市、县（市、区）督学和教育行政部门的干部，小学校长，省、市教科研人员等。视导评估组对照视导评估方案，通过听汇报、查阅资料、现场察看、听课、测试、问卷调查、个别走访和交谈等形式，对申报学校进行了全面的视导评估。经评估南京市琅琊路小学等11所实验小学为免检学校，南京夫子庙小学等12所学校被确认为江苏省实验小学，南京市长江路小学等11所学校被新确认为江苏省实验小学。

〔**素质教育**〕 1996年总结和推广了一批开展素质教育较好的地区和学校的先进经验。在泰兴洋思中学举办了两期初中校长素质教育培训班，推广洋思中学的经验。12月，在南通召开了“情景教学——情景教育”学术报告会，交流研讨实施素质教育的有效途径及其成果和经验。9月，省教委颁发了《小学生素质发展报告书（试行）》，开始组织部分县或部分学校试行。计划到1998年，根据试行情况对报告书进行修改并正式在全省使用。同时转发和宣传了吴江市小学素质教育评价方案，以推动学校素质教育的深入实施。为进一步推进素质教育的区域性进程，12月省教委提出了在全省建立“省级素质教育实验区”的设想及有关意见。

撰稿 成尚荣 林 放

〔**高中教育**〕 1996年1月，省教委发出《转发国家教委〈关于办好普通高级中学的若干意见〉等三个文件的通知》，并结合全省实际，提出了具体贯彻意见。《通知》指出，全省普通高中教育的改革与发展要在近几年已经形成的基本思路的基础上，进一步优化布局，调整结构，深化改革，提高质量。要坚持分区规划、分类指导的方针，切实办好不同地区、不同类型的学校。各地要结合实际，在高质量普及九年义务教育的基础上，适度发展事业规模，使全省普通高中在校生到2000年达到60万人左右。以保证下世纪初高中阶段教育的普及和高校逐年扩招的需要。《通知》要求：(1) 进一步调整学校布局，优化教育资源配置，坚持走内涵发展的路子，提高普通高中规模效益。(2) 推进普通高中办学体制改革，拓宽办学渠道，增强学校的办学活力。(3) 深化普通高中办学模式改革，促进各类学校办学模式的定位。全省普通高中主要有三种模式：侧重升学预备教育任务的国家示范性高中和省、市重点高中，分流形式的综合高中，以及特色高中。无论举办哪种模式的学校，都应坚持普通高中的性质，为全面提高学生素质打好基础。(4) 要进一步转变教育观念，克服应试教育倾向，严格按国家颁发的教学计划开设课程，切实减轻学生过重的课业负担，努力发展学生的兴趣、爱好和特长。国家示范高中和省重点高中要积极启动教育现代化工程，带头实施素质教育，做素质教育的模范。(5) 要切实加强对普通高中工作的领导，把普通高中的建设纳入教育改革和发展的“九五”计划和2010年发展目标，纳入当地经济和社会发展的总体规划，采取有效措施，提高普通高中的整体办学水平，使普通高中教育与其他各类教育协调发展，继续保持我省普通高中的办学优势。

重点高中教育。为办好省级重点高中，1995年5月，省教委重新修订颁发了《江苏省重点高中合格标准》和《江苏省重点高中评估验收细则》。10月，组织力量对首批申报的7所学校进行了评估验收。通过对申报学校在贯彻教育方针、发挥示范实验作用、学校管理和改善办学条件等方面的综合评估，认为申报学校都达到了省重点高中合格标准。1996年5月，经省教委研究决定，确认南京市第九中学等7所学校为江苏省合格重点高中。

普通高中会考。1996年3月，全省普通高中第三轮会考结束。据统计，参加会考人数13.43万人，合格人数12.07万人。为加强普通高中会考实验、劳技课操作考查，继1995年6月第一次抽查后，省教委又分别于1996年4月和12月，组织力量对南京、镇江等10个市的141所普通高中的理科实验和劳技教学现状进行了两次视导检查。1996年第一次抽查的57所学校中有25所不合格，占抽查总数的43.85%。7月，省教委发出《关于普通高中理科实验、劳技教学第二次抽查情况通报》，要求凡是抽查不合格的学校，各地必须认真研究，做到思想、经费、时间、措施四落实，对所属普通高中逐校进行检查摸底，缺什么补什么，年底前要限期达标。1996年第二次抽查的84所学校中，有9所学校不合格，占抽查总数的10.71%，省教委要求凡在抽查中被认定为不合格的学校，要抓紧工作，在1997年5月底以前做好准备，经当地县（市、区）教育局认定合格后，省教委将逐校逐项检查。如无报告或核查仍不合格，将取消其1997年普通高中会考资格。1996年，免予参加省级统一会考的试点学校由1995年的16所扩大到20所及3个特色班。为加强会考理论研究工作，1996年，省教委举行了江苏省普通高中会考首届论文评选活动，共收到参评论文104篇，评出一等奖5篇，二等奖8篇，三等奖16篇，优秀论文奖26篇。

撰稿　袁云亭　陆　怡

〔**幼儿教育**〕　1996年，全省共有幼儿园18763所，班级60091个，在园幼儿206.14万人，教职工总数99009人，与“八五”初期的1991年相比，事业有了较大的发展，办园规模平均增加21人，质量和效益也都有了明显提高。

研究制订幼儿教育发展目标。“八五”期间，全省幼儿教育事业发展较快，城市已基本普及学前三年的幼儿教育，农村普及了学前一年教育。今后5年到15年，为实现省委省政府提出的全面奔小康和基本实现现代化的目标，幼儿教育必须主动适应这一目标要求，并争取超前发展。为此提出幼儿教育发展目标为：“九五”期间，全省基本普及学前三年教育，满足家长送子女入园的要求，积极推进幼儿教育现代化。到2000年，10%左右的幼儿园基本达到现代化标准；全省一类幼儿园不少于3000所，建设省级示范性实验幼儿园200所。再经过10年的努力，办好每所幼儿园，全面提高保教质量，60%左右的幼儿园基本达到现代化标准，幼儿教育的数量和质量均能满足全省社会经济及人民生产和生活的需要，基本形成具有江苏特色的幼儿教育体系。为保证上述目标的实现，省教委制订了分步、分区域实施的规划，提出了保障措施。

学习贯彻《幼儿园工作规程》(以下简称《规程》)。1996年3月9日，国家教委正式颁布《规程》，于6月1日起施行。为推动全省更好地学习和贯彻《规程》，省教委召开学习贯彻《规程》座谈会，同时还制订了一系列办园标准和评估细则，将《规程》精神分解成具体的、可操作、可评估的指标体系，以便于基层理解和操作。为了将《规程》思想转化为幼儿教师的教育行为，省教委于12月在江阴举办全省幼教干部培训班和贯彻《规程》研讨会，着重探讨如何提高教育技能，规范教育行为，让《规程》所体现的新的儿童观、教育观真正落实到幼儿的发展上。

表彰先进。近几年来，全省各地在认真实施《幼儿园管理条例》《幼儿园工作规程》《托儿所、幼儿园卫生保健管理办法》和《江苏省幼儿教育暂行条例》的过程中，涌现出不少先进典型。为充分调动各级政府和社会各方面办好幼儿教育事业的积极性，1996年12月，省教委、省卫生厅、省妇联联合表彰了南京市栖霞区等12个幼儿教育先进县(市、区)、南京军区司令部第103个幼儿园先进主办单位和秦红等107名幼儿教育先进工作者，并分别授予“江苏省幼儿教育先进县（市、区)”、“江苏省幼儿园先进主办单位”和“江苏省幼儿教育先进工作者”称号。此外，南京市鼓楼区、张家港市、锡山市和靖江市受国家教委表彰，被授予“全国幼儿教育先进县（市、区)”称号。

建设示范性实验幼儿园。省教委于1996年5月制订了《江苏省示范性实验幼儿园标准（试行)》，对幼儿园的办园指导思想、办园水平和质量、办园特色、科研示范、现代化设施和管理等方面提出了高标准和严要求，并发出通知，对创建工作作出部署。在此基础上，下半年又制订了《江苏省示范性实验幼儿园评估细则（试行)》和《江苏省基本实现现代化幼儿园评估细则（试行)》，两者配套使用。现代化幼儿园评估合格者，方能申报省级示范性实验幼儿园。《江苏省基本实现现代化幼儿园评估细则（试行)》将评估指标体系分一、二、三级指标，其中一级指标4项，二级指标12项，三级指标46项，总分500分，达425分以上为合格。《细则》注意从教育观念、师资、管理、保教质量、设施设备、教育手段的运用等各个层面上全面推进幼儿教育现代化进程。

园长队伍建设。1996年，省教委转发了国家教委制订的《全国幼儿园园长任职资格、职责和岗位要求（试行)》（以下简称《资格》)，并提出贯彻意见，要求全省各地一要认真组织学习，积极采取措施，尽快使各类幼儿园园长逐步达到《资格》要求；二要严格按《资格》要求选拔、使用和考核园长，将德才兼备的幼儿教师推上幼儿园工作的领导岗位；三要认真组织园长岗位培训，争取用四年左右的时间，完成园长岗位培训任务，对经培训仍未达到《资格》要求的，要调离园长岗位；四是组织实施《资格》要选择一个城区和乡镇先行试点，取得经验逐步推开，城市及经济条件较好的农村地区，要在两年内基本达到《资格》要求，其他地区争取四年内基本达到《资格》要求。

撰稿　袁云亭　赵桂丽

〔**特殊教育**〕 1996年，全省有特殊教育学校127所，招生5119人，毕业生数2737人，在校学生39793人。为进一步推动全省特殊教育学校教师教学基本功训练活动的开展，全面提高师资队伍素质，大面积提高特教学校的教学质量，省教委于8月在常州市聋哑学校举办全省特教学校青年教师教学基本功大赛，有60名选手参赛。比赛主要项目有：书面答卷、说课、基本功及特长表演、借班上课。比赛结果，镇江市特殊教育中心赵庆等5人获得聋校组一等奖；南京特殊教育师范学校附小戴洁等6人获得培智学校组一等奖。

举办聋校新教材培训班。为加快落实国家教委新颁发的《全日制聋校课程计划（试行)》，省教委于8月底在常州市聋校举办《全日制聋校实验教材》师资培训班。新教材包括思想品德、语文、数学、美术、体育、律动等学科。通过培训，学员们基本都能理解并掌握这套新编教材的编写指导思想、知识体系和编写特点及其教学要求。

1996年4月，香港弱智人士服务协进会访问团和香港聋哑教育专家团分别访问了江苏省。访问期间参观考察了有关特殊教育师范学校、培智学校和聋校，对江苏省特殊教育的发展水平给予了高度评价。11月和12月，江苏省也分别组织了弱智教育访港团和聋教育访港团赴港访问。

撰稿 袁云亭 程盖基

〔**校长培训和教师队伍建设**〕 1996年，全省适当加快了培养专科程度小学教师的五年制师范的建设步伐。一是省教委会同省计经委、财政厅、人事厅、公安厅、粮食局发出《关于适当加快培养专科程度小学教师的意见》，对五年制师范的学制、培养目标、报考录取、经费待遇、办学模式等问题作了政策性规定。二是增加招生计划，1996年使用地方大专招生计划，招收“五年一贯制”学生2403人，“三二分段制”学生1249人，合计3652人。三是扩大试验布点，7月，新增太仓、吴江、洛社、武进、扬州、淮阴6所中等师范学校进行“五年一贯制”试验，南京师范大学附属幼儿师范学校进行“三二分段制”试验，另有4所师范学校采取挂靠方式，设立办班点办学。这样，全省五年制师范学校有国家教委批准布点6所，省内扩大布点13所，共19所，占全省中师总数的53%，另有4所学校设办班点。四是研讨课程计划，6月，在南通师范学校召开五年制师范课程论证会，交流了各校执行五年制师范教学计划的情况和经验，分析了存在问题，研究了今后的改革措施。

首届中小学教师自学考试学员毕业。全省中小学教师自学考试自1993年开考以来，共开考专科层次16个专业，专科起点本科层次5个专业。1996年6月，首届中小学教师专科层次自学考试学员19093人通过各门课程考试，圆满毕业。12月，又有第二批学员共10492人取得专科毕业证书。

制订江苏省“九五”期间中小学校长培训规划。1996年，省教委制定了《“九五”期间江苏省中小学校长培训规划》及其贯彻实施意见。提出“九五”期间，江苏省中小学校长培训要实现以岗位培训为主向岗位培训和继续提高培训并举、以提高培训为主的工作重点的转移，逐步形成以实施“百名名校长工程”为龙头，以骨干校长培训为重点，以专题培训为主要形式的多层次、多类别、多形式、重实效的提高培训的新格局，更有效地为实施江苏教育现代化工程服务。“九五”期间,对新提拔的校长要限期实施岗位培训。与此同时，要通过多种形式和层次的提高培训，使已经取得教育管理专业专科毕业以上学历或岗位培训合格证书的中小学校长再普遍轮训一遍，使每个校长5年中接受提高培训的累计时间在250学时以上。通过有效的培训，使现有中小学校长政治、业务素质和管理水平都在原有基础上有新的提高，基本建成一支政治方向坚定、思想作风过硬、业务素质优良、熟悉现代化管理、结构合理、适应江苏基础教育改革和发展需要的中小学校长队伍。

制订江苏省“九五”期间中小学教师培训规划。4月，省教委印发了“九五”期间《关于开展中学教师培训工作的意见》《关于开展小学教师培训工作的意见》《关于加强幼儿园教师培训工作的意见》3个文件，提出了“九五”期间,江苏省中小学教师培训目标是：以实施“名教师工程”为龙头，以培养骨干教师为重点，采取多种形式，造就一支层次高、素质好、后劲足的中小学教师队伍。中小学教师培训包括学历补偿教育和继续教育两个方面，其中继续教育主要包括教学基本功训练、新教师试用期培训、骨干教师培训、岗位职务培训、各类专题培训、提高学历培训等几种层次和类型。

撰稿　杨九俊　吴仁林　傅祝余

职业教育

〔**综述**〕　1996年全省普通中等技术学校招生比上年增长27.05%；在校生比上年增长31.49%。有技工学校185所，招生3.93万人，在校生10.64万人。加上中师，全省中等职业学校共招生28.52万人，比上年增长11.3%，在校学生达77.41万人，比上年增长14.22%，招生数和在校生数占高中阶段的比例分别为58.06%、58.87%。

〔**学习贯彻《职业教育法》**〕　8月，省人大教科文委、省教委等部门联合转发了全国人大、国家教委等七部门关于学习宣传和贯彻实施《职业教育法》的通知，对全省学习贯彻《职业教育法》提出了要求，一是要把学习宣传和贯彻实施《职业教育法》作为全省推进职业教育改革和发展的一项重要任务；二是要通过学习宣传《职业教育法》，推动社会各方面明确并依法履行兴办职业教育的职责和义务；三是把学习宣传和贯彻实施《职业教育法》与总结全省职业教育发展经验、深化改革相结合。省人大、省政府召开了学习宣传和贯彻实施《职业教育法》的座谈会，省人大常委会副主任吴锡军、省长助理王珉出席会议并讲话。同时，充分利用宣传工具，组织多种形式的宣传活动。江苏电视台、电台和多家报社就学习、贯彻《职业教育法》作了连续报道及典型报道，省、市、县各级政府领导均发表了电视讲话。9月1～7日，开展了全省性的《职业教育法》宣传周活动，组织师生为民咨询和服务；组织各级人大代表和党政领导视察职业学校。召开了各市教育部门和省各有关部门教育处负责人、省部属中专和省级以上重点职中校长等参加的座谈会，对各地学习、宣传和贯彻《职业教育法》作出部署。根据全国职教工作会议精神，结合江苏实际，已着手制定《江苏省实施〈中华人民共和国职业教育法〉办法》。

〔**教师队伍建设**〕 配合全省师资工作会议，在调查研究的基础上，制定了职教师资"九五"建设规划：到2000年，全省中专、职业高中教师由3.25万人增加到6.98万人，师生比达到1∶15左右；60%的职业高中教师、70%的技工学校教师、90%的中专教师达到国家规定的合格学历，省重点职业高中、技工学校中的学科带头人、骨干教师达到研究生水平；中等职业学校教师的培养培训，由省负责规划；文化课和专业基础课教师主要由各级师范院校培养，教育学院培训，其他高校参与，专业课教师由高等职业技术师范院校和其他高校培养培训，普通高等师范参与；进一步拓宽职业教育师资培养培训渠道，在师范院校和综合性大学成立职教学院；鼓励企事业单位的工程技术人员和能工巧匠到职业学校担任专业课教师或实习指导教师。

从非师范类大专生中挑选优秀毕业生，进行一年的技术师范课程教育，培养为职教师资。5月省教委、计经委、财政厅、人事厅、公安厅、粮食局联合印发《关于挑选部分优秀应届大专毕业生培养为职业学校专业课师资的通知》，决定从1996年起在三年制普通专科学校、职业大学和普通高校大专班挑选适合从事职教事业的优秀毕业生，转到有关院校继续学习一年教育理论，并进行教学和专业实践，毕业后分配到职业高中、中专校担任专业教师。1996年全省共挑选735人。

举办单独招收大专起点职教师资本科班，共有常州技术师范学院、南京师范大学、苏州大学、扬州大学、徐州师范大学五所高校举办机械制造工艺及设备、应用电子技术、建筑工程、化工工艺、烹饪、农业多种经营、工艺美术等专业，单独考试招生，学制三年。1996年招考1100人。

〔**试办高职班**〕 经省政府同意，决定从1996年起选择少数有条件的中专校和社会急需、充分体现高职特点的专业试办高职班，满足全省现代化建设对高等职业技术人才的需求。6月，印发了《关于在我省有条件的中专校试办高职班的意见》。1996年，全省共有南通航运学校等16所中专校18个专业试办五年制高职班，招生900人。另有国家教委批准在无锡机械学校和南通纺织学校举办高职班，招生240人，共有高职在校生1380人。

〔**专业建设**〕 根据职业教育的特点，以专业的现代化启动职业教育的现代化。2月，省教委印发了《关于加强职业高级中学专业建设的意见》，对职业高中如何加强专业建设，在意义、目标和要求、专业设置及其原则、教学文件和教材建设、师资、实验实习基地、教学改革、投入和专业评估等方面都提出了具体要求。其目标是：以全省“九五”及2010年产业结构调整规划和地方支柱产业的建设为依据，以教学体系的现代化为核心，以条件装备的现代化为物质基础，以师资队伍建设为根本保证，要通过有计划地实施，在全省建一批重点专业群体。要求各市根据支柱产业的需要，至少建设好一、二个重点专业。国家级重点职业高中在“九五”期间要实现骨干专业现代化，省级重点职业高中在2005年要实现骨干专业现代化，一般职业高中要在2010年实现骨干专业现代化。

10月，省教委正式批准印发机电一体化专业和现代农业类专业现代化建设的试点方案并开始实施。共有南京机电学校等23所中等职业技术学校开展机电一体化类专业现代化建设试点，苏州农业学校等16所中等农职业学校开展现代农业类专业的试点，有关专业的教学计划已初步审定，教材建设、师资培训、实验实习基地建设等按照专业现代化建设的既定目标全面展开。同时，省教委委托东南大学组织了试点学校校长和专业教师培训班，并在经费、师资、教材等方面加大投入，加快建设。

〔**职教中心建设**〕 4月，省教委和计经委在睢宁县联合召开了职教中心建设工作座谈会，省长助理王珉在会上讲话，就全省加强职教中心建设、发展职业教育提出了三点意见：一是进一步提高思想认识，增强大力发展职业教育的责任感和紧迫感；二是认真落实教育工作的“两个重要转变”，进一步加快职业教育的改革发展；三是切实加强领导，努力为职业教育的改革和发展提供有力保障。省教委组织起草了《关于加强职教中心建设的意见》，对职教中心建设提出具体的目标和要求，制订了全省职教中心办学及评估标准。经采取一系列措施，各地建设职教中心的力度加大，无锡、淮阴、镇江、苏州等市和锡山、沛县、新沂、洪泽、江宁等县（市）职教中心建设进展较快。1996年，基本完成了省政府要求的建成25所示范性职教中心的任务。

〔**高校招收职校毕业生**〕 江苏省从1987年起开展普通高校单独对口招收中等职业学校毕业生工作，使对口招生工作规范化。1996年2月省高校招生委员会、省教委印发了《江苏省普通高校单独招生工作实施办法》，对招生计划、招生对象、工作程序和毕业生就业等都作了明确要求。全省有24所高校20多个专业招收职业高中毕业生3100多人，比1995年增长34.8%。

〔**苏南现代职教制度改革试点**〕 12月9～11日，省教委在江阴召开了“现代职教制度改革试验座谈会”，总结苏南现代职教制度改革试验基本情况和经验。一年多来，常熟、江阴、武进三个试点市都制订了试验方案并已实施，取得了一定进展。尤其在明确行业、企业办学责任，推进企业参与办学以及中外合作办学方面有所突破。常州市成立了行业教育训练委员会，以保证行业企业办学的有效运行机制的形成；苏州市区通过企业自办、企业与企业联办、企业与学校联办、部门

(行业)单独办学、组建职教集团等多种模式，积极推进行业、企业办学，市区职业学校在校生中属于经济部门定向或企业委培的约占80%；武进市开通从乡镇企业筹集职教经费的政策；江阴市酝酿在30个工种范围实行先培训后上岗的乡镇企业劳动制度。会议决定新增张家港、昆山、锡山、宜兴、溧阳五个市参加苏南现代职教制度改革试验。

〔**教学、管理工作**〕 1月，省教委在江阴召开了全省职教教学工作会议，主要任务是总结、交流全省职教教学方面的主要工作和基本经验，梳理存在的主要问题，研究在新的历史条件下如何进一步加强教学工作，推进职教现代化。1996年，加强了教学视导，强化教学管理。在全省组织了对中专学校校外办学点的办学条件、办学质量的检查，并对职业高中的教学管理进行了检查。

评选"文明校园"。近几年，江苏省高度重视中专校的规范化管理和校风、学风、校园环境建设，在1990年开始狠抓校园、教室、学生宿舍、餐厅等四项管理基础上，1994年又颁发了学生管理规范和后勤管理规范，1996年对全省中专校开展两个规范贯彻情况进行了检查评估，全省共有157所中专校参加评估，根据评估结果，对贯彻两个规范成效显著、校园环境优美、校风学风好的南京铁路运输学校等63所中专校授予"文明校园"称号。

撰稿 马 斌 徐 萍

〔**中等师范教育**〕 1996年，全省中等师范学校坚持教学工作的中心地位，加强教学改革，提高教学质量和效益。一是召开了全省中师教学工作会议，总结交流了教学工作的经验和教学改革的成果，提出了今后教学改革和管理的目标、思路。二是举办首届中师生器乐比赛，检阅了近几年来全省中等师范学校器乐教学和活动成果，推动了器乐教学和艺术教育改革。三是举办了全省中师学生计算机操作比赛暨科技夏令营活动，推进了全省"园丁科技教育行动"的开展和普及。四是举办了江苏省中师"园丁杯"女子排球比赛，促进了体育教学改革和体育运动发展。

中师办学条件标准化评估验收。1996年11～12月，省教委组织中师办学条件标准化评估组，对晓庄师范学校、常州师范学校、海州师范学校、连云港师范学校进行了办学条件标准化评估验收。评估组通过听取汇报、查阅资料、实地观察、座谈访问、随堂听课、考察学生职业技能等方法，对学校的校园面积、校舍建设、教学设备、实践基地和队伍建设五个方面13个项目进行了检查。4所师范学校校园规划科学，结构合理，校园环境优美，文化氛围浓厚；教学设备较齐全，有的具有现代化水平，管理严格规范；教育实习基地稳定，组织有序；学校领导团结合作，富有改革创新意识和开拓进取精神，教师配备基本符合要求，学科配套，专业结构合理，领导班子和教师队伍整体素质较高，较好地发挥了师范学校的示范作用。经对照标准，逐项评议，4所学校办学条件均达到江苏省中等师范学校办学条件标准化的良好等级。

撰稿 杨九俊 吴仁林 傅祝余

高等教育

〔**综述**〕 1996年，全省66所普通高等学校中，有部委属高校30所，省属高校22所，市属高校13所，县（市）属高校1所。普通高等教育管理体制和办学体制改革进一步推进，人才培养结构进一步优化，办学规模和效益有较大提高。全省普通高校校均在校生数从1995年的3273人增加至3527人。“211工程”建设取得进展，全省共有11所高校通过了有关主管部门的部门预审，重点建设项目开始全面列项并加快实施建设。全省高校有国家级重点学科42个，国家级重点实验室14个，有博士点212个，硕士点714个。1996年，公派留学人员118人，自费出国留学人员856人，接受来江苏高校留学的外国长短期留学人员1850人。

〔**高等教育体制改革**〕 1996年，江苏高等教育体制改革继续取得进展。经国家教委批准，江苏为高等教育体制改革试点省。省教委及时制定了“江苏省高等教育体制改革试点方案”，对全省高等教育体制改革作了总体部署和安排。在管理体制上，继续完善“三级办学、两级管理、以省为主”的管理体制。继续深化以“联合”、“共建”为主要形式的改革实践，打破条块分割，实行条块有机结合。对省属高校，实行省市共建，在抓好对苏州大学实行省市共建的同时，积极推进了盐城工学院、淮阴工业专科学校等一批高校的省市共建工作。除继续推进江苏省政府与国家教委对南京大学、东南大学的整体共建外，对其他部委属高校，实行以“项目共建”为主的共建工作，在重点学科建设、高校图书资料系统建设、计算机网络建设、教师公寓建设等方面，实行了有效的项目共建，促进了教育资源的合理配置和资源共享。在办学体制改革上，进一步推进了高等学校与市、县地方政府的联合办学。东南大学与金坛市政府联合办学，成立了“金坛学院”，以此为代表的联合办学形式，创造了高校与地方政府联合办学的新鲜经验。高校办学体制改革有了较大的突破。全省先后有25个市、县政府和行业部门与10所普通高等学校联合办学。经省政府批准，民办九洲大学和民办明达大学也正式筹建。

〔**重点建设**〕 1996年，经国家教委批准，河海大学、无锡轻工大学、中国药科大学、南京师范大学、南京农业大学、苏州大学、南京航空航天大学7所高校通过“211工程”部门预审，使全省进入“211工程”建设的高校达到11所。南京师范大学、苏州大学、扬州大学被确定为全省重点建设的三所地方高校。南京师范大学和苏州大学的重点项目建设规划、立项等工作全面展开。重点学科建设资金全部到位。省教委下发了《关于加强联建学科建设的几点意见》，建设工作稳步推进。示范性专科学科建设有较大进展，南京动力高等专科学校、南京机械高等专科学校、南京电力高等专科学校顺利通过国家示范性普通高等工程专科学校重点建设学校遴选工作。

〔**教学工作**〕 各高校突出教学工作主旋律，普遍开展素质教育，努力全面提高大学生的科学素质和人文素养；深化教学改革，调整专业和课程结构，撤并9个本科专业，新增了海洋经济、国际经济等类型的本、专科专业52个。起草了《江苏省普通高校面向21世纪教育内容和课程结构体系改革计划》，启动教学改革试点工作；进一步完善提高教学质量的有关规章、制度、规划和措施；学分制试点工作取得进展，正逐步向面上推广；教学工作的学科建设、专业建设、实验室建设、重点课题建设、实习基地建设、教学管理制度建设普遍得到加强。基础课教学特别是外语、计算机教学也得到重视和加强。省教委还组织了第四届教学成果奖的评奖工作。共评选出一等奖44项，二等奖70项，三等奖87项。

〔**学位和研究生工作**〕 1996年，省学位委员会研究制订了《江苏省学位和研究生教育“九五”发展规划》。制订了《关于加强博士研究生教育工作的意见》。召开了全省研究生工作会议。研究生培养规模有较大扩大，1996年共招生4481人，比上年增长20.1%。为给在职人员以同等学力申请硕士、博士学位创造条件，全省有权接受在职人员申请硕士、博士学位的高校由原来的12所增至18所。经国务院学位委员会批准，全省举办研究生课程进修班51个。积极开展专业学位试点工作，打通研究生培养通向实际应用岗位的渠道。除南京大学原有工商管理专业学位授予权外，东南大学、中国矿业大学、南京理工大学等校取得了工程类专业学位授予权。

〔**科技工作**〕 省级重点学科新上科研项目2000多项，获科研经费1亿多元。鉴定科研成果，有124项达国际水平，125项为国内首创，176项为国内先进。省教委组织高校积极参与“海上苏东”建设，投入“苏北星火产业开发带”建设，编写了《江苏高校可供转让科技成果项目选编》，组织高校赴苏北等地区发布科技信息，洽谈合作项目，签订技术合同50多项，合同金额2000多万元。设立了江苏省产学研联合专项基金。进行了江苏省教委科技进步奖的评审工作，共评选出一等奖17项，二等奖37项，三等奖50项。

〔**校风建设与学生工作**〕 校风建设和学校德育工作继续得到加强。在校风建设达标评估工作稳步推进的基础上，省教委制定了《江苏省普通高校校风建设优秀评估指标》，开展了校风建设优秀评估活动。与此同时，各高校进一步提出了以党风、政风、学风促校风建设的工作思路，全省共有54所高校成为校风建设达标单位。贯彻省教委发出的《关于当前加强和改进高校学生管理工作的通知》精神，各高校普遍成立了大学生勤工俭学中心、心理指导中心和就业指导中心等。动员社会力量资助高校贫困生，“红杉树教育奖励基金教育奖”首届奖励400名品学兼优的贫困大学生。

撰稿　程光熙　夏成满

〔**高等师范教育**〕　1996年，高师本科院校把“重心下移，强化基础，发展内涵，提高质量”作为新一轮教学改革的总体思路，狠抓课堂教学中的青年教师队伍、教学规范、信息体系、学习风气和保障系统，启动实施面向21世纪的教学内容和课程体系改革计划，并根据国家教委的要求，对照国家教委印发的《高等师范学校本科教学工作评估方案（试行）》，认真完成了本科教学工作自评。师范专科学校进一步加大教学改革力度，全面修订教学计划和教学大纲，努力探索实施素质教育，扩大培养本科程度初中教师的试验规模，并着手研究制定本科程度初中教师的培养目标和培养规格。

开展师专教学工作评估。年初，省教委印发了《江苏省高等师范专科学校教学工作评价方案（试行）》，对全省师专教学工作评估作了部署。在各校自评的基础上，省教委于12月14～25日对全省6所师专进行了教学工作合格评估。评估专家组听取了各校的自评报告，采取查阅资料、现场考察、测试、听课、问卷调查、召开座谈会和进行个别访谈等方式，对各校的教学条件、教学管理、教学建设和教育质量状况进行了全面评估，并对师专的教学工作作了客观评价。专家组认为，1992年国家教委在江苏召开“全国师专加速建设，深化改革”座谈会以来，江苏的高等师范专科教育进入了以注重内涵发展、提高质量和效益为核心的新阶段。全省师专坚持为基础教育服务的办学方向，牢固确立教学工作的中心地位，努力加大教学投入，狠抓教学基本建设，积极推进以加强素质教育、贯彻新教学方案、推行学分制为重点的教学改革，进一步严格教学管理，取得了明显成效。据统计，1993年～1995年，全省师专的教学经费投入总额达2300多万元，各校教学经费年均增长率明显高于学校总经费年均增长率。1996年青年教师中具有硕士以上学位的比例已达25%左右。各校的教学工作已形成了自身的特色和优势。评估专家组还对全省师专今后的建设、改革、发展提出了建议和意见。6所师专全部通过教学工作合格评估，成绩均达到优良。

撰稿　杨九俊　吴仁林　傅祝余

成人教育

〔**综述**〕 1996年，全省扫除青壮年文盲9.28万人，脱盲后巩固提高17.6万人，开展各级各类农村成人教育694万人次，其中农村成人初、中等职业教育15万人次，超额完成预定的各项目标。据对全省13个市766万职工的统计，1996年参加学习和培训的职工共359万人，占统计职工总数的46.8%，比上年增加10万人，全员培训率比上年提高1.5个百分点。毕、结业282万人，占学习总人数的79.6%。参加岗位培训的有286万人，占参加学习职工总数的78%，比去年增加16万人；其中参加资格性培训67万人，参加技术等级培训40万人，参加适应性培训174.5万人。参加继续教育有17万人。成人高等学历教育招生比上年增加1.07万人，在校生比上年增加2.8万人。成人中等教育招生也有较大幅度增长，1996年实际招生84663人，比计划增长13%，其中在职人员占85%；参与初中后分流，招收应届初中毕业生12000人，占招生总数的15%。成人中等教育主要是独立设置的成人中等专业学校承担，普通中等专业学校招收的成人学生仅占4%；在招生中根据考生在职从业的特点，采取了分期分批针对不同情况组织考试和录取，如对农业广播学校提前单独招生，招收9691人，比计划增长13%。

〔**成人高、中等教育**〕 1996年成人高、中等教育以提高教育教学质量为中心，认真做好各项评估工作，全面拓展成人高中等教育事业。独立设置的成人高校评估。至1996年底完成了19所学校的评估，累计投入8889万元，校均投入467.8万元。县级电大评估。4月召开了全省县级电大评估工作现场经验交流会，总结了1995年评估试点工作的经验，部署了1996年加强电大建设工作，现场考察了宝应、江都、靖江、泰兴四县（市）电大。会议明确了全省“九五”期间广播电视大学的发展方向和思路，为“九五”期间广播电视大学的发展奠定了良好的基础。据统计，全省县级电大评估以来累计增加投入2亿多元。

开展注册视听生试点。1996年江苏广播电视大学和南京广播电视大学被国家教委列为注册视听生试点单位，计划注册人数3500人，因为报名踊跃，经国家教委同意增加注册指标800人，实际注册人数4323人。省教委和省电大共同会商，拟订了工作方案，召开了试点市电大负责人会议，做好资格审查工作。各校对此次试点极为重视，采用新的教学手段，积极探索新的教学模式。期末考试期间，省考办、省电大共同做好考试的各项组织管理工作，确保了此项工作健康有序地进行，取得了良好效果。

继续开展成人高职教育试点。1996年全省成人高职教育试点共安排22所成人高校、

8个专业、招生1200余人。在试点学校、专业设置和招生人数上均比1995年扩大和增长，同时还组织专家进行了高职有关课程教学大纲的制定工作。

实行课程抽查考试，建立质量监控机制。1996年度成人高等教育抽考的课程为1996级学生的英语和计算机应用两门公共课，覆盖面广，对全省1996级2万余名大专学历生考试。与此同时，成人中等教育对语文、数学、财会三门课程进行了省级抽考，这项工作对促进成人中专提高教育、教学质量发挥了重要作用。

开办大专专业证书教育。1996年共录取3万人。生源大多是农村、基层的管理干部，其中已经取得大专以上(含本科、研究生)学历的约占5%，已具备中级职称的占6%。专业证书教育起到了培养复合型人才的作用，如省高级法院录取的411人中，大专及以上学历者217人，超过50%。

制定了省部级示范性成人中专校建设标准，完成了10所省部级成人中专示范学校的评估预审。

〔**普通高校函授、夜大学教育评估**〕 1996年，省教委对全省39所举办函授、夜大学教育的普通高校(其中地方高校28所、部委高校11所)进行了评估。评估结果为：举办函授教育的29所学校中，优良学校10所，合格18所，暂缓公布1所。举办夜大学的30所学校中优良10所，合格19所，暂缓公布1所。评估工作取得了比较显著的成效，一是初步确立了成人教育在普通高校中的地位和作用，促进高校端正办学指导思想；二是增加了投入，改善了办学条件，据统计，通过评估，学校对成人教育经费投入达1500万元；三是促进学校严格管理，建立健全了成人教育机构，配备了与办学规模相适应的工作人员，建立了一支相对稳定的师资队伍，规范了考试管理，如实行教考分离等；四是树立以教学为中心的意识，大面积加强了基础建设，修订教学计划、教学大纲，加强教材建设，用于此项投入的经费达150万元。

〔**外语、计算机能力培训考核**〕 截止1996年底，全省已组织了四次计算机应用能力考核(初级)，三次英语初级水平考试，一次中级英语水平考试。除省考核办开设了外语和计算机常设考点外，还分别在无锡、徐州、扬州、南通等市开设了常设考点，以满足社会对外语和计算机的考核要求。到1996年，参加省级外语计算机初级应用能力考核合格的有20万人，合格率为75.5%；参加中级英语水平考试的也有2000多人，合格率为70%。具体做了以下工作。一是进一步提高各级领导干部对考核的思想认识。二是加强领导，加大对省级考核工作的统筹管理力度。三是加强培训考核工作的规范化管理。进一步完善组织机构，建立健全各项规章制度，制定了培训考核的有关措施，并编印成册，把考核逐步纳入规范化、制度化、科学化管理的轨道。四是加强基础建设，完善培训条件。考核办采取以学养学，以考养培的方法，增添了必要的微机和语音设备，开设了常设考点，为完成省委、省政府要求的在本世纪末完成100万全民“双考”任务创造了条件。五是加强了对考核的宣传工作，在全社会形成学外语、学计算机的良好氛围。

〔**创建省重点职工学校**〕 为进一步发挥职工学校的办学功能，探索办学新路，提高办学质量和办学效益，加强管理，树立典型，促进工作，省教委决定在全省开展创建省重点职工学校的活动，制定了《江苏省重点职工学校标准（试行）》，以激发职工学校的活力，带动和促进职工学校的建设和发展。至1996年10月底，共有12个市的23所职工学校参加了创建省重点职工学校的评估。通过评估，对促进学校建设，改善办学条件、加强内部管理，以及校际之间的经验交流起到了推动作用。一是评估工作促进了各级地方政府和行业主管部门对职工学校建设的高度重视。南京市建邺和秦淮区政府把创建重点职工学校作为政府的一项工作职责贯彻落实。二是评估工作促进了地方教育行政部门对职工学校的管理。大多数市已建立了一批能代表各市办学特点和特色的市级重点（示范）职工学校，带动了职工教育工作的全面发展。三是评估工作进一步促进了学校建设上规模、管理上水平、教学质量上台阶。据不完全统计，自创建省重点职工学校工作开展以来，此次参加申报的职工学校共投入人民币500多万元用于改善办学条件，增加校园总面积达上万平方米。

〔**社会力量办学管理**〕　1996年，全省社会力量办学单位2500多个，培训人数达100多万人次，省直属社会办学单位及高校非学历教育培训点80多个，培训人数达9万多人次，为全省经济建设培养了大批适用性人才。（1）抓好社会办学单位的基础建设工作。1996年对社会力量办学的管理重在抓好四项建设工作。即：思想建设、学校管理机构的建设、教师和管理人员队伍建设和学校规章制度建设。（2）全面开展社会力量办学评估工作。10月召开了省属社会办学单位负责人会议，决定对省属社会办学单位（学校、培训班、中心、中外合作办学）约80个单位进行分期分批的检查评估。到1996年底，首批20个单位的评估已告一段落。在评估工作中坚持客观公正的评估原则，即：坚持方向性原则、坚持效益性原则、坚持实事求是的原则、坚持特殊性原则。同时坚持做到五个有利于评估的工作方法，即：有利于社会力量办学水平的提高；有利于提高人才培养的质量；有利于激励先进、鞭策后进，增强社会办学工作的竞争力；有利于激发社会办学单位的内在动力，不断进行自我完善，促进学校管理工作不断迈上新台阶；有利于社会力量办学的互相交流、互相学习、互相提高。

〔**农村成人教育**〕　1996年9月，国家教委、财政部联合表彰在“八五”期间全国扫盲工作做出突出成绩的省和县。江苏省政府受到表彰，受到表彰的还有邳州市、泗阳县、赣榆县、射阳县政府。同时，宜兴市丁蜀镇、溧阳市渚镇、昆山市周庄镇、句容市陈武镇成人教育中心校获1996年度“中华扫盲奖”。灌云县龙苴镇南李小学民办教师李安之获1996年度“中华扫盲奖锡山奖”特等奖；六合县教育局长柏燕生等10人获1996年度“中华扫盲奖锡山奖”一等奖。

省教委会同省农林厅、统计局等部门，向省政府提出《关于切实加强农村劳动力文化素质教育培训工作的意见》（以下简称《意见》）。5月省政府办公厅转发了《意见》。《意见》阐述了加强农村劳动力文化素质教育培训工作的紧迫性和重要性，对农村劳动力文化素质教育的含义、对象及受教育年限计算方法，“九五”期间实施农村劳动力文化素质教育培训的目标及主要任务，加强领导，采取有力措施，确保目标如期实现等方面作出规定，提出了要求。淮阴、盐城、连云港等地积极贯彻《意见》，初步取得进展。徐州市政府召开了乡镇负责人会议进行学习动员，部署教育促小康实施意见，认真落实《意见》要求。

为贯彻省委、省政府“九五”规划，推动成人教育为当地经济建设和社会发展服务，加快农村成人教育事业发展，参照国际上先进国家和地区的发展水平，结合江苏农村成人教育实际，在调查研究的基础上，先后制定并颁发了《江苏省乡镇成人教育中心校基本实现现代化要求》和《评估细则》，从办学方向、办学条件、办学水平、教育管理、师资队伍、经费投入六个方面提出了具体要求，为各地实施农村成人教育现代化，提供了操作性强的文件依据，力求“九五”期间苏南85%、苏中25%、苏北也有一定比例的乡镇成人教育中心校达到《评估细则》的规定。

撰稿　张联华　经贵宝　裴东根

审稿　吕瑞林　陈宗伟

浙江省教育

概　况

〔基本情况〕

1996 年各级普通学校基本情况

单位：人

	学校数（所）	毕业生数	招生数	在校学生数	教职工数	
					计	其中专任教师
一、普通高等学校	36	26656	32360	101498	28107	11530
研究生		1263	1819	5018		
本科		9783	16021	56909		
专科		15610	14520	39571		
二、普通中等专业学校	150	34400	52245	140925	16243	7942
中等技术学校	121	24790	41254	108324	13216	6304
中等师范学校	29	9610	10991	32601	3027	1638
三、普通中学	3240	574113	750322	2236452	141479	115512
高中	553	79251	118427	323169		21077
初中	2687	494862	631895	1913283		94435
四、职业中学	509	61004	87557	211149	15243	10808
高中	501	60486	86842	209193		10733
初中	8	518	715	1956		75
五、工读学校	2	59	61	112	35	21
六、小学	21411	639006	638367	3637987	162999	148510
七、特殊教育学校	60	1778	2261	22691	1462	1169
八、幼儿园	11915		580561	989519	50389	40678

注：职业中学数字中包括职业中专 11 所，无毕业生，招生 20706 人，在校 36269 人，教职工 30 人，专任教师 22 人。

1996年各级成人学校基本情况

单位：人

	学校数（所）	毕业生数	招生数	在校学生数	教职工数	
					计	其中专任教师
一、成人高等学校	36	21117	37131	97646	4666	2376
广播电视大学	2	7949	11149	34606	1945	967
职工高等学校	26	1190	1406	3345	1180	630
农民高等学校						
管理干部学院	2	656	262	823	511	222
教育学院	6	1786	2950	7566	1030	557
独立函授学院						
普通高校举办：						
函　授　部		4611	9895	23812		
夜　大　学		2766	6991	19407		
成人脱产班		2159	4478	8087		
二、成人中等专业学校	152	25120	34622	83799	4718	2459
广播电视中等专业学校	16	7147	10838	27772	634	343
干部中等专业学校	2	403	1181	2761		
职工中等专业学校	73	13036	16552	42721	2026	1073
农民中等专业学校	3	180	644	1464	67	46
函授中等专业学校	6	1506	5367	9031	150	78
教师进修学校	52	2848	40	50	1841	919
三、成人中学	347	15561	32210	46144	1681	963
职工中学	115	9812	17043	24315	596	316
农民中学	232	5749	15167	21829	1085	647
四、成人技术培训学校	22163	2334536	2432717	1764620	11261	3912
职工技术培训学校	960	212201	259560	214717	2498	999
农民技术培训学校	21203	2122335	2173157	1549903	8763	2913
五、成人初等学校	5096	141871	192270	193148	1799	907
职工初等学校	40	1956	2666	3096	46	30
农民初等学校	5056	139915	189604	190052	1753	877
其中：扫盲班	4171	103270	150372	142769	1423	741

注：成人中等专业教育中另有普通中专举办的函授部和干部、职工中专班未列入上表。函授部有毕业生5580人，招生3579人，在校生4096人；干部、职工中专班有毕业生915人，招生3450人，在校生7327人。

制表　张其宏

〔**《教育法》执法检查**〕　浙江省教育委员会与省财政厅、计划与经济委员会、司法厅、人事厅、省政府法制局联合发文，在全省开展了《教育法》的执法检查。检查对象是地方各级人民政府及其有关职能部门。要求各级政府把这次执法检查列入工作日程，由一名政府领导负责，县以上要建立由教育、财政、计划、司法、人事等部门参加的工作班子；

要求各市(地)、县(市、区)分别向上级政府写出执法情况报告。省组织力量对部分市、县进行了抽查。从检查情况看,各级政府及有关部门对《教育法》的学习宣传贯彻工作十分重视,各级党政主要领导不仅带头学习宣传《教育法》,而且亲自抓组织部署和贯彻落实工作,各地为落实教育优先发展战略地位,解决教育改革和发展中存在的问题办了不少实事,制定了许多优先优惠政策。

〔**“两基”评估验收**〕 1996年完成了对淳安等27个县（市、区）的“两基”验收。上半年，有计划地选派督学对27个县（市、区）进行逐一预查，指导自查自评，及时查漏补缺。10月中旬起，组织108名督学及有关干部对27个县(市、区)进行了评估验收。评估报告全部通过了国家教委的审查。至此，全省已有81个县（市、区）通过了“两基”验收，占总县数的92%。

3、4月间，先后派出20多人次对1994年通过省“两基”验收的临安等13个县（市、区）进行了逐一复查，着重对通过验收以后的巩固提高情况，特别是对评估时提出的主要存在问题的整改情况作了调查了解，对今后工作作了指导，并向全省作了情况通报。

〔**机构改革**〕 11月，浙江省委、省政府办公厅印发了关于浙江省教育委员会职能配置、内设机构和人员编制方案的通知。原中共浙江省委高等学校工作委员会改为中共浙江省委教育工作委员会，与省教育委员会合署办公，两块牌子，一个机构，内设17个职能处室和直属机关党委。

撰稿 钱晓芳

审稿 阮忠训

基础教育

〔**综述**〕 1996年，浙江省在所有县（市、区）实现了义务教育，人口覆盖率99.9%。学龄儿童入学率超过99%，小学入学率、巩固率分别达到99.83%、99.79%，初中入学率、巩固率达到92.18%、99.13%。高中段教育稳步发展，全省普通高中招生比上年增长2.9%，在校生比上年增长11.1%。各类独立设置的特殊学校比上年增加4所，民族教育工作进一步重视，有独立设置的民族幼儿园7所、小学64所、中学24所、中师1所，普通中小学招收少数民族学生8043人，比上年增长14%。除继续办好内地西藏班外，落实了内地西藏班的扩大招生工作。

〔**全省师范教育工作会议**〕 浙江省人民政府于1996年12月14～16日在杭州召开了全省师范教育工作会议。各市地人民政府分管教育工作的市长、专员，各市（地）、县

（市、区）教委主任、各高等师范院校以及部分高等学校、中等师范学校的代表共200余人参加了会议。浙江省委书记李泽民在会议期间召开了由市地政府领导和部分教育行政部门、学校代表参加的座谈会，在会上作了重要指示；国家教委主任朱开轩出席开幕式，在开幕式上讲了话，并与代表们合影留念；浙江省委副书记刘枫、副省长徐志纯在会上作了重要讲话；省教委主任陈文韶为会议作了工作报告，副主任阮忠训作了会议总结。

会议总结、交流了浙江省“八五”期间师范教育改革与发展的经验，并就贯彻实施《教师法》和全国师范教育工作会议精神，加快全省师范教育发展问题进行了研究和部署。

刘枫副书记在充分肯定了浙江师范教育工作成就后，提出：各级党委和政府要从科教兴国、科教兴省的战略高度，充分认识师范教育的重要性，进一步确立师范教育在教育事业中优先发展的思想，按照“适度超前”的方针和要求，优先发展师范教育。各级党委和政府主要领导，要亲自过问师范教育中的重大问题，及时研究和帮助解决办学中的困难。要创造条件逐步提高教师的学历合格标准，争取到本世纪末小学、初中教师中专科和本科毕业的分别占20%，高中教师中要有一定比例的研究生。各级各类师范院校要始终坚持把师德建设放在师范教育的第一位。教师既要给学生传授科学知识，更要教育学生做人，帮助学生树立正确的人生观、世界观和价值观，真正做到教书育人，使师范院校成为培养社会主义合格教师的摇篮。

〔**实验教学普及县验收**〕 根据国家教委提出的到2000年在全国中小学基本普及实验教学的要求，1996年先后对25个县（市、区）进行了验收。到年底，全省已有36个县（市、区）通过了省级验收，占县（市、区）总数的42%，其中宁波、嘉兴两市的县（市、区）已全部通过验收。

1997年计划重点抓好25个县（市、区）的“普实”验收，争取使全省通过“普实”验收的县达到70%。

〔**教师队伍建设**〕 开展多渠道、多形式的在职教师培训，中小学教师的学历合格率有较大幅度提高。高师专科自考经过三年的努力，有1.58万人获得了专科毕业证书，中师自考毕业3900人，中师函授毕业3500人，高师函授毕业3800人，幼师函授毕业2300人。小学、初中、高中教师学历合格率分别达到87.8%、87%、58.6%。

积极开展师训、干训工作。9月1日开始，全省1.9万名在岗校长实行“持证上岗”制度，比国家教委要求提前一年。在全国首先开展了对民办中小学校长进行岗位培训和实行持证上岗，首批有70多名民办学校校长取得了上岗证书。

在注重提高教师业务水平的同时，重视师德教育。组织了有75人参加的全省中小学特级教师讲师团，以“树师德、学师艺”为内容在各地举办教学讲座，10期共计1200余名教师参加。有14万小学教师参加了电化教育技术培训。近万名小学新教师参加了试用期培训。

〔**统筹解决民办教师问题**〕 在对全省近万名民办教师基本情况进行调查分析的基础上，省教委与省人事厅、计经委、财政厅等部门制定了民转公的有关政策；4月，又与省有关部门联合召开了全省民转公工作会议，就这项工作进行了部署。至教师节前，这项工作基本结束。全省有7200余名符合省定条件的民办教师转为公办教师，有的市地自行拿出指标，解决了部分不符合省定条件的民办教师转为公办教师。在解决全省民转公的同时，与省人事厅制定了民办教师老有所养的政策，使老有所养的民师基本享受公办教师退休待遇。至此，浙江省成为全国第一个无民办教师的省份，使在特定历史条件下形成的民办教师问题得以圆满解决，得到国家教委和李岚清副总理的充分肯定。

〔**教师待遇**〕 浙江省政府规定，对在贫困县城关镇以下（不含城关镇）、其他县建制镇以下（不含建制镇）任教的中小学教师，评聘担任中级以上专业职务3年以上的人员，其农村户口配偶、子女的“农转非”可不受本人年龄和工作年限的限制；大中专毕业后担任初级专业职务的人员，连续任教5年以上的，可办理1名农村户口的子女“农转非”；对贫困县城关镇以下（不含城关镇）、其他县建制镇以下（不含建制镇）任教的中小学教师连续两年考核优秀的，可晋升一档职务工资（不影响正常晋升）。

〔**办学条件**〕 全省已基本消除破旧校舍，各级各类学校共有校舍面积4300万平方米，比上年增加335万平方米，其中中小学校舍面积达到3320.8万平方米，比上年净增270万平方米。一批具有一流校舍、一流设施的窗口学校建成。生均校舍面积小学为4.54平方米，普通中学为6.6平方米。中小学藏书6284.5万册，增加1313万册，生均图书分别为8.26册和13.3册。理科教学仪器设备达标率普通高中为55.3%，普通初中为59.8%。

〔**扶贫建校工作**〕 继1995年浙江省政府提出发动全社会力量，帮助贫困地区建设100所初中的221个项目后，1996年4月，省政府再次倡导第二期扶贫建校活动，计划向市场、宾馆集资2500多万元，用于建设92所学校94个项目，继续扶助贫困地区改善办学条件。经过努力，至年底已筹资2060万元。

〔**教师住房建设**〕 3月，在嘉兴市召开了全省教师住房建设工作经验交流会。省“高教新村”650套5万平方米的一期工程到年底竣工；全省共投入中小学教职工住房建设资金8.6亿元，施工面积达162万平方米，其中竣工95.9万平方米，城镇中小学教职工家庭人均居住面积已达10.2平方米。

〔**艺术教育**〕 为隆重纪念中国工农红军长征胜利60周年，对全省广大青少年学生进行革命传统、革命理想和爱国主义教育，激励他们高擎先辈点燃的革命火炬，继承优良传统，承前启后，继往开来，省教委与省委宣传部、省广电厅联合举办了浙江省千校百万师生纪念红军长征胜利60周年——“十月的阳光”大型歌咏会。

举办了“浙江省教育系统首届艺术节”。本届艺术节共设第二届文艺汇演，第二届美术、书法作品展，第二届校园歌曲演唱比赛，教委主任、校长歌咏比赛，学校艺术教育论文评比等五大项内容，全省教育系统共有5000余人参加，各市（地）、高校、中专共选送音乐舞蹈节目1000多个，美术书法作品3000多幅，论文260多篇。

5月上旬在杭州召开了浙江省学校艺术教育工作先进经验总结、交流、表彰大会，给省学校艺术教育先进单位和全国首届大学生文艺会演获奖节目颁了奖；同时举行了省中师生“班班有歌声、人人唱好歌”活动暨合唱比赛，进一步推进中师音乐教育的普及和提高。

省大学生艺术团4月25日～5月4日在京参加“首届全国大学生文艺汇演”，舞蹈《冶陶》及三个女声的独唱获二等奖，琵琶演奏《春雨》获三等奖，舞蹈《冶陶》、独唱歌曲《山坳里的学校》获优秀创作奖，浙江省教委被组委会授予优秀组织奖。

为提高浙江省音乐、美术教师的业务素质，促进各级各类学校艺术课的课堂教学和课外辅导教学质量的提高，10月19～22日在杭州举办浙江省首届音乐、美术教师教学基本功比赛，195名各级各类学校音乐、美术教师参加这次比赛。

〔**体育教育**〕 组织干部、专家和教研员参加的2个调查组，分别对温州、金华、宁波、台州4个市（地）的市区和8县（市）贯彻《学校体育工作条例》、施行《中学生体育合格标准》状况和1996年初中毕业生升学考试体育的调查。获得了全省学校体育工作许多方面的第一手材料，为部署今后工作提供了决策依据。

全省19590所学校开展了《达标》活动，达标学生数4165532人，占上报适龄学生数的95.14%，其中达到良好级的2679256人，占达标学生数的64.32%。

举行了首届省一级重点中学暨1996年培养体育后备人才试点学校田径运动会，全省24所省一级重点中学、9所省体育后备人才试点学校的近600名运动员和裁判员参加了比赛。

12月下旬，省一级重点中学体育工作研讨会在杭州召开，全省各市（地）、部分县(市)体育教研员和省一级重点中学体育教研组长共60多人参加了会议，探讨了省一级重点中学的体育工作并观摩了杭州二中的高中体育课。

〔**教研活动**〕 全省广大教研员深入教学第一线，听取教师意见，在此基础上省教研室各学科都开展了教研活动、备课活动。通过活动，培养了一支骨干队伍，许多优秀青年教师提高了业务水平，扩大了影响，第五届教坛新秀评比在各市地完成。物理、化学、数学、音乐、美术等学科的优质课评比，教师教学技能比赛在全国获一、二等奖。浙江省会考研究成果在国际教学评价研讨会上作了介绍；二项会考科研成果获省教育科研一等奖。成立了小学思想品德教育研究会、自然科学研究会。开展了市、县（市、区）两级教研室的评估检查工作。

撰稿　钱晓芳
审稿　阮忠训

〔**湖州市劳技教育**〕 浙江省湖州市中小学劳动技术教育起步于50年代，现已在教材建设、教学研究、师资培训、教学设施配备、配套材料研制等方面有了比较完整的教育体系。

50年代，湖州市中小学开始设置劳动课。通过劳动，培养了学生热爱劳动人民的思想感情，劳动观念和一些工农业生产技能。

1981年，湖州市开始设置劳动技术课。

教学目的在于培养学生的劳动观念、劳动习惯和热爱劳动人民的思想感情，提出了使学生初步掌握一些生产劳动或职业技术的基础知识和基本技能的培养目标。与此同时，湖州市普遍采取因地制宜、因校制宜、因人制宜的办法，编写了大批乡土性的教材。劳动技术课的开设率逐步提高。

1989年，湖州市着手系统地研究劳动技术课教育的目标，逐步确定了思想品德、技术结构和能力基础三个方面的目标。其中在能力基础目标方面，提出了重点培养学生正确测量和简单设计的能力、掌握使用工具和常用仪表的能力、注意汲取信息并应用于实际的能力、积极参加服务和正当交往的能力。拟定了初中劳技课程教学纲要，并选择了各类材料的加工制作、自行车修理、服装裁剪与缝纫、家用电器的维护与使用、种植、养殖等为主要内容，编写了一套通用教材和选修教材。其中初中通用教材经浙江省义务教材编委会审定后，被作为浙江省初中劳技教材，在全省范围内推广使用。

1995年以来，湖州市中小学劳技教育进入了第四个阶段。劳技教育的目标更为明确、达到目标的渠道更为稳定，在此基础上，研制成功了劳技教学的系列配套材料，并投入批量生产，在不少省、市和地区广泛使用。湖州市研制的中学劳技教学综合操作台和小学劳技教学综合操作台，以其功能齐全、使用方便、节省场地等独特优点，受到广大师生的欢迎，并通过了国家教委教学器材研究中心的鉴定。湖州市在中小学劳技教育方面取得成绩，被中央教科所定为劳技教育实验基地和《中国劳技教育》杂志编辑和发行基地。到1996年，湖州市中小学已把劳动技术学科定为九年义务教育阶段的必修课程，把它作为贯彻教育为社会主义现代化建设服务、实施教育与生产劳动相结合、造就全面发展人才和提高国民素质的重要途径。劳动技术学科在各校均有计划、有目的、有组织、有成效地开设，开设率为100%，并把该课程的正常开设情况作为评估学校办学思想是否端正的重要内容之一，纳入等级学校评定的范围。

湖州市中小学劳动技术教育的思想教育目标为：劳动技术教育首先着眼于社会主义物质文明和精神文明的需要，注意培养青少年的劳动观念、劳动习惯和热爱劳动人民的思想感情。同时，使学生逐步养成遵守劳动纪律、爱护劳动工具、讲求劳动效率、珍惜劳动成果的良好品质。帮助青少年在学习过程中逐步树立质量意识、价值意识和务实精神。

在技术教育目标上，湖州市制定了中小学劳动技术教育的技术结构和能力基础目标：劳动技术教育应让青少年初步掌握一些生活、生产的劳动技术基础技能，具体由掌握并熟练使用通用工具和仪表、善于获取信息并应用于实践、正确测量和简单设计、参与社会服务和交往等四种能力构成。

湖州市中小学劳动技术教育课程现分为必修课和选修课两种。必修课教学的主要内容由基本生活劳动及基础生产劳动两个方面组成。包括家庭衣食起居、使用安装维修、加工工艺、种养技术四个技术系列。选修课教学内容选取适合当地工农业生产和服务行业的专门技术。此外，还包括以适当安排公益劳动和为人民服务活动为内容的课外活动，以有目的地组织参观访问、社会调查等社会实践活动为内容的假期活动。

湖州市中小学劳动技术教育的训练形式以课堂教学为主，以动手操作为主。并做到家、校结合，生产劳动与生产实际相结合。教学组织和教学方法是在教师制订详细的学期教学计划后，按不同教学内容采用灵活多样的教学形式，按原教学班上课或按项目组班进行教学。在教学中充分动用社区教育条件，把社区、工厂、农村作为劳动技术教育基地。充分运用直观教具和电化教育手段，使学生能更好地掌握基础知识和操作要领。在劳动实践中注意因材施教，注重个别指导，使每个学生都能学有所得。

湖州市中小学劳动技术教育的教学评价主要采用考查形式，只进行平时考查。平时考查内容包括劳动态度和劳动技术两个方面。劳动态度从遵守纪律、认真操作、重视质量、爱护工具、节约材料、珍惜成果、注意安全和卫生等方面进行考查；劳动技术从正确使用工具、操作的熟练程度、制作成品的质量等方面进行考查。

湖州市中小学每校设一二名专职劳动技术教育教师，学校建有劳动技术教研组，劳技教师能积极参加省、市、区组织和各级师资培训、论文评比和教研活动。该市还设立了劳技学科教师职称评审组，劳技教师的职称评定纳入正常轨道。

劳动技术教育的配套材料由学校统一订购，学生人手一套。许多学校都有劳技教育专门教室，配有劳技教学综合操作台等教育设施。湖州市中小学劳动技术教育正朝着规范化、现代化的方向稳步发展。

湖州市教委供稿

职业教育

〔**综述**〕 1996年，全省认真学习、宣传、贯彻《职教法》，以《职教法》的颁布为契机，积极发展职业教育，职教事业进一步得到发展。职业中专在校生数比上年增长129.4%。普通中等专业学校新增绍兴贸易经济学校、嘉兴市建设工业学校和浙江省中医学校等3所，普通中专在校生比上年增长14.3%。普通中专还招收了职工中专班、函授生和职高生。中等职业教育招生总数已占整个高中段招生总数的57%。

1996年安排高等职业技术教育班，招收应届职业高中毕业生945人，在校生2276人，分别比上年增长48.4%和87%。经国家教委批准在浙江交通学校以“3+2”方式试招高职班。在独立设置的成人高校举办成人高职班，招生300人。

〔**职业教育工作会议**〕 1996年10月24～26日，浙江省教委、计划与经济委员会、劳动厅在绍兴市召开了全省职业教育工作会议。会议总结交流了全省职业教育改革和发展的经验，确定了工作目标、任务和政策措施，动员各级政府和全社会依法治教，把职业教育摆到突出位置，进一步为社会主义现代化建设事业服务。各市地县政府、教委、计委、劳动部门的代表共300余人参加了会议，浙江省省长万学远、副省长徐志纯到会讲话，万学远省长在会议期间召开了由有关市地政府、学校代表参加的座谈会。省教委主任陈文韶、省计经委副主任周震武、省劳动厅厅长郑经富分别在会上讲了话。绍兴市政府等15个单位在会上交流了职教工作经验，加强了绍兴市、绍兴县、上虞市的职业学校。

万学远省长在讲话中说，要从提高整个民族的文化素质，加快实现经济增长方式转变这个高度，来看待发展职业教育的重要性。从增强浙江经济在未来市场的竞争能力，来增强发展职业教育的紧迫感。办好职业教育需要各方面的积极配合，需要全社会的参与支持，今天的教育就是明天的竞争力，从这一点出发，希望企业和教育部门、行业和教育部门紧密结合起来，办好职业教育。各级各类职业学校都要努力办成有特色的学校，希望各个职业学校从本地经济发展需要出发，考虑自身办学条件，要有长远的办学思想，要从当地的产业结构出发来设置专业，培养特色，形成优势。各级政府部门一定要加强对职业教育的领导，职业教育涉及社会的方方面面，政府必须加强领导，主动帮助行业、企业、学校协调解决各种矛盾和问题。发展职业教育关键是改革，各级政府要统筹、指导、规划、协调，但在改革上面更要多思考、多实践、多探索。办好职业学校，实际上也是贯彻十四届六中全会精神的一项重要措施，是经济社会协调发展、培养“四有”新人，提高劳动者政治素质、业务素质和文化素质的一项重要工作，也是政府的一项重要职责。

〔**重点学校建设**〕 1996年浙江省继续抓紧重点骨干职业学校的建设。按规划，评出了桐乡市第一职业学校、东阳市职业高级中学等16所学校为省示范性职业高中，至1996年已评出58所省示范性职业高中。对浙江省邮电学校等18所普通中专进行水平评估，为评选第二批省部级重点中专做好准备。至1996年有杭州电力学校等26所省部级重点普通中专学校，有交通学校等8所国家级重点普通中专。各市（地）也组织了重点专业评估。

〔**教学工作**〕 1996年，根据国家教委《关于制订职业高中教学计划的意见》，结合本省职业教育实际，省教委委托省教科院，组织有关职业教育行政部门、职业教育教研机构以及职业高中的专家、骨干教师编写了《浙江省职业高中部分专业教学计划》，对职业高中机械专业、汽车修理专业、财会专业、服装专业等15门课进行了教学规范。积极开展省职教教研大组活动，举行了职业高中学生及职高教师的专业技术操作比赛。健康教育在取得试点经验的基础上，已在全省中等职业学校中全面推开。

撰稿 钱晓芳
审稿 阮忠训

〔**绍兴市政府统筹，促进职教发展**〕 绍兴市委市政府几年来一直坚持把发展职业技术教育作为“科教兴市”的突破口来抓，及时转变职能，加强对职业技术教育的统筹和领导。

建立政府统筹、部门合作、社会参与的职教发展机制。一是在政策上促使职业技术教育的发展。自1989年确立科教兴市的战略决策以来，市委市政府专门召开了职教工作会议和教育大会，制发了《绍兴市贯彻〈浙江省中等职业技术教育条例〉实施办法》《中共绍兴市委、绍兴市人民政府关于加强教育改革和发展的若干意见》等文件，对职业技术教育发展中的一些重大问题，如加强部门合作、持证上岗、优先录用职校毕业生、拓宽职教经费渠道、建设现代化的职教工程等都作了明确的政策规定。二是在组织上保证职业技术教育的发展。成立了以市长为组长、分管的副市长和教委主任为副组长，各有关部门的负责人为成员的教育改革领导小组。领导小组下设立了四个相应的工作委员会：由计委牵头的教育事业规划委员会、由宣传部牵头的学校德育工作委员会、由农业局牵头的农科教统筹工作委员会和由教委牵头的教育综合改革工作委员会。有了政策和组织保证以后，市教育和劳动部门一直坚持凭职业学校的毕业证书或技术等级证和待业证书上岗的制度，使“先培训，后就业”的政策得到了较好的落实，市属企业的就业前培训率基本上达到百分之百。在农、科、教三家的共同努力下，全市乡镇一级的职业技术教育也得到了较大的发展，目前全市已有25个乡镇依托成人文化技术学校办起了乡镇职业学校，其中还涌现出根据省级重点职业学校标准建造的高层次的乡镇职业学校。在政府统筹与经济部门的支持下，市属25家骨干企业及各县（市）近百家国营和乡镇企业无偿作为学校的校外实习基地，用人单位坚持优先录用职校毕业生，使全市职业学校毕业生的对口录用率一直保持在95%以上。三是社会参与。早在1986年底，绍兴市就提出了“职业技术教育大家办”的发展思路，并通过政府制订政策，规定了部门、企事业单位办学的义务和职责，市政府又结合贯彻《浙江省中等职业技术教育条例》，作出了行业归口办学的规定。这些带规定性、强制性、约束性的政策和措施，在社会力量办学的启动阶段，起到了积极的作用。1992年，在市政府的协调下，教育、劳动、人事、计划、财税、物价等部门联合制订了《关于社会力量举办职业学校（班）的若干规定》，对社会力量举办职业技术教育在收费、税收、教师待遇等方面提供了10条优惠政策，而教育部门在具体执行过程中又坚决遵循市政府确定的“谁办学、谁受益”的原则，特别是在劳动部门的支持下，允许企业实行招生与招工相结合，使企业自身也尝到了办学的甜头。由“要我办”变为“我要办”，保证了社会力量办学的持续快速发展。目前市区社会力量办学每年招收的职高生已占市区职高招生总数的70%以上，同时一些经济较发达的乡镇也纷纷由乡镇企业和成人文化技术学校联合举办了各类中等职业技术教育。基本形成了政府统筹下的部门、企事业单位和社会各界共同参与发展职业技术教育的机制。目前全市已有各类中等职业学校85所，其中既有全省投入最多的公办的绍兴县职教中心，又有全省民办职校中规模最大的上虞万峰职业学校。

建立多渠道筹措经费的职教投资体制。(1)提高城市教育费附加的计征率。从1993年起，绍兴市在全省率先把城市教育费附加的计征率由“三税”的2%提高到3%，后又增至3.5%，增加部分主要用于发展职业技术教育。同时在已通过“两基”验收的地区，农村教育费附加中也划出一定比例用于职业技术教育。(2)征收教育配套建设费。从1993年起，市政府规定凡新建、扩建（含翻建新增面积）等各类建筑，均应交纳每平方米10元的教育配套建设费，并由建设主管部门在审办发放建设许可证时一次性收取，按月划拨教育部门，列专项资金管理使用。1994年市委市政府又发文决定提高教育配套建设费的标准，新标准为每平方米60元。(3)实行新区教育配套建设。市委市政府决定：旧城改造、新区开发、集镇建设，必须配套建设幼儿园、中小学（含高中），所需配套经费由组织营建单位全额承担，实行同步规划，同步建设，同步竣工，竣工后移交教育部门。(4)建立市县两级教育发展基金。其资金来源是：市、县财政的机动财力中划拨一部分；社会各界捐赠；在职工教育经费中统筹职工工资的0.5%；从教育费附加中拨一点。(5)开辟政策性投入渠道。凡新建和扩建重点职业学校，政府一般都给以两项优惠政策，一是划给建校土地，教育部门只承担给农民的赔偿费和土地征用工的安置费。二是在招生时拨给地方性农转非指标，并相应提高学杂费标准，提高部分用于学校建设。(6)鼓励职业学校积极开展教育服务和走产教结合道路，并根据办学的实际需要和群众的承受能力适当提高自费生的比例和在校生学杂费标准。

建立在改革中提高的职教运行机制。绍兴市以改革为动力，以提高为目标，以服务经济为宗旨，着重做了三方面工作：(1)争先创优，积极实施现代化职教工程。经济建设需要规模效益，同样，职业技术教育也需要重点工程。市委市政府制订了现代化教育工程规划，并于1993年率先在绍兴市经济开发区按国家级重点职业学校标准新建了绍兴市职教中心。绍兴县提出经济强县必须有教育强县来支撑，投资5300万元新建了全省规模最大的绍兴县职教中心。上虞市一手抓公办重点职业学校建设，把上虞职技校扩建成国家级重点职业学校；一手抓民办重点职业学校建设，发动和帮助私营的联垦建筑公司新建了全省民办职校中规模最大的万峰职业学校。新昌县虽然是一个经济相对薄弱的山区县，也征地8万多平方米，投资2000余万元新建了新昌职教中心。其他像诸暨市、嵊州市也都花巨资新建和扩建了一批普通中专和省级示范性职业学校。(2)“三教”沟通，多层次、多形式办学。绍兴市改革了传统教育制度中单一的办学形式，努力形成职教、成教和普教沟通，多种层次并存，学制长短结合，灵活高效的办学形式。在管理体制上，从市到县都把职教和成教合为一个职能部门，对职教和成教的改革发展实行通盘规划、综合管理，便于职教、成教优势互补、相互渗透。在办学形式上，要求和鼓励各职业学校成立对外培训部，甚至直接挂牌成为某个部门的职工培训基地，实行一个学校多块牌子。学校在按事业规划保质保量完成全日制学历教育的前提下，充分利用教育间隙，根据各专业特长，开展各种成人培训；同时，要求他们担负起为普教系统职业劳技教育服务的任务，如提供师资、场地、设备等。实行“三教”沟通，理顺管理体制，鼓励多功能、多层次、多形式办学，使全市的各类职业学校逐步形成了以一种层次为主，多种层次并存的大职教综合体，发挥了职业教育的办学效益，密切了教育与社会经济的关系，走出了一条以教养教、增强学校自我发展与完善能力的新路子，赢得了办学效益与社会声誉的双丰收。(3)积极探索，努力在改革中提高教学质量。一是实行职业学校毕业生的

“多种证书”和会考制度。早在1988年，绍兴市就开始在职校毕业生中实行毕业证书和技术等级证书的“双证书”制度，并成立了市教委技术等级考核委员会，专门负责对职校毕业生的技术等级考核。为了确保考核质量，教委和劳动局还共同制订了“坚持标准，教考分离，逐级考核，不作限制”等考核办法。从1996年开始，又在全市职校学生中实行了“职业资格证书”制度，并已在财会、导游等专业中全面实施。为了对职校毕业生进行全面考核，近几年又在技术等级考核的基础上，推行了对职校学生进行专业基础课和文化课会考以及职业道德鉴定的制度。二是借鉴“模块式”教学模式。职业学校的专业设置要求相对稳定，而经济部门对人才要求往往是多种多样多变的，这使学校在专业设置上适应经济部门的需要方面产生了一定的困难，这个困难在中小城市尤为突出。为了解决这个困难，绍兴市一方面对各类职业学校的专业设置实行统筹，另一方面，根据实际，积极借鉴“模块式”教学模式。具体用在专业设置上是实行“一业为轴、滚动发展”;用在教学上是注重培养有扎实基础知识的一专多能的人才。三是加强教学科研，逐步建立完善的职教服务体系。

绍兴市政府供稿

高等教育

〔**综述**〕 1996年，杭州大学、浙江农业大学通过了“211工程”部门预审，浙江医科大学通过了省政府组织的重点学科建设项目规划预审。全省普通高等学校本专科招生数和在校生分别比上年增长8.7%和3.9%，其中地方属高校招生数和在校生分别比上年增长9.7%和4.6%。研究生招生比上年增长12%，在学研究生增长8.9%，其中地方属12所高校研究生招生数和在学研究生分别比上年增长16.4%和9.6%。坚持博士生培养立足国内的方向，博士生招生数和在学博士生分别增长6%和21%。部分高校还试行招收培养学位研究生。

〔**教学工作**〕 1996年省教委组织了全省普通高等学校教学成果奖的评审，有30所学校申报国家级、省级奖共155项，经过评审，有浙江大学陈林根等教授的《工程化学教学研究和实践》等118项获省级以上教学成果奖。

对31所普通高校函授、夜大学进行了评估。共评出函授优良学校4所、合格学校16所；夜大学优良学校6所，合格学校12所。

为加强高等学校教学工作，开展了重点教材建设工作，经学校申报，省教委审核批准，浙江大学万斌主编的《有中国特色社会主义理论与实践》，杭州电子工学院龚之春主编的《电子线路与实验》,杭州大学奉禹春、田志伟、夏基松分别主编的《高等数学》《普通物理学》《现代西方哲学教程》等11种教材,为浙江省高等学校首批重点教材建设项目。

结合新专业建设，对省属高校的教学工作进行检查，对1992年以来批准设立的71个专业点进行了检查。对若干新办专业条件仍达不到要求的，实行停招；对师范工学类专业提出了改善条件等要求。浙江财经学院和中国计量学院接受了国家教委组织的教学合格评价。完成了金工实习不合格学校的复评工作,至1996年专科学校金工实习基本达到合格标准。组织大学生参加全国数学建模、电子设计竞赛，全省参赛队达58个174人，获国家一等奖1项，二等奖5项。

经国家教委同意，浙江医科大学为“国家理科基础科学研究和教学人才培养基地(医药学)”。

〔**高教改革**〕　绍兴市绍兴师范专科学校、绍兴高等专科学校、绍兴市职工大学等3所高校合并，经国家教委批准组建绍兴文理学院；宁波大学、宁波师范学院和浙江水产学院宁波校部合并组建新的宁波大学；浙江水产学院迁建与舟山师范专科学校的联合办学已正式启动；湖州师范专科学校的迁建工作进展很快；嘉兴高等专科学校和嘉兴教育学院实行合并办学；杭州市6所独立设置的成人高校合并为杭州市职工大学。省地方属普通高校的办学效益进一步提高。生师比由上年的8.08∶1增加到8.40∶1，在校生平均规模由上年的每校2306人提高到2497人，平均增加191人。

大中专招生和毕业生就业制度改革取得进展。全省地方属高校所有本科专业和省属高校的师范、公安专科专业实现了“并轨”,“并轨”招生数占浙江省地方高校招生总数的80.5%。省属高校面向全省“双向选择”的比例从上年30%扩大到50%,接受安排毕业生3.43万人。

〔**重点学科**〕　1996年,开展了省高校重点学科中期检查评估工作，在学科点和学校自查的基础上，组织了部分专家，对温州医学院等7校17个重点学科和重点扶植学科进行抽查，并形成了第三批重点学科中期检查总结报告。加强和规范全省高校重点学科建设工作，实行滚动发展，为建设好100个重点学科打下了良好基础。

开展增补省级重点学科、省级重点扶植学科和验收部分校级重点学科晋升为省级重点扶植学科B类工作。经学校申报，省教委初审和省级重点学科建设评估委员会评审通过,增补2个省级重点学科,4个重点扶植学科A类，验收30个校级重点学科晋升为省级重点扶植学科B类。调动了各级各类高校加强重点学科建设的积极性。

初步形成重点学科评估体系，完善重点学科年报管理工作和年报管理软件系统，为重点学科管理的科学化、规范化打下了基础。

〔**教师队伍建设**〕　根据省《关于首批高校中青年学科带头人选拔和培养工作的意见》,公布了首批25名省级高校中青年学科带头人,给予每人奖励1万元,并在《浙江教育报》上逐个报导他们的先进事迹,扩大影响。

规范高校教师的岗位培训制度，制定了《关于实行高校教师岗位培训制度的意见》,并首次将高校教师的教育理论课程培训普及到成人高校和党校系统。全年参加考试人数达2000余人，完成预期目标。

与省教科院联合，开展“高校学科带头人成长轨迹研究”课题调查，为加强全省高校中青年学术骨干的选拔和培养，探索和提供科学依据；以“选拔培养跨世纪人才”为专题召开了高校师资管理研讨会。

推荐评选了浙江省优秀教师23名，优秀教育工作者5名；推荐申报国家教委资助优秀年轻教师基金7人获准4人，资助金额计21.5万元。

〔**科技工作**〕 12月24～25日浙江省召开了全省高校科技工作会议。会议贯彻落实了全省科技大会和全国高校科技工作会议精神，总结和交流了全省高校“八五”科技工作经验，确立了“九五”工作思路和目标，部署了高校“九五”科技工作改革与发展任务。会议确立“九五”期间全省高校科技工作的思路是：加强学科建设为龙头，带动教学、科研水平的提高，面向经济建设和社会发展，解决浙江省经济建设和社会发展中的重大科技问题，强化特色，形成优势，集中力量攻坚，开创全省高校工作新局面，使高校科技实力有明显提高。

会议对“九五”期间全省高校科技事业的发展提出了具体目标：一是增强承担国家、省重大科技攻关项目和培养高级专门人才的能力，提高全省高校总体科技水平、教育质量。集中财力分期分批建设好若干个基础研究中心和工程研究中心，建设好高校100个重点学科，努力办成既是教育中心，又是科研中心，部分学科点跃居世界先进行列。二是培养造就100名优秀年轻学科带头人，上千名优秀年轻学术骨干。其中有一批进入国家“百千万”工程。三是抓好一批重大科技项目，取得一批重大成果。四是高校的科技体制改革取得明显成效，初步形成适应社会主义市场经济、符合科技教育发展规律，科技教育和经济密切结合的科技教育体制。

1996年，全省高校通过各种渠道争取到科技经费3亿余元，承担各级各类科技项目5千余项，出版专著等近300部，发表学术论文7千余篇。有近400项科技成果获各级政府及部门的奖励。

〔**体育工作**〕 1996年对全省各普通高校贯彻落实《学校体育工作条例》的情况进行了检查评估，评选出浙江工业大学等8所贯彻《条例》优秀学校并进行了表彰。

组建省大学生体育代表团，近60名运动员参加了国家教委、国家体委、共青团中央联合举办的第五届全国大学生运动会的篮球、排球、武术、田径等比赛，两人次破两项全国大学生田径纪录，女排获得第三名。

省第九届大学生运动会进行了篮球、武术、健美操、田径比赛，于5月下旬在宁波大学胜利闭幕。本届运动会共有46所普通和成人高校的2000余名运动员和裁判员参加。各项目运动水平也有不同程度的提高。

在浙江师范大学举行了大学生体协年会暨高校体育科学论文报告会，各普通高校公体部、体育系、部分成人高校体育组的负责人及录用论文作者参加了会议。

〔**校园文明建设**〕 1996年，省委高校工委以全党加强精神文明建设为契机，积极推动各校开展校园文明建设活动，以《浙江省高校校园文明建设检查评估标准》为依据，通过以评促建、宣传典型、经验交流等方式推动了全省高校校园文明建设。省委高校工委、省教委联合组织力量对7所院校的校园文明建设进行了检查、评估，这7所学校都达到了优秀水平。至此，浙江省已有8所院校通过了校园文明建设评估。

为贯彻中央综治委、公安部、国家教委召开的高校周边治安秩序综合治理工作会议精神，浙江省综治委、省公安厅、省委高校工委、省教委联合于6月份开展了全省高校、中专校园周边秩序综合治理，至11月底结束，这项工作取得了明显的阶段性成果，较大地改善了校园周边环境。

〔**国际交流**〕 1996年省教委共办理单位长期公派出国审核77批106人，短期出国审批175批331人次，前往30个国家和地区；为452位自费出国留学人员办理了服务期资格审核。共接受来华文教专家191批328人次，其中专家165人次，外籍教师57人次，执行项目及来华讲学人员106人次。继续为宁波、嘉兴、金华、衢州4市引进4组17名爱德基金会暑期班外籍教师，无偿地协助各地的中学英语教师培训工作。接受来自28个国家的外国留学生587人，至此，实际在校外国留学生共869人，分别来自64个国家。接待了来自美国、日本、德国等11个国家和地区的境外人士共17批327人。又有7所省属高校和美国、日本等国的24所高校建立了校际交流关系。

撰稿　钱晓芳

审稿　阮忠训

成人教育

〔**综述**〕 1996年，完成了基本扫除青壮年文盲的省级评估验收。全省青壮年非文盲率已达97%以上，城镇居民、企事业单位职工青壮年非文盲率达到98%以上。农村共有181万人接受了各类文化技术培训。1996年成人中等专业学校新增6所，招生和在校生分别比上年增长16.8%和9.8%。成人高等学历教育招收在校生增长10%，经国家教委批准，有6所成人高校进行成人高等职业教育试点，共招收300人。广播电视大学继续进行招收“注册视听生”试点，招收8000余人。

〔**扫盲和农民教育**〕 1996年，全省共扫除青壮年文盲10.6万人，各县（市、区）各乡（镇）及98%以上的行政村的青壮年非文盲率均达到国务院《扫除文盲工作条例》新规定的要求，全省1846个乡（镇）全部建立了乡（镇）成人文化技术学校，30195个行政村建起了村成技校或教学点，办校面占行政村总数的68.8%。又有25所乡（镇）成技校在各市（地）自评的基础上，达到了省示范性乡（镇）成技校的评估标准，2月28日至

3月2日，国家教委在浙江省的温州召开了全国扫盲工作会议。会上温州市政府介绍了温州市的扫除文盲工作经验，省教委副主任吴聚芳同志作了题为《横下一条心，打好扫除青壮年文盲大决战》的专题介绍。会议期间，国家教委领导和与会代表到温州市的瓯海区永中镇，丽水地区的青田县实地考察了扫盲现场教学活动。

省教委和省妇联联合开展了省“巾帼扫盲奖”评选活动，3月2日省召开了“巾帼扫盲奖”电视电话表彰会，共表彰了“巾帼扫盲奖”先进个人50名，先进集体20个。

开展“中华扫盲奖”评选活动，9月9日，温州市瓯海区、磐安县、嵊州市、青田县等4个县（市、区）人民政府被国家教委、财政部评为全国扫盲工作先进地区并受到奖励。德清县士林镇副镇长沈文梅等5位同志和龙游县小南海镇成技校等4所学校获得“中华扫盲奖”先进个人和先进单位的光荣称号和奖励。

6月，为推动全省新农村、新家庭建设深入开展，省教委根据省新农村、新家庭协调小组办公室的要求与绍兴市电教馆联合，拍摄了以乡（镇）成人技校为阵地，推动当地新农村、新家庭建设为题材的电视专题片《文明的桥梁》，8月在浙江电视台播出，并获得三等奖。

积极配合省妇联开展妇女“双学双比”活动，1996年省教委被省“双学双比”协调小组评为省“双学双比”活动先进单位。

10月，为迎接国家教委对浙江省扫除青壮年文盲的抽查验收，省教委组织省扫除青壮年文盲评估验收小组，对青田、景宁、平阳、苍南、泰顺、文成、永嘉等7个县进行了扫除青壮年文盲的评估验收工作。12月，报请省人民政府同意，7个县的扫除青壮年文盲工作评估验收合格。

〔**成人高等、中等学历教育**〕 根据省教委《关于改革和发展我省普通高中教育的若干意见》精神，1996年共有22所成人中等专业学校进行了“2+2”成人中专班的试点。“2+2”成人中专班是指学生在普通高中学习两年高中课程，通过会考，成绩合格，然后根据本人志愿转入独立设置的成人中专，再接受全日制两年中专课程教育，最后取得成人中专毕业证书的教育形式，是普通高中“二二分段、高三分流”的教育改革试验。

为了加强对成人高等学校的宏观指导和管理，促进学校改善办学条件，提高教育质量和办学效益，省教委开展了对独立设置成人高校办学水平的评估工作。省教委成立了成人高校评估领导小组和评估专家组，制订了《浙江省成人高等学校办学水平评估指标体系》，并于11月底～12月初对浙江省供销职工学院、杭州市工人业余大学和浙江省电力职工大学等3所学校进行了评估试点工作。在试点的基础上，省教委于12月初在浙江省电力职工大学召开了成人高校评估工作现场会，总结了试点经验，部署了面上的评估工作，为全面开展评估工作作了充分准备。

在杭州市政府领导下，杭州市经委所属的机械化工、轻工、丝绸、纺织、西湖电子等6所职工大学合并成“杭州职工大学”，省政府于12月26日正式批准，并报国家教委备案。杭州市成人高校办学体制的改革取得了初步成果。

〔**职工教育**〕 由浙江省教委起草的《浙

江省职工教育条例》，于1996年8月31日经浙江省第八届人民代表大会常务委员会第二十九次会议通过，1996年9月6日公布施行。1996年经省人民政府同意，省教委、省计经委、省劳动厅、省人事厅、省总工会联合表彰了一批“八五”期间职工教育先进单位，决定授予杭州钢铁集团公司等101个单位“浙江省‘八五’期间职工教育先进单位”的称号。

〔**社会力量办学**〕 为了表彰先进，促进社会力量办学的健康发展，在各级教育行政部门和有关单位、学校推荐、评选的基础上，12月省教委决定对杭州钱江业余学校等28所学校进行表彰，并授予“浙江省社会力量办学先进学校”奖牌。

〔**自学考试**〕 1996年全省自学考试报考考生达40万人次，共报考近85万课次，与上年相比，报考人次增加8万余人次，培养了本科毕业生193人，大专毕业生6509人，中专毕业生8500余人。

浙江省考委、教委制定了《关于进一步加强考点建设的意见》，在加强考点建设规范化、科学化，对考点工作进行量化考评的基础上，重点抓考风考纪工作。组织了由省教委机关、主考院校、有关业务厅局共45位巡视员分赴11个市地及部分县进行了考风考纪大检查。

服务基层，不断发展乡镇联络网点，是浙江省1996年自学考试工作的一项重要内容，根据农村经济发展需要和对人才的需求，新开设“农业推广”专科和“水利工程与管理”中专等专业，为农村基层培养合格人才，同时重点抓好乡镇联络站建设。1996年新建立了乡镇自学考试联络站53个，到1996年底，全省共建立联络站530个，联络网点进一步扩大，方便了宣传、咨询、报名、辅导服务等工作。

撰稿 孟希林 白锡定
钱晓芳 叶向群
审稿 阮忠训

宁波市教育

〔**发展概况**〕 1987年，国务院批准宁波在国家计划中实行全面计划单列。为了更好地适应宁波经济建设和社会发展的时代要求，市政府制发了《关于发展教育事业的若干意见》《宁波市贯彻实施〈中国教育改革和发展纲要〉的若干意见》。确立了教育优先发展的战略地位和“科教兴市”的战略方针。经过10年努力，宁波市的各级各类教育事业得到发展，初步构建了为建设社会主义现代化国际港口城市提供智力支持的教育体系。

全日制学校基本情况

单位：人

		学校数（所）		在校学生数		教职工数			
		1986年	1996年	1986年	1996年	1986年		1996年	
						计	专任教师	计	专任教师
幼儿园		1070	1783	90357	148492	4437	3800	7699	6412
小学		3094	1815	369019	417957	17986	15925	19056	17248
中学	普通中学	403	383	229945	270275	14925	11077	17289	13692
	职业中学	101	89	13631	30431	1299	814	2946	2087
普通中专	中专	12	17	4732	21694	1111	580	1538	847
	中师	4	4	1963	3407	282	164	374	221
大学		4	4	3340	10425	1079	570	2126	1070
特殊教育学校		1	8	259	796	35	26	206	164

〔**十年成就**〕 各级各类教育得到发展。1986年12月，市政府批转市教委《宁波市实施〈义务教育法〉的意见》，义务教育从此步入法制轨道。按照省政府办公厅《关于加快我省“两基”工作的意见》的文件精神，全市集中力量，狠抓了九年义务教育的普及工作。至1995年5月，全市11个县（市、区）全部通过了省政府的“两基”评估验收。在此基础上，市政府又及时颁发了《宁波市高标准普及九年义务教育和扫除青壮年文盲的意见》（试行）（简称“两高工程”）和《教育强镇评估标准》。至1996年底，全市九年义务教育入学率、巩固率、完成率分别达到100%、99%和90%以上，处于全省领先水平。幼儿入园率达到80%以上。鄞县、北仑区被评为全国“两基”工作先进县（区），江东、镇海两区已通过市“两高”评估验收，宗汉镇等十一个乡镇成为教育强镇。

1987年7月，创办第一所弱智儿童学校，至1996年，全市共有8所特殊教育学校。盲童、哑童和弱智儿童的入学率分别达到87.8%、87.5%和90.2%。

高中段招生规模由1986年的2.1万人增加到1996年的3.8万人，全市初中升学率由1986年的41%上升到1996年的65.18%，城区已基本普及高中段教育。完中的高中班级规模基本调整到12个班以上。市政府明确提出要大力发展职业技术教育为重点的高中段教育，1995年，市人大颁布实施了《宁波市中等职业教育条例》，职业高中已从1986年的101所调整为1996年的89所，其中4所成为国家级重点职业中学，15所被评为省级示范学校，创办了普通中专21所，十年共培养各种人才58000人，职技教育在校生与普通高中在校生之比保持在6∶4左右。

1986年，创建了宁波大学，至1996年，全市有普通高等院校4所，在校生从1986年的3340人上升到10425人，高中毕业生升入全日制高校的人数达到5564名，为同龄人的

9%。1995年宁波大学通过国家教委的本科教学合格评估。宁波大学、宁波师院和浙江水产学院宁波分院等3校联办后，学校规模成倍扩大，办学实力显著增强。宁波高等专科学校已达到2500人的办学规模。

1989年，选定18个乡（镇）实施“燎原计划”试点。1991年，市教委制发了《关于加快建设乡（镇）成人中等文化技术学校的意见》，1995年，市人大颁布实施了《宁波市职工教育条例》，至1996年底，全市149个乡（镇）都建立了成人文化技术学校，其中省级标准成校129所，18所乡（镇）成校达到省一类和示范性学校标准。乡（镇）较好地实现了成、职教沟通，基本满足了全市职前职后培训的需要。创办成人中专23所，成人高校8所，招生分别达到8100人、5200人。全市企业职工参加岗位培训人数占职工总数的30%以上，农民参加实用技术培训人数占农村劳动力的34%，扫盲工作取得突破性进展，青壮年非文盲率达到98.71%以上，成人识字率达到89.4%，接近国际标准。

〔**德育工作**〕 德育工作的运行机制基本形成。宁波市始终把德育摆在学校工作的重要位置，市和各县（市、区）先后成立了由各级党委和政府领导牵头的德育领导小组，各级教育行政部门和各级各类学校都成立了专门的德育工作机构。从1986年以来，先后制定实施了《宁波市九年义务教育段中小学生德育基本要求》等30余个文件。特别是1994年，市委制订了《中小学德育工作条例》，规范了全市的学校德育工作，把德育工作纳入了各县（市、区）政府目标考核的重要内容。现已形成了以《中小学德育大纲》为依据、《中小学生日常行为规范》为学生行为准则，爱国主义教育为核心，班集体建设为基础，学校、社会、家庭三结合教育为基本途径，各学科教育为主渠道，目标评估为导向，创文明学校为载体的中小学德育基本格局，并在经费、队伍和基地建设上为德育工作的正常开展提供了保障。

在德育工作队伍建设中突出激励机制的导向作用，从1991年开始，在评定教师职称时，增设100名名额单列的德育高级教师，并从1994年开始将中小学德育工作者列入评审高级政工师职称的范围；又先后设立了市级优秀教育工作者、园丁特殊津贴、红烛奖等奖项。十年来，通过各种渠道表彰全国、省和市级的优秀德育工作者共320名。拍摄23名优秀教师的事迹录像。

育人环境进一步优化。(1) 创建“文明学校”。全市已有1200余所学校被各级教委授予“行为规范达标学校”的称号，400多所学校成为国家、省、市和县级的“文明学校”及“德育先进学校”。(2) 德育基地作用得到发挥。目前，60%的学校建立了校史陈列室，30%的学校建有校内德育基地。从1990年开始，市政府每年拨出500万元用于德育基地建设，全市利用宁波历史悠久、文物丰富和革命老区等资源优势，已建立市、县、乡三级德育基地222个，市教委每年组织30余万中小学生徒步就近参观，接受教育。(3) 学校、家庭、社区“三位一体”的大德育环境基本形成。全市现有家长学校1600余所，并编写了家长学校专用教材，办学日趋正规，1987年在宁海成立了全省第一所少年军校，至今，已有海、陆、空、警等各类少年军（警）校86所，456所中小学与驻甬部队、公安部门结成了“共建”对子。东海、宁海等两所少年军校被评为全国先进少年军校。1996年，东海少年军校在首届全国少先队与解放军手拉手少年军校成果汇报会获得第2名。（4）学校德育工作已显示明显效果，基本实现连续5年在校生无违法犯罪。

〔**素质教育**〕 建立面向全体、全面发展的导向机制，转变观念，积极推进素质教育，在宏观指导上，把小学、初中的合格率和义务教育的巩固率作为评估办学水平的主要指标。激励义务教育段学校全面关心，重视基础较差学生的成长。组织研制了学生素质报告单。

努力办好每一所学校。市政府在经费、政策上为义务教育段学校办学条件的改善予以重点倾斜，全面更新、改造一批基础较差的学校，“八五”期间，共改建新建校舍200多万平方米，师资、教学设备已基本满足学生参加科技、艺术、体育等活动的需要。

倡导特色学校建设和个性教育。尊重学生主体地位，努力使学生主动地、生动活泼地学习。开足、开齐艺术教育课程。1996年，小学双语实验班已增至20多个，体、艺、劳教育进一步受到重视，电脑教育在各级各类学校中得到广泛推广。双休日特色教育活动逐步规范化。

强化素质教育的评估。90年代初，成立了市、县两级人民政府督导室，建立了城区教育督导团，现有专、兼职督学182人，在督政、督学上发挥了较好作用。进一步改革升学考试制度，坚持就近入学原则，现正在积极拟订学校综合评估标准、学科教育综合评估标准和中小学校学生文化素质的基本要求。

〔**“教育实事工程”**〕 （1）1994年8月，召开全市教育工作会议，启动了宁波市学校现代化建设工程。1994年11月，市政府颁发《宁波市学校社会主义现代化建设纲要》。至1996年底，全市学校经国家教委和省教委评估、被授予省级以上示范学校称号的已达40余所。（2）市委、市政府大力加强教育扶贫的力度，自1993年开展“希望学校工程”至今，通过政府拨款和社会、企业对口捐资拨出市补助资金共4000多万元，并通过各类捐资，为宁波市山区、贫困地区兴建“希望学校”共150余所。（3）为改善教师住房条件，市政府实施了“安居工程”，增加了政策力度和资金投入，城（镇）教师人均居住面积从1986年的5.2平方米提高到1996年的11.5平方米，高于居民人均居住面积。

〔**教育体制改革**〕 办学体制和管理体制改革。1986年以来，市政府根据中央文件精神，解放思想，积极深化办学体制改革。先后出台了《关于鼓励和扶持民间办学的若干规定》《宁波市加快发展社会力量办学的若干意见》等一系列鼓励和扶持社会力量办学的政策法规和措施，逐步形成了以政府办学为主、社会各界多方筹集资金办学的新体制。至1996年底，社会力量兴办的学校已有281所。涌现了像万里、施乐等一批较有特色的办学实体。自1985年全市实行了“分级办学、分级管理”的体制以来，各级政府对地方各类教育的统筹权得到加强，扩大了乡（镇）的办学自主权，合理调整了教育结构，教育资源配置进一步优化，1996年又开始在经济发达乡（镇）进行下放高中段教育管理权限的改革试点。改革校内管理体制，根据《纲要》精神，宁波市中等以下学校全面实行了校长负责制，确立了校长的法人地位，扩大了学校在人事、经费、职评、招生、收费、分配等方面的自主权。

教育结构和办学模式改革。(1) 不断推出各种办学模式改革试点。至今，宁波市已推出了校长承包办学，民主党派承包办学，企业独资兴办和外资、企业、国家三方联建，实行董事会领导下的校长负责制的办学等多种模式，学校自我发展能力得到了很大的提高。(2) 调整教育结构，把大力发展初、中级职成教育摆在突出位置。普通高中进行了高中二年后分流，对部分学生再进行一年职业教育或二年中专教育的试点；依托在甬学校，同时利用电视、广播、函授等办学形式，举办多种高等职业班；逐步形成初等、中等、高等职业教育和普通教育共同发展、相互衔接、比例合理的教育系列。(3) 改革普通学校、普通高中，中等及中等以上各类职业学校招生、收费和毕业生就业制度。自1993年始，大、中专院校实行优秀毕业生和用人单位的“双向选择”制度。

投资体制改革。经过10年努力，宁波市已基本形成了以政府财政拨款为主，教育费附加、校办企业减免税、捐集资、职教统筹经费等多种渠道筹集教育经费的教育投入机制。(1) 1994年，市政府明确规定每年财政预算内对教育投入的增长应高于平均增长2个百分点，教育费的支出不低于全市财政支出的20%，使教育经费达到“三个增长”的要求。“八五”期间，财政预算内教育经费的年均增长率超过30%。(2) 1985年，宁波市在全省最早开始征收教育费附加，1993年5月，又率先将城镇教育费附加计征率从原来三税的2%提高到3%，1996年，又调整到4%，当年，共征收3.5亿元。至今，征收教育费附加总额为12.6亿元。校办产业收入也已成为改善办学条件、提高教师福利的重要渠道。(3) 多渠道筹集教育资金。宁波市主要抓了城建配套、土地转偿费、蓝印户口费、职教经费统筹和社会捐集资等几个渠道。1994年，市政府明确规定新区开发与旧城撤迁时的中小学（包括幼儿园、高中）新建和改造由城镇配套费和土地转偿费负责开支。同时，积极利用海外“宁波帮”和开放城市的优势，对外开放以来，共得到社会和港胞的捐、集资2.2亿元。

〔**尊师重教**〕　依法保障教师的地位和待遇。十年来，市政府多次作出规定，提高教师工资津贴标准，政府规定的工资性福利补贴、奖金，义务教育段学校列入财政预算，由财政全额核拨。至1996年，教师工资待遇已位居十二个行业中的第四位。1992年以来共增拨地方中高级职称指标5000个。1993年实行贫困乡（镇）教师工资由县（市）财政直接划拨和在地方税收返还中优先保证足额按期发放的政策。从而杜绝了拖欠教师工资现象的发生。同年，又集中将2418名民办教师转为公办教师，使宁波市成为全省第一个圆满完成“民转公”历史性任务的城市。1996年，又实施“名师工程”，评聘12名中学高级教师享受正教授级工资待遇。

努力提高师资队伍素质。1993年10月，市政府制定实施《宁波市人民教师行为规范》，进一步加强了人民教师的思想作风建设。为建设一支高素质的师资队伍，宁波市强化政府行为，优先发展师范教育，高度重视师范教育的投入，加强了师资培训基地建设，1991年，成立了市小学教师培训中心，业已形成了较为完备的培训网络。建立了中小学教师、校长培训制度，从1992年开始，对2万多名中小学教师和2270名校长开展了全员岗位培训，现已开始第二轮培训。1995年9月起，全市实行了校长持证上岗制度。为鼓励中青年教师脱颖而出，1993年起，在全省率先评选教坛中坚，举办硕士研究生课程班；同年，实行对贡献突出的40周岁以下优秀中青年教师骨干评聘中学高级职称由市单独核拨指标；1996年，又实施特级教师跨区域带徒和“导师制”开办高级教师研修班。至1996年，小学、初中、高中教师学历合格率分别达到92%、88%和70%，小学教师大专学历和初中教师本科学历分别达到7.5%和15%。

〔**教育科研**〕 十年来，市教科所、市教研室、市教育学会围绕宁波市教育改革与发展的实际问题，积极开展课题研究，在国家、省及本市课题管理部门列项的课题近900项，共有400多项课题研究成果获奖，其中《宁波市农村小学整体优化教育实验》在1988年获得全国中小学教学改革“金钥匙”奖。后又获得全国首届教育科学优秀成果一等奖；《宁波教育发展战略研究》获中国教育学会优秀论文二等奖，《宁波市学校社会主义现代化建设研究》《农村教育综合改革实验方法研究》分获省“八五”重大课题成果一等奖和二等奖，全国哲学社会科学“八五”规划中华社科基金重点课题《中国城市教育综合改革理论与实践研究》已通过国家鉴定，“以理想教育为主线的学生思想教育”等研究成果逐步推广，有力地推动了我市教育事业的发展和教育质量的提高。

撰稿 沈剑光 鲁焕清

审稿 岑 申

安徽省教育

概况

〔基本情况〕

1996年各级普通学校基本情况

单位：人

学校类别	学校数（所）	毕业生数	招生数	在校学生数	教职工数	
					计	其中专任教师
一、普通高等学校	35	26906	30881	92342	27525	11499
研究生		666	1087	2928		
本　科	21	9950	14679	52016		
专　科	14	16290	15115	37398		
二、中等专业学校	152	42653	47040	124795	17120	8842
中等技术学校	111	33087	36540	97966	12988	6570
中等师范学校	41	9566	10500	26829	4132	2272
三、普通中学	4012	815598	1050361	2972792	178737	143679
高中	629	80038	116966	320331		21203
初中	3383	735560	933395	2652461		122476
四、农业、职业中学	748	95979	166030	412963	23515	18162
高中	376	41373	67643	172546		8383
初中	372	54606	98387	240417		9779
五、工读学校	3	132	201	89	105	69
六、小　学	28248	1049839	1250433	6231670	290565	269859
七、特殊教育学校	60	1172	3703	19043	1065	758
八、幼儿园	2361		805412	1049434	26325	22432

1996年各级成人学校基本情况

单位：人

学校类别	学校数（所）	毕业生数	招生数	在校学生数	教职工数	
					计	其中专任教师
一、成人高等学校	27	23715	28278	82040	4711	2119
广播电视大学	1	4381	5254	14452	764	224
职工高等学校	15	2394	2934	8734	1882	949
农民高等学校						
管理干部学院	2	1452	1628	3430	469	174
教育学院	9	3992	4662	11444	1596	772
独立函授学院						
普通高校举办：						
函授部		6057	7584	24515		
夜大学		1244	2506	9208		
干部专修科		4195	3710	10257		
二、成人中等专业学校	155	17700	26470	54923	4171	2099
广播电视中专	10	3337	4242	7511	318	132
干部中专	15	1360	2497	5243	409	228
职工中专	64	3211	6456	14929	2033	1053
农民中专	7	138	949	1996	82	54
函授中专	13	1067	2574	6749	113	32
教师进修学校	46	8587	9752	18495	1216	600
三、成人中学	97	14643	14093	15214	832	474
职工中学	62	2947	3585	4006	563	457
农民中学	35	11696	10508	11208	269	17
四、成人技术培训学校	12395	3007041	2539404	2192877	6748	1708
职工技术培训学校	162	63589	53463	35292	1739	867
农民技术培训学校	12233	2943452	2485941	2157585	5009	841
五、成人初等学校	7167	684860	580977	670458	3486	524
职工初等学校	1	45	40	40		
农民初等学校	7166	684815	580937	670418	3486	524
其中：扫盲班	6484	590915	453426	551371	2758	465

制表　吴金辉

〔**年度工作指导思想和总体思路**〕 1996年，全省教育工作的指导思想是，以邓小平建设有中国特色社会主义理论为指导，认真贯彻党的十四届五中全会和省委六届二次全会精神，全面推进“一纲三法”和“科教兴皖”战略的实施，增强“赶、超、进位”意识，加快各级各类教育的改革和发展。积极推动教育与经济的结合，使教育长入经济，更好地为全省经济建设和社会发展服务。

工作总体思路是：(1) 热度不降，力度不减，狠抓“两基”，继续保持其良好的发展势头。一手抓尚未实现“两基”的52个县(市、区)的实施工作，一手抓已通过省级评估验收的51个县(市、区)的巩固提高工作，使全省实现“两基”县(市、区)达到67个。同时加快普通高中的改革和发展，启动50所示范性、实验性高中的评估工作。(2) 重点抓好高等教育。坚持走以内涵发展为主的路子，使其规模适当，结构合理，努力提高办学质量和效益。继续抓好重点高校、重点学科建设，加强中青年骨干教师及学科带头人的选拔培养。抓好安徽大学进入“211工程”的实施工作。启动重点专业、重点课程和重点实验室的建设。加强高校科研工作，大力推进高校科研和科技开发主动参与经济建设。(3) 积极发展职业教育尤其是农村职业教育和成人教育。把加快农村职业教育作为一项重要工作来抓，进行农村职业教育的第二次创业。继续实行“三教统筹”，积极发展小学后、初中后、高中后的职业教育和职业技术培训。加速专业调整和改造，发展适应农村产业结构、经济结构调整的专业，扩大专业服务面。开展国家级重点普通中专和重点职业高中的争创活动。进一步调整职业学校布局，推动职业教育上规模、上水平。成人教育坚持以岗位培训和继续教育为重点，全面开展成人高校评估工作，切实加强对成人中专学校的管理，完成省部级示范成人中专的评选和省级示范乡镇成人文化技术学校的验收工作，同时大力加强自学考试工作，不断提高各类在职人员的科学文化素质。

继续深化教育改革。(1) 加快办学体制改革。进一步完善基础教育地方负责、分级办学、分级管理和社会参与的体制，加强和推进社会力量办学的管理规范化。推进职业教育和成人教育更多地面向市场，依靠行业、部门、企业和社会各界办学。推进部委与地方、高校与高校之间的共建与联合。(2) 加快招生和毕业生就业制度改革，省属普通高校本科层次和普通中专学校原则上全部实行招生“并轨”。扩大高校毕业生就业“双向选择”范围，进一步完善毕业生就业市场和毕业生就业服务体系。(3) 加大教育综合改革力度，抓紧实施全省农科教“2111”示范工程。积极推进职业教育、成人教育企校结合的“双元制”办学模式。大力推行“三教统筹”和“燎原计划”的实施。(4) 深入开展教学领域的改革。在中小学全面实施素质教育，减轻学生过重的课业负担，促进学生全面发展。制定中小学课程教材改革的总体方案，实行总体规划、分体实施。在职业学校和骨干成人学校开展“双证制”、“工学交替制”、“学徒制”等多种教学模式的试验。开展学校教学改革专题调研，提出深化教学改革、提高教育质量的具体措施。

坚持依法治教，加强办学条件建设和师资队伍建设。认真贯彻落实《中国教育改革和发展纲要》《教育法》《教师法》和《义务教育法》以及省政府《关于增加教育投入的决定》。各级财政对教育的投入要努力保证

“三个增长”；组织好省教育发展基金的实施工作；鼓励各地依法开展集资办学和捐资助学；认真组织实施“贫困地区义务教育工程”和贫困地区世行贷款项目工作；大力发展勤工俭学和校办产业；加快各级各类学校办学条件建设。依法加强教师队伍建设，继续抓好初中教师的学历培训，加强对高校教师的培养和管理，同时，认真解决拖欠教师工资问题，加快教职工住房建设步伐，认真组织好民办教师选招工作，依法维护广大教师的合法权益，努力提高教师的待遇。

〔**教育投入与支出**〕 全省教育经费收支概况。1996年，全省教育经费收入共708736.1万元，其中财政预算内拨款371368.7万元，占52.4%；各级政府征收用于教育的税费114005.1万元，占16.1%；校办产业、勤工俭学、社会服务收入中用于教育的经费20329.2万元，占2.86%；其他属于国家财政性经费拨款1042.6万元，占0.15%；社会捐集资62337.1万元，占8.79%；学杂费收入97727.4万元，占13.8%；其他教育经费41926万元，占5.9%。1996年，全省全口径教育经费支出总额708236.9万元，比上年增加128160.2万元，增长22.09%。按隶属关系分，中央部委所属在皖院校教育经费支出44373.7万元，占6.27%；安徽地方各级各类学校经费支出663863.2万元，占93.73%。按资金支出性质分，事业性经费支出588796.9万元，占83.1%；基建支出119440万元，占16.9%。按部门划分，教育部门教育经费支出634869.3万元，占89.6%；其他部门、企业及社会团体、个人办学教育经费支出73367.6万元，占10.4%。

地方预算内教育经费安排和执行情况。1996年，全省地方教育部门各级财政预算内教育事业费银行支出为315136.4万元，比上年增长23.4%（同期财政支出增长31.5%）。实际支出数为324683.5万元，比上年增长24.9%，其中，省级30684.8万元，地市级293998.7万元，分别比上年增长31.4%和25.6%。地方预算内教育经费支出（含城镇教育费附加）为364406.9万元，比上年增长23.2%，预算内教育经费支出占财政总支出的比重由上年的21.79%下降到20.3%。地方财政预算内拨款（含预算内基建拨款和预算内专项资金拨款）为334164.2万元，比上年增长25.7%。1996年全省国家财政性教育经费支出512292万元，占当年国民生产总值的2.21%，较上年上升0.14个百分点。

除中师、职业中学外，教育部门所属各类普通学校的生均预算内教育经费及生均预算内公用经费均比上年有大幅度提高：普通高校（含在皖部委属高校）为4470.1元和1849.8元，比上年分别增加132.8元和353.8元；普通高中为783.3元和77.7元，分别增加70元和1.8元；普通初中为370.7元和37.3元，分别增加48.4元和12.1元；农村初中为307.9元和26.1元，分别增加34.66元和7.3元；普通小学为231.6元和14.2元，分别增长45.28元和5.94元；农村小学为208.9元和10.6元，分别增加43.26元和5.02元；中等师范为1640.4元和296.9元，分别减少325.2元和增加4.3元；职业中学为418.5元和51.8元，分别减少34.8元和12.3元。

〔**“九五”计划和2010年发展规划**〕 按照省委六届二次全会、省人大八届四次会议精神和《安徽省国民经济和社会发展“九五”计划和2010年远景目标纲要》要求，省计委、省教委组织编制了《安徽省教育事业“九五”计划和2010年发展规划》，12月，经省产业政策评议会评审通过，并报省政府同意，正式印发各地、各高校执行。

“九五”时期教育发展目标是：全省基本实现普及九年义务教育和基本扫除青壮年文盲；教育水平有明显提高，劳动者的职前职后教育有较大发展；各级各类教育的布局和结构基本合理；教育规模和教育质量有显著扩大和提高；学校办学条件从根本上得到改善；各级各类人才的拥有量与全省现代化建设的需要基本适应，奠定21世纪社会主义教育体系的坚实基础。到2000年，全省小学在校生达700万人，初中在校生达326万人，小学阶段适龄儿童入学率达到99%以上，初中阶段适龄少年入学率达到95%以上；3～6岁幼儿入园率达35%，农村小学前一年教育入园率达65%以上；7～15周岁残疾儿童的入学率达80%以上。青壮年文盲率下降到5%以下。普通高中在校生达38万人。各类中等职业学校招生数和在校生数占整个高中阶段的比例达60%，在校生达50万人以上；普通中专在校生达17万人；50%以上的初中毕业生可进入职业技术学校（中心）学习。省属普通高校在校本专科生争取达到7.8万人，在校研究生1000人左右；本科院校在校生平均规模达3000人以上，专科平均规模达1800人以上；成人高校在校生达6.3万人，成人中专在校生达13万人，“九五”期间取得高教自学考试本专科毕业证书的人数达6万人左右。到2000年，全省小学、初中及高中教师学历合格率分别达到95%、82%和75%～78%；中专学校教师全部达到本科学历水平。

“九五”期间要切实抓好的重点项目是：抓好国家和省义务教育工程以及世行贷款“贫三”项目（第三个贫困地区基础教育发展项目）的实施；重点建设安徽大学，争取进入国家“211工程”，并加强省属普通高校40个左右重点学科建设；组建教育金融机构；加强省级教育信息中心建设；筹建安徽教育电视台；全面推进教师“安居工程”；配合抓好安徽农业大学高科技农业园建设。

2010年全省教育事业的发展目标是：全面巩固和提高普及九年义务教育的成果和水平，城市、县城和有条件的镇基本普及高中阶段的教育；70%以上3～7周岁的农村儿童和95%以上的城镇儿童接受学前教育；智力残疾、听力、语言残疾、视力残疾儿童90%以上进校学习，逐步完成初中或高中阶段学业；职业教育和成人教育有更大发展；高等教育在校生总规模达22万人（其中普通高校12万人，成人高校10万人）；各级各类学校专任教师有50%以上提高一个学历层次；高等学校、中等专业学校及省辖市的中小学基本实现教育手段现代化；基础教育全面实行素质教育；各级各类教育布局和结构更加合理，基本完善全省社会主义教育体系。

〔**制定《实施〈教师法〉办法》**〕 1996年12月31日，安徽省八届人大常委会第二十八次会议审议通过了《安徽省实施〈中华人民共和国教师法〉办法》（以下简称《实施办法》），并定于1997年3月1日起正式施行。

《教师法》颁布后，安徽省人大常委会便决定制定实施办法。从省教委起草到省政府讨论，再送省人大常委会审议，先后八易其稿。在起草、修改过程中，起草小组深入部分地、市、县和高校进行了前期调研；初稿形成后，广泛征求了教育系统及有关部门和法学专家、学者的意见；省政府多次召开会议对《实施办法》进行审议和修改。9月3日，经省政府第109次常务会议讨论通过后，正式报送省人大常委会审议。省人大常委会第二十七、二十八次会议先后两次进行了审议。

《实施办法》共35条，对教师资格、培养培训、考核以及待遇等问题作了具体规定，并明确了教师必须履行的义务和享有的权利，同时对侵犯教师权益行为规定了罚则。《实施办法》就提高教师待遇作出了一些具体规定：具有中专以上学历的毕业生分配到乡镇（不含城关镇）及乡镇以下中小学幼儿园任教的教师，见习期间直接执行定级工资标准。已在上述地方任教（含上述毕业生）或由城市到上述地方任教的教师，向上浮动一档职务工资；连续任教五年以上，且胜任教育教学工作的，从第六年起再向上浮动一档职务工资。教龄男满30年、女满25年的教师，退休时按原工资的100%计发退休金。教师与当地国家公务员享受同等医疗待遇。中小学特级教师享受当地正高级专业技术人员的医疗待遇，等等。

〔**教育系统行风建设**〕 省委教育工委、省教委高度重视行风建设，1996年把治理中小学乱收费行为作为纠风建设的重点工作来抓，成立了由省委教育工委书记、省教委主任陈贤忠任组长的治理中小学乱收费工作领导小组，并抽调专人设立办公室。年初召开全省治理中小学乱收费工作会议，印发了《关于加强制止中小学乱收费工作的通知》和《中小学收费管理暂行办法》，并制定了中小学乱收费的处罚规定，切实加强了对全省中小学收费工作和治理乱收费工作的指导。各地市教委、物价局、财政局均制定了各类学校收费标准，规范中小学收费管理，坚决纠正和制止中小学乱收费、乱摊派行为，均取得明显成效。各地各校认真执行国家教委关于义务教育阶段收费工作“五不准”，即不准公办小学和初中招收“择校生”，坚持就近入学原则；不准举办以各种名目收取费用的补习班、超常班等；不准以行政手段强制学生购买资料和其他商品等；不准把社会上对学校的乱摊派转嫁到学生头上，严格控制代收费项目；不准未经政府批准擅自出台新的收费项目和自行提高收费标准。认真实行“三统一、四公开”的收费管理制度，即统一使用收费卡，统一使用省财政厅印制的行政事业收费票据及收款收据，统一由学校财务管理收费资金；公开收费项目，公开收费标准，公开收费金额和公开支出项目。在学杂费方面，做到“五禁止”，即禁止用于支付职工工资福利，禁止用于吃喝送请，禁止公款私存，禁止坐收坐支，禁止私设小金库。9月中旬，省教委会同省政府纠风办、省监察厅、物价局认真开展了全省治理中小学乱收费工作大检查，各地认真开展了自查活动，对于顶风违纪乱收费案件进行了严肃查处。全省清理违规收费金额343.65万元，查处收费违纪案件116件，处理责任者45人。

为切实抓好教育系统行风建设，省教委还狠抓各类考试的考风考纪，加强招生工作规范化管理。召开全省广播电视会议，省教委主任陈贤忠、省监察厅副厅长黄寿祥到会就严肃考风考纪提出明确要求。省招委、省教委还发出《关于进一步加强高考管理、严肃考风考纪的通知》，出台10项具体措施。中考、高考、成人高考、自学考试期间，省教委领导分别带队到各地巡视，省及各地严格考场管理和招生管理，促进了考风考纪和招生秩序进一步好转。与此同时，省教委认真处理考试、招生中的违纪案件，严肃查处了临泉县1995年初中专替考案件，121名责任者受到党纪、政纪处分。还认真查处了合肥联合大学计划外招生、办学、发证问题和阜南县1996年高考涂改考生答卷案等一批案件。

撰稿　吴金辉
审稿　陈贤忠

基础教育

〔**义务教育**〕　1996年安徽继续把"普九"作为工作重点，加强具体指导，大力组织实施。1月省教委召开"普九"工作汇报会，听取汇报，分析情况，提出要求。2月，在霍邱县召开了沿淮和大别山区的临泉、颍上等12个贫困县"普九"工作汇报会，交流贫困地区"普九"工作经验，促进贫困地区振奋精神，坚定信心，加大工作力度，打好攻坚战，确保按期保质保量地实现"普九"。5月，在阜阳市太和县召开了全省"普九"工作现场汇报会，省委副书记方兆祥到会讲话。

各级党委、政府的重视，推动了各地依法落实"普九"规划和各项政府措施，狠抓了"普九"各项工作的落实。1996年，全省有19个县（市、区）"普九"工作通过了省评估验收，全省实现"普九"的县（市、区）累计达到70个，占全省105个县（市、区）的66.67%，"普九"地区人口覆盖率累计接近50%。义务教育的普及程度有了明显提高。小学学龄儿童入学率为99.79%，比1995年提高0.1个百分点；在校生年辍学率为0.7%，比1995年下降0.89个百分点。小学毕业生升学率为98.28%。比1990年提高29.78个百分点。初中（含职业初中，下同）招生103.18万人，比1995年增加1.22万人；初中在校生289.28万人，比1995年增加16.28万人。

1996年，安徽小学、初中布局调整工作有了新的进展。规模效益有了明显提高。小学比1995年减少1095所，在校生比1995年增加162860人；校均学生数为220人，比1995年增加14人。各类初中4340所（单设初中3383所，完中初中部585所，职业初中372所），比1995年减少159所；校均学生数为666人，比1995年增加60人。

安徽"普九"工作的做法和成效受到了国家教委的肯定。1996年10月20～23日，国家教委在马鞍山市召开了"全国普及九年义务教育工作汇报会"，参加会议的有全国

28个省、市、自治区的教委主任或分管主任以及基教处长。国家教委党组副书记、副主任柳斌出席会议作主题报告，省委副书记方兆祥到会讲话。会议期间，国家教委领导和各省代表考察了马鞍山市及巢湖地区的部分中小学，对安徽“普九”工作进展情况给予较好的评价。

〔**特殊教育**〕 1996年，安徽狠抓了特殊教育这一薄弱环节。在总结“八五”工作的基础上，制订发出《安徽省特殊教育事业“九五”计划和2010年规划》，并部署各地、市、县制订特教事业发展规划。结合“两基”工作，抓特教建校、办班和随班就读工作，努力提高三类残疾儿童、少年入学率，同时做好档案资料建设、三类残疾儿童筛查摸底和特教师资培训等工作。会同省人事厅、计委、劳动厅、财政厅、卫生厅、民政厅和省残联拟定了《关于加强特殊教育工作的意见》，并由省政府办公厅转发至各地、市、县政府。草拟了《安徽省特殊教育学校常规管理基本要求》，印发各地、市教委征求意见。草拟了《安徽省实施〈残疾人教育条例〉办法》，该办法已列入省1997年立法计划。举办了全省特教学校校长培训班。各项措施的落实，推动了特殊教育的发展。1996年，特殊教育学校比1995年增加16所；在校生比1995年增加3645人。

〔**幼儿教育**〕 1996年，安徽积极发展幼儿教育。5月，在寿县召开了“全省幼儿教育工作暨‘八五’总结表彰会议”，总结了“八五”期间全省幼儿教育事业所取得的成绩和经验，表彰了一批“八五”期间在幼儿教育工作中做出突出成绩的先进集体和个人。在大力组织实施《幼儿园工作条例》的基础上，制订了《安徽省农村示范幼儿园评估标准》《关于进一步加强对学前班管理的意见》以及《学前班工作的评估指导要点》，推动了农村幼儿教育事业的发展和乡镇中心幼儿园的建设。组织了全省学前班工作检查评估，在各地自查的基础上，省重点抽查六个地、市，推动了学前班工作的规范化。举办了省级一类幼儿园园长培训班。幼儿教育事业发展较快。1996年，全省幼儿园比1995年增加118所；在园幼儿比1995年增加14676人。

〔**高中教育**〕 1996年，召开了全省普通高中教育工作会议，制定印发了《关于改革和发展普通高中教育的意见》，认真贯彻全国普通高中教育工作会议精神，促进全省普通高中教育的适度发展。全省普通高中招生比1995年增加2546人；在校生比1995年增加30891人；校均学生509人，比1995年增加40人。同时，继续稳步推行普通高中毕业会考制度，全面分析了全省各地市、各高中、各学科的会考成绩，编纂了《安徽省普通高中毕业会考与教学质量评价手册》，通过学科教学质量评价，促进普通高中提高各学科教学质量。

〔**素质教育**〕 1996年，安徽中小学教育一手抓事业发展，提高普及程度，一手抓改革与管理，以实施素质教育为龙头，努力提高教育质量与效益。

——进一步加强小学教育教学管理。召开了常规管理暨活动课教学现场会，开展了小学义务教育课程方案执行情况的督导，加强了活动课教学、义务教育课程方案配套教材的建设和管理工作。对申报省农村示范小学的学校进行全面考核，审定批准了首批16所省级农村示范小学；继续加强对省实验小学整体改革实验的管理与指导。制定了《改革小学生成绩评价办法》(讨论稿)，按照素质教育的要求，开始实施小学教师质量监测。

——对初、高中毕业考试和高中招生进行了初步改革。制定了《初中毕（结）业考试考查和普通高中招生试行办法》，蚌埠、六安、滁州、铜陵、马鞍山5个地、市按此办法进行了考试改革，取得了初步成果，积累了经验，地方和学校反映良好。全面分析全省各地、市、各高中、各学科的会考成绩，编纂了《安徽省普通高中毕业会考与教学质量评价手册》，通过学科教学质量评价，促进普通高中提高各学科教学质量。

——贯彻党的十四届六中全会精神，加强新形势下中小学德育工作和思想政治课、思想品德课教学工作，加强爱国主义教育。在中小学继续开展了百部爱国主义影视片收看、百首爱国主义歌曲演唱和百部爱国主义教育图书课外阅读活动；开展了以1997年我国政府恢复对香港行使主权为题对中小学生深入进行爱国主义教育活动。泾县云岭新四军军部旧址和皖南事变烈士陵园、陶行知纪念馆被命名为全国爱国主义教育基地。

——学习宣传、推广汨罗经验。6月，省教委组织各行署、市教委主任赴汨罗考察学习汨罗实施素质教育的经验。随后，部署开展了学习汨罗经验的工作。以学习汨罗经验、深化教育教学改革为主题，召开全省实施素质教育工作汇报会，提出了“全面实施，整体规划，区域推动，分类指导，抓点带面，逐步提高”的总体思路，推动全省中小学教育进一步克服应试教育的影响，扎扎实实地实施素质教育。

——推进中小学计算机教育。举办了全省中学计算机竞赛，选拔优秀选手组队参加全国中学生信息奥林匹克竞赛，安徽省获得了团体总分第三名的优秀成绩，芜湖一中学生张晶获第6名（二等奖），徐静获第16名（三等奖）并获最佳最小年龄奖。积极推进中学开展计算机课程教学，计算机辅助教学和辅助管理，芜湖一中被国家教委全国中小学计算机教育研究中心命名为计算机教育实验学校。

〔**安全教育**〕 3月，部署开展了“中小学生安全教育日”活动，召开了全省中小学安全工作会议。及时处理了太湖、阜南、临泉等地发生的中小学安全事故，分析了1996年全省中小学安全工作形势，印发了《关于中小学安全事故的通报》，提出了进一步做好安全工作的措施。

〔**教师队伍建设**〕 1996年，全省上下以贯彻实施《教师法》为动力，全面推进教师队伍建设，取得了成果。

师范教育继续坚持为基础教育服务，加大改革力度，加快发展步伐，在师范院校建设、中小学教师培训、培养和管理等方面取得了较好成绩。至1996年底，全省高中、初中、小学专任教师学历合格率分别达到62.1%、76.2%、94.3%，分别比上年提高0.58、5.4和2.23个百分点。继续加强初中教师培训。全省计有37000余名教师参加培训，其中约有1万余名教师全科成绩合格，符合毕业标准。为提高毕业率，10月对所有未补考的学科进行补考，着手进行建档、教育教学能力考核等毕业证发放工作。教育学院进修计划招生4000人，报考人数达11899人，有5490人达线，完成了招生计划。稳步推进小学教师基本功培训，省制定了培训方案，各地按要求制定了培训实施方案，并积极开展试点。为总结试点经验，在霍山县教师进修学校召开了小学教师基本功汇报现场会，全省小学教师基本功培训工作已全面展开，少数地、市中学教师继续教育开始启动。努力提高师范院校办学质量。以中等师范学校联检为契机，重点加强了受检学校办学条件标准化建设和教育教学改革。5月初，接受了华东地区暨全国部分省市对安徽14所中师的联检，受到较高评价。在全省师范院校开展"园丁科技教育行动"；加强考风考纪教育，确保考试质量，重点加强了初中教师全员培训考试管理，采取了考前宣传、派出巡视组等措施，确保考试正常进行。

为进一步弘扬教师敬业奉献精神，配合国家教委等部门开展了选拔、推荐先进典型及金球奖、曾宪梓奖等奖项人选的活动。广德县誓节镇牌坊小学胡志珍被评选为第二届全国十杰中小学中青年教师。并作为全国优秀教师事迹报告团成员，到北京、山东、上海、合肥、成都等地巡回演讲，《人民日报》《光明日报》《中国青年报》等报刊刊登了胡志珍的事迹，在全国、全省引起较大的反响。胡志珍还被中国教育电视台评为'96教育电视十佳新闻人物。此外，全省有70位民办教师获曾宪梓教育基金会1996年民办教师奖，其中一等奖2人，二等奖10人，三等奖58人。

为提高教师待遇，1995年省教委与省人事厅发出《关于教龄满30年（女满25年）的退休教师提高退休费的通知》，1996年又发出《关于教龄满30年（女满25年）的退休教师提高退休费若干问题处理意见的通知》，就实施过程中的一些具体问题做了政策规定。省教委还会同省人事厅、财政厅发出《进一步提高年老病残民办教师老有所养生活补助费问题的通知》，把民办教师的退养补助比例提高到公办教师的同样水平。在提高教师待遇的同时，教师管理工作进一步加强。1996年，教师资格过渡全面铺开。4月开始启动，5～6月选择了19所不同层次、不同类型的学校进行试点，8月，召开了全省教师资格过渡工作会议，对全省教师资格过渡工作进行了统一部署，到年底已进入审核批复阶段。为确保1997年全省中小学校长实行持证上岗制度，加快了完中校长的培训步伐，由原来1个班增加到3个班，全年完成完中校长培训任务16%。各地市、县按照省教委要求，狠抓了校长培训任务的落实，全省初中校长培训率已达85%，小学校长已达90%。民办教师选招录用工作取得历史性突破。年初，省组成5个组分赴16个地市对1994年度"民转公"实施情况进行了全面检查，对各地上报的12000名转正初选民师逐一进行了复核。1995年度省配套指标为13600人，年度"民转公"指标达20000名。1996年，全省进一步完善了教育系统职称改革的各项配套政策，修改补充了教师职务系列的考评标准，在征得省人事厅同意后，省教委明确从1996年开始，民办教师职务的评审与公办教师同步进行。在做好职评工作的同时，加强了职称工作的聘后管理，认真抓好"结构比例"与教师岗位设置的审核，从而使职评工作更加规范化。中小学教师职务实行"结构比例"的经验受到国家教委和有关省的好评。

〔**教育督导**〕 1996年，在抓当年19个县（市）“两基”验收的同时，认真组织“两基”复查考核。年初，发出《关于1996年“两基”复查考核有关问题的通知》，将1994年通过省“两基”验收的17个县（市、区）作为复查对象，确定了复查考核的内容。省复查考核组于5月初至6月中旬，先后对合肥市东市区、滁州市南谯区、天长市、铜陵市郊区等17个县（市、区）进行了复查考核。根据国家教委部署，在省内已通过验收的“两基”县（市、区）中，认真开展了推荐全国“两基”工作先进县（市、区）的评选考核工作。在各县（市、区）自评、地市复评的基础上，省确定合肥市中市区、芜湖市新芜区、安庆市郊区、宁国县、当涂县、怀远县、和县计7个县（区）进行重点审核。9月，省教委分别对上述7个县（区）进行了严格考察审核，并征求省人大、省政协意见，报请省政府审查同意后，上报至国家教委，并接受了国家教委的考核。根据全国分三片地区、三步走的“两基”工作总体部署，国家教委督导检查组于11月24～29日，对安徽“两基”第一阶段目标完成情况进行了督导检查。

〔**校办产业和勤工俭学**〕 1996年，全省校办产业和勤工俭学（不含高校）实现总产值30.11亿元，纯收入4.2亿元，分别比1995年递增22.4%和25.67%。全省16个地、市中，年纯收入递增40%的有淮北、宿县、六安三地市，滁州、阜阳等五地市年递增均超过全省平均水平。绩溪、阜南等县（市）年递增均超过65%。滁州、合肥两市年纯收入均超过6000万元。

一批大型骨干校办企业得到新的发展，全省年纯收入百万元的骨干企业共29家。明光中学玻璃厂经省教委、经委和国家教委核审，向国家经贸委申报了国家大型二档企业。宿州八中以煤矿电器厂为主体，组建了安徽宝龙集团，被纳入国家大中型企业管理序列，评为安徽省最佳效益企业，该企业有两个产品被省科委命名为省级高新技术产品。利辛江集职业中学九州电器厂、来安中学赛华实业总公司、宿州市聋哑学校制服厂、天长三中校办厂、全椒烟用材料厂等大型校办企业经济效益都较1995年有大幅递增。

农村学校校园经济有长足进步。六安、宿县、蚌埠三地市呈全面推进态势。不少农村职业中学（如霍邱陈埠职业高中等）的养殖、种植业取得了良好的社会和经济效益。

为促进全省校办产业和勤工俭学的健康、快速发展，各级教育主管部门加大了工作力度。1996年2月，在合肥召开了全省1995年暨“八五”勤工俭学工作总结会，会议对“九五”及“九五”开局年的计划指标作了较大幅度的调整，1996年度纯收入指标由3.74亿元提升至3.93亿元。省校产中心对坚决完成年度任务采取了一系列有力措施：(1)对省级校办产业周转金的清理工作进行启动。6月，与省财政厅联合发出《关于印发〈安徽省校办产业周转金管理暂行条例〉的通知》。11月初，省教委发出文件，要求对历年省级周转金进行全面清理，清理工作出现较好开局，为盘活现有存量资金打下较好基础。(2)认真实施“抓大带小、以小促大”的工作方针。省校产中心对骨干企业和校园经济作了大量的调研和推动工作。11～12月，参与了无为一中校办企业改制试点，组织召开了全省第三届骨干企业家联谊会，积极宣传了六安地区发展校园经济和滁州市搞好大型骨干企业的先进经验。(3)两次组织全省教学仪器生产厂参加全国春、秋季订货会，总成交额2300万元。12月，对部分教仪厂进行了调研，加大了行业管理的力度。

撰稿 时先明
审稿 陈贤忠

职业教育

〔**综　述**〕 1996年，全省职教系统宣传、贯彻《职业教育法》和全国职业教育工作会议精神，组织开展安徽“第二个职教年”活动，进一步深化职业教育改革，狠抓办学质量与效益，实行中专招生“并轨”改革，加速推进农科教结合，推动了职教事业的进一步发展。

1996年，全省共有各类职业教育学校900所，比上年增加11所；招生21.30万人，在校生53.78万人，分别比上年增长12.82%和13.89%，其中职业中学招生和在校生分别比上年增长14.72%和17.53%。高中阶段职业技术教育（不含技工学校）占整个高中阶段的比重：招生数由上年的48.36%上升到49.50%，在校生由上年的48.08%上升到48.14%。普通中专学校专任教师和职业中学专任教师分别比上年增长4.27%和10.15%。

〔**宣传贯彻《职业教育法》**〕 1996年，省及各地认真组织学习、宣传、贯彻《职业教育法》和全国职业教育工作会议精神，组织开展安徽“第二个职教年”活动，为职业教育的发展创造良好的外部环境。7月上旬，省政府发出电报，要求全省认真开展《职业教育法》的学习、宣传和贯彻工作。省教委及时召开了座谈会，将学习、宣传《职业教育法》同传达、贯彻全国职业教育工作会议精神结合起来，总结经验，重理发展思路，促进依法治教。会后会同省劳动厅、经贸委拟定了《贯彻全国职业教育工作会议精神的汇报提纲》，同时开始全省职业教育工作会议的前期调研和筹备工作。各地、各部门积极组织开展多种形式的学习、宣传和贯彻活动，制定有关贯彻措施。“第二个职教年”活动也以《职业教育法》的颁布和全国职教工作会议的召开为契机，加大宣传工作力度，形成良好舆论氛围，推动了全省职业教育健康发展。

〔**骨干学校建设**〕 2月，马鞍山市职业教育中心、芜湖市职业教育中心、铜陵市第一职业高级中学、黄山市中华职业学校、霍邱县陈埠职业高级中学、淮南市职业教育中心和合肥市职业教育中心，顺利通过国家教委审核，成为省内首批国家级重点职业高中。据这7所学校统计，“争创”几年里累计增加投资4276万元，其中基建总投资达3510万元，新建各类校舍建筑面积达5.7万平方米，新增图书16.67万册，新增教学设备价值600万元。

省教委召开会议，分类部署、重点扶持，继续狠抓骨干示范职业学校建设。部署开展第二批国家级重点中专和职业高中、第二批省级重点中专和第四批省级重点职业高中的创建工作。引导各级各类骨干职业学校进一步充实内涵，深化改革，提高质量，再上台阶；采取鼓励和扶持政策，抓好13个县级示范职业高中空白县的“争创”工作。到年底，全省共有国家级重点中专5所，省级重点中专20所，国家级重点职业高中7所，省级重点职业高中29所，县市级示范职业高中78所，国家级重点技工学校5所，省（部）级重点技工学校14所。

〔**中等师范教育**〕 以华东地区暨全国部分省市中师联检为契机，加强受检14所一类中师学校办学条件标准化建设。各校在地、市、县政府和各级教育行政主管部门的支持下，进一步加大投入，办学条件有较大程度改善。

省教委贯彻国家教委、国家科委、中国科协“园丁科技”行动计划，在中等师范学校大力开展“园丁科技教育行动”，以劳技教育和科技教育为突破口，进一步提高办学质量。各校结合本校、本地区实际，将劳技教育、科技教育与“园丁科技教育行动”紧密结合，取得可喜成绩。肥西师范学校开辟劳动基地进行农经作物种植实验，该校毕业生赵家兵就读时的科技小论文，4月获全国科技小论文评选一等奖和“茅以升科学基金会”奖；蒙城师范学校从当地农村经济发展特点出发，开设了农业气象、环境保护、黄牛饲养等多门选修课；宣城师范学校的师生制作植物标本1000多件，撰写乡镇企业环保和生物小论文130多篇，向当地政府提出环保建议20多项。

省教委就中等师范学校办学中存在的热点问题进行了专题调研，重点研讨了中师实施素质教育问题，为下一步全面推行素质教育进行了理论准备。

〔**农村职业教育改革**〕 1996年，省教委继续推进农村职业教育改革，以86个乡镇为基地，动员87所学校参与，深入进行农村职业教育调查研究，形成100份调查报告。在调查研究基础上，确定16所农村职业学校为试点，启动“二次创业”试点工作，主动适应新形势下农村经济建设和社会发展需要，培养农村需要的高素质一线人才。经过一年的努力，试点学校已有明显发展，16校共招生4205人，在校生10207人，平均规模与一般农村职业学校相比，分别多出160人和392人。肥西县金桥职业高中共招生437人，其中仅畜牧专业就招生76人；省行知中学招生460人，在校生达1200人，还投资30万元兴建了花卉园，开设了园艺等相关专业；贵池市梅街职业中学、泾县职业高中等学校均在办学体制改革和办学规模发展等方面取得显著进步。

〔**民办职业教育**〕 1996年，全省各地坚持“积极鼓励、大力支持、正确引导、加强管理”的方针，调动各种积极因素，推动办学体制改革，促进了民办职业教育健康发展。

一是加强民办教育的法规建设，制定相关政策和一系列保障措施，为发展民办职业学校创造良好的外部环境；二是运用政策导向和舆论宣传，引导民办职业学校坚持社会主义办学方向，坚持公益性原则，走自我积累、自我发展、自我完善的道路；三是宏观上强化管理，质量上加强监督，具体工作中积极扶持。

各级教育行政部门采取“统筹规划，分类指导，竞争办学”的办法，根据社会需求和学校办学条件，在招生计划、招生范围、专业设置、教学计划安排和教材使用等方面予以支持，加强对学校的视导和评估，帮助其不断提高办学质量和效益，产生了省中华职业学校、阜阳乡镇企业学校、合肥工程技术职业学校等一批先进民办职业学校。

社会团体学术团体和公民个人办学齐头并进。全省民办职业学校 45 所，招生 6040 人，在校生 12950 人，公民个人兴办的职业学校占 51%，社会团体、学校团体兴办的职业学校占 18%，有个人办学、民办公助和民办企助三种不同类型的办学模式。民办职业学校以不包分配的职业高中、职业中专为主，以普通中专为辅，专业设置灵活多样，根据市场需求开设工科、卫生、财经和服务等类别共 50 多个专业。

〔**中专招生“并轨”改革**〕 1996 年初省教委制定了《普通中专（中师）招生“并轨”改革实施方案》，并经省政府批准发出关于实行招生“并轨”改革的通知。针对招生“并轨”后可能出现的新情况、新问题，进行了全面深入的宣传，规范了考试与录取管理办法，出台了“并轨”实施细则，保证了“并轨”改革的顺利进行。7 月，省属中专（中师）学校及 8 所在皖部属中专学校（除合肥铁路工程学校、安徽省邮电学校）实行了招生“并轨”改革。实行“并轨”后收费与原委培收费持平(每生每年 1500 元标准)，热门专业和社会需求量大的机械制造、计算机应用、医学技术、工业与民用建设等 13 个专业上浮 10%，对艰苦行业和中师每生收费 1000 元，减收部分由同级财政补贴。

中专招生“并轨”改革充分体现了公平、公正原则，做到了招生单位满意、考生和家长满意、社会各界满意；统一了招生计划，减轻了考生和家长的负担，从源头纠正了不正之风，净化了招生环境；招生任务得以圆满完成，各校全部按计划定额招满新生，是近几年来完成招生计划最好的一年。

〔**农科教结合**〕 1996 年，全省各地认真贯彻落实省委、省政府关于加快推进农科教结合的决策，总结“八五”经验，加大统筹力度，积极构筑农村人才培养、科技推广和社会化服务三大体系，推动科技、教育长入农村经济。省农科教领导小组办公室会同省委政策研究室，开展了《安徽省农科教结合“九五”计划和 2010 年远景目标规划纲要》课题研究，12 个地市和 40 多个县、市（区）出台了农科教结合“九五”计划和 2010 年远景目标规划纲要。各级农科教结合组织机构、考核评估制度和各项经费基本落实，据 11 个地市初步统计，地、县两级共落实农科教办公室活动经费 152.8 万元，专项资金 835.1 万元，财政周转金 8321 万元，信贷资金 1.87 亿元。

省在抓好黄山、滁州两个农科教结合示范区和 10 个示范县的同时，重点抓 10 个后进县，促进了农科教结合工作的全面开展。全省85%以上的县（市、区）和50%以上的乡镇开展了农科教结合工作，共建立219个示范乡镇、1294个示范村，249个示范乡镇企业。据11个地市不完全统计，全年共培训农民443.7万人次，推广农业实用技术和科技成果356项（次），产生经济效益约32.9亿元，是历年来培训范围最广、推广项目最多、产生效益最大的一年。

各地依托农村职业学校、农民文化技术学校或农技推广中心（站），加快县、乡农科教中心建设。据11个地市统计，有54个县（市、区）和562个乡（镇）组建了培训、试验、示范、推广、服务、经营一体化的农科教中心，一些中心通过创办经济技术实体，形成了“中心＋公司＋农户”的结合模式，霍邱县陈埠职业高中、休宁县岭南乡农民文化技术学校和贵池市梅里乡综合学校创办的经济技术实体，已在当地形成了百万元至千万元的产值，成为一头连市场、一头连农户的龙头企业。

撰稿 朱乃韬
审稿 陈贤忠

高等教育

〔**体制改革**〕 1996年，高等教育办学体制改革进一步推开。省部之间、省与地、市之间、高校校际之间、高校与有关部门、科研院所、各事业单位之间的联合办学有了较大发展。继1995年底省政府与机械工业部达成省部共建合肥工业大学协议后，1996年10月，省政府又与中国科学院签订协议，共建中国科技大学。淮南联合大学与淮南电视大学实现了合并办学。徽州师范专科学校的更名改型、省市共建工作也正在进行之中。为加强对民办教育的管理，省教委制订了《安徽省民办高等学校设置细则》，经过认真准备，于1996年5月，首次对两所民办高等学校进行了评审。经省高校设置评议委员会审议通过，省教委研究同意，并经省政府办公会议研究同意，正式筹办安徽省第一所民办高校“民办三联学院”。高校管理体制改革继续深入，省教委完成了对合肥联合大学、安徽建工学院的体制调整调研论证报告。安徽农业大学、安徽师范大学的综合改革，华东冶金学院等校的内部管理体制改革等进一步向深层次展开，并取得明显成效。

〔**“211工程”和重点学科建设**〕 1996年6月，省教委代省政府起草了关于申请对安徽大学进行“211工程”建设部门预审的报告和省教委的补充报告等系列文件。10月，国家教委正式同意对安徽大学进行“211工程”部门预审，经过两个月准备，部门预审工作于12月23～26日正式进行，安徽大学顺利通过省政府组织的部门预审。中国科技大学“211工程”建设于7月完成了项目论证工作。高校重点学科建设得到进一步加强，2月，省教委批准确定建设省属高校22个省级重点学科，启动建设经费170万元，以后又投入204万元，并先后就各个学科的建设规划与管理作出具体要求和部署。

〔**研究生教育和学位工作**〕 4月，安徽省学位委员会成立。同时，高等学校办学层次有所提高，经国务院学位委员会批准，全省高校新增博士点2个，硕士点27个（其中省属高校新增硕士点14个），使全省的博士学位、硕士学位授权点分别达到35个和227个（其中省属高校硕士点达到98个）。安徽大学、安徽农业大学、安徽医科大学、安徽师范大学4所省属重点高校经国务院学位委员会批准获得在职人员申请硕士学位授予权。

〔**教学改革与管理**〕 1996年，省教委从宏观上加强了对高校办学水平、教学工作的检查评估。各高校以提高教育质量为核心，不断改革教育思想、教学内容、教学方法和教学管理制度。部分高校陆续出台了一些教学领域的改革措施，如安徽大学、安徽农业大学的学院制，中国科技大学的“全面素质和创新精神教育”，安徽农业大学的“学分制”，阜阳师范学院的“双专科制”等。全省师范专科学校普遍组织二、三年制教学改革新方案的实施工作。各高校重视加强外语和计算机等基础课程教学，压缩必修课，增设选修课，强化实践环节。结合实际实施国家教委“面向21世纪高等教育教学内容和课程体系改革计划”，有7所高校经省教委推荐，向国家教委申报了改革项目，有的已报国家教委正式批准立项。大部分学校修订了教学计划，制订并实施严格的教学管理制度，有1/4的高校召开了教学工作会议或研讨会，有1/3的高校制定并执行教学工作状态检查与评价的标准和办法。首次成立安徽省大学生数学建模竞赛赛区，全省共有45个代表队参赛。省教委组织开展了四年一度的全省普通高校教学成果奖评审工作，全省高校共有88项教学成果获省级奖。

〔**教师队伍建设**〕 1996年全省普通高校专任教师数已达11499人，正高级职称891人，副高级职称3223人，教师队伍年龄结构、职称结构日趋合理。各高校以加强培养中青年学术带头人为重点，积极优化教师队伍结构，提高教师队伍素质。省教委召开了全省高校师资培训工作会议，落实1996年～1997年度的高校师资培训计划。省教委在安徽中医学院、合肥经济技术学院两所高校开展了教师资格过渡试点工作，并在此基础上，基本完成了全省高校教师资格过渡工作。部分高校的62名青年教师获得了硕士主干课程学习的合格证书。省教委完成了1995年入选的310名中青年骨干教师培养对象和163名中青年学科带头人培养对象的年度考核和经费资助工作。安徽大学、安徽农业大学、安徽医科大学、安徽师范大学4所省属重点高校获得副教授职务评审权。

〔**治安综合治理**〕 省教委贯彻中央综治委、国家教委、公安部《关于整顿高等学校治安秩序的通知》，发出《安徽省整顿高等学校治安秩序实施方案》和《关于整顿高等学校治安秩序的通告》，并于8月30日～9月1日在安徽大学召开了全省高校治安综合治理与精神文明建设工作会议。12月，省综治办、省委教育工委、省教委、省公安厅发出《关于在全省高校开展治安综合治理与精神文明建设检查评估活动的通知》《安徽省高校治安综合治理与精神文明建设检查评估实施方案》《安徽省高校治安综合治理与精神文明建设评估指标体系》，并根据方案对全省38所高校（包括3所成人高校）进行了为期半个月的检查评估，评选出7所高校为“省高校治安综合治理与精神文明建设标兵单位”，9所高校为“省高校治安综合治理与精神文明建设优秀单位”，20所高校为“省高校治安综合清理与精神文明建设达标单位”，2所高校为限期整改单位。

〔**科研与科技开发**〕　根据国家和省的科技发展“九五”计划和长期规划纲要，结合全省高校实际，省教委制定了《安徽省高校科技发展“九五”规划框架》和《安徽省高等学校人文社会科学研究室“九五”规划》。全省高校面向经济建设主战场，积极承担国家及省重大科研项目和科技攻关任务，争取国家各类基金。各高校共获得863计划9项，国家自然科学基金76项，争取国家“九五”攻关项目22项，省自然科学基金81项，省“九五”攻关项目72项。使纵向科研经费达到4402.99万元。全省高校校办产业产值达2.8亿元，利润达2600万元，比1995年均有所增长。有2所高校科技产业项目进入国家“火炬计划”，即华东冶金学院机电总厂的优质薄带钢项目，安徽医科大学东南公司的单克隆抗体项目（被认定为1997年度国家“火炬计划”项目）。高校产学研工作向纵深推进，省教委经与省经委联系，制定并着手实施“百十工程”，即由高校选拔100名有专长的教授专家，组成轻工、电子、石化、机械、医药、建筑、冶金、矿山、生物工程、生态农业及农业十个行业组，分别到大型企业、厂矿和乡镇企业中去，为企业攻克关键技术，进行产品诊断，提供咨询和决策服务，合作开发新技术、新产品，以增强企业的市场竞争能力，提高企业的经济效益。

〔**高校招生**〕　1996年普通高校招生工作继续贯彻“深化改革，加强管理”的指导思想，加大改革力度，推进招生“并轨”。在总结1995年经验的基础上，经省政府批准，1996年进一步扩大了招生“并轨”改革范围，省属13所普通高校本科层次进行招生“并轨”改革。为支持“并轨”，省政府决定从省财政拿出100万元对经济困难的学生实行补贴，重点补助农林、师范院校的“特困生”，并设立品学兼优学生奖学金，向经济困难学生提供贷款助学，一定三年。为保证招生“并轨”改革顺利进行，规定第一志愿报考“并轨”院校的考生加10分投档，报考师范、农林“并轨”院校加20分投档，鼓励考生积极报考“并轨”院校，并在录取批次、录取操作等方面也相应作了一些改革，同时加强考务管理，严肃考风考纪，加强录取工作管理等，保证了招生工作顺利进行。1996年，省内外高校实际录取各类新生37600多人（比原计划增招138人）、研究生招生541人，录取率稍低于1995年，报名人数与录取人数比例为3.22∶1（1995年比例为3.18∶1）。

〔**学生管理与毕业生就业**〕　1996年5

月，省教委颁发了《安徽省普通高校学生违纪处分条例》，进一步严格高校学生管理。为推动全省高校艺术教育工作，促进校园文化建设，省教委于5月从高校学生中组团参加了全国大学生文艺汇演，40多个节目获奖。为了提高从事大学生心理辅导工作同志的业务水平，促进高校学生心理工作的开展，帮助大学生健康成长，在安徽医科大学举办了首期大学生心理咨询辅导培训班，来自全省28所高校的74名学员参加了培训。为帮助家庭特别困难且品学兼优的大学生完成学业，在省政府领导的倡议下，由省金融、保险、证券部门发起并捐资，设立了“安徽省兴皖育才高教奖学金”，主要资助皖籍在校大学生中家庭特别困难且品学兼优的学生，每年资助100名以内，资助额为每年4000元左右。1996年资助91名大学生。

1996年，针对全省毕业生就业困难仍比较突出这一状况，省教委制订方针、政策，同时培育毕业生就业市场，加强法规建设，规范和推动毕业生分配和就业工作。省教委印发了《安徽省普通高校毕业生就业协议书试行办法》，并在合肥工业大学举办了1996年全省毕业研究生、高校毕业生“双向选择”洽谈会，5000多学生和300家用人单位与会，中国科技大学、合肥工业大学、安徽工学院、安徽财贸学院、华东冶金学院、安徽大学、安徽机电学院等都在校内举办了“双向选择”活动。1996年，共派遣本、专科毕业生26741人，安排毕业研究生570人。

〔**高校党建和思想政治工作**〕 1996年，高校把党建作为一项重要任务，狠抓落实。高校党的基层组织制度建设得到加强，省委教育工委草拟了《安徽省普通高等学校党委（总支、支部）工作实施办法》等文件，强化约束机制；召开了高校组织部长协作会第一届年会等重要会议；抓好省高校干部培训中心的筹建工作。组织开展了党员、干部学习建设有中国特色社会主义理论和党章的“双学”活动，在安徽师范大学、合肥工业大学、安徽农技师范学院3所学校建立了“双学”活动联系点，同时各地利用座谈会等形式开展了“双学”活动交流，促进“双学”活动广泛深入开展。各高校突出抓了领导班子的思想政治建设，干部队伍制度建设和思想作风建设。高校领导班子的考核、调整、充实工作进一步展开，省委教育工委对安徽大学等8所高校领导班子人选进行了考核，并提出了调整充实意见，完成了两所高校领导班子成员的调整和充实工作。各高校把思想政治工作作为一项突出任务抓紧、抓好。为落实《爱国主义教育实施纲要》，省高校工委会同省委宣传部等单位，共同组织了有数百万学生参加的“热爱祖国立志成才”的爱国主义教育读书活动。各高校还充分抓住红军长征胜利60周年，建党75周年等重大纪念日的契机，组织召开座谈会、演讲会、报告会、文艺晚会等，开展生动形象的爱国主义教育活动。同时，各高校还认真贯彻落实《中共中央关于进一步加强学校德育工作的若干意见》和《中国普通高等学校德育大纲》，建立了学校德育工作协调领导小组，建立健全德育工作管理体制。各高校紧紧把握“改革、发展和稳定”的大局，扎扎实实地抓好高校稳定工作。省委教育工委、省教委发出有关稳定工作的通知，并于5月中旬和9月上旬，分别召开了合肥地区高校党委书记会议和全省部分高校党委书记会议，全省高校继续保持稳定局面。

〔**对外交流与合作**〕　按照国家留学基金委的有关部署，省教委成立了国家公费出国留学申请办公室，同时召开了各高校外事办公室主任会议，贯彻国家关于公费出国留学改革的一系列精神。经专家评审，录取国家公费出国留学人员21名，有关单位公派出外访问、进修、参加国际学术会议等80余人，自费留学356人。全省高校加强了对外籍专家和来华留学生的管理工作，在总结“八五”期间聘请文教专家及外籍教师情况的基础上，制订了“九五”期间聘请规划，建立健全规章制度，实行规范化目标管理。省属院校共聘请外籍教师31名，接受长期来华留学生80余人。安徽大学和安徽师范大学共举办4期汉语短训班，接收了来自美国、加拿大、日本等国的100余人参加学习。全省高校在引智引资、国际合作方面取得了新进展。合肥市教委华兴职业高中与日本大阪青年投资协会MORIIKO株式会社联合办学，安徽农业大学与澳大利亚西澳政府TAFE国际部合作办学；在省属普通高校设立“陈香梅教育奖”，评选出150名教师为首届获奖人员。此外，高校国际交流也进一步发展。

撰稿　夏业柱
审稿　陈贤忠

成人教育

〔**扫盲和农村成人教育**〕　1996年全省共举办扫盲班、点23821个，组织文盲、半文盲78.5万人入学，扫除文盲59.09万人。全省105个县（市、区）中已有77个通过了基本扫除青壮年文盲验收。扫盲后巩固提高教育和农村成人教育工作也取得了新的进展，全省共举办扫盲后巩固提高班22927个，参加学习的有95.4万人。全省乡镇农民文化技术学校发展到1935所，村办农民文化技术学校（班、点）达到27438个，办学面分别达到99%、88.9%，参加学习的达500万人次。1996年9月8日，在国家教委、财政部等十部委联合召开的全国表彰会上，安徽省政府荣获“中华扫盲奖”，同时有蒙城、寿县、潜山、铜陵、青阳、庐江6个县以及5所乡镇成人学校和12名扫盲先进工作者获奖。在“中华扫盲奖”10个特等奖中，安徽省扫盲教师刘华艮、李祝英两人获奖，副省长杜宜瑾获“中华扫盲奖”唯一的荣誉奖。为确保省委、省政府提出的要在1998年基本扫除青壮年文盲的任务，1996年底，省政府在合肥召开了全省扫盲和农村成人教育工作会议。全省16个地市也相继召开了扫盲工作会议，周密组织，全面发动、迅速掀起冬季扫盲新热潮。

〔**成人中专教育**〕 1996年，有242所省内成人中专学校(班)、10所部委在皖成人中专招收新生，第一批录取41534人，其中脱产12527人，业余13309人，函授15698人；第二批招收应届分流生6450人，全省成人中专共录取新生47984人。此外，成人中等《专业证书》教育招生1万多人。为促进学校加强管理，提高教学质量，省教委组织了成人中专学校夏季毕业验考，全省共有100个专业、40个学科、6000名学员参加毕业验考，三科全部及格的有5000余人。遵照国家教委的有关规定，省教委进一步加强了对成人学历教育毕业证书的管理，当年共审核验印成人中专毕业证书28000余份。

〔**成人高等教育**〕 1996年，各类成人高校在皖计划招生26138人，其中部委属高校和外省高校在皖招生10543人，省属高校招生15595人，全省报名考生65745人。全省共录取25579人，其中高中起点专科录取22338人，本科录取364人，专升本录取2877人。此外，第二学历录取2273人。1996年，省教委进一步加强对成人高校的管理，采取了以下几点措施：第一，进行全省成人高等教育综合评估工作。年初，召开了全省成人高等教育评估动员大会，成立了评估领导小组和专家评估组，制定了评估标准及指标体系。5～10月，专家组对全省28所普通高校成人高等教育和15所独立设置的成人高校进行了综合评估，并分别提出改进意见。年底又分片召开了普通高校成人高等教育评估整改会议，评估结果拟于1997年初向社会公布。第二，按照国家教委要求，指导各类成人高校教学与学籍实行计算机管理。第三，对普通高校在安徽省设立的函授站进行重新登记备案，凡设站条件不具备和教育质量得不到保证的一律不予备案、不准招生。全年共审批函授站70个。第四，严格成人学历教育毕业证书管理，共审核验印成人高等学历教育毕业证书18000余份。1996年，省继续试行成人高等《专业证书》教育制度，省经贸委等29个业务主管厅局申请举办成人高等《专业证书》教育教学班，分别由30所普通高校、成人高校承办，计划招生8255人，全省于12月7日举行了入学考试。

〔**高教自学考试**〕 1996年，全省参加自学考试人员共计约34万人，比上年增长6%；报专科次全年合计近72万科次，比上年增长12%；开考专业本专科已达25个，开考课程上半年为129门，下半年为131门；全年有10069人获得大专或本科毕业证书，比上年增长29%。为适应经济建设和社会发展对各类人才的需求，继续进行了应用型专业开考的试点工作，计开考了电脑会计、国际贸易、汽车运用工程、化学工程、经济法学、秘书、宾馆(酒店)管理、公安管理等8个专业，社会反映良好。组织了全省1996年度全国计算机等级考试，参加考试3145人，其中一级1369人，二级1453人，三级323人。根据国家教委考试中心的有关规定，审批了全省各级电大招收注册视听生6000余人。

撰稿　赵钦波
审稿　陈贤忠

福建省教育

概　况

〔基本情况〕

1996 年各级普通学校基本情况

单位:人

学校类别	学校数(所)	毕业生数	招生数	在校学生数	教职工数	
					计	其中专任教师
一、普通高等学校	30	23010	25644	75846	20363	8373
研究生		694	933	2445		
本　科	12	7516	10757	36222		
专　科	18	14800	13954	37179		
二、中等专业学校	110	26053	35682	105868	12425	6703
中等技术学校	85	15937	22996	71904	8985	4677
中等师范学校	25	10116	12686	33964	3440	2026
三、普通中学	1834	405053	698487	1818550	121409	98558
高　中	397	49416	70497	181564		13727
初　中	1437	355637	627990	1636986		84831
四、农业、职业中学	272	53192	57229	160359	14216	10214
高　中	266	50594	55074	153510		9896
初　中	6	2598	2155	6849		318
五、工读学校						
六、小　　学	15603	646660	714515	3920106	185854	170791
七、特殊教育学校	73	2107	5489	33473	1290	962
八、幼儿园	13315	617034	618946	1026349	48008	41409

注:研究生数含本省科研机构培养的研究生数。

制表　陈玉钦

1996年各级成人学校基本情况

单位：人

学校类别	学校数(所)	毕业生数	招生数	在校学生数	教职工数	
					计	其中专任教师
一、成人高等学校	20	10684	19686	53182	2659	1266
广播电视大学	2	5478	6639	16866	839	340
职工高等学校	9	628	649	1918	369	219
农民高等学校	0	0	0	0	0	0
管理干部学院	4	1403	2130	4154	735	331
教育学院	5	632	1082	2403	716	376
独立函授学院	0	0	0	0	0	0
普通高校举办：						
函授部	(12)	1684	4158	16552		
夜大学	(12)	485	2164	6014		
成人脱产班	(17)	374	2864	5275		
二、成人中等专业学校	198	22177	30138	78920	5466	3229
广播电视中专	3	4962	6266	17831	88	48
干部中专	30	3619	3050	7123	555	318
职工中专	71	3807	8451	19894	1676	879
农民中专	12	469	1257	2163	322	186
函授中专	8	2105	3896	9028	150	80
教师进修学校	74	7215	7218	22881	2675	1718
三、成人中学	227	6032	7197	11591	355	132
职工中学	40	1067	1932	2824	212	111
农民中学	187	4965	5265	8767	143	21
四、成人技术培训学校	12803	2283608	2311538	1974327	7230	1944
职工技术培训学校	258	88208	110992	88789	1020	470
农民技术培训学校	12545	2195400	2200546	1885538	6210	1474
五、成人初等学校	8242	197472	129631	218186	2479	374
职工初等学校	38	2348	2640	2827	36	7
农民初等学校	8204	195124	126991	215359	2443	367
其中：扫盲班	5211	109228	108083	128546	1304	182

制表　陈玉钦

〔**学习贯彻党的六中全会精神**〕 党的十四届六中全会作出了关于加强精神文明建设的决议，福建省委教育工委、福建省教委立即贯彻全会精神，决定在省教委机关和直属单位开展以创建文明单位（处室）、争当精神文明先进个人为主要形式的精神文明创建活动，成立了机关精神文明建设指导小组，召开了机关精神文明创建活动动员大会，还就创建活动专门发了文件，确定了具体的评选条件和考评办法，提出要把教委机关建设成为社会主义的大学校，友爱、团结、和谐的大集体，热心为基层教育部门和广大学校师生服务的温暖之家，要引导干部、职工做人民满意的“好公仆”。在抓机关起表率作用的同时，省委教育工委、省教委对全省教育系统学习贯彻十四届六中全会精神作了全面部署。要求各级教育行政部门和各级各类学校迅速而有步骤地组织六中全会精神的传达、学习和贯彻，作到加强领导，精心组织，全面安排，并根据各类学校的不同特点，大力推进学校的精神文明建设。提出了全省教育系统要着重抓好的几方面工作：一是各地、各校要根据六中全会精神和全省精神文明建设“九五”规划，制订和完善“九五”计划和学校发展远景规划，扎实推进精神文明建设；二是要认真抓好干部和教师队伍思想建设，在广大干部、教师中大力倡导艰苦奋斗、敬业爱岗、无私奉献精神；三是进一步加强青少年思想道德教育；四是大力支持和倡导在教育系统开展多种形式的群众性精神文明创建活动。

〔**教育法制工作**〕 1996年，福建省继续采取多种形式，大力宣传《教育法》《教师法》《义务教育法》《职业教育法》等法律、法规。各级政府、教育行政部门、学校领导纷纷带头，认真做好学习、宣传实施工作，为树立全面依法治教意识奠定了良好基础。

为加大教育执法力度，省有关部门认真组织教育执法检查工作。1996年3月，省人大教科文卫委、省政协文教卫体委和省教委联合开展了基础教育“五项督导”检查。9月，省教委、财政厅、计委、司法厅、人事厅、省政府法制局按国家统一部署，联合发出《关于开展〈教育法〉执法检查自查的通知》，在全省开展了一次《教育法》执法大检查。10月，省有关部门又积极配合国家教委《教育法》执法检查团，对部分县市进行抽查。通过检查，促进了《教育法》在全省各地的贯彻落实。在认真做好国家有关教育法规实施工作的同时，抓紧制定配套的地方教育法规。1996年1月省八届人大常委会第二十一次会议通过了《福建省实施〈中华人民共和国教师法〉办法》，自1996年3月1日起正式实施。

为培养一批教育法规宣传骨干，提高教育执法人员素质，8月，省教委办公室、省普法办和省未成年人保护委员会办公室联合举办法制培训班，全省各级教育行政部门的60多名干部参加了培训。

〔**教职工住房建设**〕 1996年，全省又完成建设投资4.64亿元，建成教职工住房72.07万平方米、8058套，教师家庭人均居住面积由1995年的8.4平方米提高到9.04平方米，教龄达10年以上的教师家庭基本都住上了合适的套房。

一年来，福建省各级政府和有关部门集中人力、物力、财力，全力以赴抓好教职工住房建设。省财政拨出省属高校中青年教职工住房建设专项资金500万元，省计委从教育基建投资中划出500万元补助各地中小学住房建设，各地市财政也安排了教职工住房建设资金1760万元，其它各有关部门还纷纷从教职工住房建设规划、设计、施工、供水供电、统配房及税费减免等方面给予优先优惠政策，保证了教职工住房建设任务的完成。

基础教育

〔**义务教育**〕 1996年，福建省小学适龄儿童入学率达99.75%，其中，女童入学率和少数民族儿童入学率均达99%以上；年保留率为100%；升学率达97.51%，较上年提高6个百分点。每万人口小学生数达1214.41人。为进一步加强全省小学教育的管理，在充分调查研究、反复征求各方意见的基础上，1996年7月，福建省教委根据国家教委颁布的《小学管理规程》要求，结合全省的实际情况制定并颁发了《福建省贯彻实施〈小学管理规程〉意见》，还重新修订、下发了《福建省全日制小学学籍管理办法》。《实施意见》共9章20条，内容包括小学管理的实施范围，教育教学工作的原则，课程、课业、教材和课外活动管理，教师队伍的培养和管理，学校行政工作及校舍、设备、经费的管理等。在抓管理的同时，福建省注重以典型引路，充分发挥示范小学的示范、辐射作用，带动一般校共同发展，促进全省小学教育整体水平的优化。至1996年底，全省已评选出13所有特色的小学为省示范小学，其中1996年新评选5所，计划今后每年验收20所左右，到本世纪末全面完成省委、省政府提出的“到2000年前建成100所具有示范性小学”的任务；还评选出办学条件标准化程度高，学校管理好，教育质量高的省农村示范小学198所。

为确保全省在1998年前实现“普九”，1996年，福建省教委继续把抓好初中建设，尤其是农村乡镇初中的新建和扩建，作为全年工作的重点和中心。省教委通过加强调查研究，具体指导初中校的布点规划，把初中校建设项目逐一分到县和乡镇，建立了目标责任制。一年中，全省新建初中校70所，新增班级4222班，普通初中招生比上年增加5.54万人，在校生增加25.0万人，每万人口普通初中在校生数由上年的411.53人提高到507.12人。为使初中校建设逐步实现标准化和现代化，省教委制定了普通初中校达标和示范标准，还在全省扩大义务教育阶段实施素质教育的经验，进一步加快初中阶段的分流改革试验，促进了初中教育的发展。

根据省委、省政府关于全省1998年前基本实现“两基”的规划要求，1996年，全省有25个县（市、区）通过了省组织的“两基”评估验收，使全省已通过省级“两基”验收的县(市、区)达到46个，覆盖人口1843.9万人，占全省人口总数的57.46％。通过评估验收，25个县（市、区）绝大多数做到了“三个增长”，有23个县（市、区）追补了前3年教育投入不足，总金额达7213.7万元；另外还征收农村教育费附加12267万元，发动群众集资、捐资54161.6万元。25个县（市、区）的校园面积扩大231.3万平方米，新建、扩建中小学校舍面积204.2万平方米，基本满足了普及九年义务教育的需要；有关指标也达到了国家和省定的标准。

〔**幼儿教育**〕 1996年，福建省幼儿园比上年增加121个，在园幼儿数减少2.8万人，下降2.68％；3至未满7周岁幼儿入园率达64.55％，比上年提高22.47个百分点；每万人口在园幼儿数达317.95人。1996年6月1日，国家教委正式颁发并实施《幼儿园工作规程》。省教委及时转发《规程》，下达了《关于正式实施〈幼儿园工作规程〉的意见》，要求各地在全面总结贯彻《规程》的基础上，认真进行学习、宣传，提出具体贯彻措施。三明、福州、漳州等地（市）专门组织了《规程》讲习班，宁德地区组织了《规程》知识竞赛活动，全省重新掀起了学习、贯彻幼教法规的高潮。为加强对学前班的科学管理，在总结几年来全省各地开展学前班试点工作经验的基础上，1996年，福建省教委制订、下发了《福建省学前班评估试行标准》，在全省范围内全面进行学前班试点工作。各地学前班对照《评估标准》，认真进行自查自纠，为进行全面评估，努力提高学前班的办班条件和办班质量，打下了良好的基础。针对全省学前班游戏活动开展普遍较差的状况，省教委在全省范围内组织开展了学前班优秀创造性游戏评选活动。各地、市、县（区）通过有目的、有计划地开展学前班创造性游戏活动的观摩、研究和优秀活动设计评选，有效地促进了学前班游戏活动的开展。

〔**特殊教育**〕 1996年，福建省特殊教育学校比上年增加10所，特教班386个，比上年增加56班，其中盲聋哑学校188班，弱智学校（班）198班；在特教学校（班）就读的学生由1995年的4253人增加到4587人。其中盲童在校生由195人增加到277人；聋童在校生由1777人增加到3605人；各类随班就读的残疾儿童由1995年的13644人增加到28862人。全省盲、聋、弱智儿童入学率分别达到56.4％、81.2％和94.28％。为促进特殊教育办学条件的改善和师资水平的提高，福建省进一步加大了特殊教育事业的扶持力度。1996年，省拨特教专项经费200万元，用于补助特教学校的校舍建设和添置教学、康复设备。省特殊教育研究会和福建教育出版社共同设立了“福建光明教育基金”，对每位新入学的盲童给予一次性补助金500元；省教委、计委、财政厅、残联等10个委（厅）和团体还联合发文，要求各地对跨县（市、区）就读的盲、聋童实行“三级补助”政策，由地（市）补助其学习费用、县（市、区）补助交通费、乡(镇)补助生活费用。1996年，省、地、县各级举办了各种类型的特教师资培训班，对特教教师业务知识、技能进行专门培训，促进了特教教师队伍整体水平的提高。

〔**高中教育**〕 1996年，福建省高中招生首次突破7万人，比上年增加0.89万人，在校生比上年增加1.64万人，每万人口高中在校生数为56.25人。完中建设也取得进展，省教委修订了完中定级达标标准及验收办法，1996年，全省有9所学校确认为省一级达标学校，22所确认为省二级达标学校，11所确认为省三级达标学校，三级达标以上的学校全省已达136所。依照“质量为重，稳步发展”的原则，全省一方面加强高中阶段教育教学的常规管理，规范教学要求，注重打好学科教学基础，面向全体学生并注意培养学科尖子；一方面加大推进完中办学条件建设的力度，促进各地政府、社会各界对当地完中建设的投入，充实、完善必备的办学条件，提高办学的档次，提高办学的效益。

1996年，福建省中学生参加国际中学生奥林匹克学科竞赛，取得好成绩。福建师范大学附属中学学生陈磊获第八届计算机竞赛金牌；福安第一中学学生陈华一获数学竞赛金牌。

〔**治理中小学乱收费**〕 1996年，全省加大了治理中小学乱收费的力度。在全面部署治理中小学乱收费工作的基础上，省教委专门对各级教育行政部门、学校和教师提出了加强中小学收费管理工作的“约法三章”，要求各级教育行政部门严格履行与上级签订的“责任书”内容，不准擅自出台新的收费项目和提高收费标准；学校必须严格遵守收费规定，规范收费行为，实行亮证收费，不准举办以收费为目的的补习班；教师不得以任何理由向学生收取费用，不能以任何名义向家长摊派财物。一年内，全省各级教育部门还通过广播、电视等新闻媒介，广泛宣传各类学校收费规章制度、项目和标准，让学校自觉接受社会监督。省编发《收费管理工作简报》和群众来信摘编，通报各地清理乱收费工作情况，总结、推广各地行之有效的治理中小学乱收费工作经验和做法；派出检查组对各地中小学收费情况进行工作检查和专项调查；严肃查处中小学乱收费案件，据不完全统计，1996年，全省共清退各种违规收费661.1万元，取消各种补习班91个，查处案件308起，处分主要责任者62人。在从严治标的同时，加大治本力度。省有关部门适当调整了城市中小学收费标准，制定了民办（私立）学校收费管理规定，编印福建省教育行政事业性收费制度汇编，规范学校收费行为，加强了中小学收费的建章立制工作；还采取有力措施加强薄弱学校建设，缩小校际间办学水平的差距。

〔**文明学校建设**〕 福建省从1991年开始，在全省中小学中广泛开展创建文明学校活动。经过努力，至1996年底，全省已有427所省级文明学校、793所地（市）级文明学校、1536所县级文明学校，它们既为其它学校发挥着示范作用，又成为当地精神文明建设的一个窗口。

五年来，在创建活动中突出抓了六个环节：一抓方向，落实教育方针；二抓整治，美化校园环境；三抓规范，提高文明水准；四抓师德，强化教书育人；五抓共建，拓宽育人环境；六抓管理，提高育人水平。以这六个环节为创建活动的主要内容，省对各地中小学校精神文明建设实行综合评价，并将“文明学校”称号定为全省教育系统授予中小学的最高一级荣誉。

创建活动中，全省不仅建设了一批精神文明的窗口学校，而且还建立了省、地、县三级德育基地575个，劳动基地1.2万个。同时还美化了环境，推动各地加快了中小学办学条件的改善，近80%中小学校容校貌有了根本改善，相当一批学校已经成为当地精神文明示范单位。

〔**校长持证上岗制度**〕　为切实落实省委、省政府《关于贯彻实施〈中国教育改革和发展纲要〉的决定》精神，使中小学校长队伍建设规范化、制度化，1996年8月，福建省委组织部、省委宣传部、省教委、省人事厅联合制定了实施中小学校长“持证上岗”制度的暂行规定，从1997年1月1日起全省中小学校长实施“持证上岗”制度。凡担任普通中小学、职业中学校级党政领导均必须按规定参加校长岗位培训，并取得合格证书，否则，从1997年1月1日起不能继续任职。1997年1月1日后新任命的校长，坚持“先培训、后上岗”原则，未取得校长岗位培训合格证书的，一律不得上岗，特殊原因上岗前未接受培训的，只能作为“代理校长”先上岗。“代理校长”必须在一年内参加岗位培训，取得合格证书后，方可任命为校长；“代理校长”本人不得参加各种先进荣誉称号的评选，所在单位不得参加达标学校、示范学校、先进集体等评比活动。为保证“持证上岗”制度的顺利实施，全省各级教育行政部门从1991年开始全面开展了中小学校长的岗位培训，至1996年底，全省共举办各类培训班450期，已培训中小学校长2万多人，基本完成了“八五”期间全省中小学校长的岗位培训任务。

〔**扶贫教育项目**〕　1996年，扶持贫困地区教育发展的世界银行贷款“第三个贫困地区基础教育发展”项目和“国家贫困地区义务教育工程”项目在福建省正式启动。

“第三个贫困地区基础教育发展”项目是利用世界银行贷款实施推动中国贫困地区加快“普九”步伐的基础教育发展项目。项目资金主要用于为乡村两级小学和初中修建校舍，按照国家和省确定的标准，购置教学仪器设备、图书、课桌椅，培训教师和各级教育管理人员以及推广科研成果等。福建省8个国家级贫困县列为项目县，第一批确定的项目学校165所，项目171个。1996年，全省已动工项目105个，向世界银行贷款资金报账总金额971.63万元，省、地、县配套资金到位共1516.4万元，还开展了教师培训，信息系统建设，课桌椅、仪器、图书采购和科研成果推广工作。

福建省有8个国家级贫困县和4个省级贫困县被定为实施“国家贫困地区义务教育工程”项目县。1996年，全省已完成该工程建设项目167所，其中新建校舍11所，改扩建学校128所，单项改善办学条件28所；拨给各项目校建设经费7274.3万元，其中中央专款1600.6万元，省、地、县地方财政配套资金2943.6万元，其他渠道配套经费2730.1万元。

〔**教师队伍建设**〕　1996年，福建省小学、初中、高中教师的学历达标率分别达到89.9%、90.6%、63.5%，较上年分别提高3.3、2.5、0.7个百分点；小教专科自考已步入正常化轨道，全省3万多名小学教师参加了考试和函授助学；有1.2万名小学公、民办教师取得了中师函授毕业文凭；全省从民办教师中选拔录用公办教师3000名，从应届职业高中毕业生中聘用农村小学、幼儿园教师500名；基本完成了中小幼教师资格过渡工作。

为鼓励青年教师加强学习，在业务上脱颖而出。福建省教委从1996年年初开始，在全省范围内组织了“小学优秀青年教师”评选活动。各级教育行政部门积极组织青年教师，通过上公开课、现场编写教案、进行论文评比等形式，层层进行选拔、评比。省教委在地、县两级组织评比、推荐的基础上，共评选出省级“小学优秀青年教师”102名。这种广泛发动教师进行业务能力评比的形式，发现了人才，促进了小学教师队伍素质的全面提高。

职业教育

〔全省职业教育工作会议〕 1996年12月28～31日，福建省教委、省经贸委、省劳动厅在福州联合召开全省职业教育工作会议。王良清副省长到会作了重要讲话。会议传达了全国职业教育工作会议精神，总结、交流了全省职业教育改革与发展经验，进一步明确了全省“九五”期间发展职业教育的目标与任务，研究制定了贯彻《职教法》的政策措施，提出了实现全省职业教育发展目标的7条措施。一是积极推进办学体制和管理体制改革；二是继续推进职业学校招生、收费、毕业生就业制度改革；三是进一步调整、优化职业教育的结构；四是进一步健全职业教育体系；五是加强职业教育内部建设，提高教育质量和办学效益；六是加强职业教育师资队伍建设；七是实施《职业教育法》，大力推进依法治教。

〔学习宣传实施《职业教育法》〕 1996年7月23日福建省人大教科文卫委员会、省教委、经贸委、劳动厅、农业厅、司法厅、总工会联合下发《关于学习、宣传和实施〈中华人民共和国职业教育法〉的通知》，及时提出全省学习宣传和贯彻实施意见。省教委专门印制《中华人民共和国职业教育法》分送各级政府、各有关部门、各类职业学校学习，并在《职教法》正式实施之日，及时召开有关厅（局）、普通中专、职业学校、技工学校代表参加的学习、宣传、实施《职教法》座谈会。8月底，省人大副主任黄文麟、副省长王良清就学习、宣传、贯彻实施《职教法》发表电视讲话，进一步强调实施《职教法》的重要意义。为提高职教干部依法治教水平，省教委举办两期职教干部《职教法》学习培训班，共50名县（市）教育局分管职教的局长及职教专职干部参加了学习培训。

〔教师队伍建设〕 积极开展职业学校校长岗位培训工作，全省有70位校长获得国家教委颁发的职业学校校长岗位培训证书。1996年，继续举办职教师资班，并扩大对口招收优秀职业高中（职业中专）毕业生比例，共招生215人。为进一步调动职业学校教师积极性，完善激励机制，省教委制定《福建省职教先进工作者评选办法》《福建省中等职业学校“明星教师”、“明星校长”评选办法》。1996年，共评选45位省职教先进工作者，3位中等职业学校“明星校长”和6位中等职业学校“明星教师”，并在全省职教工作会议上予以表彰。

高等教育

〔**福州大学通过“211工程”预审**〕 1996年12月26日，福州大学通过国家“211工程”部门预审，从而成为福建省继厦门大学之后又一所通过“211工程”部门预审的高校。

福建省委、省政府制定了全省实施“211工程”的具体方案和保障措施。决定把福州大学作为“211工程”预审学校，从1995年到2000年，专项增加福州大学总投资2.58亿元，并在计划安排、基本建设、教学和学术队伍建设、引进人才等方面采取扶持政策，促进学校加快改革和发展步伐，努力完成建设目标和任务，使之在下世纪初跻身全国省属高校先进行列，某些学科达到国内先进水平。为了做好预审工作，省里还专门成立了以贺国强代省长为组长，省委副书记何少川、副省长王良清为副组长的领导小组。

福州大学按照“211工程”建设要求，坚持面向地方、抓质量、上水平、创特色”的主体办学思想，进一步加大联合办学、校内管理体制改革和教学改革力度，加强重点学科建设，建立了化肥催化剂国家工程研究中心、国家基础科学研究和教育人才培养基地化学点以及8个省级重点学科，完善了中国教育科研计算机网络福大网络中心等4个公共设施和一批公共教学实践基地，全面提高了教育质量和办学效益。通过“211工程”预审后，福州大学将进一步突出重点，集中力量，加快学校建设和发展，更好地为全省经济建设和社会发展服务。

〔**共建华侨大学**〕 继福建省与国家教委共建厦门大学，与交通部、农业部共建集美大学后，1996年，福建省人民政府又与国务院侨务办公室共建华侨大学。根据共建协议，福建省和国务院侨办从1996年到2000年，每年按1∶2的投资比例增拨专项资金，其中福建省每年安排150万元，国务院侨办每年安排300万元，支持华侨大学2个重点学科建设。通过共建，努力把华侨大学办成在国内外有影响的大学，不断提高办学水平和教育质量，在团结和服务海外华侨、华人、港澳台同胞，促进福建省经济、社会的发展方面发挥更大的作用。

〔**联合办学**〕 1996年，福建省进一步深化以联办共建为重点的高等教育办学体制改革，加快了高等教育事业的发展。进一步搞好与国家教委共建厦门大学工作，除继续负责厦门大学艺术教育学院和政法学院联办中由福建省承担的正常教育经费外，从1996年起到2000年，省每年增加联办共建经费900万元，加大支持厦大发展的力度。同时，积极推进高校与地方政府、部门和企事业单位的联合办学，厦门大学与晋江市政府联办了晋江学院，华侨大学与泉州市政府联办了泉州学院，福州大学、福建师范大学等许多高校也开展了多种形式的联合办学，均有力地增强了学校的办学实力，提高了办学效益。

1996年，省委、省政府进一步充实了集美大学的领导班子，组成了由部分闽籍在京老领导、交通部、农业部、福建省和厦门市政府有关领导及部分海外人士参加的第一届董事会；学校联办四方召开了第二次联席会议，议定了集美大学改革和发展的重大事宜。厦门市与陈嘉庚国际学会联合创办的工商管理学院已开始招生，校第一期基建工程施工已进入尾声，各学院基础课教师间的协作和教育资源共享等取得较好成效，学校凝聚力进一步增强。省还决定进一步加大学校改革力度，力争1998年底，使集美大学管理体制、拨款体制、计划体制的改革取得重大突破，实现由松散型的联合体向紧密型的实体过渡，提高教育质量和办学效益。

〔**高校科技工作会议**〕 1996年11月13日，福建省高校科技工作会议在福州隆重举行。王良清副省长出席会议并作重要讲话。他阐明了高校科技在实施“科技兴省”战略中的重要地位和作用，并特别强调了高等科技工作的主要任务，即为经济建设服务，为科技发展服务，为学科和专业的改造服务，为更新教学内容服务，为培养人才服务。为完成这五大任务，会议提出了加快高校科技改革和发展的具体措施：一是深化高校科技体制改革，逐步建立适应社会主义市场经济发展，符合科技教育发展规律，教育科技与经济密切结合的新体制。二是加快高校内部科技组织结构调整，努力形成“开放、流动、竞争、协作”的新型科研机制。本科院校要先行一步，通过多种形式的联合、撤并、共建、调整、优化组合，增强联合攻关的实力。三是加强产学研紧密结合，鼓励高校与企业、科研单位联合开发，共建技术开发机构与经济实体，加快科技经济一体化进程。四是改革科技投入方式，通过实现优惠的科技贷款和风险投资，推行基金制、合同制，向社会筹措更多的科研资金，还要引导企事业单位把预算外资金一大部分投入到科技和教育上来，鼓励和引导海外侨胞、港澳台同胞对高校科技事业的捐助。五是切实加强对高校科技工作的领导，适当集中财力、物力，每年为高校科技事业办好几件实事和大事，积极为全省高校科技事业发展服务。

〔**参加第五届全国大学生运动会**〕 1996年8月，福建省大学生体育代表团参加第五届全国大学生运动会，共夺得1枚银牌，4枚铜牌；2人2次打破全国大学生纪录，3人4项达到国家健将级标准。团体总分共获4个奖杯；田径项目男子甲组团体总分第8名，武术项目男子团体总分第6名，武术项目男女团体总分第7名，艺术体操团体总分第7名。

成人教育

〔**扫盲工作**〕 1996年，福建省共扫除青壮年文盲109228人，巩固100055人，提高88244人，全面完成了扫盲任务，使全省青壮年文盲率从1990年“四普”时的11.53%下降到3%，至1996年底，已有58个县（市、区）通过省级扫除青壮年文盲评估验收。

为确保提前三年完成扫除青壮年文盲任务，1996年，福建省积极贯彻全国扫盲工作会议精神，将扫盲工作作为重点来抓，作为难点来攻。省教委专门制定“九五”扫盲工作计划，下达给各地（市）执行，还进行全省扫盲骨干培训，为迎接国家教委验收做好充分准备。在扫盲工作中，省教委分别与省妇联、团省委开展“巾帼扫盲识字”竞赛、大中专学生暑期扫盲与科技文化服务活动，加速全省扫盲奔小康的进程。

〔**成人学历教育**〕 调动行业、企业、团体、个人举办成人中专教育的积极性，1996年福建省教委又批准创办成人中专9所。继续实行成人中专入学水平考试，组织春秋季入学招生考试，报考人员1.6万人，录取8000多人。电大“注册试听生”试点范围进一步扩大，开设财会、法律、英语等3个专业，注册生达6605人，选拔成人中专优秀毕业生85人进入成人高校继续学习。

为加强成人学历教育的管理，省教委开展了评选省级示范性成人中专的评估工作，并对122所学校110多门课程2.5万人次的学习情况进行检查测试。成人中专学校自1996年起统一了校历和公共课的教学大纲。同时，制定了《福建省普通高校函授教育评估指标体系实施细则》《福建省职工业余大学教育评估指标体系实施细则》，对成人高校进行评估，并组织有关部门，对申办函授、夜大学的单位进行办学可行性及新专业设置的评审论证。

〔**自学考试**〕 1996年，福建省自学考试共开考29个专业，其中新开考专业3个；报考人数达229967人，较上年增加73597人，报考人次达560702人次，较上年增加191097人次。为促进自考事业的发展，全省主要抓了几项工作：一是制定了“九五”期间面向基础产业、重点产业、支柱产业，面向农村、基层、重点培养经济建设急需的工科、农科等应用型学科类人才的总目标，并据此调整、优化了专业结构：二是创造条件，积极拓展考试功能，仅计算机等级考试，全省就设考点35个，有21251人报考，报考人数居全国第2位；三是建立题库，完善质量管理体系，全省增加投入，新建主题库35门，并对部分题库进行调整、补充，命题已全部实现题库化；四是加强指导，积极开展多形式的助学活动，省建立助学指导中心，面向基层，面向农村，探索和创办适合农村和基层考生需要的助学模式，推广了南靖县靖城镇文化技术学校建立自学考试服务站的经验，开拓了新的服务领域和项目；五是规范考点，认真抓好考风考纪工作，对全省考点全部进行重新申报，经从严遴选，批准设立考点57个，对10个考风考纪较差，管理力量薄弱的考点亮黄牌，还重新修订了自学考试考务规程，使组织考试有章可循；六是进行考务考籍工作改革，实行考籍管理由省考办统一负责，考籍档案由各地市机构保管，省地共同负责的办法；七是经批准合并、调整收费项目，解决事业发展与办考经费不足的矛盾。

〔**社会力量办学**〕 1996年，福建省教委专门成立了社会力量办学管理办公室，挂靠政策研究室，负责主管全省社会力量办学工作，在省教委内部建立起归口主管、各有关业务处室分工负责相结合的社会力量办学管理体制。同时，在全省教育行政部门间建立一种省教委统筹管理、分级审批、分工管理的体制。福州市成立了独立建制的社会力量办学管理办公室，厦门、泉州、南平、三明等市教委也相继成立了挂靠的社会力量办学管理办公室。

为了解和总结全省近年来社会力量办学发展情况及其经验，省教委在1996年下半年组织开展了全省社会力量办学大检查，通过检查，促进社会力量举办的学校及其他教育机构端正办学方向，改善办学条件，提高办学整体水平和教育质量。

经国家教委批准，福建省4所社会力量举办的高等学校厦门华厦大学、福建音乐学院、福州英华外国语学院、福州建联财经高等专科学校为高等教育学历文凭考试试点校。1996年试点专业为：私立厦门华厦大学设置的国际商务、涉外会计、国际金融与保险、旅游餐饮管理四个专业；私立福建音乐学院设置的声乐、键盘、管弦乐三个专业；私立福州英华外国语学院设置的英语专业；私立福州建联财经高等专科学校设置的会计（涉外会计）、市场营销、文秘（经贸秘书）三个专业。为做好试点工作，省教委拟定了《福建省高等教育学历文凭考试试点暂行办法》。

〔**农村教育综合改革**〕 1996年12月，全国农科教结合工作现场经验交流会在福建省三明市召开。福建省以深化农村教育综合改革为切入点，动员和组织各级各类农村学校多形式服务农村经济建设的经验得到了与会领导和代表的关注和充分肯定。

本着大力提高农村劳动者的科技文化素质和生产技能，全省力促农村职业教育，成人教育的相互沟通和资源共享，建立以职业学校为骨干、通过乡村文化技术学校向千家万户辐射推广实用技术与人才培训的网络。各级教育部门充分利用农村各类学校的教学设施、师资等条件，完成了农、林、水等6个行业70多万名农民技术员培训任务。省还进一步加快县级职教、成教培训中心建设，全省有80%以上的县建立了职教、成教中心，其中相当一批已办成成教、职教兼有的综合培训中心。农村县、乡、村三级成人教育办学网络继续得到巩固、发展，全省县级成人教育中心已达53所，100%乡镇建立农民文化技术学校，已有300所文技校达到省定“八有”办学标准，村级文技校办学面已占村总数的80%，参加县、乡、村三级文技校培训的农村各类人员达250多万人次。

全省还重视引导大中专院校积极参与农村教育综合改革，直接为农村发展服务。福建农业大学组织数百位教师和高年级学生深入三明市开展科技兴农，两年间促进全市增产粮食5600多万斤，新增农业产值1.4亿元；福建师范大学帮助闽清化肥厂等一批濒临倒闭的企业进行技术改造和新产品开发，使企业摆脱困境，重获生机。“八五”期间，全省各高校先后参与实施各种农村推广项目143项，创农业总产值13亿多元。

撰稿 吴仁华 张学强 戴 颖

审稿 郭荣辉

江西省教育

概况

〔基本情况〕

1996年各级普通学校基本情况

单位：人

学校类别	学校数（所）	毕业生数	招生数	在校学生数	教职工数	
					计	其中专任教师
一、普通高等学校	31	29642	27668	85505	24336	9656
研究生	(11)	209	366	913		
本　科	14	15041	17146	57005	18170	6657
专　科	17	9392	10156	27587	6166	2999
二、中等专业学校	105	27170	46738	125342	14302	7234
中等技术学校	79	17455	34547	92427	11055	5235
中等师范学校	26	9715	12191	32915	3247	1999
三、普通中学	2785	585923	767189	2086329	145988	123116
高　中	493	79410	93567	263198		20324
初　中	2292	506513	673622	1823131		102792
四、农业、职业中学	354	37663	63227	135391	12607	8118
高　中	314	31492	52406	109349		7269
初　中	40	6171	10821	26042		849
五、工读学校	1				9	2
六、小　学	24584	737034	877788	4435576	243202	229207
七、特殊教育学校	25	684	1915	7328	406	318
八、幼儿园	5084		462715	584601	23757	19822

1996年各级成人学校基本情况

单位：人

学校类别	学校数（所）	毕业生数	招生数	在校学生数	教职工数 计	教职工数 其中专任教师
一、成人高等学校	22	15184	22056	59455	4245	1807
广播电视大学	1	6112	6070	18582	801	395
职工高等学校	14	1562	2837	6984	1493	841
农民高等学校						
管理干部学院	2	1467	1689	3344	1012	171
教育学院	5	1622	2127	4675	939	400
独立函授学院						
普通高校举办：						
函授部		3071	5409	16156		
夜大学		644	2876	7207		
干部专修科		706	1048	2507		
二、成人中专	120	9473	12183	23648	3108	1755
广播电视中专	2	2673	2374	4110	29	15
干部中专	3	63	170	228	65	37
职工中专	22	3238	3913	7807	767	458
农民中专	1					
函授中专	1	1783	4825	9343	20	9
教师进修学校	92	1716	901	2160	2227	1236
三、成人中学	183	16369	19756	20758	668	309
职工中学	64	6196	4429	6112	420	245
农民中学	119	10173	15327	14646	248	64
四、成人技培学校	11994	1505514	1390727	1403136	8078	2428
职工技培学校	170	39805	17756	16613	899	681
农民技培学校	11824	1465709	1372971	1386523	7179	1747
五、成人初等学校	12577	322276	240022	275902	6816	1730
职工初等学校	21	165	706	814	2	1
农民初等学校	12556	322111	239316	275088	6814	1729
其中：扫盲班	10524	285963	201811	230111	5328	1571

制表　周民武

基础教育

〔**义务教育**〕 1996年，省人大在全省范围内组织开展了《中华人民共和国教育法》和《江西省义务教育经费筹措和使用管理办法》(以下简称“教育两法”)执法检查。全省紧紧抓住“教育两法”执法检查和《中华人民共和国义务教育法》颁布施行十周年的有利时机，大力开展学习、宣传活动，认真总结经验，加大工作力度。为确保“两基”规划的落实，省教委一方面按照分类指导的原则，深入到困难大、任务重的县、乡调查研究，发现问题，提出对策，加强对贫困地区实施义务教育的扶持，将国家贫困地区义务教育工程及各级配套资金共3.84亿元，集中投放到18个《国家“八七”扶贫攻坚计划》中确定的定点挂钩贫困县和省委、省政府确定的14个挂钩贫困县。另一方面制订激励措施，对1996年验收合格的县（市、区）给予奖励，对提前实现目标的县（市、区）给予重奖。省政府表彰了新建县等11个“两基”工作先进县（市、区)，省教委表彰了百名实施“两基”的先进个人。为保证“两基”实施的质量；在总结几年来工作的基础上，对“两基”验收指标作了适当调整，通过印发有关评估验收标准、举办培训班等多种方式与途径，强化“两基”工作的标准意识和质量意识。继续通过调研和审计，加强对“两基”工作的过程性督导检查。各地普遍加强了对“两基”工作的领导。县、乡两级成立“两基”工作领导小组，实行县（市、区）六套班子领导包乡镇、各职能部门具体包点的制度，加强义务教育的执法常规管理，从而保质保量地完成规划任务。1996年，全省小学适龄儿童入学率达99.62%，初中阶段适龄人口入学率达85.34%，分别比上年提高0.2和0.8个百分点；小学辍学率为0.69%，初中辍学率为2.07%，分别比上年下降0.54和1.13个百分点。有21个县(市、区）成为国家第三批审批通过的“两基”达标县，使全省“两基”达标县（市、区）累计达63个，人口覆盖率为53.67%。有7个县（市、区）被评为国家“两基”工作先进县（市、区)。1996年11月，国家教委对江西“两基”工作进行督导检查，并给予了充分肯定。

〔**高中教育**〕 1996年制订下发了《江西省普通高中改革和发展实施意见》(以下简称《意见》)。《意见》确立了全省普通高中改革与发展的总方针是；在普及九年义务教育的基础上大力加强普通高中建设，在继续调整中等教育结构的进程中适度发展普通高中的办学规模。确定了全省普通高中2000年发展规划，适度发展普通高中规模，保持普通高中有计划、按比例发展。普通高中招生按3.07%的年均速度发展，到2000年，全省普通高中招生11万人，比1993年的8.9万人增加2.1万人，在校生则按3.02%的年均速度发展，到2000年在校生为31.05万人，比1993年增加5.84万人。中等教育结构经过调整，到2000年，高中阶段职业教育招生数和在校生数与普通高中教育招生数和在校生数的比例分别达到6∶4，普及高中教育的城市争取达到7∶3。《意见》还提出了全面贯彻方针、实行办学模式改革、加强薄弱中学建设、创建全国示范性高中的具体意见。根据国家教委通知精神，江西省和山西省、天津市被确定为普通高中新课程方案的试验省(市)。从1997年秋季开始，全省普通高中试行新课程方案。为了搞好试验，省教委相继下发了开展普通高中新课程方案试验的通知意见和具体实施方案，制定了江西省普通高中课程计划等文件，召开了新课程方案试验工作会议，对试验工作作了统一部署。省教委确定并公布56所具有推荐保送资格的中学名单，进一步严格中学保送的管理工作。

〔**幼儿教育**〕 1996年，幼儿教育管理体制基本理顺。在完成幼教工作从省妇联到省教委的转移和交接的基础上，南昌、景德镇、萍乡、九江、鹰潭市和吉安、宜春地区已基本完成幼教的移交工作。省教委、省计委等8个部门联合下发了《关于加强我省幼儿教育工作的意见》，明确幼教工作实行在政府统一领导下，地方负责，分级管理，各有关部门分工负责，教育部门主管的领导管理体制，并明确了各有关部门对幼儿教育工作的职责分工。同时提出发展幼儿教育事业必须按因地制宜，积极创造条件，以条件定发展的原则，统筹规划，合理布局，把重点放在城市以及经济发展快、教育基础比较好的农村地区。在城市，要逐步满足3周岁至6周岁幼儿入园要求；有条件的乡（镇）要办好中心幼儿园，村级在办好学前一年教育的同时，可创造条件独立办幼儿园，逐步扩大3周岁至6周岁幼儿入园的规模。

1996年省教委在充分调查、研究的基础上，下发了《江西省幼儿园登记注册试行办法》《江西省学前班注册暂行规定》和《关于举办学前班有关事项的通知》，规范幼儿园、学前班的管理。为了落实《幼儿园工作规程》，省教委在南昌召开了部分园长、幼教专家座谈会，听取各类幼儿园试行《规程》的体会和经验；录制了学习《规程》的讲话录像片；在《井冈幼苗》杂志上组织有关专家和各类幼儿园长谈体会；下发了《关于正式实施〈幼儿园工作规程〉的意见》，举办了全省部分幼儿园园长培训班等系列学习、宣传、贯彻《规程》的活动。

〔**德育工作**〕 1996年省教委召开了全省中小学德育工作研讨会，成立了中小学德育研究会。下发了《关于加强全省中小学日常行为规范教育的意见》。从中小学生基础文明行为的养成教育入手，在中小学广泛开展讲文明、讲道德、讲理想的教育活动以及爱国主义、集体主义、社会主义思想教育，学生的政治思想素质有了明显提高。在全省中小学生中组织开展了以“迎接香港回归祖国”为主题的读书活动，有600多万人参加，同时，各地围绕读书活动开展演讲、作文比赛和夏令营活动，使广大学生普遍受到一次生动、深刻的爱国主义教育。一批爱国主义教育基地相继建立，有南昌八一起义纪念馆、安源路矿工人运动纪念馆、上饶集中营、革命烈士陵园、文天祥纪念馆、景德镇陶瓷历史博物馆等。继续开展省级三好学生、优秀学生干部和“宋庆龄奖学金”的评选工作，共评出省级三好学生782名、省级优秀学生干部194名，有10名学生获得“宋庆龄奖学金”。

〔**素质教育**〕 各地各校认真学习和借鉴湖南汨罗实施素质教育的经验，努力实现应试教育向素质教育的转轨。全省涌现了一批落实“两全”、实现“转轨”的好典型。如萍乡的湘东区、宜春地区上高县出台了全县（区）实现素质教育转轨整体改革方案。南昌百花洲小学的“特色教育”、萍乡师范附小的“愉快教育”等也取得很好成效。1996年第10期《人民教育》刊发了长篇通讯《“百花洲”上百花开》，对百花洲小学开展素质教育情况作了报道。

全省中小学计算机教育、人防知识教育也得到加强。省教委确定了省计算机教育实验校，对全省计算机教学开课情况进行了调查，并予以通报；各地（市）教研部门配备了计算机学科教研员。省教委与省人防办联合举办了全省人防知识学科教师暑期培训班，接受培训的教师达250余人。

〔**教育投入**〕 1996年全省加大了对义务教育的投入。在省人大“教育两法”执法检查的推动下，各级政府继续落实教育经费的“三个增长”，积极疏通经费筹措渠道，依法加强教育事业费附加尤其是农村教育事业费附加的征管工作。1996年全省农村教育事业费附加征收4.78亿元，比上年增加1.52亿元，增长46.63%。为了总结推动农村教育事业费附加征管工作，1996年底，省教委与省财政厅、省地税局联合召开江西省农村教育事业费附加征管工作经验交流会，总结经验，肯定成绩，提出工作目标与任务，同时表彰了一批先进单位和个人。

1996年全省共筹集中小学校舍修建资金8.41亿元，比上年增加1.65亿元，增长24.4%。修建校舍竣工面积312.78万平方米，其中扩建初中校舍101.9万平方米。全省各乡镇基本上实现了校园建设“六配套”，全省中小学危房比例下降到1%以下。加强了中小学教学仪器和图书建设，全省仅利用世界银行“第二个贫困地区基础教育发展”项目为中小学采购仪器、图书金额就达7705万元。又有23个县通过了教学实验普及县的评估验收，累计通过验收的县达75个。

〔**教师队伍建设**〕 1996年10月，省人大八届二十四次会议审议通过了江西省《教师法》实施办法。配合《教师法》实施办法的施行，各地开展了多种形式的学习、宣传活动。省人大法工委、省教委印发了有关学习材料2.8万册。各级政府把学习宣传与为教师办实事结合起来，使《教师法》及省颁实施办法较好地落到实处。进一步完善了教师工资保障机制，坚持实行教师工资发放情况定期报告制度。全省中小学教师的基本工资基本上做到按月足额发放，没有发现新的拖欠现象。省政府对中小学教师职称评定工作给予适当倾斜，特批2000个职称指标用于中小学教师评聘职称，使中小学教师评职称难的问题得到一定程度的缓解。通过认真审核，有8330名民办教师转为公办教师。全省有4.2万余名中小学教师参加了“三沟通”师资培训，开始了中小学校长第二轮的提高培训工作。有3万名中青年教师参加骨干教师培训，教师资格认定过渡工作全面展开。在教师中大力开展“为人师表、育人楷模”的活动，表彰和奖励一批忠诚于党的教育事业的优秀教师和教育工作者。1996年，全省小学、初中、高中专任教师的学历达标率为87.13%、75.59%和46.23%，分别比上年提高4.29、4.26和3.13个百分点。

〔**治理乱收费**〕 1996年，省教委继续把治理中小学乱收费作为一项重要工作来抓，在巩固已有成果的基础上，进一步加大了治理力度。下发了《关于治理中小学乱收费的若干规定》，明确规定学校不准招收“择校生”，不准举办各种收费的补习班、补课班、兴趣班；不准以任何手段统一收费代购或限制学生购买和使用任何形式的习题集、测试手册、学科知识书刊、复习资料、报刊杂志、文具用品及其他商品；不准把社会上对学校的乱摊派转嫁到中小学生头上，不准自定收费项目，扩大收费范围，提高收费标准；严禁教师接受学生家长馈送的钱物和礼品，严禁教师个人私自托管学生。各地据此进一步健全治理中小学乱收费工作领导机构和办事机构，完善各种收费管理规章制度，坚决把住开学收费关口，加强监督检查，特别是加大了查处违纪案件力度。全省共清退违规收费金额850多万元，清理各种收费“补习班”146个，清理各种限制学生购买的复习资料65.55万册，查处违纪案件266件，处理责任者72人，同时对中小学生学杂费标准也作了适当调整。

职业教育

〔**综述**〕 1996年全省普通中等专业学校招生数比上年增长11.34%，在校生数比上年增长15.19%；职业高中招生数比上年减少9人，在校生数比上年增长3.93%；职业初中招生数比上年增长7.84%，在校生数比上年增长11.91%；技工学校招生26967人，在校生数72374人。全省中等职业教育招生数占整个高中阶段的比例为57.40%，比上年增长0.38个百分点；在校生数占整个高中阶段的比例为53.84%，比上年减少0.14个百分点。

1996年普通中专校舍总面积为279.60万平方米，比上年增长9.49个百分点，生均校舍面积22.31平方米，比上年减少7.1个百分点；职业中学校舍总面积为136.59万平方米，比上年增长2.7个百分点，生均校舍面积10.9平方米，比上年减少2.5个百分点。

〔**宣传贯彻《职业教育法》**〕 《职业教育法》颁布后，省教委召开学习贯彻《职业教育法》座谈会，省人大教科文卫委、省经贸委、省劳动厅、省农业厅、省司法厅、省总工会联合下发《关于学习宣传和贯彻实施〈中华人民共和国职业教育法〉的通知》；各地市和学校通过广播、电视、墙报、会议、组织学生为民服务活动等多种形式，广泛学习、宣传《职教法》。省教委会同有关部门，开展调研，制定全省职教发展的目标和政策措施，积极筹备召开全省职业教育工作会议。省政府调整了职业教育收费标准，普通中专每生每学年学杂费调整为520元，住宿费调整为100元；职业中专每生每学年学杂费调整为800元，住宿费100元；职业高中每生每学年学杂费城市500元，农村300元，住宿费50元。

〔**示范性职业学校建设**〕 1996年省教委批准南昌县职业高中、新建县职业技术学校、南康县职业技术学校、鹰潭市职业中学4所学校为示范性职业高中，还审批江西电视职业中专、南昌市第三职业高中、余干中医药职业中专3所职业中专在43所学校开设职业中专班。

〔**教学工作**〕 1996年召开了普通中专学生管理和教学管理年会；组织了第二届普通中专文艺会演；进行了学生文明宿舍评比工作，开展了思想政治工作和教学工作论文评选活动；成立了12个普通中专学科课程组。举办了职业中学校长培训班，培训40人次。完善了职业学校教材建设及供应工作。

高等教育

〔**综述**〕 1996年全省高教事业继续稳步、健康、协调发展。全省地方高校招收研究生255人，较上年增长23.79%，在校研究生640人，较上年增长23.08%；本、专科招生19208人，较上年增长3.22%，在校本、专科生58986人，较上年增长1.35%。调整了高校学科结构，工科招生比例由上年的20.79%上升到24.78%，农、医、师相对稳定；对过热的部分专业进行了适当控制。新增博士点1个、硕士点27个；新增本科专业11个、专科专业28个。

〔**党建和思想政治工作**〕 1996年召开了全省第七次高校党建工作会议。在省委领导下，加强了高校领导班子建设，贯彻实施了《中国共产党普通高等学校基层党组织工作条例》，基层党组织得到加强。大学生中党员比例，由上年的5%提高到5.9%。党的十四届六中全会召开后，各校把精神文明建设的重点放在思想道德建设上，突出学习邓小平理论。各校普遍开展了“学理论、学党章”和“讲学习、讲政治、讲正气”活动，据统计，全省高校成立了2100多个邓小平理论学习小组，60%的学生参加了理论学习。各校加大精神文明建设力度，开展了以“讲文明、讲道德、讲理解”为主要内容的“美化心灵”活动。结合建党75周年、长征胜利60周年、迎接香港回归祖国等，深入开展了一系列爱国主义教育活动，弘扬了主旋律。坚持对学生进行世界观、人生观、价值观“三观”教育，引导大学生健康成长。“两课”建设进一步得到加强。修订了3本教材，开设了邓小平理论课，总结推广了“两课”教改经验，对7所高校的“两课”教学质量进行了评估。表彰了全省高校10名“两课”优秀教师和15个青年教师工作先进单位。组织“两课”教师、政工干部赴张家港等地学习考察。在全省高校组织了“两课”青年教师公开教学竞赛活动，多方面发挥“两课”主渠道作用。

按照中央和省的统一部署，全省高校认真开展了校园及周边治安整治工作。共侦破影响校园治安秩序的刑事案件130起，摧毁横行校园、带黑社会性质的犯罪团伙5个，处理侵害师生人身和财产安全、扰乱学校正常教学、生活秩序的违法犯罪分子168人，清理整顿“三室两厅”2300余户，有效地净化了高校校园及周边治安环境。

〔**招生“并轨”改革**〕 1996年全省高校实行本、专科招生“并轨”，社会反响平稳。省教委通过大量调查研究，会同有关部门制订了《江西省地方高等学校进行招生并轨学生缴费上学改革方案》，省政府于1996年3月批转了省教委关于江西省地方高等学校招生和毕业生就业制度改革的意见。在具体操作过程中，省教委会同有关部门认真做好各项配套工作，确保招生并轨改革顺利进行。

按照省委、省政府领导的指示，省教委在推进高校招生“并轨”改革过程中，高度重视、积极开展扶助高校困难学生工作。按省政府规定，学校从所收学杂费中安排21%以上用于建立学生奖学金、贷学金、勤工助学基金、减免学杂费，帮助困难学生完成学业。省财政、省教委筹措经费20万元，建立高校特困生资助金，直接资助9所省属高校的200名困难学生，并在春节前为留校过节的学生增拨20万元补助金。召开了全省高校扶助困难学生经验交流会，建立了省高校特困生档案，并通过新闻单位宣传呼吁，积极与社会各界联系，争取社会对高校特困生的资助，各类资助基金达110万元，其中1996年资助金额达30万元。此外，一些爱国侨胞、社会名流、专家学者在高校设立各类奖学金近150万元。同时，办好学生食堂，制止不合理收费，千方百计减轻学生负担。1996年5月，在山东省召开的全国资助高校困难学生经验交流会上，江西省作了大会发言。11月上旬，遵照国务院领导同志的批示，国家教委组织人民日报、新华社、中国教育报、中国青年报记者来赣采访特困生工作，广泛宣传报道了江西省的经验。

〔**管理体制改革**〕 南昌大学合并办学、重点建设取得成效。1996年经专家评审组认真评审，通过“211工程”部门预审。4月，国家教委批准该校“211工程”重点建设预备立项，并开始进入正式立项学校名单。省财政安排南昌大学重点建设经费2600万元。

1996年5月16日，国家教委批准江西财经学院和江西财经管理干部学院合并为江西财经大学。11月28日，江西中医学院与北京中医药大学签署协议合作办学。南昌大学分别与南昌航空工业学院、江西师范大学，华东交通大学与南昌航空工业学院的合作办学，在过去签订协议基础上，进一步发展。南昌大学分别与江铃集团、新余钢铁责任有限公司，南昌航空工业学院与昌河飞机制造公司等校企合作办学开始展开。

〔**教学工作**〕 1996年评审第5批省高校优秀教学成果41项，其中一等奖7个，二等奖10个，三等奖23个。开展了高校优秀教务处、优秀教务工作者评选活动，8个教务处被评为高校优秀教务处，80人被评为优秀教务工作者。继续组织高校学生参加全国数学建模竞赛，江西赛区11所院校、57个代表队参赛，在全国337个院校、1683个参赛队的角逐中，南昌大学获得1项一等奖，南方冶金学院、华东地质学院、南昌航院各获1项二等奖。与团省委、省电子学会合作，组织大学生参加电子制作比赛，提高了学生动手能力。高校外语、计算机教学质量普遍提高，1993级学生外语四级通过率达到72%。加强了师专世行贷款教育改革项目立项研究工作，1996年国家教委分配江西省改革课题35个，已立项课题有34个，整个项目进展正常。对高校教育质量进行了监控与评估，组成专家组对5所高等专科学校进行了教学工作评价，华东地质学院经国家教委专家组评估通过教学工作合格评价。

〔**科研工作**〕 1996年，全省高校争取各类科研课题1432项，经费3052.2万元。其中，南昌大学的“氮化镓基蓝光材料生长及LED器件研制”被列入国家863计划，获经费240万元；江西农大的“百喜草的应用研究与开发”列为国家计委“九五”攻关计划，获资助100万元。签订各种技术转让合同82项，合同额为464.7万元。出版科技专著或大专院校教科书431部，公开发表学术论文6416篇，其中国外刊物165篇，鉴定成果111项。获地（厅）级以上成果奖282项，其中省级以上142项，含省科技进步二等奖8项，三等奖16项。

〔**教师队伍建设**〕 1996年建立了省级高校教职工数据库，使高校教师管理走上科学化、规范化轨道。省教委制订了《关于通过培训使高校青年教师达到研究生水平的意见》，举办了研究生主要课程进修班84个，参加培训学习的有1144人。继续对高校中青年学科带头人工作状态进行跟踪调查，并通过新闻媒介进行系列宣传报导，激励广大教师奋发向上。

〔**重点学科建设**〕 对“七五”“八五”期间全省高校重点专业、学科建设进行了检查、评估和总结。省政府确定省级重点学科34个，“九五”期间重点建设学科33个，并确定全省重点建设10个教学、科研生产基地。省教委和省财政厅联合下发了《关于“九五”期间江西省省属高校重点学科建设经费投入的意见》，明确了投入和管理办法，落实了1996年省财政专项经费140万元，省教委配套经费60万元，补助重点建设学科和基地建设。

成人教育

〔**扫盲工作**〕 1996年3月29日～4月1日，省教委在南昌召开全省扫盲工作会议，下达20万人年度扫盲任务，提出强化政府行为和增加经费投入等5条打好扫盲“攻坚战”的措施。会后，各地加大工作力度，落实各项措施，全年共扫除青壮年文盲22.05万人，并组织23.3万脱盲学员参加巩固提高学习，占上年脱盲人员的97.8%；有22个县市扫盲工作按期接受省检查组验收，使通过省级验收的县市增至65个，占全省县市总数的65%。各地乡、镇成人文化技术学校利用扫盲高潮扩大实用技术培训，参训人次达到191.27万。

根据国家教委统一要求，各地市、县、乡均对第四次人口普查后逐年进入15周岁的新生文盲和脱盲后的复盲人员进行核查，针对文盲底数和扫盲工作进展的实际，调整了部署。为使扫盲工作扎实推进，省教委对接受省级验收的县市组织督导人员进行过程督导评估。七、八两月，又抽调地县扫盲专干，先后对赣州地区的兴国县和于都县、抚州地区的广昌县和崇仁县进行扫盲调研，并编发《江西扫盲简讯》，将调研中发现的问题及改进工作意见通报各地。对于长期在第一线从事扫盲工作的个人，省教委组织全省范围的评先进活动。一批先进典型被推选出来，获“中华扫盲奖”或全国扫盲先进单位。

〔**成人高、中等教育**〕 1996年继续开展对成人高校和成人中专的评估。通过评估，全省11所独立设置的成人高校办学水平均有不同程度的提高，其中7所学校达到国家教委规定的设置标准，2所学校办学条件有较大改善；全省19所普通高校举办的成人教育也取得显著成效，办学条件明显改善，教学管理也上新水平；省部属成人中专在1991、1992年评估的基础上，评选出5所省部级示范学校。省教委将这些学校及外省先进学校的办学经验汇编成册，印发全省。评估活动对全省高、中等成人教育的改革和发展产生很大推动作用。

为加强教学管理，省教委召开4次成人中专教务工作及教学协作组会议。有7个教学专业协作组开展活动，修订教学大纲。教学计划编审组编成70个全省统一的成人中专教学计划。六、七月份，组织成人中专近万名学生参加11门课程的抽考，平均合格达到94%；成人高校有2401名学生参加英语等级考试，其中457人和274人分别获得二、三级证书。省教委对各次考试结果及时进行通报，促使各校制订出提高教学质量的整改措施。

1996年对成人中专加大改革力度。省成人中专专业委员会成立秘书处，出版会刊，召开常务理事会、工作研讨会和校长联席会，研究加强成人中专联合办学管理问题，交流各校办学经验。省教委按照国家教委改革成人中专招生办法的要求，提出进一步贯彻成人中专参与初中分流精神的报告；制订成人中专开展“多证教育”点的意见，逐步实行成人中专毕业获得毕业证和技术等级证书的制度。为加强对远距离教学的宏观管理，初步拟定《成人中专广播电视函授学校评估指标体系》，召开第三次成人中专远距离教育研讨会，制定下发《关于成人中专加强联合办学教学管理的意见》。省教委招生办还开展了推荐成人中专优秀毕业生升入成人高校的试点。

成人高校、中专毕业证验印进一步严格制度，运用计算机开展学籍管理工作全面铺开。上半年，省教委全面清理函授站，据统计，全省共有各类备案函授站 96 个。

〔**社会力量办学**〕 省、地市、县教育行政部门继续按照“积极鼓励、大力支持、正确引导、加强管理”的方针，加强对各级各类民办学校的管理。各地严格把住办学审批关、广告审批关、经费审查关和教学质量关，扶持遵纪守法、讲求质量、社会声誉好的办学单位，撤销部分经常违纪、质量差、无效益的办学单位，使全省社会力量办学稳步向前发展。全省现有各级各类民办学校和教育机构 950 余所（个），在校生约 13 万人，比往年有较大幅度的增长。从省教委对直管民办高校例行年检的汇总结果看，全省 30 所民办高校的办学水平和办学质量均比前几年有提高。尤其是民办江西渝州电子工业学院、民办赣江大学、民办江西服装学院等单位，办学条件明显改善，办学效益较为突出，已被吸收加入全国民办高等教育协作委员会。

在促进社会力量办学事业发展的同时，各地注意处理好管理与扶持的关系。民办学校招生期间，各级教育行政部门尽力争取工商管理部门、新闻单位的配合，一方面正面宣传民办学校，使其扩大社会影响；一方面通报违反规定乱登乱发广告的单位，使招生广告违纪单位比去年大为减少。针对少数地方税收部门向当地民办学校征税引起纠纷这一问题，教育行政部门据理力争，维护民办学校的合法权益。同时，各地依据国家有关政策，加快社会力量办学的地方立法，使民办学校走上依法治教、依法护教的道路。

〔**农村教育综合改革**〕 1996 年部分县市两个“中心”建设初见成效。弋阳县职教中心通过国家级重点职业中学验收；于都县职教中心挂牌建立；高安市以 4 所乡镇成教中心为骨干，基本建成乡村两级成教网络。上饶地区行署制定“九五”农村教育综合改革“地区级联系点”工作方案，率先在全省出台“燎原计划”示范乡镇和“科技兴农”示范村检查考评办法。国家教委推出“燎原计划百、千、万工程”后，赣州地区第一个制订方案下达各县市实施；遂川县燎原广播电视学校利用全县各乡镇教学点，广泛开展农村实用技术培训。

为使农村教育综合改革逐步规范化、制度化，省、地市教委利用暑期，组织人员对一批农村教改实验县分别展开调查研究，针对农科教结合、三教统筹中存在的问题商讨对策。在此基础上，省教委在征求意见的基础上，拟订了《关于进一步深化我省农村教育综合改革的意见》《江西省农村教育综合改革实验县评估指标体系（试行）》和《江西省“燎原计划”示范乡镇建设标准（试行）》3 个文件。

1996年11月27～29日，省教委在弋阳县召开全省农村教育综合改革经验交流工作会议，要求各地按照《江西省2010年教育事业发展规划》，深化改革、大力发展职业教育、成人教育，进一步调整教育结构，参与农科教结合，大范围实施“百、千、万工程”。会议决定，增加上饶地区及京九铁路沿线12个县市为农村教改实验县。

撰稿 邱泽忠 侯铁军 邓 弘
何少加 熊庆任
审稿 黄定元 李国祥

山东省教育

概　况

〔基本情况〕

1996 年全省各级普通学校基本情况

单位：人

学校类别	学校数（所）	毕业生数	招生数	在校生数	教职工数 计	教职工数 其中专任教师
一、普通高等学校	49	48923	58289	173873	51490	20079
研究生	(18)	1088	1745	4689		2646
本专科		47835	56544	169184		
二、中等专业学校	255	78496	105468	289827	38030	19898
中等技术学校	194	62499	86938	240493	29733	15488
中等师范学校	61	15997	18530	49334	8297	4410
三、普通中学	4856	1229666	1696877	5122214	375463	294849
高　中	695	186147	240391	678617		44843
初　中	4161	1043519	1456486	4443597		250006
四、农业、职业中学	534	145995	150373	408101	40440	26104
高　中	513	141622	145467	393953		25011
初　中	21	4373	4906	14148		1093
五、工读学校						
六、小学	40458	1522936	1943659	9718611	463651	429345
七、特殊教育学校	137	1335	2634	18237	4458	2796
八、幼儿园	47686		1710554	2447263	125594	106063

注：(1) 研究生数中含 3 个科研机构培养的研究生数，毕业 31 人、招生 78 人、在校生 202 人、专任教师 146 人。

(2) 全省另有技工学校 312 所，毕业生 62981 人、招生 77595 人、在校生 185253 人、教职工 37747 人，其中专任教师 13778 人，未计入上表。

1996年全省各级成人学校基本情况

单位：人

学校类别	学校数（所）	毕业生数	招生数	在校生数	教职工数 计	教职工数 其中专任教师
一、成人高等学校	53	65204	59850	194454	13308	6495
广播电视大学	2	14525	11578	31178	5519	2920
职工高等学校	30	7689	9557	26053	3749	1586
农民高等学校						
管理干部学院	5	4090	3702	12325	1299	476
教育学院	16	11389	7324	19310	2741	1513
普通高校举办：						
函授部	(41)	20256	21147	76746		
夜大学	(31)	5668	5352	24229		
成人脱产班	(20)	1587	1190	4613		
二、成人中等专业学校	346	130081	88969	224190	18936	10472
广播电视中专	15	14921	11042	24693	884	467
干部中专	25	12815	12395	27048	1771	1011
职工中专	134	55441	38753	93391	7372	3916
农民中专	45	13573	13610	32382	2442	1541
函授中专	4	7052	1520	4017	154	108
教师进修学校	123	26279	11649	42659	6313	3429
三、成人中学	163	31796	32965	16147	1113	543
四、成人初等学校	16425	452091	455366	509877	19498	7192
其中：扫盲班	9448	208011	177166	211388	10260	3701

〔**教育事业“九五”计划和2010年发展规划**〕 依据《中国教育改革和发展纲要》及《山东省国民经济和社会发展第九个五年计划及2010年远景目标纲要》，省教委在深入调研、充分论证的基础上制订了《山东省教育事业“九五”计划和2010年发展规划》。《规划》提出山东“九五”教育发展总目标是：1997年全省基本普及九年义务教育，基本扫除青壮年文盲；全民受教育水平明显提高；城乡劳动者的职前职后教育有较大发展，新增从业劳动者受教育水平提高到9年，并在上岗前基本掌握岗位所需要的初、中等技术，基本满足全省各行各业对各类专门人才的需求；高等教育水平有较大提高，高层次人才培养立足于省内；初步形成与山东经济建设、社会发展相适应的规模适当、结构合理、质量效益较高、各类教育相互衔接的社会主义教育体系的基本框架。2010年山东教育事业发展的奋斗目标是：在全面实现“九五”规划各项指标的基础上，实现教育规模、教育层次、教育结构和教育质量与山东经济及社会和科技的发展相适应，办学各项管理体制与社会主义市场经济体制相互协调的教育体系；全面依法治教，实现教育的现代化。

〔**全省职教、师范、高校科技工作会**〕 1996年11月27～29日，省政府在济南召开全省职业教育、师范教育和高校科技工作会议。副省长张瑞凤出席会议并讲话，省政协副主席、省教委主任崔惟琳作了题为《大力办好职业教育、师范教育和高校科技事业为实现跨世纪教育发展目标而奋斗》的主题报告。各市地分管教育工作的市长、专员，教委主任、经委主任、劳动局长，各大企业教育处长，省政府有关部门和高等院校的负责同志参加了会议。会议提出全省职业教育的主要奋斗目标和工作任务是：进一步调整教育结构，推进以初中后为重点的不同阶段的教育分流，建立、健全职业学校教育和职业培训并举，并与其他教育相互沟通、协调发展的职业教育体系；进一步深化办学体制、管理体制和运行机制的改革，逐步建立、健全有中国特色的、适应社会主义市场经济和社会进步需要的职业教育制度。进一步巩固、发展欠发达地区的职业教育，加强职业教育内部建设和管理，深化教育教学改革，办出职业教育特色，努力提高教育质量和办学效益。会议提出，“九五”期间，全省师范教育要形成符合我国国情和省情的中小学教师培养培训体系；初步建立起中小学教师和校长继续教育制度；初步建立起面向21世纪的师范教育课程和学科体系以及培养培训质量和评估指标体系；基本实现办学条件标准化。为实现上述目标任务，师范教育要进一步深化改革，以改革促发展：一是搞好师资需求预测，确定好师范教育发展速度和规模。二是要理顺师范教育管理体制，健全和完善师范教育体系。要形成由政府主办、社会各界共同参与的办学体制和与中小学教育相适应的管理体制，加强省政府对全省师范教育的统筹权、决策权和管理权。会议提出高校“九五”科研发展的主要目标是：到2000年，力争把3所国家重点大学和省属大学办成教育、科研“两个中心”，同时不断提高其他高校的科研能力和整体水平促其进入全国先进行列；实施“211工程”，面向21世纪，重点建设几所大学和一批重点学科、重点实验室；实施“跨世纪人才工程”和“十百千计划”，经过十年努力，在全省高校中培养10多名有国际影响的科学家，100名左右在国内有影响的学科带头人，1000名中青年学术骨干，到2000年，使本科院校45岁以下的教师中具有硕士以上学位的达70%；加强高校哲学社会科学研究工作，保持基础学科和传统学科，大力发展应用学科和新兴交叉学科；积极承担科研课题，增加高校科研投入，达到承担国家、省部级科研课题比“八五”提高50%，科研投入年递增15%。

〔教育工作实行“两个重要转变”研讨会〕

8月17～18日，省教委在济南召开了山东省教育工作实行“两个重要转变”研讨会。会议根据全省改革与发展的新形势和省委、省政府提出的关于“科教兴鲁”的各项方针政策，研究教育如何实现与经济紧密结合的问题；在深刻领会中央领导同志关于教育工作要实行“两个重要转变”一系列指示精神的基础上，结合山东的实际，研究带有方向性、全局性的理论和实践问题。省政协副主席、省教委主任崔惟琳出席会议并讲话，省政协副主席李殿魁，国家教委法规司、省人大科教文卫，各市地教委主任、五大企业教育处长，部分高校负责人、部分科研单位代表出席会议，部分市地分管教育的书记、市长和专员及有关单位的负责人应邀参加了会议。会议期间，与会代表认真学习了江泽民总书记关于教育工作要实行“两个重要转变”的重要论述和省委、省政府关于教育改革的指示精神；总结回顾了“八五”以来全省教育工作在实行“两个重要转变”方面所取得的成绩、经验以及存在的问题；集中研究了教育工作加快“两个重要转变”的基本思路和措施。部分市地和高校负责人及企业、教育部门、中小学代表在大会发言。会议认为，山东教育工作实行“两个重要转变”，在教育的宏观指导上要着重处理好五个关系：即在教育战略选择上，处理好教育总需求与总供给的关系；在教育发展重点上，处理好普及与提高的关系；在教育政策选择上，处理好速度与效益的关系；在教育布局选择上，处理好发达地区与欠发达地区的关系；在教育改革方向和办学路子上，紧紧围绕解决“两大问题”，加快实现教育的“两个重要转变”。在具体工作中，一要坚持教育发展方式从由外延发展为主向内涵发展为主转变；二要坚持教育体制由适应计划经济的管理体制和办学体制向适应市场经济的教育体制转变；三要坚持办学模式由应试教育向素质教育转变。

〔**教师住房建设经验交流会**〕　4 月 10～12 日，省政府在青岛召开全省教师住房建设经验交流会。会议传达了全国教职工住房建设经验交流会议的精神，总结了一年来全省在加快教师住房建设方面的措施和经验；省计委、省建委、省财政厅的负责同志发言表示了对教师住房建设的支持，青岛、莱芜、济南、淄博、济宁、胶州、莱西等市地作了典型经验介绍；与会者还现场参观了胶州市、黄岛区及青岛市区的部分教师新村和教师大厦。会议强调，各级政府要重点解决好各自范围内的教工住房资金。省决定安排专项拨款 1 亿元，用于省属 25 所普通高校教职工住房建设及山东大学、青岛海洋大学教师住宅建设补助。各市地要在年度计划资金的安排上优先考虑各级各类学校教师住房问题。省计委当年从省预算内市地切块部分拿出 300 万元用于补助各地教师住房建设并奖励那些积极性大、领导重视、措施得力、建设进度快的项目。

〔**教育投入**〕　1996 年，全省地方教育经费总支出达到 140.80 亿元，比上年增长 21.10%，其中属国家财政性教育经费（包括预算内教育经费、各级政府征收用于教育的税费、企业办学经费、勤工俭学和社会服务用于教育的经费）为 102.30 亿元，比上年增长 25.91%。占生产总值的比例为 1.72%，比上年提高 0.1 个百分点。财政预算内教育经费支出 77.91 亿元，占同期财政总支出的 21.69%，比上年增长 28.59%；各级政府征收用于教育的税费支出为 17.35 亿元，比上年增长 25.36%；两项占教育经费总支出的比例为 67.66%，比上年增加 3.65 个百分点，较好地发挥了财政对教育投入的主渠道作用。全省各类学校生均教育事业费和生均公用经费均做到比上年增长。省政府增加专项拨款，一次性拨出职业教育专款 6000 万元，用于扶持经济欠发达县区发展职业教育；为帮助贫困地区实施“普九”，义务教育专款由上年的 1500 万元增加到 2500 万元。各级政府加大义务教育投入，全省预算内投入的义务教育经费达到 42 亿元，比上年增加 9.7 亿元。义务教育经费所占比例由上年的 62.88%提高到 63.12%，加快了全省的“普九”进程。国有资产管理的基础工作稳步进行。为巩固城乡中小学校舍改造的成果，提高教育资源的利用效率，相继制定了中小学财务管理、财产物资管理、校舍设施维护管理、校舍档案管理等管理办法及相应的考核评估标准。1996年全省已建立校舍档案20万卷，固定资产账簿32万册，固定资产卡片7000万张，初步摸清了学校的家底。经过考核评估，全省有21个县市区的校舍设施管理工作达到良好标准。全省各级各类学校固定资产总值达295.1亿元，比上年增长20.68%。改造危房61.54万平方米，添置学生课桌凳154.4万套，购置教学仪器设备494万台件，价值5.02亿元，购置图书资料2345.37万册，价值1.13亿元。各类学校的办学条件得到进一步改善。

〔**教育国际交流**〕 为了做好1996年国家公费和省自筹经费出国留学人员选派新办法全面试行工作，省教委、省人事厅于4月上旬通过举行新闻发布会等形式，广泛开展了试行新的选派办法的宣传，全年共接受公费出国留学咨询300余人次，受理教育系统国家留学基金申请69人，省自筹经费出国申请31人。经学术专家评审，国家教委和省分别批准录取41人和18人。全年审核具有大专及大专以上学历自费出国留学人员448人，审核同意全省教育系统临时因公出国(境)人员416人。省教委直接组派出国（含赴港、台地区）考察团组10个。随着国际间院校交流的不断增多，全省有30余所高校与10余个国家的200多所高校建立校际友好交流关系，有41所中小学与国外对等学校结为友好学校。

撰稿 于新明 刘振鹏 王绥之

审稿 郭思民

基础教育

〔**义务教育**〕 1996年的义务教育工作继续坚持积极进取、实事求是、量力而行、尽力而为的原则。省及各地充分利用《义务教育法》颁布十周年这一有利契机，广造舆论，大造声势，加强依法"普九"的宣传发动，努力营造全社会支持教育、实现"普九"的社会氛围，取得了成效。各级党委、政府不同程度地增强了"普九"的法制观念，增强了紧迫感和压力感。经济欠发达地区的德州、临沂、聊城、济宁等市地一大批经济贫困县区实现"普九"。已经"普九"的烟台市"基础教育现代化工程"、潍坊市"高标准实施义务教育"工作，青岛、威海、淄博等地的"高水平""普九"工作均取得了较大进展。全省有12个县(市、区)被国家教委评为全国首批"两基"工作先进县。全省已有115个县(市、区)、1882个乡(镇)完成了"普九"，分别占县(市、区)、乡(镇)总数的82.7%、79.9%，覆盖人口7132.9万，人口覆盖率为81.98%。

〔**督导评估**〕 1996年全省义务教育的督导评估工作呈现出以下几个特点：一是依

法进行督导评估，在督学的同时，突出督政的职能。在督导评估中，教育行政部门和教育督导部门依据所赋职权，通过宣传教育、监督检查、指导各项法规的执行、对存在问题提出改进建议等，依法督导，监督执法，促进各级政府及有关部门、有关方面认真执法和履行职责。充分发挥督导工作的导向、激励和改进作用，保证义务教育沿着法制轨道健康发展。二是由最初的分散的、探索性的督导评估，逐步形成了全省义务教育督导评估制度。在义务教育评估中，主要形成4种督导评估制度：（1）目标责任制。省、地（市、区）、乡镇层层签定义务教育目标责任书，把义务教育的实施作为考核领导干部政绩的主要内容之一，定期报告义务教育实施情况，定期进行考核。（2）乡镇义务教育评估制度。在省试点的基础上，按分级管理的原则，以自下而上的自评与自上而下的复评相结合。乡镇义务教育评估制度促进了乡镇义务教育的实施，为以县为单位普及九年义务教育打下了坚实的基础。（3）以县为单位的九年义务教育评估验收制度。1996年全省已评估验收84个县（市、区）。（4）中小学规范化学校评估验收制度。全省已形成省、地、县三级评估验收制度，涌现出一批教学质量好，管理水平高的规范化学校。三是督导评估与督导检查相结合。从1995年开始的以“两基”规划的实施情况、《教师法》的落实情况、增加教育投入情况、加强德育工作的情况、减轻义务教育阶段学生过重课业负担的各项主要措施落实情况为重点的督导检查，对普及九年义务教育，提高教育质量起到了较大的促进作用。

〔**高中教育**〕 1996年，全省有普通高中（含完全中学）比上年增加52所，在校学生比上年增加5.3万人。省级规范化学校和国家级示范学校建设取得新进展。1996年底，又有15所普通高中（含完全中学）通过了省级规范化学校验收，至此，全省省级规范化普通高中学校数累计达77所。

〔**特殊教育**〕 1996年，全省除独设的特殊教育学校外还有普通学校附设的特教班323个；加上在普通学校的普通班随班就读的学生，全省在校残疾学生共计42264人，盲、聋、弱智儿童少年入学率分别为71.7%、89.2%和92.68%。残疾人高级中等以上教育有较大发展，三分之一以上盲、聋学校开设了职业高中、职业中专班。全省大部分特教学校开始探索分类教学的方式方法，根据视力、听力、智力残疾程度分类施教，取得明显教育效果；残疾学生劳动教育、劳动技术教育、职业教育的研究探索进一步深入。

〔**学前教育**〕 1996年，全省幼儿入园率达57.58%，其中学前一年幼儿入园（班）率为81.53%。为推动学前教育事业持续、稳定、健康发展，省教委制订了《山东省学前教育“九五”发展规划》，召开了全省农村幼儿教育工作现场会和山东省贯彻《幼儿园工作规程》经验交流会暨研讨会。青岛市市南区、龙口市、莱芜市莱城区和阳信县，被国家教委授予全国幼儿教育先进县(市)、区称号。

〔**学校德育**〕 根据国家教委要求，1996年4月省教委向全省中小学校作出部署：以1997年我国政府恢复对香港行使主权为主题、以多种形式的教育活动为载体，对广大中小学生进行一次深入的爱国主义教育、中国近现代史及国情教育。要求学生重点了解香港被割让的历史，高中学生要了解邓小平同志关于“一国两制”和平统一祖国伟大构想的现实意义和历史意义。重视加强了爱国主义基地建设。国家教委等六部门联合公布命名的100个“全国中小学爱国主义教育基地”中，山东省“中国甲午战争博物馆”（威海）、“台儿庄大战纪念馆”（枣庄）、“华东革命烈士陵园”（临沂）等三处纪念馆（园）入选。在此基础上，山东省又向中小学校公布命名60处爱国主义教育基地。

〔**教师队伍建设**〕 加强教师培养培训工作。通过电大、函授、自学考试和在职岗位培训等多种途径，加快了教师培训步伐。1996年全省高中、初中、小学教师学历达标率分别达到57.05%、74.57%和95.41%，合格率分别为66.36%、81.57%和97.49%。中小学校长普遍接受了培训或轮训。与此同时，大力加强了各级各类学校中青年教学骨干和学科带头人的选拔、培养、提高。全省共评选出中小学特级教师199人，教学能手587人。

依法提高教师的待遇和社会地位。根据《教师法》及山东省制定的实施办法要求，省人事厅、教委、财政厅联合发文对任教30年的中小学教师提高退休待遇，按原工资的100%发放退休金。同时，还制定了对乡镇、村任教的中小学教师实行浮动工资和特级教师享受教授级医疗保健的实施意见。省委、省政府把教师住房建设作为一件大事来抓，加大了投入，改善了教师住房条件。1996年全省用于教职工住房建设的资金达6亿多元，竣工面积140多万平方米。山东省制定了《统筹解决民办教师问题五年计划（草案）》，明确了民办教师工作的指导思想和分步工作目标。1996年集中安排3.15万个指标，用于民办教师转公办。师范院校招收民办教师的指标由上年的5500人增加到7000人，使全省民办教师的数量由“八五”初的31万人降至目前的19.75万人。

撰稿 于新明 司马义南 郁建成
梁斌言 郭金铸 赵 婷
审稿 郭思民

职 业 教 育

〔**概述**〕 1996年，全省中等职业学校发展到1080所，各类中等职业学校共招生32.86万人，比上年增加近2万人；在校生86.91万人，比上年增加4万多人，占高中阶段在校生的比例为56.1%。烟台、威海、潍坊、莱芜、枣庄、泰安、青岛、淄博等市地均已超过或达到60%，提前实现了省里提出的发展目标。随着职业教育“重点带动工程”的实施，各地加大措施，加快了骨干职业学校建设步伐，一批规模大、设施好、办学水平高的龙头职业学校正在崛起，成为职业教育的“排头兵”。通过在政策、资金投入等方面采取倾斜政策，加大工作力度，欠发达地区骨干职业学校建设和整体发展有了新的起色。职业教育的各项改革进一步深化。在办学体制改革方面，总结、推广了平度市“双元制”试点的办学模式，大力发展多种形式的联合办学，初步形成职业教育“大家办”的格局；在教育体制改革方面，推广和完善了以教学为中心，以开展和完善校办实验实习基地建设为重点，以提高学生实践技能为目的，多位一体的教育教学体制。在管理体制改革方面，强化了市（地）、县两级的统筹权和决策权，扩大了学校在招生毕业生分配、专业调整等方面的办学自主权。在职业学校内部建立和完善以校长责任制、教师聘任制、工资总额包干制和结构工资制等为主要内容的内部管理体制改革。各职业学校大练内功，加强校风、校纪、校容建设，强化教育教学管理，促进了教育质量和办学效益的提高。以贯彻落实《职业教育法》为契机，从省里到地方相继制定了发展职业教育的政策和具体措施，解决职业教育发展中的难点和重点问题，加大以法行政，以法治教力度，使职业教育步入法制化轨道。

〔**教育管理与改革**〕 在职业教育管理体制改革方面，进一步明确了在政府统筹与宏观协调下的分级办学、分级管理、分工负责的中等职业教育管理体制。强化了市（地）、县两级政府对学校布局、专业设置、招生、毕业生就业、师资配备、经费投入及发展规划等方面的决策权，扩大了学校的办学自主权。在职业学校内部进一步推广和完善了以人事制度和分配制度改革为重点的“四制”（即校长负责制、教师聘任制、工资总额包干制和结构工资制）改革。在办学体制改革方面，总结、推广了平度市“双元制”办学模式，并在全省20所职业学校进行试点。进一步拓宽了联合办学的覆盖面，初步形成了职业教育“大家办”的格局。在教育教学体制改革方面，推广和完善了以教学为中心，以开展和完善校办实验实习基地建设为重点，以提高学生实践技能为目的多位一体的教育教学体制，初步形成了具有职业教育特色的教学体制。

撰稿 李兰香
审稿 郭思民

高 等 教 育

〔**教育改革**〕 高教管理体制改革。在深入调查研究广泛征求意见的基础上，制订了高教管理体制改革方案，经省政府批准，将山东工艺美术学院由二轻总会转为省教委主管。根据转变职能，加大宏观调控力度的原则，制订了高等教育评估系统指标体系。教学工作评价，包括两条线索四个层次，一条线索是教师、课程和专业评价；另一条是管理人员、系和教务处评价。教学工作评价已经全面展开，其他几项评价由学校组织。

向内涵发展为主的转变逐步实现。为了办好现有高校，充分发挥教育资源的效益，全省严格控制新办高校。各高校加强软硬件建设，办学条件有所改善，管理水平有了一定提高。教学工作得到了加强。大部分高校召开了教学工作会议，强化了教学工作的措施，把教学工作列入党委、行政重要议事日程，课程建设、专业建设和教师队伍建设有了新的进展。

加大教考分离措施。为了调动教与学的积极性，提高教学质量，山东省把教考分离作为一项重要措施，采取不同形式促进了该项工作。一是对计算机和专科外语进行了全省统考。（1）普通高校计算机公共课等级考试。省教委决定，自1996年起对全省普通高校非计算机专业在校生进行计算机公共课程等级考试。考试分为“计算机文化基础”、“计算机应用基础”、“计算机技术基础”三级。1996年开考“计算机文化基础”，分别于6月、12月举行，第一次考试44所高校（含分校）6700余人参加，合格率为58.9%，优秀率为6.1%。第二次考试有45所高校（含分校）17700余人参加，合格率为62.1%，优秀率为2.7%。（2）高等专科英语水平考试。为了在全省高等专科学校全面普及和加强英语教学，按照国家教委颁发的《普通高等专科英语教学基本要求》，组织了“山东省高等专科英语水平考试”。作为一种长期的考试形式，每年举行一次，成绩合格者发给全省统一制作的证书。1996年考试共有51所高校的11100多名学生参加，平均分为56.27，通过率49.88%。二是建立题库。师范院校专科层次试题库已初步建成，本科层次试题库建设正在进行，医学院校试题库已经启动。在自建试题库的同时，对国家教委和兄弟省市所建试题库，积极购置使用。三是出套题和请外校出题。这项措施进一步发挥了考试的杠杆作用。

〔**“两课”教材建设**〕 省教委组织编写了高等学校“两课”（马克思主义理论课和思想品德课）教材。包括《马克思主义哲学》《马克思主义经济学》《中国革命和建设》《法律基础》《思想道德修养》《形势与政策》。为搞好教材编写工作，保证教材质量，省教委成立了“两课”教材编写指导委员会，对编写人员采取推荐选拔的办法产生。这次教材编写突出了邓小平同志建设有中国特色社会主义理论的重点内容。

〔**省级教学成果奖励**〕 按照国务院1994年发布《教学成果奖励条件》和国家教委《关于认真做好1997年普通高等学校国家级教学成果奖励工作的通知》等有关文件精神，1996年，山东省组织了普通高校省级教学成果奖励工作，共奖励一等奖32项，二等奖57项，三等奖61项。其中31项一等奖被推荐参评国家级奖。在普通高校开展的教学成果奖励工作，是贯彻《教育法》和《教师法》，调动广大教师的教学积极性，尊重和鼓励广大教育工作者创造性劳动的重要措施，对提高教学水平和教育质量、实现培养目标产生了良好的效果。

〔“211工程”预审〕 1996年1月经国家教委批准，由国家教委及山东省人民政府组织完成了对山东大学、青岛海洋大学“211工程”的部门预审；经国家教委批准，1996年11月省政府组织了对山东工业大学“211工程”的部门预审。石油大学、山东大学已完成了申报国家计委“211工程”的预备立项工作。同时山东省还根据实际情况，组织专家对山东农业大学“211工程”建设规划进行了论证。

〔科研工作〕 1996年全省高校科技活动人员达到3.6万人，研究与发展人员1.6万人。共承担各级各类研究课题4677项，取得科研经费1.75亿元。取得重要科研成果520项，出版自然科学著作357部、哲学社会科学著作971部。发表自然科学论文1.5万篇、哲学社会科学论文8000余篇。获得各级各类奖励572项，其中国家级奖励10项。全省高校积极推广科技成果，当年创经济效益10亿多元。

〔重点学科和人才工程建设〕 对“八五”期间建设的省属高校重点学科、重点实验室进行了评估验收，有20个重点学科达到优秀，占重点学科总数的74%，合格的7个；有13个重点实验室达到优秀，占重点实验室总数的87%，合格的2个。对“九五”期间建设的27个重点学科，9个筹建的学科，15个重点实验室、2个筹建实验室，组织学校编制和论证了“九五”建设规划。12月通过评审，批准部委属高校的24个重点学科、11个重点实验室列入省“九五”建设计划。

“八五”以来，山东省重视跨世纪人才的选拔培养工作，在高等学校先后评选出省级中青年学术骨干、学科带头人培养对象550多人(其中部委属院校250人。)对第三批100名中青年学术骨干、学科带头人培养对象制订了五年培养计划。这项工作为高校教学科研队伍的建设打下了坚实的基础。1996年国家人事部评选出的“百千万人才工程”中，山东省有23名中青年科学家入选第一、二层次，其中高校有15人。山东省科委评选的中青年科学家科研奖励基金项目承担者，在全省遴选出23名中青年科学家，其中高校有19人。

〔学位与研究生教育〕 经国务院学位委员会同意，省政府于1996年4月批准成立了山东省学位委员会。副省长张瑞凤任主任委员，省政协副主席、省委高校工委书记、省教委主任崔惟琳，中国科学院院士、山东大学校长潘承洞，中国工程院院士、青岛海洋大学校长管华诗，中国科学院院士、中国科学院海洋研究所所长秦蕴珊任副主任委员。委员会设委员23名。1996年4月召开了山东省学位委员会成立大会暨第一次委员会会议。为加强学位与研究生教育管理工作，省学位委员会制定了《山东省学位委员会工作试行办法》、《山东省博士生指导教师审核办法实施细则》、《山东省学位委员会学科评议组工作规程》、《山东省研究生学历证书管理试行办法》等5个法规性文件；国务院学位办批准山东省新增5个单位有权授予在职人员以同等学力申请硕士学位，批准1所高校开展首批教育硕士专业学位的试点，遴选审核了省属博士学位授予单位的博士生指导教师，1996年全省又新增博士生指导教师98人。

〔**后勤管理改革**〕 山东省高校后勤管理体制，通过精简人员、合并机构、转变职能、理顺关系，逐步建立起适应社会主义市场经济体制的后勤管理体制。新的体制主要有三种形式：一是“小机关、多实体、大服务”。山东大学、山东医科大学等学校撤销后勤系统的行政建制，成立后勤办（或总务处），把所属单位重新组合成具有不同职能的实体。二是“一体两制”或“一处两制”。山东工业大学、石油大学、山东矿业学院等20所高校不改变后勤系统的行政建制，把所属的部门或单位，按工作任务的性质、特点分解组成管理服务型、管理经营型和经营服务型的单位或实体。三是部分中小型学校，特别是专科学校，由于规模小，经费紧张，人员缺乏，在管理体制上没有多大变动，只是在运行机制上采取目标管理，完善经济承包责任制，实行总务处经费任务大承包的办法。同时开始组建部分经营性实体，对内进行管理服务，对外开展经营服务，以解决后勤经费的不足。

〔**教职工住房建设**〕 1996年山东省高校教职工住房建设取得较大进展。上年省政府决定安排专款1亿元用于省属高校教职工住房建设，同时发挥各高校和教职工个人积极性，再筹措1亿元资金，建设教师住房25万平方米。各高校普遍把教师住房建设作为工作重点，加强组织领导，采取国家、学校、个人共同投资的办法筹措资金1.3亿元，千方百计加快工程进度。学校所在地的政府给予了大力支持，减免部分配套费用。在各方面共同努力下，1996年建设教职工住房25万平方米，近3000户教职工迁入新居。高校教职工家庭人均居住面积由1994年的7.2平方米提高到8.1平方米，教职工住房条件明显改善。

撰稿 于新明 刘向信 陈国前 徐文广 曾宪文 李念祥 江新政
审稿 郭思民

成人教育

〔**概述**〕 1996年，全省扫除青壮年文盲20.8万人，青壮年非盲率提高到97.4%，脱盲人员巩固率达95%以上。年底经国家教委扫盲工作抽查组检查评估后认为，全省已实现基本扫除青壮年文盲的目标，成为在全国第一批完成基本扫除青壮年文盲的省份。乡镇中心成人学校、村成人学校办学面均达到100%，农村成人教育办学网络日臻完善，各乡、村成人学校进一步充实办学条件，提高办学效益，教育教学质量继续提高，广泛开展对脱盲人员和广大农村青壮年劳动力的实用技术、民主法制、文化生活教育，年培训1800万人次；各类成人中等专业学校通过自评、市地复评，推荐46所学校参加省级示范性成人中专学校的评估。成人高等教育(不含高教自学考试)在校生已超过同期普通高等教育在校生规模。全省各级各类社会力量办学发展较快。岗位培训工作也有很大成绩，开展培训工作的部门、岗位培训的范围和层次、培训人次和培训质量都比上年有了很大提高。

〔**扫盲工作**〕　各地认真贯彻落实国务院《扫除文盲工作条例》，结合新时期扫盲工作特点，不断加大工作力度。各级党委政府从提高劳动者素质，推动全省经济发展和社会进步的高度，把扫盲作为“科教兴鲁”的一项基础工程列入了经济和社会发展的总体规划，摆上了重要议事日程，实行了扫盲工作行政领导负责制，将扫盲工作列入各级政府主要领导的任期目标，逐级签订责任书，层层落实扫盲责任。全省各地普遍建立了扫盲工作协调领导小组，多次下发文件，召开会议，专题研究部署扫盲工作；有关部门结合各自工作优势，通过“双学双比”、“希望工程”等活动，相互配合抓好扫盲宣传发动和组织实施工作。教育部门“两基”并举并重，坚决贯彻“一堵二扫三提高”的扫盲工作方针，加快了义务教育实施步伐，堵住了新文盲的产生；摸清文盲底数，实行分类指导，建立了扫盲工作调度会制度和扫盲督导制度，强化扫盲保障措施。建立健全农村成人教育网络，对脱盲人员和广大青壮年农民进行民主法制和实用技术等教育，巩固和扩大扫盲成果，卓有成效地促进了全省扫盲工作的开展。1996年全省所有县、市、区的扫盲工作均符合国务院《扫除文盲工作条例》关于基本扫除青壮年文盲单位的标准，通过了省政府的扫盲验收。至此，全省还有剩余青壮年文盲129万人。

〔**普通高校函授、夜大学评估**〕　根据国家教委《关于做好普通高等学校函授、夜大学教育评估工作的通知》精神，省教委组织了对省属及有关部委委托的部委属共38所普通高等学校函授、夜大学评估。评估执行国家教委印发的《普通高等学校函授、夜大学评估基本内容和准则》，主要内容包括学校投入、教学管理和教育质量三大项目，每个大项目进行三级分解，实行量化管理，促进了各普通高等学校对函授、夜大学教育的重视，进一步充实了办学条件，健全了管理机制，加强了师资建设，使全省成人高等教育办学水平和质量有了一个很大的提高。这次评估，38所学校全部合格，其中曲阜师范大学、山东建筑工程学院、青岛海洋大学、山东工程学院4所学校成绩突出，省教委向国家教委推荐参加全国普通高等学校函授、夜大学教育先进单位的评选。

〔**社会力量办学**〕　全省各级教育行政部门认真贯彻国家关于社会力量办学“积极鼓励，大力支持，正确引导，加强管理”的方针，在鼓励、支持的同时，加大了管理力度。转发了国家教委《关于加强社会力量办学管理工作的通知》，在全省范围内开展了一次对社会力量办学的全面检查工作，为合格学校换发了办学许可证，取缔了一批办学条件差或严重违反规定的学校，对达不到要求的学校限期整改。通过检查，进一步优化了办学环境，提高了办学的质量和效益。为了规范社会力量办学的收费行为，省教委与省物价局、省财政厅联合下发了《关于调整社会力量办学收费标准，加强收费管理的通知》，对收费项目、收费标准等作了明确规定。社会力量办学亟待立法，省教委代省人大起草的《山东省社会力量办学条例》已修改多次，加快了立法工作步伐。到1996年底，全省各级各类社会力量办学学校达2099处，教职工7615人，在校生14.8万人，毕结业18.3万人，固定资产达1.9亿元。

〔**电化教育**〕 到1996年底，中国教育电视山东台共开设36个栏目，累计播出各类教育节目近万小时。这个以基础教育为主要服务方向的大型国家级专业教育电视台，已形成了自身风格，办出鲜明的教育特色，受到了广大观众和社会的好评。截止1996年底，全省地方教育电视台总数已达30座，教育专用卫星地面接收站达2000余座，一个以省教育台为龙头，地方台为中心，接收站为骨干的全省教育电视传输网络已初步建成，管理也逐步规范，正在为各级各类教育提供高质量的服务。1996年，全省中等以下各类学校电化教育蓬勃发展，并涌现出52所“省级电化教育示范学校”，成为山东省教育现代化的窗口学校。各级各类学校加强了对计算机和电化教育设备的管理，提高了设备的使用效率，加快了教育现代化步伐，促进了教育教学质量的提高。中小学、中等师范等中等以下学校计算机及计算机校园网、地区网的管理得到了进一步规范。以投影、录音、录像、计算机辅助教学教材为主要内容的电教教材体系初步形成，成为教材体系不可分割的组成部分。电教教材的审定步入正轨。全省对161部（套）各级各类电教教材进行了审定，其中152部（套）获得了通过。

撰稿 管思文 刘轲 张士瑞 赵凤文 于炳文
审稿 马钊 郭思民

青岛市教育

〔**概况**〕 1996年，青岛市共有幼儿园4618所（城市842所），在园幼儿177798人（城市63811人）；小学1773所（城市339所），在校学生607284人（城市200857人）；普通中学381所（城市100所），在校学生382760人（城市144547人）；职业中学66所（城市37所），在校学生50131人（城市31952人）；中等专业学校23所，在校学生26951人；特殊教育学校15所，在校学生1983人；普通高等学校4所，在校学生41881

人；成人高等学校7所；在校学生13979人。

学前三年幼儿入园率达87%（市区98%，农村85%），提前实现基本普及学前三年教育的目标。共有示范幼儿园67处，一类幼儿园447处。市区改革新建小区幼儿园办园体制，实行面向社会公开招标的办法，强化了竞争机制，推动了学前教育的发展。奖励办学成绩突出的幼儿园及主办单位、优秀园长和幼儿教师，帮助贫困地区改善办学条件。落实农村幼儿教师待遇，乡镇统筹工资率已达85%，年人均工资为2559元。

适龄儿童少年入学率小学达99.94%，初中达98.74%；中小学在校生的巩固率小学为99.98%，初中为99.14%。平度市、城阳区被评为全国首批“两基”工作先进县，受到国家教委的表彰奖励。全市中小学共有省级规范化学校13所，市级规范化学校46所，特色学校29所。加快了薄弱学校改造步伐，共撤并、调整中小学459处（其中教学点270余处），教育资源得到优化配置，办学效益明显增加，全市义务教育整体水平进一步提高。普通高中应届毕业生9科会考合格率达96.1%。继续深化办学模式改革，中小学理科实验班、综合高中班（含农村贫困子女致明奖学金班）、高师预备班、中师校外体育班、日语班、美术班等特色班继续招生。进一步强化学校管理，10余所高中确定了争创千所示范性高中的目标和规划。残疾儿童少年入学率达95.6%，其中盲生为97.24%，聋生94.3%，辅读生95.3%。平度市被评为全国特殊教育先进县市区。青岛聋哑学校成为全市特殊教育学校中第一所省级规范化学校，青岛盲校开办的全国第一个盲人普通高中班首届9名学生全部通过省级高中毕业会考，并被高等学校录取。初中入学继续向“小学毕业生就近直接升入初中”的目标努力。8个郊市（区）继续实行小学毕业生对口直升、就近入学的办法，在四方区实行个人填报志愿和电脑派位相结合就近升入初中的试点。高中招生继续实行“两考合一”，市区接收推荐保送生的高中学校由1995年的10所扩大到21所。

职业教育加强政府统筹力度、加强教育法制建设、发展联合办学、改革招生制度、扩大招生规模、提高教育教学质量。招生人数占高中段招生人数的60%以上。市教委出台4项措施：一是制定了职业学校举办紧缺专业和考生报考紧缺专业的优惠政策，建立了奖学金制度；二是建立了职业教育助学金制度，鼓励和支持困难职工家庭子女接受职业教育；三是在6所学校举办7个专业的与高等职业教育专业设置相同的职业中专班；四是在各市（区）确定6所国家级重点学校的8个专业实行跨市（区）招生试点。全面推行《青岛市职业学校教学规范》，统一教学计划、统一教材、统一教学要求，统一质量检测。积极推行“双元制”和“CBE”教育教学模式。强调实施“双证”（毕业证书、职业资格证书）考试制度，突出专业技能教学和职业道德的培养，职业教育培养目标已从过去强调专业对口转为培养适应性强、择业面广的复合型人才。毕业生2389人参加中级工考核，达标率为84.4%；4372人参加初级工考核，达标率为94.7%；6700人参加岗位合格考核，达标率为93%；410名学生分别取得2～5个专业合格证书。农村职业学校开展科教兴农活动，共推广先进技术550项，推广优良品种150个近5万公斤，传播科技信息18000多条。

驻青岛高校共有博士后流动站1个，博

士点9个，硕士点64个，本科专业130个。有专任教师4297人，其中院士2人，教授357人，副教授1143人。在校生中普通本科生21009人，研究生827人。各高校积极面向社会办学，为地方培养人才，全市成人教育本专科在校生达22826人。外地高校在青设函授站41个，开设本专科专业近50个，在校生2694人。高等教育自学考试有43550人获得66097张单科合格证，1679人获专科以上毕业文凭。青岛海洋大学成为山东省第一批进入“211工程”的两所高校之一；在推进学分制、主辅修、双学位等改革试点的基础上，允许本科生在二年级末选一次专业，并将人文社会科学作为选修课，成立海洋经济与海洋法学研究院，推动了人文社会科学的建设。青岛远洋船员学院按照ISO9001系列标准建立质量体系，成为国内第一所建立质量体系并通过国际认证机构DNV认证的成人高等院校。青岛广播电视大学首次在成人高校中推行主辅修试点。青岛市职工大学、青岛冶金矿山职工大学共开设7个高等职业教育专业，招收学员578人。各高校与企事业单位采取共建、共管或成立董事会等形式联合办学已有300多个；承担的科研项目经过鉴定达到国际先进水平的有28项，国内首创的有8项，国内先进水平的有32项；全年共获得国家级“九五”科技攻关项目25个，省部级科技攻关项目13个，向地方转让科技成果或提供技术服务48项。

全市共有各类成人中等专业学校60所。根据省教委《关于开展评选省级示范性成人中等专业学校的通知》精神和要求，对成人中等专业学校进行了评选，确定5所学校参加省级示范性成人中专学校评选。社会力量办学年培训15万人次以上，涉及少儿艺术类、文化教育类、专业技术培训类、社会文化生活类近百个专业。加强了对社会力量办学学校依法管理的力度。市教委出台了《青岛市社会力量办学学校审批规程(暂行)》，结合年检重新颁发了各社会力量办学校的《办学许可证》。经年检，全市共有合格的社会力量办学校319所（市区177所），其中学历教育学校23所。农村“双五富民工程”(用5年时间，通过各级各类成人学校的培训，使50万农户年均收入高于其他农户10%以上)，吸收富民工程户120899户，户年均收入比其他农户增长1521元，增幅为15.95%。各级农村成人学校积极开展农民科技培训工作，不断提高群众致富措施的科技含量。145所乡镇成人学校建立了72个卫星地面接收站。建立了“双五富民工程”讲师团信息库，使各市（区)、乡镇可以根据自己的需要直接与专家见面；讲师团在近50个乡镇巡回讲课，听课和接受技术指导者近万人次。

按照国家教委、全国人大教科文卫委和全国政协教科文卫体委联合发出的关于在全国范围内开展基础教育督导检查的《通知》精神，市人大及市政协的教科文卫委和市教育督导室对四方、城阳、崂山、胶南和平度进行了检查。在全省召开的检查汇报会上，青岛市和胶州市作了典型发言。市南、四方、平度、莱西、胶州、崂山、黄岛、城阳等8个区（市）正式建立了政府各职能部门的教育责任目标。市教育督导室加强了对区(市)和乡（镇）政府教育工作督导的力度，对市南区创建的“教育示范等级区”在1995年督导评估的基础上进行了认定工作。四方区和12个乡镇分别向市政府和市教委提出创建“教育示范等级区”和“示范级乡镇”，已组成督导组对其进行评估。大力开展教育法制宣传活动，认真组织学习《教育法》《职业教育法》《教师法》等法律法规。认真实施青岛市“九五”教育立法计划，经省人大常委会批准，颁行了《职业学校管理条例》。各区（市）和委属大部分学校成立了教育执法领导小组和教育执法综合办公室，以法律法规为依据，在制止学生辍学、治理乱收费、解决校产纠纷等方面收到好的效果。

〔**教师队伍建设**〕 1996年，市教委制定印发了《青岛市中小学师资队伍建设“九五”规划》，明确提出了全市师资队伍建设的总体目标和实施目标的具体措施。建立了评选“青岛市中小学学科带头人制度”，首次评选出89名学科带头人。中小学青年教师试用期培训工作已经制度化，又有2400名新教师参加了试用期培训。大部分学校组织优秀教师跨校招徒，帮助青年教师尽快成长。通过各种进修形式，有6853名中小学教师获得大专文凭，1973名中学教师获得大本文凭，有200名中学骨干教师参加了硕士研究生课程进修班学习。小学教师的学历达标率已达到95.73%，幼儿教师、初中教师和普通高中教师的学历达标率也都达到90%以上。全市共建成教师住宅16.4万平方米，为3200名民办教师办理了“民转公”手续，为3000名民办教师家属办理了“农转非”手续。各郊市区普遍为民办教师增加了工资，全市老民办教师的待遇问题得到妥善解决。

〔**素质教育**〕 1996年，市教委举办了素质教育研讨会和论文评选活动，开展了素质教育大讨论。下发了《关于加快青岛市全面实施素质教育的决定》等文件，制定了素质教育目标、学生素质目标及评估方案，完善了评估机制。各级教育行政部门和中小学突出了德育工作的重要地位，加强爱国主义和革命传统教育，使学生树立为振兴祖国而学习的远大目标；在中小学中开展“五项礼仪达标、争做文明学生”活动，养成他们良好的行为习惯。严格按国家教委规定，开齐开足必修课，中小学健康教育和中学劳技课开课率达100%；重视选修课和活动课，发展学生的个性特长，开展课程设置改革试点工作。面向全体学生，努力提高课堂教学质量，进行“分层次目标教学”研究和实践，使各层次的学生都能在原有的基础上获得全面发展，个个成才。心理健康教育列入学校工作的日程。各校以加强健康教育、提高学生身体素质为目的，进一步落实两个《条例》，加快了学校体育卫生工作规范化建设的步伐。全市中小学生体育合格率为99.5%，体育锻炼达标率为97%。职业学校根据素质教育的要求，突出了专业技能教学中动手能力的培养，取得明显效果。

〔**教育科研**〕 成立了青岛市教育科研工作领导小组，并建立了由各方面专家组成的青岛市教育科学学术委员会。全市教育科研机构建设工作得到较快发展，市、区（市）、校三级教育科研网络已基本形成。市教委召开了青岛市教育科学研究工作会议，首次对全市教育科研先进单位和个人及教育科研成果进行了表彰。印发了《关于进一步加强和改进教育科研工作的决定》《关于认真做好资助中小学教师教育科研著作出版工作的通知》等文件，就推动全市教育科研工作的开展，加强教育科研工作管理等方面作出了规范和要求。市教委制定了《青岛市教育科学“九五”规划课题指南》及课题申报评审办法，并组织了“九五”教育科研课题的申报、评审和立项工作。全市共收到申报课题130余项，其中113项被列为市级课题，这是青岛市首次正式确定市级教育科学规划课题。青岛市教科所申报的《小学双语教学整体改革实验》《实施素质教育的研究与实验》《家庭教育的误区及改进对策的研究》等3项课题，已正式被批准为省级“九五”重点教育科研课题。教育科研工作在加强素质教育、全面提高教育教学质量方面发挥了重要作用。市教科所对10余所中小学重点帮助指导，总结和推广他们全面推行素质教育的成功经验，较好地推动了全市实施素质教育的开展。开始于1995年的“小学双语教学整体改革”，实验已取得较好的阶段性成果，实验班学生的英语会话能力达到较高水平，其它各科成绩均超过平行班级，在全市引起良好反响，受到省内外专家的好评。已实施多年的平度9中的“和谐教育”实验、青岛50中的“心理素质教育”、平度实验小学的“创造教育”实验等5个课题也取得了较好效果。

〔**教育投入**〕 1996年，青岛市地方教育部门教育费总收入13.14亿元，其中国家拨事业费5.73亿元，征收教育费附加2.29亿元，校办产业收入补助教育经费0.55亿元，社会捐资助学1.25亿元，学杂费1.46亿元。学前教育加大政策性投资力度，缓解了经费不足的矛盾。市教育发展基金会共筹集资金903万元。市教委及各市、区教委共投资13584万元，用于校舍改造。新建、扩建校舍面积242716平方米，其中当年竣工面积207103平方米。中小学校舍设施维护管理工作基本达到省教委校舍设备考核评估标准，校舍设施管理达到规范化水平。全市中小学共配备教学仪器器材价值达10433万元，其中电教器材7099.8万元。各类教学仪器、器材、图书达一、二类标准的学校占学校总数分别为：电教器材6.6%、13.2%，理科仪器37%、53%，音乐器材22.4%、47.8%，美术器材22.7%，49.3%，体育器材24%，49.2%，卫生医疗器材7.2%、17%，图书17.6%、51.3%，各级各类学校生均图书分别为：高、完中25册，初中9.6册，小学9.3册，职业学校23.9册，中等师范68.2册。已建实验室2383个，仪器室2937个。63%的城镇中学普及了录音机和投影仪，72%的城镇中学安装了语言设备，66%的城镇中学建立了微机室。

撰稿 姜宏德 马 林 孙新兴

审稿 陈显青 穆英琳

河南省教育

概　况

〔基本情况〕

1996 年各级普通学校基本情况

单位：人

学校类别	学校数（所）	毕业生数	招生数	在校学生数	教职工数 计	教职工数 其中专任教师
一、普通高等学校	50	39514	45518	129468	40313	16391
研究生		381	598	1520		
本　科	18	12016	16869	61873		
专　科	32	27117	28051	66075		
二、中等专业学校	184	63174	97237	248578	29402	14931
中等技术学校	139	36882	64724	166936	21537	10351
中等师范学校	45	26292	32513	81642	7865	4580
三、普通中学	6282	1158971	1648917	4544779	306676	254773
高　中	635	138233	151194	440222	50306	35119
初　中	5647	1020738	1497723	4104557	256370	219654
四、农业、职业中学	761	124134	204817	511823	33807	24445
高　中	729	113807	197984	487806	32411	23236
初　中	32	10327	6833	24017	1396	1209
五、工读学校	3	50	60	149	65	35
六、小　　学	41466	1651284	2399409	11055789	431203	400151
七、特殊教育学校	113	490	1399	8568	2284	1743
八、幼儿园	3119		1931880	2345674	30624	18880

1995年各级成人学校基本情况

单位：人

学校类别	学校数（所）	毕业生数	招生数	在校学生数	教职工数 计	教职工数 其中专任教师
一、成人高等学校	52	46734	52731	150114	8590	3983
广播电视大学	1	9679	10302	24326	1599	625
职工高等学校	29	3308	5283	13966	2580	1309
农民高等学校						
管理干部学院	4	2073	2568	5179	1407	556
教育学院	18	5262	4955	11502	3004	1493
独立函授学院						
普通高校举办						
函授部		21305	19261	69712		
夜大学		1429	3876	10738		
干部专修科		3678	6486	14691		
二、成人中等专业学校	244	48825	98027	214635	16333	9004
广播电视中专	4	3443	22900	40848	1610	648
干部中专	1	8016	6967	16019	1819	957
职工中专	63	9499	23169	54005	2460	1264
农民中专	44	8037	9970	24786	1975	1222
函授中专	2	8047	11343	24698	2982	1599
教师进修学校	130	11783	23678	54279	5487	3314
三、成人中学	27	3233	3672	3769	136	85
职工中学	21	2143	2487	2684	136	85
农民中学	6	1090	1185	1085		
四、成人技术培训学校	28923	5850705	5820097	3138188	10040	7877
职工技术培训学校	908	438740	456424	215812	3389	1984
农民技术培训学校	28015	5411965	5363673	2922376	6651	5893
五、成人初等学校	12050	482367	489171	357848	2237	1978
职工初等学校	36	5182	6112	5706		
农民初等学校	12014	477185	483059	352142	2237	1978
其中：扫盲班	9522	301905	303628	193605	1505	1346

制表　杨学勇

〔**教育发展规划**〕　1996年，省教委根据《中国教育改革和发展纲要》和省委、省政府关于《纲要》实施意见，对全省各类教育事业发展“九五”计划和十年规划进行了调整和修订，印发了《河南教育“九五”和2010年展望》。确定的教育发展主要指标是：

——在保证必要的投入和办学条件的前提下，全省教育的发展速度略高于本省经济发展速度和全国教育平均发展速度；全省教育的整体发展水平，到2000年接近全国平均水平，到2010年达到全国平均水平。

——到本世纪末，在占全省人口85%以上的地区普及九年义务教育，初中学龄人口入学率达到85%以上；到1998年，全省青壮年非文盲率达到95%以上。到2005年，初中学龄人口入学率达到95%以上，青壮年非文盲率巩固在98%以上。

——到2000年，全省各类中等职业学校在校生占整个高中阶段在校生的比例，一般地区巩固在60%以上，基本普及高中阶段教育的大中城市及地区达到70%；到2010年，全省巩固在65%左右。

——到2000年，全省在校研究生达到3000人以上，高等学校本专科在校生达到30多万人。其中，普通高校在校生15万人。到2010年，在校研究生达到5000人以上，本专科在校生达到45万人。其中，普通高校在校生达到25万人。普通高校招生中工科、财经所占比例，1997年达到60%，其中工科达到35%；2000年以后，工科、财经招生所占比例保持在60%以上。

——集中力量重点办好郑州大学，创造条件办好河南大学，建设好50个左右省级以上重点学科，争取1所学校和10个以上学科进入国家“211工程”。同时，努力办好河南医科大学、河南师范大学、河南农业大学、河南财经学院等省属骨干学校，协助有关部委办好郑州工业大学、洛阳工学院、郑州航空工业管理学院等具有一定实力的在豫部属院校。到2000年，争取全省高校博士点达到10～15个，硕士点达到150个以上；到2010年博士点达到30～50个，硕士点达到300个左右。要集中力量，办好各自不同类型的骨干、示范性学校。本世纪末到下世纪初，全省重点办好5～10所示范性成人高校和高等职业学校，办好150～200所示范性中等职业学校和成人中专或综合学校，办好70所左右示范性普通高中。

——“九五”期间，全省完成培养高中毕业生70多万人，中等职业学校毕业生160多万人，高校毕业生50多万人；2000年～2010年，全省完成培养高中毕业生150多万人，中等职业学校毕业生350多万人，高校毕业生100多万人。今后15年，每年完成50万人次农村回乡中学毕业生、200万人次农村青壮年的实用技术培训、30万农民的系统人口教育及100万人次城镇职工和干部的岗位培训等。

〔**年度教育工作方针**〕　1996年，河南省教育工作的指导思想是：围绕全面实施“科教兴豫”战略和省六次党代会报告中提出的“教育优先、超前、加快发展”的要求，全面贯彻教育方针，坚持社会主义办学方向，认真实施《教育法》和省委、省政府《关于〈中国教育改革和发展纲要〉的实施意见》，把各级各类应用型人才培养放在突出位置。加大教育改革开放的力度，优化调整教育结构，深化教育体制改革，积极探索与社会主义市场经济体制相适应的办学机制和办学模式，加强和规范各级各类学校的管理，不断提高教育质量和办学效益。据此，省教委确定1996年各级各类教育改革和发展的年度工作方针是：抓紧普及九年义务教育，实行分级办学、分级管理，加大督政力度，加强各级政府的责任，落实好“重中之重”的地位；突出职业教育，把重点放在农村，继续调整中等教育结构，狠抓质量的提高；办好成人教育，加快扫盲步伐，积极引导和加强管理各级各类社会力量办学；稳定提高高等教育，继续调整和优化学科专业结构，积极推进招生、收费和毕业生就业制度的改革，在高校共建、联合、合作办学上迈出新步伐，不断提高高等教育的规模效益。

1996年2月10～12日，省教委在郑州市召开全省教育工作会议，总结了河南教育“八五”工作，安排部署了1996年工作，讨论审定了《河南教育“九五”和2010年展望》《关于高等教育结构调整的意见》等文件，印发了《河南省教委1996年教育工作要点》副省长张世英出席会议并讲话，指出在整个现代化建设的过程中，要充分认识“科教兴豫”战略的重大意义，坚持教育为本，在任何时候任何情况下都不能有丝毫动摇。并对贯彻实施《纲要》，加快教育事业的改革与发展，加快各级各类人才培养等提出了具体要求。省教委主任亓国瑞在会上作了题为《认真实施“科教兴豫”战略，加快各级各类人才的培养步伐》的讲话。会议明确了当前和今后一个时期全省教育改革和发展的基本思路。

〔**教育投入**〕　1996年全省财政预算内教育经费达到58.33亿元。其中，全省教育部门事业费为51.8亿元，教育基建支出2.3亿元。1996年全省地方财政收入完成161.5亿元，财政预算内教育经费增长速度高于财政收入增长速度1.76个百分点，教育事业费增长速度也高于财政收入增长1.3个百分点，实现了《纲要》中要求的国拨经费增长速度高于财政经常性收入增长速度的要求。

1996年各级各类生均教育事业费和生均公用经费增长情况见下表：

单元：元

	生均教育事业费	较上年增加数	生均公用经费	较上年增加数
普通高校	4827.49	781.37	1989.05	315.05
中师	1865.27	126.41	549.76	48.33
职业中学	614.83	79.86	106.26	21.53
高中	869.39	138.56	107.38	19.5
初中	373.26	33.14	39.40	16.74
小学	165.67	21.43	13.03	6.53

“两个比例”落实情况。1996年全省财政支出为255.5亿元，预算内教育经费占财政支出的比重为22.83％；全省国家财政性教育经费为81.78亿元，占1996年全省GNP3670亿元的2.23％。

多渠道筹措教育经费。1996年河南省共筹措预算外教育经费57.44亿元，占预算内教育经费的98.47％。其中，城市教育费附加收入4.37亿元，农村教育费附加收入12.85亿元，校办产业用于补充教育经费3.09亿元，社会捐集资18.67亿元，学杂费收入14.17亿元，其他渠道筹措教育经费3.86亿元。

同时，国家教委、财政部确定“贫困地区义务教育工程”项目对河南在三年内补助1.64亿元，用于34个贫困县发展义务教育；

国家教委、财政部安排世界银行贷款“第三个贫困地区基础教育发展”（以下简称“贫三”）项目2231万美元，用于28个国家级贫困县发展义务教育。河南省1996年落实省级配套资金7400万元，市地、县、乡财政也都按规定落实了配套经费。

教职工住房建设。1996年高校共落实投资5986万元，其中，省财政安排570万元，高校教职工自筹5416万元，建成住宅1281套，建筑面积103358平方米；城市中小学教职工住房建设投资，除省财政安排300万元外，多渠道筹资共2亿多元，新建住房5408套，建筑面积45.8万平方米。

〔**“两基”评估验收**〕　根据国家教委《普及义务教育评估验收暂行办法》提出的新的“普九”评估验收标准，省政府于1996年2月颁发《河南省普及九年义务教育评估验收暂行办法》。为贯彻落实省政府的规定，省教委制定了《河南省普及九年义务教育评估验收实施细则（试行）》，举办了“两基”评估验收培训班，并在淇县开展了“普九”评估验收试点。5月和10月，先后组成以副省长张世英、省教委主任亓国瑞为总团长，省教委副主任李文成、马振海为副总团长的“两基”评估验收团，采取全省统一抽人，混合编团的办法，对郑州市二七区等42个县（市、区）的普及九年义务教育和扫除青壮年文盲工作进行了评估验收。经评估验收，42个县（市、区）的各项指标基本达到了省定标准。经省政府批准，已在全省公布。至此，河南省“两基”评估验收合格县（市、区）已达到79个，占全省县（市、区）总数的50.32%，人口地区覆盖率达34.26%。

河南省的“两基”评估验收工作坚持实事求是的原则，严格要求，通过评估验收，特别是通过评估验收前的自查自评过程中的查漏补缺和评估验收后的整改、复查等环节，促进了各级政府增加对教育的投入，不断改善办学条件，加强学校的规范化建设等，促进了人口素质的提高。9月，国家教委、全国人大教科文卫委、全国政协教科文卫委、国家计委、财政部等六部委在检查河南教育执法情况的同时，对河南省已经实现和申请“两基”评估验收的县（市、区）进行了检查。检查组认为，“河南各地实施‘两基’的工作是积极的，能够扎实地按照原来的计划分步骤地实施和完成预定的目标。‘两基’重中之重的地位在各级领导同志中认识是明确的，采取了许多措施促进目标的实现”。

〔**教育系统抗灾救灾**〕　1996年7月下旬，河南省的信阳、洛阳、新乡、鹤壁、濮阳、开封等市（地）连降大雨或暴雨，部分县市同时还遭受龙卷风的袭击，给教育事业带来严重损失。据不完全统计，全省有11个市（地）、40多个县（市）遭受洪涝灾害，受灾学校4890所，倒塌校舍104788平方米，新增危房49512平方米，冲毁围墙66571米，毁坏教学仪器、设备105705件，教育系统直接经济损失已达17340万元。灾情发生后，省委书记李长春、省长马忠臣分别深入受灾学校，察看校舍，慰问受灾师生，指导抗灾自救，恢复重建校园。全省各级教育行政部门和中小学校不等不靠，在当地党委、政府的领导下，在社会各界的支持下，组织广大师生保教自救。副省长张世英到原阳县了解中小学受灾情况，指导抗洪救灾工作。省教委主任亓国瑞也先后赴受灾严重的封丘、原阳、长垣三县查看水毁学校，看望灾区师生。有的地方还实行主要领导分片包干的办法，组织受灾学校的教职工和村干部排除校园积水，清除瘀泥，抢救校产，降低灾害程度，帮助学校研究复课的具体措施。

为帮助灾区中小学校尽快恢复正常教学秩序，省教委在财力紧张的情况下及时拨出260万元救灾款，用于重灾区水毁校舍的维修和重建。同时，组织全省教育系统捐钱捐物，支援受灾师生。各级政府也通过挤、借、贷、赊、拨和投工献料的办法，为受灾学校筹措资金。如信阳地区为灾区学校筹集资金1000余万元，新建校舍460余间，修复校舍5000余间；平顶山市灾后筹措资金2000余万元，三门峡市筹措资金750万元，洛阳市教委拨付专款250余万元，用于危旧房和教学设施的修缮。对部分受灾严重、校舍倒塌较多的学校，灾区教育行政部门和县、乡干部主动出面协调，采取腾公房，借租民房，对口支援等办法，千方百计保证开学时师生有一个基本的工作和学习场所。为保证适龄儿童按时入学，受灾地区对特困生，利用“扶助贫困家庭儿童少年接受义务教育基金”，采取减、免、缓书杂费等办法，给予必要的扶助。

基础教育

〔**义务教育**〕 1996年，继续实行目标管理，加强对“普九”工作的领导。年初，省、市（地）、县、乡层层签订了“普九”目标管理责任书，分解下达了小学毕业生升初中和初中适龄人口入学率的目标任务，一级抓一级，分级负责。落实国家“贫困地区义务教育工程”配套资金7400万元，市地、县、乡财政也都安排了相应的配套资金。全省各级财政共落实配套资金1.48亿元，群众捐集资7400万元。“义务教育工程”项目已有3270所项目学校开工建设，占总项目学校数的40.24%。“贫三”项目28个县的土建项目已全面实施，仪器设备、图书采购等前期准备工作已完成。1996年，全省小学适龄儿童入学率99.5%，在校学生巩固率99.6%，毕业率99.1%；毕业生升入初中阶段学校的比率达到91.1%；初中适龄人口入学率90%，在校学生巩固率97.5%，毕业生升入高中阶段学校的比率达到44.5%。

为指导各地推进基础教育向素质教育转轨，省教委制订了《关于在基础教育中实施素质教育的意见（草案）》，4月，召开市地教研部门负责人会议，专门研究素质教育的有关问题。9月13～17日，省教委会同中国教育学会联合在浚县召开了全国教劳结合浚县现场会，在全省推广浚县加强中小学劳动技术课教育的经验。以省会郑州市为突破口推行小学毕业生免试划片就近入学，同时总结推广了安阳市人民大道小学实施素质教育的经验，指导推动应试教育向素质教育转轨。

做好教材建设和优质课评选工作。省编义务教育教材（小学语文、小学数学、小学思想品德课、中学生物）的编写除小学语文外，全部完成了编写任务。同时开展了教师培训，小学语文、小学数学等学科先后组织了教材研讨会、教师培训会，保证了教材试教的顺利进行。继续实行中小学用书目录登报制度和教辅用书“准入证”制度，有效地控制了进入学校的用书量，减轻了中小学生的课业负担。中小学优质课成绩突出。全省有6个学科（中学数学、中学物理、中学历史、中学生物、音乐、美术）的18位教师参加全国性优质课评选，有7位教师获一等奖，其余教师获二等奖。

积极推进残疾儿童少年随班就读和普通学校附设特教班工作。利用特教补助专款和地方财力推动特殊教育事业发展，省教委会同有关部门制订了《河南省特殊教育“九五”规划实施方案》，对特殊教育事业“九五”发展进行了规划。1996年，河南省特殊教育学校比上年增加4所，教学班增加120多个，盲、聋哑、弱智儿童少年入学率由上年的32%、50%、80%分别提高到35%、55%、84%。

〔**实施“国家贫困地区义务教育工程”**〕 1996年，是河南省实施“国家贫困地区义务教育工程”（以下简称“工程”）的第一年，34个贫困县被列入实施计划。根据国家教委、财政部批准的项目总体规划，“工程”共涉及34个贫困县的615个乡（镇）、8126所中小学、563个教学点，总资金投入为6.56亿元，其中81%用于新建改扩建校舍，10%用于购置图书、仪器设备、课桌凳等，9%用于教师校长培训工作。“工程”建设的总体目标是：通过项目实施，努力使34个贫困县的小学和初中的办学条件得到根本性改善，中小学布局趋于合理，教育质量和管理水平有明显提高。项目完成时，34个贫困县中要有7个在1997年完成“普九”任务，15个县在1998年完成“普九”任务，其余12个县在1998年之后陆续完成“普九”任务。

5月16日，“工程”项目全面启动后，各项目市、地、县都成立了以政府领导同志为组长，教育、财政等部门负责同志为成员的“工程”领导小组，并下设办公室，负责“工程”实施工作。南阳市项目领导机构还吸收了计划、建设、审计等有关部门负责同志，明确各自职责，既分工负责，又相互合作，为项目的顺利实施提供了有力的组织保障。商城县还成立了项目工程质检组，具体负责“工程”项目设计、招标、材料、施工、验收等环节的监督检查，以确保土建质量。项目市（地）同项目县、项目县和项目乡（镇）之间相继签订了目标责任书，形成了一级抓一级，层层抓落实的管理机制。大部分项目市、地在财政非常困难的状况下，想方设法，按照1：0.3的配套比例落实了配套资金并及时下达各项目县。南阳市对落实配套资金工作高度重视，措施得力。市长明确要求财政部门要千方百计挤出资金，保证按国家、省规定比例，使配套资金及时足额到位。汝阳县、南召县都在县教委设立了“工程”资金专户，对项目资金实行专户储存，专款专用。“工程”的实施对调整初中布局，提高规模效益，推进“普九”进程起到了较大作用。

〔**中小学德育**〕 10月25～26日，省委宣传部、省教委、省公安厅等11个单位联合在开封市召开全省中小学德育工作现场会，省委常委、宣传部长林炎志等出席会议并讲话。省教委主任亓国瑞作了题为《充分发挥主阵地、主渠道和主力军作用，努力开创中小学德育工作新局面》的讲话，省公安厅副厅长王济晟作了题为《预防和减少青少年犯罪保护青少年健康成长》的讲话。省文化厅、广播电视厅、团省委、省关工委、省军区政治部负责人都在会上讲话，结合本部门、本系统工作实际，提出做好中小学德育工作的意见和要求。会议期间，学习推广了开封市以学校为中心，普遍建立家长委员会，开办各类家长学校，积极发展社区教育的经验，大体经历了三个阶段：第一阶段是以学校为中心，普遍建立了家长委员会，开办各类家长学校（堂）。第二阶段是学校与驻地单位建立军民、警民、厂校共建关系。通过前两个阶段的工作，初步建立了学校、家庭、社会三结合的教育网络。第三阶段是从总体出发加强政府对社区教育的统筹工作，实行了以政府为主导，以街道办事处为中心，开展区域型的社区教育，初步形成了“学校为主，政府协调，社会参与，双向服务，优化环境，共育人才”的中小学德育机制。

认真贯彻落实《中共中央关于加强和改进学校德育工作若干意见》和《中共中央关于加强社会主义精神文明建设若干重要问题的决议》，切实加强对中小学生进行爱国主义和革命传统教育，通过总结推广社区教育的经验，把社会各方面力量形成合力，共同关心和保护中小学生健康成长。开展了迎接“香港回归祖国”教育活动，与省委宣传部、省新华书店等广泛组织中小学生参加了读书活动。为纪念中国工农红军长征胜利60周年，在中小学生中开展了“读长征书，忆长征事，看长征片，走长征路”活动，并与团省委一起组织了5000多名中小学生赴延安等地进行革命传统教育。郑州二七纪念馆、林县红旗渠、焦裕禄烈士墓被列为全国中小学爱国主义教育基地。评选了一批“三好学生”、优秀班集体、宋庆龄奖学金获奖者。

〔**安全教育**〕 2月7日，省教委印发《关于认真做好中小学安全工作的通知》，要求各级教育部门和中小学校领导，从保护青少年一代健康成长、维护社会稳定的高度出发，充分认识抓好中小学安全教育工作的重要意义。坚持“谁主管，谁负责”的原则，将安全工作落实到人。3月6日，省教委、省劳动厅、省公安厅等六个单位联合转发国家教委、劳动部等部委《关于建立中小学生安全教育日制度的通知》，在国家建立全国中小学安全教育日的同时，省教委也确定把每年9月最后一周的星期一定为河南省的中小学安全教育日。坚持常抓不懈，警钟长鸣，做到重点活动重点抓，危险季节提前抓，日常教育坚持抓。全年下发中小学安全教育文件9个，搞专题调查10余次，通报省内外事故10余起。加强对教育行政干部和中小学师生进行安全知识的普及教育。全省50余万教职工接受了《中小学安全须知》的培训学习，近300万中小学生直接接受了系统的安全常识教育，提高了安全意识和防范能力。以中小学生“安全教育日”为龙头，开展了一系列安全教育、宣传活动。

〔**幼儿教育**〕 幼教事业继“八五”快速发展之后，已进入平稳发展时期。1996年，全省幼儿园、学前班达31626处。在深入贯彻

《幼儿园工作规程》的基础上，制订了《河南省示范幼儿园评估验收实施细则》，该细则分校园设备、保教队伍等一级指标7个，园址、园内环境等二级指标40个，评价要素140个，总分值1000分。要求总分达900分以上，7项一级指标得分率均达80%以上，40项二级指标得分率均达60%以上，140项评价要素中0分项不超过5项的幼儿园，方可申报“河南省示范性幼儿园”。各地都对照《细则》找差距，狠抓管理促效益，对于创建示范幼儿园和促进全省幼儿园的规范化工作起到了积极的引导作用。为从根本上扭转学前班“小学化”倾向，还开展了学前班分级分类评估试点工作。

〔**治理中小学乱收费**〕 1996年，省教委继续把治理中小学乱收费作为一项重点工作来抓，作为反腐倡廉的一项重要措施，列入议事日程，狠抓落实。成立了以省教委主任亓国瑞为组长，副主任马振海为副组长的治理工作领导小组，固定专人抓此项工作。2月14日，省教委联合省物价局、省财政厅下发了《关于进一步加强我省义务教育阶段收费管理工作的通知》，对义务教育阶段收费标准进行了适当调整，以达到“堵邪门，开正门”的目的。同时，规定收费标准调整后，学校要及时到物价部门办理收费许可证变更手续，凭证收费，并统一使用省财政厅颁发的“河南省中小学校收费专用票据”。禁止学校向学生摊派销售各种资料和商品以及强行举办各类补习班。对于家庭确有困难的学生要继续实行减免照顾，帮助适龄儿童少年完成规定年限的义务教育，坚决防止发生因缴不起杂费而造成学生流失或辍学的现象。同时，省教委、物价局、财政厅联合印制5万份收费标准公告，及时下发张贴到每个中小学校。4月9日，省教委发出《关于签订河南省教育系统治理中小学乱收费工作责任书的通知》，在全省范围内实行治理中小学乱收费责任制。要求各市、地教委与县（市）教委（局），县（市）教委（局）与乡（镇）教办，乡（镇）教办与中小学层层签订责任书。8月在周口地区召开现场会，总结宣传周口地区教委抓代收费清退，长葛市抓辅助读物、杂志刊物清理的经验，并适时进行督导检查，保证治理工作不留死角。清理各种收费“补习班”544个，清理各种强制学生购买的复习资料914995册，减轻学生负担349万元。

〔**校长培训和教师队伍建设**〕 根据省委、省政府《关于〈中国教育改革和发展纲要〉的实施意见》和省委组织部、省人事厅、省教委《关于加强我省中小学校长队伍建设的意见（试行）》，提出了1996年河南省中小学校长管理、培训、任用的意见，全年培训中小学校长近万名。

制定中小学校长培训“九五”规划。4月8日，省教委印发《全省中小学校长“九五”期间培训意见》，要求在岗位培训的基础上，继续对中小学校长进行提高性培训。培训的主要层次是：新上岗校长的岗位培训；已接受过岗位培训校长的提高培训；起示范作用校长的高级研修等。岗位培训继续执行国家教委颁发的《全国中小学校长岗位培训指导性教学计划（试行草案）》及河南省关于教学计划的调整意见；提高培训要按照《河南省中小学校长提高培训教学计划》的要求进行，采取试点、扩大试点、全面铺开三步走的办法。即1996年各地先行试点，1997年扩大试点，之后全面铺开，2000年底以前全面完成提高性培训任务。高级研修原则上由省举办在全省范围内起示范作用中小学校的校长研修班，市（地）举办在本市（地）范围内起示范作用初中、小学的校长研修班。省办高级研修班拟培训高（完）中校长60名，初中校长100名，小学校长100名。各市地培训人数视实际情况自定。

根据“九五”校长培训“先行试点，探索经验，而后铺开”的指导思想，1996年确定省教育学院、洛阳市教委、新乡市教委等10个提高培训试点单位，均在当年开班上课。为适应“九五”中小学校长提高培训工作需要，提高干训师资水平，省教委委托河南教育学院举办了中小学校长提高培训师资培训班，培训干训骨干教师670人。

稳定教师队伍。省教委会同省人事厅、省计委印发了《关于1996年度选招部分民办教师为公办教师工作的通知》，下达15000名指标，解决民办教师转公办教师问题。采取政治思想、业务水平、工作实绩考核和量化积分的办法进行，不再考试文化课。在选招工作中坚持选招指标、选招条件、选招政策、量化积分、选招结果“五公开”，增加了选招工作的透明度。经省教委推荐国家评审，河南省有124人获得曾宪梓教育基金会1996年民办教师奖。

深化中师教学改革。继续落实并不断完善三年制中师教学方案。在继续抓好学生职业技能和基本功训练的同时，重点加强文化知识的教学。对中师文化基础课教学进行质量评估，调整了教学计划。继续推动和实施“园丁科技教育行动”，所有学科都结合自身特点，加大科技含量，利用双休日和课外活动，开展丰富多彩的科技活动。通过引进计算机辅助教学等现代化教学手段，推进教学方法改革，提高课堂教学效率。完成了中师三年制教学方案课题研究任务，制定了中师体、音、美三个专业的教学方案，重新修订了《河南省中等师范学校学生学籍管理暂行规定》。1996年，有15000名中等师范学生毕业奔赴教学第一线。

教师培训。1996年河南省小学、初中和高中教师学历达标率分别达到92%、68.5%和54.6%。小学教师中具有专科学历、初中教师中具有本科学历者的比重，由1995年的6.73%、6.12%，分别提高到1996年的8.48%和6.43%。具体做法是：(1）继续抓好以“三沟通”（卫星电视师范教育、函授教育与自学考试相沟通）培训为重点的中学教师学历补偿教育，加快学历培训步伐。全省有3.5万名中学教师参加“三沟通”培训（其中95级卫星电视师专学员2.5万多人，93级高师本科学员近1万人）。“三沟通”培训工作紧紧围绕提高教师素质这一宗旨，抓好各个教学环节，加强自学，强化管理。1996年组织了寒暑假的两次“三沟通”培训考试，累计有8万余人参加，实考20万科次，及格15万科次，平均单科及格率为75%。(2）以抓教师基本功训练为突破口，小学教师继续教育工作全面展开。5月，省教委在南阳召开了小学教师基本功训练现场会，总结推广了南阳、洛阳小学教师继续教育和基本功训练工作动手早，工作扎实的经验。

〔**体育、卫生和艺术教育**〕 继续贯彻落实学校体育、卫生工作两个《条例》，认真组织实施《全国学生常见病综合防治方案》等，学校体育、卫生和艺术教育进一步得到加强。

1996年是河南省实施初中毕业生升学考试体育的第二年。为严格考试纪律，省教委选派专人到南阳、信阳、驻马店、濮阳、新乡、周口等市地巡视指导工作，全省近70万初中毕业生参加了体育考试。9月下旬，全国十城市学校体育教学观摩研讨会在郑州举行，大会邀请全国学校体育著名专家学者到会讲学，3000名骨干教师听课并现场观摩。12月2～5日，省教委在周口地区扶沟县召开全省农村学校体育卫生工作经验交流现场会，就全省农村中小学体育卫生工作面临的形势进行研讨交流。会议标志着全省学校体育卫生工作重点开始向广大农村地区转移。

承办并组队参加1996年全国中学生田径锦标赛。7月18～24日，1996年全国中学生田径锦标赛在河南省体育场举行。河南省中学生代表队夺得金牌8枚，银牌4枚，铜牌4枚，获得团体总分第三名和体育道德风尚奖。河南省3名中学生入选国家中学生代表队，参加12月5～30日在澳大利亚佩思市举行的第五届太平洋地区中学生运动会田径项目的比赛，均获得铜牌。

各级教育行政部门和中小学校在认真抓好近视、龋齿、营养不良、贫血、砂眼5种常见病防治工作的基础上，组织人员采用中国学生体质综合评价研究提出的学生体质综合评价计算办法，运用1991年河南省学生体质、健康状况监测的原始数据，制订了《河南省学生体质综合评价标准》，并在各级各类学校推广使用。

选择60所普通高中开展实施普通高中艺术课教学的实验工作；选拔4名学生参加10月在北京举办的全国首届中小学生电子琴比赛，均获得优秀独奏奖。省教委获得优秀组织奖。

〔**勤工俭学和实验室建设**〕 1996年，省教委在总结“八五”期间工作的基础上，针对校办产业发展形势及面临的困难和问题，制订了全省勤工俭学、校办产业“九五”发展规划，明确了思路，奋斗目标和主要措施，提出全省勤工俭学、校办产业总产值和纯收入平均年递增率分别达到15%、13%以上。到本世纪末，总产值由1995年的21.7亿元，纯收入3.89亿元，分别增加到43亿元和7亿元。

1996年，全省中小学开展勤工俭学的学校占中小学总数的90%以上，勤工俭学、校办产业总产值达到24.38亿元，纯收入4.63亿元。11月，省教委在原阳县召开全省农村学校校园经济现场会，对济源市、西华县等校园经济发展好的县（市、区）进行了表彰奖励。

1996年，制订了全省基础教育实验室建设“九五”发展规划。规定“九五”期间全省中小学实验室建设在抓好常规教学仪器设备基本全面达标的同时，采取分类指导，有计划、多层次、分阶段地进行实验室建设，逐步加大文科实验室和现代化教学装备的力度。到2000年，城市中小学基本达到一类标准，农村中小学基本达到二类标准，实验教学全面得到普及。为配合全省“普九”工作，1996年完成15个县（市、区）中小学实验室建设充实提高工作任务；省级完成中小学仪器设备采购供应总额780万元。对襄县、南召县中小学的“普九”工作进行评估验收。1996年，全省中小学实验室已进行充实提高的县（市、区）达127个，占全省158个县（市、区）的80%。

职 业 教 育

〔**综述**〕 1996年，河南省继续把发展农村职业教育作为重点，以《职业教育法》的颁布实施和全省职业教育工作会议的召开为契机，深化改革，坚持发展数量与提高质量并重的原则，抓典型，抓落实，巩固提高职业学校办学水平，增强办学活力，使全省职业教育得到较快发展。各类中等职业学校发展到1117所，招生32.9万人，在校生83万人，分别比上年增加1.4万人和10.3万人。其中，职业高中（含职业中专）在校生比上年增加5.8万人，增长13.5%。新增了河南省质量工程学校和鹤壁中等专业学校2所普通中专。全省普通中专招生和在校生24.86万人，分别比上年增长14%和16%。全省各类职业学校学生占整个高中阶段学生数的比例，招生达到68.5%，在校生达到65.3%，分别比上年提高0.2和2.4个百分点。其中，商丘市、中牟县、驻马店市职业高中招生和在校生占整个高中阶段学生的比例均超过70%。全省职业技术教育办学规模扩大，专业增加，招生种类结构继续得到调整。其中，工科、财经管理、医药卫生、艺术等种类招生比例上升，农林、师范、政法等种类所占比例有所下降。职业高中共设有专业点3286个，比上年增加202个。其中，工科1095个，占专业点总数的33.3%，财经管理727个，占22.1%。办学规模不断扩大，普通中专平均每校在校生规模由上年的1177人提高到1351人。职业教育继续呈现蓬勃发展的好势头。

改革普通中专招生和毕业生就业分配制度，扩大了普通中专学校不包分配班的试点，由原来的农业、林业、卫生类学校扩大到工科和少数财经类学校。继续抓普通中专学校的规范化管理，实现了学生学籍的微机管理。提出了在少数国家级重点普通中专开办高等职业教育班的具体意见，并制定了全省高等职业教育发展的整体方案。

〔**学习贯彻《职业教育法》**〕 《职业教育法》颁布后，省教委开展了一系列活动，在全省掀起了学习、宣传、贯彻《职教法》的热潮。(1) 会同有关部门联合发出《关于认真学习宣传贯彻〈职业教育法〉的通知》，要求全省各地认真学习、宣传和贯彻《职业教育法》，在全社会营造一个良好的发展职业教育的外部环境。(2)与省人大教科文卫委、省法制局、司法厅、劳动厅等七个部门联合召开学习、宣传、贯彻《职教法》座谈会，省人大副主任范濂、副省长张世英、省教委主任亓国瑞等到会作了讲话。全省职业学校师生员工也开展了深入的学习活动。(3) 开展了《职业教育法》宣传月活动。在宣传月活动中，省教委组织新闻单位到部分市、地、县、学校进行职业教育专题采访，并在省电台、电视台、河南日报等开辟了职业教育专栏和专版，对全省职教典型进行系列报道。副省长张世英还发表了电视讲话。同时，各市、地也都开展了相应的活动。（4）在全省开展“职业教育为民服务一条街活动”。8月31日，全省县级以上所有城市都开展了这项活动，职业学校师生走上街头，将宣传《职业教育法》和展示职教成果与为民服务融为一体，收到良好的效果。

〔**全省职业教育工作会议**〕 为学习贯彻《职业教育法》和全国职教工作会议精神，部署工作，10月29～30日，省教委、经贸委、劳动厅联合在新郑市召开了全省职业教育工作会议。副省长张世英出席会议并讲话，省教委主任亓国瑞作了题为《以服务农村经济为中心，办好搞活农村职业教育》的讲话。新郑市、新野县、博爱县、林州市的代表在会上介绍了县（市）发展职业教育的经验，代表们实地参观了新郑市的职业学校。

会议提出在全省逐步建立和不断完善职业教育体系，使其与教育体系相互沟通，相互衔接，协调发展。总的指导思想是：因地制宜发展初等职业教育；以初中后分流为重点，大力发展中等职业教育；积极发展高等职业教育。因地制宜发展初等职业教育主要是在中小学渗透职业教育因素，可以通过开展“三加一”、初二分流、开设劳技课等进行。职业教育发展还较薄弱的县，要按照“改、联、建”的要求，建设一些中等职业学校。准备采取“三改一补”的办法发展高等职业教育，即改中州大学、开封大学、洛阳大学、焦作大学、平原大学、安阳大学6所地方大学为高等职业学校；改一部分普通专科学校为高等职业学院；改部分独立设置的成人高校为高等职业学校；并利用少数具备条件的国家级重点中专学校举办高职班或转制等方式作为补充。市地也可以申办高等职业学校，但必须有条件、够标准。会议要求各级劳动部门和行业主管部门要根据国家职业分类和职业技能标准，规定职业教育的专业设置和培训内容，做好各类职业学校和职业培训机构毕业生的职业技能鉴定（考核）工作。会后，省教委派出三个调查组深入到洛阳、焦作、安阳、濮阳市、驻马店、信阳地区等6个市（地）及20多个县（市）具体督促、了解会议贯彻情况。

〔**示范性职业学校建设**〕 抓紧落实在100个县（市）建起示范性职业学校的要求。年初，省教委提出要打破地区界限，不分指标，扩大建设范围，鼓励目前尚未建设示范性骨干职业学校的县（市）着手进行建设，年底一并进行评估验收。同时，要求各市（地）要深入到各县（市）具体指导示范性学校建设，宣传树立推广典型，采取得力措施，确保年底建成。对省职教专款继续实行以奖代补，谁先建成奖励谁的办法，充分调动各地的积极性。3月，省教委在禹州市召开全省18个综合改革试点县（市）教委主任会议，对18个经济实力较强的县（市）如何建设高标准、高水平的骨干职业学校等工作进行部署。年底，省教委对第三批、第四批省级示范性学校进行了检查。从检查情况看，全省第三批省级示范性学校基本都达到了规定的要求，第四批42所示范性职业学校有27所达到标准，有10所基本达到标准，有3所不合格。至此，全省共有示范性职业学校143所，其中，有100个县（市）都有一所示范性骨干学校。1996年，郑州市第四职业中专等9所学校被国家批准为国家级重点职业高中。

〔**师资和校长培训**〕 加强专业课教师业务进修和培训。1996年，省教委先后在河南职业技术师范学院、信阳师范学院等学校举办了农村机电、果林、计算机、服装、宾馆服务与管理、烹饪等16个专业课教师培训班，共培训专业课教师900多人。缓解了农村职业学校，尤其是新改办职业学校专业课教师缺乏的矛盾。10月，举办了全省职业学校思想政治教育讲习班。各市、地也都开展了形式多样的专业课教师进修班。同时，要求各职业学校要积极主动地外聘科技人员和能工巧匠到学校任教，把最新科技成果和技术传授给学生。

加强职业学校校长岗位培训工作。1996年扩大了培训规模，共举办6期职业学校校长培训班，共计培训校长近600人，其中近200人已取得国家教委统一印制的职业中学校长岗位培训合格证书，成为全省第一批持证上岗合格的职业中学校长。

高 等 教 育

〔**招生改革**〕 1996年，河南省确定郑州大学、河南大学、河南医科大学、河南财经学院、河南农业大学、河南师范大学、信阳师范学院、河南中医学院、新乡医学院9所本科院校和河南财税专科学校为招生并轨改革试点，10所院校118个专业招收并轨生6268人，占省属高校招生总数的18.7%，占10所并轨院校招生总数的49.7%。为促进招生并轨改革，加强管理，在招生中对并轨学校提前一个批次进行录取，取消了重点大学分数线，对重点大学和并轨学校实行“学校负责，招办监督”的录取体制，扩大了并轨学校的自主权。把所有并轨本科院校和重点大学安排在第一批同时录取，把并轨专科学校安排与一般本科院校同时录取，既增加了学生选择余地，又保证了并轨学校生源质量。同时加快了录取工作进度，录取管理更加科学、规范、公正。完善了定向招生的有关政策。省教委、省计委、人事厅、公安厅、粮食厅联合下发了《关于解决我省普通高校定向生户粮关系问题的通知》，使定向新生迁转户粮关系问题得以解决，从而使各高校生源充足，新生质量和报到率明显提高。同时对定向招生的办法也进行了改革，一是实行按需定向，省先通报拟定向招生专业目录，市地申报需求意见，省综合平衡后将招生计划分市地下达。二是扩大了市地对定向招生的统筹决策权，取消了省直接安排到县一级的定向招生，实行市地为单位定向招生，市地安排下达分县市定向招生指标。

对非“并轨”招生院校，调整国家任务和调节性招生计划的比例，省属高校招生中，两种计划形式比例由 6∶4 调整为 1∶2，农林医师专科学校调节性计划比例由 42%调整到 49.3%，市地职业大学由 55%调整为 63%，民办黄河科技学院和升达经贸学院则达到 100%，为高校全面实行招生并轨改革创造了条件。

在招生并轨改革中，注意资助生活困难学生。省教委、省财政厅安排高校贫困学生资助金 400 万元，用于资助高校的困难学生，帮助学校建立勤工助学基金。银丰期货助学奖励基金会等社会助学机构也纷纷出钱、出物资助高校困难学生。

〔**高校管理体制改革**〕　以推广天津商学院深化内部管理体制改革经验为契机，加快全省高校后勤改革步伐。1996 年，省教委选择后勤工作基础较好的洛阳师范专科学校、河南农业大学两所学校作为全省高校后勤工作改革试点，并组织两所学校赴天津商学院进行了考察学习。省教委成立了高校内部管理体制改革指导协调小组，及时了解试点单位和其他学校在人事制度、后勤管理改革方面的进展情况，帮助学校协调解决有关政策方面的问题。

为深化高等教育管理体制改革，适应社会主义市场经济发展的需要，充分发挥高等学校合作办学的积极性，3 月 12 日，河南农业大学、郑州轻工学院、华北水电学院、河南财经学院、河南财税专科学校 5 所高校就联合办学、资源共享等问题进行了协商，并签订了合作协议书。

〔**“211 工程”建设**〕　1996 年，郑州大学认真做好申报国家“211 工程”的预审工作。认真总结“八五”建设情况，确定了“九五”建设计划。“九五”期间，河南省安排总投资 1.7 亿元，其中基建投资 9000 万元，计划建设校舍 7 万平方米。1996 年，在保证对郑州大学正常经费投入的同时，进一步加大了对郑州大学的资金筹措力度，一是将“211 工程”专项经费 950 万元重点投入郑州大学；二是省财政从 1996 年开始每年增加投资 600 万元；三是省财政追加郑州大学图书馆专项经费 400 万元。1996 年，省财政对郑州大学共增加投入专项经费 1810 多万元，为郑州大学顺利通过“211 工程”专家预审创造了条件。

11 月 3～5 日，经国家教委批准，河南省政府组织专家对郑州大学“211 工程”建设情况进行了部门预审。预审专家听取了郑州大学校长曹策问所作的《在郑州大学“211 工程”部门预审会上的汇报》，审阅了《郑州大学“211 工程”整体建设子项目论证报告》，观看了郑州大学“211 工程”部门预审专题录像片和综合展览，实地考察了化学、数学、材料工程、物理、计算机科学、历史、中文等学科点，召开了学术带头人和中青年学术骨干座谈会。其间，应专家组要求，学校有关领导就有关问题作了进一步的汇报和说明。专家组认为，郑州大学对于进入“211 工程”的基础和条件的自我评估是实事求是的；所确定的“‘九五’期间打好基础，到 2010 年，把郑州大学建设成为文、理、工全面发展、以工科为主的综合性大学，综合实力达到国内同类大学先进水平，某些学科与研究方向达到国内一流水平”的总体建设目标是适宜的；所提出的发展思路、建设规划和主要措施是基本可行的。专家组一致建议通过郑州大学的“211 工程”部门预审。

〔**教学管理**〕 10月，全省普通高校教学改革座谈会在平顶山市召开。会议交流了各校教学改革的经验，并就校风、学风、考风建设问题进行了研讨，部署了高校教学改革的目标任务。

加强普通高校计算机基础教育，提高教学质量。在调查研究和广泛征求意见的基础上，拟定了《关于加强河南省普通高校计算机基础教育的若干意见》，对高校计算机基础教育加强指导。自1994年初着手抓高校计算机基础教育以来，经过三年的努力，高校计算机基础教育越来越受到重视，财力、物力、人力三个方面的投入明显提高。有近90%的高校加大了教学改革力度，改善了教学条件，有近50%的高校计算机课程定为必修课，全省高校计算机基础教育有了一个较好的发展势头。1996年，参加全省普通高校非计算机专业学校计算机基础知识与应用能力考试的高校由1995年的27所增加到36所，报名人数由9000多人增加到12000多人。

开展高教研究重点课题申报和研究及教学成果鉴定工作。8月，开展了1996年高教研究重点课题申报，申请1996年高教研究重点课题的100项中，有22项被确定为1996年高教研究重点课题，占申请课题总数的22%。根据《河南省普通高校教学成果鉴定细则》，省教委首次对高校开展了教学成果鉴定工作，有215项教学成果通过省级鉴定。

新增专业评审。省高校专业设置委员会对27所高校申报86个专业进行了评审。在评审中，既坚持省委、省政府关于加强工科、财经等应用性专业建设的指导思想，又遵循国家教委有关专业设置的政策精神，加强专业点的总量控制，注意全省合理布局，拓宽专业面，切实根据需要增设专业。经过专家评审，共评出新增专业30个，其中本科专业15个，专科专业15个。筹建专业5个。按学科门类分：工科13个，经济3个，文学5个，农医1个，法律2个，师范6个。1996年，国务院学位办批准河南省新增博士点2个（郑州大学、河南医科大学各1个）；硕士点34个，其中省属高校26个，部属高校8个。

教学评价工作。省教委成立新乡医学院教学评价指导小组，到学校现场办公，针对存在问题与学校共同研究解决措施，并拨出专项经费予以支持。新乡医学院根据国家教委确定的43项评价指标，发动全院教职工克服困难，努力完成。11月4～8日，国家教委组织专家组对新乡医学院进行了教学评价。认为新乡医学院教学条件、教学管理、校风、学风建设等主要方面都有很大改观，学校面貌发生了明显变化，给予了充分肯定，并做出学院教学评价合格的结论。

〔**教师队伍建设**〕 1996年，制定了《河南省高等学校师资培训"九五"规划要点》，提出通过选拔培养及引进，到2000年，培养20名45岁左右的教师达到国内领先水平，选拔培养300名优秀中青年骨干教师成为全省高校跨世纪的学科带头人；研究生毕业学历的教师比例达到30%；非研究生毕业学历的青年教师经过培训，80%以上要达到研究生毕业同等学力，教师队伍的职务结构高级、中级、初级比例达到3.5∶4.5∶2.0，年龄结构的老中青比例达到2∶3∶5。建立起一支政治业务素质优良，结构优化，充满活力，相对稳定的师资队伍。

骨干教师培养工作。1月，省教委组织有

关专家对第一批115名优秀骨干教师进行了考核，考核结果显示，这批骨干教师经过三年培养扶持，在教学、科研工作中取得了成绩。他们中多数已成为新的学科带头人，有48人获省部级以上劳动模范、优秀教师等荣誉称号，有51人担任系处级以上业务行政职务。三年中，他们共出版专著或教材205部，发表论文1271篇，完成科技成果272项，省部级以上项目127项，有84项成果获省部级以上奖励。为进一步加强和完善优秀中青年教师选拔培养工作，11月，省教委印发了《河南省高校优秀中青年骨干教师培养工作管理办法》和《河南省高等学校优秀中青年教师培养工作奖励办法》。

年初，中国科学院院士霍裕平到郑州大学工作，结束了河南高校没有院士的历史。1996年，省属高校引进及回校的定向委培博士共45人，硕士51人，派出34名青年教师攻读博士、硕士学位，207名教师参加访问学者和骨干教师进修班、助教进修班等各种形式的研究进修。

〔**科技成果转让和科教扶贫**〕 1996年，全省高等学校共有183项科技成果通过了省级科技成果鉴定。其中，82项获省科技进步奖，10项获“星火”奖。为展示高等学校近年的科技成果和科技实力，进一步推进高等学校科技成果的推广应用工作，6月，河南高校科技成果及全省基础研究成果展示交易会在郑州召开。29所高校和4个科研单位的1185项科技成果参加了展示交易活动。其中，195项曾获国家级及省部级奖励，43项已获国家专利。参加交易大会的人员达20000多人，参加洽谈的企业、乡镇等达500多家，与企业、乡镇洽谈签订技术转让协议700多项，成交额5000多万元。

高校科技扶贫。5月，郑州大学、河南大学、郑州工业大学、洛阳工学院、郑州粮食学院、河南农业大学、河南师范大学、信阳师范学院、信阳农业专科学校9所高校的79名专家精选科技成果150项，赴信阳开展科教扶贫活动。信阳地区9县1市的企业和有关乡镇、有关局委共计750人参加了科技成果转让与人才培养的洽谈活动。这次活动共达成合作与转让意向184项，其中近期可实施85项。信阳地区提出工农业生产中的技术难题94项，都与有关高校的专家签订了合作研究意向。签订短期实用人才培养协议20多个，首期培训1100多人。

〔**教育国际交流**〕 1996年，河南教育系统共派出国团组18个，60人次，出境参加学术会议48人次，单位公派留学人员42人，自费出国留学153人。接待国外友好团组5个。在外籍专家的管理和使用上已日趋规范化、科学化和制度化，并建立了一些较为稳定的聘请渠道，使聘请专家的质量得到保证。1996年共聘请外国文教专家和教师80人，高校招收来华留学生达到260人。

成人教育

〔**扫盲和成人文化技术教育**〕 1996年，河南省全年累计培训城镇职工43.9万人次，乡村企业职工、农业和回乡初高中毕业生541万人次，对83.51万农民进行了人口教育。共完成35个县（市、区）扫除青壮年文盲单位验收任务，扫除青壮年文盲30.2万人，通过扫除青壮年文盲验收的县（市、区）达到128个，占全省县（市、区）总数的81.5%，青壮年非文盲率达到95%左右。其中，郑州、焦作、漯河、三门峡、鹤壁、许昌市和驻马店地区7个市地所属县（市区）全部通过扫除青壮年文盲单位验收。新郑市、长葛市、清丰县、信阳县4个县受到国家教委和财政部的联合表彰，新野县王庄镇成人学校和延津县城关镇西街学校等6个单位和马景武等11人获得首届“中华扫盲奖”。

〔**成人高等教育**〕 全省独立设置的成人高等学校52所，普通高校附设成人教育机构和市地级电大分校共61处。成人高等学历教育招生比上年增加790人，在校生比上年增加2230人。成人学历教育本专科所占比例为：招生中本科占7%，专科占93%；在校生中本科占6.4%，专科占93.6%。另外，成人高校非学历教育各种培训结业人数2.02万人，招生2.6万人，在校生5.25万人。

实行“以量化考核为主，全面开展普通高校函授、夜大学评估”的办法，印发《普通高等学校函授教育评估指标体系》，规定了评估要素、办学指导思想等14项评估指标和专业设置、考场纪律等66项评估要素。对全省37所（其中包括部委委托评估的2所）举办函授教育、15所举办夜大学的普通高校（其中同时具有举办函授、夜大学教育二种办学资格的学校12所）按照评估指标体系逐校逐项进行评估。

在广播电视大学进行“注册视听生”招生试点，招收法律、财会、英语三个专业学员9000人；扩大成人高职班试点，5所成人高校的8个专业招收学生244人；调整实用人才专业班政策，进一步区别其与学历教育的界线，再次重申实用人才专业班的非学历教育性质，规定“脱产学习学制为一年半，学员学习结束，发给高等教育实用人才结业证书”；对成人高等教育毕业生开始运用计算机管理；对96级新生进行复查，高等学历教育处理替考等违纪学生73人。

〔**社会力量办学**〕 对社会力量办学进行重新登记、检查评估，培训法人代表，逐步推行任职资格制度，持证办学；规范社会力量办学的学校名称，健全社会力量办学规章制度。

根据《河南省人民政府批转省教委关于整顿我省社会力量办学的报告的通知》精神，省教委组织开展了全省社会力量办学清理整顿工作。全省社会力量举办的各级各类学校（中心）进行登记的有 2851 所，通过检查评估，合格或基本合格的为 2503 所，不合格学校 348 所，其中取消办学资格的 225 所，停止 1996 年招生，限期整顿的 123 所。在合格的 2626 所学校中，初等层次 1925 所，中等层次 606 所，高等层次 95 所。体现了社会力量办学以中、初等职业技术和成人教育为主的指导思想。印发了《关于社会力量举办高等层次非学历教育申报手续的暂行规定》，省教委成立了专家评审委员会，量化了办学条件，严格了报批手续。制定了《关于社会力量办学招生广告（简章）审批暂行规定》，针对近年来社会力量办学在招生广告中或简章中经常出现的问题，提出 12 条意见。

规范社会力量办学名称。要求社会力量举办学校名称要体现学校属地、性质的原则，非学历高等层次学校不得称“大学”、“专科学校”，必须加上“专修”、“进修”、“培训”、“辅导”等字样。

培训社会力量办学法人代表，逐步推行任职资格制度。11 月，省教委在河南大学举办河南省高等层次社会力量办学单位校长（负责人）岗位培训班。以政策法规、领导科学、教育管理、学校管理、管理心理学等为主要培训内容，对 84 个办学单位的 87 位校长（负责人）进行了培训。

〔**成人中专教育**〕　继续实行成人中专招收学员凭初、高中毕业证免试入学和分两次报名两次录取的招生改革措施，使成人中专招生摆脱了多年徘徊不前的局面，成人大中专招生结构比例倒挂的问题有了明显的好转。包括广播电视中专、干部中专、职工中专、农民中专、函授中专和小学教师进修学校在内的独立设置的 244 所成人中专学校以及普通中专、成人高校附设成人中专 1996 年共招生 9.8 万人，在校生达 21.46 万人。毕业生 4.88 万人。

〔**自学考试**〕　自学考试以贯彻教考分离，提高考试质量为目的，重点完善了命题、制卷工作，淡化主考学校命题职能，增加使用非主考学校命题，进一步加强实践环节的考核工作。1996 年，河南省开考专业 55 个，其中专科 41 个，本科 14 个；委托开考 29 个，面向社会开考 26 个。考试课程 677 门，报考 67273 人。考生以高中、中专学历为主，除鹤壁市、三门峡市外，其余 15 个市地报考人数均超过万人，仅郑州市考生达到 8.4 万人。1996 年，自学考试方面 45 个专业毕业学生累计达到 100382 人。

撰稿　孙增福　韩　冰

审稿　亓国瑞

湖北省教育

概　　况

〔基本情况〕

1996年各级普通学校基本情况

单位：人

学校类别	学校数(所)	毕业生数	招生数	在校学生数	教职工数	
					计	其中专任教师
一、普通高等学校	56	51779	61239	202157	66295	25735
研究生	(24)	3038	4402	12248		
本　科	34	24041	36019	125063		
专　科	22	24700	20818	64846		
二、中等专业学校	250	69947	127276	354583	34822	18410
中等技术学校	215	58069	106298	301879	28946	14711
中等师范学校	35	11878	20978	52704	5876	3699
三、普通中学	3630	692222	965064	2626686	218574	175575
高　中	569	98932	151322	409831		31345
初　中	3061	593290	813742	2216855		144230
四、农业、职业中学	395	50422	69517	179415	17119	12685
高　中	270	36663	47311	123007		8877
初　中	125	13759	22206	56408		3808
五、工读学校	2				30	17
六、小学	28979	901859	1250494	6999023	345171	309804
七、特殊教育学校	62	702	1220	5177	1382	985
八、幼儿园	3502		785659	1015997	47279	34690

1996 年各级成人学校基本情况

单位:人

学校类别	学校数(所)	毕业生数	招生数	在校学生数	教职工数	
					计	其中专任教师
一、成人高等学校	75	50263	56888	167973	11541	5548
广播电视大学	18	11074	11075	27653	4165	2217
职工高等学校	37	3277	4562	13410	3432	1520
农民高等学校						
管理干部学院	9	3807	3682	10225	1957	794
教育学院	10	2561	3293	8197	1947	983
独立函授学院	1	512	826	2652	40	34
普通高校举办:						
函授部		21750	21382	73228		
夜大学		2705	3535	12161		
成人脱产班		4577	8533	20447		
二、成人中等专业学校	308	55408	64978	165732	13855	7852
广播电视中专	6	2343	2656	8869	715	375
干部中专	10	2028	2054	6049	458	279
职工中专	174	29670	35167	90618	7504	4299
农民中专	62	6092	8716	19738	1662	1032
函授中专	10	8207	7762	16788	1374	669
教师进修学校	46	7068	8623	23670	2142	1198
三、成人中学	124	19490	20777	22444	644	410
职工中学	32	3073	3460	5698	418	259
农民中学	92	16417	17317	16746	226	151
四、成人技术培训学校	10845	2286528	1942347	1388067	20376	9465
职工技术培训学校	432	160585	157518	91436	2899	2121
农民技术培训学校	10413	2125943	1784829	1296631	17477	7344
五、成人初等学校	7558	166107	148134	142833	6521	3916
职工初等学校	49	8405	7692	4034	172	103
农民初等学校	7509	157702	140442	138799	6349	3813
其中:扫盲班	6675	133074	115160	111489	5385	3027

制表　张文斌

〔**教育工作综述**〕 1996年，湖北省加快教育改革和发展，实施“科教兴鄂”战略，提高教育质量和效益，全年各项主要指标均达到或超过年初预定计划，为顺利实施“九五”计划创造了良好开端。

1. 制订并完善了湖北教育发展“九五”规划及2010年主要目标。省教委总结了“八五”期间湖北教育发展取得的成绩、经验和存在的问题，就湖北教育今后发展的思路广泛征求意见，在此基础上，确定了湖北省“九五”及2010年教育发展的指导方针、工作思路和主要任务、目标。为湖北教育改革和发展奠定了基础。

2. 实施“科教兴鄂”战略取得新的成绩。(1) 为经济建设培养大批合格人才。积极组织成人中专和成人文化技术学校开展职工岗位培训和培养农村科技致富带头人工作，1996年全省培训企业职工和农村科技致富带头人共229万人次。(2) 加强大中专院校科研和科技开发、科技服务。一是继续组织实施“大学——乡镇合作计划”和“中专——乡镇合作计划”，推动乡镇企业科技进步。有46所高校与69个县（市、区）的288个乡镇开展819项合作项目，预计产生经济效益12亿元；有180所中专学校与乡镇企业开展合作项目360个，也取得良好的经济效益。二是组织产学研合作，共同开展科技攻关。14所高校与43家大中型企业共同承担合作项目52项，预计新增效益15亿元。三是组织科技扶贫。11所高校与12个县（市）建立伙伴关系，36所高校对口支援12个特困县，10余所高校组织科技人员到咸丰县开展科技扶贫，已洽谈20多个合作项目，一批项目已开始实施。(3) 大力发展校办产业和开展勤工俭学活动，直接参加经济建设。全省有校办企业3800家，校办农业基地2.53万公顷，第三产业网点2.2万个，从业人员7.5万人。中小学勤工俭学总产值42亿元，纯利润6亿元，纯收入用于补充教育经费达4亿元。高校校办产业销售收入10亿元，利税2.5亿元。

3. 加大对贫困地区教育扶持力度，普及九年义务教育和扫除文盲工作取得较大进展。一是进一步落实“两基”（基本普及九年义务教育、基本扫除青壮年文盲）工作规划，促进“两基”工作健康发展。至1996年底，全省已有12个地市完成了基本扫除青壮年文盲任务，占全省县（市、区）总数的90%，覆盖人口80%左右；已有48个县（市、区）通过“两基”验收，占全省县（市、区）的47.5%，覆盖总人口39.8%。二是继续调整中小学布局，改善办学条件，提高办学效益。三是大力扶持贫困山区，全面实施“贫困地区普及九年义务教育工程”。同时，教育对口扶贫工作取得新的进展，支援民族地区咸丰县资金达710万元，支援三峡库区4县资金达1094万元，达成意向资金1800万元。

4. 高等教育办学效益和教育质量进一步提高。一是联合办学进一步扩大。继1995年省政府与国家教委签订共建武汉大学、华中理工大学协议后，1996年省政府又与中央有关部委签订了共建中国地质大学、武汉工业大学、武汉测绘科技大学、中南财经大学、同济医科大学、华中农业大学、武汉交通科技大学等校协议；武汉市政府与国家教委正式签订共建华中师范大学协议；省教委与宜昌市政府签订了共建共管湖北三峡学院协议；武汉水利电力大学与葛洲坝水电工程学院完成合并工作。同时，高校校际之间、高校与部门、地方之间、高校与企业、科研单位之间的联合办学也取得新的进展。二是制订规划，推进高校改革。在调查研究的基础上，省教委制订了《湖北普通高等教育“九五”规划及2010年事业发展目标》，并向省政府提出了《关于进一步优化我省普通高等教育结构的报告》和《关于调整武汉市高等教育结构的报告》，积极推进湖北高等教育改革和发展上一个新的台阶。三是积极支持高校“211工程”建设。四是加强省属高校重点学科建设。对部分重点学科建设进行检查验收，修订重点学科建设管理办法，组织遴选第二批重点学科。五是完善各项管理制度，加强检查评估，促进提高教育质量和管理水平。

5. 积极推行依法治教。(1) 大力加强义务教育的执法和监督。按照有关法律法规，全省基本落实了义务教育通知入学制度、学生流失报告制度、完成义务教育证书制度。加强学校收费管理，制止乱收费工作取得了阶段性成果。(2) 加强教育审计工作。一是进一步建立健全教育审计制度；二是围绕教育投入，开展教育经费的审计和调查；三是强化审计监督，抓好财务收支审计和重点经济问题审计；四是开展审计服务，抓好法人离任审计和内控审计。通过教育审计，全年共取得直接经济效益8140.45万元。(3) 认真贯彻《教师法》，加强教师队伍建设。一是加快中小学教师培养、培训步伐。小学、初中、高中教师的学历达标率分别达到96%、75%、60%。二是开展全省中小学校长岗位培训。完成了全部中小学校长培训，并开始实行中小学校长持证上岗制度。三是对各级教委主任、重点中小学校长、部分学科骨干教师进行了计算机多媒体技术及其在教育、教学中运用的培训。四是加强对高校青年教师的培养，实施跨世纪人才工程，大力选拔培养学术带头人，完成国家级和省级优秀专家的推荐和优秀中青年教师研究基金申报工作。五是改善教师待遇，鼓励教师终身从教。1996年落实“民转公”指标1.5万名，一批优秀民办教师转为公办教师；开始实施教师资格证书制度，到1996年底，全省已有60多万名教师拿到证书；全省教师人均住房面积达到8.4平方米；表彰了一批优秀教职工。六是进一步完善教师专业技术职务评聘机制，组建了高校、中专等6个评委会专家库。七是完成第四批援藏教师选派，以及城市教师对口支援农村教育的工作。

6. 教育抗洪救灾取得胜利。1996年，湖北遭遇特大洪涝灾害，全省有69个县（市）的6310所学校受灾，占全省中小学的18.78%，共倒塌校舍22.94万平方米，新增危房69.78万平方米，各类损失达4.09亿元。灾情发生后，省教委以“保规划、保目标、保发展”为重点，采取8条措施指导各地救灾复校。经过上下及各方面共同努力，全省99.7%的中小学9月1日按期开学，重灾区的部分学校也在9月10日前开学。

7. 学校思想政治工作和德育工作进一步加强。各高校进行了思想政治课和马列主义理论课的教学改革，积极开展人文素质教育，加强校园环境的综合治理，大力推进勤工助学工作，保持了高校稳定，校风、学风出现了新的面貌。中小学德育队伍建设得到进一步加强，全省确定命名4个国家级、44个省级和一批县（市）级校外德育基地，学校德育环境得到改善。中共十四届六中全会召开后，全省各级各类学校把加强社会主义精神文明建设作为学校德育工作新目标，采取有力措施积极落实。

8. 进行省级教育机构改革。1996年5月，省政府批准了省教委职能配置、内设机构和人员编制方案。经省编委批准，原有的湖北省高等学校招生办公室、自学考试委员会办公室、高中生毕业会考办公室合并成立省考试院，在职业技术教育教研室基础上成立湖北省职业教育研究中心。10月，中共湖北省委、省政府决定，省委高校工委、省教委合并，实行“两块牌子，一套班子”，承担两委原承担的职责。至年底，省级教育机构改革任务基本完成。

1996年，湖北省教育存在的主要问题是：教育立法滞后，依法治教力度不强；教育为经济服务的科学机制还未建立；教育投入不足，制约了事业的发展；教育内部的各种关系没有完全理顺，各类教育发展还不平衡；教育质量有待进一步提高。这些将作为今后工作的重点，逐一加以解决。

湖北省教委办公室 供稿

基础教育

〔**义务教育**〕 1996年5月，省教委召开全省“两基”工作经验交流会，总结成绩，推广经验，并针对普及九年义务教育（简称“普九”）的薄弱环节部署工作。全省上下狠抓了小学适龄儿童的普及率、小学毕业生升初中的直升率和中小学生完成九年义务教育毕业率。1996年在遭受严重水灾的情况下，全省义务教育主要指标达到了国家对二片地区的要求。组织力量对19个县（市、区）基本“普九”进行了评估验收。全省已有48个县（市、区）通过“两基”验收，占全省县（市、区）总数的47.5%，覆盖人口近2300万人，约占全省总人口的39.8%。1996年，全省小学适龄儿童入学率达到99.5%，小学毕业生升初中的比率达到92.7%，初中、小学学生年辍学率分别控制在5.04%和1.42%以内。

1996年，继续对全省38个山区县实行教育投资倾斜政策，全省各项配套、补助资金近2亿元，加上前几年利用世界银行贷款，较快地改善了贫困山区中小学办学条件，使贫困山区每个乡（镇）至少建起1所基本规范化的初中，部分山区小学实行了寄宿制。1995年～1997年，国家教委、财政部将对湖北贫困地区义务教育投资1.34亿元，加上省、市、县配套资金，全省“贫困地区普及九年义务教育工程”总投资可达5亿元以上。1996年5月，省政府分别与国家教委、财政部和有关地、市、州行署（政府）签订了实施“贫困地区普及九年义务教育工程”责任书。全省38个贫困县已落实土建子项目1200多个，其中中学400多个，小学800多个。省教委组成专门班子，建立资金专户，负责抓好“工程”实施工作。1996年下半年，举办了由各地、市、州、县教委主任参加的“工程”培训班，还组织力量对“工程”规划和实施情况进行了一次评估检查。到1996年底，湖北“贫困地区实施九年义务教育工程”进展顺利，中央划拨给湖北的1996年度“工程”专款，加上省级配套资金共8000多万元，已下达给有关县（市）。此外，全省进一步落实了教育对口扶贫工作，支援民族地区咸丰县资金达710万元，支援三峡库区4县资金已达1094万元，达成资金意向1800万元。北京、广东等省、市以及湖北省教委机关也对三峡库区移民县（市）给予资金援助。

〔**中小学校布局调整**〕　1996年全省集中人力、物力、财力，继续进行农村学校布局调整。小学基本上一村一校，平原地区实行联村办学，山区、湖区等地区设少量教学点；初中适当集中，扩大规模，提高质量。在调整布局的同时，借鉴世界银行资金管理办法，在山区继续实行“项目管理”，在平原地区继续推行“目标管理”，即将省各项专款补助集中使用，由各级政府按一定比例筹集配套资金，省里加强质量管理的办法，调动各级政府和社会各界的办学积极性。根据国家教委要求和湖北洪涝灾害较多的实际，坚持校舍建设标准，在全省普遍推行了校舍建设审批制度，确保校舍建设质量。至1996年底，全省中小学布局调整取得明显进展，中小学校数由上年的33183所调整为32609所，中小学办学条件得到较大改善。中小学在校生由上年的921.74万人增加到1996年的962.57万人，净增40.83万人。

撰稿　雷方圣

〔**制止中小学乱收费**〕　1996年，各地严格执行中小学收费管理规定，严格把住“三关”，制止乱收费。首先，制定标准，把好政策关。省和各地教委与物价、财政部门联合制定下发了有关中小学收费管理的规定，印制了各学段学校收费标准表，并实行了挂牌收费和登记册制度，要求学校自觉接受社会和群众监督。到1996年底，全省大部分地区中小学收费实行了收费登记制度，凡收费的均登记在册，未登记的均属乱收费，家长有权拒交。其次，强化管理，把好工作关。荆门、鄂州、黄冈、随州等地市成立了以教委主任为组长的领导小组，召开专门会议，强调收费纪律，发现问题及时处理。第三，加强监督，把住责任关。各地教委、物价、审计等部门通力合作，层层实行责任制，对中小学收费实行全方位的监督检查。武汉市公开各类学校收费项目，公开标准，公布举报电话，设立举报信箱；荆门、鄂州、黄石、孝感等地市利用报刊、广播、电视等新闻媒介公布收费项目与标准。全省中小学乱收费现象有所遏制。

〔**学校常规管理**〕　1996年，加强了中小学校常规管理。通过建章立制，有效地减轻了学生课业负担，全面贯彻教育方针。黄石市提出了“四加强”、“三取消”、“两检查”的办法，即：加强德育工作，加强体育卫生工作，加强劳动技术教育，加强艺术教育；取消小学入学考试和小学升初中考试，取消频繁的周考、月考、单元考，取消奥林匹克竞赛班和各种快慢班；检查学校用书，检查学校假日补课及学生作业量，将检查情况向全市通报。武汉市提出把好“五个关口”（教材资料订购、竞赛参赛、补课培训审批、学校考试、科研课题），严格执行新课程方案，全面提高教育质量。荆门市在全市推行“教学常规”、“教学管理常规”各14条。仙桃市制订教学常规40条，分发到各校，使学校各项工作有章可循。

撰稿 秦自汉

〔**中小学德育**〕 1996年，省教委为加强中小学德育，决定成立湖北省中小学德育研究室，对中小学德育工作进行理论研究和实践探索，为领导部门进行中小学德育工作决策提供咨询服务，指导中小学德育工作实践。并在全省范围内聘请中小学德育兼职研究员，聘期3年。

7月5日，省教委发出通知，决定在全省开展中、小学德育实践研究，并确定两项重点课题：一是“中小学生日常行为规范养成教育”实验研究；二是“中小学德育工作考核与评估”实验研究。分三个层次开展实验研究：一是全省中小学大面积开展实验，通过实验推动德育工作；二是在实验区和实验学校开展实验研究，摸索经验，以点带面；三是省教委成立课题组，在集中总结各地实验研究成果的基础上，制订出指导全省德育工作的具体意见。同时，确定了湖北省中小学德育实验区两个：一是武汉市武昌区，主要承担“中小学生日常行为规范养成教育”研究；二是黄石市，主要承担“中小学德育工作考核与评估”研究。确定实验学校共35所，其中小学17所，初中10所，高中8所。

〔**特殊教育**〕 1996年12月，省教委召开全省特殊教育“八五”工作总结会，总结“八五”期间特殊教育的工作成绩和经验，并讨论了“九五”期间特殊教育改革和发展的意见。

各级政府部门把发展特殊教育事业作为一项重要工作来抓。省政府在有关文件中规定：在普及义务教育的评估验收中，要包括残疾儿童少年的入学指标，其入学率在城市和发达县（市）要达到80%，其他县（市）达到60%，对残疾儿童少年入学指标没有达到要求的县（市），义务教育暂不验收。省教委连续组织检查组，对各地特殊教育工作进行检查，并对全省3～15周岁视力、听力语言和智力三类残疾儿童少年进行全面普查，基本摸清了全省三类残疾儿童少年的数量、分布及受教育的状况等基本情况，为制订全省特殊教育事业发展规划打下了基础。同时，表彰在特殊教育中作出显著成绩的县（市、区）和学校，以推动全省特殊教育的发展。1996年，国家教委、民政部、中国残联授予松滋、咸宁、罗田、随州、天门5个县（市）“特殊教育先进县（市）”称号。

坚持多种形式办学，事业规模不断扩大。全省各地贯彻“三个一起抓”的方针，即盲、聋、弱智三类教育一起抓，办校、办班、随班就读一起抓，省、地（市）、县（市）、乡（镇）一起抓，努力扩大事业规模。1996年，全省有特殊教育学校62所，特教班39个，在校在班学生6888人，还有31980名残疾儿童少年在普通中小学随班就读。全省101个县级行政单位通过办校、办班和随班就读等形式基本扫除了特殊教育空白点。从教育层次看，除初等教育外，还有初级中等和职业高中教育。全省已基本形成以特殊教育学校为骨干，以大量的附设特教班和随班就读为主体的特殊教育格局。

特殊教育的经费筹措渠道逐步拓宽，办学条件不断改善。据不完全统计，1990年以来，全省来自各种渠道的用于特殊教育的投资达5000多万元，使特殊教育学校，特别是新办学校的办学条件有了较大的改善。经费的主要来源，一是各级财政拨款，按照分级办学、分级管理的原则，各级财政对本地学校基建、设备购置等方面加大了投入；二是从教育费附加中拨出一定比例用于特殊教育；三是努力争取社会各界、个人及有关部门捐款捐物和投资。

教师队伍建设得到加强，教师的业务能力和教育教学水平不断提高。一是重视和加强了正规培养。在襄樊市办起特殊教育师范学校，在武汉市第一师范学校成立了特殊教育师资培训中心，落实南京特教师范学校在湖北的招生计划，并将其毕业生分配到特殊教育岗位上工作。同时，已开始进行在普通中师开设特殊教育课程的实验。二是抓了短期培训。1989年以来，全省共举办24期盲、聋、弱智教育师资培训班，培训教师800余人次。此外，各地、市、县(市)也采取多种形式对特教师资进行培训。三是提高特殊教育学校教职工的政治、生活待遇，稳定教师队伍。

特殊教育学校内部各项管理逐步加强，教育教学质量不断提高。一是抓管理干部的培训。省教委举办特殊教育学校校长培训班，培训特殊教育学校的管理干部130余人次。二是抓评估检查。在各地将特殊教育学校纳入普通学校的评估检查系列基础上，省教委制定了《湖北省特殊教育学校评估标准》(试行)，并对11所学校进行了试评，促进学校的规范化管理。三是抓教育教学领域的研究和改革。依托省特殊教育专业委员会，采取老校带新校的办法，将全省特殊教育的教研工作分成6片，分别由6所老校牵头，组织多种形式的教研活动。

“九五”期间，全省特殊教育改革和发展的主要目标和任务：(1) 使可以接受普通教育的残疾儿童少年入学率达到与当地其他儿童少年同等水平。到2000年，全省适龄视力、听力语言和智力残疾儿童少年入学率分别达到80%左右。(2) 在基本普及九年义务教育的地区，在师资学历、教育教学质量、学校(班、点)管理和校舍建设、教学仪器设备等方面，逐步达到国家有关规定要求。(3) 积极发展学前教育。到2000年，使全省50%～55%左右的残疾儿童受到学前一年教育或康复训练，大中城市60%～65%的残疾儿童受到学前3年教育或康复训练。(4)到2000年，使大中城市的特殊教育学校的多数盲、聋初中毕业生能接受高级中等职业教育，其他特殊教育学校的高年级学生多数能接受职业教育。创造条件在高校开办残疾人教育大专班。

〔**教师队伍建设**〕 中小学教师学历培训。1996年，湖北省继续抓了初中教师专科“三结合”培训，高中教师专科升本科“三结合”培训及其他形式的学历培训，进一步加快了学历补偿教育的步伐。(1) 基本完成初中教师专科“三结合”培训工作。经过3年的努力，专科“三结合”共培训毕业学员17000余人，对提高初中教师学历合格率起了重要作用。(2) 加强了本科“三结合”培训的教学与常规管理工作。重点抓了中心教研组的备课，主讲教师和辅导教师的选派，以及命题、阅卷、考试的组织管理等方面的工作，并召开专题会议，总结成绩，交流经验，研究解决问题，使本科“三结合”培训进展顺利。(3) 积极组织动员未达标的中小学在职教师参加成人高考，进修本、专科学历。据统计，1996年全省报考的中小学教师达3.5

万余人，共录取9700多人，其中本科1700多人，专科近8000人。同时，加强了对成人高师类在籍学员的管理，在保证教学质量的前提下，力保巩固率、毕业率。1996年成人师范类院校（班）共毕业1万余人，其中本科3900多人，专科6800多人。经过培训和普通师范院校毕业生的补充，全省高中、初中、小学教师的学历达标率已分别达到56.45%、73%和89.24%。

小学骨干教师培训。(1)确定培训目标。通过培训，使参训学员树立正确的教育观，更新知识，提高能力，掌握现代教育技术，逐步成为适应我国基础教育改革和发展需要的骨干教师，有的逐步成长为学科领域的带头人。(2)制订培训课程计划，编写教材。1996年3月18日，省教委印发《湖北省小学骨干教师培训课程计划》。课程包括必修课和选修课两部分。必修课为全省统一课程，省组织编写指导性的学习纲要和主干教材；选修课为地方安排课程，由地、市、州教育部门组织编写学习纲要、教材和专题资料。省教委组织编写了《小学生个性差异与因材施教》等5门必修课教材。1996年共举办4期有208人参加的全省小学骨干教师培训备课班，共有5000余名小学骨干教师参加了培训。培养中学骨干教师及学科带头人。为解决全省中学教师中骨干教师数量不足、学历偏低、年龄老化的问题。1996年秋季，省教委委托湖北教育学院举办全省中学骨干教师和学科带头人培训班。培训形式为全脱产，层次为专科升本科，学制两年，开办汉语言文学教育、政治和思想品德教育、数学教育、物理教育、化学教育5个专业。招生采取推荐保送与考试相结合的办法，选招对象为全省重点中学（含农村重点实验初中）有培养前途的优秀青年教师。经各地、市、州推荐，全省统一考试，择优录取100人。推进中小学教师继续教育。（1）组织小学教师进行练好“三笔字”、普通话、简笔画、简易教具制作等基本功训练。进一步扩大训练面，注重训练质量和训练水平，通过举办竞赛等活动，不断提高训练水平。（2）扩大了初中教师继续教育的研究、试点工作。中学教师继续教育实验区由7个扩大到12个。通过研究—实验—总结交流—再实验，各实验区都取得了阶段性成果。1996年4月，省教委在汉川县召开了实验区实验工作汇报会，交流了实验成果。

撰稿　雷方圣

职 业 教 育

〔**综述**〕　1996年，湖北省职业教育继续保持良好的发展势头。与1995年相比，普通中等专业学校和农业、职业中学招生数增加1.2万余人，在校学生数增加6.4万人，分别增加6.4%和13.7%。

湖北省职业教育发展的基本经验是：(1) 坚持为经济建设和社会发展服务的办学方向。各职业中学广泛开展"办好一个骨干专业，培养一批合格人才，生产一个拳头产品，推广一批实用技术，致富一片乡村农户"的活动，取得了显著成绩。"中专——乡镇合作计划"已实施两年，通过培养培训人才、开展科技咨询、信息交流、技术推广活动，为当地经济发展作出了一定贡献。(2) 不断深化改革，促进职教事业健康发展。在办学体制上，拓宽办学渠道。到1996年底，全省中等职业学校由部门和企业办的占一半以上，招生数和在校学生数占80%以上，还批准试办10所民办中专。在管理体制上，充分发挥政府统筹、教委协调管理、部门参与的作用。在学校内部运行机制上，根据社会对人才的需求，不断扩大服务面，大力加强第一产业类专业、调整提高第二产业类专业，积极发展第三产业类专业，并实行"主兼结合"，努力培养综合型人才。同时积极进行招生、毕业生分配和学生缴费上学的改革，增强办学活力。(3) 集中力量办好重点学校，发挥重点学校的骨干示范作用。全省评选出国家级重点职业学校43所（职高18所、中专12所、技校13所）、省部级重点职业学校110所（职高41所，中专40所，技校29所）。这些学校规模大、条件好、管理严、质量高，已成为当地人才培养的基地和全省职业教育的窗口。(4) 切实加强对职业教育的领导。湖北省各级党政领导重视职业教育，把发展职业教育列入当地经济建设和社会发展的总体规划，党政领导亲自抓，经常深入职业学校检查指导工作，帮助学校排忧解难，制订优惠政策，增加经费投入，改善办学条件，加强督导评估。省计划、财政、劳动、人事、经贸、农业及其他有关部门，都为发展职业教育做了大量工作，初步形成了有利于职业技术教育健康发展的社会环境。

湖北省职业教育还存在一些较为突出的问题。(1) 发展不平衡。由于各地、各行业经济状况和对职业教育的重视程度有差别，致使职业教育的综合实力和办学水平差距有扩大的趋势。(2) 结构不合理。农业类和艰苦行业的职业学校招生困难，文财类发展过快，高等职业教育还很薄弱，有些地方职业学校布局分散，规模过小，效益很低。(3) 投入不足。各级财政虽然作了很大努力，但由于职业教育基础差，培养成本高，投入不足的问题仍很突出。多渠道筹措职业教育经费难以落实，社会向学校乱收费现象严重。(4) 管理有待理顺。一些地方还存在乱办学、乱办班、乱招生、乱设专业、滥发文凭和证书等现象。职业教育服务体系还不够健全，教研工作还很薄弱，师资水平急需提高。(5) 社会鄙薄职业教育和教育内部片面追求升学率的顽症依然存在，影响了职业教育的发展和提高。这些问题有待通过贯彻《职业教育法》，在深化改革，依法治教中加以解决。

〔**全省职业教育工作会议**〕 1996年12月30～31日，省政府在武昌召开全省职业教育工作会议。会议的主要议题是：深入学习《职业教育法》和全国职业教育工作会议精神，研究全省"九五"期间职业教育改革和发展计划和2010年远景目标，讨论修改省政府《关于实施〈职业教育法〉，加快发展职业教育的若干意见（讨论稿）》，总结交流"八五”期间发展职业教育的经验，表彰为发展职业教育作出突出贡献的先进集体和先进工作者。副省长韩南鹏在会上作了题为《深化改革，依法治教，开创我省职业教育工作的新局面》的讲话，省教委主任孙德华以《实施〈职业教育法〉，为实现我省职业教育跨世纪发展目标而奋斗》为题，报告了全省教育工作的现状和今后的任务。会议交流了经验，并举行了颁奖仪式，省政府授予51个单位“湖北省职业教育先进集体”，授予150人“湖北省职业教育先进工作者”。省长助理王少阶在闭幕式上作了会议总结。会议对全省职业教育的发展将会起到积极的推动作用。

〔职业教育“九五”计划和2010年远景目标〕 1996年，省教委制订了到本世纪末职业教育发展计划，并提出下世纪初的远景目标，其指导方针是：大力发展，深化改革，优化结构，提高水平，依法治教。主要奋斗目标是：到2000年，全省中等职业学校招生数和在校生数均占高中阶段学生数的60%，大中城市和经济发达地区适当加快发展速度。农村普通初中毕业生都要实行毕业证和实用技术培训合格证（简称“双证”）的制度，城乡80%以上的从业人员都要受到就业培训。高等职业教育有较大发展，力争到2000年年招生1万人以上，在校生3万人以上。具体要点如下：

1. 巩固提高初等职业教育。山区和欠发达地区，扎扎实实巩固和办好一批职业初中，发挥骨干示范作用。其他地方以“短训为主”、“渗透为主”，强化农村普通初中劳技课和毕业前的实用技术培训，严格执行“双证”制度，并纳入“普九”达标要求。

2. 重点发展中等职业教育。要调整学校布局，扩大规模，提高质量和效益。要继续采取有力措施办好普通中专。市县政府要积极创办融职前职后教育于一体，学历教育与非学历教育相结合，能起骨干示范作用的职业教育中心学校。继续办好重点职业学校，其中一部分要创办成国家级重点学校。已被认定的重点职业学校要再创新水平，办成国内一流学校，积极与国际职业教育接轨，带动全省中等职业教育向高标准、高质量、高覆盖率方向发展。

3. 积极推进高等职业教育。要按照“统筹规划、合理布局、面向基层、办出特色、积极试点、逐步规范”的原则，加快发展速度。发展高等职业教育要与高等教育结构调整相结合，充分利用现有教育资源，主要措施是：（1）支持有条件的普通高校举办高等职业教育；（2）对非师范类的专科学校、职业大学和条件较好的单设成人高校进行目标调整和专业改造，创办成职业技术学院；（3）从国家级和省部级重点普通中专和有条件的职业教育中心中，根据行业需要，择优试点。

4. 广泛开展多种形式的职业培训。全省职业培训机构和各类职业学校要对大多数从业人员进行从业前培训、转业培训、学徒培训、在岗培训、转岗培训及其他职业性培训，办好高级技工职业培训教育，形成初级、中级、高级相配套的培训网络。

到本世纪末，全省基本形成职业学校教育与职业培训并举，并与其他教育相互沟通、协调发展的职业教育体系。到2010年，职业教育的规模和水平要进一步提高，结构更加合理，体系更加健全。

供稿　湖北省教委职教处

高 等 教 育

〔综述〕 1996年，湖北省高等教育工作按照“解放思想，实事求是，深化改革，优化结构，突出重点，加强评估，提高质量”的基本思路，较好地完成了全年工作任务。

1. 面向21世纪，做好“九五”规划。在总结“八五”期间湖北省普通高等教育改革和发展经验的基础上，根据湖北省经济和社会发展的要求，制订了《湖北省普通高等教育“九五”规划及2010年事业发展目标》，提出了“九五”期间湖北省普通高等教育改革和发展总的指导思想、基本方针、主要目标和任务、主要措施。

2. 抓好宏观规划，推进体制改革。在调查研究的基础上，省教委提出了《关于进一步优化我省普通高等教育结构的报告》和《关于调整武汉市高等教育结构的报告》，为省政府决策提供了参考咨询意见，积极做好部分高校合并、合作办学工作，进一步推进高校办学体制改革。

3. 加强马克思主义理论课建设和改革。召开全省高校马克思主义理论教育研究会代表大会，贯彻国家教委《关于高校马克思主义理论课和思想品德课教学改革的若干意见》等文件精神，推动教学改革的深入。组织部分马克思主义理论课教师考察浦东、张家港、华西村，丰富了教学内容。成立湖北省普通高等学校马克思主义理论课课程教学指导委员会。组织有关专家对湖北大学马克思主义理论课教学改革试点工作进行总结评价，以推动全省高校马克思主义理论课改革。组织了暑期高校马列课部主任讲习班，交流教学改革经验，组织专题讲座，促进教学质量提高。

4. 加强重点学科建设，深化教育教学改革。(1) 继续加强省属高校重点学科建设。对“八五”省级重点学科组织验收13个学科点，制订了《“九五”湖北省高等学校省级重点学科建设的意见》，组织申报遴选第二批省属高校重点学科。(2) 面向21世纪，抓好教学内容和课程体系改革。组织和支持各高校申报国家教委“面向21世纪，教学内容和课程体系改革”研究项目。做好1996年教学改革研究立项工作，共立项151项。(3) 加强大学生的素质和能力培养。经专家筛选，向全省高校学生推荐了一批人文素质教育方面的书目。组织大学生数学建模和科研成果评选表彰（表彰362项）。(4) 启动“跨世纪人才工程”。制订了《湖北省属普通高等学校选拔和培养跨世纪学科带头人和学术骨干实施办法》，组织高校申报省级学科带头人和学术骨干。(5) 组织编制了《湖北省高等学校图书馆“九五”发展规划》，指导全省高校图书资料建设。(6) 制定下发高校非计算机专业的计算机课程教学基本要求，促进高校计算机课程教学的规范化。

5. 加强检查评估，推动高校上质量上水

平。(1)继续抓紧抓好高校“211工程”建设。继1995年中国地质大学(武汉)、武汉大学、华中理工大学“211工程”通过部门预审后,1996年又有武汉水利电力大学、武汉测绘科技大学、武汉工业大学通过部门预审。至此,湖北地区已有6所高校通过部门预审。(2)根据国家教委教学工作评价标准,要求和安排,加强督促、检查,促进参评学校改善条件,提高教学管理水平。(3)组织专家对8所专科学校的专业办学水平进行抽查评价,促进专科学校加强专业建设和管理,改善办学条件,提高办学水平。(4)开始实施全省高校基础实验室评价工作。对华中理工大学12个实验室进行了评价,为1997年全面开展评价工作打下了基础。(5)对全省34所普通本科院校和5所军事院校大学生英语教学进行评价,授予18所高校“大学英语教学先进单位”称号。(6)初步拟定了全省高校综合办学水平评估指标体系,为1997年全省高校进行全面检查打下基础。

6. 完善管理制度,提高教学管理水平。制发了《关于贯彻〈普通高等学校学生管理规定〉若干问题的处理意见》,规范了高校学生学籍管理。加强高校学历证书发放管理。1996年全省高校学生学历全部实行计算机管理。

7. 继续抓好高校稳定工作。一是以预防为主抓好综合治理。召开综合治理工作会议,提出综合治理方案,并加强督促检查,逐项落实。二是抓好新形势下的勤工助学工作,解决特困学生的困难。1996年拨款100万元,扶持高校建立勤工助学基金;召开全省高校勤工助学工作经验交流会,进一步推动各校勤工助学工作。

〔**课程体系和教学改革**〕 华中理工大学面向21世纪改革人才培养模式,以培养宽口径、复合型人才为目标,按照拓宽的教学计划要求,深入进行课程体系和教学内容的改革,以提高学生的全面素质。1996年已有27门和5门课程分别获得校级和省级优秀课程称号,课程教学质量得到稳步提高。

华中理工大学以充实内涵、提高质量为深化教学改革的指导思想,着力拓宽专业口径,实行按学院(系)招生,按大类培养。将原有57个专业归并为34个专业,形成宽口径专业,并将课程体系改革作为拓宽专业口径的实质性内容。

在课程体系改革中,华中理工大学先后制定了《加强课程建设工作的若干规定》、《课程负责人实施办法》、《优秀教学成果(含优秀课程)奖评选办法》等文件,并采取措施,有计划分步骤地将基础课、技术基础课建成优秀课程。学校列出首批重点建设的60门课程中,主要是基础课和技术基础课。重点规划了数学、物理、外语、计算机、力学、机械设计、电工、电子技术、人文社科、经济管理等10大课程系列建设,以加速课程内容更新,增强系列课程的系统性和科学性,优化学生的知识结构。学校每年重点研究实施2至3门系列课程建设,计划到2000年逐步完成并将全校90%的公共课、基础课和量大面广的主要技术基础课建成优秀课程。

学校设立教学改革基金,重点支持课程体系和教学内容改革项目。到1996年底,华中理工大学共拨款370万元,资助立项课程,已完成项目191个,其中有9项成果获国家级奖励,48项成果获省级奖励。在国家教委1995年制定的“面向21世纪高等工程教育教学内容课程体系改革计划”立项中,该校作为牵头单位有3项，作为主持单位有4项。

华中理工大学正在围绕人才培养目标和模式的改革试点，包括本科、硕士一贯制的培养体系、复合型人才的培养、专业教育与素质教育并重的教育教学体系等，进行更加深入的重组新的课程体系和改革教学内容的探索。

〔**高校科技工作**〕　1996年11月5～6日，省教委、省科委联合在武汉测绘科技大学召开全省高等学校科技工作会议。会议总结了“八五”期间高校科技工作的成绩和经验，研究部署“九五”期间高校科技工作的指导思想和主要任务。

“八五”期间，湖北地区高校科技实力进一步增强；科研项目增多，经费增加；人文社会科学和软科学研究具有优势；科技学术交流广泛、活跃；高校校办科技产业在调整中发展，在辐射技术、转化成果、培养人才等方面都作出积极贡献；面向经济建设主战场，高校接受企业委托或同企业合作开发、改进、完善新产品、新材料、新工艺，与企业共同承担高新技术项目，产生了显著的经济效益；科技改革不断深化，管理水平普遍提高。但还存在一些困难和问题，主要是：高校科技工作运行机制需进一步优化；科技经费不足的困难仍然严重；科研力量分散，效益有待提高；高校与社会企业的联系有待加强等。

“九五”期间，湖北省高校科技工作的指导思想和基本思路是：以中共中央、国务院《关于加速科学技术进步的决定》和国务院《关于“九五”期间深化科技改革的决定》为指针，遵循国家科技方针和科技、教育总体规划，适应社会主义市场经济体系框架的建立和经济增长方式的转变，根据湖北省社会发展及高等教育发展实际，把握长江沿线开放开发、三峡工程、南水北调及“211工程”建设的历史机遇，大力推进“科教兴鄂”战略和可持续发展战略的实施，解放思想，开拓进取，把深化改革，调整结构，增强实力，提高效益作为“九五”期间的中心任务和着力点，全方位、分层次、多模式、有特色地组织高校科技工作。“九五”期间，湖北地区高校科技工作的主要任务是：发展科学研究实力，优化科研环境，加强科研基地建设；加强科技队伍和管理队伍建设，促进学科建设和人才培养工作；多渠道争取科技经费投入；合理布局科技力量，分层次、多模式地组织科技工作；加强专利工作及知识产权工作；实施技术创新萌芽计划，提高科技成果转化率，持续健康地发展校办科技产业；发挥人文社会科学和软科学研究的优势和作用，为社会发展服务；积极开展科学技术普及工作；把实施“科教兴鄂”战略作为高校科技工作的一项重要任务抓紧、抓好、抓落实。“九五”期间，高校“科教兴鄂”要在“六个围绕”方面开展科学技术工作：一是围绕“两高一优”（高产、高效、优质），加速传统农业向现代农业的转变；二是围绕“双八工程”（省委、省政府确定的支柱产业8项工程与基础设施8项工程），抓好重大项目的科技攻关；三是围绕“三高产品”（高科技含量、高附加值、高效益），运用高新技术改造传统产品，提高工业增长的质量和效益；四是围绕乡镇企业，大面积、高效益实施“大学—乡镇合作计划”；五是围绕人口、土地、环境、资源保护与综合开发利用等基本国策，促进社会发展领域的科技进步；六是围绕扶贫攻坚计划，加快全省贫困县（市）脱贫致富步伐。

湖北省教委高教处　科技办　供稿

成 人 教 育

〔**综述**〕 1996年，湖北省成人教育按照全省教育工作会议确定的改革思路与发展目标，贯彻落实省委、省政府《关于教育改革和发展的决定》精神，主要抓了以下工作：

1.扫盲与农村成人教育工作取得突破性进展。又有23个县（市、区）顺利通过省扫盲验收。《湖北省教委关于基本扫除文盲达标单位进一步开展扫盲和扫盲后巩固提高继续教育工作的意见》被国家教委《成人教育情况》第24期全文刊载。

2.开展社会力量办学调查，规范部分社会力量办学的学校名称，首次开展社会力量办学检查，加强了社会力量办学的管理，促进了社会力量规范办学。

3.组织50多名专家分两批对31所普通高校的成人教育工作进行评估。成人中等专业学校在评估的基础上，确定了省级首批示范学校15所，合格学校201所。通过评估促进了普通高校、成人中专学校加大成人教育投入，改善办学条件，提高教学质量和办学效益。

4.加强宏观管理，推进规范办学。根据国家教委有关文件精神，湖北省教委在成人高、中等教育工作中采取有力措施，狠抓正反典型，严肃查处乱办学案件，有效地制止了乱办学现象，提高了成人教育声誉，维护了学校与社会稳定。

5.建立了中国成人教育协会成人中专教育专业委员会湖北培训中心，举办了成人教育干部培训班，加强了成人教育干部培训工作。在成人高校、成人中专学校推行计算机管理，提高了工作效率。

〔**扫盲工作**〕 1996年，省及各地市州县仍把扫盲工作放在“重中之重”位置，狠抓扫盲不放松。全省共办扫盲班10892个，扫除文盲133074人（女文盲84247人），郧县等23个县（市、区）按规划完成基本扫除青壮年文盲任务，通过了省政府组织的验收。至年底，全省青壮年总人口30760661人，剩余青壮年文盲117万人，文盲率由上年的5.4%下降到3.8%。阳新、汉川、襄阳、罗田4县被国家教委、财政部授予“全国扫除文盲工作先进地区”称号；大冶市灵乡镇、神农架林区木鱼镇、天门市杨林办事处、秭归县沙镇溪镇成人文化技术学校4所乡(镇)成人学校和荆沙市成教科范习友等9人被国家教委授予“中华扫盲奖”。

〔**成人中等专业教育**〕 1996年，湖北省完成了成人中等专业教育办学水平评估。全省参加评估的成人中等专业学校和办学机构（普通高校、中等专业学校）共292所，其中合格学校为201所，基本合格学校77所，不合格学校14所。根据国家教委安排，在办学水平评估的基础上，开展了省部级示范性成人中等专业学校的评选，经省政府确认，15所学校为省级示范性成人中等专业学校，省教委对在办学水平评估中条件较好的23所学校进行了表彰。

进行部分专业教学改革试点。武汉钢铁公司成人中等专业学校和荆门市成人中等专业学校制定了机电、化工等专业的教学改革方案。为适应现代化建设对中专人才外语、计算机知识和能力的需要，在全省成人中专各专业开设了英语和计算机课程。

加强宏观管理，促进规范办学。根据国家教委和湖北省有关规定，严肃查处了乱办学单位；对违纪违规的学校，凡在规定时间内未予纠正的，一律不验印毕业证书；凡举办校外班未办审批手续的，不予学籍登记；全年由省抽考课程近10万人次，集中阅卷，保证阅卷质量；毕业证书验印43300人，专业证书验印781人。

〔**函授、夜大学教育评估**〕　1996年4～10月，省教委组织专家组分两次对29所（含试点学校共31所）省属和部分部委属普通高校举办的函授、夜大学教育进行了评估。通过评估，华中师范大学、武汉水利电力大学、湖北大学、武汉测绘科技大学、荆州师范高等专科学校、黄冈师范高等专科学校6所高校举办的函授教育和武汉测绘科技大学、武汉大学、华中理工大学、华中师范大学、湖北大学5所高校举办的夜大学教育被评为优良，有23所高校的函授教育和10所高校举办的夜大学教育被评为合格。

〔**广播电视教育**〕　1996年12月31日，省政府在武昌召开广播电视大学工作座谈会，专题研究进一步办好湖北省广播电视大学及电大改革和发展中的重要问题。

湖北省广播电视大学创办于1979年。至1996年，全省有省级广播电视大学1所，地市级广播电视大学和直属分校23所，县市级广播电视大学分校90所，共计占地127万平方米，建筑面积63万平方米，固定资产3.48亿元，开办大专专业125个，中专专业38个，成为既举办高等和中等学历教育，又开展岗位培训、继续教育和农村实用技术培训等非学历教育的多层次、多规格、多功能、多形式的办学实体。办学17年来，已招大、中专学生19万多人，毕业16万余人。

根据《中国教育改革和发展纲要》和《中共湖北省委、湖北省政府关于教育改革和发展的决定》，湖北省广播电视大学确定了至本世纪末的六大任务指标。一是大力发展成人专科教育，稳步发展普通专科教育，大专学历在校生人数按8%年增长率递增，到2000年，在校生达4.2万人。二是积极发展成人普通中等专业教育。中专在校生按10%年增长率递增，到2000年，在校生达到3万人。三是加大自学考试助学力度，到2000年，与自学考试沟通办学规模达8～10个专业计2万人；注册视听生1万人；积极开展“专升本”助学工作。四是大力开展职业技术教育、继续教育、岗位培训和实用技术教育等多种形式非学历教育，到2000年，完成各类非学历教育8万人。五是加强队伍建设。到2000年，专任教师达2400人，重点培养一批学科带头人和跨世纪青年骨干教师300名。六是改善办学条件。到2000年，全省电教实验设备总值达到8000万元，图书300万册，校舍建筑面积达到80万平方米。为实现上述目标任务，省长助理王少阶在会上要求：各级政府和教育行政部门要进一步提高对广播电视教育的认识，加大对广播电视大学的经费投入，强化政府行为；要牢固树立质量、效益意识，深入研究广播电视大学的办学规律。要根据地方经济和社会发展需求办学，坚持面向地方，面向农村，面向基层，面向边远地区，办出特色，办出水平；要充分发挥远距离教育优势，为全省广大人民群众接受教育提供全方位服务，为“科教兴鄂”作出新的贡献。

1996 年 4 月，省教委会同省广播电视大学，组织专家组对全省广播电视大学（分校）进行了评估。通过评估，襄樊市广播电视大学等 3 所学校被评为优良学校，有 8 所地、市广播电视大学和 5 所广播电视大学分校被评为优良学校，4 所地市广播电视大学和 1 所广播电视大学分校被评为基本合格学校，1 所广播电视大学分校被评为不合格学校。不合格学校已令其停止办学。

撰稿　刘怀俊　姚　刚　张明礼

审稿　陈德清　罗成杰　胡学荣

湖南省教育

概　况

〔基本情况〕

1996 年各级普通学校基本情况

单位：人

学校类别	学校数(所)	毕业生数	招生数	在校学生数	教职工数	
					计	其中专任教师
一、普通高等学校	46	37292	43489	139484	39456	15683
研　究　生	(12)	876	1400	3775		(2098)
本　　科	19	12473	19219	67044	28249	10454
专　　科	27	23943	22870	68665	11207	5229
二、中等专业学校	157	44633	71324	212467	24454	11618
中等技术学校	126	33443	56984	174840	20431	9534
中等师范学校	31	11190	14340	37627	4023	2084
三、普通中学	4722	770242	1138385	3052116	226002	187056
高　　中	707	107872	160185	408665		30927
初　　中	4015	662370	978200	2643451		156129
四、农业、职业中学	572	54955	94899	211564	21365	14910
高　　中	506	52692	89275	196929		14036
初　　中	66	2263	5624	14635		874
五、工读学校	1				5	
六、小学	42337	1051335	1415478	7659064	318501	298500
七、特殊教育学校	48	700	1557	6725	1017	676
八、幼儿园	2806		1118445	1172659	51818	43898

1996年各级成人学校基本情况　　单位：人

学校类别	学校数(所)	毕业生数	招生数	在校学生数	教职工数	
					计	其中专任教师
一、成人高等学校	39	53873	50401	133386	6550	2826
广播电视大学	1	19384	13255	33027	1162	455
职工高等学校	26	6996	7172	15562	3193	1380
农民高等学校						
管理干部学院	4	4430	2944	7315	955	429
教育学院	8	2896	4675	11730	1240	562
独立函授学院						
普通高校举办：						
函授部		9723	14312	39905		
夜大学		8365	6511	19969		
成人脱产班		2079	1532	5878		
二、成人中等专业学校	283	57573	74679	136092	10912	6223
广播电视中专	26	6435	17691	33344	1307	849
干部中专	25	1747	2636	5955	758	374
职工中专	81	18560	14101	37616	3514	1763
农民中专	43	5063	7977	13492	1878	1210
函授中专	1	277	366	388	38	8
教师进修学校	107	25491	31908	45297	3417	2019
三、成人中学	401	33139	39509	25410	1873	1230
职工中学	132	5104	6031	9205	690	419
农民中学	269	28035	33478	16205	1183	811
四、成人技术培训学校	31389	2099059	2149676	1982268	38750	11702
职工技术培训学校	545	197779	218989	138593	4182	2060
农民技术培训学校	30844	1901280	1930687	1843675	34568	9642
五、成人初等学校	14565	326522	374042	407214	25249	7802
职工初等学校	52	2232	2666	4074	251	104
农民初等学校	14513	324290	371376	403140	24998	7698
其中：扫盲班	8786	202886	236343	264966	17642	5265

注：普通中专举办的成人班，招生数6595人，在校学生数18712人，毕业生数4542人。

制表　许胜如

〔**年度工作方针**〕 1996年湖南教育改革和发展的基本思路是：全面落实《纲要》和《教育法》，重点推进“两基”，积极发展职业教育和成人教育，适度发展高等教育，加快高校管理体制和教学改革，优化教育结构，促进教育与经济紧密结合，促进教学质量与效益全面提高，促进教育逐步走上法制化轨道。重点抓好“五项工程”：

第一，以推进“两基”为内容实施“奠基工程”。基本要求是：(1) 小学入学率达到99%以上，巩固率保持在98%以上。(2) 小学毕业生升初中的比例，比1995年提高3个百分点以上，初中学生巩固率达到95%以上。(3) 扫盲工作要求有40万文盲入学，30万人脱盲，30万脱盲人员进入巩固提高班。(4) 除原来规划的8个县市通过“两基”验收、10个县市进行扫盲单项验收外，力争增加5～8个县市达到“两基”合格标准；各地州市所在的市区和县府所在的城镇，全部达到“两基”标准。(5) 小学没有留级生，初中阶段基本没有留级生。同时要下大力气狠抓中小学生流失问题。把流失率控制在5%以内。切实解决农村初中教师不足的问题。加大“教育扶贫”工作的力度。省里在现有教育经费中挤出4000万元，省财政增加4000万元，与中央补助经费配套，专项用于补助贫困地区实施义务教育。有关地、市、县也要设立相应的专项资金。完善和稳定中小学管理体制，过去教育人、财、物、事4权已全部下放到乡镇的，要迅速调整过来。

第二，以深化教育改革为内容实施“示范工程”。突出抓好高校管理体制改革。基本要求是面向社会，自主办学，淡化隶属关系，由条块分割走向条块有机结合，适应区域经济的发展。1996年着重在合作办学、联合办学和共建方面有较大突破，尝试开展学校之间师资、设备、图书资料以及共建学位点等方面的合作交流，实现资源共享，共同提高办学效益和教学科研水平。同时积极推进部省共建或联办，积极支持高校与经济行业部门、企业、科研单位联合办学，按规定引进外资合作办学，鼓励有条件的学校进行调整与合并。与此同时，坚定不移地推进高校招生“并轨”工作。本科院校非农林师专业招生基本“并轨”。进一步推进大中专毕业生就业制度的改革，鼓励毕业生与用人单位在国家方针、政策指导下，扩大“供需见面、双向选择”的范围。

全面学习、推广汨罗市大面积实施素质教育的改革经验，抓好素质教育示范县、示范校建设，坚决制止片面追求升学率的倾向，真正从“应试教育”转移到素质教育的发展轨道上来，促进全体学生的全面发展。

第三，以推动落实教师待遇为内容实施“广厦工程”。要求各级组建好一套领导班子，制定好一个规划，落实一笔专项资金，加快教师住房建设。年内做到城镇教师户户有住房，人均住房面积达到当地居民平均水平；3年内成套率达到80%以上，人均住房面积达10平方米。同时，农村教师的住房要有明显改善。省里将设立教师住房建设专项补助经费，重点资助高校教师和省直教育单位住房建设，并对教师住房建设成绩突出的一批先进县市给予奖励。进一步依法维护教师权益，保障教师工资按时足额发放，建立教师工资发放定期报告制度；加快民办教师转公办的速度，力争每年民办转公办2万名；按教师总数3%比例增加专项中级职称指标用于解决农村教师职称。切实帮助教师解决医疗保健、子女就业等实际困难，多为教师办实事。

第四，以强化师德教育为核心实施“形象工程”。继续学习推广益阳市关于教师形象“20个不准”的做法，督促教师真正为人师表。进一步贯彻落实《教师法》，推行《教师资格条例》，重视青年教师的培养，继续抓好中小学校长培训工作。

第五，以促进依法治教为内容，实施“法制工程”。抓住《义务教育法》颁布十周年和《职业教育法》出台的有利时机，深入学习和广泛宣传教育法律法规，加大教育执法力度，制订《社会力量办学条例》《义务教育经费筹措和管理办法》等地方性法规和《义务教育执法暂行办法》等规章。建立和健全教育法制机构和队伍，依靠各级人大及有关部门加强执法监督。

在抓好“五项工程”的同时，一是要大力发展职业教育。争取用3年时间，全省中等职业学校招生数占高中招生数的比例，农村达到60%、城市达到70%，全省每年以8%左右的速度增长。积极发展高等职业教育和初等职业教育。努力提高职业教育的质量和效益。二是要鼓励和依靠各方面力量积极发展成人教育。认真抓好普通高校函授、夜大学教育的评估和成人高、中等学校评估的后续工作，争取100%的乡镇和80%以上的行政村办起农民文化技术学校，各类教育培训的职工达到150万人以上，全员培训率达到32%，特别要组织企业下岗、转岗职工做好新的就业培训。大力发展多种形式的社会办学，继续引导和支持自学考试健康发展。三是要全面贯彻党的教育方针，全面提高教育质量。面向所有学校办教育，用3年左右时间，抓好薄弱学校建设，使全省小学、初中学校建设水平基本接近；面向所有学生抓教学，着眼于全体学生，着眼于每个学生各方面素质的全面提高和发展，重视大面积提高教学质量。各地要结合实际制订出推广汨罗素质教育经验的规划，并发现和培养出自己的典型。高等学校要抓好校园文化素质教育的试点。四是要努力增加教育投入。落实好《教育法》规定的教育经费的“三个增长”，实行教育经费预算单独列项，运用法制手段足额征收城乡教育费附加，继续鼓励和支持社会各界捐资助学和城乡集资办学，鼓励和支持学校大力开展勤工俭学，发展校办产业，鼓励和支持各级地方政府依法开辟新的教育经费来源渠道。同时要进一步规范学校收费行为，力争用两三年时间，在全省消除义务教育阶段的“择校生”现象。

〔**教育投入与支出**〕　1996年全省教育经费总支出为92.2亿元（事业性支出73.57亿元，基建支出18.63亿元）。其中国家财政性教育支出58.25亿元，社会团体和公民个人办学支出0.8亿元，社会捐集资办学支出9.12亿元，学杂费支出15.19亿元，其他教育支出8.84亿元。

全省财政预算内教育拨款基本达到“三个增长”的要求。财政预算内教育拨款（包括教育事业费和教育基建费）为36.9亿元，比上年增长15.24%，高于财政经常性收入增长比例2.96个百分点；生均预算内事业费，小学240.25元，普通初中467.19元，普通高中896.62元，职业中学1174.55元，中等师范学校1934.48元，普通高校4538.22元，分别比上年增长8.88%、12.71%、5.85%、14.41%、0.97%、7.22%；生均预算内公用经费，小学20.95元，普通初中76.78元，普通高中188.46元，职业中学368.73元，普通高校2117.07元，分别比上年增长24.26%、40.06%、12.51%、10.06%、6.11%，中等师范学校为728.11元，比上年下降37.76%。

湖南省在增加教育投入的同时，坚持集中资金办大事的原则，切实保证教育重点需要。一是广厦工程、“211工程”、高校特困生补助等方面投入1600万元；二是安排“贫困地区义务教育工程”省级配套资金3565万元，定点初中建设资金400万元，“两基”评估验收奖励费360万元；三是调度资金410万元，确保湘潭大学、湘潭师院、吉首大学基础设施建设和支持汨罗市推行素质教育；四是争取国家教委、国家计委救灾专款1570万元，并调度专项资金800万元，用于补助受灾高校和中小学恢复水毁教学生活设施。

1996年湖南省大部分地区遭受了本世纪最严重的洪涝灾害，为发动社会各界救助因洪灾而失学的困难家庭学生，省教委、省经济电视台、省青少年发展基金会联合开展了“与灾区同牵手”活动。活动前后历时一个多月，发动社会各界捐款达50多万元，其中省教委机关及其直属单位共捐款11万多元，这笔捐款共支助1000多名中小学生上学。这项活动引起社会强烈反响，一些孤寡老人甚至残疾人都纷纷解囊相助。

撰稿　雷桂平　刘国龙　陈双喜

〔**教职工住房建设**〕　1996年，全省认真贯彻第二次全国教职工住房建设经验交流会议精神，采取一系列措施加快教职工住房建设步伐。一是召开专门会议。元月，省委副书记、副省长郑培民主持召开会议，听取省教委关于教职工住房建设工作的汇报，就加快全省教职工住房建设作出4项决定。5月，省政府在长沙召开了全省教职工住房建设经验交流会议，总结交流“八五”期间教职工住房建设经验，表彰先进，部署“九五”期间教职工住房建设工作。二是制定优惠政策。9月，省政府转发省教委、省计委、省财政厅、省建委、省国土测绘局和省房改办《关于加速解决教职工住房问题的意见》，对教职工住房建设提出一系列优惠政策。各地、州、市和各院校也相应制定了加快本地区、本院校教职工住房建设的政策措施。1996年全省教职工住房建设减免各项税费5352万元，其中城镇中小学为4601万元，省属普通高校为751万元。三是制定教职工住房建设“九五”计划。确定“九五”期间全省城镇中小学教职工住房建设投资26.54亿元，建成成套住房71243套，面积538.70万平方米；省属普通高校教职工住房建设投资3.13亿元，建成成套住房5796套，面积47.84万平方米。四是完善责任制。各级政府层层建立责任制，把加快教职工住房建设列入政府为民办实事的重要内容，对教职工住房建设进展情况实行目标管理，并与党政干部的政绩年度考核挂钩。五是增设省属高校教职工住房建设专项补助经费。省政府在原设立的城镇中小学教职工住房建设专项补助经费200万元的基础上，增设省属高校教职工住房建设专项补助经费200万元。各地县按照省政府的要求，也设立了相应的专项经费。六是加大投资力度。按照“三个一点”的总原则，采取依靠政府“投”、按照政策“集”、协调关系“免”、动员各界“捐”、勤工俭学“创”、精心管理“节”的办法，多种渠道、多种方式进行筹资。1996年，全省教职工住房建设共投入资金5.88亿元，竣工建筑面积98.5万平方米，其中城镇中小学89.5万平方米，省属普通高校9万平方米；建成成套住房12287套，其中城镇中小学11236套，省属普通高校1051套；教师人均居住面积达到9.5平方米，其中城镇中小学为9.4平方米，省属普通高校为11.1平方米。

〔**教育法制建设**〕 1996年完成了《社会力量办学条例》的调研、起草工作。10月4～8日，省教委和省法制局联合在湖南教育学院举办首期教育行政执法培训班。各地、州、市教委分管教育法制工作的负责人，教育执法试点县教委的负责人参加了学习。学习结束后，省法制局向91位学员颁发了培训合格证。

1996年全省开展了两次较大规模的教育执法检查。7月到10月，开展了《教育法》执法检查。在各地、各部门自查的基础上，省人大、省政府有关负责人分别带队重点抽查了省教委、省财政厅、湘潭市及所属湘乡市、怀化地区及所属怀化市、靖州县，深入到8个乡镇和20多所学校。10月16日，省政府召开常务会议，听取执法检查汇报，并就检查中所暴露出来的一些重大问题提出改进办法。12月，由省人大教科文卫委员会牵头，组织省政府办公厅、省教委、省劳动厅等部门分成4个组，赴长沙、衡阳、邵阳、岳阳4市进行《职业教育法》和《湖南省职业教育条例》执法检查。检查结束后，向省人大常委会主任会议作了报告，并和省政府及其有关部门交换了意见。

1996年，省教委进一步开展不同类型的教育行政执法试点，有邵东县的义务教育执法试点，临湘市的依法保障教育经费试点，张家界市永定区的教育行政执法与司法相联系试点，湘潭市一中的依章办学试点。省教委多次派人深入试点县（市）和学校，共同研究试点内容和工作思路、方法，总结经验教训。

11月18日，省教委、省高校工委、省教育工会联合下发《湖南省教职工代表大会工作规程（试行）》，要求各地落实《工会法》《教育法》《教师法》赋予教职工参与学校民主管理和民主监督的权利，充分调动教职工教书育人的积极性。

撰稿　雷桂平　刘国龙

基础教育

〔**综述**〕 1996年完成了对17个县的“两基”评估验收，全省已有54个县实现了“两基”目标，覆盖人口1807.8万人，占全省总人口的28.63%，比上年提高3.73个百分点。小学适龄儿童入学率达98.22%，比上年增长0.18个百分点；辍学率1.06%，比上年下降0.11个百分点。小学毕业生升学率达93.04%，比上年提高3个百分点；初中辍学率为5.01%，比上年下降0.89个百分点。小学校舍建筑面积达3764.61万平方米，比上年增加123.6万平方米，增长3.39%，危房率由上年的4.76%下降到2.39%；普通中学校舍建筑面积达2425.72万平方米，比上年增加171.55万平方米，增长7.61%，危房率为2.44%，比上年下降0.43个百分点。小学专任教师学历合格率为91.07%，比上年提高2.25个百分点，高级教师和一级教师分别占21.01%、50.38%，民办教师8.28万人，比上年减少1.56万人。初中专任教师学历合格率为75.72%，比上年提高7.26个百分点，具有中级以上职称的教师占26.59%。高中教师学历合格率为55.46%，比上年提高3.11个百分点，具有中级以上职称的教师占54.82%。经专家评审，省政府批准认定第3批中小学特级教师250人。

撰稿　雷桂平

〔**素质教育**〕　1996年2月，《湖南教育》《人民教育》同时推出以湖南教育报刊社记者为主采写的大型通讯《大面积推行素质教育的探索——汨罗市中小学教育改革12年写真》，立即引起全国关注，国务院副总理李岚清专程视察汨罗，国家教委、湖南省政府分别发文，并召开专门会议，推广汨罗素质教育经验。一年内，全国各地有1386个团组、31006人次先后到汨罗考察。省教委把推广汨罗经验作为全年工作的重大举措和中心任务来抓。着重抓了3个环节：一是总结和宣传。年初组织专门力量深入汨罗开展全面检查和系统总结。二是深化和提高。组织教育理论工作者帮助汨罗进一步完善和改进有关素质教育的做法。三是学习和推广。省政府、省教委先后下发文件，并召开全省素质教育工作会，对学习汨罗经验做出全面部署，并确定20个学汨罗的示范县。一些地方在结合实际学汨罗的同时，又创造了一些新经验。如长沙市全面铺开素质教育的经验，衡阳市重视薄弱学校建设的经验，郴州市实行学校"分类定级"的经验，湖南师范大学附中则为一所学校内如何长期坚持素质教育提供了成功范例。

撰稿　欧阳勋　雷桂平

〔**世界银行贷款项目**〕　1996年6月，国家计委同意湖南省1997年～2002年实施世行贷款"第四个贫困地区基础教育发展"项目。世行贷款额度800万美元，其中普教部分745万美元，用于扶持平江、安化、新化、新田、保靖、永顺、浏阳、茶陵、宜章、芷江、吉首等11个贫困县普及九年义务教育；中师部分安排55万美元，扶助湖南一师、株洲师范、常德师范、零陵师范、岳阳师范等5所中等师范学校改善办学条件；加上各级配套资金，该项目总投入达1.2亿元人民币。到年底，项目单位已作好项目启动的有关工作。

撰稿　曾四清

〔**治理乱收费**〕　11月16～25日，由省廉政办、省教委牵头，会同省人大科教文卫委员会、省物价局、省财政厅、省政府督查室，抽调20余名干部组成5个检查组，由5名厅级领导带队，对全省进行中小学收费工作大检查。共抽查14个地州市28个县（市、区），689所中小学校。从抽查情况看，各地中小学乱收费的现象得到了有效遏制。发生在学校的乱收费现象，属地方政府行为的占89.35％，部门搭车收费的占6.38％，学校自己乱收费的占4.3％。

撰稿　郭荣学

〔**体育、艺术教育**〕　1996年全省继续试行初中毕业生升学考试体育。考试项目为50米跑，立定跳远和掷实心球3项，每个项目计10分，满分为30分，按考生考试实际得分计入升学总分。体育考试于5月至6月在全省1286个考点进行，参加考试的学生有567239人。男生平均得24.34分，18分以上的占95％；女生平均得23.96分，18分以上的占94％。

省教委于7月15～19日，在湘潭市举办第二届重点中学文艺汇演。有48所省级重点中学参加调演。省人大副主任刘玉娥、省长助理许云昭、省政协副主席龙禹贤等出席了颁奖晚会，观看了优秀节目汇报演出。

撰稿　何伟健　王　玲

〔**教师队伍建设**〕　省教委于10月5～7日在长沙市举行了首届中小学音乐、美术教师教学基本功比赛。评选出一等奖6名，二等奖14名，三等奖30名。同时选拔3名音乐教师、3名美术教师参加全国中小学音乐、美术教师基本功比赛，2名获一等奖，3名获二等奖，1名获三等奖。

11月，省教委在临澧县召开全省小学教师继续教育经验交流暨表彰大会。会议主题是“大力加强师训工作，为造就跨世纪的高素质小学教师队伍而奋斗”。会议总结了全省近几年来开展继续教育的经验，并对进一步开展这项工作作了部署。会议对27所先进教师进修学校颁发了锦旗，对58所教育质量先进学校颁发了奖状，对28所合格学校颁发了合格证书，对150名先进师训工作者颁发了荣誉证书和奖金。与会代表观摩了临澧县9所学校开展继续教育和教学基本功训练汇报表演。

1996年全省教师奖励基金总数已达10740.2万元。其中湖南省基金会的基金为1304.1万元，地、州、市级基金为2186.3万元，县（市、区）级基金为7249.8万元。

撰稿　潘　利　李印久

〔**安全工作**〕　2月2日省教委在长沙召开中小学安全工作会议。出席这次会议的有各地、州、市分管教育的政府负责人，各地、州、市、县（区）教育行政部门负责人。会上省委副书记、副省长郑培民作了重要指示，省长助理许云昭作了中小学安全工作主题报告。会议充分肯定了各级教育行政部门和中小学校，在学校安全工作中取得的成绩和经验，并且对今后如何在新形势下加强中小学校安全工作提出了明确的要求和任务。会上省教委下发了《关于进一步加强和改进全省中小学、幼儿园安全工作的意见》，同时通报了几起重大伤亡事故及处理情况。

撰稿　文先明

〔**幼儿教育**〕 省教委于12月24～26日，在长沙召开幼儿教育表彰暨贯彻《幼儿园工作规程》试点实验阶段成果总结会。大会交流了试点实验阶段成果27项，还就幼儿德育、游戏、学习方式、幼儿园课程等问题进行了交流探讨。会议表彰了长沙市南区等11个幼儿教育先进县（市、区）、国防科技大学幼儿园等120个幼教先进集体和500名幼教先进工作者。省人大副主任刘玉娥、省长助理许云昭、省政协副主席龙禹贤等出席会议并讲话。

为全面掌握“八五”期间全省幼儿教育的发展状况，为正确决策提供可靠依据，省教委把1996年幼儿教育工作的重点放在调查研究上。8月至9月，省教委组织机关各处室和师范院校等方面人员，深入地（州、市）、县、乡对各类办学形式的幼儿园（学前班）的管理、办园条件、保教质量、师资队伍建设等进行全面调研。这次调查，涉及14个地市121个县、市、区所辖每个乡村幼儿园和各类幼教机构，是近十年来湖南省幼儿教育规模最大、范围最广的一次调查。通过调研，建立了幼教发展数据库。

撰稿 王 玲

〔**教学改革**〕 小学数学三算结合教学，是在整数、小数范围内，以口算为基础，笔算为重点，充分发挥算盘的教育功能与教学功能，使之相互促进，有机结合。省教委于1991年决定在全省推广这项教改成果，几年来取得成效，已在浏阳、株洲、桃江、沅江、衡南、邵东等11个县、市（区）普及三算结合教学，还有一些县已普及80%。1996年11月召开全省第二届推广三算结合表彰会，有51个先进集体和83名先进个人受到表彰。据各地统计材料显示，三算班学生的人平均分、合格率、优秀率均高于普通班。此项教改促进了九年义务教育的实施，大面积提高了小学数学教学质量。

12月16～22日，湖南省外语教学专业委员会第七次学术年会在娄底市召开。这次年会紧扣“探索在中学英语教学中实施素质教育的途径”这一主题进行研讨。大会交流评比优秀论文50多篇。来自各地、州、市和省直中学的17名优秀青年教师进行了初中英语优质课赛课活动。娄底市师生还为大会献上一场3个小时的中英文文艺晚会。这次年会确立了全省今后外语教学改革新的32字指导原则，即：明确目的，激发兴趣，四会并举、阶段侧重，因材施教，引导自学，精讲多练、提高效率。

1996年初，省教委中小学教改规划协调指导小组印发了《湖南省基础教育科研“九五”课题指南》。各地根据《指南》的要求，共申报课题70项，经专家评审，立项59项。这些研究课题，教育行政部门领导负责的占20项，学校自行研究的有21项，教育科研部门承担了任务的有18项。这表明基础教育科研已形成了一支由教育行政干部、教研员、广大中小学教师三结合的强大队伍。这些课题的内容以素质教育研究为主线，涉及素质教育的各个领域。

湖南省教科所供稿

撰稿 李正坤

〔**参加奥林匹克竞赛获奖情况**〕 长沙市一中3名学生参加1995年全国第四届生物奥林匹克竞赛，分获第一、三、四名，有2人入选国家队，于1996年7月赴乌克兰参加国际第七届生物奥林匹克竞赛，双双获得银牌。1996年湖南又有3名中学生参加全国第五届生物奥林匹克竞赛，1人获全国优秀奖，2人分获第一、六名，有1人入选国家队，将于1997年7月赴土库曼斯坦参加第八届国际生物奥林匹克竞赛。

在俄罗斯举办的第28届国际化学奥林匹克竞赛，中国共派出4名选手参加，湖南省两名中学生分别获得总分第一名和理论成绩第一名。在此之前，湖南省选手已分别在第25届、第26届、第27届国际化学奥林匹克竞赛中获取过4枚金牌1枚银牌。

1996年7月3日，湖南师范大学附属中学1名中学生在澳大利亚堪培拉市参加第26届国际中学生奥林匹克物理竞赛，获得金牌。

撰稿　陈玲玲　杨慧仙　何　蓁

职业教育

〔**综述**〕　1996年全省中等职业教育规模进一步扩大。新增设9所普通中专、11所职业高中。职业高中招生数比上年增长8.73%，在校生数比上年增长5.88%；地方所属普通中专招生数比上年增长3.4%，在校生数比上年增长11.48%。中等职业教育(不含技工学校)招生数和在校生数分别占高中阶段招生和在校生总数的50.01%和50%，均比上年有所提高。在扩大办学规模的同时，校舍面积大幅度增加。职业中学校舍面积达271.95万平方米，比上年增加7.78万平方米，增长2.91%；普通中专校舍达463.9万平方米，比上年增加56.4万平方米，增长13.86%。职业高中专任教师学历合格率达33.24%，具有中级以上职称的占40.48%；普通中专专任教师高级讲师占17.58%。

撰稿　雷桂平

〔**示范性职业学校建设**〕　1996年3月18日，省委书记王茂林对湖南职业教育作了批示：要求“每一个县办好一所职业中专”。为此，省教委于4月18日召开全省示范性职业学校建设会议。省教委主任胡冬煦作工作报告，长沙、汨罗、芷江等县市在会上介绍了经验，王茂林、郑培民、许云昭、刘玉娥到会并讲话。10月3日省委办公厅和省政府办公厅转发了省教委《关于每个地市州县办好一所示范性职业学校的报告》，提出示范性职业学校在办学方向、专业设置、办学规模、办学条件和技术示范辐射等5个方面的基本要求，明确了相应的政策措施。各地市州县加大了工作力度，全省示范性职业学校建设取得成效。一是“职教兴、经济兴”成为不少地方党政领导的共识，示范性职业学校建设纳入了各地党政领导议事日程。各地市州都先后召开地市党政领导办公会和地市州职业教育会。据不完全统计，自王茂林书记批示后，各县市党政一把手和挂点联系人，先后有600多人次到示范性职校检查指导工作，帮助解决实际问题。二是各地采取了一些相对倾斜的措施，解决示范性职业学校办学经费、师资、学生实习、毕业生就业等方面的问题。特别是在经费投入上，各地除落实省规定的政策外，还从本地情况出发，制定了一些相应的措施。据不完全统计，全年各地市县从财政拨款、部门出资、社会聚集、银行贷款、学校自筹等渠道，先后投入约1.3亿元资金用于示范性职业学校的基本建设和仪器设备添置，建设上万元的项目约260个，已基本建成的约180个。三是各地坚持职业教育为当地经济建设服务的办学方向，调整专业设置，并根据科技示范的需要，下大气力办好学校生产实习基地。全省规划建设的示范性职业学校校办产业全年创收近千万元，其中超过30万元的有17所。四是办学条件和管理得到进一步完善。尽管示范性职业学校与同层次的普通高中相比，整体办学条件仍有较大差距，但已有了较显著的变化。据不完全统计，全省拟办的示范性职业学校1996年新增校园面积近50公顷，校均达4公顷（未含实习基地），新增校舍建筑面积16万多平方米，校均已接近1万平方米，新增仪器设备及图书价值约800万元，校均40万元。各地在抓硬件建设的同时，下功夫抓教学改革和管理，不断提高办学质量和效益。据调查，1996年全省示范性职业学校学生参加毕业会考和有关技能考核，合格率达99%以上，不少学生参加工作或回到农村，成了生产技术骨干和科技示范户。

撰稿　袁翠珍

〔**中等师范教育**〕　1996年重点抓了中师标准化建设。一是抓硬件建设。制订了《湖南省中等师范学校办学整体评估方案》《湖南省合格地市教育学院评估标准》和《湖南省规范化教师进修学校评估方案》，调动了各地州市政府和教育行政部门办好师范教育，改善教师进修院（校）办学条件的积极性。省师资培养培训补助经费仍按“以奖代拨，配套使用”的原则安排，促使各地政府、教委和学校增加基本建设投资。二是抓质量建设。制订了《湖南省中等师范学校教学管理规程》等有关配套政策，加速中等师范学校教学管理向标准化、规范化发展。还组织专家对全省11所地市教育学院的教学工作进行全面检查。

省教委于5月3～5日，在长沙召开中等师范学校教学改革经验交流会。湖南一师、湖南三师、常德师范、邵阳师范、岳阳师范等5所学校介绍了教学改革经验。与会代表还观摩了湖南一师20多节不同类型的教研课、学生开展基本功训练的汇报表演。并以汨罗为现场，就如何培养适应素质教育需要的合格师资等问题进行研讨。

10月8～10日，省教委在长沙举办中等师范学校第四届艺术节文艺调演。参加调演节目共47个，是从全省31所中师的169个预赛节目中推选出来的。经专家评审、省教委批准，授予4所学校精神文明奖，并评定一等奖节目9个，二等奖节目14个，三等奖节目24个。

1996年还开展了“湖南省第二届中师教学教研优秀论文评选”活动，利用暑假举办了一期师范学校“园丁科技行动”辅导员培训班。

撰稿 贺安溪

〔**教学评估**〕 8月6日，省教委发文，提出要对全省普通中专学校学生工作、教学工作、后勤工作进行评估，同时还下发了普通中专《学生工作评估标准》《教学工作评估标准》《后勤工作评估标准》三个文件。评估分三个阶段进行。第一阶段试评，在1996年12月前完成；第二阶段学校自评；第三个阶段全省复评，预计在1997年底前完成。

1996年省教委还对全省县市（区）教师进修学校进行了一次全面教学检查。检查分两个阶段，第一阶段由各地按照《湖南省县(市)教师进修学校教学管理评估标准及实施办法（试行)》的要求进行自查；第二阶段，省教委在10月组织6个检查组对全省县市（区）教师进修学校进行教学质量评估，共评出教学质量先进单位58个。

撰稿 彭酉滨 潘利

〔**校办产业**〕 10月15～17日，湖南省农职业学校产业开发科技推广经验交流会在安化县召开。参加会议的有各地州市教委负责人、部分县市长和农职业学校校长。会议组织参观了安化职业中专学校330公顷生产实习基地，安化、芷江、邵阳、凤凰、江永等市县政府代表在会上作了经验介绍。省教委总结了农职业学校生产实习基地建设情况，对全省职业学校的生产基地及校办产业提出了要求，一是要上规模，二是要效益，三是要有利于教学，四是要有示范性。省长助理许云昭在会上作了《推广安化经验，促进农村职业教育更好地为农村经济发展服务》的讲话，要求努力办好农村职业教育，搞好生产实习基地建设，发挥示范作用，服务农村经济。

撰稿 余军民

高等教育

〔**综述**〕 1996年省属高校本、专科招生数比上年增长4.19%，其中师范类增长16.34%。校均规模2610人，比上年增加151人。专任教师中，有教授1038人，副教授4538人，讲师6115人，具有高级职称的教师占专任教师的比例为35.55%，比上年提高

3.11个百分点。经专家组审查，确定省属普通高校153名40岁以下的青年教师为1996年湖南省青年骨干教师培养对象，并配备100万元专项培养资金。全省高校校舍总面积达312.14万平方米，生均校舍面积为36.24平方米，比上年增加1.22平方米。生均教学仪器设备值3400元，比上年增加600元，生均图书资料138册，比上年增加6册。在湘任教的外国专家、外籍教师110多人，来湘留学人员480多人。全年选派170多人出国深造、短期讲学、合作科研等。

〔**招生“并轨”改革**〕 1996年并轨本科招生数占本科新生录取总数的30.26%。为了保证这项改革的顺利进行，在高考结束后，省教委召开了新闻发布会，广泛宣传招生并轨的政策，解答群众特别关心的收费标准、招生办法、入学待遇、奖贷学金、特困生补助以及毕业生就业等问题，增进社会的理解。同时加强志愿填报指导工作，鼓励优秀考生填报并轨院校；实行录取政策倾斜，从志愿预测、档案调配到调剂志愿的录取，都优先考虑并轨院校。从录取结果看，并轨院校招生有三大特点：一是生源比较充足。除农林校和个别艰苦专业在政策规定的范围内适当降分以外，绝大多数并轨院校是在上线有志愿的考生中录取的。二是生源质量和直接志愿率高于往年。省属高校湘潭大学、湖南师范大学和衡阳医学院等，考生的直接志愿数都超过了招生计划数。三是到校率高。所有省属并轨院校新生入学率都在99%以上。

〔**管理体制改革**〕 努力建立社会参与办学的新机制，一些高校建立了学校董事会，不少企业在高校设立了奖学金。湖南大学机械系改办成机械与汽车工程学院，并成立董事会，首批成员有30多个企业。中南工业大学、湖南大学和湖南医科大学都与湖南省开展共建。省教委在大量调查研究的基础上，拟订了《湖南省高等院校布局结构调整方案》。按照这个方案，合并后成立的长沙大学已正式挂牌招生。

〔**学科专业建设**〕 一是加强专业设置管理。省教委下发了《关于加强专业设置宏观管理，进一步搞好专业设置工作的通知》，强调高校的专业设置要贯彻提高质量，优化结构，提高效益，拓宽专业面的精神，重点放在完善现有专业的办学条件，提高专业建设的质量上。对省属本科院校的专业设置进行了总额核定，对按学科招生的专业须备案并予以公布。二是大力推进专业综合改革。采取改造老专业、设置新专业和拓宽专业口径等措施，改善人才培养专业结构，适应学生毕业后自主择业的需要。各校都抓了一批重点改革项目，有些专业已形成了自己的特色，如湖南农业大学的茶学专业、湖南大学的工业设计与造型专业、国防科技大学的计算机专业。三是重点建设一批高水平的专业。1996年组织力量对国家教委确定的9个改革试点专业进行了检查，31所高校对原定的47个省级重点专业进行了自查。

〔**课程、教材建设**〕 1996年对第二批省级重点课程（62门）进行了评估，38门课程达到优秀；审定了第一批省级重点教材（20种）。下发了《关于加强全省普通高等教育“九五”教材建设的几点意见》。许多学校设立了课程建设和教材建设专项经费，建立了评选优质课程和优秀教材的制度。围绕面向

21世纪教学内容和课程体系改革的立项，省教委制订了《立项指南》，接受申报项目300多项。组织专家全面修订出版了马克思主义理论课的教材。实行招生“并轨”的高校，广泛修订了各专业的教学计划和课程教学大纲。开展了全省普通高校优秀教学成果评选。总结推广零陵师范高等专科学校综合改革的经验和“对接研究”试验、中南工业大学粉末冶金、粉末专业教学、科研、生产三结合的经验等。

〔**科技工作**〕 1996年，有国防科技大学、中南工业大学完成了“211工程”预备立项审核，湖南大学、湖南师范大学、湖南医科大学完成了“211工程”部门预审。经国务院学位委员会审核，湖南省高校又新增博士学位授予点8个、硕士学位授予点35个，遴选19位博士生指导教师。全省高校共承担各类科研3532项，全省正在研究的25项国家“863项目”全部由高校承担。高校承担的国家自然科学基金资助项目61项，占全省67项的91%；高校承担的湖南省自然科学基金资助项目45项，占全省60项的75%。科研成果获奖331项，其中国家科技发明奖2项，国家科技进步奖9项；湖南省科技进步奖一等奖全省3项，其中高校2项。

〔**毕业生就业工作**〕 1996年湖南省各级党委和政府对毕业生分配工作给予了高度重视和大力支持，省政府下发了明传电报，对做好高校毕业生就业工作提出了具体要求，强调毕业生分配派遣要把好资格审查关、审批派遣关和档案传递关。重申毕业生档案不能交本人携带。省教委下发文件，对师范院校毕业生分配去非教育单位作了明确规定，要求各院校必须保证80%以上毕业生回生源地市工作，凡省直、中央在湘单位（包括高校）需要师范院校毕业生，必须向省教委申报，经批准后方可到学校考察学生。由于加强了宏观调控，这一年全省师范院校毕业生改行和出省都得到一定控制。

4月4日～6日省教委组织举办了衡阳和湘潭两个片区的毕业生就业市场活动。湘潭片由湘潭大学牵头，衡阳片由衡阳医学院牵头，两市分配部门直接参与了这项活动并给予大力支持。两片参加的毕业生6000余人，用人单位500余家，签订就业协议600余份。

撰稿　雷桂平　唐利斌　邓建国

成 人 教 育

〔**综述**〕 1996年,全省各类职工岗位培训达140多万人次,全员培训率达28%。乡、村农村办学面分别达到96.8%和80.85%。技术培训近500万人次。高等自学考试本专科毕业1.2万人,中专毕业0.5万人。

撰稿 雷桂平

〔**扫盲工作**〕 1996年全省有34.5万人参加扫盲学习,28.2万人脱盲,9个县通过了扫盲单项验收。1993年至1996年,全省共扫除青壮年文盲94万人,文盲率已下降到2.3%,共有70个县(市、区)完成了基本扫除青壮年文盲的任务,其中湘潭和益阳两市已全部完成任务。

撰稿 蒋维加

〔**成人高等教育**〕 10月18日,首次全省成人高校管理工作经验交流会在株洲市职工大学举行。株洲市职工大学、湖南金融管理干部学院等18所学校代表在会上介绍了经验。会议进一步明确了全省成人高校管理工作的基本思路:一是改革内部管理体制,实行聘任制,增强竞争机制;二是采用现代化手段,使管理工作科学化、规范化、程序化;三是狠抓教学管理,提高办学质量和效益;四是充分利用评估手段,促进办学水平的全面提高。

1996年省教委对全省各级教育学院成人高师教学质量进行了全面评估。评估工作分两个阶段。4月底以前由学校依照《湖南省教育学院教学质量评估体系》的要求进行自评,5月,省教委组织专家进行复检。共评选出湖南教育学院、湘西教育学院、株洲教育学院等4所教学质量先进单位。

撰稿 蒋维加 饶正光

〔**职工教育**〕 "八五"期间,全省职工教育紧紧围绕建立社会主义市场经济体制,促进经济发展这个中心,以国有大中型企业职工教育为龙头,以岗位培训和继续教育为重点,积极开展各类培训活动。据统计,五年中全省参加各类培训的职工达77.7万人次,其中参加岗位培训的占76.78%,职工人均接受培训1.39人次,年均全员培训率达28.94%。1996年12月27日,省教委在长沙召开有关地市教委主任、成教科长和省直各单位教育培训处长120多人参加的全省"八五"职工教育总结表彰大会。会议对过去5年的工作进行了认真总结,对"九五"期间的工作进行了部署,并对省邮电管理局等62个先进单位和124名先进个人进行了表彰和奖励。省人大副主任刘玉娥、副省长唐之享、省政协副主席龙禹贤、省长助理许云昭以及省教委、省经贸委、省劳动厅等单位负责人为先进单位和先进个人颁发了奖牌和荣誉证书。

撰稿　邓士煌

〔**社会力量办学**〕　1996年12月5～18日，省教委组织有关专家、学者、教育行政干部35人，分成5组，对全省社会力量举办的高等非学历教育、中等学历教育和跨地区招生的各类非学历教育的学校及其他教育机构，就其组织领导、办学条件、师资队伍、学校管理、办学效益等6个方面的29个二级指标，79个三级指标进行了逐项评议评分。结果是：得分在85分以上的一类学校37所，得分在70～84分的二类学校27所，得分在60～69分的三类学校1所；不合格、停办注销的学校5所。新批准举办，不参加评分即视为合格的学校14所。到1996年底，湖南省社会力量举办的高等非学历教育学校57所；中等学历教育学校13所；跨地区招生的各类非学历教育学校及其他教育机构9所(个)。

从年检评估可以看出：(1)省教委直辖社会力量办学单位办学宗旨明确，兴教育人，不以赢利为目的，是社会力量办学的主流。被检评的单位，基本没有乱收、乱花、乱分钱物的现象，学校办学的积累，大多数用于教育再投入，用于改善办学条件和添置教学仪器、设备。(2)据统计，全省社会力量办学自1978年以来共培养出155万多名毕(结)业生，向社会输送了各类专业人才。(3)为国家节省了大量办学资金。(4)最大限度地挖掘了全省的教育资源。全省社会力量举办的中等以上层次的学校教育，除充分利用国家办的大、中专学校和科研单位剩余的实验、实习场地及设备外，还聘请1700多名具有副教授以上职称的离退休老教师到校任教。(5)满足了部分失学青少年的求学愿望。据统计，社会力量办学的在校学生，绝大多数都是未能入国家办的学校的农村青少年，其中有20%的学生来自老少边穷地区，毕业后80%以上的人通过学校推荐找到了工作。不仅满足了这些失学青少年的求学愿望，而且缓解了社会就业矛盾。(6)为促进教育体制改革提供了新的经验。

撰稿　黄承瑜

民族教育

〔**寄宿制学校建设**〕　1996年12月8日至10日，省教委、省民委联合在靖州苗族侗族自治县召开全省民族寄宿制中心小学建设工作总结表彰会。与会代表现场参观靖州县三秋乡等6所寄宿制中心小学。会上表彰奖励靖州、新晃、泸溪、龙山、江华、绥宁、永定区等8个县（区）和新晃县靖州镇中心小学等30所中心小学。省教委和省民委主管领导在会上讲话，充分肯定全省民族寄宿制中心小学建设工作的成绩。6年来，全省共投入资金1.5亿元建设寄宿制中心小学，其中省级2300万元，占14%；地、州、市200万元，占1.2%；县（区）、乡（镇）自筹1.4亿元（含群众投工献料折款），占84.8%。新建改建校舍30万平方米，添置木（铁）质床铺5万余张，增拨蔬菜基地166公顷，为困难学生添置被褥蚊帐2000多套。全省民族地区（含散居民族乡）共建成寄宿制中心小学609所，在寄宿制中心小学就读的小学生占民族地区小学生总数的40%，其中五、六年级学生占80%，距校5公里以外的高年级小学生全部住校就读，寄宿生近11万人。

撰稿　樊国斌

〔**义务教育**〕　7月10日省政府在长沙举行湖南省实施“国家贫困地区义务教育工程”项目责任书签字仪式。省委副书记郑培民、省人大副主任刘玉娥、省政协副主席谢佑卿出席仪式并作重要讲话，省长助理许云昭主持签字仪式。省教委、省财政厅负责人与11个地、州、市政府主管教育的负责人签订了项目责任书。

“工程”项目覆盖23个县，覆盖人口1079万人，其中：国家级贫困县10个：隆回县、平江县、桑植县、安化县、新化县、新田县、沅陵县、花垣县、保靖县、永顺县，省级贫困县13个：炎陵县、泸溪县、凤凰县、汝城县、桂东县、古丈县、龙山县、石门县、城步苗族自治县、麻阳苗族自治县、新晃侗族自治县、通首侗族自治县、江华瑶族自治县。1995年至1997年计划投入的资金总额为32835万元，其中：中央补助专款8200万元，省级财政配套8200万元，地（州、市）、县两级财政拨款配套8456万元，非财政配套7979万元。主要用于2029所小学，281所初中改善办学条件。到1996年底，“工程”进展顺利，共投入资金18037.1万元，其中：中央专款3700万元，省级财政配套3565万元，地（州、市）、县两级财政配套3411万元，其他配套7361.1万元，新建校舍面积33535平方米，改建、扩建校舍面积381951平方米，采购仪器设备345790台（件）、图书资料481265册，添置课桌凳10391套，培训校长928人、教师4604人。各项目县的小学、初中入学率、巩固率得到明显提高。

撰稿　汪纯初

〔**职业教育**〕　近些年来，湖南老少边穷地区发展职业教育走出了新路子：一是实行业务部门为主、多种形式联合办学；二是努力办好骨干专业和学校；三是切实加强生产实习基地建设；四是广泛开展实用技术培训；五是制定和实行相应的配套政策，使老少边穷地区的职业教育有了较大发展。中等职业学校招生数和在校生数分别达到3.27万人和8.32万人，占高中阶段学生数的比例达到全省平均水平。1991年至1996年先后为当地输送中等职业技术人才14万多人，培训农民160万人次，为老少边穷地区经济和社会发展作出了积极贡献。

撰稿　田　刚

〔**民族预科班**〕 为解决民族地区缺乏初中教师问题，1996年，怀化师专继吉首大学、武陵高等专科学校之后，开办民族预科班，首届招生50人。9月，该校面向怀化地区5个民族自治县和散居民族乡定向招生。新生入校后，先读一年预科，经考核合格后，升入专科学习3年，毕业后发给大学专科文凭，回原籍乡（镇）初中任教。至1996年，3所高校的民族预科班，每年招收预科新生250人。

〔**援藏工作**〕 1996年，湖南对口支援西藏山南地区教育的工作全面启动。主要工作有：(1)帮助山南地区建设一所希望小学，首批建校资金250万元于年底到位；(2)岳阳市一中办的西藏初中班，向山南地区招收100名初中新生；(3)组织全省各中等师范学校向山南地区师范学校捐赠价值15万元的图书；(4)筹资20万元，为山南地区乃东县中学添置教学仪器设备；(5)接受山南地区5名教育行政管理干部来湘挂职锻炼、4名中学教师到湖南教育学院进修学习；(6)派遣1名职业技术课专业教师到山南地区职业中学任教1年。

9月17日～26日，湖南省教委组团赴西藏山南地区考察，就湖南对口支援山南地区发展教育事业的有关问题，同山南地委、行署交换意见；还专程到拉萨，与西藏自治区教委就教育援藏的有关问题交换意见。12月15日～23日，以西藏山南地区教体委书记益西卓玛为团长的山南地区教育考察团一行16人来湘考察。考察团首先到岳阳市一中考察和看望、慰问西藏班师生，与岳阳市教委和岳阳市一中交换意见，接着与省教委交换意见。经过双方组团开展教育考察活动，增进了解，加深友谊，真正建立起教育对口支援协作关系。

撰稿　樊国斌
审稿　罗春晖

广东省教育

概　况

〔基本情况〕

1996年各级普通学校基本情况

单位：人

学校类别	学校数（所）	毕业生数	招生数	在校学生数	教职工数 计	教职工数 其中专任教师
一、普通高等学校	41	44113	58099	170322	42355	16899
研究生	(23)	1469	2419	6305		
本科		14663	24967	84009		
专科		27981	30713	80008		
二、中等专业学校	247	56777	89482	249646	24911	13360
中等技术学校	201	39224	69419	192515	18787	9519
中等师范学校	46	17553	20063	57131	6124	3841
三、普通中学	3882	946458	1402732	3731877	236141	188829
高中	848	108762	181399	450928		28738
初中	3034	837696	1221333	3280949		160091
四、农业、职业中学	483	58695	80060	196504	18761	14309
高中	478	56701	76998	188024		13934
初中	5	1994	3062	8480		375
五、工读学校	4	21	50	100	53	23
六、小学	24688	1272996	1493611	8976384	392034	338242
七、特殊学校	51	1619	3375	33025	1026	778
八、幼儿园	8582	1135099	1390978	2018878	96599	64339

1996年各级成人学校基本情况

单位：人

学校类别	学校数（所）	毕业生数	招生数	在校学生数	教职工数	
					计	其中专任教师
一、成人高等学校	61	46095	47602	125780	11552	5611
广播电视大学	3	12024	11559	33843	3222	1618
职工高等学校	31	5709	5849	14945	3233	1617
农民高等学校						
管理干部学校	14	5799	6545	13540	2389	1038
教育学院	13	8061	4582	14010	2708	1338
独立函授学院						
普通高校举办：						
函授部		5723	8167	20867		
夜大学		4568	6815	16239		
干部专修科		4211	4085	12336		
二、成人中等专业学校	317	88108	98392	235712	12038	7108
广播电视中专	3	3814	7440	20191	12	
干部中专	4	243	487	3040	104	52
职工中专	159	25845	40894	100011	5577	3368
农民中专	47	9982	13148	33518	2503	1629
函授中专	2	3868	4224	13684	349	153
教师进修学校	102	44356	32199	65268	3493	1906
三、成人中学	561	37548	57835	85656	2431	1107
职工中学	175	14723	16806	26953	1501	709
农民中学	386	22825	41029	58703	930	398
四、成人技术培训学校						
职工技术培训学校						
乡镇成人文化技术学校	1674	586677	317583	333416	14244	2238
五、成人初等学校	2316	256756	291685	243365	3785	602
职工初等学校	82	13363	26918	29654	361	112
农民初等学校	2234	243393	264767	213711	3424	490
其中：扫盲班	87	5981	7676	7669	293	70

制表　方树生

基础教育

〔**综述**〕 1996年，全省小学在校生比上年增长1.7%；初级中学在校生比上年增长9%，初中毕业生升学率为59.85%；普通高中在校生比上年增长15.9%；幼儿园在园（班）幼儿比上年增加1.81万人，其中，在学前班幼儿比上年减少1.4万人，在园幼儿比上年增加3.2万人，全省3～6岁幼儿入园率达47.17%；特殊教育学校在校生比上年增加0.37万人。

〔**"两基"目标实现**〕 1996年是《中华人民共和国义务教育法》颁布实施的第十年，也是广东省在普及小学阶段教育后，开始有计划、有步骤地普及九年义务教育的第十年。为了实现广东省委、省政府提出的1996年在全省基本普及九年义务教育的目标，确保最后一批接受"普九"验收的19个县（市、区）如期完成任务，广东省教育厅紧紧依靠省委、省政府的领导和有关部门的大力支持，打好"普九"攻坚战，先后在阳山县和广州市召开了三个"普九"工作会议，对实施"普九"工作作了全面部署，要求各有关市、县（区）树立信心，落实"普九"政府责任制，强化政府行为，增加教育的投入，加强依法治教，克服困难，切实保证"普九"目标如期实现。为加快"普九"进程，广东省政府还拨出1.8亿元"普九"专款，加大对19个县（市、区）的扶贫力度。由于全省上下的努力，11月，经国家教委检查验收并认定，广东最后19个县（市、区）已基本实现"普九"。由于广东省在1994年完成了扫除青壮年文盲任务，并于1995年5月通过了国家教委组织的验收，因此，至1996年底，全省经验收实现"两基"的县（市、区）达122个，覆盖全省100%的县（市、区）和人口。全省适龄儿童入学率达99.77%，小学毕业生升学率为97%，13～15周岁适龄少年初中入学率为96.1%，小学辍学率为0.28%，初中辍学率为1.67%，17周岁人口初级中等教育完成率为95.4%；青壮年文盲率控制在1%以下。

〔**幼儿教育**〕 幼儿教育工作紧紧围绕贯彻幼教两个法规，认真贯彻落实广东省政府《关于加快我省幼儿教育事业改革和发展的意见》，在事业的发展、宏观管理及教育教学改革等方面取得了进展。

理顺幼教发展路子。各地根据实际和幼教发展的需要，在制订"九五"幼教发展规划的基础上，认真调整幼教格局。珠江三角洲地区和大中城市、县城镇积极发展幼儿园，取消学前班，逐步满足3～6岁幼儿入园的需要；经济条件一般的地区普及学前一年教育，办好乡镇中心幼儿园，努力创造条件发展村办园；贫困地区办好学前班，创造条件发展非正规学前教育机构。全省不同经济发展类型的幼教发展格局有了明显的变化。此外，在办园体制改革、探索新形势下各级各类幼儿园良性发展的新路子，以及幼教师资队伍培训等方面也有很大突破。5月，全国表彰百名幼儿教育先进县（市、区），广东省的番禺市、顺德市、梅县、肇庆市端州区被授予全国幼儿教育先进县（市、区）光荣称号。

加强对学前班的宏观管理。为贯彻国家教委和省有关学前班工作的文件，广东省教育厅印发了《关于颁发广东省学前班评估标准（试行）的通知》，并于11月组织6个检查组分赴21市进行检查，对各地办好学前班的经验进行了总结，对存在的学前班小学化等问题提出了意见和建议，进一步规范了学前班工作。

〔**特殊教育**〕 1996年，广东省制订了《广东省残疾儿童少年义务教育“九五”实施方案》，提出了“九五”期间广东省特教事业的发展目标和措施，是“九五”期间全省特教事业改革和发展的指导性文件；召开了省弱智儿童工作经验交流会，举办了聋哑学校教育、教学管理研讨会，就特殊教育的领导管理、教育训练、提高教学质量、康复就业等问题进行了交流与研讨，并总结出许多很好的经验；举办了“省盲童随班就读骨干教师培训班”，为开展盲童随班就读工作培训了教师，提高了师资水平；省教育厅、省民政厅、省体委、省残联联合组队参加了“第一届亚太地区特殊奥林匹克运动会”，取得了较好成绩；开展了广东省特殊教育德育优秀论文评选活动，向中国特教研究会选送了广州市聋人学校《初中聋生心理辅导浅谈》等6篇论文。

〔**普通高中教育**〕 1996年，广东省普通高中教育再上新台阶。珠江三角洲地区的“普高”工作先走一步，进展顺利，东西两翼及北部山区以巩固提高“普九”成果为重点，亦开始规划实施以城镇为主的“普高”工作，全省形成“普高”的良好势头。1996年，广东省进一步贯彻全国普通高中工作会议精神，制订了《广东省示范性普通高级中学评估验收实施办法》，省、市、县重点中学的建设进一步加强，办学水平进一步提高，争创全国示范性高中的前期准备工作正在抓紧进行。广东省还开始实施扶持薄弱高中计划，制定了《广东省普及高中阶段教育评估验收暂行办法》，为全省普及高中阶段教育打下基础。此外，进一步改革和完善考试制度，提出了一系列考试制度改革意见；各级教育行政部门加强对考试工作的领导，严肃考风，严格管理。通过考试制度的改革，高中毕业会考、“两试合一”考试取得了较好的成效，社会反映良好。与此同时，高中综合课程改革试验和举办高师预备班等工作也正在稳步推进。

〔**中小学德育**〕 1996年，广东省广泛开展了以爱国主义为主题的“五爱”教育，中小学校园秩序稳定，学生思想道德素质进一步提高。各地进一步加强了德育基地建设，据统计，全省现有校级德育基地5200个、县级德育基地420个、市级德育基地300个，经广东省委宣传部等有关部门评审通过的省级爱国主义教育基地34个。在课程改革方面，增设了初二法制课，法制教育得到了加强，中小学生违法犯罪率明显下降。据统计，1996

年，全省中小学生无一犯罪的市有韶关市等9个市；中小学生无一犯罪的县（市、区）有110个。

〔**教师队伍建设**〕 1996年，广东省中小学校长经过岗位培训，全部实行了持证上岗制度。根据国家教委的部署，广东省全面开展了中小学教师资格认定工作，基本完成了全省50多万中小学在职教师的资格认定。

师资培养培训继续扩大规模，努力满足普及九年义务教育的需要。全省共有中等师范学校46所，中师的招生基本保持上年的规模，其中英语、音乐、美术、体育等短线专业的招生比上年略有增加，以满足小学教育对这些专业教师的需要。1996年，全省中师招生数三年制16476人，五年制964人。教育学院录取新生比上年增加14.3%。教师进修学校的招生规模，与上年相比，也略有扩大。

开展中师办学条件标准化建设。为了推动中师办学条件建设，根据国家教委和省政府的要求，各级政府和教育行政部门加大了中师建设的力度，在上年开展全面建设的基础上，1996年又继续投入3亿元的建设资金，使学校面貌发生了较大的变化，办学条件日趋标准化。

继续做好中小学教师自学考试工作。据统计，到1996年底，已有42155位学员取得了毕业资格，其中取得高师本科、专科和高师专科小学教育专业毕业学历的学员人数分别为：2620人、7650人和31885人，占现有高中教师、初中教师和小学教师总人数的9.11%、4.77%和9.47%，使全省高中、初中和小学教师的学历达标率分别提高到58.83%、83.07%、95.92%。同时，认真做好第二周期中小学自学考试招生规划和录取审批工作。中小学教师进修学历自学考试系列开设了高师本科中文教育、数学教育、政治教育、英语教育等4个专业；高师专科中文教育、数学教育、政治教育、英语教育、小学教育等5个专业。在招生工作上改变了第一周期单纯由各市自行规划的做法，采取省下达指导性计划，各市把关，最后由省审批的做法，经过省、市、县三级教育行政部门和各教师进修院校的共同努力，顺利完成了各专业的招生任务，高师本科、高师专科、高师专科小学教育专业三个系列实际招生数分别为11817人、9697人和38556人。

加强教育学院办学条件建设，努力提高教育质量。1996年，省完成了对13所教育学院办学条件基本情况的资料统计工作，并先后到肇庆、湛江、茂名、韶关、佛山、江门、珠海、嘉庆等8所教育学院进行调查，研究如何进一步改善教育学院办学条件等问题。11月，召开第十二次教育学院院长协作会议，传达贯彻全国师范教育工作会议和地市教育学院工作会议精神，总结交流办学经验，特别是如何加强管理和提高教育教学质量等方面的经验，并研究教育学院改革和发展面临的问题。在教学管理方面，组织力量完成了国家教委新颁发的《中学教师进修高师专科12个专业教学计划》中7个专业15%地方课程教学大纲的制订工作(共42门课程)，并报国家教委备案。

启动教师进修学校的办学条件标准化建设，以适应中小学教师培训工作的需要。为了摸清教师进修学校的办学条件，省教育厅进行了调查研究，并决定在“九五”期间共安排5000万元专款，用于补助教师进修学校的办学条件建设。为了用好这笔专款，广东省教育厅与各教师进修学校主管的政府签定了教师进修学校办学条件建设责任书。

〔**教师住房建设和待遇**〕 3月30日～4月1日，广东省政府在梅州市召开第二次全省中小学教职工住房建设工作会议。省委常委、副省长卢钟鹤到会讲话。省各地级以上市分管教育的领导和教委、教育局的主要负责同志，规划于1996年完成教师住房建设任务的41个县（市、区）分管教育的领导、教委、教育局的负责人，省直有关单位、民主党派的负责同志，共150多人参加了会议。会议总结交流了梅州市等地中小学教职工住房建设的经验和做法，要求各级党政领导要进一步提高对教职工住房建设工作重要性的认识，党政主要领导要亲自抓。各级政府要按签订的解决教职工住房责任合同落实责任。至今还未制订教职工住房建设目标、规划和优惠政策的市、县、区，年内要全部落实。计划、财政、城建、国土规划、税务等各有关部门要通力合作，克服困难，特别是克服资金不足的困难，切实保证规划今年解决教职工住房困难的市、县、区完成任务。会上，省政府提出解决全省中小学教职工住房目标的时间是：1993年以前实现“普九”的县（市、区）于1996年底前完成，1994年和1995年内实现“普九”的县（市、区）于1997年底前完成，其余县（市、区）于1999年底前完成。会议还要求到会的41个县（市、区）要集中力量，多渠道筹集资金，多形式解决建设用地等困难，抢时间，抓进度，按省政府的要求在1996年基本解决教职工住房困难的任务。其他已经完成“普九”验收的县区，特别是在1994年已“普九”验收的，要在做好巩固“普九”工作的同时，花大力气抓好教职工住房建设，确保按合同完成任务；未完成“普九”的17个县（市、区），应集中力量先保证“普九”任务，但也要做好教职工住房建设规划，对有条件的乡镇要按先后缓急把“普九”工作和住房建设工作结合起来，抓住机遇，及早动手，力争主动。

梅州会议之后，广东各地中小学教师住房建设的步伐进一步加快。据年底统计，全年全省教师住房建设总投入27.95亿元，竣工住房4.76万套，完成建筑面积（含单身教工住房面积）428.18万平方米，教工及家属人均居住面积达10平方米，住房成套率达78%。中小学教师住房建设投资超亿元的有茂名、湛江、肇庆、佛山、广州等12个市，其中茂名市达3.57亿元，为全省之冠。湛江、肇庆、佛山、广州4市均超过2亿元。

以解决中小学教师住房为突破口，各地继续努力提高教师待遇。教师节期间，全省共评选并表彰了“南粤杰出教师”11名、“南粤教坛新秀”600名、“南粤优秀校长”49名。全省共有2.9万名民办教师通过考试考核转为公办教师。各级政府还采取措施按时足额发放教师工资，并落实各种政策性补贴。教师的待遇和社会地位的提高，吸引了大批应届初中和高中毕业生报考师范院校，使师范院校生源质量有较大提高。

〔**体育卫生工作**〕 中小学体育卫生工作进一步加强。1996年，广东省召开了全省学校体育卫生工作会议，全面总结了“八五”期间中小学校体育卫生工作，制订了“九五”期间学校体育卫生工作的规划；召开了第五届广东省中小学体育卫生工作论文报告会，共收到全省各地报送的论文310篇。经过专家的评审，共选用了论文178篇，其中一等奖

2篇、二等奖11篇、三等奖29篇,四等奖136篇;总结推广了增城市仙村一中进行学校体育改革,促进全面素质教育的先进经验,在全省各地产生了积极影响;举办了重点学校田径运动会、传统项目学校田径比赛和省港澳中小学体育比赛等,还组派代表队参加了在郑州市举行的全国中学生田径运动会,获得了团体总分第一的成绩。中小学体育场馆建设也取得了较大的成绩。到1996年底,全省有200米田径运动场8210个,300米田径运动场1221个,400米田径运动场862个;有体育馆431座,体育室12557个;有标准游泳池149个,游泳小池270个。与此同时,加大了中小学卫生保健工作的力度,召开了全省中小学生卫生保健工作会议,并开展了广东省中小学生营养、卫生保健教育巡回展等卫生保健活动。

〔**督导评估**〕 1996年,广东省根据国家教委的要求,认真开展"五项内容"的督导检查。在抓好花都市"五查"试点经验推广的基础上,总结推广了中山、湛江等市的"自查"做法和经验,推进了各地"自查"工作的全面开展。

继续完善中小学等级评估制度。1996年,广东省相继制订学校自评制度和等级学校复评意见等配套文件,初步形成具有广东特色的中小学校督导评估系列。4月,省组织对第三批申报省一级学校的评估,经过严格评估,共评出华南师范大学附属小学等32所中小学为第三批省一级学校,使全省省一级学校总数达到188所,市、县一级学校近千所。

〔**教学设备建设**〕 1996年,广东省积极开展电化教育"九五"规划的制订和实施工作,努力推进教学手段的现代化。年初,召开广东省电化教育先进单位和先进个人表彰大会,总结了"八五"期间广东省电教工作取得的成绩和经验,表彰了一批电教先进单位和先进个人,扩大了电教影响,提高了电教在教育现代化中的地位和作用,极大地调动了广大电教工作者和教师的积极性。制定了《广东省普及中小学电化教育的意见》,明确提出到2010年全省基本普及电化教育,珠江三角洲和大中城市基本实现教学手段现代化。普及电化教育量化要求为三个覆盖率,即70%的学科开展电化教育,70%的教师运用电化教育手段进行教学活动,课时覆盖率达30%。为了促进电教工作的开展,在全省挑选57所学校,作为全国电化教育实验学校,并完成了这些实验学校的申报工作。

认真抓好基础实验室和理、化、生、自然课基础教学仪器设备巩固、普及、完善、提高工作,教仪经费投入大幅度增加,实验室建设取得显著成效。据统计,全省中小学教学仪器设备总值达10.27亿元,比上年增加近2亿元。按国家教委1985年配备标准一、二类配齐或基本配齐理、化、生、自然课教学仪器设备的学校共25004所,占应配学校的85.63%。实验课按教学大纲要求开出率达83%。全省有实验室的学校13531所,其中实验室配备达标比较齐全的学校13480所;全省中小学有实验室21713间,比1995年增加3064间;仪器室有30171间,比1995年增加3202间;全省中小学建设有比较标准的独立实验楼或科学馆1673幢,比1995年增加420幢。全省121个县(市、区)通过了中小学实验室建设和教学仪器设备的达标验收。

全省教育现代化设施和各专用室建设也有很大的发展。学校除了建设有理、化、生实验室，相当部分学校还建立了各科专用实验室，配备了现代化的教学器材，据统计，全省有价值3.08亿的电教设备。全省中小学有计算机室1422间，有各类计算机53300台，比上年增加1万多台；语音教学系统教室1422个、电化教室2384个、地理实验室402个、音乐室3297个、美术室1853个、专业教室1196个、生物园3034个、地理园780个。中小学计算机教学专业网络及多媒体也在发展，从过去的一校配一台录像机发展到部分学校试用闭路电视，从单一的计算机到现在计算机联网教学，从单一听说型语音教学系列发展到图文并茂的多媒体教室，两机一幕或多机一幕进课室的格局在城镇及农村中心小学（部分农村小学）已基本形成。图书音像室、微机教室等先进教学设施也在发展。据统计，1996年各市、县通过各种渠道共筹措了实验室建设和教学仪器设备经费达2.62亿元，其中教育拨款5740万元，教育附加安排1949.7万元，勤工俭学收入投入2181.5万元，收取学生设备费8423万元，专款拨款3798.7万元，其他4128.1万元，用于购置常规教学仪器设备8690万元，购置电教硬件10452万元，电教软件1127万元，仪器柜补助1142.8万元。

〔**教学研究工作**〕 积极抓好九年义务教育课程方案的实施，组织全省教学骨干学习九年义务教育初中教学大纲和人教版、沿海版的新教材，通过办讲习班，一个学科一个学科地系统宣讲，并结合听课、评课进行具体辅导。以现代教学理论为指导，围绕素质教育这个核心，优化课堂教学，以启发式教学、落实素质教育、提高教育质量为主要内容的教学改革取得新的成果，及时推广了顺德市钟德赣老师中学语文“五步三课型反刍式单元教学法”，先后召开全省推广工作会议，赴澳门、香港、云南等地宣传推广，还召开了全国研讨会，组织专家和各省代表来广东学习研究推广钟老师的单元教学法，并决定在广东成立全国单元教学研究中心。语文活动课实验在研究趋向成熟的条件下，抓住东莞市语文活动课这个典型，在全省宣传和实验，并在人民教育出版社的支持下，开展语言活动课实验研究，取得了初步成效。化学科的论文《开展化学活动，探索素质教育》获全国化学教研会第七届年会论文二等奖。数学科、物理科和化学科通过课堂即时评价训练研究，探索评价、控制、调节教学的途径和方法取得可喜成果。这项成果的价值在于不增加学生和教师负担的前提下，减轻学生的课业负担，加强学生操作训练，实现即时自我反馈评价矫正，提高教学效率和质量，达到学历（学时）和学程同步效应实现，方法简便，训练科学，实用可靠，成效明显，为教学评价研究探索了一条新路。

〔**语言文字工作**〕 社会用字管理工作完成了对全省地级以上城市的检查和总结工作。根据国家语委《城市社会用字管理工作评估指导标准》制定了城市社会用字管理工作检查标准，实行量化评分。全省基本完成了大中城市、县城普通中小学普及普通话工作（第一阶段）的检查验收和对国家级、省级重点职业中学及各市属开设幼师、文秘、旅游专业的职业中学普及普通话工作（第一阶段）的检查，并加紧对师范院校普及普通话工作（第二阶段）的情况进行调查。加紧筹建广东省普通话培训测试中心，积极培训普通话水平测试员。

〔治理中小学乱收费〕 1996年，根据中纪委六次全会和国务院第四次反腐败工作会议的部署，广东省继续把治理义务教育阶段乱收费作为重点对中小学乱收费问题的治理力度，采取有效措施，进行综合治理，收到了明显成效。据统计，全年全省各地检查出违规收费金额2402.9万元，其中学校擅自立项、擅提标准等乱收费金额1837.3万元，社会向学校乱摊派、搭车收费金额356.5万元，乡镇政府乱收费金额209.2万元；清理违规收费金额2090.8万元，清退违规收费金额1833.9万元，罚没违规收费金额256.9万元；择校生比去年同期减少4466人；清理各种收费补习班782个，减少学生收费87.2万元；清理各种强制学生购买的复习资料449941册，减少学生收费338万元；受理群众举报1746件，查处违纪案件424件，查结382件，在查42件，处理责任人83人，其中通报批评65人，行政记过或党内警告以上处分14人，撤职或党内察看以上4人。同时，广东省政府纠风办和省教育厅于年初制订了1996年全省各县（市、区）必须实现的阶段性目标的9条标准，各地级以上市从10月初开始分别组成检查考核组对第一批推荐的县（市、区）进行检查考核，共有41个县（市、区）基本达到了治理中小学乱收费工作的9条标准。

〔教育对口支援〕 1996年，广东省教育厅继续发动珠江三角洲地区对口支援新疆少数民族贫困地区发展教育事业，取得了明显成效。据不完全统计，到1996年底，广东省与新疆共签订支援项目34项，项目资金723.8万元，实际到位资金1049.25万元；为新疆免费培训计算机、高级家具制造及装潢技术以及其它专业师资100多人；委托喀什地区师范学校为新疆英吉沙等三县培养少数民族汉语教师30名；接受多批挂职锻炼及业务交流人员。广东省教育厅还接受了国务院下达的对口支援三峡库区巫山县发展教育事业的任务，并于11月由江海燕厅长带领有对口支援任务的10个市的教委、教育局领导和办公室主任到巫山县现场办公，明确了各市对口支援单位和任务，江海燕厅长代表广东省教育厅和10个市与巫山县当场签订了支援协议。

〔教育投入〕 1996年，广东省各级财政普教拨款139.12亿元，比上年增长15%；社会捐资办学经费为29.01亿元；社会团体和民间办学经费为17.77亿元。省加大了对普教的投入，除增拨1.8亿元“普九”专项经费外，还继续安排其他各项专款补助，省财政安排的普教经费达4.78亿元，比上年增长30.6%，为历年省财政安排的教育经费最多的一年。

撰稿　方树生　张　路　彭红光
审稿　刘达中

职业教育

〔**综述**〕 1996年，广东省职业中学教育事业规模在保持稳定的基础上略有发展。全省有职业中学，招生数比去年减少0.13万人；在校生数比去年增加0.67万人。1996年全省职业中学仍处于调整时期，撤、并了一批规模小、效益不高的学校，同时也新建、扩建了一批骨干学校。省级重点职中和各市、县骨干学校的质量不断提高。

〔**宣传贯彻《职业教育法》**〕 5月15日，全国人大常委会通过并颁布了《中华人民共和国职业教育法》，广东省于6月14日召开了学习、宣传、贯彻、落实《职业教育法》座谈会。省委常委、副省长卢钟鹤、省政协副主席张展霞、省教育厅厅长江海燕以及省财厅、高教厅、劳动厅等有关领导作了讲话。省人大及部分企业、学校的代表出席会议并作了发言。卢钟鹤副省长、张展霞副主席以及有关厅局的领导还给国家级重点职业中学、省级重点职业中学授了牌。6月下旬，卢钟鹤副省长在广东卫星电视台发表学习宣传贯彻落实《职业教育法》的电视讲话，进一步扩大了职业教育的影响。

《职业教育法》颁布以后，广东省教育厅及时下发文件，要求各地迅速行动起来，结合当地实际，掀起学习、宣传、贯彻《职业教育法》的高潮。各地结合国家级重点职业中学、省级重点职业中学挂牌，开展了各种形式的宣传活动，在省、地各级广播电台、电视台、报刊、杂志等新闻媒介播出（发表）了大量的新闻报道。广州市政府召开了新闻发布会，常务副市长伍亮宣布广州市电子职业中学被评为国家级重点职业中学，并对该校的领导、教师进行了表彰和奖励。中山市举办了大型的职教成果展览。有的学校也单独举办活动。如广州市的工艺美术职业中学在广州文化公园举办了别开生面的师生作品展览。这些活动在社会上引起了很大反响，取得了良好的社会效益。

11月5日～7日举办了全省普教系统学习贯彻全国职业教育工作会议精神暨《职业教育法》讲习班。各市、县（区）教委、教育局主管职教工作的副主任、副局长共140多人参加了讲习班。广东省教育厅长江海燕在讲习班上传达了全国职业教育工作会议精神，分析了全省职业教育发展的形势，并对全省学习贯彻《职业教育法》和全国职业教育工作会议精神以及做好召开全省职业教育工作会议的准备工作进行了部署。讲习班还邀请了国家教委政策法规司副司长李连宁宣讲《职业教育法》。

做好全省职业教育会议的筹备工作。由广东省教育厅牵头，向省政府汇报了情况。省政府决定成立“广东省职业教育工作会议筹备小组”。筹备小组由省教育厅、省高教厅、省劳动厅、省经委等厅局有关人员组成，由省教育厅牵头。半年来，筹备组先后到佛山、江门、中山、深圳、广州、韶关等市对广东不同地区职业教育的发展情况进行了调查，比较全面的了解了当前职业教育发展的情况、经验和问题。为了学习、借鉴外省发展职业教育的先进经验，筹备小组还由江海燕厅长带队，到江苏省的南京、苏州、无锡、常州、扬州等5市进行考察，参观8校1厂，写出调查报告，提出发展广东省职业教育的建议和思路。

〔**职业教育改革和发展**〕 认真规划发展重点职业高中。经广东省政府批准，国家教委认定，目前全省有35所省级重点职业中学，其中11所于1996年2月被国家教委评估认定为国家级重点职业高级中学。广东省教育厅进行了广泛的调查，规划到1998年增加30所省级重点职中，到本世纪末，力争全省省级重点职中达70所，其中30所达国家级重点职中标准。为了进一步提高职业中学的教学质量，经过多方争取和努力，今年获省编办批准成立职业教育教研室，这将改变职业中学教研工作长期无专人负责的状况，也将促进职业中学教育质量的提高。

认真开展企业教育综合改革试点工作。3月，在广州石化总厂召开了“广东省企业教育综合改革试点工作会议”，江海燕厅长在会议上作了讲话。会议确定8家企业为全国企业教育综合改革实验点，另有21家企业申报开展企业教育综合改革试点工作。

〔**职业中学内部建设**〕 1996年，广东省教育厅于9月和11月分别召开了国家级重点职中座谈会和省级重点职中校长年会，向校长们传达了全国职业教育工作会议精神，分析了全省职业教育所面临的机遇和挑战，并从实际出发，根据不同学校的不同特点，提出不同的奋斗目标，要求学校向扩大规模要效益，向提高质量要效益，向深化改革要效益，向强化管理要效益，为全省职业教育的发展和改革发挥示范和带头作用。在部分基础较好的国家级重点职业中学内进行“以专业、学科建设改革为龙头，以教学内容、方法、手段改革为依据，以能力培养为中心”的改革，把培养目标定为掌握高新技术和技能的中级应用型人才。目前，顺德市梁球锯中学、江门工交职业中学、广州市电子职业中学等学校已开展了试验工作。与此同时，7月，在广州市服装职业中学和电子职业中学举办服装专业、电子计算机专业教师技能培训班，有一百多名教师参加学习，对提高专业教师的教学技能起了较大的作用；8月，在广州举办了广东省职业中学学生微机应用竞赛。广州、江门、中山、韶关等市都进行了多项职中学生专业技能竞赛活动。

撰稿 方树生 张 路 彭红光

审稿 刘达中

高等教育

〔**办学规模**〕 1996年，广东省高等教育办学规模稳步增长。全省普通高校中有部委属院校9所，地方院校32所；本科院校26所，专科院校15所。招收本专科生共55680人，比上年增长12.7%；本专科在校生164017人，比上年增长8.1%。有培养研究生机构23个，招生数比上年增长25.9%；在校生比上年增长16.7%，硕士点463个，博士点117个，比上年分别增加58个和5个。有12所高校接收外国留学生，在校生1200人。

〔**体制改革**〕 1996年广东省高等教育体制改革取得新进展。共建体制进一步完善。国家教委、农业部、卫生部、国务院侨办、国家中医药管理局联合发出《关于加强广东省对在粤共建高校办学统筹权的意见》，赋予广东省对在粤共建高校结构和布局调整、招生计划、专业设置和硕士点审批权、领导任免、对外开放合作办学等5个方面的统筹权。高校合并工作初见成效。根据广东省委、省政府建设教育强省的意图合并组建的广东工业大学、广东外语外贸大学等学校的机构设置、人员配备都已经完成，学科调整也在逐步进行；湛江水产学院划转省管并与湛江农业专科学校合并组建了湛江海洋大学，佛山农牧高等专科学校与佛山大学合并，组建了佛山科技学院。高校校内管理体制改革积累了新的经验，湛江师范学院劳动服务公司以“一业为主，多种经营，内外结合”的做法，得到有关部门肯定。深化招生制度改革，普通高校本专科招生实现全面并轨。

〔**教育结构**〕 根据“两个根本转变”的要求和江泽民总书记关于“教育要全面适应现代化建设对各类人才培养的需要，教育要全面提高办学质量和效益”的精神，广东省继续优化高等教育结构。

层次结构。研究生比例在不断提高，专科生的比例明显下降。1996年普通高校在校生的规模与上年相比，本科生增长13.4%，专科生增长2.97%。普通高校在校生本科和专科比例，1995年是1∶1.05，1996年是1∶0.95。研究生与本专科生的比例，由上年的1∶30变为1∶26。

专业结构。为了加大对专业设置宏观调控力度，有计划地引导高等学校调整专业结构，使之更好地适应本省经济社会发展的需要，广东省高教主管部门对近年来高校专业设置情况和变化进行了认真的调查研究，并于年底提出了以经济社会发展需求为依据的专业设置调整方案。

地区布局结构。经过近几年的努力，广东普通高校的地区布局结构已基本形成，与区域经济发展基本一致。除广州集中了23所高校之外，在粤西布置了4所院校，其中广东医学院、新组建的湛江海洋大学属于省属重点建设院校。在粤东，有汕头大学，包括汕头大学医学院，也作为省的重点建设院校，现已通过“211 工程”部门预审。在珠江三角洲的深圳、佛山、江门等经济比较发达的地区分别布置 1 所本科院校。另外，在粤北和梅州等经济比较落后的地区各布置 1 所专科学校。高等师范教育的地区格局也已基本形成。本科师范院校除了华南师范大学作为龙头外，广州有广州师范学院，粤东有韩山师范学院，粤西有湛江师范学院，南部有深圳大学师范学院，还有佛山科技大学师范部。另外，省内还有一部分专科层次的学校设有师范专业，基本上满足了社会和教育发展的需要。

类型结构。类型结构的调整在开始启动。师范教育在整个教育中的地位有了明显提高。省高教主管部门认真贯彻全国师范教育工作会议精神和省《关于进一步加强师范教育的意见》，明确高等师范教育改革发展的指导思想、目标和主要任务，并且采取了一系列得力措施。一是增加对师范学校的投入，改善办学条件。通过省财政、专项资金以及世界银行贷款的支持，使师范学校有了一个较快的发展。二是对师范生免收学费，师范院校由此而少收的学费，由省财政给予补足。三是对师范院校和专业加以保护和扶持，实行政策倾斜，在招生中给予优先优惠，让华南师范大学提前进行录取。目前广东省高等师范教育的发展势头很好，师范学校的领导和教师对办学方向认识统一，报考师范专业的考生日益增多。1996 年华南师范大学第一志愿考生达到录取标准的人数，超过录取计划数，其他师范院校招生情况也有所好转。

职业教育在高等教育中的地位越来越受到重视。广东省把发展高等职业教育，作为建设教育强省、力争 20 年基本实现现代化的重要工作来抓，积极贯彻《职业教育法》和全国职业教育工作会议精神，制定了发展高等职业教育试点方案，正在抓紧实施。深圳职业技术学院按照职业教育的要求来规划建设，被国家教委列为高等职业教育试点学校，李岚清副总理为它题写了校名。

〔**教学和科研**〕 1996 年广东省高等教育质量有较大提高。省高教主管部门十分注意高等教育规模、结构、质量、效益的协调发展，强调培养德智体全面发展的社会主义事业建设者和接班人是高等学校的根本任务；提高教育质量和科研水平，是进一步推动高校改革和发展的核心，是高等教育永恒的主题，是学校的生命线。并采取有力措施，推动不同层次、不同类型的学校重视教育质量，努力在各自的层次上提高教育质量，办出水平。

配合国家教委等有关部委对多所学校进行“211 工程”部门预审，促进高校重点学科建设和整体水平的提高。当年，有暨南大学、华南师范大学等 5 所院校通过了“211 工程”部门预审；先前已通过预审的中山大学、华南理工大学已正式立项，启动建设。

利用评估手段，加强对教育教学质量监控和管理。五邑大学、广东药学院和广东商学院通过了国家教委办学水平评价。同时，主动利用评估手段，开展了对普通高校教学、科研、重点学科、设备后勤、实验室等各种各类的评估。通过评估，“以评促改，以评促建，重在建设”，使全省高校的校风学风有了比较明显的变化，明确了进一步发展的思路和措施。

全面启动了旨在提高教育质量和科研水平的"四重"建设，即重点学科、重点课程、重点实验室、重点教师的建设。在经费投入上对"四重"建设实行倾斜，当年省高教专项资金安排用于该项建设的共3500万元。确定了"千百十工程"培养对象915名，其中：国家级11名，省级62名，校级842名，并设立250万元作为"百十"优秀人才科研补助费。召开了"百十"人才座谈会，制定了实施"千百十工程"管理暂行办法。

科研工作重视向高、精、尖发展，同时积极面向经济建设主战场，加速科技成果转化为生产力。当年广东省高等学校获省科技进步奖、自然科学奖共31项，其中科技进步二等奖5项、三等奖10项，自然科学一等奖2项、二等奖4项、三等奖10项。下达省属高校自然科学课题51项，其中应用研究课题40项；社会科学研究课题65项，其中应用研究课题36项。滚动贷款3000万元，贷出700万元，帮助高校解决科技成果转化中的中试和科技开发奖金困难。

〔**办学条件**〕 1996年，广东省高等学校的办学条件不断改善，当年省财政对高校总投入为97242.1万元（含高教专项资金46800万元），其中事业费为72349.1万元，基建费为24893万元。正常事业费比上年增长12%。年内建成各类校舍19.67万平方米，其中教工住宅6.86万平方米，校舍达标部分12.82万平方米。1996年，普通高校生均校舍面积44.35平方米，生均宿舍面积7.55平方米，分别高于上年43.97和7.50的标准。

〔**党建和思想政治工作**〕 认真学习贯彻十四届六中全会精神，加强高校思想、文化、道德等各个领域的社会主义精神文明建设。召开了全省高校"两课"建设和改革工作会议，加大了"两课"建设和改革的力度。大力加强了学校领导班子建设，把高校领导班子建设作为精神文明建设的关键来抓，对相当一部分学校的领导班子进行了调整，调整人数达107人，使广东省高校领导班子的革命化、年轻化、知识化、专业化程度和全面素质有了一定提高，领导能力和凝聚力有所增强，学校党委的领导核心作用在实际工作中得到较好的体现。根据《中国共产党普通高等学校基层组织工作条例》，加强了基层党组织的建设和发展党员的工作。

〔**校园治安综合治理**〕 根据中央和省的有关指示精神和整个社会发展的需要，省高等教育厅会同省委政法委、省公安厅开展了整治高校校园和周边治安秩序的专项工作。召开全省整治高校治安秩序会议，与广州地区22所高校签订治安综合治理目标管理责任书，制定目标管理责任条例，并召开整治工作现场会，印发验收标准，使高校校园治安有了明显好转，周边治安环境有了较大改观。学校文明小区建设，创建"文明课室、文明宿舍、文明饭堂"活动，美化优化校园环境也取得了成绩。

〔**依法治教**〕 召开全省高校全体领导班子成员会议，传达省委依法治省的精神，指出高校出现的一些腐败现象和行业不正之风以及在办学方向上存在的问题，进一步明确提出依法治教要求，引起了各高校的重视。大力抓好考风考纪建设，召开了全省高校端正考风考纪、促进学风建设动员大会，明确整顿考风考纪的任务和措施。认真抓好高考和其他考试的考风考纪，严肃查处了省冶金工业总公司在职人员以同等学力申请硕士学位的外语全国统考中找人代考作弊行为。继续治理违章收费、违章招生、违章办学行为。配合全国人大教科文卫委员会检查组对本省落实教育优先发展的战略地位、保证教育投入等项工作进行执法检查。

〔**普通中专教育**〕 1996年，广东省中专教育得到了稳定发展。普通中专新办4所，共247所（含中师，下同），其中部委属学校18所，地方学校229所；共招生89482人，比上年增长1.1%；在校生249646，比上年增长11.8%；毕业生56777人；教职工24911人，其中专任教师13360人。

普通中专教育继续把工作重点放在提高办学水平上，突出抓了骨干专业改革建设，制定了《关于普通中专骨干专业改革与建设的原则意见》，突出中专的职教特色，确定17所学校17个专业为骨干专业。对部分中专学校进行办学水平等级评估。加强了对教学质量的监控，首次组织全省普通中专英语等级考试和计算机应用基础水平考试。举办了普通中专学校第二届学生运动会并成立了省中专体育协会。

重视师资队伍建设，着重抓好教师资格认定过渡工作。全省有7439名中专学校教师申请资格过渡，认定教师资格6563名，占申请总人数的88.2%；认定实习指导教师资格551名，占7.4%；缓办325名，占4.3%。

全省普通中专学校普遍加强校园精神文明建设，开展“文明校园”复评工作，101所学校被授予“文明校园”称号。

撰稿 张幼锋

审稿 许学强

成 人 教 育

〔**综述**〕 1996年，全省有5个地级以上市被列为全国城市和企业教育综合改革实验市，其中广州、深圳、江门为国家教委实验点，东莞、中山为省实验点；有8个大中型企业为全国企业教育综合改革实验点，21个大中型企业申报开展企业教育综合改革实验工作。目前全省乡镇成人文化技术学校的建筑面积已超过67万平方米，比上年增加17万平方米，增长34%；学校的基建经费达8566万元，教学仪器设备总值达3298万元，办学经费支出4379万元；全省农村参加镇、村（管理区）两级短期实用技术培训的人（次）已超过740万，比上年增加110万人（次）；参加各种长期班学习和培训的人数为

92.7万人，加上村级文化班学习的人数共达138.6万人；参加扫盲学习的人数为13650人，其中达到脱盲标准的人数为5981人；参加业余小学学习的学员有44.3万人，达到高小毕（结）业程度的有23.7万人；参加成人高中班学习的人数约1.3万人；社会力量办成人学校631所，举办各类教学班2743个，在学人数为13.3万人，毕（结）业人数为15.8万人。

〔**城市、农村教育综合改革**〕 农村教育综合改革工作进入了全面发展的新阶段。各地级市和实验县（市、区）分别召开会议，贯彻落实广东省政府召开的农村教育综合改革工作会议和省政府办公厅《转发省教育厅等部门关于加快和深化农村教育综合改革的意见的通知》精神，使“点上深化改革，面上积极扩展”的工作有了新的发展，在全省范围内全面推进农村教育综合改革工作的新格局已经形成。全省新增8个实验县（市、区）和133个实施燎原计划乡镇，目前广东省开展农村教育综合改革工作的市、县（区）已达64个，实施燎原计划的乡镇已达756个。

〔**农村成人教育**〕 各地认真贯彻在茂名市召开的农村教育综合改革工作会议的精神，广东省教育厅及时根据国家教委颁布的《示范性乡镇成人文化技术学校规程》，制订了《广东省乡镇成人文化技术学校评估方案（试行）》，对贯彻落实国家的《纲要》和省的《决定》起到了很好的推动作用，为乡镇成人文化技术学校的建设和办学工作逐步走上规范化、制度化和现代化的道路打下了良好的基础。尤其是省级示范性乡镇成人文化技术学校的评估活动，引起了县（市、区）和乡镇政府对乡镇成人技术学校的建校办学工作的高度重视，对乡镇成人文化技术学校的建校办学，以及提高办学质量和效益起到了积极的推动作用。经过评估，现有44所乡镇成人文化技术学校达到省级示范性乡镇成人文化技术学校的标准。这批乡镇成人文化技术学校已具备了一定的规模，占地都在2000平方米以上，且多是独立设校；珠江三角洲地区的这类成人校校舍建筑面积都在2000平方米以上，一般地区也已达到1500平方米以上，有的已超过了5000平方米，并配备了实验室、电脑室、图书阅览室、资料档案室、教师休息室和办公室等功能室。教学设备、设施日臻完善，有些成人校的电脑拥有量已超百台，年培训量达数万人次。学校都建立了完善的领导机构和校务委员会，选派具有大专以上学历或中级以上职称的同志担任专职副校长和教导主任，配备了一支相对稳定的素质较高的专职和兼职教师队伍，其中不少学校配备了10多位专职教师。办学效益显著，受到了干部和群众好评，除大量举办短期培训外，每校都有3个以上长期班，有的成人校每天从早到晚有千余名学员在校上课，有几百名住校生。这批学校为当地经济建设和社会发展培养了初、中级实用人才，大大提高了广大农村劳动者的素质，促进了农村科技的推广和当地两个文明建设。

〔**成人高中教育**〕 成人高中的办学管理逐步走上规范化的轨道。省组织对8个市的成人高中办学情况进行调查，并通报了调研的结果，进一步规范了成人高中办学的各项管理工作，同时对新编成人高中教材进行了修订，促进了成人高中办学质量的提高。

〔**成人高等、中专教育**〕 1996年，广东省成人高等中专教育规模得到较快发展。全省成人高校中有部委属院校5所，地方院校56所。各类成人高等学历教育实际招生共达75604人，在校生比上年增长15.6%。成人中专学校317所（其中教师进修学校102所），招生（含普通中专成人班及函授班，下同）比上年增长7.5%；在校生比上年增长2.5%。高等中专教育自学考试的规模获得新的突破，报考人数突破25万人，在籍考生共34万人。另有高等教育专业证书班毕业生15689人，中专教育专业证书班毕业生1803人。

成人高等中专教育形式日趋活跃、多样。经国家教委批准，进行了注册视听生和学历认证考试试点，并逐步把成人教育与自学考试打通，给成人教育带来了新的生机。8所成人高校14个专业进行高等职业教育教学试点，共招生700多人。根据高等职业教育的特点，制定了实施高职教学工作的原则意见，组织专家对各试点学校上报的高等职业教育专业教学计划进行了审订。自学考试形式更加多样，开考频率加快，并积极开设新专业，拓宽专业面，优化专业结构，注意选择有系统委托、能同行业结合、能上规模的专业来开考。向农学类专业倾斜，更好地适应了本省经济社会发展的需要。

成人高等中专教育的宏观管理进一步加强。对全省成人高等学校，包括普通高校函授夜大学教育综合评估和部分成人中专学校办学等级评估。全省市、县两级电大亦进行了办学水平的自评。在43所独立设置成人高校中，评出省示范学校5所、优秀学校13所（含示范学校）、良好学校16所、合格学校8所、不合格学校6所。在173所参评的成人中专学校中，评为优秀的51所，良好的75所，及格的45所，不及格的2所。通过评估，初步解决了各类成人高校的定位问题，发现了办学过程中存在的主要问题，进一步明确了改革和发展的方向；同时也推动了有关部门更加重视成人教育，增加投入，改善办学条件。对自学考试社会助学也进一步加强管理，省政府颁布了《广东省自学考试社会助学管理办法》，自1997年1月1日起正式施行。

撰稿 方树生 张 路
彭红光 张幼锋
审稿 刘达中 许学强

广西壮族自治区教育

概　况

〔基本情况〕

1996年各级普通学校基本情况

单位：人

学校类别	学校数(所)	毕业生数	招生数	在校生数	教职工数	
					计	专任教师
一、普通高等学校	27	17721	21806	64584	15012	8057
研究生	(9)	195	501	1056		609
本科	13	5280	9007	29385		7448
专科	14	12246	12298	34143		
二、普通中等专业学校	126	30377	44732	126769	15696	8370
中等技术学校	99	19180	35424	98032	11643	5935
中等师范学校	27	11197	9308	28737	4053	2435
三、普通中学	3117	536552	846615	2163455	140084	103923
高　　中	420	64189	81859	219593		14376
初　　中	2697	472363	764756	1943862		89547
四、农业、职业中学	347	32996	51345	136015	11893	7725
高　　中	296	27997	38066	104025		6896
初　　中	51	4999	13279	31990		829
五、工读学校	3	79	91	37	38	19
六、小学	16068	860834	1009758	6383673	227396	195583
七、特殊教育学校	41	860	2498	15914	1700	1067
八、幼儿园	3023		755244	891942	30270	22939

1996 年各级成人学校基本情况

单位：人

学校类别	学校数(所)	毕业生数	招生数	在校生数	教职工数	
					计	专任教师
一、成人高等教育	23	18255	22545	55313	4822	2530
广播电视大学	1	3495	4457	11484	830	330
职工高等学校	9	1923	2578	6045	1340	754
农民高等学校	0					
管理干部学院	4	1627	1632	4641	890	438
教育学院	9	4577	4029	10009	1762	1008
独立函授学院						
普通高校举办						
函授部		3967	7249	16515		
夜大学		213	340	719		
成人脱产班		2453	2260	5900		
二、成人中等专业教育	148	40812	54399	139785	7707	4240
广播电视中专	3	3527	4191	13466	841	410
干部中专	23	5777	12717	31681	1380	744
职工中专	26	5564	7692	23705	1311	667
农民中专	17	3881	8701	20602	751	460
函授中专	6	7370	7279	11849	514	254
教师进修学校	73	14693	13819	38482	2910	1705
三、成人中学	270	21209	25082	39913	1130	589
职工中学	7	2273	3007	2487	101	40
农民中学	263	18936	22075	37426	1029	549
四、成人技术培训学校	11194	2908735	2738115	2771372	15556	3029
职工技术培训学校	224	83196	76814	91048	1301	615
农民技术培训学校	10970	2825539	2661301	2680324	14255	2414
五、成人初等学校	3690	70899	77332	87486	8639	907
职工初等学校	120	2388	1581	1574	83	73
农民初等学校	3570	68511	75751	85912	8556	834
其中：扫盲班	2314	32412	36114	38805	4427	453

制表 庞健全 蒋仕松

〔**实施“两基”规划情况**〕 1996 年 6 月，自治区政府召开了“两基”工作会议和“两基”工作电话会议，研究制定和颁行《广西基本普及九年义务教育和基本扫除青壮年文盲的实施意见》。要求采取有力措施，落实规划，加强教育执法监督，完善评估验收制度，确保目标和任务按期按质完成。自治区坚持“分区规划、分类指导、分步实施”的原则和以评估验收促发展的办法，全面推进“两基”的工作进程。全区各级政府主要领导重视“两基”工作，动员一切力量，在人、财、物等方面向“两基”工作倾斜。经过努力，1996 年通过自治区

“两基”标准验收的县(市、区)16个，累计已验收达标县(市、区)35个，占全区县(市、区)总数的32%，覆盖人口达1635万人，占人口总数的36%，分别比上年提高12个和22.6个百分点。原计划1997年实现“两基”目标的宾阳县、陆川县、岑溪市、平南县、灵川县加大工作力度，提前到1996年底前实现“两基”达标验收。比较发达的玉林地区各县全部实现“两基”目标；较为贫困的南宁地区、柳州地区“两基”规划第一阶段的目标提前超额实现。未验收的县，有不少乡镇已达到“普九”的基本要求。1996年，扫除青壮年文盲3.24万人。全区小学生入学率为98.6%，小学生毕业升初中率为90.43%，初中阶段教育的毛入学率达79.2%。

〔**教师队伍建设**〕 1996年，自治区教委在年度招生工作中，进一步加大向师范院校倾斜力度，扩大培养培训规模，普通师范院校本专科招生人数达6883人，中师9308人，创历史最高水平。积极推动全区初中教师“三沟通”全员培训工作和中小学教师继续教育工作，第一轮初中教师学历培训毕业10562人，第一轮中小学校长岗位培训也基本完成。中国——联合国儿童基金会、开发计划署1996～2000年周期100万美元援款项目年内启动，促进了自治区贫困地区10所县教师进修学校的发展。贯彻《教师法》、《教师资格条例》，在总结试点经验的基础上，在全区范围内开展教师资格认定过渡工作，推进教师队伍建设走向法制化、规范化管理轨道。在全区民办代课教师中选招6000名公办教师工作顺利完成，同时以自治区政府的名义给全区1万名教龄满25年的教师、教育工作者颁发了荣誉证书和纪念章。高等学校多层次开展师资培训工作，举办以教育学、心理学为主要内容的青年教师岗前培训班，年内完成对400多名青年教师的岗前培训，举办各类硕士研究生主要课程进修班，共培训中青年骨干教师400多人。

为切实解决教师住房问题，自治区政府召开全区教职工住房建设工作会议，强调各级政府要加强领导，把教职工住房建设纳入城镇建设总体规划，作为学校必备的办学条件并制定优先优惠政策，协调、发挥政府各职能部门的作用，为教职工住房建设排忧解难。会议讨论通过并颁发了《广西壮族自治区人民政府办公厅关于加快我区教职工住房建设的通知》。会后，各级政府抓住机遇，作出具体部署。各地市相继建成一批具有相当规模的“教师城”、“教师新村”、“教师住宅小区”。1996年，全区教职工住房有所改善，人均面积为7.9平方米，成套率49%；高校教职工人均居住面积9.6平方米，成套率86%。

〔**教育投入**〕 1996年，自治区教委以保障“两基”的经费投入为目标，以城乡教育费附加的征收为重点，采取有力措施，使城乡教育费附加和各项地方教育附加费的征收、管理、使用等工作逐步走上正轨。(1)实行全区多渠道筹措教育经费目标管理责任制，1996年下达全区的任务为15.3亿元。全年计划任务年底全部完成。(2)加强对各级政府投入情况的监控。组织汇总1995年全区各地、市及各级各类学校教育经费投入情况，并与自治区统计局共同向社会公布，加强社会各界对教育投入的监督，为各级政府编制教育发展规划，制定教育投入的财政政策提供重要依据。(3)总结交流经验，逐步完善多渠道筹措教育经费的有关制度。分别召开地市教育局长（教委主任）会议，专题研究多渠道筹措教育经费的措施和办法。(4) 积极配合自治区财政厅做好年度教育经费预算的项目落实工作，调度资金，集中财力解决一些急需解决的问题，保证将有限的经费用于刀刃上。(5) 积极组织全区各级各类学校开展勤工俭学和发展校办产业，1996 年全区中小学校实现总产值及营业额 30 亿元，纯收入达 6 亿元。多渠道筹措资金为教育发展提供了保障，各级各类学校办学条件进一步得到改善。1996 年，全区城乡中小学新增校舍 350 万平方米，建筑质量也有了明显提高。

1996 年，继续加强各级各类学校装备建设，对高等学校实验室实行重点投入，项目管理，年内共安排 16 所院校 47 个装备项目，包括基础教学实验室、新开办专业教学实验室等，总投入经费 668 万元（其中学校配套 358 万元）。配合“普九”工作，指导各地抓好实验教学普及县工作和示范学校的装备建设，组织召开全区中小学技术装备工作会议，明确教育装备工作的主要任务和工作原则。

中小学教学仪器和图书设备有了新的改善，电脑拥有量已突破 10000 台（套），特别是图书数量增加较快，年内全区图书新增 1300 万册，小学生均图书 4.31 册，初中 6.56 册，职业中学 13.12 册，高中 28.45 册，中小学生均拥有量比上年增加约 1.5 册左右。

〔**教育系统抗洪救灾**〕 1996 年 7～9 月间，广西遭受特大洪灾及 15 号台风的袭击，灾情严重。据不完全统计，全区有 42 个县(市)受到洪涝灾害。教育系统受灾学校 2270 所，受灾校舍面积 163.86 万平方米，倒塌校舍 44.7 万平方米，造成严重危房 63.06 万平方米，一般危房 17.64 万平方米，学校受灾损失近 9 亿元左右。灾害发生后，全区教育战线奋力自救，全力以赴投入抗洪救灾工作。自治区教委主任李林等分别率队深入灾区指导抗洪救灾。自治区教委发出《关于我区教育系统开展抗洪救灾保教工作有关问题的通知》，对教育系统抗洪救灾保教工作作了全面部署。成立了全区教育系统抗洪救灾领导小组，统一指挥，组织协调全区教育系统抗洪救灾保教工作，以抗灾保教、重建校园、确保秋季学期按时开学作为中心工作，集中精力，抓好全区教育战线抗洪救灾。自治区教委压缩开支调剂出 850 万元救灾资金，接受国家救灾专款 200 万元，安排到重灾县（市）重建水毁学校。同时，向非灾区、轻灾区的地、市、县教育行政部门和各大专院校通报灾情，组织师生向灾区学校捐款捐物。各高校利用专业技术优势，向灾区学校提供各种类型的技术服务和援助，帮助灾区学校尽快恢复校园经济，重整勤工俭学基地、校办工厂等。9 月 1 日，受灾地区的学校按期开学；年底，大部分倒塌校舍已经修复。

〔**教育法制建设和依法治教**〕 9 月，自治区人大通过了《广西壮族自治区实施〈中华人民共和国教师法〉条例》。各地依法督政、督学，推动依法治教、依法兴教。南宁地区行署对各县教育工作开展全面督查。河池地区在全地区进行教育经费投入的督查，促进教育投入责任的落实。自治区依法对“两基”评估验收实行经费审计，年内审计 16 个市、县，共审计出缺口、拖欠、截留教育经费 6960 万元，其中财政缺口和拖欠教育事业费 5212 万元，教育费附加收入截留挪用或不到位资金 1748 万元。经审计后，16 个市县所欠缺的款项大部分得到兑现，促使政府行为落实到位。年内，根据全国人大、国务院以及自治区党委、人大、政府的统一安排，开展了全区性教育执法大检查，自治区人大和国务院6部委分别对桂林地市、钦州市钦北区、北海市海城区、南宁市、宁明县等地、市、县进行了重点抽查。其他各地、市、县普遍进行了自查和整改。宁明县政府组织6个执法检查组，对教育进行专题检查，共查处侵犯学校权益的案件18起，在全县引起震动，提高了广大干部、群众对教育法制的认识，激发了大家对依法保障教育投入的积极性。

〔**国际交流**〕 1996年，自治区通过国家教委国家公派名额、本区名额以及校际交流等渠道，共派出出国留学人员93人，接收回国留学人员61人。全区教育系统录取公派出国留学人员43人。全区高校共接收外国留学生及港澳台学生539人，为全区接收学生最多的一年。聘请外国文教专家的院校22所，聘请长期专家1人，外籍教师30人，短期专家37人，接受来访团组28个，共146人。开展双向教育协作活动，相互培养和培训了大批外语人才和技术人员。与英国海外志愿社合作，聘请外国文教专家来桂举办中学英语教师培训班4期参加培训的教师91人；利用我方院校的技术资源，为对口交流的外国院校专业技术人员举办短期培训班2期培训86人，取得了良好效果。与联合国教科文组织、联合国儿童基金会合作，继续开展贫困地区基础教育、少数民族妇女扫盲及扫盲后教育的项目工作，取得了显著的效益。

撰稿 吴桂就 李俊才

基础教育

〔**综述**〕 1996年，全区小学招生比上年减少6.5万人，在校生比上年减少1.54万人；学龄儿童入学率为98.6%，比上年提高0.44个百分点。普通初中招生比上年增加7.59万人，在校生比上年增加21.27万人。职业初中招生比上年增加0.63万人，在校生比上年增加1.44万人。初中阶段教育的毛入学率为79.2%，比上年提高12.9个百分点。普通高中比上年减少17所，招生比上年增加0.35万人，在校生比上年增加1.03万人。

民办学校继续发展。1996年有民办小学84所，比上年增加8所，在校生2.98万人，比上年增加1.26万人。民办普通初中148所，比上年增加12所。民办职业初中1所，在校生3.10万人，比上年增加0.03万人。民办普通高中19所（含完中10所），在校生0.23万人。

1996年，全区小学专任教师比上年增加0.08万人；初中专任教师比上年增加0.61万人；普通高中专任教师比上年增加0.01万人；普通中学代课教师1.94万人，比上年增加0.39万人；职业初中专任教师比上年略有增加。全区中小学专任教师学历合格率有所提高：小学为90.2%，普通初中为66.47%，普通高中为62.5%，职业初中为60.1%，分别比上年提高1.75、6.63、1.41、13.18个百分点。

办学条件继续改善。全区小学、普通中学占地面积分别为13914.66万平方米和7251.75万平方米，分别比上年增长2.9%和0.62%，生均占地面积分别为21.8平方米和33.52平方米。小学、普通中学校舍总面积分别为2793.42万平方米和1573.74万平方米，生均校舍面积分别为4.38平方米和7.27平方米。小学、普通中学藏书分别为2751.92万册和1900.31万册，分别比上年增长65.73%、34.19%，生均图书分别为4.31册和8.78册。

〔**义务教育**〕　1996年，全区通过“两基”标准验收的县（区）达35个，累计覆盖人口达1635万人，占人口总数的36%。在全区“两基”工作会议上，总结、交流和推广了桂林市、荔浦县、玉林市、贵港市、资源县、罗城县等10个地、市、县（区）的“普九”经验。各地经验表明，不论是城市还是农村，是大县富县还是小县穷县，只要充分宣传发动，认识到位，领导到位，业务工作班子得力，各部门通力合作，“普九”就会有进展，取得好成绩。

九年义务教育活动课程实验全面启动。1996年，自治区教委采取措施，全面启动九年义务教育活动课程实验。成立了全区九年义务教育活动课程实验领导小组，负责实验组织领导工作，各地、市、县教委（教育局）也分别成立了相应的实验领导机构。自治区实验领导小组确定南宁、柳州、桂林、梧州、融水等15个市县为实验区，其中融水苗族自治县是国家教委指定的实验区之一；南宁市第26中学等8所中小学为自治区实验学校。各地、市共确定27所中小学为实验学校。到秋季，参加实验的中小学生已达10万人。自治区教委制订了《广西九年义务教育活动课教材（资料）编写方案》，组织全区近100名教研员、教师参加教材编写工作。年内，从小学一年级到初中三年级各个年级的学生用书第一册及相应的教师用书已编写完成。自治区活动课实验领导小组多次组织教研人员深入全区各实验区和实验学校，调查研究，了解情况，指导活动课的开展。有的地市县还自行举办活动课教学现场观摩和师资培训。

〔**实施“促进贫困县初等教育项目”**〕1996年，自治区开始实施“中国——联合国儿童基金会1996年～2000年周期促进贫困县初等教育项目”。自治区教委确定隆安、忻城、金秀、昭平、上思、天峨、乐业、田林、隆林、西林10个贫困县为项目县。自治区、各项目县、乡均层层成立了项目领导小组及其办事机构，各项目领导小组定期召开会议，讨论和制定项目的各项工作方案，加强对项目实施的领导，并广泛宣传项目活动的意义和战略目标，争取社区和群众的支持。项目县就本县初等教育的情况进行了深入调查和摸底工作，针对本县初等教育现状进行了分析研究，并在此基础上修订了普及义务教育的目标和规划。自治区除组织有关管理人员、校长、教师参加全国的培训外，还积极开展各项培训活动，共培训1100多人次。为取得经验，指导全面工作，自治区教委确定隆安、忻城县为当前教育试点县，隆林县为有特殊需求儿童教育试点县。

撰稿 廖 斌 林 军
周克依 莫勇波

〔**制止中小学乱收费**〕 1996年，自治区教委发出《关于坚决治理中小学乱收费的通知》，要求各级中小学校必须增强全局观念、法制观念和群众观念，严格执行国家有关学校收费的政策规定和自治区财政、物价部门依法核准的收费项目和标准，严禁自立项目收费和擅自提高收费标准，重申了国家教委提出的义务教育阶段公办学校“五不准”的规定，并对加强中小学收费的管理工作和解决“择校生”收费问题提出了具体意见。同时，还要求各地、市、县加强对治理工作的领导，成立治理中小学乱收费工作领导小组，对有乱收费行为的，要发现一起查处一起，决不姑息迁就。自治区教委还召开了各地、市教育局长会议，宣布四条措施，即：立即着手清理本委各处室自行要求下面学校统一组织征订的各类书刊；对其他部门的搭车收费问题，提请自治区纠风办予以干预；对举报中小学乱收费的群众来信，要求在一个月以内报告查处结果，否则将来信照登或者予以通报；对有乱收费问题的学校，将依照《广西壮族自治区行政事业性收费管理条例》的规定进行查处。国务院办公厅转发国家教委等部门关于1996年在全国开展治理中小学校乱收费工作实施意见的通知下发后，自治区教委多次责成南宁市教委汇报有关“择校生”方面的情况，还召开南宁市有关学校的领导会议，重申纪律。与自治区纠风办、自治区财政厅、自治区物价局共同研究、起草了有关文件，并经自治区政府审批后下发执行。强调按照国务院的规定，不准招收“择校生”，同时要求坚决制止各种形式的以权择校的“条子生”和“关系生”。捐资赞助必须坚持自愿的原则，不准与招生入学挂钩。同时，对乱收费案件坚决查处。年内，先后组织9个调查组，分别对群众反映有乱收费问题的一些县市的学校进行了调查，并作了处理。

撰稿 吴桂就 李俊才

〔**特殊教育**〕 1996年，全区各类特殊教育学校11所，比上年增加5所，附设在普通小学的特教班248个，比上年增加34个。大量残疾儿童少年被接收到普通小学随班就读。此外，民政部门在社会福利院举办残疾儿童少年特教班20个，在班学生210人。

推行视力残疾儿童教育“金钥匙工程”计划。广西视力残疾儿童教育“金钥匙工程”，是在北京金钥匙视障教育研究中心的帮助和指导下，由自治区教委组织、自治区残联配合实施，旨在大面积提高全区视残儿童少年入学率的特殊教育工程。工程的目标是：从1996年起，用3年时间，通过随班就读和其他安置方式，使全区7～15周岁的视力残疾儿童少年（含全盲儿童少年和低视力儿童少年）入学率，从1996年的14.68%提高到90%左右，并从多方面为他们将来自食其力和平等参与社会奠定基础。自治区成立了“金钥匙工程”领导小组，设管理工作办公室，下联各地、市、县、乡（镇）教育部门的管理干部及有关学校，形成自上而下的行政管理网络。各地、市、县派出巡回教师，对视力残疾儿童少年的辅导教师进行培训和教育教学指导。5月，“金钥匙工程”正式启动，自治区首先对全区127名工程管理干部和巡回指导教师进行为期22

天的系统培训。7月～8月，各地、市、县分别培训了乡(镇)教育办管理干部和700名盲、低视力儿童少年辅导教师。秋季开学后，年内应入学的763名全盲和低视力儿童除4名因特殊困难未入学外，均已正常入学。11月底，工程领导小组组织专家组对柳州市、柳江、忻城、合山、玉林市、博白、容县等7个市、县的19名视残儿童的学习情况进行抽查评估，其中专家组抽查评估的16名全盲生中，优良率87.5%，中等12.5%；3名低视力生中优良率33.3%，中等66.6%。

撰稿　饶洁芳

〔**幼儿教育**〕　1996年，全区幼儿园比上年增加468所，学前班21116个，比上年减少2458个。在园(班)幼儿89.19万人，其中在园幼儿19.1万人，比上年减少0.4万人，在班幼儿70.12万人，比上年减少10.38万人。

加强示范园建设，开展示范园评估工作。根据自治区教委《关于印发〈广西幼儿园评估细则〉(试行)和建立自治区示范幼儿园评估制度的通知》要求，自治区示范幼儿园评估小组4月对自治区直属机关第三保育院、钦州市幼儿园等6所幼儿园进行评估检查。通过听取汇报、实地考察、听课、看活动等方式，按评估细则逐项逐条评议打分，结果6所幼儿园在办园条件、管理、保教和幼儿发展工作等四方面均达到自治区示范幼儿园标准，被自治区教委确认为自治区示范幼儿园。

发展贫困地区学前教育。1996年初，自治区教委确定隆安县、忻城县实施国家教委与联合国儿童基金会合作的1996～2000年“贫困地区社区、家庭、教育机构共同促进儿童”项目。一是开展学前教育宣传，提高家长对学前教育的认识，积极送孩子接受学前教育。二是培训教师，教授学前教育的特点和方法，提高教育教学水平。三是因地制宜采取多种形式，正规与非正规教育相结合，为更多的儿童提供接受学前教育的机会。

深化幼教改革，开展教育教学研究。全区各地、市围绕“重视幼儿活动的组织过程和发挥幼儿的主体性”的课题进行了研究。召开了研讨会，通过交流、研讨和现场观摩，会议达成共识：一是重视幼儿的年龄特征和个别差异；二是重视创造良好的教育环境。这对克服幼儿教育教学中的“小学化”，促进幼儿体、智、德、美全面发展将有积极作用。

撰稿　俞妮亚

〔**素质教育**〕　自治区教委围绕实现教育的“两个重要转变”，广泛宣传实施素质教育的意义，推广各地中小学实施素质教育的典型经验，全面推进教育综合改革，积极进行普通中小学校渗透职教因素、民族地区农村小学多功能教育、合并教学点实行集中办学、壮文进校课程改革等方面的教育教学实验研究，取得显著效果，总结出一批理论与实践相结合并切实可行的经验，逐步向全区推广应用。年内，在桂林市召开了全区素质教育经验交流研讨会，促使“应试教育”向“素质教育”转轨工作进一步在全区铺开。

撰稿　吴桂就　李俊才

〔**勤工俭学**〕　1996年，全区共有18193所中小学开展了不同形式的勤工俭学活动，开展面为92.4%。其中，拥有校办企业的学校有9057所，占学校总数的46%，比上年下降36.7%。全区勤工俭学总产值(营业额)为

267587万元，比上年增加8508万元，增长3.28%；纯收入达61164万元，比上年增加8183万元，增长17.67%。全区勤工俭学生均纯收入达69.30元，比上年增加8.23元，增长13.48%。全年勤工俭学上缴国家税金3658万元。

全区中小学勤工俭学的整体实力继续加强。全区16个地、市级单位中，有15个地、市勤工俭学年纯收入均超千万元，其中玉林地区、贵港市勤工俭学纯收入超亿元。90个县（区）级单位中，有86个单位年勤工俭学纯收入超100万元，其中超500万元的21个。全区中小学勤工俭学纯收入超50万元的学校有84所，其中超百万元的学校24所。

1996年，全区勤工俭学纯收入用于补充教育经费达38927万元，占纯收入总额的63.64%。加上1995年的结余，1996年用于改善办学条件经费23683万元，比上年增加2419万元，增长11.38%；用于师生福利和政策性补贴18534万元，比上年增加1901万元，增长11.43%。

1996年，全区有校办农业生产基地25892个，面积46760公顷。全年校办农业总产值达43042万元，比上年增加11570万元，增长36.76%；实现纯收入10045万元，比上年增加1454万元，增长16.92%。

1996年，全区中小学拥有校办工业企业1845个。校办工业企业由于规模小、资金缺，在激烈的市场竞争中，部分校办工业企业经济效益严重滑坡，个别企业停工停产，甚至亏损关闭；受7、8月洪涝灾害和强台风的影响，不少工厂损失惨重。全区校办工业总产值比上年减少25268万元，下降24.86%；纯收入比上年减少718万元，下降9.22%。但校办工业企业的广大职工克服重重困难，在灾后迅速恢复生产，力争把损失降低到最小的限度，全区校办工业企业最终实现利润7066万元，有17个校办企业年纯收入超50万元，其中有3个企业超100万元。

校办第三产业继续发展。1996年，全区校办第三产业（含其它勤工俭学收入）创纯利44053万元，比上年增加8447万元，增长23.72%。全区校办第三产业由于坚持“两个全方位面向”(全方位面向教育内部市场和全方位面向社会市场)，进一步拓展学校内部市场和社会市场，逐步完善产、供、销服务体系，提高校办企业的知名度，从而继续保持强劲发展的好势头。

撰稿　黄富雁

职业教育

〔**综述**〕　1996年，全区普通中专学校在校生和招生分别比上年增加8.66%和9.83%。有技工学校99所，在校生9.8万人，招生3.5万人，毕业生1.91万人，教职工1.16万人，其中专任教师0.59万人。职业高中比上年增加50所，在校生比上年增加

8.41%，招生与上年持平，毕业生比上年增加23.45%。

1996年，自治区教委继续把加强骨干示范学校建设作为推动全区中等职业技术教育发展的主要工作，重点扶持、强化管理，引导国家、自治区级20所重点中专、26所职业高中走提高教育质量和办学效益的以内涵发展为主的路子，为全区同类同层次的学校教育树立榜样。与自治区劳动部门合作，对全区14个地、市的30个专业、1/3的学生进行职业技能考核，在省级以上重点学校逐步建立技能考核鉴定站，促进职校学生职业技能培养工作的提高。1996年，全区职业技术教育出现了社会各界参与、多种形式办学的喜人局面，在此基础上，自治区教委注意从政策上、投入上引导职业技术教育向政府统筹、部门联合、资源共享、提高质量和效益、集约化的方向发展。主要的办学形式：有的是在政府统筹下，集中农、科、教、林、牧、渔等各方力量办好一两所骨干示范学校，在当地起推广、普及、辐射农业科技的作用，带动农村经济的发展；有的是在政府统筹下，各部门联合建立多功能的，集教学、科研、培训为一体的职业教育中心或者基地，实行资源共享，优化配置；有的是在政府统筹下，打破中专、技校、职校之间的界线，从大职教出发，让有实力的学校（专业）作为龙头，以大带小，开展联合办学。比如柳州市实行校企、行业联合，将同类学校组成教育集团，联合招生，让重点学校、条件较好的学校带一般的学校、条件较差学校，减少薄弱学校与重点学校在生源方面的落差，为职业技术教育的良性发展开辟了一条新路。各级各类职业学校结合农村经济社会建设，产业开发，加速职业教育的发展。例如荔浦县、全州县把实施“绿色证书工程”作为全面提高农民科技素质，增加农业科技含量、加快富民强县步伐的致富工程来抓，探索普通教育、职业教育、成人教育与“绿色证书”培训以及“绿色证书”产业开发相结合的新路子，使农业科技尽快转化为农业生产力，形成了以培训促产业，以产业带培训的良性循环，推进了农业增产方式的转变，提高了职业教育办学效益和质量。

撰稿　李启源　吴桂就　李俊才

〔**学习贯彻《职业教育法》**〕　为贯彻落实《中华人民共和国职业教育法》(以下简称《职业教育法》)，自治区人大教科文卫委和区经贸委、劳动厅等13个厅（局）及南宁地、市教育局（教委）举行学习贯彻《职业教育法》座谈会，学习领会《职业教育法》的精神实质，研究和提出了全区贯彻落实《职业教育法》的措施。同时，自治区人大教科文卫委、教委等部门转发全国人大教科文卫委员会等七部委《关于学习宣传和贯彻实施〈中华人民共和国职业教育法〉的通知》，要求各地、各有关部门以各种形式学习、宣传和贯彻落实《职业教育法》。各地以各种不同的形式学习宣传和贯彻《职业教育法》。通过组织职业学校师生上街、下乡宣传，印发小册子，利用电视、广播，开展知识竞赛等形式，广泛宣传《职业教育法》。柳州、玉林、百色等市、地领导就学习、贯彻《职业教育法》或发表电视讲话，或在报上发表专题文章。各中专学校和职业高中还利用黑板报、墙报、标语等形式，组织师生员工学习《职业教育法》，使《职业教育法》在较短的时间内广泛深入人心。自治区教委分别召开全区地、市及部分县及骨干职业高中校长学习贯彻《职业教育法》座谈会和全区普通中专校长学习贯彻《职业教育法》座谈会，自治区教委领导分别在两个座谈会上作了学习贯彻《职业教育法》的辅导报告，与会人员交流了学习贯彻《职业教育法》的经验。

〔**全区职业教育工作会议**〕 自治区政府于9月4日～5日，在南宁召开了全区职业教育工作会议。自治区政府主席成克杰出席会议并讲话。自治区政府副主席李振潜作了主题报告，强调要大力发展普及职业教育，其中以发展中等职业教育为重点，逐步做到初等、中等、高等职业教育相配套，协调发展，形成重点突出、行业配套、结构合理、形式多样、多方衔接的职业教育体系，以适应全区现代化建设的需要。会议期间，代表们学习了《职业教育法》和全国职教工作会议有关文件，交流了各地近几年来发展职业教育的经验，考察了南宁市第一职业高中和邕宁县吴圩镇农民技术学校。自治区政府颁发了《关于加快发展职业教育若干问题的决定》（以下简称《决定》）。会后，各地积极贯彻落实《职业教育法》、《决定》和全国、全区职教会议精神，促进了全区职业教育的发展。

〔**民族地区职业教育**〕 1996年，自治区教委领导分别带队多次深入百色、田阳、田东、龙胜、都安、宜州、南丹等24个少数民族贫困县（市）进行调查研究和业务指导，帮助和扶持这些地区发展职业教育，扶持和指导贫困县职中走办学与扶贫相结合的路子，把学校的种养基地与当地群众进行技术培训、技术辐射结合起来，与乡镇签订技术辐射合同，在乡镇中小学建立一批农业实验示范和技术培训基地，对中小学生和农民进行培训，帮助农民致富，收到较好成果。同时，对少数民族地区职业中学进行重点扶持，在少数民族地区建立一批起示范作用的骨干职业学校。自治区划拨52%的职教专款扶持少数民族地区职业中学建设。此外，还组织发达地区职校与贫困县职校对口支援，1996年，已有横县职业中学、广西农业学校、广西轻工技校分别与天峨、西林、凌云县职中对口支援，促进受援县的职业中学迅速发展。少数民族地区已建立起骨干示范职业学校8所，此外，每县办起1所职业中学，促进了少数民族地区职业教育发展。

〔**骨干职业学校建设**〕 经国家教委和自治区政府批准，全区有省部级以上的重点中等职业学校48所（其中普通中专20所，技工学校14所，职业高中14所），国家级重点中等职业学校18所（其中普通中专10所，技工学校2所，职业高中6所），自治区示范职业高中26所。1996年，自治区教委继续把加强骨干中等职业学校建设作为职业教育工作的一项重要举措。6月中旬召开了全区重点、示范中专和职业高中评估总结工作会议，总结经验，部署工作，进一步采取有效措施，加强重点中等职业学校建设。自治区教委重点扶持骨干学校建设，投入专项经费544万元，实行项目管理，要求受益市、县（市）按1∶1配套，加大了对骨干职业学校的资金投入力度，有力地改善了办学条件。自治区教委与劳动厅联合下发了《关于对职业高中毕业生进行职业技能鉴定的通知》，在部分重点职业高中建立了技能考核站，有30个专业开设了技能考核项目，改善了职业高中对学生进行技能鉴定的条件，提高了学校的技能考核水平，为社会培养合格的中级技术人才。

撰稿　李启源

〔**技工教育**〕　1996 年全区技工学校“苦、脏、累、险”类工种(专业)招收农业户口学生 2500 名，并准予“农转非”。技工学校的精神文明建设得到加强，自治区劳动、教育部门表彰了勇救 4 名落水儿童的广西第二经济贸易技校女学生韦美坚，授予她“英勇救人的好学生”称号；全区 2.3 万名技校学生参加全国技校学生“爱我中华”百题知识大赛，获团体一等奖；组织 110 名技校学生参加全国职业学校“我爱我的专业”作文大赛，1 人获特等奖。技工学校进一步开展了教改教研工作，加强师资培训，积极组织教师参与全国技校汽车类 4 种教材的编审工作。全区技校 2 万名毕业生参加技术等级考试，取得中级工证书的约占 41.2%，取得初级工证书的约占 58.8%，这些学生获得“双证书”，对促进经济发展和劳动就业发挥了积极作用。全区职业技能培训和鉴定工作稳步发展，新建 12 个职业技能鉴定所，全区鉴定所达 48 个。自治区劳动厅与自治区教委联合印发了《关于职业高中毕业生实行职业技能鉴定的办法》，把职业技能鉴定的范围扩大到职业高中。继续开展评审技师任职资格的工作，制定并印发《广西壮族自治区高级技师评审实施办法(试行)》，共为 496 名工人评审了技师任职资格。大力开展职业技能培训和鉴定工作，全区共有 7.94 万人接受技术等级培训和鉴定，其中 6.6 万人获取了《技术等级证书》。

撰稿　曾　文

高等教育

〔**综述**〕　1996 年全区有普通高等学校 27 所，其中部委直属院校 3 所，地方院校 24 所。另有分校 1 所，大专班点 3 个。有博士学科专业点 1 个，硕士学科专业点 81 个。毕业研究生比上年减少 33 人，招收研究生比上年增加 204 人，在学研究生比上年增加 311 人。普通高等学校本专科招生比上年增加 0.09 万人，在校生比上年增加 0.35 万人。普通高等教育层次结构进一步优化，研究生、本科生和专科生的结构比例发生变化，研究生与本专科生招生数比由上年的 1∶68.7 变为 1∶42.5，在校生数比由上年的 1∶80.3 变为 1∶60.15；本科生与专科生的招生数比由上年的 1∶1.7 变为 1∶1.36，在校生比由上年的 1∶1.3 变为 1∶1.16。

1996 年，继续推进高校管理体制改革，促进校际、校企、校所、地方院校与部属院校的联合共建，优化资源配置，提高办学质量和效益。广西大学与平乐县人民政府共建平乐学院，开辟了高校与地方联办共建的新路子。通过优势互补，普遍提高了学校的教学，科研水平和教育质量。在此基础上，自治区教委开展了高校布局调整工作，逐步合并部分高校，建立一批跨校的专业及二级学院。年底，自治区党委、政府作出将广西大学、广西农学院合并，组建新广西大学的决定，两校合并，有利于优化教育资源配置，增强全区高校整体实力，为建设“农业强省”提供有力的技术和智力保障。

加强“211工程”建设。1996年广西大学通过了“211工程”部门预审，并争取国家教委、国家计委批准立项。同时，自治区教委组织力量对确定在广西大学、广西医科大学、广西师范大学等7所高校建立的19个自治区级重点学科的建设计划进行了修订和论证，其中部分重点学科建设工作已正式启动。

加强普通高等院校教学内容和课程体系改革。(1)利用年度招生计划的导向作用，对高校一些专业进行了系统的调整、合并、优化组合，拓宽基础专业，加强应用教学和实践操作，培养适应性广的人才。(2)贯彻国家教委“以评促建、以评促改、重在建设”的方针，全面开展教学合格评价工作，进一步确立教学工作是学校经常性中心工作的地位，促进课程体系、教材内容、教学方法、教学设备、教务管理等方面的规范化、制度化。(3)在全区开展首批以教学内容和课程体系改革为目标的专业改革试点工作，确定广西大学机械系、广西农学院农学系为试点单位。4个课题以子项目的形式获国家教委“面向21世纪教学内容和课程体系改革”立项。

撰稿　刘　冰　吴桂就　李俊才

〔**教学管理**〕　(1)年初对全区10余所高校的教学工作进行调研，形成了开学情况、研究生教育、学风教风、教学改革、教务管理、教学计划修订六个方面专题调查报告。(2)3月和11月分别组成医科和工科自评专家组对桂林医学院、右江民族医学院和广西工学院等3所区属院校开展教学工作初评，并协助部属院校的主管部门对桂林电子工业学院和桂林工学院开展教学工作初评；11月桂林医学院顺利通过了国家教委组织的教学合格评价。(3)严格学籍、学历管理制度，给全区27所普通高校的毕业生发放22012本毕（结）业证书。(4)外语教学工作取得进展，举办了大学外语教师硕士研究生主要课程进修班，培训全区高校大学外语教师50多名；加强大学外语研究，出版了大学外语教师科研论文集；广西高校大学外语教学研究会承担了有全国10个省区参加的两项国家教委课题。(5)在普遍开展计算机一级教学的基础上，建立了包括有4种二级计算机语言大纲、教材和考试在内的完整的教学体系；完成了本年度的计算机一级、二级的考试考务组织工作。(6)制定了《关于加强广西高校课程建设工作的意见》，并制定了区级重点课程评估指标体系，在“九五”期间建立100门重点课程；首次组织了自治区级重点课程评审，经专家评审确定了31门自治区级重点课程。(7)进行了首届全区高校优秀教材评选工作，评出优秀教材一等奖3项，二等奖4项，中青年奖1项。开展全区第三届教学成果评审活动，评出区级教学成果一等奖10项，二等奖22项，三等奖56项。

〔**学位工作**〕　1996年，经自治区政府批准，成立了自治区学位委员会及其办公室，建立了学位与研究生教育的管理机制。召开全区部分高校重点学科与研究生教育工作座谈会，对全区研究生教育工作加强管理、深化改革提出了意见，并布置了1997年学位申报的有关工作。在职人员授予学位工作取得进展，广西大学、广西师范大学、广西医科大学被国家教委批准开展向在职人员授予硕士学位工作，广西师范大学被批准进行教育硕士点专业学位的试点工作。

撰稿 刘 冰

〔**科技工作**〕 1996年，全区高校科技工作在“八五”的基础上迈上新台阶。(1) 科技管理制度改革进一步深化。广西大学、广西民族学院、桂林电子工业学院、广西中医学院、广西师范大学、广西师范学院等高校都根据本校的实际情况制订了新的科研管理办法，取得良好效果；广西大学科技处和广西师范大学科研处荣获“全国高校科技管理先进单位”称号。(2) 部分高校科研任务饱满，科技力量得到了较好的发挥。一些学科形成了比较稳定的优势方向，如广西大学的水工结构工程学科、生物化学学科以及跟糖业相关的学科群，广西农学院的水稻育种、牛胚胎工程和分子生物学学科，广西师范大学的天然植物制品提取等，都有系列成果不断涌现。(3) 科研经费有较大增长，据统计，年科研经费总额约2600万元，比上年增长18%。(4) 一批科技成果显示出很好的发展前景，如广西农学院选育的水稻恢复系95A、空间诱变育种获得的20多个粳型亲籼恢复系种质资源以及它的新组合，有望成为自治区水稻未来几年的接班品种；广西大学的酒精废液零排放技术，为自治区糖业环保解决了重大技术问题，可望产生较大的社会效益和经济效益；广西医科大学在国际上率先成功进行的心脏不停跳状态下作心脏直视手术，以其手术简单快速、成功率高、副作用小赢得了同行的赞誉。

1996年，全区高校获全区科技进步二等奖4项、三等奖17项，全区高校科技进步一等奖5项、二等奖13项、三等奖5项，其它省部级奖励10项，地厅级奖励8项。

撰稿 莫少林

〔**高校招生**〕 1996年，为保证招生改革的顺利进行，制定了相应的配套改革政策：(1) 会同有关部门制订了统一的收费标准以及建立相应的奖、贷、免、勤学金制度。(2) 对艰苦行业实行政策倾斜。划出农、林、医、师院校本专科招生指标的60%面向地区和市郊县招生。(3) 对特困地区实行定向招生、定向就业。划出工学、农学、林学、医药、师范、经济学科类专科招生指标1668人(比去年增加450人)，定向49个“老、少、边、山、穷”县招生。

利用安排年度招生计划的导向作用，进一步优化高等教育结构，一是在层次结构上，在确保广大农村、中小企业、乡镇企业和第三产业专科层次人才需求的同时，适当扩大了研究生、本科层次的招生总量。二是在学科专业结构上，加大了调整力度：(1) 扩大师范教育专业的招生量，保证“普九”师资需求，职业师资以本科层次为主，增加了培养总量；(2) 加强短线专业，扩大工学、农学以及经济学本科的招生总量；(3) 压缩、减少企业管理、会计、贸易经济、行政管理、中文秘书等长线专科专业的布点和招生量；(4) 注意改造老专业，合并相近专业，促进有条件的本科院校实行按系招生或按宽口径的专业招生，提高专业规模，优化教育资源配置。三是安排广西师范大学与桂林电子工业学校联合培养机电控制及自动化专业本科人才，探索部委属院校与区属高校联办共建学科、专业的新路子。四是抓住机遇，开展高职班招生试点，探索发展高等职业技术教育的办学路子。年内安排柳州市机电职工大学等4所成人高校7个专业举办高职班招生试点，招生380人；支持广西工学院与自治区机械厅在广西柳州高级技工学校联合培养高等职业技术人才。

高校招生三项改革取得成功。1996年，全区高校招生工作进行三项改革：一是区属普通高校本、专科各专业全部实行并轨招生；二是推行标准分数制度，使用标准分数录取新生；三是开发建立在信息高速公路平台上的高校招生录取网络管理系统并在高校招生工作中正式投入运行。这三大改革取得明显效果，具体表现在：(1) 招生并轨后，同校、同专业新生中最高分与最低分的差距明显缩小。(2) 生源分布比过去明显合理。并轨前生源比较紧的学校，第一志愿考生录取率大幅度上升。(3) 工作效率提高。高校录取人员在审阅档案后，只需在投档单上写上拟录专业代码，在退档名单后写上退档原因代码，就基本上完成录取工作的主要程序，其它工作大部分由计算机处理。(4) 录取工作透明度增加。分布在全区各地的10多所重点中学，在每批次录取结束的当天就可以通过远程查询系统了解本校考生录取情况；全区考生都可以通过电视知道各批次各高校录取的最高分和最低分。录取新生期间，还与清华大学、中国人民大学以及广西大学、广西师范大学联合进行远程录取试验，取得成功。

撰稿　唐佐明　吴桂就　李俊才

〔**毕业生就业制度改革**〕　1996年，全区接收、分配普通高等学校毕业生1.8万人(不含中央部委垂直分配给对应厅局部分)，其中接收、分配中央部委所属高校毕业生0.66万人，区属高校1.15万人。同时，还接收分配毕业研究生0.028万人。

全区高校毕业生分配就业工作继续在国家统一政策指导下，实行分级负责、相互调剂的办法，针对不同层次的毕业生开展多种形式的“双向选择”和“供需见面”活动，落实就业单位。自治区教委发出《关于做好1996年区属高校毕业生、毕业研究生分配就业计划的意见》，有针对性地指导学校做好毕业生的就业计划和落实就业方案工作。广西大学、广西农学院、广西民族学院在南宁联合举办洽谈会，有文史、外语、财经、理工、农学、职业师范等70多个专业的4000多名毕业生参加，供用人单位选择；其它高校也开展了不同形式的供需见面和“双向选择”活动。通过洽谈会，大部分毕业生有了就业意向。为给区外高校毕业生提供机会，寒假期间，自治区组织了广西1996年高校毕业生、毕业研究生“双向选择”洽谈会。据统计，参加这次洽谈会的毕业生人数多达1.2万人次，有800多家用人单位参加了洽谈。区外院校毕业生有2000多人签订了就业协议，区内院校毕业生有2500多人达成了就业协议。部分地、市也根据本地的情况，适时举办毕业生“双向选择”洽谈会，摸索毕业生就业改革的新路子，为本地市毕业生就业能适应当地经济发展作了有益的尝试。

撰稿　林　冰

〔**思想政治教育和治安综合治理**〕　1996

年，继续加强高校马克思主义理论课和思想品德课教学与改革，逐步调整“两课”的课程和教学内容，更加突出邓小平建设有中国特色社会主义理论在“两课”教学中的核心作用。广西大学、广西师范大学、桂林医学院等校专门开设了邓小平理论教程课目。在学生中深入开展爱国主义、集体主义和社会主义教育，引导学生树立正确的世界观、人生观和价值观。在大学生中实施“文明修身工程”，开展创文明校园、树文明校风活动，促进学风、教风的好转和校园环境的净化，扎实地开展职业道德、社会公德和家庭美德教育，努力营造有利于培育“四有”新人的良好校风。充分利用自治区教委编写的《青年学生礼仪》和自治区党委宣传部编的《中华美德贤文》等“三德”教材，倡导提高师生的道德水准。

开展高校治安综合治理工作。按公安部、国家教委《关于整理高等学校治安秩序的通知》精神，自治区党委、政府对高校校园及周边治安整治工作作了统一部署，并于6月底召开了全区高校治安综合治理工作会议。自治区教委会同自治区综治委、公安厅制定整治方案和验收方案，积极配合，协调行动，重点打击了侵害高校师生的各类违法犯罪活动。加强学校保卫工作。各校校园及周边治安状况明显好转，较好地维护了高校正常的教学、科研和生活秩序，优化了高校教书育人环境。

撰稿　吴桂就　李俊才

成人教育

〔**扫盲教育**〕　1996年，全区举办扫盲班2314个，有3.88万人参加学习，其中有3.24万人脱盲。自治区教委继续完善扫盲工作有关政策，自治区政府办公厅批转了自治区教委《关于确保我区在1998年完成基本扫除青壮年文盲任务的意见》，为各地深入开展扫盲工作提供了政策依据。自治区教委还与自治区财政厅联合转发了国家教委、财政部《关于扫盲工作经费问题的通知》，要求各地认真落实扫盲经费。做好扫盲验收工作，全区已有资源、北流等15个县（市、区）通过了自治区高标准扫除文盲验收。并举办了全区扫盲工作业务培训班，加强了扫盲管理队伍和教师队伍建设。同时开展扫盲表彰、奖励活动，全区评选表彰了扫盲先进个人50名，先进单位14个。田东、平南、田阳3县荣获全国扫盲先进县称号，苍梧县教育局林宗云等5人和荔浦县马岭镇等4所成人文化技术学校获“中华扫盲奖”（其中林宗云获特等奖）。认真做好扫盲外援项目的有关管理工作，联合国教科文组织及法国CCFD组织援助龙胜县19.7万元人民币，用于继续开展少数民族妇女扫盲和扫盲后继续教育的工作顺利开展。

〔**成人中专教育**〕 1996年，自治区教委开展了成人中专学校的评估工作，以评促改，以评促建。一是对桂西北交通警察学校等6所新建学校评估，经自治区政府批准成立成人中专学校。二是对广西广播电视中专等6所广播电视、业余、函授中专学校进行办学条件评估，结果4所学校合格，1所学校基本合格，1所学校不合格。三是对桂林市经济管理干部中专学校等5所学校进行自治区级示范性成人中专学校评选，结果3所学校被确认为第一批自治区级示范性成人中专学校。四是对全区成人中等学历教育校外教学点检查评估，此项工作预计在1997年2月底前完成。通过评估和评选活动，推动了学校建设，加强了地方政府、办学和管理部门对学校的领导。

〔**成人高等教育**〕 1996年，自治区教委严格按照国家教委制定的评估指标体系对普通高校函授、夜大学教育进行检查评估。经评估，广西师范大学等12所院校为函授教育优良学校，桂林医学院等3所院校为函授教育合格学校；评出广西医科大学等3所院校为夜大学教育优良学校，另外3所院校为夜大学教育合格学校。通过评估，各高校端正了办学思想，加强了教育改革和管理工作，加大了投入。据不完全统计，评估期间，全区普通高校用于改善和充实办学条件的经费达2000多万元。自治区教委还根据全区社会发展、产业结构、经济结构的调整和少数民族地区、边远山区对人才的不同需求，及时调整成人高校招生方向、专业和规模，优化专业结构，新增专业22种，专业点30个，1996年，全区独立设置的成人高校有本科专业9种，专科专业83种，本科专业点10个，专科专业点178个。成人高校"部门所有"、服务面向单一的状况有所改善，扩大了招生范围和服务面向，主动适应了社会主义市场经济的要求。

撰稿　钟宏有

民族教育

〔**综述**〕 1996年，全区有独立设置的民族小学164所，民族中学36所，民族普通中等专业学校22所（其中民族中等师范学校10所），民族普通高等院校3所。在校少数民族学生：幼儿园在园少数民族儿童20.52万人，占在园儿童总数的23.01%；小学271.06

万人，比上年增加18.35万人，占在校生总数42.46%；普通中学73.48万人，比上年增加3.24万人，占在校生总数33.96%；职业中学2.86万人，比上年增加0.08万人，占在校生总数21.01%；普通中等专业学校4.8万人，比上年增加0.61万人，占在校生总数37.86%。少数民族专任教师：幼儿园0.52万人，占教师总数22.46%；小学7.72万人，比上年增加0.14万人，占教师总数39.45%；普通中学3.63万人，比上年增加0.29万人，占教师总数34.91%；职业中学0.21万人，比上年增加0.02万人，占教师总数26.77%；普通中等专业学校0.22万人，比上年增加0.04万人，占总数26.19%。

〔**寄宿制民族高中班**〕　1996年，全区寄宿制民族高中班毕业生1370人，被大中专院校录取960人，升学率为70%。其中贵港市高中民族班升学率为100%，武鸣高中、柳州地区民族高中和河池地区高中等学校的民族班升学率在95%以上，都安高中、恭城中学等县级学校民族高中班的升学率也在85%以上。

〔**大学民族预科班教育**〕　大学民族预科班继续深化改革，在教学内容和时间安排上，突出语文、数学、英语三门主课，同时结合不同院校的专业特点，加强预科生相关学科的教学，注重对学生进行基本技能训练，为学生直升本专科专业学习打下良好的基础，取得了较好成效。

〔**壮文进校实验**〕　壮文进校实验工作继续贯彻实行自治区党委、政府关于“积极稳步”的壮文推行工作方针和壮文实验小学“以壮为主、壮汉结合、以壮促汉、壮汉兼通”的办学方针，加强对实验县、学校的指导和管理，促进实验工作的健康、持续开展。一是加强教研机构建设，明确职责和任务；二是翻译、印刷壮文教材，满足实验学校教学的需要；三是加强对实验学校的业务指导，稳步提高实验学校教学质量。在抓好武鸣等一批先进县（市）实验学校教学质量的巩固和提高的同时，重点帮助环江等后进县抓教学质量的提高工作，使部分后进县在较短的时间内教学质量有大幅度的提高。

〔**世界银行贷款项目实施情况**〕　在上年工作的基础上，1996年自治区及12个项目县的有关部门积极配合，共同努力，全面实施世界银行西南扶贫贷款项目教育子项目，工作进展顺利。截至1996年底，项目累计完成投资2286.71万元，完成总目标的29.17%。其中校舍建设完成6.73万平方米，资助困难学生6.21万人次，培训师资2828人次，购置课桌椅1.85万套，教育仪器设备530套，图书10.19万册。

撰稿　慕朝京　黄耀强
审稿　李　林

海南省教育

概　况

〔基本情况〕

1996年各级普通学校基本情况

单位：人

学校类别	学校数（所）	毕业生数	招生数	在校学生数	教职工数	
					计	其中专任教师
一、普通高等学校	5	3465	3977	12513	3529	1379
研究生		6	24	61		
本　科		1428	1695	6030		
专　科		2031	2258	6422		
二、中等专业学校	30	5621	7941	21355	2995	1575
中等技术学校	22	2820	4678	12582	1991	1025
中等师范学校	8	2801	3263	8773	1004	550
三、普通中学	484	83571	130810	342872	27961	20294
高　中	107	11569	15456	42958		3364
初　中	377	72002	115354	299914		16930
四、农业、职业中学	37	2607	3164	7609	1390	928
高　中		2445	3110	7461		911
初　中		162	54	148		17
五、工读学校						
六、小　学	4330	149926	184641	1113621	51376	43606
七、特殊教育学校	1	80	147	949	72	47
八、幼儿园	512		104618	133663	6160	4103

1996年各级成人学校基本情况

单位：人

学校类别	学校数（所）	毕业生数	招生数	在校学生数	教职工数	
					计	其中专任教师
一、成人高等学校	4	3707	3424	8862	424	217
广播电视大学	1	178	281	783	94	54
职工高等学校	2	26	41	200	167	81
农民高等学校						
管理干部学校						
教育学院	1	580	1044	2374	163	82
独立函授学校						
普通高校举办：						
函授部		373	412	1402		
夜大学		506	337	1017		
干部专修科		2044	1309	3086		
二、成人中等专业学校	28	3503	5951	11366	1097	545
广播电视中专	1	272	369	669		
干部中专						
职工中专	6	621	734	1833	175	94
农民中专	3	102	118	345	110	56
函授中专						
教师进修学校	18	2508	4730	8519	812	395
三、成人中学	4	301	345	415	13	13
职工中学	4	301	345	415	13	13
农民中学						
四、成人技术培训学校	847	262567	368783	410758	67	55
职工技术培训学校	42	11746	16411	46356	57	45
农民技术培训学校	805	250821	352372	364402	10	10
五、成人初等学校	327	30056	23207	29651	137	135
职工初等学校						
农民初等学校	327	30056	23207	29651	137	135
其中：扫盲班	170	27562	20115	22494	2	1

制表　唐电润

〔**全省教育工作会议**〕 1996年1月27日，省教育厅在琼海市召开全省教育工作会议。副省长刘名启出席会议并作了讲话。省教育厅厅长符鸿合传达了国家教委1996年教育工作会议精神，并结合海南省实际，提出1996年教育工作意见。

刘名启副省长在总结讲话中强调：(1)全省各级政府、各类学校都要认真学习教育工作“三法”，做到人人知法、懂法、用法，教育部门要带头执法。(2)对各类教育要搞好发展规划，稳定规模，并逐步改善办学条件；相对稳定教师队伍，更好地利用教育资源，提高办学效益。(3)对规划内1996年“普九”的49个乡镇、22个农场，要一个一个地落实措施，确保按计划达标。(4)扫盲工作要落实到村、到人，保证1997年底实现全省基本扫除青壮年文盲的目标。(5)要突出抓职业技术教育，发展成人教育。职教近期目标仍是每市县切切实实办好一所示范学校。专业学校要多请“客座”教师、专家兼职，办学要形式多样，实行两个证书制度；普通中学的分流教育，“三加一”教育制度要开展起来；成人的岗位培训要加强，1996年和今后一段时间内，培养实用人才的工作要力争有突破。(6)深入进行校内管理体制改革，定编、定岗、定经费，聘任制要切实进行，要采取措施使落聘人员、超编人员合理流动，特别是城内学校的超编人员要到下面学校去，发挥他们的才能。(7)高校要把后勤改革放在突出位置来抓，切实改革目前高校办社会，生、老、住、病、死统包，教育投资多，效益小的状况，推动与社会主义市场经济体制接轨。(8)中小学收费的专项治理，要态度明确，政策定在明处；对“择校生”问题要慎重解决。(9)要积极开展办学水平较高的学校对薄弱学校“一帮一”活动，促进大批学校上水平，上档次，提高教育质量，缓解需求的矛盾，从根本上解决择校生问题。(10)要认真加强学校党建、职业道德建设、德育建设，促进校风、教风的好转。

〔**年度工作方针**〕 1996年，海南省教育工作的指导思想是：认真贯彻党的十四届五中、六中全会精神和“四法一纲”(《教育法》、《义务教育法》、《教师法》、《职业教育法》、《中国教育改革和发展纲要》)，以建设有中国特色的社会主义理论为指导，落实省委、省政府“科教兴琼的”的战略方针，落实全省教职工住房建设工作会议和全省教育工作会议部署，深化教育改革，调整教育结构，增加投入，提高教育质量和办学效益，进一步调动广大师生的积极性，使教育更好地适应海南特区经济建设和社会发展的需要。

要把基本普及九年义务教育和基本扫除青壮年文盲摆在全省教育工作的突出位置，列为“重中之重”，切实加强宏观调控、条件保障和督导评估工作，分阶段有步骤地落实“双基”目标。要进一步改革中等教育结构，推动多种形式、多种规模、多种力量办学，大力发展职业技术教育。重点抓好中等专业学校的布局调整和职业技术教育骨干学校建设，推动学校走产教结合的新路。要认真抓好高等学校专业结构的改革和布局的调整。加大高等学校教育的改革力度，保持高校的稳定。要切实加强成人教育和扫盲工作。以岗位培训和继续教育为重点，推进成人教育结构调整；加强乡镇成人文化技术学校的建设和社会力量办学的管理。要加强师德教育和学校德育工作，努力形成良好的校风，教风和学风。

〔**宣传贯彻"四法一纲"**〕 1996年，省教育厅为了推进全省全面依法治教，认真抓住《义务教育法》颁布十周年、《教师法》实施二周年、《教育法》实施一周年和《职业教育法》正式颁布实施的有利时机，通过多种形式，使宣传、贯彻"四法一纲"的活动广泛深入开展。省委、省政府颁行了《海南省普及九年义务教育规划》、《关于实施〈中国教育改革和发展纲要〉的意见》等重要法规，并制定了《海南省教育事业"九五"计划和2010年远景目标规划》，为推动全面依法治教提供了有力保障。

9月9日，省委、省政府召开庆祝1996年教师节暨表彰大会。参加会议的有省委、省人大、省政府、省政协领导，省属有关单位负责人和部分大、中、小学校长。会上宣读了《海南省人民政府关于表彰第二批中小学"十佳校长"和"十佳班主任"的决定》并颁发奖品。

副省长刘名启在会上作了讲话，指出：各级党委、政府及社会各界要认真落实《教育法》、《教师法》及其他有关法规的精神，不断采取措施，努力改善教师工作、学习和生活条件，切实为教师办实事、办好事。各级党政领导都要带头尊师重教，亲自过问教师工作，在加强教师队伍建设、提高教师政治业务素质的同时，大力改善教师住房条件，努力保证教师工资按时足额发放，并帮助教师解决子女就业等实际困难和问题。各级政府要表彰和奖励优秀教师。广大教师和教育工作者要认真学习党和国家关于教育工作的"四法一纲"，自觉依法履行职责，忠诚于党和人民的教育事业。

教师节前，省委书记、省长阮崇武率慰问团到省农业学校、海口旅游职业学校慰问教师并视察学校。省委书记、海口市委书记蔡长松等参加了慰问视察活动。

〔**教育经费**〕 1996年，海南省教育经费情况如下表：

地方教育经费来源情况表

项　　目	经费数（万元）	各项所占比重%
总　　计	158613	100
(一)国家财政性教育经费	114179	71.99
1.预算内教育经费	90364	56.97
2.各级政府征收用于教育的税费	4468	2.82
3.企业办学经费	14274	9.00
4.校办产业、勤工俭学社会服务	4262	2.69
5.其他属国家财政性教育经费	812	0.51
(二)社会团体公民个人办学经费	2716	1.71
(三)社会捐、集资办学经费	14343	9.04
(四)学生个人交纳的学杂费	25727	16.22
(五)其他教育经费	1648	1.04

地方教育经费与经济增长速度的比较

单位：亿元

项　　目	1995年	1996年	增长额	增长率%
国家财政性教育经费	12.03	11.42	－0.61	－5.07
国内生产总值	381	393	12	3.15
预算内教育经费	9.57	9.036	－0.534	－5.58
财政总支出	42.02	45.15	3.13	7.45

地方教育经费基本情况分析表

单位:元

项　目	1995年	1996年	增减额	增减%
1.人均国内生产总值	5424.26	5503.43	79.17	1.46
2.人均财政收入	404.82	429.96	25.14	6.21
3.人均财政支出	598.29	632.32	34.03	5.69
4.人均国家财政性教育经费	171.27	159.89	—11.38	—6.64
5.人均预算内教育经费	136.17	126.54	—9.63	—7.07
6.人均教育事业费	105.91	102	—3.91	—3.69
7.国家财政性教育占国内生产总值的比例%	3.16	2.91		—0.25
8.预算内教育经费占财政总支出比例%	22.77	20.01		—2.76
9.教育事业费占财政总支出比例%	17.70	16.13		—1.57
10.教育基建支出占基建支出比例%	16.90	20.36		3.46

1996年1月24日至26日,省政府召开全省教职工住房建设工作会议,作出《关于加快教职工住房建设的决定》。会后省教育厅会同省计划厅等6部门制订了《关于加快教职工住房建设的实施方案》。绝大多数市县也相继召开教职工住房建设专门会议,成立领导协调机构,出台加快住房建设的决定或方案,采取建市、县或乡(镇)教师村、教师住房一条街等形式,进行住房建设。1996年全省普通高校投入教职工住房建设资金1200万元,建成教职工住房建筑面积约4.1万平方米;城镇中小学校投入教职工住房建设资金1.03亿元,竣工教师村5个,在建教师村9个,已建成教职工住房建筑面积15.6万平方米。至年底,普通高校教职工家庭人均居住面积达13.5平方米,成套率达79.5%;城镇中小学教职工家庭人均居住面积达8.5平方米,成套率达50%;农村教师住房条件也有所改善。

基础教育

〔**综述**〕1996年,全省小学学龄儿童入学率为99.02%,毛入学率为111.35%;初中学龄少年入学率为71.55%,毛入学率为76.07%;小学毕业生升学率为76.9%,初中毕业生升学率为39.7%。在校生辍学率:小学为3.31%,初中为6.54%,高中为5.6%。教师达到国家规定合格学历的比例,小学为94.98%,初中为75.58%,高中为50.98%。

〔**义务教育**〕1996年3月26日至27日,省教育厅在屯昌县召开全省普及九年义务教育工作会议,总结工作,布置1996年的任务。会后从各市县教育科局抽调20多名干部，组成“海南省普教检查组”，分三路到12个县、24个乡镇和58所中小学进行“普九”工作大检查。

1996年，省教育厅对1995年各市县、农垦系统“普九”评估验收达标的131个乡镇和34个农场进行审核，审定91个乡镇（单位）为实现“普九”单位，并发给奖牌；对规划1996年实现“普九”的海口市秀英区、万宁市、琼山市“普九”工作进行了评估验收，认定这3个县级市（区）“普九”工作基本达到国家和省颁的验收标准。还对规划1997年要评估验收的三亚、文昌、澄迈、白沙等市县的“两基”工作进行摸底和组织他们自查。

1996年，省教育厅领导多次深入民族地区调查研究，推动民族地区“普九”步伐。省教育厅还制订了《海南省残疾儿童少年义务教育“九五”实施方案》，提出在1996年底前基本普及九年义务教育的地区，视力、听力、语言和智力残疾儿童少年入学率达到85%左右；在1998年底前基本普及九年义务教育的地区，上述三类残疾儿童少年入学率达到75%左右；在2000年底前基本普及九年义务教育的地区，上述三类残疾儿童少年入学率达到70%左右。

〔**幼儿教育**〕 1996年4月，省教育厅召开学前班教材研讨会，修订全省学前班教材；制发了《海南省示范幼儿园标准》（试行）。5月上旬，召开全省幼儿教育工作座谈会，总结交流经验，布置1996年开展幼儿园评估定级和评选省示范幼儿园工作，以及学前班、私立幼儿园整顿工作等。5月下旬，举办海府地区“六·一”幼儿文艺汇演，参加汇演的有36所幼儿园，共40个节目，对优秀节目及指导教师给予了奖励。

〔**“100扶弱工程”**〕 1996年，全省教育工作会议把加强薄弱学校建设列为一项重要任务，正式启动了“100扶弱工程”。会后，省教育厅成立了扶弱工程领导小组，召开专门会议，就扶弱的方式、对象、时间等作了具体部署。各市县结合自身实际，采取了调整学校布局、撤并、设立分校、“一帮一”对口扶弱等办法，发挥强校教学、管理、师资等优势，对薄弱学校进行扶持，结成扶弱对子106对。如海南师范学院附属中学与海口市城西中学合并办学；海口市各结对学校签订了扶持责任书；琼山市鼓励教师到薄弱学校任教，并给予补贴等。

〔**高中教育**〕 1996年初，省教育厅下发了《改革和加强普通高中建设的若干意见》及《示范高中合格评估标准（征求意见稿）》。12月，召开全省重点中学校长协作会，交流办学情况和管理经验，并就应试教育向素质教育转轨等问题进行了探讨。为加强普通高中计算机教学，1996年举办了一期有27所学校29名教师参加的计算机培训班，时间两周。同时组织全省158名中学生参加海南赛区计算机联赛，从中选拔黄兴亮、黄宏年两位同学代表海南省参加8月在上海举行的全国计算机竞赛，分别获二、三等奖。

〔**教师队伍建设**〕 1996年开展了以下几项工作。一是加强师资培训工作。（1）4月11日至12日，在琼海市召开全省师资培训工作会议，总结上年工作，表彰了海口、琼山教师进修高校等8个培训工作先进单位，提出了今后师资培训任务、计划和措施。（2）下发了《海南省“九五”期间开展中小学校长培训工作的实施意见》，确定“九五”期间把现有中小学校长轮训一遍。1996年对新上岗的中小学校长举办了培训班。(3)制定《海南省关于开展小学教学基本功训练的实施意见》，在海口、琼山、三亚、白沙、琼海等5个市县进行试点；组织试点市县教育局、教师进修学校、试点小学的领导23人到辽宁省锦州市考察学习；在全省中等师范学校、教师进修学校开展青年教师教学基本功训练。(4)组织初中教师“三沟通”学历达标培训。对参加中文、数学、英语3个专业培训的1213人进行面授和考试，进行政治、历史、物理、音乐、美术、体育等8个专业的招生录取工作。计划在2000年前完成5000名未达到学历要求的初中老师的培训任务。(5)继续抓好小学一级教师继续教育第一轮培训工作，全省应参加培训的教师14276人，至年底已培训11385人，培训率79.75%，其中教育部门小学一级教师培训率达92.34%。(6)保送优秀应届中师毕业生56名到西南师大、华东师大代培；选送16名青年教师到江苏省先进师范学校跟班学习。(6)在中等师范学校中开展“园丁科技教育活动”，在师范生中开展科学小创造小发明活动。(7)对1992年前参加工作的1万名民师进行重新审核，培训民办教师2305人。(8)海南教育学院、琼州大学与吉林教育学院联合举办政治、语文、教育管理本科班，省教育学院与美国英语学会合作举办中学英语教师口语培训班，提高教师的业务水平。

二是加强师资队伍管理。10月15日至16日，省教育厅在琼海市召开全省师范教育工作会议，总结“八五”期间师范教育工作，提出“九五”及至2010年发展规划。1996年，调整健全了琼海师范学校等4所中师学校的领导班子；完成全省6543名高中以上教师的资格认定工作，并进行初中以下教师的资格认定工作；组织评审各级各类学校高级教师专业技术职务资格920名、中级教师专业技术职务资格1326名；经推荐参评，三亚小学教师韦迪兴被评为“全国十杰中青年教师”，王槐育和郑家枢、赵安明分别被评为“曾宪梓教育基金会”1996年民办教师奖二、三等奖；傅映柏被评为“香港柏宁顿（中国）教育基金会第二届孺子牛金球奖”荣誉奖。

〔**德育工作**〕 1996年，中共海南省委下发《关于加强和改进中小学德育工作的意见》。各地结合形势利用多种形式在中小学校开展社会主义、爱国主义、集体主义、革命优良传统、中华优秀文化等一系列教育，同时抓好《中学生日常行为规范》、《小学生日常行为规范》的实施，进行校园文化建设，创建文明学校活动。1995～1996学年度，全省有文昌中学、海口市第九小学等28所中小学被评为海南省文明先进单位；有394名学生（小学生152名，初中生153名，高中生89名）被评为省“三好学生”，有134名学生被评为省“优秀学生干部”。

1996年还制发了《海南省关于进一步加强和改进中等师范学校德育工作的意见》，对中师学校和教师进修学校德育工作的制度、内容、基地和队伍等问题提出明确的要求。各校开展多种形式的思想政治教育和师德教育活动，进一步提高广大师生的思想政治素质。

〔**教学工作**〕 1996年5月27日至28日，省教育学会与省教育厅在海口市联合召开省教育学会首届年会暨素质教育研讨会。副省长刘名启等领导同志到会并作了讲话。

会议重点就应试教育向素质教育转轨进行了研讨。10月29日至11月1日，召开全省中小学教学常规管理工作会议，传达了全国素质教育现场会精神。全省推广了海南铁路小学以素质教育思想为指导，抓好常规教学管理的经验。符鸿合厅长亲自主编《中华传统美德》小学低年级版、高年级版和中学版，由海南国际新闻出版中心出版，供应中小学进行素质教育。

全省举办了首届劳动、劳技课观摩及学生劳技制品的展览和评选；举办了音乐、美术教师的基本功比赛和学生的声乐、器乐及美术作品选拔赛。

1996年，省教育厅与省科协联合举办第5届海南省青少年发明创造和科学小论文活动，对各中小学报送的学生发明创造作品和科学小论文进行了评审，并推荐获省级一等奖的发明创造作品7件和小论文4篇参加第八届全国青少年发明创造及科学小论文比赛活动，获小发明创造作品二等奖1个、三等奖2个，科学小论文二等奖1篇、三等奖3篇。

1996年，全省健全了市县一级教育督导机构，至年底，除定安县外，都建立了教育督导室。省教育厅举办了教育督导人员培训班，并不断完善教育督导和评估的有关法规、制度。

〔**体育、卫生、艺术教育**〕　年初，省教育厅召开全省体育工作会议，对“八五”期间学校体育、卫生、艺术和国防教育工作进行回顾总结，提出1996年工作任务，制订了“九五”工作规划。1996年多次举办全省中小学生体育、文艺比赛，并组织中学生参加全国性体育比赛和文艺汇演。省中学生男排参加“连云杯”全国中学生排球锦标赛获冠军。省中学生田径队参加全国中学生田径锦标赛，获金牌7枚、银牌3枚、铜牌4枚。海南中学技巧队参加全国青少年技巧队锦标赛，获团体总分第二名。1996年，初中毕业生升学体育考试试点，除在海口市、琼山市、海南中学、海南师院附中继续实施外，又扩大到琼海市和文昌市。

1996年，省教育厅在认真落实国家教委5个部委统一部署的“全国学生体质健康调研”的基础上，建立了海南汉、黎两个民族大、中、小学生的体质健康检测工作样本。同时在开展预防“六病”（肠道蠕虫感染、近视眼、龋齿、贫血、沙眼、营养不良）的基础上，建立学生体质健康监测制度，重点开展防龋、防碘缺乏病和预防艾滋病的宣传防治工作。

1996年举办了全省中小学生歌手歌唱比赛，还举办了全省中小学校教职工卡拉OK歌唱比赛，推动了学校课外活动的开展。

近几年全省中学和部分小学校，每年新生入学进行军训已形成制度。少年军校试点范围也在逐步扩大并取得初步经验。琼山中学少年军校被共青团中央、国家教委、解放军总政治部评为全国少年军校先进单位。

〔**实验室建设及电化教育**〕　1996年，全省中小学校共投入实验室建设资金2350万元，新建教学辅助用房1.25万平方米。万宁市、海口市三个市区以及其他市县59个乡镇、22个国营农场中小学实验教学验收达标，使全省中、小学自然学科实验开课率分别从上年的52％、42％提高到60％和48％。中小学电化教育也有了发展。1996年增添计算机1080部，是上年的5倍；新建计算机用房98间，比上年增长53%；计算机专任教师增加到200人，每周开设二节计算机课的学校达100所，其中有20所中小学成为国家电教实验学校。1996年省电教馆自编自制教学投影片28000张、电视教学参考片16部、教育电视专题片17部、课堂实况教学片21部，新编《职业教育电视教学片专辑》1084部。

〔**治理乱收费**〕 1996年，省教育厅认真采取措施治理中小学乱收费：一是深入宣传。开学前在《海南日报》上公开刊登中小学收费项目和标准，使之家喻户晓，接受社会监督。二是开学后，布置各市县教育局对各学校的收费进行全面自查自纠，限期完成并上报结果。三是11月中旬省教育厅会同省物价局、省纠风办、省财税厅、省人大组成3个调查组，对海口、琼山、文昌、万宁、东方等市县和政法学校、省农机学校进行检查。从检查情况看，许多市县中小学基本上执行省统一规定的收费项目和标准。乱收费的数额在一些市县已明显下降，如琼海市1993年为31万多元，1994年为14万元，1995年为2万元，1996年降为1万元。经自查和抽查统计，全省共违反省规定的收费项目25项，各级政府对这些问题已进行严肃处理，至年底共退金额200万元。

〔**勤工俭学**〕 1996年，全省开展勤工俭学的中小学校占学校总数的98%。接纳学生参加劳动基地5024个，其中农、林、牧、副、渔基地4856个，面积6069公顷，校办工厂110个，第三产业网点1626个。接纳108.5万名学生参加劳动。勤工俭学总产值及营业额13242万元，比上年增加16.5%；总收益5270万元，比上年增加18.3%。学生人均收入36.5元，比上年增加6.25元。勤工俭学收入用于补充教育经费的为3769万元，占总收益的71.5%。全省中小学校中，除按照教学大纲要求安排劳动外，还对学生进行劳动教育和生产技术教育的学校有4802所，占中小学校总数的97%。

职业教育

〔**综述**〕 1996年，全省职业技术学校（含成人中专）在校生45698人，占高中教育阶段在校生的51.5%。各市县认真贯彻“全面规划，分类指导，突出重点”的指导方针，加快了示范性职业学校建设步伐。同时坚持把职业教育发展重点放在农村，使农村职业教育从学校布局、专业设置到招生制度改革、生产实习基地建设、教学内容和方法改革都有了新进展。

1996年省教育厅先后制订了《海南省职

业教育发展“九五”计划和2010年远景规划目标》、《海南省普通中专学生管理条例（试行）》，草拟了《海南省职业教育条例》等文件。这一年，各市县根据省政府关于集中力量办好一所职业中学的要求，进行了布局调整，把边远的职校迁回县城来办。如琼中、保亭、昌江等县将原在乡镇办的职业中学迁回县城；临高、定安县把原来几所职业中学调整合并为一所；澄迈县政府投资100万元在县城征地创办职业教育中心。

〔**学习宣传《职业教育法》**〕 1996年6月4日，省教育厅就学习、贯彻《中华人民共和国职业教育法》邀请省计划厅、财税厅、海口市教育局、琼山市教育局负责同志和部分中专学校、职业学校校长进行座谈。8月27日，省政府召开贯彻实施《职业教育法》座谈会，刘名启副省长主持会议。他在会上对贯彻实施《职业教育法》提出了三点要求：(1)全省要认真贯彻《职业教育法》，进一步提高各级政府和全社会对职业教育重要地位的认识。(2)各级政府和职能部门要认真履行《职业教育法》规定的义务和职责，支持和推动职业教育的发展。(3)教育行政部门要从实际出发，调整职业技术学校的布局和专业结构，优化教育资源配置，切实办好示范骨干学校；要重视培养职教师资，建立职教专业师资人才库；要深化改革，提高质量，办出规模效益，促进职业教育的发展。省教育厅发出了开展《职业教育法》宣传周活动的通知，各市县在宣传周中积极组织各种形式宣传活动，并采取切实措施，推动职业教育发展。如琼海市政府为了加强对职业教育的领导和管理，及时调整了职业教育管理委员会领导成员，还在琼海市报刊登《职业教育法》，市教育局召开学习宣传《职业教育法》大会，举办有社会各界参加的座谈会；职业学校派出学生上街宣传《职业教育法》等。

〔**示范职业学校建设**〕 1996年，经省政府组织评估并报国家教委认定，海口市第一职业高中、三亚市职业中学、陵水职业中学、儋州市职业中学、乐东县职业中学、海口旅游职业学校被重新确定为省级重点职业中学。海口旅游职业学校并被评为国家级重点职业高级中学。在此基础上，省教育厅将琼海市职业中学、万宁市职业中学、文昌市文西职业中学、白沙县职业中学、农垦西流职业中学和海南省现代科技农业工程学校列为省第二批示范性职业中学。年初，省教育厅在三亚市召开全省职业中学示范学校校长座谈会，交流经验。会后组织力量对上述第二批示范学校进行评估。对被评估的学校，省教育厅在专项经费中给予倾斜政策，并要求各有关市县财政给予配套，扶持发展。

〔**农村职业教育改革**〕 1996年初，省教育厅召开全省农村职业教育和三教统筹工作会议，制订了《加快发展海南省农村职业教育的若干意见》，要求农村职业教育的改革和发展贯彻“培养大量创业型人才，发展海南热带高效农业”的指导思想。会上推广了琼海市实行“初三分流”的经验、三亚市农村职业教育和成人教育互相结合协调发展的经验、白沙县七坊职业中学重视生产基地建设的经验等。会后各市县积极采取措施，对学校布局、专业设置、师资配备、办学模式、生产实习基地建设等进行了调整部署，如儋州大成职业中学在市、镇政府支持下，办起一个66600平方米的养殖基地，养鱼、养鸭，学生到生产基地学习，不仅学到了养殖技术，而且将养殖技术辐射到周围农村；陵水职业中学、乐东职业中学和文昌文西职业中学等校的生产实习基地也都进行了扩建。

〔**教材建设**〕 年初，省教育厅提出，各职业学校要根据当地发展热带高效农业的实际，组织教师科技人员编写乡土教材。全省以白沙县为试点。该县在县政府大力支持下，短短时间内，编写出版了橡胶、荔枝、龙眼的种植技术和养蜂、养猪、养鱼、养鸭技术等8种乡土教材，在全县职业中学、农民文化技术学校和中小学校使用。省教育厅还与省农业厅、省科技厅、省出版社联合制订了热带高效农业科普读物丛书的编写出版计划。到年底，全省已编写出版农业、养殖、旅游服务、食品加工保鲜技术、家电维修、缝纫等30多种乡土教材。

〔**招生和毕业生工作改革**〕 1996年省教育厅制订了《普通中专学校实行并轨招生的意见》，改变了过去单纯从中考统招中录取学生的作法，采取对志愿学农的学生，凭初中毕业证书免试入学的作法。1996年全省职业中学招生人数比上年有了增长。许多职业中学还采取长短结合，开门办学，举办多种形式短训班，为农民和社会青年学习农业实用技术提供方便。据统计，1996年全省农职中举办的短训班共培训1200多人次。

1996年，省教育厅在海口第一职业高中和海口旅游职业学校开展毕业生职业资格证书考核试点工作。两校参加考核人数为400人，取得各科初级等级资格的有353人，占88.3%。此项工作为毕业生就业提供了更多机会。

1996年各职业学校注意培养“适销对路”的实用人才，以提高学生就业机会。如1996年职业中学面向旅游服务业培养的人才，就业率较高。海口第一职业高中旅游专业毕业生就业率达95%；海口旅游职业学校首届毕业生中的外事服务、文秘、公共关系（含导游）、酒店管理等专业毕业生，就业率达80%。

高等教育

〔**党建和思想政治教育**〕 1996年加强了高等学校领导班子建设。4月24日至26日，省高校工委和省教育厅党组联合举办高校领导干部理论研讨班，组织全省7所高等学校共29名校领导学习江泽民总书记一系列重要讲话，并集中研讨特区高等学校如何面向21世纪，适应现代化建设需要的问题。刘名启副省长到会并讲话。5月，省高校工委会同省委组织部全面考察了6所高校的领导班子。经省委批准，对海南大学、海南师范学院、琼州大学、海南教育学院、海南广播电视大学等5所高校的领导班子，进行了调整，充实。经过调整，领导干部的平均年龄从51.8岁下降到50.9岁。同时还采取送出去学习、挂职锻炼、换岗交流等方式，培养年轻干部和后备干部。同时加强学校基层党组织建设。1月底，省高校工委召开全省高校组织部长会议，对党员发展和党员教育管理工作进行部署。1996年，全省高校发展新党员714人，其中教职工73人，学生641人，新党员人数占党员总人数的21.93%；学生中党员比例从上年的3.3%上升到1996年的5.8%。

1996年6月26日至27日，省教育厅党组、省高校工委召开首次全省高校思想政治工作经验总结表彰会议。省委常委刘学斌、副省长刘名启出席会议并讲话。会上表彰20名思想政治工作优秀组织者和39名思想政治教育先进工作者。

1996年继续抓好"两课"的教学和改革。4月中旬，省高校"两课"改革指导小组召开会议，研究"两课"课程设置，学时安排、师资队伍建设等问题。同时开展了高校马列主义理论教育情况、高校思想品德课和教师队伍状况的调查。"两课"教材建设取得成效。海南医学院编写出版了《中国革命和建设理论》；海南大学编写的《马克思主义哲学与现时代》、《中国传统文化与现代化》基本完稿；海南大学《现代人生修养》课的教材趋于成熟，并在下半年推广，受到师生欢迎。

〔**校园建设**〕 1996年省高校工委把搞好文明校园建设、优化育人环境作为实现德育目标的重要措施来抓，多次召开会议研究部署，并深入调查研究，在此基础上制订了《海南省文明校园建设评估标准（试行）》，下发各高校执行。海南大学开展"一优良五文明"（优良校风，文明教室，文明宿舍，文明食堂，文明景点，文明行动）建设；海南师范学院开展"铸造师魂、优化师德、拓宽师学、规范师表，提高师能，争取做文明海师人"活动；华南热带农业大学组织实施"六项基础文明"（文明宿舍、文明班级、文明教室、文明社团、文明言行、文明食堂）建设；琼州大学、海南医学院、海南广播电视大学等校也大力整治校园环境，美化校园。高校普遍修建了标准阅报栏，兴建校园文化景点，有的建立校史展览馆，筹建德育基地，举办"学术节"、"艺术节"、"科技园"等，丰富师生精神文化生活。

〔**大学生社会实践活动**〕 全年参加社会实践活动的大学生人数共12000多人，约占在校生人数的90%，参与指导社会实践活动的领导、教师200多人，投入经费25万元，收回论文、调查报告、心得体会文章7500多篇。社会实践活动范围遍布全省19个市县乡镇、工厂、农场、企事业单位以及华东、中南、华南的部分省、自治区。省高校工委还与共青团省委组织一支由6所高校64名师生组成的"海南省大学生志愿者扫盲和科技文化服务队"到琼中县湾岭镇各乡村开展为期10天的服务活动，扩大了大学生社会实践活动的影响。

〔**教学工作**〕 省教育厅于11月20日至22日，召开全省普通高等学校教学工作会议。省委常委、秘书长王厚宏出席会议并讲话。会议交流了建省以来各高校教学工作经验，出台了《关于加强普通高校教学工作，深化教学改革的若干意见》，讨论了《普通高校教师队伍建设“九五”规划》、《普通高等学校课程建设实施办法》和《普通高等学校教学管理评估方案》等文件。会议对深化高校教学改革，提高教学质量进行了部署。还邀请上海大学常务副校长杨德广在会上作关于教学改革的专题报告。

1996年，全省组织大学英语和计算机应用水平等级考试。大学英语共考两次：1月，全省5所高校参加考试的学生共5048人，通过824人；6月参加考试的学生5913人，通过947人。计算机考试：3月考笔试，4月考操作。全省4所高校报名参加考试共1150人，通过368人。考试人数和成绩均比往年有所提高。

1996年进行了部分专业调整。经国家教委同意，海南大学新设国际经济法、装璜艺术设计、演唱（由音乐系改名）3个本科专业和旅游管理专科专业，撤销公共关系和广告学专科专业。海南师范学院新设音乐教育专科专业。

3月14日至17日，省教育厅召开全省高校学籍管理工作会议，加强了高校学籍管理和毕业证书、学历证书的发放工作。

〔**图书馆建设**〕 1996年初，省教育厅组织专家对全省高校图书馆自动化建设进行检查。在此基础上制订了《海南省高等学校图书馆自动化建设评估验收方案》。6月16日至17日，召开高校图工委换届暨学术研讨会，讨论了《海南省高校图书馆“九五”建设规划》，并决定于1997年进行评估验收。9月，组织高校图书馆专家赴香港参加国际图联IFLA大会，并考察了香港高校图书馆现代化建设情况与经验。

〔**科研工作**〕 1996年，全省高校科研课题项目获准立项的有47个，获得科研资助经费37.2万元。海南医学院有2项科技成果获省科技进步奖三等奖。华南热带农业大学获国家科技进步奖三等奖1项，农业部科技进步奖4项、省科技进步奖5项、优秀教学成果奖4项、“八五”十大科技成就奖3项。

1996年，华南热带农业大学向湛江派出专科技副县长6人、科技副乡镇长15人，并派出专家到湛江举办农民科技日活动，展示实用科技成果80多项，作科普知识报告多场，受到农民和干部的欢迎。该院还组织专家到四川攀枝花、云南丽江和海南儋州等地实地考察，帮助当地农民解决在农业生产中存在的技术难题。该校全年推广各种热带、南亚热带作物丰产栽培技术、植保技术、加工技术以及园艺、农牧技术等43项，其中效益比较显著的有橡胶割胶制度改革等。同时推广香蕉、芒果、椰子、咖啡、香草兰等优良种苗200多万株；生产各种专用肥料，生长刺激剂及农药等700多吨，经实地应用，面积达13万公顷，平均可提高产量10%以上。该校两条杂胶生产线和橡胶刺激技术成果出口尼日利亚、泰国和柬埔寨等国家，创汇30多万美元。

成人教育

〔**扫盲工作**〕 1996年，省教育厅会同共青团省委、省妇联联合下发《关于同心协力，加快扫盲步伐的通知》，要求各地发动全社会关心支持扫盲工作。4月，省教育厅举办"两基"工作培训班，对各市县成人教育股（科）长进行培训。10月至11月，省政府评估验收团对琼山市、万宁市和海口市秀英区进行"两基"工作评估验收，3个市县（区）49个乡镇（办事处）基本通过扫除青壮年文盲的验收标准。万宁市、琼海市被国家教委、财政部授予"全国扫盲工作先进单位"。经过各方面努力，1996年全省扫除青壮年文盲3.6万余人，使青壮年文盲率下降到0.17%。

〔**农村成人教育**〕 1996年在认真抓好原省属6所乡镇成人文化技术学校的同时，强调各市县要抓好1～2所乡镇成人文化技术学校建设，增加投入，改善办学条件，提高办学水平。琼山市红旗镇成人文化技术学校，在原有基础上，增添图书资料，积极开展培训工作，成绩显著，中国农村成人教育杂志对该校事迹作了报道。

1996年省教育厅制订了《海南省乡镇成人文化技术学校标准》。据不完全统计，1996年全省乡镇举办成人文化技术学校256所，占乡镇总数的84%；村办成人文化技术学校1708所，占全省村行政单位的65%，分别比上年增加5%和4%，全省参加学习的农民达35万人次。

〔**成人高校**〕 1996年继续开展普通高校成人教育评估工作通过全面评估，起到了"以评促改，以评促发展"的目的。省教育厅先后制定了《关于改革和发展我省成人高等教育的意见》、《关于加强高等教育自学考试社会助学若干规定》、《关于加强函授站登记的通知》。至年底，全省高等教育社会助学单位登记的有8家；在海南设函授学历教育的高校有23所。针对高等成人教育普遍存在投入不足和管理不规范等问题，采取了以下措施：一是认真抓好评估。制订了《关于建立抽考制度，开展成人高等、中专学校教学质量评估的意见》。二是加强成人中专毕业生推荐保送工作的管理。在原推荐保送2%的基础上，提高到5%。三是制定了《关于进一步加强成人高等教育毕业证书管理的若干意见》，推动成人高等教育健康发展。

〔**自学考试**〕 1996年，海南省开考专业：常规（长线）专业29个，应用型（短线）专业2个。上半年报考人数为8689人，共23757科次，有9027科次取得单科合格证，及格率38%；有211人取得大专、本科毕业证书（其中本科8人）。下半年，报考人数为7480人，共21840科次，有8726科次取得单科合格证，及格率40%，有186人取得大专毕业证书（其中本科 6 人）。参加计算机等级考试为 368 人。

〔**社会力量办学**〕　1996 年省教育厅加强了对社会力量办学的规范管理。统一印制了“全省社会力量办学许可证”。至年底，经审查重新登记换证的社会力量办学单位有 186 家，并在《海南日报》、《海南特区报》公布，接受社会监督。同时与省有关新闻部门商定，凡社会力量办学单位的招生广告，必须经省教育厅审批，才能在报刊上刊登。年底，省教育厅召开全省社会力量办学单位负责人座谈会，认真学习国家教委《关于进一步加强社会力量办学管理意见》，使社会力量办学逐步向“规范办学”方向发展。据统计，全省社会力量办学单位全年共举办各种类型专业学习班 405 期，培养各级各类人才 8005 人。

撰稿　唐和亲

审稿　符鸿合

四川省教育

概　况

〔基本情况〕

1996年各级普通学校基本情况

单位：人

学校类别	学校数（所）	毕业生数	招生数	在校学生数	教职工数	
					计	其中专任教师
一、普通高等学校	64	62092	72015	217686	57238	26199
研究生		2378	3330	9251		3907
本　科		22573	31623	114825		22292
专　科		37141	37062	93610		
二、中等专业学校	298	73539	103168	286058	38699	18035
中等技术学校	191	50097	79404	218703	28636	12623
中等师范学校	107	23442	23764	67355	10063	5412
三、普通中学	6157	960350	1282377	3778387	335634	263445
高　中	1086	124180	176733	463017		39744
初　中	5071	836170	1105644	3315370		223701
四、农业、职业中学	633	92058	98128	232153	31899	20652
高　中	603	89485	93960	220492		19764
初　中	30	2573	4168	11661		888
五、工读学校	11	52	60	205	192	82
六、小　学	65690	1232229	1865252	10534662	496420	441424
七、特殊教育学校	94	749	1580	9294	1474	1113
八、幼儿园	17140	1371960	1620318	2382507	91770	76163

1996年各级成人学校基本情况

单位：人

学校类别	学校数（所）	毕业生数	招生数	在校学生数	教职工数	
					计	其中专任教师
一、成人高等学校	77	65943	75566	205823	12869	6062
广播电视大学	3	16767	18411	57286	1579	517
职工高等学校	45	5868	6454	15883	5070	2680
农民高等学校						
管理干部学院	11	3415	3844	7771	2459	963
教育学院	17	6229	8809	19094	3253	1620
独立函授学院	1	2407	2988	8500	508	282
普通高校举办：						
函授部		15520	14973	46632		
夜大学		4389	2858	10533		
干部专修科		11348	17229	40124		
二、成人中等专业学校	338	44251	80498	196566	13799	6078
广播电视中专	7	19848	44151	101145	1558	693
干部中专	24	2120	4550	11203	1166	505
职工中专	75	8358	13277	30546	2824	1396
农民中专	30	2324	3990	8728	970	558
函授中专	6	4991	5180	14717	1852	75
教师进修学校	196	6610	9350	30227	5429	2851
三、成人中学	371	20032	34446	46341	2199	1492
职工中学	65	6623	11375	14794	936	487
农民中学	306	13409	23071	31547	1263	1005
四、成人技术培训学校	39415	11044148	6089987	6097370	26988	13752
职工技术培训学校	566	197533	179655	186895	3796	2299
农民技术培训学校	38849	10846615	5910332	5910475	23192	11453
五、成人初等学校	9002	759436	576224	617530	10569	5017
职工初等学校	41	971	1522	1670	187	147
农民初等学校	8961	758465	574702	615860	10382	4870
其中：扫盲班	4849	340668	243431	249504	5691	2900

〔**工作思路与重点**〕 1996年全省教育工作的思路是：依法治教，深化改革，促进发展，提高质量。深入贯彻实施《教育法》和“科教兴川”战略，狠抓多渠道筹措教育经费政策措施的落实，加强教师队伍和校风、教风、学风建设，进一步深化教育教学改革，把教育质量和办学效益提高到一个新的水平，为实现全省教育事业发展“九五”计划，开好头、起好步。

加大依法治教工作力度。1996年着重抓了三个方面的工作。一是依法落实筹措教育经费的政策，增加教育投入，规范筹措教育经费的行为。二是加强法制宣传教育。省教委制定了《四川省教育系统开展法制宣传教育第三个五年规划》，组织各级教育行政部门、各类学校全面实施。各类学校普遍按照规定开设了法制教育课或在有关课程中增加法制教育内容，基本做到了教学有大纲、有教材，配备了教师，保证了教学时间，师生员工遵纪守法的自觉性明显增强。三是依法维护学校、教师、学生的合法权益，查处侵犯教育主体合法权益的行为；通过执法监督来解决教育工作中社会关注的一些问题，如治理中小学乱收费、拖欠教师工资等。

大力推进教育战线精神文明建设。教育战线的全体干部、师生员工，认真学习党的十四届六中全会精神，贯彻落实中共中央、中共四川省委关于社会主义精神文明建设的决议、“九五”规划纲要，全面开展以教师职业道德建设为中心，以创建校风示范学校为重点的群众性精神文明创建工作，努力把各类学校办成社会主义精神文明建设的“窗口”。全省教育战线广泛开展了“三让一树”活动，即“让学生成才，让家长放心，让人民满意，树文明校风”，各类学校积极争创校风示范学校，广大教师自觉遵守《四川省教师职业道德行为准则》，以促进“校以育人为本，师以敬业为乐，生以成才为志”的良好校风、教风、学风的形成。

突出重点抓落实。1996年全省教育工作突出了以下重点：一是切实把“两基”放在“重中之重”的位置，集中人财物力保“两基”。动员各方面力量打好“普九”攻坚战，大力实施“四川贫困地区义务教育工程”；切实加强扫盲工作，确保省政府下达的“双基”工作目标任务的全面完成。二是以共建、合作办学为主要形式，大力推进高等教育体制改革。省、部共建和校企联合、产学研结合以及学校之间不同形式的合作办学。三是以实现“三个增长”为重点，全面推进多渠道筹资政策的落实。1996年全省教育经费增长幅度较大，有力地促进了学校办学条件的改善，加快了“普九”和“广厦工程”的进程。四是抓好教师队伍建设。加大了中青年骨干教师、学科带头人培养的力度；大力实施“广厦工程”，努力筹措建房资金，落实各种优惠政策，推进教师住房建设。

努力作好“适应”、“提高”工作，办好教育让人民满意。各级教育行政干部和各类学校教职员工认真学习、深刻领会、全面贯彻落实江泽民总书记关于教育工作一要适应、二要提高的批示精神。1996年8月上旬，省教委在宜宾市召开了全省普教工作座谈会，会议重点讨论和研究了如何贯彻落实江总书记批示的问题。会议要求全省教育工作者，一是要提高思想认识，把思想认识统一到“全面适应现代化建设需要”上来，把主要精力放到“全面提高办学的质量和效益”上来。进一步落实“办好教育让人民满意”。

认真治理中小学乱收费。坚持了“一证

一册一据”制度；组织力量深入到市、县、乡(镇)、学校检查收费情况；加强了社会监督，对发现的问题及时纠正。1996年，全省共取消学校自立收费项目52项，退款86万余元，清退超标准收费127万余元、重复收费26万余元，通过清理各种补习班，减少学生交费358万元，通过清理各种复习资料，减少学生交费279万元。坚决遏制“择校生”高收费，初中和小学招收“择校生”的总人数比上年减少1428人，减幅3%，其收费总额比上年减少393万元，减幅4%。

〔**教育投入与支出**〕 各级政府在财政预算时努力做到“先让教育满意”，保证财政性教育拨款的“三个增长”。全省1996年教育总收入(不含中央属学校)为116.99亿元，其中财政拨款64.08亿元，与上年相比较，分别增长18.1%和13.5%。1996年全省财政性教育拨款较上年增长13.51%。预算内生均公用经费增长幅度，普通高等学校为10.13%，普通中学为11.75%，小学为9.65%。

进一步落实城乡教育费附加，职工个人教育费，在宾馆、饭店、招待所征收教育附加费等多渠道筹措教育经费的政策。全省1996年财政拨款以外的教育经费52.91亿元，比上年增长24.1%。全省农村教育费附加征收的比例占农民人均纯收入的1.2%。坚持依法、适度、规范地搞好农村教育集资工作。各地在农村集资“普九”问题上，一是坚持自愿、量力的原则，充分考虑群众经济上、心理上的承受能力，注意把握好“度”；二是要经县（市、区）政府批准，统筹安排，一年内不搞多项集资；三是对集资款的使用加强监督检查。1996年全省农村教育集资6亿元。

努力争取各种教育捐赠和援款。1996年，获得邵逸夫赠款1180万元港币、田家炳赠款800万元港币以及其他价值约2000万元人民币的教学仪器设备和图书资料（不包括市地州接受的捐赠)。对口支援三峡库区教育的工作取得一定成效，省教委成立了对口支援领导小组，争取国家教委下发了《关于加强对口支援三峡库区发展教育事业的通知》并在万县市召开了全国教育系统对口支援三峡库区教育工作会议，争取有关省、市对口支援，仅万县市受援款就达1587万元。全省各级教育基金会本金总额达到1.2亿元，比上年增加6000万元。

大力发展中小学勤工俭学和高校校办产业。1996年全省94.5%的中小学校开展了多种形式的勤工俭学，有校办工厂5455个，校办农业基地36307个，校办第三产业网点16666个，固定资产原值已达14.6亿元，纯收入6.4亿元，学生人均纯收入达46.75元，分别比上年增长20.3%、16.6%、12.5%。直接用于补充教育经费的3.87亿元，占纯收入的57%。全省1996年高校校办产业完成销售13亿元，实现利税1.8亿元，向学校上交经费5255万元，向国家缴纳税费8114万元，分别比上年增长44.2%、86%、54.6%、46%。高校校办产业销售、经营收入在1000万元以上的学校共20所，其中超过2000万元、5000万元、10000万元的学校分别有13所、7所、4所。

学校条件装备工作有较大发展。全省1996年有18个县普及了实验教学，26个县艺术、卫生、劳技、图书装备达到规定要求。全省教学仪器设备生产厂完成产值2750万元，比上年增长10%，创税515万元。

学校电化教育水平进一步提高。1996年全省达到国家教委和省教委规定的电化教育一、二类标准的学校共744所，其中高完中92所，职业中学55所，初级中学220所，小学377所。新建卫星电视地面站195座，放像点277个，为促进师资培训和学校教学改革发挥了重要作用。进一步加强了中小学电教教材建设工作。在有条件的学校积极开展了计算机CAI教学。

1996年，全省地方教育预算内外教育经费支出总额达到116.66亿元(不含中央属学校的经费支出)，比上年增长19.3%。

各级普通学校预算内教育事业费支出情况如下表：

单位：元

类别＼项目	生均教育事业费	生均公用经费	公用经费占教育事业费的比重(%)
普通高校	4116.81	2020.05	49.07
中　师	1707.65	349.72	20.48
普通中学	569.68	79.64	13.96
职业中学	1114.93	198.63	17.82
小　学	274.73	17.94	6.53

撰稿　魏成松

基础教育

〔**义务教育**〕　省教委于1996年4月和8月分别召开各市地州教委基教科(处)长会议和全省普教工作座谈会，对于如何正确处理减轻农民负担与普及九年义务教育的关系，如何正确把握“普九”标准，坚持按规划如期“普九”等重大问题进行了研究和部署。会后组织力量对当年和次年“普九”的县进行调研督导，进一步加强了对全省“普九”工作的宏观指导。省教委要求各地一方面要维护“普九”标准和规划的严肃性，不允许无特殊原因降低标准和推迟进度；另一方面又必须坚持一切从实际出发、实事求是的原则，坚决反对不切实际地层层加码、随意提高标准和提前验收时间。省教委还规定凡是要求提前进行“普九”验收的县（市、区)，必须由县（市、区）政府向市地州政府（行署）提出申请，并报省教委批准。

为了扶持和推进贫困地区普及义务教

育，从1996年开始，全面启动实施“四川贫困地区义务教育工程”。该工程总投资7.8亿元，覆盖了全省58个国家级贫困县和省级贫困县。

积极参与国家教委和联合国儿基会合作进行的1996～2000年“促进贫困县初等教育”项目实验工作。省教委制定了项目实施方案和活动计划，进行了项目管理人员培训，考察了项目实验县的工作。

1996年，全省有金堂县、新津县等27个县（市、区）经过省政府检查验收，普及了九年义务教育。27个县（市、区）人口总数为1562.3万，占全省总人口的14.2%。以乡（镇）为单位计算，1996年有951个乡（镇）“普九”，人口2009.7万。至此，全省累计有67个县（市、区）实现“普九”，人口3255万，占全省总人口的29.37%；以乡（镇）为单位计算，累计有2883个乡（镇）实现“普九”，人口6973万，占全省总人口的63.5%。1996年，成都市、德阳市率先在全省以市为单位完成了“普九”任务；涪陵、达川地区实现了以县为单位实现“普九”；温江县、崇州市、广汉市、洪雅县、华蓥市、重庆市北碚区等6个县（市、区）被国家教委评为全国“两基”工作先进县。民族地区1996年有甘孜、盐源2个县和124个乡普及了初等教育，适龄儿童入学率达到91%，比上年提高3个百分点。

〔**普通高中教育**〕 制定了全省“九五”普通高中改革和发展规划。省教委制订了《关于进一步办好普通高中的意见》，提出了普通高中教育发展的目标与措施。一是适度发展普通高中教育事业。到本世纪末，全省普通高中在校生达到70万人，大中城市市区和经济发达的农村县（市、区）要基本普及高中阶段教育；在已“普九”的地方，有计划地适度发展普通高中教育；未“普九”的地方要稳定现有普通高中规模。二是切实改变现有薄弱高中面貌。到本世纪末，全省绝大部分普通高中达到省教委制订的《四川省普通高（完）中办学基本要求》。三是建设一批实验性、示范性、高水平的普通高（完）中。改革发展普通高中教育的主要政策措施有：积极稳妥地推进办学体制和办学模式改革；调整规模布局，提高办学效益；切实加强教师队伍建设；加强薄弱高中建设；创建一批实验性、示范性、高水平的普通高中；努力建立素质教育的运行机制。

进行省重点中学评估验收工作。根据《四川省普通高（完）中办学基本要求》和《四川省重点中学检查验收细则》，为加快普通高中标准化学校建设，省教委组织力量对原有的省重点中学重新认定。学校自查合格者，由市地州教委进行检查验收，省教委进行审定。检查验收合格的，保留省重点中学资格，否则取消其省重点中学资格。1995年和1996年，全省有60所学校在办学条件、管理水平、办学效益等方面达到省重点中学办学基本要求，被重新认定为省重点中学。1996年，经省教委检查验收，在普通高（完）中学校中，新命名德阳市东汽中学、四川省科学城第一中学等9所学校为省重点中学。

在已“普九”的地区开展争创高水平学校的活动。为建设一批实验性、示范性、高水平的普通高（完）中，省教委规划到本世纪末，全省有200所左右的普通高（完）中达到省重点中学要求，其中60～70所左右的学校达到国家1000所示范高中的标准，在此基础上，使30所左右的学校达到更高的水平，成为巴蜀名校。省教委要求各地在创建过程中，要正确处理好创建高水平学校与"普九"的关系，处理好创建高水平学校与扶持薄弱学校的关系，处理好创建高水平学校与提高大面积学校办学水平的关系，为此规定今后申报省重点中学、示范性高中和巴蜀名校的县（市、区）都必须通过了"普九"验收，必须有切实可行的加强薄弱高中建设的规划并取得明显成效，必须有整个高中阶段教育改革发展的规划。

加强普通高中会考工作的组织与管理。顺利完成9个科目的考试和4个科目考查工作，46万名在校生参加了会考。研制并在全省推广了"中学区域性会考成绩监测与教学质量评价系统"计算机管理软件。

〔**幼儿教育和特殊教育**〕　1996年底，全省学龄前儿童入园率达到47%。比上年提高1个百分点。成都市锦江区、重庆市渝中区、什邡县、青神县、自贡市自流井区被国家教委评为全国幼儿教育先进县，省教委基础教育处被国务院和全国妇联评为家庭教育先进集体。

抓好县（市、区）示范性幼儿园和已"普九"地区乡（镇）中心幼儿园的建设。1996年，全省有23所示范性幼儿园达到要求，至此全省示范性幼儿园共202所。已实现"普九"的县（市、区）相继建成了一批合格乡（镇）中心幼儿园。

加强学前班管理，切实纠正"小学化"倾向。省教委在全省推广学前班管理试点工作经验，制定了《四川省学前班工作评估指导要点》，对办班指导思想、办班条件、组织领导管理、保育与教育等方面作出了具体规定。

积极发挥幼教研究会的作用，开展群众性科研活动，不断深化幼教改革。围绕《幼儿园工作规程》的贯彻实施，省教委组织各地幼教研究会进行17个方面的专题研究，举办专题讲座，邀请专家学者讲课，一批质量高、实用性强的研究课题已顺利结题，受到了有关部门的好评。

特殊教育。1996年，全省新建特殊教育学校12所，新建81个特教班并发展了一批随班就读点。各级教育行政部门普遍增加了特教经费，加强特教师资培训和学校管理。成都市青羊区、新都县、绵竹县、自贡市自流井区被评为全国特殊教育先进县（区）。

〔**德育工作**〕　组织中小学生学习党的十四届六中全会文件和建设有中国特色社会主义理论，省教委组织力量编写了六中全会文件学习宣讲要点，以帮助中小学生学习领会六中全会精神。开展中学生时事政策教育，省委宣传部、省教委联合编写4期《中学生时事》。

进一步深化中小学生爱国主义、集体主义和社会主义教育。会同有关部门以纪念红军长征胜利六十周年和中国政府恢复对香港行使主权为主题，在中小学生中开展系列教育活动，如知识竞赛、演讲比赛、班团队活动录像比赛以及组织学生学习《中国香港1997》；继续开展观百部优秀影片活动；充分发挥爱国主义教育基地的作用，全省有7个单位被国家教委等六部委联合命名为"全国中小学爱国主义教育基地"，它们是"朱德同志故居纪念馆"、"中国工农红军强渡大渡河革命纪念地”、“重庆歌乐山烈士陵园”、“重庆红岩革命纪念馆”、“黄继光纪念馆”、“都江堰”、“攀枝花市‘金色的攀枝花’展览馆”。

中小学普遍加强了德育工作，加强学生日常行为规范和文明礼貌的养成教育。一是提高教育行政部门德育工作管理者的思想理论水平和业务水平。省教委举办了德育工作者培训班，50多名德育干部参加了培训。二是开展创建校风示范学校的活动。以全面实施素质教育，办好教育让人民满意为宗旨，在全省开展了以中小学生行为规范、校园内育人环境和教学常规管理为主要内容的校风示范学校争创活动。三是树立典型，表彰先进。省教委在普通中学评选、表彰666名“三好学生”，328名“优秀学生干部”、198个“先进班集体”。

省教委、团省委联合召开“四川省少先队第三次代表大会”，选举新的省少工委，表彰119名优秀少先队辅导员，32名辅导员荣获“二级星星火炬奖章”、97名少先队员荣获“二级雏鹰奖章”、52支少先队大队荣获“雏鹰大队”、42支少先队中队荣获“雏鹰中队”、6支少先队小队荣获“雏鹰小队”。省教委协助中央电视台拍摄10集反映四川青少年学生精神风貌的专题片《巴蜀少年》。

〔**体育、卫生、艺术教育**〕 大力加强学校体育工作。一是加快学校体育设施建设。结合普及九年义务教育，全省新建400米运动场6个，200米以上运动场50个，体育馆2个。二是全面实施初中毕业生升学考试体育工作。省教委制订了《初中毕业生升学考试体育工作方案》，进一步完善了考试制度，全省施行面达87.4%。三是促进农村学校体育工作。推广岳池县发展农村学校体育的经验，全省农村中小学《国家体育锻炼标准》施行面比上年提高3.15个百分点。四是重点抓好各类学校体育课教学。省教委召开了全省中小学实施新的体育课程计划研讨会，研究制订了实施方案，在16个地区进行体育两类课程整体教学改革实验。组织了全省中学生田径、篮球、足球、排球等比赛，均取得较好成绩，涌现了一批水平较高的学生运动员。

积极开展学校卫生工作和健康教育。全面完成学生体质健康调研数据处理，召开了新闻发布会和工作总结表彰会，有13个市地州教委和94名先进个人受省教委表彰。针对学生体质健康调研中发现的问题，进一步做好学校体育卫生工作，省政府印发了《关于加强学校体育卫生工作，提高学生体质健康水平的意见》。按照《学校健康教育评估方案》，省教委在各地进行健康教育评价试点工作，在成渝两市开展口腔健康教育活动。通过卫生城市和初级卫生保健达标检查，促进学校健康教育的发展。1996年，全省学校健康教育施行面比上年扩大5.7%。开展了学生近视、龋齿、蛔虫、甲肝、乙肝等病的防治工作，特别是加强了肠道传染病的预防工作。

贯彻实施学校艺术教育规划。全省中小学新建艺术活动室100余个。在继续做好高中音乐欣赏课实验的同时，有360所高完中开展了美术欣赏课教学实验。举办全省第二届中小学音乐、美术教师教学基本功比赛，举办音乐童声合唱指挥培训，“第五届四川国际儿童画展”、“中日儿童画联展”和“中国、韩国、日本儿童画展”，组织100多幅学生绘画作品参加“1996年国际儿童航空绘画比赛”。参加全国首届中小学音乐、美术（录像）课评比，获一等奖3名，二等奖7名，三等奖1名，省教委获组织奖。参加联合国教科文组织举办的“1996年中学生画展”的18幅作品全部获奖，其中金奖1个、银奖1个、铜奖1个，优秀奖15个，省教委获组织奖。参加全国美术教育论文比赛，获1个一等奖，6个二等奖，11个三等奖。

1996年11月，国家教委在温江县召开了全国学校艺术教育工作会议，国家教委副主任柳斌到会并讲话，四川省教委、温江县政府在大会上介绍了开展学校艺术教育的经验，与会代表参观了现场，对四川学校艺术教育工作给予了好评。

〔**教师队伍建设**〕 省教委制定了《四川省“九五”期间中小学校长培训规划》，提出了全省中小学校长“九五”期间培训工作的指导思想、目标、内容、层次以及实施步骤和主要措施，同时颁布了《四川省中小学校长提高培训指导性教学计划》、《四川省中小学校长提高培训课程设置》。省教委决定，从1996年7月1日起，全省实行中小学校长持证上岗制度。

教师队伍建设方面，一是继续推进中等师范办学条件标准化建设，深化中师教育教学改革，提高中师教育质量。省教委在三月份召开了全省中师教研与教学质量评估工作会议；颁布了《中师学生学籍管理规定》；从1996年起，对中师各学科实行由省统一命题的轮流抽考，并逐步完善为全省中师各学科由省实行结业会考的制度。二是大力开展中小学在职教师的学历补偿教育。由教师进修学校为小学教师举办脱产或业余进修班，扩大教育学院招生。同时狠抓初中教师“三沟通”培训考试，严肃考风考纪，提高办考质量，开展学员毕业资格审查及毕业证颁发工作，1996年全省参加“三沟通”培训考试4.3万人，获得毕业证书2万余人，占47%。三是积极开展中小学教师继续教育。组织全省小学教师开展职业技能五项基本功训练，认真实施小学教师《继续教育登记制度》，到1996年，全省全面实施登记制度的县已超过30%，部分实施的县达到40%，其余30%的县开展了试点工作。

加强教师队伍管理。根据国家教委有关教师资格过渡的规定和办法，省教委研究制定了《关于做好在职教师资格过渡工作的实施意见》，全省各级各类学校在职教师资格认定工作已在1996年底前结束。按照《教师法》和国家教委的有关规定，省教委组织力量到中小学校专题调查研究教师考核问题，制定了《关于加强中小学教师考核工作的意见》。为加强跨世纪学科梯队建设，培养新一代学科带头人，省教委会同有关部门制定了《关于进一步做好特级教师评选管理工作的通知》，完善特级教师评选、考核、管理制度，在各地推选的基础上，掌握了一批特级教师后备人选，加大了培养力度。组织开展了全省中学高级教师职务评审工作。研究制定了全省支援基层教育工作的实施意见和办法，拟定了首批支教计划，省委组织部、省教委、省人事厅联合召开了全省支教工作会议，部署了全省支教工作。

1996年省政府为全省教师办了以下实事：(1)“民转公”工作。全省中等师范招生计划中安排了3000名指标招收民办教师，又从省干部计划中安排7000名指标"民转公"，年底前国家下达给四川省12000名"民转公"指标，解决了各地1996年"民转公"的指标需求。(2)全面推进广厦工程。省政府召开了全省第三次教职工住房建设工作经验交流会。1996年全省共投入资金8.1亿元，建成教师住房185万平方米。使城镇中小学教职工家庭人均居住面积由上年的8平方米上升到8.4平方米，住房成套率由63%提高到71%。全国第三次教师住房建设工作会议上，四川实施"广厦工程"的工作受到了李岚清副总理的表扬，副省长徐世群在这次会议上作了大会经验交流发言。(3)组织优秀中青年教师在职攻读研究生进修班。经多方协调，乐山、德阳市与西南师范大学联合举办了在职优秀中青年教师、中小学校长和教育行政干部研究生进修班，招收学员161人。(4)建立四川省优秀教学成果奖。根据国务院颁布的《教学成果奖励条例》设立四川省教学成果奖，制订了《四川省教学成果奖励办法》，进行了四川省第三届普通高校教学成果奖励工作。(5)评选表彰了第二批"巴蜀百佳校长"，为全省的中小学校长再树了一批楷模。(6)为高校中享受国务院政府特殊津贴和省有突出贡献优秀专家津贴的教师办理了特约医疗证，提供了特约医疗服务。(7)组织了百名优秀乡村教师赴京学习、考察。乡村教师在京期间，受到国家教委、全国中小学幼儿教师奖励基金会领导的接见，在社会上引起很大反响。乡村教师说这是"十天旅程，一生振奋!"(8)开展退休教师建"红烛之家"活动。这项活动受到各地重视，纷纷积极行动，采取具体措施，把建红烛之家与实施广厦工程结合起来，与教育工会的教师之家结合起来，收到了很好的效果。(9)为全省教师创编了一套《教师保健操》。这套教师保健操受到专家和试点学校教师的好评。作为教师保健活动和全民健身运动的组成部分，将在全省推广普及。(10)组织部分特级教师到"老、少、边、穷"地区开展献课活动。全省组织40名特级教师分4个小组，分赴泸定、丹巴、康定等9个县、市进行讲学献课活动，举行教育教学讲座，参加听课的中小学教师、校长、教研员共6000余人次，为山区和少数民族地区教育带去了先进的教育教学思想、方法和最新的教育教学改革信息。

〔**教育科研**〕 加强中小学教学研究。分别召开了全省中小学各学科教研工作会，交流经验，研究部署教学教研工作。组织力量到各地和学校进行调研与教学指导，形成了《四川省1996年中学教学质量评估报告》和有关学科的专题调研报告。参加了国家教委新的普通高中课程计划的实验指导工作。对中小学11个学科的部分骨干教师进行教材培训，参加培训的教师共1600多人。组织开展中学历史、物理、数学、化学、政治等学科赛课活动，推选出的优胜者参加全国组织的数学、物理两科赛课活动，获3个全国一等奖和2个全国二等奖。参加全国第二届外语教学园丁奖的评选，全省26名教师获园丁奖。初中毕业会考实行改革，除政治学科全省统考外，语文、数学、外语、物理、化学、历史等学科也举行了考试，省教科所为市地州初中毕业会考提供了命题服务。组织学科竞赛。为了促进学生个性发展，发现和培养优秀学生，省教科所组织了中学生物、化学、思想政治、英语、物理、数学、信息学等学科竞赛和中学地理国情知识竞赛。1996年参加国际奥林匹克竞赛，2名学生分别获数学、信息学金牌，受到省政府表彰奖励。

开展教育科研与教改实验。对1996年结题的34项“省教委普教科研资助金项目”进行初审，通过25项，对这些项目进行“效果检测”，组织专家鉴定。各地上报申请立项的教育科研课题共141项，经过审议确立其中54项为1996年度“四川省教委普教科研资助金项目”。召开了全省小学教育教学改革与实验研讨会，并出版《四川省小学教改研究与实验》。承担联合国儿童基金会扶贫区学生学习质量监测和世行扶贫教育有关子项目的研究任务。承办全国少数民族地区理科教师培训会。组织了四川省教育学会第七次教育科研成果评奖活动，评出获奖项目102个，其中一等奖、二等奖各20个。同时，认真抓好教材建设，加强了教辅资料管理。

〔**督导工作**〕 开展全省基础教育“五项内容”的督导工作。组织各县（市、区）政府进行了自查，各市州政府、地区行署对所辖三分之一的县（市、区）进行了抽查，省教委会同省人大教科文卫委员会、省政协教育委员会抽查了成都、重庆、德阳、雅安等市地，并撰写《四川省基础教育“五项内容”督导检查总结报告》报国家教委、全国人大教科文卫委员会、全国政协教科文卫委员会。

推进素质教育。省教委于1996年11月上旬在双流县召开了构建督导评估机制、大力实施素质教育工作研讨会。会议传达了全国“汨罗研讨会”精神，研究部署了全省构建督导评估机制，推进素质教育的工作。同时，对部分县（市、区）的60名督导人员进行了培训。

撰稿 魏成松

职业教育

〔**综述**〕 1996年，全省以宣传、贯彻《中华人民共和国职业教育法》和全国职业教育工作会议为契机，大力推进职业技术教育的改革和发展，坚持职业教育为当地经济、社会发展服务的方向，结合当地实际，开设所急需的应用专业。“九五”第一年，各地将职业技术教育作为当地社会事业发展的重要方面，列入了地方经济社会发展的“九五”规划中，确定了发展职业技术教育的新路子。

加大了学校布局调整的力度，按照全国

职教会提出的到本世纪末中专学校规模达到在校生1000人、职业高中600人的要求，组织各地认真开展中等职业学校特别是职业高中的校点布局和主干专业布局的工作，以进一步实现职教资源的优化组合。进一步深化职业教育“宽、实、活”（即：知识面宽、所学本事实用、教学形式灵活）办学模式的改革；大力推广“五放开，一自主”（即：专业设置、招生对象、招生办法、学制长短、收费标准放开和学校自主办学）的改革经验，使职业学校办学模式更加适应社会主义市场机制；深化校内管理体制、运行机制的改革，推进专业组（部）负责制，责权利结合，最大限度调动教职员工的积极性，充分体现现代职业教育的规律和特点；农村职业教育坚持面向“三农”（农村、农业、农民），服务“三高”农业（高产、高质、高效），突出“三性”（先进性、实用性、普及性），将农业专业课确定为农村职中的必修课或选修课。

高等职业教育的试点进一步扩大，在10所普通高等专科学校中举办了高等职业教育，招生约1200人。国家教委继1995年批准成都航空工业学校试办五年制高等职业教育后，1996年又批准了成都水力发电学校试办五年制高等职业教育。

通过努力，新增职教专项经费100万元，按照“相对集中使用，坚持扶重扶优”的原则，安排100所学校，校均5.5万元。中央安排的280万元职教专款，除成都市40万元外，其余集中安排6所国家级重点和创国家级重点的学校（每校25万元）以及3所职业高中（每校30万元），为职业中学增添了微机、电子电工设备、语言设备以及加强农村实习基地建设。

1996年，全省中等职业学校招生总数比上年少2317人，但中专学校保持了较高的增长速度，招生增加10267人，比上年增长14.74%，使在校生比上年增长8.76%，校均在校生由上年的366人增加到401人。中等师范学校和技工学校招生数和在校生数均比上年略有增长。由于受普通高中招生较大幅度增加等因素的影响，从而引起职业高中招生下降较大，使全省中等职业学校在校生的比例仅占高中阶段在校生的57.9%，比上年低0.9个百分点。其主要原因是：职业高中的办学条件未得到根本改变，社会声誉没有大的提高；职高毕业生待遇低，就业难；中等职业教育与高等职业教育未得到有机衔接；学生家长对职业教育的认识仍停留在一些肤浅的认识上；普通高校、成人高校、电大等各类招生吸引了更多的初中毕业生报考普通高中。

〔宣传贯彻《职业教育法》〕 1996年，组织了大规模的宣传、学习、贯彻《职业教育法》和职教会精神的活动。通过新闻媒介和街头宣传、标语、墙（板）报等方式，向社会广为宣传，省教委为此还向全省发出了《关于大力学习宣传〈职教法〉和全国职教工作会议精神的通知》，要求全省各级教育行政部门要积极争取当地党委、人大、政府、政协领导的重视，把宣传贯彻《职教法》和全国职教会议精神落到实处，要在一段时期内掀起一个学习、宣传和贯彻《职教法》和全国职教会议精神的高潮，大力落实科教兴川战略，推动职业教育的发展。

省教委召开了部分职业学校校长、委内部分处室的座谈会，并且专门召开了各市地州教委分管主任、职教科（处）长学习贯彻《职教法》、全国职教工作会精神的座谈会；在一年一度的市地州教委主任工作会议上，省教委主任王可植传达了全国职教工作会议精神，并就四川省如何贯彻好《职教法》和全国职教工作会议精神提出了明确的意见。

为深入贯彻落实好《职教法》和全国职教工作会议精神，国庆前后，省政府开展了大规模的调研活动，组织3个调查组，分别由省教委、省经贸委和省劳动厅的负责人带队，分赴10个市地州就职业教育改革发展的认识、统筹、放权、职教服务体系、农业职中、企业办学、教师队伍、招生与就业以及职教保障措施等10个方面的问题进行了为期近20天的职教调研，掌握了大量的第一手资料，为省委、省政府的决策提供了大量的资料和宝贵的建议和意见。在此基础上，经过反复讨论研究，省教委等有关部门为省政府起草了《关于四川省职业教育工作的若干决定（初稿）》，拟于1997年通过省人大发布实施。

〔**提高教育质量和效益**〕 进一步健全职教体系，调整校点布局。大力加强农村职业教育的改革发展，鼓励农村职中创造条件，逐步向城区办学转移，达到全县职业教育的统筹，推进县职教中心建设，力争实现学历教育与短期培训相结合、职前教育与职后教育相结合、职业教育与成人教育相结合、教育部门办学与其他部门办学相结合。统筹教育资源，实现优化配置、优势互补，提高办学效益，在经费上重点扶持农村职教中心的建设。继续加强国家级和省级重点职业中学建设，1996年，对办学条件较好、特色突出、社会声誉较高的39所省级重点职业中学增挂了中专校牌，9所职业中学被国家教委确定为首批国家级重点职业中学，2所职中被新批准为省级重点职中，另有20所职中申报省级重点。召开了全省骨干职业学校建设研讨会，交流了创办国家级、省级重点职业中学的经验，安排部署了下一步全省创建重点职中的工作。全省相当部分市地把创建重点职中列入“九五”规划，并纳入了当地的经济社会发展规划，各地还加大了对重点职中的创建力度，加快了步伐，在经费、政策上予以倾斜。开展了中专学校的评估，23所学校接受了水平评估，其中20所达到办学水平优秀级。全省在开展“双证制”方面又有较大发展，相当部分毕业生取得了技能等级证书，绵阳市在这方面取得了较好的成绩，并在国家教委在天津召开的全国职业中学学生职业技能鉴定会上作了交流发言。非专业英语、计算机能力等级考试得到了学校的积极响应。制定并颁发了中等专业学校9门课程的《教学大纲》，成立了职业高中11个大类专业教研组，并开展了活动。开展了职业学校优秀毕业生的评比表彰工作。颁发了《四川省普通中等专业学校预科班管理暂行办法》，使中专举办预科班的管理步入正轨。

〔**中师教育改革**〕 完成了中等师范办学条件标准化建设第二批学校建设《责任书》签订任务；加强中师管理的法规建设，修订并颁发了《中师学生学籍管理暂行规定》，加大了学校的责任，强化了对学生的管理，加强教育教学研究，狠抓教育质量的提高。1996年3月召开了全省中师教研与教学质量评估工作会议，制订了1996年中师教研工作计划。先后举办了中师美术、化学、物理三科青年教师竞赛课程活动，在成都幼儿师范学校和江油幼儿师范学校举办了全省中师舞蹈课教师培训班和计算机课教师培训班，组织编写审定了《小学语文教学法》。从1996年起，决定对中师的各学科开展统一检测，由省统一命题统考，1996年开展了普师班一、二年级各两个学科的考试；积极开展中师"园丁科技教育活动"，举办了全省中师科技辅导员培训班和中师科技夏令营；加强了中师学校非师范专业的管理，组织有关专家对全省37所学校举办的16个非师范专业的办学条件、专业设置、课程安排、师资设备、教学计划和教材使用情况进行了调研审定，对于指导中师端正办学路子，规范办学行为，保证教育教学质量起到了良好的作用。

撰稿 周兴华

高等教育

〔**办学和管理体制改革**〕 1996年，四川省普通高等教育以共建、合作办学为主要形式，积极推进办学体制和管理体制改革，促进高校主动适应经济和社会发展需要，为高校注入了新的生机和活力。截止1996年底，全省64所普通高校中有31所开展了合并、共建、合作办学，有450多个企事业单位参与32所学校办学。1996年，省政府先后与建设部、司法部、卫生部、电子工业部签约共建共管重庆建设大学、西南政法大学、华西医科大学、电子科技大学。为争取中心城市政府的支持，这些学校的主管部门还与所在的成、渝两市政府实行了部、市共建。

加快省属高校办学和管理体制改革。在总结部委属院校共建共管经验的基础上，省教委决定加大省属高校办学体制和管理体制改革的步伐，逐步对大多数省属高校实行省市（地、州）共建共管体制。四川三峡学院、乐山师范专科学校已分别实行省与万县市、乐山市政府共建共管的体制。

高校之间进行了不同形式的合作办学。1996年，西南农业大学与西南师范大学，电子科技大学与华西医科大学，西南交通大学与西安电子科技大学，四川师范学院与西南石油学院、川北医学院等全面开展合作办学，包括合作开展科研和技术开发，互聘教师，共享教学仪器设备和图书资源，共同培养人才等。四川联合大学与成都中医药大学合作举办七年制高层次教育。

9月中旬，省教委在成都召开了全省高校管理体制改革暨地方院校工作座谈会，省内普通高校校（院）长参加了会议，副省长徐世群、省教委主任王可植、副主任符宗胤到会并讲话。会议传达了全国高教体制改革“北戴河会议”精神，对近年来四川高教体制改革进行了全面总结，交流了经验，提出了今后一个时期全省高教体制改革的指导思想、目标任务与主要措施，部署了新学年度教育教学工作。

〔**党建和德育工作**〕 为加强高校党建和思想道德文化建设。省教委组织力量开展专题调研，并形成调研报告上报中央组织部、中央宣传部和国家教委，该报告被选为全国高校党建工作座谈会交流材料。省教委会同省委组织部、宣传部举办了全省高校党委书记读书班，召开了高校党建工作座谈会和党建理论研讨会，进一步深化了高校领导对邓小平同志建设有中国特色社会主义理论的认识，并就如何加强高校领导班子建设工作作了深入的研讨。出版了《高校党建理论研究优秀论文集》。省教委会同省委组织部、宣传部评比表彰了全省高校党建和思想政治工作先进工作者132名。

加强“两课”改革和建设。省教委于6月召开了全省高校“两课”建设工作会议，传达贯彻“广州会议”精神；制定并下发了高校“两课”教学评估方案；建立了全省普通高校“两课”教师档案；组织评选全省高校“两课”优秀教师。电子科技大学、四川轻化工学院、乐山师专、绵阳师专的“两课”改革方案经过专家验收，完成了阶段性成果，并顺利过渡到实施总结再提高阶段。

在全省普通高校学生中，开展了“香港回归”系列读书活动，张华先进事迹报告会等思想教育活动，重点抓了爱国主义教育和十四届六中全会文件的学习。组织大学生参加社区援助活动，开展了暑假全省高校大学生的社会实践工作，并进行了总结表彰。举办了“我看今日中国”大学生暑假社会实践征文比赛，评出一等奖10篇，二等奖和三等奖各20篇，10所高校获组织工作奖。评选、表彰了四川普通高校“双十佳”。加强对学生的心理咨询工作，组织了巡回讲座，举办了4期心理咨询培训班，省重点课题《大学生心理状态的调研》，现已结题，写出了调研报告。

为贯彻落实中央关于高校社会治安综合治理工作会议精神，省政府下发了《关于进一步做好学校校园环境综合治理工作的通知》。省教委会同省公安厅召开了全省高校保卫科（处）长会议，还专题向省政府书面报告了全省高校校园环境综合治理工作情况。

〔**教学工作评估**〕 川北医学院、成都气象学院接受国家教委组织的教学评价。按照“以评促建，以评促改，评建结合，重在建设”的指导思想和原则，为使学校从各方面做好准备工作，省教委组织专家对两校进行了省级预评价；省教委从经费、师资等方面给予学校倾斜和支持，使这两所学校顺利地通过了国家教委组织的教学评价。省教委与重庆市教委对将在1997年接受国家教委教学工作评价的四川畜牧兽医学院、渝州大学进行了教学工作检查，督促这两所学校抓紧迎评准备工作。电子科技大学、西南交通大学、成都理工学院、西南工业学院等确立更高的目标，积极争创教学工作优秀学校。

根据国家教委《关于对高等工程专科教学改革试点专业进行中期考查工作的通知》精神，受国家教委委托，5～6月，省教委对四川首批高工专教改试点单位成都大学"机械制造工艺及设备"、重庆建筑高等专科学校"工程造价管理"专业进行了中期考查。两个试点单位的教学改革进展情况良好。省教委建立的"金工实习教学"评估专家组，在年初分别对四川联合大学、重庆大学、西南交通大学等10所本科院校所举办的工程专科的金工实习教学进行了检查、评估。

〔**重点学校与课程建设**〕 在重点学校建设方面，一是继续做好"211工程"建设。1996年，四川联合大学、重庆大学、四川农业大学、华西医科大学，通过了"211工程"部门预审。至此，全省通过预审的高校总数达到7所，实现了省委、省政府提出的6所左右的"九五"奋斗目标。其中，四川联合大学、电子科技大学和重庆大学已进入国家正式立项阶段。二是按照国家教委《关于开展建设示范性普通高等工程专科学校工作的通知》精神，经学校申报、主管部门初步论证，省教委同意成都电子机械高专、重庆建筑高专进行此项重点建设工作，力争使两所学校在下世纪初，建设成为在省内、本行业系统及全国高等工程专科人才培养模式方面起示范、带头作用的普通高等工程专科学校。三是在广泛征求意见的基础上，省教委制定了《四川省遴选示范性师范高等专科学校暂行办法及指标体系》，力争建设2～3所起示范带头作用的师范高等专科学校。

加强专业建设和重点课程建设。"八五"期间，四川省高校增加和调整了较多专业及专业点，1996年经省教委审批的省级重点建设课程累计达293门。为此，省教委陆续组织有关人员对新增专业和省级重点课程进行了抽查，提出了一些调整、建设意见，以加强宏观调控和管理。省教委于10月初召开了四川省普通高校专业设置评议会议，确定1996～1997学年度高校专业"审批或备案复核意见"，并对新形势下的专业设置与调整提出了要求和意见。还组织了第五批省级重点建设课程的申报、评审工作，审核批准了第五批省级重点建设课程117门，其中省教委直属院校45门，部委、市地厅属院校72门。

〔**教学改革**〕 进行面向21世纪教学内容和课程体系改革。省教委转发了国家教委理、工、农、医、师、文科各类关于开展此项工作的意见和申报、立项办法。四川省各高校申报的项目达到280余项，省教委下发了《关于组织实施〈四川省高等教育面向21世纪教学内容和课程体系改革计划〉的通知》，计划用3～5年时间建设100项面向21世纪的教学内容和课程体系。

开展文化素质教育试点工作。省教委结合贯彻1995年"武汉会议"和四川省文化素质教育试点座谈会精神，继续抓好15所高校的试点工作和对"试行方案"的实施工作。全国高校文化素质教育协作组会议在四川召开，省教委做好了有关配合、协调工作，省里试点的15所高校也列席了会议。从反馈的信息看，全省高校普遍提高了认识，而且工作取得了很大的进展，为全面提高学生的素质，全面贯彻党的教育方针作出了积极的努力。

开展大学外语、计算机等级考试和"CAI"的研讨工作。1996年，四川省大学外语考试着重强调提高考务工作的现代化、科学化的管理水平，同时要求各高校进一步克服“以考代教”的倾向，加强学生对语言的实际运用能力。按国家教委的统一要求，开展了大学外语的教学评价工作；继续进行专科英语教学改革试点工作；组织了全省大学外语青年教师讲课竞赛。12月召开了“四川省大学外语教学研讨会”，深入研究了大学外语教学如何进一步提高教学质量，及下一步的工作思路。计算机考试则着重抓了科学化、规范化，并动员尽可能多的学生参加这项考试，以提高学生的计算机应用水平。1996年，四川CAI协会成立，并制定了四川高校“九五”开展CAI工作的规划。

组织申报和评审优秀教学成果。开展四川省第三届优秀教学成果奖励工作。省教委下发了《关于认真做好四川省第三届普通高等学校教学成果奖励工作的通知》和《四川省第三届普通高等学校教学成果奖励实施办法》，对奖励范围和重点、奖励数额、成果申报及其它有关事宜都作出了明确的规定。各高校进行了广泛动员、申报、初审、上报等工作，极大地调动了高校广大教师积极参与教学改革、争创优秀教学成果的主动性和积极性。全省共收到高校申报的优秀教学成果335项，11月25日至12月3日，省教委组织专家组分四大门类对教学成果逐一进行了审评，评出了上报国家级的成果奖50项及四川省一等奖61项，二等奖211项。

〔**学位与研究生教育**〕 1996年全省共招收硕士研究生1944人，博士研究生712人。全年新增博士学位授权点11个，净增硕士学位授权点20个，新增省级重点学科51个。为了检阅省级重点学科建设取得的成效，认真总结重点学科建设中的经验、问题，不断完善重点学科的建设和管理，省教委组织力量对首批17个重点学科进行了检查验收。认真做好在职人员申请硕士学位题库建设和管理工作，制定了《四川省在职人员以同等学力申请硕士学位经济学、法学、管理学科建设和管理办法》。为进一步严肃学位授予工作，从1996年起实行了全省统一发放各级学位证书制度。

为加强研究生课程进修班管理工作，对在四川省范围内举办的研究生课程进修班进行了初审，共有10所高校的66个点通过初审，并报国务院学位办审核。西南师范大学获准进行教育学专业学位试点工作，获得举办以毕业研究生同等学力申请硕士学位教师进修班。

为了加强研究生外语教学工作，进一步提高研究生外语教学质量，省教委在成都理工学院召开了“四川省研究生英语教学研讨会”，成立了四川省研究生外语教学协作组。

〔**体育、卫生、艺术、国防教育**〕 抽查高校贯彻执行《学校体育工作条例》的结果，有8所高校被国家教委评为贯彻《学校体育工作条例》先进学校，有13所高校获省级表彰。组团参加全国第五届大学生运动会，总分从上届的第18位上升到本届的第14位，实现了升位到第15位的目标。四川申办2000年全国第六届大运会获得成功。

省教委举办了高校健康教育师资培训班。

组团参加全国大学生文艺汇演，获普通高校组一等奖，专业组二等奖，省教委获优秀组织奖。开展普通高校、中专招收艺术特长生专业加试工作。在继续做好学生业余

（课余）乐器考级工作的同时，开始实施学生业余（课余）舞蹈考级工作，首先开展了舞蹈教师的考级教材培训工作。

成功地承办了全国大学生军用枪射击比赛，在组团参加比赛中，女子军用枪射击比赛获团体第一名。

〔**招生和毕业生就业工作**〕 1996年，全省报名参加全国普通高校招生考试的考生共153241人，比上年减少8756人，减幅为5.41%。全国共有418所普通高校（含“并轨”院校264所）在川计划招生68086人，其中国家任务计划39362名，调节性计划23374名。实际录取新生69431名，其中，国家任务录取39340名，调节性录取24750名。

为推动招生“并轨”改革，在政策上对“并轨”改革院校继续加以倾斜，主要措施有：一是“并轨”院校在录取时，调档比例原则上由高校自定；二是扩大“并轨”院校录取自主权，在学校调档线上20分以内的档案，由学校决定录取与否；三是适当提前“并轨”院校的录取批次。

对调节性计划的招生管理办法进行了重大调整。经过充分论证，出台了《四川省普通高校调节性计划招生办法》，主要内容是：普通高校调节性计划招生实行一种计划招生（即不再分委培、自费），录取前，考生、单位、地方均不与高校签订委培合同；录取时，根据招生计划、考生志愿及高考成绩，加大一定比例，由计算机从高分到低分调档，供高校择优录取。这种被称之为“小并轨”的办法，符合国家教委招生“并轨”改革的总体思路，维护了招生的公平、公正原则，保障了考生的合法权益，大大减少了人为因素的干扰，操作办法也比往年更科学、简便，特别是使用计算机管理以后，整个管理工作更加有序，工作效率大大提高，录取更加公正，社会反映良好，达到了理顺关系，规范管理，保证公平的目的。

对几项招生政策、规定、办法作了调整。一是凡第一志愿报考农林院校的农林专业的考生加10分投档，有效地保证了农林院校农林专业录取到满意的新生。二是在录取中享受加分的“三好学生”和“优秀学生干部”级别，由过去的地区级以上改为省级及其以上，严格了条件，避免了干扰。三是对享受加分的“体育尖子生”由省组织测试及其认定工作。

毕业生就业方面，省教委分别于1月和5月召开了各厅局、各市地州和普通高校参加的全省毕业生供需信息交流会和毕业生供需见面会，为高校和用人单位创造了条件。全省共接收安排大学毕业生40470人，其中到市地州所属单位就业的30600余人，占76%。另外还接收安排毕业研究生约700人，这些毕业生大多数安排到了高等学校、科研单位和国家重点建设单位工作。从毕业生流向看，总体是合理的，体现了兼顾中央和地方、内地和边远贫困地区的需要。为保证一部分大中型企业对人才的急需，对四川长虹电子集团公司、长城特殊钢公司等25个大中型企业继续实行了计划单列，直接将毕业生派到这些单位。

〔**科技工作和对外交流**〕 9～11月，根据省委、省政府领导的指示，省教委组织力量先后对省内17所高校的科技工作进行了调研，先后与200多位学校学科带头人、课题组负责人及学校领导进行了座谈，形成了《四川省高校科技工作调查研究报告》，呈送省委、省政府。

共获得国家“九五”科技项目、部委重点项目超过400项，经费超过1.7亿元。与“八五”同期相比有较大增长。同时，对“八五”期间，省属高校承担的220项重点科研项目进行了检查总结，对其中57项应结题的项目进行了验收结题。对25所高校的科技项目进行了中期检查。1996年，全省高校获得四川省科技进步奖99项，占全省获奖总数257项的38.5%，其中获特等奖1项，一等奖10项，二等奖22项，三等奖66项。全年推广应用科技成果获得经济效益超过34.8亿元。

开展了国家公费留学选拔工作，初审合格77人，实际录取41人。经审核，522人公派出国，463人自费出国留学。同时继续开展了聘请国外文教专家和接受外国留学生工作。

撰稿　戴作安　魏成松

成人教育

〔扫盲和农村成人教育〕　1996年全省扫除青壮年文盲34万人，有7个县通过基本扫除青壮年文盲检查验收，组织120万脱盲人员参加巩固提高学习。至此，全省已有占人口总数95%以上的189个县（市、区）基本扫除青壮年文盲，青壮年非文盲率已达95%以上。冕宁、绵竹、眉山、阆中、垫江、开江等6县（市）被国家教委、财政部评为全国扫除文盲先进县（市），成都市龙泉驿区龙泉镇成人学校、江油市马角镇成人学校等5所成人学校和陈明襄、李邦芬等12人被国家教委分别评为“中华扫盲奖”先进单位和先进个人。组织市、地、州开展重点调查一个行政村的文盲状况和文盲分布情况，结合1990年人口普查和1995年1%人口抽样调查数据进行比较分析，进一步掌握了基层扫盲工作现状和存在的问题。

全省共举办农民小学班1467个，毕（结）业3.46万人，农民初、高中班1391个，毕（结）业4万人。乡镇成人学校发展到5451所，全年系统技术培训464万人，短期技术培训1200万人次。在培训中，注意紧密结合当地经济发展、产业结构和群众致富需要，注意实际、实用、实效，以回乡中学生、基层干部、脱盲人员、专业户和示范户成员为重点对象，面向市场，以推广新技术、新品种和科学管理为主要内容，紧紧围绕“两高一优”农业、乡镇企业、劳务开发及经济开发项目，广泛开展“短、平、快”实用技术培训。

〔**成人高等教育**〕 开展教育评估。根据国家教委部署，在上年各普通高校成人教育自查评估的基础上，对全省普通高校成人教育进行了全面评估检查。在评估试点取得经验的基础上，先后分3批11个检查组，对42所院校进行了评估。通过评估，促进了学校的教育教学改革，加强了制度和队伍建设，大大地推动了成人教育的发展。一是认识到位，各学校都把成人教育纳入了全校发展的统一规划和管理之中，对各层次教育任务和发展目标都提出了具体要求和措施。二是加大了人、财、物的投入力度，有6所院校新增设了成人教育处，充实管理人员23名，新配置计算机200余台，在全省办有成人教育的普通高校中，90%以上的院校设立了成人教育管理机构。四川联合大学、四川师范大学、电子科技大学、重庆师范学院等近40%的学校建立了独立的成人教育学院和基地。三是教学计划、大纲、教材建设日趋完善，85%以上的学校重新修订、制订了教学大纲，20%左右的学校新编了教材。四是管理制度进一步健全和规范，90%以上的学校完善了教师、教学、学生等管理制度，如电子科技大学修订各种规章制度达40多个。五是调整了函授站（点）布局，绝大多数学校都按照国家教委《函授教育暂行工作条例》和《函授站管理规程》等要求，进一步规范了函授站（点）管理，保证函授教育质量。

进一步深化教育教学改革。1996年，省教委新审批调整或增设专业63个。进一步扩大高等职业技术教育试点工作，批准14所院校的42个专业开办高等职业技术教育试点。制订和颁发了成人高等教育《基础英语》、《计算机应用基础》、《应用写作》等3门统考课教学大纲，组织编写了相关教材，确定1997年对该3门课程实行全省统考。继续坚持和完善川东、川西片的职工大学部分课程的统考工作。

认真开展成人高校教师职称的评审工作。1996年，全省成人高校教师中具有正高级职称的85人，副高级职称1559人，中级职称3028人。1996年评审通过副高级职称127人，中级职称15人。

全面推进成人高等教育的计算机管理。受国家教委委托，四川省为西北五省、市的30所成人高校举办了计算机管理干部培训班，召开了全省成人高等教育计算机管理工作会议，加速了全省成人高校的计算机管理，使全省95%以上的成人高等学校实现了计算机管理，提高了管理水平。

〔**成人中等专业教育**〕 1996年继续进行成人中专学校招生制度的改革，扩大招生范围，招收应届初中毕业生，变一年一次招生为两次、三次招生，免试和考试相结合，拓宽生源渠道。开展成人中专优秀毕业生免试推荐升入高等院校深造学习，本年共推荐录取学生312人。在建筑类、商品经营类专业试行多种证书考试制度，参加有关部门的技术等级证书考试。承担财经类两门全国成人中专教材编写工作。进一步改革办学体制和办学模式，实行多种形式联合办学。

全省各级地方人民政府、教育行政部门、

县办成人中专学校，认真贯彻省人民政府办公厅《转发省教委〈关于我省县办成人中专学校改革和发展意见〉的通知》。年初，省教委召开了全省县（市）办成人中专学校改革与发展座谈会，各市、地、州教委成教科（处）长、各县办成人（农民）中专（技术）学校校长参加了会议，会议认真学习领会了省政府文件精神，研究了成人中等教育改革与发展的若干问题。各地在省政府文件精神指引下，加快改革和发展步伐，改革办学体制和模式，多形式、多渠道办学，走产教结合的路子，大大增强了自身发展能力。新审批建立了简阳市、忠县、梁平县、乐山市中区、邻水县、彭水县、垫江县成人中专学校28所，共开设近70个地方经济建设急需的适用专业，培养了一大批中级专门技术人才。

〔**职工教育**〕　1996年，全省职工参加各级各类学习培训的达321万余人，占职工总数的34%，其中参加岗位培训的265万余人，占职工参加学习人数的82%，参加继续教育的14万余人。职工教育的工作重点已转向岗位培训和继续教育。全省已有各类职工学校1453所，校舍建筑面积350万平方米，人均占有校舍面积0.37平方米。

省教委、省成人教育协会先后两次召开大中型企业职工教育研讨会，对职工教育如何更好地适应社会主义市场经济等问题，进行了深入地探讨，提出了相应的对策和措施。召开了全省职工教育统计工作会议，传达了国家教委职工教育统计会议精神，部署了1996年职工教育统计工作，对各市、地、州统计工作人员进行了培训。

促进职工教育依法治教。通过大量调查研究和论证，起草了《四川省职工教育条例》，多次征求各方意见，并进行了修改完善，已正式上报省政府。

开展调查研究工作，了解掌握全省职工教育的发展态势，为决策提供依据。按地区、行业、企业分类方式，重点对如何加强教育管理以及如何建立现代企业教育培训制度进行调研，形成了报告，已上报国家教委。

继续促进企业教育综合改革实验工作。全省有6个教育综合改革试点城市近五十个企业，进行了教育综合改革实验。

〔**社会力量办学**〕　1996年，在全省建立并实行了《社会力量办学许可证》制度，增强了依法办学、依法管理的意识。一些地方政府、教育行政部门在对社会力量办学进行清理整顿的基础上，规定了一些鼓励、支持社会办学的政策，调动了社会各方面办学的积极性。通过正确引导和管理，办学者依法办学，管理者依法管理的格局初步形成，社会办学事业得到协调、稳步、健康地发展。到1996年底，全省社会力量举办的各级各类学校达8088所，教职工31690人，专兼职教师38160人，筹集办学经费2.67亿元，在学人数达80.467万。

根据国家教委有关文件的精神，结合四川省的实际，省教委制定和发布了《四川省高等教育学历文凭考试试点方案（试行）》和《四川省高等教育学历文凭考试实施办法》。经过调查评估，确定了四川省建筑技术进修学院、四川自修大学、四川函授大学、四川新华科技专修学院、四川光华大学、民办创业学院等6所具有一定办学实践经验和办学条件的民办高校开展学历文凭考试试点，开设会计、公关与营销、经济信息与计算机应用等10余个大专层次专业，首届招收学生200余名。

〔**自学考试**〕 在常规自考方面，1996年上半年（即第25次）报考人数为304751人，下半年（即第26次）报考人数为278655人，全年合计为583406人次，比去年增加12046人次。在应用性专业定点考试方面，目前在考考生达12887人，比去年增加5700人。成、渝两市独立开设的中专考生1500人，较去年增加约700人。此外，全省以“三沟通”形式开展的自学考试，共开考10个专业，58000多人继续报考，两批共2.4万余人毕业。四川省为台胞和侨胞举办的中医专业自学考试继续进行，22人来川应试，15人毕业。“电大注册视听生”考试继续按计划顺利进行。计算机等级考试形势很好。全省报名参加第四次全国计算机等级考试的考生达4149人。

撰稿　周兴华

民族教育

〔**各级民族学校基本情况**〕

学校类别		学校数（所、点）	毕业生数（人）	招生数（人）	在校生数（人）	教职工数（人）	
						合计	专任教师
幼儿园		226		73765	92087	3179	2591
小学		9457	73569	176208	876643	47570	42554
普通中学	高中	112	6381	9241	23712	21468	2525
	初中	598	41596	70129	187216		14225
职业中学	职业高中	29	1963	2175	3433	1230	442
	职业初中	18	1198	2110	5458		387
中等专业学校	中等技术学校	17	2778	4054	10380	1715	905
	中等师范学校	14	2640	2521	7833	1105	739
成人扫盲与技术培训		19585	779993	583068	325577	2633	1271

〔**全省民族地区教育工作经验交流会**〕　经省政府领导同意，11月28日～30日，省教委、省民委在成都召开了全省民族地区教育工作经验交流会。省委常委、省民工委副书记史志义，副省长徐世群出席会议并讲话。这次会议的主要任务是贯彻落实省政府《关于加快发展民族地区教育的通知》精神，总结交流全省民族地区教育工作经验。为实现省政府提出的“到2000年，基本普及初等教育，部分普及九年义务教育，基本扫除青壮年文盲，大力发展职业教育、成人教育，适当发展高等教育，大幅度提高教育质量和办学效益，实现民族教育由初创阶段过渡到以基本普及初等教育和基本扫除青壮年文盲为主要标志新阶段的历史性转变，进一步完善具有我省民族地区特色的教育体系”的奋斗目标，会议明确提出了今后全省民族教育的奋斗目标和政策措施，要求各地“九五”期间重点完成以下几方面的任务：

1. 使约占民族地区总人口95%的48个县基本普及初等教育。在此基础上，条件相对较好约占人口50%的康定等15个县及部分乡镇普及九年义务教育；约占人口20%的丹巴等12个县及部分乡镇初中入学率达到75%左右，接近普及九年义务教育的要求，约占人口5%的新龙等7县学龄儿童入学率达到80%左右，巩固率、合格率均达到95%左右，绝大多数学校硬件建设实现“一无三有”，达到接近普及小学教育的要求，其余21个县达到基本普及初等教育的要求。积极发展城镇幼儿教育和农牧区学前一年教育。大力加强高中教育，每县重点办好一所普通高(完)中或综合高中。

2. 使约占民族地区总人口95%的48个县和部分乡镇达到高标准扫除青壮年文盲要求，约占人口5%的7个县和部分边远乡村的文盲率降到15%以下。要在多数乡村办起常年开展培训活动的农牧民文化技术学校或教学点。

3. 在本世纪内难以普及九年义务教育的县，重点发展初等职业教育，使一部分小学毕业生升入职业初中班、校，未升学的小学毕业生基本能受到初级职业技术培训；在本世纪内普及九年义务教育的县，重点发展中等职业教育，力争使50%以上的初中毕业生受到中等职业教育。

4. 内地各类普通和成人高等学校，采取优先、优惠措施，利用多种形式为民族地区培养急需的人才；民族地区高等学校根据民族地区的需要，走以内涵发展为主的道路，使其规模更加适当，结构更加合理，质量和效益明显提高，更好地为当地经济建设服务。进一步办好高等学校的民族预科班、民族班。

到2010年，四川省民族地区要基本普及九年义务教育；基本扫除青壮年文盲，文盲率控制在3%左右，在应办成人校点的乡村都办起农牧民文化技术学校或教学点，大力开展继续教育；职业教育发展到内地90年代中后期水平；民族地区高校有相应的发展。

〔**义务教育和扫盲教育**〕　1996年，普及初等教育工作继续向彝、藏族高度聚居地区推进，计有甘孜、盐源两县以及三州(即阿坝州、甘孜州、凉山州)124个乡(镇、场)普及了初等教育。累计有29个县以及250个乡镇通过了基本普及初等教育的验收。民族自治地方55县7～12周岁学龄儿童入学率达到90.53%，其中少数民族儿童入学率达到83.31%，川西民族自治地方达到87.21%，川西少数民族儿童入学率达到77.06%。继续以乡为单位普及九年义务教育，计有45个乡镇“普九”，其中川西民族自治地方24个乡镇。扫除青壮年文盲12万多人，有7个县通过扫盲验收。累计已有22个县基本扫除青壮年文盲。

〔**双语教学**〕 1996年彝、藏族地区开展两种模式双语教学的中小学达2141所，在校生152826人，占彝藏族中小学生总数的41.66%。其中，以彝藏语文为主模式的中小学达363所，在校生20961人，占彝藏族中小学学生总数的5.71%。委托西南民族学院、西北民族学院和青海教育学院培养了一批彝藏文理科教师，使用民族语文教学的各科专任教师达到3364人。首届以彝文教学为主模式的高中毕业生中，其升学率为64.6%。编译、审定和出版彝藏文教材29种48册。其中春秋两季彝文教材21种40册，藏文教材8种8册。全省民族地区教育工作经验交流会进一步提出了“按照两种模式，两次分流，两次接轨，以乡规划，二十年分三步走”的思路进行双语教学体制建设，并对近10余年来在双语教学工作中有突出成绩的先进集体和先进个人进行了表彰。

〔**寄宿制办学**〕 1996年川西民族自治地方三类寄宿制中小学达到967所，寄宿制在校生88739人，占中小学民族学生总数的24.19%。其中，重点寄宿制中小学110所，在校生20935人；普通寄宿制中小学108所，在校生13790人；乡寄宿制小学749所，在校生54014人。已建成的寄宿制、半寄宿制乡中心完小中，有三分之一达到基本合格要求，有六分之一达到了示范性要求。黔江地区的乡中心完小绝大多数达到了基本合格要求，有三分之一达到了示范性要求。

〔**队伍建设**〕 各级各类学校教职工队伍达80155人，专任教师66134人。小学、初中、高中、中师专任教师学历达标率分别达到94.3%、78.3%、56.2%、51.9%。其中川西民族自治地方各级各类学校教职工队伍达57021人，专任教师46482人，小学、初中、高中、中师专任教师学历达标率分别达到93.7%、82.2%、52.8%、48.9%。规划的11所中等师范学校中已有6所通过国家中师标准化建设的验收。高等师范专科学校3所，在校生3743人。3～5月举办了首期民族地区县教育局长培训班。

〔**对口支援协作**〕 1996年内地与民族地区继续在互通信息、交流经验，培训干部教师；联合办学，接受学生插班就读；联合开展勤工俭学等方面开展了对口支援协作。并在经费、物资上进行了一些援助。3月，自贡市划拨6万元援助凉山州建一所民族乡中心小学。成都、德阳、绵阳、重庆四市为三州等民族地区教育薄弱县和经济贫困县举办的中学民族班达到17个班628人。其中高中9个班287人，初中8个班333人。其招收的首届初、高中学生毕业，初中生升学率为95%，高中生升学率为70%。争取得到沿海发达地区的教育对口无偿援助资金上千万元。增大了对西藏昌都地区的援助。国家教委、国家民委11月下旬在深圳召开的全国第二次教育对口支援协作会上，充分肯定了四川的教育对口支援协作工作。

撰稿 周兴华 华 迅 张 生

审稿 王可植 刘 东

贵州省教育

概　况

〔基本情况〕

1996 年各级普通学校基本情况

单位：人

学校类别	学校数（所）	毕业生数	招生数	在校学生数	教职工数 计	教职工数 其中：专任教师
一、普通高等学校	22	10117	12102	36080	12795	5600
研究生	(8)	82	140	333		
本科	9	3584	4895	17268	9310	3846
专科	13	6451	7067	18479	3485	1754
二、中等专业学校	111	21458	35114	89080	12334	6475
中等技术学校	83	14637	26461	66240	9569	4793
中等师范学校	28	6821	8653	22840	2765	1682
三、普通中学	1801	292955	429515	1134710	81466	66842
高中	329	37791	47892	135141		10035
初中	1472	255164	381623	999569		56807
四、农业、职业中学	258	20196	28254	68957	6572	4745
高中	149	12695	14851	37740		2894
初中	109	7501	13403	31217		1851
五、工读学校	3	462	340	546	58	41
六、小学	19335	552497	959623	4893171	181522	166526
七、特殊教育学校	23	563	2582	12033	1370	751
八、幼儿园	1317		363797	417933	14878	12218

1996年各级成人学校基本情况

单位：人

学校类别	学校数（所）	毕业生数	招生数	在校学生数	教职工数 计	教职工数 其中：专任教师
一、成人高等学校	17	12787	13696	36986	2814	1312
广播电视大学	1	2732	5300	11551	832	360
职工高等学校	6	1315	1241	3021	494	249
农民高等学校						
管理干部学院	4	1928	1267	4489	699	331
教育学院	6	1857	1675	4165	789	372
独立函授学院						
普通高校举办：						
函授部		3164	762	6582		
夜大学		169	69	444		
干部专修科		1622	3418	6734		
二、成人中等专业学校	34	11864	17499	67566	2421	1358
广播电视中专	3	5892	5685	18817	652	334
干部中专	8	392	1005	1780	222	112
职工中专	18	2952	2924	7301	894	508
农民中专						
函授中专	2	2381	7761	39181	582	347
教师进修学校	3	247	124	487	71	57
三、成人中学	5	113	611	1112	97	54
职工中学	3	71	415	736	72	52
农民中学	2	42	196	376	25	2
四、成人技术培训学校	6652	1342524	1396899	1439710	6555	758
职工技术培训学校	52	3371	3922	3974	81	52
农民技术培训学校	6600	1339153	1392977	1435736	6474	706
五、成人初等学校	1776	261797	333940	327922	17522	2414
职工初等学校	1	727	815	243	30	15
农民初等学校	1775	261070	333125	327679	17492	2399
其中：扫盲班	1738	258942	330787	323645	17730	2295

基础教育

〔综述〕 义务教育方面。1996年，全省又有织金、雷山、紫云、望漠、三都等5个国家级贫困县通过基本普及初等义务教育验收，使全省基本普及初等义务教育的县增加到79个，占全省总县数的91.86%。其中安顺地区和黔西南州继贵阳市、遵义地区之后跨入了全地区（州、市）基本普及初等义务教育的行列。贵阳市乌当区、遵义市、玉屏县通过省人民政府组织的“两基”评估验收，实现基本普及九年义务教育，基本扫除青壮年文盲，使全省实现“两基”的县（市、区）增加到6个。全省小学儿童入学率为96.65%，其中适龄儿童入学率为95.29%，分别比上年上升0.61和1.28个百分点。小学在校生为489.32万人，比上年增加13.98万人。初中阶段在校学生为103.08万人，比上年增加4.97万人。初中阶段适龄少年入学率为52.02%，比上年上升5.17个百分点，毛入学率62.47%，比上年上升4.65个百分点。全省适龄儿童入学率低于90%的县已由上年的6个减少到2个，适龄女童入学率低于90%的县也由上年的11个减少到4个。但1996年全省小学和普通初中在校学生辍学率比上年上升，辍学率分别为5.33%和7.82%。分别比上年上升0.48和1.63个百分点。

特殊教育方面。1996年，全省召开了两次特殊教育会议，进行了一次特教工作抽查，举办了盲、聋哑、弱智三类残疾儿童教育师资培训班，培训来自全省各地的特殊骨干教师118人。并举办了一期弱智儿童智力测查人员培训班，培训了43个县的83名智力测查人员。各地（州、市）、县也分别开展了特教师资培训，共培训教师2500余人。1996年全省小学增加三类残疾儿童1884人，三类残疾儿童、少年入学率23.02%，比上年上升0.18个百分点。

高中教育方面。1996年，全省普通高中比上年减少5所，但在校普通高中学生却比上年增加0.3万人，全省有40多万人次参加高中毕业会考，各科会考成绩均比上年有所提高。

幼儿教育方面。1996年，全省幼儿园比上年减少51所。有学前班8207个，比上年增加379个。全省在园（班）幼儿比上年增加0.94万人。根据全省实际，发展幼儿教育的重点在农村，“贵州农村学前教育项目”继续在贵定、乌当、花溪、凯里4县（市、区）实施，并在中国/联合国儿基会合作项目——“促进贫困县初等教育”的项目县推广。1996年全省学前三年入园（班）率为19.37%，学前一年入园（班）率为43.86%，分别比上年提高0.11和0.46个百分点。

〔教育督导〕 为了进一步建立和完善全省教育执法监督系统，加强对下级人民政府、教育行政部门、学校及办学单位教育工作的监督、检查、评估、指导，使全省教育逐步走上依法治教的轨道，1996年，贵州省人民政府颁发文件，决定建立省人民政府教育督导室。明确规定，省人民政府教育督导室代表省人民政府行使对下级人民政府（行署）、教育行政部门及学校教育工作的监督、检查、评估、指导。下设办公室，在省教委领导下，承担省人民政府教育督导室的日常工作，行使省人民政府赋予的教育督导职权。要求各级人民政府切实加强教育督导工作，建立相应的政府教育督导室。

1996年4月中旬，省政府派出9个检查组分赴全省9个地、州、市开展了贵州省自1989年以来对基础教育的第二次“五查”和首次对双线教育目标管理责任书执行情况的督查评估。检查组认为，全省基础教育工作开始走上了依法治教的轨道；党政领导进一步树立了教育优先发展的战略思想，不断加强对教育工作的领导；认真贯彻《教师法》，努力提高教师素质和待遇；德育工作进一步得到加强；学生过重课业负担逐步减轻。但是，基础教育仍存在着经费紧缺；办学条件较差；教师待遇有待进一步落实；教师队伍素质亟待提高；初中教师缺口较大；义务教育质量偏低；“三低三高”现象仍未消除；扫盲任务特别是妇女扫盲任务很重等困难或问题。为此，省政府提出如下整改措施：(1)进一步加强各级政府对教育工作的领导，强化各级政府落实教育优先发展的战略地位，建立和坚持抓好教育的“四项基本制度”，保证教育“四个优先”。(2)贯彻落实《贵州省教育经费筹措管理办法》，努力筹集教育资金。(3)抓紧制定下达本省中小学生均公用经费拨款和开支定额标准。(4)搞好中小学教师住房建设，加快中小学危房改造步伐。(5)在适当时候召开全省中小学德育工作会议，进一步加强学校德育工作。(6)深化学校教育教学改革，大力推广实施素质教育，省里重点抓好1～2个素质教育试点县。(7)端正基础教育办学指导思想，进一步处理好普通教育和职业技术教育的关系。(8)加强教育督导制度建设，1997年内省（地、县）各级都要建立政府教育督导机构。

《责任书》执行情况督查结果：政府系列前三名为贵阳市、黔南州、毕节地区。教育行政部门前三名为：贵阳市、毕节地区、六盘水市。另评出单项奖6个。实践证明，《责任书》的实施对教育工作起了积极的推动作用，为考察各级政府教育工作的政绩提供了依据，为教育逐步走上依法治教的轨道提供了保障。

〔**“两基”工作评估验收**〕 1996年，贵阳市乌当区、遵义市、玉屏县通过了省政府组织的“两基”评估验收，玉屏县通过了省政府组织的“两基”评估验收，省政府、国家教委分别对这三个县级单位给予表彰奖励。评估验收团认为：乌当区、遵义市、玉屏县在实施“两基”过程中，认真依法治教，依法办教，完善分级办学分级管理体制，教师队伍建设得到加强，办学条件明显改善，学校办学水平和教育质量有进一步提高，“两基”工作成绩显著。但是仍存在一些不足。教育经费的三个增长，农村教育费附加的足额征收，师生住宿条件的改善，农科教结合和“三教”统筹，职业技术教育的大力发展，农民文化技术学校的进一步建设还需要政府行为的进一步到位，教育教学常规管理的加强，入学率的巩固，初中学生辍学率的控制，办学效益和教学质量的提高，扫盲成果的巩固等方面的任务仍很艰巨。

〔**统筹解决民办教师问题**〕 为了实现党中央、国务院与省委、省政府提出的“力争到本世纪末解决民办教师问题”的目标，贵州省教委、省人事厅、省计委研究制定了《贵州省统筹解决民办教师问题五年规划》。目前，全省还有民办教师40973名，为了确保2000年达到基本解决民办教师问题的目标，《规划》提出了有计划、有步骤解决民办教师问题的分年度工作目标和具体工作措施。《规划》指出，解决民办教师问题，要在狠抓民办教师培训，加强民办教师队伍管理的基础上，通过国家和省下达的专项指标，从1996年～1999年，每年从民办教师中选招6000～7000名，五年可解决31000名。同时，辅之以中等师范学校招收民办教师的办法，在1996年～1999年间，每年招收500名民办教师，五年可招收2000名。到2000年，对剩下的民办教师组织一次文化考试，合格的转为公办教师，不合格的予以辞退。为了确保上述计划能如期实现，《规划》还要求各级有关部门一定要高度重视、精心组织好解决民办教师工作，切实加强领导。教育、人事、计划部门要通力协作，采取措施，加大力度，尽快减少民办教师数量，确保2000年基本解决民办教师问题的目标的实现。

1996年，国家和省共下达13000名增干指标，专项用于从民办教师中选招公办教师。至此，从1986年以来，全省已有37200名民办教师转招为公办教师，民办教师数量减至27973人。

撰稿 宋广强 皮俊林 吴郁英 吴嶷晖 滕 义

审稿 霍健康

高 等 教 育

〔**调整布局结构**〕 通过调查、论证，省教委向省委、省政府提出贵州大学、贵州农学院、贵州艺术高等专科学校、贵州农业干部管理学院4校合并方案。省委、省政府研究同意并上报国家教委。国家教委批准同意4校合并。4校合并后校名为贵州大学。

〔**建设重点院校与重点学科**〕 根据省委、省政府《关于实施〈中国教育改革和发展纲要〉的决定》，按照同行评议，择优扶持的原则，在“八五”期间省属11个重点学科建设的基础上，为使部分重点学科比较集中的院校达到既是教育中心，又是科学研究中心的要求，改变过去平均投资经费和师资力量的模式以及贵州省无重点大学的局面，省政府加强了重点大学和重点学科建设。从社会需要和经济发展战略需要出发，结合贵州省高等学校教学、科研的实际，确定合并后的贵州大学、贵州工业大学、贵州师范大学作为省重点大学，进行重点投入、重点扶持、重点指导、重点配备师资力量，使其在同类高等学校中达到或接近先进水平。

〔**研究生与学位工作**〕 1996年，研究生培养扩大规模，增设了硕士点。贵州高教研究生的招生和在校研究生都比上年增加，年递增率分别为56%和30%。1996年经国务院学位办批准，新增设硕士点5个：贵州大学3个：民法学、无机化学、计算机应用；贵州工业大学1个：工业自动化；贵州农学院1个：兽医病理学。全省现有硕士点64个。

1996年，根据我国学位条例和国务院学位办有关精神，贵州省高校积极申请开展在职人员以研究生毕业同等学历申请硕士学位工作，经国务院学位办批准，贵州工业大学、贵州大学、贵州农学院、贵阳医学院为开展在职人员申请硕士学位工作单位。

〔**省级教学成果评奖**〕 根据1997年普通高等学校国家级教学成果奖励工作的通知要求和按照国务院发布的《教学成果奖励条例》精神，1996年省教委组织了全省普通高等学校第四届省级教学成果奖励工作。奖励的范围是：普通高等学校中的教师、教学辅助人员、教学管理干部从事普通高等教育教学（含研究生、本科、专科）及其成人高等教育工作，在教书育人、教学改革、教学建设、教学管理等方面取得的教学成果，也包括其他社会组织和其他个人在普通高等学校中取得的教学成果。奖励的重点是在改革方面迈出重大步伐并取得显著成绩的教学成果。设奖50个。其中一等奖10个，每项奖金5000元；二等奖15个，每项奖金3000元；三等奖25个，每项奖金1500元。并从省级一等奖中择优推荐1997年国家级教学成果奖。各校根据评奖的范围、重点、设奖数额和条件，在学校评审的基础上，申报省级教学成果58项。按照“严格评审，突出重点，保证质量，以奖促教”的评审要求，经贵州省普通高等学校省级教学成果奖评审委员会评审通过，省教委批准，荣获全省普通高等学校第四届省级教学成果奖的成果为37项，其中一等奖5项，将全部推荐为国家级奖；2等奖11项，三等奖21项。

〔**师专新教学方案试点工作**〕 根据国家教委文件精神，结合全省师专实际，为贯彻落实师专二、三年制教学培养方案，1996年5月，省教委在铜仁师范专科学校召开会议，总结介绍了该校自1994年以来积极参与国家教委主持的物理、中文教育试点三年制新教学方案的制定与试点工作情况。新教学方案的特色是：(1) 改变了过去教学计划主要是一张教学计划表的单一局面，而建立起包括公共课程、学科课程、教育课程、特色课程、实践课程、活动课程六大板块的立体型体系；(2) 体现了新的大教育观念，使课内课外、校内校外、理论实践相结合；(3) 突出了时代性、实践性、师范性、地方性和适用性。会议确定了各师专新教学方案的试点专业。遵义师范专科学校（物理），黔南师范专科学校（中文），毕节师范专科学校（政史），铜仁师范专科学校（数学），黔东南师范专科学校（美术），六盘水师范专科学校

（生物），贵阳师范专科学校（外语、音乐），安顺师范专科学校（化学），黔西南师范专科学校（体育）。会议要求各师专在现行主修制教学计划的基础上，按新教学方案进一步调整深化：(1) 将学术活动、文体活动、社会活动等作为活动课程，列入教学计划，使之成为整个教学方案的有机组成部分，制定实施计划，考核办法；(2) 为适应改革开放，提高跨世纪人才现代化素质需要，加强外语、计算机教育；(3) 增设文理渗透课程，不断开阔学生视野，拓展知识结构；(4) 重视毕业实习或毕业设计，以训练和综合检验学生各种知识的实际运用水平与能力。

撰稿 宋广强 赵莉

审稿 霍健康

成人教育

〔**综述**〕 1996 年，贵州省有 6 个县（市、特区）实现基本扫除青壮年文盲，各项指标达到国家和省标准。全省扫除青壮年文盲 32 万多人，超额完成了扫盲任务。10 名扫盲教育工作者和 4 所农民文化技术学校荣获“中华扫盲奖”，受到国家教委表彰和奖励，4 个县级政府被评为“全国扫盲先进单位”受到财政部和国家教委的表彰和奖励。6 个扫盲先进集体、5 个先进学校和 10 名先进工作者受到省教委表彰、奖励。各级农民文化技术学校举办各种实用技术培训班，培训农民 120 多万人次。加强与有关部门的合作，团省委和省教委暑期组织全省大中专学校 3 万多名学生投身于扫盲与科技文化服务活动。

成人高等教育开展了对普通高等学校函授、夜大学教育评估工作，实施在贵州广播电视大学招收高等专科“注册视听生”试点工作。

成人中等教育方面评选出两所省、部级示范成人中等专业学校，提出《关于进一步办好我省成人中等专业教育的意见》，继续实施改革措施。

〔**扫盲工作**〕 各级政府和教育行政部门实行“双线”目标责任制，把扫盲工作列入议事日程，作为政绩考核的重要指标之一，做到措施到位，经费到位。截止 1996 年 2 月底，全省扫除青壮年文盲 324845 人，超额 8.3% 完成全年 30 万人的扫盲任务。

在地、县政府复查、验收、申报基础上，受省政府委托，由省教委组织有关部门和地、州、市教育行政部门组成检查验收团，对石阡、普定、六枝、仁怀、安龙五个县（市、特区）进行基本扫除青壮年文盲单位验收，对三穗县基本扫除青壮年文盲工作进行复查，各项指标达到要求，报经省人民政府批准为基本扫除青壮年文盲单位。

〔**普通高校函授、夜大学教育评估**〕 贵州省普通高等学校函授、夜大学教育评估工作从4月启动到11月底结束，历时8个月，整个评估工作分准备、试评、全面评估、总结等4个阶段进行。

贵州省有7所普通高校举办函授教育，其中有两所还举办了夜大学。通过专家组的逐校评估，评估结果：贵州工业大学、贵州师范大学、贵州大学3校为优良；贵阳中医学院、贵州农学院、贵州财经学院3校为合格；贵州民族学院为不合格。

通过评估，反映出全省普通高校函授夜大学教育存在如下主要问题：(1) 认识与管理不到位；(2) 办学规模与办学条件不相适应；(3) 管理体制不顺，存在多头管理现象；(4) 教材建设不适应函授教育的特点。

〔**成人高师院校教学规范化建设**〕 1994年开始，省教委在成人高师院校多年教学规范化建设成果的基础上，组织由贵州教育学院牵头全省成人高师院校参加制定贵州省成人高师专科教学计划，部分课程教学大纲和贵州省成人高师本（专）科教育实习大纲。经过两年多的努力，这项工作取得了阶段性成果。

（一）含16个专业的《贵州省中学教师进修高等师范专科教学计划》（试行）制定、审定并经省教委批准在全省各成人高师院校试行两年后，1996年进行了修订，修订后的教学计划具有4个显著特点：(1) 增设了一门“中学教师普通职业技能训练”课（108学时），从而形成了含3门在内的“教育理论及技能训练”类课，共216学时，占总学时15%左右；另外，又将“教育实践研究”这个综合性实践环节时间从2～3周增设为4周。这两项增加符合贵州中学在职进修教师的实际，有利于教育教学能力的强化培养。(2) 突出了地方性。落实了国家计划中规定各地应该设置地方规定课（210学时左右）的课程：贵州地方史、西南民族地理、贵州植物资源等近15门，极具地方特色，有利于培养进修学员劳动技能和掌握职业技术知识，是进行爱省爱家乡教育的乡土课程。(3) 重视了成人性。考虑进修成人在职特点，设置选修课，试行学分制。有利于满足成人不同需要，激励学员上进，解决工学矛盾。(4) 注意可操作性。该计划涵盖了贵州省成人高师所有专业，其中的《课程设置、学时及学分分配表》是一个便于操作的实施计划。

（二）《法律基础》、《计算机应用》、《英语》等一系列公共和专业的地方规定课教学大纲有的已制定完成，有的正处于紧张的制定过程中。《贵州旅游英语》等一批教材、讲义应运而生。

（三）《贵州省成人高等师范本（专）科教育实习大纲（试行）》通过专家审定，省教委于1996年批准试用。

撰稿 宋广强 钱光祥 何秀黔 雷忠勇 赵 莉
审稿 霍健康

云南省教育

概况

〔基本情况〕

1996 年各级普通学校基本情况

单位：人

学校类别	学校数（所）	毕业生数	招生数	在校学生数	教职工数	
					计	其中：专任教师
一、普通高等学校	26	14790	17577	55012	17296	7518
研究生		244	355	969		
本科	12	6482	8098	29053		
专科	14	8064	9124	24990		
二、中等专业学校	144	29639	37032	109669	15499	8150
中等技术学校	116	20930	26688	79919	12008	6148
中等师范学校	28	8709	10344	29750	3491	2002
三、普通中学	2242	340272	487695	1334272	107239	83840
高中	442	52507	58385	176038		12967
初中	1800	287765	429310	1158234		70873
四、农业、职业中学	217	28979	61251	120880	8347	5661
高中	191	27077	34950	79506		5062
初中	26	1902	26301	41374		599
五、工读学校	1	0	0	30	43	29
六、小学	24078	579797	875184	4731182	200252	184303
七、特殊教育学校	12	681	1697	11577	462	344
八、幼儿园	1501		440620	533492	23158	17254

1996年各级成人学校基本情况

单位：人

学校类别	学校数（所）	毕业生数	招生数	在校学生数	教职工数 计	其中：专任教师
一、成人高等学校	18	11242	13952	39528	3013	1413
广播电视大学	1	3615	4882	10364	813	347
职工高等学校	10	365	475	1424	781	384
管理干部学院	1	240	271	622	210	102
教育学院	6	1047	1132	2335	1209	580
普通高校举办：						
函授部		3436	4166	15810		
夜大学		1640	1696	5993		
成人脱产班		899	1330	2980		
二、成人中等专业学校	143	8576	13444	48412	3612	1664
广播电视中专	4	3688	5569	28123	502	159
干部中专		644	1652	3813		
职工中专	10	630	2332	6448	223	122
函授中专	2	2609	2627	7844	933	381
教师进修学校	127	1005	1264	2184	1954	1002
三、成人中学	1	294	851	1158	9	5
职工中学	1	294	851	1158	9	5
农民中学						
四、成人技术培训学校	9055	4630710	1420824	1514771	1950	990
职工技术培训学校	54	44143	7911	8517	658	257
农民技术培训学校	9001	4586567	1412913	1506254	1292	733
五、成人初等学校	1	541934	25951	499351	1088	316
职工初等学校		150				
农民初等学校	1	541784	25951	499351	1088	316
其中：扫盲班		489234		464300	1023	285

制表　唐家华

〔**概述**〕　1996年，全省教育系统全面落实省委、省政府贯彻实施《中国教育改革和发展纲要》的意见，将教育"三干"会后形成的文件，分解为26条任务，制订了《云南省教育事业"九五"计划和2010年远景目标》，实施工作已全面启动。各级各类学校认真学习中央十四届六中全会加强社会主义精神文明建设的决议，采取各种措施，加强校园文明建设、教育教学常规管理和学风、教风、校风建设，落实"两全"工作；继续开展《邓小平文选》学习活动。

在全省开展了教育执法检查。组织了全省教育政策法制工作培训，制订了《云南省教育系统法制宣传教育第三个五年规划》；与有关单位配合，对17个地州市贯彻实施《教育法》、《教师法》、《云南省实施〈教师法〉的若干规定》及"两基"的情况进行了执法检查，全省干部、群众依法治教意识有所增强。

加强了教育审计工作，拟订下发了教育审计的有关规定；对省15所高校1995年办班、收费、管理、使用情况进行了重点抽查，抽查结果各校基本能按规定执行，只有个别混乱现象，通过检查得到纠正。对委直属事业单位和高校23个单位1.8亿元资金的审计中，查出违纪金额363万元，为国家挽回损失642万元。治理中小学收费工作，省教委制订并颁发了《云南省中小学收费规定》《云南省制止中小学乱收费暂行规定》；全省中小学普遍实行了收费登记制度，做到持证收费。

教育扶贫力度加大，民族教育稳步发展。把发展经济同开发智力结合起来，加大投入，帮助贫困地区、少数民族地区实行"两基"。1996年帮助200个扶贫攻坚乡建设中心完小，每所省拨经费平均40万元，地县配套20万元，并举办了扶贫攻坚乡校长培训班；加强边境一线国家级、省级口岸和重要通道20所口岸小学的建设，每所省里投入80万元，地县配套40万元；拨款1605万元，增办88所寄宿制小学；拨款520万元，为边境贫困乡建立救助失学中小学生助学基金；争取到世行贷款扶持贫困县义务教育第4个项目1800万美元（加上省配套费约3亿元人民币），加强21个贫困县的义务教育和7所中师的建设；国家贫困地区义务教育工程试点已经启动；签订了云南省与上海市以及县、区"九五"教育对口支援协议220多项。到1996年底，分年度项目已全部完成，到位资金达1068.69万元，还建立50万元民族教育扶贫基金，送上海培训的13名校长（小学7人，中学6人）已学完返回。双方192所学校结为"手拉手"学校，上万名失学儿童得到上海市的救助。

〔**教育投入**〕　1996年，全省财政预算内教育经费拨款为42.6亿元，比上年增长32.3%；各地坚持多渠道筹集教育经费的原则，校办产业、勤工俭学、社会服务收入用于教育的经费达1.1亿元；社会捐集资办学经费5亿元；城乡教育费附加5亿元。

〔**对外交流与合作**〕　1996年，省教委组织教育管理干部到欧、美、日、澳等发达国家及港、澳、台地区考察访问。全省共聘请长短期外国专家57名，外籍教师40名，招收长短期外国留学生270多名。

国家教委全面试行"个人申请，专家评审，平等竞争，择优录取，签约派出，违约赔偿"的公费出国留学改革。全省不同行业的27位科技人员以自己的实力参与竞争，有

15位科技人员经考核被国家教委录取为国家公派出国留学。根据云南省经济建设和社会发展需要，在各高校及有关科研院所申报的基础上，从重点学科、新兴学科、学科发展、人才培养、学术梯队建设和重点科研、重点建设项目的需要出发，从180多个申报项目中，评选出80个项目作为1997年云南省地方公派出国留学项目，上报省政府批准后，由各单位选拔政治表现好，工作成绩突出，有培养前途的业务骨干作为具体人选，做到精选精派，定向定人，力争保去保回。1996年全省公派留学人员142人，自费留学人员143人。

撰稿 郎畴生 马永珍 胡 雷
审稿 杨崇龙

基础教育

〔**概述**〕 1996年，全省适龄儿童入学率达97.84％(其中，少数民族适龄儿童入学率96.69％)，小学毕业生升学率74.6％；小学生辍学率4.22％；初中学龄人口入学率52.81％；初中学龄人口毛入学率63.21％；初中毕业生升学率48.17％；普通初中学生辍学率6.54％。牟定县、宜良县被授予全国“普九”工作先进县称号，受到国家教委表彰。

《云南省中小学常规管理暂行规定》的实施，对中小学和幼儿园办学水平的评估；中考和高中会考、小学升初中考试的改革；“五四”学制的试点；加强薄弱初中和农村综合初中建设的工作得到了推进；12个贫困县接受国家教委和联合国儿童基金会援助的《促进贫困地区初等教育项目》第二期的工作已经启动并取得成效。

经过在全省范围内基础教育“五项内容”督导检查，1996年10月，省教委征得省人大教科文卫委员会和省政协科教文卫体委员会的同意，向国家“三委”报送了《云南省基础教育“五项内容”督导检查报告》。

为摸清扶贫攻坚乡的经济和教育情况，便于政府决策，省教委经过调查和采集，于1996年底建成全省506个扶贫攻坚乡管理数据库。

省教委组织全省青少年学生参加全国《光辉的旗帜》读书教育活动，有30万学生参加，100名学生获优秀奖，8名学生获三等奖，6名学生获二等奖，2名学生获一等奖，8个单位获组织奖。

〔**义务教育评估验收**〕 根据云南省普及九年义务教育和扫除青壮年文盲的年度计划和有关县(市)的申报，受省人民政府委托，省教委组织4个检查评估组，于1996年10月～11月，分别对富民、嵩明、路南、陆良、峨山、瑞丽6县市普及六年义务教育和扫除青壮年文盲以及曲靖、江川、澄江3县市普及九年义务教育进行了检查评估。评估组认为：这9个县（市）中，既有经济发达的内地县，又有山区、民族自治县，还有边疆的市，尽管地理、人口、经济、教育基础存在着一定的差异，但经过努力，“两基”的实施是顺利的。首先，各级党政领导都把“两基”工作摆到优先发展的战略地位。各县（市）认真贯彻1995年全省教育工作“三干会”精神，针对“两基”工作的薄弱环节提出解决措施并狠抓落实；成立以书记或县长为组长，有关职能部门参加的“两基”领导小组，将“两基”工作列入县委、政府的重要议事日程。体现了政府行为的到位。第二，各地加大执法宣传力度，使“两基”工作深入人心。由于宣传工作深入扎实，形成了“两基”工作的良好社会环境，增强了群众对“普九”、“扫盲”的紧迫感、责任心，推动了“两基”工作的顺利开展。第三，多渠道筹措“两基”经费，加大投入。9县（市）“两基”工作抓得早，准备充分，出现了“党委重教，政府兴教，部门支教，群众办教”的大好形势，办学条件有了较大改善，为进一步贯彻“两全”打下了坚实的基础。第四，加强师资队伍建设。各地在抓教师学历和业务素质提高的同时，积极提高教师待遇，认真落实《教师法》，保证了“两基”、“两全”的实施。第五，制定村规民约，保证“两基”指标的落实。在“两基”工作中也还存在一些问题，在执法方面，需要继续加强学习、宣传教育法律法规工作，依法征收农村教育费附加，真正全面做到依法治教；在办学条件方面，少数学校由于实验楼正在建设或计划建设中，评估验收时以普通教室代实验室用，还有少数中学实验设备数量不足，需进一步完成和完善；政府各职能部门职责分解还不够明确。10月27日至11月2日，国家教委派出抽查组，对陆良、澄江、路南、江川等县的“两基”及《教育法》执行情况进行考察。认为云南省“两基”工作总体情况是好的，抓出了成效，成绩显著。根据上述评估情况，省人民政府于11月底批准验收富民县、嵩明县、路南彝族自治县、陆良县、峨山彝族自治县、瑞丽市“两基”和曲靖市、江川县、澄江县“普九”工作。此前，省评估组于1995年底至1996年1月对曲靖市、江川县、澄江县、思茅市、普洱哈尼族自治县扫除青壮年文盲工作进行了检查评估，省人民政府于6月批准对5县（市）的验收。云南省有富民县、嵩明县、路南彝族自治县、曲靖市、陆良县、峨山彝族自治县、江川县、澄江县、瑞丽市、楚雄市、个旧市、开远市等12个县（市）报国家教委审核。截至1996年底，全省共有24个县（市、区）实现“两基”，占全省人口总数的18.5%。

1996年，云南省部分州、市人民政府和地区行政公署又验收23个普及六年义务教育的县（市）：昆明市验收禄劝彝族苗族自治县，曲靖地区行署验收寻甸回族彝族自治县、会泽县，楚雄州验收元谋县、永仁县、南华县、大姚县、双柏县，玉溪地区验收新平彝族傣族自治县，红河州验收河口瑶族自治县，文山州验收文山县、砚山县，思茅地区验收镇源彝族哈尼族拉祜族自治县，西双版纳州验收景洪市，大理州验收祥云县、鹤庆县、剑川县，保山地区验收施甸县、昌宁县、龙陵县，丽江地区验收永胜县，临沧地区验收临沧县、凤庆县。验收情况报省人民政府审核并认可备案。1996年12月至1997年1月，省教委派出“普六”抽查组，对其中的元谋、永胜、剑川、临沧、景洪、文山、河口7县（市）的“普六”工作进行了抽查。共检查了26个乡（镇、农场）、70所各类小学和21所初中。抽查组认为，7县市党委、政府依法治教，依法行政，积极深入宣传《中国教育改革和发展纲要》、《教育法》、《义务教育法》、《教师法》、《扫除文盲工作条例》，加大教育投入，多渠道筹措教育经费，用好世行贷款、希望工程、捐资集资，大大改善了办学条件，加强义务教育的管理，制订义务教育的规章制度和乡规民约，使普及六年义务教育落到实处，抓出了成效。抽查组建议7县（市）继续抓好“普六”的巩固提高，制止学生辍学，提高初等义务教育的完成率，提高教师素质，加大教育投入，依法征收农村教育费附加，充实办学条件，为普及九年义务教育打好基础。从抽查情况看，有关地（州、市）的评估验收基本上是实事求是的，同意有关地（州、市）的评估验收意见。全省现共有74个县（市、区）普及六年义务教育，占全省人口总数的59.5%。其中，昆明市和曲靖地区所辖县（市、区）全部普及六年义务教育。

〔**完全中学评价工作**〕 1996年10月～12月，省教委进行了一次“云南省一级完全中学”评价认定工作。此次工作除继续对部分学校办学水平达标晋级综合评价认定外，首次对办学水平已达标晋级并申报升等的学校进行评价认定。省教委加强了对各申报学校的调查了解和具体指导，以促进学校进一步端正办学指导思想和办学条件的规范化建设，突出向素质教育的转轨和在学校建立素质教育运行机制。

在尊重地州市复评意见的基础上，经省评价认定小组认定并报省教委党组批准：玉溪一中、昆明三中由云南省一级二等完全中学晋升为云南省一级一等完全中学；楚雄一中、昆铁三中、昆明十二中、曲靖一中由云南省一级三等完全中学晋升为云南省一级二等完全中学，并纳入云南省争进全国千所示范高中学校的规划，以适当形式予以扶持和奖励。保山一中被评价认定为云南省一级二等完全中学；玉溪地区民中、昆钢一中、通海一中、开远一中、昆铁一中、允景洪中学、江川一中、云锡一中、思茅一中、景洪农场中学、楚雄二中被评价认定为云南省一级三等完全中学，为表彰以上12所学校为云南省基础教育事业所做出的贡献，促进并引导省高完中的建设与发展，省教委决定对上述12所学校授予铜牌、荣誉证书、予以奖励。

从1992年部署开展云南省完全中学办学水平达标晋级工作以来，全省现已建成一级一等完全中学2所；一级二等完全中学10所；一级三等完全中学21所。

〔**制止学生流失**〕 省教委于11月下发了《关于进一步做好制止中小学生流失工作的意见》。《意见》详尽地分析了造成学生流失的种种原因，并针对问题提出10个方面的意见：（1）各级政府和教育行政部门要认真贯彻《义务教育法》，提高认识，调查分析本地中小学生流失的原因，加强领导，协调有关部门，采取有效措施，综合治理，标本兼治。（2）要坚决杜绝招收童工的违法行为。要控制流失生现象的扩大，必须严格禁止使用童工。对于继续使用童工的行为，严格按照法律规定进行查处。（3）要建立和完善实施义务教育的目标责任制度，健全中小学生流失的检查制度。（4）要增加义务教育投资，在广大贫困、民族地区推行免费教育，同时对“特困生”提供必要的生活补助，实行包括书本费、学杂费在内的全免费教育；对于极贫困的家庭，父母双亡的学生，各地还应适当给予其它方面的补助，以利于学龄儿童入学；对于一些特困乡镇，义务教育的重点应放在小学义务教育阶段。(5)要端正教育思想，改进课程和教材内容，增强义务教育的吸引力。通过课程体系和内容的改革使广大学生掌握求知、做人、生活的基本素质。(6)要注意改进教学方法，优化师生关系。特别要改革传统的“满堂灌”、“填鸭式”教学。(7)各地要重视优秀、合格教师的培养。(8)优化学校义务教育环境，改善学校办学的物质条件。(9)创建实验、示范性窗口学校，加强薄弱学校建设。(10)注意解决好农村、贫困地区、少数民族地区以及女学生流失问题，应采取特殊措施，提高在校女学生的入学率和巩固率。省教委希望各地及时总结制止中小学生流失工作中创造的新经验，找出存在问题，把这项工作抓扎实抓出成效。

〔**中小学常规管理**〕 为了检查各地贯彻落实《云南省中小学常规管理暂行规定》的情况，1996年省教委发出通知，要求各地、州、市教委对所属中小学的常规管理情况进行一次全面检查。10月，派出两个检查组，对昆明、曲靖、迪庆、大理、楚雄5个地、州、市和省直中小学校的常规管理进行了随机抽查。五个地州共抽查中小学100多所（含职业中学），历时11天，重点检查：(1)各地教育行政部门贯彻《规定》的情况；(2)校园校貌、师生教学、活动、各室管理情况；(3)学校的档案管理和规章制度建设等。检查反映出的情况是：领导重视《规定》的贯彻，落实《规定》的各项基本要求。许多学校还结合校情制定了执行细则，在教学管理、教职工管理、学生管理、校园、后勤管理、安全管理、教育行政管理等方面涌现了一批全面贯彻教育方针，全面提高教育质量、教书育人、管理育人的先进单位，促进了基础教育蓬勃、健康地发展。通过检查也反映出了存在一些问题：(1)抓常规管理认识亟待提高，发展还不平衡；(2)建章立制较多，检查评估不够落实；(3)安全、后勤管理较为薄弱；(4)师生使用文明礼貌用语、讲普通话等方面还做得不够。

〔**高中会考新方案**〕 1996年，云南省制订了高中会考新方案，为适应高中教育改革和发展的需要，服务和促进高中多模式办学，将高中文化课分为考试课、考查课和学校考查课3种，提出了3种考试方案。物理、化学、生物考试与实验考查并重；英语笔试与听力相结合；特色学校（班）的专业课程纳入考试，增加了基础知识综合考试。新方案允许学校在全面贯彻国家课程方案的前提下，自主选择各年级考试科目；取消了补考，增加了学生的考试次数；对一级一等高完中的免考也作了相应的规定。新会考方案从1996年秋季入学的学生开始执行。

〔**图书装备**〕 1996年，全省中小学校图书馆（室）在馆舍建设、图书装备等方面有了明显改善。全省补图书购置款100万元，加上地、州、市、县匹配款160万元（地州匹配130万元，普六县匹配30万元），共计260万元，为中小学校装备图书3292套。仅从省教委书刊发行中心配发的图书就有48万多册，价值300余万元，加上各地学校通过各种渠道自筹资金购置的图书，使学校图书馆（室）的藏书有了较大幅度的增加。据统计，1996年全省普通中学图书馆（室）面积达标学校为501校，比上年增加164校，学校藏书11691355册，比上年增加2203899册，每生平均增加1.31册；全省小学图书馆（室）面积达标学校3995校，比上年增加1043校，学校藏书20643987册，比上年增加4105402册，每生平均增加0.84册。

〔**实验室工作**〕 1996年，全省教育部门办中小学理科教学仪器配备率：完全中学由上年的93.2%增加到95.4%；初级中学由73.6%增加到76.9%；完全小学由45.1%增加到55.6%。全省中小学实验室面积达到85.5万平方米，比上年增加10.5万平方米。一批实验室增添了实验桌凳和仪器橱柜，完善了水电设施。实验室建设达标率有所提高。

在抓实验室“建、配”的同时，各地加强了“管理”和“使用”工作。年内，省教委下发了《云南省中小学实验室建设与管理工作规范》，在大理召开了全省中小学实验室建设与管理工作现场会，将中小学实验室管理和实验开出率列为对各地（州、市）教委目标责任制考核的内容之一。

〔**勤工俭学**〕 云南省中小学勤工俭学校办产业得到健康持续发展，取得显著的经济效益和社会效益。据统计，1996年勤工俭学开展面达到90%，比上年增加1个百分点；全省各类勤工俭学基地有22238个接纳学生参加各种勤工俭学活动，接纳学生参加劳动1060万人次。其中，农、林、牧、副、渔基地有22110个，比上年增加588个，工业企业335个，第三产业网点4147个，全省从事校办产业的各类职工达11923人，其中包括教师5406人。

全省校办产业总产值及营业额达47395万元，比上年增长22%；校办产业利润总额达20435万元，比上年增长26%；学生人均收入32.51元，比上年增长23%。

全省校办产业总收益中用于补充教育经费达16198万元，占总收益的79%，比上年增长29%。其中，用于改善办学条件（修建教学用房、购置教学设备、补助公用经费等）的资金达11555万元，比上年增长34%。上交国家税金1300万元，比上年增长10%。

1996年省教委研究制定了《云南省中小学勤工俭学“九五”发展规划》。规划提出到2000年，全省中、初等学校勤工俭学开展面达到95%左右，比“八五”末年增加6个百分点；纯收入年均递增15%左右，力争达到3亿元；在校生均收入40元左右，比“八五”末年增加10元左右。全省纯收入上千万元以上的地州市由“八五”末年的6个（昆明、曲靖、玉溪、红河、文山、大理）增加到12个（增加楚雄、思茅、西双版纳、保山、德宏、临沧）；纯收入百万元以上的县市达80个左右；年纯收入5万元以上的学校，1万元以上的产业数量有大幅度增加。并从提高思想认识，加强管理指导，争取优惠政策，加强队伍建设等几个方面提出实施规划的主要措施。

省以工代赈办公室采取扶贫与开发相结合的办法，支持贫困地区中小学积极开展勤工俭学，1996年，又在20个市、县的20所中小学安排“绿色希望工程”项目20个，资金总额达857万元。这样，从1994年至1996年已立项46项，总投入达2086万元。

〔**教师队伍建设**〕为提高中小学教师的政治业务素质，省政府颁发《云南省中小学教师继续教育规定》自1996年4月30日起施行。《规定》提出了具备国家规定学历或者经国家教师资格考试合格的在职中小学教师接受继续教育的任务，明确继续教育包括继续提高学历层次的进修和不提高学历层次的各种培训，规定了中小学教师接受继续教育的权利和义务。确定了有关继续教育的管辖、各级职责、进修和培训的种类、途径、培训时间、考核、经费、奖励处罚等一整套行政规章，为云南省中小学教师继续教育提供了法规依据和保障，为中小学教师培训的改革指明了方向。

为加强教师进修学校建设，省教委根据《云南省教师进修学校办学水平达标晋级指标体系》，对30所教师进修学校的办学水平进行评估，宜良、绥江、马龙、牟定、通海、澜沧、腾冲、镇康、建水、马关等29个县和昆钢的教师进修学校被认定为二级教师进修学校。

为提高云南省边疆民族贫困地区教师队伍的素质和学校管理水平，德国汉斯·赛德尔基金会的教育专家和上海市师资培训中心的负责同志先后于1994年和1996年两次到云南省进行实地考察、论证，并于1996年4月与省教委签订了在云南省红河、大理两州建立两个民族师资(小学)培训基地的协议。根据协议内容，红河州民族师资培训基地附设在红河州民族师范学校，负责培训红河、文山、思茅、西双版纳等滇南4地州的寄宿制、半寄宿制民族小学校长、教研员；大理民族师资培训基地附设在大理州民族师范学校，负责培训大理、楚雄、丽江、迪庆、怒江、保山、德宏、临沧等滇西8地州的寄宿制、半寄宿制民族小学校长、教研员。7月29日至8月12日，上海市师资培训中心派出教育专家，在两个培训基地各举办了为期一周的培训班。来自滇南4地州的100名学员和滇西8地州的100名学员接受了“学校管理流程”，“小学校长的教育观”，《小学德育纲要》学习辅导，思想品德课教学与管理，小学阅读教学与质量评估，小学作文教学与质量评估，小学数学听课与评课，小学数学学业评估，教学评价，思想品德、语文优秀课堂教学集锦等内容的培训。经过为期一周的培训，所有学员都感到接受了新知识，学到了先进的管理经验和教学经验，开阔了眼界和视野。

省教委、省中小学幼儿教师奖励基金会、省政协科教文卫体委员会、省政协边疆山区民族教育特别奖评委会于7月26日～8月6日在云南农业大学联合举办第七届云南省优秀教师“园丁之家”暨扶贫攻坚乡中心完小校长第一期培训班。参加培训的学员249人。这次活动旨在推动506个扶贫攻坚乡实施“两基”的进程，促进教育为当地脱贫致富，加速“两个文明”建设服务。培训通过专题讲座、典型交流、参观考察、分组研讨等丰富多彩的活动，达到了开阔眼界、提高认识，相互学习、团结进步、娱悦身心、促进改革的目的。省委常委王天玺、省人大常委副主席杨明、副省长赵淑敏、省政协副主席李林阁、省政协副主席、省教师奖励基金会理事长陈立英、省教师奖励基金会名誉理事长马文东、省教委主任杨崇龙和有关部门的领导同志和部分基金会理事出席了开幕式和闭幕式，王天玺、赵淑敏分别在会上讲话。

为庆祝第12个教师节，省教委、省人事厅、省中小学幼儿教师奖励基金会、省教育工会于9月8日上午在胜利堂隆重举行庆祝教师节暨表彰奖励优秀教师大会，表彰奖励500名优秀教师和优秀教育工作者。授予朱淳等456位同志“云南省优秀教师”称号，授予杨昕等44位同志“云南省优秀教育工作者”称号；表彰43个尊师重教先进单位和个人。授予官渡区委等9个县（区）党委、安宁市人民政府等20个县（市）政府“尊师重教先进单位”称号；授予路南县委书记李培山等14位同志“尊师重教先进个人”称号。省长和志强、副省长赵淑敏等领导同志出席了会议，和志强省长作了重要讲话。基金会提供资金30万元。

撰稿　赵松涛　袁耘毅　李晓南　常钖光
　　　李建福　肖二贤　胡德秋　吕维邦
　　　李　润　刘建龙　许颖元　王德华
　　　高云珠　朱青娥　徐忠祥　左雪珠
审稿　杨崇龙

职 业 教 育

〔**骨干职业高中建设**〕　为促进全省职业高级中学上规模、上档次、规范化建设，更好地适应经济建设和社会发展的需要。省教委严格按照《云南省地区示范性职业高级中学评估指标体系》、《云南省合格职业高级中学评估指标体系》标准，组成评估验收组，对云县职业高级中学、昆明市第一职业中专学校等11所职业学校，就其学校规模与设施、学校领导、教师队伍、教育经费与校办产业；教学、行政管理工作；思想政治工作；政府重视与社会参与、质量效益等方面进行了认真检查评估。通过检查评估，认为云县职业高级中学、禄丰县职业高级中学、玉溪市第一职业中学3所学校，基本达到云南省地区示范性职业高级中学标准，同意验收为云南省地区示范性职业高级中学；昆明市第一职业中专学校、昆明市立信会计学校、昆明市农牧学校、曲靖市第三职业高级中学、牟定县职业高级中学、永平县职业高级中学、鹤庆县职业高级中学、路南县路美邑职业高级中学等8所职业学校基本达到《云南省合格职业高级中学标准》，同意验收为省级合格职业高级中学。

〔**认定省部级重点中专**〕　在各中专学校认真按照国家教委颁发的《普通中等专业学校办学水平评估指标体系》和《关于评选“国家级、省部级重点普通中等专业学校”的通知》进行自评，学校主管部门进行复评和省教委进行评估验收的基础上，省人民政府经过认真审核，于1996年12月发文，批准云南省机械工业学校、云南省贸易经济学校、昆明市农业学校、红河州财经学校、红河州卫生学校、昭通地区卫生学校、曲靖地区卫生学校、曲靖地区农业学校和玉溪地区体育运动学校等9所学校为省部级重点中等专业学校，使全省省部级重点普通中专学校数由1993年的19所增加到28所。

〔**全省职业教育工作会议**〕 为了贯彻全国职业教育工作会议精神，经省人民政府同意，1996年10月29日～31日，由省教委、省劳动厅、省经贸委、省计委和省人事厅联合召开了“云南省职业教育工作会议”。会议研究的主要问题是：在国家颁布了《中华人民共和国职业教育法》和省委、省人民政府制定了云南省国民经济和社会发展“九五”计划和2010年远景目标之后，研究制定贯彻《劳动法》、《教育法》、《职业教育法》和《中国教育改革和发展纲要》的政策措施，进一步明确云南省发展职业教育的目标和任务。会议期间，赵淑敏副省长到会讲了话，省教委杨崇龙主任做了会议主题报告，省劳动厅、省经贸委、省计委、省人事厅领导也到会讲话，省政府盛云富副秘书长和省教委周益群副主任作了总结报告。会议在学习李鹏总理、李岚清副总理的讲话、全国职业教育工作会议精神，总结云南省“八五”期间职业教育工作，进行经验交流的基础上，对会议文件《关于加快云南省职业教育改革和发展的意见》进行了讨论。《意见》中对进一步提高认识，落实职业教育的重要地位，深化职业教育改革和建设，增加职业教育经费投入，多渠道筹措职教经费等问题提出了许多具体意见，对云南省到2000年职业教育的指导方针和目标任务作了具体规划。

云南省职业教育的指导方针是：贯彻实施《中华人民共和国职业教育法》和《中国教育改革和发展纲要》，全面贯彻教育方针，重视发展初等职业教育，大力发展中等专业教育，积极发展高等职业教育，通过深化改革，调整布局、优化结构，提高水平，分类指导，依法治教，使规模、效益、质量明显提高。云南省职业教育发展的目标是：加强初等职业教育基地和职业培训机构建设，到2000年，每年培训250～300万人次，中专在校生达到14.2万人，技校在校生达到6万人，职业高中在校生达到10.5万人，高等职业教育在校生达到3000人以上。

撰稿 成文章 李剑舟

审稿 杨崇龙

高 等 教 育

〔**云南大学通过“211工程”预审**〕 经国家教委同意，省人民政府组成了以和志强省长为组长的云南大学“211工程”主管部门预审领导小组，聘请了以北京大学校长吴树青教授为组长的10位大学校长（书记）组成专家组，于1996年5月1日～3日对云南大学“211工程”进行了主管部门预审。省委、省政府有关部门、各大专院校的领导同志出席了预审开幕式。预审专家组及领导小组全体成员听取了学校的汇报；审阅了云南大学“211工程”整体建设规划、论证报告及有关资料；实地考察了学校重点实验室、图书馆、科学馆、校园文明建设等；召开了学术带头人、中青年学术骨干座谈会。专家组一致认为：云南大学是我国西南边疆一所学科门类齐全、特色明显、综合实力较强，并有一定国际影响的社会主义综合大学。专家组一致建议通过云南大学“211工程”主管部门预审，并建议将云南大学作为国家“九五”期间“211工程”第一批重点建设的大学之一安排。省人民政府同意预审专家组的建议，通过云南大学“211工程”主管部门预审。

〔**新专业审批**〕 为加强高校专业设置的宏观管理，省教委对省普通高校专业设置评议委员会进行了换届，并制定了评委会工作细则；开发、研制了云南高校专业设置管理软件，避免过多的重复设置；采取预审的办法，到学校实地查看；制定评审工作的基本原则，提出优先批准设置的专业和严格控制设置的专业；采取每个专业5分钟向评委简要陈述申报理由的做法，减少了评审时的盲目性；采取评委签名投票的做法，增强评委的责任感。1996年10月21日～23日，经省高校专业设置评议委员会评议，省教委批准，同意新增设专业39个（其中：本科20个、专科19个）。

〔**成立烟草种植技术学院和旅游学院**〕 为了提高云南省烟草生产水平，加快专门人才培养，同时促进学校和企业在科研、科技开发、科技成果推广等方面的合作。1996年12月31日云南省人民政府发文同意成立云南农业大学烟草种植技术学院。

为了培养大批具有现代化管理素质和服务水平的多层次旅游人才，发展云南省旅游事业。根据省政府第29次常务会议精神，云南省人民政府于1996年12月31日发文同意成立云南大学旅游学院。在省委、省政府的关心帮助下，云南大学旅游学院于1997年1月18日正式挂牌并于同年招生办学。

〔**校园文明建设**〕 1996年初，省委高校工委、省教委明确提出，以校园环境为突破口，以校园、学生食堂、学生宿舍为重点，以绿化美化、清洁整齐、德育氛围为内容；以校风、学风、教风建设为目标，以全面贯彻教育方针，全面提高学生素质为目的。把校园文明建设作为高校精神文明建设的重要组成部分和基础工作认真抓好，要求高校的精神文明建设在纵向（教育系统）起带头，在横向（社会）起示范作用。一年来，省教委做了大量工作：3月，在云南农业大学召开了高校校园文明建设现场会；4月，在云南教育学院召开了高校精神文明建设座谈会；5月，在云南师范大学召开了在昆高校校园文明建设汇报交流会，会议期间，分组对在昆高校校园文明建设情况进行检查，评出7所学校为小组第一名；7月，在昆明师专召开了学生宿舍管理与德育建设座谈会；12月，又对在昆19所高校校园文明情况进行了巡视检查，并录了像。各高校相继成立了校园文明建设领导小组，制定了一系列规章制度，各校结合本校实际，提出了校园文明的目标与要求。

经过一年的努力，取得了阶段性成果。各校逐步出现了绿草如茵，荷塘水清，道路无纸屑，花间无杂草，树丛无垃圾；教室、学生宿舍、办公楼地面干净，墙壁清洁，门窗明亮，摆设整齐、卫生、清洁、文明，德育氛围浓厚的校园环境；师生精神面貌发生了变化。促进了教风、学风、校风的好转。

〔**“两课”教学**〕 一年来，云南高校“两课”改革方面主要开展了以下工作：(1)建立高校“两课”督导组，聘任程传贤等6位专家教授组成，日常工作由省教委政教处负责联系。(2)对部分学校“两课”教学情况进行检查。省委宣传部、省教委于6月19日～21日对西南林学院、云南中医学院进行了“两课”教学改革情况检查。通过检查，促进了两所学校的“两课”管理工作，为上级有关部门决策提供了依据。(3)进行全省“两课”教育情况调查。6月省教委对全省高校“两课”的教材使用，课程安排、教学情况、教师状况、科研情况等问题进行了专项调查。通过调查，摸清了全省高校“两课”教育的基本情况，总结了经验，发现了问题，为推进工作提供了一些依据。(4)进行“两课”听课、评课工作。省教委思政处和“两课”督导组组织21位专家教授（含督导组全体成员）分别对在昆9所高校41位教师进行听课、评课。通过这次听课、评课，促进了各校重视课堂教学，提高了课堂教学质量。(5)省教委加强了对全省高校“两课”教材的统一管理，发文规定全省高校“两课”必用和选用的教材目录。同时，还对马克思主义理论课3门课的教材进行修订，重新编写和审定《法律基础》和《思想道德修养》两门课教材。(6)进行全国、全省“两课”优秀教师评选推荐工作。配合国家教委评选全国普通高校百名“两课”优秀教师工作，开展了评选全省“两课”优秀教师和推荐3名全国百名“两课”优秀教师候选人工作。组织有关专家教授认真评选比较，从各校上报的60位推荐名单中，评出30名教师（其中20名马列课、10名思想品德课）作为全省“两课”优秀教师。同时，从中选出王展飞、赵金元、王向明等3人作为全国百名“两课”优秀教师候选人上报国家教委参评。

〔**民族观和民族政策及港台基本政策教育**〕 由省委高校工委、省教委、省民委、省外办、省台办、省宗教局联合组织的全省大学生《马克思主义民族观和党的民族政策等四个专题教育》历时半年多时间，经过各主办单位和各高校师生的共同努力，顺利结束，共有2567名学生荣获个人奖励，有13所学校荣获优秀组织奖。

通过“四个专题教育”，广大同学提高了对马克思主义民族观和宗教观以及党的民族政策和宗教政策的认识，进一步了解了我国对台湾、香港问题的基本政策和方针，坚定了信念，激发了爱国心。不少同学通过专题学习，认为最大的收获是对马克思主义民族观、宗教观有了一个更完整、深刻、充分的认识。认为一个国家或地区能否正确地处理民族问题，对社会经济的发展影响极大，宗教问题能否处理好，也关系到国家的安定团结，这两个问题都是实质性的问题，对这些问题的认识，是当代大学生所应具备的。只有从思想上、理论上提高认识，才能在今后的实际工作中为云南这个多民族省份做出贡献。有的同学谈到：通过对香港、台湾问题专题教育的学习，对党的“一国两制”政策，以及对香港台湾的历史、现状有了一个全面的认识,更加坚定了祖国统一的信念,更加深了对党的政策的了解,也更多了一份爱国心。

〔**建设校园网**〕 为改善云南省高等学校教学和科研环境,加强与国内外交流,提高高校办学水平,云南大学、云南民族学院经过一年多的努力,于1996年先后建成了校园网,并进入了CERNET和INTERNET。

云南大学为配合“211工程”建设,先后投资425万元人民币,1996年建成了一个大型高速校园网络。校园网由主干网、各系各部门子网、拨号访问、远程网四部分组成。主干网采用了当今世界最先进的ATM(异步传输模式)技术,速率高至每秒155M位,为校园网应用尤其是CAI及各种研究打下了基础。校园网现已开通校园内的22幢教学、科研大楼的光纤网,教师家庭的计算机已有近200台通过校内电话连入,在校内任何一个地方,都可以直接访问CERNET和INTERNET。校园网的应用在快速增长,云南大学在CERNET和INTERNET上的知名度迅速提高。云南大学网络中心除为本校教学、科研服务外,还充分利用网络条件,开发信息资源,为云南经济、社会发展服务。网络中心在INTERNET上制作的云南风景名胜简介,图文并茂,受到国内外专家的好评,为宣传云南,让世界了解云南,作出了贡献。

云南民族学院根据少数民族地区交通不便、信息不灵的实际情况,加大计算机网络建设投入,1996年进入CERNET和INTERNET,并在省属重点院校中率先建成了校园网。民院的校园网采用低速以太网技术构建主干系统,在各工作子单元内采用100BASE-T技术建设局域网,以满足校内各类信息的传输需求。为加快少数民族地区的信息反馈,及时调整学院教学和科研计划,为少数民族地区的经济社会发展服务,民院计划在近年内与各地州市有关部门进行计算机联网,用现代化手段实现与少数民族地区招生、教学和科研方面的信息交流。

撰稿 叶 绿 于达林 李云芳 杨丽宏 李丽萍 俞绍钧 杨宏伟

审稿 杨崇龙

成人教育

〔**扫盲工作**〕 1996年12月24日~26日,省政府在昆明召开全省扫盲工作会议,省人大、省政府、省政协的领导出席了会议。参加会议的还有省扫盲协调领导小组的成员和部队的代表;省民委、省妇联、团省委、省财政厅、省教委的代表;各地(州、市)政府的领导和教育部门的领导；文盲率高于全省平均数的59县市政府及教育行政部门的领导。副省长赵淑敏在会上作了《“两基”并重并举为实现扫盲目标而奋斗》的讲话；省教委主任杨崇龙作了《加大工作力度如期完成扫盲任务》的讲话；省财政厅、省民委、团省委、省妇联的领导也在大会上作了书面发言。宜良县政府等单位在会上交流了经验。会议确定了到本世纪末，全省还要扫除青壮年文盲150万人，青壮年文盲率下降到10%以下的目标。确定了完成目标的主要措施：进一步提高认识，加强对扫盲工作的领导；多渠道筹集经费，增加扫盲投入；坚持“两基”同步实施和“堵、扫、提高”相结合的方针；继续加强农村成人教育基地建设，完善县、乡、村成人教育体系；坚持标准，严格程序，抓好扫盲评估验收工作；以小学教师为骨干，加强扫盲教师队伍建设。会议还表彰了在扫盲工作中作出突出成绩的35个先进单位和127个先进个人。

云南省文盲绝对数量多，而且分布广；少数民族文盲率和大龄妇女文盲率居高不下；一些领导对扫盲工作重要性的认识问题还没有根本解决；由于贫困面太大，多数地区扫盲经费投入不足。为确保完成扫盲任务，在各级党委和政府的领导下，在各有关部门的协作下，教育行政部门采取了以下措施：首先，加强领导，层层抓责任制的落实。召开贫困地区扫盲工作会议，层层落实扫盲教育责任，抓紧抓实政府和教育部门“双线承包”，把扫盲任务落实到村，责任到人。第二，建章立制依法扫盲。各地根据《扫除文盲工作条例》、《义务教育法》等法律、法规的要求，依法加强对扫盲工作的领导，建立和完善扫盲工作机构和目标管理责任制。不少乡、村订立乡规民约，依法动员文盲参加学习，使扫盲步伐大大加快。第三，增加扫盲经费投入。为保证扫盲工作顺利进行，各地扫盲经费投入明显加大，仅省财政就下达扫盲专款2100万元，使扫盲工作得到保障。第四，建立扫盲报告制度。每年两次收集整理各地扫盲工作情况，并将完成情况两次通报全省和上报国家教委，促进了扫盲工作的发展。第五，加强成人教育专职干部、教师队伍建设。各地在不断完善成人教育管理机构，乡、村进一步落实扫盲专干和扫盲专兼职教师的基础上，对成人教育专干和乡、村成技校校长分期分批进行了业务培训，狠抓了队伍的建设。1996年全省共扫除文盲48.9万人，完成计划的153.6%，比上年多扫除文盲5万多人，使全省青壮年文盲率下降了两个百分点。又有10个县（市）通过省政府基本扫除青壮年文盲验收，全省累计已验收30个县（市、区），占全省县（市、区）总数的23%。复盲率明显下降，凡验收的县（市、区）均低于5%，近3年脱盲人员巩固提高培训达95%以上，县乡扫盲开展面达100%，村达95%以上。

〔**社会力量办学**〕　省教委颁发了《云南省社会力量办学等级学校评估办法》，从办学方向、办学条件、学校管理、教学管理、学生管理、后勤财务管理、办学成果等7个方面对学校进行规范。使社会力量办学管理工作尽快走上规范化、科学化、制度化的轨道。使学校进一步端正办学思想，提高教育质量和办学效益，保证学校健康发展。1996年，省教委还举办了社会力量办学教务管理人员、财务管理人员培训班，提高办学人员的素质。

〔**农村成人文化技术学校**〕 全省建立乡镇成人文化技术学校1357所，占乡镇总数的86.4%；村级成人文化技术学校7626所，占行政村总数的56.7%；年培训人次达到458万。乡、村成人技校在数量、办学规模、办学形式、办学门类、基地建设等方面有较大发展和提高，成人技校的建设和发展促进了农村经济的发展，为当地经济建设培养了大批实用型人才。省教委颁发了《云南省示范性乡镇成人文化技术学校规程》、《云南省示范性乡镇成人文化技术学校评估标准》、《云南省乡镇成人文化技术学校合格标准》，采取示范引路的方法，重视学校的巩固和完善，使学校走上规范化发展的轨道。依据上述有关规定，省教委组成评估小组，对宜良县九乡等11所乡（镇）成人文化技术学校进行评估。评估采取听取汇报，查阅文件、资料、表册。召开各种座谈会，实地考察、走访等方式，从组织领导、办学条件、学校管理、办学效益等方面进行全面评估。正式认定宜良县九乡乡、宜良县南羊镇、西山区团结乡、富源县中安镇、师宗县葵山乡、玉溪市州城镇、玉溪市高仓乡、通海县杨广乡、元江县东峨乡、新平县老厂乡、楚雄市鹿城镇等11个乡（镇）的成人文化技术学校为首批省级示范性乡（镇）成人文化技术学校。

〔**普通高校函授、夜大学评估工作**〕 为了搞好建国以来首次对普通高等学校函授、夜大学教育评估，云南省根据国家教委有关文件和会议精神，制定下发《云南省普通高等学校函授教育评估细则》及《云南省普通高等学校夜大学教育评估细则》，并成立了以省教委副主任马有良同志为组长的省评估领导小组，全面部署、指导云南省普通高等学校函授、夜大学教育评估工作；抽调了部分成人教育的专家、教授组建评估专家组，负责对全省普通高等学校函授、夜大学教育进行检查评估；同时，要求学校成立以分管成人教育领导为组长的自查自评领导小组，负责学校的自查自评工作，在自查自评的基础上，客观、如实地写出自查自评报告、自查自评的评分说明。1996年4月省教委选择了云南大学、昆明师范高等专科学校为试点学校进行了试点评估。总结经验后，对其他17所学校进行了全面评估，每校评估时间4～5天，历时9个月，于12月15日全部结束。评估结果：云南大学、云南师范大学、昆明理工大学、云南中医学院、云南民族学院被评为函授教育优良学校；云南大学、云南师范大学、昆明理工大学、云南民族学院、昆明医学院、云南工业大学、昆明师范高等专科学校被评为夜大学教育优良学校；其余为合格学校。并于1997年1月23日在《云南日报》刊登通告，向社会公布。

撰稿 姚 勇 徐惠珠 孙云宾
审稿 杨崇龙

陕西省教育

概　　况

〔基本情况〕

1996 年各级普通学校基本情况

单位：人

学校类别	学校数(所)	毕业生数	招生数	在校学生数	教职工数 计	教职工数 其中专任教师
一、普通高等学校	43	39447	45979	144846	50981	19730
研究生		2338	3217	9280		
本科		18994	27002	95276		
专科		18115	15760	40290		
二、中等专业学校	114	27828	40529	107111	16780	7243
中等技术学校	92	19998	31903	84058	13864	5620
中等师范学校	22	7830	8626	23053	2916	1623
三、普通中学	2697	397369	591588	1572065	131298	102723
高中	564	76401	101190	286194		22388
初中	2133	320968	490398	1285871		80335
四、农业、职业中学	304	38027	69848	137586	12407	7684
高中	294	36582	66580	131043		7249
初中	10	1445	3268	6543		435
五、工读学校	1	20	124	144	43	27
六、小学	36201	537901	859687	4742680	198460	181326
七、特殊教育学校	25	553	1450	8685	568	411
八、幼儿园	2378		695599	795222	21725	16310

1996 年各级成人学校基本情况

单位：人

学校类别	学校数（所）	毕业生数	招生数	在校学生数	教职工数 计	其中 专任教师
一、成人高等学校	41	28212	36802	99140	7271	3262
广播电视大学	2	5748	6394	16859	2179	1085
职工高等学校	28	2274	2519	7515	2714	1128
农民高等学校						
管理干部学院	5	2148	2127	4017	1032	429
教育学院	6	5932	3653	9244	1346	620
独立函授学院						
普通高校举办：						
函授部		7098	15006	39921		
夜大学		2397	3460	9642		
干部专修科		2615	3643	11942		
二、成人中等专业学校	129	13182	43555	80539	5122	2434
广播电视中专	3	6255	21527	32571	1022	426
干部中专	3	34	80	177	71	32
职工中专	36	2267	13124	20643	909	431
农民中专						
函授中专	2	2610	5613	17172	870	344
教师进修学校	85	2016	3211	9976	2250	1201
三、成人中学	97	27853	30400	29313	245	146
职工中学	13	995	1768	1961	77	47
农民中学	84	26858	28632	27352	168	99
四、成人技术培训学校	19943	2158316	1712010	1634162	17633	5390
职工技术培训学校	252	65995	73675	78096	1764	916
农民技术培训学校	19691	2092321	1638335	1556066	15869	4474
五、成人初等学校	14491	274753	361323	405123	21033	5611
职工初等学校	11	754	985	1089	95	37
农民初等学校	14480	273999	360338	404034	20938	5574
其中：扫盲班	13903	184652	259546	303274	20553	5496

制表　魏天纬

〔**教育事业发展规划**〕　1996 年，陕西省教委以党的十四届五中全会精神为指针，研究制定了《陕西省教育事业“九五”计划和 2010 年发展规划》。该“计划”和“规划”提出陕西“九五”期间教育事业发展的总目标是：认真贯彻和落实省委八届四次会议精神和省政府关于《中国教育改革和发展纲要》的实施意见，以普及九年义务教育和扫除青壮年文盲为重点，大力发展职业教育和成人教育，稳步发展高等教育，努力使全民受教育年限达到8年，各级人才培养量基本适应陕西省现代化建设的需要，初步形成与陕西省经济建设和社会进步相适应，各类教育协调发展，面向21世纪的教育体系的基本框架。

提出的"九五"陕西教育发展的主要目标和任务是：(1)到2000年，全省小学适龄儿童入学率达到99%以上，初中阶段毛入学率达到95%，累计占全省人口94.1%的99个县普及九年义务教育，小学和初中年辍学率分别降到1%和3%以下。以扫除建国后出生、年满15周岁以上的青壮年文盲为重点，每年扫除文盲20万人左右，到1998年全省基本扫除青壮年文盲，脱盲巩固率和青壮年非文盲率均达到95%以上。(2)全省高中阶段各类学校在校学生达到79万人左右，年递增率4.6%。以初中后分流为重点，有计划地实行小学后、初中后、高中后教育分流和初中、高中办学模式多样化。中等职业教育在校生占高中阶段学生数的比重达到60%左右，在普及高中阶段教育的城市则要达到70%左右。培养各类中等职业教育毕业生60万人，比"八五"期间增长45%。(3)高等教育在校生总规模达到26.5万人左右（每10万人口在校大学生达到710人左右），其中本专科生达到25.3万人，年递增率2.6%，研究生达到1.2万，年递增率6.2%。共培养本专科生35万人，培养研究生1.5万人，其中博士生1500人，比"八五"期间分别增长57%、50%和84%。(4)各类中等职业技术学校和高等学校根据社会需要和可能条件积极开展职前职业培训，使待业初中、高中毕业生接受各种培训人数在城乡的比重分别达到50%和70%。(5)加强教育骨干工程建设，全省建成示范幼儿园100所、示范小学500所、示范初中200所、示范高中30所、重点普通中专学校25所、重点职业高中30所、重点技工学校30所、重点高等学校10所。

2010年陕西教育事业发展的目标是：基本形成与实现全省现代化建设第三步战略目标紧密结合，教育体制与结构较为完善，教育规模适宜，教育质量和效益进入先进省份，能够为21世纪二三十年代建立起成熟的区域性社会主义教育体系，逐步实现教育现代化奠定坚实的基础。

主要目标内容是：全省6岁及以上人口平均受教育年限达到10年；适龄人口入学率，幼儿教育达到50%，小学教育达到99%以上，初中阶段达到98%，高中阶段达到60%，大学阶段达到15%以上；全面普及九年义务教育，并使基础教育办学条件的标准化水平上一个层次，青壮年非文盲率达到99%以上，成人识字率达到95%以上；初步形成与劳动、技术岗位相衔接，能够提供新型劳动者和各级职业技术人才的职业教育网络；初步形成普通教育与成人教育相沟通，学历教育与非学历教育并重，体现终身教育特点的现代社会教育网络；基本实现高等教育结构、布局的协调合理，较大幅度地提高高级专门人才培养质量、办学效益和科学管理水平；基本实现各级学校专任教师队伍学历、学科和职务结构的规范要求，并基本实现教育手段，教育方式的现代化，力争教育管理总体水平进入国内先进位次。

〔**投入与支出**〕 1996年，陕西省坚持新增财力的20%用于教育，共3400万元，此外又投入2000多万元的人员经费和公用经费，共5400多万元；落实了贫困地区义务教育工程的省本级配套资金；西北大学“211工程”落实1亿元；解决了成立工商管理硕士学院、大学运动会等经费问题。省增加教育投入达到1.1亿多元。中央专款增幅较大，比1995年增长2.3倍。全省多渠道筹措教育经费16.29亿元。世界银行贷款项目，基本解决了美元汇率溢价资金的问题，争取溢价资金3500万元。为提高教育经费的管理水平和投资效益，省教委对省属高校预算办法进行了改革，加强了预算外收入的管理；对普教专款实行项目管理，制定了《省本级教育经费效益考核评价办法（试行）》。

1996年，在财政主渠道有所增长的情况下，各渠道来源经费都在稳步上升。但公用经费所占比例太低，保证学校正常运转的教育经费微乎其微，亦无法保证学校办学条件改善。因而增加教育投入，仍是陕西教育发展与改革要解决的重要问题。

〔**精神文明建设**〕 1996年，陕西省教委把学习贯彻十四届六中全会精神，在全省教育系统狠抓精神文明建设，作为一项大事来抓，在高等学校大力开展创建文明校园活动，主要内容包括：校园环境建设（师生自己动手，净化、美化校园环境）、校园文化建设（活跃学生课余生活，培养健康情趣，发挥校园文化的德育功能）、教职工职业道德教育（制订干部、教师、工人职业道德规范，弘扬敬业精神，增强服务意识和育人责任感，转变工作作风，提高工作效率）、学生公共道德教育（从抓基础文明入手，养成爱校、爱集体、爱他人和遵纪守法的文明习惯）。围绕这4项内容，在上年召开现场会的基础上，年初制订下发了创建文明校园评比标准，将上述4项内容量化为200多个具体指标。10月份评出10所文明校园，予以挂牌表彰，对各校精神文明建设起到了示范作用。中宣部编发的《宣传信息》专题介绍了陕西高校创建文明校园的经验。在中、小学，对教师的职业道德教育主要是通过开展“重师德、树师表、铸师魂、炼师能”活动进行的；对学生的公德教育，主要是通过开展学习《中小学生行为规范》和对照检查活动进行的，同时，从两个重点（讲文明、守纪律）、三个提倡（提倡关心集体、提倡助人为乐、提倡尊敬师长）、四个禁止（禁止不文明用语、禁止不文明举止、禁止参加不健康娱乐活动、禁止传阅不健康书籍）入手，帮助学生树立文明意识，矫正不良行为。全省教育系统还开展了向人民教师王思明、第四军医大学学员二大队学习的活动；各地市也相继树起了教书育人先进教师、见义勇为优秀学生等一批精神文明建设的先进典型。

为推动全省教育系统精神文明建设，陕西省教委组织人力进行2000名学生和1000名教师政治思想状况滚动调查以及高校教师教书育人工作情况的调查；为加强“两课”建设和“两课”教学，召开马克思主义理论课教学改革经验交流会，举办思想品德课骨干教师研讨班；采用多种形式开展爱国主义教育等等。陕西省教委连续三年被省评为省“最佳厅局”。

基础教育

〔综述〕　1996年，陕西省小学入学率达到99.24%，比上年提高0.27%，在校生比上年增加5.03%；初中入学率88.56%，比上年提高3.93%，在校生比上年增加10.9%。

〔义务教育〕　1996年，陕西省采取多种措施大力推进“普九”。年初，省教委召开“两基”实施工作会议，召集各地教育行政部门负责人共同研究面临的形势和困难，提出新的工作思路、原则和办法。副省长范肖梅代表省政府同国家教委、财政部签订了“贫困地区义务教育工程”项目责任书，成立了“陕西省贫困地区义务教育工程”项目管理联席会议和管理小组，基本落实了省、地、县“工程”配套资金。成立了省支教领导小组和办公室，开展了省级机关支援贫困地区教育工作的活动。3月初，抽调15名干部组成4个检查组对当年拟验收的县进行了督导。4月初又召开了“普九”工作汇报会。通过验收，有15个县（市、区）普及了九年义务教育，这15个县（市、区）是临潼县、蓝田县、长安县、户县、大荔县、华县、富平县、旬邑县、武功县、彬县、扶风县、凤翔县、宁陕县、勉县、铜川城区，全省累计44个县（市、区）实现了“普九”，人口覆盖率达到52.96%。西安市、渭南市在全省率先完成了“两基”任务。高陵县、旬邑县、眉县、韩城市、洛南县等5县市被评为全国“两基”工作先进县，受到国家教委表彰奖励。

1996年，陕西省又有近百个乡镇通过验收，普及了六年义务教育，累计全省有2600多个乡镇实现“普六”，人口覆盖率达到98%以上，全省基本完成了普及六年义务教育的历史任务。同时，为进一步巩固和提高“普六”已取得的成果，首先是认真抓了《陕西省义务教育小学学籍管理暂行规定》的落实工作，进一步理顺学生的入学、休学、暂缓入学、留学处分等管理程序，落实了有关部门的工作职责，切实保证了入学率和巩固率的稳步上升。二是进一步完善了“义务教育入学通知书制度”、“学生流失报告制度”、“义务教育毕业证书制度”等3项管理制度，控制了学生的流失，使小学的辍学率下降到1.95%，比上年降低0.14个百分点；初中的辍学率下降到4.84%，比上年降低0.18个百分点。三是认真组织实施中国—联合国儿基会合作加强贫困地区女童教育项目，通过抓检查、抓落实、抓评比，在全省10个县的16个贫困乡的实验取得了显著成果，促进了全省女童教育工作，全省女童入学率小学达到99.24%，比上年提高0.56个百分点；初中达到88.5%，比上年提高4.83个百分点。

〔**素质教育**〕 1996年，陕西省涌现出一批落实“两全”，实施素质教育的先进单位，省里重点总结并推广了渭南市北塘小学实施素质教育的经验和韩城市乔子玄四年制综合初中办学模式，为当地经济发展服务的办学经验，各地市总结的其他先进典型还有宝鸡市的特色教育工程、西安市的劳动技术教育、西安市莲湖区的成功教育等等。

11月，陕西省召开了全省中小学落实“两全”，实施素质教育工作会议，总结了近些年来中小学实施素质教育的经验，安排部署了“九五”期间中小学落实“两全”实施素质教育的工作，对陕西省教委制定的《陕西省关于实施素质教育的意见》和《陕西省中小学生素质基本要求》等文件进行了讨论并提出修改意见。陕西省副省长范肖梅到会并作了重要讲话。

〔**宏观管理**〕 1996年，陕西省教委对全省中小学加强了宏观管理。在调查研究的基础上，省教委制定颁发了《陕西省中小学常规管理基本要求》、《陕西省中小学教学常规管理基本要求》。为使两项常规管理基本要求落到实处，从10月中旬开始，省教委开展“百人千校”常规管理大检查活动，从省有关部门、各地市教育行政部门、教研单位和中小学抽调48名干部组成检查组，分赴全省10个地市的15个县区，用20天时间重点抽查了110多所中小学的两项常规管理工作。检查结束后，及时召开总结汇报会，并向全省发了《关于我省中小学两项常规管理检查情况和通报》。

1996年全面启动了基础教育骨干体系建设的“13251”工程（“九五”期间，全省建成10个教育综合改革试验县、30所示范高中、200所示范初中、500所示范小学、100所示范幼儿园），上半年省教委制定颁发了《陕西省示范小学标准》、《陕西省示范初中标准》、《陕西省示范高中标准》，全省各地对照标准，积极开展创建示范学校、标准化学校、特色学校等活动，使中小学办学水平不断得到提高。12月组织专家评审组进行了首批试点验收，共验收省级示范小学10所、示范初中5所。

推进考试制度改革。年初，制定下发了《关于进一步推进初中入学办法改革的意见》，在已经“普九”的地方取消了初中招生考试，实行小学毕业生就近升入初中学习。普通高中招生考试也实行了改革，全省绝大多数地市按照省教委要求，与职业高中招生考试合并进行。

在教学方法改革方面，省教委先后下发了关于在中学进行“诱思探究”教改实验和在小学进行“注音识字，提前读写”教改实验的通知。1996年，中学“诱思探究”实验在近40所普通中学展开，小学“注音识字，提前读写”实验在近20个县展开。其他实验，如小学“快乐教学”在全省已普遍开展，中学JIP实验由30所学校扩大到100所学校，都在总结上年经验的基础上有了新进展。

〔**德育工作**〕 1996年，陕西省大多数中小学已初步形成“德育目标层次化，德育内容具体化，德育途径多元化，德育队伍全员化”的德育工作新格局。德育工作以各科教学和各项活动为载体，不仅由课内向课外延伸，而且由学校向社会延伸。西安市大学南路小学在学生中开展“万能双手系列奖章活动”，教育学生“自己的事自己做，家里的事学着做，集体的事抢着做，别人的事帮着做”，取得一定成效。铜川市第四中学“学雷锋拥军优属小组”坚持30余年不间断，先后28次受到国家、省、市表彰和奖励，成为当地德育教育的一面旗帜。延安各校充分利用革命圣地的优势，开展了革命传统系列教育活动，收到良好效果。陕西省教委以1997年中国政府恢复对香港行使主权为主题，在中小学生中开展观看百部爱国主义教育影视片、读百本爱国主义书籍、唱百首爱国主义歌曲的“三百”教育活动，使全省中小学生的爱国主义教育普遍得到加强。

〔**教师队伍建设**〕 1996年，陕西省以贯彻落实《教师法》为重点，积极推行教师资格证书制度，全省近33万符合首批过渡的教师资格审验工作已基本完成。中小学教师队伍的整体素质稳步提高，通过教师进修院校脱产、函授和卫星电视教育，小学专任教师学历合格率由上年的86.74%提高到88.17%，岗位合格率达到95.54%；初中专任教师学历合格率由1995年的60.41%提高到67.38%，岗位合格率达到71.20%；高中教师学历合格率由上年的53.67%提高到55%，岗位合格率达到57.17%。有800多名中小学校长参加了“九五”中小学校长培训试点工作，中小学校长、幼儿园园长持证上岗制度全面实施。高师、中师民教班共招生2000人。在全省开展了中小学教师赛教活动和青年教师电教能手大赛，促进了教师潜心钻研教材的主动性和基本功训练的自觉性。完成了联合国儿基会1996～2000年为贫困县培训教师项目的选县立项工作和世行贷款民办教师状况调查。涌现出了一大批在教书育人工作中成绩突出的先进典型，渭南市北塘实验学校李小艾荣获“全国十大杰出中小学中青年教师”称号，宝鸡县坪头镇谢家村小学教师王小林在香港柏宁顿（中国）教育基金会第二届“孺子牛金球奖”评选中，被评为杰出奖获得者。

〔**特殊教育**〕 1996年，陕西省教委、计委、民政厅、财政厅、人事厅、劳动厅、卫生厅、残联等8部门联合印发了《陕西省特殊教育工作“九五”实施方案》。这一方案从指导思想、目标任务、主要措施等方面对“九五”期间全省特殊教育事业发展提出了明确要求，主要的目标任务是，力争到“九五”末，全省三类残疾儿童九年义务教育阶段入学率达到80%以上。为实现这一目标任务，陕西省教委采取多种措施发展特殊教育事业，一是把特殊教育纳入普及九年义务教育轨道。在当年“两基”评估验收县（市、区）中，残疾儿童入学率均达到80%以上。全省1996年新增特殊教育学校4所，特殊教育学校新增学生697人，普通学校附设特教班和随班就读的儿童人数也有较大幅度增加。二是筹措资金，改善办学条件。1996年全省落实特教补助款145万元，商洛、汉中、安康3所地市所属特教学校以及永寿、户县等县属特教学校新建教学楼相继竣工投入使用，其余特教学校的办学条件都有了明显改善。三是抓特殊教育科研。受国家教委委托，在西安、咸阳、渭南三市进行的听力语言残疾幼儿学前教育实验已完成一个周期，效果明显。四是抓师资培训。为使聋校教师尽快适应新编聋校教材，举办全省聋校新教材师资培训班，对全省聋校骨干教师进行了培训。1996年，临潼、大荔、靖边和咸阳市渭城区被国家教委等部门评为“全国特殊教育先进县”。

〔**幼儿教育**〕 1996年，陕西省主要做了以下几项工作：一是陕西省教委印发了《幼儿园工作规程》，并结合本省实际，对《幼儿园工作规程》的学习、贯彻落实做了安排，年终结合对示范幼儿园的评估工作，对各地市贯彻落实《幼儿园工作规程》情况进行了一次全面检查。二是按照全省教育工作会议精神，下发了《关于创建省级示范幼儿园的通知》，对申报的幼儿园加强了工作指导，经过评估验收，全省已验收通过省级示范幼儿园19所。三是抓了学前教育研究：在全省一类幼儿园开展的试用幼儿活动教育教材的试点工作进展顺利；对“学前教育制度的确立与发展”这一课题的研究已取得阶段性成果；举办首届陕西省幼儿教育论文交流活动，收到论文170余篇，有69篇分别获得一、二、三等奖；筹备并成立了陕西省学前教育研究会，这些工作的开展，促进了全省幼教科研工作的开展和全省幼儿教育质量的提高。四是制定并下发了《关于对全省幼儿园园长进行岗位培训的通知》，安排部署了“九五”期间全省幼儿园园长培训工作，并举办了首期培训班。五是抓了企事业幼儿园体制改革，省教委会同省体改委、省妇联等部门，就企事业单位办园社会化专门下发了文件，推进企事业单位办园体制改革，积极稳妥进行；同时，树立咸阳795厂幼儿园、西安电缆厂幼儿园、西安庆安公司幼儿园等为示范幼儿园，总结并宣传他们在办园体改方面的成功经验，借以推动全省企事业单位办园社会化工作的开展。

职业教育

〔**学习宣传《职业教育法》**〕 《职业教育法》颁布后，陕西省教委把学习宣传《职业教育法》列为1996年工作重点，与省委宣传部、省人大教科文卫委员会、省劳动厅等部门联合下发了《关于开展学习宣传〈职业教育法〉活动的通知》；报请省政府同意，将九月定为陕西省“职教法宣传月”，并对各地市、各中等职业学校就全省范围掀起学习宣传《职业教育法》热潮提出具体要求；召开座谈会，副省长范肖梅、省政协副主席帝靠山出席会议并讲话；省、地、县的主要领导同志在电视、广播、报纸上发表讲话和文章；与省人大教科文卫委员会、陕西日报社等部门联合举办“职教法知识竞赛”活动，收回答卷3.5万多份；与陕西人民广播电台、陕西日报分别举办“职业教育征文”，共发表征文130余篇；印发《职业教育法》宣传材料2万多份；举办3期有省级重点中专、职业高中校长和地、市职教科长参加的《职业教育法》学习班。

〔**调整中等专业教育结构**〕　1996年，陕西省教委继续采用给各地市下达职业中学招生责任书等措施，把招生计划落到实处。同时，为杜绝不正之风的干扰，保证招生工作顺利进行，与省计委、人事厅、监察厅等部门联合制订了关于做好1996年中专学校招生工作意见，下发各地市、各中专学校执行，加强了监督检查，实行了统一时间、统一审核录取分数线、统一集中办理录取手续、省审核加盖印章制度，进一步改进和完善中专学校招生管理工作。1996年，下达各地市职业高中招生计划共6.5万人，实际完成6.97万人，比上年增加14%；中专学校实际招生4.1万人，比上年增长18%，全省中等职业学校在校生达到29.4万人，比上年增长6.5%。占高中阶段在校生的51%。

〔**县级职教中心建设**〕　陕西省1996年新建12所县级职教中心的计划顺利完成，建成有：神木县职教中心、千阳县职教中心、洛川县职教中心、平利县职教中心、三原县职教中心、乾县职教中心、蒲城县职教中心、耀县职教中心、周至县职教中心、旬阳县职教中心、柞水县职教中心、咸阳市秦都区职教中心。这些县区认真学习横山县创建县级职教中心的经验，把建设县级职教中心作为振兴当地经济的大事来抓。神木县县长王斌把建县级职教中心与开发神木紧密结合起来，为建县职教中心亲自召开专门会议，筹措资金800万元，在比较短的时间内，把校园面积从原来的2.7万平方米扩大到6.7万平方米，建筑面积从1.2万平方米增加到2.3万平方米，在校生由780人增加到1450人。秦都区委书记张立勇、区长国强重视此项工作，先后7次召开区委、区政府专门会议研究解决问题，把建区职教中心的任务分解到区建委、交通局、城建局等，动员方方面面共同参加，形成大家兴办职教的新局面。共投资580万元，在原职业中学的基础上新建校舍5908平方米，增加设备投资30万元，使在校生达到1654人。

高 等 教 育

〔**综述**〕　1996年，陕西省基本实现了高校预定招生数宏观调控目标，普通高校招生中省属高校招收1.24万人，电大普专班招收2040人；全省高校新增129个博士、硕士学位授权点。

承办第五届全国大学生运动会。由国家教委、国家体委、共青团中央主办，陕西省人民政府承办的第五届全国大学生运动会，于1996年5月和8月分两个赛段在西安隆重举行。运动会以“团结、奋进、文明、育人”为宗旨，突出教育特色，取得运动成绩、精神文明双丰收。陕西运动员取得了金、银牌数、奖牌总数、团体总分、体育科研论文、体育道德风尚五个奖项的第一名。陕西省人民政府为办好这届大运会投入大量人力、物力、财力，极大地改变了陕西高等学校体育设施比较落后的状况，使各项比赛能全部在高校体育场馆顺利进行。

〔**管理体制改革**〕 1996年，陕西工商学院、陕西财政专科学校、陕西商业专科学校等3所院校，通过充分考察论证，经国家教委和陕西人民政府批准合并，于7月中旬正式挂牌成立陕西经贸学院，并于当年按调整后的专业进行正常招生。陕西师范大学、西北政法学院、陕西财经学院、西安外国语学院4所隶属关系不同的高校实行合作办学，优势互补、资源共享，进一步提高教育质量和办学效益。陕西省教委就本省与中央部委共建部委属高校问题，向省政府提出了意见：对司法部与陕西省人民政府共建西北政法学院提出具体意见，参与并协调了西安市人民政府与建设部共建西北建筑工程学院的工作，其协议于1996年12月正式签署。由陕西省人民政府直接主持，省教委、省科委、省人事厅等参与的杨陵农科城10所高、中等院校、科研院所合并共建，通过调查论证，已提出合并共建的初步方案。“211工程”建设进展快速。西安交通大学、西北工业大学和第四军医大学等3所院校已通过国家立项论证；西安电子科技大学、西安公路交通大学都已通过部门预审；对西北大学于10月份通过国家教委部门预审。对西北大学的“211工程”建设，陕西省政府决定投资2.5亿元，西安市政府减免征地税900万元，为其进一步发展提供了条件。

1996年，陕西省高校招生“并轨”收费的学校由上年的6所增加到27所，为全面“并轨”收费奠定了基础；大学毕业生就业市场有了新的进展，有4万多名毕业生顺利走上了工作岗位；进一步推进高校后勤服务的社会化，大多数高校后勤实行了经济承包责任书，扩大了服务面，提高了服务水平。

〔**教学评价**〕 1996年，陕西省认真开展高校教学评价工作，努力促进教学管理水平和教育质量的提高。经过两年多的“迎新促建”，陕西第一批接受国家教委本科教学工作评价的4所高校中，西安地质学院和西安统计学院于5月和11月接受国家教委专家组的评价，评价结果均为合格。延安医学院在迎评促建工作中，投入200万元用于仪器、图书购买，大大改善了办学条件，进一步制定和完善了教学管理制度，加强了教学实践环节，教学质量有了提高，为了进一步改善该院办学条件和加强该院管理工作，对延安医学院本科教学工作的评价时间仍将推迟一年进行。陕西省第二批本科教学工作评价院校报经国家教委批准下文的有6所：西北建筑工程学院、陕西工学院、西安石油学院、西安工业学院、西北纺织工学院、西北林学院，安排在1998年进行。

西安交通大学在第一季度申报接受国家教委优秀本科教学工作评价，专家组经过一周的认真工作，认为该校教学条件较好，管理科学、规范，教学秩序良好、教学质量高，特别是在教学改革以及学风建设方面成绩显著，有许多宝贵经验。西安交大顺利通过选优评价，为进入“211 工程”奠定了良好基础。

1996 年，陕西省教委对全省基础课（含技术管理和专业基础课）实验室评估工作作了安排。对 5 所高校机械类专业金工课课程复评进展顺利，5 所全部达到国家要求标准。1996 年，陕西高校外语四、六级考试成绩在全国处于中等偏上位次，计算机等级考试通过率达到 80%左右。

〔**科研和校办产业**〕 1996 年，陕西高校共承担各类科研项目 6900 项，科研总经费达 3.2 亿元，获得省部级以上奖励 420 项，发表论文 12000 篇，出版专著 280 部，获得授权专利 240 项。省教委和省科委、经贸委等部门组织实施了“产学研联合开发工程”和“培育新兴支柱产业计划”，促进了高校与国营大中型企业的技术合作，在“产学研”重大洽谈会上，全省高校推出 200 多项科研成果，其中 40 项成果受到省政府的表彰。在省科委确定首批实施的 24 个产业化项目中，高校负责或参与的有 13 个；陕西省人民政府直接抓的 6 个产业化项目中，高校参与的有 2 个。据不完全统计，全省高校有各类企业 350 个，销售额 7 亿元，纯利润 7000 万元。在 7 月份召开的全国高校科技工作会议上，陕西省介绍了高校科技工作经验。

〔**对外交流与合作**〕 1996 年，全省教育系统接待国（境）外考察访问团组 869 批，共 6786 人（次）；接收外国留学生 834 人，与上年同期相比增加 100 多人；聘请各类长短期外国文教专家 543 人（不含顺访讲学专家）。在派出工作中，继续坚持“支持留学、鼓励回国、来去自由”的留学工作方针，试行国家教委选派工作新的改革办法，成立相应机构——国家基金委陕西省申请办公室，在政府计划宏观指导下，对国家公费出国留学人员的选派和管理按照个人申请、专家评审、平等竞争、择优录取、签约派出、违约赔偿的程序办法开展工作。关于公派出国留学，咨询的有 200 多人，个人申请的有 103 人，初审合格的 52 人，经专家评审被录取为出国留学预备人员的 47 人，占申请人数的 71%。通过单位公派和其他渠道出国留学的有 504 人，其中自费留学人员为 351 人。省教委重视归国留学人员的工作，表彰他们所取得的显著成绩，宣传他们爱国爱校、潜心钻研、勤奋工作、艰苦创业、敬业乐教、无私奉献的精神品质。专集《三秦归国学人》（第一辑）已编辑出版，并举行了首发式，增强了留学归国人员的荣誉感和责任感。1996 年学成归国人员 148 人，充实了学校教学科研队伍。国际学术交流比较活跃，在省内高校举办国际学术交流会议 6 次，参加的外国学者 121 人次，发表论文 338 篇，宣读论文 313 篇；派出参加国际学术会议的专家学者共 170 人次，发表论文 74 篇，宣读张贴论文 40 篇。全省新增加高校与国外高校、单位建立交流关系 21 个；另外，有 9 所高校接受设备、仪器、图书、资料等捐赠约合人民币 497 万元。与澳大利亚新南威尔士州进行广泛的职业技术教育交流，在陕西省和澳大利亚新南威尔士州分别建立了职业技术教育研究中心。引进比利时 VVOB 组织援助项目在陕西省农业学校投资 80 万元设立农村职业教育项目；在西北纺织工学院投资 10 万元设立服装设计培训项目。

〔**党建工作**〕 1996 年，陕西省一是加强了高校党建制度建设，制定并颁发了《高校党委工作条例》《高校基层党总支工作条例》和《高校基层党支部工作条例》，同时抓了各项党建制度的实施工作。二是加强了高校领导班子年轻化，在对36所高校领导班子状况及后备干部选拔培养情况进行全面考察的基础上，建立了高校校级后备干部队伍共500人，其中高校党政一把手后备干部共102人。制定了《陕西省高等院校培养跨世纪高素质领导干部实施意见（初稿）》。举办了高校校级后备干部培训班两期，培训72人，校级后备干部校际间的挂职锻炼工作正在抓紧进行。考察调整高校领导班子36个，选拔配备校院级领导干部74人，其中45岁以下的占到50%。全省高校领导班子平均年龄为50.7岁，比上年下降1.2岁；50岁以下的校级领导干部125人，占班子成员总数的47%。高校党政一把手年龄在50岁以下的11人，占党政一把手总数的15%。西安交大、西工大等重点大学领导班子的平均年龄下降到49岁以下，系处级中层干部的平均年龄下降到45岁以下。三是注重在青年教师和大学生中发展党员。

成人教育

〔综述〕 1996年，陕西省共培训职工123.63万人，培训率达34%，培训人数比上年增加11万人，培训率比上年增长两个百分点。全省县、乡（镇）、村农技校达到26728所，比上年增加9317所。全年共举办培训班93754期，培训446.33万人，比上年分别增加10026期、51.2万人。全省成人中等专业学校（含普通中专学校办的成人中专班）招生和在校生人数比上年分别增加20947人、28414人。全省各类成人高校（含普通高校附设的函授部、夜大学、成人脱产班）招生和在校生人数分别比上年增加3273人、4830人。

〔扫盲工作〕 1996年，陕西全省共有30.32万人参加了扫盲学习，其中有18.46万人脱盲。经省政府验收，共有20个县（市）达到了国家规定的县级扫除青壮年文盲单位标准，累计全省有64个县（市、区）达到了国家规定的县级扫除青壮年文盲单位标准。西安市、渭南市提前两年率先在全省实现了基本扫除青壮年文盲目标。

1996年是陕西省实施扫盲攻坚计划的第一年，各级政府以及各级教育行政部门普遍加大了工作力度。副省长范肖梅深入到秦岭深山的柞水县检查指导扫盲工作。陕西省教委采取10余项措施大力推动扫盲工作，如下达扫盲计划、召开扫盲座谈会、落实扫盲经费、印发扫盲教材、健全扫盲档案等等。绝大多数地（市）、县（区）、乡（镇）政府，通过落实承包责任、增加人财物投入，加强督导检查，改进教学形式，表彰奖励先进等措施，不断把本地扫盲工作推向前进。

〔**社会力量办学**〕　陕西省教委对1994年10月开始，历时一年多的全省社会力量办学治理整顿工作进行了总结，并将总结报国家教委。国家教委以“领导重视、措施得力、工作扎实、治理整顿取得了明显成效”的评语，将总结转发全国各省、市、自治区。国家教委副主任王明达和陕西省委书记安启远先后对治理整顿工作予以充分肯定。《人民日报》以《陕西社会力量办学步入正轨》为题报道了社会力量办学治理整顿工作的主要做法和成绩。1996年陕西省在鼓励、支持、引导、管理社会力量办学方面，主要抓了以下工作：(1) 狠抓法规建设。在调查研究的基础上，陕西省教委于8月草拟了《陕西社会力量办学条例》，11月2日，陕西省第八届人大常委会第二十二次会议审议通过，并公布实施。该条例共6章47条，(2) 开展高等教育学历文凭考试试点工作。经国家教委批准，陕西省教委制定了试点方案，选择了办学条件良好、管理工作严格、教学质量较高的18所民办院校，在英语、计算机应用与维修等16个专业进行了试点。1996年共录取新生5100名。所编制的教学计划和教学大纲，体现了高等职业专科教育的特点。整个试点工作，由于坚持了精心组织、控制规模、从严要求、办出特色、保证质量的指导思想，进展比较顺利。(3) 表彰先进，树立典型。陕西省对西安翻译培训学院、西安外事服务培训学院等65个办学先进单位，西安市教委等5个先进管理单位，丁祖诒、黄藤等116名优秀教育工作者和谢巧玲等117名优秀学生进行了表彰奖励。(4) 精心组织招生工作。陕西省教委采取严格审查学校招生资格、加强招生广告管理、广泛宣传招生政策规定、进行巡回督导检查、健全社会监督机制、及时查处违法办学等措施，强化了招生工作管理。(5) 11、12两个月，陕西省教委对全省社会力量办学年度检查工作作了统一安排，并对省属学校进行了检查。

〔**普通高校函授、夜大学评估**〕　1996年，陕西省教委组织开展建国以来首次对普通高校函授、夜大学评估工作。具体做法是：(1) 先后3次组织高校成教部门负责人，学习国家教委下发的有关文件和讲话，统一思想，提高认识；(2) 印发评估工作通知，明确评估工作的指导思想、内容、重点、方法和步骤；(3) 省成立评估领导小组和评估专家组并明确其职责和任务，同时对学校建立评估组织机构提出具体要求；(4) 制定评估工作细则，对国家教委的评估要素进行了细化、量化，使评估指标尺度具体，便于赋值，易于操作；(5) 召开工作会议，传达国家普通高校函授、夜大学评估工作会议精神，安排本省工作部署，交流了西安交通大学和西安公路交通大学自评工作经验，参观西安交通大学评估展示室；(6) 在举办函授、夜大学时间较长、办学经验比较丰富的西安交通大学、西北大学、西安外国语学院进行试点，以取得经验，推动面上的评估工作顺利开展；(7) 严格评估验收。对所有参评院校进行了检查评估，参评函授教育的13所普通高校中有5所达到优良标准，8所达到合格标准；参评夜大学的12所普通高校，有7所达到优良标准，5所达到合格标准。

〔**成人高等、中等专业教育改革**〕　1996

年，陕西省按照“搞活办学机构、拓宽办学路子、办出成教特色、提高教学质量”的思想，狠抓成人高、中等专业教育改革。(1)进行电视大学招收“注册视听生”试点。7月中旬召开电视大学“注册视听生”工作会议，确定试点工作方案，成立试点工作协调领导小组，明确各有关单位在试点工作中的职责。这次试点开设了财务会计、法律、英语3个专业，共招生4400人。“注册视听生”的实行，拓宽了电视大学的办学路子，给立志成才的青年提供了接受高等教育的机会，扩展了高教自学考试功能与服务范围。(2)根据陕西省国民经济和社会发展“九五”计划2010年远景目标，批准省属成人高校和普通高校函授、夜大学增设本省经济建设和社会发展急需的28个专业。成人高教专业设置的调整，增强了学校主动适应和服务陕西经济和社会发展的能力。(3)继续进行第二专业学历教育试点，共招生1241人，在校生达到1530人。(4)继续举办《专业证书》班，全年共招生1823人，在校生达到5612人。(5)为强化激励机制，调动学生学习积极性，促进学风建设，继续进行成人教育优秀专科生免试专升本的试点，西安电子科技大学、西北大学等8所院校共选拔了116名优秀专科生。(6)进行培训军地两用中等专业人才试点。陕西省教委批准省乡镇企业成人中专学校与中国人民解放军驻陕某部联合举办成人中专学历教育，共同培养军地两用人才，招生近万人，实现了战士“入伍即入学，退伍已成才”的愿望。(7)进行通过成人中专学历教育，系统培养农村乡村干部的试点。陕西省农业广播电视学校共招生12000名乡、村干部分别学习现代乡村管理，会计与审计、农学、果树栽培等专业。

撰稿　魏天纬　李天祥

审稿　刘锦才

甘肃省教育

概　况

〔基本情况〕

1996 年各级普通学校基本情况

单位：人

学校类别	学校数（所）	毕业生数	招生数	在校学生数	教职工数 计	教职工数 其中：专任教师
一、普通高等学校	17	13798	16347	49724	15674	6282
研究生		484	780	2146		1068
本科	10	5594	7959	27870		
专科	7	7720	7608	19708		
二、中等专业学校	113	17312	22195	62797	13011	6378
中等技术学校	91	12631	17038	46348	10576	4974
中等师范学校	22	4681	5157	16449	2435	1404
三、普通中学	1657	256098	354996	966394	77653	63912
高中	430	48060	63001	176444		13151
初中	1227	208038	291995	789950		50761
四、农业、职业中学	180	12993	19533	45696	5765	4013
高中	171	12297	17709	41772		3826
初中	9	696	1824	3924		187
五、工读学校						
六、小学	23658	336205	548661	2857986	136670	129823
七、特殊教育学校	11	121	281	1523	325	235
八、幼儿园	1321		66595	127057	13281	8758

1996 年各级成人学校基本情况

单位：人

学校类别	学校数（所）	毕业生数	招生数	在校学生数	教职工数 计	教职工数 其中专任教师
一、成人高等学校	35	9800	13186	33585	2744	1388
广播电视大学	1	2311	2500	5270	176	69
职工高等学校	14	1226	1916	4781	1577	854
农民高等学校						
管理干部学院	1	695	703	1628	235	111
教育学院	4	930	1063	2291	756	354
独立函授学院						
普通高校举办：						
函授部		2999	4580	12617		
夜大学		1159	1596	4778		
干部专修科		480	828	2220		
二、成人中等专业学校	94	9919	13968	32161	3705	1900
广播电视中专	2	1941	5376	13356	656	259
干部中专	3	222	333	560	88	49
职工中专	32	3977	3816	10142	1376	706
农民中专	3	70	89	223	98	61
函授中专	1	3012	3377	5578	464	205
教师进修学校	53	697	977	2302	1023	620
三、成人中学	2	200	173	396	38	5
职工中学	2	200	173	396	38	5
农民中学						
四、成人技术培训学校	6220	1390812	1241297	1281636	7588	1690
职工技术培训学校	301	28257	28900	20445	468	282
农民技术培训学校	5919	1362555	1212397	1261191	7120	1408
五、成人初等学校	2010	229622	284563	319632	11964	2030
职工初等学校						
农民初等学校	2010	229622	284563	319632	11964	2030
其中：扫盲班	1830	218104	271642	303454	11616	1844

〔**全省教育工作会议**〕 1996年3月14日～16日，全省教育工作会议在兰州召开。会议总结了“八五”期间全省教育事业发展情况和1995年全省教育工作，重点讨论研究了全省教育事业“九五”计划和2010年发展规划，明确了今后一个时期全省教育工作主要任务、目标和措施。会议强调，今后15年全省教育事业的指导思想是：以邓小平同志建设有中国特色的社会主义理论为指导，认真贯彻落实党的十四届五中全会精神，主动适应计划经济体制向市场经济体制的转变和经济增长方式由粗放型向集约型的转变，要突出解决好质量和效益的问题，通过深化改革，逐步解决教育发展与经济建设不相适应的矛盾。

全省教育发展的目标：“九五”期间全省要逐步形成与社会主义市场经济体制相适应，各类教育协调发展，布局合理，学科门类较为齐全，运行机制良好，服务功能完善，适合甘肃实际的教育体系框架。到2000年，全省基本普及初等义务教育，70%的人口地区普及初级中等义务教育，在全省80%的人口地区基本扫除青壮年文盲，各类职业技术学校在校生与普通高中在校生持平，支持兰州大学等一两所高校部分重点学科进入“211”工程。到下世纪的前10年，全省普及九年义务教育，各类中等职业技术学校在校生达到高中阶段在校生的60%左右，继续扫除剩余文盲，使青壮年文盲率降到5%以下，高等教育的办学效益和教育质量得到进一步提高；全省教育形成与经济和社会发展相适应，规模适度、结构合理、功能完善、质量和效益较高的具有地方特色的社会主义教育体系，使全民受教育水平有明显提高，劳动者的职前教育有较大发展，各类专门人才的拥有量基本满足全省经济建设和社会发展的需要。

会议确定，1996年重点抓好10个方面的工作：（1）扎扎实实贯彻省委、省政府《关于加快教育改革和发展若干政策的决定》及其实施办法，确保各项政策、措施的落实。（2）大力推进《教育法》、《教师法》、《义务教育法》的实施，广泛开展各级各类教育教学督导评估，加大依法治教的力度。（3）根据全省“九五”计划和2010年远景目标，制订好教育发展“九五”规划，并积极组织实施。（4）深入落实德育在学校工作中的首要位置，多形式、多层次开展各级各类学校的德育和思想政治工作，积极探索适应新时期特点的措施和办法，提高德育和思想政治工作的效能。（5）进一步推进基础教育“重中之重”地位的落实，加快“两基”步伐。抓好7个县的普及初级中等义务教育工作；完成基本扫盲县3个，高标准扫盲县5个。（6）大力扶持发展民族教育，重视提高民族地区办学效益，解决好民族地区女童教育问题。（7）加快职业学校骨干校和县级职教中心建设步伐，完成5所国家级重点备选学校建设和16所县级职教中心建设。（8）积极稳妥地推进高校联合办学，促进高教结构调整；继续扩大“并轨”招生改革，完善相应政策措施；有系统有计划地全面推进高等教育教学领域的改革。（9）抓好世界银行贷款“第三个贫困地区基础教育发展项目”（简称贫困三）项目的启动和3个县的试点工作，加强项目管理和督促检查，推动全省23个项目县工作的全面展开。（10）继续推进教职工“康居工程”的实施，落实城镇中小学教职工住房建设和省属高校中青年教师住房建设计划。

〔**教育投入与支出**〕 1996年，全省地方财政预算内教育经费支出166333万元，比上年增长15.12%，其中教育事业费145051万元，比上年增长13.28%。教育部门财政预算内教育事业费总支出149672万元，其中个人部分128013万元，增长13.79%，公用部分21659万元，增长13.18%，公用部分所占的比例为14.47%，比上年下降0.07个百分点；全省预算外教育投入89331万元，占教育总投入的34.94%，比上年提高3.25个百分点。召开了全省教育费附加征收情况座谈会，加大了工作力度，使1996年城市、农村教育费附加征收有了新进展，全年征收26750万元，比上年增收6977万元，增长35.29%。制定下发了《征收副处级以上干部教育费附加办法》，建立了甘肃省中小学助学金制度。

全省勤工俭学销售收入达4.6亿元（中初等学校3.5亿元），比上年增长18%；纯收入8493万元（中初等学校7520万元），比上年增长26%。中初等学校生均纯收入达19.1元，比上年增长19%。有19个县市区纯收入超过百万元，65所学校超过10万元。勤工俭学收入补充教育经费6150万元，上缴税金2172万元。

九年义务教育基建投资项目在15个县的86所中小学实施，中央补助850万元，地方配套3357.5万元，修建校舍8.67万平方米，质量高，效益好。1996年，全省中小学新建、扩建校舍97.5万平方米，维修改造危房35.4万平方米，危房比重由上年的3.01%下降到2.64%。

省委、省政府把教师住房建设列入重要议事日程，年初召开电话会议，安排部署。各地普遍制定优惠政策，加大投入。全省计划下达教职工“康居工程”建设项目120个（幢），总建筑面积34.84万平方米，4736户，其中城镇中小学106个（幢），28.61万平方米，3972户；省属高校14个（幢），6.23万平方米，764户。

撰稿　景志峰　马正学

基础教育

〔**概述**〕 1996年，全省基础教育认真贯彻《教育法》、《义务教育法》，以普及九年义务教育为重点，积极推进普通高中教育改革，稳步发展特殊教育和学前教育，各项事业得到进一步巩固和提高。与1995年相比，全省幼儿园增加86所，小学招生数增加22786人，毕业生数增加16521人，在校生总数增加120927人。学龄儿童入学率为

97.27%，比上年提高0.36个百分点，其中女童入学率为96.11%，提高1.22个百分点。年辍学率为3.32%，其中女童年辍学率为3.48%。小学毕业生升入初中升学率为86.85%，其中女童升学率83.20%。初中招生比上年增加18350人，毕业生增加2626人，在校生增加43276人，年辍学率为5.36%，其中女生为4.72%。全省高中在校生增加7855人。专任教师学历合格率小学为85.67%，比上年增长1.07个百分点；初中为67.7%，增长4.9个百分点；高中为47.42%，增长1.94个百分点。全省普及九年义务教育的县市区达25个，人口覆盖率为28.46%；普及初等义务教育的县市区为62个，人口覆盖率为78.29%。

〔**义务教育**〕 1996年省教委坚持把"普九"作为"重中之重"，加强领导，加大经费投入。在年初全省教育工作会议上，对"普九"工作进行了全面部署，3月又召开全省普教科长会议，对"普九"工作再次作了安排。会后，省教委领导及有关处室同志深入各地进行调研和指导。省教委制定了《甘肃省普及九年义务教育评估验收表》。9月，与有关地、市共同组成评估验收组，本着"硬件从实、软件从严"的原则，对今年要实现"普九"的7县区进行评估验收，7县区各项指标基本达到了评估验收标准。11月底，省教委在民勤县召开全省"普九"工作会议，参加会议的有1996年实现"普九"的县区代表，还有1997年将要实现"普九"的县区代表。会议采取大会交流、观看录像、现场参观的方式学习了民勤、景泰、泾川、正宁等县区"普九"工作经验，并部署了1997年的"普九"工作。

1996年"普九"工作有以下特点：一是各级政府特别是县乡政府高度重视。各县区普遍修订了实施普及九年义务教育规划方案，成立了县乡"普九"工作领导小组，层层签订责任书，把"普九"列为政府目标责任制的重要内容。二是群众支持"普九"的热情高、集资办学力度大，效果明显。三是省教委提前介入、动态管理的工作方法取得了良好效果。四是借贷修学校、负债办教育，创出了贫困地区筹措教育经费的另一条渠道。五是中小学校舍建设向标准化发展。各地对新建校舍从当地"普九"的需求去要求，立足于高起点、高质量，许多农村学校修起了高大、宽敞、美观的教学楼，中小学校舍的质量有了明显提高。

1996年是《义务教育法》颁布10周年，全省普遍开展了纪念宣传活动。省教委及各地州市对10年来实施义务教育的情况进行了认真总结，在全面展开"普九"攻坚的同时，狠抓中小学校的管理工作。转发了国家教委制定的《小学管理规程》，并对贯彻执行情况进行了检查；加强中小学用书管理工作，严格审定中小学用书目录，使中小学生用书过多过滥的状况得到有效遏制；继续坚持初中毕业"三考合一"的会考制度，取得了较好效果。全省初中毕业会考6科合格率为44.84%，比上年提高4.7个百分点。

1996年省教委还下发了《甘肃省残疾儿童少年义务教育"九五"实施方案》，明确了到本世纪末特教发展的指导思想、目标任务和措施。

1996年甘肃省"希望工程"办公室共收到省内外各类捐款245万元，救助失学儿童9000余名。全省建成希望小学12所，立项待建4所，给贫困学校赠送新书56套（500册

/套)。

全省广泛实施"春蕾计划",省儿童少年基金会全年共收到省内外捐款61.86万元(其中香港镇泰集团捐款45万元),新建女童班21个,共救助1.49万名女童入学,其中分散救助女童6472名。

〔**高中教育**〕 1月,省教委在金昌市召开全省普通高中教育工作会议,各地州市教委主任和部分厂矿企事业办学单位的负责同志参加,省教委主任阎思圣作了讲话。会议在总结工作的基础上,制定了《甘肃省加强普通高中教育工作的意见》、《甘肃省示范性普通高中办学标准》等文件,提出了"因地制宜、分区规划、分类指导、分步实施"的普通高中教育发展16字方针,制定了到本世纪末全省普通高中建设的"250"规划方案,即到本世纪末,全省建设50所示范性普通高中,改造50所薄弱普通高中。7月,省教委在国营四〇四厂再次召开全省重点中学校长研讨会,讨论修改了《甘肃省示范性普通高中评估细则》。各地普遍加强了普通高中建设,一些学校开始了较大规模的校舍改造工程,部分厂矿企事业也加大了对普通高中的投入,力争使自己学校能早日进入示范性普通高中行列。1996年全省厂矿企事业单位办学的在校中学生已占全省城市中学生数的48%。

省教委加强了对高中会考工作的管理。一是将会考每门课程的补考次数限定为一次,消除重复补考给学籍管理带来的混乱。二是狠抓考纪考风。三是加强对会考成绩的统计、分析与反馈。四是加强学籍管理,严格审核发放高中毕业证。

〔**幼儿教育**〕 6月,省教委组织有关专家严格按照《甘肃省幼儿园分类评估标准》和《幼儿园工作规程》,对9个地区23所幼儿园进行省级评估验收,评出18所一类幼儿园,使全省一类幼儿园达80所。

〔**项目工作**〕 甘肃作为世界银行贷款第三个贫困地区基础教育发展项目("贫困三")省之一,1996年与财政部签订了扶贷协议,得到世界银行贷款1817万美元,"贫困三"项目在23个县全面启动。1996年也是中国——联合国儿基会1996~2000周期《促进贫困县初等教育项目》启动年。确定12个项目实施县。对县级项目官员和农村小学校长进行了培训,人数达400多人次。4月,省教委承办了由国家教委项目领导小组组织的《促进贫困县初等教育项目》省、县级项目主任培训会议,来自内蒙古、宁夏、青海、新疆、陕西、甘肃6省(自治区)47个项目县的项目主任和项目官员近200人参加了会议。12月底,省教委在平凉市召开全省项目工作年度总结会议,对各项目县的工作进行评审。

〔**师范教育**〕 4月初,省教委召开全省中等师范教育工作会议,讨论修改了《甘肃省中等师范教育事业"九五"计划和2010年改革与发展规划》,明确了今后15年全省中等师范教育改革与发展的指导思想、主要目标、任务与要求、对策与措施。省教委制定了《甘肃省中等师范学校(幼师)教育督导评估方案》,开展了评估试点。同时按照《甘肃省中等师范学校教育教学质量检查考试试行办法》,对全省中师(幼师)一、二、三年级的1200名学生,分别抽考了物理、生物、地理。为促进标准化建设，省教委为6所中师拨出基建专款1103万元，同时筹措资金78万元，为18所中师配备了生物标本，至此，省地两级18所中师的生物标本全部配齐。

〔**教师队伍建设**〕 1996年甘肃省小学校长培训中心在兰州师范高等专科学校正式成立，并举办了首届世行贷款“贫困三”项目县小学骨干校长培训班，23个项目县小学校长参加了培训；举办了第二期儿基会项目学校小学校长培训班，320多人参加学习。还选送18名中学校长去北京培训。

1996年开展了有12个专业的初中在职教师“三沟通”学历培训，17000多人报名参加学习，9048人已取得高师大专学历。开办了西北师范大学成人师范类音乐、美术两个本科专业，首届招收了23所中等师范学校音乐、美术专业的在职教师90名。全省小学教师培训工作在基本完成学历教育的同时，开展了对小学教师以基本功训练为突破口的继续教育。全年培训教师1540名。

经甘肃省“园丁奖”评审领导小组评审，并经省政府批准，271名教师被评为甘肃省优秀教师，30名同志获得优秀教育工作者称号，50所学校（单位）被评为甘肃省教育系统先进集体。经甘肃省特级教师评审委员会评审，报省政府批准，108名教师被评为1996年度甘肃省特级教师。9月5日，省政府邀请各地州市“园丁奖”获得者和特级教师代表，在兰州参加甘肃省教师节庆祝活动，省长孙英发表讲话。经曾宪梓教育基金会评定，甘肃省有14人获“曾宪梓”奖，其中二等奖2人，三等奖12人。

1996年，全省有5599名民办教师转为公办教师，同时有1279名民办教师被中师录取入学。省政府从1995年10月1日起，给民办教师每人每月增加10元国家补助工资，使小学民办教师国家补助每月达到85元，中学民办教师的国家补助每月达到90元。

〔**教育督导**〕 1996年根据“九五”规划确定的“督政抓‘两基’、督教促管理、督学求质量、建设上档次”的要求，开展了扎实的工作。在督政方面，成立了以副省长陈绮玲为组长的“五查”领导小组，完成了基础教育“五项内容”（“两基”规划的实施情况，《教师法》的落实情况，增加教育投入情况，德育工作情况，减轻义务教育阶段学生过重课业负担的各项主要措施落实情况）的督导检查。对民勤等7县区“两基”工作进行了评估验收。对21个县（市）、55个乡（镇）、243所中小学进行督导检查，促进了被查县、乡、校“两基”、“两全”的开展。在督学方面，指导各地依据《甘肃省普通中学、小学督导评估方案》对各级中小学实施综合督导评估；对甘肃省幼儿师范学校、西北师范大学附中进行了综合督导评估。在加强督导队伍建设方面，省政府于8月转发了省教委《关于加强教育督导工作的意见》，推动全省教育督导制度建设向规范化迈进；省政府批准了省教委报聘的34名省兼职督学；成立了“甘肃省教育督导研究会”，开展督导理论研究。

撰稿 刘彦文 王成俊 李舜钰

职 业 教 育

〔**概述**〕 1996年，全省职业技术教育以宣传贯彻《职业教育法》和全国职教会议精神为中心，以县级职教中心建设为重点，狠抓国家级重点中专和职业高中达标工作。继续集中力量，大力投入，重点扶持，加快重点骨干职业技术学校建设步伐，积极引导和大力扶持职业学校发展产业。召开了全省职教中心建设研讨会。各地在加强第一批职教中心管理的同时，加快了第二批16所职教中心建设。成立了甘肃省职业教育中心，初步建立了职业技术教育的师资培训、教材建设、教学研究、产业咨询等服务体系。全省普通中专校园总面积475万平方米，校均52114.4平方米，建筑总面积193.9万平方米，校均2.13万平方米，设备总值9987万元，校均109.75万元，图书424.58万册，校均4.67万册，校内实验、实习开出率达到60%。职业中学校园总面积3130200平方米，校均17316平方米，建筑总面积73.6万平方米，校均0.41万平方米，设备总值2000万元，校均11.1万元，图书265万册，校均1.5万册，校内实验、实习开出率达到52%。

〔**宣传贯彻《职业教育法》**〕 省教委下发了《关于搞好学习宣传〈中华人民共和国职业教育法〉活动的通知》，要求各地抓紧抓好，努力提高依法治教水平。9月1日，在兰州市东方红广场举行了庆祝《职业教育法》颁布实施活动，在兰州市的各类职业技术学校的师生集会，省教委主任阎思圣等领导同志到会并讲了话。广大师生结合各自的教学和专业特点现场进行技能表演，散发传单，出示图片板面，展示职业学校教育教学特色和实力，并通过广播、电视、报纸等新闻媒体进行了宣传。各地县也都开展了丰富多彩的宣传活动。

全国职业教育工作会议后，省教委组织全省14个地（州、市）教委对全省80多个县（市、区）和160多所职业学校的现状、发展目标等进行了全面调查研究，详细掌握各地职教发展规划、基建、经费、设计、规模、专业、效益预测、管理体制以及师资、专业设置、学校规模等情况，建立了内容比较完整的数据库，据以作出决策，提出了分步走的发展规划。

〔**招生改革**〕 1996年逐步扩大定向生、委培生、自费生、社会实践生和不包分配的市场调节生招生数量，打通人才通向基层的渠道。经省教委、计委和物价委员会研究决定，省联合中专与省级重点职业中专联合办学，充分发挥现有教育资源，扩大培养规模，同时适当增加职业中专招生数。通过多种措施，全省职业学校招生人数比上年净增4000多人。为了既能推进职业学校突出技能教育，又便于选拔符合职教师资条件的生源，同时让更多的职业学校毕业生有升学深造机会，继续采取报考职教师资的考生，在考试前进行专业课和文化课选拔考试，以专业课为主，正式高考录取时只考文化课，同时参考专业课成绩的办法录取新生。

〔**重点学校建设**〕 1996年有兰州市女子职业学校、平凉市职业中专、酒泉市职教中心和兰州市职业技术学校4所职业中学被国家教委认定为“国家级重点职业高级中学”；经省教委评估验收又有10所职业学校分别达到省颁B级（示范）和C级（合格）标准。全省合格以上职业学校由83所增加到93所。省部级重点以上普通中专已达16所，其中兰州石油学校、兰州化工学校、长庆石油学校、兰州铁路机械学校、甘肃省林业学校、甘肃省畜牧学校和兰州培黎石油学校达到国家重点中专办学水平。

全省已建成或在建的职教中心25所。10月，省教委在酒泉地区召开全省职教中心（学校）建设研讨会。与会代表参观了4个县（市）的职教中心和部分农村教育综合改革示范乡，交流了发展职业教育和职教中心建设等方面的经验与做法。会上制订了《甘肃省职教中心管理办法》，修订了《甘肃省职业高级中学评估评分标准》。会后许多职业技术学校采取“定编、定员、定岗、定职”的办法，精简机构，理顺内部管理机制；有些学校大胆采用全员合同制，实行聘任上岗制，引入竞争机制，增强学校活力。

在省教委召开的全省重点中专校长会上，研究了中专改革和发展问题，制订了《甘肃省普通中专教学管理规程》，修订了《甘肃省普通中专学生学籍管理实施细则》。

〔**师资培养培训**〕 1996年5月，省教委在江苏举办了两期各地（州、市）职教科长、部分县级职教中心和重点职校校长培训研讨班，采取实地考察和集中研讨的办法，收到良好效果。9月在西北师大职教研究培训中心举办了全省职业中学校长岗位培训班。培训期间，学员们参观了江苏省常州市溧阳职业学校等6所国家级重点职业中学，并聘请专家讲课。10月又组织普通中专学校校长和教务科长赴山东潍坊等地考察学习。

1996年积极创造条件鼓励教师采取自学考试、函授、夜大、电大和脱产进修等形式提高业务素质，同时从职业中学应届毕业生中选拔优秀毕业生到甘肃农业大学、甘肃联合大学、西安统计学院、上海旅游专科学校等省内外院校职教师资基地进修深造。鼓励青年教师进修第二和第三专业，并利用业余时间学习计算机知识和技能，以适应职业学校专业变化的需要。兰州石油学校实行工程系列教师职称的“双师制”（教师、工程师），兰州化工学校强化外语、计算机和实习教学，调动了教师的积极性，提高了教师的教学能力。

〔**校办产业**〕 1996年采取一系列优惠政策扶持职业学校校办产业的开发。如从国外和外省引进良种果树苗在景泰县职中建成万亩果园，在华池县职中增设电视地面卫星接收器生产线，扶持和指导兰州旅游职业学校向广州、深圳、香港等地进行劳务输出，支持兰州市职业学校改善其在深圳的服装厂生产条件等。全省职业中学建成农林牧生产基地135个，占地520万平方米，校办工厂58个，资产总值1263万元，总产值2000多万元。全省中专利用各自优势发展校办产业，如兰州石油学校等利用专业优势，面向企业举办技术密集型产业；兰州铁路机械学校等利用地域优势，发展围墙经济；省交通学校等发挥优势，以学养学；长庆石油学校坚持校办产业为教学服务，以厂养校；兰州气象学校通过外引内联，发展短平快项目。1996年，普通中专校办产业达到266个，总产值达到2500多万元。到年底，中等职业技术学校校办产业纯收入达868万元，有19所职业学校年利润超过10万元，最多的可达100万元，国家级和省级重点学校平均40万元以上。

撰稿　马志荣　牛辉峰

高等教育

〔**高教管理体制改革**〕　1996年省教委在调查研究的基础上，根据全省高校办学规模小、办学条件差、结构不合理、办学效益低的实际情况，向省委、省政府提出了《关于高等教育管理体制改革若干问题的意见》，提出省部共建甘肃工业大学，兰州医学院与兰州大学合作办学，解决甘肃联合大学办学困难等实施方案，并逐步进行了落实。4月，省教委同意甘肃工业大学在原化工系的基础上设立石油化工学院，为二级学院，业务上接受国务院有关部委和本省有关业务厅局领导。同时经省政府同意，批准甘肃政法学院成立公安分院，由甘肃政法学院和甘肃省公安厅领导。5月，省委书记阎海旺、副书记赵志宏、副省长陈绮玲到兰州大学召开现场办公会，研究解决兰州大学在“211工程”建设中的7个具体问题。会后，各项决定都得到较好落实。同月，兰州大学通过国家教委组织的“211工程”部门预审。8月，省教委召开西北师范大学与合作民族师专合作办学协调工作座谈会，促成了两校合作办学。合作师专在保留现有体制和校名的同时，另挂“西北师范大学少数民族高等教育研究基地”的牌子，9月开始启动。

10月，经甘肃省高等学校专业设置委员会评议通过，省教委审定，国家教委备案，同意西北师大增设统计学、计算机学科教育、文秘教育3个本科专业；甘肃农业大学增设机械设计与制造、土地规划与利用、沙漠治理3个专业；甘肃政法学院增设警察管理本科专业；经省教委审定，同意兰州师专增设美术教育、天水师专增设音乐教育专科专业。

〔**党建和思想政治工作**〕12月，省委组织部、省委宣传部、省教委党组联合召开高校党的建设工作座谈会，讨论全省高校领导班子建设，党的基层组织建设和思想道德文化建设工作。省委副书记赵志宏，省委常委、宣传部长石宗源、副省长陈绮玲出席会议并讲话。1996年，20所高校调整校级领导54

人，其中配备党政一把手10人，党政一把手配齐率达95%，一批40岁左右的年轻干部担任了高校领导，学生党员比例达到6.3%。全省高校党政管理人员职务评聘纳入全省职称评定序列。

1996年在全省高校开展了“两课”优秀教师的评选工作，共评选表彰优秀教师20名；在西北师大、张掖师专开展了“两课”教学改革试点。各高校把精神文明建设与学生管理、班主任工作、班级建设工作有机结合，建立了党委定期检查精神文明建设工作制度，设立校园文明监督岗，广泛开展文明校园活动。

〔**教师队伍建设**〕 落实了20万元人民币的奖励经费，从1996年起每年评选奖励高校优秀中青年教师，1996年评选35名，每名教师奖励5000元。同时继续贯彻落实青年教师培养计划，鼓励省属高校青年教师考研究生，共资助80名青年教师攻读硕士、博士学位。1996年全省高校专任教师中，具有正高级职称的368名，副高级职称的1387名，中级职称的2659名，初级职称的1487名。

〔**教学工作**〕 为迎接1997年国家教委的教学评估，甘肃中医学院、甘肃政法学院、兰州商学院3所学校进行了自我评价，摸清问题，对症下药，改进工作。省教委领导多次深入学校指导。省政府将两校的评估工作列为“九五”期间要办的10件实事之一，大力支持两校评估达标。

1996年在高校开展了教学成果评奖工作，评出省教委级教学成果120项，在此基础上评出省级教学成果奖79项，其中一等奖28项，二等奖51项。有19项成果被推荐参加国家级教学成果奖的评奖。获省级一、二等奖和省教委级奖的项目分别发给奖金3000元、2000元和1500元，并颁发荣誉证书。

1996年开展了省级重点教材评定工作，确定“九五”省级重点教材65种，申报国家级重点教材21种。全省有32898名学生参加全国大学生英语四、六级考试，通过率达59.46%。为促进英语教学工作，组织300余名英语教师进行了教学观摩活动。

〔**科研工作**〕 1996年甘肃省高校努力挖掘潜力，合理有效地利用和配置现有科技资源，开展联合攻关，不同层次和类型的学校结合自身特点开展科学研究。在师资力量较强的本科院校，在有特色的学科领域内逐步形成科研优势；师资力量相对薄弱的专科院校，围绕教学工作的需要，以应用开发研究为主，适当安排科研工作；理科高校在充分发挥基础研究优势的同时，大力加强应用研究，为经济建设服务；工农医等院校，在发挥应用学科优势的同时，注重理论探讨，以加强学科建设和人才培养。同时注意发挥委部属高校的优势，加强经验交流，及时掌握和传递全国科研动态与科技信息，促进科研工作。

1996年，全省高校多渠道争取和承担科研课题1300多项，获资助经费4690余万元。参加科技活动的人员9977人。其中高级职称2306人。出版学术专著175部（自然科学类74部，人文社科类101部），发表学术论文4992篇（自然科学类3093篇，人文社科类1899篇）。完成并通过鉴定的应用和基础应用成果179项，获得各种奖励的成果319项。

5月中旬，省教委组织了全省高校1994～1995年科技进步奖、社科成果奖的评审工作，共评选出优秀成果263项，其中科技进步奖130项，社科成果奖133项。全省高校获得1996年甘肃省科技进步奖60项，占获奖项目总数的43.8%。其中一等奖2项，占50%；二等奖21项，占47.7%；三等奖37项，占41.6%。

10月，由省教委、省科委和张掖地区行署联合举办“甘肃省科教兴区张掖研讨会”，邀请大专院校和科研院所的近百名专家教授及科研管理人员，为当地经济建设和社会发展牵线搭桥，献计献策，探讨高校适应甘肃经济发展，促进科技成果转化的新途径。

〔**重点学科建设和跨世纪人才培养**〕 1月中旬，省教委举办省属高校重点学科建设发展规划讨论（论证）会，对省级22个重点学科及所在高校分别制定的“九五”建设计划和2010年发展目标，进行了专题论证和审定。10月，安排下达22个重点学科建设专款170万元，给予重点扶持。

1996年狠抓跨世纪学科带头人的选拔培养工作。省教委会同省科委经过调研，确定12名同志为1996年省属高校跨世纪学科带头人。这些学科带头人年富力强，学历层次高，均具有高级专业技术职务。省教委安排30万元专款，为这些人各配置“586”微机一台。所在学校和学科也给他们提供了较好的教学、科研、生活、学习条件。省科委在1996年中青年基金项目中对跨世纪学科带头人资助经费32.2万元。经省人事厅推荐，国家七部委审定，上年选拔培养的西北师大刘仲奎和甘肃农大赵兴绪、黄高宝3位跨世纪学科带头人被列入国家“百千万人才工程”1995～1996年度第一、二层次重点培养计划。

撰稿　刘玉泉　何玉娥

成人教育

〔**扫盲工作**〕 1996年3月，召开了全省扫除文盲工作电话会议，对扫盲工作进行了总动员、总部署。6月在陇南召开了全省贫困山区、民族地区扫盲及农村教育综合改革工作会议，提出了“全面开展，重点突破，双基并重，保证质量”的扫盲工作方针，确定了力争5年内扫除150万青壮年文盲的任务。省政府与各地州市政府、行署签订了“九五”扫除文盲责任书，省教委与各地、州、市教委也签订了责任书，各地县也都建立双线责任承包制，各地用于扫盲的经费达450多万元。全省培训扫盲教师9708人。省教委组织编印了新的扫盲教材《读、写、算》，各地也自编和改编了扫盲教材，全省发放扫盲教材261742本。省教委与共青团一起组织大中专学生进行暑期扫盲工作，先后在兰州大学等17所大专院校举办扫盲讲座23期，组织500个小分队8000名学生分赴5个地州市开展扫盲；与省妇联联合下发《关于加强配合做好农村扫除妇女文盲工作的通知》，推动扫盲工作。陇南地区吸引了大批民办教师参加扫盲工作。全省全年动员34万文盲、半文盲参加学习，脱盲24万人。青壮年文盲率由上年的11.5%下降到9.6%，下降1.9个百分点。15～46周岁文盲、半文盲由上年的148万减少到124万。全省有10个县市区完成了高标准基本扫除文盲的任务。对54名工作突出的先进个人进行了表彰奖励。

〔**乡镇农技校建设**〕 1996年继续落实《甘肃省乡镇成人文化技术学校暂行规定》，重点抓了兰州、酒泉、张掖农村教育综合改革实验区的农技校建设，以及农村文化技术学校达标工作。全省乡村文化技术学校发展到9484所，仅乡镇农民文化技术学校就培训549254人。

人口教育得到了进一步加强，除省办20所人口项目学校外，各地兴办人口教育学校27所，培训15356人。

"燎原计划"工作在培训方面有了新的发展，酒泉开展第六个"燎原之冬"活动，陇南开展了"一户一个科技明白人"活动。"燎原计划"试点县发展到58个，示范乡206个。

〔**成人高、中等教育**〕 1996年全省成人高校招生比上年增长1.56%，毕业生比上年增长16.72%；成人中专招生比上年减少25.45%，毕业生比上年减少20.48%。广播电视大学招收注册视听生4088人。自学考试工作根据社会发展需要新开设5个专业，总计已开设专业41个，社会在籍考生24.8万人。全省有1.7万人取得大、中专学历。

1996年对成人高校广泛开展教学评估。一是对独立设置的成人高校的评估进行了总结反馈，促进各校的教学管理。二是全面开展对普通高校夜大学、函授教育的评估，有9所省属高校、2所部委属高校参加了甘肃省的评估，3所部委属院校参加了部委组织的评估。对地方委托培养大专班也进行了全面检查和整顿。

1996年，省广播电视中专与解放军某部队协作，为军队培养军地两用人才，开设4个专业，招收学员2700余人(两年共3400余人)，拓宽了成人教育的办学路子。有3所成人高校试办了高职班。1996年成人高、中等教育以进一步提高教学质量为中心。全省统一制订了23门成人高校、10门成人中专的教学大纲。对成人高、中等学校在校生进行了统(抽)考，同时完善毕业证审核验印制度。

〔**社会力量办学**〕 在长庆油田召开了构建现代企业教育制度研讨会，讨论新形势下企业教育体制、功能、作用等问题，促进了企业教育综合改革的发展。继续抓了基地建设，建立和完善培训中心（学校）审查备案制度，新批了甘肃省电力工业局教育培训中心。对省教委审批的社会力量所办学校进行了逐个摸底调查和检查评估。对全省社会力量办学进行全面检查，实行统计年报制度，使其逐步走上规范化、科学化管理。在严格论证的基础上，1996年新批了甘肃省医学培训学院、甘肃城信会计培训学院、兰州树东服装进修学院、甘肃科技进修大学等4所社会力量举办的学校。

撰稿 温攀玺 程耀荣

民族教育

〔**概述**〕 1996年，甘肃省民族地区有小学2520所，在校生302409人，专任教师13979人；学龄儿童入学率87.4%，女童入学率80.61%；普通中学142所，在校生69547人，专任教师5364人；职业中学17所，在校生1315人，专任教师208人；中等专业学校10所，在校生3735人，专任教师434人。与1995年相比，小学增加8所，在校生增加13571人。学龄儿童入学率提高1.4个百分点，女童入学率提高4个百分点，专任教师增加155人。普通中学增加1所，学生增加2008人，专任教师增加158人。职业中学保持稳定。中等专业学校调整了专业设制，在校生增加33人。

〔**全省民族教育工作会议**〕 4月，省政府召开全省民族教育工作会议，就进一步贯彻落实全国和全省教育工作会议精神，加快民族地区教育改革和发展步伐，提高民族教育整体水平，合理布局，调整结构，提高教育质量和办学效益，培养合格人才，以及教育更好地适应民族地区经济发展的需要等问题进行了重点研讨。省委副书记赵志宏和副省长陈绮玲到会作了重要讲话。会后，省政府下发了《关于加快民族教育改革和发展的通知》。明确了“九五”期间甘肃省民族教育改革和发展的指导思想和奋斗目标，提出了促进民族教育改革和发展的政策措施。要求各地对民族地区的教育投入要高于全省平均水平，在安排各项补助时，要优先考虑民族地区的需要，帮助解决实际困难；对特困地区适当降低校舍建设配套资金比例，帮助民族地区加强基础和培养自我发展能力；中小学教学设备继续实行“筹一奖一”政策；继续从省级教育费附加中安排100万元设立民族教育专项经费，用于特困地区发展基础教育。

〔**义务教育实施情况**〕 民族地区在实施九年义务教育工作中，坚持合理规划，因地制宜，分类指导，分步实施，扎扎实实稳步推进的原则。对1997年将要普及初等教育的天祝、永靖、临夏、夏河县和普及九年义务教育的肃北、阿克塞等县，省教委专门组织人员帮助指导。甘南藏族自治州上下形成“党以重教为先，政以兴教为本，民以支教为荣”的社会氛围，州县乡三级党政部门和教育系统加大普及初等教育工作力度，成立了协调工作小组，全面规划，全面安排，全力抓落实，力争完成任务。全州108个乡（镇）中，普及初等义务教育的乡（镇）达22个。全州学龄儿童入学率78.49%，女童入学率69.84%，藏族儿童入学率66.68%，巩固率95.11%，毕业率92.92%。临夏回族自治州把基础教育作为工作重点，把普及初等教育作为“重中之重”，投入大量人力和财力。

全州130个乡（镇）有62个已基本普及了初等义务教育。普及初等教育乡镇的人口数占全州总人口数的52%。适龄儿童入学率86%，其中少数民族儿童入学率78.4%，少数民族女童入学率61.4%，巩固率91%，毕业率95%。

〔**“双语”教学和各类民族班**〕 甘肃省的藏族、蒙古族和哈萨克族都有自己的语言文字。在有少数民族语言文字的地区，都实行了“双语”教学。即在藏语为主的地区，以学习藏语文为主，单科加授汉语文；在汉藏语兼通的地区，以学习汉语文为主，单科加授藏语文。甘南藏族自治州在“双语”教学中，逐步实行统一教学计划、统一教材内容、统一质量要求、统一命题考核、统一检查评估的“五统一”，使民族中小学的“双语”教学逐步达到全日制中小学的规模和教学要求，教学质量有显著提高。1996年全州初中6科合格率，普通类达34.97%，以汉语文教学为主类达12.33%，以藏语文教学为主类达10.9%，分别比上年提高16.26、8.22、8.99个百分点。小学双科（或三科）毕业会考合格率，普通类48.84%，以汉语文授课为主类5.54%，藏语文为主类40.98%，分别比上年提高4.29、0.94、20.98个百分点。全省民族地区进行民族语文教学的中小学290所，在校生近3万人；中学29所，在校生5000人；4所中专开设了民族语文课和民族语文授课专业；每个牧业县都有寄宿制中学，116个牧业乡中112个修建了寄宿制小学。

省教委积极参加民族语文教材建设工作，配合5省区藏文教材协作办公室和8省区蒙古语文协作办公室，组织人员参加教材编写工作。6月，承办5省区藏族教育协作会，按时完成了中师藏文教育学、藏语文教材及大纲的编写任务，其中两套教学《大纲》及目录已审定通过。

全省已在5所高校、3所中师、9所重点中学开设了民族班，在14所中专增加了少数民族招生人数。高等院校民族班在校学生275人，中师民族班在校学生200人，重点中学民族班在校学生500人。全省少数民族学生进入高等院校学习的人数逐年增加，已有1317人，占全省录取总数的7.8%，接近全省少数民族人口比例。

〔**教育对口协作**〕 认真落实《甘肃省教委、天津市教育局1996～1998年教育对口支援协议书》内容，6月，邀请天津市教研室的教育教学专家一行16人来甘肃考察讲学，在甘南藏族自治州和临夏回族自治州讲学18场次，把先进教学方法、科学管理经验、最新信息带给山区和牧区，并向两州的教研室各赠送价值1万元的电教设备、教研资料和录像带。天津市教育学院为甘肃少数民族县举办了大专起点升本科的中文师资班，25名教师在津深造。

与内蒙古自治区、新疆维吾尔自治区继续开展教育协作，解决本省蒙古语文和哈萨克语文方面的人才培养问题。内蒙古自治区为甘肃对等培养蒙语文授课的本科生6名、中专生5名；新疆维吾尔自治区为甘肃对等培养哈语文本科生4名。专业由原来的师范类扩大到财政、金融、医学、建筑等。

由甘肃省委宣传部牵头，省教委、省新闻出版局、省总工会、省科协、团省委、省学联联合发起了一个支援甘南民族教育行动，通过3至5年时间帮助甘南藏族自治州17所完全中学各建立一个拥有2万册藏书的图书室；按照国家教委初中三类，高中二类标准配齐理化教学仪器；为每校培训1名校长、10名掌握科学教学方法的合格教师；为州属两所中学各装备一套语音设备；对应届毕业生进行实用技术培训和对在校女学生进行基本家政知识教育。省教委积极参与并实施这一行动，由省教学仪器公司为甘南州17所中学配置教学仪器，改善办学条件；组织在兰州的8所重点中学的骨干教师赴甘南州各县和州直学校讲学，传授经验，指导学校工作。这项活动中各部门共为甘南州捐书、赠物、配备教学仪器和电教设备累计达130多万元。

〔**经费筹措**〕 1996年民族地区进一步加强了多渠道筹措教育经费的工作力度。临夏回族自治州捐资集资1306.1万元，征收教育费附加747.8万元，国家和省投入各类专项教育经费1622.8万元。这些经费项目已覆盖全州八个县（市），启动项目工程学校56所，其中中学8所，小学48所。甘南藏族自治州征收教育费附加439.7万元，勤工俭学收入107万元。国家和省投入各类专项教育经费1456.2万元。全州26个项目工程已完成8个。两州同时狠抓了投资效益，按国家和省的要求，坚持按项目全程管理，保证发挥资金效益。

撰稿　王守斌

审稿　孙一峰

青海省教育

概　　况

〔基本情况〕

1996年各级普通学校基本情况

单位：人

学校类别	学校数（所）	毕业生数	招生数	在校学生数	教职工数	
					计	其中专任教师
一、普通高等学校	7	2033	2463	7796	2973	1398
研究生			3	16		
本　科		917	1065	4200		
专　科		1116	1395	3580		
二、中等专业学校	34	4296	4186	13479	3062	1701
中等技术学校	23	2564	2309	7404	2141	1117
中等师范学校	11	1732	1877	6075	921	584
三、普通中学	467	55389	67600	192854	19043	15638
高中	172	11387	17429	47758		4202
初中	295	44002	50171	145096		11436
四、农业、职业中学	29	7343	5141	13059	849	617
高中	26	2240	3619	9839		496
初中	3	5103	1522	3220		121
五、工读学校						
六、小　　学	3451	58750	86723	459552	29298	27350
七、特殊教育学校	2	32	84	3994	123	83
八、幼儿园	192		62650	70467	2443	1690

1996年各级成人学校基本情况

单位：人

学校类别	学校数（所）	毕业生数	招生数	在校学生数	教职工数	
					计	其中专任教师
一、成人高等学校	3	1270	1784	4198	663	311
广播电视大学	1	228	500	1199	216	89
职工高等学校	1	283	398	922	136	102
农民高等学校						
管理干部学院						
教育学院	1	520	606	1431	311	120
独立函授学院						
普通高校举办：						
函授部		124	101	320		
夜大学						
干部专修科		115	179	326		
二、成人中等专业学校	19	2515	4786	11356	686	329
广播电视中专	1	536	1574	3491	141	90
干部中专	3	136	316	758	126	55
职工中专	14	1156	1549	4409	347	166
农民中专						
函授中专	1	622	1204	2409	72	18
教师进修学校		65	143	289		
三、成人中学	1	261	293	784	66	62
职工中学	1	261	293	784	66	62
农民中学						
四、成人技术培训学校	652	127491	197750	161428	138	49
职工技术培训学校	5	652	672	1066	61	47
农民技术培训学校	647	126839	197078	160362	77	2
五、成人初等学校	631	43506	37093	38991	478	103
职工初等学校						
农民初等学校	631	43506	37093	38991	478	103
其中：扫盲班		43168	35440	37338	478	103

制表　张晓乐

〔**全省教育工作会议**〕　青海省政府于1996年3月29日召开全省教育工作会议。会议的主要任务是：进一步动员各级政府继续落实教育优先发展的战略地位，认真实施“科教兴青”战略，全面推进全省各级各类教育事业与经济建设的协调发展。省委副书记桑结加，省人大副主任杨茂嘉，省政协副主席札喜安嘉等领导同志出席会议，各州（地、市）政府主管教育的领导和教育部门及有关部门的负责人共110多人参加会议。白玛副省长作了重要讲话。会上，省政府表彰了乐都县，贵南县，西宁市城中区、城西区4个教育先进县（区）和互助、门源、同仁、玉树、班玛县和德令哈市6个实施1994～1995年地方《教育事业发展目标责任书》先进县（市）。省政府和省教委分别与各州（地、市）政府及教育局（教委）签订了1996～1997年地方《教育事业发展目标责任书》。会议要求各地根据当地实际，切实把普及九年义务教育当作教育事业发展的“重中之重”来抓。已经“普九”的县（区），要不断改善办学条件，提高办学水平，加快中小学标准化建设步伐，创办教育管理和办学水平全优的学校，并大力发展初中后的职业技术教育和高中教育；已经“普六”或接近“普六”的地区，要积极创造条件尽快“普九”；自然条件较差，经济文化欠发达，教育基础薄弱的少数民族地区和牧区、山区，要先普及三、四年义务教育，要把工作重点放在提高入学率、巩固率、普及率和完成率上。牧区在办好现有寄宿制学校的同时，适当调整学校布局和结构，把县、乡、村有限的人、财、物力集中起来，形成规模效益。教育基础差的人口小县，初等教育要走“适当集中，扩大规模，提高效益”的办学路子，在县城所在地办好一所中心寄宿制完小，把乡、村四年级以上的学生集中到县上。要采取多种办学形式，有计划有步骤地办好一批包括帐房小学、牧读小学和集中教学点在内的简易小学，加快牧区教育步伐。会议要求各级教育行政部门要坚持一手抓“普九”，一手抓扫盲。各级政府和教育行政部门一定要认真解决扫盲经费、师资、教材和实际困难。共青团、妇联、农林、科技等部门和当地驻军要把扫盲同落实世妇会《宣言》、实行“绿色证书工程”、科普和实用技术培训及军民共建活动结合起来。各部门每年都要为扫盲做一两件实事，一定要注重效果，确保扫盲质量。

〔**全国人大《教育法》执法检查组来青检查**〕　1996年6月19日～26日，由副委员长布赫率领全国人大常委会《教育法》执法检查组来青海省检查《教育法》执行情况。6月20日～23日，检查组在省人大常委会副主任杨茂嘉、省政府副省长白玛等陪同下，分两组到西宁市、海东地区和海北州进行检查。检查组听取了州、地、市、县政府有关贯彻《教育法》，落实教育投入情况的汇报，察看了西宁市西关街小学、虎台小学、青海师范大学和平安、互助、湟源、海晏、刚察等县的学校，并同部分教师和校长进行了座谈。6月24日～25日，检查组在西宁听取了省人大、省政府关于青海省贯彻落实《教育法》、加强执法监督、加快地方性教育法规[illegible]步伐等情况的汇报，并与省人大、省政府领导交换了意见。布赫副委员长一行肯定了青海省在贯彻执行《教育法》等方面所取得的成绩。强调指出：青海省是经济落后的多民族省份，由于历史、社会和自然条件等多种原因，经济基础比较薄弱，社会发展相对落后，省委、省人大、省政府在财政状况十分困难的情况下，保证了对教育的投入，走出了符合青海实际的发展民族教育的成功路子；广大教育工作者甘于清贫、乐于奉献的敬业精神应当大力表彰和鼓励。

撰稿 高福寿

基础教育

〔**综述**〕 1996年，全省小学在校生人数比上年增长1.16万人；小学入学率为89.63%，比上年增加2.19个百分点；毕业率达100%，比上年增加1.13个百分点；毕业生升学率为91.35%，比上年增加4.4个百分点。初中入学率为56.8%，比上年增加7.85个百分点；升学率为66.52%，比上年增加14.07个百分点。全省已基本形成以省、市特殊教育学校为骨干，以部分特教班和随班就读为主体的特教教学网络。残疾儿童在校生达3994人，较上年增长5.41%。

〔**义务教育**〕 1996年5月，成立了以副省长白玛为组长、省教委主任高荣为副组长的“五查”领导小组，下设4个检查组，对海南、海西、海东和西宁4个州（地、市）的11个县（区）进行了督导检查，检查面达50%。对检查中发现的诸如教育经费附加不能按时足额征收、个别农村小学缺少课桌凳、档案资料不规范等问题提出了改进措施。

6月18日～7月17日，省政府“两基”督导、评估、验收团组成3个分团，对西宁市城北区、海西州德令哈市、格尔木市、大柴旦、冷湖、茫崖等地区的“两基”工作进行了检查评估和验收。同时对民和、大通、门源、祁连、乌兰5个县的“普六”进行了验收。召开了2000年前实现“普九”的12个县（区、市）的“普九”工作汇报会，交流了经验，部署了工作。10月又对乐都县在“两基”评估验收后的巩固提高工作进行了督导检查。

国家教委督导团于9月抵青，到海西德令哈、西宁城北区察看了4个乡（镇）、4个村及部分学校的“两基”工作，召开了座谈会。督导团肯定了青海省“两基”工作成绩，并对教育投入、学校布局等问题提出了改进意见。

1996年，青海省有5个县（市、区）通过国家教委“普九”检查验收。

〔**世界银行“贫三”项目执行情况**〕 世界银行贷款“第三个贫困地区基础教育发展”项目（简称“贫三”项目），在青海省委、省政府的指导下，经省教委、省财政厅、省计委、省审计厅通力合作，进展顺利。(1)省、州、县层层建立了项目管理领导小组及项目办公室。(2)制定了《项目实施管理办法》及与之相配套的6个制度性文件。(3)完成了土建工程41.99千平方米，占项目土建总计划的36.8%；购置课桌椅15000套，占项目总计划的33.2%；培训师资979人，占师资培训总计划的15.16%。(4)少数民族女童教育和藏族小学藏汉双语教育改革实验项目付诸实施。到1996年底，项目县女童入学率达到55.5%；初中女生在校生比例达到45.3%；小学双语教师合格率达37.2%，初中双语教师合格率达37.3%。

〔**素质教育研讨会**〕 1996年12月20日，省教委召集部分州、市、县教委主任、教育局长和省内专家、学者，共商全面实施素质教育的研讨会。会议指出：全省各级各类教育要从“培养有理想、有道德、有文化、有纪律的社会主义公民”这一目标出发，全面实施素质教育，使受教育者在德、智、体、美、劳诸方面得到全面、自主、协调发展。会议要求全省各地抓好5个方面的工作。(1)转变观念，明确教育目的，逐步实现由应试教育向素质教育的转轨。(2)深化改革，建立以刚性、量化为特征的目标管理机制。(3)加强宏观调控，积极改革人才选拔机制、就业机制和用人机制。调整教育结构和教学内容。(4)解放思想，大胆实验，区域推进，提高素质教育的实效性。(5)加速培养一支高素质的校长队伍和教师队伍。

〔**教育改革**〕 1996年各地进一步扩大“三制”改革范围，引入竞争激励机制，强化学校内部管理，调动了广大教职工教书育人、服务育人、管理育人的积极性。西宁市十二中学从1993年起推行以“校长负责制、教师聘任制、结构工资制”为核心的学校内部管理体制改革，三年来学校面貌明显改善，教学质量稳步上升，社会声誉不断提高。1996年底，青海省教委向全省各地转发了该校改革经验，要求全省各中小学认真学习借鉴，把管理体制改革引向深入。

全省高中教育继续调整结构，积极推行“四种办学模式”的实验，调整教学计划，强化高中教育分流。同时积极推进中小学标准化建设。拟订了中小学校评估标准（初稿）。西宁市城北区朝阳小学、城西区胜利路小学已经通过了区级评估。

在教材管理上实行“一支笔、一枚印章、一个渠道”的教材管理发行制度，即学校填写教材征订单，教育行政部门审查教材目录，新华书店发行教材，规范了各类教学用书的供应办法。1996年省教委还承办了西北地区第三届中小幼教材建设、管理协作会议，就西北地区协作编写教材的问题形成了共识，达成了协议。

〔**教师队伍建设**〕 1996年强化了“三沟通”师资培训考务管理，将原来的22个单科结业考点集中为6个；对第一批毕业生的档案进行了审查；对审查合格的1116名毕业生颁发了证书；到年底，全省“三沟通”师资培训已拥有15个专业，22个教学点，133个教学班，在校学生达6865人。

亚洲开发银行援助青海中学教师培训项目，在6个州、海东8县及大通县共建立15个培训点，1996年度培训教师1291名，完成一、二、三级培训任务。6月，接受国家教委及亚行专家的检查评估。亚行官员对该项目的实施给予了很高评价。

1996年省电教馆在共和、民和两县进行了远距离师资培训，共举办4次7个班，就小学语文、数学、自然三门学科的新教学大纲、教材教法和电化教育、远距离教育、现代教育技术等作了专题讲座，有382名小学骨干教师参加培训。在各期培训班结束前进行了测试，100%的学员成绩及格，90%以上达到优秀。

全省有50名校长参加了国家教委举办的千名校长培训；有320名教师参加了联合国“儿基会”中师项目举办的小学自然、教材教法、双语教学培训。

在海西州开展了小学专业合格证书考评，有406人取得了专业合格证书。

通过多渠道培训，1996年全省中小学教师学历合格率得到提高。小学教师学历合格率达到86.18%，比上年增加1.69个百分点；初中教师学历合格率达到61.87%，比上年增加3.22个百分点。

1996年，经评审，有128人评为中学高级教师，有475人评为中学一级教师，有20人评为小学特级教师，有477人评为小学高级教师，有922人评为小学一级教师。

〔**中等师范教育**〕 1996年省教委下发了《青海省中师学籍管理规定》，加强了中师学籍管理，毕业证书验印及发放工作，并对全省近2000个中师毕业证书进行了验印。省教委组织人员，对海西州民族师范、黄南州民族师范、乐都师范、大通县师范等校进行了检查与评估，促进了学校标准化建设及教学质量的提高。

1996年，省教委先后召开了全省中师校长会和中等师范学校管理工作现场会。现场会在海南州民族师范学校召开，与会代表进行了现场观摩学习。

省教委还与省科协联合，在青海师范大学和青海师专举办了“园丁科技教育”活动。各师范院校有600多人（次）参加了这项活动。

〔**德育工作**〕 1996年确定10个单位为青海省首批学校德育基地：中国第一核武器研究基地，中国工农红军西路军纪念馆，青海省博物馆，柳湾文化遗址，互助北山国家森林公园，海西州民族博物馆，青海湖，李家峡水电站，文成公主庙，果洛州青少年科技中心。10月底举行了正式命名仪式。

1996年省教委下发了《青海省中小学德育工作考核评估指标》、《青海省中小学学生思想品德评价方案》、《青海省中小学班主任工作考核指标》等文件。7月中旬，省教委召开了西宁地区部分教育行政领导及教师参加的“师德教育座谈会”，就师德教育的现状、问题与对策进行了探讨。省教委与省委宣传部联合召开了“第二次精神文明建设研讨会”，就青少年思想道德现状与对策进行了研讨。

国庆节前夕，省教委举办了中小学生“我爱家乡、我爱青海”演讲比赛。全省各地10个代表队，40名学生参加了比赛。省电视台进行了实况转播，在社会上引起很大反响。利用红军长征胜利60周年的时机，省教委与省委宣传部等有关部门联合组织中小学生祭扫烈士陵园，听老红军作报告，进行革命传统教育。省教委还与团省委联合召开“跨世纪中国少年雏鹰行动”农村经验交流现场会，并确定互助县两所小学作为试点，逐步把这一活动向广大农村牧区推广。

6月18日至20日，省教委组织了西北地区教育系统关心下一代工作协作会议。国家教委关工委、西北五省区关工委及有关部门负责同志40余人到会，共同研讨新形势下进一步做好关心下一代工作的途径和方法。在省教委关工委的指导督促下，截至年底，全省已有近30万中小学生参加了社会保险。

〔**学校卫生工作**〕　针对全省学生近视患病率居高不下的状况，省教委要求各地积极改善办学条件，指导学生坚持做眼保健操。同时对少年儿童中“防龋”工作也予以重视，制定了《防龋方案》，提出了“防龋”措施。

〔**教育研究**〕　6月上旬，在西宁市城西区举办了“愉快教育”观摩活动。全省教育行政部门的领导、教研员及学校校长等300余人参加。上半年，先后举办了全省自然、历史、地理、物理4学科讲课比赛和音乐、美术学科基本功比赛，共有280余名中小学教师参加。7月中旬，举办了全省高中英语教师培训班，学习了高中英语教学大纲及教材教法，有48名教师和教研员参加。还组织部分外语教师参加《张思中外语教学法第三届研讨会》，准备在西宁地区实验推广“适当集中，反覆循环，阅读原著，因材施教”的16字外语教学法。

1996年组织编写了切合青海实际的《九年义务教育文化课水平检测》丛书；重新审查、修改了《初三综合练习册》《高中会考标准》《目标教学检测》及学前班教材、中小学寒暑假作业等，合计52册，约400万字。同时制定了《关于进一步加强中小学教学用书管理的规定》。

〔**勤工俭学**〕　1996年，全省勤工俭学坚持“全面发展，重点突破，分类指导，统筹规划，扩大规模，强化管理，增强科技，提高服务”的指导思想，取得了较好成绩。据统计，全省勤工俭学总产值突破5000万元，纯收入达到1530万元，生均收入22元，开展面达78.50%，分别比上年增长11%、15%、10%和提高0.5个百分点。8月下旬，在大通县召开了全省勤工俭学统计工作先进集体和先进个人表彰会，表彰了西宁市教委等14个先进集体，张存福等14位先进个人。

乐教县教育局这几年注意发展校园经济。到1996年，建成塑料大棚温室20座，种植苹果树1600多株、花椒树1万多株，不仅丰富了当地群众的菜篮子，还美化了校园，培养了实用人才，1996年勤工俭学纯收入突破80万元。西宁市城西区集中力量进行房产开发，1996年租赁房屋铺面50间，建温室26640平方米，养猪300多头，勤工俭学纯收入突破百万元，为改善办学条件提供了物质基础，加快了全区标准化学校建设的步伐。

由于资金短缺，全省没有一家像样的校办骨干企业，为此，省教委勤工俭学办公室对大通县新庄乡教委申办的甜醅生产加工项目、岗冲中学的石英加工、海南州龙羊峡小学申办的碳化硅生产项目进行了多次考察论证，待资金到位即可动工生产。这些项目建成投产后，学校可获得直接经济效益250万元。

撰稿　赵仰伦　高福寿

职业教育

〔**综述**〕 1996年，青海省职业教育从实际出发，分类指导，统筹规划，综合协调，加大改革力度，狠抓检查评估，强化保障措施，推进标准化建设。全省中等职业学校92所（其中技工学校29所）。中等职业学校在校生占整个高中阶段在校生的比例达到41.01%。全省开办“三加一”职业班932个，在校生36489人；职业中专班28个，在校生1146人。中等职业学校教师中高级讲师21人，讲师64人。

〔**宣传贯彻《职业教育法》**〕 1996年，全省把学习、宣传、贯彻《职业教育法》作为推进职业教育发展和实施科教兴省战略的大事，给予高度重视。全国职业教育工作会议后，省委、省政府召开会议，研究了贯彻落实的意见。省人大、省教委、省经贸委等7部门下发了《关于学习、宣传、贯彻〈职业教育法〉的通知》和《贯彻实施〈职业教育法〉的意见》，要求通过学习宣传、贯彻《职业教育法》，切实解决认识不高、重视不够、统筹不力、投入不足等问题。省教委与宣传部门、新闻媒体联合开辟职业教育专题、专栏和组织专访及座谈会等形式，宣传典型，总结交流经验。在教师节期间，组织了以全省中等专业学校和职业学校为核心，以西宁及州（地、县）所在城镇为中心，以标语、展览、图片、实地演示、文艺节目等形式的《职业教育法》宣传日活动。全国职业教育工作会议后，还制订了《青海省职业教育发展的“九五”计划和2010年发展规划》，提出到本世纪末及2010年全省职业教育发展的目标、任务、指导方针及保障措施。

〔**农村教育综合改革**〕 1996年7月，省教委组织人员，对海东、海西、海北、西宁的10个县（区）的农村教育及17所职业学校进行了调查研究。从调查情况看，全省各类普通中小学普遍开设了劳动和劳动技术课，并做到了教师、教材、教学和考试四落实，为在基础教育阶段渗透职教因素，让学生掌握一技之长开辟了新的路子；省教委及西宁、海东、海西等地区的大部分县（区）都成立了职教领导小组，并将职教列入政府议事日程，初步形成了以政府领导、部门参与、教育部门组织协调的齐抓共管的局面。乐都县成立了县职教中心，并以中心为龙头，融各职业教育为一体，增加教育投入，改善办学条件，初步形成了招生、培训、就业一条龙的办学体制，增强了办学的活力。互助县把推进“三教统筹”和“农科教”结合纳入当地社会经济发展的总体规划，制定了一系列政策规定，建立健全了县乡职教领导班子。在具体实施中，以在基础教育阶段引进职教因素为先导，以县职校为龙头，统筹全县职业技术教育，面向生产实际，服务支柱产业，加强与各部门、各方面的联系，上挂高校科研单位，横联有关部门，辐射县乡企业和广大农村，开展多形式、多层次的职业教育和培训。湟中县自编乡土教材，对中小学生进行实用技术培训，并实行文化课合格毕业证书和职业教育“绿色证书”双证书制度，调整了农村职业中学的专业设置，开设了种植、养殖等20个专业，全年为社会输送各类实用技术人才1730人。县成立了农村教育综合改革领导小组，各乡村成立了相应机构，从上到下形成强有力的统筹领导体制。县、乡领导小组会同有关职能部门对农村培训对象、时间、内容、教师等进行统筹，编制计划，分口实施，实行农业出题目、科技出项目、教育出人才，共同搞开发的一体化模式。1996年，湟中、乐都两个农村教育综合改革试点县和21个示范乡共举办各种培训班900多期，9万人次参加了培训。

〔**标准化学校建设**〕 1996年把办好重点职业学校列为职业学校建设的中心任务，工作上精心指导，政策上明显倾斜。省教委先后给西宁市第一职业中学及互助、乐都县职业中学投入专项补助67万元，贴息贷款140万元，用于改善办学条件和扶持校办产业。同时抽调6个办班学校的校长组成检查组，对西宁市第一职业中学、畜牧兽医学院职业学校、农林学校、湟源牧校、石油局职校、青海大学职校举办的职业中专班进行检查，针对存在问题，提出改进意见。5月，省教委派专人对15所中等专业学校的2019份学生档案进行了检查。针对检查中发现的问题，查漏洞，补措施，促进了各校的学籍管理，保证了1996年学历证书验印工作的顺利进行。

〔**校办产业**〕 1996年据对15所职业学校调查统计，现有教学实习基地234公顷、校办产业20多个，涉及汽车驾驶、藏地毯、电器、缝纫、养殖、制衣、房屋出租、食用菌栽培、医疗、农科等15种类，有固定资产2625万元，创产值434.34万元，年实现利润51万元。乐都县教育局将局属纸箱厂划归县职业学校，贷款20万元修建250平方米铺面作为职校校办产业基地，该校还开办铁木加工、食用菌栽培、中医、维修、缝纫等产业活动，现有固定资产101万元，总产值150多万元。互助县职业学校开辟实习基地3.3公顷，开展塑料大棚养殖生产，开办小卖部、中医门诊、食用菌栽培等，年产值22万元。湟中县多巴职校开展藏毯加工、电器修理、缝纫等校办企业，现有固定资产近30万元，年产值40万元。

〔**职业中学校长培训**〕 1996年11月，省教委在互助县举办了全省职业中学校长岗位培训班，全省28所职业中学和开办职业中专班的普通中专的35名校长参加了岗位培训。培训班请有关专家和学者，就中国职业教育的发展历史、职业教育改革与发展、职业教育的基本原理、职业教育的教学管理、教师管理、学生管理及学校评估、职业教育与劳动就业等问题进行了系统讲授，提高了受训校长的业务水平。

撰稿 丁生东

高等教育

〔**体制改革**〕 针对全省高等教育存在的结构布局不合理，专业重复设置，办学规模小，效益偏低的状况，省教委在认真学习李岚清副总理有关高校体制改革讲话精神的基础上，先后向省政府上报了《关于青海省高教改革与发展情况汇报的报告》和《关于调整我省高等院校结构布局的意见》。根据全省经济建设和社会发展要求和对各类人材需求的特点（即：门类多，批量小），正式提出成立青海大学化工学院和改变青海师范高等专科学校办学模式，增设青海大学有色金属等3个本科专业和青海民院的工商行政管理专业等建议。这几项重大措施的出台，为全省高等教育适应大规模资源开发的战略设想，提供了人材培养的基础。

〔**思想政治工作**〕 1996年，省教委积极配合省委宣传部、团省委，组织大中专学生暑期社会实践活动。活动的主题是“扫盲与科技文化服务”，形式是“小集中，大分散”。成立100支精干的小分队，到重点地区开展“扫盲与科技文化服务”活动。还利用广大回乡学生分散到各个地区和部门的机会，开展这项活动。据统计，参加活动的志愿者有5万人次，受益地区达34个县、（乡）镇。在活动中涌现出10个优秀组织单位、14个先进集体、64名先进个人和22名优秀指导教师。

省教委还积极配合高校工作领导小组大力加强高校学生思想政治工作，保持校园稳定，同时进行“两课”教学改革，加强理论与实践的联系，增强实效性和时代感，不回避当前社会的热点问题，加强学生“三观教育”，帮助他们正确摆正个人价值和祖国需要的关系。

〔**教师队伍建设**〕 1996年培养选拔了高校第二批中青年教师学术骨干40名，选派5名教师参加在杭州商学院举办的大学英语教师进修班。实施了高校教师上岗前培训制度，规定凡45岁以下的中青年教师必须参加岗前培训并取得合格证书方能上岗教学，全年共举办3期培训班，有180名教师通过培训。针对全省高校教师学历结构不合理的情况，又开办了教师研究生课程班，青海大学和医学院分别有20名和40名教师参加该班学习。同时还鼓励广大青年教师攻读博士、硕士学位或在职人员以毕业研究生同等学历申请学位，以各种形式提高学历层次，更好地从事科研、教学。1996年，印发了《关于加强我省高校师资队伍建设的意见》和《青海省高等学校师资培训工作“九五”规划要点》两个文件。

〔**科技工作**〕 1996年省教委下发了《青海省高等学校科学研究管理办法》《青海省高等学校科学技术进步奖励条例》《青海省高等

学校人文社会科学优秀成果奖励条例》等3个文件，并组织广大科技人员，面向本省生产应用第一线进行研究开发和成果推广工作，把理论研究与生产实际有机结合起来，为全省经济建设服务。省教委下达了13项科研项目，同时还积极争取到国家级和省内有关厅局科研项目10项，资金总额40余万元。

1996年还举办了全省高校1985年～1996年教学科研十年优秀成果展览，展示十年来高校在教学、科技工作中的丰硕成果。

撰稿　任玉贵

成人教育

〔**扫盲和农村成人教育**〕　1996年扫盲工作认真贯彻青海省委、省政府《关于在本世纪末基本扫除青壮年文盲的决定》，召开了省扫盲领导小组第七次会议，审议通过了1996年度全省扫盲及农村成人教育计划，印发了《关于进一步做好扫盲基础性工作的通知》，建立了省扫盲考试试题库，同时组织了对西宁市城北区、德令哈市、冷湖、茫崖、大柴旦、湟中、湟源、平安县等国家高标准基本扫除文盲县（市、区）的验收工作和对格尔木市省颁基本扫除文盲县的验收工作。1996年全省脱盲4.3万人。全省总人口56%的地区青壮年非文盲率已达95%。省教委与省农林厅联合下发了《关于在“绿色证书工程”培训中充分发挥乡镇成人文化技术学校作用的意见》，进一步加强了农科教一体化建设，加强了乡镇成人文化技术学校的规范化建设，充分发挥其综合性、多功能乡镇培训中心的作用。

〔**成人高、中等教育**〕　1996年，青海省广播电视大学试办了高等专科“注册视听生”班，注册新生1836名；青海省联合职工大学试办了高等职业技术教育；报请省政府批准转发了《关于发展我省县办成人中等专业学校的意见》；召开了全省成人中等专业学校工作交流会，交流改革开放十几年来全省成人中等专业教育取得的成绩和经验；成立了省广播电视中等专业学校；部分成人中专实行了毕业证书和技术等级证书、岗位资格证书的“多证”制度；制订了全省示范性成人中等专业学校标准指标体系，评定省交通职工中专、省工商银行干部学校为首批示范性成人中等专业学校；组织专家论证并印发了部分成人高、中等教育专业教学计划。

〔**社会力量办学**〕　1996年报请省政府批准转发了《青海省社会力量办学若干规定》，对全省社会力量办学实行了《办学许可证》、年度检查评估、办学资格审查、招生广告审查等4项制度，组织了对省属社会力量办学1996年度的检查评估工作，加强了对招生广告、办学资格的审查工作。下发了《关于高等教育、中等专业教育自学考试社会助学工作有关问题的意见》，对全省自学考试社会助学机构进行了检查及注册工作。

撰稿　丁生东

民族教育

〔**综述**〕　1996年，青海省民族教育的重点仍是继续探索牧区教育的改革与发展。同时狠抓省属普通大、中专院校举办民族（预科、部）班、黄南藏族自治州同仁地区藏汉双语教学实验研究以及民族文字教材建设等项工作。截至1996年底，全省普通教育中有民族学校1348所（其中民族高校2所，民族中专13所，民族中学84所，民族职业中学2所，民族小学1247所），占全省普通学校总数的32.23%；包括普通学校在内的全省少数民族在校生达到259890人，占全省普通学校在校生总数的37.78%。其中：少数民族在校大学生2959人，占全省高校在校生总数的38.03%；中专在校生6963人，占全省中专在校生总数的51.66%，超过人口比例；中学在校生53416人，占全省中学在校生总数的27.70%；职校在校生2245人，占全省职校在校生总数的17.19%；小学在校生194307人，占全省小学在校生总数的42.28%，与人口比例基本持平。全省少数民族学龄儿童入学率达到79.55%，比上年增长3.65个百分点；纯牧区学龄儿童入学率达到49.97%，比上年增长4.12个百分点。1996年省内外普通高校共录取少数民族新生1258人，占全省录取总数的24.8%，录取率为25.6%；省内外普通中专录取少数民族新生2241人，占全省录取总数的46.9%，超过人口比例，录取率为30.6%。

〔**牧区教育**〕　为总结经验，探索路子，加快牧区教育发展与改革的步伐，7月，省教委副主任马依沙带领民教处和教研室的负责人，深入祁连、天峻、乌兰、都兰等县全面考察民族教育情况。与此同时，省教委组织教科所、民教处等单位就当前牧区教育发展与改革中存在的学校规模小、管理不善、效益不高、职业教育薄弱以及民族师范教育有待加强等问题进行了分析研究，草拟了《关于加快牧区民族教育改革和发展的若干问题的意见》，提出了“九五”乃至更长一个时期改革与发展我省牧区教育所遵循的指导思想、基本原则和主要措施。该《意见》已报请省政府批转执行。

〔**大中专举办民族班经验交流会**〕 6月10日～12日，省教委在西宁召开了全省普通大、中专院校民族预科、部、班经验交流暨表彰会。白玛副省长出席会议并讲了话。会议全面总结了1986年以来省属普通大、中专院校举办民族预科、部、班的经验，提出了进一步办好民族预科、部、班的指导方针、主要任务和措施。会议表彰了青海师范大学民族部等5个先进集体和桑吉加等15名先进个人；组织与会代表参观了青海师范大学民族部和省司法警官学校民族班，交流了办班经验。

〔**双语教学实验研究**〕 从1993年9月开始的在黄南藏族自治州同仁地区藏汉双语教学实验研究，经过3年的教学实践、理论研究及科学检测，基本达到了以藏语言为基本语言环境地区的藏族小学，在学好藏语文的同时，过好"汉语关"，学好汉语文的目标。为鉴定该项科研成果并及时研究推广，省教委于11月26日～28日在同仁县召开了现场会。与会代表与专家观摩了实验学校的课堂教学，参观了汉语活动日，交流了各地实施双语教学的情况和经验。一致认为：实验点的成果突出，具有推广价值。鉴此，会议决定把这项实验成果首先在全省14个"贫三"项目县选点推广。

〔**教材编译和师资培训**〕 1996年，青海民族教材编译处编译中小学各种藏文教材50种，约490.5万字，其中编写教材24种，约160余万字；翻译教材26种，约330.5万字。保证了按时发稿和课前到书。

1996年，省教委委托青海教育学院举办了第三期民族地区师资进修班、"贫三"项目双语师资培训班和玉树藏族自治州中学学历不合格教师考前补习班，共有97人参加了培训。

〔**五省区藏族教育协作**〕 藏、青、川、甘、滇五省区藏族教育协作，1996年主要抓了3项工作：(1) 元月初在拉萨召开全国藏文教材审查委员会三届四次会议。会议对送审的2.9万条高校藏文教材化学名词术语进行了审定，决定将审定的化学名词术语交由西藏人民出版社出版。(2) 6月1日～8日在敦煌召开五省区藏族教育协作领导小组第二次会议暨1996年度全国藏文教材协调会议。会议认为，应继续把藏文教材建设作为五省协作的工作重点，抓紧抓好，同时要深入搞好调查研究，大力推广并普及双语、三语教学，还要进一步抓好高等师范双语理科师资的培养培训工作。会议还研究落实了1997年春、秋季，1998年春季藏文教材发稿、供型、发行计划，并签订了互供纸型协议书。(3) 6月10日～20日在甘肃省合作市召开全国藏文教材审查委员会换届工作暨四届一次教材审查会议。会议审查了由甘肃省教委送审的五省区中师藏语文教材《阅读与写作》第一、二册和藏语文基础知识《松达》(藏文文法基础知识)。

撰稿 刘永成

审稿 高 荣 马依沙 李维恒 杨全玮

宁夏回族自治区教育

概 况

〔基本情况〕

1996年各级普通学校基本情况

单位：人

学校类别	学校数(所)	毕业生数	招生数	在校学生数	教职工数	
					计	其中专任教师
一、普通高等学校	7	3287	3122	10553	4001	1837
研究生		10	32	69	75	75
本 科	5	1200	1773	6138	3184	1409
专 科	2	2077	1317	4346	742	353
二、中等专业学校	25	4432	4600	12758	3014	1447
中等技术学校	21	2833	2937	8599	2444	1148
中等师范学校	4	1599	1663	4159	570	299
三、普通中学	438	81353	97064	278158	22710	18375
高中	114	15913	18631	53352		3874
初中	324	65440	78433	224806		14501
四、农业、职业中学	32	2640	4110	8961	999	743
高中	31	2265	3831	7971		687
初中	1	375	279	990		56
五、工读学校						
六、小 学	3852	87470	116516	627920	33848	31343
七、特殊教育学校	6	77	45	654	285	82
八、幼 儿 园	232		65743	78662	3766	2616

1996 年各级成人学校基本情况

单位：人

学校类别	学校数（所）	毕业生数	招生数	在校学生数	教职工数	
					计	其中专任教师
一、成人高等学校	6	2831	3481	8940	588	331
广播电视大学	1	873	1059	2569	163	68
职工高等学校	4	888	890	2423	425	263
农民高等学校						
管理干部学院						
教育学院	1	538	850	1851		
独立函授学院						
普通高校举办：						
函授部		96	220	746		
夜大学		265	294	868		
干部专修科		171	168	483		
二、成人中等专业学校	28	1404	2602	6524	747	396
广播电视中专	1	389	716	1446	16	6
干部中专						
职工中专	12	845	1795	4744	389	193
农民中专	1				28	9
函授中专						
教师进修学校	14	170	91	334	314	188
三、成人中学						
职工中学						
农民中学						
四、成人技术培训学校	1151	155094	229681	238436	683	178
职工技术培训学校	9	5592	1482	6329	99	82
农民技术培训学校	1142	149502	228199	232107	584	96
五、成人初等学校	472	24641	43470	47589	595	192
职工初等学校						
农民初等学校	472	24641	43470	47589	595	192
其中：扫盲班	449	24641	42977	44299	450	48

制表　殷　华

〔**年度工作进展情况**〕 1996年，全区教育持续健康发展，为“九五”期间教育事业的进一步发展，奠定了良好的基础。

——“两基”重中之重的地位进一步落实，“普九”工作进展顺利。在大力推进川区“普九”工作的同时，又进一步加强了宁南山区的普及初等义务教育工作，全区普及义务教育工作取得了新进展。吴忠市、青铜峡市和惠农县相继实现了“普九”目标，标志着自治区农村市、县的“普九”工作有了大的突破。1996年，全区完成“普九”任务的市县区已达8个，人口覆盖达到132.7万人，占全区总人口的24.5%。山区普及初等义务教育工作已全面启动，部分条件好的乡镇已基本达标。吴忠市被评为全国“两基”先进市，受到国家教委的表彰。

——加大力度，积极推进职业教育改革和发展。围绕学习贯彻《职业教育法》和全国职业教育工作会议精神，自治区政府召开了全区职业教育工作会议，总结“八五”时期的职教工作，确定了全区跨世纪职教发展的目标和任务，制定了增加投入，保障职业教育改革和发展的政策措施，对职业教育的进一步改革和发展都将产生深远的影响。全区各地积极贯彻会议精神，使全区职教工作出现了新气象。中等职业教育骨干示范学校建设步伐加快，职教改革取得积极进展。1996年全区各类职业学校在校生占高中阶段在校生的比例达到41.8%。

——深入实施“231工程”，加快培养一代新型农民步伐。扫盲工作快速发展，1996年全区共扫除文盲3万多人，全区青壮年文盲率已下降到10.5%。扫科盲和实用技术培训广泛开展。1996年全区共举办各类长短期培训班11144期，推广农村实用技术24项，培训农民达58万人次，有12万农民经培训掌握了2～3项农村实用技术，达到近期扫科盲的标准，涌现出一大批科技示范典型。广大农民吸收和运用科技的能力不断提高。在联合国教科文组织1996年度国际扫盲奖评选中，自治区实施的“231工程”获国际扫盲表扬奖。同时，成人教育逐步完善了自我约束、自我完善、自我发展的机制，成人大中专学校、自学考试，电视教育等办学规模和效益也有较大提高。

——高等教育管理体制改革取得突破。1996年制定了宁夏大学、宁夏工学院，宁夏教育学院（银川师范专科学校）三校合并办学方案，并经国家教委专家评估组评估和国家教委批准，即将进入实施阶段。高校党建工作，思想政治工作和“两课”（马克思主义理论课和思想品德课）改革建设工作进一步加强，保持了高校的稳定局面。继续推进招生、收费、毕业生就业制度改革和教育教学改革。除农林、师范院校外，全区其他高校都顺利实行了招生“并轨”，毕业生分配工作进一步完善了在国家宏观指导下，学校与用人单位供需见面和一定范围内的双向选择制度。高校科技和教学工作进一步加强。

——多渠道筹措教育经费取得进展，办学条件有了较大改善。1995年～1996年，中央和自治区用于教育的专项投入就达6500多万元，是全区教育发展中专项投入较多的两年。争取外援和利用外资工作取得巨大成果。世界银行“贫困二”项目（“世界银行第二个贫困地区基础教育发展”项目）实施两年来，已完成投资4500多万元。两年来全区共接受国内外友好组织和个人的教育援助金额达1180多万元，其中邵逸夫先生赠款项目15个，赠款达890万元。两年间，全区共新建、翻建和维修校舍约35万平方米，使1300多所学校改变了面貌。中小学办学条件标准化建设取得阶段性成果，有151所中小学实现了办学条件标准化，占川区应达标学校的35.9%。促进了学校办学条件的改善和教育教学质量的提高，全区涌现一批环境优美、设施配套的中小学。

——扩大开放，教育合作交流取得成果。先后与上海、江苏，浙江和山东等地达成合作交流项目30多项，并已开始实施。教师公派留学和国外来宁夏留学人员不断增加，聘请外国文教专家工作有了新进展。

但在教育发展中还存在一些困难和问题。主要是：教育优先发展的战略地位在一些地方和部门落实得还不好，全社会依法治教的观念还不强，教育投入不足的矛盾依然很突出，教育如何适应社会经济发展需要，进一步提高教育质量和办学效益还存在许多问题。教育改革的步伐不快，教师的整体素质还有待于进一步提高，基础教育中“应试教育”的影响很深，如何切实加强学校精神文明建设的任务还十分繁重。

撰稿　张广平

基础教育

〔**义务教育**〕　在银川、石嘴山等5个市区实现“普九”后，1996年吴忠市、青铜峡市和惠农县又实现了“普九”，全区完成“普九”任务的市、县（区）已达8个，覆盖人口达132.7万人，占全区总人口的24.5%。山区普及初等义务教育工作已全面启动，部分条件较好的乡镇已基本达标，自治区普及九年义务教育的第一步目标已经实现。1996年全区小学适龄儿童入学率达到96.5%，比上年提高0.3个百分点，初中阶段入学率达到60%左右。

自治区政府在大力加强“两基”，全面推进“普九”方面，主要抓了以下工作。

一、不断加强依法治教的力度，推动全区普及义务教育工作由单纯依靠行政推进向依法治教的轨道转变。广泛深入学习宣传《纲要》《教育法》《教师法》《义务教育法》和自治区《义务教育条例》等法律法规，进一步提高了广大干部群众的执法意识，强化了政府行为，确保了教育优先发展的战略地位，促进了“普九”工作健康发展。1996年是《义务教育法》颁布十周年，全区各地充分利用这一契机，通过各种形式，大张旗鼓地开展了宣传纪念活动，总结和宣传普及义务教育的先进经验和典型。把重点放在依法落实“普九”规划目标和各项政策措施上。自治区召开座谈会，表彰了一批在普及义务教育方面作出突出成绩的先进集体和个人。组织力量会同人大、政协开展了基础教育“五项内容”督导检查和《教育法》执法检查，加大了执法力度，进一步推动各级政府加强依法治教工作。

二、进一步强化政府行为，不断落实和完善了“普九”工作地方负责，分级管理的体制，特别是注意发挥了县、乡两级的作用。按照自治区同各市县（区）政府签订的“普九”目标责任书，自治区政府首先带头落实政府行为。近两年自治区用于“普九”的专项经费已全部到位，并积极为各地解决“普九”中的突出困难。全区各县、市（区）政府也积极履行各自的责任，尤其是吴忠、青铜峡、惠农等市县，政府主要领导亲自抓，上下齐心形成合力，使“普九”工作声势大，干劲足，步伐快，取得明显成效，形成了全社会关心支持“普九”的良好社会环境。

三、突出重点，抓好难点。全区“普九”工作的重点在农村，难点是南部贫困山区。南部山区8县人口占全区总人口的43.9%，回族人口占全区回族人口的63.90%。本世纪末，南部山区的主要目标是普及初等教育，即“普六”，自治区从工作指导、条件保障等方面加大对山区“普六”工作的力度。专门召开了山区“普六”工作汇报会，对山区的“普六”工作做了进一步部署，要求山区各县紧急行动起来，努力做好1996年秋季开学适龄儿童特别是适龄女童的入学和巩固工作，坚持从一年级抓起，扎扎实实抓几年。自治区除继续在山区8县组织实施世界银行“贫困二”项目外，在投资上也予以倾斜。1996年秋季开学前，山区中小学校舍遭受暴雨毁坏，灾情十分严重，自治区政府从预备费中拨出500万元专款用于修建校舍，保证了山区中小学正常开学，同时开展了义务教育扶贫工程试点工作，为解决山区教师缺乏的困难，从区直机关抽调248名干部到贫困山区开展支援基层教育工作。1996年12月27日又成立了宁夏贫困地区女童教育促进会。这些措施促进了南部山区的普及义务教育工作。山区各县也按照自治区的要求，积极行动，做了大量工作，使山区“普六”工作出现了一个新局面。据统计，1996年山区8县已入学的适龄儿童226789人，入学率达到90.3%，其中7周岁儿童入学51872人，占91.1%，女童入学率达到88.96%。

四、抓好督导检查和评估验收。按评估验收程序、标准严格进行“普九”的评估验收，不搞形式，不走过场，保证了“普九”质量。使普及程度、师资水平、办学条件、教育投入、教育质量不断巩固和提高。

〔**改善办学条件**〕 1995年～1996两年，全区共新建、翻建和维修校舍约35万平方米，使全区1300多所中小学改善了面貌，仅实施世界银行“贫困二”项目就新建、翻建和修建校舍20多万平方米。中小学办学条件标准化建设有了较大进展，自治区教委通过调整政策，建立新的工作机制，把标准化建设纳入全区“普九”规划，集中财力装备一批积极性高，且有条件先进一步的市、县和学校，推动了全区中小学标准化建设，并取得了阶段性成果。经自治区评估验收，已有151所中小学实现了办学条件标准化，占川区应达标学校的35.9%，并有25所中小学被评为示范学校，促进了中小学办学条件改善和教育教学质量的提高，全区涌现出一批环境优美、设备配套的中小学。

〔**教师队伍建设**〕 1996年,全区教师的培养、培训工作健康发展,教师队伍的整体素质稳步提高。1996年全区小学、初中和高中教师学历合格率分别达到92.80%、83.60%和62.80%,有6%的小学教师经培训进修取得了大专学历。在中小学教师中普遍开展了学大纲、用大纲和基本功训练活动,全区基本完成了教师资格过渡工作。“八五”期间中小学校长培训任务基本完成,共培训中小学校长5509名,全区中小学校长开始实行持证上岗制度。1996年又解决了1580名民办教师“民转公”问题,全区民办教师比例已由1994年的12.5%下降到1996年的1%。教师的工资待遇得到较好的落实。教师安居工程建设进展顺利,1995年~1996年,全区教师安居工程投资达5600多万元,建筑面积达99500多平方米,使1500户教师乔迁新居,全区城镇教师人均居住面积达到8平方米以上。此外,各级政府在医疗、教师子女就业、福利等方面也为教师办了许多实事。

〔**特殊教育与幼儿教育**〕 全区在实施义务教育过程中,加快了残疾儿童教育步伐,逐步建立以特殊教育学校为骨干,以随班就读和特教班为主体的特殊教育新格局,在抓好试点的基础上,以点带面,在全区推广了三类残疾儿童随班就读工作。1996年全区有特殊教育学校6所,在校生654人,随班就读残疾儿童1300多人,残疾儿童入学率达到50%左右。“普九”验收通过的县(市、区)残疾儿童入学率达到70%以上。

在幼儿教育工作中,建立健全了幼教行政法规,开展了幼儿园定级分类工作和学前班评估验收工作,加强了学前班教材建设,编写了学前班教师指导用书和幼儿用书,理顺了幼教管理体制,规范了幼儿园(班)的教育教学工作。1996年全区幼儿园已达到232所,学前班1661个,在园(班)幼儿78662人。已基本满足了城市幼儿的入园要求,农村学前一年幼儿入园(班)率达到66%,呈现出了良好的发展势头。

〔**减轻学生课业负担**〕 国家教委《关于小学、初中课时(教学)计划调整意见的通知》和《关于全面贯彻教育方针,减轻中小学过重课业负担的意见》发出后,全区各级教育行政部门认真组织广大干部、教师学习,贯彻执行。自治区教委制发了《关于切实减轻中小学过重课业负担的规定》。各级教育行政部门对义务教育阶段教学计划调整做了统一部署,严格按照有关规定减轻学生过重的课业负担,并制止乱订复习资料,要求各校统一按上级规定购置课本。坚决取消了节假日补课,严格控制各种类型的竞赛,对义务教育阶段各年级作业量做了明确规定。同时在对学校教学工作进行检查评估中,把减轻学生过重课业负担列为重要内容;取消小学升初中的考试,小学升初中就近划片入学。通过各种有效措施,使学生课业负担过重问题得到初步解决。

〔**素质教育**〕 为全面贯彻党的教育方针,大面积提高中小学的教育教学质量,变应试教育为素质教育,1996年初自治区教委在吴忠市召开了素质教育研讨会。会上学习了湖南省汨罗市开展素质教育的经验,研讨了全区开展素质教育的方法步骤,观摩了利通第一小学有关素质教育的做法。8月,又请湖南省汨罗市教委主任黄泽南来宁夏做报告,广泛宣传汨罗市全面推进素质教育,提高教育质量的做法，收到良好效果。

各地加强教研工作，要求教师认真钻研教材教法，备好课、上好课，向45分钟要质量。并引导教师树立正确的教育思想，讲究教育方法，着眼于全面提高学生的综合素质，逐步由应试教育向素质教育转变。吴忠市1996年召开了两次素质教育研讨会。并组织素质教育考察团到河北三河、天津等地学习素质教育经验，印发了《素质教育学习材料汇编》，组织全市广大教职工认真学习，从理论上搞清素质教育的定义、特征和素质教育与应试教育的界定，以及素质教育的目标、内容、师资要求和评价方向，为全区应试教育转向素质教育起到了促进推动作用。

〔**实施“促进贫困地区初等教育”项目**〕1996年，是宁夏实施中国——联合国儿童基金会“促进贫困地区初等教育”项目正式启动的第一年。各项目县按照自治区项目领导小组制定的1996年度行动执行计划以及“摸清情况，确定目标，做好规划，健全机构，培训队伍”要求，积极做好项目实施工作。着重抓了以下工作：一是建立项目管理机构和制度，保证项目持续、有效地开展。项目确立后，按项目的要求，建立了自治区、地区、县、乡四级项目领导小组。各级项目领导小组由有关处室和有关部门的负责同志参加。自治区项目领导小组还建立了项目工作会议制度和项目简报交流制度以及项目档案管理制度。二是全面摸底，确立目标。3月初，自治区教委组织5个项目县对本县实施项目的基础情况进行了全面的调查摸底。调查包括项目县的自然地理、社会经济发展和教育状况，收集了5县105个乡镇教育发展的各种数据。根据调查情况，按照项目文本和国家教委1996年项目行动计划，制定了自治区的项目行动方案和1996年项目年度计划，确定了自治区实施项目的目标和基本政策、措施。三是广泛宣传，争取社区各方广泛参与。按照国家教委的要求，各项目县、乡镇、学校分别成立由知名人士参加的项目咨询小组、社区教育委员会、家长委员会等社区组织，通过社区参与，协助支持项目工作，帮助动员适龄儿童特别是女儿童入学，给学校办实事。项目实施以来，就1996年～2000年周期“促进贫困地区初等教育”项目的背景、目标、内容和意义，县、乡、校分级进行了多种形式的宣传和培训，使105名乡镇学区主任、1596名学校校长和10502名学校教职工对项目有了基本的了解和认识。5个项目县利用1996年是《义务教育法》颁布10周年之机，开展了多种多样向社会各界干部和群众宣传《纲要》《教育法》《教师法》《义务教育法》活动，提高他们的法律意识，促进全社会关心支持教育，积极送子女入学。5个项目县、乡、校三级共开展各种宣传活动2740次，参加人员312679人次。四是积极组织实施义务教育，推动项目县义务教育的发展。各项目县采取各种有效措施动员适龄儿童特别是女儿童入学。制定具体救助措施动员流失学生返校。固原县动员881名小学生、177名中学生返校，同时取消留级制度。各项目县就学生动员入学工作和劝返流失生复学工作实行包村包户到人，层层落实责任制，推动了贫困地区义务教育的发展。五是开展各种培训，发挥项目种子作用。项目实施以来，自治区项目领导小组按照1996年项目行动计划，举办不同类型的培训班12期，培训240人次；项目县、乡也采取多种形式共举办了50期培训班，培训各类人员2424人。许多项目学校还举办母亲培训班或家长学校，组织青壮年妇女和家长学习科学文化和实用技术，学习如何教育子女的方法，以及开展法制教育宣传。六是组织筹措资金，改善办学条件。1996年夏季，项目县遭受严重洪涝灾害，5个县受损校舍达5141间，受损面积10.16万平方米，自治区拨出专款425万元用于维修。各项目县也积极筹措资金，发动社区干部、群众投工献料，使受灾校舍得到及时修复，保证了学校按时开学。

项目的实施，促进了贫困地区义务教育发展。1996年，5个项目县适龄儿童的入学率平均已达到90.08%，适龄女童入学率平均达到84.12%，比实施前有所增加。社区教育从个别乡、校扩大到全县范围，社区干部、群众参与项目和支持教育的意识进一步增强。西吉县马莲乡利用群众集资办起了全县第一所民办公助学校，使本村适龄儿童的入学率提高到70%以上。项目县学前教育开始扭转“小学化”倾向，迈上正轨；特殊教育受过培训的教师从无到有。

撰稿 强学礼

职 业 教 育

〔**全区职业教育工作会议**〕 自治区政府于1996年8月8日至10日在银川组织召开了以贯彻落实《职业教育法》，研究、制定宁夏回族自治区“九五”期间职业教育发展规划为宗旨的全区职业教育工作会议。会议传达了全国职业教育工作会精神，自治区政府副主席刘仲就宁夏职业教育的改革与发展做了题为《认真贯彻〈职业教育法〉为实现我区跨世纪发展职业教育的目标而奋斗》的讲话，自治区教委、经贸委、人事劳动厅的主要负责同志也分别就各自工作的特点发表了支持职业教育发展的讲话。各地（市）的负责同志就本地（市）发展职业教育的情况做了汇报，并对本地区发展职业教育的基本思路和“九五”期间的规划做了说明。会议讨论并修改了《宁夏回族自治区人民政府关于实施〈职业教育法〉，加快职业教育发展的决定》。会议确定了宁夏跨世纪职业教育发展的目标、任务。提出到本世纪末，全区各类中等职业学校招生数和在校生数占高中阶段学生数的比例达到50%以上，银川、石嘴山市达到60%以上。使多数未升学的初中毕业生都能接受不同形式的就业前职业培训。到2010年，使各类职业教育和职业培训的规模和水平有更大提高，职业教育的结构更加合理。明确了宁夏职业教育应着重抓好四项工作：一是以调整教育结构为重点，多形式、多层次、多规格发展职业教育，通过调整高中规模，改办或兴办一批职业学校。二是实施以初中后为重点的小学后、初中后、高中后的教育分流，使职业教育的层次结构适应社会多方面的人才需求。三是专业设置力求能适应和促进宁夏产业结构的调整，重点保证基础产业和支柱产业的需要。四是按照区域经济协调发展，逐步缩小地区发展差距的方针，中等职业教育学校布局和专业布局要在地市范围内统筹规划。会议还依法落实了保障措施，明确了对职业教育增加投入。自治区政府决定，除固定的经费投入外，另设立职业教育专项补助费 1996 年为 100 万元，从 1997 年起每年不少于 150 万元。并明确规定“各市、县（区）财政在预算中应安排职业教育专项经费，保证用于职业教育的财政性经费足额划拨，并逐年增长”。各行业、企业也要按照《职业教育法》的规定，承担本单位职工和准备录用人员进行职业教育的费用。会议还提出了大力发展农职业教育，切实落实科教兴农的战略。要求各级政府必须高度重视发展农职业教育，采取切实有效措施，积极扶持，大力推进农职业教育的发展。在会议闭幕式上，自治区党委副书记马启智就发展宁夏职业教育的重要性和紧迫性，贯彻落实《职业教育法》，依法制教和切实加强对职业教育工作的领导，狠抓落实等发展职业教育的问题做了讲话。会上，自治区政府还对近年来在发展职业教育事业中做出突出贡献的吴忠市政府、银川市计委、银川市劳动就业培训中心、固原县教育局、宁夏化工厂、银川市第一职业中学、宁夏交通学校、宁夏粮食技工学校等 18 个先进集体给予了表彰。

〔**学习宣传《职业教育法》**〕 在全区职业教育工作会议上，自治区政府全面部署了《职业教育法》的学习宣传和落实工作。要求各地要将《职业教育法》纳入“三五”普法系列，集中精力，通过多种形式、多种渠道广泛深入地开展《职业教育法》的学习宣传活动，使《职业教育法》的重要意义和基本内容家喻户晓，深入人心，增强全社会依法治教的意识。为把学习宣传落实《职业教育法》的活动落到实处，自治区教委及时发出《关于广泛开展学习、宣传〈中华人民共和国职业教育法〉的通知》，印发了《职业教育法》及有关宣传文件的小册子，发到各地（市）、县（区）党委、政府、人大、政协及各相关的业务部门和学校。根据自治区的部署，银川市、石嘴山市、银南行署、固原行署的教育部门及时组织有关部门的负责人座谈讨论《职业教育法》，组织所属职业学校的师生走上街头办宣传栏、开展便民活动等，展开了声势浩大的宣传《职业教育法》活动。

〔**招生和毕业生就业制度改革**〕 为加快职业教育改革步伐，把自治区党委、政府《关于贯彻〈中国教育改革与发展纲要〉的实施意见》中关于职业教育改革与发展的目标、任务落到实处，自治区教委、计委在调查研究，广泛动员的基础上，经自治区政府同意，于 4 月初批准宁夏银行学校、银川电力工业学校从 1996 年秋季招生起，开始进行普通中等专业学校招生收费制度和毕业生就业制度的改革试点。在自治区财政、物价等有关部门的积极配合下，试点工作顺利完成，积累了经验，为宁夏普通中专学校招生收费和毕业生就业制度改革的全面展开奠定了基础。

〔**职业中专建设**〕 为挖掘普通中等专业

学校的办学潜力，调动重点职业中学的办学积极性，充分发挥骨干学校作用，自治区教委、计委在实地考察的基础上先后批准了银川市第一职业中学、石嘴山市第一职业中学等学校申请转办为职业中专学校；批准银川市第二职业中学、银川化肥厂职业中学等学校申请部分专业办职业中专班，增强了职业学校的吸引力，使这些学校的招生报名数大幅度增加。同时，在完成国家招生计划的基础上批准宁夏银行学校、宁夏卫生学校等学校增设职业中专班，增加招生784人。

〔**与发达省市建立协作关系**〕 为加强东西部合作，扩大宁夏职业教育的对外宣传，引进先进的教育思想和办学经验，搞好贫困山区的劳务输出，自治区教委在有关部门的配合下，组织宁夏财经学校、银川电力工业学校、宁夏建筑工程学校、宁夏交通学校、宁夏护士学校、银川市第一职业中专学校分别与上海财经学校、上海电力工业学校、南京建筑工程学校、浙江交通学校、杭州护士学校、杭州职业高中结为友好校，建立了协作关系，于10月中旬签定了协议书。固原县职业中学与苏州市的劳动部门、西吉县职业中学与山东省龙口市劳动部门建立友好合作关系，签定了培养技术型人才和劳务输出的协议书。与发达省（市）职业学校和有关部门建立友好合作关系，给宁夏职业教育注入了活力。

撰稿 丁广兴

高等教育

〔**综述**〕 1996年与江苏、浙江、上海两省一市高校开展对口支援与协作。先后两次组团赴两省一市，与19所院校就协作项目进行了洽谈。确定从1996年到2000年：(1)两省一市有关高校为宁夏定向或委托培养研究生100名；(2)宁夏高校从两省一市聘请100名客座（兼职）教授；(3)两省一市有关高校接受宁夏高校100名高级访问学者；(4)宁夏高校与两省一市有关高校选择若干专业联合举办研究生课程进修班。1996年40万经费已落实。宁夏医学院聘请的客座教授已到校开始工作。同时，在与两省一市支援协作中，宁夏大学与上海大学、宁夏农学院与南京农业大学、宁夏医学院与南京医科大学结为友好学院。

加强教师队伍建设。举办了全区高校第六期青年教师岗位培训班和全区高校教职工数据库微机培训班，共培训教师近百名。根据自治区职称评审领导小组关于硬化、细化专业技术职务评审条件的精神，重新修订了

《高教系列中高级专业技术资格评审条件》，布置了1996年全区高校教师职称评审工作。

1996年，完成了高校承担国家教委人文、社科“八五”规划项目的结题工作和国家教委人文、社科“九五”规划项目的申报、推荐工作。组织了1996年全区高校科研项目的申报、立项，确定课题27项，资助30万元。完成了“九五”聘请外国文教专家计划的编制工作，对“九五”聘请外教的专业结构进行了调整。组织高校选拔文艺节目，组队参加了5月全国首届大学生文艺汇演，推荐的两个节目均获二等奖。

〔**管理体制改革**〕 1996年，加快高校合并办学的步伐。集中精力对高校合并、联合办学工作进一步开展调研和论证。到陕西、甘肃、青海、内蒙等周边省区了解高校管理体制改革的做法和经验，组织有关院校的人员到南昌大学学习，考察专业调整的基本思路和做法。在区内就改革的总体思路、专业结构、布局，全区经济社会发展几大门类人才需求情况召开不同类型的座谈会，了解情况，征求意见。并组织了百名以上老教授、中青年教师、管理干部参加的体制改革研讨会，听取对合并办学的建议。在此基础上，6月自治区政府常务会议作出决定，将宁夏大学、宁夏工学院、宁夏教育学院（含银川师范专科学校）三校合并，组建成新的宁夏大学。拟定了“关于宁夏高等教育体制改革有关问题的请示”和报告，自治区人民政府分别上报给国务院和国家教委。

〔**思想政治教育**〕 1996年，把工作重点放在高校的“两课”改革建设上，深入研究探讨“两课”教学改革，积极推广、交流“两课”改革经验，充分发挥两课对学生进行思想政治教育的主阵地作用。1996年全区高校撰写有关“两课”教学改革的论文22篇。12月，召开了大中专院校思想政治研究会第四次年会暨“两课”改革研讨会，交流了“两课”改革经验，对优秀论文进行了表彰。

为使教学和思想政治教育工作适应国际、国内形势的发展，针对学生普遍关注的问题，及时向高校传达中央的有关方针、政策，并对“形势与政策”课程的建设提出了具体要求。这些工作的开展，使广大学生、教职工能够了解党和国家的外交方针、政策，正确地看待一些问题，保证了学校的稳定。同时，为净化高校校园周边环境，自治区教委向全区高校传达了全国高等院校综合治理工作会议精神，对此项工作进行了部署，并取得一定成效。

〔**教学工作**〕 1996年，完成了国家教委第一批教学评价单位——宁夏工学院的评价准备工作，第二批教学评价单位——宁夏农学院已开始评估。部署了国家教委和自治区第三次高校教学成果奖的评选工作。1996年，批准宁夏大学为全区高校实行学分制试点单位。为加强高校外语教学工作，组织成立了高校外语教学研究会，举办了宁夏高校首届大学生英语演讲比赛，提高了学生学习外语的积极性，1月、6月两次大学英语四、六级水平考试，共有4820名学生参加了考试。

撰稿 陈少娟

成人教育

〔**扫盲工作**〕　1991年～1996年是宁夏扫盲教育史上发展最快、成绩最好的时期，全区共扫除青壮年文盲26.6万多名（其中1996年扫除文盲3.2万名）；青壮年文盲率由1990年的22.68%下降到1996年的10.54%；全区70%的县（市、区）完成了基本扫除青壮年文盲的历史任务。以扫科盲为主要形式的宁夏农村扫盲后继续教育工作也得到全面、有效的开展，经培训教育和考核验收，有近60%的青壮年农民达到了近期扫科盲标准，掌握了二至三门农村实用技术，增强了吸收和应用农业科学技术的能力，巩固、发展了扫盲成果，有效地提高了农村劳动者的素质，为科教兴农战略的实施奠定了智力基础。同时，也创造了突出政府行为、加强统筹协调、健全领导与工作机构、多渠道投入、重视基础建设、建立约束与激励机制、开展多样化的培训教育活动和扫文盲与扫科盲相结合等农村扫盲与扫盲后继续教育的工作经验，在区内外产生了较大影响。1996年9月，经国家教委推荐，中国联合国教科文组织申报，联合国教科文组织总部决定将1996年度联合国国际扫盲表扬奖授于中国宁夏。这是国际社会对中国及宁夏扫除文盲工作的充分肯定，也是宁夏教育界首次获得的国际奖。与此同时，宁夏的永宁、平罗、青铜峡、中卫4个县（市）被国家教委和财政部评为1996年度全国扫除文盲工作先进县（市）；吴忠市早元乡成人文化技术学校、彭阳县沟口乡民族小学获1996年度“中华扫盲奖”；王诠宝等6名扫盲先进工作者获1996年度“中华扫盲奖锡山奖”。

南部山区扫盲工作全面展开，成绩突出。“八五”时期，宁夏川区17个县（市、区）先后完成基本扫除青壮年文盲的历史任务。进入“九五”时期，宁夏扫除文盲工作的重点与难点开始由川区转向回族聚居、经济贫困、自然条件恶劣、文化教育落后的南部山区7县。为实现自治区政府规划的到本世纪末全区基本扫除青壮年文盲的目标，1996年南部山区各县从本地实际出发，积极贯彻“治穷先治愚，治愚先扫盲”的方针，分区规划、分类指导、分步实施、分级负责，加大扫除文盲工作的力度，稳步推进南部山区扫除文盲工作全面、深入开展。自治区“231工程”领导小组办公室和自治区教委领导多次深入到南部山区文盲率较高的西吉、海原、同心等县指导扫盲工作，并挤出有限的经费重点投入，及时推动了南部山区扫除文盲工作的全面起步。隆德、彭阳两县在1994年率先在南部山区完成青壮年非文盲率85%以上的扫盲任务，1996年又分别扫除剩余文盲896名、1387名，使非文盲率有了新的提高。西吉县在已有12个乡（镇）青壮年非文盲率达到85%以上的基础上，1996年继续采取“百人扫百村文盲”的有效措施，经县政府年底组织考核验收，又有3个乡青壮年非文盲率达到85%以上，至此，全县57.6%的乡（镇）完成了非文盲率85%以上的扫盲任务。固原县为在1997年迎接行署对全县扫除文盲工作的全面验收，加快了扫盲工作进程，重点抓好非文盲率较低的乡（镇）扫盲与巩固工作，共办扫盲学习班288个，参学人员达6076人，包教包学8924人，经考核验收，有8382人达到扫盲标准。海原县1996年调整充实了县、乡两级“231工程”领导与工作机构，首先抓好扫盲摸底调查、建档立卡工作，掌握了全县尚有剩余青壮年文盲45638名的情况，在此基础上制定了扫盲工作突出重点、扎实工作 分步推进的方针，县教育局召开中小学校长扫盲工作动员会，将扫盲任务分解到各个学校并纳入学校年终综合考核工作之中，制定了包乡、包村、包户、包教、包脱盲的扫文盲工作“五包”措施，由于措施有力、真抓实干，海原县扫除文盲工作开始出现转机，1996年共扫除文盲10002名，另有三个乡（镇）经考核验收，青壮年非文盲率达85%以上，全县青壮年非文盲率由1995年的71%提高到76.2%。作为全区扫盲工作“难中之难”的同心县，1996年制定了分三类规划、分两步实施的扫除文盲工作计划，全年举办扫盲班74期，参加学习达4520多人，扫除文盲3283名。

〔**农村成人教育**〕 在1996年初由自治区党委和政府召开的全区实施“231工程”工作会议上，自治区政府主席白立忱在讲话中指出，为推进以实施“231工程”为主要特色的宁夏农村成人教育的深入发展，自治区实施“231工程”办公室要加强统筹协调和规划指导，采取“纵横结合”的办法，将“231工程”的各项工作任务分别下达到各地、市、县和自治区各业务部门、有关团体。从1996年起，自治区各有关业务部门和团体要根据各自的工作性质和业务范围，积极做好农民培训教育、农业技术推广和农村精神文明建设等工作的规划与落实，加大工作力度，使负责科技与教育的处、室成为本部门和团体实施“231工程”工作的指导机构。为此，全区各级实施“231工程”办公室在1996年加强了对有关业务部门和团体的统筹协调及规划指导工作。1996年3月，自治区“231工程”领导小组制定发出了《1996年自治区“231工程”领导小组有关成员单位农民文化科技培训工作计划》。各级“231工程”领导小组成员单位也加强了各自业务范围内农村成人教育工作的计划落实与工作力度，自治区教委、农业厅、林业厅、畜牧局、乡企局、水利厅等先后制定下发了“九五”时期或1996年实施“231工程”、开展农民培训教育工作计划，使有关业务部门、团体在实施“231工程”、发展农村成人教育中的主体作用得到了有效发挥，农科教结合得到实质性的推进。在自治区“231工程”领导小组和办公室的一系列统筹协调工作的推动下，各行署、市、县（郊区）“231工程”办公室主动牵头，加强联系，依托各有关业务部门和团体的人才、技术和网络优势，共同承担起提高农村劳动者文化科技素质的任务，开创了统筹协调、纵横结合、齐抓共管的宁夏农村成人教育发展格局。

〔**普通高校函授站检查评估**〕 截止1995年底，外省（市）普通高校在宁夏区内共设立函授站34个，开设36个专业。这些函授站自1980年以来共为宁夏培养了近万名本、专科毕业生，有些专业填补了宁夏的空白。但在此发展过程中，也逐步暴露出一些问题。一是有些主办院校办学指导思想不端正，一味追求经济效益，只管给函授站分招生指标、收费和发文凭，不派或派出很少的主讲教师，把应当由主办学校承担的教学环节交给函授站承担，甚至削减了实验、实习环节。二是有的函授站基础设施简陋，管理水平低下，教考不分，考风不正，考纪不严。三是一些函授站除招生外，很少向当地教育行政部门报告工作，加之主办院校顾及不到，函授站实际已失去监控。针对上述问题，自治区教委根据国家教委《普通高等学校函授教育暂行工作条例》等文件精神，决定对外省（市）普通高校在宁夏函授站进行一次全面的检查评估，促使主办院校和函授站端正办学指导思想，增加投入，加强管理，履行各自的职责，提高教学水平和毕业生质量，推动高等函授教育健康发展。检查评估的内容主要为“主办院校投入”和“函授站投入”两大项。前者重点是选派主讲教师、制定教学计划、教考是否分离等；后者重点是教学设施、管理及教学辅导、管理人员的配置等。评估的指标及结论均予量化，每大项各赋予300分的分值。评估结果实行一票否决制，即两大项内容中有一项达不到180分，该函授站即被视为不合格。1996年7月中旬，自治区教委成立了专家和教育行政管理负责人组成的检查评估组。专家组在听取函授站工作汇报，查阅建章立制的资料和教育教学及学籍管理档案，实地察看函授站的教学设施、学生食堂和宿舍的基础上，依据主办院校的投入和函授站的实际状况逐项量化打分，然后再进行全面评议，最后得出定量与定性相结合的检查评估结论。在参评的22个函授站中被评为合格的函授站16个；暂停招生、应予整改的4个；评估不合格，应予停止招生的2个。为巩固这次检查评估工作成果，进一步加强对函授站的宏观管理，自治区教委决定：(1) 将这次评估结果以正式文件形式通报给各设站院校及其主管部门、各函授站主办单位；(2) 从1997年起，对评估合格且教育教学质量较好的，招生时给予一定的优惠。(3) 坚持函授站备案登记制度。(4) 从1996年起实行函授站年审登记制度。(5) 建立经常性的高等函授教育检查评估制度。

撰稿　裴勇俊

民族教育

〔**综述**〕 1996年，全区普通高等学校回族在校生有2078人，占普通高等学校在校生总数的19.8%；回族教职工有428人，占普通高等学校教职工总数的10.9%；回族专任教师有198人，占普通高等学校专任教师总数的11.2%。普通中等专业学校（不含中等师范学校，下同）有回族在校生702人，占普通中等专业学校在校生的8.3%；回族教职工有84人，占普通中等专业学校教职工总数的3.4%；回族专任教师有50人，占普通中等专业学校专业教师总数的4.3%。全区小学在校生共有回族儿童21.35万人，占全区小学在校生的34%；回族中学在校生5.9万人，占全区中学在校生的21.3%。自治区继续加快普及义务教育的步伐，民族地区普及义务教育有了进一步的突破，回族聚居的吴忠市在农村市县率先普及九年义务教育。南部贫困山区7县（固原、海原、西吉、隆德、泾源、彭阳、同心）又有25个乡镇普及了初等义务教育。全区回族学龄儿童的入学率达到92%。民族中小学教师队伍进一步加强。中学回族教职工达到3444人，占中学教职工总数的15.17%；回族专任教师达到2944人，占专任教师总数的16.02%，比上年分别提高0.74、0.76个百分点。小学回族教职工发展到7761人，占小学教职工总数的22.93%；专任教师达到7262人，占小学专任教师总数的23.17%，比上年分别提高0.52、0.61个百分点。

〔**女童教育**〕　1996年，自治区教委进一步加强回族聚居的贫困地区女童教育，积极推广女童教育经验。1996年4月9日至10日，自治区教委1994年～1995年过渡周期女童项目领导小组在银川市召开了联合国儿童基金会和国家教委合作促进贫困地区女童教育项目表彰会，对35个先进集体和38名先进个人进行了表彰奖励。

1996年12月27日～29日，宁夏回族自治区贫困地区女童教育促进会成立大会暨第一届年会在固原行署召开。自治区政府副主席刘仲、自治区政协副主席洪维宗、自治区教委主任马文亮出席大会并讲话。大会通过了《宁夏回族自治区贫困地区女童教育促进会章程》，选举产生了理事会。大会推选自治区人大副主任杨惠云为理事会名誉理事长，刘仲为理事长，洪维宗、马文亮为副理事长。大会期间，代表们到西吉县兴隆回族女子职业教育中心和彭阳县沟口乡张湾民族小学进行了参观考察。“宁夏女童教育促进会”的成立将使宁夏的女童教育工作走上一个新台阶。

撰稿　王玉林

审稿　马文亮　陈少娟　韩梅源

文件选编

对外开办中医进修教育管理暂行办法

（1996年1月15日国家教委、国家中医药管理局发布）

第一章 总 则

第一条 为加强对外开办中医进修教育管理，规范办学行为，制定本办法。

第二条 本办法所称对外开办中医进修教育是指国内中医药（包括民族医药，下同）、医药机构接受外籍人员来华学习中医理论和临床技能的非学历教育。

第二章 对外开办中医进修教育机构

第三条 国内设区的市以上中医、医学教育机构，以及省级以上的独立医疗、科研机构具有申请对外开办中医进修教育资格。

第四条 对外开办中医进修教育机构(以下简称进修机构)必须已在国内开办中医进修教育二年以上，并在完成主管部门下达的国内中医进修教育任务的同时，才能对外开办中医进修教育。

第五条 进修机构必须设有专门的管理部门，配备专职管理人员。

第六条 进修机构开办外籍人员中医进修班要有明确的业务培养要求，并制定相应的教学计划；接受外籍人员个别进修中医要制定相应的计划，以确保质量。

第七条 进修机构必须具备专、兼职教学人员、翻译人员、合适的教材、教学场所、教学设备、临床实习基地等相应的教学条件和宿舍、车辆、食堂等生活设施。

第三章 组织管理

第八条 进修机构（包括国务院业务主管部门所属机构，下同）必须经所在省、自治区、直辖市中医药主管部门审批，由同级教育行政部门登记注册,并发给办学注册证。

进修机构经审批注册后，须报国家中医药管理局备案，并予以公布。

第九条 进修机构须将办班计划或个别进修计划报所在省、自治区、直辖市中医药主管部门批准后实施,并在学员注册报到后，将其名单报上述部门核准、备案，否则无效。

第十条 国家中医药管理局和各省、自治区、直辖市中医药主管部门负责对外开办中医进修教育的教学业务管理和教学质量的检查、监督。

第十一条 进修机构负责教学组织和管理工作。

第四章 证 书

第十二条 凡符合下列三款条件的外籍来华学习中医人员，完成所规定的学习时间和总学时的学习，考核合格者，由进修机构发给进修证明书。

(一)凡取得所在国执业资格的中医从业人员，可参加中医理论和临床学习。学习中医理论不少于一个月，临床不少于半个月。

(二)凡取得所在国执业资格的医师，医学院校毕业从事医学科学研究人员，可参加中医理论和临床学习。学习时间不少于半年，总学时不少于650学时。

(三)凡取得执业资格从事医务工作的非医师（麻醉师、理疗师、护士及自然疗法从业人员等）可参加中医理论和临床学习，学习时间不少于一年，总学时不少于1300学时。

第十三条 符合本章第十二条（二）、（三）款条件的外籍来华学习中医人员，学习计划可分阶段完成，原则上要求在同一机构学习，每个阶段学习不得少于三个月，阶段学习结束后由进修机构发给写实性学习证明书；累计完成所规定的学习时间和总学时学习后，考核合格者，换发进修证明书；提前结束学习或考核不合格者发给写实性学习证明书。

第十四条 在不同进修机构分阶段学习时，须交验前一阶段学习证明书，在累计完成所规定的学习时间和学时的学习后，考核合格者，由最后进修机构发给进修证明书。在本管理办法颁发之前，已来华参加过中医学习的外籍人员，凭国内进修机构发给的学习证明书，可累计计算学习时间。

第十五条 不符合本章第十二条的外籍人员来华学习中医不属中医进修教育，不得发给进修证明书；可由进修机构发给写实性学习证明书。

第十六条 写实性学习证明书不作为具有从事中医专业技术工作能力的证明，并将在学习证明书中注明。

第十七条 进修证明书和写实性学习证明书由国家中医药管理局统一印制。各进修机构根据接受来华学习中医人数向国家中医药管理局领取。

第十八条 进修证明书由各进修机构填写、盖章后与学员学习内容和成绩一并报所在省、自治区、直辖市中医药主管部门验印。写实性学习证明书不需验印，由各进修机构填写发放。

第五章 学费标准

第十九条 接受外籍人员来华学习中医的学费标准由国家中医药管理局会同国家物价主管部门确定，各进修机构可根据实际情况适当调整，但须报所在省、自治区、直辖市中医药主管部门和物价主管部门批准后实施。

第六章 附 则

第二十条 接受港、澳、台地区中医进修生，参照本办法执行。

第二十一条 本办法由国家中医药管理局负责解释，并根据需要制定实施细则。

第二十二条 本管理暂行办法自发布之

日起实施。

教学仪器设备新产品新技术鉴定办法

（1996年1月18日国家教委发布）

第一章　总　则

第一条　为了加强教学仪器设备新产品、新技术（以下简称新产品、新技术）的开发试制、鉴定工作的管理，根据国家经贸委《新产品新技术鉴定验收管理办法》及国家有关规定，特制定本办法。

第二条　新产品、新技术是指教育装备工业产品中采用新技术原理、新设计构思研制生产，或在结构、材质、工艺等某一方面比老产品有明显改进，从而显著提高了产品性能或扩大了使用功能，并对提高经济效益具有一定作用的产品或技术。

第三条　新产品、新技术实行国家教育委员会级（以下简称委级），省、自治区、直辖市教育行政部门（以下简称省级）二级管理。委级管理部门为国家教育委员会条件装备司；省级管理部门为省级教育委员会教学仪器设备管理机构。

第四条　凡申请列入委级新产品、新技术计划的项目，均由企事业单位填报《教学仪器新产品新技术开发试制项目申报表》和《教学仪器新产品新技术开发试制计划任务书》，经省级教学仪器主管机构审核后，上报国家教委（委属企、事业单位含委属院校可直接上报）。由我委组织有关方面专家进行审核，确定年度委级新产品、新技术开发计划。省级新产品、新技术开发计划由省级教育委员会教学仪器设备管理部门审核确定，报国家教委备案。

第五条　鉴定是指对新产品、新技术的主要性能和工艺技术装备水平、试（投）产或应用于生产的可能性、市场前景、经济及社会效益等进行客观、科学的评价。

第六条　新产品、新技术鉴定分为试产鉴定和投产鉴定，新产品、新技术试产前，必须进行试产鉴定；正式投产前必须进行投产鉴定。对简单的教学仪器设备新产品、新技术试产鉴定和投产鉴定可以合并进行。

新产品、新技术鉴定结论是审查批准产品投产、技术推广应用和销售转让、奖励以及享受国家有关扶持政策的重要依据。

第二章　鉴定的组织管理

第七条　新产品、新技术鉴定工作按分级负责的办法。一般计划下达部门即是鉴定主持单位。委级新产品、新技术鉴定也可以委托有关单位主持，受委托单位应将鉴定报告审查后上报国家教委，由国家教委核发鉴定证书。省级鉴定的新产品新技术鉴定证书要报国家教委备案。

第八条　鉴定主持单位的责任：

（一）鉴定主持单位在接到鉴定申请报告后，应认真审查，及时答复是否同意鉴定、鉴定方式并确定鉴定的组织形式及参加人员。

（二）本着精简节约的原则根据需要确定会议规模，组织鉴定委员会。对应聘参加鉴定委员会的专家可酌情发给技术咨询费。

（三）对鉴定委员会提交的鉴定报告进行

认真审核。如发现有重大缺陷，责成原鉴定委员会补充鉴定或重新评价。如有搞形式主义的，应另行组织鉴定委员会重新鉴定。

（四）负责对鉴定争议的仲裁，核发鉴定证书。

第九条 鉴定主持单位的上级部门，一旦发现并查实鉴定工作中有弄虚作假行为，有权宣布鉴定结论无效。

第十条 鉴定委员会的组成。

鉴定委员会由主任、副主任和委员若干人组成，根据需要可下设：文件资料审查组；测试和试验审查组。组长可由鉴定委员会成员兼任。

第十一条 鉴定委员会的应聘人员应有一定的代表性，并具备下列条件：

（一）具有该行业（相关行业）的高、中级专业技术职务（职称），中级职称人员不能超过30%。

（二）具有比较丰富的科学技术、经营管理知识和实践经验。

（三）具有良好的职业道德，求实公正。

（四）鉴定委员会成员为7～15人，原则上应为单数。

直接参加本产品开发的人员不得作为鉴定委员会成员。开发单位参加的人员不得超过鉴定委员会成员总数的五分之一。

第十二条 鉴定委员会的责任：

（一）接受鉴定主持单位的领导，并对其负责。

（二）坚持实事求是、严肃认真的科学态度，按少数服从多数的原则，进行审查和评价。

（三）鉴定委员会有权要求新产品、新技术的开发者进行答辩或验证试验。鉴定委员会负责人对鉴定结论负技术责任，每个成员有权充分发表个人意见。

（四）草拟鉴定报告。对结论持有异议的问题以及表决结果（同意的人数、不同意的人数）均应在报告中注明。全体成员应在鉴定证书上签字。

（五）鉴定委员会全体成员应对鉴定内容保守秘密，对以各种形式泄露者必须追究当事人的责任。

第三章 鉴定的条件、内容

第十三条 鉴定的必备条件：

（一）样机（品）设计合理、制造精良，性能先进并有销售前景，能投入试产。

（二）产品图纸及工艺技术文件齐全。具备正式投产必需的工艺规程、安全规程、操作规程及工装、检测等手段。

（三）产品符合标准化要求，质量合格。

（四）试产的原始记录齐全，数据可靠。

（五）试销产品达到设计规定或用户要求的技术、经济指标，用户反映良好。

（六）符合环保、安全、卫生等有关规定。

（七）提供必要数量的样机（品）。

第十四条 申请鉴定的企事业单位必须向计划下达部门提出新产品、新技术鉴定申请报告，并提供以下技术文件：

（一）鉴定大纲。

（二）计划任务书。

（三）试制总结报告（含产品水平分析和质量分析）。

（四）技术文件资料（设计图样及技术要求、工艺文件及产品检测规程、工装明细表等）。

（五）产品检测报告（由鉴定主持单位认定专业检测单位）。

（六）标准化审查报告。

（七）成本核算及经济效益分析报告。

（八）用户试用意见。

（九）产品企业标准。

（十）产品使用说明书。

（十一）安全卫生、环境保护措施报告（根据产品而定）。

第十五条　鉴定主要内容：

（一）对新产品、新技术性能、技术水平、采用标准等作出评价。

（二）审查试制鉴定时指出的问题是否解决；考核生产设备、工艺、工装的完善程度，检测手段、质量保证体系、生产条件是否满足试产、投产的需要；安全、卫生、环保是否符合要求。

（三）对市场前景、经济及社会效益进行预测分析。

第四章　附　　则

第十六条　本办法自发布之日起施行。

第十七条　凡本办法发布前与此有关的规定与本办法不符的，均按本办法执行。

第十八条　本办法由国家教育委员会负责解释。

普及九年义务教育和扫除青壮年文盲工作表彰奖励办法

（1996年2月29日国家教委发布）

第一条　为了推动90年代全国基本普及九年义务教育和基本扫除青壮年文盲目标的实现，调动地方人民政府实施“两基”的积极性，根据国家的有关规定，特制定本办法。

第二条　对实现基本普及九年义务教育和扫除青壮年文盲规划目标，工作成绩突出，符合下列各项条件的省、自治区、直辖市进行表彰。

（一）经济发展水平较高的省份，所辖各县（市、区）普及了九年义务教育和扫除了青壮年文盲；经济发展水平中等的省份，所辖各县（市、区）普及了初等义务教育、基本扫除了青壮年文盲，并在大部分地区普及了九年义务教育；在民族自治区和经济困难的省份，经过艰苦努力，基本普及了初等义务教育（含少数最困难的地方普及了四年或三年义务教育），部分地方普及了九年义务教育，扫除青壮年文盲工作达到国家规定要求。

（二）在制定和实施经济、社会发展规划中，切实落实教育优先发展的战略地位和义务教育与扫盲教育的“重中之重”地位；在人、财、物等资源配置上，能优先保障实施义务教育和扫除青壮年文盲工作的需要。政府及其有关职能部门在实施义务教育和扫除文盲工作中，较好地履行了自己的职责。

（三）依法治教、执法监督的各个环节都能较好地落实。

（四）在全省（自治区、直辖市）范围内，小学、初中的办学条件，依不同地区分别达到规定要求，并建立了管理和维护制度，校舍中的危房得到及时消除。乡、村成人文化技术学校的建设符合规定要求。

（五）中小学校长和乡（镇）成人教育专职人员都经过了培训。小学教师和初中教师学历合格的达到度符合规定要求。培养小学和初中教师的师范院校规模、条件均能满足实施义务教育的需求。

（六）加强了对学校（包括乡、镇、村成人学校）的常规管理，教育质量不断提高。

（七）教育经费管理体制完善，有关经费的各项政策都能得到落实，学校经费得到保证。

第三条 对普及九年义务教育与扫除青壮年文盲工作成绩突出，在全国有较大影响的县（市、区）（包括普及初等义务教育和扫除青壮年文盲的贫困县，下同），予以表彰奖励。

（一）表彰奖励的评选范围为规定期限内经省级人民政府评估，确定为普及九年义务教育和扫除青壮年文盲的县（市、区）。表彰奖励的时间及各省、自治区、直辖市评选名额，届时由国家教委、财政部确定下达。

（二）普及九年义务教育和扫除青壮年文盲工作先进县（市、区），应具备的基本条件：

（1）按规划如期普及九年义务教育、扫除青壮年文盲，普及程度较好地达到国家教委有关规定的要求。在17周岁人口中初级中等教育完成率，城区达到95%左右，县（含县级市）达到90%左右。95%以上的行政村达到基本扫除青壮年文盲的标准，每个乡（镇）和95%的行政村都建立了成人文化技术学校（成人教育中心），扫盲后的巩固提高工作不断加强。

国家确定的贫困县，按规划如期普及初等义务教育，扫除了青壮年文盲，初等教育普及程度较好地达到国家教委有关规定的要求。15周岁人口初等教育完成率达到95%左右，文盲率控制在1%左右。女童教育、残疾儿童教育以及少数民族聚居地区的少数民族儿童教育的政策措施都得到较好地落实。青壮年人口中文盲率降到15%以下，90%的乡（镇）和80%的行政村建立了成人文化技术学校（成人教育中心）。

（2）教育在经济发展中的优先地位和义务教育、扫除文盲在教育发展中的“重中之重”地位切实得到落实。

（3）普法教育、规章建设、依法行政、执法监督等环节不断强化，违法行为得到及时处理，依法治教落实。

（4）教育经费的各项政策得到落实，义务教育学校人员经费和公用经费都得到保障，经费来源稳定、可靠，管理体制完善。成人初等、中等学校和扫盲后继续教育有稳定的经费来源。义务教育和成人教育学校的办学条件符合省定要求。

（5）小学教师的文化程度基本符合国家规定要求，初中教师符合国家规定要求的占85%以上，教师继续教育制度已经建立。校长和成人教育专职人员均接受了岗位培训。按照有关规定建立的农村成人教育机构，配齐了人员，其各项待遇落实。

（6）义务教育阶段教学改革不断深入，教育方针得到全面贯彻，教育质量不断提高。

第四条 申报与审定

（一）凡符合本办法第二条要求的省（自治区、直辖市）人民政府可以按照有关规定向国家教委提出表彰申请。凡符合本办法第三条规定要求的县（市、区）可由各省、自治区、直辖市按规定时间和分配的名额，向国家教委推荐名单，并报送有关材料。

（二）根据各省、自治区、直辖市的申报，国家教委督导团组织对有关省、自治区、直辖市和有关县（市、区）进行检查评估。

（三）国家教委根据上述材料和报告，分期分批组织表彰奖励的审定工作。

第五条　国家教委将向经审定在普及义务教育和扫除青壮年文盲工作中做出突出成绩的省、自治区、直辖市颁发锦旗，向先进县（市、区）颁发锦旗并给予一定的奖励。

第六条　此项奖励经费下达到地方后应用于改善办学条件，不得发放给个人。

第七条　有关评选和表彰奖励工作的具体实施办法，另行下发。

第八条　本办法自印发之日起执行。

幼儿园工作规程

（1996年3月9日国家教委第25号令发布）

第一章　总　　则

第一条　为了加强幼儿园的科学管理，提高保育和教育质量，依据《中华人民共和国教育法》制定本规程。

第二条　幼儿园是对三周岁以上学龄前幼儿实施保育和教育的机构，是基础教育的有机组成部分，是学校教育制度的基础阶段。

第三条　幼儿园的任务是：实行保育与教育相结合的原则，对幼儿实施体、智、德、美诸方面全面发展的教育，促进其身心和谐发展。

幼儿园同时为家长参加工作、学习提供便利条件。

第四条　幼儿园适龄幼儿为三周岁至六周岁（或七周岁）。

幼儿园一般为三年制，亦可设一年制或两年制的幼儿园。

第五条　幼儿园保育和教育的主要目标是：

促进幼儿身体正常发育和机能的协调发展，增强体质，培养良好的生活习惯、卫生习惯和参加体育活动的兴趣。

发展幼儿智力，培养正确运用感官和运用语言交往的基本能力，增进对环境的认识，培养有益的兴趣和求知欲望，培养初步的动手能力。

萌发幼儿爱家乡、爱祖国、爱集体、爱劳动、爱科学的情感，培养诚实、自信、好问、友爱、勇敢、爱护公物、克服困难、讲礼貌、守纪律等良好的品德行为和习惯，以及活泼、开朗的性格。

培养幼儿初步的感受美和表现美的情趣和能力。

第六条　尊重、爱护幼儿、严禁虐待、歧视、体罚和变相体罚、侮辱幼儿人格等损害幼儿身心健康的行为。

第七条　幼儿园可分为全日制、半日制、定时制、季节制和寄宿制等。上述形式可分别设置，也可混合设置。

第二章　幼儿入园和编班

第八条　幼儿园每年秋季招生。平时如有缺额，可随时补招。

幼儿园对烈士子女，家中无人照顾的残疾人子女和单亲子女等入园，应予照顾。

第九条　企业、事业单位和机关、团体、部队设置的幼儿园，除招收本单位工作人员的子女外，有条件的应向社会开放，招收附近居民子女入园。

第十条　幼儿入园前，须按照卫生部门制定的卫生保健制度进行体格检查，合格者方可入园。

幼儿入园除进行体格检查外，严禁任何形式的考试或测查。

第十一条 幼儿园规模以有利于幼儿身心健康，便于管理为原则，不宜过大。

幼儿园每班幼儿人数一般为：小班（三至四周岁）二十五人，中班（四至五周岁）三十人，大班（五周岁至六或七周岁）三十五人，混合班三十人，学前幼儿班不超过四十人。

寄宿制幼儿园每班幼儿人数酌减。

幼儿园可按年龄分别编班，也可混合编班。

第三章 幼儿园的卫生保健

第十二条 幼儿园必须切实做好幼儿生理和心理卫生保健工作。

幼儿园应严格执行卫生部颁发的《托儿所、幼儿园卫生保健制度》以及其他有关卫生保健的法规、规章和制度。

第十三条 幼儿园应制订合理的幼儿一日生活作息制度。两餐间隔时间不得少于三小时半。幼儿户外活动时间在正常情况下，每天不得少于二小时，寄宿制幼儿园不得少于三小时，高寒、高温地区可酌情增减。

第十四条 幼儿园应建立幼儿健康检查制度和幼儿健康卡或档案。每年体检一次，每半年测身高、视力一次，每季度量体重一次，并对幼儿身体健康发展状况定期进行分析、评价。

应注意幼儿口腔卫生，保护视力。

第十五条 幼儿园应建立卫生消毒、病儿隔离制度，认真做好计划免疫和疾病防治工作。

幼儿园内严禁吸烟。

第十六条 幼儿园应建立房屋、设备、消防、交通等安全防护和检查制度；建立食品、药物等管理制度和幼儿接送制度，防止发生各种意外事故。

应加强对幼儿的安全教育。

第十七条 供给膳食的幼儿园应为幼儿提供合理膳食，编制营养平衡的幼儿食谱，定期计算和分析幼儿的进食量和营养素摄取量。

第十八条 幼儿园应保证供给幼儿饮水，为幼儿饮水提供便利条件。

要培养幼儿良好的大、小便习惯，不得限制幼儿便溺的次数、时间等。

第十九条 积极开展适合幼儿的体育活动，每日户外体育活动不得少于一小时。加强冬季锻炼。

要充分利用日光、空气、水等自然因素，以及本地自然环境，有计划地锻炼幼儿肌体，增强身体的适应和抵抗能力。

对体弱或有残疾的幼儿予以特殊照顾。

第二十条 幼儿园夏季要做好防暑降温工作，冬季要做好防寒保暖工作，防止中暑和冻伤。

第四章 幼儿园的教育

第二十一条 幼儿园教育工作的原则是：

体、智、德、美诸方面的教育应互相渗透，有机结合。

遵循幼儿身心发展的规律，符合幼儿的年龄特点，注重个体差异，因人施教，引导幼儿个性健康发展。

面向全体幼儿，热爱幼儿，坚持积极鼓

励、启发诱导的正面教育。

合理地综合组织各方面的教育内容，并渗透于幼儿一日生活的各项活动中，充分发挥各种教育手段的交互作用。

创设与教育相适应的良好环境，为幼儿提供活动和表现能力的机会与条件。

以游戏为基本活动，寓教育于各项活动之中。

第二十二条 幼儿一日活动的组织应动静交替，注重幼儿的实践活动，保证幼儿愉快的、有益的自由活动。

第二十三条 幼儿园日常生活组织，要从实际出发，建立必要的合理的常规，坚持一贯性、一致性和灵活性的原则，培养幼儿的良好习惯和初步的生活自理能力。

第二十四条 幼儿园的教育活动应是有目的、有计划引导幼儿生动、活泼、主动活动的，多种形式的教育过程。

教育活动的内容应根据教育目的，幼儿的实际水平和兴趣，以循序渐进为原则，有计划地选择和组织。

组织活动应根据不同的教育内容，充分利用周围环境的有利条件，积极发挥幼儿感官作用，灵活地运用集体或个别活动的形式，为幼儿提供充分活动的机会，注重活动的过程，促进每个幼儿在不同水平上得到发展。

第二十五条 游戏是对幼儿进行全面发展教育的重要形式。

应根据幼儿的年龄特点选择和指导游戏。

应因地制宜地为幼儿创设游戏条件（时间、空间、材料）。游戏材料应强调多功能和可变性。

应充分尊重幼儿选择游戏的意愿，鼓励幼儿制作玩具，根据幼儿的实际经验和兴趣，在游戏过程中给予适当指导，保持愉快的情绪，促进幼儿能力和个性的全面发展。

第二十六条 幼儿园的品德教育应以情感教育和培养良好行为习惯为主，注重潜移默化的影响，并贯穿于幼儿生活以及各项活动之中。

第二十七条 幼儿园应在各项活动的过程中，根据幼儿不同的心理发展水平，注重培养幼儿良好的个性心理品质，尤应注意根据幼儿个体差异，研究有效的活动形式和方法，不要强求一律。

第二十八条 幼儿园应当使用全国通用的普通话。招收少数民族幼儿为主的幼儿园，可使用当地少数民族通用的语言。

第二十九条 幼儿园和小学应密切联系，互相配合，注意两个阶段教育的相互衔接。

第五章 幼儿园的园舍、设备

第三十条 幼儿园应设活动室、儿童厕所、盥洗室、保健室、办公用房和厨房。有条件的幼儿园可单独设音乐室、游戏室、体育活动室和家长接待室等。

寄宿制幼儿园应设寝室、隔离室、浴室、洗衣间和教职工值班室等。

第三十一条 幼儿园应有与其规模相适应的户外活动场地、配备必要的游戏和体育活动设施，并创造条件开辟沙地、动物饲养角和种植园地。

应根据幼儿园特点，绿化、美化园地。

第三十二条 幼儿园应配备适合幼儿特点的桌椅、玩具架、盥洗卫生用具，以及必要的教具、玩具、图书和乐器等。

寄宿制幼儿园应配备儿童单人床。

幼儿园的教具、玩具应有教育意义并符合安全、卫生的要求。

幼儿园应因地制宜，就地取材，自制教具、玩具。

第三十三条 幼儿园建筑规则面积定额、建筑设计要求和教具玩具的配备，参照国家有关部门的规定执行。

第六章 幼儿园的工作人员

第三十四条 幼儿园按照编制标准设园长、副园长、教师、保育员、医务人员、事务人员、炊事员和其他工作人员。

各省、自治区、直辖市教育行政部门可会同有关部门参照国家教育委员会和原劳动人事部制订的《全日制、寄宿制幼儿园编制标准》，制定具体规定。

第三十五条 幼儿园工作人员应拥护党的基本路线，热爱幼儿教育事业，爱护幼儿，努力学习专业知识和技能，提高文化和专业水平，品德良好、为人师表、忠于职责，身体健康。

第三十六条 幼儿园园长除符合本规程第三十五条要求外，应具备幼儿师范学校(包括职业学校幼儿教育专业)毕业及其以上学历。

幼儿园园长还应有一定的教育工作经验和组织管理能力，并获得幼儿园园长岗位培训合格证书。

幼儿园园长由举办者任命或聘任。非地方人民政府设置的幼儿园园长应报当地教育行政部门备案。

幼儿园园长负责幼儿园的全面工作，其主要职责如下：

（一）贯彻执行国家的有关法律、法规、方针、政策和上级主管部门的规定；

（二）领导教育、卫生保健、安全保卫工作；

（三）负责建立并组织执行各种规章制度；

（四）负责聘任、调配工作人员。指导、检查和评估教师以及其他工作人员的工作，并给予奖惩；

（五）负责工作人员的思想工作，组织文化、业务学习，并为他们的政治和文化、业务进修创造必要的条件；

关心和逐步改善工作人员的生活、工作条件，维护他们的合法权益；

（六）组织管理园舍、设备和经费；

（七）组织和指导家长工作；

（八）负责与社区的联系和合作。

第三十七条 幼儿园教师必须具有《教师资格条例》规定的幼儿园教师资格，并符合本规程第三十五条规定。

幼儿园教师实行聘任制。

幼儿园教师对本班工作全面负责，其主要职责如下：

（一）观察了解幼儿，依据国家规定的幼儿园课程标准，结合本班幼儿的具体情况，制订和执行教育工作计划，完成教育任务；

（二）严格执行幼儿园安全、卫生保健制度，指导并配合保育员管理本班幼儿生活和做好卫生保健工作；

（三）与家长保持经常联系，了解幼儿家庭的教育环境，商讨符合幼儿特点的教育措施，共同配合完成教育任务；

（四）参加业务学习和幼儿教育研究活动；

（五）定期向园长汇报，接受其检查和指导。

第三十八条 幼儿园保育员除符合本规程第三十五条规定外，还应具备初中毕业以上学历，并受过幼儿保育职业培训。

幼儿园保育员的主要职责如下：

（一）负责本班房舍、设备、环境的清洁卫生工作；

（二）在教师指导下，管理幼儿生活，并配合本班教师组织教育活动；

（三）在医务人员和本班教师指导下，严格执行幼儿园安全、卫生保健制度；

（四）妥善保管幼儿衣物和本班的设备、用具。

第三十九条 幼儿园医务人员除符合本规程第三十五条规定外，医师应按国家有关规定和程序取得医师资格；医士和护士应当具备中等卫生学校毕业学历，或取得卫生行政部门的资格认可；保健员应当具备高中毕业学历，并受过幼儿保健职业培训。

幼儿园医务人员对全园幼儿身体健康负责，其主要职责如下：

（一）协助园长组织实施有关卫生保健方面的法规、规章和制度，并监督执行；

（二）负责指导调配幼儿膳食，检查食品、饮水和环境卫生；

（三）密切与当地卫生保健机构的联系，及时做好计划免疫和疾病防治等工作；

（四）向全园工作人员和家长宣传幼儿卫生保健等常识；

（五）妥善管理医疗器械、消毒用具和药品。

第四十条 幼儿园其他工作人员的资格和职责，参照政府的有关规定执行。

第四十一条 对认真履行职责、成绩优良者，应按有关规定给予奖励。

对不履行职责者，应给予批评教育；情节严重的，应给予行政处分；构成犯罪的，由司法机关依法追究刑事责任。

第七章 幼儿园的经费

第四十二条 幼儿园的经费由举办者依法筹措，保障有必备的办园资金和稳定的经费来源。

第四十三条 幼儿园收费按省、自治区、直辖市或地（市）级教育行政部门会同有关部门制定的收费项目、标准和办法执行。

幼儿园不得以培养幼儿某种专项技能为由，另外收取费用；亦不得以幼儿表演为手段，进行以营利为目的的活动。

第四十四条 省、自治区、直辖市或地（市）级教育行政部门应会同有关部门制定各类幼儿园经费管理办法。

幼儿园的经费应按规定的使用范围合理开支，坚持专款专用，不得挪作他用。

第四十五条 任何组织和个人举办幼儿园不得以营利为目的。举办者筹措的经费，应保证保育和教育的需要，有一定比例用于改善办园条件，并可提留一定比例的幼儿园基金。

第四十六条 幼儿膳食费应实行民主管理制度，保证全部用于幼儿膳食，每月向家长公布帐目。

第四十七条 幼儿园应建立经费预算和决算审核制度，严格执行有关财务制度，经费预算和决算，应提交园务委员会或教职工大会审议，并接受财务和审计部门的监督检查。

第八章 幼儿园、家庭和社区

第四十八条 幼儿园应主动与幼儿家庭配合，帮助家长创设良好的家庭教育环境，向家长宣传科学保育、教育幼儿的知识，共同担负教育幼儿的任务。

第四十九条 应建立幼儿园与家长联系的制度。

幼儿园可采取多种形式，指导家长正确了解幼儿园保育和教育的内容、方法，定期召开家长会议，并接待家长的来访和咨询。

幼儿园应认真分析、吸收家长对幼儿园教育与管理工作的意见与建议。

幼儿园可实行对家长开放日的制度。

第五十条 幼儿园应成立家长委员会。

家长委员会的主要任务是：帮助家长了解幼儿园工作计划和要求，协助幼儿园工作；反映家长对幼儿园工作的意见和建议；协助幼儿园组织交流家庭教育的经验。

家长委员会在幼儿园园长指导下工作。

第五十一条 幼儿园应密切同社区的联系与合作。宣传幼儿教育的知识，支持社区开展有益的文化教育活动，争取社区支持和参与幼儿园建设。

第九章 幼儿园的管理

第五十二条 幼儿园实行园长负责制，园长在举办者和教育行政部门领导下，依据本规程负责领导全园工作。

幼儿园可建立园务委员会。园务委员会由保教、医务、财会等人员的代表以及家长的代表组成。园长任园务委员会主任。

园长定期召开园务会议（遇重大问题可临时召集）对全园工作计划，工作总结，人员奖惩，财务预算和决算方案，规章制度的建立、修改、废除，以及其他涉及全园工作的重要问题进行审议。

不设园务委员会的幼儿园，上述重大事项由园长召集全体教职工会议商议。

第五十三条 幼儿园应建立教职工大会制度，或以教师为主体的教职工代表会议制度，加强民主管理和监督。

第五十四条 党在幼儿园的基层组织要发挥政治核心作用。园长要充分发挥共青团、工会等其他组织在幼儿园工作中的作用。

第五十五条 幼儿园应制定年度工作计划，定期部署、总结和报告工作。每学年末应向行政主管部门和教育行政部门报告工作，必要时随时报告。

第五十六条 幼儿园应接受上级教育督导人员的检查、监督和指导。要根据督导的内容和要求，切实报告工作，反映情况。

第五十七条 幼儿园应建立教育研究、业务档案、财务管理、园务会议、人员奖惩、安全管理以及与家庭、小学联系等制度。

幼儿园应建立工作人员名册、幼儿名册和其他统计表册，每年向教育行政部门报送统计表。

第五十八条 幼儿园在当地小学寒、暑假期间，以不影响家长工作为原则，工作人员可轮流休假，具体办法由举办者自定。

第十章 附 则

第五十九条 本规程适用于城乡各类幼儿园。

第六十条 各省、自治区、直辖市教育行政部门可根据本规程，制订具体实施办法。

各省、自治区、直辖市教育行政部门，可根据规程对不同地区、不同类别的幼儿园分别提出不同要求，分期分批地有步骤地组织实施。亦可制订本地区不同类型幼儿园的工作规程。

第六十一条　本规程由国家教育委员会负责解释。

第六十二条　本规程自1996年6月1日起施行。1989年6月5日国家教育委员会第2号令发布的《幼儿园工作规程（试行）》同时废止。

小学管理规程

（1996年3月9日国家教委第26号令发布）

第一章　总　　则

第一条　为加强小学内部的规范化管理，全面贯彻教育方针，全面提高教育质量，依据《中华人民共和国教育法》和其他有关教育法律、法规制定本规程。

第二条　本规程所指小学是由政府、企业事业组织、社会团体、其他社会组织及公民个人依法举办的对儿童实施普通初等教育的机构。

第三条　小学实施初等义务教育。

小学的修业年限为6年或5年。省、自治区、直辖市可根据实际情况确定本行政区域内的小学修业年限。

第四条　小学要贯彻教育必须为社会主义现代化建设服务，必须与生产劳动相结合，培养德、智、体等方面全面发展的社会主义事业的建设者和接班人的方针。

第五条　小学教育要同学前教育和初中阶段教育相互衔接，应在学前教育的基础上，通过实施教育教学活动，使受教育者生动活泼、主动地发展，为初中阶段教育奠定基础。

第六条　小学的培养目标是：

初步具有爱祖国、爱人民、爱劳动、爱科学、爱社会主义的思想感情；遵守社会公德的意识、集体意识和文明行为习惯；良好的意志、品格和活泼开朗的性格；自我管理、分辨是非的能力。

具有阅读、书写、表达、计算的基本知识和基本技能，了解一些生活、自然和社会常识，具有初步的观察、思维、动手操作和学习的能力，养成良好的学习习惯。学习合理锻炼、养护身体的方法，养成讲究卫生的习惯，具有健康的身体和初步的环境适应能力。具有较广泛的兴趣和健康的爱美情趣。

第七条　小学的基本教学语言文字为汉语言文字。学校应推广使用普通话和规范字。

招收少数民族学生为主的学校，可使用本民族或当地民族通用的语言文字进行教学，并应根据实际情况，在适当年级开设汉语文课程。

第八条　小学实行校长负责制，校长全面负责学校行政工作。

农村地区可视情况实行中心小学校长负责制。

第九条　小学按照“分级管理，分工负责”的原则，在当地人民政府领导下实施教育工作。

第二章　入学及学籍管理

第十条　小学招收年满6周岁的儿童入学，条件不具备的地区，可以推迟到7周岁。

小学实行秋季始业。

小学应按照《义务教育法》及其实施细则的规定，在当地政府领导下，组织服务区内的适龄儿童按时就近免试入学。小学的服务区由主管教育行政部门确定。

第十一条 小学采用班级授课制，班级的组织形式应为单式，不具备条件的也可以采用复式。教学班级学额以不超过 45 人为宜。

学校规模应有利于教育教学，有利于学生身心健康，便于管理，提高办学效益。

第十二条 小学对因病无法继续学习的学生（须具备指定医疗单位的证明）在报经有关部门批准后，可准其休学。学生休学时间超过三个月，复学时学校可据其实际学力程度并征求其本人及父母或其他监护人意见后编入相应年级。

小学对因户籍变更申请转学，并经有关教育行政部门核准符合条件者，应予及时妥善安置，不得无故拒收。

小学对因故在非户籍所在地申请就学的学生，经有关部门审核符合条件的，可准其借读，并可按有关规定收取借读费。

第十三条 小学应从德、智、体等方面全面评价学生。要做好学习困难学生的辅导工作，积极创造条件逐步取消留级制度。现阶段仍实行留级制度的地方，要创造条件，逐步降低学生留级比例和减少留级次数。

小学对修完规定课程且成绩合格者，发给毕业证书；不合格者发给结业证书，毕业年级不再留级。对虽未修完小学课程，但修业年限已满当地政府规定的义务教育年限者，发给肄业证书。

第十四条 小学对学业成绩优异，提前达到更高年级学力程度的学生，可准其提前升入相应年级学习，同时报教育主管部门备案。

第十五条 小学对品学兼优的学生应予表彰，对犯有错误的学生应予批评教育，对极少数错误较严重的学生可分别给予警告、严重警告和记过处分。

小学不得开除学生。

第十六条 小学应防止未受完规定年限义务教育的学生辍学，发现学生辍学，应立即向主管部门报告，配合有关部门，依法使其复学并做好有关工作。

第十七条 小学学籍管理的具体办法由省级教育行政部门制定。

第三章 教育教学工作

第十八条 小学的主要任务是教育教学工作。其他各项工作均应以有利于教育教学工作的开展为原则。

第十九条 小学应按照国家或省级教育行政部门发布的课程计划、教学大纲进行教育教学工作。

小学在教育教学工作中，要充分发挥学科课和活动课的整体功能，对学生进行德育、智育、体育、美育和劳动教育，为学生全面发展奠定基础。

第二十条 小学要积极开展教育教学研究，运用教育理论指导教育教学活动，积极推广科研成果及成功经验。

第二十一条 小学要将德育工作摆在重要位置，校长负责，教职工参与，教书育人、管理育人、服务育人。

学校教育要同家庭教育、社会教育相结合。

第二十二条 小学应在每个教学班设置

班主任教师，负责管理、指导班级工作。班主任教师要同各科任课教师、学生家长密切联系，了解掌握学生思想、品德、行为、学业等方面的情况，协调配合对学生实施教育。

班主任教师每学期要根据学生的操行表现写出评语。

第二十三条 小学对学生应以正面教育为主，肯定成绩和进步，指出缺点和不足，不得讽刺挖苦、粗暴压服，严禁体罚和变相体罚。

第二十四条 小学教学要面向全体学生，坚持因材施教的原则，充分发挥学生的主体作用；要重视基础知识教学和基本技能训练，激发学习兴趣，培养正确的学习方法、学习习惯。

第二十五条 小学应当按照教育行政部门颁布的校历安排学校工作。小学不得随意停课，若遇特殊情况必须停课的，一天以内的由校长决定，并报县教育行政部门备案；一天以上三天以内的，应经县级人民政府批准。

小学不得组织学生参加商业性的庆典、演出等活动，参加其他社会活动亦不应影响教学秩序和学校正常工作。

第二十六条 小学要合理安排作息时间。学生每日在校用于教育教学活动的时间，五、六年级至多不超过 6 小时，其他年级还应适当减少。课余、晚上和节假日不得安排学生集体补课或上新课。

课后作业内容要精选，难易要适度，数量要适当，要严格执行有关规定，保证学生学业负担适量。

第二十七条 小学使用的教材，须经国家或国家授权的省级教材审定部门审定。实验教材、乡土教材须经有关的教育行政部门批准后方可使用。

小学不得要求或统一组织学生购买各类学习辅导资料。对学生使用学具等要加强引导。

第二十八条 小学应按照课程计划和教学大纲的要求通过多种形式，评测教学质量。学期末的考试科目为语文和数学，其他学科通过平时考查评定成绩。

小学毕业考试由学校命题（农村地区在县级教育行政部门指导下由乡中心小学命题），考试科目为语文和数学。

学校要建立德、智、体全面评估教育质量的科学标准，不得以考试成绩排列班级、学生的名次，和作为衡量教学质量、评定教师教学工作的唯一标准。

第二十九条 小学应重视体育和美育工作。

学校应严格执行国家颁布的有关学校体育工作的法规，通过体育课及其他形式的体育活动增强学生体质。学校应保证学生每天有 1 小时的体育活动时间。

小学应上好音乐、美术课，其他学科也要从本学科特点出发，发挥美育功能。美育要结合学生日常生活，提出服饰、仪表、语言、行为等审美要求，培养健康的审美情趣。

第三十条 小学应加强对学生的劳动教育，培养学生爱劳动、爱劳动人民、珍惜劳动成果的思想，培养从事自我服务、家务劳动、公益劳动和简单生产劳动的能力，养成劳动习惯。

第三十一条 小学应加强学生课外、校外活动指导，注意与学生家庭、少年宫（家、站）和青少年科技馆（站）等校外活动机构联系，开展有益的活动，安排好学生的课余生活。

学校组织学生参加竞赛、评奖活动，要遵照教育行政部门的有关规定执行。

第四章 人事工作

第三十二条 小学可按编制设置校长、副校长、主任、教师和其他人员。

第三十三条 小学校长是学校行政负责人。校长应具备国家规定的任职资格，由学校设置者或设置者的上级主管部门任命或聘任；副校长及教导（总务）主任等人员由校长提名，按有关规定权限和程序任命或聘任。非政府设置的小学校长，应报主管教育行政部门备案。

校长要加强教育政策法规、教育理论的学习，加强自身修养，提高管理水平，依法对学校实施管理。其主要职责是：

（一）贯彻执行国家的教育方针，执行教育法令法规和教育行政部门的指示、规定、遵循教育规律，提高教育质量；

（二）制定学校的发展规划和学年学期工作计划，并认真组织实施；

（三）遵循国家有关法律和政策，注重教职工队伍建设。依靠教职工办好学校，并维护其合法权益；

（四）发挥学校教育的主导作用，努力促进学校教育、家庭教育、社会教育的协调一致，互相配合，形成良好的育人环境。

第三十四条 小学校长应充分尊重教职工的民主权利，听取他们对于学校工作的意见、建议；教职工应服从校长的领导，认真完成本职工作。

教职工对学校工作的意见、建议，必要时可直接向主管部门反映，任何组织和个人不得阻挠。

第三十五条 小学教师应具备国家规定的任职资格，享受和履行法律规定的权利和义务，遵守职业道德，完成教育教学工作。

第三十六条 小学要加强教师队伍管理，按国家有关规定实行教师资格、职务、聘任制度，建立、健全业务考核档案。要加强教师思想政治教育、职业道德教育，树立敬业精神。对认真履行职责的优秀教师应予奖励。

第三十七条 小学应重视教师的继续教育，制订教师进修计划，积极为教师进修创造条件。教师进修应根据学校工作的需要，以在职为主，自学为主，所教学科为主。

第三十八条 小学其他人员应具备相应的政治、业务素质，其具体任职资格及职责由教育行政部门或学校按照国家有关规定制定。

第五章 行政工作

第三十九条 小学可依规模内设分管教务、总务等工作的机构或人员，协助校长做好有关工作（规模较大的学校还可设年级组），其具体职责由学校制定。

第四十条 小学若规模较大，可成立由校长召集，各部门负责人参加的校务委员会，研究决定学校重大事项。

第四十一条 小学应建立教职工（代表）大会制度，加强民主管理和民主监督。大会可定期召开，不设常设机构。

第四十二条 中国共产党在小学的组织发挥政治核心作用。校长要依靠党的学校（地方）基层组织，充分发挥工会、共青团、少先队及其他组织在学校工作中的作用。

第四十三条 小学应建立、健全教育研究、业务档案、财务管理、安全工作、学习、会议等制度。

学校应建立工作人员名册、学生名册和其他统计表册，定期向主管教育行政部门上报。

第四十四条 小学应接受教育行政部门或上级主管部门的检查、监督和指导，要如实报告工作，反映情况。

学年末，学校应向教育行政部门或上级主管部门报告工作，重大问题应随时报告。

第六章 校舍、设备及经费

第四十五条 小学的办学条件及经费由学校举办者负责提供。其标准由省级人民政府制定。

小学应具备符合规定标准的校舍、场地、设施、教学仪器、图书资料。

第四十六条 小学应遵照有关规定管理使用校舍、场地等，未经主管部门批准，不得改变其用途。

要定期对校舍进行维修和维护，发现危房立即停止使用，并报上级主管部门。对侵占校舍、场地的行为，学校可依法向侵权行为者的上级主管部门反映，直至向人民法院提起诉讼。

小学要搞好校园建设规划，净化、绿化、美化校园，搞好校园文化建设，形成良好的育人环境。

第四十七条 小学应加强对教学仪器、设备、图书资料、文娱体育器材和卫生设施的管理，建立、健全制度，提高使用效率。

第四十八条 公办小学免收学费，可适当收取杂费。小学收费应严格按照省级人民政府制定的收费项目和县级以上人民政府制定的标准和办法执行。

第四十九条 小学可按有关规定举办校办产业，从学校实际出发组织师生勤工俭学。严禁采取向学生摊派钱、物的做法代替勤工俭学。

小学可按国家有关规定接受社会捐助。

第五十条 小学应科学管理、合理使用学校经费，提高使用效益。要建立健全经费管理制度，经费预算和决算应提交校务委员会或教职工代表大会审议，并接受上级财务和审计部门的监督。

第七章 卫生保健及安全

第五十一条 小学应认真执行国家有关学校卫生工作的法规、政策，建立、健全学校卫生工作制度。应有专人负责此项工作(有条件的学校应设校医室)，要建立学生健康卡片，根据条件定期或不定期体检。

第五十二条 小学的环境、校舍、设施、图书、设备等应有利于学生身心健康，教育、教学活动安排要符合学生的生理、心理特点。

要不断改善学校环境卫生和教学卫生条件，开展健康教育，培养学生良好的卫生习惯，预防传染病、常见病及食物中毒。

第五十三条 小学应加强学校安全工作，因地制宜地开展安全教育，培养师生自救自护能力。凡组织学生参加的文体活动、社会实践、郊游、劳动等均应采取妥善预防措施，保障师生安全。

第八章 学校、家庭与社会

第五十四条 小学应同街道、村民委员会及附近的机关、团体、部队、企业事业单位建立社区教育组织，动员社会各界支持学校工作，优化育人环境。小学亦应发挥自身优势，为社区的精神文明建设服务。

第五十五条 小学应主动与学生家庭建立联系，运用家长学校等形式指导、帮助学生家长创设良好的家庭教育环境。

小学可成立家长委员会，使其了解学校工作，帮助学校解决办学中遇到的困难，集中反映学生家长的意见、建议。

家长委员会在校长指导下工作。

第九章 其 他

第五十六条 农村乡中心小学应在县教育部门指导下，起到办学示范、教研中心、进修基地的作用，带动当地小学教育质量的整体提高。

第五十七条 承担教育教学改革任务的小学，可在报经有关部门批准后，根据实际需要，调整本规程中的某些要求。

第十章 附 则

第五十八条 小学应根据《中华人民共和国教育法》和本规程的规定，结合本校实际情况制定本校章程。

第五十九条 本规程主要适用于城市小学、农村完全小学以上小学，其他各类小学及实施初等教育的机构可参照执行。

各省、自治区、直辖市教育行政部门可根据本规程制定实施办法。

第六十条 本规程自颁布之日起施行。

中国共产党普通高等学校基层组织工作条例

（中共中央1996年3月18日印发）

第一章 总 则

第一条 为了加强和改善党对普通高等学校（以下简称高等学校）的领导，加强高等学校党的建设，办好有中国特色的社会主义大学，根据《中国共产党章程》和高等学校的实际情况，制定本条例。

第二条 高等学校的党组织必须以马列主义、毛泽东思想和邓小平建设有中国特色社会主义理论为指导，全面贯彻执行党的基本路线和教育方针，坚持教育必须为社会主义现代化建设服务，必须与生产劳动相结合，培养德、智、体等方面全面发展的社会主义事业的建设者和接班人。

第三条 高等学校实行党委领导下的校长负责制。校党委统一领导学校工作，支持校长按照《中华人民共和国教育法》的规定积极主动、独立负责地开展工作，保证教学、科研、行政管理等各项任务的完成。

第二章 党组织的设置

第四条 高等学校设立党的基层委员会（以下简称党的委员会）。党的委员会由党员大会或党员代表大会选举产生，任期四年。党的委员会对党员大会或党员代表大会负责并报告工作。

第五条 规模较大、党员人数较多的学校，根据工作需要，经上级党组织批准，党的委员会可设立常务委员会。常务委员会由党的委员会全体会议选举产生，对党的委员会负责并报告工作。

设常务委员会的党的委员会每学期至少召开一次委员会全体会议，如遇重大问题可随时召开。

第六条　高等学校设立党的基层纪律检查委员会（以下简称党的纪律检查委员会）。党的纪律检查委员会由党员大会或党员代表大会选举产生。

第七条　党的委员会应本着精干、高效和有利于加强党的建设的原则，设立办公室、组织部、宣传部等工作机构，配备必要的工作人员，包括配备一定数量的组织员。

第八条　党员50人以上的系级单位成立党的总支部。党员不足50人的系级单位，根据工作需要，经校党委批准，也可以成立党的总支部。党的总支部委员会由党员大会选举产生，任期三年。党的总支部应配备必要的专职党务工作人员。

党员100人以上的系级单位，根据工作需要，经校党委批准，可以成立党的委员会。系级单位党的委员会由党员大会选举产生，接受校党委的领导，任期四年。

第九条　党员7人以上的党支部设立支部委员会，支部委员会由党员大会选举产生；党员不足7人的党支部，不设支部委员会，由党员大会选举支部书记1人，必要时增选副书记1人。党的支部委员会和不设支部委员会的支部书记、副书记每届任期两年。

第十条　教师党支部一般按教研室或研究室设置；学生党支部按年级或系设置，党员人数较多的可按班设置；机关、后勤等部门的党支部一般按部门设置。正式党员不足3人的，可与业务相近的部门或单位联合成立党支部。

第三章　党组织的职责

第十一条　高等学校党的委员会的主要职责是：

1. 学习、宣传和执行党的路线、方针、政策，坚持社会主义办学方向，依靠全校师生员工推进学校的改革和发展，培养有理想、有道德、有文化、有纪律的社会主义事业的建设者和接班人。

2. 按照从严治党的方针，加强学校党组织的思想、组织、作风建设，发挥党的总支部的政治核心作用、党支部的战斗堡垒作用和党员的先锋模范作用。

3. 讨论决定学校改革和发展以及教学、科研、行政管理等工作中的重大问题。

4. 领导学校的思想政治工作和德育工作。

5. 按照干部管理权限，负责干部的选拔、教育、培养、考核和监督。

6. 领导学校的工会、共青团、学生会等群众组织和教职工代表大会。

7. 做好统一战线工作。对学校内民主党派的基层组织实行政治领导，支持他们按照各自的章程开展活动。

第十二条　高等学校党的纪律检查委员会的主要职责是：

1. 维护党的章程和其他党内法规，对党员进行遵纪守法教育。

2. 检查党组织和党员贯彻执行党的路线、方针、政策和决议的情况。

3. 协助党委加强党风建设。

4. 检查、处理党的组织和党员违反党的

章程和其他党内法规的案件，按照有关规定决定或取消对这些案件中党员的处分。

5. 受理党员的控告和申诉，保障党的章程规定的党员权利不受侵犯。

第十三条 系级单位党的总支部（直属党支部）委员会的主要职责是：

1. 保证监督党和国家的方针、政策及学校各项决定在本单位的贯彻执行。

2. 参与讨论和决定本单位教学、科研、行政管理工作中的重要事项。支持本单位行政负责人在其职责范围内独立负责地开展工作。

3. 加强党组织的思想、组织、作风建设，具体指导党支部的工作。

4. 领导本单位的思想政治工作。

5. 做好本单位干部的教育和管理工作。

6. 领导本单位工会、共青团、学生会等群众组织。

第十四条 党的支部委员会的主要职责是：

1. 宣传、执行党的方针、政策和上级党组织的决议，团结师生员工，保证教学、科研等各项任务的完成。

2. 加强对党员的教育、管理和监督，定期召开组织生活会，开展批评与自我批评；向党员布置做群众工作和其他工作任务，并检查执行情况。

3. 培养教育入党积极分子，做好发展党员工作。

4. 经常听取党员和群众的意见和建议，了解、分析师生员工的思想情况，有针对性地做好思想政治工作。

第十五条 教研室党的支部委员会要支持教研室主任的工作，经常与教研室主任沟通情况，对教研室的工作提出意见和建议。教研室党支部书记参与讨论决定本教研室的重要问题。

第四章 党员的教育、管理和发展

第十六条 高等学校党组织应对党员进行马列主义、毛泽东思想教育，特别是邓小平建设有中国特色社会主义理论的教育，党的基本路线和党的基本知识教育，并教育党员努力掌握科学文化知识和专业技能，不断提高政治和业务素质。

第十七条 健全党内生活制度，严格党的组织生活，做好民主评议党员工作，大力表彰先进，妥善处置不合格党员，严格执行党的纪律。

第十八条 按照坚持标准、保证质量、改善结构、慎重发展的方针和有关规定，加强对入党积极分子的教育、培养和考察，有计划、有重点地做好发展党员工作。

第十九条 高等学校党的委员会应建立党校。党校的主要任务是培训党员、干部和入党积极分子。

第五章 干部工作

第二十条 高等学校党的委员会要坚持党管干部的原则，按照干部队伍革命化、年轻化、知识化、专业化的方针和德才兼备的原则选拔任用干部，并对学校党政干部实行统一管理。

中层行政干部的任免，由党委组织部门负责考察，经校党委（常委）集体讨论决定后，按规定程序办理。决定中层行政干部的任免，应听取校行政领导的意见。

第二十一条 系级单位党的总支部（直

属党支部)委员会同系级单位行政领导一起，做好本单位干部的选拔、培养、考核、监督工作，以及学生政治辅导员、班主任的配备、管理工作。参与讨论决定本单位师生员工在出国、晋升、毕业等方面的工作，并负责政治审查。

对系级单位行政领导班子的配备和领导干部的选拔，系级单位党的总支部委员会可以向校党委提出建议，并协助校党委组织部门进行考察。

第二十二条 高等学校党的委员会协助上级干部主管部门做好校级后备干部工作。重视妇女干部、非党干部的培养选拔。

第六章 思想政治工作

第二十三条 高等学校党的委员会统一领导思想政治工作。同时，要发挥行政领导和工会、共青团、学生会等群众组织的作用，共同做好思想政治工作。

第二十四条 高等学校党组织要对师生员工进行马列主义、毛泽东思想教育，特别是邓小平建设有中国特色社会主义理论的教育，党的基本路线教育、爱国主义、集体主义和社会主义思想教育，中国近现代史、中共党史和国情教育，社会主义民主和法制教育，形势政策教育和中华民族优秀文化传统教育，加强和改进德育工作，帮助他们坚定走有中国特色社会主义道路的信念，树立正确的世界观和人生观。

第二十五条 思想政治工作要坚持理论联系实际的原则，紧紧围绕学校的改革和发展，密切结合教学、科研、行政管理等各项工作和师生员工的思想实际，分别不同层次，采取多种方式进行。

学校党组织要积极创造条件，组织师生参加社会实践，引导他们自觉走与工农群众相结合的道路。

第二十六条 高等学校应建立一支以专职人员为骨干、专兼职干部相结合的党务工作和思想政治工作队伍。专职党务工作人员和思想政治工作人员的配备一般占全校师生员工总数的百分之一左右；规模较小的学校，可视情况适当增加比例。

第七章 党组织对群众组织的领导

第二十七条 高等学校党的委员会要研究工会、共青团、学生会等群众组织工作中的重大问题，支持他们依照国家法律和各自的章程独立自主地开展工作。

第二十八条 高等学校党的委员会领导教职工代表大会，支持教职工代表大会正确行使职权，在参与学校的民主管理和民主监督、维护教职工的合法权益等方面发挥作用。

第八章 附 则

第二十九条 省、自治区、直辖市党委可根据本条例精神，结合实际情况制定实施办法。军队系统院校党组织的工作，由中国人民解放军总政治部参照本条例作出规定。

第三十条 本条例由中共中央组织部负责解释。

第三十一条 本条例自下发之日起施行。

教育系统内部审计工作规定

（1996年4月5日国家教委
第24号令发布）

第一章 总 则

第一条 为了加强教育系统内部审计工作，保障教育改革和发展的顺利进行，根据《中华人民共和国审计法》、《中华人民共和国教育法》和《审计署关于内部审计工作的规定》，制定本规定。

第二条 教育系统内部审计是我国审计体系的组成部分，是对教育部门和单位财务收支及其有关经济活动的真实、合法和效益依法实施内部监督的活动。

教育系统内部审计工作为教育的改革和发展服务，促进教育部门和单位强化内部管理，遵守国家财经法规，加强廉政建设，维护自身合法权益，增加教育投入，提高教育资金使用效益。

第三条 教育部门和单位应当依照国家法律、法规和本规定，建立健全内部审计制度，设立内部审计机构，配备审计人员，完善内部审计工作的规章制度，积极创造条件，支持内部审计工作的开展。

第四条 教育系统内部审计机构在本部门、本单位主要行政负责人的直接领导下，依据国家法律、法规和政策，以及上级部门和本部门、本单位的规章制度，对本部门、本单位和所属单位的财务收支及其有关经济活动进行内部审计监督，独立行使内部审计监督权，对本部门、本单位领导负责并报告工作，同时接受国家审计机关和上级主管部门内部审计机构的指导和监督。

第五条 审计署派驻国家教委审计局指导和监督全国教育系统内部审计工作，对审计署划定的直接审计单位实行审计监督。

地方审计机关派驻教育主管部门审计机构和教育主管部门内部审计机构，指导和监督本地区教育系统内部审计工作，对本部门和所属单位实行审计监督。

高等学校、教育企业单位和其他事业单位内部审计机构对本单位和下属单位实行审计监督。

第二章 内部审计机构和审计人员

第六条 下列教育部门和单位应当设置独立的、与本部门、本单位财务机构相同级别的内部审计机构：

（一）审计机关未设派驻机构的县级及县级以上的教育主管部门；

（二）大学、独立设置的学院和规模较大的高等专科学校；

（三）财务收支金额较大且规模较大的教育企业单位和其他教育事业单位。

财务收支金额较大但规模较小的教育企事业单位应当根据工作需要，设置专职审计人员。

第七条 设置独立内部审计机构的教育部门和单位，应当保证审计工作所必需的人员编制，配备专业知识和业务能力适应审计工作需要的人员，并应形成合理的专业、知识和年龄结构，保持相对稳定。

有条件的教育部门和单位，可以根据工作需要，聘请适合做审计工作的特约审计员和兼职审计人员。

第八条 教育部门和单位内部审计机构的设置和专职审计人员的编制，应在本部门、本单位核定的机构限额和人员总编制内解决。

第九条 教育系统内部审计机构的变动和主要负责人的任免或调动，应事先征求上一级审计机构的意见。

第十条 教育部门和单位的主要行政负责人要加强对本部门、本单位内部审计工作的领导，其主要职责是：

（一）建立健全内部审计机构，加强审计队伍的组织、思想、作风和业务建设；

（二）定期研究、部署和检查审计工作，听取内部审计机构的工作汇报；

（三）及时批复审计报告、审计意见书或审计决定，督促审计意见书或审计决定的执行，支持内部审计机构和审计人员依法独立行使审计监督权；

（四）为内部审计机构和审计人员履行职责提供必需的经费保证，创造良好的工作环境和条件；

（五）对成绩显著的内部审计机构和审计人员进行表彰和奖励；

（六）切实解决审计人员在工作、生活、职务评聘和待遇等方面存在的实际困难和问题。

教育部门和单位的主要行政负责人可以根据工作需要，委托其他行政负责人协助分管本部门、本单位的内部审计工作。

第十一条 派驻教育主管部门的审计机关和教育主管部门的内部审计机构要加强对本系统、本地区内部审计工作的指导和监督，其主要职责是：

（一）督促有关部门和单位建立健全内部审计机构，配备必需的审计人员；

（二）按照国家法律、法规和本级政府的要求，起草有关法规草案，制定内部审计准则和其他内部审计规章、制度；

（三）及时做出工作部署，指导和监督所属内部审计机构和审计人员依法进行工作；

（四）组织审计人员培训，开展内部审计理论研讨；

（五）总结、推广先进经验，表彰先进集体和先进个人；

（六）维护所属内部审计机构和审计人员的合法权益。

第十二条 审计人员要恪守审计职业道德，严守审计纪律，做到依法审计，忠于职守，客观公正，实事求是，廉洁奉公，保守秘密。

第十三条 审计人员办理审计事项，与被审计单位或审计事项有利害关系的，应当回避。

第十四条 审计人员依法执行职务，受法律保护，任何单位和个人不得设置障碍和打击报复。

第十五条 审计人员每年原则上应保证不少于两周的脱产学习、培训或进修的时间，并应有相应的经费保证。

第十六条 审计人员的专业技术职务，应当按照国家的有关规定予以评聘。

从事审计工作的财经、工程技术或其他方面的专业技术人员，凡符合有关规定的，应当评聘相应的专业技术职务。

第三章 内部审计机构的职责和权限

第十七条 教育系统内部审计机构对本部门、本单位和所属单位的下列事项进行审计：

（一）财务计划或单位预算的执行和决算；

（二）预算内外各项教育资金的管理和使用；

（三）与财务收支有关的经济活动；

（四）国有资产的管理和使用；

（五）企业单位、校办产业的资产、负债和损益；

（六）基建、维修工程的概算和预决算；

（七）办学效益，经济效益；

（八）国家财经法规和上级部门、本部门、本单位财经规章制度的执行；

（九）内部控制制度的建立和执行；

（十）所属企事业单位法定代表人和主要负责人的经济责任；

（十一）本部门、本单位负责人和上级审计机关及上级内部审计机构交办的其他审计事项。

第十八条 教育系统内部审计机构对本地区、本部门、本单位和所属单位财务收支及其有关经济活动中的重大事项组织或进行审计调查，向上级部门和本部门、本单位领导反映情况，提出加强宏观管理和宏观调控的意见和建议。

第十九条 教育部门内部审计机构对本部门、本单位与境内、外经济组织兴办合资、合作经营企业以及合作项目等投入资金、财产的经营状况及其效益，依照有关规定，进行内部审计或审计调查。

第二十条 下列事项需经所在部门、单位内部审计机构审签，方为有效：

（一）单位预算和财务收支计划执行情况及决算的上报；

（二）各种专项经费结算和决算的上报；

（三）自筹基建经费的使用，基建、维修工程的结算；

（四）企业单位、校办产业年度资产、负债、损益报表，关、停、并、转时清产核资的结果；

（五）本部门、本单位负责人决定需要审签的其他事项。

第二十一条 教育系统内部审计机构对本部门、本单位财务收支及其有关经济活动中的问题提供咨询服务。

第二十二条 教育系统内部审计机构在审计范围内，具有下列主要权限：

（一）根据审计工作的需要，要求有关单位按时报送财务计划、预算、决算、报表和有关文件、资料等；

（二）审核凭证、账表和决算，检查资金和财产，检测财务会计软件，查阅有关文件和资料；

（三）参加研究财经工作的会议和其他有关会议；

（四）对审计涉及的有关事项，向有关单位和人员进行调查并索取有关文件、资料和证明材料；

（五）对正在进行的严重违反财经法纪、严重损失浪费的行为，经本部门、本单位负责人同意，做出临时的制止决定；

（六）对阻挠、妨碍审计工作以及拒绝提供有关资料的，经本部门、本单位负责人批准，采取封存账册和资财等临时措施，并提出追究有关人员责任的建议；

（七）提出改进管理、提高效益的建议，表彰模范遵守和维护财经法纪成绩显著的单位和个人并建议给予奖励，对违反财经法纪和造成损失浪费的行为提出纠正、处理的意见，对严重违反财经法纪和造成严重损失浪费的有关人员提出经济处罚措施或移交纪检、监察或司法部门处理的建议；

（八）根据所在部门、单位的授权，进行经济处理和经济处罚；

（九）检查经本部门、本单位领导批准的审计决定或审计意见书的执行；

（十）对审计工作的重大事项，按照有关规定向上级主管部门、上级审计机关或上级内部审计机构反映。

第二十三条 教育系统内部审计机构的审计和审计调查成果，经测评后，可作为国家审计机关、上级内部审计机构和社会审计组织的工作依据。

第四章 内部审计工作程序

第二十四条 教育系统内部审计机构应当根据本部门、本单位领导的意见，以及上级审计机关的要求和上级内部审计机构的部署，拟定审计工作计划，报经本部门、本单位负责人批准后组织实施。

第二十五条 教育系统内部审计机构根据审计工作计划确定审计事项，并应于实施审计前向被审计单位送达审计通知书。

第二十六条 审计人员对审计事项实施审计，填写审计工作底稿，取得有关证明材料。

审计人员向有关单位和个人进行调查时，应当出示审计人员的工作证件和审计通知书副本。

第二十七条 审计终结，提出审计报告，征求被审计单位意见。被审计单位应当自接到审计报告之日起十日内，将其书面意见送交内部审计机构，逾期即视为无异议。

第二十八条 内部审计机构审定审计报告，对审计事项作出评价，出具审计意见书，对需要依法处理的还应做出审计决定，并应将审计报告、审计意见书和审计决定一并报本部门、本单位主管审计工作负责人审批，该负责人应当在二十天内批复，并应责成内部审计机构具体办理和监督执行。经批准的审计决定、审计意见书，应当及时送达被审计单位和有关单位，被审计单位和有关单位必须执行。

第二十九条 被审计单位或有关单位对审计决定或审计意见书如有异议，可以在收到审计决定或审计意见书之日起十五日内，向本部门、本单位主管审计工作负责人书面提出，该负责人应当在二十日内作出是否更改的决定。如被审计单位、有关单位或内部审计机构对该负责人的决定仍有异议，可按规定向上级审计机关或上级内部审计机构提请复审。

第三十条 内部审计机构对重要审计事项进行后续审计，检查审计决定或审计意见书的执行情况和结果。

第三十一条 内部审计机构在审计事项结束后，应当建立审计档案，按照规定管理。

第五章 法律责任

第三十二条 违反本规定，有下列行为之一的单位和个人，根据情节轻重，教育系统内部审计机构可以提出警告、通报批评、给予党纪、政纪处分或经济处罚等建议，报请本部门、本单位领导或纪检、监察部门处理：

（一）拒绝或拖延提供与审计事项有关的文件、会计资料和证明材料的；

（二）转移、隐匿、篡改、销毁有关文件和会计资料的；

（三）转移、隐匿违法所得的财产的；

（四）弄虚作假，隐瞒事实真相的；

（五）阻挠审计人员行使职权，抗拒、破坏监督检查的；

（六）拒不执行审计决定和审计意见书的；

（七）报复陷害审计人员和检举人的。

上述各款所列行为构成犯罪的，应提请司法部门处理。

第三十三条 违反本规定，有下列行为之一的教育系统内部审计机构和审计人员，其所在部门、单位应根据情节轻重，给予警告、罚款或提请纪检、监察部门给予党纪、政纪处分：

（一）利用职权，谋取私利的；

（二）弄虚作假，徇私舞弊的；

（三）玩忽职守，给国家和单位造成重大损失的；

（四）泄露国家秘密的。

上述各款所列行为构成犯罪的，应提请司法部门处理。

第六章 附 则

第三十四条 各级教育主管部门、高等学校和教育企事业单位可以根据本规定，结合实际情况，制定具体实施办法，并报上一级审计机关或内部审计机构及同级人民政府审计机关备案。

第三十五条 本规定由国家教育委员会负责解释。

第三十六条 本规定自发布之日起施行。1990年5月3日国家教育委员会发布的第9号令《教育系统内部审计工作规定》同时废止。

高等学校教师培训工作规程

（1996年4月8日国家教委发布）

第一章 总 则

第一条 为了建设具有良好思想品德和业务素质的教师队伍，使高等学校教师培训工作进一步规范化、制度化，根据《中华人民共和国教师法》（以下简称《教师法》），制定本规程。

第二条 高等学校教师培训，是为教师更好地履行岗位职责而进行的继续教育。

第三条 高等学校及其主管部门应采取切实可行的措施，按照《教师法》的规定，保障教师培训的权利。

高等学校教师培训工作要贯彻思想政治素质和业务水平并重，理论与实践统一，按需培训、学用一致、注重实效的方针。坚持立足国内、在职为主、加强实践、多种形式并举的培训原则。

第四条 高等学校教师思想政治素质的培训要坚持党的基本路线、教育方针和教师职业道德教育。使教师自觉履行《教师法》规定的义务，做到敬业奉公，教书育人，为人师表。

高等学校教师业务素质的培训要以提高教师的基础知识和专业知识为主，全面提高教师的教育教学水平和科学研究能力，提高应用计算机、外语和现代化教育技术等技能的能力。

第五条 培训对象要以青年教师为主，

使大部分青年教师更好地履行现岗位职务职责，并创造条件，及时选拔、重点培养在实际教学、科研中涌现出来的优秀青年教师，使之成为学术骨干和新的学术带头人。

第二章 培训的组织与职责

第六条 国务院教育行政部门负责全国高等学校教师培训工作的宏观管理和政策指导，统筹安排重点高校接受培训教师工作。

第七条 各省、自治区、直辖市教育行政部门和国务院有关部委教育主管部门负责本地区、本部门高等学校教师培训的规划、管理和经费投入等工作。

省级教育行政部门要统筹协调所在地区国务院有关部委所属院校的教师培训工作。

第八条 教育行政部门和教育主管部门在高等学校教师培训工作中的职责是：

(一) 根据不同层次、不同类型学校教师队伍的实际情况，制定教师培训规划，保障经费投入；

(二) 加强各部门的协调、配合，理顺关系；

(三) 定期检查、督促教师培训规划和学年度计划的落实；

(四) 不断完善各种培训途径和形式，总结推广经验；

(五) 加强师资培训机构建设，完善师资培训机构的管理体制；

(六)定期对教师培训工作作出成绩的单位及个人进行表彰奖励。

第九条 高等学校直接负责本校教师培训规划的制定，并有相应的机构或人员负责具体组织管理工作。其职责是：

(一)根据教师的不同情况以及教师队伍建设的需要，切实做好教师培训规划，保证培训经费的落实；

(二) 运用正确的政策导向，合理引入竞争机制，调动和提高教师培训的积极性；

(三) 关心外出培训教师的思想、学习和生活，积极配合接受单位做好工作；

(四) 明确校、系、教研室的责任，并纳入对其工作实绩的考核。

第十条 受主管部门委托接受培训教师的重点高校，应为其他院校培训教师，对少数民族地区和边远地区高等学校教师的培训要给予优先和优惠。其职责是：

(一)制定和完善有关培训教师的管理办法，严格管理，保证培训质量；

(二) 关心培训教师在培训期间的思想、学习和生活，配合原学校做好工作；

(三) 加强学校各部门，尤其是教学和后勤等部门的协调配合，为参加培训教师的学习提供必要的条件。

第十一条 各级教育行政部门所属的高校师资培训机构，主要开展有关的师资培训、研究咨询、信息服务以及上级主管部门委托的其他任务。

第三章 培训的主要形式

第十二条 高等学校教师培训应根据教师职务的不同，确定培训形式和规范要求。

第十三条 助教培训以进行教学科研基本知识、基本技能的教育和实践为主，主要有以下形式：

(一) 岗前培训。主要包括教育法律法规和政策、有关教育学、心理学的基本理论、教师职业要求等内容；

(二) 教学实践。在导师指导下，按照助

教岗位职责要求，认真加强教学实践环节的培养提高，熟悉教学过程及其各个教学环节；

（三）助教进修班。本科毕业的青年教师，必须通过助教进修班，学习本专业硕士研究生主要课程；

（四）凡新补充的具有学士学位的青年教师，符合条件者可按在职人员以毕业研究生同等学力申请硕士学位或以在职攻读研究生等形式取得硕士学位；

（五）社会实践。未经过社会实际工作锻炼，年龄在35岁以下的青年教师必须参加为期半年以上的社会实践；

（六）根据不同学校的类型和特点，对教师计算机、外语等基本技能的培训，由主管部门或学校提出要求并做出安排。

第十四条 讲师培训以增加、扩充专业基础理论知识为主，注重提高教学水平和科研能力。主要有以下形式：

（一）根据需要和计划安排，参加以提高教学水平为内容的骨干教师进修班、短期研讨班和单科培训，或选派出国培训；

（二）任讲师三年以上，根据需要，可安排参加以科研课题为内容的国内访问学者培训；

（三）在职攻读硕士、博士学位或按在职人员以毕业研究生同等学力申请硕士、博士学位。

第十五条 对连续担任讲师工作五年以上，且能履行岗位职责的教师，必须安排至少三个月的脱产培训。

第十六条 副教授培训主要是通过教学科研工作实践及学术交流，熟悉和掌握本学科发展前沿信息，进一步提高学术水平。主要有以下形式：

（一）根据需要，可参加以课程和教学改革、教材建设为内容的短期研讨班、讲习班；

（二）根据需要结合所承担的科研任务，可作为国内访问学者参加培训，或参加以学科前沿领域为内容的高级研讨班；

（三）根据需要参加国内外有关学术会议、校际间学术交流，或选派出国培训。

第十七条 对连续担任副教授工作五年，且能履行岗位职责的教师，根据不同情况，必须安排至少半年的脱产培训或学术假。

第十八条 教授主要通过高水平的科研和教学工作来提高学术水平。其培训形式是以参加国内外学术会议、交流讲学、著书立说等活动为主的学术假。

第十九条 连续担任教授工作五年，且能履行岗位职责的教师，必须给予至少半年的学术休假时间，并提供必要的保证条件。

第二十条 各高等学校要结合导师制等培养方式，充分发挥老教师对青年教师的指导和示范作用。

第四章 培训的考核与管理

第二十一条 教师培训超过三个月以上，应按有关规定及培训层次、形式的要求进行考核及鉴定，并记入业务档案，作为职务任职资格、奖惩等方面的依据。外出培训教师的考核主要由接受学校负责。

举办助教进修班必须由主管部门根据有关规定批准。参加助教进修班，学完硕士学位主要课程内容并考试合格，颁发相应的结业证书。未完成此项培训的教师，不得申请讲师职务任职资格。

社会实践主要结合专业进行，面向社会、基层和生产第一线，一般应集中安排，特殊情况者可分阶段累积完成。本科毕业的青年教师，必须在晋升讲师职务之前完成；研究生毕业的教师，应在晋升副教授之前完成。

第二十二条　为保证培训计划的落实，保障教师参加培训的权利，对按计划已安排培训任务的教师，教研室、系和学校一般不得取消。教师应当服从教研室、系和学校安排的培训计划及培训形式，无正当理由和特殊情况，不得变更。

教师在培训期间，一般不得调整或增加培训内容、时间及形式。确有需要的，须经所在学校系以上领导批准。接受培训教师的学校根据参加培训教师提出的申请和可能的条件，在教师原学校批准的前提下，予以安排和调整。

第二十三条　教师参加半年以上培训后，未完成学校规定的教育教学任务或未履行完学校合同即调离、辞聘或辞职的，学校可根据不同情况收回培训费。出国留学人员按国家有关规定执行。

第二十四条　参加培训的教师获得优异成绩、取得重要成果、发明或对接受培训教师学校的教学科研工作作出积极贡献的，所在学校或接受培训学校要予以表彰奖励。

第二十五条　有下列情况之一的，由教师所在学校和接受培训教师院校分别不同情况，给予必要的处理：

（一）无正当理由，未认真履行职责或尚未完成培训任务的，应中止培训、不发给结业证书，情节严重的可以解聘；

（二）无正当理由拒绝接受培训的，应当解聘；

（三）培训成绩不合格的，不发给结业证书，并按照第二十一条的规定予以处理；

（四）培训期间违反学校纪律和有关规定，影响恶劣的，应当给予必要的处分或予以解聘。

第五章　培训的保障与有关待遇

第二十六条　接受培训教师应纳入接受学校的培养规模，按接受培训半年以上教师的不同职务进行折算，初、中、高级职务分别按1.5、2.5、3折合本科生，计入学校招生规模，作为计算人员编制、核定教学工作量和办学评估的依据。

第二十七条　高等学校及其主管部门在制定学校编制方案时，要考虑到教师培训提高的需要。根据不同学校的情况，应留出一定比例的“轮空”编制数，以保证教师培训工作的正常进行。

第二十八条　教育行政部门和主管部门，要设立教师培训专项经费。各高等学校的教育事业费中，按不同层次和规模学校的情况，要有一定比例用于教师培训。根据需要和计划安排教师培训的费用必须予以保证。

第二十九条　根据需要或计划安排参加培训的教师，学习及差旅费用应由学校支付。

第三十条　根据需要或计划安排的教师在本校或外出参加培训期间，要根据不同情况，对其教学工作量的要求实行减免，并纳入考试指标体系。

指导教师培训的导师，其工作应折算计入教学工作量并纳入考核指标体系。

第三十一条　根据需要或计划安排参加培训的教师，在培训期间已符合条件的，其职务任职资格评审不应受到影响。

第三十二条　根据需要或计划安排，在校内或校外培训的教师，其工资、津贴、福利、住房分配等待遇，各高等学校应有明确规定，原则上应不受到影响。

第三十三条　外出参加培训的教师，要根据各地不同物价水平和教师的实际困难，由学校给予一定生活补贴。接受培训教师院校对培训期间参加导师科研课题研究等实际工作的教师，要根据实际情况，给予一定补贴。

第三十四条　外出参加培训半年以上的教师，接受学校按计划同意录取的，必须为住宿、图书借阅、资料查询、文献检索提供保证，并在计算机及有关仪器设备使用等方面提供便利条件，一般不低于研究生的待遇。

第三十五条　接受培训教师费用收取办法及标准，按现行财务收费规定办理。所需费用应一次性收齐，不得中途追加或变相收费。

第三十六条　符合第二十九至三十四条规定，而未予以落实的，教师本人可向学校或上级主管部门申诉。学校和主管部门应当作出答复，情况属实的，必须予以解决。

不能履行前四章涉及的有关义务和违反前四章有关规定的，不应享受上述相应待遇。

出国培训的待遇按有关规定执行。

第六章　附　　则

第三十七条　本规程适用于国家举办的全日制普通高等学校。成人高等学校可参照本规程执行。

第三十八条　各省、自治区、直辖市教育行政部门和国务院有关部委教育主管部门以及高等学校，可根据本规程制定实施办法。

第三十九条　本规程解释权属国家教育委员会。

第四十条　本规程自发布之日起执行。

中外合作举办教育考试暂行管理办法

（1996 年 5 月 10 日国家教委发布）

第一条　为规范和加强中外合作举办教育考试的管理，根据《中华人民共和国教育法》第二十条的规定，制定本办法。

第二条　本办法所称“中外合作举办教育考试”是指境外机构与中国的教育考试机构在中国境内合作举办面向社会的非学历的教育考试。

第三条　境外机构不得单独在中国境内举办教育考试。

第四条　合作举办的教育考试项目必须符合中国的需要，考试内容与活动必须遵守中国的法律、法规，不得以营利为目的。

第五条　国家教育委员会主管中外合作举办教育考试工作，并授权国家教委考试中心负责日常工作。

第六条　合作举办教育考试，应当具备以下条件：

（一）合作举办考试的中方单位必须是省级教育考试机构；

（二）合作举办考试的外方单位必须是具有从事教育考试职能并具有法人资格的机构；

（三）有明确的考试项目和考试章程；

（四）合作双方具备自己的场所、名称和组织机构；

（五）具备承办考试的必要条件。

第七条　经批准举办中外合作教育考试的机构，独立承担民事责任。

第八条　中方省级教育考试机构一般只

限在本省、自治区、直辖市范围内举办中外合作教育考试。省级教育考试机构须经本省、自治区、直辖市教育行政部门审核同意后，报国家教委审批。

第九条 合作举办教育考试，由举办考试的中方合作单位办理申报手续。申报时须提交以下文件：

（一）举办考试的申请书和章程；

（二）境外机构合法性证明材料；

（三）考试的可行性论证报告；

（四）考试效力的认可证明；

（五）考务人员和考试设施的情况说明；

（六）考试经费来源和双方承担的责任和义务；

（七）合作举办考试协议书及审批机关要求报送的其他有关文件。

第十条 合作考试机构可根据考试的实际需要，决定在举办考试的地区开设考点，并报本省、自治区、直辖市教育行政部门批准，报国家教委备案。

第十一条 合作举办教育考试的机构可向考试合格的考生发放非学历的教育考试合格证书。该证书的境外效力，根据有关国际公约及政府间协议执行，或由外方合作者提供相应的法律文件予以确认。

未经国务院教育行政部门批准，不得发放境外机构的证书。

第十二条 合作举办教育考试的中方机构可聘任考点主任、主考和主持日常考务工作的若干人员，并根据每次考试的考场设置和考生人数，另聘请其他副主考和监考人员。

考试工作人员的资格条件和职责，参照国内同类考试工作人员的有关规定执行。

第十三条 经批准合作举办的考试项目，必须制订实施考试的考务程序，按规定的程序实施考试。

第十四条 合作举办考试的试卷、答卷属秘密材料，有关资料的发送、接收、保密、销毁等应严格依照国家有关规定进行。

第十五条 各考点要确保考试的公平竞争，防止违反考试纪律和舞弊事件的发生。考点工作人员要认真负责、严守纪律、保守秘密；若发生试题泄密事件要立即采取有效措施，严防扩散，并按管理权限及时报告省、自治区、直辖市教育行政部门或国家教委。

第十六条 各考点不得举办与考试有关的培训班。

第十七条 各考点可按规定收取考试费（不含有资助、免费提供考试的项目），不得以任何名义增收其他费用。

第十八条 合作考试机构对其考点负有指导、监督和管理的责任，涉及考务监督与管理的具体事项，须参照国内同类考试的考务管理规则的有关条款办理。对考点有下列情况之一的，应酌情给予通报批评、警告、限期整顿、暂停考试或取消考点的处理：

（一）泄露试题或试题泄密后任其扩散；

（二）严重违反考务程序；

（三）纵容、包庇考生舞弊；

（四）以考试为名非法收费；

（五）其他违纪行为。

取消考点须报省、自治区、直辖市教育行政部门批准，报国家教委备案。考点非法所得按国家有关规定处理。

第十九条 合作考试机构必须向国家教委和省、自治区、直辖市教育行政部门提交年度工作报告，接受国家教委和省、自治区、直辖市教育行政部门的指导和监督。

第二十条 如遇下列情况之一者，合作考试机构可经本省、自治区、直辖市教育行政部门审核同意后报国家教委申请停办考试：

（一）不能实现预期的目标；

（二）考生人数不足，经费难以维持正常运作；

（三）一方无法承担承诺的责任和义务。

第二十一条 国家教委和省、自治区、直辖市教育行政部门，对合作考试机构有下列情况之一者，可酌情给予通报批评、警告、限期整顿、暂停考试或撤销合作举办教育考试资格的处罚：

（一）未经批准，擅自在华合作举办教育考试或设立考点，未履行备案手续的；

（二）申请举办考试时弄虚作假的；

（三）以合作举办教育考试为名非法营利的；

（四）在考试过程中严重违反考务程序的；

（五）其他违反中国法律、法规规定的情形。

第二十二条 对本办法中的有关行政处罚，当事人不服的，可依法提起行政复议或行政诉讼。

第二十三条 本办法自发布之日起施行。

高等教育自学考试开考专业管理办法

（1996年5月10日国家教委发布）

第一章 总 则

第一条 为了完善高等教育自学考试制度，加强对开考专业的宏观管理，促进高等教育自学考试事业健康发展，根据《高等教育自学考试暂行条例》，制定本办法。

第二条 高等教育自学考试必须主动适应社会主义经济建设和社会发展的需要，根据办考条件的实际可能开考专业，注重开考社会急需的专业。正确处理好需要与可能、数量与质量、社会效益与经济效益的关系。

第三条 全国高等教育自学考试指导委员会（以下简称“全国考委”）负责制定全国开考专业的规划和专业考试标准及其有关规定，负责各地开考专业的审批与备案工作。

高等教育自学考试工作，实行归口管理。凡颁发高等教育学历证书的自学考试专业的开考，必须在全国考委指导下组织实施。

第四条 各省、自治区、直辖市高等教育自学考试委员会（以下简称“省级考委”）根据全国考委开考专业的规划，结合当地实际确定开考专业和拟定专业考试计划。

第五条 省级考委开考专业可直接面向社会，也可接受行业或企事业单位业务主管部门的委托。提倡和鼓励省际协作或区域协作开考。

未经有关省级考委准许，不得跨省、自治区、直辖市开考。

第二章 开考专业

第六条 高等教育自学考试开考专业，应以专科为主，适当发展本科。根据专业特点和实际需要，可拓宽专业服务范围，增设选考课或设置专业方向，以增强适应性。

开考本科专业，应以独立设置的本科段（即以专科毕业为起点）为主。

第七条 高等教育自学考试的开考专

业，一般应在普通高等学校的专业目录中选择确定。如需开考专业目录中未有的专业，必须在严格论证的基础上，科学确定专业名称，规范专业知识结构。

第八条 全国考委各专业委员会负责全国有关专业的设置和专业考试标准的拟定，对各地开考本专业的考试工作进行业务指导和质量评估。

全国考委各专业委员会未分管的专业，全国考委可视情况组成临时专业设置评议小组进行论证、审查或评估工作。

第九条 为主动适应经济建设和社会发展需要，全国考委要定期审查、调整改造已有的专业，制定并公布各地普遍适用的专业考试计划。

第十条 全国考委审批的开考专业，是指全国未颁布或批转的、各省级考委准备开考的专业。审批开考专业，一般应在两个月内批复。暂不批准开考的，应及时说明原因。

省级考委按照全国颁布或批转各地的专业考试计划开考专业的，应在开考条件和课程是否有所调整等方面作出必要的说明，并在开考前 7 个月报全国考委备案。

第十一条 省级考委拟开考专业，必须按规定程序至少在开考前 10 个月向全国考委申报，经批准后方可开考。未经批准，一律不得自行开考。

第十二条 省级考委申报开考专业，必须具备下列条件：

(一) 有健全的工作机构，与工作任务相适应的专职人员以及必要的经费保证；

(二)有专业师资力量较强的普通高等学校担任主考学校，主考学校应有自学考试的办事机构并配备专职人员；

(三) 有较科学、规范、完整的专业考试计划；

(四)有保证实践性环节考核的必要条件和措施。

第十三条 省级考委申报开考专业，应报送以下材料：

(一) 开考专业的申请报告；

(二) 开考专业的论证材料；

(三) 专业考试计划以及其他必要的说明。

第十四条 省级考委根据当地开考专业和社会需求的实际情况，可决定停考专业。对决定停考的专业，须报全国考委备案，并认真做好停考的善后工作。

部门委托全国考委协调开考专业的停考，双方应共同协商，做好停考的善后工作，并提前一年通知各地。个别地区要求提前停考的，须经全国考委同意。

第三章　专业考试计划

第十五条 专业考试计划从总体上确定专业考试标准，是开考专业和实施考试的依据，体现造就和选拔专业人才的规格与要求。

第十六条 制定专业考试计划，必须全面贯彻国家教育方针，正确处理好政治与业务、理论与实践、当前与长远三方面的关系。

第十七条 专业考试计划由全国考委或省级考委按照有关规定组织制定或拟定。各省级考委拟定的专业考试计划应报全国考委审批后，方可公布实施。

第十八条 高等教育自学考试现有专科、本科两个学历层次，专业考试计划分为专科、本科（含本科分段）、独立本科段三种类型。

第十九条 专业考试计划的内容应包

括：指导思想、培养目标与基本要求、学历层次与规格、考试课程与学分、实践性环节学习考核要求、主要课程说明、指定或推荐教材及参考书、其他必要的说明等。

第二十条 专业考试计划实行课程学分制。学分表明课程内容的分量及其在专业考试计划中的地位。

学分数以普通高等学校教学计划相应课程授课总时数计算，一般为 18 学时计 1 学分；实验、实习、课程设计、毕业论文（设计）、其他专门技能等实践性环节的学分数根据具体情况确定。

第二十一条 专业的课程设置分为：公共基础课、专业基础课、专业课和实践性环节四类。公共基础课、专业基础课、专业课三类课程的学分比例大致为 3：4：3 或 2：5：3。

第二十二条 专科专业在总体上与普通高等专科学校同类专业的水平相一致。各专业总学分数不得低于 70 学分；考试课程不得少于 15 门，其中理论考试课程门数一般不得少于 14 门。

根据业务部门、行业或企事业单位的实际需要，可以制定专业证书的考试标准，确定考试课程。其总学分数不低于 40 学分，理论考试课程门数不得少于 8 门。

第二十三条 本科专业在总体上与普通高等学校本科同类专业的水平相一致。本科可分为两段，即基础科段和本科段。基础科段可直接与本科段相衔接。本科累计总学分数（不包括毕业论文、毕业设计的学分数）不得低于 125 学分，理论考试课程门数不得少于 20 门；其中基础科段的学分数不得低于 70 学分，理论考试课程一般不得少于 12 门。

第二十四条 独立本科段是为各类高等教育形式专科毕业生继续学习而设置的，在总体上应与普通高等学校同类专业本科的水平相一致。各专业的总学分数（不包括毕业论文、毕业设计的学分数）不得低于 70 学分，理论考试课程门数不得少于 10 门。

第二十五条 实验、实习、课程设计、毕业论文（设计）、专门技能等实践性环节是专业考试计划的组成部分，其设置和考核方式应根据有关规定以及专业和自学考试的特点，具体确定。

第二十六条 全国颁布或批转的专业考试计划，各地可根据当地实际需要，调整或增加专业方向、增设选考课程。调整的课程门数专科专业最多不得超过 4 门，本科专业不得超过 6 门，学分数不得超过总学分的 30%，并在向社会公布前报全国考委备案。

第四章 课程自学考试大纲与教材

第二十七条 课程自学考试大纲是在专业考试计划的基础上，按照自学考试的特点，明确课程内容和规定考试标准的文件；是具体指导个人自学、社会助学、课程命题、编写教材和自学指导书的依据。

第二十八条 各门考试课程必须编制课程自学考试大纲。全国考委制定、国家教委颁布的课程自学考试大纲，各地必须贯彻执行。全国考委未制定、国家教委未颁布的课程自学考试大纲，省级考委应按有关规定组织编写，并报送全国考委备案。

省级考委编制的课程自学考试大纲，全国考委可组织专家进行评估，以利于统一课程考试标准、确保考试质量。

第二十九条 课程自学考试大纲所规定的课程内容、考核目标应与普通高等学校同类专业专科或本科相应课程的基本要求相一致。

第三十条 课程自学考试大纲内容包括：课程性质与学习目的、课程内容与考核目标、有关说明和实施要求，指定或推荐教材及参考书等。并根据课程的特点，列出题型示例。

第三十一条 课程自学考试大纲的编写应按照专业考试计划和课程的基本要求，规定课程的基本内容和考核目标；着重说明课程的重点、难点，以及要求自学应考者必须掌握的深度和熟练程度。要强调知识转化为能力的学习与考核要求。

第三十二条 课程自学考试大纲的编写，应体现科学性、系统性，理论联系实际，正确引导个人自学和社会助学，以培养应考者的自学能力，树立良好的学风。

第三十三条 编写课程自学考试大纲，应按照专业考试计划规定的学分及其课程特点确定篇幅。做到注重基础，精选内容；观点明确，层次清楚；语言精练，文字易懂。

实践性强的课程，应另行编写实践环节考核大纲或社会调查提纲。

第三十四条 课程自学考试大纲至少应在课程考试前半年向社会公布。课程自学考试大纲一经公布，应保持相对稳定；无特殊情况，不得变动。

第三十五条 高等教育自学考试使用的教材是课程考试标准和内容的具体体现，一般应从全国考委和省级考委组织编写的教材中选用，也可选择一些正式出版且质量较好、符合课程自学考试大纲要求并适合自学的普通高等学校教材。

第三十六条 编写高等教育自学考试的教材，应按照课程自学考试大纲的要求和有关文件规定进行。教材应具有科学性、系统性、适用性，体现自学的特点。

全国考委或省级考委负责组织编写或审查选用教材工作。

第五章 监督与检查

第三十七条 全国考委对各省级考委开考的专业实行指导、监督检查和质量评估。

第三十八条 对不具备开考条件、考试管理混乱且领导不力的省级考试机构，全国考委将视具体情况，予以通报批评或取消部分专业颁发毕业证书的权限。在整顿调整前不得开考新的专业。

第三十九条 对违反本办法擅自开考专业、跨省开考专业、调整课程设置的，以及考试质量得不到保证、在社会上造成不良影响的，全国考委和有关教育行政部门可视具体情况，令其限期整顿、改正或停考有关专业，并追究有关领导和责任者的责任。

第六章 附 则

第四十条 本办法自公布之日起施行。

扫盲工作先进地区奖励办法

（1996 年 8 月 28 日国家教委、财政部发布）

第一条 为推动全国扫盲工作的开展，调动地方人民政府扫盲工作的积极性，确保在本世纪末全国基本扫除青壮年文盲目标的实现，根据国家有关规定，特制定本办法。

第二条 对实现基本扫除青壮年文盲规划目标和按规划完成了近几年扫盲任务，工作力度大，扫盲成绩突出，符合下列各项条件的省、自治区、直辖市及部分在全国有较大影响的先进县（市、区）予以奖励。

（一）充分认识扫盲工作的重要性，把扫盲工作作为提高民族素质，推动经济、社会发展的战略措施，纳入当地经济、社会发展规划。

（二）认真落实了《中国教育改革和发展纲要》、《扫除文盲工作条例》的要求和扫盲工作行政责任制，建立健全了扫盲工作的领导管理机构，政府及其职能部门加强对扫盲工作的领导和管理，认真履行了职责。

（三）人财物投入的政策措施得力。按照国家教委、财政部 1995 年 12 月 25 日《关于扫盲工作经费问题的通知》（教财［1995］93 号）要求，妥善安排了扫盲经费。

（四）加强农村成人学校的建设和管理。农村成人学校的办学条件符合国家或省、自治区、直辖市的规定。扫盲后继续教育和农村成人教育持续发展，农村劳动者的科技文化素质不断提高，促进了经济和社会的发展。

（五）扫盲教育普及面广，脱盲人数多，教学质量高，采取了切实措施，脱盲学员的巩固提高工作达到规定要求，青壮年文盲率明显下降，扫盲工作在全国处于先进地位。

（六）认真普及九年或初等义务教育，积极采取措施堵住新文盲的产生。

第三条 申报与评审

（一）凡符合本办法第二条要求的省、自治区、直辖市人民政府可以向国家教育委员会提出奖励申请并报送材料。

（二）凡符合本办法要求的县（市、区）由省、自治区、直辖市教委（教育厅）进行评估后向国家教育委员会提出奖励申请并报送材料。

（三）国家教育委员会、财政部聘请有关专家、学者和管理人员组成评审委员会，以协商、投票等方式，提出获奖名单，报国家教育委员会、财政部审定。

（四）国家教育委员会、财政部根据上述材料，分期分批组织奖励的审定工作。

第四条 中央财政在“九五”期间安排扫盲奖励经费。此项奖励从 1996 年开始每两年进行一次。

第五条 奖励经费用于改善办学条件，推动扫盲和农村成人教育事业，不得发放给个人或挪作他用。

第六条 有关评选和奖励工作的具体实施办法，另行下发。

第七条 本办法从发布之日起执行。

“中华扫盲奖”评选奖励办法

（1996 年 8 月 28 日国家教委发布）

第一条 为了奖励在扫盲工作中取得突出成绩的先进单位和个人，广泛动员全社会关心和支持扫盲工作，推动我国扫盲教育的发展，确保在本世纪末完成全国基本扫除青壮年文盲的历史任务，根据国家有关规定，制定本办法。

第二条 “中华扫盲奖”由国家教育委员会设立，并得到全国扫盲工作部际协调小组的积极支持。

“中华扫盲奖”设立若干奖项。

第三条 “中华扫盲奖”奖励经费来源：

政府及部门、团体、企事业单位和个人等捐赠的扫盲奖励资金；

境外组织、机构、企业、事业单位和个人的捐款。

第四条　奖励范围

（一）单位

农村（含林区，下同）中小学、农村成人学校及其他各类学校；

群众团体、企事业单位等有关组织机构。

（二）个人

从事扫盲工作的教师、管理人员和志愿扫盲者；

各级政府及有关部门、群众团体中对扫盲作出突出贡献的人员；

社会各界有关人士。

第五条　农村中小学、农村成人学校及其他各类学校评选的基本条件

（一）把扫盲工作列入学校工作计划，计入教师工作量，落实了责任制；

（二）充分利用教育资源，发挥自身优势，积极开展扫盲工作，保质保量地按期完成政府确定的扫盲任务；

（三）学校辖区内基本堵住了新文盲的产生，扫盲教育普及面广，脱盲人数多、巩固率高，扫盲工作成效显著，其经验具有较强的示范作用；

（四）具备了开展扫盲与农村成人教育的基本办学条件，办学经费、教师报酬得到较好落实。

第六条　群体团体、企事业单位等有关组织机构评选的基本条件

（一）结合本部门特点和优势，广泛宣传动员，积极参与扫盲工作，并取得显著成效；

（二）采取多种形式关心、支持、推动扫盲工作，在社会上产生了较大的影响。

第七条　扫盲教师、管理人员、志愿扫盲者评选的基本条件

（一）热爱扫盲工作，具有较强的事业心、责任感和无私奉献精神；

（二）长期从事扫盲教学或管理工作，具备较高的业务素质、较强的教学和管理能力；

（三）教学或办学成绩显著，脱盲人数多、巩固率高；

（四）扫盲教学或管理工作，对当地扫盲工作产生了较大的影响和推动作用。

第八条　各级政府、有关部门和群众团体中及社会各界有关人员参与评选的基本条件

凡具备下列条件之一者，均可参与评选：

（一）热心宣传、支持、参与扫盲工作，对落实扫盲规划、加快扫盲步伐有明显的推动作用；

（二）编写了优秀扫盲教材、读物，改进了教学方法，对提高扫盲教学质量，促进扫盲和巩固提高工作，产生了较大的影响；

（三）积极研究探索扫盲教育规律，撰写、发表的论文、著作，对扫盲工作有指导借鉴作用，在全国有一定影响；

（四）以个人捐资、捐物等实际行动，积极推动扫盲工作，在社会上产生了较大的影响。

第九条　奖励名额

国家教育委员会确定奖励名额，每年下发评选奖励的年度实施意见。

“九五”期间，“中华扫盲奖”将每年奖励一批单位和个人。

第十条　申报与评审

省（自治区、直辖市）教育等部门建立评审委员会，按照有关规定确定推荐名单。

国家教育委员会聘请有关专家、学者和

管理人员组成“中华扫盲奖”评审委员会，以协商、投票等方式，提出获奖单位和个人名单，经国家教育委员会审定，并向全国扫盲工作部际协调小组通报评选情况。

（四）“中华扫盲奖”评审委员会下设办公室，办公室设在国家教育委员会成人教育司，负责评选、奖励的具体工作。

第十一条 颁奖

每年“国际扫盲日”（9月8日）公布评选结果，举行颁奖仪式。

第十二条 奖励经费的筹集、使用和监督

“中华扫盲奖”的奖励经费由国家教育委员会牵头筹集管理。有关经费筹措及使用情况，每年向全国扫盲工作部际协调小组及捐款单位（个人）公布一次，接受监督。

第十三条 本办法从发布之日起执行。

《对外汉语教师资格审定办法》实施细则

（1996年9月3日国家教委重新发布）

第一条 根据中华人民共和国国家教育委员会第12号令发布的《对外汉语教师资格审定办法》（以下简称《办法》）制订本细则。

第二条 凡从事对外汉语教学的教师，必须具有对外汉语教师资格证书。

第三条 对外汉语教师资格证书在全国范围内适用。对外汉语教师资格证书由国家教育委员会对外汉语教师资格审查委员会（以下简称审委会）统一印制。

第四条 对外汉语教师资格审定工作原则上每年进行一次。

第五条 具备下列第（一）和第（二）项，以及第（三）、（四）、（五）、（六）、（七）项条件之一者，可申请对外汉语教师资格：

（一）遵守国家宪法和法律，热爱对外汉语教学事业，具有良好的思想品德和职业道德，为人师表；

（二）具有大学本科以上学历；

（三）在学校或者教学机构从事对外汉语教学实习工作，并具有320学时（累计）以上对外汉语教学经历者；

（四）在审委会指定的学校接受过对外汉语教师资格专门培训并取得合格证书者；

（五）对外汉语教学专业本科毕业生；

（六）对外汉语教学第二学位毕业生；

（七）对外汉语教育和现代汉语（对外汉语教学研究方向）专业硕士毕业生。

第六条 申请对外汉语教师资格应提供以下证明和材料：

（一）中华人民共和国身份证（复印件）；

（二）大学本科或本科以上学历证书（复印件）；

（三）符合本细则第五条第（三）、（四）、（五）、（六）、（七）项中任何一类人员的条件的有效证明材料或证书；

（四）对外汉语教师资格申请表（一式两份）。

申请人提交的证明和材料不全的，不予受理。

第七条 申报对外汉语教师资格按照下列程序：

（一）本人在规定的时间内向所在学校或者教学机构提出申请；

（二）申请人填写由审委会统一印制的申请表；

（三）申请人所在学校或者教学机构审核后，连同申请人应当提供的证明和材料，报所在省、自治区、直辖市人民政府教育行政部门初审；

（四）各省、自治区、直辖市人民政府教育行政部门将初审合格者的全部材料统一报送审委会办公室（以下简称审办）。

第八条 凡申请对外汉语教师资格并经初审合格者，必须参加由审委会统一命题的考试。考试科目如下：

（一）汉语（包括现代汉语、古代汉语）；

（二）对外汉语教学理论和语言学；

（三）中国文学和中国文化知识（中国文学包括现代文学和古代文学）；

（四）普通话；

（五）外语（英语、日语、俄语、法语、西班牙语、德语、意大利语、阿拉伯语、朝鲜语，任选一种）。

第九条 对外汉语教师资格考试标准和考试大纲由审委会审定。

考试组织工作由审办负责。

考务工作由审委会授权各省、自治区、直辖市人民政府教育行政部门承办。

第十条 参加本细则第八条所列5门科目考试，成绩全部合格者，经审委会审核批准，颁发由审委会主任签署的对外汉语教师资格证书；成绩未全部及格者，其及格成绩保留3年。

第十一条 参加考试有舞弊行为的，由省级教育行政部门宣布其考试成绩无效，并可决定其一至三年内不准再参加考试。

弄虚作假、骗取对外汉语教师资格证书的；品行不良，不适合继续从事对外汉语教学工作的；由审委会吊销其对外汉语教师资格证书，自吊销之日起三年内不准重新申请对外汉语教师资格。

第十二条 本细则由审委会负责解释。

第十三条 本细则自发布之日起施行。

中等专业教育自学考试改革与发展的意见

（1996年9月12日国家教委印发）

中等专业教育自学考试（简称中专自考）是自学考试制度的重要组成部分。自1984年开考以来，各省、自治区、直辖市自学考试委员会做了大量的工作，取得了很大成绩，累计有20余万人取得了中专自考毕业证书。初步形成了组织严密，管理严格的考试管理制度，受到社会好评。

在充分肯定成绩的同时要清醒地认识到：中专自考规模长期在低水平徘徊，与自学考试总体规模迅速、持续增长形成了强烈反差。对中专自考工作不够重视；专业设置不尽合理；考试标准重理论、轻应用，要求过高；面向农村尚未找到切实可行的办法等等都程度不同地存在着，制约着中专自考的发展。

为了贯彻《国民经济和社会发展“九五”计划和2010年远景目标纲要》“积极发展电视教育、函授教育、业余进修和自学辅导等多种办学形式”的方针，本着积极发展中专自学考试的精神，在“九五”期间要针对制约中专自考发展的不利因素，通过调整开考专业、规格标准、课程设置和理顺管理机制，下放开考权限等措施，调动各级自考办和有关部门的积极性，充分重视中专自考，采取有力措施，积极发展考试规模。

一

重视中专自考，积极改革和发展中专自考。

自学考试作为一种教育形式和考试制度包括中专、大专、本科三个层次，中专自考是不可缺少的组成部分。从完善和发展自学考试教育形式和考试制度的全局来看，必须重视和发展中专自考。

研究中等专业人才的需求与培养特点，尤其是农村中等专业人才的需求和培养；研究中专自考办学、办考规律，探索中专自考的培养目标和教育标准，积极发展应用性、技能型专业，确定各专业基本理论、知识、技能的标准，建设相应的课程体系是完善自学考试教育形式的重要工作之一。

本着实事求是，保质高效的原则，在坚持严格管理的基础上改进中专自考的管理体制。下放考试管理权，逐步形成全国考委宏观管理，省级考委指导、协调、监督，在当地教育行政部门领导下地市级考委管理考试为主的组织结构和管理模式，不断完善自学考试管理制度。

中专自考工作难度较大，各级考办要认真研究中专自考工作，根据实际情况进行改革。省考办要有专门机构、配备得力专职干部从事中专自考工作，要根据本省情况制定措施，积极改革、发展中专自考。

二

中专自考是以发展初中后职业技术教育为重点的中等专业教育。中专自考为初中毕业生提供广泛、灵活的接受中等专业教育的机会；面向基层、农村培养应用性、技能型中等专业人才。

《中国教育改革和发展纲要》指出："以九年义务教育为基础，大力加强基础教育，积极发展职业技术教育、成人教育和高等教育，把提高劳动者素质，培养初、中级人才摆到突出的位置"。在教育结构上，中专自考定位在初中后职业技术教育是恰当的。

多年的实践证明，参加中专自考的对象大多数是具有初中文化程度的青年。随着"普九"逐步落实，初中毕业生比例将会更大。因此，中专自考应以初中文化水平为起点，按照中等专业教育（职业技术教育）的规格，根据自学考试的特点，结合社会主义市场经济对中等专业人才的需求，确定中专自考的规格，制定考试计划，课程考试大纲。在确定教育、考核的内容和要求时，要考虑当地经济特点和发达水平，培养"留得住，用得上"的人才。避免因过分拔高标准，加大学习难度，从而失去为当地培养大量的中等专业人才的机会。

中专自考专业应主要培养适用于工业、农业、第三产业需要的应用性，技能型中等专业人才。专业考试计划要突出实用性，适用性。其中基本理论、基本知识以够用为度，增加培养基本技能的课程，增强应考者运用所学知识和技能解决生产实际问题的能力。同一专业考试计划中，根据不同地区的不同情况，专业课设置可以有所不同。

三

适应中专自考地域性较强的特点，除少数适应面广的专业全省（自治区、直辖市）统一开考外，一般应把专业开考权交给地市一级自学考试工作委员会。

各地市由于经济结构、发达水平和用人观念的差异对中等专业人才的需要、使用及其知识结构的要求有所不同，表现出较强的地域性。各地市紧密结合当地的经济文化需要开设专业是必要的，也有利于调动地市考办的工作积极性。

1992年开始的山东、辽宁、河北、浙江、湖北等省扩大地市自考委专业开考权的试点成效显著。事实证明，地市开考中专自考是可行的，是能够保证考试质量的。

省级考委和教育行政部门负责中专开考权下放工作，要会同地市教育行政部门加强地市考办的力量，组织业务培训，在条件具备时把开考权交给地市考委。行使开考权的地市考委要在当地教育行政部门领导下统筹安排，积极推进中专自考工作。业务培训包括学习中专自考的有关规定；专业开考的可行性论证；专业考试计划、课程考试大纲的制订；命题、评卷的组织管理；考试组织等项内容。

专业开考权下放后，省考委的职责是：制定本省中专自考工作的有关规章；审批专业考试计划与课程考试大纲；确定专业指导学校；组织2门～3门公共课或专业基础课的统考；颁发毕业证书；指导、评估、监督地市的考试工作。

地市考委的职责是：拟订专业考试计划和课程考试大纲；提出专业指导学校名单；负责考试报名、命题、考务等工作；管理考籍档案；组织实践性环节考核及毕业生思想品德鉴定工作；颁发单科合格证书。

少数确需全省统一开考的专业由省考委统一协调开考。地市之间协作开考由协作地市考委协商进行，并报省考委备案。

各省考委应积极支持省内各行业、大型工矿企业开考或合作开考适用于本行业、企业需要的专业。行业或企业提出开考专业，一般应报省考委批准，在总体标准达到国家要求的情况下，可以结合行业、企业的实际情况设置部分相应的课程。

四

中专自考考场设置有条件地逐步延伸到县。

“面向基层，面向农村”是自学考试的发展方向，同时考虑到参加中专自学考试的初中毕业生年纪偏小，生活自理能力低。因此，把考场设到县是实现“面向基层，面向农村”的有力措施，也能方便应考者参加考试。农村需要大量的中等专业人才，具有独立开考权的地市考委要结合农村中等专业人才需求情况，积极、稳妥地把中专自考的考场设置延伸到考纪好、有办考能力的县。

在县设置中专自考考场的工作在省考委指导下，由地市考委和教育行政部门全面负责，县考试部门和教育行政部门具体实施。

省考委要制订针对县设考场的考试管理规则。

县设考场时，地市考委的职责与前面所提职责相同。地市考委要直接负责编排考场、组织管理监考队伍、组织监考工作。

县考试部门在地市考委和本县教育行政部门领导下组织考试。

全省统考的专业也要逐步把考场延伸到县。

委托开考的中专自考专业，经省考办批准可以试行在考生相对集中的县或县以下地点设置考场。考试机构与委托行业双方协商共同作好考场设置工作，但必须坚持由考试机构组织监考队伍监考。

五

坚持严格的考试管理，保证考试质量和加强助学活动是中专自考改革取得成功，规模得到发展的保证。

在调整考试标准，改革考试管理模式，下放专业开考权，增强中专自考适应性的同时，不能在考试管理上有丝毫松懈。在制订考试计划、命题、考试组织与管理、评卷、登分、建档、审核发证（单科合格证、毕业证）等环节上要坚持现行的行之有效的管理办法，作到组织严密，管理严格，公正，无误。

要采取有力措施作到“教考分离”，加强考前的考纪教育。对舞弊、违纪以及严重失职行为要及时、公开处理，追究当事人及有关责任人员的责任。尤其是行使开考权的地市考委更要重视这些工作。

加强助学活动。鉴于初中毕业生年龄较小，自学、自律能力较低，要切实作好助学辅导工作。要鼓励和支持社会力量开展中专自考助学活动；要争取与其他教育形式结合，充分利用多种教育资源，以全日制办班的形式对中专自考生进行教学，提高学习效果，减少流失率。

要动员和组织力量编写职业技能课教材、乡土经济补充教材，为培养动手能力，学以致用创造条件。

教育专项贷款暂行管理办法

（1996年10月22日国家教委发布）

第一条 为管好、用好教育专项贷款，支持职业学校校办产业发展，实施燎原计划，促进教育事业的改革和发展，特制定本暂行办法。

第二条 教育专项贷款主要用于支持教育部门管理的职业学校、实施燎原计划的中小学校所办的实验实习基地和每年向学校上交利润不低于30%的校办产业。

第三条 教育专项贷款由国家工商银行承办。贷款期限一般为一年；利率按中国人民银行规定的流动资金贷款利率执行。

第四条 申请教育专项贷款的单位应具备以下条件：

（一）申请贷款的用向必须符合国家发展职业教育和实施燎原计划的方针、政策，符合国家有关产业政策和金融方面的规定；

（二）必须是经工商行政管理机关（或主管机关）核准登记的企（事）业法人；

（三）经营状况良好，具有较强的经济实力，有按期还本付息的能力；

（四）申请贷款的企业总资产额需在1000万元以上；

（五）实行独立经济核算，有健全的财务制度、帐目和报表；

（六）在工商银行开设基本帐户；

（七）具有占项目总投资额30%以上的自筹资金；

（八）具备项目实施的基础设施和生产条件；

（九）原有到期贷款的本金、利息已按期清还；

（十）必须有符合规定条件的贷款抵押物、质物或保证人。

第五条　贷款的申请和审批程序：

（一）教育专项贷款原则上按照现行管理体制自下而上申报，学校申报需提交《教育专项贷款申报表》和加盖申报单位公章的近期资产负债表和损益表。

各省、自治区、直辖市（含计划单列市）教委（厅）负责对学校所申报的材料进行审核、筛选、汇总后一式五份报送国家教委职教司、燎原计划办公室和财务司。

（二）国家教委职教司和燎原办会同财务司提出贷款预分方案，并列出备选项目单，由国家教委财务司报国家工商银行审定贷款项目及额度。

（三）国家工商银行经征求各地分行审核意见后，下达项目贷款计划；同时，国家教委财务司将工商银行确定的贷款项目及额度通知各省（市、区）教委。

第六条　贷款的管理：

（一）国家教委的职责是：负责归口管理贷款，制定管理办法，并提出年度项目贷款总体方案；与中国人民银行和工商银行联系、协调，按规定审核项目，监督贷款执行情况，定期组织项目检查，总结贷款工作经验等。

（二）省级教育行政部门的职责是：

1.负责组织申请贷款的学校学习有关贷款业务，认真论证项目，实事求是地填报有关资料，并建立贷款工作档案。

2.对所申报的贷款项目，根据贷款的要求，严格审查把关，保证教育专项贷款项目的申报质量。

3.主动加强与工商银行地方分行配合，做好与当地银行的协调工作。

4.组织检查项目执行情况。

5.制定省级以下教育行政部门对贷款项目的职责。

（三）工商银行的职责是：

1.负责落实贷款提保或抵押，审查发放贷款项目，并与项目单位签定贷款合同，按期收取利息和本金。

2.承担贷款风险。如贷款出现挪用或不能按期还本付息，工商银行将根据有关规定进行处理。

第七条　各级教育行政部门、各项目单位要严格遵守金融纪律，不准挪用教育专项贷款炒卖房地产、股票、外汇，不准用于社会集资，也不准将贷款作为投资或股本金。

第八条　除工商银行按规定收取贷款利息外，任何部门和单位都不得以安排贷款为由，收取任何费用。

第九条　本办法自发布之日起施行。

第十条　本办法由国家教委财务司负责解释。

全国中小学教材审定委员会工作章程

（1996年10月30日国家教委发布）

第一章　总　则

第一条　全国中小学教材审定委员会（以下简称审定委员会）是国家教育委员会领导下的审议中小学各学科教学大纲和审定中小学各学科教材（包括教科书、教学参考书、教学挂图、图册、音像教材、计算机辅助教学软件等）的机构。

第二条 审定委员会审定经国家教育委员会颁发的中小学课程计划中所规定的必修课教材，以及国家教育委员会根据教学改革的需要决定审查的教学用书、教学辅助资料等。

第三条 全国少数民族教材审查委员会是国家教育委员会领导下的审查、审定用少数民族文字编写或编译的中小学教学大纲和教材的机构，其机构和职能参照本章程有关规定确定。

第四条 全国中小学教材审定委员会对全国少数民族教材审查委员会和省级中小学教材审查委员会的工作进行业务指导。

第二章 组织机构

第五条 审定委员会设主任一人、副主任若干人。委员由国家教育委员会聘请中小学教育教学专家、教师和教育行政领导干部担任。

审定委员实行聘任制，由国家教育委员会聘任，任期三年，可以连聘连任，每届更换委员人数不超过三分之一。

审定委员会全体会议由国家教育委员会召集，每年举行一次。

第六条 依据国家规定的中小学课程设置，审定委员会下设学科审查委员会。各学科审查委员会设主任 1 人，委员 5 人～11 人。全国少数民族教材审查委员会下设各学科教材审查小组。

学科审查委员实行聘任制，由国家教育委员会聘任，任期三年，可以连聘连任，每届更换委员人数不超过三分之一。

各学科审查委员会会议由审定委员会召集，根据审查任务决定会议的次数、时间。

第七条 审定、审查委员的条件是

（一）坚持党的基本路线，热爱社会主义祖国，具有良好的职业道德和改革意识，作风正派，能团结协作，秉公办事；

（二）能全面理解教育方针，熟悉教学大纲，了解中小学教育及教育改革的现状和发展趋势；

（三）具有高级专业技术职务，学术造诣较深，有坚实的理论基础和较丰富的教学实践经验，在本地区有一定的知名度，对中小学教材有一定的研究；

（四）身体健康，能坚持参加教材审查工作；审定委员会委员年龄在 70 岁以下，学科教材审查委员会委员年龄在 65 岁以下。

第八条 聘任审定、审查委员应根据工作需要，在省、自治区、直辖市教育行政部门推荐人选的基础上进行。各地在推荐人选时，要坚持群众路线，充分听取各方面的意见。

第九条 审定委员会设立办公室作为常设工作机构，办公室设在国家教委基础教育司。办公室设主任一人，副主任若干人，其职责是负责处理审定委员会日常工作，联系并协调各学科教材审查委员会与教材编写及出版单位的工作，组织审定（审查）委员对课程教材建设进行调查研究，处理审查、审定中小学教材的有关事务。

第十条 审定委员会的职责是

（一）审议全国中小学各学科教学大纲；

（二）审定全国中小学各学科教材；

（三）指导各学科教材审查委员会的工作，研究解决教学大纲审议和教材审查中提出的问题；

（四）指导优秀中小学教材的评选工作；

(五)对中小学课程教材改革进行调查研究，向国家教育委员会提出建议；

(六) 国家教育委员会交办的有关工作。

第十一条 学科教材审查委员会的职责是

(一)审议本学科的教学大纲和审查本学科的教材，向审定委员会提出审议意见和审查报告；

(二)研究本学科在审议教学大纲和审查教材中发现的问题并提出处理意见；

(三) 对本学科教材建设进行调查研究，向国家教育委员会提出建议；

(四) 参与中小学优秀教材的评选工作；

(五) 国家教育委员会、审定委员会交办的有关工作。

第三章 审定（审查）原则和审定（审查）标准

第十二条 审定（审查）中小学教材应当遵循以下原则

(一)符合国家的有关法律、法规、政策；

(二)体现教育要面向现代化、面向世界、面向未来的要求；

(三) 贯彻教育方针，体现基础教育的性质、任务和学科教学目标；

(四)符合国家教育委员会颁布的课程计划、教学大纲所规定的各项要求；

(五) 符合教育教学规律，具有自身的风格和特色。

第十三条 教材内容应符合以下基本要求

(一) 观点正确，有利于对学生进行爱国主义、社会主义、集体主义教育以及辩证唯物主义和历史唯物主义教育，有利于弘扬中华民族优秀文化传统，培养学生良好的思想品德、坚强意志和健康的心理素质；

(二) 内容科学，观点正确，材料、数据准确、可靠，编写顺序合理；

(三) 符合我国国情，体现时代精神。根据学生所能接受的程度，反映现代教育改革的成果和科学技术发展的成就；

(四) 从学生所熟悉的环境和事物出发，做到理论与实际相联系。注重结合基础知识、基本训练以及实验等实践活动培养学生分析和解决实际问题的能力；

(五) 教材的容量和深广度适当，内容精炼、深入浅出，可读性强，富有启发性。

第十四条 教材体系应符合以下基本要求

(一) 符合儿童、青少年身心发展规律。按照不同年龄阶段学生的生理和心理特点，建立适合学生学习的知识体系。根据学生的认识规律、学习水平和学科自身的知识结构，合理安排各学科教学内容的顺序、层次和逻辑关系，建立学科的教学体系；

(二) 有利于实现学科的教学目标。使学生在获取和掌握知识的过程中，促进智力的发展、能力的提高，形成良好的思想、情感、意志和品格，养成科学的态度和方法；

(三)注意本学科各部分内容间的相互衔接以及与其他学科内容间的联系。

第十五条 教材的文字、插图应当符合以下基本要求

(一) 语言文字要规范、简炼，注意不同年龄阶段学生的语言特点。形式要生动活泼、富有启发性和趣味性；

(二) 照片、地图、插图和图表要和教材内容紧密配合，地图应按照国家有关规定送审；

（三）引文、摘录要准确；

（四）名称、名词、术语均应采取国际统一名称或国家统一规定名称。外国人名、地名采用通用译名。简化字要符合国家正式公布的字表；

（五）标题、字母、符号、体例必须规范、统一；

（六）计量单位采用国际单位制和国家统一规定的名称和符号。

第十六条 教材中的作业和练习应当配合教学，内容要体现教学目的和要求，份量要适当，题目要精选；注意能力的培养，富有启发性，安排要有层次，能适应不同程度学生的需要；形式要多样；要重视观察、实验、动手制作和社会调查；要因地制宜，讲求实效，尽可能利用简便易行的器材和已有的条件；要注意联系学生的生活实际和生产实际；引用的事例、数据要准确。

第十七条 教学软件、音像教材与教学挂图应当画面构图合理、主体突出、形象生动；内容要科学，符合教学大纲的要求，富有教育性；教学软件和音像教材要充分体现先进的教学思想和科学的教学方法；音像教材要符合国家教委电教部门颁发的技术质量标准；教学软件要符合国家有关部门规定的技术标准。

第四章 审定（审查）的程序

第十八条 送审的教材必须是经中央或省级教育行政部门批准编写，并经过一轮以上教学试验的中学或小学全套教材；教材的编写单位和个人，应于每年10月向全国中小学教材审定委员会办公室（以下简称审定办）申报送审，经批准后，于当年12月底以前按以下要求送审。

（一）所送审的教材必须为定型成品，不得以未完成稿送审；教学挂图和图册送审制版图。

（二）必须同时附有送审报告和试验报告，经省级审查委员会初审通过后再送审的教材还须附有推荐报告。送审报告应包括如下内容：教材编写指导思想、原则，教材体系、结构，教材特色和适用范围；教材试验报告应包括如下内容：教材试验情况、效果和试验学校师生对教材的评价；推荐报告应包括如下内容：推荐单位对教材的评价、初审结论。

（三）所送教材和有关材料必须以同一版本报送审定办3套，有关学科审查委员和审定委员各1套。

（四）所送教材同已审查通过出版的同科教材在指导思想、体系结构、编排形式等方面无显著区别者，不符合本条（一）、（二）、（三）款之一者，侵犯他人版权者，不予审查。

第十九条 送审教材的审查先由有关学科审查委员和审定委员于审查会议前进行个人审阅。个人审阅包括：

（一）阅读送审报告、试验报告和推荐报告，了解有关情况；

（二）根据审定标准认真审阅送审教材。着重从思想性、科学性和适用性等方面对各送审教材作出综合评价，指出其主要特点、优点和缺点，并提出修改意见；

（三）归纳整理对送审教材的意见，于审查会议前填写好审阅表。

第二十条 在个人审阅的基础上，召开审查会议，对送审教材分学科进行审查。审查会议必须有一半以上审查委员出席，其审查结果方为有效；被审查教材的审查意见，应在充分讨论的基础上形成，如有不同意见，可经无记名投票决定，投票结果需三分之二以上与会委员同意方为有效。审查会议以民主程序进行工作，其一般进程是：

（一）根据工作量安排审查日程，并对各送审教材审查报告的起草作好分工；

（二）逐一审查教材，经过充分讨论，集中审查意见和修改意见，并起草成文；

（三）通过对各送审教材的审查意见和修改意见，并分别作出审查结论；

（四）填好审查报告表，与会全体审查委员签名，并报有关审定委员签署意见；

（五）对需要复审或复核的送审教材，作好复审或复核有关人员和方式的安排。

第二十一条 审查报告表集中体现国家对送审教材的权威性意见，其填写内容包括以下三个部分

（一）审查意见：对送审教材的特点、优点和缺点作出评价，并指出进一步修改、完善的方向；

（二）修改意见：指出送审教材中的错误、不妥之处，提出修改意见，对其中重大政治性、科学性错误的意见必须全部写明；

（三）审查结论：根据教材审查情况可分别作出以下4类结论

第一类，审查通过。教材达到审定标准，按审查意见和修改意见修改，经复核并报审定委员会主任批准后方可作为试用本使用（或在全国同类地区扩大试验）。

第二类，复审。教材基本达到审定标准，但问题较多，较严重，需作重大修改，按审查意见和修改意见修改，经复审后再作结论。

第三类，重新送审。教材尚未达到审定标准，但具备可以修改的基础和条件，按审查意见和修改意见修改完善后于第二年重新送审。

第四类，停止使用。教材质量低劣，或存在严重政治性、思想性、科学性错误，或不适用于教学。

审查结论及修改意见由审定办分别通知各编写单位和编者。

第二十二条 经学科审查委员会审查、复审通过的教材报送审定委员会主任批准后，由国家教育委员会列入全国普通中小学教学用书目录。出版时，在教材封面上标明“经全国中小学教材审定委员会审查通过（试用）”字样作为试用教材，供学校选用。

第二十三条 对于复核和复审的教材，有关编写单位和编者应按要求报送修改后的教材及修改说明。复核和复审的方式、参加人员分别为：

（一）复核，由审查委员会指定的若干名审查委员进行，其中意见不多且能逐条核对的也可委托审定办代行，一般不再开会，复核后需填写复核意见表。

（二）复审，分会议复审、通讯复审和会议与通讯相结合复审，参加初审的学科审查委员和审定委员必须有一半以上参加复审，并填写复审意见表。

（三）复审后尚需复核的，视情况由几位审查委员进行或由审定办代行；复审后仍不能通过的，需第二年重新送审。

第五章 工作纪律

第二十四条 审定（审查）教材要严格按照审查程序和审定（审查）标准进行，客观公正，实事求是，既要严格把关，又要积极扶持，不得以个人或某一派的学术观点作为衡量教材的标准。

第二十五条 审查中实行编审分开的原则，审查委员和审定委员一般不得兼任本学科教材的主编、编者或顾问。

第二十六条 审查人员不得私下接触送审教材的编写和出版人员，不得将讨论情况和意见私下透露给编写、出版单位及其有关人员；不得将送审教材及其修改稿转送他人。

第二十七条 编写单位人员未经允许一般不得参加审查会议。审查委员会认为确需编写人员说明情况或听取意见时，可请主编在规定时间到会说明。

第二十八条 中小学教材实行编、审负责制，编写、出版和审查各负其责。对于审查通过的教材，出版社必须按照审查意见修改后正式出版，并将正式出版的教材分寄审定办和有关审定、审查委员备查。凡未按审查意见修改出版的教材，将视情节轻重给予严肃处理，直至责令停止出版。

第六章 附 则

第二十九条 通过审查的教材，经试用一轮后，由教材编写单位根据试用情况对教材进行全面修订，并将修订教材按规定送审定委员会审定。

第三十条 各省、自治区、直辖市可参照本章程建立相应的中小学教材审查委员会。

第三十一条 教材审查的费用由送审教材的出版单位承担。

第三十二条 本章程自发布之日起执行。

招收攻读硕士学位研究生管理规定

（1996年11月5日国家教委发布）

第一章 总 则

第一条 为加强招收攻读硕士学位研究生（以下简称硕士生）工作的管理，保证硕士生的入学质量和招生工作的顺利进行，特制定本规定。

第二条 高等学校和科学研究机构招收硕士生，是为了培养拥护中国共产党的领导，拥护社会主义制度，在本门学科内掌握坚实的基础理论和系统的专门知识，具有从事科学研究、教学或独立担负专门技术工作能力，为社会主义建设服务的高级专门人才。

第三条 招收硕士生应坚持德智体全面衡量、择优录取、保证质量、宁缺毋滥和按需招生的原则。

第四条 招生单位及其学科、专业必须经国家教育委员会(以下简称国家教委)批准。

第五条 招生对象主要为应届本科毕业生和本科毕业的在职人员。

第六条 招收的硕士生分为：国家计划培养硕士生；国家计划定向培养硕士生；委托培养硕士生和自筹经费硕士生四种类别。

第七条 招收硕士生的选拔办法分全国统一考试、单独考试、推荐免试三种。

全国统一考试分为初试和复试两个阶段，初试中部分考试科目由国家教委统一命题；对参加复试的初试成绩基本要求由国家教委确定，复试由招生单位自行组织。

单独考试是部分高等学校经国家教委批准为符合报名条件的在职人员单独组织的考试。单独考试分笔试和面试。笔试科目由招生单位自行命题。

推荐免试，是部分高等学校经国家教委批准按规定推荐本校优秀应届本科毕业生，确认其免初试资格，由招生单位进行复试的选拔办法。

第八条 硕士生按其学习方式分为全日制硕士生和在职兼读硕士生两种。

第二章 管理机构及其职责

第九条 国家教委主管全国硕士生招生工作。其职责是：

（一）制定招生工作的方针、政策、规定和办法；

（二）会同国家有关部门制定并下达年度招生计划，部署全国的招生工作，发布年度招生简章；

（三）组织硕士生全国统一入学考试中全国统考科目的命题工作；

（四）调查处理或授权有关部门调查处理招生工作中发生的重大问题；

（五）组织开展招生宣传和科学研究工作。

第十条 省、自治区、直辖市高等学校招生委员会负责本地硕士生招生管理工作。其主要职责是：

（一）执行国家教委关于招生工作的方针、政策、规定和办法，并结合本行政区域的实际情况制定必要的补充规定，并印发年度招生简章；

（二）协调并监督招生单位的招生工作；审核并组织编制、印发本省、自治区、直辖市招生单位招生专业目录；

（三）组织报名、体检、考试、评卷和录取工作；

（四）调查处理招生工作中发生的问题。重大问题，应向国家教委报告；

（五）开展招生宣传、咨询和科学研究工作；

省级高等学校招生办公室（简称高校招生办，下同）作为招生委员会的常设机构，应当确定必要的编制，配备专职干部，负责招生的具体实施工作。

第十一条 招生单位的主管部门的主要职责是：

制定本部门所属各招生单位的招生计划，根据国家教委的有关规定和本部门的实际情况，调整所属招生单位的招生计划。调查处理本部门所属招生单位招生工作中发生的问题。

第十二条 招生单位负责组织实施本单位的招生工作。其主要职责是：

（一）执行国家教委关于招生工作的方针、政策、规定和办法，以及上级主管部门和所在省、自治区、直辖市高等学校招生委员会的有关规定；

（二）编制本单位的招生计划；

（三）遴选指导教师；

（四）编制招生专业目录；

（五）审查考生的报考资格；

（六）组织命题、考试、考核、评卷和录取工作；

（七）复查新生思想政治、业务和身体健康状况的工作；

（八）开展招生宣传、咨询和科学研究工作；

（九）设置招生机构或确定专人负责招生

的具体工作。

第三章　招生计划

第十三条　招生计划包括国家非定向培养和定向培养招生计划以及委托培养和自筹经费招生计划。

编制计划的要求由国家教委会同有关部门共同确定。

第十四条　国家招生计划由国家教委会同有关部门下达，其毕业生服务范围是：高等学校，以基础研究为主的科研机构，国家重点企业，由财政拨款的文化、医药卫生等公益事业单位，党和国家机关，人民解放军。属国家招生计划服务范围的国家重点企业名单向国家教委会同有关部门确定。

第十五条　委托培养招生计划由高等学校根据自身培养条件和社会需求编制，培养经费由委托单位提供。

第十六条　自筹经费招生计划由高等学校在培养条件、指导力量具备的前提下，用导师的科研经费、本单位集资的经费，根据社会需求编制。

第十七条　科研机构只编制为本单位定向培养的国家招生计划。

第四章　报　　名

第十八条　报名参加全国统一考试的，须符合下列条件：

(一) 拥护中国共产党的领导，愿为社会主义现代化建设服务，品德良好，遵纪守法；

(二)国家承认学历的应届本科毕业生或往届本科毕业生；国家承认学历的大专毕业生，毕业2年（从大专毕业到录取为硕士生当年的9月1日，下同）或者2年以上，并达到与大学本科毕业生同等学力者；已获硕士学位或有国家承认的硕究生学历的在职人员；

(三) 年龄不超过40周岁；

(四) 身体健康状况符合规定的体检标准；

(五)普通高等学校应届本科毕业生须经所在学校推荐；在职人员须经本人所在单位人事部门同意；其他人员由人事档案所在单位开具证明。

第十九条　报名参加单独考试的，须符合下列条件：

(一) 符合第十八条中第 (一)、(三)、(四) 各项的要求；

(二)大学本科毕业后在本专业或者相近专业连续工作4年或4年以上，业务优秀，已经发表过研究论文（技术报告）或者已经成为业务骨干的在职人员，经本单位和两名具有高级专业技术职务的专家推荐，为本单位定向培养或委托培养；

(三)获硕士学位后或研究生班毕业后工作2年或2年以上，业务优秀的在职人员，经本单位和两名具有高级专业技术职务的专家推荐，为本单位委托培养。

第二十条　报名的推荐免试生必须是经毕业学校确认资格并被其报考单位同意接收的。

第二十一条　具有国家承认的研究生学历的在职人员或者已获硕士学位的在职人员只准报考高等学校，并且只能被录取为回原单位的委托培养硕士生。

第二十二条　报名日期由国家教委公布。

报名点由各省级高校招生办确定并公

布。报名点接受考生咨询，办理报名手续。

第二十三条 招生单位可根据国家教委规定的报考条件制定本单位的报考条件，并对考生进行报考资格审查，核发准考证。

第二十四条 体检工作由各省级高校招生办会同当地卫生行政部门组织，体检须在县级或者县级以上医院进行。体检标准参照国家教委、卫生部制订的《普通高等学校招生体检标准》执行。

第二十五条 考生报名时必须缴纳报考费。

第五章 考 试

第二十六条 全国统一考试的初试日期由国家教委公布。

第二十七条 考试的初试科目为五门：政治理论、外国语和三门业务课。

每门科目的考试时间为3小时，各科目的满分为100分；

考试方式均为笔试。

第二十八条 初试的政治理论，非外国语言文学专业的英语、俄语、日语和部分学科、专业的基础课由国家教委组织统一命题，其他考试科目由招生单位自行组织命题。

全国统一命题科目的试题、参考答案和评分标准在启用前的密级为“绝密”，其他考试科目的为“机密”。

第二十九条 各考试科目的命题根据大学本科的教学大纲和对硕士生入学的基本要求进行。

第三十条 考点由各省级高校招生办确定，一般应与报名点一致。

第三十一条 全国统一命题的考试科目的评卷工作分别由各省级招办统一组织。招生单位自行命题的科目由本单位自行组织评卷。

评卷应遵循公正、准确的原则。

第三十二条 对参加复试考生初试成绩的基本要求由国家教委制定。招生单位据此制定本单位的具体要求。

第三十三条 参加复试的考生名单、复试的内容和方式由招生单位确定，其中拟准予破格参加复试的按国家教委当年规定办理。对参加复试的同等学力者须加强复试，复试时还必须加试所报考专业的两门本科主干课程。加试方式为笔试。

第三十四条 参加单独考试的考生必须到其报考学校所在地应试，考点由报考学校所在的省级招办统一安排。单独考试的考试科目、方式及时间，应当与全国统一考试的初试相一致。试题难易程度也应与全国统考的水平大体相当。笔试后对考试成绩的要求由招生单位确定。对符合要求的考生必须进行面试。

第三十五条 招生单位必须对接收的推荐免试生进行复试，复试时间、内容、方式由招生单位确定。

第六章 录 取

第三十六条 招生单位按照国家教委制定当年录取工作的规定和要求，根据考生入学考试的成绩，并结合其平时学习成绩和思想政治表现、业务素质以及身体健康状况确定录取名单。

第三十七条 各省级高校招生办对招生单位的录取工作进行监督检查。

第三十八条 符合录取标准的应届本科毕业生经招生学校同意可以保留入学资格，

工作一至三年，再入学学习。

第三十九条 录取定向或者委托培养硕士生必须签订合同。招生单位、用人单位、拟录取为定向或者委托培养硕士生的考生，必须在录取前，分别签订定向或者委托培养合同。

第四十条 新生应当按时报到。特殊原因不能按时报到者，须有正当理由和有关证明，向招生单位请假，无故逾期两周不报到者，取消入学资格。

第七章 处 罚

第四十一条 对在报考中违反有关规定、有舞弊行为的考生，有关部门视不同情况分别给予批评教育直至取消其报名、考试、录取、入学资格或学籍的处理。

对取消报名、考试、录取、入学资格不服的，可以依照国家有关规定申请行政复议或提起诉讼。对取消学籍不服的可以按有关规定进行申诉。

第四十二条 对在招生工作中违反有关规定，徇私舞弊或者给招生工作造成损失的人员，由主管的教育行政部门或者其所在单位给予处分，情节严重构成犯罪的依法追究刑事责任。

第八章 附 则

第四十三条 现役军人报考硕士生及解放军系统的高等学校或者科学研究机构招收硕士生的办法由解放军总政治部参照本规定另行制定。

第四十四条 招收港澳台人士、外籍人士为硕士生的管理办法由国家教委另行规定。

第四十五条 本规定自发布之日起施行。

本规定由国家教委负责解释。

关于师范教育改革和发展的若干意见

（1996 年 12 月 5 日国家教委印发）

世纪之交，我国处在建设有中国特色社会主义、实现中华民族全面振兴的重要历史时期。振兴民族的希望在教育，振兴教育的希望在教师。办好师范教育，培养和培训高水平的教师，对发展教育事业，提高民族素质，实施科教兴国和可持续发展战略，推动经济发展和社会全面进步具有深远影响。必须加大改革力度，加快发展步伐，面向 21 世纪开创师范教育改革和发展的新局面。

一、师范教育改革和发展的指导思想和主要任务

从现在起到下世纪初，师范教育改革和发展的指导思想是：以建设有中国特色社会主义理论为指导，坚持“教育要面向现代化、面向世界、面向未来”的方针，以《教育法》、《教师法》和《中国教育改革和发展纲要》及其实施意见为依据，全面落实师范教育在教育事业中优先发展的战略地位；贯彻解放思想、实事求是的思想路线和分区规划、分类指导、协调发展的原则；坚定不移地为中小学教育服务，主动适应中小学教育改革和发展的需要，主动适应社会主义现代化建设的需要。

师范教育改革和发展的主要任务是：全面贯彻教育方针，坚持社会主义办学方向，以教学改革为核心，全面推进师范教育各项改革，全面提高教育质量和效益。以改革促发展，使师范教育总体水平明显提高，培养培训教师的数量和质量满足中小学教育发展的需要。构建体现终身教育思想、具有中国特色的社会主义师范教育体系，逐步实现师范教育现代化。

二、健全和完善有中国特色的师范教育体系

健全和完善以独立设置的各级各类师范院校为主体，非师范类院校共同参与，培养和培训相沟通的师范教育体系。基础教育教师、中等职业教育文化课和专业基础课教师主要由各级师范院校培养，其他高等学校参与。中等职业教育专业课教师主要由高等职业技术师范学校和理、工、农、林、医等类高等学校培养，其他高等师范学校参与。国家对师范专业毕业生颁发相应的教师资格证书，并通过实施教师资格制度，吸收非师范专业学生和社会优秀人才从教。基础教育教师培训主要由各级教师进修院校（培训机构）承担；中等职业教育教师培训由高等职业技术师范学校和其他高等学校承担；各级师范院校和教师所在学校要在教师培训工作中发挥积极作用。

“九五”期间，师范教育基本稳定为中等师范教育、高等师范专科教育、高等师范本科教育三个层次。适度发展本科，按需发展专科，调整、加强中师。已经实现“普九”，教师学历合格率已基本达到现行规定标准要求的经济发达地区，根据需要与可能，由省级教育行政部门申报并经国家教委审批后，可以适度扩大培养专科学历小学教师的试验规模；逐步增加培养本科学历初中教师和研究生学历高中骨干教师的比重。

高等师范本科教育学制为四年，高等师范专科教育学制由二、三年并存逐步过渡为三年，中等师范教育学制由三、四年并存逐步过渡为四年。

三、积极推进办学体制和管理体制改革

师范教育要进一步完善由政府举办、社会积极参与支持的办学体制。

建立中央宏观管理、宏观调控，以省（自治区、直辖市）统筹为主，分级管理的师范教育管理体制。逐步把一部分中央部门所属师范院校转由地方举办，或由中央部门与地方政府共同举办、共同建设和管理；地方高等师范学校一般以省级教育行政部门管理为主，并与其服务的市（地）共建共管。中等师范学校在省级教育行政部门统筹、指导下，一般以市（地）管理为主，并与其服务的县（市）共建共管。各级教师进修院校（培训机构）由省（自治区、直辖市）统筹，省、市（地）、县（市）分级管理。

进一步理顺中央和地方、政府和学校的关系。加强省（自治区、直辖市）对本地区师范教育的统筹权、决策权、管理权，扩大学校依法办学的自主权。中央宏观管理全国师范教育，制定师范教育的基本法规及师范教育改革和发展的大政方针；分类指导、协调发展各地师范教育。省级政府领导、管理和统筹本行政区域内的师范教育，制定有关规章制度，确定省级以下师范教育的管理权限。政府要简政放权，转变职能，由直接行政管理转变为运用立法、规划、拨款、信息服务、政策指导及必要的行政手段实行宏观管理。

各级各类师范院校作为独立办学的法人

实体，在组织教育教学和科学研究、筹措和使用经费、设置校内机构、评聘专业技术职务、对外交流等方面具有依法办学的自主权。

高等师范学校实行党委领导下的校长负责制，中等师范学校实行校长负责制。积极推进各级各类师范院校校内管理体制改革，调动教职工的积极性，增强学校办学活力。通过改革，逐步达到形成自我发展、自我完善、自我约束的运行机制的工作目标。

四、进一步改革和完善招生就业制度和办法

“九五”期间，各省、自治区、直辖市在制定普通高校、成人高校年度招生计划时，要保证中小学教育特别是九年义务教育对教师的需求；民办教师数量较大的地区，应扩大师范院校招收民办教师的比例；根据需要扩大师范院校在边远贫困地区和少数民族地区定向招生的比例。继续采用和完善单独招生、提前录取、招收保送生、举办师范预备班等办法，进一步改善生源质量。

推进高等、中等师范学校招生并轨改革，原则上师范专业学生免交学费，并享受专业奖（助）学金。

对免交学费，享受师范专业奖（助）学金的学生，毕业后实行五年任教服务期制度。在一定范围内试行师范毕业生在教育系统内双向选择的就业办法。急需教师的地区、部门或企业可设立师范专业定向奖学金，享受定向奖学金的毕业生按合同就业。各地要制定相应政策，鼓励师范毕业生到边远、贫困和少数民族地区任教。

五、进一步加强和改进德育工作

各级各类师范院校要贯彻落实党的十四届六中全会精神，贯彻落实《中共中央关于进一步加强和改进学校德育工作的意见》，研究和探索新时期德育工作的特点和规律。以建设有中国特色社会主义理论为中心内容，加强马克思主义理论和党的基本路线教育；深入持久地进行爱国主义、集体主义和社会主义思想教育，以及中华民族优秀传统道德和革命传统教育，引导学生树立科学的世界观、人生观、价值观。加强法制教育、道德自律教育、教师职业道德教育和为人师表的养成教育，培养学生立志为教育事业奉献终身的职业理想、高度负责的敬业精神和良好的师德；重视美育，加强精神文明建设，提高心理素质，健全人格。坚持教育与生产劳动相结合，培养学生热爱劳动和劳动人民的思想感情，促进学生健康成长和全面发展。

要充分发挥政治教育理论课程的主渠道作用，结合学科特点，利用社会教育资源，不断改进德育工作的形式和方法，广泛开展多种形式的德育实践活动，建立一套科学的符合师范教育规律和不同阶段学生心理特点的德育工作体系。

建设一支以专职人员为骨干、专兼结合的思想政治工作队伍；做到教书育人、管理育人、服务育人、环境育人，使各级各类师范院校成为社会主义精神文明建设的坚强阵地。

六、深化教学改革，加强科学研究

各级各类师范院校要坚定不移地为中小学教育服务，认真落实教学工作的中心地位，进一步转变教育思想，改革教学内容、方法和手段，提高教师培养培训质量。

高等师范学校要加强专业和学科建设。合理调整专业结构，开拓专业新领域，拓宽专业口径，开展教育硕士专业学位试点工作。学科建设要统筹规划，保证重点，分步实施；优先建设好教育学科，提高师范教育专业化水平。努力提高学科建设的总体水平，加强文理科基础学科人才培养和科学研究基地建设，建设一批国家或省级重点学科、重点实验室。加强科学研究工作，坚持科研与教学相结合，提高师范教育学术水平。高度重视教育科学研究，特别要面向中小学开展教育教学改革的理论和实践的研究，为教育决策服务。

各级各类师范教育要启动面向21世纪的课程体系和教学内容改革，根据中小学教育改革和发展的需要，修订培养规格要求，建立和完善适应现代科技、文化、教育发展趋势，体现人类优秀文化成果和师范教育特点的课程结构和教学内容体系。把培养和提高学生的全面素质作为教学改革的重点，加强基本理论、基础知识学习和基本技能训练，注重文理结合和学科间相互渗透，优化学生的知识和能力结构；加强社会科学和科技教育，重视培养学生的科学思维、科学方法、动手能力和创造能力；加强教育理论教学和学生的教师职业技能训练，广泛运用现代化教育技术，改进教学方法和手段，提高师范教育现代化水平。建立稳定的教育实习基地，强化实践环节。要重视面向农村，深化教学改革，为“农科教结合”服务。

建立和完善教学管理制度和运行机制。加强教学评估。因校制宜，稳步推进学分制。建立各级各类师范院校优秀教学成果奖励制度。

重视民族师范教育，深化教育教学改革，培养既能教文化课，又会实用技术，“一专多能”的教师；重视培养学生的双语教学能力。

加强师范教育的教材建设和规范化管理，全面提高教材质量。

扩大师范教育国际交流与合作领域，吸收和借鉴人类社会的一切文明成果。

七、加强中小学教师培训工作

教师培训工作要坚持多渠道、多层次、多形式和业余、自学、短训为主的原则，坚持分类指导，按需施教，讲求实效，学用结合。

“九五”期间，教师学历合格率较低的地区仍要把合格学历培训作为重点，特别要抓好初中教师学历补偿教育。根据全国中小学教师队伍建设的目标和总体规划，到2000年，全国小学、初中教师学历合格率分别达到95%、80%以上，高中、职业中学教师学历合格率分别达到70%、60%左右。要确保培训质量，不能为追求学历合格率而降低标准。

建立中小学教师和校长继续教育制度，以提高思想政治素质、师德修养、教育教学能力和教育管理水平为目的，面向全体教师和校长，有计划、分层次抓好各项培训工作。通过继续教育提高教师和校长队伍整体素质，培养一批骨干，并使其中一部分成长为教育教学专家。

加强省、市（地）、县（市）、乡四级培训网络建设。各级教师进修院校（培训机构）应适应从学历补偿教育转向继续教育的需要，加强建设，转换职能，探索新的培训模式，成为本地区教学、资料、实验、电化教育、教育科学研究等方面具有指导作用的教育中心。

八、加强师范院校教师队伍建设

各级各类师范院校要制定教师队伍建设规划，逐步建立教师定期进修制度，抓好梯队建设，提高教师的教学、科研水平，建设一支政治业务素质良好、结构优化、富有活力的教师队伍。教师进修院校（培训机构）要适应逐步开展继续教育的需要，建立专兼结合的教师队伍。到本世纪末，中等师范学校及教师进修学校教师中年龄在45岁以下的，原则上应全部达到本科学历；师范高等专科学校和市（地）级教育学院教师中具有研究生毕业学历者应占一定比例；高等师范本科学校和省级教育学院教师中具有研究生毕业学历者的比重达到30%以上。引导和鼓励师范院校教师参与中小学教改实践，新分配到师范院校工作的教师应到中小学任教1年～3年。要重点加强青年教师和骨干教师的培训，有计划地培养跨世纪的学科带头人和骨干教师。要为教师创造国内外学习进修的机会。国家教委直属师范大学、高师师资培训中心和有条件的高等师范学校应积极承担师范系统内青年教师和骨干教师的培训任务，并适当扩大师范专业研究生教育规模。

各级政府和教育行政部门要重视师范院校教师队伍建设，采取措施，吸引优秀人才到师范院校任教。促进教师合理流动。教师职务评聘时，要充分体现师范教育的特点。进一步改善师范院校教师的工作条件和住房等生活条件。各地要制定相应政策，鼓励师范院校教师终身从事师范教育工作。

九、各级政府要努力增加师范教育投入

办好师范教育是各级政府的职责，财政拨款是师范教育投入的主渠道。

要贯彻《教育法》精神，使师范教育财政拨款的增长高于财政经常性收入的增长，并使按在校学生人数平均的教育费用逐步增长，切实保证师范院校教师工资和生均公用经费逐步增长。

为了解决师范教育经费投入存在的突出问题，要做到：

（一）根据各地物价和生活水平的变化，相应提高师范专业学生专业奖（助）学金标准，具体标准由省（自治区、直辖市）人民政府制定。

（二）师范专业因免收学费而减少的收入和全员发放专业奖（助）学金而多支的部分，各级政府应采取措施予以补足。国家教委对六所直属师大率先做到这一点。

（三）中央财政继续设立师范教育补助专款，省（自治区、直辖市）、市（地）、县（市）要相应设置师范教育专项基金。

各地要制定师范教育生均培养基本费用标准和中小学在职教师培训人均基本费用标准，所需经费由各级政府拨款予以保证。培训经费在教育事业费中给予专项安排，由县（市）级以上教育行政部门统一管理。

地方政府开征的其他用于教育的地方附加费应有一定比例用于义务教育阶段的教师培养培训。“国家贫困地区义务教育工程”资金中要划拨一定经费用于义务教育阶段教师培训。应减免师范院校的基本建设配套收费。

要加强各级各类师范院校建设，争取到本世纪末使师范院校的办学条件（包括校舍设施、教学仪器设备、图书资料等）达到国家规定的基本标准，逐步把师范院校建设成当地最好的学校之一。

在坚持国家重点扶持的同时，积极开辟师范教育经费的其他来源渠道。大力扶持各级各类师范院校发展校办产业，使其享受有关校办产业的优惠政策。鼓励各地建立师范教育基金，积极倡导企业或个人向师范教育捐资。积极引进外资，吸收国际多边或双边合作的援款、贷款，支持师范教育。

要优化资源配置，管好用好各项资金，提高资金使用效益。

十、加快法规建设，加强科学管理

认真实施《教育法》、《义务教育法》、《教师法》，加快师范教育立法步伐。抓紧制定《师范教育条例》、《中小学教师进修规定》、师范院校规程等行政法规和部门规章。各地要从实际出发，制定和完善师范教育法规，使师范教育走上依法治教的轨道。

建立和完善各级各类师范院校的设置标准和办学条件、教育质量的评估制度，发挥评估工作的激励、检查、调控和导向作用。建立师范教育奖励制度，对贡献突出的师范院校和师范教育工作者进行表彰和奖励。

进一步加强各级各类师范院校管理工作，建设良好的校容校貌、校风校纪。大力提倡学生自我教育、自我管理、自我服务。充分利用现代化管理手段，提高学校科学管理水平。

十一、认真制定师范教育事业发展规划

各省、自治区、直辖市应在国家宏观指导下，制定本地区师范教育事业发展规划。要做好中小学新教师补充和在职教师培训的科学预测，兼顾教师资格制度的实行，统筹规划，确定各级各类师范教育发展的速度、规模和布局。要处理好师范教育与其他各类教育的关系，师范教育内部各层次的关系，职前培养和职后培训的关系，教师培养培训主渠道和其他渠道的关系，省内地区间师范教育协调发展的关系。

“九五”期间，师范教育在层次发展上要把九年义务教育教师的培养培训作为重点优先保证；大城市市区、沿海经济发达地区要重视普及高中阶段教育对教师的需求。在科类选择上要加强紧缺学科、短线学科和职业教育专业课教师的培养和培训，切实解决教师队伍建设中科类结构不合理问题；重视发展幼儿师范教育和特殊师范教育。要合理布局，优化资源配置，撤并一批规模过小的师范学校，提高规模效益；大力提倡各级各类师范院校实行多种形式的联合、合作办学或合并，做到资源共享，优势互补，提高综合效益。

当前，要选择一些基础与条件较好的省（市）作为师范教育改革试验区，进行包括体制、体系、办学模式、课程结构等内容的综合改革。

十二、加强领导，认真落实师范教育在教育事业中优先发展的战略地位

各级党政部门要加强对师范教育的领导。分管教育的党政负责人要把改革和发展师范教育摆到重要的议事日程。凡重大的改革要充分论证，经主管部门批准，先试点，再推广。各省（自治区、直辖市）、市（地）、县（市）都应设置机构或专职人员负责管理师范教育。各级党委和政府要从振兴国家、振兴民族的战略高度充分认识师范教育的重要性，把发展师范教育作为发展教育事业的战略措施，在事业规划、计划安排、资金投入、基本建设、技术条件装备、干部教师队伍等资源配置上优先考虑师范教育，重点保证，使师范教育适度超前发展。办好师范教育是政府行为，要把重视师范教育、保证师范教育投入、为师范教育办实事作为党政和教育行政部门领导任期目标和政绩考核的重要内容。

普通中小学音像教材出版复录发行管理规定

（1996年12月30日国家教委、新闻出版署、文化部发布）

第一条 为维护正常的教学秩序，加强对普通中小学音像教材出版、复录、发行工作的管理，保证优质的音像教材课前到手，特制定本规定。

第二条 本规定所称普通中小学音像教材，是指国家教育委员会每年春秋两季颁发的《全国普通中小学教学用书目录》中，以及由各省、自治区、直辖市教育行政部门审定，补充下达的《中小学教学用书目录》中所列的教学录音带、教学录像带等各类音像出版物。

第三条 供全国选用的中小学音像教材，必须经过国家教育委员会审定，限地方选用的中小学音像教材由省级教育委员会审查。经审定、审查通过的中小学音像教材分别列入《全国普通中小学教学用书目录》和各省确定的《中小学教学用书目录》，供学校选用。

第四条 中小学音像教材必须由具有音像教材出版权的专业出版社出版。出版单位应按照《中华人民共和国著作权法》的有关规定，同著作权人协商并合同约定支付报酬的形式和标准。

第五条 中小学音像教材必须由音像出版单位确定的定点音像复制单位录制生产，定点音像复制单位应报国家教委和新闻出版署备案。定点音像复制单位要严格执行新闻出版署1996年4号令(《音像制品复制管理办法》)。任何单位和个人未经教材著作权人和音像教材制作者的许可，不得擅自出版或复制中小学音像教材，违者将按照国家有关规定处理，情节严重者，追究其法律责任。

第六条 定点音像复制单位要建立严格的设备检测和产品质量标准，加强对中小学音像教材复制质量的管理，坚持不合格的产品不得发货。

第七条 中小学音像教材由各省新华书店按春秋两季做好征订和发行工作。中小学音像教材出版单位和具有《音像制品批发经营许可证》并办理有关手续的音像制品批发单位应发挥积极作用，配合做好中小学音像教材的补充发行工作。具有《音像制品零售经营许可证》并办理有关手续的音像制品经营单位只能从音像制品总批发单位进货，并积极做好零售服务工作，其中个体音像经营单位不得从事中小学音像教材的零售工作。其他单位和个人均不得从事中小学音像教材的销售工作。

各经营单位必须从中小学音像教材出版单位或其在本省委托的代理单位进货；各经营单位不得跨省发行中小学音像教材，违者将按照有关打击销售非法出版物的规定查处。

第八条 中小学音像教材销售单位要严格遵守中小学音像教材销售工作的有关规定，与中小学校互相配合，做好供应工作；并按照当地标准承担学校自行取货而开支的费用；对保证音像教材需要做出成绩的有关单位及学校，可根据实际情况给予表彰和奖励。

第九条 各有关教育单位及学校应配合发行单位做好中小学音像教材的征订和发行工作。教育单位及学校不得从其他渠道订购非法出版的中小学音像教材，违者将按有关规定追究其责任。

第十条 各级政府要加强对中小学音像教材出版复录发行工作的指导，教育行政管理部门和出版行政管理部门要加强对此项工作的领导。

第十一条 本规定自发布之日起施行。本规定发布之前的有关规定与本规定不符处，以本规定为准。

资料选编

师范教育综述

一、学校起源与发展现状

中国近代师范学校建于1897年，即清朝光绪二十三年由大理寺少卿盛宣怀奏准在上海创办南洋公学，内设四院，其中一院为师范院，所培养的学生为该公学二院（外院）、三院（中院——相当于近代中学）、四院（上院——相当于近代大学）担任教师。

1949年新中国成立前，中国有中等师范学校（以下简称“中师”）610所，在校生15.2万人；高等师范学校（以下简称“高师”）12所，在校生1.2万人。

新中国成立后，经过三年的教育恢复和调整，到1953年，中师学校为791所，在校生共36.9万人；在中师学校总数中有中等师范学校357所，在校生11.1万人；幼儿师范学校7所，在校生6755人；初级师范学校427所，在校生25.1万人。三年间，中师学校共培养毕业生46万人，其中中师毕业生10.8万人，初师毕业生20.5万人，师训班毕业生14.7万人。1953年，高师学校33所，其招生比例占高等学校招生总数的24.94%，在校生达3.2万人。

1960年，中师学校总数比1957年增长3.3倍，在校生增长2.8倍；1957年，高师学校增加到58所，在校生11.5万人。

“文化大革命”中，师范教育与整个教育一样受到极大的破坏。粉碎“四人帮”后，教育逐步恢复并要求大力发展，师范教育更加受到党和国家的重视，恢复和发展都比较迅速。到1981年，中等师范学校总数发展到962所（其中幼师学校30所），在校生436904人（其中幼师18559人）；招生195081人（其中招收高中毕业生84465人，招收初中毕业生110616人），在中师招生总数中，幼师招生8609人（其中招收高中毕业生2203人，招收初中毕业生6406人）；毕业生240116人（其中幼师毕业生4420人）。高师学校总数发展到186所，在校生322000人；共设高师专业37种，专业点1443个，其中，本科点641个，专科点802个。

1985年5月17日至19日，党中央、国务院召开全国教育工作会议。5月27日，中共中央作出《关于教育体制改革的决定》，通过调整和改革，到1986年，中师学校总数为1041所，在校生562424人，招生216343人，毕业生167512人；高师学校总数257所，在校生425047人，招生162549人，毕业生94113人。

到1996年9月9日至12日召开的全国师范教育会议上公布的数据：中师学校为897所，在校生848000人；高师学校为236所，在校生583000人；教育学院242所，在校学员214000人；教师进修学校2031所，在校学员516000人。

二、几个阶段的主要政策

1949年新中国成立后，为使我们从国民党政府手中接管的中等师范学校迅速恢复和建立正常的教学秩序，各地人民政府向这些学校派去领导干部管理学校，取消了国民党时期设置的反动的政治课程和训育制度，积极设法解决了办学经费、校舍、设备、教材、师资等许多实际问题。当时全国中等师范学校的学制不统一，办学方针不明确，学校设置和发展缺乏通盘规划，没有统一的教学计划和师范学校适用的教材。教育部于1951年8月召开第一次全国初等教育与师范教育会议，讨论解决了中等师范教育的方针任务，中等师范学校的学制，教学计划和中等师范学校设置调整等问题。会后，又制订了《师范学校暂行规程（草案）》和师范学校、幼儿师范学校、初级师范学校、师范速成班教学计划等文件颁布试行。高等师范教育为适应新中国中小学教育巩固、提高与大发展的需要，有计划地解决师资问题，中央教育部于1949年底提出了改进北京师范大学和各地区大学中的师范学院或教育学院的任务，并在第一次全国教育工作会议（1949年12月23日至31日）期间讨论了改革北京师范大学的方案，1950年5月19日正式颁布了《北京师范大学暂行规程》，这是建国后高等教育方面颁发的第一个法令性文件。该《规程》共6章31条，分总纲、教学原则、学生、教学组织、行政组织等几个部分，是全面改革高等师范教育的重要文件。随后，逐步建立规章制度。1954年6月，教育部颁布《关于师范学校今后设置发展与调整工作的指示》，同时颁布了《一年制和二年制小学教师轮训班教学计划（草案）》；1956年前后，教育部还颁布了中师《师范学校规程》《师范学校附属小学条例》《师范学校教育实习办法》，制订印发了《师范学校教学计划》《幼儿师范教学计划》等。对高师教育，在解放后的恢复基础上，1952年至1953年在全国范围的高等学校院系调整中，高等师范学校均改为独立设置学校。1953年9月28日至10月13日，教育部在北京召开了全国第一次高等师范教育会议，讨论并确定了高师教育方针、任务，五年发展计划，明确了高师院校领导关系，高师教学改革的方针和步骤及师资培训等若干重大政策问题。会后，根据会议的报告，周恩来总理签署了《中央人民政府政务院关于改进和发展高等师范教育的指示》。至此，中师和高师的办学与教学的方针政策已基本确立并完善。

1958年至1961年，在“大跃进”形势影响下，中师学校盲目发展，学校分布不合理，办学条件较差，师范教育质量明显下降；高师教育也明显存在数量和质量脱离实际的倾向。1960年4月，中央召开了高教书记会议，在会议期间，教育部同时召开了师范教育改革座谈会，分析了教育的形势；11月24日至12月12日，中央文教小组召开了全国文教工作会议，并向中央写出了《关于1961年和今后一个时期文教工作安排的报告》，次年2月7日，中共中央批转了会议《报告》，并要求今后必须贯彻执行“调整、巩固、充实、提高”的方针。根据这一方针，1961年10月25日至11月12日，教育部召开了全国师范教育会议，制定了今后师范教育的调整计划，讨论了师范院校的基本任务、培养目标及教学计划等若干原则规定。到1965年，全国师范教育基本恢复和巩固到1958年以前的水平。

在“文化大革命”十年间，中师和高师学校都被迫停办、撤消、合并、搬迁、校舍被占，教学仪器设备被损坏、学校停止招生，师范教育处于难以为继的地步。从1971年后，虽然师范教育有所恢复，但仍与教育应得到的恢复和发展不相适应。

粉碎“四人帮”后，1978年4月22日至5月16日，教育部召开全国教育工作会议，中共中央副主席邓小平在会议开幕时的讲话中提出：提高教育质量，提高科学文化的教学水平，更好地为社会主义建设服务；学校要大力加强革命秩序和革命纪律，造就具有社会主义觉悟的一代新人；教育事业必须同国民经济发展的要求相适应；尊重教师的劳动，提高教师的质量。会议研究了高等学校、中学、小学3个暂行工作条例（草案）的修改意见和教育事业规划纲要。在此会议期间，教育部邀请师范教育方面的代表进行了座谈，讨论了如何办好师范教育的问题，同年10月，教育部发出《关于加强和发展师范教育的意见》，提出“大力发展和办好师范教育，建设一支又红又专的教师队伍，是发展教育事业，提高教育质量的基本建设和百年大计”。1980年6月13日至28日，教育部召开全国师范教育工作会议，强调师范教育“要按重点来办。”6月27日，中央书记处邀集会议代表进行座谈，胡耀邦总书记到会讲话，对办好师范教育提出三项要求。并指出：师范教育是教育事业中的“工作母机”，是造就培养人才的人才基地。

1985年5月17日至19日，中共中央、国务院在北京召开全国教育工作会议，邓小平同志到会讲话要求各级党政领导“要把教育工作认真抓起来”。5月27日，中共中央作出《关于教育体制改革的决定》，《决定》指出：“建立一支有足够数量的、合格而稳定的教师队伍，是实行义务教育、提高教育水平的根本大计”；职业教育“师资严重不足，是当前发展中等职业技术教育的突出矛盾”；高等学校“为了提高教师的教学和学术水平，有条件的学校，教学任务较重的副教授以上的教师今后每五年中应有一年时间供他们专门用来进修”。《决定》同时发布成立国家教育委员会，“负责掌握教育的大政方针，统筹整个教育事业的发展，协调各部门有关教育的工作，统一部署和指导教育体制改革。”根据《决定》的精神，1986年3月26日，国家教委制订并印发《关于加强和发展师范教育的意见》，提出：(1) 真正把师范教育提到发展教育事业的战略地位；(2) 坚持为中小学服务的办学思想，明确各级师范学校的培养任务；(3) 适应基础教育需要，加强薄弱环节；(4) 积极进行教育和教学改革，不断提高师范教育质量；(5) 改革师范学校的招生制度和分配制度；(6) 加强师范学校师资队伍建设；(7) 努力改善师范学校的办学条件；(8) 加强领导，改革师范院校的管理体制。同年4月12日公布的《中华人民共和国义务教育法》第十三条规定“国家采取措施加强和发展师范教育”，“师范院校毕业生必须按照规定从事教育工作”等内容。根据以上总的精神，全国中师和高师分别提出了若干本类师范学校教育和教学改革和发展的意见，使师范教育在一定时期内得到了健康的发展。

1993年2月13日，中共中央、国务院制订颁布《中国教育改革和发展纲要》中提出“进一步加强师资培养培训工作，师范教育是培养中小学师资的工作母机，各级政府要努力增加投入，大力办好师范教育，鼓励优秀中学毕业生报考师范院校”等。1993年10月31日，第八届全国人大常务委员会第四次会议通过并公布《中华人民共和国教师法》第四章18条规定：“各级人民政府和有关部门应当办好师范教育，鼓励优秀青年进入各级师范学校学习，各级教师进修学校承担培训中小学教师的任务”，“非师范院校应当承担培养和培训中小学教师的任务”，“各级师范学校学生享受专业奖学金”等。1994年7月3日，国务院制订印发了《关于〈中国教育改革和发展纲要〉的实施意见》提出“各级政府要采取特殊政策大力办好师范教育”。据此，国家教委在1993年～1995年间，先后对中等师范学校、高等师范院校和专科学校、幼儿师范学校、特殊教育师范学校等各类师范教育（学校）从改革发展、招生分配、德育工作、校风建设、工资待遇等多方面制订印发了法规性文件。

1994年6月14日至17日，中共中央、国务院在北京召开全国教育工作会议，动员全党全社会认真实施《中国教育改革和发展纲要》，全面落实教育优先发展的战略地位。江泽民总书记讲话指出“振兴民族的希望在教育，振兴教育的希望在教师。教师是人类灵魂的工程师”。李鹏总理在报告中强调“建立一支具有良好思想品德和业务素质的教师队伍，是教育事业发展的关键”。会议讨论了《国务院关于〈中国教育改革和发展纲要〉的实施意见》《中共中央关于进一步加强和改进学校德育工作的若干意见》《中华人民共和国教育法（草案）》。在会议出台的政策措施中提出了关于教师的培养和培训要求。这次会议是党和国家在新形势下为教育事业的改革和发展提出了总方针和总任务，也为师范教育在新时期的改革和发展提出了总政策和总目标。1995年3月18日，第八届全国人大第三次会议通过并颁布《中华人民共和国教育法》；1995年12月12日，李鹏总理签署国务院第188号令公布《教师资格条例》；1996年5月15日，第八届全国人大常务委员会第19次会议审议通过并颁布《中华人民共和国职业教育法》等，使教育有法可依，给师范教育提供了法律地位和法律保障。上述方针政策和法律条例精神，更为中国师范教育在21世纪围绕经济与社会发展的形势而改革和发展，奠定了坚实的基础，开辟了广阔的前景。

三、落实目前方针政策的措施和办法

1996年9月9日至12日，国家教委会同财政部和人事部在北京召开全国师范教育工作会议，根据党中央、国务院关于大力发展师范教育的方针，进一步明确中国跨世纪的师范教育的目标和任务，研究并制订落实的措施和办法。会议明确：从现在起到下世纪初，师范教育改革和发展的工作方针是坚持方向、深化改革、优化结构、促进发展、提高质量、提高效益。具体发展目标是：(1)形成符合中国国情的中小学教师培养培训体系；(2)初步建立起中小学教师和校长继续教育制度，基本完成中小学教师学历补偿教育；(3)理顺体制，使布局和结构较为合理，办学效益显著提高；(4)全面贯彻党和政府的教育方针，全面提高教育质量。在落实措施和办法方面，会议提出了如下几点：(1)讨论制订了《关于师范教育改革和发展的若干

意见》《师范教育条例》；（2）研究了师范教育体系、体制、教育教学改革的初步意见；（3）对教师资格制度的实施、职务评聘、民办教师、工资待遇等问题提出了解决的初步建议；（4）讨论制定了教师队伍建设“九五”计划和进一步加强中小学校长培训问题的计划；（5）研究了教育投入问题。会议提出：必须逐步建立以财政拨款为主、多渠道筹措经费的投资体制。针对当前师范教育经费投入存在的问题，采取三项措施：一是省级政府应当根据各地物价和生活水平的变化以及财力状况，逐步适时提高师范专业学生奖（助）学金标准；二是各级政府在核定师范专业经费预算时，一定要充分考虑师范专业免收学费和全员发放专业奖（助）学金这一实际情况，采取相应措施，提高拨款标准。具体标准由省级人民政府制定。国家教委要对6所直属师范大学率先做到这一点；三是“九五”期间，中央继续安排师范教育补助专款，省（自治区、直辖市）、市（地）、县也要相应增加师范教育的投入，努力促进师范教育事业的发展。会后，各省、自治区、直辖市教育部门在1996年底前分别召开了会议进行传达贯彻，提出了不同实际情况的补充措施和办法。

环境教育综述

中国环境教育，是学校教育的一门一级学科，具有与数、理、化学科同等重要的位置。其教育和教学是以跨学科活动为特征，以唤起受教育者的环境意识，使他们理解人类与环境的相互关系，发展解决环境问题的技能，树立正确的环境价值观与态度为基本目的。

中国环境教育的兴起和发展，是随着六七十年代世界各国将环境教育提到议事日程的形势而始创和扩展的。1972年联合国召开人类环境会议，制定了有关环境问题的战略措施。在这次会议的推动下，1973年，中国政府召开全国第一次环境保护会议，会议制定了《关于保护和改善环境的若干决定（试行草案）》，明确规定“有关大专院校要设置环境保护的专业和课程，培养技术人才。”根据《决定》的精神，1973年，中国教育行政部门批准北京大学最先创办了环境保护专业；1974年，又批准中山大学、北京工业大学、清华大学等高等学校筹办环境保护专业；1978年，又批准北京师范大学开办环境专业研究生班，并于当年正式招收研究生。

1979年9月，全国人民代表大会通过《中华人民共和国环境保护法（试行）》，该法第五条规定：“国家鼓励环境保护科学事业的发展，加强环境保护科学的研究和开发，提高环境保护科学技术水平，普及环境保护的科学知识。”中国国务院于1981年2月制定了《关于在国民经济调整时期加强环境保护工作的决定》，要求“各地区、各部门在培训干部时，要把环境教育工作做为一项内容。”据此，国家环境保护工作办公室于1981年在河北省秦皇岛市建立了中国第一所环境管理干部学院。又于1983年在天津市建立了第一所环境保护职业高级中学。

1983年底，中国政府召开了第二次全国环境保护会议，会议明确环境保护是一项基本国策，指出环境教育在环境保护事业中的重要作用，并决定国家环境保护局改为国务院直属局，并在该局内成立了环境教育司。

1991年6月，国家教委决定把环境科学做为与学校数学、物理、化学学科同等位置的一级学科，逐步在理工科大学一、二年级普遍开设《环境学》课程；成立了国家高等学校环境科学教学指导委员会。国家教委决定从1991年秋季起，将环境教育列入高中选修课和课外活动中。1992年，国家教委召开了全国第一次环境教育工作大会，会议提出“环境保护，教育为本”，将环境教育提到新的高度。之后，逐步在国际间开展环境教育交流与合作，使中国环境教育向广度和深度展开，并向国际先进水平靠拢。

截止到1996年上半年，中国已基本形成包括正规教育、非正规教育在内的幼儿、中小学、高、中等专业、继续教育、社会教育等环境教育体系：

幼儿教育。中国教育部门从1980年2月开始，在甘肃省兰州市进行幼儿环境教育的教学试点。随后又在广东潮州、辽宁昌图、江苏徐州等地区相继进行教育试点。幼儿环境教育主要是采用直观、娱乐性的教育方法，通过幼儿所学习的语言、计算、美术等课程和进行的游戏活动，灌输相关环境保护的内容，向幼儿传授环境知识。

中小学教育。从1979年开始，国家教育部门先后在广东、辽宁、上海、北京等省市的一些中小学校进行环境教育试点，通过地理、自然等学科教学及课外活动，进行环境知识的传授与教育。80年代，国家教委国家环保局在辽宁昌图、广东番禺联合召开中小学环境教育经验交流会。国家教委制订的中小学教学计划中，要求高中开设环境教育选修课，小学和初中渗透有关学科和课外活动中进行。

1992年国家教委正式颁布的《义务教育课程计划》中规定：“要使学生懂得人口、资源、环境等方面的基本国策，小学自然社会，初中物理、化学、生物、地理等学科应重视进行环境教育。”据此制订的教学大纲和编写的教材都充实了环境教育内容，环境教育在全国中小学普遍开展。

十多年来，试点地区及试点学校的环境教育已取得很大成果。1989年和1995年，广东潮州市和山东徐州矿务局分别被联合国环境规划署授予环境保护“全球性500佳”光荣称号。1995年3月，中国首次派出3名中学生参加在土耳其举行的第三届环境科研项目奥林匹克比赛，分别获得金、银、铜奖。全国中小学环境教育培养提高了青少年及儿童的环境意识，增强了儿童从小热爱大自然的优良品质和环境保护的责任感。目前，中国中小学的环境教育在逐步深入发展。

高等学校环境专业教育。环境专业教育是为环境保护事业培养和输送大批环保科技和管理人才。1995学年～1996学年，已有北京大学、清华大学、中国人民大学、北京师范大学、南京大学、同济大学、武汉大学等140所高等学校设置了环境类系或专业，共有本科专业点206个。国务院学位委员会批准环保类专业51个，硕士学位授予权单位223个、39个专业，博士学位授予权单位77个，此外，还建立了若干博士后流动站。通过以上途径培养的环境专业人才，已经成为环境保护领域中的一支生力军。

中等专业教育。到1996年上半年，中国已有40多所中等专业学校、近100所职业高级中学及一批中等技术、师范学校设置环境专业，培养中级环保事业技术人才，以形成中高级环保专业人才的完整体系。

继续（在职）教育。在职环境教育主要是为提高环境管理人员的素质。自1981年成立的中国环境管理干部学院，对全国环保系统的管理人员进行岗位培训、继续教育和学历教育，到1995年底，已结业学员5200多人；中央党校和各省、自治区、直辖市党校及一些地区、县（市）党校，多年来，先后在“科技讲座”中开设环境保护知识讲座。中国建设部、中央组织部、全国科学技术协会联合举办了市长研讨班，每期都讲授《中国环境保护战略》《城市环境综合治理》等课程。此外，各地区、各有关部门从工作实际需要出发，先后举办各类型及不同人员的环保培训班、研讨班等累计上万个班次，受训人员40多万人次，这些人员经过培训后，业务素质和水平有了很大提高，为推动本地区、本部门所属环保工作发挥了重要作用。

社会教育。环境保护是中国的基本国策，也是全社会参与并受益的事业。中国政府动员全社会广泛参与环境宣传教育活动。近年来，环保工作部门、教育部门、文化部门、新闻单位、妇女组织、青年组织、科学协会、学会等，都组织开展了各具特色的环境宣传教育活动，利用广播、电视、报刊等传播媒介，通过“植树节”活动纪念“世界环保日”活动等，向公众宣传环保知识，提高全民族环保意识和增强环境保护的水平。

通过多年的教育实践，学校环境教育建设和教学改革取得了一定成绩和经验。西安建筑科技大学于1976年建立环境工程实验室，多年来，该室坚持为学校教学科研服务，在开展科学技术研究的同时，积极参与国家经济建设、开展对外科技、社会服务，实现教育资源在学校与社会的共享。围绕以上教育思想开展教学科研服务和改革，已取得校内效益和社会经济效益。该室现有仪器设备等固定资产231万元，各类教学科研设备配套完善，能够满足环境工程学科培养各层次、各类型、各方向教学和科研的需求。在“服务”方面，该实验室坚持了以下改革思路：(1) 积极为学科科研和学科建设服务。该校环境工程专业现有学科及学术带头人16人，实验室全力从人力、设备、仪器等方面为他们的科研创造条件。仅1992年～1994年，共争取纵向科研经费55万元，学科研究经费281万元，承担科研项目39项，其中纵向项目14项，横向课题26项，总计有26项科研获得奖励。(2) 全力为教学服务，不断提高教学质量。该专业现已为国家培养18届共1000余名本科毕业生和硕士研究生，其中有12名硕士毕业生考取国内外博士学位，获优秀论文奖5次；本科生有10人（次）获得毕业论文奖。(3) 参与国家经济建设，积极为社会服务。该实验室自创建以来，应各级政府要求，先后为陕西各地（市）、县环境监测站及山西、广西、新疆、宁夏、山东等地的厂矿企业举办近20期环境监测短训班或进修班。(4) 不断提高业务水平，开展对外科技服务。为配合校内外科研需要，提高资源共享利用率，该实验室对大型先进仪器，均安排专人分工管理和使用，在完成学校教学科研任务的基础上，开展对外科技服务，主动联系承担厂矿企业科学研究设计和环境评价任务。同时，鼓励工作人员不断开发仪器功能和完善其性能，自己动手将原子吸收测定仪手工送样，改进成电脑控制。(5) 坚持自力更生、艰苦奋斗建设实验室。从创建到现在近20年中，该室工作人员通过攻关，先后建起了大气污染控制、废水处理利用、生化生态实验台等20套，自制各种试验设备、器具100余台（件），其中粉尘真密度测试装置获得国家专利，已向有关科研院所和院校销售出20套。

1995年，全国首家环境教育研究机构在浙江省杭州大学成立。其任务是对环境教育理论进行系统地研究，并将其研究成果运用于学校环境教育和社会环境宣传教育。以理论指导实践，推动全国环境教育工作的深入、健康发展。

中国人口众多，环境领域广阔，文化教育事业还不够发达，全民族的环保意识有待进一步加强，搞好环境宣传教育是一项长期的、艰巨的任务。环境教育在20多年实践中已取得了一些经验。但应在以下方面进一步加强：(1) 加强环境教育领导。目前，环保工作部门及各类教育部门环境教育专门机构还不完善和协调，有关方面建议在各级各类教育与环保部门设置专门教育机构，两者分工协作，各有侧重地负责环境教育的领导和协调指导工作；(2) 加强环境教育法制建设。要力争迅速组织有关力量研究制定环境教育的法规条例，有计划、有步骤地推动和规范环境教育的发展；(3) 加强环境教育理论研究。当前，环境教育理论研究机构、研究人员队伍、研究活动及研究成果，仍比较薄弱，要采取有效措施推动环境教育的健康发展；(4) 加强环境教育师资建设。有些学者建议，可考虑在各级各类师范院校开设环境专业，为师范生设置环保课程，以为在今后各类学校进行环境普及教育打下基础；(5) 加强环境教育教材建设。可结合各地实际，采取统编、自编等方法，尽快编写出各级各类学校试用的、系统的、体系完整的环境教育专业(课程) 教材，以适应环境教育正规的、普及与提高的发展趋势；(6) 加强师生实践基地建设。有关人士建议各地国家公园、自然保护区等，应赋予其教育职能，为师范院校及有关开设环保课程的学校师生提供环境教育的实习、实践基地，提高师生的知识水平。

1996年7月，国务院作出《关于环境保护若干问题的决定》，强调“各地区、各部门都要进一步加强对环境保护工作重要性的认识，广泛普及和宣传环境科学知识和法律知识，切实增强全民族的环境意识和法制观念”。并要求“大、中、小学要开展环境教育”。11月29日，联合国教科文组织与中国联合国教科文全国委员会联合主办，由北京师范大学环境科学研究所承办，召开了中国环境教育研讨会，与会40多位国内专家及联合国教科文驻京办事处负责人就中国环境教育的现状、在环境教育方面的政策、行动的信息交流、未来的具体政策、行动计划等问题，进行了广泛讨论和交流。

教职工住房建设综述

“八五”及“九五”第一年（即1991年～1996年)，全国教职工住房建设工作，在党中央和国务院的领导下，在各级政府和有关部门的关心支持下，经过广大教育工作者的辛勤工作和共同努力取得了可喜的成绩，住房建设改革步伐加快，教职工住房困难状况有了明显改变。

一、教职工住房建设概况

据统计：1991年～1996年(1996年为预计数，下同）全国城镇教职工住房建设共投资480亿元，竣工面积（指建筑面积，下同）8400万平方米，建成住房118万套。教职工家庭人均居住面积由1992年底的6.6

平方米提高到1995年底的8平方米，人均增加1.40平方米。其中：

——城镇中小学教职工住房建设1991年至1996年共完成投资360亿元，竣工面积6740万平方米，建成住房96万套。特别是1994年大连会议以来的三年中，全国用于城镇中小学教职工住房建设的投资达280亿元，竣工面积4660万平方米，建成住房61万套，分别占1991年至1996年六年总数的77%、69%、63%。全国城镇中小学教职工家庭人均居住面积已由1991年底的6.3平方米提高到1995年底的8.2平方米，人均增加了1.9平方米。

——全国普通高校教职工住房建设1991年至1996年共完成投资120亿元，竣工面积1660万平方米，建成住房22万套。其中，1994年至1996年三年完成的投资为86亿元、竣工面积998万平方米、建成住房12.8万套，分别占1991年至1996年六年总数的71%、60%、58%。全国高校教职工家庭人均居住面积已由1992年底的6.6平方米提高到1995年底的7.2平方米，人均增加0.6平方米。

1996年是"九五"计划开局之年，据初步预算统计：全年可完成投资140亿元，竣工面积2200万平方米，建成住房近28万套。分别比历史上完成投资、竣工面积、建成套数最多的1995年又有所提高。不少省、区、市城镇教职工住房建设工作，又有新的起色，出现了继续发展的好势头。如江苏省在昆明会议后，进一步加大工作力度，1996年一年完成的投资便相当于"八五"前四年的总和。

二、党中央、国务院重视教职工住房建设

近年来，《中国教育改革和发展纲要》《教育法》《教师法》等一系列中央文件和法律法规的颁布，标志着中国教育工作进入了全面依法治教的新时期，也使解决教师住房有了政策依据和法律保证。中共中央、国务院颁发的《中国教育改革和发展纲要》及《国务院关于〈中国教育改革和发展纲要〉的实施意见》中，都对教职工住房问题作了明确规定，要求"地方政府和主管部门增加对教职工住房建设的投资。力争使学校教职工住房条件有明显改善"。国务院办公厅1992年转发的国家教委、建设部、全国教育工会《关于"八五"期间解决城市中小学教职工住房问题的意见》及1995年转发的国家教委、建设部、国家计委、财政部、国家土地局、全国教育工会《关于加快解决教职工住房问题的意见》，对推动全国教职工住房建设工作起了重要作用。李岚清副总理把解决教职工住房问题作为带动整个教育事业发展的一件大事亲自抓。1994年在大连、1995年在昆明召开的两次全国教职工住房建设会议，李岚清同志都到会代表党中央、国务院作重要讲话。在中央财政比较困难的情况下，"八五"以来由中央直接下达补助地方城市中小学住房建设投资近3亿元；在京部委高校教职工住房建设专项投资共达7亿多元，并在北京市西三旗建成了育新花园小区。育新小区是在国务院领导同志的直接关怀下，在国家计委、财政部、北京市人民政府的大力支持下建成的目前全国规模最大的教师住宅小区，共建有住宅47栋(其中多层35栋，高层12栋)，建筑面积28万平方米，住户3446套，投资8亿元。

三、各地认真贯彻落实教职工住房建设方针

自1994年全国教育工作会议和大连、昆

明两次教职工住房建设会议后，各地区、各部门认真贯彻落实党和国家关于住房建议方针及会议有关精神，把解决教职工住房问题，看作是稳定教师队伍、落实教育优先发展战略地位的具体体现。各地纷纷召开会议，制订本地区、本部门教职工住房建设规划，确定建设目标，明确实施责任，加大改革与投资力度，协调有关部门关系，解决教职工住房建设中遇到的各种实际问题，住房建设普遍进展迅速。

北京市 为贯彻大连、昆明会议精神，市委、市政府多次召开会议，研究解决教职工住房建设问题。1990年以来共建成教职工住房100万平方米（含育新花园小区），约1.4万套，累计完成投资近13亿元。在去年建成育新花园后，今年又将新建"望京花园"等小区，建筑面积可望40万平方米。

辽宁省大连市 1991年至1996年全市城镇中小学教职工住房建设共投资3.5亿元，竣工面积33万平方米，建成住房4800套。其中1994年至1996年三年投资2.8亿元，竣工面积22万平方米，建成住房3000套；分别占1991年至1996年六年总数的82%、67%、62%。1996年底教职工家庭人均居住面积已达到9.8平方米。

云南省昆明市 结合城市规划，集中新建多个教职工住宅小区，把城市商品住房建设同教师住房建设结合进行，用前者的售房收益补贴后者，拓宽了教职工住房建设的筹资渠道。1991年～1996年仅城区和两郊区政府所在地，教职工住房建设共投资2.2亿元，竣工面积近30万平方米，建成住房4300多套。其中1994年～1996年三年投资1.8亿元，竣工面积近20万平方米，建成住房2800多套；分别占1991年至1996年六年总数的83%、67%、65%。到1996年底教职工家庭人均居住面积已达到11.8平方米。

上海市 多年来结合特大城市和老城市的特点，因地制宜，将教职工住房建设放在优先地位，纳入城市建设规划，统筹安排，分步实施。采取集中与分散相结合，新建与改造相结合的办法，多层次多渠道筹资建房，取得显著成效。"八五"期间共投资18亿元，竣工面积123万平方米，建成住房2.6万套。

四川省 教职工住房建设由于党政"一把手"重视，目标明确，政策落实，措施得力，近几年来也取得了突破性进展。1995年～1996年两年间，全省共投入建房资金15.8亿元，建成住房411万平方米，6.2万套，教职工家庭人均居住面积已由1994年底的7.5平方米提高到8.4平方米，住房成套率由53%提高到71%。

天津市 委、市政府认真贯彻落实国办两个文件，把改善教师住房条件作为贯彻《教育法》，落实科教兴国、科教兴市战略的重要举措。在巩固"八五"成绩，不断深化学校后勤管理改革的基础上，制定了"九五"教职工住房建设规划，决定到本世纪末，新建教职工住房165万平方米。并分两步走，第一步从1995年～1997年新建住房78万平方米，解决人均4平方米以下的特困户；第二步从1998年至2000年再建87万平方米，使全市教职工住房人均居住面积基本达到或超过全市平均水平。

此外，广东、山东、甘肃等省、区、市，"八五"期间的教职工住房建设工作均取得了显著成绩。还有不少省、区、市在加快城镇教职工住房建设的同时，加大了农村教师住房建设工作力度，也取得了很大的进展。

教职工住房建设取得的成就，在教育界

乃至全社会产生了积极的影响。广大教师切身感受到了党和政府的关怀，增进了他们热爱党、热爱社会主义的感情，激发了他们教书育人的积极性，进一步促进了尊师重教社会风气的形成。解决了住房的教师固然欢欣鼓舞，住房暂未解决的教师也看到了希望。一些地区教师队伍不大稳定的现象开始出现好转，有些已经调离学校的教师要求回校任教，不少地区报考师范院校的生源比例近几年逐年回升。出国留学人员学成回国工作的人数也在不断增多。

但是就全国而言，大面积解决教职工住房问题仍不容乐观，还有大量工作要做。目前，存在的主要问题和困难是发展不平衡，缺房教职工仍占相当的比例；不少地区虽已制定出对教师住房的建、租、售实行优先优惠的政策，但由于种种原因并未完全落实或实行；部分部委高校教职工住房建设总的看仍较缓慢，教职工尤其是中青年教师居住条件仍然十分困难。这些问题是前进中的问题，只要各地、各部门真正重视起来，是可以逐步得到解决的。

四、教职工住房建设基本经验

回顾近些年，特别是大连和昆明会议以来的教职工住房建设工作，各地、各部门有很多成功的经验和做法，并应继续坚持、丰富和发展。这些经验和做法概括起来主要有以下几方面：

1. 领导高度重视，强化政府行为，是解决教职工住房问题的关键。多年的实践证明，教职工住房建设是一项艰巨复杂的工作，涉及社会方方面面，需要各有关部门的支持配合，必须把它列入政府重要议事日程，发挥政府的协调职能与作用才能搞好。近年来许多地方的党委和政府都是主要领导亲自部署，主动督办，明确要求，并提出“要像抓中小学危房改造那样抓好教师住房建设”，“宁可少上一两个项目也要挤出钱来把知识分子特别是教师住房问题解决好”。目前全国除个别地区外，绝大多数省、区、市都陆续成立了有政府领导同志牵头的住房建设领导小组或协调小组，几乎所有省、区、市都召开了教职工住房建设工作会议或经验交流会，转发或出台了解决教职工住房问题的专门文件。不少省、区、市还建立了各级政府责任制，把加快教职工住房建设列入为民办实事的重要内容，对其进行目标管理。广大教职工反映，党政一把手及分管领导亲自抓这项工作，实实在在地解决群众的住房困难问题，真正体现了党和政府对教育事业的高度重视，对广大教师切身利益的深切关心。这些做法对推动本地区的教职工住房建设工作，起到了极其重要的作用。

2. 加大房改力度，多渠道筹资建房，是解决教职工住房问题的重要举措。长期以来，中国实行的住房福利性分配制度以及穷国办大教育的国情，使得资金严重短缺的问题在教职工住房建设方面表现得尤为突出。为解决这一问题，必须加快住房制度改革的步伐。各地遵循社会主义市场经济规律，普遍采取了增加政府投入与坚持多渠道筹措建设资金相结合的作法。各地在住房建设的实践中认识到，要彻底解决长期遗留下来的住房问题，必须按照国家统一部署，进一步深化改革，除了继续坚持国家、学校和教职工个人“几个一点”筹集建设资金外，还必须注意借助金融手段，采取银行贷款、财政贴息，建立各种教职工住房基金等方式，进一步拓宽教职工住房建、购资金的来源渠道，加大投资力度。据统计，1991 年全国城镇中小学教职工住房建设投资为15.6亿元，其中国拨投资占49%，居于主要地位；而“八五”末期的1995年，此项投资已达到107.7亿元，其中国拨投资为28.3亿元，仅占26%。事实说明，在各级财政尽可能多地增加拨款的同时，采取多渠道筹集建房资金，调动学校、社会、个人投资建房以及金融部门的积极性，不仅减轻了财政的压力，极大地缓解了建房资金紧缺的矛盾，也从根本上改变了以往教职工住房建设单纯依靠政府拨款的投资旧格局，是符合我国国情，较快较好地解决教职工住房问题的一项重要举措。

3. 制定新的优先优惠政策，提高投资效益，是解决教职工住房问题的重要手段。如何体现解决好教职工住房问题主要是政府行为?制定优先优惠政策是最重要的内容之一。“八五”期间，国务院办公厅先后于1992年、1995年两次批转了国家教委等部门关于解决教职工住房问题的意见，其中有一项很重要的内容，就是以文件形式明确了对教职工住房建设的一系列优先优惠政策。大连、昆明会议之后，各地在认真贯彻落实国家制定的各项优惠政策的同时，根据会议精神，结合本地区的实际，分别制定并先后出台了一些符合本地实际情况的地区性优惠政策及措施，产生了显著的社会效益和经济效益。如在减免城市住房建设税费方面：北京市政府按照安居工程政策，对本市教职工住房建设、开发减免10项税费，并在房改售房中对教师购房增加优惠；吉林省为教师住房建设提供8条优惠政策，仅1994年就减免税费近亿元；四川省仅1995年1到8月新开工教职工住房建设项目就减免各种费用1.6亿元、征地费1.2亿元，仅此两项每平方米可降低工程单方造价130余元。此外，在安排住宅用地和规划建设方面，绝大部分省市明确规定对教师住宅可以行政划拨方式提供土地使用权；对城镇的开发区，建设部门同时规划、同步配套建设与各级各类学校规模相适应的教职工住房；政府统建统分和统筹安排的解困房中，安排一定比例优先解决教师和离退休教职工中的住房困难户等等。由于实行上述优先优惠政策，使教职工住房建设成本大大降低，减轻了广大教师的个人经济负担，鼓励了教职工个人出资建房的积极性，对整个教职工住房建设问题的解决起到了促进和推动作用。

4. 加强住房管理，拓宽房源渠道，是加快解决教职工住房的有效途径。实践证明，解决教职工住房问题必须贯彻“开源节流”的方针。首先要把教育系统现有的住房管理好。中国城镇现有教职工住房规模较大。据1995年底统计，共有住房面积约2.2亿平方米。构成比较复杂，有单位自建自管的，有住外单位房源的，也有的住当地房管部门统管房的等等。对这部分存量住房，要管好用好，尽量避免和减少流失，以充分发挥其使用效能。与此同时，还要坚持走改革之路，拓宽房源渠道。近几年，在解决教职工住房过程中，已经形成了多种形式建设教职工住房、解决教职工住房问题的新局面。其中组建较大规模的园丁小区、教师新村，由当地政府统一征地、统一规划、统一设计、统一施工、统一管理，建成后实行有偿分配或以优惠价出售给教职工，这是目前全国建设城镇教职工住房的一种主要形式。以这种形式建设教师住房节约投资、见效快、环境好，也便于建成后的物业管理与综合管理。大连的教师大厦，昆明的园丁小区和北京的育新花园小区等就属于这种形式。另外还有政府提供部分优惠政策，鼓励教职工自建住房；实行跨行业联合，统建统分住房；民建公助，纳入安居工程解决住房；鼓励教职工配偶单位解决住房；企事业单位、华侨捐资建教职工住房；改造旧的筒子楼住宅等多种形式。住房建设形式的多样化为教职工住房来源多渠道提供了有利的条件，它从根本上改变了以往由教职工所在学校自建住房、自分住房、自管住房的旧制度，拓宽了解决教职工住房的房源渠道，为学校教职工住房向商品化、社会化过渡，进而逐步进入良性循环轨道创造了条件。据不完全统计，近两年城镇中小学竣工的教职工住宅大部分是建在校园之外，高校教职工住房的建设，也开始离开校园，走向社会。这是一个十分合理的客观发展趋势。

5. 各部门的大力协同与支持，教育部门的积极工作，是加快教职工住房建设的重要因素。教师住房建设是个复杂的系统工程，涉及到征地拆迁、规划建设、资金筹措、减免费用、建后管理等一系列问题，在我国现行体制下，单靠教育行政部门和学校，很多困难和问题是无法解决的，需要各部门的大力协助。当然，教育部门作为各级各类学校的主管部门，首当其冲，责无旁贷。教育部门的很多领导和一线同志，为缓解教职工住房困难，促进教职工住房建设已经作了大量卓有成效的工作。但同时必须看到，各地的计划、财税、城建、房改、国土、金融等部门对教职工住房建设也给予了大力支持。如果没有这种支持，我们的教职工的住房建设就难以顺利进行，所以说各个部门的支持，是加快教职工住房建设的有力保证。

五、“九五”教职工住房建设基本目标

“九五”期间，教职工住房建设任务仍然很繁重。(1) 教职工中还有大量的无房户和住房困难户。据统计，到1995年底，全国城镇中小学教职工中还有缺房户79万户，占教职工总人数的21%；其中无房户42万户，家庭人均居住面积小于4平方米的困难户37万户，分别占城镇中小学教职工总户数的11%和10%；此外还有等房结婚大龄青年教职工19万人，占教职工总人数的4%。到1995年底，全国高校教职工还有缺房户18万户，占高校教职工总户数的19%；其中无房户9万户，困难户9万户；还有等房结婚大龄青年6.3万人，占教职工总人数的6%。(2) 全国普通高等学校教职工家庭人均居住面积仍低于城市居民人均居住面积。据1995年底统计，全国地方高校教职工家庭人均居住面积为7.2平方米，比全国城市居民低0.9平方米；部委属高校教职工家庭人均居住面积只有6.8平方米，比城市居民低1.3平方米。

要解决上述困难并实现“九五”目标，使城镇教职工家庭人均居住面积和成套率达到和超过当地居民住房水平，今后几年的建设任务还很艰巨。从各地区、部门上报的“九五”计划汇总的结果可以看到，1996年～2000年，解决全国城镇中小学和普通高校教职工住房问题还需要建住房约1亿多平方米，需投资800多亿元；其中城镇中小学需建住房近9000万平方米，投资600多亿元；全国高校需建住房1800万平方米，投资近200亿元。

中共中央十四届五中全会和八届人大四次会议重申了到2000年实现小康生活水平战略目标，继续把改善居民居住条件作为提高城镇人民生活水准的重要内容之一。根据国家住房规划目标的要求，“九五”期间全国教职工住房建设的奋斗目标拟分两步规划：

要通过“九五”前2至3年的努力，争取在1997年或1998年底以前，要基本解决教职工中现有的无房户和人均居住面积在4平方米以下的困难户，并使教职工家庭人均居住面积和住房成套率达到或超过当地居民住房的平均水平；到2000年，教职工住房要同步达到或超过当时全国城镇居民人均居住面积9平方米（合使用面积14平方米）和成套率70%的水平，使教职工居住条件有明显的改善。经济发达地区应提前实现以上目标，努力达到小康居住水平。少数经济困难的边远省、区、市及个别条件较差的内地城市，可以适当推迟达到国家目标的时间。

对外汉语教学综述

党的十一届三中全会以后中国实行改革开放政策和现代化建设的不断发展，中国与国际间各个领域的交往及交流日益频繁，汉语，作为交流的工具，也逐步显露出在“改革开放”形势下的特殊的重要作用。为此，中国教育部门根据新形势的需要，不断完善和加强对外汉语教学手段、理论研究和组织协调工作。

1987年7月24日，国家教委成立了“对外汉语教学领导小组”（下设办公室，简称“汉办”）。同年8月14日，又成立了中国“世界汉语教学学会”，其宗旨是促进汉语作为外语教学和研究的发展，加强世界各地汉语教学和研究工作者之间的联系，增进和发展我国与各国人民之间的相互了解和友好合作。截止到1996年上半年，该学会780多名会员已遍及世界38个国家和地区。多年来，在国家教育行政部门的组织指导和学会的协调推动下，国内对外汉语教学继续发展，世界“汉语热”持续升温。

1996年，国家教委在年度“工作要点”中提出“大力推广对外汉语教学”的工作方针。1996年8月8日至12日，中国召开了第五届国际汉语教学讨论会，来自世界300多名代表出席会议，展示汉语教学在理论和实践方面的最新成果，进一步研讨加强探索，努力实践，在新世纪到来之际，在汉语教学和研究方面取得更大进展。国家教委主任朱开轩到会讲话，强调最大限度地提高对外汉语教学的效率和成功率。多方面满足世界各国学习汉语的需要，已成为时代向汉语教学提出的迫切问题。并拟采取多种措施促进其发展。国家教委副主任韦钰也到会致辞。会议研讨并提出加强对外汉语教学的建议措施包括：向国外派遣高水平的汉语教师、协助在国外建立汉语教学中心、编写和提供高质量的汉语教材和辅助读物、向全世界推广汉语水平考试、积极开展对国外汉语教师和汉学家的友好工作、协助在国外的留学人员建立为其子女服务的中文学校等。

中国实行改革开放以来，同各国的经济、文化、科学、技术等各方面交往更加频繁，世界要求学习汉语的人数日益增多，对外汉语教学获得了前所未有的发展。截止到1996年上半年的统计，中国已接受来华学习汉语的外国留学生总数达到37000多人，比1991年12000多名增长2倍。中国已有300多所高等院校接受外国留学生学习汉语，但仍不能满足申请来华学汉语留学生猛增的现状。北京市所有能够具备接受外国学汉语留学生的高等学校都开设了对外汉语课程或开展培训；如北京外交人员语言文化中心也开展了对外国人员的汉语培训；此外，全国一些城市的外资企业服务总公司等机构也逐步接受外国学员的汉语培训。在全球“中国热”和“汉语热”的形势下，应各国有关人士的要求，中国对外汉语教学除传统的学校面授课程之外，中国广播电台先后在英语、日语、俄语、德语、意大利语、西班牙语等26个语种和方言中办了“教汉语”广播讲座，听众遍及五大洲170多个国家和地区。在开设汉语教学的学校不断增多的同时，对外汉语教学手段也日趋现代化，如一些学校已试点进行电脑教学、自编了一些电脑程序，供学员课外学习和练习发音、认字、阅读理解等；有的教学单位开发了“CD光盘”进行汉语教学，这一教学手段被有关人士称作利用高科技手段进行汉语教学的一个划时代的创举；在第五届国际汉语教学讨论会上，有关利用电脑教汉语、华语文电脑网络远距离教学、使用微型电脑制作多媒体教材等方面的教学理论已引起有关人士的密切关注，反映了汉语教学手段日益现代化的发展趋势。

截止到1996年上半年的不完全统计，全世界已有60多个国家的1000多所各类学校开设了汉语课或开展汉语研究，不少大学设置了中文系，有些国家在中小学、幼儿园开设了汉语课。日本开设汉语教学课程或中国文学有关学科的大学有50多所，实施汉语教学的高级中学有200多所；该国文部省已批准从1997年起，将汉语列为大学入学外语考试4大语种之一；韩国在近300所大学中的多数大学开设了中文专业，各大学的政治、经济、文史等系科也纷纷开设汉语课程，学生数以万计；美国已有200多所大学开设汉语课和中文专业，学汉语大学生达数万人，美国已决定将汉语列为大学入学外语测试语种之一；澳大利亚政府拨出7000万澳元专款，支持汉语等4个亚洲国家语种的语言教学；在欧洲不少国家学汉语的人数也在逐年增加。在临近中国的东南亚国家具有华文教学的传统，近年来更有新的发展。马来西亚现有国民型华文小学1280多所，在校学生近60万人，有独立的华文中学60所，该国大学在开设多年中文系之后，目前又开设了东亚系，进一步研究包括中国在内的东亚地区问题；泰国目前兴办100余所华文民校，在中小学和幼儿园教授华文课程，同时兴办了华侨崇圣大学、曼谷东方文化书院，建立了泰国华文师范学院，各大学纷纷增设华文必修课；菲律宾现有华人社团、私人和教会办的华文学校共186所，其中，学院兼办中小学及幼儿园2所，中学兼办小学及幼儿园69所，小学兼办幼儿园80所，独立幼儿园17所；柬埔寨在近年也纷纷兴办华文学校或在原有学校开展华文教学课，总计在校学生达5万人；新西兰将从1997年起，在中小学教授中国普通话，并列为学生的选修课，该国教育部还公布了《汉语课程草案》。

汉语教学交流渐趋活跃。中国世界汉语教学学会成立后，“国际汉语教学讨论会”已举行过5届，与会人数一届比一届增多，学术空气一届比一届浓厚，论文质量一届比一届提高；中国教育学会成立了“对外汉语教学研究会”，中国社会科学院成立了“海外汉学研究小组”；同时，国内一些高等院校成立了“对外汉语教学中心”，其中一些院校在“中心”的基础上成立了“海外教育学院”、“汉学院”或“国际文化交流中心”等。在世界上，地属德语区的德国、奥地利、瑞士等国成立了“汉语教学协会”，日本成立了“中国语学会”，菲律宾成立了“华文教学研究中心”等，并分别召开学会年会、教学研讨会或学术交流会等活动，促进汉语教学的发展和提高。

随着汉语教学在国内和国际的继续发展，中国教育部门重视加强对外汉语教师的培养和培训工作。国家教委先后确定北京语言学院、汕头大学等高等学校举办中外汉语教师各类培训班或进修班，还委托北京语言学院每年暑期举办“外国中文教师短期研修班”，已先后举办5届，每届均有20个左右国家派人来华学习，仅1995年，就有18个国家34名外国中文教师来参加学习。目前，中国已有北京语言学院（1996年改为“中国语言文化大学”）、北京外国语大学、上海外国语大学、华东师范大学设立了对外汉语专业，培养专职的汉语教师。为保证对外汉语教师的质量，国家教委于1990年6月23日制订了《对外汉语教师资格审查办法》，按照“办法”规定的条件，经严格审查，已有1300人获得对外汉语教师资格证书；并通过国家派出或其他渠道，已向各国先后派出146名汉语教师在世界60多个国家任教；其中，韩国一些高校和企业，已从中国聘请50多名汉语教师。

对外汉语教材建设也逐步加强。自中国开展对外汉语教学以来，已先后编写和出版2000多种不同类型的对外汉语教材。从1995年开始，国家教委将对外汉语教材作为重点建设工作，集中力量编写《新编汉语教程》、《短期速成汉语教程》等一批示范性教材，当年已完成20余种，并完成了“对外汉语教学语法大纲”、“外国人使用汉语语法”等一批汉语教学科研成果。此外，还先后向国外赠送大批汉语教学设备，仅1995年，国家教委向莫斯科大学和匈牙利罗兰大学分别赠送一套语言实验室设备；向捷克2所大学赠送汉语教学电教设备；向国外有关大学、汉语教学单位和研究部门及有关学者和友好人士赠送中文图书36000册，赠送录音、录像带1500余套。与此同时，先后多次召开了汉语学科或教法等学术会议，“对外汉语教学学术年会”已举办过5次，还先后召开了“全国对外汉语教学基础汉语推荐教材问题讨论会”“中美汉语教学法讨论会”等会议，以交流和推动中外汉语学科和教学法的发展与提高。

截止到1996年，中国对外汉语教学已经建成包括短期速成教育、预备教育、本科与研究生教育、函授教育、远距离教学、汉语水平考试（HSK）等门类较为齐全、结构比较完整的教学体系。从1994年～1996年，连续几年申请来华学汉语人数接近10万人，实际每年接受来华学员由1万人左右增加到4万人左右；北京语言文化大学汉语速成学院每年暑期举办“汉语短期速成班”，1996年学期毕业生近1000人，学员主要来自日本、韩国、亚洲与欧美国家及有关国家华侨华裔子女。该学院每年暑期根据学员汉语水平和实际需要，举办为期4周～20周不等的研（进）修班，主要开设中国语言文化课程，学员亦可选修自己感兴趣的中国历史、国际经贸、文化艺术等课程，通过学习，使学员掌握汉语的基本会话和基础语法知识。

中国对外汉语教学不断发展，要求不断提高汉语教学质量。针对汉语语音、语法、词汇等与英、法等外国语的不同特点，一些开展汉语教学的学校和汉语教师在已有教学经验的基础上，组织有关汉语专家和教学人士进一步研究如何使外国学员能够尽快并准确地掌握汉语语法规律、扩大词汇量、提高表达水平，同时根据外国人学汉语的需要，专门编辑了汉语学习辞典，已由北京语言学院出版。同时，学校正在加强对外汉语学科建设，改进薄弱环节；培养一批汉语学科的学术骨干和学术带头人；并要求现有汉语教师加强教学基本功训练，学好扎实的汉语教学方法，提高对外汉语教学水平。

1996年，国家教委对“汉办”机构进行了调整。9月9日，发出《关于落实“汉办”机构调整的实施意见的通知》，《通知》明确了“汉办”是国家教委直属的独立事业单位；并继续加强对外汉语教学的管理、组织、协调和指导工作，落实国家有关对外汉语教学的方针，促进对外汉语教学的进一步发展。国家教委根据对外汉语教师队伍近几年出现的新情况，对1990年制订的《〈对外汉语教师资格审定办法〉实施细则》进行了修改并印发，《实施细则》第二条规定：“凡从事对外教学工作的教师，必须具有对外汉语教师资格证书。出国从事专职对外汉语教学工作的教师，必须持有资格证书。各单位应加紧对外汉语教学师资的培养和培训工作，在2000年底前实现‘持证上岗’的管理目标。在此规定年限内未获得资格证书的对外汉语教师，只能作为实习教师，在国内从事对外汉语教学工作”修订实施此条款，目的是保证对外汉语教学教师的合格质量，从而促进对外汉语教学质量的进一步提高。

学校德育形成主旋律

学校教育培养什么人，如何形成德育主旋律？邓小平同志对此作出明确指示，他于1978年4月22日《在全国教育工作会议上的讲话》说“这也就是毛泽东同志提出的培养德智体全面发展，有社会主义觉悟的有文化的劳动者的方针”。邓小平同志在1980年12月25日关于《贯彻调整方针，保证安定团结》的讲话谈到“要加强各类学校的政治教育、形势教育、思想教育，包括人生观教育、道德教育”的任务时指出：“必须发扬爱国主义精神，提高民族自尊心和民族自信心”；邓小平还在1987年2月18日的《用中国的历史教育青年》的讲话中说：“了解自己的历史很重要，青年人不了解这些历史，我们要用历史教育青年，教育人民”。

1991年3月9日，江泽民总书记致信国家教委主任李铁映、副主任何东昌，要求对小学生（甚至幼儿园的孩子）、中学生和大学生，由浅入深，坚持不懈地进行中国近代史、现代史及国情教育。

国家教委积极贯彻执行以上学校德育工作方针和指示，通过近几年的教育实践，到1996年，已基本形成学校德育以爱国主义教育为中心内容的主旋律。

一、制定教育目标和计划

1991年8月，国家教委制订了《中小学加强中国近代、现代史及国情教育的总体纲要（初稿）》（以下简称“总体纲要”），作为进行中国近、现代史及国情教育的指导性文件。要求中、小学校根据学生的年龄特点和认知规律，有计划地把加强中国近、现代史及国情教育纳入到教育、教学活动之中，使学生了解我国的基本国情，以爱国主义、社会主义教育为主线，逐步树立劳动观点、群众观点、阶级观点、辩证唯物主义观点，从而奠定科学世界观、人生观的基础，成为21世纪社会主义事业的可靠建设者和接班人。小学思想品德、语文、社会，中学思想政治、语文、历史、地理等学科是进行中国近、现代史及国情教育的主要渠道，为发挥这些学科的主渠道的教育作用，国家教委根据“总体纲要”的指导精神及学科特点，分别制定了以上部分学科加强国情教育纲要和实施意见(以下简称“学科教育纲要”)，作为这几门学科现行教学大纲的重要补充，并以此为依据调整现行教材的相关内容，编写补充教材、教学挂图和图册。在供1993年使用的九年义务教育新教材中，将全面贯彻“学科教育纲要”的各项要求。1991年9月12日，国家教委在福州市召开了全国中小学国情教育工作会议，就国情及中国近、现代史教育的重大意义及教学工作做出了安排。

1992年6月18日，中共中央宣传部、国家教委、共青团中央联合发出《关于进一步组织高等学校青年师生学习马克思主义理论的通知》，提出：坚持用马克思主义、毛泽东思想教育青年，不断提高他们的思想政治素质和理论水平，是培养面向21世纪、坚持党的基本路线的社会主义事业建设者和接班人的一项长期的根本性措施，对坚持和发展社会主义现代化事业具有重大的战略意义。

1992年6月28至7月4日，中共中央组织部、宣传部、国家教委党组联合在北京召开了高等学校党的建设工作会议，对上述教育进一步进行了讨论和部署。

二、编制教学大纲和教材

为保证1991年秋季后的初三和高中各年级接受深入系统的中国近、现代史和国情教育，国家教委基础教育司组织编写了初中《国情教育读本》和高中《国情教育读本》(计5册)，分别作为初三年级和高中各年级学生课外必读读物；组织编写了《我爱你，中国》、《小学生国情十知道》，分别作为小学低年级、高年级的必读读物。为提高各级干部、教师对加强中国近、现代史和国情教育的认识，国家教委于1991年8月15日开始，通过教育电视台举办了中国近、现代史和国情教育师资培训讲座，要求各级教育行政部门和教研部门组织中小学干部教师学习江泽民总书记的指示信、“总体纲要”和“学科教育纲要”。10月，分别举办了语文、历史、地理学科省级教研员培训班，落实“学科教育纲要”的精神。1992年3月4日，根据国情教育《总体纲要》的精神，国家教委又制定了《全日制中学思想政治课教学大纲》(试行稿)，同时编写了思想政治课新的教材，于1992年秋季出版，供全国中学各个年级使用。国家教委依据邓小平同志1992年巡视南方谈话和党的十四大精神对1988年8月制订的《小学德育大纲》进行了修订，增加了德育“管理工作”，明确了校长、党支部及全体教职工在小学德育工作中的各自职责、管理制度及对干部和教师的培训制度；该《大纲》于1993年3月26日正式颁发实行。1993年11月，国家教委发出《关于进一步加强中学时事教育的几点意见》，并在此前10月，国家教委已与中央人民广播电台商定从当月起由电台开办《中学生时事》广播节目；又委托中央宣传部《时事报告》编辑部创办以高中学生为对象的时事专刊(中学生版)。1994年，国家教委重申1990年下发的《关于施行〈中华人民共和国国旗法〉严格中小学升降国旗制度的通知》，各地中小学要继续严格地执行；同时在中小学相继建立起重要节日、假日、纪念日开展爱国主义主题教育的制度。1995年2月27日，国家教委正式颁发了《中学德育大纲》，同年是中国人民抗日战争和世界反法西斯战争胜利50周年，国家教委发出通知要求各地中小学结合纪念活动，广泛开展以爱国主义教育为主要内容的活动。

中国高等学校从1991年起，95%的高校开设了“形势与政策”课，70%左右的高校开设了“大学生思想修养”和“人生哲理”课程；1992年6月18日，中宣部、国家教委、共青团中央在《关于进一步组织高等学校青年师生学习马克思主义理论的通知》中要求：学习马克思主义理论要倡导青年师生扎扎实实地精读几本有代表性的马克思主义经典著作，特别要结合中国实际，学习《毛泽东选集》第二版、《邓小平文选》，以及其他老一辈无产阶级革命家的著作。可以把《马列著作青年读本》和《毛泽东、邓小平著作青年读本》作为青年师生学习马克思主义理论的基本教材，辅以《马克思主义著作青年读本导读》。

1993年，国家教委将原设的“大学生思想修养”和“人生哲理”课程合并为高等学校《思想道德修养》课程，并统一编写了该课程教材。9月，国家教委又提出了关于马克思主义理论课和思想政治教育课（以下简称“两课”）的改革意见，并确定了清华大学等5所委属高校为改革试点校。到当年底，全国已有66所高校开设“思想政治教育”专业，在学硕士研究生600多名，第二学士学位生共2600多名，本科生近10000名。1994年8月23日，中共中央印发《爱国主义教育实施纲要》，9月9日，中共中央发出《关于进一步加强和改进学校德育工作的通知》，国家教委分别于9月19日发出“关于学习和贯彻中共中央关于进一步加强和改进学校德育工作的通知”；9月23日发出关于贯彻《爱国主义教育实施纲要》的通知。上述两个《通知》除对中小学分别提出了贯彻实施的若干意见外，对高等学校也提出了明确的要求。根据中共中央上述两个文件的精神，国家教委加紧对《中国普通高等学校德育大纲》进行了修改，到年底，修改研制工作已经完成，1995年11月23日，国家教委发出《通知》正式颁布实行，《通知》指出：《德育大纲》是对高等学校德育工作与大学生思想、政治、品德素质要求的具体体现，是指导和规范全体教职员工教育思想与行为的重要依据，也是各级教育行政部门对高等学校德育实行科学管理与检查评估的根据。在抗日战争和世界反法西斯战争胜利50周年时，全国高等学校根据国家教委的《通知》精神，开展了以爱国主义教育为主题的纪念活动，通过纪念活动，使大学生们认识到法西斯侵略战争给中国和世界人民带来了灾难和巨大牺牲，增强了反对霸权主义的观念，居安思危的忧患意识，继承和发扬中国共产党和中国人民不畏强暴，敢于反抗外来侵略的光荣传统，树立起民族自尊心、民族自信心和民族自豪感。

三、设立教育项目和建立教育基地

为配合各级各类学校关于实施德育的总体目标、任务及教学《纲要》、计划和要求，国家教委从1993年～1996年，先后设立和建立起一批中小学爱国主义教育专题项目和基地；高等学校国情教育专题项目和大学生社会实践活动基地。

中小学爱国主义教育专题项目有：(1)推荐100部优秀影视片。1993年9月13日，中共中央宣传部、国家教委、广播电影电视部、文化部联合发出《通知》向全国中小学推荐100部爱国主义教育优秀影视片，分为4组，即“抗击帝国主义侵略”、“革命传统与社会主义教育”、“人物传记”、“锦绣中华灿烂文化”等；到当年底，全国大中城市及有收视条件的小城镇与乡村中小学70%以上的学校，都在每周组织本校学生观看1部优秀影视片；同年，由中国教育报联合有关单位组织了观看优秀影视片的感想《征文》活动，反映了学生观看后的切身感受。(2)推荐100首爱国主义歌曲。1995年1月16日，国家教委向全国中小学发出《通知》，推荐100首爱国主义教育歌曲，内容主要反映爱祖国、爱共产党、爱家乡、爱老师、爱父母、爱幸福美好生活等优秀或获奖歌曲。其中规定小学生唱44首，中学生唱49首，中小学生共同唱的有7首，包括："中华人民共和国国歌"、"没有共产党就没有新中国"、"团结就是力量"等。(3)推荐100种爱国主义教育图书。1995年5月22日，中共中央宣传部、国家教委、文化部、新闻出版署、共青团中央联合发出向全国中小学推荐100种爱国主义教育图书的《通知》，要求全国小学生、初中生、高中生将所推荐的图书作为课外读物。其中，小学生图书27种，初中生图书42种，高中生图书31种。《通知》指出：阅读百种爱国主义教育图书、观看百部爱国主义优秀影片和学唱百首爱国主义歌曲，是对中小学生进行爱国主义教育的重要途径，做好这方面工作对培养学生爱国主义情感，增强民族自尊心、自豪感，引导他们树立正确的理想、信念和人生观、价值观，把他们培养成有理想、有道德、有文化、有纪律的社会主义新人，具有十分重要的意义。各地宣传、教育、文化、出版部门和共青团组织务必高度重视这项工作，从当地实际出发，组织一些重点活动，切实抓出成效。(4)命名100个爱国主义教育基地。1996年10月14日，国家教委、民政部、文化部、国家文物局、共青团中央、解放军总政治部等单位联合作出决定：命名100个全国中小学爱国主义教育基地。这些命名的场所包括天安门广场、中国革命博物馆、中国人民革命军事博物馆、毛主席纪念堂、周恩来纪念馆等涉及全国30个省、自治区、直辖市范围内的历史文化古迹，革命传统纪念场所，社会主义现代化成就等方面，内容丰富，在全国或当地有较高的知名度。《决定》要求全国中小学要充分利用节日、假日、双休日等期间，有组织的安排中小学生参观，上述命名的"基地"对中小学生的参观实行免费开放，学生通过参观瞻仰活动，以接受爱国主义教育，促进学校德育的深入开展和学生思想政治、品德素质的提高。围绕上述"400"项目(100部优秀影视片、100首歌曲、100部优秀图书、100个教育基地)，有关单位和出版社还编写了与之配套的录像带、音像带、挂图、辅助读物、内容简介等。

高等学校对学生进行国情教育的课外活动项目主要有：(一)开展社会实践活动。1992年6月25日，中共中央办公厅、国务院办公厅联合批转中宣部、国家教委、共青团中央《关于广泛深入持久地开展高等学校学生社会实践活动的意见》。中办和国办在转发《意见》的《通知》中指出：培养社会主义事业的建设者和接班人，是全党、全社会共同承担的重大责任。社会实践活动是在新的历史条件下贯彻教育与生产劳动相结合的方针、加强教育实践环节的一条有效途径，对于帮助大学生深刻了解国情，增强改革开放意识，提高坚持党的基本路线的自觉性，走与实践相结合、与工农群众相结合的成长道路，提高全面素质尤其是思想政治素质具有重要的意义。大学生社会实践活动是社会主义高等教育的重要组成部分。各级党委、政府应从培养社会主义事业建设者和接班人的战略高度予以足够的重视，把社会实践活动列入议事日程，切实加强领导。企事业单位和农村要积极支持大学生社会实践活动，并提供必要的条件。要通过各方面的共同努力，使大学生社会实践活动形成制度,长期坚持下去。中宣部等单位的《意见》共5条：（1）充分认识社会实践活动的重要意义；（2）依靠地方各级党委、政府的领导，充分发挥各级党委宣传部门和教育工作部门、教育行政部门和共青团组织在社会实践活动中的作用；（3）切实把社会实践活动引入高等学校的教育计划；（4）多渠道解决社会实践活动经费；（5）精心指导社会实践活动。《意见》批转前，中宣部、国家教委、共青团中央会同在全国已建立100个大学生社会实践联系县市《基地》,《意见》批转后，决定再建50个大学生社会实践联系县市。当年，全国高校积极进行试点，大学生通过社会实践活动，初步了解了社会经济等国情状况，了解了改革开放形势，从而提出了“我把知识献家乡”、“我把知识献祖国”,积极投身面向经济建设主战场，在活动中开展科技、文化服务。据黑龙江、内蒙古、浙江、山东、河南、河北、江西、辽宁等8个省区的统计，大学生在社会实践活动中完成科技攻关项目12000余项，发明创造500余项，提出合理化建议和提供信息5600多项，共创直接经济效益3000多万元。到1996年，全国普通高等学校均已有组织地开展社会实践活动，在校80%以上的大学生均参加过社会实践活动，其余的大学也都利用回乡探亲、节假日等时间，进行不同程度的社会调查、科技文化服务等了解国情的活动。（二）利用纪念活动了解中国革命史、斗争史等近、现代历史。全国高等学校在每年的“十·一”国庆日、“七·一”中国共产党诞生日、“五·四”青年节、“一二·九”和“一二·一”运动等庆祝日或纪念日，以不同形式、不同层次开展纪念活动；1995年在中国人民抗日战争和世界反法西斯战争50周年时，国家教委专门发出《通知》，要求高校开展纪念活动。通过以上不同庆祝日、纪念日的活动，使大学生进一步了解中国革命史，中国共产党斗争史、中国人民勤劳英勇的精神，了解旧中国的苦难和落后，更了解新中国的成就和进步，从而激励大学生奋发向上，学好知识，投身于国家社会主义现代化建设。（三）开展“大学生志愿服务行动”（包括中学生）。1995年4月21日，共青团中央和国家教委向全国各省、自治区、直辖市团委、教育行政部门发出《关于组织“中国大中学生志愿者扫盲和科技文化服务行动”的通知》,其宗旨是通过大、中学生开展扫盲、科技和文化的志愿服务行动，一方面理论联系实际，发挥专长优势，了解知识差距，从而激发奋发向上，学好本领；另一方面通过志愿服务行动接触社会，了解国情、社情、民情，从而激励爱国热情，立志做一个报效祖国的建设者。当年，全国共有100万大、中学生，1996年暑期又有50万大、中学生，其中大学生约占50%左右参加了志愿服务行动。通过服务行动，大学生普遍感受到专业知识和思想素质都有较大的收获和提高。（四）开展社团活动。从1991年～1996年，全国几乎所有高等学校都有学生自发组织或在学校有关方面指导下成立的“马列主义读书会（研究会）”、“毛泽东思想研究会（小组）”、“邓小平建设有中国特色的社会主义理论读书会（研究会）”、“党章学习小组”、“社会主义理论问题研究组”等读书研究性组织，通过读书研究活动，了解昨天，认识今天，展望明天，用理论武装思想，丰富知识，增长才干。

到1996年中国各级各类大中小学的德育教育，已经形成以课程教学为主课，两史（近代、现代史）一情（国情）内容为主线，爱国主义教育为主题，课外有关项目活动为辅助教育的基本模式，学校对学生进行德育的主旋律已基本形成。1996年12月12日，国家教育科研“八五”课题——“初等、中等、高等学校德育实施体系研究”通过鉴定，专家们认为该课题研究成果为全国各类学校德育教育途径和方法提供了范例，有助于推动学校德育教育的进一步实施和发展。

宝钢公司为优秀教师和学生颁奖

1996年11月11日，上海宝山钢铁（集团）公司（以下简称“宝钢”）在北京举行第二次（1996）颁奖大会，嘉奖全国88所高等院校和科研院所218名优秀教师（其中获特等奖10名）及693名优秀大学生。

1994年宝钢设立3500万元教育基金，两年来，该教育基金已开始向支持中国基础教育方面拓展。先后设立3个基础教育项目：(1)从1994年开始与中国教育报刊社合作在全国开展“十杰中小学中青年教师”的评选奖励活动；(2)从1995年开始，在红军长征途经的7省10县投入共367万元，支持地方建立起10所希望小学，扶助1600名家庭贫困失学儿童；(3)从1996年开始，支持并参与国家教委发起组织的“中华扫盲奖”，以奖励为全国扫除青壮年文盲事业作出突出贡献的先进教师和先进单位。

1995年，宝钢教育基金会还决定，为繁荣中国哲学、社会科学研究，支持优秀青年学者将他们的研究成果推向社会，特设立高校文科优秀论文出版基金，每年由该基金出资25万元～30万元专项资助款，出版“文科博士文库”。成立了文库编委会，匡亚明、季羡林、罗国杰、陶大镛等担任编委会顾问。同年11月9日召开了文库编委会第一次工作会议，其编辑工作已开始起动。到1997年，将通过自下而上的推荐并由专家评审通过后，第一批优秀论文将由高等教育出版社出版。

在1996年11月10日召开的宝钢教育基金理事会上还决定，从1997年起，5年内，每年用10万元作为奖励资助金，设立一项面向全国的“国家宏观教育研究奖”，两年评一次，奖励对国家宏观教育决策有贡献的优秀研究成果和科研人员。

获1996年宝钢教育基金奖励优秀教师特等奖的教师名单如下：

中央音乐学院

郭淑珍（女）　声乐歌剧系声乐教研室主任、教授

中央民族大学

丹珠昂奔　党委副书记、藏学系主任、藏学研究所所长、教授

清华大学

郑君里　信息科学与技术学院电子工程系教授、博士生导师

东南大学

顾冠群　计算机科学与工程系主任、研究室主任、教授、博士生导师

浙江大学

彭群生　CAD/CG国家重点实验室副

主任、应用数学系教授、博士生导师

北京科技大学

王燕斌　材料物理系主任、教授、博士生导师

北京林业大学

尹伟伦　副校长、教授、博士生导师

中南工业大学

梅　炽　热工设备仿真与优化研究所所长、教授、博士生导师

南京大学

王守仁　外国语学院英语系主任、教授、博士生导师

同济大学

陈　鸿　物理系主任、固体物理所所长、教授、博士生导师

治理中小学乱收费

1996年3月25日，国家教委、国务院纠风办联合发出《关于1996年在全国开展治理中小学乱收费工作的实施意见》（简称“意见”）。《意见》认为：国家教委在1995年提出了中小学收费工作“五不准”规定和治理工作的“八条措施”。各省、自治区、直辖市政府及其有关部门建立了治理工作机构，逐级签订了“责任书”，实行“收费监督卡”制度，坚持标本兼治的原则等措施，收到了实效。据23个省（市、区）统计，当年共取消、废止收费项目累计达964个，查出违规收费总金额1.74亿元，已清退1.65亿元，查处乱收费案件239起，其中受到党纪政纪处分的102人，通报批评的94人。从全国多数地区情况看，中小学乱收费的势头得到了初步遏制。当前各地治理工作发展不平衡。在农村，有些县乡政府违犯规定或通过学校向学生乱集资、乱摊派现象出现反弹；在城市，主要是在某些大城市对部分重点中小学在义务教育阶段“择校生”高收费问题治理不力，有的甚至愈演愈烈。这些作法违背了社会主义办学方针和方向，损害了捐资助学的声誉，对社会风气产生了不良的影响。

根据中纪委第六次全会和国务院第四次反腐败工作的部署，《意见》提出：国家教委在1996年仍要把治理义务教育阶段乱收费作为紧迫的重要的任务来抓，特别要把京、津、沪及省会城市义务教育阶段公办学校“择校生”高收费问题作为突出重点。(1)坚持从严治标，力争取得明显成效；(2)从提高认识入手，切实抓好治本工作。

根据《意见》的要求，各省、自治区、直辖市教育部门认真贯彻，在当地政府的支持和有关部门的配合下，进一步制定措施，加大工作力度，并抓紧工作落实。

天津市纪委、市纠风办、市教育局于4月联合召开会议强调：义务教育阶段公办学校不准招收“择校生”。有关部门对此作出规定，即：区县政府必须保证每个学龄儿童都能到公办学校接受九年义务教育；公办学校要按区县政府划定的学区招生，不得招收“择校生”；学生如有择校要求，可到民办学校（包括公办民助、民办公助学校）就读；民办学校收费的项目和标准必须经市、区县物价部门批准，收费必须出示物价部门颁发的收费许可证；社会支教不得与录取学生挂钩。目前，天津市所有公办学校在义务教育阶段均已做到学生就近入学，未出现“择校生”现象。

四川省于7月召开加强中小学收费管理工作座谈会。会议要求抓好五个方面的工作：

(1) 要严格管好收费项目和标准。各地均不得在省定项目之外自立项目收费；各地要对本地制定中小学收费的各种规定进行一次全面清理。(2) 一定要把“择校生”高收费遏制住。凡1996年以前未招收“择校生”的，一律不准招收“择校生”；已招收“择校生”的学校，“择校生”人数每年应逐步减少，以后逐步不再招收；“择校生”收费标准要严格限制，把“择校生”高收费问题坚决遏制住。各市、地、州教委要会同监察、财政、物价、法制等部门，在上述原则和规定基础上，结合本地实际情况，制定对“择校生”进行标本兼治的实施办法，报政府批准后实施。同时要坚决制止各种形式以权择校的“条子生”和“关系生”。(3) 对教学用书要严格管理。教学用书的征订范围，要限定在省教委行政主管部门发布的用书目录之内。各地、各学校应公布国家教委授权省教委制发的中小学教学用书目录，供群众监督。(4) 要严格按规定实施集资办学、捐资助学。集资办学是政府行为，要按规定按程序审批。其他单位和团体、群众组织，不得违反国家规定搞“集资办学”，更不得假借教育名义乱集资。捐资助学必须坚持自愿原则，各级教育行政部门和学校不得规定学生及其家长“捐资助学”，不准把捐资助学与招生入学挂钩。(5) 要坚决制止乱集资、乱摊派和搭车收费。各级教育行政部门和学校一定要坚决抵制社会各方面向学校乱集资、乱摊派、搭车收费，依靠各级地方政府采取措施综合治理，不准把社会上对学校的乱摊派转嫁到学生头上。

上海市为实现“标本兼治”中小学乱收费的目标，推出了“五不准”、“五统一”和“四监督”的管理措施。“五不准”的主要内容是：教育集资、捐资必须坚持“自愿、量力和群众受益”的原则，任何中小学都不准向学生家长摊派费用，严禁将捐资助学与入学挂钩，坚决杜绝以钱买分，以钱买学籍，以钱选择学校的现象。学校不准违反规定举办各种收费补习班、兴趣班、特色班、提高班，社会力量办学不准举办以中小学生为对象的各种文化补习班。除教育行政部门规定教学用书外，学校和教师不准以行政手段强制要求学生购买各种复习资料，征订报刊杂志、文具用品和其他商品。学校不准违反规定扩大收费项目、收费范围和提高收费标准，严格控制代办收费项目，对自愿缴费参加的项目不得硬性或变相硬性收费。对社会有关部门和单位向学校的乱摊派、乱罚款和搭车收费，学校要坚决抵制，并提请当地政府予以制止和纠正，不准把社会对学校的乱摊派转嫁到学生头上。“五统一”是：接受社会捐资由区县教育行政部门统一收取和管理，可委托学校负责具体经办，但需开具统一规定的收据并上报，收入由区县教育行政部门制定统一的管理和使用办法，学校不得任意收支，捐资收入不得用于教职工的奖金和补贴，市教委组织定期检查，加强管理。市、区县教育行政部门统一制定学校代收代办的项目和标准，凡符合规定需统一购置的书籍等由市教委有关部门归口管理，各区县教育行政部门也要指定工作部门实行归口管理，其他部门和学校不得在规定之外另立项目或提高收费标准。暑期补缺补差由区县教育行政部门会同物价部门制定统一的收费标准，学校不得举办违反规定的收费补习班，不得进行大面积补课。统一实行收费许可证制度，学校必须亮证收费，所有收入必须纳入学校预算内、外帐户管理，不得公款私存或设置帐外小金库，区县教育行政部门要健全管理制度，定期对学校收支情况进行检查。市、区县教育行政部门统一印制收费联系册，发给每个学生家长。学校在开学初张榜公布收费项目、标准、收费原则及监督举报电话，学期结束向学生家长提供代收代办项目的收支清单，做到收费项目、收费标准、收支情况和监督举报电话四公开。“四监督”是：每学期开学初，学校对执行“五不准”和“五统一”的情况进行自查，发现问题及时纠正，进行自我监督。每学期开学和暑假期间，市、区县教育行政部门邀请人大、政协代表，会同物价、审计、监察、纠风办等部门对区县和学校治理乱收费工作分阶段进行抽查，抽查面在30%以上，开展组织监督。认真接受群众举报，认真查办信访件，全市组织200名特邀收费检查员，开查明查暗访，发现问题严肃处理，实行群众监督。对突出的典型案例，通过新闻媒介曝光，开展舆论监督。

北京市委、市政府根据中共中央、国务院及国家教委的有关精神，对治理义务教育阶段择校乱收费问题旗帜鲜明，态度坚决。3月，市委、市政府讨论通过了“从严治标、大力治本、标本兼治、综合治理”的总体思路，决定在加强基础薄弱校建设，缩小校际间办学差距，提高中小学整体办学水平的同时，首先以公立中小学为重点，把择校乱收费遏制住。4月，市委、市政府同意并下发了市教委制定的规范择校收费管理办法，各区县教育部门据此制定了具体实施细则。之后，市教委、市纠风办召开多次专题工作会议，要求顾大局、守纪律，每位教育领导干部、每位中小学校长都要负起政治责任，实现治理工作的阶段性目标。市教委、市纠风办还发出《关于对中小学收费工作进行检查的通知》，全市中小学根据《通知》精神，普遍进行了自查，各区县教育部门进行了重点检查，市教委与市纠风办联合于6月开始对城近郊区106所中小学进行了严格检查。从检查的情况表明，大多数中小学对执行择校收费问题的有关规定是认真的，也有一些学校在择校收费标准、程序和手续上不符合有关精神，截至到7月25日，全市共清退违犯规定的收费达926.5万元。市教委、市纠风办根据检查中发现存在的问题，重申了几点：(1) 招收择校生要严格执行“三限”(人数、分数、钱数)，不准随意突破限额；(2) 严格遵守招收择校生程序和手续，教育补偿金一律交到区县教育部门，学校只能经授权代收，不得自行收取；(3) 严格招生计划，不准自行扩班，突破班额，擅自扩大招生；(4) 鼓励和提倡企事业单位、社会团体和个人捐资助学，捐资助学不得与学生入学挂钩；(5) 各中小学校一律不准收取所谓的提档费；(6) 对高中选录段计划内招生不得收费录取。市教委和市纠风办强调：对有令不行，有禁不止的领导和当事人，发现一起，查处一起，情节严重的要给予党纪政纪处分。

江西省、湖南省等一些省、自治区采取标本兼治、疏导结合的措施，分别制定了本省区的一些管理办法、审批制度，收费标准并实行“证”、“卡”等招生收费规定。

河北省石家庄市为落实国务院有关治理中小学乱收费的文件精神，制定了以下十条原则：坚持就近入学的原则，不准义务教育阶段公办中小学招收“择校生”、“关系生”、“条子生”；坚持小学毕业免试升入初中，不准进行初中入学考试和招收“重点班”、“实验班”、“特长班”等；维护招生计划的严肃性，不准高中阶段学校自定录取分数线，私自扩大计划外招生名额；捐资助教必须坚持自愿的原则，不准学校与有关单位私下签订长期合同，将捐资与入学挂钩；坚持高中招生录取择优的原则，不准采取非法手段阻止学生报考重点中学或其他学校；严格按教学目录征订教材，除课本和作业本外，不准强制学生购买复习资料、有关报刊和非法出版的练习册、习题集等；严格按项目和标准收费，不准擅自增加收费项目，提高收费标准；坚持收费卡制度，增加收费透明度，不准漏填、少填收费项目；严格控制代收费项目，不准将社会上的乱摊派、推销商品转嫁到学生身上；坚持对学生进行正面教育，不准对有缺点或错误的学生处以罚款。

辽宁省大连市为治理中小学乱收费，1996年，建立并完善了责任制。市政府与市教委签订了治理中小学乱收费责任状，市教委主任与各区市县教委主任签订了工作目标责任状。具体目标有：中小学收费管理规范化学校达到95%；对中小学乱收费问题上访、信访和电话举报查处率达100%；结案率达95%；社会满意率达90%以上。同时要求各基层教委主任与各个学校校长也签订目标责任状，从而使该项工作的目标责任更加明确。对于治理好的学校和区县及时总结，以点带面；对乱收费情况严重的，认真查实，并严肃处理。加强工作队伍建设，成立以教委主任为组长，计财、基教、人事、监察、督导部门人员参加的治理中小学乱收费工作领导小组，齐抓共管，形成强大的合力。

其他许多城市及部分县教育部门会同当地有关部门，结合本地存在的乱收费情况，也制订了相应的措施，落实国家教委的治理要求，切实工作，均起到了不同程度的治理推动作用。

全国人大、全国政协在1996年3月举行的代表大会和委员会议期间，代表和委员们分别就中小学乱收费、择校生等问题的危害性进行了分析，提出了若干治理的建议，并在年内，“两会”分别组织检查组进行了执法检查。

1996年7月29日，中共中央政治局委员、国务院副总理李岚清邀请北京、天津、上海3市主管教育的副市长和教委负责人举行座谈，研究认真贯彻《教育法》、《义务教育法》，坚决制止义务教育阶段中小学乱收费、高收费的不正之风。李岚清在讲话中指出：治理工作要统一思想，提高认识，突出重点，狠抓落实；要从严治标，抓紧治本，标本兼治，综合治理。并认真做好以下工作：(1)端正教育思想，明确义务教育性质，提高依法治理“乱收费”和“高收费”的自觉性。(2)明确举办义务教育主要是地方政府的责任。地方政府和有关职能部门应依法保证义务教育的经费需要。(3)造成择校的一个重要原因是存在一些薄弱学校。要大力加强薄弱学校的建设，增加投入，充实领导班子，调整教师队伍，改善包括生源在内的办学条件。(4)要进一步加大高中、初中招生办法和中小学建制改革的力度。大中城市可积极推进九年一贯制，以减少升学和择校的竞争。(5)支持社会团体和公民个人依法举办一部分民办学校，以满足一些家长的择校要求。民办学校必须全面贯彻党的教育方针，不得以营利为目的。

1996年11月10日，国家计委、国家教委联合发出通知，结合1996年物价大检查，在全国开展中小学校收费情况的检查。检查范围是全国城乡所有中学，包括初中、普通高中、中专、职业高中、技校、小学和省及省以下中小学主管部门。检查重点是：自1995年秋季招生以来发生的与学生有关的各种收费及择校生收费问题。具体内容包括：擅自设立收费项目和收费标准、自行提高收费标准和扩大收费范围、不停止执行国家明令取消的收费项目、对违犯规定的择校生收费、未按规定申请收费许可证而擅自收费、跨年度提前预收学杂费等6类行为。通过检查了解到:到1996年底,有1/3的省、自治区、直辖市在义务教育阶段公办学校已基本取消了招收"择校生"问题。另据检查30个省、自治区、直辖市情况的不完全统计:共计查出违规收费金额8.78亿元,已清退3.12亿元。

1996年12月16日，国家教委、国家计委、财政部联合下发了《义务教育学校收费管理暂行办法》《普通高级中学收费管理暂行办法》《中等职业学校收费管理暂行办法》和《高等学校收费管理暂行办法》等4个文件，将从广度和深度上规范收费行为，加大治理乱收费的力度，继续抓好中小学收费的专项治理工作。

1996年具有学历教育招生资格的普通高等学校名单

国家教委按语：

为深化改革,加强高等教育的宏观管理,确保高等学历教育必要的规格和质量，进一步完善社会监督机制,现将1996年具有高等学历教育招生资格的普通高等学校名单（截止到1996年5月7日）予以公布。

本次向社会公布的具有学历教育招生资格的普通高等学校为1038所,另有2所普通高等学校因办学条件远低于国家规定要求,今年暂停招生。在公布的普通高等学校名单中，凡办学条件略低于国家规定要求的，均在其校名前以“*”号标出（共33所），表示今年虽允许招生,但须适当控制招生规模,增加投入，充实办学条件。本次公布的名单以地区、科类为顺序，分为三类，第一类是本科层次的高等学校；第二类是专科层次的高等学校；包括高等专科学校、高等职业（技术）学校（短期职业大学）和民办高等学校；第三类是经批准设立的普通高等学校分校、分院和办学点（共56个）。不包括军事院校。除本次公布的名单外，未经国家教委批准，任何其他机构今年均不具有普通高等学历教育招生资格。对违纪招生和擅自超计划招生的，国家均不承认学生的学籍，不允许发放毕业证书，并将严肃追究有关责任者的责任。请1996年报考普通高等学校的考生在报名前注意查询本名单，避免失误。

一、本科高等学校

（共610所）

学校名称

北京市60所

北京大学

中国人民大学

北京联合大学

清华大学

北京航空航天大学

北京理工大学

北京科技大学

北方交通大学

北京化工大学

北京邮电大学

北京工业大学

北方工业大学

中国农业大学

北京林业大学

中国协和医科大学

北京医科大学

北京中医药大学

首都医科大学

北京师范大学

首都师范大学

北京外国语大学
对外经济贸易大学
首都经济贸易大学
中国人民公安大学
中国政法大学
中国人民警官大学
北京体育大学
中央民族大学
北京轻工业学院
北京服装学院
北京印刷学院
北京建筑工程学院
北京石油化工学院
北京电子科技学院
北京气象学院
北京信息工程学院
北京机械工业学院
首钢工学院
北京农学院
北京针灸骨伤学院
北京体育师范学院
北京第二外国语学院
北京语言学院
北京广播学院
中国新闻学院
中国青年政治学院
中国金融学院
中央财政金融学院
北京商学院
北京物资学院
国际关系学院
外交学院
中央音乐学院
中央工艺美术学院
中国音乐学院
中央美术学院
中央戏剧学院
中国戏曲学院
北京电影学院
北京舞蹈学院

天津市 18 所

南开大学
天津大学
天津医科大学
天津师范大学
天津轻工业学院
天津纺织工学院
中国民用航空学院
天津理工学院
天津城市建设学院
天津农学院
天津中医学院
天津职业技术师范学院
天津外国语学院
天津商学院
天津财经学院
天津体育学院
天津音乐学院
天津美术学院

河北省 19 所

河北大学
华北电力大学
河北工业大学
河北科技大学
河北农业大学
河北医科大学
河北师范大学
河北经贸大学
河北煤炭建筑工程学院
石家庄经济学院
河北理工学院
河北建筑工程学院
石家庄铁道学院
华北煤炭医学院
张家口医学院
承德医学院
河北农业技术师范学院
中国人民武装警察部队学院
河北体育学院

山西省 13 所

山西大学
太原工业大学
山西农业大学
山西师范大学
山西医科大学
太原重型机械学院
华北工学院
山西矿业学院
长治医学院
山西中医学院
雁北师范学院
山西财经学院
山西经济管理学院

内蒙古自治区 12 所

内蒙古大学
内蒙古工业大学
内蒙古师范大学
包头钢铁学院
内蒙古农牧学院
哲里木畜牧学院
内蒙古林学院
内蒙古医学院
包头医学院
*内蒙古蒙医学院
内蒙古民族师范学院

内蒙古财经学院

辽宁省 36 所

辽宁大学
沈阳大学
大连大学
大连理工大学
东北大学
大连海事大学
沈阳工业大学
沈阳农业大学
中国医科大学
大连医科大学
沈阳药科大学
辽宁师范大学
东北财经大学
辽宁工程技术大学
沈阳航空工业学院
沈阳工业学院
鞍山钢铁学院
抚顺石油学院
沈阳化工学院
大连铁道学院
大连轻工业学院
沈阳建筑工程学院
辽宁工学院
沈阳黄金学院
大连水产学院
锦州医学院
辽宁中医学院
沈阳医学院
沈阳师范学院
锦州师范学院
鞍山师范学院
大连外国语学院
中国刑事警察学院
沈阳体育学院
沈阳音乐学院
鲁迅美术学院

吉林省 25 所

吉林大学
延边大学
长春大学
吉林工业大学
吉林农业大学
白求恩医科大学
东北师范大学
长春地质学院
长春光学精密机械学院
东北电力学院
长春邮电学院
吉林工学院
吉林建筑工程学院
吉林化工学院
吉林林学院
吉林医学院
长春中医学院
吉林师范学院
*通化师范学院
四平师范学院
*吉林职业师范学院
长春师范学院
长春税务学院
吉林体育学院
吉林艺术学院

黑龙江省 21 所

黑龙江大学
佳木斯大学
齐齐哈尔大学
哈尔滨工业大学
哈尔滨工程大学
哈尔滨理工大学
哈尔滨建筑大学
黑龙江八一农垦大学
东北农业大学
东北林业大学
哈尔滨医科大学
黑龙江中医药大学
哈尔滨师范大学
东北重型机械学院
大庆石油学院
黑龙江矿业学院
牡丹江医学院
*齐齐哈尔医学院
牡丹江师范学院
黑龙江商学院
*哈尔滨体育学院

上海市 27 所

复旦大学
同济大学
上海交通大学
华东理工大学
上海大学
中国纺织大学
华东工业大学
上海铁道大学
上海工程技术大学
上海水产大学
上海医科大学
上海第二医科大学
上海中医药大学
华东师范大学
上海师范大学
上海外国语大学
上海财经大学
上海海运学院

上海电力学院
上海建筑材料工业学院
上海城市建设学院
上海农学院
上海对外贸易学院
华东政法学院
上海体育学院
上海音乐学院
上海戏剧学院

江苏省 39 所

南京大学
东南大学
苏州大学
扬州大学
南京航空航天大学
南京理工大学
中国矿业大学
河海大学
江苏理工大学
南京化工大学
无锡轻工大学
南京农业大学
南京林业大学
南京医科大学
南京中医药大学
中国药科大学
南京师范大学
徐州师范大学
南京气象学院
华东船舶工业学院
江苏石油化工学院
南京邮电学院
苏州丝绸工学院
南京建筑工程学院
南通工学院
苏州城市建设环境保护学院
淮海工学院
苏州医学院
南通医学院
徐州医学院
南京铁道医学院
镇江医学院
苏州铁道师范学院
常州技术师范学院
南京经济学院
南京审计学院
南京体育学院
南京艺术学院
江南学院

浙江省 21 所

浙江大学
杭州大学
宁波大学
浙江工业大学
浙江农业大学
浙江医科大学
浙江师范大学
杭州电子工业学院
浙江丝绸工学院
中国计量学院
*浙江水产学院
浙江林学院
温州医学院
浙江中医学院
杭州师范学院
宁波师范学院
温州师范学院
杭州商学院
浙江财经学院
中国美术学院
绍兴文理学院

安徽省 20 所

安徽大学
中国科学技术大学
合肥工业大学
安徽农业大学
安徽师范大学
华东冶金学院
淮南矿业学院
安徽工学院
安徽机电学院
安徽建筑工业学院
安徽医学院
蚌埠医学院
皖南医学院
安徽中医学院
阜阳师范学院
安庆师范学院
淮北煤炭师范学院
安徽农业技术师范学院
安徽财贸学院
合肥经济技术学院

福建省 12 所

厦门大学
集美大学
华侨大学
福州大学
*仰恩大学
福建农业大学
福建师范大学
福建医科大学
集美航海学院
福建林学院
福建中医学院

漳州师范学院

江西省 14 所

南昌大学
华东交通大学
江西农业大学
江西师范大学
华东地质学院
南昌航空工业学院
南方冶金学院
景德镇陶瓷学院
江西医学院
江西中医学院
赣南医学院
赣南师范学院
南昌职业技术师范学院
江西财经学院

山东省 31 所

山东大学
青岛大学
烟台大学
青岛海洋大学
石油大学
山东工业大学
山东农业大学
山东医科大学
山东师范大学
曲阜师范大学
山东中医药大学
山东矿业学院
青岛化工学院
山东建材工业学院
青岛建筑工程学院
山东建筑工程学院
山东轻工业学院
山东工程学院
莱阳农学院
潍坊医学院
泰山医学院
滨州医学院
济宁医学院
聊城师范学院
烟台师范学院
山东经济学院
中国煤炭经济学院
山东财政学院
山东体育学院
山东艺术学院
山东工艺美术学院

河南省 18 所

郑州大学
河南大学
河南农业大学
河南医科大学
河南师范大学
郑州工业大学
华北水利水电学院
焦作工学院
郑州轻工业学院
郑州粮食学院
洛阳工学院
郑州纺织工学院
郑州航空工业管理学院
河南中医学院
新乡医学院
河南职业技术师范学院
信阳师范学院
河南财经学院

湖北省 35 所

武汉大学
湖北大学
华中理工大学
中国地质大学
武汉水利电力大学
武汉工业大学
武汉测绘科技大学
武汉冶金科技大学
武汉交通科技大学
武汉汽车工业大学
华中农业大学
同济医科大学
华中师范大学
中南财经大学
湖北三峡学院
江汉石油学院
武汉化工学院
葛洲坝水电工程学院
武汉纺织工学院
武汉食品工业学院
湖北工学院
武汉城市建设学院
湖北汽车工业学院
湖北农学院
湖北医学院
湖北中医学院
咸宁医学院
郧阳医学院
*湖北师范学院
中南政法学院
武汉体育学院
湖北美术学院
武汉音乐学院
湖北民族学院
中南民族学院

湖南省 19 所

湘潭大学

吉首大学
中南工业大学
湖南大学
湖南农业大学
湖南医科大学
湖南师范大学
湘潭矿业学院
长沙铁道学院
长沙交通学院
中南工学院
长沙电力学院
株洲工学院
中南林学院
衡阳医学院
湖南中医学院
湘潭师范学院
湖南财经学院
湖南商学院

广东省 26 所

中山大学
暨南大学
汕头大学
深圳大学
五邑大学
华南理工大学
广东工业大学
华南农业大学
中山医科大学
广州中医药大学
华南师范大学
广东外语外经贸大学
佛山科学技术学院
湛江水产学院
仲恺农业技术学院
广州医学院
广东医学院
广东药学院
广州师范学院
韩山师范学院
*湛江师范学院
广东商学院
广州体育学院
广州美术学院
星海音乐学院
*广东民族学院

广西壮族自治区 13 所

广西大学
广西师范大学
广西工学院
桂林电子工业学院
桂林工学院
广西农学院
广西医学院
右江民族医学院
广西中医学院
桂林医学院
广西师范学院
广西艺术学院
广西民族学院

海南省 4 所

海南大学
华南热带作物学院
海南医学院
海南师范学院

四川省 37 所

四川联合大学
渝州大学
重庆大学
西南交通大学
电子科技大学
重庆建筑大学
西南农业大学
四川农业大学
华西医科大学
重庆医科大学
成都中医药大学
西南师范大学
四川师范大学
西南财经大学
西南政法大学
四川三峡学院
西南石油学院
成都理工学院
重庆邮电学院
重庆交通学院
西南工学院
成都气象学院
四川轻化工学院
四川工业学院
中国民航飞行学院
重庆工业管理学院
四川畜牧兽医学院
泸州医学院
川北医学院
重庆师范学院
四川师范学院
四川外语学院
重庆商学院
成都体育学院
四川音乐学院
四川美术学院
西南民族学院

贵州省 9 所

贵州大学
贵州师范大学

贵州工学院
贵州农学院
贵阳医学院
遵义医学院
贵阳中医学院
贵州财经学院
贵州民族学院

云南省 12 所

云南大学
昆明理工大学
云南工业大学
云南农业大学
云南师范大学
西南林学院
昆明医学院
大理医学院
云南中医学院
云南财贸学院
云南艺术学院
云南民族学院

西藏自治区 3 所

西藏大学
西藏农牧学院
药王山藏医学院

陕西省 33 所

西北大学
延安大学
西安交通大学
西北工业大学
西安理工大学
西安电子科技大学
西安建筑科技大学
西安公路交通大学
西北农业大学
西安医科大学
陕西师范大学
西北轻工业学院
西安工业学院
西安矿业学院
西安石油学院
西安地质学院
西北纺织工学院
西北建筑工程学院
陕西工学院
西安邮电学院
西北林学院
延安医学院
陕西中医学院
汉中师范学院
宝鸡文理学院
西安外国语学院
陕西财经学院
西安统计学院
西北政法学院
西安体育学院
西安音乐学院
西安美术学院
西藏民族学院

甘肃省 10 所

兰州大学
甘肃工业大学
甘肃农业大学
西北师范大学
兰州铁道学院
兰州医学院
甘肃中医学院
兰州商学院
甘肃政法学院
西北民族学院

青海省 5 所

青海大学
青海师范大学
*青海畜牧兽医学院
青海医学院
青海民族学院

宁夏回族自治区 5 所

宁夏大学
宁夏工学院
宁夏农学院
宁夏医学院
西北第二民族学院

新疆维吾尔自治区 13 所

新疆大学
塔里木农垦大学
新疆农业大学
新疆师范大学
石河子大学
新疆工学院
新疆石油学院
新疆医学院
*新疆中医学院
喀什师范学院
伊犁师范学院
新疆财经学院
新疆艺术学院

二、高等专科学校、高等职业（技术）学校、短期职业大学、民办高等学校

（共 428 所）

学校名称

北京市 4 所

北京电力高等专科学校
北京医学高等专科学校
北京青年政治学院

海淀走读大学

天津市 2 所

天津师范高等专科学校

天津职业大学

河北省 26 所

河北工程技术高等专科学校

唐山高等专科学校

华北矿业高等专科学校

石家庄邮政高等专科学校

华北航天工业学院

防灾技术高等专科学校

承德石油高等专科学校

邢台高等职业技术学校

张家口农业高等专科学校

邯郸农业高等专科学校

邯郸医学高等专科学校

保定师范专科学校

张家口师范专科学校

承德民族师范高等专科学校

唐山师范专科学校

廊坊师范专科学校

衡水师范专科学校

石家庄师范专科学校

邯郸师范专科学校

邢台师范专科学校

沧州师范专科学校

保定金融高等专科学校

邯郸大学

石家庄大学

*张家口大学

*承德大学

山西省 12 所

运城高等专科学校

吕梁高等专科学校

大同高等专科学校

太原电力高等专科学校

大同医学专科学校

太原师范专科学校

晋中师范专科学校

晋东南师范专科学校

忻州师范专科学校

*山西职业师范专科学校

山西财税专科学校

太原大学

内蒙古自治区 6 所

包头师范高等专科学校

赤峰民族师范高等专科学校

海拉尔师范高等专科学校

集宁师范高等专科学校

河套大学

民办内蒙古丰州学院

辽宁省 25 所

阜新高等专科学校

沈阳工业高等专科学校

丹东纺织高等专科学校

本溪冶金高等专科学校

辽阳石油化工高等专科学校

辽宁交通高等专科学校

沈阳电力高等专科学校

熊岳农业高等专科学校

丹东师范高等专科学校

朝阳师范高等专科学校

抚顺师范高等专科学校

锦州师范高等专科学校

营口师范高等专科学校

铁岭师范高等专科学校

辽阳师范高等专科学校

本溪师范高等专科学校

辽宁外国语师范高等专科学校

辽宁商业高等专科学校

辽宁税务高等专科学校

辽宁财政高等专科学校

辽宁警官高等专科学校

鞍山市高等职业专科学校

抚顺市高等职业专科学校

营口市高等职业专科学校

本溪市高等职业专科学校

吉林省 15 所

吉林粮食高等专科学校

长春工业高等专科学校

长春汽车工业高等专科学校

长春建筑高等专科学校

吉林电气化高等专科学校

长春水利电力高等专科学校

吉林农垦特产高等专科学校

*长春医学高等专科学校

白城师范高等专科学校

吉林财税高等专科学校

吉林商业高等专科学校

长春金融高等专科学校

吉林公安高等专科学校

*吉林市联合大学

*四平职业大学

黑龙江省 17 所

大庆高等专科学校

黑龙江水利专科学校

哈尔滨工程高等专科学校

黑龙江交通高等专科学校

鸡西煤炭医学高等专科学校

哈尔滨师范专科学校

绥化师范专科学校

*克山师范专科学校

呼兰师范专科学校

黑龙江农垦师范专科学校

黑龙江财政专科学校
哈尔滨金融高等专科学校
哈尔滨投资高等专科学校
*哈尔滨大学
牡丹江大学
鸡西大学
民办黑龙江东方学院

上海市 17 所

上海冶金高等专科学校
上海轻工业高等专科学校
上海化工高等专科学校
上海纺织高等专科学校
上海医疗器械高等专科学校
上海机械高等专科学校
上海电机技术高等专科学校
上海出版印刷高等专科学校
上海医学高等专科学校
*上海师范高等专科学校
*上海幼儿师范高等专科学校
上海海关高等专科学校
上海旅游高等专科学校
立信会计高等专科学校
上海金融高等专科学校
上海公安高等专科学校
民办杉达学院

江苏省 28 所

常熟高等专科学校
镇江市高等专科学校
南京动力高等专科学校
连云港化工高等专科学校
南京交通高等专科学校
盐城工业专科学校
淮阴工业专科学校
南京机械高等专科学校
南京电力高等专科学校
淮阴师范专科学校
盐城师范专科学校
南通师范专科学校
镇江师范专科学校
南京师范专科学校
南京金融高等专科学校
江苏财经高等专科学校
江苏公安专科学校
金陵职业大学
连云港职业大学
南通职业大学
彭城职业大学
苏州职业大学
常州工业技术学院
沙洲职业工学院
南京市农业专科学校
盐城职业大学
扬州市职业大学
民办三江学院

浙江省 15 所

杭州应用工程技术学院
*浙江水利水电专科学校
杭州医学高等专科学校
*湖州师范专科学校
*台州师范专科学校
*丽水师范专科学校
浙江农村技术师范专科学校
*舟山师范专科学校
浙江广播电视高等专科学校
浙江经济高等专科学校
浙江公安高等专科学校
宁波高等专科学校
嘉兴高等专科学校
温州大学
民办浙江树人学院

安徽省 15 所

蚌埠高等专科学校
芜湖师范专科学校
徽州师范专科学校
六安师范专科学校
滁州师范专科学校
宿州师范专科学校
巢湖师范专科学校
淮南师范专科学校
池州师范专科学校
安徽商业高等专科学校
铜陵财经专科学校
合肥联合大学
芜湖联合大学
淮南联合大学
皖西联合大学

福建省 18 所

莆田高等专科学校
福建建筑高等专科学校
福州师范高等专科学校
南平师范高等专科学校
宁德师范高等专科学校
泉州师范高等专科学校
三明师范高等专科学校
龙岩师范高等专科学校
福建商业高等专科学校
福建公安高等专科学校
鹭江职业大学
三明职业大学
漳州职业大学
闽西职业大学
闽江职业大学
黎明职业大学
福建中华职业大学
民办福建华南女子职业学院

江西省 17 所

景德镇高等专科学校
萍乡高等专科学校
南昌高等专科学校
新余高等专科学校
南昌水利水电高等专科学校
宜春农业专科学校
井冈山医学高等专科学校
宜春医学专科学校
九江医学专科学校
九江师范专科学校
上饶师范专科学校
宜春师范专科学校
吉安师范专科学校
抚州师范专科学校
九江财经高等专科学校
江西公安专科学校
九江职业大学

山东省 18 所

潍坊高等专科学校
山东水利专科学校
济南交通高等专科学校
山东电力高等专科学校
临沂医学专科学校
菏泽医学专科学校
德州师范专科学校
滨州师范专科学校
昌潍师范专科学校
临沂师范专科学校
*泰安师范专科学校
济宁师范专科学校
菏泽师范专科学校
淄博师范专科学校
枣庄师范专科学校
胜利油田师范专科学校
山东公安专科学校
济南联合大学

河南省 32 所

郑州工业高等专科学校
河南机电高等专科学校
洛阳工业高等专科学校
河南纺织高等专科学校
河南城建高等专科学校
郑州电力高等专科学校
洛阳农业高等专科学校
郑州牧业工程高等专科学校
信阳农业高等专科学校
开封医学高等专科学校
洛阳医学高等专科学校
周口师范高等专科学校
安阳师范高等专科学校
许昌师范高等专科学校
南阳师范高等专科学校
洛阳师范高等专科学校
商丘师范高等专科学校
新乡师范高等专科学校
开封师范高等专科学校
驻马店师范高等专科学校
平顶山师范高等专科学校
河南商业高等专科学校
河南财政税务高等专科学校
河南公安高等专科学校
中州大学
开封大学
洛阳大学
平原大学
安阳大学
焦作大学
南阳理工学院
民办黄河科技学院

湖北省 20 所

黄石高等专科学校
恩施医学高等专科学校
湖北药检高等专科学校
黄冈师范高等专科学校
荆州师范高等专科学校
郧阳师范高等专科学校
襄阳师范高等专科学校
孝感师范高等专科学校
咸宁师范高等专科学校
武汉金融高等专科学校
湖北商业高等专科学校
湖北财经高等专科学校
湖北公安高等专科学校
江汉大学
沙市职业大学
襄樊职业大学
十堰职业大学
鄂州职业大学
荆门职业大学
武汉商业服务学院

湖南省 27 所

武陵高等专科学校
常德高等专科学校
湖南计算机专科学校
湘潭机电高等专科学校
长沙工业高等专科学校
湖南城建高等专科学校
湖南建材高等专科学校
湖南轻工业高等专科学校
邵阳高等专科学校
湖南纺织高等专科学校
湖南医学高等专科学校
郴州医学高等专科学校
岳阳师范高等专科学校

郴州师范高等专科学校
衡阳师范高等专科学校
邵阳师范高等专科学校
怀化师范高等专科学校
常德师范高等专科学校
益阳师范高等专科学校
零陵师范高等专科学校
娄底师范高等专科学校
湖南财经高等专科学校
湖南税务高等专科学校
湖南公安高等专科学校
长沙大学
岳阳大学
湖南女子职业大学

广东省 16 所

*韶关大学
西江大学
嘉应大学
广州航海高等专科学校
广东石油化工高等专科学校
东莞理工学院
湛江农业专科学校
惠阳师范专科学校
广州师范专科学校
广州金融高等专科学校
广东公安高等专科学校
深圳高等职业技术学院
广州大学
中山学院
民办南华工商学院
私立华联学院

广西壮族自治区 14 所

桂林航天工业高等专科学校
梧州师范高等专科学校
南宁师范高等专科学校
河池师范高等专科学校
玉林师范高等专科学校
右江民族师范高等专科学校
柳州师范高等专科学校
钦州师范高等专科学校
*桂林旅游高等专科学校
广西商业高等专科学校
广西财政高等专科学校
广西体育高等专科学校
南宁职业大学
邕江大学

海南省 1 所

琼州大学

四川省 27 所

自贡高等专科学校
成都电子机械高等专科学校
重庆建筑高等专科学校
重庆钢铁高等专科学校
四川烹饪高等专科学校
成都纺织高等专科学校
重庆石油高等专科学校
重庆电力高等专科学校
西昌农业高等专科学校
绵阳经济技术高等专科学校
绵阳师范高等专科学校
内江师范高等专科学校
宜宾师范高等专科学校
重庆师范高等专科学校
达县师范高等专科学校
西昌师范高等专科学校
阿坝师范高等专科学校
涪陵师范高等专科学校
成都师范高等专科学校
乐山师范高等专科学校
自贡师范高等专科学校
康定民族师范高等专科学校
四川商业高等专科学校
成都大学
攀枝花大学
凉山大学
民办四川天一学院

贵州省 13 所

黔南民族医学高等专科学校
遵义师范高等专科学校
铜仁师范高等专科学校
黔西南民族师范高等专科学校
安顺师范高等专科学校
毕节师范高等专科学校
黔东南民族师范高等专科学校
黔南民族师范高等专科学校
贵阳师范高等专科学校
六盘水师范高等专科学校
贵州商业高等专科学校
贵州艺术高等专科学校
贵阳金筑大学

云南省 14 所

昆明冶金高等专科学校
昆明师范高等专科学校
昭通师范高等专科学校
曲靖师范高等专科学校
思茅师范高等专科学校
保山师范高等专科学校
蒙自师范高等专科学校
大理师范高等专科学校
玉溪师范高等专科学校
楚雄师范高等专科学校
文山师范高等专科学校
云南政法高等专科学校
云南公安高等专科学校
昆明大学

陕西省13所

西安联合大学

西安航空技术高等专科学校

西安电力高等专科学校

陕西医学高等专科学校

咸阳师范专科学校

渭南师范专科学校

榆林高等专科学校

商洛师范专科学校

安康师范专科学校

陕西商业专科学校

陕西财政专科学校

西安培华女子大学

*西安基础大学

甘肃省7所

兰州工业高等专科学校

兰州师范高等专科学校

庆阳师范高等专科学校

天水师范高等专科学校

张掖师范高等专科学校

合作民族师范高等专科学校

*甘肃联合大学

青海省2所

青海师范高等专科学校

青海民族师范高等专科学校

宁夏回族自治区2所

固原师范高等专科学校

银川师范高等专科学校

新疆维吾尔自治区5所

新疆工业高等专科学校

*新疆维吾尔医学专科学校

和田师范专科学校

昌吉师范专科学校

乌鲁木齐职业大学

三、分校大专班办学点（共56个）

学校名称	主管部门	所在省市
北京理工大学分校	北京市	北京市
北方交通大学分校	北京市	北京市
北京科技大学分校	北京市	北京市
中华女子学院	中华全国妇女联合会	北京市
西南交大唐山分校	河北省	河北省
东北大学秦皇岛分校	冶金部	河北省
山西矿院阳泉煤专班	山西省	山西省
蒙文专科学校	内蒙古自治区	内蒙古自治区
呼和浩特教育学院	内蒙古自治区	内蒙古自治区
大连医科大学丹东分校	辽宁省	辽宁省
东北大学辽宁分校	辽宁省	辽宁省
辽宁青年管理干部学院	共青团中央	辽宁省
长春市教育学院	吉林省	吉林省
齐齐哈尔大学黑河分校	黑龙江省	黑龙江省
黑龙江政法管理干部学院	黑龙江省	黑龙江省
上海青年管理干部学院	共青团中央	上海市
无锡教育学院	江苏省	江苏省
苏州教育学院	江苏省	江苏省
连云港教育学院	江苏省	江苏省
南京人口管理干部学院	国家计划生育委员会	江苏省
浙江工业大学浙西分校	浙江省	浙江省

安徽经济管理干部学院	安徽省	安徽省
安徽大学交通分校	安徽省	安徽省
蚌埠教育学院	安徽省	安徽省
合肥教育学院	安徽省	安徽省
北京邮电大学福州分校	福建省	福建省
福建师范大学福清分校	福建省	福建省
江西医学院上饶分院	江西省	江西省
江西医学院抚州分院	江西省	江西省
江西财经学院九江分院	江西省	江西省
烟台农业学校	农业部	山东省
青岛远洋船员学院	交通部	山东省
山东煤炭教育学院	煤炭工业部	山东省
焦作教育学院	河南省	河南省
河南教育学院	河南省	河南省
濮阳教育学院	河南省	河南省
郑州教育学院	河南省	河南省
华中理工大学汉口分校	湖北省	湖北省
咸宁教育学院	湖北省	湖北省
武汉教育学院	湖北省	湖北省
湖北省计划管理干部学院	湖北省	湖北省
株洲教师进修学院	湖南省	湖南省
湖南农业大学衡阳分院	湖南省	湖南省
湖南大学衡阳分校	湖南省	湖南省
深圳艺术学校	文化部	广东省
桂林地区教育学院	广西壮族自治区	广西壮族自治区
广西大学梧州分校	广西壮族自治区	广西壮族自治区
广西农学院林学分院	广西壮族自治区	广西壮族自治区
广西农垦职工大学	广西壮族自治区	广西壮族自治区
广西水电学校	广西壮族自治区	广西壮族自治区
川北教育学院	四川省	四川省
重庆教育学院	四川省	四川省
四川公安管理干部学院	公安部	四川省
甘肃中医学院甘南藏医班	甘肃省	甘肃省
伊犁州教育学院	新疆维吾尔自治区	新疆维吾尔自治区
中国人民公安大学新疆警校大专班	公安部	新疆维吾尔自治区

1995年度～1996年度全国普通高等学校本科专业备案名单

一、增设专业

经济学（020101）：南京经济学院、湖南师范大学、云南财贸学院

统计学（020103）：河北经贸大学

货币银行学（020105）：北京大学、沈阳农业大学、江苏理工大学、南京经济学院、山东财政学院、武汉大学、西南民族学院

国际经济（020106）：中国农业大学、天津财经学院、沈阳航空工业学院、仰恩大学、华东交通大学、郑州大学

贸易经济（020109）：南开大学、郑州轻工业学院、河南大学、中国地质大学、武汉水利电力大学、湘潭矿业学院、佛山科学技术学院、四川师范大学、四川三峡学院、云南农业大学、西北农业大学、甘肃农业大学、新疆农业大学

运输经济（020110）：河南财经学院

国际金融（020112）：东北大学、东北财经大学、黑龙江大学、上海对外贸易学院、安徽财贸学院、仰恩大学、江西财经学院、青岛海洋大学、湖北大学、中南财经大学、佛山科学技术学院、广东外语外经贸大学

国际贸易（020113）：北京理工大学、延边大学、华东工业大学、上海水产大学、中国药科大学、扬州大学、华东冶金学院、武汉冶金科技大学、武汉交通科技大学、中南财经大学、湖南商学院、西安建筑科技大学

税务（020114）：华北电力大学、集美大学、兰州商学院

保险（020116）：东北财经大学、江西财经学院、新疆财经学院

投资经济（020117）：华东工业大学、上海对外贸易学院、南京航空航天大学、山东工程学院、暨南大学

工商行政管理（020118）：包头钢铁学院、大连轻工业学院、湖南商学院、甘肃政法学院

土地管理（020119）：沈阳农业大学、湖南师范大学、重庆工业管理学院

企业管理（020201）：河北地质学院、黑龙江商学院、株洲工学院、西北民族学院

国际企业管理（020202）：天津大学、河北机电学院、上海财经大学、集美大学、仰恩大学、江西财经学院、青岛海洋大学、石油大学、山东工业大学、青岛大学、郑州大学、重庆建筑大学、新疆财经学院

会计学（020203）：北京化工大学、沈阳黄金学院、辽宁师范大学、佳木斯大学、杭州大学、集美大学、仰恩大学、南方冶金学院、郑州纺织工学院、武汉化工学院、桂林工学院、重庆交通学院、西安矿业学院

理财学（020204）：河北经贸大学、浙江工业大学、江西财经学院、山东财政学院、仲恺农业技术学院、云南财贸学院、兰州商学院

市场营销（020205）：北京化工大学、北京服装学院、南开大学、河北地质学院、沈阳药科大学、东北财经大学、上海财经大学、浙江工业大学、仰恩大学、石油大学、武汉测绘科技大学、华中农业大学、中南财经大学、成都理工学院、西南民族学院、云南财贸学院、西北工业大学

经济信息管理（020206）：北京广播学院、河北轻化工学院、仰恩大学、湘潭大学、贵

州民族学院、新疆农业大学

房地产经营管理（020208）：东北财经大学、安徽财贸学院、江西财经学院、中南财经大学、中山大学、新疆财经学院

旅游管理（020209）：北京商学院、辽宁师范大学、同济大学、南京农业大学、苏州铁道师范学院、南昌职业技术师范学院、河南财经学院、湘潭大学、湖南师范大学、重庆工业管理学院、重庆商学院

物流管理（020210）：大连铁道学院

商品学（020212）：河南大学

法学（030101）：清华大学、无锡轻工大学、南京铁道医学院、徐州师范学院、浙江师范大学、江西师范大学、武汉水利电力大学、湖南师范大学、西北第二民族学院

经济法（030102）：北京科技大学、天津纺织工学院、阜新矿业学院、吉林工学院、江西财经学院、山东师范大学、河南大学、武汉汽车工业大学、武汉城市建设学院、中南民族学院、中南工业大学、华南理工大学、西南交通大学、西南工学院、重庆建筑大学、西安建筑科技大学、西北师范大学

国际法（030103）：外交学院

国际经济法（030104）：中央民族大学、河北经贸大学、安徽财贸学院、青岛海洋大学、中南财经大学、广东外语外经贸大学、海南大学、云南大学

社会学（030201）：山西大学、南京农业大学、成都理工学院、兰州大学

社会工作（030203＊）：华东理工大学

政治学（030301）：中国人民大学、南昌大学

行政管理学（030303）：北京科技大学、国际关系学院、山西大学、山东大学、湘潭大学、重庆建筑大学

外交学（030304＊）：北京大学

侦察（030406）：上海公安高等专科学校

安全防范（030407）：中国人民警官大学

幼儿教育（040102）：山西大学、山西师范大学

特殊教育（040103）：陕西师范大学

教育管理（040104）：南京师范大学、聊城师范学院

教育技术学（040105）：天津职业技术师范学院、河南师范大学、新疆师范大学

思想政治教育（040201）：河海大学、韩山师范学院

体育教育（040301）：山西矿业学院、杭州师范学院、宁波师范学院、华东交通大学、渝州大学、西北民族学院

运动训练（040302＊）：哈尔滨师范大学

体育保健康复（040305＊）：广州体育学院

武术（040306＊）：集美大学

农艺教育（040401W）：山西农业大学、佛山科学技术学院

园艺教育（040402W）：河北农业技术师范学院

应用电子技术教育（040416W）：湘潭师范学院

化工工艺教育（040423W）：信阳师范学院

旅游管理与服务教育（040429W）：浙江师范大学

财务会计教育（040432W）：安徽农业技术师范学院、信阳师范学院

应用生物教育（040436W）：安徽农业技术师范学院

汉语言文学（050101）：长春大学、西北第二民族学院

汉语言（050103）：北京语言学院、大连外国语学院

汉语言文学教育（050113）：佳木斯大学、济南联合大学、湖北三峡学院、韩山师范学院、佛山科学技术学院

英语（050201）：北京化工大学、中国农业大学、天津商学院、华北工学院、沈阳工业大学、辽宁师范大学、鞍山师范学院、哈尔滨理工大学、上海水产大学、上海财经大学、南京航空航天大学、中国矿业大学、无锡轻工大学、扬州大学、淮南矿业学院、福建师范大学、仰恩大学、山东矿业学院、石油大学、郑州粮食学院、武汉交通科技大学、重庆交通学院

西班牙语（050205）：北京语言学院

日语（050207）：东北电力学院、东北重型机械学院、青岛海洋大学、西南交通大学

朝鲜语（050209）：上海外国语大学、山东大学

英语教育（050238）：大连大学、牡丹江师范学院、宁波师范学院、温州师范学院、韩山师范学院、佛山科学技术学院

日语教育（050240）：沈阳师范学院、西南师范大学

新闻学（050301）：中国青年政治学院、苏州大学、中南民族学院、湖南大学

广播电视新闻（050302）：河南大学、四川联合大学

广告学（050304）：中国人民大学、河北大学、河北师范学院、杭州大学、宁波大学、兰州大学

音乐学（050401）：山东艺术学院

演唱（050404）：西北师范大学

美术学（050415）：广州美术学院、四川师范大学

环境艺术设计（050416）：吉林职业师范学院、中国矿业大学、苏州丝绸工学院、山东艺术学院、山东工艺美术学院、西安建筑科技大学

工艺美术学（050417）：赣南师范学院、四川联合大学

服装艺术设计（050419）：山东工艺美术学院、新疆工学院

装潢艺术设计（050421）：杭州商学院、福州大学、江西师范大学、山东师范大学、海南大学、成都理工学院、西北师范大学

装饰艺术设计（050422）：河北师范大学、山东艺术学院、西南交通大学

表演（050424）：深圳大学

舞蹈教育（050434）：陕西师范大学

广播电视文学（050443＊）：上海师范大学

音乐教育（050445）：河北大学、长春师范学院、齐齐哈尔大学、苏州铁道师范学院、浙江师范大学、青岛大学、吉首大学、深圳大学

美术教育（050446）：沈阳师范学院、杭州师范学院、温州师范学院、河南师范大学、广州师范学院

影视节目制作（050449W）：北京电影学院

历史学教育（060108）：锦州师范学院、沈阳大学、大连大学、宁波师范学院、漳州师范学院、赣南师范学院

应用数学（070102）：南京大学、河海大学、宁夏大学

计算数学及其应用软件（070103）：河北大学、鞍山钢铁学院、南方冶金学院、山东矿山学院、西安理工大学

统计与概率（070104）：华北电力大学

数学教育（070108）：济南联合大学、湖北三峡学院、韩山师范学院、佛山科学技术学院

物理学教育（070204）：佳木斯大学、牡丹江师范学院、湖北三峡学院、韩山师范学院、佛山科学技术学院

化学（070301）：中央民族大学

应用化学（070302）：长春地质学院、山东建筑材料工业学院、宁夏大学

化学教育（070303）：湖北三峡学院、韩山师范学院

微生物学（070403）：西南农业大学

生物技术（070404＊）：内蒙古农牧学院、哈尔滨工业大学、哈尔滨师范大学、苏州医学院、杭州大学、南昌大学

生物学教育（070405）：沈阳大学、温州师范学院

地质学（070601）：南京大学

理论与应用力学（071101）：阜新矿业学院

电子学与信息系统（071202）：昆明理工大学

材料物理（071301）：青岛化工学院

材料化学（071302）：青岛化工学院

环境学（071401）：复旦大学

心理学（071501）：哈尔滨师范大学

科技信息（071602）：兰州大学

水文地质与工程地质（080103）：福州大学

地质工程（080112W）：石油大学

钢铁冶金（080201）：首钢工学院

有色金属冶金（080202）：青海大学

金属压力加工（080205）：首钢工学院

无机非金属材料（080206）：大连轻工业学院、华东冶金学院、福州大学、华东地质学院、景德镇陶瓷学院、焦作工学院、成都理工学院、昆明理工大学、西北轻工业学院

高分子材料与工程（080208）：郑州工学院

复合材料（080210）：华北工学院、沈阳化工学院、南京航空航天大学

腐蚀与防护（080211）：沈阳工业学院

材料科学与工程（080212＊）：郑州工学院

机械制造工艺与设备（080301）：首钢工学院

塑性成形工艺及设备（080304）：重庆工业管理学院

机械设计及制造（080306）：首钢工学院

汽车与拖拉机（080309）：浙江农业大学

流体传动及控制（080312）：首钢工学院

机械电子工程（080315）：北京工业大学（五年）、山西矿业学院、东北电力学院、南京化工大学、淮南矿业学院、厦门大学、山东建筑工程学院、郑州轻工业学院、江汉石油学院、武汉汽车工业大学、湖北工学院、湖南大学、长沙交通学院、佛山科学技术学院、西北工业大学、西安公路交通大学

工业设计（080316）：北京工业大学、河北理工学院、太原工业大学、浙江丝绸工学院、南昌大学、景德镇陶瓷学院、山东工业大学、西安电子科技大学

设备工程与管理（080317）：北京物资学院、河北农业大学、中国地质大学、葛洲坝水电工程学院

检测技术及仪器仪表（080403）：首钢工学院、华北电力大学、包头钢铁学院、沈阳化工学院、武汉测绘科技大学、西安工业学院

热能工程（080501）：集美大学

制冷与低温技术（080502）：鞍山钢铁学院、洛阳工学院

电机电器及其控制（080601）：上海铁道大学、无锡轻工大学

电力系统及其自动化（080602）：西安理工大学、西安石油学院

工业自动化（080604）：首钢工学院、杭州电子工业学院、青岛建筑工程学院、山东工程学院、佛山科学技术学院、桂林电子工业学院

电气技术（080605）：山西矿业学院、沈阳化工学院、吉林建筑工程学院、长春师范学院、上海铁道大学、南京理工大学、扬州大学、郑州大学、武汉城市建设学院、湖北三峡学院、华南热带作物学院

电子工程（080703）：内蒙古工业大学

应用电子技术（080704）：洛阳工学院、中国地质大学、四川师范大学、重庆工业管理学院、四川三峡学院、西安地质学院

信息工程（080705）：北京化工大学、北京广播学院、中国人民武装警察部队学院、大连理工大学、长春地质学院、吉林工学院、中南工业大学、桂林电子工业学院、云南工业大学、西安矿业学院、新疆大学

光电子技术（080708）：长春地质学院、东北重型机械学院

计算机及应用（080709）：河北地质学院、河北理工学院、河北经贸大学、太原重型机械学院、大连轻工业学院、鞍山师范学院、沈阳大学、黑龙江矿业学院、上海水产大学、扬州大学、福建林学院、南昌航空工业学院、青岛化工学院、武汉化工学院、湖北师范学院、湖北民族学院、湖北汽车工业学院、长沙电力学院、株洲工学院、重庆交通学院、四川工业学院、西北民族学院

计算机软件（080710）：中央民族大学、华北工学院、太原工业大学、沈阳化工学院、东北重型机械学院、杭州大学、湖南大学、云南工业大学

自动控制（080711）：太原重型机械学院

通信工程（080712）：沈阳工业大学、南京理工大学、江西师范大学、山东大学、郑州大学、中国地质大学、武汉交通科技大学、武汉工业大学、中南民族学院、新疆大学

生物医学工程（080713）：东北大学

计算机科学教育（080714）：锦州师范学院、齐齐哈尔大学、徐州师范学院、杭州师范学院、安庆师范学院、新疆师范大学

建筑学（080801）：湘潭矿业学院、昆明理工大学、甘肃工业大学

城市规划（080802）：黑龙江矿业学院、杭州大学、郑州工学院、中南工业大学、桂林工学院

建筑工程（080803）：首钢工学院、长春地质学院、长春师范学院、华东工业大学、上海大学、南昌职业技术师范学院、焦作工学院、洛阳工学院、武汉冶金科技大学、西安工业学院

城镇建设（080804）：南京农业大学、浙江农业大学、山东建筑材料工业学院、青岛建筑工程学院、新疆农业大学

交通土建工程（080805）：华东交通大学、青岛建筑工程学院、武汉化工学院、武汉交通科技大学、湖北工学院

城市燃气工程（080807）：鞍山钢铁学院

给水排水工程（080808）：大连水产学院、南京建筑工程学院、浙江工业大学

工业设备安装工程（080809*）：南京建筑工程学院

水利水电动力工程（080903）：四川工业

学院、西北农业大学

测量工程（081002）：河北理工学院、沈阳黄金学院

摄影测量与遥感（081003）：西安地质学院

环境工程（081101）：河北煤炭建筑工程学院、浙江工业大学、武汉城市建设学院

环境规划与管理（081103）：河北轻化工学院、杭州大学

化学工程（081201）：天津轻工业学院、新疆石油学院

化工工艺（081202）：江汉石油学院

高分子化工（081203）：新疆工学院

精细化工（081204）：南方冶金学院、西南民族学院、西北轻工业学院、新疆大学

生物化工(081205)：大连轻工业学院、黑龙江大学、湖北三峡学院、西北轻工业学院

工业分析（081206）：内蒙古工业大学、沈阳工业学院、湖北大学、中南民族学院

化学制药（081209）：太原工业大学

生物制药（081210）：沈阳药科大学

药物制剂（081212）：延边医学院

中药制药（081213）：长春中医学院

食品科学与工程（081307）：山西农业大学、吉林工学院、浙江农业大学、安徽工学院、仲恺农业技术学院

发酵工程（081308）：吉林职业师范学院

包装工程(081309)：武汉测绘科技大学、西南农业大学

农业建筑与环境工程（081402）：云南农业大学

土地规划与利用（081405）：焦作工学院

农产品贮运与加工（081407）：安徽农业大学、湖北民族学院

室内与家具设计(081505)：内蒙古林学院

纺织材料及纺织品设计（081605）：新疆工学院

交通运输(081701)：中国民用航空学院、上海交通大学、中国民用航空飞行学院

交通工程(081703)：中国民用航空学院、华东工业大学、福建林学院、长沙交通学院、云南工业大学

海洋船舶驾驶（081704）：武汉交通科技大学

道路交通事故防治工程（082005）：中国人民警官大学

公共安全图像技术（082009）：中国人民警官大学

管理工程(082201)：北京建筑工程学院、北京中医药大学、首钢工学院、沈阳建筑工程学院、苏州城市建设环境保护学院、中国计量学院、西安公路交通大学、新疆工学院

技术经济（082202）：大庆石油学院、武汉汽车工业大学

管理信息系统(082203)：上海财经大学、华东船舶工业学院、中山大学

工业外贸（082204）：首钢工学院、天津轻工业学院、太原重型机械学院、中南工学院、四川联合大学、西北纺织工学院

工业工程（082207*）：东南大学、浙江工业大学（五年）、南昌大学

宾馆管理（082209W）：复旦大学

观赏园艺（090106）：中国农业大学、河南农业大学

野生植物资源开发与利用（090204）：云南农业大学

风景园林（090302）：华中农业大学

水土保持（090303）：甘肃农业大学

农业环境保护（090305）：西北农业大学

畜牧兽医（090401）：西南农业大学、甘

肃农业大学

畜牧（090402）：佛山科学技术学院

蚕学（090404）：苏州大学

动物营养与饲料加工（090406）：山西农业大学、东北农业大学、无锡轻工大学、郑州粮食学院

兽医（090407）：佛山科学技术学院

动物药学（090409）：吉林农业大学

淡水渔业（090501）：甘肃农业大学

海水养殖（090502）：莱阳农学院

农业推广（090701 *）：福建农业大学

营养与食品卫生（100204）：河北轻化工学院（五年）

临床医学（100301）：淮南矿业学院（五年）、武汉冶金科技大学（五年）、湖北三峡学院（五年）

放射医学（100304）：湖北三峡学院（五年）

医学影像学（100305 *）：河南医科大学（五年）

医学检验（100306 *）：佳木斯大学（五年）、南京铁道医学院（五年）

麻醉学（100308 *）：锦州医学院（五年）、遵义医学院（五年）

中学医(100501)：湖北三峡学院(五年)

中医骨伤科学(100503)：云南中医学院（五年）

针灸学(100506)：云南中医学院(五年)

护理学(100701)：蚌埠医学院(五年)、湖南医科大学(五年)

药学(100801)：昆明医学院、大理医学院

药理学(100804)：沈阳药科大学(五年)

临床药学(100805 *)：咸宁医学院(五年)

卫生事业管理（100901）：咸宁医学院（五年）、遵义医学院（五年）

二、筹建专业

环境经济与资源管理：中国人民大学

国际经济（020106）：外交学院

人力资源管理（020207）：中南民族学院

经济法（030102）：新疆财经学院

汉语言文学（050101）：西安交通大学

英语（050201）：浙江工业大学

装潢艺术设计（050421）：中南民族学院

机械电子工程（080315）：沈阳航空工业学院

信息工程（080705）：中南民族学院

化工工艺（081202）：四川三峡学院

食品科学与工程（081307）：山西大学

三、撤销专业

马克思主义基础（010201）：华南理工大学

国民经济管理（020102）：北京大学

国民经济管理（020102）：青岛海洋大学

审计学（020115）：华东工业大学

房地产经营管理（020208）：北京大学

旅游管理（020209）：北京大学

思想政治教育（040201）：甘肃工业大学

俄语（050202）：云南大学

历史学教育（060108）：杭州大学

微生物学（070403）：杭州大学

生物学教育（070405）：杭州大学

构造地质学（070602）：南京大学

古生物学及地层学（070603）：南京大学

地理学（070701）：云南大学

经济地理学与城乡区域规划（070704）：杭州大学

地理学教育（070706）：杭州大学

热加工工艺及设备（080302）：四川工业学院

铸造（080303）：太原重型机械学院

机械设计及制造（080306）：安徽工学院

精密仪器（080401）：华东工业大学

光学技术与光电仪器（080402）：华东工业大学

电气技术（080605）：太原重型机械学院

电子工程（080703）：锦州师范学院

环境监测（081102）：同济大学

工业分析（081206）：辽宁师范大学

农田水利工程（081404）：西安理工大学

农产品贮运与加工（081407）：浙江农业大学

工程力学（082101）：华东工业大学

系统工程（082205＊）：天津大学

四、调整专业

原农业经济专业改为国际金融（020112）：中南民族学院

原国际经济专业改为国际贸易（020113）：吉林大学

原贸易经济专业改为国际贸易（020113）：西北民族学院

原国民经济管理专业改为房地产经营管理（020208）：华中师范大学

原英语教育专业改为英语（050201）：四川师范大学

原音乐学专业改为演唱（050404）：海南大学

原特种工艺专业改为装饰艺术设计（050422）：天津美术学院

原档案学专业改为信息学（060202）：中南民族学院

原化学教育专业改为化学（070301）：四川师范大学

原化学专业改为应用化学（070302）：中南民族学院

原化学专业改为应用化学（070302）：青海民族学院

原生物学专业改为生物化学（070402）：华中师范大学

原机械设计及制造专业改为汽车与拖拉机（080309）：华东工业大学

原机械制造工艺及设备专业改为机械电子工程（080315）：云南工业大学

原机械制造工艺与设备专业改为工业设计（080316）：太原重型机械学院

原流体机械与流体工程专业改为工业设计（080316）：华东工业大学

原几何量计量测试、力学计量测试专业合并为精密仪器（080401）：中国计量学院

原物理电子技术专业改为应用电子技术（080704）：中南民族学院

原无线电物理学专业改为物理电子技术（080707）：云南大学

原飞行器制导与控制专业改为自动控制（080711）：南京航空航天大学

原检测技术及仪器仪表专业改为自动控制（080711）：西安矿业学院

原总图设计与运输工程专业改为城市规划（080802）：河北煤炭建筑工程学院

原针织工程专业改为服装（081606）：河北轻化工学院

原畜牧、兽医专业合并为畜牧兽医（090401）：西北民族学院

注：以上专业除已注明者外，修业年限均为四年。筹建专业 1996 年暂不招生。

1996年具有学历教育招生资格的成人高等学校名单

国家教委按语：

为深化改革，加强对成人高等教育的宏观管理，保证成人高等学历教育必要的规格和质量，进一步完善社会监督机制，现将1996年具有高等学历教育资格的成人高等学校名单预以公布。全国现有成人高等学校1140所，这次向社会公布的为1067所，另有73所成人高等学校因办学条件远低于国家规定要求，或正在调整中，今年暂停招生。在公布的成人高校名单中，凡办学条件低于国家规定要求的，均在其校名前以“*”符号标出（共67所），表示今年虽允许招生，但须适当控制规模，增加投入，充实改善办学条件。本次公布的名单以地区为顺序，包括广播电视大学、职工（农民）高等学校、管理干部学院、教育（教师进修）学院及独立设置的函授学院。除本次公布的成人高等学校名单及经国家批准具有函授、夜大办学资格的普通高校之外，未经国家教委批准，任何其他机构均不具备成人高等学历教育招生资格。对违纪招生和擅自超计划招生的，国家均不承认学生的学籍，不允许发放毕业证书，并将严肃追究有关责任者的责任。请1996年报考成人高等学校的考生在报名前注意查阅本名单，避免失误。

北京市

*中南海业余大学	中共中央办公厅
中共中央党校职工业余大学	中共中央党校
全国法院干部业余法律大学	最高人民法院
北京成人电子工业学院	电子工业部
华北电业联合职工大学	电力工业部
中国纺织机械工业总公司职工大学	中国纺织总会
中央乐团社会音乐学院	文化部
中国科学院职工科技大学	中国科学院
北京燕山石油化工公司职工大学	中国石油化工总公司
中国记协职工新闻学院	中华全国新闻工作者协会
北京市海淀区职工大学	北京市
北京市东城区职工业余大学	北京市
北京市西城区职工大学	北京市
北京市崇文区职工大学	北京市
北京市宣武区红旗业余大学	北京市
北京市石景山区业余大学	北京市
北京市朝阳区职工大学	北京市
北京市丰台区职工大学	北京市
北京市机械工业局职工大学	北京市
北京市电子仪表工业局职工大学	北京市
北京市化学工业局职工大学	北京市
北京市纺织工业局职工大学	北京市
北内集团总公司职工大学	北京市
北京汽车制造厂职工汽车学院	北京市
首都钢铁公司职工大学	北京市
*北京市医药总公司职工大学	北京市

北京市工艺美术品总公司职工大学	北京市
北京市建设职工大学	北京市
北京市房地产职工大学	北京市
北京市物资贸易职工学院	北京市
北京市职工医学院	北京市
北京市总工会职工大学	北京市
北京市农业机械局职工大学	北京市
北京人民警察学院	北京市
北京市成人教育学院	北京市
北京市实验大学	北京市
北京市西城经济科技大学	北京市
北京汽车工业总公司职工大学	北京市
北京市轻工职工大学	北京市
北京市农工商联合总公司职工大学	北京市
北京市职工体育运动技术学院	北京市
北京商贸职工大学	北京市
首都联合职工大学	北京市
中央检察官管理学院	最高人民检察院
公安部管理干部学院	公安部
民政管理干部学院	民政部
中央政法管理干部学院	司法部
中央财政管理干部学院	财政部
中国人民银行金融管理干部学院	中国人民银行
北京商业管理干部学院	国内贸易部
对外经济贸易管理干部学院	对外经济贸易合作部
北京农垦管理干部学院	农业部
中央农业管理干部学院	农业部
北京林业管理干部学院	林业部
机械工业管理干部学院	机械工业部
电子工业管理干部学院	电子工业部
北京电力管理干部学院	电力工业部
北京冶金管理干部学院	冶金工业部
核工业管理干部学院	中国核工业总公司
化工管理干部学院	化学工业部
北京铁道管理干部学院	铁道部
北京交通管理干部学院	交通部
邮电部管理干部学院	邮电部
中央文化管理干部学院	文化部
国家建材局管理干部学院	国家建筑材料工业局
民航管理干部学院	中国民用航空总局
中国科学院管理干部学院	中国科学院
北京船舶工业管理干部学院	中国船舶工业总公司
石油化工管理干部学院	中国石油化工总公司
北京煤炭管理干部学院	煤炭工业部
中国工运学院	中华全国总工会
中华女子学院	中华全国妇女联合会
北京市农业管理干部学院	北京市
北京市经济管理干部学院	北京市
北京市财贸管理干部学院	北京市
北京市政法管理干部学院	北京市
北京市劳动管理干部学院	北京市
北京教育学院	北京市
北京水利电力函授学院	水利部
中国纺织政治函授学院	中国纺织总会
中央广播电视大学	国家教育委员会
北京市广播电视大学	北京市

天津市

大港石油管理局职工大学　中国石油天然气总公司

天津石油化工公司职工大学　中国石油化工总公司

天津市和平区新华职工大学　天津市

天津市河西区职工大学　天津市

天津市河东区职工大学　天津市

天津市红桥区职工大学　天津市

天津市河北区职工大学　天津市

天津市塘沽区职工大学　天津市

天津市南开区职工大学　天津市

天津市建筑工程业余大学　天津市

天津市职工公用事业学院　天津市

天津市职工经济技术大学　天津市

天津汽车工业总公司职工大学　天津市

天津市一轻局职工大学　天津市

天津市钟表职工大学　天津市

天津市渤海化工职工学院　天津市

天津市职工化工学院　天津市

天津市冶金工业局职工大学　天津市

天津铁厂职工大学　天津市

天津市交通局职工大学　天津市

天津市建筑材料工业管理局职工大学　天津市

天津市职工医学院　天津市

天津市医药职工大学　天津市

天津市职工科学技术大学　天津市

天津职工工业技术学院　天津市

天津市机械工业管理局职工机电学院　天津市

天津市电子仪表局职工大学　天津市

天津市职工纺织学院　天津市

天津市第二轻工业局职工大学　天津市

天津青年职业技术职工学院　天津市

天津市房地产局职工大学　天津市

天津市职工工艺美术学院　天津市

*天津联合业余大学　天津市

天津市职工现代企业管理学院　天津市

天津物资管理干部学院　铁道部

中国旅游管理干部学院　国家旅游局

中国农业银行天津金融管理干部学院　中国农业银行

天津市管理干部学院　天津市

天津市经济管理干部学院　天津市

天津市财贸管理干部学院　天津市

天津市政法管理干部学院　天津市

天津市工会管理干部学院　天津市

天津教育学院　天津市

天津市广播电视大学　天津市

河北省

管道局职工学院　中国石油天然气总公司

华北石油职工大学　中国石油天然气总公司

石油物探职工大学　中国石油天然气总公司

开滦矿务局职工大学　煤炭工业部

河北冶金职工大学	河北省
河北省纺织职工大学	河北省
河北省经贸管理干部学院	河北省
*中国耀华玻璃公司职工大学	河北省
河北地质职工大学	河北省
保定职工大学	河北省
唐山市职工大学	河北省
邯郸市职工大学	河北省
河北省职工医学院	河北省
*张家口市职工大学	河北省
*石家庄市职工业余大学	河北省
中央司法警官教育学院	司法部
农业部乡镇企业管理干部学院	农业部
化工部石家庄管理干部学院	化学工业部
秦皇岛环境管理干部学院	国家环境保护局
轻工业管理干部学院	中国轻工总会
有色金属管理干部学院	中国有色金属工业总公司
河北青年管理干部学院	河北省
河北政法管理干部学院	河北省
华北石油教育学院	中国石油天然气总公司
河北教育学院	河北省
河北邯郸地区教育学院	河北省
河北石家庄地区教育学院	河北省
石家庄市教育学院	河北省
河北省衡水地区教育学院	河北省
廊坊市教育学院	河北省
河北张家口地区教育学院	河北省
河北保定地区教育学院	河北省
河北承德地区教育学院	河北省
河北沧州地区教育学院	河北省
邯郸市教育学院	河北省
秦皇岛教育学院	河北省
河北省广播电视大学	河北省

山西省

山西兵器工业职工大学	中国兵器工业总公司
大同矿务局职工大学	煤炭工业部
山西煤炭职工联合大学	煤炭工业部
太原重型机器厂职工大学	山西省
太原化学工业公司职工大学	山西省
山西机电职工学院	山西省
太原钢铁公司职工钢铁学院	山西省
*华北测绘职工大学	山西省
太原职工大学	山西省
山西职工医学院	山西省
国营大众机械厂职工大学	山西省
*山西省职工二轻学院	山西省
*山西职工文学院	山西省
长治职工大学	山西省
山西省晋中地区职工大学	山西省
山西省水利职工大学	山西省
山西煤炭管理干部学院	煤炭工业部
广播电影电视管理	

干部学院	广播电影电视部
太原经济管理干部学院	山西省
山西经济管理干部学院	山西省
山西政法管理干部学院	山西省
山西青年管理干部学院	山西省
忻州职工大学	山西省
山西省教育学院	山西省
太原市教育学院	山西省
山西省大同市教育学院	山西省
晋城市教育学院	山西省
长治市教育学院	山西省
山西省吕梁地区教育学院	山西省
忻州地区教育学院	山西省
晋中地区教育学院	山西省
*临汾地区教育学院	山西省
雁北地区教育学院	山西省
阳泉市教育学院	山西省
山西省广播电视大学	山西省

内蒙古自治区

国营内蒙古第一机械制造厂职工工学院	中国兵器工业总公司
国营内蒙古第二机械制造总厂职工工学院	中国兵器工业总公司
呼和浩特市职工大学	内蒙古自治区
内蒙古水利职工大学	内蒙古自治区
包头钢铁公司职工大学	内蒙古自治区
包头市职工大学	内蒙古自治区
内蒙古矿业职工大学	内蒙古自治区
内蒙古自治区管理干部学院	内蒙古自治区
呼伦贝尔管理干部学院	内蒙古自治区
内蒙古呼和浩特管理干部学院	内蒙古自治区
内蒙古教育学院	内蒙古自治区
呼和浩特教育学院	内蒙古自治区
包头教育学院	内蒙古自治区
锡林郭勒盟教育学院	内蒙古自治区
乌兰察布盟教育学院	内蒙古自治区
伊克昭盟教育学院	内蒙古自治区
巴彦淖尔盟教育学院	内蒙古自治区
呼伦贝尔盟教育学院	内蒙古自治区
哲里木盟教育学院	内蒙古自治区
赤峰教育学院	内蒙古自治区
内蒙古自治区广播电视大学	内蒙古自治区

辽宁省

辽宁兵器工业职工大学	中国兵器工业总公司
第四十七研究所职工大学	电子工业部
沈阳新光动力机械公司职工大学	中国航天工业总公司
沈阳飞机制造公司职工工学院	中国航空工业总公司
黎明发动机制造公司职工工学院	中国航空工业总公司
*新乐精密机器公司职工大学	中国航天工业总公司
东北电业职工大学	电力工业部
辽宁省金融职工大学	中国人民银行
*国营大连造船厂职工大学	中国船舶工业总公司
大连石油化工公司职工大学	中国石油化工总公司
抚顺石油化工公司职工大学	中国石油化工总公司
锦州石油化工公司职工大学	中国石油化工总公司
沈阳有色金属职工大学	中国有色金属工业总公司

抚顺矿务局职工工学院	煤炭工业部
阜新矿务局职工大学	煤炭工业部
阜新煤炭职工医学专科学校	煤炭工业部
鞍钢职工工学院	冶金工业部
鞍钢职工医学专科学校	冶金工业部
辽河石油勘探局职工大学	中国石油天然气总公司
空军第四职工大学	中国人民解放军后勤部
海军舰船维修第一职工大学	中国人民解放军后勤部
大连职工大学	辽宁省
大连工人大学	辽宁省
辽宁建设职工大学	辽宁省
辽宁省直属机关职工大学	辽宁省
鞍山职工大学	辽宁省
辽宁轻工职工大学	辽宁省
抚顺职工大学	辽宁省
本溪钢铁公司职工工学院	辽宁省
丹东职工大学	辽宁省
锦州职工大学	辽宁省
朝阳职工大学	辽宁省
辽宁职工体育运动技术学院	辽宁省
本溪职工大学	辽宁省
辽宁财贸职工大学	辽宁省
阜新职工大学	辽宁省
辽宁卫生职工医学院	辽宁省
辽宁文化艺术职工大学	辽宁省
辽宁冶金职工大学	辽宁省
铁岭职工大学	辽宁省
沈阳市职工大学	辽宁省
沈阳市联合职工大学	辽宁省
沈阳市二轻家具职工大学	辽宁省
沈阳重型机器厂职工大学	辽宁省
沈阳机械工业职工大学	辽宁省
冶金部鞍山冶金管理干部学院	冶金工业部
辽宁经济管理干部学院	辽宁省
辽宁农业管理干部学院	辽宁省
辽宁青年管理干部学院	辽宁省
辽宁政法管理干部学院	辽宁省
辽宁工运学院	辽宁省
大连管理干部学院	辽宁省
辽宁教育学院	辽宁省
大连市教育学院	辽宁省
辽宁省广播电视大学	辽宁省
沈阳市广播电视大学	辽宁省
大连市广播电视大学	辽宁省

吉林省

吉林电力职工大学	电力工业部
吉林铁路运输职工大学	铁道部
舒兰矿务局职工大学	煤炭工业部
第一汽车制造厂职工大学	机械工业部
长春市职工大学	吉林省
*吉林省建筑职工大学	吉林省
长春市建筑职工业余大学	吉林省
吉林省直属机关业余大学	吉林省
长春市直属机关业余大学	吉林省
长春职工医科大学	吉林省
*吉林市职工大学	吉林省
吉林化学工业公司职工大学	吉林省

吉林职工医科大学	吉林省
长春市成人文理学院	吉林省
*辽源市职工大学	吉林省
通化市职工大学	吉林省
*通化钢铁公司职工大学	吉林省
吉林省油田职工大学	吉林省
延边职工大学	吉林省
白城市职工大学	吉林省
吉林交通职工大学	吉林省
延边黎明农民大学	吉林省
梨树农村成人高等专科学校	吉林省
扶余农村成人高等专科学校	吉林省
*敦化农村成人高等专科学校	吉林省
长春煤炭管理干部学院	煤炭工业部
中国工商银行长春金融管理干部学院	中国工商银行
中国农业银行长春管理干部学院	中国农业银行
吉林省经济管理干部学院	吉林省
吉林卫生管理干部学院	吉林省
吉林省行政管理干部学院	吉林省
吉林省教育学院	吉林省
长春教育学院	吉林省
吉林省广播电视大学	吉林省
长春市广播电视大学	吉林省

黑龙江省

黑龙江金融职工大学	中国工商银行
黑龙江兵器工业职工大学	中国兵器工业总公司
哈尔滨飞机制造公司职工工学院	中国航空工业总公司
东安发动机制造公司职工工学院	中国航空工业总公司
哈尔滨轻型车厂职工大学	机械工业部
大庆职工大学	中国石油天然气总公司
大庆职工医学院	中国石油天然气总公司
黑龙江省电力职工大学	电力工业部
齐齐哈尔铁路运输职工大学	铁道部
黑龙江省邮电职工大学	邮电部
大庆石油化工总厂职工大学	中国石油化工总公司
东北轻合金加工厂工学院	中国有色金属工业总公司
鸡西矿务局职工工学院	煤炭工业部
鹤岗矿务局职工工学院	煤炭工业部
双鸭山矿务局职工工学院	煤炭工业部
鸡西煤炭职工医学院	煤炭工业部
哈尔滨市职工大学	黑龙江省
*哈尔滨化工医药职工大学	黑龙江省
哈尔滨市财贸职工大学	黑龙江省
哈尔滨机电职工大学	黑龙江省
哈尔滨职工轻工学院	黑龙江省
哈尔滨市建设职工大学	黑龙江省
哈尔滨市成人教育学院	黑龙江省
哈尔滨科技职工大学	黑龙江省
哈尔滨市教师体育学院	黑龙江省

哈尔滨市职工医学院　黑龙江省
黑龙江省建设职工大学　黑龙江省
黑龙江省科技职工大学　黑龙江省
黑龙江省直属机关职工大学　黑龙江省
黑龙江省物资职工大学　黑龙江省
齐齐哈尔市建设职工大学　黑龙江省
齐齐哈尔市职工大学　黑龙江省
牡丹江市联合职工大学　黑龙江省
*黑龙江省二轻职工大学　黑龙江省
黑龙江省牡丹江农垦职工大学　黑龙江省
黑龙江纺织职工大学　黑龙江省
佳木斯市联合职工大学　黑龙江省
鸡西市职工大学　黑龙江省
黑龙江省森林工业职工大学　黑龙江省
*伊春市职工大学　黑龙江省
黑龙江省商业职工大学　黑龙江省
黑龙江省社会科学院职工大学　黑龙江省
黑龙江省体育运动技术学院　黑龙江省
黑龙江省经济管理干部学院　黑龙江省
黑龙江省农垦管理干部学院　黑龙江省
黑龙江省林业管理干部学院　黑龙江省
黑龙江省政法管理干部学院　黑龙江省
黑龙江省森林工业管理干部学院　黑龙江省
哈尔滨市经济管理干部学院　黑龙江省
齐齐哈尔铁路教育学院　铁道部
黑龙江省教育学院　黑龙江省
齐齐哈尔市教育学院　黑龙江省
哈尔滨市教育学院　黑龙江省
黑龙江省绥化地区教育学院　黑龙江省
牡丹江市教育学院　黑龙江省
佳木斯市教育学院　黑龙江省
松花江地区教育学院　黑龙江省
黑龙江省黑河地区教育学院　黑龙江省
黑龙江省林业教育学院　黑龙江省
大兴安岭地区教育学院　黑龙江省
黑龙江省广播电视大学　黑龙江省
哈尔滨市广播电视大学　黑龙江省

上海市

上海航天职工大学　中国航天工业总公司
国营第五七零三厂职工大学　中国航空工业总公司
上海电业职工大学　电力工业部
宝钢职工大学　冶金工业部
上海海运职工大学　交通部
上海市邮电职工大学　邮电部
高桥石油化工职工大学　中国石油化工总公司
上海石油化工总厂职工大学　中国石油化工总公司
上海第二工业大学　上海市
上海市黄浦区业余大学　上海市
*上海市南市区业余大学　上海市
上海市卢湾区业余大学　上海市
上海市徐汇区业余大学　上海市

上海市长宁区业余大学	上海市
上海市静安区业余大学	上海市
上海市普陀区业余大学	上海市
上海市闸北区业余大学	上海市
上海市虹口区业余大学	上海市
上海市杨浦区业余大学	上海市
上海市宝山区业余大学	上海市
上海纺织工业职工大学	上海市
上海冶金联合职工大学	上海市
上海市轻工业职工大学	上海市
*上海市化学工业职工大学	上海市
上海市交通运输局职工大学	上海市
上海机电工业职工大学	上海市
梅山职工大学	上海市
上海市粮食局职工大学	上海市
上海市新闻出版局职工大学	上海市
上海海港职工大学	上海市
上海市仪表电子工业职工大学	上海市
上海医药职工大学	上海市
上海对外贸易职工大学	上海市
上海市第一商业局职工大学	上海市
上海财政税务职工大学	上海市
上海汽车拖拉机联营公司职工大学	上海市
上海市第二轻工业局职工大学	上海市
上海职工医学院	上海市
上海职工体育运动技术学院	上海市
上海工商学院	上海市
上海市建设职工大学	上海市
上海市供销职工大学	上海市
上海科技职工大学	上海市
上海金融职工大学	上海市
*上海市财贸管理干部学院	上海市
上海市政法管理干部学院	上海市
上海市经济管理干部学院	上海市
上海市工会管理干部学院	上海市
上海青年管理干部学院	上海市
上海教育学院	上海市
上海市黄浦区教育学院	上海市
上海市南市区教育学院	上海市
上海市普陀区教育学院	上海市
上海市闸北区教育学院	上海市
上海市杨浦区教育学院	上海市
上海第二教育学院	上海市
上海市广播电视大学	上海市

江苏省

江苏电力职工大学	电力工业部
常州水电机械制造职工大学	水利部
金陵石油化工公司职工大学	中国石油化工总公司
空军第一职工大学	中国人民解放军后勤部
铁道部工业职工大学	铁道部
江苏冶金职工大学	江苏省
江苏省卫生系统职工医科大学	江苏省
江苏对外贸易职工大学	江苏省
南京电子工业职工大学	江苏省

南京联合职工大学	江苏省
南京市机械工业职工大学	江苏省
南京市职工大学	江苏省
*南京化学工业(集团)公司职工大学	江苏省
无锡市职工大学	江苏省
无锡市纺织工业职工大学	江苏省
无锡市城建职工大学	江苏省
江阴市职工大学	江苏省
常州市职工大学	江苏省
常州市轻工业职工大学	江苏省
常州市机械冶金职工大学	江苏省
常州市电子工业职工大学	江苏省
苏州市职工大学	江苏省
苏州市机械工业局职工大学	江苏省
苏州市轻工业局职工大学	江苏省
苏州市丝绸职工大学	江苏省
苏州市建工局职工大学	江苏省
苏州市职工业余大学	江苏省
南通市职工大学	江苏省
南通市纺织工业职工大学	江苏省
南通市工人业余大学	江苏省
连云港市机械工业局职工大学	江苏省
江苏省农垦职工大学	江苏省
淮阴市机械工业职工大学	江苏省
扬州市职工大学	江苏省
泰州市职工大学	江苏省
江苏省省级机关干部业余大学	江苏省
*南京市业余文科大学	江苏省
江南社会学院	国家安全部
南京航天管理干部学院	中国航天工业总公司
南京人口管理干部学院	国家计划生育委员会
江苏商业管理干部学院	江苏省
徐州经济管理干部学院	江苏省
江苏经济管理干部学院	江苏省
江苏省青年管理干部学院	江苏省
南京金陵旅馆管理干部学院	江苏省
江苏教育学院	江苏省
无锡教育学院	江苏省
徐州教育学院	江苏省
常州教育学院	江苏省
苏州教育学院	江苏省
南通教育学院	江苏省
连云港教育学院	江苏省
淮阴教育学院	江苏省
盐城教育学院	江苏省
扬州教育学院	江苏省
江苏省广播电视大学	江苏省
南京市广播电视大学	江苏省

浙江省

浙江省电力职工大学	电力工业部
富春江水电职工大学	电力工业部
浙江省邮电职工大学	邮电部
杭州机械工业局职工大学	浙江省
*杭州市化工系统职工大学	浙江省

*杭州市轻工职工大学	浙江省
*杭州市纺织工业局职工大学	浙江省
*杭州市丝绸工业公司职工大学	浙江省
*浙江育才职工大学	浙江省
杭州钢铁厂职工大学	浙江省
*西湖电子集团公司职工大学	浙江省
浙江机械工业宁波职工大学	浙江省
衢州化学工业公司职工大学	浙江省
*浙江省省级机关职工业余大学	浙江省
*杭州市工人业余大学	浙江省
*杭州市业余科技大学	浙江省
*宁波市职工业余大学	浙江省
*温州市工人业余大学	浙江省
*温州市业余科技大学	浙江省
浙江省供销合作社联合社职工学院	浙江省
浙江经济管理职工大学	浙江省
*浙江省体育运动技术学院	浙江省
中国工商银行杭州金融管理干部学院	中国工商银行
浙江省政法管理干部学院	浙江省
浙江教育学院	浙江省
杭州教育学院	浙江省
宁波教育学院	浙江省
温州教育学院	浙江省
金华教育学院	浙江省
浙江嘉兴教育学院	浙江省
浙江省广播电视大学	浙江省
宁波市广播电视大学	浙江省

安徽省

淮北矿务局职工大学	煤炭工业部
淮南矿务局职工大学	煤炭工业部
安徽电力职工大学	电力工业部
安徽省地质职工大学	地质矿产部
安庆石油化工总厂职工大学	中国石油化工总公司
铜陵有色金属公司职工大学	中国有色金属工业总公司
淮南市职工大学	安徽省
马鞍山钢铁公司职工大学	安徽省
蚌埠市职工大学	安徽省
合肥职工科技大学	安徽省
合肥市职工大学	安徽省
安徽商业职工大学	安徽省
安徽水利职工大学	安徽省
安徽省直机关业余大学	安徽省
蚌埠市机械职工大学	安徽省
安徽经济管理干部学院	安徽省
合肥农村经济管理干部学院	安徽省
安徽教育学院	安徽省
合肥教育学院	安徽省
芜湖教育学院	安徽省
蚌埠教育学院	安徽省
阜阳教育学院	安徽省
淮南教育学院	安徽省
宿县地区教育学院	安徽省
淮北教育学院	安徽省
安徽宣州教育学院	安徽省
安徽省广播电视大学	安徽省

福建省

福建工人业余工学院	福建省
福建省直属机关业余大学	福建省
*福州业余大学	福建省
*福州市工人业余大学	福建省
厦门工人业余大学	福建省
*福建省漳州业余大学	福建省
福建省三明化工总厂职工业余大学	福建省
*三明业余大学	福建省
*南平业余大学	福建省
福建金融管理干部学院	中国人民银行
福建经济管理干部学院	福建省
福建财会管理干部学院	福建省
福建政法管理干部学院	福建省
福建教育学院	福建省
漳州教育学院	福建省
福州教育学院	福建省
厦门教育学院	福建省
泉州教育学院	福建省
福建省广播电视大学	福建省
厦门市广播电视大学	福建省

江西省

江西金融职工大学	中国人民银行
南昌飞机制造公司职工工学院	中国航空工业总公司
昌河飞机制造厂职工工学院	中国航空工业总公司
萍乡煤矿职工大学	煤炭工业部
江西新余钢铁总厂职工大学	江西省
南昌钢铁厂职工大学	江西省
江西省国防工业职工大学	江西省
江西省纺织工业职工大学	江西省
江西省机械职工大学	江西省
景德镇陶瓷职工大学	江西省
宜春市职工业余大学	江西省
南昌市工人业余大学	江西省
南昌市业余大学	江西省
吉安地区职工大学	江西省
江西财经管理干部学院	财政部
江西行政管理干部学院	江西省
江西经济管理干部学院	江西省
江西教育学院	江西省
南昌教育学院	江西省
吉安教育学院	江西省
九江教育学院	江西省
赣南教育学院	江西省
江西省广播电视大学	江西省

山东省

山东兵器工业职工大学	中国兵器工业总公司
胜利油田职工大学	中国石油天然气总公司
新汶矿务局职工大学	煤炭工业部
兖州矿区职工大学	煤炭工业部
山东电力职工大学	电力工业部
青岛冶金矿山职工大学	冶金工业部
中国重型汽车集团公司职工大学	机械工业部
青岛远洋船员学院	交通部
齐鲁石油化工公司职工大学	中国石油化工总公司
山东铝业公司职工大学	中国有色金属工业总公司
山东省职工体育运动技术学院	山东省
济南机械职工大学	山东省
山东省水利职工大学	山东省

山东省商业职工大学	山东省
青岛市职工业余大学	山东省
烟台职工大学	山东省
山东省供销职工大学	山东省
济宁市职工大学	山东省
济南市职工大学	山东省
济南市职工科技大学	山东省
淄博市职工大学	山东省
潍坊市职工大学	山东省
山东财政职工大学	山东省
山东外贸职工大学	山东省
山东省工会管理干部学院	山东省
山东省青年管理干部学院	山东省
山东省经济管理干部学院	山东省
山东省司法管理干部学院	山东省
山东省农业管理干部学院	山东省
山东煤矿教育学院	煤炭工业部
胜利油田教育学院	中国石油天然气总公司
山东省教育学院	山东省
济南教育学院	山东省
青岛教育学院	山东省
山东省淄博教育学院	山东省
山东省枣庄教育学院	山东省
烟台教育学院	山东省
潍坊教育学院	山东省
山东省惠民教育学院	山东省
德州教育学院	山东省
山东省聊城教育学院	山东省
泰安教育学院	山东省
山东省济宁教育学院	山东省
山东省临沂教育学院	山东省
山东省菏泽教育学院	山东省
泰山乡镇企业职工大学	山东省
山东省广播电视大学	山东省
青岛市广播电视大学	山东省

河南省

洛阳兵器工业职工大学	中国兵器工业总公司
黄河职工大学	水利部
长城铝业公司职工工学院	中国有色金属工业总公司
洛阳有色金属职工大学	中国有色金属工业总公司
河南石油职工大学	中国石油天然气总公司
郑州煤田职工地质学院	煤炭工业部
郑州矿务局职工大学	煤炭工业部
平顶山煤矿职工大学	煤炭工业部
焦作煤矿职工医学院	煤炭工业部
磨料磨具工业职工大学	机械工业部
郑州电缆厂职工大学	河南省
郑州纺织职工大学	河南省
郑州市职工业余大学	河南省
*河南省建筑职工大学	河南省
河南省化工职工大学	河南省
洛阳市职工科学技术学院	河南省
第一拖拉机制造厂拖拉机学院	河南省
洛阳轴承厂职工大学	河南省
*洛阳矿山机器厂职工大学	河南省
*开封空分设备厂职工大学	河南省
*开封市职工业余大学	河南省
新乡市纺织职工大学	河南省
河南省安阳钢铁公司职工大学	河南省
焦作市职工大学	河南省
河南省漯河市职工大学	河南省

河南卫生职工学院	河南省
洛阳市纺织职工大学	河南省
河南金融管理干部学院	中国人民银行
郑州公安管理干部学院	铁道部
郑州煤炭管理干部学院	煤炭工业部
河南政法管理干部学院	河南省
郑州铁路教育学院	铁道部
河南教育学院	河南省
商丘教育学院	河南省
周口教育学院	河南省
信阳教育学院	河南省
南阳教育学院	河南省
郑州教育学院	河南省
开封教育学院	河南省
洛阳教育学院	河南省
平顶山教育学院	河南省
新乡教育学院	河南省
焦作教育学院	河南省
安阳教育学院	河南省
濮阳教育学院	河南省
鹤壁教育学院	河南省
驻马店教育学院	河南省
许昌教育学院	河南省
河南职业技术教育学院	河南省
河南省广播电视大学	河南省

湖北省

国营江山机械厂职工大学	中国兵器工业总公司
长江葛洲坝工程局职工大学	电力工业部
江汉石油管理局职工大学	中国石油天然气总公司
华中电业联合职工大学	电力工业部
丹江口工程管理局职工大学	水利部
长江职工大学	水利部
第一冶金建设公司职工大学	冶金工业部
武汉冶金安全技术职工大学	冶金工业部
长江轮船总公司职工大学	交通部
荆门炼油厂职工大学	中国石油化工总公司
第二汽车制造厂职工大学	机械工业部
湖北省城乡建设职工大学	湖北省
武汉市机械工业职工大学	湖北省
*武汉钢铁公司职工大学	湖北省
武汉市成人教育学院	湖北省
武汉市职工医学院	湖北省
*武汉市纺织工业职工大学	湖北省
武汉市职工财经学院	湖北省
武汉市职工大学	湖北省
东风轮胎厂职工大学	湖北省
湖北省纺织职工大学	湖北省
*襄阳轴承厂职工大学	湖北省
鄂城钢铁厂职工大学	湖北省
湖北省直属机关业余大学	湖北省
湖北省金融职工大学	湖北省
湖北省地质职工大学	湖北省
湖北国防科技职工大学	湖北省
国家科委武汉科技职工大学	国家科学技术委员会
大冶钢厂职工大学	湖北省
湖北省卫生职工医学院	湖北省
武汉交通管理干部学院	交通部
中国农业银行武汉管理干部学院	中国农业银行
汽车工业管理干部学院	机械工业部
湖北省经济管理干部学院	湖北省
武汉市经济管理干部学院	湖北省

武汉冶金管理干部学院	湖北省
湖北武汉公安管理干部学院	湖北省
湖北省计划管理干部学院	湖北省
湖北教育学院	湖北省
武汉市教育学院	湖北省
十堰教育学院	湖北省
沙市教育学院	湖北省
孝感教育学院	湖北省
湖北省宜昌教育学院	湖北省
鄂西土家族苗族自治州教育学院	湖北省
咸宁教育学院	湖北省
湖北省黄石教育学院	湖北省
襄樊教育学院	湖北省
宜昌市教师进修学院	湖北省
郧阳地区教师进修学院	湖北省
湖北函授大学	湖北省
湖北省广播电视大学	湖北省
武汉市广播电视大学	湖北省

湖南省

空军第二职工大学	中国人民解放军后勤部
湖南省金融职工大学	中国工商银行
湖南兵器工业职工大学	中国兵器工业总公司
南方动力机械公司职工工学院	中国航空工业总公司
衡阳有色冶金职工大学	中国有色金属工业总公司
湖南有色金属职工大学	中国有色金属工业总公司
衡阳工业职工大学	地质矿产部
湖南地质局职工大学	湖南省
湘潭钢铁公司职工大学	湖南省
涟源钢铁总厂职工大学	湖南省
湖南工业职工大学	湖南省
湖南省工艺美术职工大学	湖南省
湖南省二轻厅职工大学	湖南省
湖南省轻工业厅职工大学	湖南省
湖南石化职工大学	湖南省
湖南省电子职工大学	湖南省
长沙市职工大学	湖南省
衡阳市职工大学	湖南省
湘潭市职工大学	湖南省
株洲市职工大学	湖南省
湘潭电机厂职工大学	湖南省
湖南省机械工业厅职工大学	湖南省
湖南职工体育运动技术学院	湖南省
湖南农村金融职工大学	湖南省
湖南纺织职工大学	湖南省
岳阳职工高等专科学校	湖南省
中国保险管理干部学院	中国人民保险公司
湖南省政法管理干部学院	湖南省
湖南经济管理干部学院	湖南省
湖南教育学院	湖南省
长沙市教师进修学院	湖南省
株洲市教师进修学院	湖南省
湘潭市教师进修学院	湖南省
衡阳市教师进修学院	湖南省
郴州地区教师进修学院	湖南省
湘西民族教师进修学院	湖南省
益阳地区教师进修学院	湖南省
湖南省广播电视大学	湖南省

广东省

广州铁路运输职工大学	铁道部

茂名石油工业公司职工大学	中国石油化工总公司
佛山煤田职工地质学院	煤炭工业部
广州市联合职工大学	广东省
广州业余大学	广东省
广州市职工大学	广东省
*湛江市业余大学	广东省
广东省韶钢集团公司职工大学	广东省
广东省国防工业职工大学	广东省
广州市第一职工商学院	广东省
广州市城建职工大学	广东省
广州建筑总公司职工大学	广东省
汕头市业余大学	广东省
汕头市职工业余大学	广东省
韶关市职工大学	广东省
*肇庆工人业余大学	广东省
江门市职工业余大学	广东省
广东二轻职工大学	广东省
广东成人财经学院	广东省
佛山职工大学	广东省
华南文艺成人学院	广东省
广东业余大学	广东省
广东省成人科技大学	广东省
*广东省体育运动学院	广东省
广东社会科技大学	广东省
广东省佛山职工医学院	广东省
海关管理干部学院	海关总署
广东省政法管理干部学院	广东省
广东农工商管理干部学院	广东省
广东省经济管理干部学院	广东省
广东省财贸管理干部学院	广东省
广东省农业管理干部学院	广东省
广东青年管理干部学院	广东省
广东省行政管理干部学院	广东省
广州市经济管理干部学院	广东省
广州金桥管理干部学院	广东省
广东省科技管理干部学院	广东省
广州市财贸管理干部学院	广东省
广州市乡镇企业管理干部学院	广东省
广州市公安管理干部学院	广东省
南方成人经贸学院	广东省
顺德永强成人学院	广东省
南海成人学院	广东省
广东教育学院	广东省
汕头教育学院	广东省
嘉应教育学院	广东省
惠州教育学院	广东省
韶关教育学院	广东省
佛山教育学院	广东省
肇庆教育学院	广东省
湛江教育学院	广东省
珠海教育学院	广东省
江门教育学院	广东省
广东省茂名教育学院	广东省
广州教育学院	广东省
广东省广播电视大学	广东省
广州市广播电视大学	广东省
深圳市广播电视大学	广东省

广西壮族自治区

广西机电职工大学	广西壮族自治区
柳州钢铁厂职工大学	广西壮族自治区
广西建筑职工大学	广西壮族自治区
广西柳州市工业职工大学	广西壮族自治区
广西农垦职工大学	广西壮族自治区
桂林市职工大学	广西壮族自治区
柳州市机电职工大学	广西壮族自治区
广西柳州市职工大学	广西壮族自治区
广西直属机关业余大学	广西壮族自治区

广西壮族自治区经济管理干部学院	广西壮族自治区
广西公安管理干部学院	广西壮族自治区
广西政法管理干部学院	广西壮族自治区
广西壮族自治区卫生管理干部学院	广西壮族自治区
广西教育学院	广西壮族自治区
柳州市教育学院	广西壮族自治区
桂林市教育学院	广西壮族自治区
梧州市教育学院	广西壮族自治区
玉林教育学院	广西壮族自治区
桂林地区教师进修学院	广西壮族自治区
南宁市教育学院	广西壮族自治区
钦州地区教育学院	广西壮族自治区
南宁地区教育学院	广西壮族自治区
广西壮族自治区广播电视大学	广西壮族自治区

海南省

*海口市业余大学	海南省
海南教育学院	海南省
海南省广播电视大学	海南省

四川省

重庆兵器工业职工大学	中国兵器工业总公司
广元职工医学院	电子工业部
成都发动机公司职工大学	中国航空工业总公司
成都飞机工业公司职工工学院	中国航空工业总公司
西南航天职工大学	中国航天工业总公司
中国工程物理研究院职工工学院	中国工程物理研究院
四川核工业职工大学	中国核工业总公司
四川石油管理局职工大学	中国石油天然气总公司
成都电力职工大学	电力工业部
重庆电力职工大学	电力工业部
成都勘测设计院职工大学	电力工业部
第五冶金建设公司职工大学	冶金工业部
攀枝花冶金职工大学	冶金工业部
*重庆市电信局职工大学	邮电部
中国科学院成都分院职工大学	中国科学院
西南铝加工厂职工大学	中国有色金属工业总公司
成都有色地质职工大学	中国有色金属工业总公司
第二重型机器厂职工大学	四川省
四川省东方动力职工大学	四川省
成都电子职工大学	四川省
国营涪江机器厂职工大学	四川省
红光电子管厂职工大学	四川省
四川省建筑职工大学	四川省
四川省机械工业厅职工大学	四川省
四川化工总厂职工大学	四川省
重庆特殊钢厂职工大学	四川省
重庆钢铁公司职工大学	四川省
成都无缝钢管厂职工大学	四川省
重庆城建职工学院	四川省
成都工业职工大学	四川省
重庆市机械工业管理局职工大学	四川省
*重庆化工职工大学	四川省
成都成人教育学院	四川省

重庆纺织工业局职工大学	四川省
重庆市职工大学	四川省
*重庆市北碚区职工业余大学	四川省
重庆市轻工业职工大学	四川省
重庆职工医学院	四川省
*重庆职工会计专科学校	四川省
*重庆社会大学	四川省
重庆商业职工大学	四川省
南充市职工业余大学	四川省
四川省职工运动技术学院	四川省
成都市职工大学	四川省
四川科技职工大学	四川省
成都煤炭管理干部学院	煤炭工业部
成都冶金管理干部学院	冶金工业部
四川卫生管理干部学院	四川省
四川经济管理干部学院	四川省
四川财贸管理干部学院	四川省
四川省公安管理干部学院	四川省
四川政法管理干部学院	四川省
四川农业管理干部学院	四川省
四川省计划生育管理干部学院	四川省
重庆经济管理干部学院	四川省
重庆青年管理干部学院	四川省
四川教育学院	四川省
重庆教育学院	四川省
成都教育学院	四川省
自贡教育学院	四川省
攀枝花教育学院	四川省
泸州教育学院	四川省
涪陵教育学院	四川省
德阳教育学院	四川省
乐山教育学院	四川省
川北教育学院	四川省
南充教育学院	四川省
达县教育学院	四川省
雅安教育学院	四川省
凉山教育学院	四川省
内江教育学院	四川省
渝州教育学院	四川省
四川干部函授学院	四川省
四川省广播电视大学	四川省
重庆市广播电视大学	四川省
成都市广播电视大学	四川省

贵州省

贵州航空工业职工大学	中国航空工业总公司
贵州航天职工大学	中国航天工业总公司
贵州铝厂职工大学	中国有色金属工业总公司
贵州机械工业职工大学	贵州省
○八三基地职工大学	贵州省
贵阳职工大学	贵州省
贵州省农业管理干部学院	贵州省
贵州经济管理干部学院	贵州省
贵州政法管理干部学院	贵州省
贵州公安管理干部学院	贵州省
贵阳市教师进修学院	贵州省
贵州教育学院	贵州省
遵义教育学院	贵州省
毕节教育学院	贵州省
黔南州教育学院	贵州省
黔东南州教育学院	贵州省
贵州省广播电视大学	贵州省

云南省

云南兵器工业职工大学	中国兵器工业总公司
云南电力局职工大学	电力工业部

云南有色金属职工大学	中国有色金属工业总公司
云南省公路局职工大学	云南省
云南省地质矿产局职工大学	云南省
昆明工业联合职工大学	云南省
云南省文化厅职工大学	云南省
个旧市职工业余大学	云南省
昆明钢铁公司职工大学	云南省
云南省经济管理干部学院	云南省
云南教育学院	云南省
云南昭通教育学院	云南省
曲靖教育学院	云南省
德宏教育学院	云南省
丽江教育学院	云南省
临沧教育学院	云南省
云南省广播电视大学	云南省

陕西省

陕西兵器工业职工大学	中国兵器工业总公司
西安航空发动机公司职工工学院	中国航空工业总公司
西安飞机工业公司职工工学院	中国航空工业总公司
六三〇研究所职工工学院	中国航天工业总公司
陕西航空工业职工大学	中国航空工业总公司
宝成通用电子公司职工工学院	中国航空工业总公司
陕西飞机制造公司职工工学院	中国航空工业总公司
陕南航空职工大学	中国航空工业总公司
西北电业职工大学	电力工业部
西安铁路工程职工大学	铁道部
西安铁路运输职工大学	铁道部
国营陕西柴油机厂职工大学	中国船舶工业总公司
陕西煤炭职工大学	煤炭工业部
陕西煤矿职工医科大学	煤炭工业部
陕西电子工业职工大学	陕西省
陕西重型机器厂职工大学	陕西省
西安电力机械制造公司机电学院	陕西省
陕西省建筑工程总公司职工大学	陕西省
*陕西省纺织工业公司职工大学	陕西省
西安石油勘探仪器总厂职工大学	陕西省
*陕西职工体育运动技术学院	陕西省
西安市职工大学	陕西省
*宝鸡市职工大学	陕西省
西安市第一轻工业局职工大学	陕西省
陕西省财贸管理干部学院	陕西省
陕西省经济管理干部学院	陕西省
陕西省政法管理干部学院	陕西省
陕西工运学院	陕西省
陕西教育学院	陕西省
西安教育学院	陕西省
陕西省宝鸡教育学院	陕西省
陕西省铜川教育学院	陕西省
陕西省渭南教育学院	陕西省
陕西省咸阳教育学院	陕西省
陕西青年管理干部学院	陕西省
陕西省广播电视大学	陕西省
西安市广播电视大学	陕西省

甘肃省

银光化学材料厂职工大学	中国兵器工业总公司
兰州航空工业职工大学	中国航空工业总公司
兰州化学工业公司职工大学	中国石油化工总公司
甘肃核工业职工大学	中国核工业总公司
兰州铁路工程职工大学	铁道部
兰州炼油厂职工大学	中国石油化工总公司
金川有色金属公司职工大学	中国有色金属工业总公司
白银有色金属公司职工大学	中国有色金属工业总公司
甘肃省建筑职工工学院	甘肃省
甘肃机械电子职工大学	甘肃省
酒泉钢铁公司职工大学	甘肃省
甘肃省职工财经学院	甘肃省
甘肃煤矿职工大学	甘肃省
甘肃服装职工大学	甘肃省
甘肃省经济管理干部学院	甘肃省
甘肃教育学院	甘肃省
兰州教育学院	甘肃省
定西教育学院	甘肃省
酒泉教育学院	甘肃省
甘肃省广播电视大学	甘肃省

青海省

青海省联合职工大学	青海省
青海教育学院	青海省
青海省广播电视大学	青海省

宁夏回族自治区

宁夏煤炭职工大学	宁夏回族自治区
宁夏职工科技学院	宁夏回族自治区
宁夏重工业职工大学	宁夏回族自治区
宁夏教育学院	宁夏回族自治区
宁夏回族自治区广播电视大学	宁夏回族自治区
宁夏石嘴山职工大学	宁夏回族自治区

新疆维吾尔自治区

乌鲁木齐石油化工总厂职工大学	中国石油化工总公司
*新疆有色金属工业公司职工大学	中国有色金属工业总公司
新疆石油局职工大学	新疆维吾尔自治区
*新疆维吾尔自治区钢铁公司职工大学	新疆维吾尔自治区
新疆纺织工业公司职工大学	新疆维吾尔自治区
新疆维吾尔自治区建筑职工大学	新疆维吾尔自治区
新疆机械电子工业厅职工大学	新疆维吾尔自治区
新疆轻工业厅职工大学	新疆维吾尔自治区
*新疆农业科学院职工大学	新疆维吾尔自治区
昌吉回族自治州职工大学	新疆维吾尔自治区
石河子八一棉纺厂职工大学	新疆生产建设兵团
新疆职工大学	新疆维吾尔自治区
*新疆维吾尔自治区卫生厅职工业余医科大学	新疆维吾尔自治区
新疆经济管理干部学院	新疆维吾尔自治区
新疆公安司法管理干部学院	新疆维吾尔自治区
新疆广播电视师范大学	新疆维吾尔自治区
新疆教育学院	新疆维吾尔自治区
乌鲁木齐教育学院	新疆维吾尔自治区

*喀什教育学院	新疆维吾尔自治区
新疆生产建设兵团教育学院	新疆生产建设兵团
伊犁教育学院	新疆维吾尔自治区
新疆昌吉回族自治州教育学院	新疆维吾尔自治区
新疆维吾尔自治区哈密教育学院	新疆维吾尔自治区
和田地区教育学院	新疆维吾尔自治区
新疆石油教育学院	新疆维吾尔自治区
阿克苏教育学院	新疆生产建设兵团
乌鲁木齐铁路教育学院	铁道部
*新疆生产建设兵团广播电视大学	新疆生产建设兵团
新疆维吾尔自治区广播电视大学	新疆维吾尔自治区

高校“扶贫”工作

随着中国高等学校实行招生收费制度改革的逐步深入，由于全国地区经济发展不平衡，家庭收入差异较大，高等学校生活困难的学生也逐渐增多。如何使这些奋力求知、立志报国的学生不因经济贫困而失去学业，《中国教育改革和发展纲要》及其《实施意见》中都明确规定对这类学生予以救助。1994 年 6 月 10 日，国家教委办公厅又专门发出《关于对委属高校学生实行定向补贴的通知》，提出对生活条件困难的学生实行若干“扶贫”的补助办法，尤其要求对“特困生”采取多项措施予以资助，保证其完成学业。

通过两三年对上述精神的贯彻执行，到 1996 年，在党中央和国务院的支持和各省、自治区、直辖市政府的协助下，并经国家教委、各省（自治区、直辖市）教育部门及全国高等学校的共同努力，已经初步建立起对困难学生的补助制度，并逐步形成对“特困生”实行多元化的“扶贫”资助体系。主要资助形式有：奖学金、贷学金、勤工助学基金、特殊困难补助、学杂费减免等。(1) 奖学金：是一种激励型模式，通过奖金按比例集中，取代平均主义的助学制度，用激励先进办法以调动学生的积极性，为优秀学生(无论来自贫困地区还是富裕地区)提供自我竞争机会和完成学业的一项基本保证。并力求高额度、多层次予以发放；(2) 贷学金：是试点收费改革后发展形成的资助困难学生的主要形式。这是因为国家在发展中经济实力有限，不可能拿出大量资金来全额、无偿地资助困难学生，但又确有一部分学生很难承担全部学费和学习生活用费，贷款助学的方式既符合国家的经济情况，又可解学生燃眉之急。1995 年，国家教委率先在委属院校对贷学金制度实行试点改革。到 1996 年的情况：一是加大了贷款力度，特困生每年贷款 2000 元，困难生每年贷款 1000 元；二是不做平均分配，而是按农村生源比例发放；三是延长了还贷时间，从毕业后 2 年～5 年延长到毕业后 6 年还清；四是减免力度加大，设立定向贷学金，毕业时服从分配，履行合同的学生可以全部免还。目前贷款操作是以学校为主，由于还款机制问题尚未解决，故暂不向全国推广，国家教委正在会同财政部及有关银行研究一种灵活机动、行之有效的贷学金完善制度。(3) 勤工助学基金：是高校招生收费制度改革的一项重要配套措施，兼有“扶贫”和培养素质的双重效益。学校通过各个渠道筹集基金，建立基金管理机构和管理模式，由老师指导经营发展，学生自我管理服务。通过学生勤工俭学，"半工半读"，读中有工，工中有读，获得一定的经济报酬，又能提高学生的实践知识。(4) 特殊困难补助：是根据学生临时发生某种特殊困难，经申请由学校实行专项的补助。

国家实行高校招生收费制度改革后，党中央和国务院一直关心困难学生，连续三年，中央财政共拨出近 4.5 亿元专款，用于资助困难的学生。

各级地方政府根据有关招生收费制度改革的要求，积极采取措施，千方百计为本地(籍、校)困难学生予以帮助，促成其完成学业。江西省 26 所地方高校近 7 万名大学生中，有经济困难的学生达 7000 人，占学生总数 10.6%，其中家庭已丧失供养能力的"特困生"占 5%左右。据此，省政府规定：高校应将招生收费总额的 21%以上资金用于建立奖学金、贷学金、勤工助学等基金，减免困难学生学杂费。两年间，省财政拨出 25 万元专款，省教委每年筹措经费 20 万元，省属各高校通过本校的有关经费定期和不定期困难补助，建立完善奖学金、贷学金制度，组织学生开展勤工助学活动。据统计，全省 26 所高校近两年共计发放困难补助 357 万元。全省近两年共资助困难学生约 34000 人顺利完成学业，无一个学生因家境困难而辍学。重庆市决定：从 1996 年秋季招生期起，凡国家计划统招的新生，其家庭属于本市居民最低生活保障范围者，将一次性资助 2000 元，并将此举形成制度长期坚持下去。1996 学年考取的新生中，该市对应资助对象的资助已经兑现。辽宁省从 1996 年起，在全省实施"寒窗工程"，由省财政筹措 5000 万元作为"工程"基金，设立专项(款)存储；各地也开展"工程"资金的筹措，为家境贫寒的学生给予定向扶助。该省桓仁满族自治县已筹得 30 万元的基金，作为对本地校(籍)困难学生每人由 1000 元～3000 元不等的资助，以使他们在校顺利完成学业。北京市的高校从三年前就已实行招生并轨改革，困难生问题也相继出现，但在招生改革的同时，就注意到将资助困难生的政策同步施行，首都高校一致承诺：决不让一个勤奋好学、求知上进的学生因为经济困难离开大学校门。各校在政府部门的支持下，较早地逐步实施"奖、贷、补、助、免、勤"等项措施，为家境贫寒的学生排除了困难完成学业。上海市政府 1996 年拨专款 1350 万元(从 1993 年以来已拨专款总数为 3510 万元)设立补助困难学生的"扶贫"资金，政府各部门通过自己主管业务给学校优惠政策，学校也多方集资挖潜，对困难学生实行各项补偿措施，四年间，全市各高校共计资助困难学生近 4 万名，约占在校生总数的 27.2%。

1996 年 1 月 22 日，共青团中央、全国学联成立了"中国大学生跨世纪发展基金·济困助学金"，以此来参与"关注特困生 96 济困助学行动"，该项助学金主要通过集纳社会资源，用于扶持高校中生活困难的学生顺利完成学业，并配合全国招生收费制度改革的顺利实施。第一次收到深圳黄金灯饰集团 120 万元的首批捐资，于 1996 年春节发放到北京、天津、辽宁、新疆等 8 个省(自治区、直辖市) 30 所高校的 300 多名"特困生"手中。湖北省英山县有 6 名 1996 年考上大学的学生，但因家庭经济困难，面对录取通知书也愁容满面，县委得知这一情况后，动员县直机关经济收入较好的共青团员交纳一次

“特殊团费”，共收到300多名团员捐献共12000元，确保了这6名新生按时入学。

社会各界也对高校“特困生”伸出援助之手。中国人民建设银行动员全行35万名职工资助高校贫困学生，到1996年4月，共自愿捐献3000万元，建立了“中国建设银行爱心基金”，基金管委会决定，将每年基金的增值部分用于资助全国和各省、自治区、直辖市重点高校中贫困学生，奖励见义勇为行为和在全国贫困或受灾地区建立希望小学。1996年秋季开学时，该基金首次用200万元向全国的86所高校共1400名贫困学生“献爱心”，得到了受益学生的真诚谢意并在这些高校引起很大反响。江西省信丰县城市信用社于1995年建立“奖教助学基金”，基金总额达50万元，每年用利息奖励在教书育人中做出突出贡献的教师，资助本县考取大学的家境贫寒的学生。在1996秋季学年，该基金用4.1万元资助本县考取大学的30名寒门学子入学就读。

国家教委在1996年继续深化招生“并轨”改革的同时，7月1日，国家教委同国家计委、财政部联合制订下发了《关于1996年普通高等院校收取学费有关问题的通知》，提出普通高等院校一般专业学费标准每人每学年最高不超过1200元，经济不发达、居民收入较低的地区可以适当下浮，下浮水平不限；个别经济发达、居民收入较高的地区，收费标准可以适当上调，上调幅度不得超过10%。《通知》要求“认真落实各项减免政策。国家对部分确因经济条件所限，交纳学费有困难的学生，特别是其中的孤残学生、少数民族学生及烈士子女、优抚家庭子女等，实行学费减免政策。其中在校月收入（包括各种奖学金和各种补贴）已低于学校所在地区居民的平均最低生活水准线，学习和生活经济条件特别困难的学生（简称特困生）免收全部学费；对一般困难的学生（简称困难生）可适当减免部分学费。”国家教委党组已报请筹建教育银行来承担这项补助基金的政策性任务。国家教委主管部门还要求学校在资助困难学生时，要兼顾效益与公平的原则，尤其要讲究实际效果。

全国大多数普通高校积极贯彻有关资助困难学生的精神，成立专款基金机构、积极向社会筹措和接纳专项资金，建立健全资助制度等工作，从近几年的资助实践中进一步认识到：在高等学校招生工作激烈竞争、强手如林的形势下，学校只定收费标准，不作奖学金的宣传，并建立起一整套资助发放的制度，就将在众多招生学校中被挤到“冷板凳”上，为此，各校认真进行实际工作。北京大学建立校级和社会各界奖学金共73项，学生最高奖为“五·四”奖章；另外，许多系级和研究室还建立奖励和研究基金。该校对大学生奖学金无论奖励面和奖金总额，都居于全国高校的领先地位。清华大学目前在校生有1万多名，其中每月生活费只有150元的占8%，每月平均生活费不足90元的占2%。到1995年12月止，共设立奖学金100种，全校共颁发奖金总额300多万元，获奖人数约占学生总数的42%；还有802名学生获得该校总额47万元的贷学金。为了确保该校不让一名家境贫寒的学生辍学，1996年，该校重新建立了助学金制度，助学金分为每年的850元和1900元两级（等），有60%的学生可获得资助，同时建立了勤工俭学、困难补助等制度，用于资助困难学生的资金总数达130万元，每位困难学生人均获资助1300元。1996年秋季开学，学校即向经济困难的新生每人发放1000元～3000元的贷学金，使这些新生解除了后顾之忧，安心勤奋攻读。云南大学许多学生来自边疆、民族地区，部分学生家庭生活尚未脱贫，全校6000多名学生中，家庭人均月收入80元以下的“特困生”占学生总数的5％，该校全体教职工众口同声“这些学生考上云南大学不容易，一定要让他们留得住、学习生活不发生困难而学得好，将来成为国家栋梁之才。”因此，学校上下齐心协力采取一系列措施，动员社会各方力量，多渠道筹措资金，每年筹集300万元，设立了各种奖学金、低息和无息贷学金、发放长期和短期学生困难补助、实行部分困难学生学费减免等办法，每年有300多名困难学生可获得低息或无息贷学金，已有1000多名学生通过学校安排勤工俭学，获得了劳动报酬，补助在校的生活费用，至今，全校没有一名经济困难学生失学，全校“特困生”已基本解困。浙江省全省高校同声一词“关怀特困生，不让一个勤奋的学生因经济困难而失学”。全省高校广开门路筹集资金，多管齐下，资助困难学生。主要方式和渠道有：(1) 设立多种形式的奖学金。较早实行招生“并轨”改革试点的浙江大学到1996年已设立20多种奖学金，包括校内和校外两大类，其中校外有竺可桢奖学金、刘丹奖学金、宝钢奖学金等；学校还把学杂费收入的1/3作为优秀学生奖学金，一年评一次，分三个等级，获奖者可达全校学生总数的40％，其中一等奖获奖额度相当于一个学生一年交纳的学杂费和住宿费。(2) 建立贷学金制度。学校每年把国家下达的部分奖、贷学金及拨出的部分学杂费收入捆在一起建立贷学金制度。凡有困难的学生均可申请得到无息贷学金；学校还制订了贷学金的优惠政策：毕业时一次还清者可减免10％；连续三年被评为“三好学生”或受到省级以上表彰包括授予“优秀毕业生”、“优秀共青团员”、“优秀学生干部”者，可减免50％；分配到国家和省确定为贫困县工作的可全部免还。(3) 各校设立勤工助学机构和基金。主要形式是将智力型与劳务型、校内与校外、长期与短期、集中与分散结合起来，广开勤工助学渠道。浙江大学仅在校内图书馆、广播站、校园管理、卫生监督等方面排出200多个学生勤工助学岗位；一些高校还对学生发放绿、白两种勤工助学登记卡，对持“绿卡”的困难学生实行优先安排、优惠付酬。(4) 学校划出部分教育经费，建立学生困难补助基金。对遇有天灾人祸家庭发生特殊困难的“特困生”，给予定期的或临时的补助。此外，有些高校还开展了“结对扶贫”或“身边希望工程”，由教职工及师生自愿捐资向有困难的学生献爱心。中国矿业大学设有“优秀学生奖学金”、“煤炭定向奖学金”、“新生奖学金”等10余种奖学金，总额达215万元，获奖学生比例也由30％提高到50％；为贫困学生提供的无息贷款额度也由原来500元提到最高额度为800元；该校还建立150万元的勤工助学基金，在校内外建起5个勤工助学基地，优先安排困难学生上岗；对有特殊困难的学生，对学杂费实行减免或给予特困补助。南京理工大学除建立各种资助贫困学生的奖学金和勤工助学制度外，1996年秋季新生报名时，在接待站还增设了“特困生”咨询处，一位来自四川的新生在咨询处说明困难情况后，当即得到300元无偿资助。武汉大学在1996年录取1名福建省的新生名叫陈秀荣，在家乡10岁时才上学，在本村读到小学五年级因家庭生活困难即将失学，但因好学上进，是她的老师资助带到外村读完小学，又以优异成绩考上乡办初中，之后，又以本村唯一的学生考上县城一中，当她在本年度又以较高的分数考上武汉大学时，家中尚欠7000多元债务，前往学校报到的路费也没有，只得写报告向有关部门申请资助，市委书记得知这一情况，自己带头资助，乡团委发出倡议动员社会捐资助学，很快，陈秀荣收到10000多元善款，前往武汉大学报到，学校得知这一情况后，也将陈秀荣同学列为在学期间的困难生予以相应的资助。

为充分反映党和政府、社会各界及学校资助困难大学生的情况，同时使受助学生表达心声，1996年3月～7月，《光明日报》组织了一次题为“特困生在奋进中”的征文活动，共收到作品4000多篇，经评选，《笑对贫穷好读书》等13篇获得一等奖，征文以资助困难生的具体事例，反映了高校“扶贫”的一个侧面，同时反映出资助困难生的政策激励出他们努力学习，自强不息，艰苦奋斗的精神面貌。

通过“扶贫”措施，全国高校困难生的生活费用得到了基本保证；“特困生”也基本解困，从而极大地激发了受惠学生的学习热情，增强了爱国、爱校、爱师、爱友的情感；无论受惠或不受惠的学生均普遍地认为：在社会主义市场经济体制条件下，在招生并轨后实行收费上学的改革中，社会主义、集体主义仍是主旋律，显示出人间处处有真情的优越性。

“大中学生志愿服务行动”综述

共青团中央于1993年发起组织“青年志愿者行动”（以下简称“行动”）。其宗旨是：由共青团组织的一项支柱性活动内容，动员广大青年以志愿行动服务于社会，服务于人民群众的需要，服务于改革开放的大局。“行动”体现了青年群众参与精神文明活动，又推动社会精神文明建设。到1996年上半年，全国已建立省级青年志愿者协会29家，青年志愿者服务站1300多个，三年累计约有数千万青年参加行动，活跃在城乡各地为社会和人民群众服务。仅“一助一”长期结对服务的对象就已达60多万户（名）。

该“行动”自实施之日起，就得到党和国家的重视和支持。国家教委也积极响应和配合，并动员全国青年学生积极参与“行动”，志愿投入到为社会服务活动中去。1995年4月21日，共青团中央、国家教委联合向各省、自治区、直辖市及有关中央部委的团委、教育部门发出《关于组织“中国大中学生志愿者扫盲与科技文化服务行动”的通知》（以下简称“大中学生服务行动”）。《通知》指出：中国目前尚有15～46岁的文盲3500万人，每年还要约产生新文盲100万人。与文盲相联系的是中国农村许多地区的科技、文化、法制、医疗卫生水平等方面还相当落后；要实现中国到本世纪末基本扫除青壮年文盲的目标，提高全民族素质，迫切需要包括共青团在内的各种社会力量参与扫盲和科技文化事业；扫盲与科技文化服务行动，是充分发挥全国青年志愿者的作用，是发挥全国青年学生志愿者的知识优势，服务于中国跨世纪发展的有效途径，是大学生社会实践和中学生实践教育活动的新发展，是落实共青团中央“服务万村脱贫致富奔小康行动”的重要措施。《通知》对“大中学生服务行动”提出的规划目标是：连续实施五年，每年组织50万大学生和50万中学生志愿者，每年培训20万名农村扫盲教师和工作人员，每年使400万左右的青壮年受到识字和科技培训，五年累计培训2000万人次。《通知》还对“活动方式”、“活动实施的地区”、“活动的组织领导”等作出了具体的规划。

1995年7月20日，国家教委办公厅发出《关于支持“中国大中学生志愿者扫盲与科技文化服务行动”的通知》，要求国家教委机关各司局参与此项活动，关心大中学生的服务行动，并配合各地教育部门和共青团组织，认真组织好这项活动。当年暑期，全国大中学校组织约100万名大中学生赴农村开展服务行动。江西省组织了近10万名学生组成的1000支扫盲志愿服务队和400支科技文化服务队，奔赴全省“百点、百县、百乡”开展服务活动；宁夏回族自治区的7所高校约1000名学生组成100支服务队奔赴南部六盘山等贫困山区培训扫盲师资和开展科技文化活动；北京农业大学组织100多名高年级本科生和研究生，并选派教师一起组成21支服务队，分赴河北、山东、江西、河南、福建、吉林等16个省的21个国家级贫困县，开展针对性强、多形式、多内容、多层次的服务活动；东北师范大学以“红烛志愿者”为主体组成若干志愿服务小分队，分赴吉林省5个贫困县的15个贫困乡村，开展扫盲、农业技术推广、帮教助学等活动，把科技送往农村，把温暖送给社会。通过大中学生志愿服务活动，紧密配合国家关于扫盲的年度目标和要求，当年全国累计共扫除青壮年文盲476多万人，全国文盲率已下降到占总人口的7%，扫盲师资增加3800人。

1996年，是“青年志愿者行动”实施第四年，是大学生参与“行动”规划实施的第二年。6月14日，共青团中央召开电话会议，确定本年度把大中学生的服务行动作为“青年志愿者行动”的重点活动。其工作方针是：配套组队、点面结合、长期挂钩。工作重点是：采取措施，配合党和政府为农村贫困地区脱贫致富献计出力；在志愿服务实践中建立长期稳定的扶贫支教机制，在可能的条件下，鼓励和扶持一些完成学业的青年学生到农村志愿支教1年～2年，为贫困地区教育事业的发展和社会进步发挥积极的作用。为此，着重要作好四个方面的工作：一是在广泛开展各类科技文化服务的同时，进一步加大扫盲工作力度；二是尝试配套组队，以师范院校学生为扫盲的骨干力量，辅之以农、林、牧、渔、医、法、理、工等方面的学生跨专业组成服务队；三是注意突出重点，进一步确定扫盲与科技文化服务的重点地区；四是建立机制，协调和调动社会各方面的资源，形成制度规范，点面结合，推动这一活动的深入发展。

为此，国家教委、共青团中央联合在1996年组织全国100万大中学生志愿者参加“扫盲与科技文化服务行动”。7月11日，国家教委在清华大学召开“首都大中学生志愿者出征仪式”。首都大中学生志愿者将开展“百校百乡结对奔小康行动”。参加出征仪式有：国务院副总理李岚清、共青团中央书记处书记李克强、袁纯清、国家教委副主任王明达等领导同志。李岚清同志向志愿者授旗，并赠送《中国大中学生志愿者扫盲与科技文化服务手册》;李岚清同志讲话勉励同学们在服务中奉献和学习。大中学生利用暑假组织起来深入农村参加扫盲与科技文化服务活动,对于推进“科教兴国”战略的实施有非常积极的意义。不仅可以帮助农民提高科学文化水平,促进我国实现到本世纪末基本扫除青壮年文盲的目标,而且同学们在实践中得到锻炼,培养为经济建设和社会发展服务的能力,成为社会主义现代化事业跨世纪所需要的合格人才。他希望大中学生们牢固树立为基层群众服务的意识,在艰苦环境中培养吃苦耐劳的良好品格,用自己掌握的知识为农民脱贫致富做出实际的贡献。

对此,各省、自治区、直辖市教育部门和共青团组织精心安排,全国大中学生积极响应。云南省组织几万名返乡的大中学生开展“一助一识百字”扫盲活动;湖南省组织400支志愿小分队赴湘西等贫困地区开展扫盲活动;吉林省组织“千队下千乡,万人赴万村”大学生扫盲及“一校包一乡,人人促脱盲”的中学生扫盲行动;湖北省组织了大学生“社区援助活动”;浙江省组织了大学生“爱心驿站”活动;四川、山东、河北、上海、天津等省市都结合本地实际,制订了大中学生志愿者假期服务行动计划。

在1996年暑假期间,据对20多个省、市、区的不完全统计,有300多所高等学校和2000多所中等学校累计150万大中学生共200万人～300万人次的志愿服务活动。各校在所在地区或前往贫困地区开展服务活动各具特色、发挥优势,形式多样,内容结合实际。有的学校还与服务援助的地区或乡村建立了长期联系制度或社区服务的机制。中国农业大学、中国人民大学、首都师范大学共12名跨校、跨专业的志愿服务队赴河南省武陟县北大段村,以扫盲为中心进行科技文化综合服务。该村化工厂有11名青年工人是文盲,通过大学生对他们进行识字训练,到服务行动结束时,每个文盲工人已能识400多字,会写200多字;志愿服务队还在该村举办了乡村师资培训班、老人体格检查、苹果、葡萄、玉米、食用菌的栽培管理技术讲座,并向农民具体传授苹果“人工授粉”技术,当年,该村就增加几十万元的收入。湖南省岳阳师范专科学校从1994年起即组织全校学生在本市开展“光明工程”的扫盲服务行动,每位同学利用暑假帮助1名～3名青壮年文盲脱盲,到1996年暑期结束,全市已有3000多名文盲脱盲,有800多名失学儿童接受了学业教育。广西壮族自治区的大中学生深入全区80多个县(区)农村重点开展扫盲活动,并共同救助65名失学儿童重返校园。内蒙古自治区农牧学院的10名师生徒步百余里深入老区乡村开展扫盲的同时,为一个村修剪果树40余亩,防治果树病虫害10余种,为山羊诊断出“传染性胸膜炎”,并配治病羊注射药物,使250只病羊得救,挽回经济损失10多万元。河南省信阳师范学院的志愿者三年前就到郑堂村看到该村缺粮少电的状况,便开始对该村帮困。第一年为一千多户农民安装了照明电路,1996年暑期,又为三百多户农民检修了电路,修理二百余件电器,安装三套农产品加工动力机,全村人均收入从三年前的300元提高到900元,该村村长说“这里有大学生服务行动的一份功劳。”湖北省武汉大学法学院的10多名大学生志愿者在“保护弱者,伸张正义,播撒爱心”的旗帜下,办了“社会弱者权利保护中心”,四年共接受妇女、未成年人、残疾人义务法律咨询6000余人次,回复法律性求助信函5000多件，无偿代理诉讼200余起。白求恩医科大学的志愿者与所在地区的5家幼儿园和6所小学建立了长期进行儿童营养配餐义务指导的协议。吉林省工业大学等10余所院校也在所在区域内建立了长期性社区援助服务基地的协议。浙江省工业大学职业教育学院与该市朝晖医疗站签订“爱心驿站”协议书，大学生志愿者几乎每周末都去工人疗养站搞联谊活动，并为医疗站建立小书库，为工疗员们成立书法、音乐兴趣小组，为他们演节目、做游戏、教唱歌曲等，丰富了工人疗养员们的文化和精神生活。

通过大中学生志愿者服务行动，在社会上树立了学生们新的形象。成都市一位市民说：学生们的志愿服务，是实实在在的服务，为市民提供了方便，为促进社会精神文明建设做出了贡献。学生们也在志愿服务行动中接受了锻炼，许多同学通过社区援助活动，感到接触了社会，用所学的知识报答社会，在活动中检验了自己所学的知识，素质也有提高，内心充满欢乐。成都中医药大学的领导认为：大中学生志愿者服务行动倡导文明新风，并为学校面向社会需要培养人才提供了新的舞台。

1996年9月13日，中央宣传部理论局、共青团中央宣传部、人民日报理论部联合邀请首都专家学者就“青年志愿者行动”问题举行座谈会。与会专家们认为：青年志愿者行动是新形势下动员亿万社会青少年和大中学校学生参与群众性社会主义精神文明创建活动，推动经济发展和社会进步的一项探索和尝试，是青年利用业余时间志愿为社会、为他人提供服务和帮助，参与群众性社会主义精神文明建设活动的一种有效方式。实施三年来的实践和经验，为今后推进这一“行动”提供了有益的启示：首先，注意研究服务需求，调动参与者的内在积极性，是青年志愿者行动形成较大规模的重要原因；其次，立足人民群众生产生活急需，从具体事情抓起，是青年志愿者行动在基层扎根的重要经验；第三，坚持民主、平等、正确引导与教育的原则，是青年志愿者行动取得良好教育效果的重要因素；第四，坚持重点活动与机制建设并举的思路，是扎实持久推进青年志愿者行动的重要保证。

1996年10月19日，国家教委配合共青团中央、全国学生联合会（简称“学联”）继续推出“全国大中学生志愿者社区援助日”活动，通过志愿者“下村寨，进胡同”开展扫除文盲、科技扶贫、文化下乡、服务到户的援助行动，为农户脱贫致富奔小康，为城市居民生活需要提供各项服务。仅此项活动启动日的当天，据北京、广州、成都、青岛、厦门、西安、济南、武汉、大连等16个城市的统计就有50万大中学生利用双休日开展服务活动。北京市参与援助活动的大中学生及社会青年共有30万人组成“贴心人服务队”、“三八服务组”等开展便民服务、深入生活困难家庭帮困支援、敬老助残、培训下岗职工或民工、整治社区环境、进行医疗卫生、家庭保健、法律咨询及家电维修等各项服务，累计约有2万余户50万人次成为援助受益者，活动日启动当天，民政部副部长阎明复、北京市副市长何鲁丽、团中央书记处书记姜大明等参加了志愿者服务活动。辽宁省学生联合会在10月18日～11月17日期间，以“服务社区建设，共创文明生活”为主题，以“爱心奉献行动、文明生活行动、环境保护行动、素质提高行动”为内容，组织全省20万大中学生参加志愿者社区援助月活动。云南省组织全省17所高校学生志愿者与共青团省委共同确定17个重点示范村建立联系，为示范村提供科技教育服务并建立书库。云南民族学院选派20余名懂彝族、白族文字语言的师生深入到民族乡村进行扫盲及科技服务和法律宣传活动。云南师范大学组织志愿者师生到龙陵县河头乡建“扶贫挂钩点”，学校提出“村点不脱贫，学校不脱钩”，坚持长期为该村扫盲与科技文化扶贫活动。武汉成都、厦门、石家庄等市的大中学生志愿者在活动月中广泛开展了法律宣传、微机培训、电器维修、为老红军及烈军属结对服务活动。10月16日，北京大学成立了“青年志愿者社区援助服务总队”，下属36个分队，有数千人次志愿者将利用业余时间启动“全方位”服务工程，在定点社区开展各项援助行动；该校还与北京城建集团共同开办了民工培训学校，由学校志愿者师生担任培训学校教师，对该集团民工进行知识技能和文明素质培训。清华大学在学校所在地建立“大学生志愿者社区援助站”，为社区单位、居民讲解、演示电脑功能及使用方法，并进行电脑维修、开发的培训。上海市首批确定5个青年志愿者服务基地有：南京路一条街、上海图书馆、上海博物馆、市第一社会福利院和儿童福利院，志愿者重点将是16～18岁（成人预备期）的青年大中学生。

到1996年底，全国的扫盲任务通过“青年志愿者行动”和“大中学生志愿服务行动”的配合，全年共扫除青壮年文盲400万人，青壮年文盲率已下降为6%，全国又有450个县、市（区）通过了扫盲验收，扫盲总县（市、区）数达1400个，累计覆盖人口占全国总人口的50%。

中国国际农村教育中心建成

1996年，是中国“国际农村教育研究与培训中心”建成第三年，三年来，该中心举行了多项研究与培训活动，显示其在农村教育中独特有效的作用。

一、筹建与落成活动

根据1993年联合国教科文组织第27届大会通过的关于在中国建立农村教育中心的决议案，中国国家教委在取得该组织的赞同和支持后，决定在中国河北省保定市建立“国际农村教育研究与培训中心（中国保定）”（以下简称“中心”）。

经过河北省政府与保定市的协商并提出建设方案，经有关方面的论证及确认，当年即进行了建设开工，经过努力，该中心于1994年11月8日正式落成揭幕。联合国教科文组织总干事马约尔、中国国家教育委员会（以下简称“国家教委”）副主任韦钰、河北省省长叶连松、中国联合国教科文组织全国委员会秘书长曹元聚、各有关方面负责人刘作田、郭福昌及有关国家的代表出席落成揭幕仪式。

同日，联合国教科文组织总干事马约尔与中国国家教委副主任韦钰分别代表各方签署了该中心的《协议备忘录》，确认了中心的任务、双方相互的职责、时间框架与制度规定等事项；联合国教科文组织助理总干事鲍尔、该组织驻北京办事处主任武井士魂出席签字仪式。

与此同时（11月2日～11日），由联合国教科文组织支持，中国国家教委在该中心承办了首项国际农村教育活动——“农村教育紧迫需要地区研讨会”，来自孟加拉、柬埔寨、印度、韩国、老挝、马来西亚、蒙古、尼泊尔、巴基斯坦、菲律宾、泰国、越南、中国以及联合国教科文等 14 个国家与国际组织的代表出席研讨会并应邀参加中心的落成揭幕仪式。

二、协议条款与相互承诺

中国国家教委——联合国教科文组织（简称“双方”）签署建立中心的《协议备忘录》共分前言、任务、职责、时间框架和制度规定等四章八款 25 条。

双方确认：农村教育是通过改变占世界和发展中国家人口大多数的农村人口的思想和行为具有重要意义，通过教育，是达到农村地区社会经济发展和实现全民教育目标的有效手段；建立该中心是为农村教育的管理模式、教学方法、课程开发的独特特点和要求所开展专门的研究和培训，对试办项目和其他开发性事业所进行的有关活动。中国是全世界农村人口最多的国家，可以在同国际社会共事和交流发展农村教育有益经验方面发挥重大的作用。

《协议备忘录》指出，中心的任务是：(1) 促进农村教育思想、方法和技术的国际研究；(2) 促进会员国之间对农村地区人力资源开发政策和战略的磋商与合作；(3) 建立各国专家交流农村教育学术和技术情报的广泛网络；(4) 协调合作研究活动，为国际专家提供研究实习场所和设施；(5) 组织专题的国际培训讲习班、研讨会；为国际研究人员提供助学金；(6) 出版和散发中心各项研究项目成果的出版物和材料。

《协议备忘录》强调：联合国教科文组织将按国家教委的要求提供为中心所需的基本启动设备；为在中心或中心组织的各类研讨会提供经费；向国际社会通告中心的建立，鼓励会员国合作，积极参加中心的活动；在每个双年度计划定期向中心提供研究和培训项目，并定期为中心提供各会员国及会员国之间进行农村教育的学术发展信息；协助招聘国际专家；寻求捐赠等。

《协议备忘录》还规定了中国国家教委的职责，以及时间框架和有关制度。《协议备忘录》指出，中心的正式名称为“国际农村教育研究与培训中心”，是一个附属于教科文组织的机构。中心的出版物和材料或其他著作可以用教科文组织的名称，说明中心的附属地位。中心的主任、副主任人选需经联合国教科文组织同意后由中国国家教委任命。联合国教科文组织总干事代表、援助机构代表和国内外农村教育和发展方面杰出的科学家、决策人和教育家将应邀担任中心顾问。

三、中心定点因由

签约双方共同协议在中国保定市建立中心的因由是基于：中国人口 80%在农村，农村教育发展程度决定着中国经济和社会的发展程度。1987 年，中国国家教委实施农村教育综合改革，并首批选择与河北省政府合作在该省阳原、青龙、完县（后改名为“顺平县”）3 个贫困县进行农村教育综合改革试点，在取得良好的效果和经验后，逐步向全省 12 个县（其中含贫困、中等发达、发达的县各 4 个）推开，也取得了明显成效。随后，国家教委将河北省关于农村教育改革的经验推向全国，先后建立 115 个农村教育改革实验县，并同样取得了不同程度的良好效果。在 1991 年 6 月召开的中国泰安市“农村教育国际研讨会”上，与会专家对中国及河北省农村教育改革的经验给予了较高评价；也得到与会联合国教科文组织有关官员的认同，并提出在中国建立中心的初步设想，在随后形成建设方案并经联合国教科文组第 27 届大会通过决议案后，再经签约双方磋商认为，河北省农村教育改革是中国该类教育改进最早实验地和成功处，为有利于中国吸取国外教育经验，深化农村教育改革，提出并共同确认该中心建在中国保定市。

该中心现占地约 1 万平方米。第一期工程建成有研究室、培训教室、计算机室、同声传译室、办公室及宿舍、餐厅等附属生活设施；中心建成三年来，已承办了多项活动。这表明，该中心的建设及其设施已能比较充分地具备承担农村教育各项研究与培训任务的良好条件。

四、中心研讨活动与国际交流

该中心建成三年来组织并开展了如下研究与培训活动：

1994 年 11 月 2 日～11 日，由联合国教科文资助召开“农村教育紧迫需要地区研讨会”。

1995 年 2 月 15 日～17 日，由联合国儿童基金会资助召开“面向 21 世纪电教发展战略研讨会”。

1995 年 4 月 15 日～19 日，由联合国教科文资助召开“中国扫盲和扫盲后培训教材编写研讨会”。

1995 年 4 月 18 日～21 日，由联合国教科文资助举办“中国国家级农村职业教育讲习班”。

1995 年 5 月 5 日～8 日，由联合国教科文资助举办“联合国教科文俱乐部秘书长培训班”。

1995 年 5 月 15 日～19 日，由亚洲开发银行资助召开“实施全民教育经验与对策研讨会”。

1995 年 7 月 11 日～14 日，由中国河北省资助召开“农村教育改革研讨会”。

1995 年 10 月 23 日～11 月 3 日，由联合国开发署资助为缅甸举办“初等教育和师范教育培训班”。

1995 年 10 月 25 日～28 日，由联合国教科文资助举办“校外女童扫盲和技术教育国家级讲习班”。

1995 年，由亚洲开发银行资助编写出版了《中国农村教育改革》一书。

1996 年 7 月 3 日～10 日，由亚洲开发银行资助召开“全民教育总结评估会”。

1996 年 7 月 14 日～20 日，由联合国教科文资助举办“农村扫盲及成人教育师资培训班”（第一次教席会）。

1996 年 8 月 19 日～20 日，由中国河北省资助召开“农村教育政策与策略研讨会”。

1996 年 9 月 9 日～15 日，由中国河北省资助举办“农村教育改革培训班”。

在国际交流方面，1994 年～1996 年中，先后有联合国教科文总部官员及分支机构官员、韩国、马来西亚、菲律宾、泰国、英国、日本、美国、尼泊尔、冰岛等国家有关专家或人士共数十人访问中心，或由中心接待安排视察河北省安国、承德等农村教育改革实验地区。1995 年，由亚洲开发银行资助，中心分批组团先后到泰国、马来西亚、澳大利亚、韩国、菲律宾、印尼等国考察上述国家的全民教育。1995 年 9 月 18 日，由中国国家教委、中国联合国教科文全国委员会、河北省政府联合在北京举行招待会，联合国开发署、儿童基金会、粮农组织、人口基金、粮食计划署、联合国教科文驻北京办事处等国际组织负责人出席，研讨支持国际农村教育中心有关问题。

五、中心管理建设

建立实验基地。中心建成后，经国家教委批准，在保定市周围选定12个县作为中心教改实验县，在这些实验县既做共性实验，又突出某项特定专题实验。中心又将河北省原有的12个教改实验县列为教改实验联系县。中心选定徐水县大午公司等企业为教改实验联系企业，实行教企联姻，共搞实验。中心还与中国教科文组织联合在满城县办太阳能校舍试点。

信息资料建设。中心建立了资料室，已有4000多册图书；并以河北农业大学图书馆、河北大学图书馆为中心建立信息资料基地。中心的微机已着手准备联网。中心秘书处编印了《简讯》，及时选登有关信息资料。编印《农村实用科技（英文版）》，发往亚太地区有关国家。此外，中心还与中国教育科学研究所联合选编了近20个国家教育改革的资料。

管理建设。中心设主任、副主任，下设秘书处等办事机构，事业编制，由河北省财政厅拨付工作业务经常性经费。从1995年3月起至1996年底，联合国教科文、中国国家教委、河北省政府及有关方面的官员鲍尔、塞波斯、朱开轩、柳斌、王明达、韦钰、刘作田等分别前往中心考察指导管理工作；中心制订了《管理委员会要则》、《秘书处工作职责》、财务管理制度及接待工作制度等。中心筹建了学术委员会，聘请了兼职研究员。

六、今后工作计划

中心在建成三年来已取得一些工作经验的基础上，将认真贯彻《协议备忘录》的精神及中心管理委员会的决议，主要做好：(1) 完善管理机制、提高工作效率；(2) 广开工作项目经费来源；(3) 加速编写培训教材及其配套工作；(4) 充实研究与培训所需的设备和资料，建立信息库，并联网；(5) 落实并充实学术委员会，扩大聘请学术研究人员；(6) 强化教育改革实验区工作，落实重点研究项目；(7) 加强与国际组织及有关会员国的联系，拓宽活动领域，争取承办更多的研究与培训项目。1996年9月6日，国家教委、河北省人民政府联合制定印发了《国际农村教育研究与培训中心管理委员会暂行工作规程》、《关于加强国际农村教育与研究中心领导和管理工作的意见》和《国际农村教育与研究中心学术委员会章程》。

七、中心辐射状况

到1996年底，全国农村教育有“燎原计划”示范乡1253个，实验县128个，实验联系点（地区、市级）30个，联系点内覆盖281个县（内含128个实验县）；总计覆盖人口1.05亿人，已累计开展各类长短期技术培训50000多期，培训各种初、中级技术人才2000多万人次。

河北省的农村教育改革起步早、发展快，到1995年，已在全省139个县（市）全部建立县（市）级职业教育中心，总计投入建校经费12亿人民币。该省教育部门将县级职业教育中心作为辐射源，与县内职业初中、乡村农业技术学校、普通中学、小学及乡村科学技术部门联网，形成上挂、横联、下辐射的格局，共培训技术人才100多万人次，寻求技术咨询22500人次。共在全省推广优良农作物品种1812万公斤，推广面积约343.2万公顷，共获科学技术县级奖1087项、地（市）级奖398项、省级奖232项、国家级奖58项。1996年，该省农村教育在稳中发展，培训人数、实验项目、教学方法及其作用与效益，均有新的提高。

香港教育资料

百年教育沧桑简述

香港回归指日可待，海内外华人无不欣喜万分。在社会关注热点于政权交接、平稳过渡之时，有识之士却高屋建瓴、未雨绸缪，尖锐提出香港回归以后最棘手的当是教育问题和民族素质问题。

港英政府统治香港近百年来，斥巨资构建坚实而完整的殖民体系，香港的教育蒙上了浓重的殖民色彩。1949年以前，港英政府并不热心于办教育，每年教育经费开支极为有限。当地教会团体则是办学的主力，80%以上的中小学由教会主办。1949年以后，大量移民涌入香港，使香港教育急剧发展，私人办学如雨后春笋，迅速成为主流。从50年代开始，港英政府逐步介入教育。1952年开始教育立法，正式通过教育条例，加强教育管理，并严禁学校进行政治活动，在各类学校中抑制新中国的影响，同时推行"重英轻中"的政策，打击中文中学。到了70年代末，港英政府采取淘汰私校政策，使私人办学锐减，中文中学和私立学校仅占香港学校一成不足。港英政府的教育目标是培养能为其统治下的政治与经济服务的华人工具，因而当局十分重视教育。教育经费一般占政府财政开支的16%～18%，占生产总值的3%。

香港作为英国殖民统治下的中西文化混杂地，百年来的特殊文化氛围构造了今天教育的特殊形态。香港教育制度实行的是多元化教育模式。在制度上，是典型的英国特色的五、二、三学制。在这种英式格局中，除政府办学外，还有日常经费由政府资助的社会团体办学。据统计，仅宗教团体所办的中学在香港就有240所，占中学总数的53.3%。除这些主流学校之外，香港还有各种国际学校，例如法国、美国、瑞士等均在香港开办中小学，以其本国课程教授学生。这一教育结构的形式多样性，恐怕在全世界也是罕见的。正因为如此，香港的学校教学语言混乱，民族观念教育十分薄弱。办学人都试图用本民族的观念，如道德观、价值观、人生观去影响学生，去争取青年一代。教育界有识之士指出，香港最难解决的是一代人甚至于几代人的思想意识和民族意识问题。

由于港英政府多年来采取"重英轻中"教育，排斥中文教学，抵制中华民族主义教育和爱国主义教育，不少青年人思想苍白，政治意识淡漠，头脑中总认为自己是"无根的一代"，"没有祖国、没有民族"，这是最危险的倾向。

回归以后的香港，仍然是国际贸易和金融的中心，是对外开放的前沿，需要大批熟知西方社会政治经济、精通英文、知识面广、智力较高的年轻人，但是作为中华民族子孙的一部分，同样要求香港的年轻人热爱自己的民族与人民，热爱自己的祖国，也有一个如何在国际交流中继承和弘扬中国优秀的传统文化，向世界宣传中国、让中国走向世界的问题。近年来，香港教育界的爱国团体为促进香港与内地的教育交流、批判不合理的教育制度和政策、推广爱国教育等，做了大量工作。

一个日益开放的香港社会如何面向二十一世纪的人才挑战，如何解决"一国两制"社会制度下一代人乃至几代人的教育过渡，已引起香港越来越多的有识之士的关注和深思。

教育界对香港回归前景充满信心

1996年7月1日，“香港教育界关注97联谊会”发表《香港教育界七一迎回归宣言》(以下简称《宣言》)，呼吁全港教育界同仁团结起来，积极支持及做好回归准备。联谊会主席杨耀忠指出：《宣言》有助于加强教育界同仁对回归祖国的信心及概念认识。《宣言》内容包括：(1)坚守岗位，做好本职工作；积极迎接未来，为促进平稳过渡，培养年轻一代尽心尽力。(2)积极在全港学生中开展爱国回归教育和《基本法》教育，引导学生建立对中华民族的归属感和自豪感，并帮助他们认识未来，从而发挥主人翁精神，服务社会，建设香港。(3)努力办好香港教育界庆祝香港回归祖国的活动，积极参与全港“迎回归，庆回归”的有关活动。(4)积极关心、支持香港回归筹委会的工作。

随着香港九七回归指日可待，教育界普遍充满信心，积极行动与内地教育频繁交流，认知与认同祖国教育政策和教学方法，审视香港教育现状，研讨未来教育前景，积极准备调整教育教学部署。(1)教育界自发地对港英教育政策作出批评与检讨，积极开展与运用祖国文字及语言进行教学。据香港教育署估计，仅1996年，全港开设普通话教学的中小学累计总数达800多所，占全港中小学总数50%以上，比1995年增加一倍多；1996年4月，香港有关学校联合，香港大学与国家语言文字工作委员会合作，成立了香港使用标准普通话教学与测试中心，以培养香港地区高素质的普通话教学师资。(2)开设中国历史课程，认知祖国，认识香港的历史实际。长期以来，香港始终缺乏真实历史演变及中国近代史教材及其课程设置与教学，导致学生民族意识淡薄，多年来，不少有识之士奔走呼吁，许多学校终于在1996年开始进行中国历史教育，在学校开设历史教学课程。裘锦秋中学将中国历史列为公民教育科的重点，使青年学生热爱祖国，并对香港回归增强责任感和自豪感；汉华中学和青岛中学从1996年秋季开设香港史课程，以帮助学生了解鸦片战争的实质以及给中国人民带来的耻辱；香港大学学生对中国历史求知欲望很高，普遍要求与内地学校交流举办历史科目的研(进)修班。1996年香港大学利用暑假，选择了中国历史科目与北京大学联合举办了香港大学生进修班。(3)首次公开批评大学学制，为香港回归祖国后与内地高校学制接轨而努力。香港现有大学学制一直追随英国惯例，不顾香港实情而要求全港大学实行3年制，1996年11月，香港6所受港英当局资助的著名大学校长集体公开表示主张大学实行4年学制。香港科技大学校长吴家玮预言：不久后的香港特区政府定会接受社会多年的呼吁而改变现行学制，推行大学4年制。香港理工大学校长潘宗光表示：理工大学在迎接香港回归的历史时刻，必须加强对祖国的认同与归属感。香港大学校长郑耀宗则称：香港大学已作好迎接香港回归的准备，学生将九七视为展现个人才智的良好机遇。(4)香港各高等学校竞相与内地高等学校进行交流。1986年最早与内地高校合作办学的香港树仁大学，至今已与内地北京大学、社会科学院、中国人民大学合办的本科及硕士课程已多达十几项，先后培养几届毕业生，毕业生总数逾千名；1996年1月，香港中文大学邀请内地的14所医科大学校长访问该校医学院。在1996年内，香港大学、香港科技大学、香港理工大学、香港城市大学等校根据各自优势，与内地各类高等学校开展合作，且合作领域不断扩大。香港理工大学自1992年成立“中国商业中心”，为内地培养专业管理人才，培训范围涉及市场经济、法律、城市规划、旅游业管理等专业，到1996年，已培训内地相关专业人员1500人。广东省从1984年举办高等自学考试以来，面向港澳台同胞应考，到1996年上半年，在港澳台地区开考了29个专业，专业有法律、中医、会计、英语等，考生达3000人，其中50%以上的考生是香港同胞。(5) 积极研究教育改革与未来教育发展方向。1996年8月22日至24日，香港教育界45位代表与内地40位有关专家和人士，在北京师范大学，共同研讨基础教育改革与发展问题，并就基础教育改革、公民教育、科学教育、中文教育等内容进行了广泛深入的研讨，代表们实地参观考察了北京有关中小学语文作文、校外科学活动等教学课程活动，与会香港代表认为，会议研讨成果与香港未来中小学教育发展具有务实性和新颖性。香港大学教育学院副院长梁贯成表示：根据香港教育面临的形势，该院应考虑重新定位，未来发展的重点将放在研究院上，计划成立一个“卓越中心”，把院内各教授的杰出研究项目加以整合，集中运用资源。

香港与内地教育交流

近几年，香港教育界以积极迎接“九七”香港回归的姿态与内地的教育交流活动骤增，并仍在迅速发展。据有关资料反映：1994年，香港教育界（学校）到内地交流人数370人次，1995年增到1400人次；内地赴港与教育界（校际）交流由1700人次，增加到2000人次；1996年，据国家教委直属单位和直属院校统计：香港到内地教育交流增加到6000人次；内地赴港教育及学校交流增加到2500人次。1995年～1996年还有香港青年学生到内地访问、参观和交流共达10000人次。

香港教育界与内地同行交流的趋势已不仅仅限于数量增加和频繁活动，到1996年已呈现出如下三个特点：

一是逐步走向计划性、稳定性。1996年秋，香港演艺学院得到香港汇丰银行基金的赞助与内地有关方面签订了为期3年的“香港与内地学生交换计划”，该计划协议：每年香港演艺学院派出10名学生到内地有关院校短期进修课程；邀请内地2名学生赴港较长期进修课程。1996年暑期，香港音乐学院和科艺学院的6名学生已到内地进修；上海音乐学院和北京舞蹈学院2名学生已被邀请到港进修，并获得奖学金。此外，内地多所高等学校和全国高等教育自学考试办公室在香港设立招生考试点，方便港、澳、台考生报考内地有关院校，1996年，内地有关院校已招收香港近1000名学生来校攻读学士、硕士和博士学位。

二是层次性提高、阶层性拓宽。香港与内地的教育交流已不局限于学生（学校）和教师的交流，逐步扩大到政府（部门）官员、专家学者、企业界人士、学生家长等。交流形式也由旅游、参观、访问、座谈等发展到专题讨论、专业培训、对口交流及合作办学等。香港教育署署长表示：教育署各员工须经常到内地与对口部门、学校进行交流，积极参与培训课程的研讨，相互认识，互相学习。1996年暑期，有3名教育署官员派往内地清华大学受训；12月，港府律政署、法律援助署和知识产权署的8名律师及香港新鸿基地产集团的20多名高级行政管理人员也相继到内地的上海复旦大学、交通大学等参加培训，分别学习中国法律课程，了解内地的投资环境及投资政策等；1996年11月香港英才企划顾问事务所在与南京金陵旅馆管理学院签约合作开办为期4周的“第四届康体事务管理课程”，供香港与内地从事酒店康体及服务性行业的从业人员就读。1996年，广东省教育厅组团前往香港与有关部门进行教育交流，研讨有关教育方面的问题。

三是逐步向专业性、学术性方面发展。香港教育界认识到与祖国内地的交流，对香港学校推行公民教育，培养学生的国家和民族观念具有重要意义，通过两地相互了解、相互学习，取长补短，推进教育事业的共同发展。仅1996年，香港派往内地学习普通话的教师及有关行政人员总数达1000多人；从1994年到1996年，“京港学生交流营”已举办3年，每年两地各有100名学生相聚开展“了解祖国、开展交流、相互学习、增进友谊、团结进步”的活动；香港有关部门曾为香港中国籍高级公务员在清华大学举办了10期研修班，为迎接97香港回归后外籍公务员工了解中国事务，学习中文。1996年已举办了以中国政治架构、法律制度、经济改革等为主要课程的英语中国事务课程；香港大学与北京师范大学、华东师范大学等内地院校1996年商定建立“中国教育研究网络中心”，该中心的任务是，在制定统一分类方法的基础上，整理内地、港、澳、台有关教育研究资料和信息分析数据，然后送上网络，同时，还开展了学科教育和教学法领域的博士生和青年教师的培训工作。

公民教育的重点和内容

香港教育工作者教联会在1996年提出，将“国民教育”与《基本法》教育，作为公民教育的重点，以加强本港学生的国家和民族观念。

香港教育署在1996年初推出《学校公民教育指引》，提出了“民族归属感”等问题。教联会作出反应认为，“民族归属感”是以往殖民地政府所回避的概念，新《指引》提出这一问题是进步的。香港学生长期受殖民主义教育的影响，国家和民族观念普遍淡薄，未来香港学校公民教育的重点，应特别重视“国民教育”及《基本法》教育两方面，使学生在面临香港回归祖国的历史性时刻，能了解自己国家和民族，培养学生“国民归属感”及“民族自豪感”，加强他们对“一国两制”内容的了解，以适应将来身份的转变，做一个中国好的公民。

香港离岛区的28名（所）中小学校长及3名区事顾问亦认为：推广《基本法》是一项重要的公民教育活动。他们自发组成“离岛区学界推广《基本法》委员会，旨在通过推广基本法，推动年轻一代认识《基本法》与香港特别行政区、与年轻一代的关系，使“基本法与你息息相关”的公民概念深入人心。

香港课程发展议会在1996年正式决定将公民教育作为初中的独立设置课程科目。并预计在秋季开展准备工作。计划将公民教育逐渐发展包括德育、环境教育、性教育等综合科目。目前鼓励学校采取适合自身情况和需要的方式进行公民教育，以保持目前的学科渗透和跨学科的教学模式。并将成立科目委员会来加以统筹和指导。

香港教育出版商会、中英文教出版事业协会表示，作为教科书出版商，有责任向学生交代历史，并提出符合《基本法》、符合历史事实两项修订教科书的原则。

教育署推出德育计划

1996年，为协助学校有效推行德育及性教育等跨科目教学活动计划，香港教育署推出《个人与群性发展教育》课程资料，供全港学生使用，意在对学生面对个人心理与生理成长、与人相处等方面提供帮助，使学生建立积极的人生观。

据介绍，这套资料包括四大部分，第一部分为“我的发展”，内容是帮助学生由认识自己开始，了解自己的优缺点，介绍青春期身体的转变和可能带来的生理及心理困扰，及如何改善和解决问题，引导学生接纳别人，建立良好的人际关系，并建立自尊。第二部分是“价值观”，进一步引导学生树立正确的人生观，反思偶像心态，启发学生肯定自我和发掘自己的潜能。第三部分为“积极人生”，更进一步地深化和肯定人生的意义。第四部分为“人际关系”，介绍包括交友、约会与恋爱、合作与冲突等青少年与人交往时可能碰到的问题，让学生掌握有关的技巧和正确的态度。

教育署表示，整个教材设计由引导学生从认识人生开始，同时强化学生的责任感和对与人相处的认知和能力，促进学生全面发展。

推行“目标为本课程”

香港教育署1996年宣布，“目标为本课程”将以循序渐进的方式在香港小学推行。该课程先在中文、英文和数学三科实施。1995年9月始，该课程已在75所小学的一年级使用，1996年9月将扩展到其他小学的一年级，并逐年扩展至所有年级。到2000年9月，整个香港小学阶段都将采用这一课程。

为使香港社会适应高科技的迅速发展，1990年，香港《教育统筹委员会第四号报告书》建议：“政府须设计一个跨课程的学习目标及目标为本评估课程架构，为施教、学习和评估三方面订立更明确的方向，旨在改善小一至中五学生的学习素质。”由此，香港教育署课程发展处制订了“目标为本课程”，并从1993年至1995年在部分小学试行，收到良好的教学效果。

“目标为本课程”的特色是：每个阶段都有明确的学习目标，说明学生需要学些什么；教学内容编排更有系统；学习内容与日常生活经验结合；启发思考和创意，鼓励主动学习；评估以学习目标为根据，能准确地显示学生的学习进度及表现。该课程着重发展学生五种基本的且相互关联的学习及运用知识的能力，即构思、传意、推理、探究及解决问题。通过该课程的学习，可以不断提高学生独立学习的能力。教师要按照学生的差异，向学生提供不同程度或配合不同学习方式的课业，因材施教，以发挥所有学生的潜能。在评估方面，重视学习过程，对学生不排名次，施行多元化的评估活动，建立学生个人成绩档案。同时，加强家长、教师和学生的沟通，以更深入地了解个别学生的进度、长处和需要改善的地方，进一步帮助个别学习项目上有困难的学生。使用该课程旨在使全体学生都能更有效地掌握学习技巧，引发学习动机和兴趣，使学习更有成效，使学校更好地发挥其教育功能。

出版《教育界回归备忘录》

香港“教育界关注97联席会议”于1996年2月决定出版《教育界回归备忘录》一书，其目的在于让教育界人士更多地了解香港的未来前景。

该书内容包括：对祖国的认识、中国各省名称、中华民族的意义、祖国的教育状况、内地流行的教学法等教育资料；基本法简介、中英联合声明及基本法的草拟和草签日期等。

“教育界关注97联席会议”是由香港各教育团体及关心香港回归的教育工作者发起并组成的。针对《备忘录》的出版，有关人士认为，对推广基本法，对传播中国文化，对促进香港平稳过渡，对教育界及社会大众都有帮助意义。

教育署推出简化字学习材料

1996年，香港教育署已经为中学高年级制作了两套《简化字学习套》，用以推广简体字。这两套学习简体字的材料稍后将分发给香港各学校，并向教师介绍学习套的设计特色和使用方法。

教育署一位官员表示，制作《简化字学习套》的目的，是帮助已经掌握汉字繁体字的中学高年级学生，循正规途径学习阅读汉字简体字，以便扩大他们的阅读范围。

据介绍，一套材料着重以字频、认知心理等学理为基础，以常用字为基础，利用语言环境的提示作用，把简体字放在词语甚至句子中进行教学。另一套则为多媒体电脑学习软件，帮助学生通过灵活有趣的学习认识简体字。学习材料内的简体字字形规范，以中国国家语言文字工作委员会1986年10月公布的《简化字总表》为标准。

实行教师聘任合约制

香港教育署从1996年起，在官方学校聘请部分教师时，首次引入两年合约制，以增强教师聘用形式的灵活性，吸引更多希望短期从事教师职业的人才。

在引入各科目教师中，有近30%的教师选择了合约制。合约制的实施使由于香港人力市场不稳定而造成某些科目（如中文、英文）教师短缺的状况得到缓解。合约制和长俸制的教师在待遇和福利方面基本相同，只是合约制教师没有退休金，代之是在合约期满后，可得到两年工资总额25%的奖金。

理工大学开发盲人用中文电脑

香港理工大学最近与香港盲人辅导会合作，计划为香港的盲人及弱视患者开发一套以广东话点字为基础的中文电脑系统，预计两年内将可研制成功。

据了解，西方国家目前已在视窗环境下开发出了相关辅助软件及工具，协助盲人及弱视患者使用电脑。然而至今尚未有任何方法可以让盲人使用中文软件。

该项研究将以中文视窗为系统基础，即

时将广东话点字和标准中文字互相转换。盲人可通过辅助器材用点字阅读电脑显示，并使用一般的键盘用点字输入法输入汉字。此外，该系统可利用声音来显示电脑浮标位置，当鼠标指到某一位置时，系统能立即以粤语说出指令用途，使盲人可以操作视窗作业系统。

负责该项研究的杨苏兴说，“我们希望这项研究完成后，可以大大增加盲人受教育和就业的机会，并对他们的日常生活有所帮助。”

研究生教育

香港研究生教育制度主要沿袭于英国式体制，设有中央学位审定机构。设于政府和高等院校之间的“大学教育资助委员会”（简称“资委会”）通过拨款执行政府有关政策、面向政府保证院校独立自主施教，负责教学质量、协调学科开设及院校发展等。

香港教资会下属7所高等院校，即：香港大学、中文大学、科技大学、理工大学、城市大学、浸会大学、岭南学院等。各校职能不同，又相辅相成。研究生培养主要是香港大学、中文大学和科技大学；理工大学、城市大学和浸会大学培养研究生名额不多，而岭南学院培养研究生还处在起步阶段。

香港研究生教育发展始于八十年代后，这一时期香港的工业脱离劳动密集型，转向知识密集型，金融、通讯、航运、进出口等行业与世界联系更趋紧密，社会对高层次人才需求与日俱增，大学本科生学额大量增加，而研究生学额的增加比率更高于本科生。其时，出现这种巨增研究生学额现象，港府决策机构是基于三种考虑：其一，香港经济转型，工业商业进一步发展所需高水准的人才，需要研究生院来进行培养；其二，高等教育发展需要大量师资，吸引教师的条件必须具有学术研究环境，包括有指导研究生的机会；其三，研究生教育尤其是博士课程研究生，须负起充实大学本身师资的责任。因而，研究生学额急增符合了多数教师和院校的愿望。

但学额增加过程中，又一度出现报读研究生人数不足，个别院校在1988学年～1989学年前后，曾出现过招收研究生困难现象。据研究其原因有三，其一，学额增长过快，一时不适应报读需求；其二，每年有数以万计青年到海外留学攻读学位，对本港学位追求偏低，各大学每年就有数千名本科毕业生赴其他地区研读硕士、博士学位；其三，招收非本地研究生比率偏少，根据有关规定招收非本地研究生比例上限为20%，据此推算每年只能招收几百名，“千出、百入”形成反差，研究生教育就出现了有学额而生源不足的现象。

香港研究生教育体制（课程计划）分为“修课研究生”与“从事研究的研究生”两类。第一类以修读教育文凭、工商管理硕士等专业课程的学生为主，也包括建筑、社会工作及文学、理学硕士；课程以传授专业知识为主，以修课为主要学习方法，一般不要求篇幅过长的学术论文，其学制，硕士上限为二年，学生按班级授课。第二类从事研究的研究生，博士生所占比例不高，大部分是哲学硕士生，这里所指的“哲学”并非以哲学课程为主要内容，而是课程是以研究为主，学生要提交一定水准的学术论文，论文和答辩是评审的重要内容。其学制，硕士生一般为二年，博士生为三年，均须通过导师个别指导和培养。

据有关资料记载：香港研究生1988学年～1989学年人数为2642人；1994～1995学年增加到6766人，增加比率达156%。在此期间，香港大学招收研究生比例高于其他院校。

普通话教育

香港语言，运用中文、英文都是法定语言。但在日常生活用语方面，多数香港同胞说粤语，商界、财经及事务界用英语较为普遍，而说普通话的应用范围则不广泛。

近年来，上述情形有所变化，运用普通话交流越来越受各界的关注，学习普通话的人数也年年增加。特别是进入九十年代，普通话的使用和教育问题受到教育界及社会的普遍重视和关注。1996年，全港开设普通话课程的中小学已占学校总数的50%左右。快速发展的主要原因是：(1)香港与内地随着1997年的临近，联系日益加强，普通话在交往中语言沟通的作用越来越明显；(2)中国的改革开放政策，经济不断增强，政治安定，国际地位不断提高，民族凝聚力增强，港人充满信心，学习祖国语言文化已成为广大社会的需要和自豪；(3)港府有关机构和教育界重视，推动了普通话教育和运用范围的发展。香港教育署从八十年代就建议香港学校从小学四年级到初中三年级开设普通话课程，并立即开展了试验性教学；在此基础上，从1986年起正式向中小学推出普通话课程，到1990年，香港有473所小学和133所中学将普通话列为选修课程，并于当年，教育署辅导视学处完成了小学普通话课程纲要的修订工作；1995年9月，香港教育委员会达成“尽快在全港中小学推行普通话教学”的共识，并为此采取了一系列扶植方式，拨出专款、购买相应的教学用具、参考书籍及教学音像带，有计划的培训师资，并向缺乏普通话教学师资的学校提供聘请师资的经常性津贴等；(4)香港社会各界积极配合支持和参与普通话教学和政策性研究工作。香港汇丰银行捐资2000万元设立语文发展基金，普通话研究是基金赞助的8个研究项目之一，研究经费达133万元港币。(5)社会和经济发展，促使社会和职业对普通话应用需求增长，运用与学习普通话人数骤增，使普通话人才培训和加强普通话教学师资队伍建设已成为当务之急，因而推动着普通话教育向前发展。

1996年，香港已兴起学习普通话热。从工商界、金融界、教育界、公务员及社会人士，包括许多市民等越来越多的人参加各种类型的训练班，通过各种途径和方法争相学习普通话。年初，香港有关方面为顺应社会学习普通话热的需求，拨出2980万元港币给教育署用于推广普通话课程计划。4月，香港课程发展会议决定：于1998年9月开始，分别在小学一年级、中学一年级及四年级同时将普通话列为中小学核心课程。据此计划推算，在近三年内，香港急需培训中小学普通话教学师资3000人。

另据有关资料反映：在香港的2703个街道名称中，使用粤语译音的有2328个街道名称，占总数的3/4；在文字使用方面，香港600万人口中，母语为英语的占2%，以英语为第二语言的约占30%，并在港府行政、立法、司法、考试、教学领域一直以英语作为支配地位，因此，有些语言学家将香港使用英语称之为“权力语言”；在日常交际中，以粤语作为母语的约占90%；在书面文字运用上，据1994年《香港年鉴》反映出，在香港的77家报纸（包括一家盲文报纸）、619种期刊中，虽多数报刊使用中文，但除了《大公报》、《文汇报》和《明报》等少数几家报纸使用普通话语言外，其他多数中文报刊如不会粤语的读者看懂的人仍是少数。以上情况表明：(1)香港与内地语言沟通问题已成为香港社会的迫切愿望，普及普通话正成为当务之急，不少学术界人士不断为此呼吁，教育界不断为此努力作实际工作。(2)至今香港还没有一个语言文字管理机构来从事语言文字的规划和管理工作。(3)在普通话教学领域，如教材、师资、课程指引、教师资格证书等还有待加强。

为适应香港回归形势和广大香港社会人士对普通话的学习需求形势，国家语言文字工作委员会于1996年4月17日与香港大学签署协议，在香港大学设立普通话培训测试中心，并于当月，中心开始运作。中心的任务是以国家语委会的规定为标准，主要培训师范院校普通话师资，亦接纳部分中小学在职教师进行深造，同时面向全港为有普通话需要的商业机构提供普通话培训服务。

根据以上任务，国家语委会除自身的培训力量外，计划运用香港的各种力量，动员内地有条件的院校积极为香港迅速运用普通话的培训工作服务，并于1996年初见成效。7月22日至8月16日，国家语言工作委员会在京举办96香港普通话教师进修班，香港中小学从事普通话教学的111名教师参加了进修。9月，测试中心派出教师前往香港对有关人员进行了测试。1996年暑期，内地清华大学、中国语言文化大学、首都师范大学、中国人民大学等院校为香港培训150名普通话教师。

澳门教育讯息

澳门教育制度

澳门教育在1991年以前，除有几所为葡萄牙国子弟服务的官校受到政府的直接关注外，主要是以私立教育机构发展为主体，但私立教育机构始终处在“自生自灭”状态，以至于造成澳门教育质量不高、校舍、设备和师资都较短缺的局面，妨碍了澳门教育的发展，直到1991年尚未形成一个完善的、真正的“澳门教育制度”。

《中葡联合声明》发表后，澳门进入过渡时期，澳门政府在过渡期内担负着具有特殊意义的责任，面对澳门地区的教育形势，澳门政府的教育政策主要目标之一是“打下一个建立澳门教育制度的基础”。为实现教育在过渡期内的这一政策目标，澳门政府着手制定教育法规，以期今后在教育发展方面建立在法律保障的基础上。1989年底提出了《澳门教育基本法》草案。1991年8月29日，正式颁布了《澳门教育制度》，这是具有教育基本法性质的第一个澳门教育法，标志着澳门教育制度的正式确立。

为完善此项法律，按照此法中的规定，在今后时期内还将颁布10项补充法规，即：私立教育机构章程、对私立教育机构的资助、对私立教育的监督、免费教育法规、课程发展法规、特殊教育法、成人教育法、技术及职业教育法、教师章程及职程、教师培训法等。到1996年，上述10项补充法规已有4项补充颁布，印《私立教育机构章程》《课程发展法规》《免费教育法规》《教师章程和职程》。

上述法规颁布后，在澳门引起很大反响，一是从1995学年～1996学年开始实行的《免费教育法规》，它是澳门普及义务教育的保障，又关系千家万户的切身利益，该法规虽有不尽完善之处，却受到澳人的普遍欢迎。二是《教师章程与职程》它规定了在各级学校任教的教师的学历资格，对于保障教师质量、教育质量提供了法律依据。

目前，澳门教育法律尚在陆续颁布或修订中，澳门教育制度也在日趋完善的过程中。

教师盼望加强义务教育普及

自从1989年澳门政府明确了要把普及义务教育作为教育发展的基本目标以来，随着1991年澳门教育制度《基本法》及1995年《免费教育法》的颁布，立法保障促进了澳门的教育进程，然而其进展之缓慢却又令澳人不满，尤其是广大教师，对此更有微词。

澳门各类学校的大多数教师认为，澳门现阶段基础教育成效是微弱的，距离目标还远，并且认为，按照现行的政策及进度，1999年之前实现教育普及是极艰难的事。他们认为，基础教育的希望不在1999年之前，而在1999年之后。有人指出“许多国家普及教育的困难在于经费，而澳门的人均国民生产总值1983年度～1984年度就已居世界第52位，居亚洲第6位，教育的障碍显然在经费之外”。还有一些人则从师资培训方面指出澳门教育的不足。他们说，澳门现有教师素质偏低，不利于普及教育。政府并未承担起培养师资的责任。教师的培养多由民间教育团体（如中华教育会）组织和内地师范院校执行，因而他们认为有充分的理由说明“普教之光”来自“99回归”。有好几位教师在撰文述志时均引用了这样一句话：“革命尚未成功，同志仍须努力!”这种积极的情绪是澳门普及教育的希望之所在。

常规学校建立
实行特殊教育制度

1996年11月，澳门政府通过一项法令，核准常规学校建立特殊教育制度，以满足学习有困难学生的特殊需求。

近年来，澳门社会发生了很大变化，经济发展、科学技术日益广泛地应用于社会生活。在这种新形势下，不少青少年学生因体格、心理等问题，在适应社会和接受教育方面产生困难。这就要求学校对这些困难学生采取与众不同的教育方式，以帮助他们健康发展。

该法令适用于在正规教育机构就读，且有暂时或长期特殊教育需求的学生。这种特殊教育制度并非指一般的特殊教育，而是常规学校中另设特别课程、科目或班级。此项特殊教育制度是通过更改及配合正规教育的大纲、教育方法和评估方式及教与学的条件而制定出来的。

实施教学设计奖励计划

1996年11月，澳门教育及青年司为鼓励教学人员对各科教材教法创新设计、提高教学质量，特设计一项“教学设计奖励计划”，欢迎全澳学校及教学人员以个人名义或集体名义积极参加。

该计划的目的在于鼓励各学校及教师创新各学科教学设计，提高教学质量，以利创新，促进交流，把有益的经验供诸教育界共享。

“教学奖励计划”对教学设计提出了严格的要求，指出新设计是未经发表的，必须有系统性，必须对教学目标、教学原理、教学情境及评价等做好详细准备。

学生首次赴内地学习航空专业

为了配合1999年澳门回归，经国家教委商请中国民用航空总局同意，南京航空航天大学从1996年起招收澳门本科生。首批录取的24名新生，9月已全部到南航大报到，4年后，他们将成为首批本地航空界技术管理人才。

据介绍，澳门国际机场建成通航后，所聘用的专业人才大都来自内地、葡萄牙、香港等国家和地区，澳门当地人几乎没有。南航大从今年起在澳门招收应届中学生，是迎接“99”回归，实施培养治澳人才重要举措的一部分，对澳门回归祖国将产生积极影响。

查封一个办学机构

澳门教育署青年司于1996年初查封了一个办学机构——江海补习社。理由是：学制模式、运作内容及招生人数与申请办学执照规定不符。澳门教育当局认为：这个补习学校除许多教学设施不符合办学规定外，且招收了近90%以上在澳门未得到居留证的无证学生。

教育当局此举也引起了一些学生家长的非议。教育部门官员表示，可以协助被查封的这所学校中的有居留证的学生到正规学校就读，但按照澳门有关法规让无证学生就读仍属非法。

澳门考生踊跃报考内地院校

1996年，内地普通高校招收华侨、港澳和台湾学生的入学考试从6月24日开始在澳门一连进行三天，澳门共有553名学生参加了考试。

据统计，澳门考生中报考文史类的有215人，理工科227人，医学类的111人，报考的院校有51所，其中报考人数较多的院校有中山大学、华南理工大学、汕头大学、华南师范大学、中山医科大学、厦门大学、北京大学、上海医科大学、浙江大学、清华大学等。

另外，为配合澳门国际机场发展的需要，南京航空航天大学今年首次特别招收澳门学生。

随着1999年澳门回归的日益临近，澳门学生报考内地高校的人数也不断上升，1995年内地高校共录取400多名澳门学生。

公务员汉语培训

澳门回归祖国已渐迫近，与内地交流正在进一步加强。由于澳门政府中级以上官员多为外籍人士只会外语，土生澳门的官员只会粤语，两类官员多数不懂中文和汉语，在语言上与内地交流多有障碍。为此，早在1986年，澳门政府即开始与澳门商训夜中学合作，选送100多名政府公务员创办了中文班，经过10年的苦读，首批学员已在1995年毕业回到本岗位，从1996年起，他们用汉语会话活跃在澳门政府各部门，使澳门政府部门应用汉语已渐趋普及。

商训夜中学开设的中文班实行三·二·

三学制，即相当于初级班三年，中级班二年，高级班三年。每周上课3次，每次90分钟。中文班分别以粤语和普通话为教学内容，用粤语教学主要是提供给通晓粤语的土生公务员就读，用汉语普通话教学则是为完全不懂汉语的外籍公务员开设。商训夜中学特地从内地聘请资深教师授课，并采用北京语言文化大学的教材和教学方法，为完全不懂汉语或只通晓粤语的学员提供一个正统的学习纯正汉语的学习环境和条件。

首批公务员学员在开学初期感到压力大，学习积极性不是很高，学习方式也不太适应，但经改进教学方法，学员们逐步发生了学习兴趣，提高了努力学习的积极性。通过学习毕业的学员目前已在澳门政府的不同部门、不同职阶上运用汉语开展与内地交流，感到学了中文对工作有很大帮助。有些高层官员学了中文后，还被派往北京攻读行政管理课程，准备为澳门回归做更大的贡献。

同善堂学校

在澳门同善堂药局的隔壁，有一所现代化的学校。她集幼稚园、小学、初中、高中及成人教育于一身，是澳门唯一的一所过去和现在一直提供免费教育的非官办学校。

这所学校是同善堂以扶助贫苦儿童为目的，于1924年创建的，当时名为“同善堂贫民义校”，以中国传统的书塾形式授课。初始只收10名男生，教授诸如书法、珠算、三字经等科目。1937年开始招收女生，并实行现代教育制度，开办小学一至四年级；1965年更名为“同善堂小学”。

许多年过去了。同善堂学校始终竭力收容尽可能多的学生，开设尽可能多的课程，以实现其办学宗旨：提供义务教育，服务贫苦阶级，造就服务社会的有用人才。

1991年，一座现代化多功能的新校舍落成了。在拥有良好的教学设备、影视室、图书馆、实验室、语音室和电脑室的同时，学校开办了中学部，仅短短四年，已在澳门市民心中树立起良好的校誉。

如今，同善堂学校除学前教育外，共开设小学和中学12个班级，全校约800余名学生，同时开办小学夜校以及为成人提供诸如电脑、会计、葡语等夜校专业课程。特别值得一提的是，同善堂学校从幼稚园到高中的课程中，代表中国文化传统的中国语文、书法等科目一直占有重要的地位，在中学阶段还特别开设普通话课程。随着时代的发展，学校的教学质量在不断提高，但始终保持着自己的特色，坚持中国的教育方式和千年文化传统。

澳门理工学院

澳门理工学院是一所崭新的高等学府。它从澳门大学独立出来至今只有5年时间，但已有很大发展。目前澳门理工学院下设五个学校及一个培训中心，开办各类长期或短期课程。这些学校分别是语言及翻译学校，贸易及旅游学校，行政及应用科学学校，体育与运动学校，视觉艺术学校，成人教育及特别计划中心。

澳门理工学院学生人数较当初已有成倍增长。现在约有1000名学生修读各专科学位及文凭课程，如包括修读短期课程的学生则达3000多人。

理工学院创办之初被人们认为是比澳门大学次一级的学府，有些学生考不上大学才选择理工学院。如今，这种情况已经改变。理工学院开始形成自己的特色。澳门大学和理工学院是向不同的方向发展。前者课程主要重理论，强调学术，后者注重实务和应用。两校课程不同，学生可以按自己兴趣及志向选校及课程，而且理工学院也可颁发学士及硕士学位。

目前澳门理工学院面临的问题是其学历要得到葡萄牙的承认。葡萄牙理工学院协调委员会上月在澳门召开会议，专门商讨澳门理工学院课程问题。其中行政秘书高等专科学位课程及公共关系高等学位课程已获委员会一致认可。其余的课程仍在研究中。

控制私立学校班级规模

前两年，澳门学校学位紧张，私立学校班级平均规模过大，在一些学校中不足30平方米的教室要容纳60名左右的学生上课，两张课桌合并起来挤3名学生听课，学校缺少活动场所，有些学校不得不采用两节课休息“活动”一次。私立学校有关人士认为，这种现象是不得已而为之。一方面要为缓解求学的压力，另一方面又可缓解教育经费紧张的状况。但教育当局认为，这是以牺牲教育质量为代价的做法。因此，采取制定学校津贴递减率的办法，控制私立学校班级规模。

1995年，澳门当局推行免费义务教育，为确保教育质量，制订了“津贴递减率”条款，以此来控制私立学校平均班级规模过度膨胀的问题。该法案中规定：凡进入公共教育网络的私立学校，政府按每生每年向学校拨付4800元葡币的津贴，校方必须保证每班不得超过45人，若超过班级名额，则按津贴总数的一定比率递减津贴金额；在46人～55人内，递减40%，即每生每年津贴额降为2880元葡币；在56人～65人内，递减60%，即每生每年津贴额降为1920元葡币；如超过66人以上的，政府则不再给予津贴。

此法案出台后，较为有效，入网络的私立学校在近两年不得不把班级规模控制在规定的限额内，学生学习环境因此有所改善，教育质量也有了一定的保证。但也因此造成学位减少，有些适龄儿童不能入学，与“普及教育”目标有所背离，对此，有关方面再次将进行研究。

台湾教育动态

取消小学早自习课

台湾在进行教育改革目标时，拟从1996年取消小学多年开设的早自习课。

台湾教育部门的官员认为：目前许多小学生为了赶早自习课，来不及吃早餐，小学生不吃早餐，将严重影响他们的正常发育。因此，拟将把学童早自习时间还给家庭，让学生有充足时间在家进早餐。

大陆学历认定原则

1996年11月中旬，台湾教育部门有关官员表示，台湾认定大陆学历以“不溯及既往”为原则，在具体程序上，中小学从宽认定，大专以上从严。台“教育部”将在1997年6月底以前制定出相关条例。

据悉，台湾教育部门之所以放宽大陆中小学学历的认定，是因为大量台商子女在大陆就学，放宽认定将有利于台商子女回台后的教育衔接。台教育部门拟将认定大陆中小学学历的权力下放，由地方（省市）教育部门自行制定相关办法。

至于大陆大专以上学历的认定，需事先报备，而且只能认可台教育部门公告的校系名单。台湾认定大陆大专以上学历的范围，初步定为大陆的重点大学。但有关官员也表示，虽然大陆有近百所重点大学，但并非所有的大学，以及获得认定的大学的所有学系都被承认。

今年10月，台教育部门有关官员曾到大陆考察，对大陆的大学水准印象深刻，并表示重点大学的学历认可应无问题。

大学联合招生考试改革

随着台湾经济社会的不断变化发展，对原有教育制度进行改革，也是备受社会各阶层关注的焦点。近年来，有关教育部门在台湾大学招生考试改革中，推出联合招考改革办法，意在为将来的种种教育改革作研究和准备，但也引起学生、家长及有关社会人士的质疑。这项改革的主要内容及情况分述如下：

一、"推荐甄试"。这项改革制度已在台湾举办3年，从1994年开始试行(招)。即高三的学生在第一学期结束时，凭在学成绩和学校的有关证明，取得参加"推荐甄试"的资格，之后由"大学入学考试中心"统一出题进行甄试学科测验。学生凭自己的在学成绩和甄试学科测验的成绩，向各大学申请，各大学再进行指定科目的甄试，同意其入学，学生就可以直接进入某大学就读，而不必参加联考。

"推荐甄试"的举办，达到了大学入学渠道多元化的目的，举办三年来，基本上得到台湾社会各阶层的肯定，招生名额也在逐年增加。根据计划，1997年度"推荐甄试"的招生名额将达到6538人。1996年度台湾各大学招生6万多人，如果1997年度招生名额与1996年度相近，则明年"推荐甄试"的入学名额将可占联招名额的10%以上。根据台湾教育部门的计划，今后"推荐甄试"的名额将达到联招名额的20%到30%。

"推荐甄试"不仅达到了大学入学多元化的目的，其别具一格的入学考试方式也引起了台湾社会的关注，并对台湾的高中教学方式提出了挑战。以1996年为例，其学科测验题，题型"非常新鲜"，令学生及高中教师大为惊讶，不少学生出了考场后说："学校从来没有这样考过"。最明显的就是在数学的考题中，附上了公式。这种作法引起了高中教学的大震撼。大学考试中心的有关人员称，虽然短期内台湾的教育仍然难以摆脱考试领导教学的模式，但他们正试图通过灵活的学科能力测验、丰富多变的题型，来刺激高中教学的多元化。如数学题附上公式的作法就表明，在信息发达的今天，任何随手可行的信息，不一定都要背诵。"推荐甄试"的第二阶段，即由大学进行的指定科目甄试，更是灵活多样，几乎让考生无从准备。如某医学院的指定科目甄试要求学生指出人体结构及各器官名称；也有大学机械系抬出汽车模型，要求学生简述其结构；还有的大学用英语与学生面谈。所有这些，绝不可能靠短期的冲刺来达到，而完全靠平时的积累。这种测验方式对高中生及高中教师们的教学带来的冲击是不言而喻的。

在"推荐甄试"进行的过程中，也出现了一些不正常的现象。这种入学方式刚刚施行三年，就传出学校为帮助学生通过甄试，为学生提供额外辅导，加强学生在指定科目的应变能力；更有的学校在学生的"推荐甄试"材料中作假，为学生制造参加社团或者担任班级干部的证明。为此，有关人士指出，大学必须严格选才，否则，即使设计出更多、更好的大学入学渠道，也是徒然。

目前台湾各大学的校长们对继续举办"推荐甄试"持肯定态度。因此，"推荐甄试"这种入学方式未来能否继续存在下去仍须进一步观察。

二、"改良式联招"。这项办法已经研讨7年，1996年9月20日，台湾负责大学联合招考的机构"财团法人大学入学考试中心"董事会一致通过了大学两阶段"改良式联招"，并决定自2000年度开始实施。对台湾教育界来说，这无疑是一个具有划时代意义的决策。1998年开始入学的高中一年级学生，将首先迎接这项改革新制度，不再接受"一试定终身"的联招了。

台湾的"改良式联招"已经研究了3年之久，其间颇多曲折反复，引起社会各界广泛的关注。直到今年5月，"大考中心"刚刚对"二次考试"框架达成共识，原来商定的在1999年实施的计划化为泡影，有人甚至发出"7年研究，恐走回原点"的疑虑。现在，虽然台湾教育部门有关官员又对"改良式联招"发出质疑，但"改良式联招"的实施已形成不可阻挡之势，并将对台湾的教育产生很大的影响。

"改良式联招"的基本内容为，入学考试分两个阶段进行。第一阶段为基础科目考试，内容为国文、英文、数学、社会、自然5科，共考两次，一次在高三上学期开学前暑假进行，另一次在下学期开学前寒假进行，考生可择一或两次报考；第二阶段为指定科目考试，在6月举行，由各大学校、系依其性质与特色选择考科数1至2科为原则，至多不超过3科，性质特殊的校系可以无指定科目。基础科目考试所有考生都要考，考生以其最后一次考试的全部成绩为准，也就是说考满意了就可以不必再考；指定科目考试由考生依其所报考志愿的学系选择考科。

"改良式联招"的另一个特色是考试成绩改为分级制，这样就使学生不会盲目追求制式答案，不再斤斤计较1分、2分的分数。目前提出的方案是将成绩分为3个等级，即前均标、均标、后均标。前均标为一科前50%考生的平均成绩，均标为一科全体考生的平均成绩，后均标为一科后50%考生的平均成绩，这样一来，考生就减少了不少考科成绩带来的压力。

"改良式联招"的通过对台湾教育界产生了很大影响。总体来说，社会各界对这项改革措施是肯定的。有人指出，世界各国在大学入学方式上，几乎都采取两阶段模式，这种改革是必由之路。"改良式联招"的最大优点是"双向选择"，未来各大学可在第二阶段订自己的考科。考科多元化以后，联考科目将不再只是高中必修科，选修科将受到重视，高中教学也可望朝正常化和良性方向发展。但也有人对此提出异议，认为"改良式联招"的两阶段考试，可能让高中教学变成"为考试而考试"；另外，台湾也有人对"改良式联招"中自然科的范围发出疑问，因为根据台湾现行的课程标准，高一必修科目中，社会与自然科包括了地理、历史、基础科学，在高二，社会科为公民、地理、历史三科，自然科变成了物理、化学、生物、地球科学四选一，学生不必四科都上。但在"大考中心"公布的考试方案中，并没有指出自然科的考试，是四科都考还是只考一科，如此一来，高中为了保险起见，只好要求学生四科都修，势必将加重学生的负担。据悉，针对此类疑问，“大考中心”和台有关教育部门正在想办法解决。

编印教师法律手册

据悉：台湾教育部门在1996年，编印了《教师法律手册》，供教师管教学生的尺度。

近年来，台湾中小学校园暴力事件增多，其中教师体罚学生而违法案例倍受世人瞩目，究其原因是教师缺乏法律常识，无法把握管教学生的适当尺度。面对教师体罚学生的无数事件，教育部门官员认为，教师尊重学生权利的观念淡薄，管教学生表现出过火行为。从法律上讲，上课时罚学生跑操场，不准进教室等现象，等于剥夺了学生受教育权，私下搜学生书包、抽屉，侵犯了学生的隐私权，恶语伤害学生自尊心，违背了教师应保护学生身心健康的职责，也有触法之虞。

1996年，台湾“教育部”向教师发放700份问卷，请教师们列出平常在教学中管教违纪学生、处罚青少年犯罪等方面遇到的问题，搜集这些事例整理后，由资深检查官根据问卷反映的实例执笔作答，编印成《教师法律手册》，于年内发放到教师手中。

台湾学者参加两岸学术论坛

台湾一批学者组团于1996年10月27日至11月1日参加“海峡两岸青年学者论坛”活动。此次活动是由四川联合大学主办、武汉大学协办举行的，来自海峡两岸的北京大学、清华大学、台湾大学、台湾成功大学等33所著名高校的57人，其中来自台湾省的学者27人。

这次学术活动历时6天，集学术交流、文化考察、风光游览于一体，除在成都、重庆、武汉前后两天作短暂开幕、闭幕活动外，主要学术论坛活动是乘坐长江游轮“梦幻仙境”号在长江三峡河段的游轮上进行的。两岸学者在素有“长江画廊”美称的三峡的险峻奇幽水光山色间，就两岸迈向21世纪后政治、经济、文化、教育各领域如何开展交流活动进行研讨。大陆学者就“巴蜀文化”、“楚文化”和“三峡工程简介”等举行了讲座；台湾学者对三峡工程的生态环境影响？上百万居民怎样安排？大坝建成后美丽的三峡是否存在等问题深为关切，对此，三峡工程指挥部高级工程师李永仁作了一一讲解。研讨会间隙期间，两岸学者游览白帝城、小三峡等沿岸著名风光及葛洲坝现代建设成就。

这次前来出席论坛的27名台湾学者是来自理、工、农、医、社会科学等大学各学科，有的学者虽已先后来大陆数次，但像此次跨学科跨专业参加论坛研讨活动还是第一次，由于这次论坛活动的内容是共同关心的，形式对大家有共同兴趣、方法是轻松活泼的，因而，台湾学者认为不因学科专业不同而存在丝毫的交流障碍，不仅为两岸学者增进相互了解和友谊创造了条件，更使他们在学术交流的同时，亲身体验到祖国壮美的山河，博大精深的中华文化。

评估私立大学

台湾教育部门在1996年对25所大学及学院的“中程校务发展计划”进行了评估审查。此次对私立大学及学院的评审与已往不同的是实行评估成绩和资助经费结合的办法，成绩越好，得到资助经费越多，评估为倒数第一的大学得不到任何奖助。台湾教育部门希望：通过拉大奖助款的差距，带动私立大学的良性竞争，全面提高办学质量。并计划下学年度通过评估办法提高私立大学奖助款的总量。

1996年对25所私立大学、学院的评审结果：长庚医学暨工程学院再次获总成绩第一，得到6000万元新台币的奖助款；评审为倒数第二的淡水工程学院，只得到700万元新台币的奖助款，而评估为倒数第一的"中国医药学院"则没有得到奖助款。

通过此次评审，台湾教育部门还决定，计划在1997年成立"财团法人大学评鉴委员会"，最快于1997学年度开展对公立、私立大学的同时评估。

高学历人才就业难

高学历人才历来被视为台湾就业市场的宠儿。但如今情形大变。各大学、研究单位、公司行号，到处都有捧着博士、硕士学位想找一份理想工作的人。台湾南部一所国立大学只征求一名博士级的教授人才，应征信却多达近500封，足见竞争之激烈。

据统计，1994年台湾的平均失业率是1.56%，而大专及以上程度者失业率为2.23%，居各种教育程度之冠。1995年6月毕业的大学生和研究生的失业率分别创造了10%和16.3%的记录。"高学历高失业"现象凸显新的台湾教育危机，也展现出高学历的优势日趋式微。

1984年大专以上毕业者每年只有8万多人，到1994年已超过17万人，而当年回岛的硕士留学生突破6000人，博士也有近1000人。台岛狭小，加上岛内产业升级步履蹒跚，经济发展不够景气，导致了"英雄无用武之地"。于是不得不降格以求，像大专院校教职这样一些过去备受冷落的职业，也开始成为学子们必争的"铁饭碗"。

台湾社会历来有追求高学历的风气。从幼稚园就开始准备上大学。在人人都想上大学的社会观念下，台湾的大学急剧膨胀，竟多达125所，年轻人在"考上大学再留学"的驱动下，纷纷追求出国留学。目前台湾每年的留学人数早已突破6万人。这个数字尚不包括自行出境留学或就读短期语言学校的学生。

"高学历高失业"现象的出现，与当局的政策有关。由于政策偏差，例如学校聘用博士、硕士可得到经费补助，于是学校不得不聘用高学历人士，相对地也鼓励学生竞相投入升学之路。人人追求高学历的结果，使职高、专科教育跌入"二流教育"的窘境。现在职高和技术专科学校约九成毕业生，宁愿放弃10多个就业机会再度升学挤入高校，导致企业非常缺乏生产一线的基层技术人员。教育界人士对此忧心忡忡，无所适从。

但不久前，台湾"教育部"在减轻学生升学压力的政策下，又开出"支票"，还将继续在各县市兴建数座高等学府。可以预见不久的将来，大学招生人数还将不断窜升。台湾高级人力市场失衡问题显然不是短期内可以解决的，并且，在今后数年中有可能继续恶化。

1996年教育大事记

1月2日 李岚清副总理就中国医学教育改革和发展问题与医学界的有关专家、学者、高校负责同志进行座谈。

△ 《中国教育报》刊登国家教委师范教育司致全国师范院校师生的慰问信。

1月4日 中宣部、国家教委、文化部、新闻出版署和共青团中央举行仪式，向全国100个贫困县赠送“百种爱国主义教育图书”。赠书仪式上，首都少先队员代表向全国少先队员发出“读爱国主义图书，做跨世纪雄鹰”的倡议。

1月5日 国家教委向国务院办公厅报送《关于1995年拖欠中小学教师工资情况的报告》。同日，向各省、自治区、直辖市人民政府办公厅发出《关于1995年拖欠中小学教师工资情况的通报》。

1月5～8日 全国高等学校设置评议委员会第二届第一次全体会议在广州举行。会议就高等学校布局、结构调整等问题进行了研讨，审议了部分学校调整合并及更名问题。国家教委副主任张天保出席会议。

1月6～12日 国家教委副主任韦钰率中国教育代表团对以色列进行访问。

1月9日 国家教委印发《中华人民共和国普通高等学校联合招收华侨、港澳地区及台湾省学生简章》。

△ 国家教委印发《学前班工作评估指导要点》。

1月11日 首都教育界部分专家学者，应《人民日报》社邀请，在北京举行中小学择校问题座谈会。与会专家呼吁，中小学择校收费问题愈演愈烈，必须认真加以引导和解决。

△ 国家科委、外经贸部在京联合召开全国科研院所科技产品进出口工作会议。国务院副总理李岚清、国务委员宋健出席会议并作重要讲话。此次会上有20所高校被授予外贸经营权。

△ 国家教委办公厅发出《关于以1997年我国政府恢复对香港行使主权为题对中小学生深入进行爱国主义教育的通知》。

1月12日 就新闻媒介突出报道湖北省建设银行尊师重教的事迹，国家教委副主任柳斌接受中国教育报记者采访，高度评价湖北省建设银行的作法。强调全社会都是教育的受益者，都有责任回报教育。希望全社会进一步推动尊师重教风气的形成，把我国的教育事业搞上去。

△ 正在台湾访问的祖国大陆27所高等院校的校长，与台湾16所大学的校长共同签署了题为《以学术合作迎接中华民族21世纪》的宣言，呼吁两岸中国人互助互信、团

结合作，为中华民族的振兴奉献一份心力，培养出更多更好的祖国建设的栋梁。

1月13日 1996年全国高校毕业生、毕业研究生供需信息交流及重点计划协调会在武汉举行。国家教委副主任周远清出席会议，就做好1996年毕业生就业工作和深化高校招生及毕业生就业制度改革等问题作了专题报告。

1月15日 国家教委、国家中医药管理局联合发出《关于加强来华接受中医药本科教育留学生教学质量宏观管理的通知》。同时，印发《中国高等学校中医药本科留学生毕业综合水平联合考试暂行办法》及《对外开办中医进修教育管理暂行办法》。

1月16日 国家教委向全国人大常委会办公厅报送《关于进一步贯彻〈妇女权益保障法〉改进妇女受教育状况的报告》。

△ 新华社香港分社社长周南在香港设宴欢迎内地教育代表团到港参加邵逸夫先生捐款活动。国家教委副主任张天保在致词中说：邵逸夫先生自1985年以来，连年向内地教育事业捐赠巨款，为促进教育发展，加速人才培养，做出了宝贵贡献。邵逸夫先生通过国家教委向各地提供的教育捐款已超过10亿港元，援助的项目达720多个。

1月17日 国家教委发出关于征求对《中华人民共和国高等教育法》（草案）意见的通知。

△ 国家教委办公厅发出关于实验《体育两类课程整体改革的方案》的通知。

1月18日 国家教委发出关于组织教育系统工作人员和教师认真学习和贯彻《教师资格条例》、《教师资格认定的过渡办法》的通知。

△ 国家教委印发《教学仪器设备新产品新技术鉴定办法》。

1月22日 国家教委办公厅发出《关于继续认真做好教育对口支援协作工作的通知》。

△ 国家教委办公厅发出《关于公布1995年度、1996年度经国家教委备案的部分高校本科专业名单的通知》。

1月22～24日 国家教委1996年教育工作会议在北京举行，会议回顾总结了教育事业“八五”计划执行情况和1995年的工作情况，讨论研究教育事业“九五”计划和2010年发展规划，并对1996年及今后一个时期的教育工作做出部署。国家教委副主任柳斌作工作报告，部署了1996年要抓好的重点工作。24日，国务院副总理李岚清与出席会议的代表座谈，并就教育改革与发展的指导思想发表了意见。国家教委主任朱开轩在闭幕式上就会议研究和讨论的问题进行了总结。

△ 国家公费出国留学选派工作会议在北京举行。国家教委在会上正式公布了关于国家公费出国留学人员选派管理工作的改革方案，并宣布1996年将在全国试行。国家教委副主任韦钰出席会议并讲话。

1月23日 国家教委发出《关于公布国家教委第三届优秀教材评奖结果的通知》。本届优秀教材评奖于1995年12月结束，评出优秀教材一等奖140个，二等奖213个，中青年奖38个。

1月24日 国家教委举行专门会议，部署治理中小学乱收费工作。国家教委副主任柳斌在会上作了题为“统一思想，提高认识，突出重点，狠抓治理中小学乱收费工作的落实”的讲话，部署了1996年的治理工作。中纪委副书记徐青、国家教委主任朱开轩也在会上讲话。

1月25日 中央政治局召开会议讨论了《中国共产党普通高等学校基层组织工作条例》。国家教委主任朱开轩列席会议。

△ 国务院副总理李岚清在北京会见香港著名爱国人士邵逸夫先生，对他多年来捐资助学，向内地教育事业提供的宝贵支持表示感谢，并高度赞扬了他的爱国之心和慷慨捐助的善举。

△ 国家教委印发《高等学校理科学科教学指导委员会章程（修订稿）》《关于进一步深化高等理科教育教学改革的若干意见》《关于"八五"教材建设规划的执行情况及制定高等学校理科"九五"教材建设规划的原则意见》、周远清同志在高等学校理科教学指导委员会第二次工作会议上的报告《当前高等教育改革的形势与理科教育改革的任务》及《高等学校理科教学指导委员会第二次工作会议纪要》5个文件。

△ 国家教委发出《关于开展幼儿园园长岗位培训工作的意见》。同时印发《全国幼儿园园长岗位培训指导性教学计划（试行草案）》。

△ 国家教委办公厅发出《关于公布经批准的1996年中小学竞赛、读书、评奖等活动的通知》。

1月26日 江泽民总书记和李鹏总理分别为《中国教育地图集》题词。江总书记的题词是：希望这本地图集的出版能有助于大家了解中国教育的历史与现状，真正树立科教兴国的思想。李鹏总理的题词是：《中国教育地图集》为发展教育事业作出了贡献。

△ 国家教委印发《全国幼儿园园长任职资格、职责和岗位要求（试行）》。

1月26～28日 1996年全国普通高校招生工作会在湖南长沙举行。1996年招生"并轨"高校增至500所，约占全国高校总数的一半。国家教委要求开展各项配套改革，严格收费制度；对家庭困难学生学费实行"减免缓"制度。国家教委副主任周远清出席会议并讲话。

△ 国家教委在厦门召开全国职业教育工作座谈会。国家教委副主任王明达出席会议并讲话。会议确定了1996年职业教育工作的重点，提出抓住重点，抓住难点，抓住关键，切实提高职业教育水平。

1月31日 国家教委负责人发表谈话，希望各地教育行政部门和学校要在寒假期间保证师生休息，适当组织一些生动活泼的有益的集体活动，使全国两亿多师生愉快、安全地度过假期。

2月3日 共青团中央等单位在石家庄市联合召开"全国少年儿童'手拉手'表彰暨推进会议"，国家教委副主任柳斌出席会议并讲话。全国已有1100多万对少年儿童结成了"手拉手"好朋友，"手拉手"联谊市、县达800多个，联谊学校10.8万所。

2月3～5日 1996年全国招收攻读硕士学位研究生入学考试初试举行。全国418所高校、319所科研机构等招生单位共招生4.6万人。报考人数达20.4万人，比1995年增长31.8%。

2月6日 国家教委主任朱开轩出席国务院第四次反腐败工作会议，并就治理中小学乱收费问题作了专题发言。

△ 国家教委印发《1996年工作要点》。2月12日，《中国教育报》全文刊登了《要点》。

△ 国家教委印发《关于中等职业学校财经、政法类专业政治课课程设置的意见》。

2月7日 《中国教育报》在头版刊登国

家教委主任朱开轩的文章，题目是《标本兼治切实解决中小学乱收费问题》。

2 月 7～8 日 国家教委在北京举行“留学回国人员成果汇报暨慰问活动。”2 月 7 日，国务院总理李鹏在人民大会堂接见了出席会议的代表。

2 月 8 日 96 慰问留学人员新春文艺晚会在人民大会堂举行。国家教委主任朱开轩出席晚会并代表国家教委致慰问辞。

2 月 9 日 国务院总理李鹏在中南海主持召开座谈会，听取来自科技、教育、文化、卫生、体育、公安等战线的代表对即将提请八届全国人大四次会议审议的《政府工作报告》(征求意见稿）的意见和建议。

2 月 10 日 共青团中央、国家教委联合发出《关于表彰先进少年军校的通知》。

2 月 12 日 国务院副总理李岚清到北京航空航天大学、中国农业大学、中国人民大学，向沈元、娄成后、宋涛三位老教授拜年，并到中央民族大学，视察了建设中的青年教工宿舍。同日，国家教委主任朱开轩、副主任柳斌也分别看望了在京高校的知名学者、教授。

△ 国家教委、劳动部、公安部、交通部、铁道部、国家体委、卫生部联合发出《关于建立全国中小学生安全教育日制度的通知》。

2 月 13 日 中国联合国教科文组织全国委员会第 18 次会议在北京举行。全委会主任、国家教委副主任韦钰出席会议并讲话。全委会副主任、外交部副部长李肇星在会上作了关于国际形势的报告。1995 年中国与联合国教科文组织各类合作项目和活动共 228 项，其中教育 94 项。

△ 《中国教育报》报道：国家教委基础教育司有关方面负责人近日强调，九年义务教育阶段的活动课程是必修课，凡学科性小组原则上不算在活动课程之内，各地中小学必须按课表认真开好活动课。

2 月 14 日 国家教委发出《关于高等学校合作办学中有关问题的意见》。

△ 国家教委发出《关于审批认定国家级重点职业高级中学的通知》。同时印发经审定后公布的“首批国家级重点职业高级中学 296 所学校（中心）名单”。

2 月 14～15 日 国家教委邀集中央各部委教育司长座谈，进一步明确在发展职教中行业、企业的责任，以充分发挥行业、企业对中专学校的领导作用，推进中专改革。国家教委副主任王明达出席会议并讲话。

2 月 15 日 国家教委举办的 1995 年度教育好新闻评奖揭晓，共有 19 家中央新闻单位的 63 篇作品获奖。国务院副总理李岚清、国家教委主任朱开轩出席颁奖仪式并讲话。

△ 国家教委印发《对安徽等五省基础教育“五项内容”督导检查的报告》。

2 月 16 日 国家教委发出《关于农村成人学校和中小学参加扫盲工作的通知》。

2 月 23 日 “中国艺术教育促进会”成立大会在京召开。国家教委副主任柳斌出席会议并讲话。

2 月 26 日 国家教委召开新闻发布会，公布第二批 471 个基本普及九年义务教育和扫除青壮年文盲县、市、区名单。国家教委主任朱开轩，副主任柳斌、王明达出席会议并讲话。2 月 27 日，《中国教育报》刊登了朱开轩的讲话《坚持把“两基”放在重中之重的地位》和全国第二批实现“两基”县（市、区）名单。

△ 国家教委、湖北省人民政府联合发

出《国家教育委员会和武汉市人民政府关于共同建设华中师范大学的意见》。

△　农业部、国家教委联合印发《高等农业院校对口招收农业职业高中、农业中专、农业广播学校应届优秀毕业生暂行办法》《高等农业院校招收有一定实践经验学生的暂行办法》。

2月27日　国家教委办公厅、国家计委办公厅联合发出《关于普通高校"并轨"后招生机构不再收取录取费用问题的通知》。

2月28日　国家教委发出《关于1996年普通高等学校招生工作的通知》。

2月28～3月1日　全国扫盲工作会议在浙江省温州市举行。国家教委主任朱开轩、副主任王明达出席会议并讲话。"八五"期间，中国共扫除文盲2598万，平均每年扫除约520万文盲。会议总结交流了扫盲工作经验，部署了1996年和1997年的扫盲工作。

2月29日　国家教委印发《普及九年义务教育和扫除青壮年文盲工作表彰奖励办法》。

△　国家教委发出《关于做好1996年国家公费出国留学人员选派办法改革全面试行工作的通知》。

3月1日　香港电讯资助内地教育发展计划签字仪式在北京举行。国家教委副主任柳斌、香港电讯总裁张永霖分别签署备忘录并致词。香港电讯教育基金将向内地捐资300万港元，兴建三所农村小学。

3月5日　国务院总理李鹏在八届全国人大四次会议上作《关于国民经济和社会发展"九五"计划和2010年远景目标纲要的报告》。指出优先发展教育，提高国民素质，是我国现代化事业的百年大计。

△　国家教委主任朱开轩会见世界银行中蒙局局长尼古拉斯·霍普先生一行。双方就中国国家教委与世界银行的合作进行了探讨。

△　国家教委与国家科委、中国科协、中国科学院联合在京召开"科技界与教育界携手，推进'园丁科技教育行动'大会"。

3月7日　国务院总理李鹏与参加全国政协八届四次会议的教育界委员座谈，共商发展中国教育大计。委员们就教育体制改革、增加教育投入、师资队伍建设、支持少数民族地区的教育等问题发表了意见和看法。李鹏总理在会上讲话，并和委员们就一些建议进行了探讨。李岚清副总理出席座谈会并发言。

△　国家教委会同国务院纠风办检查了北京市部分中小学校春季开学收费情况。国家教委副主任柳斌等到北京市西城区的几所中小学，听取了学校负责人对收费情况的介绍，并深入班级进行调查，召开学生家长座谈会，听取了北京市教委领导关于治理中小学乱收费情况的汇报。柳斌等对学校严格按照市教育局颁发的收费卡收费，规范收费，规范中小学生教学用书的作法表示满意。

3月8日　国家教委副主任柳斌主持召开中小学计算机教育领导小组会议，听取全国中小学计算机教育研究中心负责同志的工作汇报，并就有关工作做了指示。5月13日，国家教委办公厅印发了《会议纪要》。

△　国家教委、国务院台湾事务办公室联合发出《关于高等学校授予台湾人士为名誉教授、聘请台湾学者为客座教授的通知》。

3月9日　国家教委主任朱开轩签署国家教委第25号令，发布《幼儿园工作规程》，自6月1日起施行，1989年6月5日发布的国家教委第2号令《幼儿园工作规程（试行)》同时废止。

△ 国家教委主任朱开轩签署国家教委第 26 号令，发布《小学管理规程》，自 1996 年 4 月 1 日起施行。

3 月 12 日 国家教委发出《关于 1996 年继续在部分高等学校举办少数民族班的通知》。

3 月 12～14 日 全国高等学校招生计划工作会议在南京举行。1996 年全国普通高等学校计划招收本专科学生 96.5 万人。会议总结了 1995 年高校招生计划的执行情况，落实了普通高校分校、分专业招生计划；核对了拟公布的因办学条件不合格而被亮“红”、“黄”牌的学校名单。讨论了拟出台的《普通高校招生计划管理意见》和《成人高等教育招生计划管理意见》。

3 月 14 日 中国国际教育交流协会第三届常务理事会第三次会议在京举行。会议审议通过了协会秘书处 1995 年工作报告、财务报告和 1996 年工作要点。

△ 国务院各部委教育司局长第十三次联席会议在京召开。国家教委副主任周远清出席会议并讲话。

△ 国家教委发出《关于广播电视大学举办“专升本”教育试点的通知》，同时公布试点学校名单、试点专业招生计划分配“方案”。

3 月 18 日 中共中央印发《中国共产党普通高等学校基层组织工作条例》。4 月 25 日，清华大学、中国人民大学等 10 余所高校的党委负责人在北京学习座谈《条例》。

△ 国家教委主任朱开轩在北京会见应邀来访的安哥拉教育部长若昂·曼努力埃尔·贝尔纳多，向客人介绍了中国教育的有关情况。

3 月 19 日 国家教委、民政部、中国残疾人联合会联合作出《关于表彰特殊教育先进县、市、区的决定》，同时公布全国受表彰的 102 个先进县、市、区名单。

△ 国家新闻出版署、国家教委联合发布《全国优秀教育音像出版物评奖工作暂行办法》。

3 月 19～20 日 国家教委主任朱开轩在河北省青龙满族自治县考察教育工作。到中小学校和职教中心看望教师，邀请各类学校校长、教师代表就贫困地区如何实施“两基”等问题进行座谈，回答了教师们普遍关心的问题，并就教育发展中的许多具体问题发表了指导性意见。

3 月 20 日 国家教委和全国扫盲工作部际协调小组在北京举行仪式，宣布设立“中华扫盲奖”及“中华扫盲奖锡山奖”，旨在表彰奖励在扫盲工作中作出突出成绩的先进单位和个人。“中华扫盲奖”是国家扫盲奖，经费由国家财政投入及社会各界的捐资共同组成；“锡山奖”是其下设奖项，江苏省锡山市人民政府为该奖捐资 250 万元。

3 月 21～24 日 全国教育纪检监察工作会议在郑州举行。会议总结 1995 年的教育纪检监察工作，研究部署教育系统 1996 年反腐败和党风廉政建设工作。国家教委副主任柳斌出席会议并讲话。

3 月 22 日 “OMRON 中国教育基金”在北京举行签字仪式。根据协议，日本欧姆龙株式会社将在北京、上海、大连和天津一些理工科大学设立总额为 500 万元人民币的教育基金，用于向这些院校赠送文献、书籍、实验室设备、实行奖学金和教师奖励金等。

3 月 24 日 国务院副总理李岚清发表电视讲话，要求全社会都要关心中小学安全工作。

3月25日 第一个"全国中小学生安全教育日"。国家教委、劳动部等在北京复兴门外第二小学举行向部分省市中小学赠送《中小学安全须知》、《中小学安全常识》和"幸福小黄帽"仪式。国家教委副主任柳斌出席仪式并讲话。

△ "中学思想政治课和小学思想品德课课程标准编写工作会议"在京召开。国家教委副主任柳斌就编写工作讲了话。

△ 国家教委、国务院纠正行业不正之风办公室发出《关于1996年在全国开展治理中小学乱收费工作的实施意见》。

3月26日 国家教委、国家体委、卫生部、国家民委、国家科委联合发布1995年中国学生体质健康调研结果：全国中小学生身高、体重等形态发育指标明显增长，速度、力量等素质指标有所提高，龋齿、贫血等常见疾病有所下降，少数民族学生生长发育增长与汉族学生同步，某些指标增长幅度甚至超过汉族学生平均水平。此次调研覆盖全国30个省（自治区、直辖市）21个民族的1800所学校，调查人数达31万。

△ 以"探讨欧亚教育与科技未来"为主题的第七届英格贝尔论坛年会在瑞士英格贝尔开幕。来自欧、亚各国教育、科技、政治和经济界人士共300余人出席。中国国家教委副主任韦钰作了题为《中国的崛起是世界的一种机遇》为主旨演讲。

3月26～28日 联合国教科文组织"和平、人权和民主教育咨询委员会第二次会议"，在法国巴黎举行，中国国家教委副主任韦钰出席会议。

3月27日 国家教委发出《关于加强社会力量办学管理工作的通知》。

△ 国家教委印发《高等教育自学考试实践性环节考核管理试行办法》。

3月27～30日 全国高校"两课"管理工作座谈会在广州举行。国家教委副主任周远清出席会议并讲话。6月5日，国家教委办公厅印发了《会议纪要》。

3月28日 国家教委在北京邀集上海交通大学、西安交通大学、西南交通大学和北方交通大学的负责人举行座谈会。中共中央总书记、国家主席江泽民参加座谈会并就教育改革和发展问题发表了重要谈话。国务院副总理李岚清出席座谈会。

△ 国家教委发布《1995年全国教育事业发展统计公报》。4月19日，《中国教育报》全文刊登了《公报》。

△ 水利部、国家教委联合印发《水利普通中等专业学校招收有实践经验人员的暂行办法》。

3月28～30日 全国教育督导室主任会议在北京举行。国家教委主任朱开轩，副主任、总督学柳斌出席会议并讲话。

3月29日 国家教委公布总督学顾问和第四届国家督学名单，国家教委主任朱开轩向国家督学颁发聘书并讲话。此次国家教委聘请3位总督学顾问和63位国家督学。

△ 国家教委办公厅印发《普通高等教育"九五"国家级重点教材立项、管理办法》。

4月1日 国家教委主任朱开轩在北京会见应邀来访的蒙古国科学教育部部长特木尔奥其尔率领的教育代表团，向客人介绍了中国教育改革与发展情况。3月27日，蒙古国总理访华期间，中蒙两国教育部门签署1996年～2000年教育交流与合作计划。

4月2日 国家教委印发《城镇流动人

口中适龄儿童、少年就学办法（试行）》。

4月2～6日　1996年全国广播电视大学教育工作会议在安徽屯溪举行。会议讨论广播电视大学改革和发展中的若干重要问题，研究广播电视大学系统建设、教材建设和“注册视听生”、“专升本”教育试点及法规建设等工作。7月10日，国家教委办公厅印发了《会议纪要》。

4月2～9日　国家教委在北京举办第二期高等学校教学工作研讨班。来自全国近百所高校及部分省、市、自治区、中央部委的200人参加研讨。国家教委副主任周远清作了《高等教育改革与发展》的报告。

4月3日　国家教育发展研究中心在北京举办“面向21世纪教育”国际学术报告会，以此纪念中心成立10周年。李鹏总理为祝贺“中心”成立10周年题词：“发扬实事求是作风，促进教育事业发展。”国家教育主任朱开轩出席报告会并讲话。

△　中国教育学会就河南省浚县深化中小学教育改革、创办少年技校、加强教育与生产劳动相结合的经验，邀请有关方面负责人、专家座谈。中国教育学会会长张承先、国家教委副主任柳斌在会上发表意见，肯定浚县的经验。

△　国家教委办公厅发出《关于取消1996年“第十二届全国中学生作文竞赛”的通知》。

4月4日　国家教委发出《关于认真做好1997年普通高等学校国家级教学成果奖励工作的通知》。

△　国家教委发出《关于要求各级各类学校在重要场合奏唱国歌的通知》。

4月5日　南开大学、南开中学、第二南开中学、重庆校友总会在南开大学举行大会，纪念著名爱国教育家、南开学校的创办人之一张伯苓先生诞辰120周年。李瑞环、李岚清、邹家华、吴阶平等分别为张伯苓先生诞辰120周年题词。

△　国家教委主任朱开轩签署国家教委第24号令，发布修改后的《教育系统内部审计工作规定》，自发布之日起施行。

4月6～8日　华东地区和广东七省一市基础教育建设和服务座谈会在华东师范大学举行。会议就加强师范院校区域合作，更好地为基础教育改革和发展服务进行了研讨，并达成多项合作。国家教委副主任周远清出席座谈会并讲话。

4月8日　上海交通大学、西安交通大学分别举行大会，庆贺建校100周年。江泽民、李鹏、李瑞环、刘华清等为交通大学百年校庆题词。江泽民的题词是：“继往开来，勇攀高峰，把交通大学建成世界一流大学。”李鹏的题词是：“面向21世纪，培养优秀人才。”

△　国家教委发布《高等学校教师培训工作规程》。

△　国家教委发出《关于做好1996年普通中等专业学校招生工作的通知》。

4月10日　国家教委印发《全国教育事业“九五”计划和2010年发展规划》。4月20日，《中国教育报》全文刊登《规划》。

4月11日　1996年全国研究生录取工作会在北京召开。1996年研究生招生规模为5.48万人，比1995年增长7.3%，录取分数有所上扬。国家教委副主任周远清出席会议并讲话。

4月12日　国家主席江泽民在北京会见由教育部长侯赛因·巴哈丁率领的埃及教育代表团。同日，国家教委主任朱开轩与巴哈丁部长举行工作会谈，双方就进一步扩大两国教育合作问题交换意见。11日，埃及教育代表团与国家教委共同举办"面向21世纪教育中埃高层次研讨会。"朱开轩、巴哈丁在研讨会上作重点发言。

△《中华人民共和国义务教育法》颁布10周年。《中国教育报》在头版刊登国务院副总理李岚清为此撰写的文章，题目是《基础教育是提高国民素质和培养跨世纪人才的奠基工程》。

△ 国家教委发出《教学用光学仪器通用技术条件》等六个教学仪器设备行业标准。

4月15日 国家教委在北京召开纪念《中华人民共和国义务教育法》颁布实施10周年座谈会。雷洁琼、何鲁丽等出席座谈会并讲话。国家教委副主任柳斌主持座谈会并对10年来全国实施义务教育的情况作了介绍。国家教委主任朱开轩在会上作题为"深入学习和贯彻《义务教育法》"的讲话。10年来，全国已有91%的人口地区普及初等义务教育。36%的人口地区普及九年义务教育，小学学龄儿童入学率达到98.5%，初中阶段入学率达到78.4%。

△ 国家教委发出《关于继续做好1996年高校毕业生和毕业研究生就业工作的通知》。

4月16～28日 全国中小学教材审定委员会在南昌市召开1996年度教材审查会议。

△ 国家教委办公厅印发《1995年全国学生近视眼防治工作公告》。

4月19日 国家教委主任朱开轩在国家高级教育行政学院第十一期高校领导干部进修班开学典礼上作题为《教育事业发展的现状及"九五"任务》的报告。

4月22日 中共中央政治局常委、全国政协主席李瑞环参观北京大学创办的中国电子行业大型骨干企业北大方正集团公司。

△ 国家教委发出《关于社会力量办学管理经费问题的意见》。

4月23日 全国残疾人事业工作会议特殊教育专题会议在北京召开。国家教委副主任柳斌出席会议并讲话。会上，国家教委、民政部、中国残联对全国在实施残疾儿童义务教育方面成绩显著的102个县（市、区）进行表彰。

4月24日 联合国教科文组织在北京市少年宫举行赠书仪式，向中国联合国教科文俱乐部学生赠送1万册中英文对照读物《海伦·凯勒》。中国联合国教科文全委会主任、国家教委副主任韦钰出席赠书仪式并讲话。

△ 农业部、人事部、国家教委联合发出《关于从事农业技术推广工作的高中等农业院校教师评聘职务有关问题的通知》。

4月24～27日 国家教委主任朱开轩赴江苏考察。就江苏省实施"两基"加快高教管理体制改革步伐等与省领导交换意见。并前往南京大学和东南大学，与南京大学领导、老教师等就解决学校在改革与发展中遇到的主要困难进行座谈。实地察看了东南大学图书馆、实验室等，就进一步搞好东南大学的工作发表指导性意见。

4月27日 首届全国大学生文艺汇演开幕式在北京举行。国务院副总理李岚清等出席开幕式并观看演出。

4月28日 国家教委《政报》1996年第四期刊载"1995/1996年度经国家教委批准设置或备案的普通高等学校本科专业名单"。

4月29日 国家教委、农业部联合发出

《关于进一步办好农村中等职业学校农业类专业的意见》。

4 月 29～30 日 国务院学位委员会第十四次会议在北京举行。会议审批第六批博士、硕士学位授权学科专业名单，审议通过《国务院学位委员会学科评议组组织章程(修订草案)》《专业学位设置审批办法》，决定设置和试办教育硕士专业学位。国务院副总理、国务院学位委员会主任委员李岚清出席会议并讲话。会议决定增补朱开轩为国务院学位委员会副主任委员，主持常务工作。

4 月 30 日 全国百名优秀中学思想政治课教师表彰大会在北京举行。国务院副总理李岚清会见全体代表，并发表讲话。会上，百名优秀中学思想政治课教师向全国中学思想政治课教师发出了倡议。

△ 国务院副总理李岚清在中南海与全国希望工程工作会议代表座谈，指出希望工程是一项功在当代，利及千秋的社会公益事业，对于发展我国的基础教育具有重要现实意义和长远战略意义。

5 月 3 日 首都高等院校纪念“五四”青年节报告会在北京大学举行。国务院副总理李岚清在会上作题为《祖国的未来和当代青年的历史重任》的报告。

△ 国家教委主任朱开轩在北京会见应邀来华访问的日本文部大臣奥田干生及其一行。双方就两国教育交流交换意见。

△ 国家教委发出《关于进一步提高教育统计数据质量的意见》。

5 月 6～8 日 中央综治委办公室、国家教委、公安部在北京联合召开全国高校治安综合治理工作会议。会议部署了开展整顿高校及周边治安秩序工作，总结和研究了加强学校治安综合治理及维护高校稳定和高校公安机构体制改革工作。国家教委专职委员朱新均代表国家教委在会上作题为“加强治安综合治理、维护校园正常秩序、保持学校政治稳定、促进教育事业发展”的讲话。

5 月 7 日 国家教委、财政部在北京分别同河北、山西、福建、河南、湖北、湖南、海南、安徽、陕西、江西、黑龙江、四川 12 省签订“国家贫困地区义务教育工程”项目责任书。江泽民、李鹏、李岚清分别为工程题词。签字仪式后，李岚清副总理同 12 个省的副省长和国家教委、财政部的负责同志就实施工作进行了座谈。国家教委主任朱开轩、财政部副部长谢旭人出席签字仪式并讲话。

△ “1996 高等教育评估与质量保证国际学术会议”开幕式在北京师范大学举行。国家教委副主任周远清出席会议并讲话。

△ 国家教委副主任韦钰同应邀来访的捷克教育青年和体育部副部长埃马努力·翁德拉契克率领的捷克教育代表团举行会谈。双方签署“中捷 1996 年—1999 年教育合作协议”。

5 月 8 日 国家教委办公厅印发《“九五”时期教育审计工作规划》。

5 月 9 日 国家教委发出《关于公布天津城市建设学院等十三所高等学校本科教学工作合格评价结论的通知》。

△ 国家教委、中国残疾人联合会联合印发《残疾儿童少年义务教育“九五”实施方案》。

5 月 9～10 日 中央宣传部、国家教委、共青团中央在北京联合召开青年学习邓小平建设有中国特色社会主义理论工作座谈会。中宣部副部长刘云山、国家教委党组成员朱新均、团中央常务书记刘鹏等出席会议并讲话。

5月10日 国家教委印发《中外合作举办教育考试暂行管理办法》。

△ 国家教委发布《高等教育自学考试开考专业管理办法》。

△ 国家教委发出《关于下发1996年暂停招生的普通高等学校名单的通知》，随《通知》公布暂停招生的学校是：内蒙古自治区所属青山大学、湖北省所属随州职业大学。

△ 国家教委办公厅发出《关于进一步加强全国统一考试命题保密工作的意见》。

5月10～16日 国务院副总理李岚清在湖南考察。期间，到13所大中小学校考察。强调要在全国进一步推广湖南省汨罗市素质教育的经验；要加强薄弱学校建设，减少升学竞争；高校体制改革要继续坚持“调整、联合、共建、合并”八字方针，为地方经济建设服务。7月3日，《中国教育报》刊登了李岚清在汨罗考察素质教育的讲话，题目是《基础教育的根本任务是提高全民族的素质》。

5月13日 国家教委发出《关于做好1996年内地西藏初中班毕业生升学工作的通知》。

5月13～26日 国家教委主任朱开轩率中国教育代表团赴英国、德国访问。就21世纪教育的发展与改革等问题同两国教育部长及有关人士进行探讨，并考察两国的学校教育及企业。

5月15日 八届全国人大常委会第十九次会议通过了《中华人民共和国职业教育法》。同日，国家主席江泽民签署第69号主席令予以公布，自1996年9月1日起施行。17日，《中国教育报》刊登国家教委副主任王明达就《职业教育法》颁布答该报记者问。18日，《中国教育报》发表社论《职业教育发展改革的法律保障》，祝贺《职业教育法》颁布，并全文刊登《职业教育法》。

5月15～17日 全国普通高等学校毕业生和毕业研究生就业协调会在南京举行。1996年全国普通高校共有本专科毕业生86.6万人。高校毕业生和毕业研究生就业计划多数已经落实，国家教委要求继续做好高校毕业生的就业安排工作，拓宽就业渠道，重点解决尚未落实单位的毕业生去向。

5月16日 中央纪委、监察部在北京召开中央、国家机关查办案件工作经验交流会，国家教委副主任、中纪委驻国家教委纪检组组长柳斌在会上发言，强调坚决查处教育界违法违纪案件。

△ 国家教委发出《关于当前加强“民转公”工作的几点意见》。

5月17日 国家教委在天津向天津城市建设学院、河北机电学院、山东轻工业学院等13所全日制普通高等学校颁发“本科教学工作合作证书”。1995年初，国家教委决定分期分批对高等学校进行教学工作评价，发布了各科类高等学校教学工作合格评价方案及实施办法，开始对首批百余所新建院校进行教学工作的合格评价，预计在三年内完成。

△ 国家教委印发《关于加强普通中学劳动技术教育的意见》。

5月18日 “中国成人教育协会、民办高等教育委员会第二次会员大会”在京召开。国家教委副主任王明达出席开幕式并讲话。

5月20日 国家教委副主任柳斌在北京会见应邀来华访问的罗马尼亚教育部国务秘书埃卡特丽娜·安德罗内斯库率领的罗马尼亚教育代表团。双方就进一步加强两国教育交流与合作进行会谈。

5月22日 国家教委、全国人大教科文卫委、全国人大法制工作委、国务院法制局举行学习、宣传、贯彻、落实《职业教育法》座谈会。李岚清副总理在讲话中强调，各级政府、各有关部门、各行业企业、广大职教工作者和社会各界要共同努力，实施好《职业教育法》，开创中国职业教育的新局面。

5 月 23 日 国家教委、重庆市人民政府联合发出关于《国家教育委员会和重庆市人民政府共同建设重庆大学的意见》。

5 月 24 日 国家教委作出《关于表彰全国幼儿教育先进县（市）、区的决定》。同时公布受表彰的 100 个先进县、市、区名单。5 月 28 日，国家教委召开表彰会。国家教委副主任柳斌出席会议并讲话。

△ 国家教委办公厅发出《关于扩大广播电视大学高等专科“注册视听生”试点学校的通知》。

5 月 27～30 日 由国家教委、财政部、国家计委、世界银行联合举办的“第三个贫困地区基础教育发展项目启动会”在河南郑州市召开。该项目向世界银行贷款 1 亿美元，国内配套资金 9.28 亿元人民币，主要用于支持安徽、福建、甘肃、河北、河南、吉林、青海 7 省的 124 个国家级贫困县发展九年义务教育。

5 月 28 日 全国社会力量办学管理座谈会在北京举行。国家教委副主任王明达在座谈会上讲话，强调各级教育行政部门要认真贯彻“积极发展、大力支持、加强管理、正确引导”的方针，进一步推动社会力量办学的健康发展。6 月 14 日，国家教委办公厅印发王明达的讲话。

5 月 29 日 国家教育督导团召开在京督学情况通报会。国家教委副主任、总督学柳斌到会讲话，指出当前基础教育的当务之急是学习、推广汨罗等地的经验，推动应试教育向素质教育转变，初步建立起素质教育的运行机制。

△ 国家教委发出《关于严格高等学校考试管理及有关问题的通知》。

△ 国家教委印发《关于加强教育督导队伍建设的几点意见》和《督学行为准则》。

5 月 30 日 全国人大常委会《教育法》执法检查组会议在北京召开。国家计委、财政部、国家教委、国家税务总局向检查组汇报了本部门实施《教育法》、落实教育投入的情况。北京市人大常委会汇报对同级政府实施教育法律的检查监督情况。这次会议标志着全国人大常委会《教育法》执法检查全面展开。

△ 国家教委主任朱开轩到北京大兴县礼贤镇幼儿园和大皮营乡大同营小学，看望、慰问了长期工作在偏僻农村的小学和幼儿园教师，并向小朋友们祝贺“六一”。31 日，国家教委副主任柳斌也先后到北京和天津的几所幼儿园和小学，慰问教师，向小朋友们祝贺节日。

6 月 1 日 联合国教科文组织国际农村教育研究与培训中心管理委员会成立大会在河北省召开。国家教委副主任王明达出席会议。

6 月 5 日 国家教委、财政部、国家计委、司法部、人事部、国务院法制局联合发出《关于开展〈教育法〉执法检查的通知》。

6 月 6 日 国家教委发出《关于七年制高等医学教育扩大开办学校的通知》。

6 月 7 日 全国人大教科文卫委、国家教委、国家经贸委、劳动部、农业部、司法部、全国总工会联合发出《关于学习宣传和贯彻实施〈中华人民共和国职业教育法〉的通知》。

△ 国家教委印发《全日制普通高级中学思想政治课课程标准》(试行)。

6月9日 高等学校“教学研究与高等人才培养中心”成立大会在北京大学举行。

6月10日 国家教委主任朱开轩同应邀来访的哈萨克斯坦共和国教育部长姆·茹里诺夫举行工作会谈。双方签署中哈教育合作协议。

6月11日 国家教委主任朱开轩到北京西三旗教师住宅小区考察，听取了北京高校房地产开发公司和施工单位领导关于工程进度与小区服务设施规划情况的汇报，并察看已完工的住宅楼的内部装修情况。

6月11～13日 广播电视大学“注册视听生”试点工作会议在北京举行。会议交流1995年试点工作经验，研究布置1996年度“注册视听生”扩大试点的工作。国家教委副主任王明达、韦钰分别出席会议并讲话。

6月12日 国家教委办公厅印发《关于对教育行政干部进行教育政策法规培训的意见》。

6月13日 国家教委副主任韦钰会见随同黎巴嫩总理访华的黎巴嫩教育与青年体育部部长罗贝尔·阿尼姆。双方就发展两国间的交流与合作交换意见。

6月14日 共青团中央、国家教委联合召开“96中国大中学生志愿者扫盲与科技文化服务行动”全国电话会议。国家教委副主任王明达出席会议并讲话。

6月17～20日 国家教委、国家经贸委、劳动部在北京联合召开全国职业教育工作会议。17日，国务院总理李鹏会见出席会议的代表。国家教委主任朱开轩、国家经贸委副主任陈清泰、劳动部副部长林用三出席开幕式并讲话。会议根据党中央、国务院大力发展职业教育的方针，研究制定了实施《职业教育法》和《中国教育改革和发展纲要》的改革措施，总结交流“八五”期间职业教育改革和发展的经验，进一步明确中国跨世纪职业教育的目标和任务。国家教委副主任王明达在闭幕会上作总结报告。9月9日和8月20日，国家教委、国家经贸委、劳动部分别联合印发李鹏总理、李岚清副总理和朱开轩、陈清泰、林用三、王明达在全国职业教育工作会议上的讲话。

6月21日 国家教委发出《关于下达1996年全国普通高校毕业生和暑假毕业研究生就业计划的通知》。

6月22日 宁波华茂(集团)服务有限公司向师范教育捐款仪式在北京举行。该公司将300万元人民币捐赠给国家教委，用于支持师范教育。国家教委副主任柳斌在捐款仪式上讲话。

6月23～26日 国家教委主任朱开轩赴大连、沈阳两市考察。听取辽宁省和大连市教委“普九”工作汇报。并就解决大连理工大学面临的主要困难，加大“共建”力度等有关问题达成一致意见。在大连期间，视察了教师住宅区、大连经济开发区和部分高校。

6月24日 国家教委发出关于实施《幼儿园工作规程》的意见。

6月24～31日 国家教委副主任王明达率领中国职业教育代表团访问韩国。

6月25日 部分参加过抗日战争、解放战争的革命老前辈，在人民大会堂与清华大学、北京大学、北京师范大学的学生代表举行座谈，共庆建党75周年。

△ 国家教委办公厅发出关于表彰“贯

彻《学校体育工作条例》优秀高等学校”的通知。

6月26日 国家教委发出《关于进一步做好今年教师节庆祝活动的通知》。

6月27～30日 国家教委在湖南岳阳召开“构建督导评估机制，推动实施素质教育”研讨会。“九五”期间，国家教委将逐步建立一批实施素质教育的实验联系县（市、区），并逐步形成科学、完整、系统的素质教育评价制度。国家教委副主任、总督学柳斌出席会议并讲话。7月23日，国家教委办公厅印发《会议纪要》。

6月28日 国务院副总理李岚清在中南海接见中央民族大学96届优秀毕业生，希望同学们为国家的发展作贡献，使所有的民族、所有的地区都共同富裕。

△ 国务院副总理李岚清在中南海主持召开外语教学座谈会，上海华东师范大学一附中外语特级教师张思中等应邀出席座谈会。国家教委副主任周远清出席座谈会。

△ 国家教委办公厅印发《关于进一步加强燎原广播电视学校工作的意见》。

6月30～7月4日 第11届亚太地区联合国教科文组织全国委员会会议在马尔代夫举行。国家教委副主任、中国联合国教科文组织全国委员会主任韦钰率中国代表团出席。

6月30～7月10日 国家教委贷款办组织部分专家和有关人员赴安徽、福建、广西、河南等省（区），对有关院校的世界银行贷款师范教育发展项目执行情况进行检查。7月11日～12日，在厦门召开会议，通报了该项目的总体执行情况和中期检查情况，针对项目执行中存在的问题进行研究。

7月1～5日 国务院副总理李岚清考察山西省的部分高校和吕梁、晋中、忻州、阳泉4个地市的9所农村小学、乡镇中学、农村初级职业中学。强调高校要深化办学体制改革，努力提高办学质量和办学效益；农村教育要走农科教结合的路子，为农村经济建设培养人才。

7月2日 国家教委办公厅发出《关于进一步加强对教育经费审计监督的意见》。

7月8日 全国政协科教文卫体委员会、国家教育发展研究中心，邀请部分全国政协委员和教育、科技、文化、经济界的知名专家，座谈“未来社会发展与我国义务教育阶段学生综合质量目标”。座谈会上，专家们分析了21世纪的科技、经济、政治、文化等方面的特点，结合现状提出下一世纪应该怎样培养人才的建议。

7月9日 国家主席江泽民在人民大会堂会见赵锡成等交通大学的海外校友50多人，对他们回来参加交通大学100周年校庆活动表示欢迎。

△ 国家教委发出《关于加强对高等院校、普通中小学实行五天工作制管理的通知》。

7月10日 国家教委、国家自然科学基金委员会联合发出《关于共同主办数学研究生暑期学校的通知》。

7月11日 国家教委发出《关于取得中等职业学校实习指导教师资格应当具备的学历的规定的通知》。

△ 国家外国专家局、国家教委联合颁发《学校及其他教育机构聘用外籍专业人员管理办法》。

△ 国家教委办公厅发出《关于对广播电视大学“注册视听生”必修课程考试实施监督检查的意见》。

7月13日 “96全国出版成就展”在北京开幕。国家教委组织“八五”期间各级各类获奖教材数千种参展。

7月15日 国家教委办公厅发出《关于进一步加强贫困地区、民族地区女童教育工作的十条意见》。

7月15～18日 全国高校科技工作会议在北京举行。国务院副总理李岚清出席开幕式并讲话。国家教委副主任韦钰在开幕式上作题为《进一步发挥高等学校科技优势，努力为科教兴国作出较大贡献》的工作报告。会议总结交流“八五”期间高校科技工作的成就与经验，明确“九五”和到2010年高校科技工作改革与发展的基本思路、奋斗目标和主要任务。中央书记处书记温家宝出席闭幕式并讲话。国家教委主任朱开轩在闭幕式上作会议总结。9月3日，国家教委印发了李岚清、温家宝、朱开轩、韦钰的讲话。

7月17～20日 高等学校文科教育改革座谈会在大连举行。来自全国20余所高校的近70名专家学者参加会议，就文科教育改革面临的新形势及深层次的问题进行了研究和探讨。国家教委副主任周远清出席会议并讲话。

7月21日 中国中小学幼儿教师奖励基金会举办的首次全国特级教师“园丁之家”在河北承德市开幕。全国政协副主席钱正英、国家教委副主任柳斌出席开幕式并讲话。

7月22～26日 国家教委主任朱开轩到青岛、上海考察教育工作，与当地负责同志协商加大共建青岛海洋大学力度和推进同济大学改革与发展等工作，并形成一致意见。在青岛期间，朱开轩听取了青岛市教育工作汇报，考察了青岛大学、青岛海洋大学分部和青岛市小南村教师住宅区，走访了部分教师家庭。在上海考察了上海建材工业学院和上海城市建设学院，出席了上述两校并入同济大学的座谈会，并发表讲话。

7月23日 中共中央总书记、国家主席江泽民在人民大会堂会见参加“21世纪中国与新一代留学生研讨会”的代表，并发表讲话。指出党和人民对广大留学生寄予厚望，希望海外的留学人员关心祖国的改革和建设事业，继续通过各种方式和途径，为祖国的繁荣和发展作出贡献。

7月23～25日 “21世纪中国与新一代留学生”研讨会在北京举行。全国人大常委会副委员长、欧美同学会会长吴阶平在开幕式上致词，国家教委副主任韦钰出席开幕式并讲话，会议就社会发展与经济体制改革、高校科技与经济发展、中国留学生政策及留学人员为国服务途径三大议题进行研讨。

7月24日 全国农科教结合协调领导小组第三次工作会议在北京举行。国务院副总理李岚清出席会议并讲话，强调要坚定不移地推进农科教结合。

7月25日 国家教委发出《关于严禁以勤工俭学名义乱收费的通知》。

7月26日 《中国教育报》发表评论员文章，题为《加大力度治理中小学乱收费》。

7月26～31日 第八届国际信息中学生奥林匹克竞赛在匈牙利维斯普雷姆市举行。中国参赛的4名中学生全部获得金牌。

7月29日 国务院副总理李岚清邀请京、津、沪主管教育的副市长和教委负责同志座谈，研究认真贯彻《教育法》和《义务教育法》，坚决制止义务教育阶段中小学乱收费、高收费的不正之风。8月15日，国家教委向各省、自治区、直辖市教委、教育厅发出电报，要求各地“认真贯彻李岚清副总理在京、津、沪纠正义务教育阶段乱收费、高收费不正之风座谈会上的重要讲话，坚决制止、查处中小学乱收费、高收费的不正之风。”

△ 国家教委印发《关于加强全国普通高等学校艺术教育的意见》。

7月31日 国家教委、广播电影电视部、文化部联合发出《关于做好中小学生教育影视片推荐和发行放映工作的通知》。

8月2～5日 高等教育管理体制改革座谈会在北戴河举行。会议交流高校管理体制改革的新情况和新经验，研究存在的困难和问题，讨论进一步推动高教管理体制改革扎实深入开展的相应措施。5日，国务院总理李鹏会见出席会议的代表并讲话，强调要加大高校管理体制改革的力度，把高校办得更适应改革开放和社会主义市场经济的需要，适应科教兴国战略、可持续发展战略以及经济增长方式转变战略的需要。国务院副总理李岚清在会议闭幕式上作题为《深化高等教育体制改革，进一步提高教学质量和办学效益》的讲话。8月28日，国家教委印发了李鹏总理、李岚清副总理的讲话。

8月7日 国家教委和联合国儿童基金会主办的千名农村贫困地区小学校长培训班开幕式在北京举行。国家教委副主任柳斌出席开幕式并讲话。

8月8日 国家教委副主任周远清到北京市普通高校录取现场，了解北京市招生录取情况，在录取现场回答了首都新闻界提出的高校招生工作的有关问题。

8月8～12日 第五届国际汉语教学讨论会在北京举行。来自27个国家和地区的347名代表交流和切磋了汉语教学经验，展示在汉语教学理论与实践方面的最新进展。1995年中国共接受来华学习汉语的外国留学生近3.7万人。

8月9日 旨在促进教师教学基本功训练，推动推广普通话工作开展的“首届全国教师朗诵大赛”颁奖会在北京举行，国家教委副主任柳斌出席颁奖会。

8月12日 北京大学换届工作结束。中科院院士、北京大学副校长陈佳洱新任北京大学校长。

8月16日 国家教委印发《普通高等学校本、专科招生计划管理意见》。

8月19～21日 国家教委主任朱开轩到江西南昌调研。在南昌大学，察看了校园环境和教学、科研情况，同学校领导进行座谈。并同江西省委、省政府领导同志就江西省的教育改革与发展问题交换意见。

8月22日 国家教委主任朱开轩听取湖南省教委负责人的灾情汇报。指出恢复教学秩序、重建校园要实事求是，从实际出发，切不可把标准提得过高。湖南省在洪涝灾害中，有20000余所学校受灾。

△ 国家教委办公厅发出关于印发《教育系统开展法制宣传教育的第三个五年规划》的通知。

8月23日 国务院副总理李岚清在北京接见参加“千名贫困地区项目小学培训班”第三期学员。他在讲话中指出，中国能否在21世纪持续发展，最终取决于人的素质，而人素质的培养和提高，基础教育是根本。全国尤其是贫困地区的校长及教师们要勇于承担起普及九年义务教育、培养21世纪人才的责任。

△ 国务院副总理李岚清在北京会见联合国儿童基金会代表，指出双方的合作富有成效。中国与联合国儿童基金会合作的“促

进贫困县初等教育项目”，总投资约1000万美元，实施范围主要为中国西南、西北11个省区的100个国家级、省级贫困县。

8月27日　国务院副总理李岚清主持召开会议，研究中央部委所属高校体制改革问题。国家教委副主任周远清出席会议。

8月28日　全国高等学校体育工作表彰会在西安举行。122所高校、211位高校青年教师和10位高校优秀体育指导教师受到表彰。国家教委副主任柳斌出席会议并讲话。

△　国家教委、财政部联合印发《扫盲工作先进地区奖励办法》。

△　国家教委印发《“中华扫盲奖”评选奖励办法》。

8月28～9月4日　第五届全国大学生运动会在西安举行。李岚清、徐志坚、朱开轩、伍绍祖等出席开幕式。共有64人9队92次打破31项全国大学生运动会甲组纪录，9人达到国际运动健将标准。陕西、广东、北京3个代表团分获团体总分前三名。

8月29日　《中国教育报》报道：针对全国普通高等学校招生中存在的一些问题，国家教委要求各地严格执行国家有关规定，确保1996年度高校招生录取工作顺利完成。重申任何地方和高校不得在国家下达的招生计划外安排招生；不得以招收所谓“走读生”、“预科生”的名义，向个人或单位收取“赞助费”等高额费用。

8月30日　新华社报道：为做好在职人员以研究生毕业同等学力申请学位工作，加强对学位授予质量的检查和监督，国务院学位委员会办公室决定组织有关部门从9月开始对有关学位授予单位进行评估。评估的重点是经济、管理、法学等学科自1991年至1995年有关学位授予单位开展在职人员以同等学历申请硕士学位工作的情况。

9月2日　《中国教育报》报道：由北京大学、南京大学、厦门大学、武汉大学、中山大学等10所国家教委直属高校和12所地方重点大学中的相关院系（所）联合发起创建的“中国高校联合市场调查网经济协作组织”日前宣告成立，该组织的宗旨和目标是充分开发利用高等院校丰富的智力资源和科研设备，为中国工商企业和社会各界提供信息咨询、技术服务和市场调查。

9月3日　国家教委重新发布《〈对外汉语教师资格审定办法〉实施细则》。

9月4日　国家教委办公厅发出关于开展《高校文科优秀博士文库》评审出版工作的通知。

9月5日　东北师范大学万名师生庆祝建校50周年。江泽民、李鹏、乔石等党和国家领导人为该校题词。江泽民的题词是：办好师范教育，培养优秀教师、提高民族素质。李鹏的题词是：弘扬优良传统，培养优秀教师。乔石的题词是：艰苦奋斗，求实创新，为发展我国教育事业培养更多优秀人才。

△　国家教委办公厅印发《全国教育事业统计工作“九五”计划》。

9月6日　全面、系统地总结中国建国以来中小学各学科著名特级教师教学思想的大型丛书《中国著名特级教师教学思想录》发行座谈会在北京举行。国家教委副主任柳斌、中国教育学会会长张承先出席座谈会。丛书由全国193位特级教师撰写，共16分卷，800多万字，江苏教育出版社出版。

△《中国教育报》刊登通讯《把论文写在太行山上》，报道河北农业大学教师长期扎根山区，综合开发太行山，走出一条科技进山、振兴贫困山区的“太行山道路”的先

进事迹，并发表评论员文章《“太行山道路”的启示》。9日，中宣部、国家教委、农业部、河北省委在北京联合召开学习河北农业大学教师群体先进事迹座谈会，号召广大教育、科技工作者学习该校的经验。

△ 国家教委办公厅、河北省人民政府办公厅联合印发《国家农村教育研究与培训中心管理委员会工作规程》等3个文件。

9月8日 北京西三旗“育新花园”教师住宅小区入住仪式和朝阳区北京高校“望京花园”教师住宅小区奠基仪式举行。国务院副总理李岚清、国家教委主任朱开轩、副主任张天保出席仪式。朱开轩在仪式上讲话。

9月9日 国家教委、财政部联合作出决定，表彰全国扫除文盲工作先进的江苏、广东、山东、安徽等4省人民政府及100个先进地区和县（市）。

△ 国家教委印发全国高校科技工作会议《关于加强高等学校基础性研究的意见》《关于加强高等学校为经济社会发展服务的意见》和《关于加强教育系统科教兴农的意见》等文件。

△ 云南省临沧县南屏小学发生一起重大学生伤亡事故，造成98人伤亡。11日，云南省教委将事故通报各地州市教委、各高等院校及有关单位。要求吸取教训，进行一次全面的安全检查，采取切实措施，杜绝隐患，加强学校安全工作。

9月9～12日 全国师范教育工作会议在北京举行。国家教委主任朱开轩在开幕式上作题为《大力办好师范教育，加强教师队伍建设，为实现跨世纪教育发展目标而奋斗》的报告，提出从现在起到下世纪初师范教育改革和发展的方针是：坚持方向，深化改革，优化结构，促进发展，提高质量，提高效益。会议期间，国务院副总理李岚清同与会代表座谈，并发表讲话。会议交流各地在师范教育改革发展和中小学教师队伍建设方面的情况和经验，讨论《关于师范教育改革和发展的若干意见》及《师范教育条例》两个文件，研究师范教育体系、体制、教育教学改革等问题。国家教委副主任柳斌在闭幕式上作总结报告。10月11日，国家教委印发了李岚清、朱开轩、柳斌的讲话。

9月10日 中共中央总书记、国家主席江泽民在人民大会堂会见出席全国师范教育工作会议和教师节庆祝活动的代表，向教师祝贺节日，并在讲话中强调，各地区各部门都要十分重视和支持教育事业，贯彻实施科教兴国战略，推动我国社会和经济的持续发展。

△ 宁夏银川考察工作的国务院总理李鹏会见宁夏100多位各类学校的优秀教师代表，指出尊师重教、尊重人才是党和国家的一贯政策。

△ 国务院副总理李岚清在人民大会堂与教育工作者举行座谈，共同庆祝教师节。李岚清在座谈时指出，培养和培训高水平的教师，已成为参与国际竞争的一项先导性战略措施，要优先办好师范教育。

△ 中国中小学幼儿教师奖励基金会成立10周年。国务院总理李鹏为基金会建会10周年题词：尊师重教，科教兴国。中国教师奖励基金会已逐步形成中央、省、地、县四级奖励教师的网络。县以上教师奖励（教育）基金会达千家以上。十年间，各级教师奖励基金会会同教育、人事部门共奖励优秀教师130多万人次，受奖人数占全国教师总人数的12%左右。

△ 首届“中华扫盲奖”颁奖仪式在人

民大会堂举行。98个扫盲先进单位和200名扫盲先进个人荣获“中华扫盲奖”。国务院副总理李岚清向获奖者致贺信。国家教委主任朱开轩主持颁奖仪式。

9月11～15日　全国政协科教文卫体委员会在哈尔滨市召开加强薄弱学校建设问题研讨会。全国政协副主席钱伟长出席会议并在讲话中指出，义务教育是培养合格公民，不是培养天才。会议分析了薄弱学校形成的原因，交流了治理薄弱学校的经验，研究了如何从根本上解决薄弱学校问题。

9月12日　国家教委印发《中等专业教育自学考试改革与发展的意见》。

9月15～27日　国家教委主任朱开轩率中国教育代表团访问马来西亚和越南。

9月18日　国家教委、国家统计局发布《1995年全国教育经费执行情况统计公告》。10月7日，《中国教育报》全文刊登了《公告》。

9月18～21日　全国农村学校体育工作研讨会在辽宁省宽甸县举行。会议对“七五”、“八五”期间农村学校体育工作做回顾和总结，并对“九五”期间如何加强农村学校体育工作提出意见。

9月19日　全国教育系统第二次邓小平建设有中国特色社会主义理论研讨会在江西南昌召开。国家教委党组成员朱新均出席会议并讲话。

△　《中国教育报》报道：“九五”期间国家财政将每年拨款6000万元，设立“国家基础科学人才培养基金”，以加强我国基础科学人才培养工作。

9月21日　吉林大学庆祝建校50周年。党和国家领导人江泽民、李鹏、乔石、李瑞环、荣毅仁、李岚清等题词祝贺。全国政协副主席朱光亚、国家教委副主任王明达到会祝贺并讲话。

9月21～25日　由国家教委考试中心主办的第22届国际教育评价协会年会在北京举行。国家教委副主任周远清出席开幕式并致词。

9月23日　国家教委发出《关于做好1997年从香港、澳门、台湾人士中招收研究生工作的通知》。

9月23～10月3日　应美国卡内基基金会邀请，国家教委副主任韦钰率中国教育代表团访问美国。

9月26日　国家教委、国家语委联合发出《职业中学普通语教学基本要求》。

9月26～28日　全国教育对口支援三峡库区工作会议在四川省万县举行。会议交流了三峡库区学校搬迁工作和全国教育对口支援工作经验，并提出进一步推动对口支援库区教育的要求。国家教委副主任张天保出席会议并讲话。

9月27日　江泽民总书记向部分贫困地区中小学转赠音像设备仪式在人民大会堂举行。江总书记嘱“将他出访时外国朋友赠送的20套音像设备转赠给贫困地区的中小学校，以支持这些贫困地区的基础教育。赠送仪式上，国家教委副主任柳斌、国务院扶贫开发领导小组副组长杨泳沂向贵州省毕节地区等全国10个贫困地区的代表转赠这些音像设备。

△　国家教委、国家语委联合印发《职业中学普及普通话工作评估指导标准》。

9月30～10月5日　由联合国教科文组织召开的第四十五届国际教育会议在瑞士日内瓦举行。国家教委副主任柳斌率中国代表团出席会议，并在发言中介绍中国教师队伍建设的情况和经验。

10月2日 《中国教育报》报道：1996年国家公费出国留学工作改革试行的第一次全国范围内的选拔录取工作结束。首批录取全国700多个单位的国家留学基金资助出国留学人员1399人。

10月5日 由国家教委、新闻出版署共同召开的“首届全国优秀教育音像出版物颁奖大会”在北京举行。共评出一等奖12个，二等奖33个，三等奖84个。

10月7日 中国教育电视台北京35频道正式开播。每天从12点到24点连续播出12个小时的教育电视节目。国务院副秘书长徐志坚、国家教委副主任周远清等出席正式开播仪式。

△ 国家教委发出《关于进一步加强高等学校〈形势与政策〉课程建设的意见》。同日，国家教委办公厅发出《关于进一步做好当前高校学生形势政策教育工作的通知》。

10月8～10日 全国高等教育自学考试工作会议在北京举行。国务院副总理李岚清致信祝贺。国家教委主任朱开轩、副主任王明达出席会议并讲话。会上，国家教委表彰北京市海淀区自学考试办公室等258个先进集体和卢正勇等295名先进个人。会议就在新形势下，进一步改革和加强自学考试工作，促进更多的人自学成才，进行了研究和部署。并就自考工作的实际，讨论如何落实《中国教育改革和发展纲要》和《全国教育事业“九五”计划和2010年发展规划》的问题。12月9日，国家教委印发李岚清的贺信和王明达的讲话。

10月11日 国务院任命张保庆为国家教委副主任。

10月13～17日 国家教委关心下一代工作委员会首次全国工作会议在湖南省长沙市举行。国家教委副主任张天保出席会议并讲话。国家教委关心下一代工作委员会会长张文松在会上作题为《紧紧围绕各级教委的中心工作，扎扎实实地做好关心下一代的工作》的讲话。

10月14日 国家教委、民政部、文化部、国家文物局、共青团中央、解放军总政治部联合发出《关于命名和向全国中小学推荐百个爱国主义教育基地的通知》。

10月16日 国家教委办公厅发出《关于对教育电视台进行检查评估的通知》。

10月17～19日 国务院副总理李岚清在青海考察教育工作。李岚清强调，一定要下大力气抓好教育改革，基础教育要由目前的应试教育向素质教育转变，农牧区少数民族地区的基础教育要从实际出发，实事求是。

10月18日 国家教委主任朱开轩在北京会见应邀来华访问的阿尔及利亚高教科研部长本布齐德。17日，双方签署《中阿高教科研合作1997至2001年执行计划》。

△ 中国建设银行爱心基金资助全国86所高校贫困大学生捐款仪式在北京举行。该行将从全系统35万职工自愿捐款3000多万元设立的爱心基金每年的增值部分拿出200万元，用于资助全国86所高校的1466名贫困生。国家教委副主任张天保、中国建设银行行长王岐山出席签字仪式。

△ 国家教委发出《关于成人中等专业学校招收应届初中毕业生有关问题的通知》。

10月19日 《中国教育报》报道：为促进英语教学，加强学生语言运用能力培养，国家教委决定在清华大学、北京大学、北京航空航天大学、北方交通大学、上海交通大学、复旦大学、南京大学、东南大学8所高校，进行自设英语测试改革。

10月20～23日 全国普及九年义务教育工作汇报会在安徽省马鞍山市举行。19个省、自治区、直辖市在会上介绍"普九"工作经验，就"普九"工作进行讨论和交流。国家教委副主任柳斌出席会议并讲话。12月3日，国家教委办公厅印发《会议纪要》。

10月21～23日 全国中小学效益审计研讨会在北京举行。会议就如何通过加强审计工作提高办学效益进行研讨。

10月22日 国家教委、财政部联合发出《关于提高普通高等学校研究生奖学金标准的通知》。

10月28日 国家教委办公厅印发《委属高校教学建设与改革专项基金管理暂行规定》。

10月29日 国家留学基金管理委员会第一次全体委员会议在北京举行。国家留学基金管理委员会由国务院有关部委、科学技术发展管理机构、留学工作研究组织的负责同志、专家学者和相关人士组成。国家教委副主任韦钰任委员会主任。会议讨论了委员会的《章程（草案）》。

11月1日 国家教委、民政部、文化部、国家文物局、共青团中央、解放军总政治部在人民大会堂联合命名100个全国中小学爱国主义教育基地。11月4日，《中国教育报》2版刊登了全国中小学爱国主义教育基地名单。

△ 国家教委办公厅印发《1997年全国外语水平考试（WSK）报考简章》。

11月2～3日 国家教委在北京组织全国37所高等师范院校的负责同志进行座谈，就如何贯彻中共中央十四届六中全会精神，全面落实第五次全国师范教育工作会议提出的战略方针，努力实现师范教育改革发展的目标，及如何根据高等师范院校特点，发挥其在精神文明建设中的示范和辐射作用等议题，充分交换了意见。

11月3日 正在英国访问的国务院副总理李岚清在伦敦接见中国留学生及旅英华人和华侨代表。他在讲话中重申，中国关于选派留学生的"支持留学、鼓励回国、来去自由"的12字方针不变。

11月4日 全国高校博士点基金经验交流会在中南工业大学召开。中国自1985年实行"高等学校博士学科点专项科研基金"以来，已累计资助金额2.4亿元，资助课题7000项。中南工业大学等校在会上介绍了管好用好博士点基金的作法。

△ 国家教委、农业部、卫生部、国务院侨务办公室、国家中医药管理局等单位联合印发《关于加强广东省对在粤共建高校办学统筹权的意见》。

11月4～7日 由联合国教科文组织与联合国儿童基金会合作，由中国联合国教科文组委会秘书处和中国中央教育科学研究所"中国一联合国儿基会教育项目服务中心"承办的"国际基础教育革新研讨会"在北京举行。来自中国、约旦等10个国家的代表出席研讨会。

11月6日 中国关心下一代工作委员会在南京召开全国农村关心下一代工作经验交流暨研讨会。国务院总理李鹏、副总理姜春云为会议题词。李鹏的题词是：关心教育下一代，关心农村青少年。姜春云的题词是：充分发挥老同志优势，做好农村关心下一代工作。

11月7日 中国联合国教科文组织全国委员会在北京举行座谈会，庆祝联合国教科文组织成立 50 周年暨恢复中国在该组织合法席位 25 周年。国家教委副主任、中国教科文全国委员会主任韦钰在座谈会上讲话。

△ 中国教育国际交流协会成立 15 周年暨民间教育交流国际学术研讨会在北京举行。中国教育国际交流协会在国内已有 33 个地方协会和 77 个会员单位，已与世界 32 个国家和地区的 130 多个民间和半官方组织及团体建立交流合作关系。

11 月 11 日 96 宝钢教育奖在北京人民大会堂颁发。全国 88 所高校、科研院所的 218 名教师、693 名大学生获奖，其中郭淑珍等 10 位教师获得优秀教师特等奖。国家教委主任朱开轩在颁奖仪式上讲话。11 月 12 日，《中国教育报》刊登获奖名单。

11 月 11～14 日 全国城市教育综合改革研讨会在安徽省芜湖市举行。国家教委副主任张天保在会上作题为“深化教育综合改革，促进教育的两个重要转变”的讲话。

11 月 11～15 日 “第二次全国高校大学生文化素质教育试点院校工作会议”在长沙召开。国家教委副主任周远清出席会议并讲话。湖南大学等校在会上介绍经验。

11 月 13 日 国家主席江泽民在北京会见旅外青年学者团体负责人回国访问团成员。访问团的 48 名成员分别来自美国、加拿大、日本、澳大利亚等国，均为 80 年代出国的留学人员。

11 月 15 日 国家教委印发《中国教育和科研计算机网暂行管理办法》。

11 月 16～21 日 全国学校艺术教育工作会议在四川省成都市举行。会议贯彻实施《全国学校艺术教育总体规划》，部署“九五”学校艺术教育工作。国家教委副主任柳斌出席会议并讲话。

11 月 19 日 “中国教育科研网（CERNET）和德国学术研究网（DFN）联网开通仪式”在清华大学举行。国家教委副主任韦钰、德国教科研技术部国务秘书伊泽尔等出席开通仪式。

11 月 20 日 《中国教育报》在第一版刊登长篇通讯《钢铁是这样炼成的》，介绍第四军医大学学员二大队的事迹，并配发评论员文章《培养高素质的跨世纪人才》。21 日，中宣部、国家教委、共青团中央、解放军总政治部和总后勤部联合在北京举行第四军医大学二大队学员先进事迹报告会。

11 月 21 日 由中国中小学幼儿教师奖励基金会设立的“援助贫困地区教师专项基金”在北京接受了第一笔捐款共 250 万元人民币。全国政协副主席、中国中小学幼儿教师奖励基金会理事长钱正英，副理事长、国家教委副主任柳斌出席捐款仪式。

△ 霍英东教育基金会成立十周年庆典暨第五届青年教师基金、青年教师奖颁奖会在京举行。杨尚昆、霍英东等出席会议。

△ 国家教委印发《全国普通高校人文社会科学研究“九五”规划要点》。

△ 国家教委办公厅印发《关于在高等学校中开展爱粮节粮宣传教育活动的若干意见》。

11 月 22 日 国家教委发出《关于 1997 年思想政治教育专业第二学士学位班招生工作的通知》。

△ 国家教委印发《委属高校校办产业国有资产保值增值考核试行办法》。

11 月 26～29 日 国家教委、国家民委在深圳联合召开全国教育对口支援协作工作会议。国家教委副主任张天保、国家民委副主任图道多吉出席会议并讲话。教育对口支援协作工作已开展3年，全国143个少数民族贫困县与经济发达县、市（区）的结对率已达80%以上。

11月28～30日　国家教委、农业部、林业部在北京联合召开全国普通高等农林教育工作经验交流会。国家教委副主任周远清在会上作了题为《坚持为“三农”服务的办学思想，加快高等农林教育的改革和发展》的报告。农业部副部长洪绂曾、林业部副部长刘于鹤也分别在会上讲话。“八五”期间，全国普通高等农林院校共为国家输送了全日制本专科毕业生20余万人，研究生近7000人；还有10余万人从夜大学和函授学院毕业。毕业生大部分到基层就业，从事技术推广和经营管理工作。29日，国务院副总理李岚清、姜春云同出席会议的代表座谈，并在讲话中强调，高等农林院校要通过深化教育改革，提高教育质量和办学效益，坚持面向农民，贯彻落实好“科教兴国”战略。各级政府和有关部门要创造条件，支持农林院校的教育改革和发展。

11月29日　中央社会治安综合治理委员会、国家教委、公安部联合发出《关于进一步加强学校治安综合治理工作的意见》。

12月2日　中国政府和联合国开发计划署第四周期教育合作项目文本签字仪式在北京举行。与联合国开发计划署合作15年来，中国国家教委成功地执行了20个合作项目，接受援款总额约1420万美元。合作范围包括大、中、小学师资及管理人员的培训、中学英语教材更新及科技攻关等。联合国开发计划署第四周期援款主要用于支持甘肃、青海、四川、云南、广西等西南、西北贫困地区普及九年义务教育。

12月4日　国务院学位委员会公布对天津商学院制冷及低温工程等9个硕士点重新评估的结果：恢复天津商学院制冷及低温工程等2个硕士点的硕士学位授予权，批准首都师范大学光学等6个硕士点继续行使硕士学位授予权，撤消首都师范大学热能工程、上海师范大学理论物理专业的硕士学位授予权。撤消个别专业的硕士学位授予权，标志着我国学位授权制度进一步完善。

12月5日　国家教委印发《关于师范教育改革和发展的若干意见》。

△　国家教委印发《关于表彰全国高等学校科技管理先进单位的决定》。

12月8～11日　国家教委在山东潍坊市召开贯彻党的十四届六中全会决议，加强职业学校职业道德教育研讨会。12月31日，国家教委办公厅转发《研讨会纪要》。

12月9日　国家教委在北京举行“面向21世纪卫星电视教育发展战略研讨会”。国务院副总理李岚清在研讨会前接见会议代表并发表讲话，指出卫星电视教育作为一种教育形式，要继续发挥覆盖范围广、信息量大、形象生动、传输速度快等优势，为教育发展和国家经济社会发展作出更大贡献。国家教委主任朱开轩、副主任韦钰出席研讨会。

△《中国教育报》报道：党和国家领导人江泽民、李鹏、李岚清近日分别题词，祝贺中国卫星电视教育开办10周年暨中国教育电视台建立10周年。江泽民的题词是：“发展卫星电视教育，为提高全民族的文化素质服务”；李鹏的题词是“大力发展卫星电视教育，培养更多的建国人才”；李岚清的题词是“积极采用先进技术，促进我国的教育改革和发展”。

12月11日　中宣部、国家教委、北京市委在人民大会堂联合举办模范教师事迹报告会。国家教委主任朱开轩在报告会上讲话，希望广大教育工作者以模范教师为榜样，不断自觉提高自身的思想政治业务素质和职业道德水平，勤奋努力，扎实工作，不负时代的要求。

△ 全国情境教学研讨会在江苏南通市召开。情境教学的创始人，江苏省南通市师范学校第二附属小学教师李吉林在会上作学术报告。国家教委副主任柳斌出席研讨会，并对情境教学给予高度评价。

12 月 13 日 国家教委办公厅印发《1997 年普通高等学校招生全国统一考试范围》。

12 月 13～15 日 国家教委直属高校工作咨询委员会第七次全体会议在杭州举行。1996 年，委属高校办学和管理体制改革取得较大突破，已有 26 所直属高校分别与 17 个省市的地方政府和 1 个部委签署共建协议，初步形成国家教委、地方政府、行业部门共同参与委属高校办学管理的新格局。会议就委属高校进一步深化体制改革、教学改革，加强党建工作，提高办学质量和效益进行研讨，并提出咨询意见。国家教委主任朱开轩、副主任韦钰、周远清等出席会议，并就 1997 年高教工作的总体思路、高校干部队伍建设及高等教育体制改革、教学改革等问题讲话。

12 月 16 日 国家教委、国家计委、财政部联合颁发《义务教育学校收费管理暂行办法》《普通高级中学收费管理暂行办法》《中等职业学校收费管理暂行办法》和《高等学校收费管理暂行办法》。

12 月 17 日 国家教委在“1997/1998 学年度中国政府奖学金来华留学生招生说明会”上宣布，自 1997 年 1 月 1 日起，中国政府对来华留学生的管理工作，将改变过去由政府机关直接招收、直接管理的模式，实行政府确定招生计划和奖学金名额，由国家留学基金管理委员会负责招生及管理事务的新办法。

12 月 23 日 由国家教委、广播电影电视部和文化部联合组成的全国中小学生影视教育协调工作委员会在北京成立。在成立大会上，国家教委副主任柳斌、广播电影电视部副部长赵实、文化部副部长艾青春一致强调，要充分利用优秀影视片的育人功能，教育好下一代，从而进一步促进社会主义精神文明建设。

12 月 23～25 日 新一届全国教育科学规划领导小组首次全体（扩大）会议在北京举行。全国教育科学规划领导小组组长朱开轩、副组长王明达、顾问何东昌出席会议并讲话。

12 月 23～26 日 国家教委、财政部在北京联合召开全国教育财务工作会议。会议总结“八五”教育财务管理和改革工作，研究制定“九五”期间教育财务工作目标和总体改革方案。国家教委副主任张保庆在开幕式上作报告。

12 月 24 日 国家教委在北京宣布成立“高等教育面向 21 世纪教学内容和课程体系改革顾问组”。甘子钊、张岂之、柯俊、肖铁树等 17 位著名专家、教授受聘为顾问组成员。国家教委副主任周远清出席顾问组成立大会并讲话。

12 月 25 日 全国 1997 年国家公费出国留学选派工作会议在北京召开。会议决定，在 1996 年国家公费留学选派工作改革方案全面试行并取得初步成果的基础上，1997 年将进一步深化改革，完善政策和办法，使国家公费留学人员的选派、管理和回收工作更好地有机联系起来。会议对1997年公费留学工作做出部署。国家教委副主任兼国家留学基金管理委员会主任韦钰出席会议并讲话。

12月26日 国家教委艺术教育委员会成立10周年暨艺术教育工作座谈会在北京举行。国务委员彭佩云到会祝贺，国家教委副主任柳斌、周远清受朱开轩委托，到会向专家们表示感谢和慰问。艺教委成立10年来，先后有86位著名艺术教育家担任了艺教委委员，作了大量工作，推动中国学校艺术教育工作出现了繁荣的新局面。会议探讨了在新形势下如何进一步加强艺术教育，以全面提高学生素质，建立有时代特色的学校艺术教育教学体系。

△ 国家教委主任朱开轩与正在国家高级教育行政学院学习的高校中青年干部培训班学员座谈，并在讲话中强调：在目前我国新的历史转轨时期，高等院校要坚持社会主义办学方向，不断深化教育教学改革，按照教育规律办学，正确处理好教育与经济、高等教育与其他各类教育、高等学校内部自主办学和政府宏观管理、教育改革发展与社会稳定、党委领导与校长负责制、困难与机遇的关系。

12月27日 曾宪梓教育基金会1996年民办教师奖在人民大会堂颁奖。雷洁琼、王光英、王兆国、钱伟长、朱开轩、柳斌等领导同志出席颁奖会并为获奖教师代表颁奖。1000名优秀民办教师获得奖励，其中一等奖30名，二等奖100名，三等奖870名。国家教委副主任柳斌在颁奖大会上讲话。

12月30日 国家教委印发《中小学计算机教育五年发展纲要（1996年—2000年）》。

△ 国家教委、新闻出版署、文化部联合印发《普通中小学音像教材出版复录发行管理规定》。

△ 国家教委办公厅印发《高等教育学历文凭考试试点工作（考试部分）实施意见》。

12月31日 国家教委办公厅发出《关于调整函授、卫星电视教育、自学考试相结合的中学师资培训工作的通知》。

撰稿 吴伯康 喻晓宪 闫蕾
审稿 康宁

检4